StB 1,96

DIE GESCHICHTE DER
UNTERNEHMERISCHEN SELBSTVERWALTUNG
IN KÖLN 1914 – 1997

DIE GESCHICHTE DER UNTERNEHMERISCHEN SELBSTVERWALTUNG IN KÖLN 1914 – 1997

HERAUSGEGEBEN AUS ANLASS DES 200JÄHRIGEN BESTEHENS
DER INDUSTRIE- UND HANDELSKAMMER ZU KÖLN
AM 8. NOVEMBER 1997

MIT BEITRÄGEN VON
KLARA VAN EYLL, FRIEDRICH-WILHELM HENNING, GÜNTHER SCHULZ,
ULRICH S. SOÉNIUS UND JÜRGEN WEISE

RHEINISCH-WESTFÄLISCHES WIRTSCHAFTSARCHIV ZU KÖLN
KÖLN 1997

Copyright © 1997 by Selbstverlag Rheinisch-Westfälisches Wirtschaftsarchiv zu Köln e.V.,
p.A. IHK zu Köln, 50606 Köln
ISBN 3-933025-01-X

Verantwortlich: Prof. Dr. Klara van Eyll
Redaktion: Ulrich S. Soénius M.A.

Druck: Grafische Werkstatt, Druckerei und Verlag Gebr. Kopp GmbH & Co. KG, Köln
Graphische Gestaltung und Layout: Wolfgang Hollmer, Köln
Printed in Germany – Alle Rechte vorbehalten

INHALT

	Seite
VORWORT	5
DIE INDUSTRIE- UND HANDELSKAMMER ZU KÖLN UND IHR WIRTSCHAFTSRAUM IM ERSTEN WELTKRIEG UND IN DER WEIMARER REPUBLIK Friedrich-Wilhelm Henning	7
DIE ZEIT DES NATIONALSOZIALISMUS (1933-1945) Ulrich S. Soénius	119
WIRTSCHAFTSGESCHICHTE DES INDUSTRIE- UND HANDELSKAMMERBEZIRKS KÖLN SEIT 1945 Günther Schulz unter Mitarbeit von Marcus Schüller	227
DIE INDUSTRIE- UND HANDELSKAMMER ZU KÖLN ZWISCHEN 1945 UND 1965 Jürgen Weise	277
DIE INDUSTRIE- UND HANDELSKAMMER ZU KÖLN 1966 BIS 1997 Klara van Eyll unter Mitarbeit von Jörg Wiesemann	373

ANHANG

DIE PRÄSIDENTEN UND VIZEPRÄSIDENTEN DER INDUSTRIE- UND HANDELSKAMMER ZU KÖLN 1914-1997	498
DIE SYNDICI UND HAUPTGESCHÄFTSFÜHRER DER INDUSTRIE- UND HANDELSKAMMER ZU KÖLN 1914-1997	500
DIE MITGLIEDER DER INDUSTRIE- UND HANDELSKAMMER ZU KÖLN 1914-1997	501
DER BEZIRK DER INDUSTRIE- UND HANDELSKAMMER ZU KÖLN – KARTE	519

Seite

Tabellarische Übersicht:
DIE MITGLIEDER DER INDUSTRIE- UND HANDELSKAMMER
ZU KÖLN 1914-1997 .... Faltblatt im Rückendeckel

VERGLEICHENDE ZEITTAFEL 1914-1997 .... Faltblatt im Rückendeckel

QUELLEN- UND LITERATURVERZEICHNIS 520

ABKÜRZUNGSVERZEICHNIS 533

BILDNACHWEIS 534

ORTSREGISTER 535

SACHREGISTER 541

NAMENREGISTER 544

UNTERNEHMEN- UND INSTITUTIONENREGISTER 553

VORWORT

Am 8. November 1797 gründeten Kölner Kaufleute und Gewerbetreibende ihre erste autonome Interessenvertretung, den Handelsvorstand, der 1803 kontinuierlich in die napoleonische „Chambre de Commerce", die Handelskammer, überging.

Das Rheinisch-Westfälische Wirtschaftsarchiv gab 1972 im Auftrag der Industrie- und Handelskammer zu Köln zu deren 175jährigem Bestehen den ersten Band einer „Geschichte der unternehmerischen Selbstverwaltung in Köln", umfassend den Zeitraum 1797 bis 1914, heraus. Die Autoren, Prof. Dr. Hermann Kellenbenz als damaliger wissenschaftlicher Direktor des Wirtschaftsarchivs, und Dr. Klara van Eyll als geschäftsführende Direktorin, konnten bei ihrer Darstellung auf einen nahezu vollständig überlieferten Aktenbestand der Kölner Handelskammer, verwahrt im Rheinisch-Westfälischen Wirtschaftsarchiv, zurückgreifen. Neben der eigentlichen Kammergeschichte präsentierten sie in diesem Band auch Aspekte der Wirtschaftsgeschichte des Bezirks sowie der jeweiligen politischen Rahmenbedingungen der dargestellten Epochen.

Das ursprüngliche Ziel, diese Geschichte bis in die Gegenwart des Jubiläumsjahres 1972 fortzuschreiben, mußte in anbetracht der für die Zeit nach 1914 ungleich schwierigeren Quellenlage seinerzeit aufgegeben bzw. verschoben werden. Eine Realisierung des Vorhabens noch zu Lebzeiten von Hermann Kellenbenz war nicht möglich, zumal dieser bereits 1971 Köln verließ, um an der Universität Erlangen-Nürnberg einen Lehrstuhl zu übernehmen.

Das 200jährige Bestehen der Industrie- und Handelskammer zu Köln bot den willkommenen Anlaß, 1997 nun den zweiten Band der „Geschichte der unternehmerischen Selbstverwaltung in Köln" herauszugeben. Er umfaßt den gesamten Zeitraum vom Beginn des Ersten Weltkriegs bis zur Gegenwart. Für den zweiten Band zeichnen fünf Autoren verantwortlich: die Kölner Hochschullehrer für Wirtschafts- und Sozialgeschichte Prof. Dr. Günther Schulz und Prof. Dr. Dr. Friedrich-Wilhelm Henning – dieser zugleich als wissenschaftlicher Direktor des Rheinisch-Westfälischen Wirtschaftsarchivs bis zum Jahresende 1996 -, Ulrich S. Soénius, M.A., und Dr. Jürgen Weise als wiss. Mitarbeiter sowie Prof. Dr. Klara van Eyll als Direktorin des Rheinisch-Westfälischen Wirtschaftsarchivs.

Die Autoren beschlossen, den zweiten Band der „Geschichte der unternehmerischen Selbstverwaltung" in seiner Grundkonzeption weitgehend dem ersten, 1972 erschienenen Band anzupassen, also neben der eigentlichen Kammergeschichte ebenfalls Aspekte der regionalen Wirtschaftsgeschichte sowie der politischen Rahmenbedingungen der einzelnen Epochen zu berücksichtigen.

Die Quellenlage war für den zweiten Band sehr uneinheitlich. Eine Aktenüberlieferung der Kölner Kammer für die Jahre 1914 bis 1945 fehlt infolge Kriegseinwirkungen im wesentlichen. So mußten die Autoren Henning und Soénius in viel größerem Umfang als Schulz, Weise und van Eyll auf Sekundärüberlieferungen in auswärtigen Archiven zurückgreifen. Für den jüngsten Zeitraum nach 1966 verbietet sich gegenwärtig eine bereits endgültige historische Bewertung, so daß für diesen Zeitraum neben Berichten, Statistiken und Gremienprotokollen der Kammer vor allem gedruckte Quellen, Zeitschriften und Literatur herangezogen wurden.

Zeitliche Einschnitte bilden im Werk die Jahre 1933, 1945 und 1966. Während die Autoren Henning und Soénius sowohl Kammer- wie Wirtschaftsgeschichte ihrer Zeit (Henning: 1914 bis 1933 und Soénius: 1933 bis 1945) behandeln, präsentiert Schulz die regionale Wirtschaftsgeschichte der Jahre seit 1945 in einem geschlossenen Überblick. Die Autoren Weise und van Eyll stellen jeweils die IHK-Geschichte isoliert dar (Weise: 1945 bis 1966 und van Eyll: 1966 bis 1997). Im Anhang sind – wie im ersten Band – die Kammerpräsidenten sowie alle gewählten Mitglieder für den Zeitraum 1914 bis 1997 verzeichnet. Die Anmerkungen stehen jeweils am Ende eines Autoren-Beitrags; das Quellen- und Literaturverzeichnis steht als Einheit am Schluß des Bandes. Orts-, Personen-, Institutionen- und Sachregister erleichtern die Benutzbarkeit des Werkes. Die Bildarchive der IHK zu Köln sowie des Rheinisch-Westfälischen Wirtschaftsarchivs ermöglichen eine gute Illustration der einzelnen Textbeiträge.

Das Rheinisch-Westfälische Wirtschaftsarchiv zu Köln konnte den zweiten Band der „Geschichte der unternehmerischen Selbstverwaltung in Köln" herausbringen dank der großzügigen Förderung durch die Industrie- und Handelskammer zu Köln. Ihrem Präsidenten Alfred Neven DuMont, den Mitgliedern des Präsidiums, des Beitrags- und Haushaltsausschusses sowie der Vollversammlung gilt hierfür Dank. Hauptgeschäftsführer Eberhard Garnatz verfolgte das Entstehen der Manuskripte und die Drucklegung des Bandes mit Interesse. Ihm danken die Autoren dieses Werkes hierfür sehr.

Ulrich S. Soénius, M.A., wiss. Archivar des Rheinisch-Westfälischen Wirtschaftsarchivs und Mitautor des Buches, hat die Gesamtredaktion des Bandes sowie die Erstellung der umfangreichen Register übernommen. Dr. Jörg Wiesemann erstellte den gesamten Anhang des Werkes und half maßgeblich bei der redaktionellen Tagesarbeit. Ich persönlich bin ihm zu besonderem Dank verpflichtet für seine konstruktive Mitarbeit am Manuskript für den Zeitraum zwischen 1966 und 1997. Die diesem Text beigegebenen Grafiken von Gregor Berghausen, M.A., ebenfalls wiss. Mitarbeiter des Rheinisch-Westfälischen Wirtschaftsarchivs, gehen auf Vorlagen von Jörg Wiesemann zurück. Sämtliche Mitarbeiter des Wirtschaftsarchivs, der Wirtschaftsbibliothek und der Zentralen Schriftgutverwaltung der IHK zu Köln haben über einen langen Zeitraum durch vielfältige Handreichungen und Hilfeleistungen zum Entstehen des Werkes beigetragen. Hierfür gilt ihnen ein sehr herzliches Dankeschön.

Köln, im Herbst 1997
                                          Klara van Eyll
                                Direktorin des Rheinisch-Westfälischen
                                         Wirtschaftsarchivs zu Köln

DIE INDUSTRIE- UND HANDELSKAMMER ZU KÖLN UND IHR WIRTSCHAFTSRAUM IM ERSTEN WELTKRIEG UND IN DER WEIMARER REPUBLIK

FRIEDRICH-WILHELM HENNING

I	Die Wirtschaftsgeschichte des Kammerbezirks	8
1	Die äußere Abgrenzung und die Wirtschaftsstruktur des Kammerbezirks	8
2	Die allgemeinen und die besonderen Probleme für die Wirtschaft des Kölner Raumes	17
2.1	Die Zeit des Ersten Weltkrieges	17
2.1.1	Die Änderungen der Rahmenbedingungen für die Wirtschaft infolge des Krieges	17
2.1.2	Der Geld- und Kreditmarkt	20
2.1.3	Die Beeinträchtigung der Börsengeschäfte	21
2.1.4	Der Arbeitsmarkt	23
2.1.5	Die Bewirtschaftungsmaßnahmen	24
2.1.6	Verkehrsprobleme	25
2.1.7	Die Bestrebungen zur Änderung der Kammergesetzgebung	26
2.2	Die Nachkriegsjahre mit Besetzung und Inflation (1919 bis 1924)	27
2.2.1	Die Gestaltungsbemühungen für die Verfassung des Staates und der Gesellschaft und die Auswirkungen auf die wirtschaftliche Selbstverwaltung nach 1918	27
2.2.2	Die Besetzung des Rheinlandes und die daraus entstandenen Probleme	34
2.2.3	Die wirtschaftlichen Folgen des Umbruchs	44
2.3	Die beginnende Normalisierung der wirtschaftlichen Verhältnisse (1925 bis 1929)	46
2.4	Die Wirtschaft in der Weltwirtschaftskrise (1929 bis 1933)	47
II	Die Kölner (Industrie-) und Handelskammer von 1914 bis 1932	49
1	Die innere Organisation und die personelle Besetzung	49
1.1	Das Grundraster der inneren Organisation	49
1.2	Der Vorstand	49
1.3	Die Mitglieder und ihre Wahl	59
1.4	Die Kammerzugehörigen	63
1.5	Die Geschäftsführung und die Mitarbeiter	64
1.6	Die Ausschüsse	68
1.7	Die Finanzierung der Kammer	71
1.8	Die Verwendung der Mittel	74
1.9	Die von der Kammer und der Börse genutzten Gebäude	75
2	Die Aufgabenfelder und deren Wandel	79
2.1	Der Aufgabenwandel im Ersten Weltkrieg	79
2.1.1	Die allgemeinen Einflüsse	79
2.1.2	Geld- und Kreditprobleme und allgemeine Einwirkungen auf die finanziellen Geschäftsverhältnisse	80
2.1.3	Verschiedene Teilprobleme der Kriegswirtschaft	83
2.1.4	Der Arbeitsmarkt	86
2.2	Die Aufgaben unter dem Einfluß der besonderen Nachkriegsverhältnisse (1919 bis 1924)	89
2.2.1	Die Kölner Handelskammer im nationalen und internationalen Beziehungsgeflecht	89
2.2.2	Die Zusammenarbeit der rheinischen Kammern unter den besonderen Bedingungen der Besetzung	91
2.2.3	Die Aufgabenfelder der Handelskammer zu Köln	96
2.3	Die Aufgabenfelder in der Zeit der Normalisierung (1925 bis 1929)	105
2.4	Die Aufgaben in der Weltwirtschaftskrise (1929 bis 1933)	108
III	Die Industrie- und Handelskammern als Teil der demokratischen Infrastruktur	111

I   DIE WIRTSCHAFTSGESCHICHTE DES KAMMERBEZIRKS

Die wirtschaftlichen Verhältnisse des Bezirks der Handels- bzw. ab 1924 der Industrie- und Handelskammer zu Köln wurden in der Zeit von 1914 bis 1933 durch den Ersten Weltkrieg, die allgemeinen Probleme der deutschen Wirtschaft mit Inflation, Behinderung des Außenhandels und der Weltwirtschaftskrise mit einer unerträglich hohen Arbeitslosigkeit, aber auch durch die militärische Besetzung des Rheinlandes ab Dezember 1918 bis Januar 1926 im Kölner Raum, darüber hinaus teilweise bis 1930, geprägt. Hinzu kamen tatsächliche oder auch nur angestrebte Änderungen in der Organisation der wirtschaftlichen Interessenvertretungen im Zusammenhang mit den Wirtschaftsräten und der angestrebten Mitwirkung der Arbeitnehmer auch in den Kammern der Wirtschaft (Industrie, Handel, Handwerk, Landwirtschaft). Für die Kölner Handelskammer kam es damit zu einem breiten Spektrum neuer Aufgaben, die im Interesse der im Kammerbezirk lebenden Menschen, der hier bestehenden Unternehmen und allgemein der Entwicklung der sozialen und der wirtschaftlichen Verhältnisse im gesamten Rheinland und auch im Deutschen Reich wahrzunehmen waren.

Die folgende Wirtschaftsgeschichte des Kammerbezirks erfaßt nur die für eine Kammergeschichte wichtigen Grundzüge und Details. Im übrigen kann auf den Beitrag von Walther Herrmann in Bd. 2 des Werkes „Zwei Jahrtausende Kölner Wirtschaft" verwiesen werden.[1]

1   DIE ÄUSSERE ABGRENZUNG UND DIE WIRTSCHAFTSSTRUKTUR DES KAMMERBEZIRKS

Der Kammerbezirk Köln umfaßte von 1914 bis 1932 die Stadt Köln und die Landkreise Köln und Mülheim mit 1914 zusammen 842 qkm und 785 000 Einwohnern,[2] 1920 = 819 000, 1926 = 854 000[3] und 1932 etwa 900 000 Einwohnern. Erst im Sommer 1914 war das Gebiet über die Stadt Köln und den Landkreis Köln hinaus durch die Aufnahme des Kammerbezirks Mülheim erweitert worden. Zeitlich parallel dazu waren die Stadt Mülheim und die Gemeinde Merheim des Landkreises Mülheim in das Gebiet der Stadt Köln eingemeindet worden. Vorausgegangen waren mehrjährige Verhandlungen über die Eingemeindungen und gleichzeitig über die Vereinigung der Kammern Köln und Mülheim. Ein Vertrag vom 14. Januar 1914 zwischen den Kammern und eine Verfügung des preußischen Ministers für Handel und Gewerbe vom 24. Juli 1914 waren die rechtliche Grundlage.[4] Die Gemeinden Wesseling und Kelcenich blieben beim Bonner Kammerbezirk, als diese Gemeinden 1932 vom Landkreis Bonn zum Landkreis Köln kamen.[5] Die enge verkehrsmäßige Verbindung des Rheinhafens Wesseling zum südlichen Braunkohlengebiet des Rheinlandes war offensichtlich für diese „Ausgrenzung" entscheidend. Innerhalb des Gebietes der Kölner Kammer hatte es allerdings in den folgenden Jahren noch Verschiebungen in der kommunalen Zuständigkeit gegeben, da 1922 im Kölner Norden etwa 5 600 qkm in die Stadt eingemeindet wurden (Merkenich, Langel, Worringen, Roggendorf, Fühlingen, Weiler), was den Landkreis Köln verkleinerte[6], d.h., es handelte sich um eine Verschiebung innerhalb des Kammerbezirks.

1918 war wiederum wie bereits 1887 erörtert worden, ob man den Kammerbezirk auf den gesamten Regierungsbezirk Köln ausdehnen sollte. Hier waren noch vor dem Ersten Weltkrieg die Handelskammern in Lennep (1840) mit den Landkreisen Gummersbach und Wipperfürth[7] und in Bonn (1891) mit der Stadt Bonn und den Landkreisen Bonn, Euskirchen, Rheinbach, Waldbröl, Bergheim und dem Siegkreis entstanden.[8] Während 1887 die Kölner Kammer, die bis 1891 allein auf die Stadt beschränkt war, gegen eine solche vom Regierungspräsidenten angeregte Ausweitung war, da man in Köln gewissermaßen unter sich bleiben wollte[9], kam nunmehr im Januar 1919 die Initiative aus der Kölner Kammer. Man hätte hierfür die Zustimmung der beiden Kammern Bonn und

Lennep und der Berliner Zentrale einholen müssen. Im neuen Handelskammergesetz, das bereits 1917 und 1918 beraten wurde, waren solche Zusammenlegungen durchaus vorgesehen. Da das Gesetz aber nicht verwirklicht wurde, blieb es bei der bisherigen Einteilung, und zwar bis 1934.[10] 1922 hatte es einen kleinen Landaustausch zwischen den Gemeinden Worringen und Dormagen gegeben, wobei Worringen auch der Stadt Köln hinzugefügt wurde. Für den Kammerbezirk trat damit ein Gebietsverlust von etwa zwei qkm ein.[11]

Die Wirtschaftsstruktur des Kölner Raumes hatte seit vielen Jahrhunderten eine große Vielfalt aufzuweisen.[12] Seit dem Mittelalter war man in einer vor allem unter verkehrsgeographischen Gesichtspunkten günstigen Situation. Auf der einen Seite war Köln Durchgangsstation für den Handel auf dem Rhein, auf der anderen Seite konnte man aber auch die Absatzbemühungen aus den verschiedenen angrenzenden Regionen von der Eifel bis zum Siegerland mit Eisen- und Ledergewerbe, aus dem bergisch-märkischen Kleingewerbegebiet mit Textil- und Eisengewerbe und aus dem niederrheinischen Textilgewerbe unterstützen oder sogar diesen Absatz selbst organisieren und damit die Produktion in diesen Gebieten wirtschaftlich abstützen. Hinzu kam das Exportgewerbe (Tuche, Metallwaren usw.) der Stadt Köln selbst, wozu z.B. auch bis in die Mitte des 19. Jahrhunderts die Zuckersiedereien gehörten.[13]

Eine solche Aufzählung kann die Gesamtheit der Handelsbeziehungen innerhalb des Gebietes und nach außen nur teilweise und schwerpunktmäßig benennen. Im 19. Jahrhundert wurden die Beziehungen zum aufstrebenden schwerindustriell orientierten Ruhrgebiet intensiviert, zu einem erheblichen Teil wurde die Entwicklung des Ruhrgebietes bis in die sechziger Jahre des 19. Jahrhunderts sogar mitinitiiert, vor allem durch die Kölner Banken mitfinanziert.[14] Da gleichzeitig auch die Beziehungen zum westlichen Ausland, d.h. zu Belgien, zu den Niederlanden und zu Frankreich entwickelt wurden, behielt Köln auch im Industrialisierungsprozeß weitgehend seine zentralen wirtschaftlichen Vermittlungsfunktionen für das Rheinland und teilweise weit darüber hinaus.

Das Ruhrgebiet hatte dann zwar seit den sechziger und vor allem seit den siebziger Jahren des 19. Jahrhunderts eine eigene Entwicklung aufzuweisen, von der vor allem Städte wie Düsseldorf, Duisburg, Essen und Dortmund profitierten. Das wirtschaftliche Potential war dort inzwischen so groß, daß eine Eigendynamik vorhanden war, zumal da die Aufgaben der Kölner Bankhäuser nunmehr von den inzwischen bis in die siebziger Jahre des 19. Jahrhunderts entstandenen Berliner Großbanken wahrgenommen wurden. Auch hier gab es aber noch enge Verflechtungen und Beziehungen zu den Kölner Banken, die z.B. teilweise an den Berliner Großbanken beteiligt waren.

Für die Kölner Wirtschaft waren aber nicht nur die Geld- und Kreditbeziehungen zur Industrie des nördlichen Teiles des Rheinlandes und zu Westfalen von Bedeutung, sondern auch der Anlagenbau und der Bau von Maschinen für den Bergbau im Ruhrgebiet, im Aachener Revier und im Siegerland. Man hatte zwar immer noch die Beziehungen zu den umliegenden Regionen, einschließlich des Ruhrgebietes, aber man hatte im engeren Bereich (in den Städten Köln und Mülheim) doch auch eine industrielle Produktion aufgebaut, die sich vor allem durch ihre Vielfalt und ein dadurch erreichtes hohes Maß an Risikostreuung und weit, teilweise sogar weltweit ausgreifender Absatzstrategie auszeichnete. Die internationalen Beziehungen nahmen immer mehr zu. Sie ergänzten die wachsenden innerdeutschen Wirtschaftsbeziehungen. Köln und der Kölner Raum traten dadurch mit einer für die weitere wirtschaftliche Entwicklung breit fundierten, aber auch für internationale Konflikte besonders anfälligen Wirtschaftsstruktur in die Periode von 1914 bis 1933 ein.

Die Wirtschaftsstruktur des Kammerbezirks ergibt sich in groben Zügen aus den Gewerbezählungen für 1907, 1925 und 1933 für die drei Kommunaleinheiten Stadt Köln, Landkreis Köln und Landkreis Mülheim. Dabei wurde der Landkreis Mülheim vor 1933 allerdings mit dem Landkreis

	Stadt Köln	Stadt Mülheim	Landkreis Köln	Landkreis Mülheim	Kammerbezirk von 1914
Landwirtschaft	3 107	148	8 899	7 235	19 389
Industrie und Bergbau	96 099	14 820	24 013	16 389	151 321
Handel und Verkehr	53 318	3 026	4 440	2 741	63 525
Häusliche Dienste, Tagelöhner	5 004	462	475	268	6 209
Öffentliche Dienste, freie Berufe	17 191	902	1 463	3 977	23 533
Ohne Berufe	24 408	1 994	5 220	3 046	34 668
Zusammen	199 127	21 352	44 510	33 656	297 645
Angehörige	238 397	28 308	59 624	43 348	369 677

Tab. 1: Die Wirtschaftsstruktur in den einzelnen Teilen des Handelskammerbezirks Köln von 1914 im Jahre 1907 nach Wirtschaftssektoren

	Stadt Köln	Stadt Mülheim	Landkreis Köln	Landkreis Mülheim	Kammerbezirk von 1914
Landwirtschaft	2	1	20	21	7
Industrie und Bergbau	48	69	54	49	51
Handel und Verkehr	27	15	10	8	21
Häusliche Dienste, Tagelöhner	3	2	1	1	2
Öffentliche Dienste, freie Berufe	8	4	3	12	8
Ohne Beruf	12	9	12	9	11

Tab. 2: Anteil der einzelnen Wirtschaftssektoren in den einzelnen Teilen des Handelskammerbezirks Köln von 1914 im Jahre 1907 in v.H. aller Erwerbstätigen

Wipperfürth zum Rheinisch-Bergischen Kreis erweitert, was allerdings die Grundzüge der Wirtschaftsstruktur in dem so über den Kölner Kammerbezirk hinausgehenden Raum, d.h. innerhalb der gesamten Region, nicht beeinträchtigt hat.

Bei diesem Vergleich zeigen sich auch die Unterschiede zwischen den drei Verwaltungseinheiten. Die Stadt Köln dominierte vor allem im Dienstleistungsgewerbe und in den Großbetrieben des sekundären Sektors, vgl. Tabellen 1 bis 4.[15]

Eine Betrachtung der Anteile der einzelnen Wirtschaftssektoren zeigt die Dominanz des produzierenden Gewerbes (Industrie, Bergbau, Handwerk), aber auch die bereits starke Stellung der erwerbswirtschaftlichen Teile des tertiären Sektors, vgl. Tabelle 2.

	absolut	in v.H. aller Erwerbstätigen
Landwirtschaft	19 029	4
Industrie und Bergbau	196 536	43
Handel und Verkehr	124 547	28
Häusliche Dienste, Tagelöhner	28 720	6
Öffentliche Dienste, freie Berufe	34 802	8
Ohne Beruf	48 285	11

Tab. 3: Anteil der einzelnen Wirtschaftssektoren im Industrie- und Handelskammerbezirk Köln 1925 absolut und in v.H. aller Erwerbstätigen

1907 gab es im Bezirk der Kölner Kammer 12 343 Handelsbetriebe mit 39 355 Beschäftigten, 1925, d.h. nach der Erweiterung der Stadt 1914 und 1922, ferner der Einbeziehung des Kammerbezirks Mülheim 1914, waren es 21 813 Unternehmen des Handels mit 76 814 Beschäftigten. Etwa 90 v.H. der Betriebe und 94 v.H. der Beschäftigten waren auch jetzt in der Stadt registriert[16], d.h. der Zuwachs durch Eingemeindungen und durch die Erweiterung des Kammerbezirks hatte nicht den entscheidenden Anteil an dieser Erhöhung der Zahl der Unternehmen und der Beschäftigten, sieht man von der Eingemeindung der Stadt Mülheim einmal ab. Wichtiger war die wirtschaftliche Weiterentwicklung. Der Handel umfaßte dabei den Einzelhandel mit zahlreichen Spezialgeschäften, den Großhandel und den Handel als rechtlich selbständige Organisation des Absatzes der Produzenten. Wirminghaus meinte, daß gerade der zuletzt genannte Handel infolge des Kapitalmangels nach dem Ersten Weltkrieg stark zurückgegangen sei, so daß das Kommissions- und Vertretergeschäft noch stärker als bisher in den Vordergrund getreten sei. Dies ist vielleicht auch als ein Hinweis darauf anzusehen, daß die Handelsvertreter ab 1922 zwei Personen separat in die Mitgliederversammlung wählen durften.[17]

Aufgrund der Änderungen in den einzelnen kommunalen Bezirken kann die Aufschlüsselung für 1925 nicht mehr mit den Angaben für 1907 verglichen werden. Die Zusammenfassung der Zahlen für die einzelnen Teile des Kammerbezirks zeigen aber die Unterschiede zwischen den Berufszählungen von 1907 und 1925, vgl. Tabellen 2 und 3.

Es zeigt sich, daß die Entwicklung zwar noch durch eine absolute Ausdehnung des produzierenden Gewerbes gekennzeichnet war. Der Anteil nahm aber von 51 auf 43 v.H. ab. Die relative Zunahme der Zahl der Arbeitsplätze war im Sektor Handel und Verkehr demgegenüber erheblich. Der Anteil wuchs von 1907 bis 1925 von 21 auf 28 v.H. an. Dabei ist zu berücksichtigen, daß in Deutschland insgesamt in dieser Zeit der Anteil des produzierenden Gewerbes, gemessen an der Zahl der Erwerbstätigen, von 38 (1907) auf 40 v.H. (1925) wuchs; Handel, Banken, Versicherungen und Gastgewerbe stiegen zugleich von 10,5 auf 12,5 v.H.[18] D.h. in Köln zeigte sich bereits zu dieser Zeit ein in den meisten Teilen Deutschlands erst später einsetzender Trend zur beginnenden Ausdehnung der Dienstleistungen nicht nur auf Kosten der Landwirtschaft, sondern auch zu Lasten der produzierenden Gewerbe.

Ganz anders verlief die Entwicklung zwischen 1925 und 1933, wobei vor allem die Weltwirtschaftskrise mit ihren harten Einschnitten in den Absatzmöglichkeiten industrieller Produkte prägend wurde, während in den vorhergehenden vier Jahren (1925 bis 1928) durchaus noch eine Aufwärtsentwicklung zu verzeichnen war, die sich allerdings nicht statistisch exakt einwandfrei und genau nachweisen läßt, da die Berufsstatistik von 1925 allenfalls fortgeschrieben wurde.[19] Die

absolut	in v.H.	in v.H. aller Erwerbstätigen	Erwerbslose aller Erwerbstätigen, einschl. ohne Beruf	in v.H. der Erwerbstätigen in Köln
Landwirtschaft	25 288	7,7	6,9	28
Industrie und Bergbau	128 431	38,9	34,6	40
Handel und Verkehr	113 129	34,3	30,5	20
Häusliche Dienste, Tagelöhner	20 264	6,1	5,4	15
Öffentliche Dienste, freie Berufe	42 865	13,0	11,6	13
Ohne Beruf	–	–	11,0	–
Zusammen	329 977	100,0	100,0	–

Tab. 4: Anteil der einzelnen Wirtschaftssektoren im Industrie- und Handelskammerbezirk Köln absolut und in v.H. aller Erwerbstätigen im Jahre 1933; Anteile der Erwerbslosen in der Stadt Köln

Zahl der Arbeitslosen nahm dann ab 1929 zu, teilweise erheblich, und beeinträchtigte dann sogar die politische Situation. Tabelle 4 zeigt diese Situation auf dem Arbeitsmarkt bei einem Vergleich mit Tabelle 3 deutlich.

Die einzelnen Angaben der Berufszählungen von 1907, 1925 und 1933 sind nur größenordnungsmäßig miteinander vergleichbar. Die Spalte „ohne Beruf" für 1933 geht hier von einer fiktiven Größenordnung der Erwerbspersonen ohne Berufsangaben wie in den Jahren 1907 und 1925 in Höhe von elf v.H. aus, um so die Ergebnisse der Erhebungen über alle drei Zählungen vergleichbar zu machen.

Auch in den Zahlen von 1933 zeigen sich ein weiterer Rückgang des Anteils des produzierenden Gewerbes und ein deutlicher Anstieg des erwerbswirtschaftlichen Teiles der Dienstleistungen, der vor allem in der Rubrik Handel und Verkehr zusammengefaßt war. Köln und sein Wirtschaftsraum waren offensichtlich in der beginnenden Entwicklung zur Dienstleistungsgesellschaft im Sinne von Fourastié.[20] Man kann davon ausgehen, daß Köln verstärkt die zentralen Aufgaben beim Handel mit Waren und mit Geld und Kredit für den Niederrhein bis weit in das bergisch-märkische Gebiet hinein übernommen hatte.[21]

Bei den Erwerbstätigen des Jahres 1933 wurden nur die wirklich erwerbstätigen Personen erfaßt. Gleichzeitig wurden jedoch für die Stadt Köln auch die Erwerbslosen nach den einzelnen Wirtschaftssektoren registriert. In der letzten Spalte von Tabelle 4 wurden daher deren Anteile an der jeweiligen Summe von Erwerbstätigen und Erwerbslosen, d.h. an den Erwerbspersonen, aufgenommen. Immerhin waren in der Stadt Köln 1933 von 356 399 Erwerbspersonen 99 720 arbeitslos (= 28 v.H.), im Landkreis Köln von 45 012 Erwerbspersonen 9 629 (= 21 v.H.) und im Rheinisch-Bergischen Kreis von 48 350 Erwerbspersonen 10 435 (= 22 v.H.).[22] Die Unterschiede zwischen den drei Verwaltungseinheiten waren mithin erheblich, und zwar wegen des hohen Anteils der Landwirtschaft in den beiden Landkreisen. Im Deutschen Reich erreichten die Anteile der Erwerbslosen an der Gesamtzahl der Erwerbstätigen etwa 20 v.H., nicht zuletzt aufgrund des auch hier hohen Anteils der Erwerbstätigen in Landwirtschaft, Forstwirtschaft, Gärtnerei und Fischerei in Deutschland mit 34 v.H.[23] Im Kölner Kammerbezirk wie auch im Deutschen Reich gab es erhebliche Unterschiede in der Arbeitslosenrate zwischen den einzelnen Wirtschaftssektoren.

Am stärksten war das produzierende Gewerbe betroffen und hier vor allem, aus der Tabelle nicht ersichtlich, das Investitionsgütergewerbe. Dabei zeigten sich die negativen Auswirkungen einer weitgehend auf Investitionsgüter ausgerichteten Industrie in Köln. Die Konsumgüterindustrie und das Handwerk hatten wesentlich günstigere Zahlen aufzuweisen. Auch für Köln und die Region war damit die Weltwirtschaftskrise für die weitere wirtschaftliche Entwicklung einschneidend negativ wirksam. Man glaubte gerade, die für das Rheinland allgemein und die Kölner Region im besonderen nachteiligen Auswirkungen der Besatzungspolitik überwunden zu haben, als mit der Weltwirtschaftskrise neue Einschnitte kamen, die nicht nur die Wirtschaft, sondern auch die Bevölkerung und damit die sozialen Verhältnisse, aber auch über den Rückgang der Steuerkraft, die Gemeinden und damit wiederum die Bevölkerung trafen.

Erstaunlich hoch ist die Arbeitslosigkeit im Sektor Landwirtschaft, Forstwirtschaft und Gärtnerei. Im Reichsdurchschnitt waren hier kaum fünf v.H. arbeitslos geworden, da im allgemeinen eine relativ kontinuierliche, über mehrere Jahrzehnte gehende (Forstwirtschaft) oder auf den Grundbedarf an Nahrungsgütern ausgerichtete Produktion bestand. Möglicherweise hat in Köln die Produktion von Spezialprodukten der Landwirtschaft eine große Bedeutung gehabt. Vielleicht handelt es sich aber auch um eine fehlerhafte Erhebung der statistischen Daten, wie dies keineswegs selten war.

Das Geld- und Kreditwesen und die Börsengeschäfte nahmen in den ersten Jahren nach dem Ersten Weltkrieg in Köln selbst erheblich zu. Köln wurde zusammen mit Frankfurt/M. zum wichtigsten Handels-, Bank- und Börsenplatz in Deutschland außerhalb Berlins aufgrund der besonderen Situation im Zusammenhang mit den Reglementierungen und Behinderungen des Handels aus dem besetzten Gebiet und in das besetzte Gebiet. Das sogenannte Loch im Westen, d.h., die von den Alliierten erlaubte und nicht mit Einfuhrzöllen belastete Zufuhr über die westliche Grenze, erwies sich wenigstens in diesem Punkt für die Kölner Wirtschaft als ein positiver Faktor und verbesserte die Expansionschancen der genannten Wirtschaftszweige.

Es kam vor allem zu einer Zunahme der Filialen von Privatbanken. Auch das Versicherungswesen dehnte sich erheblich aus. Hinzu kam dann noch ab 1924 unabhängig von den politischen Rahmenbedingungen, sondern als Sonderentwicklung auf der Basis einer innovativen Gesinnung in der Stadtverwaltung, in der Industrie- und Handelskammer zu Köln und in der Kölner Wirtschaft das Messegeschäft mit seinen unmittelbaren Auswirkungen auf das Gast- und Übernachtungsgewerbe und seinen mittelbaren Folgen für die Entwicklung der Absatzchancen vieler Wirtschaftszweige des Rheinlandes und anderer Herkunftsländer der Messebeschicker.

Insgesamt gab es während der gesamten Zeit eine breite Streuung der wirtschaftlichen Aktivitäten im Kammerbezirk, und zwar sowohl im Dienstleistungsbereich als auch im produzierenden Gewerbe. Beim überregionalen Handel, bei Banken und bei Versicherungen konnte man die im 19. Jahrhundert entwickelte Position weiter gestalten. Dabei gab es kaum eine Konkurrenz mit den zentralen Einrichtungen in Berlin (Banken und Versicherungen), da die regionalen Beziehungen eine kräftige Substanz hatten. Der Wandel in den letzten beiden Jahrzehnten vor dem Ersten Weltkrieg, im Zusammenhang mit dem gewaltigen Wirtschaftswachstum auch und vor allem im rheinisch-westfälischen Industriegebiet, hatte eher Zuwachs an Leistungsbedarf des tertiären Sektors geschaffen, nicht aber die Grundsubstanz dessen, was von dem in Köln beheimateten Dienstleistungsgewerbe erbracht wurde, betroffen.[24]

Grundsteinlegung zum Kölner Werk der Ford Motor Company am 2. Oktober 1930 im Beisein von Henry Ford I. und des Kölner Oberbürgermeisters, Konrad Adenauer

Fließbandfertigung im neuen Kölner Ford-Werk 1931

Wahlabteilung	1	2	3	zusammen bzw. im Durchschnitt
Zahl der Wähler	190	590	3 800	4 580
Zahl der Wähler in v.H.	4,10	12,90	83	100
Staatlich veranlagte Gewerbesteuer in Mark	674 292	273 842	197 816	1 145 950
Steuermeßbetrag je Wähler	3 549	464	52	250
In v.H. des Steuermeßbetrages	58,90	23,90	17,20	100
Mitglieder	14	13	13	40
Wähler je Mitglied	13,57	45,38	292,31	114,50
Je Mitglied im Durchschnitt Steuern in Mark	48 163	21 064	15 216	28 649

Tab. 5: Struktur der Wahlabteilungen bei der Mitgliederwahl zur Vollversammlung der Handelskammer zu Köln im Jahre 1913

Auch im produzierenden Gewerbe hatte es daher im Kölner Raum einen erheblichen Aufschwung gegeben. Der Bedarf an Eisenbahnanlagen (rollendes und nichtrollendes Material), an Anlagen in der Bergbau- und Hüttenindustrie, ferner allgemein im Maschinenbau hatte bis 1928 sehr günstige Auswirkungen auf die Beschäftigungslage im Kölner Raum gehabt.

An Industrie waren vorhanden: Metallindustrie, Maschinenbau, Bekleidungsindustrie, Nahrungs- und Genußmittelindustrie, insbesondere auch Brauereien, chemische Industrie, Bergbau, letzterer jedenfalls mit der Verwaltung, aber auch im Landkreis Köln als Braunkohle- und im Bergischen als NE-Metallerzbergbau, ferner das Baugewerbe mit Hoch- und Tiefbau. Hinzu kam das Werk der *Ford Motor Company*, das 1931 in Köln mit der Produktion begann, allerdings zunächst durch die Weltwirtschaftskrise in den Absatz- und damit auch in den Produktionsmöglichkeiten sehr eingeengt. Die Anwerbung der Firma Ford für eine für ganz Europa zuständige Produktionsstätte war in erster Linie das Verdienst des damaligen Kölner Oberbürgermeisters Konrad Adenauer.[25]

Das produzierende Gewerbe war nicht nur hinsichtlich der Branchen, sondern auch hinsichtlich der Betriebsgrößen breit gestreut. Es hatte daher unter den beiden genannten Gesichtspunkten nicht die Einseitigkeit wie z.B. die Wirtschaft des Ruhrgebietes oder einzelner Küstenstädte. Dabei gab es allerdings eine enge Verflechtung zwischen den einzelnen Unternehmen durch die Zulieferung an die Hersteller des Endproduktes, so daß bei wirtschaftlichen Krisen einzelner Branchen durchaus auch andere Branchen mit einbezogen wurden. Insgesamt kam es vor allem im mittleren und größeren Industriebereich in der Weimarer Zeit allgemein, besonders konzentriert aber in der Weltwirtschaftskrise, zu Fusionen, zu Übernahmen und dann bald auch zur Stillegung ganzer Fabriken.[26] Dies war deutlich mehr als die reinigende Wirkung einer Wirtschaftskrise im Sinne Schumpeters. Vor allem einige der älteren Gründerfamilien aus Köln und Umgebung, die in der zweiten Hälfte des 19. Jahrhunderts erheblich zum wirtschaftlichen Aufstieg Kölns beigetragen hatten, traten zunehmend in den Hintergrund (Guilleaume, Stollwerck usw.).[27]

Die Streuung der Betriebsgrößen wird aus den Wahlergebnissen nach dem abgestuften Wahlrecht, d.h. an der staatlich veranlagten Gewerbesteuer ausgerichtet, deutlich. Die letzten Wahlen zur Mitgliederversammlung vor dem Ersten Weltkrieg hatten die aus Tabelle 5 ersichtlichen Ergebnisse gebracht.[28]

Die klein- und mittelbetrieblichen Unternehmen überwogen bei weitem. Zu den Kleinunternehmen sind noch die Minderkaufleute nach § 4 des Handelsgesetzbuches zu rechnen. 1920 betrug die Differenz zwischen im Handels- und im Genossenschaftsregister eingetragenen Unternehmen und den Zugehörigen der Kammer immerhin etwa 2 300.[29]

Besonders wichtig war für die Wirtschaft des Kölner Raumes die Braunkohlenförderung und -verarbeitung. Dabei dominierten bis 1932 noch die Belieferung von Industrieunternehmen mit Rohbraunkohle und die Herstellung von Briketts für die privaten Haushalte. Seit den zwanziger Jahren wuchs auch in zunehmendem Maße die schon an der Wende zum 19. Jahrhundert begonnene Produktion von Elektrizität. Die Elektrizitätsversorgung wurde flächenmäßig erheblich ausgedehnt, was die Absatzchancen der Braunkohlengruben erheblich verbesserte, sie teilweise vor allem auch in der Weltwirtschaftskrise vor dem wirtschaftlichen Absturz bewahrte. Die Produktion der Elektrizität von 1918 bis 1933 zeigt diese Entwicklung. Die Produktion wuchs in Deutschland um 98 v.H.[30] Dazu kam auch, daß die Brikettversorgung der privaten Haushalte zur Versorgung mit einem Grundbedarfsgut gehörte. Die Nachfrage nach Briketts sank daher in der Weltwirtschaftskrise ebenfalls nur geringfügig ab. Lediglich die Nachfrage der Industrie nach Braunkohle gab erheblich nach.

Gerade diese Vielfalt der Kölner Industrie sorgte dafür, daß in der Weltwirtschaftskrise und allgemein bei konjunkturellen Flauten die Nachfrage nicht so stark absank wie z.B. für die Wirtschaft des Ruhrgebietes. Auch im Verhältnis zu den Zahlen anderer industrieller Regionen in Deutschland war der Durchschnitt der Arbeitslosigkeit im Kölner Raum noch relativ niedrig, obgleich man die Not zahlreicher Familien und die Belastung der Gemeinden durch Unterstützungsansprüche nicht unterschätzen darf. Immerhin verminderte z.B. die Carlswerk-Gruppe von *Felten & Guilleaume* die Zahl ihrer Beschäftigten von 1929 = 17 000 auf 1931 = 9 000.[31] Die Gesamtzahl der Arbeitslosen lag 1933 in den drei kommunalen Verwaltungsgebieten, die zum überwiegenden Teil den Kölner Kammerbezirk ausmachten, bei etwa 120 000 Personen[32], so daß im Grunde durchschnittlich jeder dritte Haushalt hierdurch betroffen war.

Aber nicht nur in der Weltwirtschaftskrise ging die Zahl der Erwerbstätigen zurück, sondern infolge der Einberufungen auch in den ersten Monaten des Ersten Weltkrieges, obgleich genaue Zahlen bisher hierfür nicht zusammengestellt worden sind. Immerhin sollen bis zum Ende des Jahres 1914 bereits etwa vier Mio. Männer in den Streitkräften gedient haben, d.h. deutlich mehr als zehn v.H. aller Erwerbstätigen. Wirminghaus ging davon aus, daß etwa ein Viertel aller Industriearbeiter während des Ersten Weltkrieges einberufen wurde.[33] Bei einzelnen Unternehmen lag dieser Anteil zunächst noch erheblich höher. So sollen bei der *Chemischen Fabrik Kalk* 1914 etwa 720 der 800 Mitarbeiter eingezogen worden sein oder aufgrund freiwilliger Meldung nicht mehr für die Produktion zur Verfügung gestanden haben.[34]

Die durch die konjunkturelle Talfahrt in der Weltwirtschaftskrise betroffene Zahl hatte etwa das gleiche Ausmaß wie die durchschnittliche Einberufungsquote im Ersten Weltkrieg, allerdings mit unterschiedlichen Anteilen in Abhängigkeit von der Wirtschaftsstruktur.

2 DIE ALLGEMEINEN UND DIE BESONDEREN PROBLEME FÜR DIE WIRTSCHAFT DES KÖLNER RAUMES

2.1 DIE ZEIT DES ERSTEN WELTKRIEGES

2.1.1 Die Änderung der Rahmenbedingungen für die Wirtschaft infolge des Krieges

Zu Beginn des Ersten Weltkrieges ergaben sich wie in allen Teilen Deutschlands vor allem Probleme aus der Einberufung eines großen Teiles der Männer zum Wehrdienst, durch die weitgehende Unterbindung des Außenhandels mit der entsprechenden Verknappung insbesondere von Rohstoffen, aber auch der Unterbrechung der Ausfuhr aus dem industriellen Sektor, einem wichtigen Absatzmarkt zahlreicher Unternehmen, und schließlich mindestens in den ersten Kriegswochen aus der besonderen Situation der Ungewißheit in fast allen wichtigen Lebensbereichen. Die Bevölkerung und auch die Unternehmer waren darauf ausgerichtet, Vorsorge zu treffen: Nahrungsmittel, Rohstoffe aus dem Ausland und Metallgeld oder allgemein Geld wurden zurückgehalten oder man versuchte, sich einen gewissen Risikovorrat anzulegen. Insbesondere versuchten zahlreiche Personen, ihre Guthaben bei den Banken zu vermindern.

Der Außenhandel wurde entscheidend beeinträchtigt. Zunächst kam es bereits nach dem Beginn des Krieges durch eine britische Proklamation vom 5. August 1914 zur Unterbrechung der Nahrungsgüter- und Rohstoffzufuhren. Die dann am 2. November 1914 von Großbritannien verhängte Blockade war zwar völkerrechtswidrig, weil sie auch Schiffe neutraler Länder betraf. Rechtliche Argumente konnten aber die tatsächlichen Verhältnisse nicht ändern. Es wurde seitens der Entente-Mächte sogar darauf gesehen, daß auch die neutralen Länder und deren Handelsunternehmen sich verpflichteten, den Handel mit Deutschland nicht auf solche Produkte auszudehnen, die der Blockade unterlagen.[35] Man versuchte zwar von deutscher Seite aus, Ersatzlösungen zu organisieren, also z.B. den Außenhandel mit Südamerika über Genua auszuweiten, jedenfalls bis zum Eintritt Italiens in den Krieg 1915. Auch blühten verschiedene Schiffahrtslinien in den Niederlanden und in Schweden auf, die den deutschen Außenhandel unter ihre Obhut nahmen. Auf Dauer waren aber auch diese Bemühungen begrenzt, da die Blockade in zunehmendem Maße auch den Handel und die Spedition über die neutralen Länder betraf.

Für die Handelskammern kam damit eine wichtige Aufgabe zu ihren bisherigen Tätigkeiten hinzu. Sie hatten die Firmen in ihrem Kammerbezirk, die auf den Außenhandel ausgerichtet waren, über die Möglichkeiten und die Chancen eines solchen Außenhandels, aber auch über Ersatzlösungen durch den Übergang zu auf den Heeresbedarf oder den inländischen Markt ausgerichteten Produktionen zu informieren.[36]

Die Verminderung der Rohstoffzufuhr und der verfügbaren Arbeitskräfte führte dazu, daß die bisherige Produktion erheblich beeinträchtigt wurde. Dies setzte sich im Laufe des Krieges weiter fort, da bald auch die vorhandenen Vorräte an Rohstoffen aufgebraucht waren und die Bewirtschaftung auch der im Inland erzeugten Rohstoffe eine kontinuierliche Versorgung für die meisten Unternehmer unterbrach. Dies gilt z.B. für die sicher nicht kriegswichtigen, aber immer wieder in der Literatur angeführten Brauereien. Im Bezirk der Handelskammer Köln gab es bei Beginn des Ersten Weltkrieges 83 Brauereien. Bis zum Oktober 1917 konnten nur noch 15 die Bierproduktion aufrecht erhalten, teilweise auch bereits mit Ersatzstoffen für die Braugerste versehen. Auch in den 15 noch arbeitenden Brauereien wurden die Produktionskapazitäten nicht voll ausgelastet. Damit waren die Unternehmen der Brauereien im Grunde über mehr als vier Jahre in ihrer Entwicklung, in ihren Gewinnchancen und damit auch in ihrer wirtschaftlichen Absicherung (Schuldendienst usw.) beeinträchtigt. Anderen Wirtschaftszweigen ging es ähnlich. Teilweise wurde die Produktion völlig unterbrochen.

Essensausgabe an hungernde Kölner Kinder im Ersten Weltkrieg

Köln wurde im Ersten Weltkrieg zu einem wichtigen Knotenpunkt der Versorgung weiter Teile der Westfront, d.h. eigentlich der wichtigsten Truppenverbände. Als Festungsstadt hatte Köln die erforderlichen Gebäude und als Garnisonsstadt immer einen erheblichen Bestand an Soldaten aufzuweisen. Trotzdem sank die Einwohnerzahl von 1914 mehr als 635 000[37] auf 1917 nur noch 550 000 Einwohner.[38] Gemessen an der Einwohnerzahl ist aber wohl davon auszugehen, daß nach und nach etwa 80 000 bis 90 000 Personen zum Militärdienst eingezogen wurden, wenn die Einberufungsquote auf dem Niveau des Reichsdurchschnitts lag. Die Militärpersonen wurden bei den Registrierungen im Kriege nicht mitgezählt. Die Ausgabe der Nahrungsmittelkarten wurde ab 1915 entscheidend für die Einwohnerstatistik.[39]

Die Festungseigenschaft der Stadt führte zunächst aber auch zu Beschränkungen in der Produktion, da innerhalb einer Festung nicht alle Produkte erzeugt werden durften.[40] Bald wurde im Rahmen der Einrichtung auf einen längeren Krieg im weiteren Raum um Köln jedoch die Sprengstoffindustrie ausgeweitet; dabei konnte man an mehrere Unternehmen der Vorkriegszeit anknüpfen.[41]

Insgesamt mußte sich die Wirtschaft erheblich umstrukturieren, da viele Produktionszweige keine Versorgung mit Rohstoffen und Vorprodukten mehr hatten und da manche gerade kleinere Unternehmen unabhängig von der Branchenzugehörigkeit stillgelegt wurden, weil der Inhaber des Betriebes einberufen worden war. Im Laufe des Krieges nahm dann die Kriegsgüterproduktion immer mehr zu, der private Verbrauch mußte darunter besonders leiden, d.h. die Versorgung der Bevölkerung auch mit Gütern des Grundbedarfs (Nahrung, Kleidung, Wohnung, Haushaltsgeräte usw.) wurde immer schlechter. Immerhin wurden mit bis zu zehn Mio. Soldaten auch etwa 15 v.H. der Nachfrager über die Militärverwaltung versorgt und fielen als Nachfrager ziviler Güter weitgehend aus. „Der Heeresbedarf war unproduktiver Konsum, äquivalentlose Wertvernichtung", meinte Wirminghaus, wohl vor allem im Hinblick auf die Rüstungsgüter.[42]

In ein weiteres, für die Bevölkerung vielleicht sogar bald das wichtigste Problem war die Handelskammer nur am Rande eingeordnet. Es ging um die Versorgung der Bevölkerung mit Nahrungsmitteln. Die Stadt Köln hatte durch ihren Beigeordneten Konrad Adenauer bereits relativ zeitig sich dieser Versorgungsproblematik angenommen und vor allem versucht, durch Maiszufuhren aus Rumänien vor dessen Kriegseintritt im Sommer 1916 die Herstellung von Brot in Form von Surrogaten gegenüber der Friedensproduktion abzusichern.[43] Otto von Steinmeister hat als Regierungspräsident (bis zum 1. September 1917) vor allem auch die Organisation der Versorgung mit Nahrungsmitteln durch die Einrichtung von Ernährungsämtern entsprechend reichseinheitlicher Vorschriften geschaffen. Vorausgegangen war die Einrichtung von Zentraleinkaufsgesellschaften mbH (ZEG). Diese waren zu Beginn des Jahres 1917 aus zwei inzwischen entstandenen Organisationen gebildet worden: (1) Am Anfang des Krieges hatte Albert Ballin in Hamburg, d.h. im wichtigsten deutschen Einfuhrhafen auch für Nahrungsgüter, eine *Reichseinkaufs GmbH* gegründet. (2) Im Mai 1916 war in Berlin das Kriegsernährungsamt geschaffen worden.[44]

Hier wurde gewissermaßen die private Initiative und die privatrechtliche Organisation einer Ergänzung der Versorgung mit einer staatlichen Einrichtung der Registrierung und Erfassung der inländischen Produktion und einer Verteilung verbunden. Die Handelskammern wurden in diese Organisation nicht mit eingebunden, jedoch die Landwirtschaftskammern.

In einem anderen Zusammenhang wurde auch hervorgehoben, daß als „Krebsschaden der deutschen Kriegswirtschaft" im Ersten Weltkrieg anzusehen sei, „daß man zentrale Zivilressorts in Konkurrenz zur militärischen Kriegswirtschaftsleitung belassen hätte. Gerade dieser Mangel sei durch das ‚Hindenburg-Programm' eher verschärft denn behoben worden".[45] Und in der Tat war die Organisation der Kriegswirtschaft unter den Zeitgenossen wie auch unter den Wissenschaftlern der Weimarer Zeit sehr umstritten, bis hin zu der Argumentation, daß gerade durch diese Organisationsbemühungen der Krieg erheblich verlängert wurde und damit die Verluste gewaltig anstiegen, zumal wenn man bedenkt, daß der Krieg aufgrund der Verteilung der menschlichen und sachlichen Ressourcen schon am Anfang aussichtslos war.

Der neue Regierungspräsident (ab 25. September 1917) Karl von Starck[46] hatte sich zwischen den regionalen politischen Kräften, den von außen kommenden Einflüssen, vor allem der Rätebewegung seit dem Auftreten von Kieler Marinesoldaten ab 7. November 1918 in Köln und den Besatzungsbehörden ab dem Einmarsch der britischen Besatzungstruppen am 6. Dezember 1918 zu bewegen. Außerdem hatte Köln den überwiegenden Teil der deutschen Truppen zu betreuen, die nach dem Waffenstillstand innerhalb von vier Wochen auf der Bahn oder auf den Landstraßen in das rechtsrheinische Gebiet strömten, und die irgendwie versorgt werden sollten.

Es gab mithin während des Krieges und in den ersten Nachkriegswochen erhebliche Beeinträchtigungen der Wirtschaft des Kammerbezirks, vor allem mit deutlichen Einschnitten in das Leben der einzelnen Familien. Diese Beeinträchtigungen waren aufgrund der stärkeren Einspannung des Kölner Raumes in die Kriegswirtschaft und in die Kriegsfolgen Deutschlands einschneidender als in vielen anderen Teilen Deutschlands.

2.1.2 Der Geld- und Kreditmarkt

Die einzige gezielte Vorbereitung im wirtschaftlichen Bereich für einen Krieg war im Geld- und Kreditwesen vorgenommen worden. Solche Notwendigkeiten hatten sich bereits deutlich vor 1914 gezeigt.[47] Die Reichsbank hatte zu Beginn des Krieges das Instrument der Darlehnskassen, aufgrund der Erfahrungen aus den Jahren 1848, 1866 und 1870 und der vorbereiteten Pläne, benutzt[48], um die Liquidität der Wirtschaft, insbesondere der auf die Kriegsgüterproduktion ausgerichteten Unternehmen, zu verbessern, sie in die Lage zu versetzen, Investitionen zur Umrüstung und Ausweitung ihrer Kapazitäten vorzunehmen. Diese Darlehnskassen gewährten vor allem kriegswichtigen Unternehmen Darlehen (Lombardkredite gegen Hingabe von Waren oder Wertpapieren) und erweiterten damit den Kreditrahmen der gesamten Wirtschaft. Diese Intention wurde allerdings bald verwässert. Während in den ersten Kriegsmonaten die Kreditgewährung an die private Wirtschaft noch beachtlich war, allerdings auch nur etwa knapp ein Viertel aller Kredite der Darlehnskassen betrug, ging dieser Anteil immer mehr zurück. Vor allem die Länder und die Kommunen waren schließlich die Hauptkreditnehmer.[49] Sie vermieden damit den freien Markt mit seinen höheren Zinssätzen.

Die Darlehnskassen finanzierten sich durch die Ausgabe von unverzinslichen Kassenscheinen, die wie Banknoten zirkulierten und von den öffentlichen Kassen nach ihrem Nennwert angenommen wurden. Das war eine eindeutige Geldvermehrung.

Die Aufhebung des Umtauschzwangs von Banknoten oder Bankguthaben gegen Goldmünzen am Anfang des Krieges versetzte zudem die Reichsbank in die Lage, die Dritteldeckung der Währung, d.h. der ausgegebenen Banknoten, mit Gold zunächst aufrecht zu erhalten. Die bald erfolgende Propagierung des Einsammelns von (Schmuck-)Gold aus der Bevölkerung (z.B. der Austausch von goldenen Uhrketten gegen eiserne, die die Eingravierung enthielten „Gold gab ich für Eisen"), ergänzte diese Bemühungen und hielt wenigstens bis in das Jahr 1916 die Fiktion einer Dritteldeckung der Währung durch Gold aufrecht. Da aber seit dem 4. August 1914 die Darlehnskassenscheine der Golddeckung gleichgesetzt wurden, wurde formell die Dritteldeckung sogar bis zum Ende des Krieges beibehalten, aber eben nur mit einem Hilfsmittel, das kein wirklicher Ersatz für Gold war. Die Handelskammern hatten ihre Zugehörigen über die neuen Möglichkeiten der Kreditgewährung durch die Darlehnskassen zu informieren. Dies galt insbesondere für die Finanzierung von Investitionen in Rüstungsunternehmen. Allerdings zeigte sich bald, daß gerade in diesen Unternehmen die Gewinne sehr stark anstiegen, so daß man nicht unbedingt auf die Kredite der Darlehnskassen angewiesen war

Die Kölner Handelskammer wandte sich bereits im Herbst 1914, als infolge der Bargeldhortung die Menge der umlaufenden Mittel knapp wurde, gegen die Ausgabe eigenen Notgeldes und versuchte auch, die Stadt Köln dahingehend zu beeinflussen, da es nach Ansicht der Handelskammer Aufgabe der Reichsbank war, der Not durch den vermehrten Druck von Banknoten und durch andere Maßnahmen entgegenzuwirken, nicht zuletzt, um die ausgegebene Geldmenge übersichtlich zu halten. Daher wurde auch der bargeldlose Zahlungsverkehr von den Handelskammern wie von der Reichsbank propagiert, eigentlich in Fortsetzung der bereits seit der Mitte der neunziger Jahre des 19. Jahrhunderts betriebenen Politik.

Ende 1918 lag der Betrag der Darlehnskassenscheine, zunächst 1914 bei Kriegsbeginn auf einen Bedarf etwa 1,5 Mrd. Mark veranschlagt, bei mehr als zehn Mrd. Mark[50], nach mancher Ansicht sogar bei etwa 15 Mrd. Mark.[51] Der Unterschied lag offensichtlich darin, daß die niedrigere Summe die im Publikum umlaufenden Kassenscheine erfaßte, während die höhere Summe auch die bei der Reichsbank liegenden Scheine in Höhe von etwas mehr als vier Mrd. Mark einbezog.

Trotz dieser Vorsorge der Reichsbank kam es in den ersten Wochen des Krieges doch zu einer Beeinträchtigung des Kreditmarktes, da zahlreiche Unternehmen aufgrund des Erlahmens des Wirtschaftslebens keine oder weniger Einnahmen hatten und damit nicht mehr in der Lage waren, sämtliche Forderungen ihrer Geschäftspartner zu erfüllen. Es kamen Überlegungen auf, neben den unter der Obhut der Reichsbank stehenden Darlehnskassen auch noch Kriegskreditkassen gründen zu lassen, und zwar unter der Obhut der Handelskammern.[52] Dies wurde aber nicht verwirklicht.

Die Zahlungsverpflichtungen zwischen Schuldnern und Gläubigern wurden aufgrund dieser Situation ebenfalls zu Beginn des Krieges grundsätzlich neu geregelt. Insbesondere wurden Schuldner, die Kriegsteilnehmer geworden waren, weitgehend geschützt. Auch Konkursverfahren wurden dann nicht eingeleitet, wenn die Zahlungsunfähigkeit darauf beruhte, daß die Zahlungen der Käufer für gelieferte Waren nur verzögert oder zunächst gar nicht eingingen. Man wollte damit verhindern, daß aufgrund der wirtschaftlichen Turbulenzen der ersten Kriegswochen selbständige Existenzen vernichtet wurden.[53] Dabei hatten sich z.B. mögliche Gemeinschuldner zur Vermeidung des normalen Konkursverfahrens unter die Aufsicht einer vom Gericht einzusetzenden Person zu stellen.[54]

Die gesetzliche Festlegung eines allgemeinen Moratoriums wurde zwar nicht beschlossen, da aus dem Kreis der Kammern und des Deutschen Handelstages hier Bedenken erhoben wurden. Man befürchtete, daß auch nicht von den Beeinträchtigungen der Wirtschaft durch den Krieg Betroffene diese Regelung ausnutzen könnten. Es kam aber immerhin schon auf der Basis eines Gesetzes vom 4. August 1914 zur Festlegung, daß Kriegsteilnehmer einen allgemeinen Schuldnerschutz genießen sollten.[55]

Insgesamt hatten die zahlreichen Bemühungen der staatlichen Stellen, auch der Reichsbank, aber ebenfalls der Handelskammern dazu beigetragen, daß die Geldverhältnisse, insbesondere die Zahlungsvorgänge, im Ergebnis zunächst in ruhigere Bahnen gelenkt wurden, daß insbesondere auch der bargeldlose Zahlungsverkehr bald wieder seine erforderliche Zuverlässigkeit bewies bzw. beweisen konnte.[56]

2.1.3 Die Beeinträchtigung der Börsengeschäfte

Besonders hart wurden die Börsengeschäfte getroffen, allerdings bereits seit dem Frühjahr 1914 mit der zunehmenden Nervosität an den meisten europäischen Wertpapierbörsen. Die Kurse der meisten Aktien und auch zahlreiche Rentenwerte schwankten erheblich seit dieser Zeit. Die Bereitschaft der europäischen wichtigsten Mächte (Großbritannien, Frankreich, Italien, Deutschland, Rußland und Österreich-Ungarn) zur Konfrontation in einem Krieg wurde immer deutlicher. Diese wirtschaftlichen Nervositäten verstärkten sich nach dem Mord von Sarajewo am 28. Juni 1914. Ende Juli/Anfang August 1914 wurden die Effektenbörsen in Deutschland geschlossen (Berlin am 30. Juli 1914, Köln „bei Kriegsausbruch").[57] Am stärksten waren die Versicherungswerte betroffen.

Seit dem 25. Juli 1914 wurden bereits die Termingeschäfte untersagt; die vorher abgeschlossenen Termingeschäfte blieben allerdings zunächst noch gültig. Ihre Abwicklung blieb aber zunächst ein Problem. Ein Gesetz vom 4. August sollte vor allem den Börsenterminhandel mit Waren, und hier insbesondere mit Getreide, beeinflussen.[58] Die generelle Regelung sah vor, daß ein Rücktritt möglich wurde, und zwar zu den bisherigen Bedingungen, als ob ein Rücktritt auch unter den bisherigen Bestimmungen möglich gewesen wäre. Die einzelnen Regelungen waren recht unterschiedlich. Es gab noch viele Unsicherheiten und offene Fragen. Dabei befaßte sich die Kölner Kammer im Herbst 1914 insbesondere mit den Termingeschäften für Kupfer und Zinn.[59]

Vor allem wurde vom Publikum als nachteilig angesehen, daß mit der Schließung der Börsen eine Veräußerung von ausländischen Wertpapieren nicht mehr oder nur unter nicht durchschaubaren Bedingungen möglich war.[60] Offensichtlich hatten nicht wenige Inhaber ausländischer Wertpapiere die Absicht, sich von diesen Papieren zu trennen, vor allem wenn es sich um solche Papiere handelte, die in einem der Feindstaaten beheimatet waren.

Mit der Schließung der Börsen beabsichtigte man außerdem zu verhindern, daß deutsches Geld ins Ausland floß (Fluchtkapital), daß Kurssprünge und insbesondere Kursstürze eintraten und daß die Spargelder statt für die Zeichnung der Kriegsanleihen für Börsengeschäfte verwendet wurden.[61]

Das Wertpapiergeschäft konnte man mit der Schließung der Börsen allerdings nicht unterbinden. Es fand nunmehr direkt zwischen den Banken statt,[62] allerdings außerhalb der Öffentlichkeit und damit der Kontrolle durch die Börsenorganisation.[63] Es kam sogar zur Erstellung von Kurszetteln und Stimmungsberichten. Davon profitierten insbesondere die Aktien der Rüstungsindustrie mit ihren steigenden Gewinnen. Dieses Verfahren war zunächst nicht verboten. Es wurde aber dann ausdrücklich untersagt. Die Unsicherheiten wuchsen, als im Laufe des Krieges von den Unternehmen der Rüstungsindustrie immer höhere Dividenden ausgeschüttet wurden. Allerdings zog man aus der Kursmitteilung zum Ende des Jahres 1914 seitens des Gesetzgebers, wegen der Steuerfestsetzung erforderlich, den Schluß, daß auch dieses zu verbieten sei.[64] Als dann im Sommer erörtert wurde, daß die ehemaligen Börsenbesucher an solchen Kursermittlungen und Kursinformationen beteiligt waren, erklärte der Vorstand der Kölner Börse, daß man sich von diesen Wertpapierspekulationen weitgehend freigehalten habe. Die Börsenordnung wurde vorsichtshalber am 24. Juli 1916 dahingehend ergänzt, daß während der Kriegszeit Preise und Nachrichten nur unter Beachtung festgelegter Grundsätze verwendet werden durften.[65] Eine Veröffentlichung der Kurszettel war aber nach wie vor verboten. Die Banken durften sich jedoch untereinander die Werte mitteilen. Im Dezember 1916 wurden die Kurse der Wertpapiere zu Steuerzwecken festgestellt[66], ein Zeichen dafür, daß weiterhin ein Marktgeschehen vorhanden war.

Eine Lockerung des Verbotes der Börsengeschäfte kündigte sich mit einem Erlaß des preußischen Handelsministers vom 2. November 1917 an. Es wurde erlaubt, wieder amtliche Kursfeststellungen für Dividendenpapiere vorzunehmen.[67] Der Grund hierfür war, daß die Werte der Kriegsindustrie in großem Umfange gehandelt wurden, aber ohne amtliche Kursnotierungen, d.h., der Markt war recht unübersichtlich. Während in Hamburg, Berlin und Frankfurt/M. die Kursnotierungen sofort wieder einsetzten, wurde in Köln der Börsenverkehr erst wieder am 1. Januar 1918 aufgenommen[68], aber nur mit Dividendenwerten. Festverzinsliche Werte waren hiervon ausgeschlossen. Dies geschah wohl vor allem zum Schutz vor erheblichen Kursschwankungen bei den Kriegsanleihen. Deren Kurse wurden halbamtlich gesammelt und den Banken mitgeteilt.[69]

Die Produktenbörse wurde durch den Krieg ebenfalls erheblich beeinträchtigt. Die meisten Produkte unterlagen nach und nach der Bewirtschaftung und kamen damit für das Börsengeschäft nicht mehr in Betracht. Trotzdem konnte sich ein Teil des Handels fast während des ganzen Krieges durchhalten lassen.[70] Die Bedeutung der noch gehandelten landwirtschaftlichen Produkte zeigte sich darin, daß z.B. noch 1917 im Vorstand der Produktenbörse drei Vertreter und drei stellvertretende Mitglieder aus der Landwirtschaft vorhanden waren.[71]

Der finanzielle Bedarf des Krieges hatte einen erheblichen Einfluß auf den Kreditmarkt und damit auf die Wirtschaft. Der überwiegende Teil der Kriegskosten wurde über Anleihen finanziert. Soweit diese nicht ausreichten, wurde der kurzfristige Kredit bei der Reichsbank in Anspruch genommen, was vor allem die Geldmenge vermehrte.

2.1.4 Der Arbeitsmarkt

Ein besonderes Problem war der Arbeitsmarkt. Die Einberufung von Inhabern kleinerer Unternehmen führte ebenso zu Betriebsstillegungen wie der Abbruch der Versorgung mit Rohstoffen und Vorprodukten aus dem Ausland oder der Aufhebung der Absatzchancen im Ausland. Auch in größeren Unternehmen wurden zunächst Teile der Produktion stillgelegt. Man aktivierte daher die schon vor 1914 bestehenden Arbeitsnachweise. Außerdem schufen die Arbeitgeberverbände am 6. August 1914 die Reichszentrale der Arbeitsnachweise.[72] An dieser Reichszentrale war ebenso der schon vor 1914 bestehende Verband deutscher Arbeitsnachweise beteiligt. Auch die Gewerkschaften wurden hinzugezogen. Es war gewissermaßen die Keimzelle für die spätere Reichsanstalt für Arbeitsvermittlung und Arbeitslosenversicherung, gegründet aufgrund des Gesetzes über die Arbeitslosenvermittlung und Arbeitslosenversicherung von 1927.[73]

Seit dem Winter 1914/1915 wurde der Mangel an Arbeit durch einen Mangel an Arbeitskräften abgelöst. Invaliden, Frauen, Jugendliche und ausländische Arbeitskräfte, in Polen und Belgien angeworben, wurden in kriegswichtigen und in für die Versorgung der Bevölkerung unentbehrlichen Wirtschaftszweigen eingesetzt. Das Hilfsdienstgesetz vom 5. Dezember 1916 versuchte dann schließlich, den mit den bisherigen Mitteln nicht zu beseitigenden Mangel an Arbeitskräften zu beheben.[74] Alle männlichen Personen im Alter vom 17. bis zum 60. Lebensjahr waren zur Arbeit verpflichtet, sofern sie nicht im Militärdienst standen (sogenannter Vaterländischer Hilfsdienst). Zunächst war auch daran gedacht worden, eine solche Dienstpflicht ebenfalls für Frauen einzuführen. Im September 1916 machte die Oberste Heeresleitung noch diesen Vorschlag.[75] Man unterließ dies dann aber, denn „wir brauchen nach dem Krieg die Frau als Gattin und Mutter." Die Wirtschaft sollte aber „noch mehr dazu angehalten werden, Frauen einzustellen, ferner darf den Frauen die Auswahl der Tätigkeit nicht allein überlassen bleiben, sondern sie muß nach Maßgabe der Fähigkeit, Vorbildung und Lebensstellung geregelt werden." So Hindenburg in einem Schreiben vom 23. Oktober 1916 an den Reichskanzler.[76]

In den ersten Kriegsjahren gab es nur wenige Streiks, was wohl als Ergebnis des sogenannten Burgfriedens anzusehen ist, der zu Beginn des Krieges von der Seite der Arbeitgeber und der Arbeitnehmer erklärt worden war. Bei den Arbeitnehmern spielte der Krieg gegen das Zarenreich als Zentrum der antidemokratischen Kräfte in Europa während des ganzen 19. Jahrhunderts für ihre Entscheidung zunächst eine große Rolle.

Während des Krieges, vor allem in den Monaten nach dem ersten Vierteljahr, als man erkannte, daß der Krieg wohl über eine längere Zeit gehen würde, ergaben sich erhebliche Wandlungen in der Struktur der Wirtschaft. Die Metall- und die chemische Industrie nahmen gemessen an der Zahl der Beschäftigten zu, die Konsumindustrie, vor allem die Textilindustrie auch aufgrund der Verminderung der Versorgung mit Rohstoffen, erheblich ab.[77]

Gleichzeitig ergaben sich Wandlungen in der Struktur der Beschäftigten. Die Zahl der erwerbstätigen Frauen nahm zu, da diese zum Teil aufgrund der geringen Versorgung der Familien der einberufenen Männer zur Aufnahme einer Arbeit gezwungen wurden, teilweise weil man direkt auch vor dem Dienstpflichtgesetz des sogenannten Hindenburg-Programms vom Dezember 1916 eine Tätigkeit anmahnte, teilweise auf Arbeitsplätzen, die bisher von einberufenen Männern besetzt waren, teilweise auch auf neuen Arbeitsplätzen in der sich schnell ausdehnenden Rüstungsgüterindustrie.[78] So waren im Carlswerk von *Felten & Guilleaume* 1918 4 596 deutsche Männer, 3 993 deutsche Frauen und 408 russische Kriegsgefangene beschäftigt, während der überwiegende Teil der bei Kriegsbeginn insgesamt 6 500 Arbeitnehmer deutsche Männer waren.[79] In der Rüstungsindustrie, im Bergbau und in anderen Wirtschaftszweigen fehlte es bald an Fachkräften.

2.1.5 Die Bewirtschaftungsmaßnahmen

Der Staat versuchte durch eine Organisation der Bewirtschaftung des Mangels, d.h. der nicht mehr den Bedarf deckenden Produkte, die wirtschaftlichen Aktivitäten auf die für die Kriegswirtschaft als wichtig und unverzichtbar angesehenen Produktionen zu begrenzen. Die Kriegsrohstoffabteilung, unter dem AEG-Manager Walther Rathenau am 13. August 1914 als Abteilung des preußischen Kriegsministeriums eingerichtet, wurde zum Kern der Bewirtschaftung. Beteiligt war auch der Initiator dieser Organisation Wichard von Moellendorff[80], der später nach 1918 zusammen mit dem Gewerkschaftler und SPD-Politiker Rudolf Wissell die Umwandlung und Weiterentwicklung der staatlichen Wirtschaftskontrollen in eine Planwirtschaft bewirken wollte. Rathenau sorgte zugleich dafür, daß einige Kriegsgesellschaften gegründet wurden, die die Rohstoffe registrieren, beschlagnahmen und verteilen sollten, in Absprache mit der Verwaltung der Reichsregierung. Es entstanden z.B. im September 1914 die *Kriegsmetall AG*, bald darauf die *Kriegschemikalien AG*, die *Kriegswollbedarfs AG*, 1915 die *Reichsgetreidegesellschaft*, aufbauend auf der *Kriegsgetreidegesellschaft* Preußens vom November 1914, dann die *Reichsfuttermittelgesellschaft*, die *Stein- und Braunkohlengesellschaft* usw.[81] Die Versorgung der Bevölkerung erfolgte auf einem sehr niedrigen Niveau und im Grunde nur mit den wichtigsten Gütern des Grundbedarfs. Auch die Wirtschaft mußte bald auf fast alles verzichten, was nicht dem Heeres- und dem Marinebedarf diente.

Die Übernahme der Obersten Heeresleitung durch Hindenburg und Ludendorff Ende August 1916 führte zu einer weiteren Durchorganisation der Wirtschaft, um die Versorgung des Heeres mit Waffen, Kleidung und Nahrungsgütern zu verbessern. Die zahlreichen Einzelmaßnahmen erhielten bereits im Sommer 1916 die Bezeichnung Hindenburg-Programm, weil der Sieger von Tannenberg vom August 1914 an als ein Symbol und Garant des militärischen und damit auch des kriegswirtschaftlichen Erfolges angesehen wurde.[82] Im Zusammenhang mit diesen organisatorischen Maßnahmen wurde zum 1. November 1916 das Kriegsamt gegründet, das alle bisherigen für die Kriegswirtschaft zuständigen Abteilungen des preußischen Kriegsministeriums zusammenfaßte. Das Kriegsamt übernahm hier Funktionen für das gesamte Deutsche Reich. Es wurde im Herbst 1917 durch die Entstehung des Reichswirtschaftsamtes ergänzt, das bisher als Abteilung des Reichsamtes des Innern fungierte.[83]

Die Handelskammern waren in dieses Bewirtschaftungs- und Verteilungsnetz vor allem als Informationsstellen eingeschaltet. In Zeitungsanzeigen und in Rundschreiben an alle oder einen Teil der Kammerzugehörigen versuchten sie, die von den einzelnen Maßnahmen und gesetzlichen Regelungen betroffenen Unternehmen zu informieren und gleichzeitig auch die staatlichen Stellen über die spezifischen wirtschaftlichen Verhältnisse innerhalb der einzelnen Wirtschaftszweige des Kammerbezirks zu unterrichten, um so deren Entscheidungen und Maßnahmen besser der Wirklichkeit anpassen zu können.

Dabei wurden auch Maßnahmen getroffen, um die Effizienz der in die Produktion von Waren für den Heeresbedarf eingespannten Unternehmen zu verbessern. Es gab Möglichkeiten zur Zusammenlegung von einzelnen Unternehmen. Im Dezember 1916 entstand so im Kriegsamt ein „Ständiger Ausschuß für Zusammenlegung von Betrieben", dessen Aufgaben im November 1917 das Reichswirtschaftsamt übernahm. Es hatte sich gezeigt, daß die Organisation in der bisherigen Form nicht sehr effektiv war.[84]

Eben zu diesem Zeitpunkt (1916) wurde in Berlin gleichzeitig ein „Reichskommissariat für Übergangswirtschaft" eingerichtet, um auf den Übergang zur Friedenswirtschaft vorbereitet zu sein.[85] Die Überlegungen und Arbeiten dieses Amtes halfen dann nach dem Ende des Krieges, die Demobilisierung in die Wege zu leiten, auch wenn damit noch nicht alle unvorhersehbaren Probleme gelöst werden konnten, insbesondere konnten die Engpässe in der Produktion aufgrund der weiterhin bestehenden Unterversorgung mit Rohstoffen aus dem Ausland nicht beseitigt werden.

Außer den Handelskammern und den staatlichen Stellen waren auch die Fachverbände in die Organisation der Kriegswirtschaft eingebunden. Hier ist insbesondere der Kriegsausschuß der deutschen Industrie zu nennen, der bereits im August 1914 aus dem Zusammenschluß des Centralverbandes deutscher Industrieller und des Bundes der Industriellen entstanden war. Nach dem Weltkrieg entstand hieraus der Reichsverband der Deutschen Industrie (RDI).

Einzelne Wirtschaftszweige gründeten eigene Kriegsausschüsse, um die Beschaffung und Verteilung von Rohstoffen, die Produktion und den Absatz so zu organisieren, daß diese Vorgänge den gewünschten Erfordernissen der staatlichen Kriegswirtschaft angepaßt waren. Zum weit überwiegenden Teil wurden diese Selbstverwaltungseinrichtungen der Wirtschaft Basen des staatlichen Bewirtschaftungssystems, was den Staat zu einem erheblichen Teil vor der Notwendigkeit eigener Bewirtschaftungsbehörden bewahrte, ganz abgesehen davon, daß diese Verbände und sonstigen Organisationen unter Beteiligung der Interessenvertretungen der privaten Wirtschaft im Kern nach privatwirtschaftlichen Prinzipien aufgebaut waren und damit effizienter arbeiteten, als staatliche Behörden dies hätten leisten können.

2.1.6 Verkehrsprobleme

Die Eisenbahnverhältnisse waren während der Mobilmachungstage und der Wochen des Aufmarsches für den zivilen Bedarf schlecht. Zeitweise fuhren überhaupt keine Züge für den zivilen Bedarf. Erst nach und nach kehrte man seit Ende August 1914 zum normalen Fahrplan zurück. Im wesentlichen wurde dieser ab Ende September wieder eingehalten. Allerdings war die Erneuerung und Reparatur des Eisenbahnmaterials so schlecht, daß ab etwa 1916 erhebliche Beeinträchtigungen des Eisenbahnverkehrs eintraten, teilweise durch den Ausfall von Zügen, teilweise durch eine Verminderung der Geschwindigkeit zur Vermeidung von Unfällen. Es war ein eindeutiger Organisationsmangel der Militärbürokratie, daß man sich zwar der großen Bedeutung der Eisenbahnen bei der Mobilmachung und beim Aufmarsch der Truppen bzw. später bei der Versorgung der Truppen bewußt war, daß man aber z.B. am Anfang des Krieges keine entscheidenden Restriktionen bei den Einberufungen von Beamten, Angestellten und Arbeitern im Eisenbahnbereich vorgesehen hatte. Lokomotivführer und Heizer wurden z.B. als Infanteristen einberufen und fehlten bei den Militärtransporten, erst recht dann auch bei dem zivilen Personen- und Güterverkehr. Man hatte seitens des Militärs nicht erkannt, daß es mindestens über einige Wochen, in anderen Wirtschaftszweigen über die gesamte Kriegsdauer in einigen Berufszweigen unmöglich war, Einberufungen vorzunehmen, ohne die gesamte Wirtschaft und das Leben der Menschen einzuschnüren.[86]

Im Grunde blieben die Eisenbahnen sowohl bei der Belieferung mit rollendem Material und bei Instandhaltungsarbeiten der Geleise, ferner bei der Versorgung mit fachkundigen Arbeitskräften während des ganzen Krieges vernachlässigt. Dies betraf auch andere kriegswichtige Wirtschaftszweige wie den Bergbau, die Eisen- und Stahlerzeugung oder auch die Landwirtschaft. Die Überlegungen hinsichtlich eines Krieges zwischen Industrieländern berücksichtigten eben nicht, daß die Wirtschaft eines kriegführenden Industrielandes intakt bleiben muß, auch bei einer Umstrukturierung der Produktion vom zivilen Bedarf auf den Bedarf des Militärs.[87] Man hing der Illusion nach, daß ein Krieg aus dem Stand heraus und mit den vorhandenen Vorräten innerhalb weniger

Monate (siegreich für die eigene Seite) zu Ende gehen würde. Daß dies in Wirklichkeit anders verlaufen wird, hatte in Ansätzen bereits der Sezessionskrieg in den USA von 1861 bis 1865 gezeigt. Auch der Krieg zwischen dem Zarenreich und Japan 1904/1905 machte deutlich, daß der Einsatz der industriell abgesicherten Militärmacht einen Krieg erheblich verstärken und auch in die Länge ziehen konnte. Gerade der russisch-japanische Krieg hatte aber auch die Rückwirkungen auf die interne soziale Stabilität eines Landes mit einer bereits beachtlichen Industriearbeiterschaft (im Zarenreich) gezeigt.

2.1.7 Die Bestrebungen zur Änderung der Kammergesetzgebung

Auch die Handelskammergesetzgebung sollte in der zweiten Hälfte des Ersten Weltkrieges geändert, weiterentwickelt werden. Man griff dabei teilweise auf Anregungen aus der Zeit vor dem Kriege zurück, teilweise hatten sich aber auch erst während des Krieges Neuerungen in den Anforderungen an die Handelskammern ergeben. 1917 und 1918 gab es in Preußen verschiedene neue Anregungen für ein neues Handelskammergesetz, die aber nicht umgesetzt wurden.[88]

Dabei gab es offene Fragen daraus, daß es eine sehr ungleiche Verteilung der Handelskammerbezirke und damit der Handelskammern in Deutschland gab. Die Leistungsfähigkeit der Kammern war daher sehr unterschiedlich. Dies zeigte sich vor allem während des Weltkrieges, als die Kammern in wachsendem Maße in die Organisation der Kriegswirtschaft eingebunden wurden, wenn auch hauptsächlich mit beratender Funktion hinsichtlich der Umsetzung der Gesetze, nicht aber mit Weisungsbefugnis. Der „Mangel an Persönlichkeiten und Mitteln" bei den kleineren Handelskammern sollte durch die Bildung größerer Kammerbezirke mit den Möglichkeiten der Spezialisierung einzelner Mitarbeiter behoben werden. In den Jahren 1917 und 1918 kam es daher zur Vorbereitung entsprechender Änderungen des preußischen Handelskammergesetzes. Das Vorhaben scheiterte jedoch am Widerstand der Parlamentarier[89], offensichtlich aufgrund der kleinregional orientierten Interessenten, die die Selbständigkeit „ihrer" Kammer nicht aufgeben wollten.

Außerdem gab es seit der ersten Hälfte des 19. Jahrhunderts kaufmännische Korporationen, die keine Pflichtmitgliedschaft kannten, die aber trotzdem die Aufgaben der Handelskammern in einigen Teilen des Landes wahrnahmen. Diese Korporationen waren vor allem im Osten der preußischen Monarchie weit verbreitet. Sie waren aufgrund ihrer anderen Verfassung und Organisation nicht so leistungsfähig wie die Handelskammern mit ihrer Pflichtzugehörigkeit. Man war daher bestrebt, die Verhältnisse anzugleichen, d.h. die Arbeitsfähigkeit der ostdeutschen kaufmännischen Korporationen auf das Niveau der Handelskammern anzuheben.

Im Ersten Weltkrieg wurde sehr stark auf die freiwilligen Zusammenschlüsse (Verbände) außerhalb der kaufmännischen Korporationen und der Handelskammern zurückgegriffen, so daß hier ein weiterer Konfliktstoff entstand. Diese konkurrierenden Bemühungen zur Mitwirkung an der Wahrnehmung der staatlichen Aufgaben geschah gerade von der Seite der Verbände recht eigennützig. Man hoffte, damit einen entscheidenden Einfluß auf die Wirtschaftspolitik auch nach dem Ende des Krieges erlangen zu können. Die Handelskammern wurden in diesem Zusammenhang keineswegs als Vertreter der Interessen der Wirtschaft, vor allem der in den Verbänden dominierenden Großunternehmen angesehen.[90] Der Gegensatz zwischen Handelskammern und Verbänden verschärfte sich.

Insbesondere am Ende des Ersten Weltkrieges und nach dem Kriege gab es Bestrebungen, die Verbände als Grundlage der über die Unternehmen hinausgehenden Selbstverwaltung in der Wirtschaft zu begünstigen, da der Rätegedanke, d.h. die Beteiligung der Arbeitnehmer, hier wegen der privatrechtlichen Organisation weniger zu verwirklichen war, eher abgewehrt werden konnte als bei den Handelskammern als Körperschaften des öffentlichen Rechts. Demgegenüber war aber gerade in den letzten zwei Kriegsjahren auch die Meinung verbreitet, daß die Organisation der Wirtschaft zu aufgesplittert war und daß daher durch eine „Vereinfachung und Zusammenfassung der Vertretungsorganisationen durch stärkere Betonung der Gesamtinteressen von Handel, Industrie und Schiffahrt der gemeinsamen Berufs- und Standesaufgaben der deutschen Volkswirtschaft" dem „Übermaß an Organisationen" entgegenzuarbeiten sei.[91] Dabei wurde meistens nicht genügend bedacht, daß die Vielfalt oder Aufsplitterung auch gleichzeitig eine Bereicherung der wirtschaftspolitischen Landschaft bedeutete. Handelskammern und Verbände hatten unterschiedliche Aufgaben und interne Organisationsprinzipien.

2.2 Die Nachkriegsjahre mit Besetzung und Inflation (1919 bis 1924)

In der Zeit von 1919 bis 1924 waren für die wirtschaftlichen und sozialen Verhältnisse der Kölner Region, des Rheinlandes und auch für die Handelskammer zu Köln vor allem drei Problemkreise von besonderer Bedeutung:

(a) Die Gestaltung der Verfassung des Staates und der Gesellschaft und damit auch der wirtschaftlichen Selbstverwaltung unter dem Einfluß des Rätegedankens.

(b) Die Besetzung des Rheinlandes durch die alliierten Truppen und die durch die Besatzungsbehörden bewirkten Beeinträchtigungen der wirtschaftlichen Verhältnisse.

(c) Der Übergang von der Kriegswirtschaft zur Friedenswirtschaft, vor allem geprägt durch die Demobilisierung des Heeres und der Marine, die Beendigung der Produktion von Rüstungsgütern und das Bemühen zur Entwicklung neuer Märkte für die produzierende Wirtschaft.

2.2.1 Die Gestaltungsbemühungen für die Verfassung des Staates und der Gesellschaft und die Auswirkungen auf die wirtschaftliche Selbstverwaltung nach 1918

Als ein wichtiges Problem erwies sich nach dem Weltkrieg für das Rheinland wie für Deutschland insgesamt die Zusammenarbeit zwischen Arbeitnehmern und Arbeitgebern. Einerseits war die Politik von beiden Seiten und auch vom Staat im Rahmen des Burgfriedens darauf eingestellt, daß hier ein Zusammengehen vorhanden sein sollte, andererseits waren vor allem die Gewerkschaften aufgrund ihrer grundsätzlich unterschiedlichen Ausrichtung gegen eine demokratische Lösung und für ein Rätesystem.[92] Der Rätegedanke faszinierte die Marxisten und damit vor allem die sich nach und nach zur Kommunistischen Partei zusammenfindenden Politiker und auch weite Teile der Sozialdemokraten. Arbeiter- und Soldatenräte strebten nach einer Institutionalisierung des Rätegedankens in allen Bereichen des vorhandenen Systems.

Eine besondere Problematik lag in der Forderung der sozialistischen Parteien nach einer Enteignung der Großindustrie, des Bergbaus, der Banken und der Versicherungen. Dieses Konzept hatte nur den vordergründigen Plan einer Entmachtung der „Kapitalisten" und damit einer erhofften Entwicklung zu einer für alle Menschen besonders günstigen materiellen und ideellen Welt. Es bestanden aber keine Überlegungen, wie eine solche Neugestaltung der Wirtschaft und damit auch von der Gesellschaft kontrolliert erfolgen und wie die Wirtschaft effizient gehalten werden sollte. Enteignung der Großunternehmen, Planwirtschaft und Rätesystem gehörten zu dem Dreiklang, mit dessen Hilfe man glaubte, aus dem Elend zu kommen.[93]

In diesem Zusammenhang wurde auch die Diskussion neu entfacht, wie die Vertretung der Wirtschaft zu organisieren ist. Dabei wurde meistens nicht bedacht, daß in den Kammern gerade nicht nur die Vertretung der Interessen der Wirtschaft Schwerpunkt der Arbeit war, sondern daß dort die Wahrnehmung öffentlicher Interessen immer mehr in den Vordergrund rückte, d.h., daß die Tätigkeit der Handelskammern immer mehr in den Bereich hinüberglitt, der eigentlich der öffentlichen Hand zukam.[94] Die Wünsche nach einer Mitwirkung der Arbeiter und der Angestellten in den Unternehmen und auch in den Kammern waren erheblich. Die daraus folgenden Konsequenzen wurden nicht grundlegend genug bedacht. Im Ergebnis hat man gerade dadurch, gewissermaßen als Abwehrmaßnahme, die Zusammenarbeit der Handelskammern untereinander besonders gefördert, nicht aber die Einbeziehung auch der Arbeitnehmer.[95]

Die Handelskammern allgemein und insbesondere auch die westdeutschen Handelskammern wandten sich gegen entsprechende Tendenzen. Man bildete dann sogar einen Arbeitsausschuß aus den Geschäftsführern der rheinischen und der westfälischen Wirtschaftsvertretungen (Kammern usw.) und freien Verbände in Industrie, Handel, Handwerk und Landwirtschaft. In der Wirtschaft, d.h. über die gewählten Mitglieder der einzelnen Gremien hinaus, fanden diese abweisenden Bestrebungen erhebliche Unterstützung.[96]

In der Wirtschaft allgemein und auch in den verschiedenen Kammern wurde als negativ angesehen, daß unmittelbar nach Kriegsende der Rätegedanke, nach sowjetischem Vorbild, um sich griff. Die Mitwirkung der Arbeitnehmer bei den Entscheidungen der Unternehmen und auch der wirtschaftlichen Selbstverwaltungen wurde vor allem deshalb als negativ angesehen, weil wirtschaftsfremde Überlegungen auf der Seite der Arbeitnehmervertreter, d.h. der Gewerkschaften und anderer politischer Zusammenschlüsse von Arbeitnehmern, befürchtet wurden. Nach außen hob man für die Handelskammern insbesondere hervor, daß damit die amtliche Vertretung verloren gehe.[97] Für Unternehmen befürchtete man, daß ideologische und nicht an der Rentabilität und damit an der wirtschaftlichen Stabilität des einzelnen Unternehmens orientierte Überlegungen die Oberhand gewinnen könnten, auch zum Schaden für die Stabilität der Arbeitsplätze.

Der stark mit der Tätigkeit der Handelskammer zu Köln verbundene langjährige Studiendirektor der Handelshochschule und erste Rektor der Universität zu Köln Christian Eckert arbeitete in einer 1922 veröffentlichten Schrift diese besondere Problematik heraus.[98] Dabei wies er noch auf einen anderen Problemkreis hin, der für den Kammergedanken negative Einwirkungen haben konnte: „Angriffe aus Kreisen der freien Vereine" und das „Verhalten mancher Behörden ließen ... Zweifel auftauchen, ob man nicht alles freien Vereinen überlassen könne".[99] Offensichtlich war die Einbeziehung der Verbände, d.h. der „freien Vereine" in die Kriegswirtschaft eine wichtige Konkurrenz schon während des Krieges geworden, vor allem weil bei diesen nach dem Kriege nicht die Frage aufkam, ob man die Arbeitnehmer mit in die Entscheidungsgremien entsprechend dem Rätesystem einbeziehen sollte. Bei dieser Debatte wurde meistens übersehen, daß die Kammern aufgrund ihrer Entwicklung und auch jetzt noch in erster Linie informierende, gutachtende und beratende Funktionen hatten, und zwar nach beiden Seiten, d.h. sowohl den staatlichen und kommunalen Stellen gegenüber als auch im Hinblick auf die Kammerzugehörigen. Zwar waren bereits vor dem Ersten Weltkrieg[100] und dann auch während des Krieges andere Aufgaben dazugekommen[101]; diese Aufgabenwahrnehmung geschah aber selten allein für eine Branche, wie dies bei den Verbänden der Fall war.

Aber auch eine mögliche Zentralisierung der wirtschaftlichen Selbstverwaltung wurde ein erörtertes Thema. Die Diskussionen um die Zusammenlegung von Kammerbezirken kam erneut auf. Außerdem gab es auch Stimmen, die meinten, daß nicht die Zuordnung der Kammern zur Gesetzgebung und zur Verwaltung der Länder beibehalten werden sollte, sondern daß „das Reich" die Handelskammern „in seinen Wirkungskreis hineinziehen" solle.[102]

Für die Handelskammern war auch die Zusammenarbeit innerhalb der Regionen wichtig. Man hatte hier gleichgerichtete Interessen und versuchte diese auch gegenüber der staatlichen Verwaltung durchzusetzen. Hinzu kamen die Auseinandersetzungen mit den Angestellten und Arbeitern über die Fragen der Mitbestimmung.[103]

Das Betriebsrätegesetz vom 4. Februar 1920 bestimmte, daß in Unternehmen mit mehr als 20 Arbeitnehmern Betriebsräte einzurichten seien, die zur Wahrnehmung der gemeinsamen wirtschaftlichen Interessen der Arbeitnehmer und der Arbeitgeber und zur Unterstützung der Arbeitnehmer dienen sollten.[104] Dies war der einzige Bereich, wo der Rätegedanke voll durchgeführt wurde. Damit setzte man aber eigentlich eine schon im Kriege im Zusammenhang mit der sogenannten Burgfriedenspolitik begonnene Mitwirkung fort. Arbeiterausschüsse wurden immerhin bereits in der Anfangsphase des Weltkrieges eingerichtet.

Der Reichswirtschaftsrat hatte in seiner vorläufigen Zusammensetzung offensichtlich zunächst eine wegweisende Funktion. Erst nach und nach zeigte sich, daß die Bestrebungen innerhalb des vorläufigen Reichswirtschaftsrates durchaus zurückhaltend waren. Auch die Bezirkswirtschaftsräte mit regionalen Ausrichtungen bewiesen bald, daß sie für die wirkliche wirtschaftliche Entwicklung keine Beiträge leisten konnten.[105]

Zunächst waren aber die Forderungen und die Entwicklungen nicht sehr ansprechend für die Unternehmer und für ihre Vertretungen und Zusammenschlüsse. Man befürchtete im Grunde eine Entwicklung wie in der Sowjetunion. Man wandte sich daher seitens der Handelskammern gegen die Einrichtung von Arbeiter- und Angestelltenkammern, z.B. als Vororganisationen des Reichswirtschaftsrates. Auch die Mitwirkung von Arbeitern und Angestellten in den vorhandenen Organisationen, z.B. in den Handelskammern, wurde abgelehnt. Dies richtete sich vor allem auch gegen die einzurichtenden Bezirkswirtschaftsräte, die die eigentlichen Konkurrenten der Handelskammern geworden wären.[106]

Eine Denkschrift aus dem Reichswirtschaftsministerium vom August 1920 über den „Aufbau der Arbeiter- und Wirtschaftsräte gemäß Artikel 165 der Reichsverfassung" schien hier eine Weiterentwicklung in Gang zu setzen.[107] Dabei wurde teilweise auf Gedanken aus der Denkschrift über den „Aufbau der Gemeinwirtschaft" vom 7. Mai 1919 zurückgegriffen. Diese Denkschrift von 1919 stammte von Rudolf Wissell, dem Reichswirtschaftsminister bis Mitte Juli 1919, und seinem Staatssekretär Wichard von Moellendorff. Die neue Denkschrift stand in der Verantwortung des Reichswirtschaftsministers Ernst Scholz von der rechtsliberalen Deutschen Volkspartei, der auch Stresemann angehörte. Man wollte hier offensichtlich den auf Artikel 7, Ziffer 10 der Reichsverfassung basierenden Forderungen gerecht werden, ohne wirklich das immer noch von vielen linksorientierten Politikern geforderte Rätesystem zu verwirklichen. Nach der genannten Bestimmung hatte das Reich nunmehr die Gesetzgebungskompetenz über „die Einrichtung beruflicher Vertretungen für das Reichsgebiet", d.h. auch die Handelskammergesetzgebung unterlag nicht weiterhin den Parlamenten der Länder wie im Kaiserreich. Die Bundesstaaten behielten aber die Gesetzgebungskompetenz hinsichtlich der Zuteilung von Einzelaufgaben an die Kammern.[108]

Auf die von den sozialistischen Parteien vorgesehene Gliederung der verschiedenen Kammern der Industrie, des Handels, des Handwerks und der Landwirtschaft soll hier nicht näher eingegangen werden. Es war keine an den wirklichen sachlichen Problemen allgemein und speziell der Zeit orientierte Organisationsvorstellung.[109] Die von der Reichsregierung ausgehenden Anregungen und Wünsche entsprachen auch jetzt eher den Überlegungen der Gewerkschaften und der Sozialisten. Die Umsetzung dieser Wünsche in die Wirklichkeit wurde weitgehend vermieden. Dies war im Kern eine Situation wie in Westdeutschland nach dem Zweiten Weltkrieg: Bevor die Sozialisierungsvorstellungen umgesetzt wurden, waren die Jahre der Not vorüber und erkannte man allgemein, daß mit der Sozialisierung zwar die Eigentumsverhältnisse geändert werden, die ökonomische Effizienz der Unternehmen aber nicht verbessert wird.

Bei der Neuordnung der Handelskammern und auch der Kammern für andere Wirtschaftsbereiche nach 1918 ging es im Prinzip um folgende aus der genannten Denkschrift vom August 1920 ersichtlichen Probleme: Sofern man die angestrebten Bezirkswirtschaftsräte unter Einbeziehung der Kammern errichten würde, war vorgesehen, daß in Preußen der Regierungsbezirk die unterste Einheit hierfür sein sollte. Die Handwerkskammern waren bereits für jeweils einen Regierungsbezirk zuständig. Die Landwirtschaftskammern waren auf Provinzebene organisiert. Sie sollten den Bezirkswirtschaftsrat unter Beibehaltung der gegenwärtigen Kammerbezirke beschicken. Die Handelskammern sollten dagegen auf Regierungsbezirksebene neu organisiert werden, d.h. die vorhandenen Kammerbezirke sollten entsprechend zusammengelegt werden. Die Arbeitnehmervertreter sollten auf (Regierungs-)Bezirksebene von den Bezirksarbeiterräten gestellt werden, wobei teilweise daran gedacht war, diese Bezirksarbeiterräte in Arbeiterkammern umzuwandeln, d.h., ihnen sollte eine Verstärkung ihres öffentlichen Auftrages zukommen. Die Bezirkswirtschaftsräte sollten dann auch noch Vertreter der Verbraucher und der freien Berufe aufnehmen.

Auf Reichsebene war die Vertretung der Wirtschaft durch den Deutschen Handelstag, den Handwerks- und Gewerbekammertag und den Deutschen Landwirtschaftsrat vorgesehen. Der Landwirtschaftsrat repräsentierte außer den Landwirtschaftskammern bereits seit seiner Gründung im Jahre 1872 verschiedene andere Interessenvertretungen der Landwirtschaft, war mithin eigentlich nicht mit den Kammertagen der anderen Bereiche vergleichbar.

Die Arbeitnehmervertreter für die Wirtschaftsräte sollten aus den regionalen Arbeiterkammern kommen, die auf Reichsebene in einem Reichsarbeiterrat zusammentraten. Hinzu kamen auch hier Vertreter der Verbraucher und der freien Berufe.[110]

Die vorgesehene Räteordnung bis hin zum Reichswirtschaftsrat hatte als Ansatz die Räteordnung der Arbeiter, wie sie unmittelbar nach Kriegsende entstanden war: (1) Betriebsarbeiterräte; (2) Bezirksarbeiterräte; (3) Reichsarbeiterrat. Parallel dazu sollten eben die Bezirkswirtschaftsräte und der Reichswirtschaftsrat entstehen.

Die Anfangszeit der Weimarer Republik war von dem aus dem Rätegedanken entstandenen Dualismus geprägt. Das Rätesystem strebte vor allem unter dem Einfluß der Spartakisten die Diktatur des Proletariats, d.h. eigentlich der Parteifunktionäre, an. Die bald zusammentretende und vor den von USPD und Spartakisten genährten Unruhen in Berlin nach Weimar ausweichende Nationalversammlung (zusammengetreten dort am 6. Februar 1919) wollte in ihrer damaligen Mehrheit die Demokratie festigen.

Es wurden aber auch Überlegungen angestellt, ob nicht möglicherweise der Artikel 165 der Verfassung „einen Haltepunkt der Entwicklung darstellt, ... die vom heutigen Parlamentarismus zur berufsständischen Volksvertretung führt."[111] Gerade in den folgenden Jahren bis hin zum Jahre 1933 wurde in Deutschland wie in anderen Ländern der Liberalismus und das demokratische System von vielen politischen Gruppierungen abgelehnt[112], ebenso der Sozialismus. Man ging davon aus, daß ein Mittelweg anzustreben sei, der meistens eine ständische Organisation des politischen Lebens und der Verfassungsbestimmungen vorsah. Diese Idee wurde von vielen Politikern und Wissenschaftlern propagiert, z.B. in Wien von Othmar Spann[113] und in Ansätzen von der katholischen Kirche in der Enzyklika „Quadragesimo anno".[114]

Nachdem die Reichsregierung, auch die SPD-Mitglieder im Kabinett, das Rätesystem weder in der Verfassung noch in der Verwaltungsorganisation verankern wollten, kam es zu neuen Schwierigkeiten, z.B. zu einem Generalstreik in relativer Nähe zu Weimar im Raum Mansfeld-Halle. Diese Widerstände behob bzw. verminderte man dadurch, daß man in Artikel 165 der Verfassung die oben genannten drei Abstufungen der Arbeiterräte festschrieb und außerdem Bezirkswirtschaftsräte und einen Reichswirtschaftsrat verankerte.[115]

Im Hinblick auf den Fortbestand der Kammern, insbesondere der Handelskammern, war man ziemlich einheitlich der Meinung, daß sie mit der bisherigen Verfassung weiterbestehen bleiben sollten. Diese Ansicht wurde während der Beratungen zur Verfassung in Weimar vor allem vom Zentrumsabgeordneten und späteren Reichsarbeitsminister Heinrich Brauns vertreten.

Der zeitweilige (bis Juli 1919) Reichswirtschaftsminister Rudolf Wissell (SPD) hatte in seinen planwirtschaftlichen Überlegungen ebenfalls einen Platz für die Handelskammern, aber nur, wenn sie sich durch Einbeziehung der Arbeitnehmer zu „paritätischen" Körperschaften umwandelten. Sonst sollten sie nicht mehr als amtliche Vertretungen des Handels und der Industrie anerkannt werden.[116] Die Planungen des Reichswirtschaftsministeriums sahen dann auch später in der schon genannten Denkschrift vom August 1920 vor, daß

(A) entweder Handels-, Handwerks- und Landwirtschaftskammern in der bisherigen Form bestehen bleiben sollten, allerdings durch paritätische Ausschüsse mit parallel einzurichtenden Arbeiterkammern eng verbunden werden. Oder es sollten

(B) diese Ausschüsse den beiden Kammern der Unternehmer und der Arbeitnehmer übergeordnet werden und als amtliche Berufsvertretungen gelten.

„Die grundsätzlichen Unterschiede bei diesen beiden Plänen liegen darin, daß im Plan A nachdrücklicher Wert auf den Bezirksarbeiterrat in einem räumlichen Gebiet mäßigen Umfangs, unter gemeinschaftlicher Beteiligung von Arbeitnehmern aller Produktionszweige gelegt wird. Er läßt daneben die bisherigen amtlich anerkannten Berufsvertretungen als solche, ohne Beteiligung der Arbeitnehmer, bestehen. Demgegenüber will der zweite Plan in der Unterstufe die Arbeitnehmervertreter fachlich zusammenfassen und will die amtlichen Berufsvertretungen nur Körperschaften übertragen, an denen auch die Arbeitnehmer beteiligt sind."[117]

Die Handelskammern argumentierten hiergegen in einer Erklärung vom 3. Dezember 1920 durch den Deutschen Industrie- und Handelstag: „Die Handelskammern sind zu erhalten und nach wie vor als amtliche Berufsvertretungen anzuerkennen. Daß neben Unternehmern auch Arbeitnehmer Mitglieder der Handelskammern werden, ist abzulehnen, da dies weder zweckmäßig noch durch die Verfassung des Deutschen Reiches vorgeschrieben ist. Dasselbe gilt von Ausschüssen aus Handelskammervertretern und Arbeitnehmern, soweit sie als ständige Einrichtungen gedacht sind, den Handelskammern Aufgaben entziehen und ihnen übergeordnet sein sollen."

Es werden dann aber auch drei Vorschläge gemacht, wie eine Verbesserung des Handelskammerwesens vorgenommen werden kann: (1) Alle Teile des Reiches sollten flächendeckend Handelskammern zugeordnet werden. (2) Kleine Handelskammern sollten mit anderen zusammengeführt werden. (3) Die Wahl der Handelskammermitglieder sollte nach Fachgruppen, und zwar in erster Linie Industrie, Großhandel und Kleinhandel berücksichtigend, vorgenommen werden und nicht mehr wie bisher in der Regel nach Gewerbesteuergruppen.[118] Das war der Weg vom abgestuften Wahlrecht nach der Steuerkraft zum allgemeinen und gleichen Wahlrecht.

Auf das Schicksal der Arbeiterräte und der Wirtschaftsräte auf den verschiedenen genannten Stufen soll hier nicht im einzelnen eingegangen werden. Es sei nur soviel gesagt, daß sie langfristig in der

Weimarer Republik nicht zu einer grundsätzlichen und entscheidenden Wirkung kamen. Die Handelskammern wurden ebenfalls hiervon nicht auf Dauer beeinflußt und in ihrer Arbeit beeinträchtigt. Sie haben aber in der Auseinandersetzung mit der Problematik durchaus hinsichtlich ihrer Aufgaben und ihrer Stellung im Raster der Institutionen des Staates, der öffentlichen Hand und der privater Zusammenschlüsse ihre eigene Stellung präziser erfaßt und damit mehr Selbstvertrauen und Selbstbewußtsein gewonnen, ihre Tätigkeit auch der Selbstkritik unterzogen und dabei erheblich hinsichtlich ihrer Leistungsfähigkeit und Effizienz gewonnen.

Die schon seit den Jahrzehnten vor dem Ersten Weltkrieg bestehenden Gegensätze zwischen den Handelskammern und den Fachverbänden hatten sich im Ersten Weltkrieg noch dadurch verstärkt, daß man zwar unterschiedliche Aufgaben wahrnahm, aber die jeweiligen Aufgaben der anderen Seite unterschätzte. Ein Konflikt war zwar noch vermieden worden. Nach dem Kriege kam es aber zu einem Streit zwischen den beiden Seiten bei der Besetzung der Unternehmerseite in den Wirtschaftsräten, der letztlich zugunsten der Fachverbände entschieden wurde. Auf Reichsebene standen sich hier der Deutsche Industrie- und Handelstag und der Reichsverband der Deutschen Industrie gegenüber.[119]

Fast wäre das Ergebnis eingetreten, daß die Handelskammern einerseits mit der Mitwirkung von Arbeitnehmern in ihrer eigenen Körperschaft rechnen mußten, aber keinen Einfluß in den Wirtschaftsräten gehabt hätten. Man erkannte aber bald, daß die Zurücksetzung der Handelskammern, in deren ehrenamtlichen Führungspositionen immerhin angesehene Industrielle des jeweiligen Kammerbezirks saßen, ein Fehler war. Hier waren vor allem die Gespräche zwischen dem Syndikus der Kölner Handelskammer Albert Wiedemann und dem führenden Unternehmer in der chemischen Industrie Carl Duisberg wichtig für einen Ausgleich und für eine einvernehmliche Abstimmung des Vorgehens der Handelskammern und der Verbände.[120]

Die Handelskammern hätten bei der Verwirklichung dieser modellhaften Überlegungen mithin eine wichtige neue, im Grunde eine andere Funktion bekommen, allerdings wohl auch einen Teil ihrer Behördenfunktion verloren. Wichtig war aber offensichtlich auch die von Eckert vertretene Meinung, daß zunächst auf den „Unterstufen" Körperschaften vorhanden sein müssen, die die Anschauungen der Unternehmer erarbeiten und zum Ausdruck bringen, gewissermaßen als Vorstufe für die Entscheidungen unter Beteiligung dann allerdings auch anderer Interessenvertretungen.[121]

Als zweite Variante wurde in der genannten Denkschrift vom August 1920 über den „Aufbau der Arbeiter- und Wirtschaftsräte gemäß Artikel 165 der Reichsverfassung" davon ausgegangen, daß die vorhandenen Handels-, Handwerks- und Landwirtschaftskammern auf Regierungsbezirksebene durch Arbeiterkammern ergänzt würden. Diese Kammern sollten Mitglieder in einen gemeinsamen Ausschuß, der den Namen „Wirtschaftskammer" erhalten und einen Teil der bisherigen Aufgaben der Handels-, Handwerks- und Landwirtschaftskammern übernehmen sollte, entsenden.[122] Es kam in dem Entwurf zum Ausdruck, daß man eine straffere Organisation unter Einbeziehung auch der Arbeitnehmer erreichen wollte, die zugleich die bisherigen Kammern in ihren Aufgabenbereichen beschneiden sollte.

In den Handelskammern, aber auch beim Handwerk und in der Landwirtschaft wurden diese Pläne heftig erörtert. Die Handelskammer zu Köln sah in der ersten Variante keine entscheidende Einengung ihrer Befugnisse, sondern sogar eine „Erhöhung ihrer Leistungsfähigkeit", wohl durch die vorgesehene Ausdehnung des Kammerbezirks auf den Regierungsbezirk. „Nach dem Plan B hingegen wird ihre Wirksamkeit zugunsten der paritätischen Wirtschaftskammern stark beschnitten und man beklagt, daß sie zur Bedeutungslosigkeit verurteilt würden", meinte Wirminghaus etwas mehr als ein Jahrzehnt später.[123] Dementsprechend wandte sich der Hauptausschuß des Handelstages in seiner Sitzung am 28. und 29. Oktober 1920 auch gegen den zweiten Plan, „der die Handelskammern zerstöre".[124] Die Beratungen über die Ausformung der Bezirkswirtschaftsräte zogen sich noch über einige Jahre hin. Letztlich erkannte man die Aufgaben der Handelskammern als wichtige Teile der auch staatlichen Aktivitäten an und beschnitt ihren Aufgabenbereich nicht. Gefördert wurde diese Entwicklung mindestens aus der Sicht der rheinischen Kammern durch die Ruhrbesetzung im Jahre 1923 und die damit stärker in den Vordergrund tretenden grundsätzlich anderen politischen, wirtschaftlichen und sozialen Probleme.

Umstritten war lange Zeit auch das aktive und das passive Wahlrecht der an der Spitze eines Unternehmens stehenden Frauen, ein Problem, das in den meisten Kammergeschichten nicht problematisiert wird. In den letzten Jahren vor dem Ersten Weltkrieg war immer wieder darüber diskutiert worden, ob man nicht den Unternehmerinnen wenigstens das aktive Wahlrecht zusprechen sollte, denn sie konnten sich letztlich nur durch Prokuristen oder andere männliche Personen vertreten lassen, deren Abstimmungsverhalten aber nur nachträglich kontrollieren. Der preußische Handelsminister hatte im Oktober 1912 entsprechende Anregungen zur Verleihung des aktiven und des passiven Wahlrechts an Frauen bis zu einer Neuformulierung des Handelskammergesetzes von 1897 zurückgestellt. Auch nach dem Ersten Weltkrieg zeigte das Ministerium keine besondere Eile im Hinblick auf die Lösung dieses Problems, obgleich es sonst allgemeine Meinung war, daß Frauen beim politischen und sonstigen Wahlrecht nicht mehr benachteiligt werden dürften. Erst durch eine Verordnung vom 1. April 1924 zum preußischen Handelskammergesetz wurden dann Männer und Frauen bei der Ausübung des aktiven und des passiven Wahlrechts gleichgestellt.[125] Diese gesetzliche Neuordnung erschien als Verordnung nach Artikel 55 der Weimarer Reichsverfassung. Es handelte sich mithin um ein Notgesetz, das als solches nur einen kleinen Teil der anstehenden Probleme zu lösen in der Lage war.[126] Diese Verordnung vom 1. April 1924 ersetzte zugleich den Namen Handelskammer durch den Namen Industrie- und Handelskammer.

Offensichtlich verbreitete sich auch ohne eine gesetzliche Festlegung die Ansicht, daß die Handelskammern möglichst flächendeckend zu organisieren seien und daß man auch größere und damit leistungsfähigere Bezirke schaffen sollte. Dies kann man wohl als das Ergebnis auch der zusätzlichen Aufgabenwahrnehmung im Ersten Weltkrieg im Rahmen der Organisation der Kriegswirtschaft ansehen. Es kam daher in der Folgezeit zu zahlreichen Zusammenschlüssen von kleineren Handelskammern, was insgesamt die Leistungsfähigkeit der Handelskammern verbessert hat. Dabei wurde davon ausgegangen, daß die Kammerbezirke so abgegrenzt werden sollten, daß sie „einen gewichtigen Faktor wirtschaftlichen Werdens" darstellen. Sie dürfen aber eine Größe nicht überschreiten, bei der das gemeinschaftliche Empfinden „für die Bedürfnisse der in ihnen blühenden Zweige von Handel und Industrie" verschwindet. „Für die Abrundung sollen nicht die politischen, sondern wirtschaftliche Bedürfnisse entscheidend sein. Die Grenzziehung der Handelskammern darf nicht im Anschluß an die politische Landeseinteilung vor sich gehen. Für eine sachentsprechende Abgrenzung, als Vorbedingung erfolgreicher Betätigung, ist neben der erstrebten Leistungsfähigkeit die wirtschaftliche Zusammengehörigkeit der in der Kammer zu vereinenden Gebiete entscheidend".[127]

Immerhin sah die Verordnung Preußens vom 1. April 1924 auch vor, daß Kammern, die nicht fusionieren wollten, d.h., die ihre Selbständigkeit bewahren wollten, sich zu Zweckverbänden zusammenschließen konnten, eine Organisationsform, die im kommunalen Bereich weit verbreitet war, als man noch nicht auf Großgemeinden ausgerichtet war. Den größten Zweckverband von Industrie- und Handelskammern bildeten die niedersächsischen Industrie- und Handelskammern, die auch über den Bereich der preußischen Provinz Hannover hinausgriffen und im Ergebnis Bielefeld, Minden, Detmold, Kassel und Oldenburg mit einbeziehen konnten.[128] Dies war allerdings der größte Zweckverband auf der Basis der neuen gesetzlichen Regelung, und es fragt sich vielleicht doch, ob damit wirklich das Problem der kleinen Handelskammern gelöst wurde. Immerhin zeigte sich aber über die Probleme im kleinregionalen Bereich, gewissermaßen in der Nachbarschaft, hinaus, daß es auch einen Bedarf an Zusammenarbeit in der Region und darüber hinaus gab, gewissermaßen zwischen den einzelnen Industrie- und Handelskammern und dem Deutschen Industrie- und Handelstag. So große Zweckverbände wie in Hannover und darüber hinausgreifend konnten zwar die kleinregionale Arbeit der Kammern unterstützen. Sie waren aber letztlich nicht mehr durch die „wirtschaftliche Zusammengehörigkeit" der vereinten Gebiete im Sinne Eckerts gekennzeichnet.

Im Rheinland kamen solche Zweckverbände nicht direkt zur Anwendung. Allerdings war hier die Zusammenarbeit bereits in den Besatzungsgebieten aus anderen Gründen weit fortgeschritten, wie die Gründung der Vereinigung der Handelskammern des besetzten Gebietes im Frühjahr 1919 gezeigt hat. Im Ruhrgebiet kam es zu Bestrebungen, eine Handelskammer mit Sitz in Essen zu errichten, die dann Außenstellen am Sitz der bisherigen übrigen Handelskammern in Duisburg, in Dortmund und in Bochum haben sollte.[129] Diese Idee wurde nicht verwirklicht. Es gab aber immerhin schon zuvor Bestrebungen der Organisation einer Zusammenarbeit, so z.B. in der Arbeitsgemeinschaft der Handelskammern des Ruhrkohlenbezirks von 1920.[130] Hier gab es dann wichtige Ansätze zur Zusammenarbeit mit den Handelskammern des besetzten rheinischen Gebietes, als 1923 auch das Ruhrgebiet besetzt wurde.

Das Reich hatte seine Gesetzgebungskompetenz nach Artikel 7, Nr. 10 der Reichsverfassung nicht ausgenutzt, und zwar auch dann nicht, als nach den heftigen Diskussionen über die Aufgaben und die innere Organisation und Verfassung der Handelskammern in der Zeit bis etwa 1925, vor allem in Abgrenzung zum Rätesystem und zur Mitwirkung von Arbeitnehmern, eine ruhige und umsichtige politische Beratung eines reichseinheitlichen Gesetzes möglich gewesen wäre. Wie schon in der Zeit vor 1914 folgten die meisten Bundesländer der Gesetzgebung in Preußen, also der Verordnung vom 1. April 1924 zum Handelskammergesetz von 1897, so daß allein dadurch eine weitgehende Gleichmäßigkeit der rechtlichen Rahmenbedingungen für die Verfassung und die Organisation, die Aufgabenstellung und die Einfügung in das Raster der Interessenvertretung aus Industrie und Handel eingetreten ist bzw. beibehalten wurde.

Im Grunde zeigte sich hier wie bei zahlreichen anderen Problemlösungen, daß der Staat mit einem demokratischen Parlamentarismus viele Fragen ungelöst ließ, nicht zuletzt aufgrund der schwierigen politischen Konstellation im Reichstag wegen der fehlenden Bereitschaft weiter Bevölkerungsteile, die Demokratie zu akzeptieren.

2.2.2 Die Besetzung des Rheinlandes und die daraus entstandenen Probleme

Im Waffenstillstandsvertrag von Compiègne vom 11. November 1918 verpflichtete sich Deutschland u.a., die in Frankreich und in Belgien besetzten Gebiete innerhalb von 15 Tagen und das linksrheinische deutsche Gebiet innerhalb von 25 Tagen durch das Militär zu räumen. Dieses Gebiet und bei den Städten Mainz, Koblenz und Köln ein Gebiet von jeweils etwa 30 km östlich des Rheins sollten von den Siegermächten besetzt werden. Am Ostufer des Rheins sollte es generell einen 30 bis 40 km breiten neutralen Landstreifen geben. Im Kölner Raum erfolgte die Besetzung durch britische Truppen am 6. Dezember 1918[131], weiter nördlich gegenüber von Düsseldorf durch belgische, in der Gegend von Aachen und auch im Kreis Euskirchen durch französische und weiter südlich durch US-amerikanische Truppen.[132] Dies hatte z.B. zur Folge, daß der mittlere und nördliche Teil des Braunkohlengebietes zur britischen Besatzungszone gehörte, der südliche um Liblar zur französischen. Der Verkehr zwischen den Besatzungszonen war nicht gänzlich frei, da die einzelnen Besatzungsmächte die Regelungen sehr unterschiedlich auslegten, so daß es gerade im rheinischen Braunkohlengebiet erhebliche Kommunikations-, Handels- und Transportprobleme gab.

Die gesamte Zeit der Besetzung Kölns und des Kölner Raums vom Dezember 1918 bis zum Januar 1926 läßt sich unter rechtlichen Gesichtspunkten in drei Teilperioden gliedern:

(1) Der Beginn der Besetzung im Dezember 1918 wurde mit wirtschaftlichen und staatsrechtlichen Einschränkungen verbunden. Die freie Einfuhr von Waren aus den westeuropäischen Ländern wurde als (Zoll- und Außenhandels-)„Loch im Westen" bezeichnet.

(2) Die Maßnahmen gegen den Widerstand der deutschen Regierung gegen die Reparationsfestlegungen führten ab März 1921 zu sogenannten Sanktionen, d.h. zu einer Okkupation der Zolleinnahmen, der Errichtung einer Zollgrenze zwischen dem besetzten und dem unbesetzten Gebiet, ferner zur Registrierung und damit Behinderung des besetzten Gebietes.

(3) Mit der Ruhrbesetzung im Januar 1923 erhielten die Einschränkungen der wirtschaftlichen Beweglichkeit eine neue Dimension.

In allen drei Teilperioden waren vor allem Zollbelastungen und Handelshemmnisse für die rheinische Wirtschaft einschränkend oder teilweise sogar hinderlich. Das hatte auch einen entscheidenden Einfluß auf die Tätigkeit der Handelskammer, die immer wieder versuchte, die wirtschaftliche Freizügigkeit zu verbessern oder manchmal sogar diese überhaupt zu erlangen.

Durch das in Artikel 423 des Versailler Vertrages vorgesehene Rheinlandabkommen, unter Beteiligung von Frankreich, Belgien, Großbritannien und den USA abgeschlossen, sollte das Rheinland bis zu 15 Jahre besetzt bleiben. Allerdings konnte die Besatzungszeit bei Erfüllung der Vertragsbedingungen, d.h. vor allem der Reparationen, verkürzt werden. Die Entscheidung lag allerdings allein bei den Alliierten. Die auf der Basis des Rheinlandabkommens am 28. Juni 1919 eingerichtete und als Fortsetzung einer entsprechenden, seit Dezember 1918 bestehenden Verwaltungsbehörde anzusehende Interalliierte Rheinlandkommission (IRK), die offizielle deutsche Bezeichnung war „Interalliierter Hoher Ausschuß für die Rheinlande" oder „Haute Commission Interalliée des Territoires Rhénans", setzte sich aus je einem Vertreter Frankreichs, Belgiens, Großbritanniens und der USA zusammen. Der französische Vertreter hatte den Vorsitz. Diese in Koblenz ansässige Kommission konnte jederzeit Verordnungen beschließen, die Gesetzeskraft im besetzten Gebiet hatten. Zwar hieß es, daß solche Verordnungen nur der Sicherheit und der Versorgung der Besatzungstruppen dienen sollten. Es blieb aber ein weiter Ermessensspielraum, der manchmal auch, vorsichtig formuliert, recht großzügig ausgenutzt wurde. Der überwiegende Teil der Verordnungen schränkte die wirtschaftliche Beweglichkeit der deutschen Unternehmen und allgemein der Bevölkerung ein, ohne daß dabei ein Bezug zur Sicherheit und zur Versorgung der Besatzungstruppen bestand. Es ging gerade der französischen Seite um eine Demütigung Deutschlands und vor allem um eine Reduzierung der deutschen wirtschaftlichen Aktivitäten. Das gilt auch im Hinblick auf Entscheidungen der Rheinlandkommission, welche deutschen Gesetze im besetzten Gebiet zur Anwendung kommen sollten.[133]

Vor allem der französische Vorsitzende dieser Kommission, Paul Tirard, war hierfür verantwortlich. Möglicherweise hatte er entsprechende Anweisungen und Vorgaben aus Paris. Die preußische Regierung und auch die Reichsregierung versuchten den besonderen Verhältnissen des besetzten Rheinlandes Rechnung zu tragen. So wurde am 17. Juni 1919 Regierungspräsident Karl von Starck (1867 bis 1937, Regierungspräsident in Köln vom 9. September 1917 bis zum 29. August 1919) zum preußischen Staatskommissar und zugleich zum Reichskommissar für die besetzten Gebiete ernannt und behielt dabei zunächst die Funktion des Regierungspräsidenten in Köln.[134] Auch hier zeigte sich die zentrale Bedeutung Kölns für das besetzte Gebiet in der Sicht der Berliner Zentralbehörden. Der Reichskommissar hatte vor allem die Aufgabe, die Belange des Staates und der Bevölkerung gegenüber der Besatzungsverwaltung zu vertreten.[135] Starck war als Reichskommissar in Koblenz, d.h. am Sitz der Internationalen Rheinlandkommission, ansässig und wurde daher bald aus der Position des Regierungspräsidenten in Köln entlassen. Der Reichskommissar erhielt zudem einen parlamentarischen Beirat von 18 Abgeordneten, von denen sieben dem Zentrum, vier den Sozialdemokraten, drei der Deutschen Demokratischen Partei, zwei der Deutschen Volkspartei, einer der Deutschnationalen Volkspartei und einer den Unabhängigen Sozialdemokraten angehörten. Diese Abgeordneten waren Mitglieder der Nationalversammlung in Weimar.[136]

Im Mai 1921 hatten sich die Zwistigkeiten zwischen der Internationalen Rheinlandkommission und von Starck so sehr angehäuft, daß er von seinem Amt zurücktrat, um einem Entzug seiner Akzeptanz durch die Alliierten zu entgehen. Nachfolger wurde im Oktober 1921 der Diplomat Paul Hermann Fürst von Hatzfeld-Wildenbruch, bis während der Zeit der Ruhrbesetzung dieses Amt im April 1923 nicht mehr wahrgenommen wurde. Endgültig aufgelöst wurde das Amt des Reichskommissars allerdings erst im September 1930, als die letzten besetzten Gebiete geräumt worden waren.[137]

Im April 1921 wurde zusätzlich ein Staatssekretär für die besetzten Gebiete eingesetzt und dann sogar im August 1923 ein Reichsminister für die besetzten rheinischen Gebiete von Kleve bis Ludwigshafen ernannt, vor allem um die große Bedeutung der Besatzungsprobleme herauszustellen, aber auch, weil nichtpreußische Gebiete aus Bayern, Hessen, Baden und Oldenburg ebenfalls mit in die Besatzungszonen einbezogen waren. Die Ministerfunktion wurde zunächst vom Oberpräsidenten der Rheinprovinz, Hans Fuchs, später auch von dem zeitweiligen Reichskanzler Wilhelm Marx wahrgenommen.[138]

Die Besatzungsmächte, und hier insbesondere Frankreich, wollten das Rheinland mindestens wirtschaftlich vom Deutschen Reich lösen. Daher wurde der Absatz von Waren aus den Ländern der Besatzungsmächte im Rheinland begünstigt. Es wurde sogar in Luxemburg eine Kommission eingerichtet, die sich speziell mit diesen Möglichkeiten beschäftigte. „Die Beziehungen wurden bewußt nach Frankreich, Belgien und England abgeleitet." Außerdem wurde der internationale Verkehr mit den Niederlanden und der Schweiz gefördert. Man schaltete die deutsche Zollgrenze im Westen aus. „Durch das Loch im Westen strömten massenhaft englische und französische Waren ein und überschwemmten das Rheinland."[139] Man versuchte sogar durch dieses Loch im Westen auch den Warenabsatz im unbesetzten Gebiet Deutschlands zu forcieren, vor allem, nachdem die 1914 verhängte Blockade am 12. Juni 1919 aufgehoben worden war.[140]

Im April 1919 richtete die britische Wirtschaft unter der Obhut der britischen Besatzungsmacht in Köln eine britische Handelskammer ein (Sitz: Hohe Straße 100), deren alleiniger Zweck es war, die Absatzchancen der britischen Industrie im Rheinland und darüber hinaus zu verbessern. Im September 1919 vertrat die Handelskammer Unternehmen mit drei Mio. Arbeitnehmern in Großbritannien. In Köln lagerten zu diesem Zeitpunkt britische Waren im Wert von zehn Mio. £, die in Deutschland abgesetzt werden sollten. „In den letzten zwei Monaten sind in Köln mehr Geschäfte abgeschlossen worden, als in dem ganzen letzten Jahr vor dem Kriege".[141]

Mit einer anderen Zielrichtung wurde am 7. Januar 1921 eine österreichische Handelskammer in Köln eingerichtet. Sie sollte die Handelsbeziehungen zwischen Rheinland/Westfalen und Österreich fördern.[142]

Negativ wirkte sich auch aus, daß im Rheinlandabkommen festgelegt worden war, daß die Besatzungsmächte, d.h. praktisch die Internationale Rheinlandkommission, eine eigene Zollordnung für

Britische Panzer auf dem Domvorplatz 1919

das besetzte Gebiet aufstellen konnten. Der Zusatz, daß dies nur geschehen dürfe, wenn dies im wirtschaftlichen Interesse der Bevölkerung liege, wurde dann allerdings bei den anstehenden Zollregelungen nicht beachtet. Die Rheinlandkommission wurde offiziell zwar erst ab Januar 1920 tätig. Sie hat aber auch schon zuvor bestanden und auch bereits vor dem Inkrafttreten des Friedensvertrages Anweisungen gegeben.[143] Sie hielt sich insbesondere nicht an die immer noch geltenden Zollgesetze des Reiches.

Insgesamt wurde die rheinische Wirtschaft erheblich geschädigt, und auch die Zolleinnahmen des Reiches litten unter diesen Verhältnissen, da die Besatzungsmächte die Zölle kassierten, ohne Rechenschaft abzulegen. Mit dem Inkrafttreten des Friedensvertrages am 10. Januar 1920 wurde zwar die Zollgrenze an die Reichsgrenze verlegt. Das Reich war aber keineswegs frei in seiner Zollhoheit.

In der Literatur wird das „Loch im Westen" für die Zeit vom 11. November 1918 bis zum 22. März 1920 eingeordnet.[144] Mit Wirkung von diesem Tag wurde von der Reichsregierung auf der Basis einer Verordnung vom 16. Januar 1917 eine Behörde zur Kontrolle der Ein- und Ausfuhr eingerichtet, „Der Reichsbeauftragte für die Überwachung der Ein- und Ausfuhr". Nach diesem Zeitpunkt wirkten aber die Bestimmungen der Rheinlandkommission in fast gleicher Weise wie bisher, während die Kontrollen des Reichsbeauftragten im Rheinland nicht sehr wirksam waren, so daß die besondere Situation für die Zufuhr von Waren aus dem westlichen Ausland nach wie vor bestehen blieb. Von deutscher Seite wurde aber eine „Außenstelle für Schiffe" in Berlin eingerichtet, die den über den Rhein gehenden Außenhandel des Rheinlandes registrieren konnte.[145] Dieser Außenhandel wurde mithin in Bad Ems von der dort im Frühjahr eingerichteten Ein- und Ausfuhrstelle der Alliierten und in Berlin registriert.

Die Reichsregierung schuf an der Grenze zwischen besetztem und unbesetztem Gebiet eine Kontrolleinrichtung, die auf der Basis einer „Zulaufsgenehmigungspflicht" den ungehinderten Zustrom von Waren aus dem westlichen Ausland unterbinden sollte. Die Kölner Kammer war damit nicht einverstanden, weil so auch der innerdeutsche Handel erschwert wurde. Im Grunde wurde die mit der Bezeichnung „Loch im Westen" bis zum 22. März 1920 betriebene Politik durch die Sanktionen ab Frühjahr 1921 formell wieder aufgenommen. Auch in der Zwischenzeit hatte es aber keinen wirklich freien Handel gegeben.

Mit der Errichtung der Besatzungszone kam es zu erheblichen Behinderungen des örtlichen und des überörtlichen Verkehrs. Alle über zwölf Jahre alten Personen hatten ständig einen mindestens noch drei Monate gültigen Ausweis bei sich zu tragen. Man durfte zunächst nur innerhalb der Gemeinde und nur am Tage unterwegs sein. Jede andere Veränderung des Aufenthaltsortes mußte durch eine Bescheinigung genehmigt werden. Im Herbst 1919 mußten von der Handelskammer täglich etwa 800 Passanträge begutachtet werden, vor allem wohl für den Reiseverkehr mit dem unbesetzten Gebiet.[146]

Aus dem rechtsrheinischen Gebiet durften nur Rohstoffe eingeführt werden. Andere Waren mußten zuvor von der Militärbehörde genehmigt werden. Post- und Telegraphenzensur wurden eingeführt. Briefe waren in offenem Umschlag und in deutscher, französischer oder englischer Sprache abzufassen. Sie durften nur mit lateinischen Buchstaben geschrieben werden. Zeitungen und Bücher durften nur mit Zustimmung der Besatzungstruppen gedruckt werden. Es bestand eine Vorzensur. Aus dem rechtsrheinischen Gebiet durften keine Druckerzeugnisse eingeführt werden. Diese im Dezember 1918 mit dem Einrücken der Besatzungstruppen eingeführten Behinderungen wurden erst seit dem Frühjahr 1919 gemildert und teilweise abgeschafft.[147]

Hinzu kam, daß die Besatzungsmächte Berichte aus den einzelnen Unternehmen verlangten und teilweise über die Verteilung von Fragebögen hinsichtlich der Produktionstechnik, der Qualität der Produkte und vor allem der Absatzorganisation einschließlich der Absatzgebiete so detailliert informiert werden wollten, daß es sich hier eindeutig um eine Form der Industriespionage handelte.[148]

Wichtig war aber auch die Einbindung der Wirtschaft des Raumes in die Reparationsleistungen. Dabei hatte das Rheinland und hatte auch die Kölner Region ein besonderes Interesse an den Regelungen, zumal man aufgrund der Besetzung im Dezember 1918 und der Ausdehnung des besetzten Gebietes um Frankfurt/Main, Darmstadt und Hanau durch französische Truppen am 6. April 1920 auf weitere Übergriffe vorbereitet war.[149]

Bei den Reparationen ergab sich folgendes Problem: Zunächst waren von Deutschland aufgrund der Waffenstillstandsvereinbarungen 20 Mrd. Goldmark von 1919 bis 1921, d.h. vor der endgültigen Festsetzung der Reparationsleistungen im Jahre 1921 zu leisten. Deutschland war hiermit bis zum Frühjahr 1921 in einen erheblichen Rückstand geraten.[150] Nach alliierter Berechnung waren lediglich Waren im Werte von acht Mrd. Goldmark geleistet worden, nach Ansicht der Reichsregierung aber bereits Waren für 20 Mrd. Goldmark. Die Bewertung der Leistungen erfolgte von beiden Seiten willkürlich; eine Absprache sah die diktatorische Einstellung der Siegermächte nicht vor.

Am 8. März 1921 begannen die alliierten Truppen wegen dieser Differenzen und wegen der Ablehnung der Höhe der folgenden Reparationen in die Städte Duisburg, Ruhrort und Düsseldorf einzumarschieren.[151] Ab 8. März 1921 wurden ebenfalls durch die Rheinlandkommission die Zölle an der Westgrenze Deutschlands beschlagnahmt. Dieser Maßnahme lag ein Beschluß der Alliierten in London vom 7. März 1921 zugrunde. Außerdem wurde noch eine Verordnung betreffend Einrichtung einer Sonderregelung der Ein- und Ausfuhren für das besetzte Gebiet in Kraft gesetzt.[152]

Allein schon damit erfolgte auch eine Kontrolle der Ein- und Ausfuhren in und aus diesem Gebiet. Damit war gleichzeitig der Warenverkehr zwischen den besetzten Gebieten und dem übrigen Deutschland belastet, was die bestehenden Wirtschaftsbeziehungen erheblich verteuert und teilweise sogar beschnitten hat.[153]

Aufgrund der Widerstände der deutschen Seite gegen die Höhe der Reparationsforderungen kam es zu Sanktionen der Alliierten, die vor allem das besetzte Rheinland trafen. Hierbei handelte es sich vor allem um die Verfestigung der Zollinie am Rhein zwischen dem besetzten und dem unbesetzten Gebiet Deutschlands und um die Einführung eines Genehmigungsverfahrens für den Handel aus diesem und in dieses Gebiet, und zwar durch die Errichtung einer entsprechenden Behörde in Bad Ems.[154]

Im Londoner Ultimatum vom 5. Mai 1921, das die Anerkennung der Reparationsforderung vorsah, wurde angedroht, daß man bei einer Verweigerung der Anerkennung „das Ruhrtal" besetzen werde.[155] Außerdem sollten die deutschen Zölle beschlagnahmt werden, und es sollte eine neue Zollgrenze an der Ostgrenze des besetzten Gebietes eingerichtet werden.[156]

Allgemein wurden Zolldienst, Eisenbahn, Post und Staatsmonopole der alliierten Rheinlandkommission unterstellt.[157] Aber selbst ins Detail ging man, wenn man glaubte daraus einen materiellen Vorteil zu erlangen. So wurde gleichzeitig ab 6. Mai 1921 über die Einnahmen des Deutschen Branntweinmonopols verfügt[158], was vor allem auch diejenigen Unternehmen benachteiligte, die Branntwein verwendeten, ohne zur Getränkeindustrie zu gehören.

Schon am 8. März 1921 wurde festgelegt, daß die Zölle an der Westgrenze zugunsten der Alliierten einzuziehen seien. Es entstand ein besonderer „Leitender Zollausschuß" der Internationalen Rheinlandkommission. Außerdem wurde an der Ostgrenze des besetzten Gebietes für alle Einfuhren aus dem übrigen Deutschland ein Einfuhrzoll in Höhe von 25 v.H. der deutschen Zollsätze erhoben. Diese Zollinie am Rhein entstand am 20. April 1921. Ab 10. Mai 1921 wurden außerdem Ein- und Ausfuhrbewilligungen für das Passieren der Ostzollgrenze des besetzten Gebietes verlangt. Diese Bewilligungen waren ebenso wie die für die über die Westgrenze gehenden Güter beim in Bad Ems eingerichteten Ein- und Ausfuhramt, einer Unterbehörde der Rheinlandkommission in Koblenz, zu beantragen. Zuvor war die Ein- und Ausfuhrstelle bis April 1921 in Köln ansässig gewesen.[159] Im Grunde waren die Rheinzollinie und das Emser Genehmigungsverfahren die schwersten Sanktionsmaßnahmen.[160]

Wie kompliziert und damit den Handel behindernd diese behördlichen Eingriffe waren, ergibt sich allein daraus, daß das Amt in Bad Ems zehn Abteilungen hatte. Das Amt war mit seinen 500 deutschen Angestellten im Hotel Guttenberg und im Bahnhofshotel in Bad Ems untergebracht. Die Zahl der zu bearbeitenden Anträge lag langfristig bei 10 000 bis 12 000 im Monat. Manchmal kamen aber auch mehr als 3 000 Anträge an einem Tag herein.[161] Das Amt bearbeitete die jeweiligen Anträge aber nur, und zwar mit den deutschen Bediensteten. Die eigentliche Entscheidung wurde dann in Koblenz getroffen. Für die Einfuhren wurden ein v.H. und für die Ausfuhren fünf v.H. des Warenwertes als Gebühr erhoben.[162]

Welche Bedeutung die Zollerhebung an der innerdeutschen Grenze hatte, wird allein daraus deutlich, daß bei der Postverwaltung in Köln statt bisher 200 Postpakete täglich etwa 20 000 Pakete zu verzollen waren. Der Empfänger mußte bei der Eingangsverzollung anwesend sein und sein Paket sofort mitnehmen.[163]

Da vor allem Waren aus den westeuropäischen Ländern der alliierten Kommission begünstigt wurden und über das Rheinland auch den übrigen deutschen Markt bedrängten, errichtete die Reichsregierung an der Zollostgrenze des Rheinlandes ebenfalls ein Kontrollsystem, was den Handel zusätzlich behinderte.[164] Der „Industrieausschuß des besetzten Gebietes" beim „Verein der Industriellen des Regierungsbezirks Köln" wies am 10. Juni 1921 detailliert auf die Nachteile der Sanktionen für die Wirtschaft hin.[165]

Nach langwierigen Verhandlungen, die sich über das ganze Frühjahr und den Sommer 1921 hinzogen, wurden die Sanktionen schließlich zum 30. September 1921 aufgehoben. Die Rheinzollgrenze entfiel, die Zoll- und die Branntweinmonopolverwaltungen wurden an die deutschen Finanzbehörden zurückgegeben, und die deutschen Außenhandelsgesetze erhielten auch für die besetzten Gebiete wieder ihre Gültigkeit. Die Sanktionsstädte Düsseldorf, Duisburg und Ruhrort blieben aber weiterhin besetzt. Auch die Reparationsabgabe von deutschen Ausfuhren wurde weiterhin erhoben. Es wurde „nur" die Binnenzollinie aufgehoben. Die Ein- und Ausfuhr mußte jedoch weiterhin durch das Emser Amt genehmigt werden.[166] Wirminghaus beklagte darüber hinaus noch folgende die Wirtschaft des Rheinlandes benachteiligenden Einengungen und Beeinträchtigungen:

„Für die Ausfuhr rheinischer Waren im Transitverkehr durch das unbesetzte Gebiet nach dem Ausland waren nach wie vor Ausfuhrbewilligungen der Emser Stelle notwendig; die alten Verzögerungen dauerten an; die Benachteiligung des unerwünschten Außenhandels wurde fortgesetzt, die Handelsspionage erleichtert, die fremden Firmen begünstigt".[167] Beklagt wurde aber auch die nach wie vor hohe Bearbeitungsgebühr in Bad Ems in Höhe von fünf v.H. des Ausfuhrwertes. Erst im März 1922 wurde der Satz auf drei v.H. und im November 1922 auf zwei v.H. herabgesetzt.[168]

Im Grunde blieben aber auch jetzt genügend Möglichkeiten für die Alliierten, die Einfuhren in das besetzte Rheinland aus ihren eigenen Ländern zu begünstigen. Sie hatten auch nach wie vor die Kontrolle über die Zollerhebungen an der Westgrenze. Im Grunde bestand das „Loch im Westen" auch noch am Ende des Jahres 1922, auch wenn eine weitgehende Anwendung der deutschen rechtlichen Bestimmungen gelang.[169]

Die Kölner Börse profitierte allerdings von diesen Zuständen. Schon bald nach dem Ende des Krieges und dem Beginn der Besetzung wurde Köln als Handelsplatz für Waren aus dem Westen, für Wertpapiere und für Devisen im Rheinland dominierend. Die Essener und die Düsseldorfer Börse traten zurück, vor allem dann auch im Jahre 1923 nach der Ruhrbesetzung. In Köln siedelten sich zahlreiche Bankhäuser zusätzlich an, teilweise wurden Filialen gegründet, teilweise entstanden neue Bankhäuser, teilweise verlegte man einen Teil seiner bisherigen Börsengeschäfte aus Düsseldorf und Essen im Jahre 1923 nach Köln.[170] In Köln stieg die Zahl der an der Börse tätigen Banken von 1918 bis 1922 von 30 auf 114.[171] Nach und nach entwickelte sich auch der Devisenmarkt, so daß ab Februar 1921 amtliche Devisennotierungen eingeführt wurden. An der Kölner Börse handelte man vor allem mit Devisen aus den Niederlanden, Belgien, Frankreich und Großbritannien. Dabei wurden sowohl im Kassageschäft als auch im Termingeschäft erhebliche Umsätze erzielt.[172]

Der Gürzenich wurde als Börsenlokal genutzt. Er reichte nicht mehr aus, da die Effekten- und die Produktenbörse nunmehr durch die Devisen und die Warenbörse ergänzt wurden. Man errichtete einen 1922 in Nutzung genommenen Notbau mit 430 qm, da nicht abzusehen war, wann und ob der von der Handelskammer geplante Bau eines „Kaufmannshauses" als neues Domizil der Börse verwirklicht werden konnte.[173] Die Kammer verpflichtete sich 1921, d.h. vor Fertigstellung des Notbaus, jährlich 200 000 Mark an Miete an die Stadt zu zahlen.[174]

Bereits 1923 verhandelte dann die Kammer mit der Stadt wegen der möglichen Nutzung der Westhalle des Messegeländes als Börsenlokal, da seit der Ruhrbesetzung und der damit erfolgten Ausweitung des besetzten Gebietes der Börsenhandel und die Zahl der Börsenbesucher nochmals

Auf dem Messegelände entsteht 1924 Deutschlands größte Kongreßhalle mit 5 000 Sitzplätzen

erheblich zugenommen hatten. Diese Idee wurde allerdings nicht umgesetzt. Die Effektenbörse zählte zu diesem Zeitpunkt etwas mehr als 70 Mitglieder.

Aber nicht alle Zweige der Börsengeschäfte hatten einen solchen Aufschwung zu verzeichnen. Dies galt z.B. zunächst nicht für die Produktenbörse. Wegen der auch über den Kriegsschluß hinausgehenden Bewirtschaftung von Getreide und Mehl wurde zunächst im August 1919 nur der Handel mit Futtergetreide aufgenommen. Bald wurde die Futtermittelbörse der Vorkriegszeit übertroffen. So waren zum Ende des Jahres 1920 etwa 1 000 Personen an diesem Handel beteiligt.[175]

Die Warenbörse nahm ihre Tätigkeit ebenfalls im August 1919 auf. Sie profitierte stark von der Besetzung und den damit zusammenhängenden Regelungen für den Handel, insbesondere für die Einfuhren. Sie lehnte sich stark an die Produktenbörse an. Bis 1923 war die Zahl der Mitglieder der Warenbörse auf über 1 800 Personen angewachsen.[176]

Für die weitere wirtschaftliche Entwicklung Kölns wurde die 1922 gegründete *Messe-Gesellschaft* von großer Bedeutung. Leipzig hatte als Messe-Stadt vor dem Ersten Weltkrieg eine weltweit zentrale Funktion. Während des Krieges hatten einige andere Länder versucht, in einigen Städten eigene Messen zu gründen, allerdings ohne einen nachhaltigen internationalen Erfolg in der Zeit nach 1918.[177] In Deutschland war nach dem Ende des Krieges ebenfalls eine ganze Reihe von Messen entstanden, zum Teil mit einer erheblichen Überschneidung mit Ausstellungen. Vor allem Frankfurt/Main versuchte aus den im Zusammenhang mit dem „Loch im Westen" wachsenden über diese Stadt laufenden Handelsverbindungen bereits im Oktober 1919 mit einer Exportmesse an die überlieferte Tradition anzuknüpfen, was im Grunde auch mit einer zunehmenden Spezialisierung auf Fachmessen gelang.[178] Köln war in einer vergleichbaren Situation, allerdings ohne eine vergleichbare Tradition. Hier gab es zunächst 1920 eine Musterschau. 1922 wurde dann die Messe-Gesellschaft gegründet. Die erste Messe fand aber erst nach dem Ende der Inflation 1924 statt, u.a. weil die Reichsregierung die Stellung Leipzigs schützen wollte. Entscheidend sind aber wohl die durch die Besatzungssituation und die Inflation bestimmten schlechten Rahmenbedingungen gewesen.

Die Frühjahrsmesse 1924 wurde vom Reichspräsidenten Friedrich Ebert und vom Reichskanzler Wilhelm Marx eröffnet. Auf einer Fläche von 65 000 qm stellten 2 812 Unternehmen aus, davon

45 aus dem Ausland. Die 600 000 Besucher werden zum überwiegenden Teil eher an Ausstellungen interessierte Menschen gewesen sein.[179] Auch Köln versuchte in den folgenden Jahren durch Fachmessen in das immer noch von Leipzig dominierte Messegeschäft einzudringen.[180] Dabei nahm dann Köln zentrale Aufgaben für den rheinisch-westfälischen Raum wahr, vor allem bei der Intensivierung der wirtschaftlichen Beziehungen mit westeuropäischen Ländern. Die nächsten Messen verloren allerdings an Bedeutung, so daß Kritiker sogar von „stillen Messen" sprachen. Im Ergebnis hielt man aber auch in den folgenden Jahren durch und legte damit zugleich die Grundlage für das dann nach dem Zweiten Weltkrieg aufblühende Messegeschehen.[181]

Man bemühte sich aber doch ab 1925 um einen weiteren Ausbau der Messeanlagen in Köln. Immerhin sollten 1925 die finanziellen Aufwendungen der Beteiligten erhöht werden. Die Kammer wies in einem Schreiben vom 20. Mai 1925 an Oberbürgermeister Adenauer darauf hin, daß man zwar die Investitionen bei der Messe positiv einschätze, daß man aber auch hoffe, daß die Beteiligung der Stadt Köln hieran mit 25 Mio. RM nicht aus einer Erhöhung der Steuern finanziert werde.[182]

Die Auseinandersetzungen um die Reparationen erhielten am 11. Januar 1923 mit der Besetzung des Ruhrgebietes einen ihrer Höhepunkte. Auch der Kölner Kammerbezirk litt erheblich dadurch, da die Versorgung mit Steinkohle bald versiegte und auch sonst die wirtschaftlichen Folgen vor allem für den Handel und damit rückwirkend auch für die Produktion des Rheinlandes verheerend waren. Dabei ist immerhin zu berücksichtigen, daß die Franzosen und die Belgier nicht nur mit sechs Divisionen, d.h. mit 60 000 Mann, einrückten, sondern daß sie auch gezielt einen möglichst hohen wirtschaftlichen Schaden für die deutsche Wirtschaft anstrebten.

Mit dem Ruhrgebiet wurde die Besatzungszone auch noch um das Gebiet um Offenburg und Appenweier (Bahnknotenpunkt der Bahnlinie Richtung Straßburg) am 4. Februar 1923, das Gebiet von Wesel und Emmerich am 13. Februar 1923, das Gebiet der bei Köln, Koblenz und Mainz noch bestehenden Zugänge zum Rhein am 25. Februar 1923, die Häfen von Mannheim und Karlsruhe am 3. März 1923, bald darauf durch die Einkapselung des Kölner Brückenkopfes, ferner am 15. Mai und 28. Juni um den Eisenbahnknotenpunkt Limburg/Lahn erweitert. Nach Abschluß dieser Aktionen waren 36 000 qkm und 10,6 Mio. Menschen des verbliebenen Deutschen Reiches unter Besatzungsregime, d.h. 7,3 v.H. des Gebietes und mehr als 16,4 v.H. der Bevölkerung.[183]

Die Auswirkungen auf die gesamte Volkswirtschaft dürfen nicht unterschätzt werden. Die Zollhoheit und das Bestimmungsrecht über die Einfuhren und die Ausfuhren des besetzten Gebietes wurde von den alliierten Besatzungstruppen beansprucht. Der Ruhrkampf begann, den eigentlich keine der beiden Seiten gewinnen konnte. Das Deutsche Reich hatte außer dem „passiven Widerstand" keine Gegenmittel. Die Reichsregierung verbot allen Beamten und Eisenbahnern, Dienstleistungen für die Besatzungsmächte zu erbringen. Frankreich hatte letztlich keine Möglichkeiten, den zivilen Ungehorsam in den Griff zu bekommen. Es zeigte sich eindeutig, daß man zwar eine Bevölkerung durch solche Maßnahmen erheblich in ihren Lebensbedingungen einengen konnte, sie drangsalieren konnte; man hatte aber keine Möglichkeit, den eigenen Willen grundsätzlich durchzusetzen. Die moderne Gesellschaft, nicht zuletzt durch die französische Revolution und den positiven davon ausgehenden Einflüssen von 1789 bis 1792 gewandelt, hatte durchaus eine andere Ansicht von einer modernen Gesellschaft innerhalb des Landes und im Miteinander der Völker als die französischen Regierungen unter Briand und Poincaré. Denen und den hinter ihnen stehenden französischen Politikern ging es in erster Linie um die wirtschaftliche Entmachtung Deutschlands, gewissermaßen in Anwendung des Wortes Bismarcks vor dem Reichstag am 11. Januar 1887: „Also das wäre auf der einen Seite wie auf der anderen das gleiche Bestreben; jeder würde versuchen de saigner de blanc..., das heißt (den Besiegten) so lange zur Ader lassen, bis die Blutleere eintritt, damit der niedergeworfene Feind nicht wieder auf die Beine kommt und in den nächsten dreißig Jahren nicht wieder an die Möglichkeit denken kann, sich dem Sieger gegenüberzustellen."

Auf die Reaktionen und die Gegenmaßnahmen der deutschen Behörden und der Reichsregierung, ferner auf die auch im Ruhrgebiet und den anderen besetzten Zonen organisierten Gegenmaßnahmen soll hier nicht näher eingegegangen werden. Beschlagnahmungen von Waren, Verkehrsbehinderungen durch Okkupation der Eisenbahn (französische und belgische Regieverwaltung), Ausgehbeschränkungen und ein Visumzwang für den Übergang zwischen dem besetzten und dem nichtbesetzten Gebiet wurden von zahlreichen kleineren Schikanen[184], auch gegen die Presse ergänzt. So wurden im Jahre 1923 76 Redakteure und 25 Verleger ausgewiesen und 365 Zeitungen verboten.[185] In Köln wurden die Zeitungen selbst jedoch nicht beeinträchtigt, da die meisten Maßnahmen gegen die Presse von der französischen und der belgischen Besatzungsmacht durchgeführt wurden, nicht aber von den in Köln und Umgebung stehenden Briten. Aber die Kölner Zeitungen durften nicht in die Besatzungsgebiete der Franzosen und der Belgier eingeführt werden.[186] Insgesamt sollen etwa 150 000 Personen aus den besetzten Gebieten ausgewiesen worden sein: Beamte usw. aus der Verwaltung, dem Schuldienst, der Post, der Eisenbahn, politisch tätige Personen, ehemalige Offiziere usw.[187]

Im übrigen war der Einmarsch in das Ruhrgebiet keineswegs so spontan, wie dies vor allem von der französischen Besatzungsmacht zum Ausdruck gebracht wurde. Bereits am 14. Dezember 1922 hatte der französische Ministerpräsident Poincaré gedroht, daß man wegen der rückständigen Reparationsleistungen mit den Truppen einrücken werde.[188] Die nach diesem Datum stattfindenden internationalen Beratungen konnten diesen Entschluß nicht mehr revidieren. Sie waren allenfalls Alibi-Verhandlungen im Hinblick auf die beabsichtigte Beeinträchtigung der deutschen Wirtschaft, vor allem der Exportwirtschaft. Die Montanindustrie und damit der Kern der im Ruhrgebiet angesiedelten Industrie galten als wichtigste Strukturelemente der Industrie in Deutschland überhaupt.

Neben die negativen Auswirkungen der Ruhrbesetzung auf die Wirtschaft aller besetzten Gebiete, d.h. auch auf die Kölner Region, traten die Folgen des von der Reichsregierung und der örtlichen Wirtschaft ausgerufenen passiven Widerstandes. So wurde z.B. die Kölner Wirtschaft durch die Unterbrechung bzw. Verminderung der Kohlenzufuhr erheblich beeinträchtigt, zumal die Franzosen bald auch Passierscheine für die Kohlentransporte aus dem Ruhrgebiet auf dem Wasserwege in die britische Besatzungszone forderten.[189]

Den ganzen Sommer des Jahres 1923 über versuchte die Reichsregierung, die Reparationsregelung in akzeptable und realisierbare Vereinbarungen zu bringen, was jedoch am Widerstand vor allem Frankreichs scheiterte. Man bemühte sich auch, die Währung zu stabilisieren, was aber auch in einer Zeit des wirtschaftlichen Niedergangs und der Widerstände der Alliierten nicht gelang. Die Nachteile des Ruhrkampfes für die deutsche Wirtschaft wurden immer deutlicher, so daß die Reichsregierung am 26. September 1923 den passiven Widerstand im Ruhrgebiet zur Vermeidung des „vollständigen Ruins Deutschlands" einstellen ließ.[190]

In welchem Maße die Arbeit der Kölner Handelskammer durch diese ungünstigen Rahmenbedingungen beeinflußt wurde, zeigt die Tagesordnung einer Sitzung des Wirtschaftsausschusses am 28. März 1923:

1. Starre oder biegsame Taktik im Verkehr mit französischen Dienststellen.
2. Schadensersatz für Besatzungsschäden, Beschlagnahme usw. durch das Reich.
3. Versorgung der besetzten Gebiete mit Lebensmitteln und Rohstoffen.
4. Abwehrmaßregeln gegen den Schmuggel an der Westgrenze.
5. Behandlung von Umzugsgut.
6. Maßnahmen zur Verbesserung des Verkehrs im besetzten Gebiet (Automobillinien).

7. Antrag der Handelskammer Ludwigshafen betreffend Verlängerung der Fristen des Wechselrechts für das besetzte Gebiet.

8. Unterstützung der Industrie des besetzten Gebietes durch Aufträge des Reiches und der Länder.

9. Bekanntgabe der Ordonnanzen der Rheinlandkommission und sonstiger Verordnungen der Franzosen und Belgier.[191]

Die außenpolitische Lage Deutschlands verbesserte sich in der ersten Jahreshälfte 1924 deutlich. In Großbritannien war im Januar der konservativen Regierung Baldwin die Labourregierung MacDonald gefolgt. In Frankreich war die ebenfalls im rechten Spektrum anzusiedelnde Regierung Poincaré durch die Regierung Herriot vom Linkskartell abgelöst worden. Beide Politiker (MacDonald und Herriot) zielten auf eine Normalisierung der zwischenstaatlichen Beziehungen unter Einschluß Deutschlands. Damit war eine wichtige Voraussetzung für eine Milderung der Besatzungspolitik geschaffen worden. Das Londoner Abkommen vom 16. August 1924 brachte mit dem Dawes-Plan eine neue und für Deutschland etwas günstigere Regelung des Reparationsproblems. Aber auch die Einschnürung der deutschen, insbesondere der westdeutschen Wirtschaft in den besetzten Gebieten wurde nach und nach vermindert. Es fiel die Zollgrenze zwischen dem Rheinland und dem übrigen Deutschland, die im Zusammenhang mit der Ruhrbesetzung vorgenommene Beschlagnahme der Eisenbahnen in den von Belgiern und Franzosen besetzten Gebieten wurde aufgehoben, die Unterstützung der vor allem von Poincaré geförderten Separatistenbewegung mit dem Zentrum in Aachen verminderte sich ebenfalls.[192] Es dauerte aber noch einige Zeit, bis die Forderungen, auch des Wirtschaftsausschusses, nach Wiedereinführung der Mitteleuropäischen Zeit erfüllt wurden[193], wodurch der Wirtschafts- und Eisenbahnverkehr zwischen besetztem und nichtbesetztem Gebiet erschwert worden war.

2.2.3 Die wirtschaftlichen Folgen des Umbruchs

Wie schon zu Beginn des Krieges, trat auch nach 1918 am Markt ein Bedarf an Geld und Kredit auf, der von dem bestehenden Bankensystem nicht gedeckt wurde und wohl auch nicht gedeckt werden konnte. Einmal handelte es sich um die Finanzierung der Betriebsumstellungen, zum anderen hatten aber auch heimkehrende Soldaten und Angehörige des Mittelstandes einen Finanzierungsbedarf für den Wiederaufbau einer Existenz. Im übrigen mußte der im Kriege eingeführte Schuldnerschutz zunächst beibehalten werden.[194]

Die Stadt Köln hatte in Voraussicht solcher Erfordernisse bereits 1917 eine Kriegskreditkasse mit einem Kapital von 750 000 Mark eingerichtet. Diese Mittel wurden für heimkehrende Soldaten reserviert, die als selbständige Gewerbetreibende tätig sein wollten, und zwar zur Wiedereröffnung von des Krieges wegen stillgelegten Unternehmen oder auch bei einer Neugründung.[195] Wer sich sonst selbständig machen wollte, mußte sich an die Banken oder private Kapitaleigner wenden.

Für die wirtschaftliche Entwicklung wirkte beengend, daß Energie, d.h. vor allem Kohle, knapp war. Die Kohleförderung ging zurück; die zentrale Verwaltung der Kohlenverteilung, und zwar sowohl der Stein- wie der Braunkohle, sorgte auch für die Versorgung anderer Teile Deutschlands. Ferner forderten die Besatzungsmächte einen Teil der Kohleförderung.[196] In Düsseldorf wurde dazu die „Mission Interallée de Contrôle des Usines et des Mines" (MICUM) eingerichtet, deren Kompetenzbereich weit in die industriellen Unternehmen ging. Mit dieser Kontrollkommission hatten die Unternehmen die Bedingungen und damit Bestandteile der Lieferungsverträge auszuhandeln. Dies tat z.B. Paul Silverberg Ende 1923 für die von ihm geleitete *Rheinische Aktiengesellschaft für*

Braunkohlenbergbau und Brikettfabrikation (RAG) in Köln. Es ging dabei um Lieferungen von Briketts nach Frankreich, wobei die Bedingungen offensichtlich nicht sehr günstig waren, so daß die RAG versuchte, die Lohnkosten zu senken und dabei auch die Arbeitszeit auszudehnen, was wiederum Konflikte mit den Gewerkschaften bzw. den Arbeitern zur Folge hatte.[197] Im übrigen versuchte Frankreich, durch die Verträge mit der MICUM einzelne Unternehmen unabhängig von der Reichsregierung zu Reparationsleistungen heranzuziehen.[198]

Bereits kurz nach dem Ende des Krieges wurde am 12. November 1918 von den Volksbeauftragten und vom Berliner Arbeiter- und Soldatenrat das Reichsamt für die wirtschaftliche Demobilmachung eingerichtet. Das größte Problem war hierbei, die bisherigen Rüstungsarbeiter und die heimkehrenden Soldaten mit Arbeitsplätzen zu versehen. Immerhin waren in Deutschland zum Kriegsende noch etwa acht Mio. Männer im Heer und in der Marine. Hinzu kamen knapp eine Mio. deutsche Soldaten in Kriegsgefangenschaft, die ebenfalls nach und nach entlassen wurden. Nur ein kleiner Teil dieser demobilisierten oder heimkehrenden Personen ging an Universitäten oder in andere Ausbildungsgänge. Der weit überwiegende Teil suchte einen Arbeitsplatz, entweder an der Stelle, von der man bei der Einberufung weggehen mußte oder auch an einem anderen Arbeitsplatz. Daher wurde der nach Kriegsbeginn eingerichtete Reichsarbeitsnachweis dem Demobilmachungsamt zugewiesen. Bisher war hier das Reichskriegsamt zuständig gewesen, da es bisher auf die Vermittlung von Arbeitskräften für die Rüstungsgüterindustrie angekommen war.

In den selbständigen Städten und in den Landkreisen wurden Demobilmachungsausschüsse geschaffen, die vor Ort die Demobilmachung und die Entstehung von neuen Arbeitsplätzen zu organisieren hatten. Aufgabe der Handelskammern und auch der anderen Kammern war es, dafür Sorge zu tragen, daß die heimkehrenden Soldaten möglichst wieder an ihren alten Arbeitsplatz kamen.

Vor allem in kaufmännischen Berufen ergab sich daraus ein besonderes Problem, weil hier in überdurchschnittlicher Weise während des Krieges weibliche Arbeitskräfte aufgenommen worden waren, die nun entlassen werden sollten. Als zum Ende des Jahres 1919 die Demobilmachung weitgehend abgeschlossen war, zeigte sich daher eine besonders hohe Arbeitslosigkeit bei den Frauen. Dies war teilweise auch deshalb problematisch, weil eine ganze Reihe von Kriegerwitwen und von jungen Frauen, die unverheiratet blieben, weil die Zahl der Männer durch den Krieg um etwa zwei Mio. vermindert war, auf diese Arbeitseinkommen angewiesen war.

Zur Erhaltung von vorhandenen Arbeitsplätzen wurde verordnet, daß Unternehmen mit 20 und mehr Arbeitnehmern ihre Betriebe nur mit Genehmigung der Demobilmachungsstellen stillegen durften (Stillegungsverordnung vom 8. November 1920). Die Kammern und die Arbeitgeberverbände waren gegen diese Verordnung, da sie letztlich die Löhne aus der Substanz zahlen mußten, denn eine Stillegung kam ja nur in Betracht, wenn die Produkte nicht abgesetzt werden konnten oder wenn es an der Zufuhr von Rohstoffen, Energie und Vorprodukten in ausreichendem Maße fehlte.[199]

Begünstigt wurden insbesondere auch Importeure ausländischer Waren, d.h. französische Kaufleute, die teilweise die rheinischen Märkte mit ihren Waren überschwemmten und gleichzeitig die Zahlungsbilanz negativ beeinflußten.[200] Es kam „zur Überflutung der Rheinlande mit französischen Waren und zur Ausfuhr lebenswichtiger Gebrauchsgegenstände", wie es in einer zeitgenössischen Quelle hieß[201], was möglicherweise aber übertrieben war.

In den Monaten des Winters 1918/1919 wurde die Versorgung erheblich gefährdet. Der Kölner Kammerbezirk und auch der weitere Regierungsbezirk waren auf Zufuhren an Gütern des täglichen

Bedarfs angewiesen, d.h. insbesondere an Nahrungsmitteln, in den Wintermonaten aber auch an Kohlen. Hier ergaben sich nicht zuletzt aufgrund der Besatzungspolitik und der fehlenden Vorräte aus der vorhergehenden Zeit erhebliche Versorgungslücken. Das traf aber auch für die Wirtschaft zu, denn gerade die zahlreichen kleineren und mittleren Unternehmen des Handwerks und der Gewerbe- und Handelsbetriebe, die der Handelskammer zugeordnet waren, hatten keine zuverlässige Versorgung mit Rohstoffen, Vorprodukten und Energie zu verzeichnen.[202]

Die Sozialpolitik erhielt in der Zeit ab 1918 einen erheblichen Schub nach vorn. Das Arbeitsrecht wurde geändert, insbesondere erhielt die Schlichtung eine neue Dimension. Dabei wirkte sich auch grundsätzlich positiv aus, daß der Acht-Stunden-Arbeitstag eingeführt wurde und die Koalitionsbeschränkungen aufgehoben wurden. Ab 1924 war dann der Kampf um die Erhaltung des Acht-Stunden-Arbeitstages zunächst von großer Bedeutung. So sollte im Braunkohlentagebau der Zwölf-Stunden-Arbeitstag eingeführt werden, mit jeweils zehn Stunden tatsächlicher Arbeitszeit und zwei Stunden Pausen, innerbetriebliche Wege usw. Die Argumentation auf der Seite der Braunkohlenunternehmen und damit vor allem von Paul Silverberg ging dahin, daß nur eine effektive Lohnsenkung je Arbeitseinheit die Wettbewerbsfähigkeit mit dem Ausland und die Möglichkeit zur Erzielung von Gewinnen als Basis weiterer Investitionen und damit zur Erhaltung der Konkurrenzfähigkeit bewirken könne.[203]

Wirminghaus meinte zum Bereich des Arbeitsrechts und der entsprechenden Tätigkeit der Kammer: „Besonders nachhaltig beschäftigte sich die Kammer mit den Vorschriften über Arbeits- und Tarifverträge. Sie war der Ansicht, daß ein freier Arbeitsvertrag der zwangsweisen Regelung durch Tarifverträge vorzuziehen wäre. Nach Einführung kollektiver Verträge hielt sie die Freiwilligkeit des Tarifabschlusses für die Grundlage des ganzen Tarifvertragswesens".[204] Dahinter stand das Problem, daß die Tarifparteien wegen der möglichen Schlichtung unter staatlicher Obhut kaum zu Kompromissen bereit waren. Man wollte der eigenen Seite den Schlichter als Verantwortlichen für ein ungünstiges Ergebnis präsentieren.

2.3 DIE BEGINNENDE NORMALISIERUNG DER WIRTSCHAFTLICHEN VERHÄLTNISSE (1925 BIS 1929)

Schon seit einigen Jahren war im Gespräch, den Namen der Handelskammern in „Industrie- und Handelskammern" zu ändern, gewissermaßen in Anpassung an die tatsächlichen Verhältnisse. Mit der Neuregelung durch die preußische Verordnung zur Änderung des Gesetzes über die Handelskammern vom 1. April 1924 kam es zu dieser Namensänderung und auch zu einer weitgehenden Territorialisierung der Kammerbezirke, d.h. die Zuständigkeit der Kammern wurde flächendeckend.[205]

Für die gesamte wirtschaftliche Entwicklung wirkte sich zunächst positiv aus, daß im Herbst 1923 und im Sommer 1924 die Währung reformiert, stabilisiert wurde. Der Übergang zur Rentenmark am 15. Oktober 1923 kann als die vorläufige[206] und der Übergang zur Reichsmark am 30. August 1924 als die dauerhafte Klärung des Währungsproblems angesehen werden. Die zunächst nach dem Ende der Inflationszeit schnell von weniger als einer Mio. auf etwa vier Mio. Personen ansteigende Arbeitslosigkeit wurde in den folgenden Jahren bis 1928 weitgehend abgebaut.[207] Die wirtschaftlichen Rahmenbedingungen verbesserten sich aber nicht nur durch wertstabiles Geld, sondern auch durch die neue Regelung der Reparationen mit dem Dawes-Plan. Zwar waren in diesem ab 1. September 1924 geltenden Plan immer noch erhebliche Leistungen Deutschlands vorgesehen, im ersten Jahr eine Mrd. RM, dann langsam ansteigend auf 1928/29 2,5 Mrd. RM. Dieser Betrag sollte dann jährlich geleistet werden.[208] Das waren etwa knapp vier v.H. des Nettosozialproduktes[209] und lag kaum über den Militärausgaben der anderen Industrieländer Europas, während Deutschland aufgrund der Reduzierung auf das 100 000-Mann-Heer erheblich weniger für sein Militär aufzubringen hatte. Wichtig war aber auch, daß der internationale Wirtschaftsaustausch erleichtert wurde (Handel, Kapitalverkehr usw.), so daß die deutsche Volkswirtschaft wieder stärker in die weltweiten Wirtschaftsbeziehungen eingebunden wurde.

Dazu trug auch bei, daß das Deutsche Reich 1925 die Zollhoheit zurückerhielt. 1926 zogen die letzten Besatzungstruppen aus einem Teil des Rheinlandes und damit auch aus Köln ab (Besatzungszone 1), nachdem im August 1925 das Sanktionsgebiet mit Düsseldorf, Duisburg und Ruhrort und vor allem an der Ruhr freigegeben war. Aus Köln zogen sich die Alliierten am 31. Januar 1926 zurück.[210] Westlich von Köln blieb aber das Gebiet von Aachen bis Koblenz und weiter südlich teilweise bis zum Herbst 1929 (Besatzungszone 2), teilweise bis in den Sommer 1930 (Besatzungszone 3) besetzt, so daß hier weiterhin Handelsschwierigkeiten bestanden, wenn diese auch nicht mehr so gravierend wie in den ersten Besatzungsjahren waren.

Für Köln und die Wirtschaft des Kölner Raumes war aber nicht nur die allgemeine wirtschaftliche Entwicklung in Deutschland wichtig, sondern die besondere Dynamik, die mit dem Namen des Oberbürgermeisters Konrad Adenauer verbunden war. Die Entstehung der Messe und die Ansiedlung der Fordwerke wurden bereits genannt. Der Bau der Mülheimer Brücke, im Oktober 1929 eingeweiht, die Grundsteinlegung für das neue Gebäude der 1919 gegründeten Universität ebenfalls im Oktober 1929 und manche andere Aktivitäten der Stadtverwaltung zeigten, daß erhebliche Anstrengungen unternommen wurden, um die Lebensbedingungen für die Menschen und auch die Produktionsbedingungen für die Wirtschaft zu verbessern.[211]

Insgesamt schien gerade für die wirtschaftlichen Verhältnisse eine besonders günstige Situation einzutreten, um aus der Misere der Folgen des Krieges und der Inflation herauszukommen. Aufgrund der zunehmenden Verschuldung Deutschlands im Ausland wuchs aber auch die Anfälligkeit gegenüber internationalen Geldmarkt- und Wirtschaftskrisen, wie sie dann ab 1929 eintraten.

Der Umfang der finanziellen Mittel des Reiches, die 1927 im Rahmen des sogenannten Westgrenzfonds in Höhe von 12,5 Mio. RM zur „Beseitigung der durch die Kriegs- und Friedensvertragsfolgen geschaffenen Notstände und Schäden" bereitgestellt wurde, war zu gering, um die Wirtschaft Westdeutschlands entscheidend zu stützen. Im übrigen lag der auf Industrie und Handel entfallende Anteil bei weniger als zehn v.H. Der überwiegende Teil floß den Gemeinden zu.[212]

2.4 DIE WIRTSCHAFT IN DER WELTWIRTSCHAFTSKRISE (1929 BIS 1933)

Auch wenn man die Weltwirtschaftskrise mit dem Schwarzen Freitag am 25. Oktober 1929 beginnen läßt, hatten sich erste Anzeichen doch bereits vorher angekündigt. So gab es bereits am 13. Mai 1927 einen erheblichen Kurssturz an der Börse in New York, und infolgedessen auch weltweit an anderen Börsen. In Deutschland war das Wirtschaftswachstum bereits im Jahre 1928 verhalten. Es gab zahlreiche andere Anzeichen dafür, daß die offensichtlich überbordende Börseneuphorie umschlagen würde. Anders als in der Zeit ab Herbst 1873 beschränkte sich die Krise aber nicht in erster Linie auf die Börse. Vielmehr wurde auch die Nachfrage und damit die Produktion stark beeinträchtigt. Die Zahl der Arbeitslosen wuchs, die Kommunen wurden durch den Unterstützungsbedarf der Arbeitslosen und ihrer Familien zunehmend in ihrer finanziellen Beweglichkeit eingeengt. Die 1927 eingeführte gesetzliche Arbeitslosenversicherung konnte nur einen Teil der Probleme mildern, da die Zahl der Arbeitslosen bis 1932 auf das Sechsfache dessen anstieg, was zunächst den Berechnungen der Arbeitslosenversicherung zugrundegelegt worden war.[213]

Arbeitslose in einem Kölner Arbeitsamt 1932

Die Wirtschaft des Kölner Kammerbezirks wurde von der Weltwirtschaftskrise in besonderer Weise betroffen, da sie sich von den Benachteiligungen und Hemmnissen aus der Besatzungszeit noch nicht richtig erholt hatte. In einzelnen Unternehmen war daher der Rückgang der Arbeitsplätze wesentlich deutlicher als im Durchschnitt aller Unternehmen im Deutschen Reich.[214] Andererseits war die Wirtschaft in ihrer Struktur breit aufgefächert und nicht so anfällig wie in montanindustriellen Revieren. Die Industrie- und Handelskammer erhielt aufgrund dieser wirtschaftlichen Situation zusätzliche Beanspruchungen. Eine aktive Arbeitsmarktpolitik war allerdings nicht möglich. Dazu fehlten die Instrumente, die Zuständigkeiten und die Mittel.

Auf Reichsebene gab es verschiedene Überlegungen, durch eine Ausdehnung der Kredite die Wirtschaft anzukurbeln. Zu diesen Programmen gehörte im allgemeinen die Verwendung von Wechseln zur Finanzierung von zusätzlichen Ausgaben des Staates, der Gemeinden, der Post und der Bahn.[215] In einem Rundschreiben des DIHT vom 20. Mai 1932 wurde ebenfalls eine Verbesserung der Liquidität der Wirtschaft durch eine Ausdehnung des Volumens der Handelswechsel gefordert. Die Reichsbank wies in einer Denkschrift darauf hin, daß vor allem von den Banken vermehrt Handelswechsel entgegenzunehmen seien. Immerhin war das Handelswechselvolumen von 1929 = 11,117 Mrd. RM auf 1932 = 7,522 Mrd. RM gesunken. Die Reichsbank hob hervor, daß ein Wechsel vom Lieferanten sofort bei einer Bank vorgelegt werden könne, während man bei einer Überweisung erst nach Ablauf der Kreditfrist (Zahlungsziel) über den Betrag verfügen könne. Nur über den Handelswechsel könne die Reichsbank ihren Kredit an die Wirtschaft „nachhaltig" ausdehnen.[216]

Konkrete Maßnahmen wurden aber erst am 28. August 1932 durch den Reichskanzler Franz von Papen angekündigt und durch eine Notverordnung vom 4. September 1932 in die Tat umgesetzt. Im Vordergrund standen dabei Steuergutscheine, allerdings als marktfähige Papiere. In der Westdeutschen Wirtschafts-Zeitung wurde von der Kölner Kammer mehrfach dargelegt, wie das Verfahren zur Erlangung von Steuergutscheinen geregelt war, um so die Effizienz der Notverordnung zu verbessern.[217] Bis Ende Januar 1933 waren von einem Kontingent von etwas über zwei Mrd. RM lediglich Steuergutscheine im Werte von 325,7 Mio. RM ausgegeben worden. Die Konjunktur war nicht spürbar beeinflußt worden.[218] Die Zahl der Arbeitslosen lag daher im Winter 1932/33 auf dem Niveau des vorherigen Winters, d.h. bei etwas über sechs Mio. Die Zahl der Arbeitnehmer betrug, gemessen am Mitgliederbestand der Krankenkassen, im Januar und Februar 1932 mit zwölf Mio. etwas mehr als in den gleichen Monaten 1933 mit mit 11,5 Mio. Auch die Auslastung der industriellen Kapazitäten war in den beiden ersten Monaten des Jahres 1932 etwas günstiger als 1933. Die Wirtschaft stagnierte auf einem niedrigen Niveau.[219] Die Aussichten auf eine grundlegende Verbesserung waren an der Wende zum Jahr 1933 gering.

II DIE KÖLNER (INDUSTRIE-) UND HANDELSKAMMER VON 1914 BIS 1932

1 DIE INNERE ORGANISATION UND DIE PERSONELLE BESETZUNG

1.1 DAS GRUNDRASTER DER INNEREN ORGANISATION

Die innere Organisation der Kammer wurde von einer Kombination der hauptberuflichen Verwaltung und Gestaltung der Aufgabenbereiche und der Mitwirkung zahlreicher Unternehmer des Kammerbezirks geprägt, wobei die Selbstverwaltungskomponente in Form der ehrenamtlichen Mitwirkung von Unternehmern bei den grundsätzlichen Entscheidungen dominierte[220], in wachsendem Maße aber im Laufe des 19. Jahrhunderts die hauptberufliche Verwaltung die Hauptarbeit leistete, als Vorbereitung für grundsätzliche Entscheidungen und als Basis der zunehmend routinemäßig zu betreibenden Aufgabenwahrnehmung. Dementsprechend lassen sich die Elemente der Arbeitswahrnehmung der Kammer so einteilen:

Der Vorstand bestand aus dem Vorsitzenden, den stellvertretenden Vorsitzenden und den übrigen Mitgliedern des Vorstandes. Alle wurden von den Mitgliedern der Kammer gewählt, die wiederum von den und aus dem Kreis der Kammerzugehörigen gewählt worden waren.

Aus den von den Mitgliedern der Kammer gewählten Personen setzten sich die Ausschüsse zusammen.

Zu diesen ehrenamtlich für die Aufgabenwahrnehmung der Kammer Tätigen kamen die hauptberuflich Tätigen: der Syndikus, seit 1895 so genannt, zuvor Sekretär, die wissenschaftlich vorgebildeten sogenannten Hilfsarbeiter und die Schreibkräfte mit sehr differenzierten Aufgaben. In der Weimarer Zeit wurde der Syndikus manchmal auch Geschäftsführer, der Vorsitzende Präsident genannt.

1.2 DER VORSTAND

Bei der Vereinigung der Kölner mit der Mülheimer Kammer wurde bestimmt, daß einer der stellvertretenden Vorsitzenden aus dem Kreis der Mitglieder der bisherigen Mülheimer Kammer stammen mußte.[221] Die Regelung wurde jedoch nicht mehr in die Geschäftsordnung von 1921 aufgenommen.[222] Bis 1921 hatte der Vorsitzende zwei Stellvertreter, entsprechend § 32 des Handelskammergesetzes von 1897. Nunmehr sah ein Beschluß der Handelskammer vom 4. Februar 1921 über die Geschäftsordnung vor, daß drei Stellvertreter zu wählen seien.[223] Dies entsprach zwar nicht der bestehenden Gesetzeslage, griff aber die neue Regelung der preußischen Verordnung zum Handelskammergesetz vom 1. April 1924 auf, da die Gesetzesberatungen bereits seit 1917 die Tendenz zu einer solchen Bestimmung zeigten und die wachsenden Aufgaben der Kammer eine

Dr. Josef Neven DuMont, Präsident der Handelskammer zu Köln 1909-1915

Erweiterung des Vorstandes erforderten. Außerdem verlief diese Erweiterung der Zahl der stellvertretenden Vorsitzenden parallel zum Übergang zu den zunächst drei Fachgruppen, da nunmehr jede Fachgruppe einen Vizepräsidenten stellen konnte.[224]

Vorsitzender des Vorstandes der Kölner Kammer war von 1909 bis 1915 Dr. Josef Neven DuMont (Verleger und Druckereibesitzer), von 1915 bis 1932 Louis Hagen (Bankier, von 1921 bis 1932 bei den Fachgruppenwahlen allerdings nicht in der für Banken zuständigen Gruppe Großhandel, sondern in der Gruppe Industrie gewählt)[225] und von 1932 bis zum Frühjahr 1933 Paul Silverberg (Unternehmer des Braunkohlenbergbaus und der Brikettfabrikation). Bezieht man auch die stellvertretenden Vorsitzenden von 1914 bis 1932 in die Betrachtung mit ein, nämlich Franz Andreae (1914 bis 1921, Samt- und Plüschfabrikation), Arnold von Guilleaume (1915 bis 1921, Hanfseilspinnerei und Drahtseilfabrikation), Adolf Oehme (1921 bis 1931, Textilgroßhandel), Franz Ott (1921 bis 1930, Schiffahrtsunternehmer), Jakob van Norden (1921 bis 1933, Groß- und Einzelhandel für Haus- und Küchengeräte), Dr. Arnold Langen (1929 bis 1933, Maschinenbau), Franz Proenen (1931 bis 1933, Textilproduktion und -großhandel)[226], dann zeigt sich eine weite Branchenstreuung.

Die folgenden Kurzbiographien der Vorsitzenden zeigen zugleich einen Teil der engen Verflechtung und der Wechselwirkungen zwischen der allgemeinen wirtschaftlichen Entwicklung und der sich wandelnden Tätigkeit der Kammer. Die drei Vorsitzenden der Zeit von 1914 bis 1933 hatten eine breite Außenwirkung über ihr Unternehmen und über den eigentlichen Aufgabenbereich der Kammer hinaus.

Josef Neven DuMont

Als der Vorsitzende der Kölner Handelskammer seit 1891, Gustav Michels, am 24. Juli 1909 verstarb, konnte keiner der beiden Stellvertreter des bisherigen Vorsitzenden überredet werden, sich zum neuen Vorsitzenden wählen zu lassen. Der damalige Kommerzienrat und spätere Geheime Kommerzienrat, Dr. jur. Josef Neven DuMont nahm die ihm angetragene Wahl an. Neven DuMont war 1857 in Köln als Sohn des mit Bergwerkserzeugnissen handelnden Kaufmanns August Libert Neven geboren. Seine Mutter stammte aus der Kölner Verlegerfamilie DuMont. Josef Neven DuMont wandte sich zunächst nicht dem kaufmännischen Beruf zu, sondern studierte Rechtswissenschaft und wollte nach dem Zweiten Staatsexamen und der Promotion in den Justizdienst gehen. Nach dem Tode seines Onkels Ludwig DuMont trat Josef Neven DuMont in den inzwischen von seinem Vater geleiteten Verlag ein. Politisch schloß er sich bald den Nationalliberalen an und wurde 1891 in die Stadtverordnetenversammlung Kölns gewählt. Seit 1900 war er als nunmehriger Inhaber des Hauses *M. DuMont-Schauberg*, in dem die Kölnische Zeitung und der Stadt-Anzeiger zur Kölnischen Zeitung erschienen, in die Mitgliederversammlung der Kammer gewählt worden. Dabei spielte offensichtlich seine den Problemen des öffentlichen Lebens und vor allem auch allgemein der Wirtschaft zugewandte Einstellung eine entscheidende Rolle. „Durch seine verschiedenen ... Ehrenämter und seine weitreichenden Beziehungen" befruchtete er „die Tätigkeit der Handelskammer", meinte der damalige Sydikus Alexander Wirminghaus in einer späteren Darstellung.[227] Im selben Jahr 1909, als er zum Vorsitzenden der Kölner Handelskammer gewählt wurde, wurde er auch in den Ausschuß des Deutschen Handelstages aufgenommen. Sein kulturelles und soziales Interesse war breit gestreut. So wurde er an die Spitze der Stadtcölnischen Versicherungskasse gegen Arbeits- und Stellenlosigkeit gewählt. Er wurde erster Vorsitzender des Rheinisch-Westfälischen Wirtschaftsarchivs, zweiter Vorsitzender des Kölnischen Kunstvereins, er förderte den Verein für Kinder-Ferienkolonien und war an der Entwicklung des Schulwesens und der Errichtung der Handelshochschule interessiert, um nur einige seiner Aktivitäten zu nennen. Neven DuMont starb am 31. Oktober 1915 an den Folgen eines Verkehrsunfalles.

Dr. h.c. Louis Hagen, Präsident der (Industrie- und) Handelskammer zu Köln 1915-1932

Louis Hagen

Nachfolger von Dr. Neven DuMont wurde der bisherige Vizepräsident (seit 1912) Louis Hagen. Er wurde 1855 als Sohn eines Kölner Bankiers geboren.[228] Sein Großvater hat zeitweise noch als Kassenbote beim Bankhaus Oppenheim gearbeitet. Sein Vater hieß zunächst Löb, später Levy. Der Sohn nahm 1893 den Namen seines Schwiegervaters an und hieß seitdem Louis Hagen. 1906 wurde Hagen zum Mitglied der Handelskammer gewählt. 1909 trat er von der jüdischen Konfession zur katholischen Kirche über. Seine Ausbildung erhielt Louis Levy zunächst im väterlichen Bankgeschäft, dann an der Handelshochschule in Antwerpen, einem Lehrinstitut, das bisher in der deutschen Wissenschaftsgeschichtsschreibung trotz einer Pilotfunktion wenig oder überhaupt nicht[229] beachtet worden ist.[230] Auch August Thyssen besuchte 1862 diese Hochschule, um sein in Karlsruhe erworbenes technisches Wissen kaufmännisch zu ergänzen.[231]

Als 1873 der Vater von Louis Levy starb, mußte Louis Levy sein Studium in Antwerpen abbrechen. Er erbte mit 18 Jahren das 1858 in Köln gegründete Bankhaus und übernahm es unter der bisherigen Firma *Bankhaus A. Levy*. 1936 wurde diese Bank vom Bankhaus Oppenheim übernommen und 1956 erlosch der Firmenname. Hagen hatte bereits 1922 enge Beziehungen zum Bankhaus *Sal. Oppenheim jr. & Cie.* aufgenommen, indem er dort Mitinhaber wurde.

Die wirtschaftlichen Interessen Louis Hagens waren sehr weit gespannt. Sie umfaßten seit den neunziger Jahren des 19. Jahrhunderts vor allem auch die Sprengstoffindustrie, wobei Hagen mit der Gründung eines Generalkartells der Pulver- und Sprengstoffindustrie einen wichtigen Schritt zur Beseitigung der Freiheit des Marktes erreichte. Als Bankier war Hagen in die Finanzierung zahlreicher Unternehmen eingebunden, meistens durch Aktienerwerb. Bald wurde Hagen daher auch als Vermittler von Zusammenschlüssen und entsprechenden Verträgen bekannt. Er erhielt daher den Namen eines „industriellen Ehestifters" oder eines „Meisters der unternehmerischen Kombinatorik". Immerhin hatte Louis Hagen auf dem Höhepunkt seiner Tätigkeit einen Sitz in 64 Aufsichtsräten, zum Teil als Vorsitzender. In der Weimarer Zeit war er auch Mitglied des „Vorläufigen Reichswirtschaftsrates", ein Zeichen dafür, daß er als Repräsentant der rheinischen Wirtschaft anerkannt wurde. Parallel dazu kam er in den Hauptausschuß und auch in den Vorstand des Deutschen Industrie- und Handelstages bzw. des Vorgängers, d.h. des Deutschen Handelstages. Auch als Mitglied des Preußischen Staatsrates konnte er seine Ideen zur Geltung bringen. Offensichtlich hatte Hagen aber auch nicht wenige Gegner in Politik und Wirtschaft, die dann meistens Hagen als Juden angriffen. Diese „Gegnerschaft" nahm „in den Jahren 1923 und 1924 eine solche Schärfe an", daß „die Handelskammer wie auch die Hagen nahestehenden Standesvertretungen wiederholt Veranlassung nahmen, sich schützend vor den von ihnen geschätzten Mann zu stellen".[232]

Politisch gehörte Hagen zunächst zu den Nationalliberalen, ab 1909 saß er für die Liberalen im Kölner Stadtparlament. Nach dem Weltkrieg bemühte er sich, für das Rheinland eine politische Sonderstellung zu erhalten. Unter Anlehnung an Belgien und Frankreich sollte ein Staat entstehen, der eine eigene Währung haben sollte und vor allem aus den Reparationsverpflichtungen entlassen werden sollte. Mit diesen Forderungen hatte er jedoch keinen Erfolg. Treue urteilte: „Das Reich verlor dieses Gebiet nicht".[233] Ob diese Ansicht Treues allerdings berechtigt ist, muß bezweifelt werden. Immerhin hat Wirminghaus in seinen Aufzeichnungen zu der Zeit unmittelbar nach dem Weltkrieg gemeint, daß die Kammerpolitik gerade das Verbleiben innerhalb des Reichsverbandes angestrebt hat, und dies kann nur die Politik des Präsidenten Hagen und des Syndikus Wiedemann gewesen sein. Man wollte gerade nicht „Reparationsprovinz" werden, d.h. nicht als ein Teil der Reparationsleistungen unter den direkten Einfluß Frankreichs geraten.[234]

Bei der ersten Zusammenkunft der Handelskammern des besetzten Gebietes in Köln am 28. Februar 1919 trug der Kölner Präsident Louis Hagen vor, daß die Kölner Kammer einstimmig beschlossen habe: „Der Zusammenschluß der Handelskammern des besetzten Gebietes soll den Ausgangspunkt für einen Zusammenschluß der Handelskammern im Bereich der geplanten westdeutschen Republik bilden und damit die wirtschaftlichen Kreise dieses Gebietes zusammenführen". Diese westdeutsche Republik sollte ein Gegengewicht sein gegen die drohende Abtrennung linksrheinischer Gebiete. Die genannte Republik sollte das Rheinland (Rheinprovinz), Westfalen, Hessen-Nassau, die Pfalz, den westlichen Teil der Provinz Hannover mit Osnabrück und Aurich, d.h. mit einem Zugang zum Meer, umfassen. Das wäre schon ein beachtliches Land gewesen. Alle anderen anwesenden Kammervertreter wandten sich gegen diesen Plan. Man ging offensichtlich zu dem über, weswegen man zusammengekommen war, man schuf die Vereinigung der Handelskammern des besetzten Gebietes. Aus den Überlieferungen ist nicht eindeutig ersichtlich, ob dieses neue Land innerhalb des Deutschen Reiches oder unabhängig hiervon errichtet werden sollte.[235] Beachtlich sind aber immerhin die territorial weitausgreifenden Vorstellungen Hagens.

Bei der Bewertung der Äußerungen von Wirminghaus muß auch berücksichtigt werden, daß Wirminghaus offensichtlich wegen der Aktivitäten des neuen Präsidenten ab 1915 sich in seinem Wirkungskreis zurückgedrängt fühlte und daher 1916 aus dem Amt des Syndikus ausschied, d.h. keineswegs dem Präsidenten Louis Hagen besonders zugeneigt war; er hätte mindestens verklausuliert eine andere Einstellung Hagens zum Ausdruck bringen können. Wirminghaus weist sogar ausdrücklich diese Verdächtigungen gegen Louis Hagen, die Wilhelm Treue aufgreift, zurück.[236] Andererseits hat Wirminghaus in einem späteren Bericht nach dem Tode Hagens auch gemeint: „Wenn auch Hagen in den drängenden Angelegenheiten der inneren und äußeren Politik nicht als sachverständig und zielsicher gelten konnte, so verschafften ihm doch seine Geltung als die eines gewiegten Finanzmannes und sein sicheres Auftreten ein Ansehen, das weit über die wirtschaftlichen Kreise hinausging." Immerhin schließt Wirminghaus seine weiteren Ausführungen mit den Worten: „De mortuis nihil nisi bene! Und so mag denn der Vorhang vor diesen Ereignissen fallen, die in den eigenartigen Zeitumständen ihre Erklärung finden".[237]

Offensichtlich gab es im persönlichen Umgang mit Hagen bei seiner manchmal recht bestimmenden und wenig konzilianten Art nicht selten Schwierigkeiten. Dies veranlaßte z.B. das Mitglied der Kammer Karl Bau in einer auf seine Kosten gedruckten Darstellung einer Kontroverse an die Öffentlichkeit zu tragen, möglicherweise in überzogener Weise.[238] Aber auch zuvor war es einige Male zu öffentlicher Kritik an Hagen gekommen. So hatte sich Karl Welcker 1922 gegen ihn gewandt, während sich der ehemalige Vizepräsident Arnold von Guilleaume hier vor Hagen stellte.[239]

Diese Querelen konnten das Bild Hagens nicht entscheidend trüben. Insgesamt war Louis Hagen der wichtigste Repräsentant der rheinischen Wirtschaft in der Zeit des Ersten Weltkrieges und der Weimarer Republik. 1906 wurde er zum Mitglied der Kammer gewählt, von 1912 bis 1915 war er stellvertretender Präsident, von 1915 bis zu seinem Tode 1932 dann Präsident. In seine Präsidentschaft fallen viele politische und auch die wirtschaftlichen Verhältnisse grundlegend ändernde Wandlungen. Es ist erstaunlich, in welchem Maße er diese Herausforderungen aufnahm. Sein plötzlicher Tod 1932, vier Tage[240] nach der glanzvollen Einweihung des neuen Kammergebäudes, hat ihn vor vielen Enttäuschungen in persönlicher und in sachlicher Hinsicht bewahrt. Treue beurteilte Hagen folgendermaßen: „Hagen galt nach dem Ersten Weltkrieg bis zu seinem Tode als der entschiedenste und gewandteste Interessenwahrer von Industrie und Finanz, als ein Unternehmer, der intime Wirtschaftsführung und öffentliches Wirken ungewöhnlich geschickt miteinander zu verbinden wußte".[241]

1925, zum 70. Geburtstag von Louis Hagen, schufen mehr als 20 Kölner Unternehmer die Louis-Hagen-Stiftung und stellten hierfür ein Kapital von 370 000 Mark zur Verfügung. Den Stiftungszweck sollte Hagen selbst bestimmen.[242] Er legte fest, daß unverschuldet in Not geratene Witwen und Waisen von Kaufleuten und von früheren Beamten und Angestellten der Kammer unterstützt werden sollten.[243] 1932 wurden aus dieser Stiftung, über deren Ertragsverwendung das Präsidium, zwei Mitglieder und der Syndikus der Kammer zu entscheiden hatten, 449 Gesuche um Unterstützung zwischen 30 und 200 RM mit zusammen 29 870 RM bedient.[244]

Paul Silverberg

Mit Paul Silverberg wurde wiederum ein Präsident gewählt, der vorher nicht Vizepräsident gewesen war.[245] Er wurde 1876 in eine jüdische Unternehmerfamilie geboren. Sein Vater hatte sich in der Textilindustrie und in der Linoleumherstellung im rheinischen Bedburg und in der Braunkohlenförderung und -verarbeitung (Brikettfabrikation) engagiert. Nach dem Abitur studierte Silverberg von 1895 bis 1898 in München und in Bonn Rechtswissenschaft. Nach dem Zweiten juristischen Staatsexamen und der Promotion ließ er sich 1903 als Rechtsanwalt in Köln nieder. Eine beabsichtigte Habilitation wurde nicht realisiert, da im Herbst 1903 sein Vater verstarb und er sich als einziger Sohn verpflichtet fühlte, die Unternehmen, an denen sein Vater maßgeblich beteiligt war, zu übernehmen. Ende September 1903 wählte ihn der Aufsichtsrat der *Fortuna AG* (Braunkohlenförderung und Brikettfabrikation) zum Generaldirektor. Silverberg beflügelte den Absatz der Braunkohle, indem er innerhalb kurzer Zeit die Bemühungen um eine gemeinsame Verkaufsorganisation der mehr als 30 selbständigen Braunkohleunternehmen des Reviers zwischen Aachen und Köln in die Gründung der *Braunkohlen-Brikett-Verkaufsverein GmbH* einmünden ließ, die zudem noch eng mit dem Rheinisch-Westfälischen Kohlensyndikat (Steinkohle) unter der Leitung von Emil Kirdorf zusammenarbeitete.

Parallel dazu kam es in den folgenden Jahrzehnten zu einer Reduzierung der Zahl der selbständigen Braunkohlenfirmen. 1908 erfolgte der erste größere Zusammenschluß in der *Rheinischen Aktiengesellschaft für Braunkohlenbergbau und Brikettfabrikation* (RAG), mit Sitz in Köln. Gleichzeitig wurde auch die Elektrizitätserzeugung auf der Basis der Braunkohle gefördert. Es wurde das Unternehmen *Rheinisches Elektrizitätswerk im Braunkohlenrevier Aktiengesellschaft* (REW) gegründet. Silverberg wurde Aufsichtsratsvorsitzender. Ab 1911 versorgte das 1910 entstandene Unternehmen vor allem die Stadt Köln mit Elektrizität.[246]

Auch in den folgenden Jahren, vor allem nach dem Weltkrieg, ging Silverberg mit seinen Initiativen neue Wege. So erwarb er für die RAG ab 1924 nach und nach einen erheblichen Teil der Aktien der *Harpener Bergbau-Aktiengesellschaft* und wurde 1925 in deren Aufsichtsrat gewählt.

Insgesamt hatte er bald einen Sitz in etwa 50 Aufsichtsräten, teilweise als Vorsitzender. So wurde er in den Aufsichtsrat der *Deutschen Bank* und der *Rheinisch-Westfälischen Elektrizitätswerke* (RWE) berufen. Darüberhinaus war er Mitglied des Präsidiums des Reichsverbandes der Deutschen Industrie, des Deutschen Industrie- und Handelstages, des Reichswirtschaftsrates und der Internationalen Handelskammer, um nur die wichtigsten Positionen aufzulisten. Diese Tätigkeit nahm schließlich so sehr zu, daß er 1926 den Vorstandsvorsitz bei der RAG aufgab und auf den Platz des Vorsitzenden des Aufsichtsrates überwechselte.

Direkt politisch wurde Silverberg zunächst nicht tätig. Er setzte sich aber nach dem Weltkrieg dafür ein, daß die Sozialisierungspläne hinsichtlich des Bergbaus nicht verwirklicht wurden. Er wies z.B. darauf hin, daß Post und Bahn als Staatsbetriebe „gemeinwirtschaftlich ausgepowert" worden seien, während die Bergbauunternehmen bis 1914 finanzielle Reserven hatten anlegen können, die ihnen halfen, über die Kriegs- und die ersten Nachkriegsjahre zu kommen. Sowohl in der Braunkohlenindustrie wie auch im Harpener Bergbau-Unternehmen und in der Elektrizitätswirtschaft

Dr. Paul Silverberg, Präsident der Industrie- und Handelskammer zu Köln 1932-1933

hatte er sich immer dafür eingesetzt, daß die Betriebe auf dem neuesten technischen Stand waren. Nur rentabel arbeitende Unternehmen, die auch Gewinne abwarfen, hatten nach seiner Ansicht eine Zukunft.

Schon zuvor hatte es eine grundsätzliche Änderung im Braunkohlebereich gegeben, und zwar dadurch, daß das RWE über den Erwerb von Aktien in die RAG eindrang. Für Silverberg war dies die Ausbreitung der öffentlichen Hand, da beim RWE vor allem die Kommunen als Inhaber von Stimmrechtsaktien das Sagen hatten. Innerlich schien sich Silverberg daher offensichtlich bereits von dem Unternehmen zu trennen. Neuer Vorsitzender der RAG wurde der Vorsitzende des Aufsichtsrates des RWE, Albert Vögler.

Außerdem pflegte er den Kontakt zu zahlreichen Unternehmern des rheinisch-westfälischen Industriegebietes, besonders auch in der 1926 gegründeten sogenannten Ruhrlade, einem Zusammenschluß von Unternehmern, die vereinbarten, bei Geschäften nicht gegeneinander zu agieren, sondern bei unterschiedlichen Meinungen und konkurrierenden Geschäften eine Verständigung zu suchen.

Recht eigenartig, aber wohl auch bezeichnend für die Mentalität Silverbergs war das Anfang Januar 1923 führenden Personen der Wirtschaft und auch dem Reichswirtschaftsminister Johann Becker zugesandte Programm über den „Wiederaufbau der deutschen Wirtschaft". Er verlor hier jede Kompromißbereitschaft gegenüber den Gewerkschaften, die er zuvor und auch später durchaus gehabt hatte. Manche Kritiker warfen ihm Rückkehr zum Manchestertum vor.[247] Dabei war Silverberg in dieser Zeit auch einbezogen worden in die Überlegungen des Reichsverbandes der Deutschen Industrie über ein neues Programm. Um über den teilweisen Beifall hinaus auch in der Sache akzeptiert zu werden, fehlte letztlich eine Berücksichtigung dessen, was politisch möglich war, und natürlich auch die bei Silverberg als Unternehmer durchaus vorhandene soziale Komponente.

In den Jahren ab 1926 reiste Silverberg sehr viel, um vor allem auch durch seine Vorträge auf die angeblichen oder tatsächlichen Fehler der Wirtschafts- und Finanzpolitik des Reiches oder der öffentlichen Hand insgesamt aufmerksam zu machen, da nach seiner Ansicht, schon deutlich vor 1929, die deutschen Unternehmen ihre Kapitalausstattung zu wenig hätten ausbauen können. Er sah mithin das dann in der Weltwirtschaftskrise deutlich werdende Liquiditäts- und Eigenkapitalproblem. Immerhin forderte er aber nicht die Auflösung der für die Bedienung der Forderungen des Dawes-Planes gegründeten *Bank für deutsche Industrieobligationen*, sondern setzte sich dafür ein, daß deren Mittel ab 1930 für die Entschuldung und damit finanzielle Sanierung der Landwirtschaft, insbesondere der hoch verschuldeten Landwirtschaft in Ostdeutschland, eingesetzt wurden. Neben etwa 10 000 Gütern wurden hierdurch auch etwa 30 000 Bauernhöfe begünstigt. Es sollten fünf Jahre lang jeweils 200 Mio. RM, von der Industrie aufgebracht, verwendet werden.[248] Man fragt sich, wie Silverberg zu dieser Einstellung kam. Seine Verbindung zu den von der Braunkohle verdrängten Landwirten kann es kaum gewesen sein. Dies gilt auch für sein eigenes, relativ kleines Landgut in der Nähe von Köln (Hoverhof). Es spricht viel dafür, daß er die politische Bedeutung der überschuldeten Landwirte im Auge hatte. Diese Frage muß allerdings offen bleiben.

Silverberg war inzwischen auch Mitglied der Deutschen Volkspartei, der auch Stresemann angehört hatte, geworden und saß für diese Partei ab 1929 im Rheinischen Provinziallandtag. 1920 verlieh ihm die Rheinisch-Westfälische Technische Hochschule Aachen die Ehrendoktorwürde, 1925 die Juristische Fakultät der Universität Bonn die Würde eines Dr. rer. pol. h.c.

Als Louis Hagen am 1. Oktober 1932 starb, wurde Silverberg am 21. Oktober 1932 für den Rest der Amtsperiode 1931/1932 zum neuen Präsidenten der Industrie- und Handelskammer zu Köln gewählt.[249] In seiner Antrittsrede im November 1932 hob Silverberg folgende Punkte für seine Arbeit hervor:

1. Die Grundsätze des ehrbaren Kaufmanns sollen beachtet werden.
2. Die Arbeitsverhältnisse sollen individualisiert werden; vor allem sollte man in Abhängigkeit der wirtschaftlichen Situation des einzelnen Unternehmens von Tarifverträgen abweichen können.
3. Es sollte zu einem Wiederaufbau der Wirtschaft auf dem Boden der individuellen Privatwirtschaft kommen, d.h., die wegen der wachsenden Arbeitslosigkeit in der Weltwirtschaftskrise verstärkten Sozialisierungsforderungen sollten abgewehrt werden.
4. Die Überlegungen der Reichsregierung, die Produktion zu kontingentieren, werden abgelehnt, da dies kein Mittel ist, um die Arbeitslosigkeit zu überwinden.
5. Der Groß- und Einzelhandel hat eine große Bedeutung bei der Weiterentwicklung des Absatzes der Produkte, als Voraussetzung einer Ausdehnung der Produktion.
6. Die hohe Verschuldung der Gebietskörperschaften (Reich, Länder, Gemeinden) wurde beklagt: „Der Privatkredit für die Privatwirtschaft steht in untrennbarem Zusammenhang mit der Ordnung der Finanzen der öffentlichen Hand".[250]

Damit waren sowohl grundsätzliche als auch in der augenblicklichen Situation bestehende Probleme angeschnitten worden. Silverberg wandte sich vor allem auch gegen die wachsende Bereitschaft, die Wirtschaft zu reglementieren, ein Weg, der nicht geeignet war, aus der Krise herauszukommen.

Die Amtszeit Silverbergs war sehr kurz. Am 9. Januar 1933 war er noch für die Jahre 1933 und 1934 zum Präsidenten gewählt worden.[251] In seiner Rede zum Beginn der neuen Amtsperiode hob er als Wege für eine Verbesserung der Wirtschaftspolitik vor allem hervor: eine „stärkere Verflüssigung der Geldmärkte", eine Förderung der „Beschäftigung" und des „Absatzes". Er beklagte zugleich, daß wegen des milden Winters der Absatz von Hausbrandkohle zurückgegangen, dagegen der Absatz von Industriekohle gestiegen sei.[252]

Silverberg zeichnete sich wie zuvor Hagen besonders dadurch aus, daß er über Köln und den Kölner Raum hinaus wirtschaftlich und politisch tätig gewesen war. Er repräsentierte daher nicht nur die Kölner Wirtschaft, sondern er war einer der führenden Wirtschaftsführer in der deutschen Industrie, wie insbesondere seine Vorträge und Mitwirkungen bei zahlreichen überregionalen Tagungen gezeigt hatten. Mitglied der Kammer war Silverberg zwar erst seit 1919. Aber auch schon vorher stand er in engem Kontakt zur Arbeit der Kammer. Er mußte aufgrund seiner intensiven Einbindung in andere überregionale Gremien allerdings bis 1932 zahlreiche Sitzungen der Kammer absagen.[253]

Für die neuen Machthaber ab 30. Januar 1933 war Silverberg als Protestant jüdischer Abstammung an einer so herausragenden Position nicht mehr tragbar. Als mit dem sogenannten Ermächtigungsgesetz vom 24. März 1933, beschlossen mit Zustimmung aller Parteien des Reichstages mit Ausnahme der SPD, die KPD war von der Sitzung des Reichstages ausgeschlossen, die NS-Regierung weitgehend freie Hand für ihre Politik hatte, begannen Anfang April 1933 vor allem Aktionen und Gesetzesmaßnahmen gegen Juden. Silverberg wurde nun von dem Kölner Bankier Kurt Freiherr von Schröder, in dessen Haus das historische Treffen Hitlers mit Papen stattgefunden hatte, aus dem Amt des Präsidenten der IHK verdrängt. Das preußische Innenministerium war den rechtsstaatlichen Gedanken bereits entrückt und bot Silverberg daher keinen Schutz.[254]

Die Mitglieder der Kammer nahmen die Mandatsniederlegung Silverbergs ohne Widerspruch hin, wenn man den öffentlichen oder auch sonst bekannten Verlautbarungen glauben darf. Der Vizepräsident Franz Proenen dankte in der Vollversammlung am 10. April 1933 dem schon nicht mehr erschienenen bisherigen Vorsitzenden und fügte hinzu: „Wir haben uns in diesem Hause von politischer Betätigung stets ferngehalten und in Erfüllung der uns obliegenden öffentlichen Aufgaben unsere gesamte Tätigkeit in den Dienst der Wirtschaft gestellt. In den letzten Wochen haben sich Ereignisse von überwältigender Größe zugetragen. Der Sieg der nationalen Erhebung ist Tatsache geworden und damit der Weg zum nationalen und wirtschaftlichen Aufstieg des deutschen Volkes freigelegt. Es gilt auch für uns als Industrie- und Handelskammer, diesen Weg entschlossen zu betreten und ihn für alle zur freudigen Mitarbeit bereiten und geeigneten Kräften weit zu öffnen."[255] Silverberg wurde stillschweigend nicht mehr zu diesen Kräften gerechnet.

Silverberg sah keine Möglichkeit mehr für ein Leben ohne Bedrängnis in Deutschland und zog in die Schweiz, wo er in Lugano bis zu seinem Tode am 5. Oktober 1959 wohnte. Man hatte vergeblich versucht, ihn nach 1945 wieder ins Rheinland zu holen. Zahlreiche Ehrungen bis hin zum Ehrenpräsidenten der Kölner Kammer im April 1951 konnten den politisch bedingten Schnitt in seiner Vita nicht ausgleichen.

Gerade der Lebensweg und das Lebenswerk der beiden Präsidenten Hagen und Silverberg waren durch eine intensive Tätigkeit für die Belange der rheinischen und der deutschen Wirtschaft insgesamt in einer schwierigen Zeit gekennzeichnet. Basis ihrer Arbeit waren ihre Erfolge als Unternehmer, ihre Organisationsfähigkeit und die Bereitschaft, für die Belange anderer Menschen einzutreten.

1.3   DIE MITGLIEDER UND IHRE WAHL

Die Mitglieder der Kammer waren zum überwiegenden Teil Personen, die sich für über das eigene Unternehmen hinausgehende Interessen zu engagieren bereit waren und die zugleich einen Rückhalt unter den Zugehörigen der Kammer hatten. Die Mitgliedschaft in der Kammer, d.h. im Parlament der der Kammer zugehörigen Unternehmer, bedeutete zugleich die Vorstufe für eine eventuelle stärkere Einbindung in das Ehrenamt. So war z.B. Gottlieb von Langen von 1912 bis 1933 Mitglied der Kammer und bald auch in verschiedenen Ausschüssen zu finden.[256] Im Grunde waren es wenige Personen, die sich in der ehrenamtlichen Mitwirkung der Handelskammer engagierten, man muß sagen, auch engagieren konnten. Gerade das Beispiel von Louis Hagen zeigt, daß hier mehr als eine sachlich am eigenen wirtschaftlichen Lebenskreis orientierte Bereitschaft zur Öffnung für gemeinschaftliche Aufgaben vorhanden gewesen sein muß. Der Impetus muß in solchen Fällen schon erheblich gewesen sein. Das Amt brachte zwar zusätzliches Ansehen. Man mußte aber auch bereit sein, dafür etwas zu leisten.

Die Zahl der Mitglieder wurde 1914 bei der Aufnahme der Mülheimer Kammer von 33 (seit 1912) auf 40 erhöht. Dabei bestand für das alte Kölner Kammergebiet ein einheitlicher Wahlbezirk. Zur Wahl anläßlich der Aufnahme der Mülheimer Kammer waren aus diesem Kammerbezirk sieben Mitglieder zu wählen, und zwar drei Mitglieder für die erste Wahlabteilung und je zwei für die zweite und die dritte Wahlabteilung. Von diesen sieben Mitgliedern sollten mindestens zwei den Sitz ihres Betriebes im Landkreis Mülheim haben, davon mußte einer auf die erste Wahlabteilung entfallen.[257] Man sah offensichtlich darauf, daß möglichst keine Gruppe, auch keine regionale Gruppe durch die Wahl benachteiligt wurde. Eine vergleichbare Bestimmung hatte es für die Wahl der zuletzt zwölf ordentlichen und vier stellvertretenden Mitglieder der Kammer Mülheim nicht gegeben, jedenfalls erwähnt Hermanns keine entsprechende Regelung.[258] Ab August 1914 traten die sieben Mülheimer Mitglieder zur Kölner Mitgliederversammlung.

Nach dieser Wahl bildete der neue erweiterte Kammerbezirk Köln dann wieder nur noch einen Wahlbezirk. Während des Krieges wurde keine Wahl vorgenommen. Man einigte sich auch darauf, daß die Kriegsjahre nicht auf die Amtsdauer der Mitglieder angerechnet werden sollten. Im übrigen wurden daher auch ausscheidende Mitglieder nicht ersetzt, so daß die Mitgliederversammlung am Ende des Krieges nur noch aus 35 Personen bestand. Die meisten der fünf ausscheidenden Mitglieder waren während des Krieges verstorben, wie der Vorsitzende Josef Neven DuMont. Die erste Wahl nach dem Kriege fand im Dezember 1918 statt.[259]

Wahlberechtigt für die Mitgliederversammlung waren alle im Handels- und im Genossenschaftsregister eingetragenen Firmen. Bei der Wahl versuchte man, möglichst alle wichtigen Wirtschaftszweige und auch die unterschiedlichen Betriebsgrößenklassen zu berücksichtigen. Der erstgenannte Punkt wurde durch Absprachen verwirklicht, der zweite Punkt durch die Bildung von drei Wahlabteilungen, die sich nach der Gewerbesteuerveranlagung unterschieden.[260] Dieses Verfahren wurde als berechtigt angesehen, weil die Finanzierung der Kammern durch einen an der Gewerbesteuerzahlung orientierten Beitrag erfolgte. Im übrigen gab es in Preußen und in den meisten Ländern des Deutschen Reiches bis 1918 ebenfalls ein überwiegend nach der Steuerkraft abgestuftes Wahlrecht zu den Parlamenten.

Von den 33 Mitgliedern der Kölner Kammer, die nach dem von 1912 bis 1914 geltenden Wahlrecht gewählt wurden, sollten jeweils elf aus den drei Wahlabteilungen kommen. Die neue Wahlordnung vom Herbst 1914 sah nunmehr 40 Mitglieder vor, von denen 14 aus der ersten Wahlabteilung und jeweils 13 aus den beiden anderen Wahlabteilungen kommen sollten. Durch zusätzliche Bestimmungen sollten hier auch die Interessen der bisherigen Mülheimer Kammer berücksichtigt werden, wie dies bereits bei der Aufnahme der Kammer am Anfang des Jahres 1914 vereinbart worden war.[261]

Die neue Wahlordnung vom Jahre 1920, gültig für die Amtsperioden ab 1. Januar 1921, ging dann zu einem anderen System über. Man wollte jetzt die einzelnen Wirtschaftszweige bei der Wahl besser berücksichtigt sehen und wählte nunmehr nach Fachgruppen. Vorausgegangen waren Beschwerden einzelner Wirtschaftszweige, daß sie bei dem bestehenden Wahlsystem nicht oder zu wenig berücksichtigt worden seien. Zunächst hatte sich die Industrie beklagt, später dann der Einzelhandel und schließlich 1917 im Zusammenhang mit den ersten Debatten um die beabsichtigte Novellierung des preußischen Handelskammergesetzes beklagte sich der Großhandel, daß er früher eine stärkere Position im Kreis der Mitglieder gehabt habe, daß er sich jetzt aber zu wenig repräsentiert fühle.[262]

In der Tat hatte der Großhandel seine überragende Position in der Mitgliederversammlung in den Jahrzehnten um die Wende zum 20. Jahrhundert verloren. Von den 68 von 1898 bis 1920 gewählten Mitgliedern gehörten bereits 32 zur Industrie und nur noch 30 zum Großhandel, während der Einzelhandel mit sechs Personen vertreten war.[263] Hierin kam zum Ausdruck, daß die Industrie immer mehr eine zentrale Bedeutung für die Wirtschaftskraft der Stadt und ihres Umlandes erhielt. Bis in die Jahrzehnte vor der Mitte des 19. Jahrhunderts hatte der Handel Kölns vor allem den Absatz für das Gewerbe der Region und die Beschaffung für die Versorgung der Wirtschaft und der Bevölkerung von außen betrieben, ergänzt um die teilweise aus dem Handel wachsenden Geld- und Kreditgeschäfte bis hin zur Entstehung eines engen und leistungsfähigen Bankennetzes in der Stadt. Seit den mittleren Jahrzehnten des 19. Jahrhunderts kam es zum industriellen Aufschwung, in enger Verflechtung zum Handel und zu den Banken. Am Ende des 19. Jahrhunderts prägten die industriellen größeren Unternehmen dann das Bild der Kölner Wirtschaft. Parallel dazu hatte sich für die Versorgung der wachsenden Bevölkerung auch der Einzelhandel erheblich ausgedehnt. Dabei erhielt der im Handelsregister eingetragene Einzelhandel eine zunehmende Bedeutung neben den jedoch immer noch wichtigen Minderkaufleuten. Daher versuchte der Einzelhandel auch immer stärker in der Mitgliederversammlung vertreten zu werden, was dann aber erst ab 1920 mit der neuen nach Fachgruppen unterscheidenden Wahlordnung vom 13. September 1920 in rechtlich festen Formen gelang.[264] Die Wahlen nach der neuen Wahlordnung fanden Ende 1920 statt.[265]

Das Fachgruppen-System war zwar auch in der Folgezeit nicht unumstritten.[266] Es hatte aber offensichtlich eine günstigere Verteilung zur Folge als das bisher gültige System. Das preußische Kammergesetz vom 14. Januar 1921 sah dann auch das Fachgruppensystem bei der Wahl der Mitglieder vor, wie die Kölner Wahlordnung von 1920. Dabei sollte es die drei Fachgruppen Industrie, Großhandel und Kleinhandel geben. Im Falle besonderer Eigenarten eines Kammerbezirks sollte eine dieser Gruppen ersetzt werden können. Es durften dann auch zusätzlich andere Gruppen gebildet werden.[267]

In Köln wurden im Herbst 1920 die drei genannten Fachgruppen, die bereits aus dem Gesetzentwurf ersichtlich waren, gebildet und zugleich die Zahl der Mitglieder von 40 auf 47 erhöht. Davon waren 21 von der Industrie, 18 vom Großhandel und die verbleibenden acht Mitglieder vom Kleinhandel oder Einzelhandel zu wählen. Zum Großhandel zählten auch Banken, Versicherungen, Verkehrsbetriebe und Agenturgewerbe. Die Zuordnung des einzelnen Handelsbetriebes zu den Gruppen erfolgte durch die Kammer. War der einzelne Zugehörige damit nicht einverstanden, entschied der Verwaltungsausschuß. Nach dem neuen Wahlrecht konnte die wahlberechtigte Firma auch durch einen Prokuristen vertreten werden.[268]

Nach den bisherigen Regelungen konnte die Kammer weitere Mitglieder zuwählen, von 1914 bis 1920 vier zusätzliche Mitglieder. Diese Ergänzungsmöglichkeit entfiel nunmehr, da sie zwar nach dem Gesetz von 1921 noch möglich war, aber nicht in die neue Wahlordnung aufgenommen wurde.[269]

Die Mitglieder wurden für sechs Jahre gewählt. Alle zwei Jahre hatte ein Drittel auszuscheiden. Man wollte damit eine gewisse Kontinuität bewahren. Während des Ersten Weltkrieges fanden allerdings keine Wahlen statt.[270] Bis 1932 war die Zahl der wahlberechtigten Unternehmen auf etwa 7 000 angestiegen, so daß etwa 135 Firmen auf einen Sitz in der Mitgliederversammlung kamen. Die entsprechende Relation lag bei der Kammer Düsseldorf zu dieser Zeit bei 133 und für die Kammer Duisburg-Wesel bei 66 Firmen.[271] Dabei ist sicher zu berücksichtigen, daß mit zunehmender Zahl der Wahlberechtigten sich die Relation vergrößern muß, um das Gremium aktionsfähig halten zu können. So hatte z.B. die Kölner Kammer 1871 bei 24 Mitgliedern eine Relation von Mitgliedern zu wahlberechtigten Firmen von eins zu 84 aufzuweisen.[272]

Durch eine neue Wahlordnung vom 7. Juli 1922 wurde die Zahl der Mitglieder nochmals erhöht, und zwar von 47 auf 52. Es wurden nunmehr vier Fachgruppen gebildet. Die neue vierte Gruppe bildeten die Handelsvertreter, die bisher als Agenturgewerbe dem Großhandel zugeordnet waren. Die Zahl der Handelsvertreter wurde als so groß angesehen, daß sich hier die Bildung einer neuen Gruppe empfahl. Die Verteilung der Sitze in der Mitgliederversammlung war nunmehr folgende: Industrie 21, Großhandel 21, Kleinhandel acht und Handelsvertreter zwei.[273] Beim Kleinhandel und bei den Handelsvertretern wurden zudem neue Regeln hinsichtlich des Ausscheidens eingeführt, da dies nicht regelmäßig ein Drittel betreffen konnte.

Der Wunsch des Verkehrsgewerbes, ebenfalls eine gesonderte Fachgruppe bilden zu dürfen, wurde von der Kammer (Mitgliederversammlung) abgelehnt. Die Verkehrsunternehmer sollten aber eine stärkere Vertretung im Verkehrsausschuß erhalten.[274]

Mitglieder der Industrie- und Handelskammer zu Köln bei einem Essen aus Anlaß des 70. Geburtstages von Präsident Louis Hagen am 15. Mai 1925 im Hotel Disch

Die Wahlordnung von 1922 blieb bis in den April 1933 gültig. Mit diesen Regelungen der Wahlen zur Mitgliederversammlung waren aber noch nicht sämtliche Interessen in einer solchen Weise vertreten, wie dies auch für die Kammer wünschenswert war. Es kam daher auf die Einrichtung der einzelnen Ausschüsse an, aber auch darauf, wer von außerhalb des Zugehörigenkreises zu Beratungen herangezogen werden sollte.

Eine Übersicht der Mitglieder der Kammer bis 1933 haben Kellenbenz und van Eyll zusammengestellt.[275] Hieraus ergibt sich auch, daß wie im 19. Jahrhundert auch noch bis 1924 nur Männer das aktive und passive Wahlrecht hatten. Auch bis 1933 war unter den gewählten Mitgliedern der Kammer keine Frau, danach erst recht nicht. Frauen waren zunächst grundsätzlich nicht wahlberechtigt. Hatte eine Frau die Stellung eines Kammerzugehörigen, d.h., besaß sie ein kammerzugehöriges Unternehmen oder war sie die Leiterin eines solchen Unternehmens, mußte sie ihre Stimme durch einen männlichen Vertreter abgeben.[276] Ein passives Wahlrecht zur Mitgliederversammlung hatte sie überhaupt nicht. Die Novellierung des preußischen Handelskammergesetzes von 1917 und 1918 wollte zwar nunmehr auch den Frauen die Ausübung des Wahlrechts zugestehen. Diese Novellierung kam aber nicht zustande. Auch hier hatten sich zahlreiche Kammern, auch die Kölner Handelskammer, zwar in einer Stellungnahme zum Gesetzentwurf für das aktive, nicht aber für das passive Wahlrecht der Frauen ausgesprochen.[277] Dies blieb dann auch so bei den Kammerwahlen Ende der Jahre 1918, 1920 und 1922. Man berief sich darauf, daß zwar alle Wahlen zu öffentlich-rechtlichen Körperschaften als „gleiche, direkte, geheime, allgemeine Wahlen" durchzuführen seien, daß aber dieses neue Wahlrecht noch nicht rechtlich festgelegt sei.[278] Dies wurde auch nicht in den Wahlordnungen von 1920 und 1922 vorgenommen. Erst die Verordnung vom 1. April 1924 zur Änderung des Preußischen Kammergesetzes von 1897 brachte die Anpassung an Art. 109 der Weimarer Verfassung, d.h. Frauen erhielten das aktive und das passive Wahlrecht.

1.4 DIE KAMMERZUGEHÖRIGEN

Zur Handels- bzw. Industrie- und Handelskammer zählten alle Gewerbetreibenden des Kammerbezirks, die Gewerbesteuer zu zahlen hatten, die im Handels- und im Genossenschaftsregister eingetragen und die nicht der Handwerkskammer zugeordnet waren. Nicht dazu gehörten demnach der weit überwiegende Teil der Handwerksbetriebe, eben diejenigen, die zur Handwerkskammer zugehörig waren, ferner die sogenannten Minderkaufleute, d.h. diejenigen Kaufleute, die nach § 4 Handelsgesetzbuch von bestimmten Kaufmannspflichten befreit waren und die nicht in das Handelsregister eingetragen waren.

1913 lag die Zahl der Kammerzugehörigen im Kölner Bezirk bei 4 580.[279] Bis 1914 stieg Zahl auf 5 553 an, d.h. um fast 700. Der überwiegende Teil dieses Zuwachses kam mit der Aufnahme der Handelskammer Mülheim, wo z.B. 1901/1902 203 Wahlberechtigte vorhanden waren[280], deren Zahl aber bis 1914 noch erheblich angestiegen war.

Da der Bestand an Wahlberechtigten für 1915/1916 mit 4 493 angegeben wird[281], war durch die Einberufungen und vielleicht auch durch Betriebsschließungen infolge Materialmangels immerhin eine Verminderung um fast 20 v.H. eingetreten. Dazu ist noch zu bemerken, daß die zugehörigen Betriebe der Handelskammer im Gegensatz zu den Handwerksbetrieben und den Geschäften der Minderkaufleute sicher überdurchschnittlich groß waren, so daß in diesen beiden anderen Bereichen der Rückgang der Betriebe noch stärker gewesen dürfte.

Für 1916/1917 wird sogar nur noch von 4 213 wahlberechtigten Betrieben ausgegangen[282], d.h. es hat nochmals ein Rückgang um fünf Prozentpunkte stattgefunden. 1917/1918 war die Zahl bereits wieder geringfügig auf 4 484 angewachsen.[283] Danach waren die Betriebsverluste durch den Krieg bald wieder ausgeglichen: 1919/1920 = 5 414[284]; 1920/1921 =5 784[285]; 1924/1925 = 8 206[286]; 1926 = 6 092[287]; 1929 = 4 968.[288] Offensichtlich waren 1924/25 die meisten der in der Nachkriegszeit und in der Inflationszeit entstandenen Betriebe noch vorhanden. Danach kam es zu einer Bereinigung, d.h. zu einer Verminderung der gewerbesteuerpflichtigen Unternehmen. Die Gewerbesteuern im Kammerbezirk selbst verminderten sich jedoch erst ab 1931.

Nicht für jedes Jahr läßt sich noch ermitteln, wie groß der Anteil der einzelnen Wirtschaftszweige an den Kammerzugehörigen war. Für 1920/1921 wurde davon ausgegangen, daß von den 5 784 Betrieben (= 100 v.H.) 1 657 zur Industrie (= 28,6 v.H.), 3 179 zum Großhandel (= 55,0 v.H.) und 948 zum Einzelhandel (= 16,4 v.H.) zählten.[289] 1924/1925 gehörten von den 8 206 Wahlberechtigten (= 100 v.H.), 2 279 zur Industrie (= 27,8 v.H.), 3 948 zum Großhandel (= 48,1 v.H.), 1 297 zum Einzelhandel (= 15,8 v.H.) und 682 zu den Handelsvertretern (= 8,3 v.H.).[290] 1926 war die Verteilung der 6 092 Wahlberechtigten folgendermaßen: 1 824 Industrie (= 29,9 v.H.), 2 563 Großhandel (= 42,1 v.H.), 1 171 Einzelhandel (= 19,2 v.H.) und 534 Handelsvertreter (= 8,8 v.H.).[291] 1929 gehörten von den 4 968 Wahlberechtigten 1 345 zur Industrie (= 27,1 v.H.), 2 112 zum Großhandel (= 42,5 v.H.), 1 055 zum Einzelhandel (= 21,2 v.H.) und 456 zu den Handelsvertretern (= 9,2 v.H.).[292]

Der relativ hohe Anteil des Großhandels beruht auch mit darauf, daß hier nicht nur der eigentliche Großhandel zusammengefaßt wurde, sondern auch das Bank-, das Versicherungs- und das Verkehrsgewerbe. Fast konstant war der Anteil der industriellen Betriebe mit 27 bis 30 v.H. Der Großhandelsanteil ging zunächst in etwa gleichem Maße zurück, wie die aufgrund einer Regelung aus dem Jahre 1922 neu auftretende Gruppe der Handelsvertreter ausmachte. Offensichtlich waren die Handelsvertreter zuvor zum überwiegenden Teil, als Handelsagenturen bezeichnet, dem Großhandel zugeordnet. Der weitere Rückgang des Großhandels wurde durch eine Erhöhung des Anteils des Einzelhandels kompensiert. Welche konkreten wirtschaftlichen Änderungen dahinterstanden, läßt sich nicht mit der erforderlichen Sicherheit sagen. Möglicherweise hat im Großhandel und den dazu gezählten gewerblichen Unternehmen eine Konzentration, im Sinne von Rationalisierungsbemühungen, stattgefunden, während sich der Einzelhandel weiter spezialisiert hat. Immerhin sank die Zahl der Großhandelsbetriebe von 3 948 im Jahre 1924/25 auf 2 112 im Jahre 1929, d.h. um 47 v.H., während die Gesamtzahl der Kammerzugehörigen in derselben Zeit „nur" um 40 v.H. sank.

Vergleicht man die Zahl der Kammerzugehörigen mit den statistischen Angaben der Betriebszählungen von 1907, 1925 und 1933, dann zeigt sich, daß mehr als 90 v.H. aller Kammerzugehörigen zu den Klein- und Mittelbetrieben gehörten. Ein Vergleich der im Handels- und im Genossenschaftsregister Eingetragenen und der Kammerzugehörigen zeigt ebenfalls eine erhebliche Differenz. So gab es Ende 1920 fast 8 000 in den genannten Registern Eingetragene.[293] Die Zahl der Wahlberechtigten lag bei 5 700, d.h. um fast 30 v.H. niedriger.

1.5 DIE GESCHÄFTSFÜHRUNG UND DIE MITARBEITER

Syndikus, zum Ende der Weimarer Zeit zunehmend als Geschäftsführer bezeichnet, der Kammer war in dem Zeitraum von 1914 bis 1932 zunächst von 1892 bis 1916 Dr. Alexander Wirminghaus. Ihm folgte von 1917 bis 1927 Dr. Albert Wiedemann und dann von 1928 bis 1933 Dr. Walter Schmitz-Sieg. Zunächst sei kurz auf den Werdegang dieser drei Syndici und auf ihre Wirksamkeit für die Arbeit der Kammer eingegangen.

Wirminghaus war 1863 als Sohn eines selbständigen Kaufmanns in Schwelm geboren.[294] Nach der Reifeprüfung studierte er Staatswissenschaften, Literatur und Philosophie in Halle. Dort wird er bereits seinem späteren Vorgänger, noch mit der Bezeichnung Sekretär der Kölner Handelskammer, Richard van der Borght begegnet sein. Van der Borght promovierte bei Johannes Conrad 1883, Wirminghaus 1885. Dies war vielleicht auch der Anknüpfer dafür, daß sich Wirminghaus um die Nachfolge van der Borghts im Jahre 1892 bewarb, denn Wirminghaus hatte von 1885 bis 1892 in den Statistischen Büros der Landesverwaltungen in Dresden und in Oldenburg gearbeitet, aber nicht in einer Handelskammer. Er wurde trotzdem aus dem Kreis von 20 Bewerbern ausgewählt, weil seine wirtschaftspolitischen Anschauungen (in Veröffentlichungen festgehalten), seine bisherige Tätigkeit, in der er durchaus mit Problemen beschäftigt war, die für die Handelskammer wichtig waren, und die Beherrschung mehrerer moderner Sprachen positiv bewertet wurden.

Wirminghaus sorgte bald dafür, daß die personelle Besetzung der Kammer verbessert wurde. Immerhin gab es zu Beginn des Krieges drei wissenschaftlich ausgebildete Mitarbeiter, von denen einer der bei der Aufnahme der Handelskammer Mülheim übernommene dortige Syndikus war, und bei seinem Ausscheiden 1916 gab es wegen der wachsenden Aufgabenausdehnung infolge der Einbindung in die Kriegswirtschaft vier wissenschaftlich ausgebildete Mitarbeiter.[295] Im Gleichklang mit der umfassenderen und differenzierteren Arbeit konnte bei der Ausdehnung der Arbeitskraftkapazität die Arbeit auch spezialisierter und subtiler angegangen werden. Nach Wirminghaus war dies auch wegen der Vielfalt der Wirtschaft des Kölner Raumes und der damit verbundenen Vielfalt der Interessen erforderlich.[296] Im Vordergrund standen, jedenfalls für den Außenstehenden in Vorträgen und Denkschriften besonders sichtbar, die Probleme des Verkehrs, vor allem der Schiffahrt auf dem Rhein (Schiffahrtsabgaben, Vertiefung des Flußbettes, Anschluß an die Seeschiffahrt). Einen breiteren Raum nahmen die kammerinternen Fragen und Gestaltungen ein, das Eingehen auf die Wünsche und Probleme der Kammerzugehörigen auf der einen Seite und der gutachtende Rat für die Behörden bis hin zu den Berliner Ministerien, d.h. bei der Vorbereitung von Erlassen, Verordnungen und Gesetzen.

Wirminghaus trat im September 1916 nach seinen eigenen Worten „aus Gesundheitsrücksichten in den Ruhestand".[297] Er war 53 Jahre alt. Da sein Nachfolger erst sechs Monate später nach Köln

Dr. Alexander Wirminghaus, Erster Syndikus
der Handelskammer zu Köln 1892-1916

Dr. Albert Wiedemann, Erster Syndikus
der (Industrie- und) Handelskammer zu Köln 1917-1927

berufen wurde, spricht einiges dafür, daß Wirminghaus im Streit oder mindestens wegen der aus seiner Sicht verschlechterten Atmosphäre in der Leitung der Kammer ausschied, denn sonst hätte er mit aus gesundheitlichen Gründen verminderter Kraft vermutlich noch bis zum Arbeitsbeginn seines Nachfolgers ausgehalten. Offensichtlich beruhten diese Schwierigkeiten auf der von Hagen entwickelten Dynamik, die dem Syndikus nicht mehr die Beweglichkeit beließ, die er zuvor unter den beiden Vorgängern von Louis Hagen gehabt hatte. Das erinnert an den Konflikt, den Wirminghaus während seiner mehrjährigen Tätigkeit als zweiter wissenschaftlicher Mitarbeiter bei dem Statistischen Büro des Landes Oldenburg mit seinem dortigen Vorgesetzten gehabt hat, der ihm ein mangelndes Hierarchieverständnis vorwarf und meinte, daß Wirminghaus „keinerlei Weisung ... schweigend hinzunehmen im Stande ist". Es war schwierig für zu selbständigen Überlegungen und Entscheidungen geneigten Personen, sich in die bestehenden oder entstehenden Abhängigkeiten einzuordnen. Gerade die umfangreiche und nicht veröffentliche Niederschrift wichtiger Aspekte der Kölner Kammer durch Wirminghaus nach seinem Ausscheiden zeigt, daß er durchaus sich der Arbeit der Kammer und ihrer Darstellung nach außen weiterhin verbunden fühlte und daß er einen erheblichen Teil seiner Zeit hierfür zu investieren bereit war.

Wirminghaus war seit 1901 nebenamtlich an der unter der Obhut der Stadt Köln und der Handelskammer Köln und damit auch unter Mitwirkung von Wirminghaus gegründeten Handelshochschule als Dozent tätig und übte diese Tätigkeit auch nach 1916 weiter aus. Bereits 1902 war ihm für diese Lehrtätigkeit der Professorentitel verliehen worden. Nach der Gründung der Universität wurde er 1921 Honorarprofessor an der Wirtschafts- und Sozialwissenschaftlichen Fakultät.[298] Zahlreiche wissenschaftliche Tätigkeiten in Lehre und Forschung zeigen, daß Wirminghaus noch ein erhebliches Potential an Tätigkeitsdrang hatte und umsetzte. Er starb 1938 im Alter von 75 Jahren, 22 Jahre nach dem Ende seiner Zeit als Syndikus der Handelskammer zu Köln.

Der Nachfolger von Wirminghaus, Albert Wiedemann[299], wurde 1875 in Liegnitz als Sohn eines Hotelbesitzers geboren. Nach dem Studium der Theologie in Halle und Breslau und dem Studium der Volkswirtschaft an der Handelshochschule Leipzig und in Tübingen standen das Diplomexamen für Kaufleute in Leipzig und die Promotion in Tübingen.

Walter Schmitz-Sieg, Erster Syndikus
der Industrie- und Handelskammer zu Köln
1928-1933

Wiedemann war zunächst als wissenschaftlicher Hilfsarbeiter, wie dies damals genannt wurde, von 1901 bis 1902 an der Handelskammer Dresden tätig, danach bis 1906 als Syndikus der Handelskammer in Erfurt und schließlich ebenfalls als Syndikus der Kammer Elberfeld. Zum 1. April 1917 wechselte er nach Köln. Sein Amt trat er allerdings erst am 20. April 1917 an.[300] Wiedemann hatte vor allem die Last der neuen und sich immer wieder ändernden Aufgaben auf sich zu nehmen, die der Krieg in den letzten Jahren und schließlich die Nachkriegsjahre mit Besatzungsbestimmungen und Inflation brachten. Er hatte die Hauptarbeit bei der Organisation und der Verwaltung des Wirtschaftsausschusses für das besetzte Gebiet zu tragen, wo die Kölner Kammer in den Jahren der Besetzung die Vorreiterrolle und die Geschäftsführung wahrnahm. Außer der Arbeit in der und für die Kammer in Köln wendete er auch erhebliche Zeit für die Übernahme von Aufgaben in der Universität und anderen Einrichtungen in Köln auf, was als Ausdruck der Fortsetzung der Verbindung zwischen der Handelskammer und dem kulturellen Leben der Stadt anzusehen ist.

Eine schwere Krankheit war der Grund für sein Ausscheiden zum Ende des Jahres 1927. Am 15. Januar 1928 verstarb er. Die Mitgliederversammlung der Kammer hat am 16. Januar 1928 vor allem sein Können und seine umfassende Arbeitskraft bei der Bewältigung der durch die Besatzung und die rechtlichen Einschnürungen des Wirtschaftslebens im linksrheinischen Gebiet hervorgerufenen Probleme gewürdigt.[301]

Walter Schmitz-Sieg war vor seiner Berufung in das Amt des Syndikus der Handelskammer in Köln von 1913 bis 1928 geschäftsführendes Vorstandsmitglied des Vereins zur Wahrung der Rheinschiffahrtsinteressen in Duisburg. Seine Berufung nach Köln könnte u.U. damit im Zusammenhang gestanden haben, daß die Rheinschiffahrt für die Kölner Kammer immer von großer Bedeutung gewesen ist. Schmitz-Sieg, 1886 als Sohn eines Kapitäns in Rostock geboren[302], hatte 1910 an der Universität in Rostock über die „Regelung der Arbeitszeit und Intensität der Arbeit" promoviert. Danach hatte er von 1910 bis 1913 als Assistent bei der Handelskammer in Düsseldorf und als Mitglied des Magistrats in Rostock gearbeitet.[303] Seine Tätigkeit in Köln war vor allem durch die Probleme der Weltwirtschaftskrise mit stark wachsender Arbeitslosigkeit, zunehmender finanzieller Enge der Unternehmen und den schrumpfenden Absatzmöglichkeiten im In- und Ausland gekennzeichnet. Aus dem Dienst der Kölner Kammer schied er aufgrund einer Vereinbarung vom 15. Mai 1933.[304] Dahinter steckten politische Gründe, d.h. die Kammer sollte von einem Nationalsozialisten „geführt" werden.[305] In der Westdeutschen Wirtschafts-Zeitung, der „Amtlichen Zeitschrift der Industrie- und Handelskammer zu Köln", wurde dieser Vorgang nicht vermerkt. Es erschien daher auch kein Dank an den Ausgeschiedenen. Schmitz-Sieg verstarb 1935.

An der Wende zum 20. Jahrhundert, als Wirminghaus Syndikus war, bestand die Verwaltung der Kammer aus eben diesem Syndikus, aus einem wissenschaftlichen Beamten und einem Kanzlisten. Der wissenschaftliche Beamte hatte nebenbei auch die Verwaltung der Börse wahrzunehmen, der Kanzlist war zur Börsenzeit auch Börsenbeamter. Die Hauptaufgabe des Kanzlisten war die Verwaltung der Akten und insbesondere die Anfertigung von (handschriftlichen) Reinschriften.[306] Der Syndikus schrieb – wie übrigens auch Landräte, Regierungsräte usw. des 19. Jahrhunderts – alle Verfügungen, Entscheidungen und Briefe handschriftlich, mit Korrekturen und Einbesserungen. Der Kanzlist stellte dann für die nach außen gehenden Schriftstücke die Reinschrift her. Erst mit der Durchsetzung der Schreibmaschine an der Wende zum 20. Jahrhundert wurde dann zur Reinschrift die Schreibmaschine verwendet.

Bis 1913 war die Zahl der Beschäftigten auf drei wissenschaftliche Beamte und drei Kanzlisten neben dem Syndikus angewachsen. Die Ausdehnung der Aufgabenfelder war dabei sowohl im Hinblick auf den Informationsbedarf der Kammerzugehörigen als auch durch eine zunehmende Einbindung in die Vorbereitung von Gesetzen und durch eine Intensivierung der Kontakte zu anderen Kammern und auch zu Verbänden eingetreten.

Von zunehmender Bedeutung wurden die sogenannten wissenschaftlichen Beamten oder Hilfsarbeiter. Hier ist für die Kölner Kammer vor allem zunächst Dr. Max Klemme zu nennen, der bei seinem Eintritt in den Kammerdienst im Oktober 1900 zugleich zum Börsensyndikus ernannt wurde. Er war zunächst wissenschaftlicher Hilfsarbeiter der Kammer, dann ab 1906 stellvertretender Syndikus[307], später Zweiter Syndikus.[308] Dies war ein Zeichen für die zunehmende Erweiterung des Personalbestandes und damit der Differenzierung in den oberen Rängen. Klemme starb 1932. Auch Rudolf Eggermann war zunächst ab 1901 wissenschaftlicher Hilfsarbeiter und wurde 1915 stellvertretender Syndikus. Eggermann war vor allem nach 1918 mit den spezifischen Besatzungsproblemen beschäftigt. Er war daher 1921 kurzfristig auch zum Staatssekretär für die besetzten Gebiete abgeordnet.[309] 1923 wurde Eggermann dritter Syndikus der Kölner Kammer. Dr. Wilhelm von Thenen trat zunächst 1916 als wissenschaftlicher Hilfsarbeiter in den Dienst der Kammer und wurde 1923 stellvertretender Syndikus, dann 1928 Syndikus.[310]

Die Aufzählung der wissenschaftlich Vorgebildeten ist nicht vollständig. Ihre Aufgabengebiete innerhalb der Kammer wechselten immer wieder. Einige von ihnen wurden an andere Kammern in höhere Positionen berufen. Es entwickelte sich langsam seit den achtziger Jahren des 19. Jahrhunderts eine wachsende Zahl von Stellen für wissenschaftliche Hilfskräfte bei den größeren Kammern, in Köln ab 1895.[311] Diese Hilfskräfte stellten zugleich ein wichtiges Reservoir für die Auswahl von Syndici der Handelskammern dar, weil sie einmal eine umfangreiche Erfahrung in dieser Tätigkeit mitbrachten und zum anderen ein wachsendes Auswahlpotential für Personen boten, die bereits gezeigt hatten, daß sie sowohl mit den sachlichen Problemen der Geschäftsführung einer Handelskammer vertraut als auch in der Lage waren, einen langsam wachsenden Mitarbeiterstab zur Umsetzung der Aufgaben der Handelskammern effizient einzusetzen und die Interessen der Kammerzugehörigen in angemessener Weise zu vertreten.

Die Zunahme der Aufgaben der Kammer während des Ersten Weltkrieges und in den ersten Nachkriegsjahren mit den wirtschaftlichen Problemen der Besetzung führten zu einer erheblichen

Ausdehnung der Zahl der Bediensteten der Kammer.[312] Während des Ersten Weltkrieges war die Zahl der Bediensteten von drei auf acht wissenschaftlich vorgebildete und 17 andere Mitarbeiter angewachsen, im Jahre 1919 aufgrund der Besatzungsprobleme auf elf wissenschaftliche und 28 andere Mitarbeiter. Dieser Stand wurde dann im wesentlichen bis 1932 beibehalten, sieht man von einem geringfügigen Rückgang ab 1920 ab, als die auftretenden zusätzlichen Arbeiten in eine gewisse Routine gebracht werden konnten. 1930 waren es z.B. wieder 13 wissenschaftlich vorgebildete und 25 andere Mitarbeiter.[313] In der Folgezeit mußte auch die Kammer bei den Personalausgaben sparen. Anfang 1933 wurden daher nur noch zehn wissenschaftliche Mitarbeiter, einschließlich Schmitz-Sieg, und 23 sonstige Mitarbeiter, einschließlich der drei Hausmeister, beschäftigt.[314] Die Verantwortung für die gesamte Verwaltungstätigkeit hatte nach wie vor der (Erste) Syndikus, auch als Geschäftsführer bezeichnet.

Die Zoll- und Außenhandelsfragen wurden nach dem Ersten Weltkrieg im Zusammenhang mit der Besetzung und den Anordnungen der Rheinlandkommission immer unübersichtlicher. Man versuchte daher 1921 mit Erfolg den Regierungsrat Bertsch von der Zollverwaltung als zoll- und steuertechnischen Beirat zu gewinnen, auch zum Vorteil der staatlichen Zollverwaltung.[315]

Zu diesen Mitarbeitern kamen die „Börsenbeamten". Da das Börsenleben nach 1918 sich weit ausdehnte, konnte die Verwaltung der Börse nicht mehr wie vor 1914 weitgehend von Kammerbeamten nebenbei wahrgenommen werden. Der Bestand der Börsenbeamten wuchs bald auf zwei wissenschaftliche und fünf andere Mitarbeiter.[316]

1.6 DIE AUSSCHÜSSE

Ein erheblicher Teil der Arbeit der Handelskammer fand in den Ausschüssen statt. Diese waren entweder auf Dauer oder auch nur für kurzfristig anstehende Probleme als Sonderausschüsse eingerichtet. Aus der Zeit vor 1914 bestanden zunächst sechs ständige Geschäftsausschüsse: Handels-, Bank- und Börsen-, Gewerbe-, Verkehrs-, Zoll- und Steuer- sowie Verwaltungs-Ausschuß. Dabei spielte der Verwaltungs-Ausschuß eine zentrale Rolle bei der Unterstützung der Arbeit des Vorstandes und der Geschäftsführung.

Die Mitglieder der Ausschüsse wurden von der Mitgliederversammlung der Kammer aus dem Kreis der Mitglieder ausgewählt. Interessenten und Sachverständige, ebenfalls nach Wahl der Mitgliederversammlung, aber nicht dieser angehörend und u.U. auch nicht zu dem Kreis der Kammerzugehörigen zählend, konnten diesen Kreis ergänzen. Sie hatten dann wie die anderen Ausschußmitglieder auch ein Stimmrecht.[317]

Zu den genannten allgemeinen und ständigen Ausschüssen kam nach und nach eine ganze Reihe von Sonderausschüssen. So entstand 1915 auf Anregung des preußischen Kriegsministeriums ein Überwachungsausschuß für die in Köln lagernden Rohstoffe der Kriegsrohstoffabteilung. Der Überwachungsausschuß hatte auch bei der Zuteilung dieser Rohstoffe an private Unternehmen ein Beratungsrecht. Während des Ersten Weltkrieges kam es auch zur Bildung von speziellen Kommissionen, die eigentlich wie Ausschüsse berieten und beschlossen, die aber letztlich nicht als gleichrangig anerkannt wurden. So gründete man in der Kölner Handelskammer zu Beginn des Jahres 1915 eine Kommission für Heereslieferungen, d.h ein Gremium, das neben dem Verwaltungs-Ausschuß und dem Handels- und dem Gewerbe-Ausschuß, und in Ergänzung zu diesen Ausschüssen, für die Begutachtung der potentiellen Heereslieferanten hinsichtlich ihrer Leistungsfähigkeit und Zuverlässigkeit zuständig war. Von Kommissionen sprach man offensichtlich dann, wenn neben den Mitgliedern der Kammer gleichgewichtig und gleichberechtigt andere Personen in dem betreffenden

Gremium saßen. So gab es z.B. 1920 eine Fachkommission für den Verkäuferinnenunterricht an den kaufmännischen Fortbildungsschulen, in die je vier Mitglieder aus dem Kreis der Arbeitgeber und der Arbeitnehmer gewählt wurden.[318] Auch diese Kommission wurde wie auch andere Kommissionen manchmal als Fachausschuß bezeichnet.[319]

Ende 1915 wurde für die Fragen der Heereslieferungen ein besonderer Ausschuß eingerichtet, der die einige Monate zuvor geschaffene Kommission ersetzte. Es gab offensichtlich einige Personen, die die Heereslieferungen zu sachfremden Zwecken einsetzen wollten. Es kam daher in diesem Zusammenhang auch zu einigen Beschlagnahmen und Verhaftungen. Die Heereslieferungen wurden auch in den folgenden Jahren weiter durch die Mithilfe der Kammer organisiert, um Mißbräuche zu verhindern. Wie bei Zwangswirtschaften üblich, wurde aber der Mißbrauch keineswegs verhindert oder vollständig aufgedeckt. Kriegsgewinnler waren letztlich in großer Zahl in die Heereslieferungen eingebunden, ohne daß dies immer deutlich wurde.

1921 wurde der Zoll- und Steuer-Ausschuß in einen Steuer-Ausschuß und in einen Außenhandels-Ausschuß geteilt.[320] Dies wurde wegen der zunehmenden Probleme im Außenhandel im Zusammenhang mit den Kontrollen und den Behinderungen durch die Besatzungsmächte erforderlich. Ebenfalls 1921 kam ein Handelsregister-Ausschuß hinzu, der vor allem die gutachtliche Tätigkeit hinsichtlich der Führung des Handelsregisters übernahm. Immerhin war die Zahl der Eintragungen im Handelsregister von etwa 5 200 Ende 1914 auf fast 8 000 Ende 1920 angestiegen.[321] Im Jahr 1920 wurde ein besonderer Ausschuß für wirtschaftliche Berichte, ferner ein Einzelhandels-Ausschuß eingesetzt. Von 1907 bis zu diesem Zeitpunkt hatte man versucht, die Interessen des Kleinhandels dadurch wahrnehmen zu lassen, daß man zu allen Sitzungen des Handels-Ausschusses, in denen Angelegenheiten erörtert wurden, die auch den Kleinhandel betrafen, fünf stimmberechtigte Vertreter des Kleinhandels aus dem Kreis der Nichtmitglieder (aber der Zugehörigen) hinzuzog. Der Einzelhandels-Ausschuß hatte offensichtlich eine doppelte Aufgabe: Einerseits sollte er die Interessen des Einzelhandels vertreten, andererseits sollte er aber auch ein Ventil dafür sein, daß weitere Forderungen der Mitwirkung vermieden wurden.[322] Zeitlich parallel hierzu erhielt der Einzelhandel durch den Übergang zur Wahl der Mitglieder nach Fachgruppen auch eine abgesicherte Position in der Mitgliederversammlung.

Der Klein- oder Einzelhandel hatte sich in den letzten Jahren vor dem Ersten Weltkrieg trotz der teilweisen Einbindung in die Arbeit der Kammern benachteiligt gefühlt. Gerade mit der zunehmenden Verbesserung der Lebensverhältnisse in den Städten und mit der Ausdehnung des Spezialhandels hatte der Einzelhandel eine zunehmende Bedeutung erlangt. Allgemein kam daher auch die Frage auf, ob man nicht für diesen Einzelhandel besondere Kammern einrichten sollte. Dies geschah z.B. 1904 in Hamburg mit der Gründung einer Detaillistenkammer und in Bremen 1906 mit der Gründung einer Kleinhandelskammer.[323] Die Interessensituation von Großhandel und Industrie auf der einen Seite und Kleinhandel auf der anderen Seite wurde für so verschieden angesehen, daß man in Hamburg und in Bremen nicht der Meinung war, beide Interessenbündel in einer Kammer vertreten zu können. Möglicherweise hing dies mit dem großen Gewicht des Überseehandels in den beiden Hansestädten zusammen.

Insbesondere glaubten die Einzelhändler allgemein nicht, daß ihre Interessen von einer auf Industrie und Großhandel ausgerichteten Handelskammer angemessen vertreten würden. In einigen Handelskammern versuchte man, wie in Köln oder in Düsseldorf, das Problem durch die Gründung eines speziell auf den Kleinhandel ausgerichteten Ausschusses zu lösen, der sich dann vor allem mit den Ladenöffnungszeiten und der Frage zu beschäftigen hatte, daß Warenausstellungen zu den Hauptgottesdienstzeiten zu unterbleiben hatten, d.h., daß Schaufenster für diese sonntäglichen Stunden verhängt oder ausgeräumt werden mußten.[324]

Auch die Interessen der reisenden Kaufleute wurden ab 1908 durch die Hinzuziehung von zwei Mitgliedern des Verbandes reisender Kaufleute Deutschlands, Sektion Köln, in den Sitzungen des Verkehrs-Ausschusses berücksichtigt.[325] Es entstand ebenfalls ein Stiftungsrat zur Verwaltung der Beihilfen zum Besuch von Fachschulen. Dieser Stiftungsrat wurde später allgemein zu einem Stipendien-Ausschuß erweitert. Der Kleinhandels-Ausschuß wurde für sechs Jahre, die danach genannten beiden Ausschüsse für ein Jahr eingesetzt.[326]

Sonderausschüsse wurden vor allem im Ersten Weltkrieg, aber auch in der Inflationszeit eingerichtet, als besondere Probleme für die Wirtschaft auftraten.[327] So bestand im Ersten Weltkrieg neben dem schon genannten Ausschuß für Heereslieferungen ein Sonderausschuß, der sich mit den Problemen der wachsenden Notwendigkeit von Schiedsgerichtsverfahren beschäftigte. Nach dem Inkrafttreten des Hilfsdienstgesetzes vom Dezember 1916 richtete die Kölner Handelskammer einen Sonderausschuß ein, der sich mit den von den Kammer zu regelnden oder zu begutachtenden Sachverhalten auseinandersetzte.[328] 1917 wurde außerdem ein Sonderausschuß eingerichtet, der sich mit den Geld- und Kreditproblemen, vor allem unter dem Gesichtspunkt der Liquidität, beschäftigte.

Unabhängig von den Kriegs- und Nachkriegsproblemen kam es auch zur Gründung von Prüfungsausschüssen, wie dem schon genannten Fachausschuß für den Verkäuferinnenunterricht. Als ständige Einrichtung wird für 1919/1920 erstmals ein Prüfungsausschuß für Bücherrevisoren genannt.[329]

Zu den bestehenden und von der Geschäftsordnung vorgesehenen Ausschüssen kam 1918 ein Ausschuß für das Hotel- und Gaststättengewerbe, 1921 ein Ausschuß für das Tabakgewerbe, 1922 ein Sonderausschuß für Grundbesitzfragen und ein weiterer Ausschuß zur Überwachung von Ausverkäufen und Versteigerungen.[330] Auch in der folgenden Zeit wurden Sonderausschüsse geschaffen, so z.B. 1927 ein Sonderausschuß für Gläubigerschutz.[331] Die ständigen Ausschüsse tagten vor 1914 jeweils jährlich etwa 25 mal, im Ersten Weltkrieg und in den turbulenten Nachkriegsjahren etwa 60 mal.[332]

Neben den Vertretern des Kleinhandels zog die Kammer auch schon vor 1914 Vertreter der Minderkaufleute (nach § 4 Handelsgesetzbuch), der kaufmännischen und der technischen Angestellten und der Handlungsreisenden zu Beratungen mit heran. Die dann folgenden Änderungen des Wahlsystems seit 1920 brachten dem Kleinhandel und den Handlungsreisenden eine angemessene Vertretung durch die genannten Wahlen nach Fachgruppen. Zuvor, vor allem aufgrund der Geschäftsordnung der Kölner Kammer vom 8. Januar 1915, konnten Vertreter der Handlungsreisenden und der Minderkaufleute zu den Sitzungen des Handels-Ausschusses, Vertreter der kaufmännischen und der technischen Angestellten zu Sitzungen des Gewerbe- und des Handels-Ausschusses hinzugezogen werden, und zwar durch den Vorsitzenden der Kammer.[333] Die Vertretung der kaufmännischen und der technischen Angestellten bei den Ausschußsitzungen wurde 1921 ersatzlos gestrichen.[334] Dies hing offensichtlich damit zusammen, daß man versuchte, die Handelskammern möglichst frei von der Mitwirkung der Arbeitnehmer zu halten. Fortschrittsforderungen hatten hier einen Rückschritt bewirkt. Die besondere Situation des Krieges hatte eine andere Mentalität auf beiden Seiten hervorgerufen. Die Gründung und Entwicklung von Räten jeglicher Art nach dem Kriege hatte die Gegensätze, vor allem die Interessengegensätze, aber auch die politischen Unterschiede deutlicher werden lassen.

Die Ausschüsse waren im Ergebnis sachlich breit zuständig. Sie waren damit einerseits eine wichtige Möglichkeit, um in den vorhandenen Gremien nicht vertretene Interessen zu berücksichtigen, sie in die Arbeit der Kammer einzubeziehen, andererseits aber auch, um Sonderentwicklungen, die von der Arbeit der Kammer wegführen konnten, aufzufangen.

1.7 DIE FINANZIERUNG DER KAMMER

Die Finanzierung der Kammer erfolgte zunächst aus Beiträgen der Kammerzugehörigen. Im Ersten Weltkrieg und auch nach dem Kriege kamen durch die zahlreichen zusätzlichen Aufgaben Gebühren hinzu.

Die wichtigste Einnahmequelle der Handelskammern und damit auch der Kölner Kammer waren in Preußen die Zuschläge zur Gewerbesteuer. Grundlage der Beitragsfestlegung war die staatliche Veranlagung der einzelnen Kammerzugehörigen zur Gewerbesteuer. Die Kammer erhielt von den zuständigen Finanzverwaltungen ein Verzeichnis dieser Veranlagung. Bis 1923/24 war die Veranlagung von der Staatsverwaltung aus erfolgt. Ab 1924/25 war die Gewerbesteuerveranlagung der Gemeinden entscheidend.[335] Die Gewerbesteuer stand zwar seit der Finanz- und Steuerreform Miquels in den neunziger Jahren des 19. Jahrhunderts den Gemeinden zu. In der Finanz- und Steuerreform Erzbergers von 1919/1920 wurde aber festgelegt, daß die Länder zu entscheiden haben, ob diese Steuer den Gemeinden oder den Ländern zufließen soll. In Preußen machte man bis zum Ende des Haushaltsjahres 1923, d.h. bis Ende März 1924, hiervon Gebrauch, indem die Gewerbesteuer in den Jahren 1922 und 1923 eine Staatssteuer wurde. Es gab jedoch keine grundsätzlichen Unterschiede für die Festlegung der Zuschlagssätze. Man erhielt die Mitteilung über die Gewerbesteuern jedes einzelnen Zugehörigen nunmehr von einer anderen Stelle.[336] Auf die Eingabe eines veranlagten Unternehmers im Jahre 1920 wurde von der Kammer folgendes ausgeführt: „Diese Staatsgewerbesteuer wird nicht erhoben, sondern dient nur zur Errechnung von Handelskammer-, Handwerkskammer-, Gewerbegerichtsbeiträgen usw. und ist mit der Gemeindegewerbesteuer nicht zu verwechseln".[337] Das änderte sich dann für 1922 und 1923. Bis 1923 zogen die Kommunen den Zuschlag zur Gewerbesteuer ein und erhielten dafür eine pauschale Hebegebühr. Danach zog die Kammer die Beiträge selbst ein.

1905 wurde der Zuschlag von acht v.H. auf zehn v.H. angehoben. Damit kamen 1913 114 595 Mark, 1918 275 764 Mark an Beiträgen ein (Ist-Einnahme). Das Rechnungsjahr lief wie bei den öffentlichen Haushalten (Reich, Länder, Gemeinden) jeweils vom 1. April eines Jahres bis zum 31. März des folgenden Jahres.[338] Bei dieser Entwicklung ist zu berücksichtigen, daß sich im Ersten Weltkrieg vom Sommer 1914 bis in den Herbst 1918 das Preis- und Lohnniveau etwas mehr als verdoppelt hat, d.h., daß sich die Zunahme der Beitragseinnahmen im Rahmen der allgemeinen Preis- und Lohnentwicklung hielt. Die Einbeziehung des Gebietes der Mülheimer Kammer hatte nur einen geringen Beitrag zur Steigerung der Einnahmen der Kölner Kammer erbracht, da die Beiträge der Mülheimer bei einem ebenfalls bei zehn v.H. der Gewerbesteuersummen liegenden Satz nur 19 000 Mark vor dem Ersten Weltkrieg erreichten.[339] Der genannte Zuschlagssatz konnte bis 1918 im Kammerbezirk Köln beibehalten werden.[340]

Da die Ausgaben von Jahr zu Jahr schwankten und man nicht den Zuschlagssatz ständig ändern wollte, wurde für die Kammer und für die Börse je ein Ausgleichsfonds eingerichtet. In Jahren mit Überschüssen flossen diese in die beiden Fonds. In Jahren mit Zuschußbedarf für den ordentlichen Haushalt wurden diese Mittel aus den Fonds entnommen. Das Vermögen der Mülheimer Kammer floß ebenfalls im Jahre 1914 in den Kammer-Ausgleichsfonds.[341] Dieser Fonds betrug 1907 20 389 Mark, der Börsenfonds 36 097 Mark. Sie machten damit etwa 23 v.H. der jährlichen Kammerbeiträge und 88 v.H. der Jahreseinnahmen der Börse aus[342], ein beachtliches Polster. Für die folgenden Jahre sind keine vergleichbaren Zahlen überliefert.

Man konnte trotz der Ausdehnung der Zahl der hauptberuflichen Mitarbeiter der Kammer während des Ersten Weltkrieges den Zuschlagssatz zur Gewerbesteuer bei zehn v.H. belassen. Die zusätzlichen Ausgaben wurden hauptsächlich durch Einführung eines Gebührensystems finanziert. Eine Gebührenordnung legte fest, was für Bescheinigungen, Beglaubigungen, Ursprungszeugnisse, Rechnungsauszüge usw. zu leisten war.

Jahr	Zuschlagssatz	Beiträge	Gebühren	Gesamt
1913	10	115 000	0	115 000
1917	10	220 000	–	–
1918	10	235 000	–	–
1925	12	290 000	20 000	310 000
1926	16	330 000	20 000	350 000
1927	16	342 000	12 000	354 000
1928	19	440 000	12 000	452 000
1929	19	440 000	12 000	452 000
1930	19	440 000	12 000	452 000
1931	19	434 000	10 000	444 000
1932	25	428 000	10 000	438 000
1933	20	273 000	10 000	283 000

Tab. 6: Einnahmen der Handelskammer zu Köln: Zuschlagssätze in v.H. der Gewerbesteuerveranlagung, daraus geleistete Beiträge und Gebühreneinnahmen in Mark bzw. Reichsmark (Soll-Einnahmen)

Wirminghaus hat für 1913 und 1925 bis 1933 folgende aus Tabelle 6 ersichtlichen Soll-Einnahmen zusammengestellt.[343] Die Zahlen für 1917 und 1918 stammen aus einer anderen Quelle.[344] Angaben über Gebühren sind für diese beiden Jahre nicht überliefert. Es ist allerdings anzunehmen, daß die starke Ausdehnung der Tätigkeit der Kammer auch bereits eine beachtliche Gebühreneinnahme brachte. Die angegebenen Jahre beziehen sich immer auf das Haushaltsjahr ab 1. April.

Wollte man die Grenze von zehn v.H. des Zuschlags zur Gewerbesteuer überschreiten, bedurfte dies der Genehmigung durch das zuständige preußische Ministerium in Berlin. Im Entwurf des Handelskammergesetzes aus dem Jahre 1918 war noch ein Zuschlag bis zu 20 v.H. vorgesehen, um den Kammern einen größeren Entscheidungsspielraum zu gewähren, der nicht zustimmungspflichtig war. Dieses Gesetz wurde aber von den Parlamentariern nicht akzeptiert, allerdings aus anderen Gründen.[345]

Die Ist-Beträge liegen für fast alle Jahre von 1915 bis 1928 vor, vgl. Tabelle 7.[346] Die Ist-Beträge wichen teilweise stark von den Soll-Beträgen ab, wie ein Vergleich der Zahlenangaben in den Tabellen 6 und 7 für die Jahre 1925, 1926, 1927 und 1928 zeigt. Die Gebühreneinnahmen sind erst ab 1920 überliefert, aber sicher auch schon vorher angefallen.

1923 lag der Zuschlagssatz bei 2 015 000 v.H. bei Zugrundelegung der umlaufenden Mark oder zwei v.H. bei Berücksichtigung der Goldmark.[347] Diese Relation galt im Grunde aber nur für das Frühjahr 1923, d.h. bei Beginn des neuen Steuerjahres. Diese Zahlen zeigen, daß im Grunde das Geld zu dieser Zeit seine Funktion verloren hatte.

In der Weltwirtschaftskrise änderten sich die Verhältnisse grundlegend. Die Gewerbesteuergrundbeträge gingen zurück. 1931/32 lag dieser Betrag bei 2,497 Mio. RM, wovon die Kammer

Jahr	Zuschlagssatz	Beiträge	Gebühren	Gesamt
1915	10	130 548	–	–
1916	10	167 609	–	–
1917	10	222 862	–	–
1918	10	275 764	–	–
1919	16	403 874	–	–
1920	30	1 062 531	230 332	1 292 863
1922	390	43 084 748	15 679 901	58 764 649
1923	2 015 000	19 707 Bill.	5 237 Bill.	224 944 Bill.
1925	12	296 401	68 961	365 362
1926	16	384 709	51 793	435 502
1927	16	362 518	21 218	383 736
1928	19	498 880	15 379	514 259

Tab. 7: Ist-Einnahmen der Handelskammer zu Köln: Zuschlagssätze in v.H. der Gewerbesteuerveranlagung, daraus geleistete Beiträge und Gebühreneinnahmen von 1915 bis 1923 in Mark und von 1925 bis 1928 in Reichsmark

einen Zuschlag von 19 v.H. erhob. 1932/33 war bei einem Gewerbesteuergrundbetrag von nur noch 1,412 Mio. RM, dann eine Umlage von 25 v.H. erforderlich, um den finanziellen Bedarf der Kammer zu decken.[348]

In Anbetracht der nach dem Ersten Weltkrieg weiter wachsenden Aufgabenflut der Handelskammern wurde die Genehmigung zu über zehn v.H. hinausgehenden Zuschlägen nicht nur in der Inflationszeit, sondern auch zuvor und danach im allgemeinen erteilt. Für die zentrale Verwaltung in Berlin war es besonders günstig, Selbstverwaltungseinrichtungen in den besetzten Gebieten zu haben, die nach außen nicht unmittelbar von der Regierung abhängig waren und die daher in angemessener Weise und besser als die staatliche Verwaltung (Provinzialverwaltung, Regierungspräsidenten) die Interessen der Wirtschaft dieses Gebietes gegenüber der Besatzungsmacht, d.h. vor allem gegenüber der Internationalen Rheinlandkommission, geltend machen konnten.

Im Vergleich zu anderen rheinländischen Kammern hielten sich die Anhebungen des Zuschlags bei der Kölner Kammer aber noch „in mässigen Grenzen".[349] Möglicherweise hat die Größe der Kammer, d.h. die summierte Gewerbesteuerkraft der Kammerzugehörigen, dies bewirkt. Wie schon seit den Vorarbeiten zum preußischen Handelskammergesetz von 1897, dann vor allem auch bei den Beratungen über ein neues Handelskammergesetz in den Jahren 1917 und 1918, so wurde auch in der Weimarer Zeit immer wieder über eine Vergrößerung der Kammerbezirke diskutiert, um die Kammern vor allem auch finanziell leistungsfähig genug für eine differenziert qualifizierte Mitarbeiterzahl zu machen.[350]

Die Wirtschaft der Stadt Köln leistete während der gesamten Zeit mit etwas über 90 v.H. den größten Teil der Beiträge. Der Landkreis Köln hatte mit etwa fünf v.H. wesentlich weniger aufgebracht, der Landkreis Mülheim war nur mit etwa drei v.H. an der Beitragssumme beteiligt.[351]

1.8 DIE VERWENDUNG DER MITTEL

Im Jahre 1913 wurden 111 142 Mark für die aus Tabelle 8 ersichtlichen Zwecke ausgegeben.[352]

Ausgaben	Mark	v.H.
Hebegebühren	4 581	4,1
Gehälter	55 680	50,1
Geschäftsräume und Inventar	12 346	11,1
Bürobedarf, Heizung, Beleuchtung	3 262	2,9
Zeitschriften, Bücher usw.	2 805	2,5
Drucksachen	11 837	10,7
Porto und kleinere Ausgaben	4 323	3,9
Deutscher Handelstag, Vereine usw.	14 349	12,9
Unvorhergesehenes	1 959	1,8
Gesamt	111 142	100,0

Tab. 8: Ausgaben der Handelskammer zu Köln im Jahre 1913 in Mark und v.H.

Die Hälfte der Ausgaben waren Personalausgaben. Der Bestand an Personal war auf drei wissenschaftliche Beamte neben dem Syndikus und drei Kanzlisten angestiegen. Insgesamt wurden aus dem Betrag von 55 680 Mark mithin sieben Personen und der Hausmeister bezahlt. Der nächstwichtige Posten waren die Beiträge usw. zum Deutschen Handelstag und zu anderen Verbänden. Hierin kam die Intensivierung der Kontakte und Beratungen zwischen den Verbänden allgemein zum Ausdruck. Es handelte sich um eine Ausdehnung und Erreichung einer größeren Effizienz der eigenen Interessenvertretungen zwischen den Verbänden, z.B. auch zwischen dem Deutschen Handelstag und den Fachverbänden, und gegenüber den staatlichen Stellen, insbesondere bei der Vorbereitung von die Wirtschaft betreffenden Gesetzen. In diesem Ausgabeposten waren auch die Ausgaben für das 1906 gegründete Rheinisch-Westfälische Wirtschaftsarchiv enthalten.[353]

Die Ausgaben für die Geschäftsräume und das Inventar waren notwendige Ausgaben, die auch die Unterhaltung der Räume und die Beheizung usw. mit enthielten. Diese Ausgaben waren allerdings relativ gering, da die Stadt Köln das Overstolzenhaus der Handelskammer mietfrei zur Verfügung stellte. Der relativ hohe Posten für Drucksachen beruhte vor allem auf der allgemeinen Verbreitung der gedruckten Jahresberichte. Man legte gegenüber den Zugehörigen Rechenschaft ab, informierte sie über die Aktivitäten, insbesondere auch über die die einzelnen Unternehmen betreffenden Probleme (Ausfuhr- und Zollbestimmungen, arbeitsrechtliche und andere Fragen usw.) und konnte gleichzeitig den anderen Handelskammern zeigen, welche Problemkreise für die Tätigkeit der Kölner Kammer und der Kölner Wirtschaft als wichtig angesehen wurden. Damit war auch ein Vergleich mit dem Wirkungskreis der anderen Kammern möglich, sofern man sich deren Jahresberichte ansah. Die Jahresberichte waren daher auch ein wichtiges Kommunikationsmittel zwischen den Kammern.

Die Ausgaben bestimmten im Grunde die Sätze für die Zuschläge zur Gewerbesteuer. Die Ausgaben lagen im Ersten Weltkrieg und in der Inflationszeit auf einer wachsenden Höhe. Sie stiegen in Mark der Vorkriegszeit ausgedrückt von etwa 110 000 Mark im Jahre 1913 auf 310 000 (Reichs-)Mark im Jahre 1925, d.h. sie verdreifachten sich. Die zusätzliche Aufgabenübertragung im Ersten Weltkrieg und vor allem auch in den Jahren der Nachkriegszeit hat diesen Anstieg bewirkt. Darin kam gleichzeitig zum Ausdruck, daß die Handelskammer in Köln wie auch in anderen Teilregionen des besetzten Rheinlandes in doppelter Hinsicht über ihren eigentlichen Aufgabenbereich hinaus für die staatliche Verwaltung stellvertretend tätig wurde, nämlich für den Staat und für die Verwaltung der Besatzungsmacht.

Auch die wissenschaftlichen Entwicklungen in Köln und der Umgebung fanden in der Kammer eine angemessene Resonanz. Gustav Mevissen, der Präsident der Handelskammer von 1856 bis 1860, hatte durch eine Stiftung anläßlich des Goldenen Hochzeitstages des Kaiserpaares 1879 die Grundlage für eine materielle Absicherung einer Handelshochschule gelegt.[354] Diese wurde zwar erst nach dem Tode Mevissens 1901 gegründet. Sie war aber von Anfang an vor allem der Wirtschaft des Kölner Raumes verbunden. So war die Kammer auch bereit, das im Januar 1929 gegründete Betriebswirtschaftliche Institut für Einzelhandelsforschung mitzufinanzieren. Die Kammer übernahm bei der Gründung des Instituts für die Dauer von zehn Jahren 30 v.H. der auf jährlich 50 000 RM veranschlagten Kosten, was eine erhebliche Dauerbelastung des Kammeretats bedeutete.[355]

Der Beitrag zum Deutschen Handelstag bzw. zum Deutschen Industrie- und Handelstag wuchs erheblich an. Hatte man noch bis 1900 750 Mark jährlich gezahlt, stieg der Beitrag danach auf 1 200 und und 1910 auf 2 000 Mark.[356] 1922 lag er bei 113 390 Mark im Jahr, 1924 bei 432 Goldmark monatlich, d.h. 5 184 Goldmark im Jahr, 1925 bei 15 908 Mark im Jahr, 1926 bei 15 790 Mark, 1927 bei 19 576 Mark und 1928 bei 25 582 Mark.[357] In den letzten beiden Ziffern kam auch zum Ausdruck, daß der Deutsche Industrie- und Handelstag immer stärker die Interessen der Kammern und der den Kammern zugeordneten Wirtschaftszweige (Industrie und Handel) unter strikter Berücksichtigung der Allgemeininteressen der Wirtschaft des Kammerbezirks auf Reichsebene vertrat.[358]

1.9 DIE VON DER KAMMER UND DER BÖRSE GENUTZTEN GEBÄUDE

Von 1842 bis 1932 war die Kammer im Tempelhaus, d.h. dem Overstolzenhaus, in der Rheingasse angesiedelt. Dieses Haus gehörte der Stadt. 1899 wurde zwischen der Stadt Köln und der Kammer ein weiterer Vertrag abgeschlossen, der auch bauliche Veränderungen im Tempelhaus vorsah, um dieses besser nutzen zu können. Gleichzeitig wurde ebenfalls ein neuer Vertrag über die dem Börsenbetrieb angemessenere Nutzung des Gürzenichs als Börsenlokal (ab 1875) zwischen Stadt und Kammer abgeschlossen. Die Börsenverwaltung war, da sie zunächst noch durch die Kammerbediensteten im Nebenamt betrieben wurde, ebenfalls im Tempelhaus untergebracht.[359] Als das Gebäude, das auch die Dienstwohnung des Syndikus enthielt, zu klein wurde, kaufte die Stadt 1907 das Haus Filzengraben 9, verband dies über das Nebengebäude des Tempelhauses mit den bisherigen Räumen und stellte auch dieses Haus der Handelskammer mietfrei zur Verfügung.[360] Das Anwachsen der Aufgabenfelder und der Bediensteten führte im Ersten Weltkrieg zu einer erheblichen Raumnot. Man nutzte daher ab 1917, d.h. mit dem Wechsel in der Person des Syndikus, die Dienstwohnung des Syndikus auch als Büroräume. Außerdem wurde die Börsenverwaltung in ein anderes Haus (Pipinstraße 4) verlegt. Der Syndikus erhielt eine anderweitige Dienstwohnung, 1924/25 wurde ein Wohnhaus mit Dienstwohnung Am Botanischen Garten 47 für den Syndikus errichtet.[361]

1917 wurden Pläne geschmiedet, ein großes Haus der Kaufmannschaft wie in den Hansestädten zu bauen, das sowohl die Handelskammer als auch die Börse beherbergen sollte und das außerdem als Sammelpunkt für die Kaufmannschaft und auch als Versammlungsmöglichkeit für wirtschaftliche

Köln, Rheingasse 8 - Gebäude der Handelskammer von 1842 bis 1932 („Overstolzenhaus")

Köln, Unter Sachsenhausen 4 - Gebäude der Industrie- und Handelskammer von 1932 bis 1943

Vereine und Verbände dienen sollte. 1919 wurde dann eine *Stadtkölnische Kaufmannshaus GmbH* gegründet. Bis zum 17. Dezember 1919 waren 2,07 Mio. Mark gezeichnet.[362] 1921 befaßte sich man erneut mit solchen Plänen und nahm das Gebäude der früheren Eisenbahndirektion und des Nordhotels (Frankenplatz, d.h. zwischen Dom und Hohenzollernbrücke) in Aussicht.[363]

Die Inflation und die auch danach noch schlechten wirtschaftlichen Umstände führten dazu, daß dieser Plan zunächst nicht verwirklicht werden konnte, daß auch die bereits gezeichneten Mittel unbedeutend wurden.[364] Pläne wurden aber weiter verfolgt, zumal die Stadt darauf drängte, den Notbau für die Erweiterung der Börse neben dem Gürzenich bald wieder zu beseitigen.

Da bot sich 1930 das 1860 bis 1864 gebaute Gebäude des *A. Schaaffhausen'schen Bankvereins* an. Durch die Fusion der *Deutschen Bank* und der *Disconto-Gesellschaft* im Jahre 1929 verlor der Schaaffhausen'sche Bankverein als Tochterunternehmen der Disconto-Gesellschaft seine Selbstän-

Köln, Unter Sachsenhausen 4 - Innenhof mit Sicht auf den Börsensaal

digkeit. Das Gebäude (Unter Sachsenhausen 4) wurde daher 1930 an die Kammer verkauft. Dazu erwarb die Kammer auch noch die angrenzenden Grundstücke Stolkgasse 19 und Enggasse 2/12.[365] Der Umbau zog sich bis in das Jahr 1932 hin und kam finanziell fast einem völligen Neubau gleich. Eine gezielte Sparpolitik hatte die Kammer finanziell zu diesem Vorhaben in die Lage versetzt. Die Grundstücke waren mit den Gebäuden für zwei Mio. RM erworben worden. An Umbaukosten wurden 2,5 Mio. RM erforderlich, von denen 1,1 Mio. RM von der Börse übernommen wurden.[366] Diese Beträge sind mit einem Jahresetat der Kammer von etwa 445 000 RM in den Jahren 1930 bis 1932 zu vergleichen. Über die Architektengebühren gab es mit dem Architekten noch einen Streit.[367] „Das gesamte Grundstück nebst Parkplatz für den Kraftwagenverkehr umfaßt 2 800 qm", hieß es in einem zeitgenössischen Bericht[368], ein Hinweis darauf, daß offensichtlich der Autoverkehr bereits eine wichtige Rolle bei den Außenbeziehungen der Kammer spielte.

In den unteren Räumen waren hauptsächlich die Börsen untergebracht. Im ersten Stock waren die Diensträume der Kammer und zwei unter Denkmalschutz stehende Sitzungssäle. Im zweiten und dritten Stock waren die Räume der Börsenverwaltung, der Außenhandelsstelle für das Rheinland und des Rheinisch-Westfälischen Wirtschaftsarchivs.[369] Die Archivalien des Archivs lagen allerdings in einem Flügel des Historischen Archivs der Stadt Köln. Die Sachbearbeiter und die Geschäfts- und die Benutzerräume waren aber in der Industrie- und Handelskammer angesiedelt. Zugleich wurde die Bibliothek der Handelskammer dem Archiv „zur Benutzung angegliedert".[370] Im dritten Stock war außerdem der Plenarsitzungssaal.[371] Die Kammer domizilierte ab 22. August 1932 im neuen Gebäude, die Wertpapierbörse ab 29. August, die Produkten- und die Immobilienbörse ab 30. August, die Lederbörse ab 31. August und die Warenbörse ab 2. September.[372] Eingeweiht wurde das Haus am 28. September 1932.[373]

2 DIE AUFGABENFELDER UND DEREN WANDEL

Bereits in dem Abschnitt über die Wirtschaftsgeschichte des Kölner Kammerbezirks sind einige allgemeine Änderungen, d.h. im Grunde Erweiterungen, der Aufgaben der Handels- bzw. der Industrie- und Handelskammern genannt worden. Die Ausdehnung des Personalbestandes von 1914 bis 1920 hat zudem gezeigt, daß es sich nicht um eine Ergänzung, sondern um völlig neue Bereiche gehandelt hat, die die bisherigen Aufgaben bei weitem übertrafen. Dabei waren der Erste Weltkrieg und die ersten Nachkriegsjahre besonders ausgeprägt.

2.1 DER AUFGABENWANDEL IM ERSTEN WELTKRIEG

2.1.1 Die allgemeinen Einflüsse

Die Handelskammern waren seit 1897 juristische Personen und führten wie eine Behörde ein amtliches Siegel.[374] Der Weg zu einer stärkeren Formalisierung der Verwaltungsvorgänge, der Weg zu einer Behörde, wie er vor allem während des Ersten Weltkrieges aufgrund der Aufgabenzuteilung immer mehr hervortrat, war mithin schon lange vorher zu erkennen.

Im Kern gehörten bis zum Ersten Weltkrieg die Interessenvertretung der Unternehmen des erwerbswirtschaftlichen tertiären Sektors (Handel, Banken, Versicherungen usw.) und der Industrie, ferner die Beratung der staatlichen Behörden zu den Hauptaufgaben der Handelskammern.[375] Diese Aufgaben waren aber nach und nach bereits bis 1914 ergänzt worden durch die Aufsicht über die Börsen, die Handelsschulen und andere berufliche Bildungseinrichtungen, ferner durch das Recht zur Benennung von Sachverständigen und anderen Personen, die an der Regelung wirtschaftlicher Vorgänge beteiligt waren (Handelsrichter, Sachverständige, Bücherrevisoren usw.). Auch war die Tätigkeit in die aktive Beratung verschiedener Wirtschaftszweige hinein ausgedehnt worden. Es gab z.B. Beiräte für das Eisenbahnwesen und für die Schiffahrt, in denen die Handelskammer vertreten war. Die Hauptaufgaben der Handelskammern waren die Erstellung von Gutachten, die Äußerung von Anregungen und Wünschen gegenüber der Regierung und den kommunalen Verwaltungen, das Zusammenwirken mit anderen Kammern und Verbänden und schließlich der Kontakt zu den Kammerzugehörigen, insbesondere deren individuelle und allgemeine Information bis hin zu den Jahresberichten.

Gerade mit den Kommunen gab es eine enge Zusammenarbeit, eine Anerkennung der Arbeit der Handelskammern durch die Kommunen, was z.B. in Köln darin zum Ausdruck kam, daß die Stadt der Kammer ein Gebäude zur mietfreien Nutzung überließ.[376]

Die Entwicklung der beruflichen Bildung, die Beteiligung an der Entstehung und Weiterentwicklung des sich langsam aufbauenden dualen Systems mit einer Verbindung von praktischer und schulisch-theoretischer Ausbildung wurde unter der weitgehenden Obhut der Handelskammern, bald nach der Errichtung der Handwerkskammern in den neunziger Jahren des 19. Jahrhunderts auch durch diese durchgeführt. Dabei waren die Kammern für die Organisation vor allem des praktischen Teiles der Ausbildung zuständig bis hin zu den die Ausbildung abschließenden Prüfungen. Daneben entstanden unter der Obhut der Handelskammern höhere Handelsschulen, die mit den sich ausdehnenden kaufmännischen Berufen ihre erste Blütezeit aufzuweisen hatten.[377] Auch die Entstehung der ersten Handelshochschulen in Leipzig, Köln und Frankfurt/Main an der Wende zum 20. Jahrhundert beruhte weitgehend auf der Initiative von Kaufleuten, die vor allem die anfängliche finanzielle Absicherung schufen. Die Handelskammern waren hier mit eingebunden.[378]

Die Handelskammern wurden damit in zunehmendem Maße Einrichtungen, die dafür sorgten, daß im Rahmen der wirtschaftlichen, der gesellschaftlichen und damit auch der kulturellen Entwicklung aufkommende öffentlich-rechtliche Aufgabenfelder überhaupt erst verwirklicht wurden, ohne den Staat und die Gemeinden zusätzlich finanziell und organisatorisch zu belasten.[379] Der Staat sparte damit weitgehend den kostspieligen Aufbau eines eigenen über den Schulbereich hinausgehenden beruflichen Bildungssystems. Die Kammern standen letztlich zwischen Staat und Wirtschaft und übernahmen auch behördliche Aufgaben. Diese Entwicklung war durch das preußische Handelskammergesetz vom 24. Februar 1870 mit den ersten Impulsen versehen und durch die Novellierung dieses Gesetzes im August 1897 verstärkt worden.[380]

Mit dem Übergang zur Kriegswirtschaft hatten sich die Aufgaben der Handelskammern bereits ab Herbst 1914 erweitert. Wirminghaus meinte im Hinblick auf die Kölner Kammer: „Namentlich während des Krieges traten die engeren und besonderen Interessen des Bezirks mehr hinter die neuen grossen und allgemeinen Belange der Kriegswirtschaft zurück".[381]

Die Durchführung der zahlreichen Einzelmaßnahmen in der zweiten Jahreshälfte des Jahres 1916, die schon unter Zeitgenossen unter dem Begriff eines Hindenburg-Programms artikuliert worden waren, nahmen nach der Einsetzung der Dritten Obersten Heeresleitung erheblich zu. Die Einbindung der Handelskammern in die staatliche Tätigkeit wuchs damit weiter.

In welchem Maße die Tätigkeit der Handelskammer zu Köln zunahm, ergibt sich allein daraus, daß 1918 mehr als 10 000 Besucher die Kammer um Beratung baten, d.h. je Arbeitstag mehr als 30.[382]

Es bestanden erhebliche Unterschiede zur Einbindung der auf einzelne Wirtschaftszweige ausgerichteten Fachverbände. Diese hatten für die Organisation der Kriegswirtschaft den unmittelbaren Zugriff auf die einzelnen Unternehmen und damit die größere Bedeutung. Außerdem hatten sie aufgrund ihrer wirtschaftszweigspezifischen und regional weit ausgreifenden Zuständigkeit die bessere Übersicht über Produktionskapazitäten. Abgekürzt formuliert kann man davon ausgehen, daß die freien Verbände der Wirtschaft die staatlichen Stellen bei der „Durchführung der Zwangswirtschaft unterstützten", während die „Handelskammern hauptsächlich für den Dienst als Auskunftsstellen in Betracht" kamen[383], was aber untertrieben war. Zahlreiche Gesetze, Verordnungen und Erlasse machten vor allem für den großen Teil der Klein- und Mittelbetriebe die Rechtslage und die Möglichkeiten der wirtschaftlichen Aktivitäten im Bereich der Beschaffung, der Produktion und des Absatzes unübersichtlich, vor allem als ab Mitte 1916 im Rahmen des sogenannten Hindenburg-Programms die Dichte der rechtlichen Regelungen zunahm, so daß die Beratung durch die Handelskammern immer wichtiger wurde.[384]

Die Kammer hatte damit obligatorische Staatsaufgaben ebenso wahrzunehmen wie obligatorische und fakultative Selbstverwaltungsaufgaben im Interesse der Wirtschaft.[385] Jetzt verstärkten sich aber die übertragenen Staatsaufgaben. Damit wurde der Weg der Handelskammern, wie er etwa mit den achtziger Jahren des 19. Jahrhunderts immer deutlicher geworden war, verfestigt. Dies war eine Entwicklung, die bis in die Gegenwart Bestand hat und von vielen Staaten als Vorbild angesehen wird. Die Handelskammern mußten sich unter den besonderen Bedingungen des Ersten Weltkrieges und auch danach, im Grunde bis in die Gegenwart, vor dem Zugriff durch den Staat schützen, diesem Zugriff entgegentreten, auch wenn sie neue Aufgaben akzeptierten.

2.1.2 Geld- und Kreditprobleme und allgemeine Einwirkungen auf die finanziellen Geschäftsverhältnisse

Bei Beginn des Krieges versuchte die Kammer die Unternehmer und allgemein die Bevölkerung dahingehend zu beeinflussen, die wirtschaftlichen Verhältnisse, insbesondere die Produktion möglichst wenig einzuschränken. Es ging vor allem darum, den Fortgang der Geschäfte zu bewirken, die Lieferbedingungen und Kreditvereinbarungen einzuhalten, insbesondere jedoch auch die Hortung von Bargeld und die Verminderung der Menge der umlaufenden Banknoten zu verhindern.

Ein besonderes Problem war auch die Erhaltung der Golddeckung der Reichsbank. Man versuchte seitens der Reichsbank bei den Reichsbankstellen durch verschiedene Maßnahmen die umlaufenden Goldmünzen an sich zu ziehen, um die Golddeckung der Währung zu sichern, was aber nur teilweise gelang. Die Handelskammer unterstützte diese Politik durch eine entsprechende Information der Kammerzugehörigen. Auch gab es Maßnahmen der Kammer gegen den Wucher, d.h. gegen Preiserhöhungen bei bewirtschafteten Waren, insbesondere im Bereich der Nahrungsgüter.

Als eine zentrale Aufgabe der Wirtschaftspolitik im weitesten Sinne wurde die genannte Ordnung der Geldverhältnisse angesehen. Die Kammer mußte die Wirtschaft des Kammerbezirks mit den Bestimmungen der Währungsgesetze vom 4. August 1914 vertraut machen. Dabei sollte die Kammer vor allem die Lombardierung von Waren und Wertpapieren bei den Banken und bei den unter der Obhut der Reichsbankstellen eingerichteten Darlehenskassen forcieren, offensichtlich um die Liquidität der Wirtschaft zu verbessern.

Zur Bewältigung der Engpässe im Geld- und Kreditwesen wurden außerdem die Fristen des Wechsel- und des Scheckrechts um 30 Tage verlängert. Zusätzlich konnten Schuldner ihre Zahlungspflicht um drei Monate hinausschieben lassen. Man wollte damit die Möglichkeiten der Illiquidität vermindern. Diesem Zweck sollten auch die in einzelnen Teilen Deutschlands gegründeten Kriegskreditbanken dienen. Ende August 1916 überprüfte die Kölner Kammer die Errichtung einer solchen Bank unter ihrer Verantwortung, allerdings mit negativem Ergebnis, da das Kölner Bankgewerbe in seinen verschiedenen Teilen als sehr leistungsfähig eingestuft wurde.[386]

Wichtig war die Versorgung des Mittelstandes mit Krediten. Offensichtlich war gerade in Köln die Zahl der Banken so groß und ihre Größenstruktur und Leistungsfähigkeit so ausgeprägt, daß man den Bedürfnissen der Wirtschaft in allen ihren Bereichen weitgehend nachkam, so daß die Handelskammer keine Kriegskreditbank errichtete, aber immerhin eine Kommission einsetzte, die die Entwicklung am Kreditmarkt im Auge behalten sollte und für den Fall, daß doch noch eine solche Bank erforderlich werden sollte, die nötigen Vorbereitungen treffen sollte.[387]

Bis zum Ende des Ersten Weltkrieges wurde dieses Problem immer wieder diskutiert. Möglicherweise hat dies und haben auch eventuelle Außenbeziehungen mit einzelnen Kreditinstituten dazu beigetragen, daß die Sparkassen, die Genossenschaftskassen, die Darlehenskassen und auch die Privatbanken letztlich die Kreditenge der Unternehmer im Kölner Kammerbezirk überwanden. Gegen Ende des Krieges, d.h. im Jahre 1918, wurde dieses Problem nochmals unter Einbeziehung des Kleinhandels-Ausschusses erörtert. Auch jetzt kam es nicht zur Gründung einer besonderen Kriegskreditkasse unter der Obhut der Kammer.[388]

Noch im August 1914 wurde ebenfalls allgemein erörtert, ob man für Schulden von Unternehmern ein Moratorium schaffen sollte. Die Kölner Kammer äußerte sich gegenüber dem Deutschen Handelstag dazu ablehnend, weil man befürchtete, daß auch nicht in Kreditnot geratene Schuldner ihren Verpflichtungen nur sehr zögerlich nachkommen würden, was das Kreditsystem in seiner Wirksamkeit erheblich beeinträchtigen würde.[389]

Vor allem hatte die Kammer die Aufgabe, die mit der Regelung der Schuldverhältnisse unter dem Einfluß des Krieges, insbesondere der Unterbrechung der Produktion oder der Einberufung eines Unternehmers auftretenden Probleme entsprechend den neuen Gesetzen zu lösen. Dabei waren die

Unternehmer des Bezirks über die Zahlungsfristen, die Verlängerung der Scheck- und Wechselfristen, die generellen Möglichkeiten des Schuldnerschutzes zu informieren und gegebenenfalls im Einzelfall auch Beratungen durchzuführen.[390] Die Kammer hatte in solchen daraus erwachsenden Streitigkeiten zwischen Gläubigern und Schuldnern den Gerichten Gutachten zu erstellen und Sachverständige zu benennen.[391]

Da die Zahl der Fälle mit unterschiedlichen Meinungen und sogar Streitigkeiten bald erheblich zunahm, richtete die Kölner Kammer Ende 1914 einen Einigungs-Ausschuß mit sechs Personen, d.h. ein Schiedsgericht für diese Fälle, ein.[392] Dieses „Einigungsamt" war auch bald für andere Streitigkeiten zuständig. Überhaupt nahm das Schiedsgerichtswesen nach §§ 1025 ff. der Zivilprozeßordnung erheblich zu. Eigenartigerweise wollte das preußische Ministerium für Handel und Gewerbe diese Schiedsgerichtsbarkeit einschränken, obgleich dadurch doch die ordentlichen Gerichte entlastet wurden und zugleich der Rechtsfrieden in wesentlich kürzerer Zeit als bei Zivilprozessen wiederhergestellt wurde. Die Kammer Köln wandte sich wie andere Kammern gegen diese durchaus der Gesetzeslage widersprechende Absicht des Ministeriums.[393] Begünstigt wurde die entstehende Meinung, möglichst viele Streitigkeiten auf die Schiedsgerichtsbarkeit zu übertragen, durch eine vom Leiter des Kriegsamtes ausgehende Meinungsäußerung. Auch hier sah man inzwischen ein, daß dies der günstigste Weg einer Regelung war.[394] Die Ergebnisse der Beratungen eines entsprechenden Sonderausschusses wurden seitens der Kammer dem Deutschen Handelstag zur Verwendung bei der Regierung übersandt.[395]

Die Kammer wurde bei der Einrichtung einer Geschäftsaufsicht im Falle eines konkursreifen Unternehmens mit eingeschaltet. Es stellte sich bald heraus, daß die Auswahl der die Geschäftsaufsicht durchführenden Person und auch die Beurteilung des einzelnen Unternehmens ein wichtiger Aufgabenkreis der Kammer gegenüber den Amtsgerichten wurde. Die Kammer äußerte sich selbst gegenüber dem Handelstag über diese Einrichtung und die Erfolge ihrer entsprechenden Arbeit, aber ebenfalls zu den Grenzen.[396] Auch die Eintreibung von Schulden gegenüber einberufenen Unternehmern nahm einen erheblichen Teil der Arbeit der Kammer in Anspruch. Es wurden vom Staat Verfahren eingeleitet, die eine Geschäftsaufsicht zur Abwendung des Konkurses in solchen Fällen einführte, unter Beteiligung der Kammer.

Zum Ende des Krieges überwog bald der kurzfristige Kredit. Dies war der Einstieg in die Inflation, und zwar bereits weit vor 1919. Bald nach Kriegsbeginn trat eine Verknappung an umlaufenden Geldmitteln ein. Diese Situation verschärfte sich noch, als die Kupfer- und Nickelmünzen nach und nach eingezogen wurden und auch die Gold- und Silbermünzen von der Reichsbank nicht wieder in Umlauf gesetzt wurden. Die Kölner Handelskammer setzte sich während des gesamten Krieges immer wieder dafür ein, daß insbesondere kleine Stückelungen als Papiergeld in Umlauf kamen.

Vor allem gegen Ende des Krieges zog die Reichsbank ihr Papiergeld aus den linksrheinischen Filialen ab, da man befürchtete, daß diese Geldmittel sonst den Besatzungsmächten in die Hände fallen würden. Umgekehrt sammelte das Publikum solche Noten, um liquide bleiben zu können.[397]

Noch während des Krieges hatte sich die Kammer gegen die Ausgabe von Notgeld, z.B. durch die Stadt Köln, gewandt, weil man die Gefahr einer Inflation sah. Auch zum Ende des Krieges sah die Kammer allein die Reichsbank als Produzenten von Papiergeld an und wandte sich gegen die Herstellung von Notgeld durch andere Einrichtungen oder Unternehmen.[398] Man forderte eine Verstärkung des bargeldlosen Überweisungsverkehrs und des Scheckverkehrs. Dazu gehörte auch, daß die Kammer bereits 1916 eine Überweisung der Gehälter der Angestellten vorschlug.[399] Im Oktober 1916 forderte die Kammer insbesondere, daß die durch Verordnung des Bundesrates vom 31. August 1916 geschaffenen Schecks mit Bestätigungsvermerk von den Reichsbanknebenstellen eingelöst werden sollten. Im November 1916 hatte diese Forderung Erfolg. Auch alle anderen Banken mußten nunmehr solche Schecks entgegennehmen und den Inhabern von Girokonten gutschreiben.[400]

Auch die Anregung der Kölner Kammer, in den einzelnen Kammerbezirken des Rheinlandes Anschriftenverzeichnisse der Girokonten bei Banken, Sparkassen und Postscheckämtern aufzustellen, um den bargeldlosen Verkehr zu fördern, hatte Erfolg. In Köln entstand unter der Obhut des dafür eingesetzten Sonderausschusses bis Mitte 1917 das „Verzeichnis der Konteninhaber im Kölner Handelskammerbezirk zur Förderung des bargeldlosen Zahlungsverkehrs" mit 13 895 Adressen, davon 13 041 in der Stadt Köln, die übrigen 854 in den zum Kammerbezirk gehörenden beiden Landkreisen. Seit der Propagierung dieses Vorhabens waren etwa 2 000 neue Konten eröffnet worden.[401]

Im Laufe des Krieges gab es jedoch immer wieder neue Probleme im Bereich des Geld- und Kreditwesens, insbesondere aufgrund der Liquiditätsprobleme. Es handelte sich eben nicht nur um kurzfristige Probleme beim Übergang von der Friedenswirtschaft zur Kriegswirtschaft, so daß die Kölner Handelskammer 1917 einen besonderen Ausschuß einrichtete, der über die Mitwirkung der Kammer an der Lösung dieser Fragen beraten sollte.

2.1.3 Verschiedene Teilprobleme der Kriegswirtschaft

Ein besonderes Problem der Wirtschaft war das Bemühen der Verbände und vor allem der Kartelle, die bisherigen Geschäftsbedingungen aufrecht zu erhalten, d.h. sie nicht in Anbetracht der Kriegseinwirkungen zu modifizieren, insbesondere hinsichtlich der Fristen und anderer Bestimmungen zu mildern. Die Handelskammern allgemein und auch die Kölner Kammer bemühten sich, hier flexibler zu werden, die Handhabung der Regelungen den veränderten Verhältnissen anzupassen.[402] In dieser Richtung lag auch die Ablehnung einer zu starken Ausdehnung der Zwangssyndikate und anderer mit Zwangsrechten ausgestatteten Verbände. So lehnte man 1915 ab, daß Industrieverbände zwangsweise aufrechterhalten bleiben sollten. Auch das Kohlesyndikat und das Zementsyndikat von 1916 wurden abgelehnt, wie auch die im Jahre 1917 im Rahmen der Kriegswirtschaft geschaffenen Zwangssyndikate für Verbrauchsgüter wie für Schuhe und für Seife. Vor allem ab 1917 setzte sich die Kölner Handelskammer gegen solche Zwangssyndikate ein, da hier das freie Unternehmertum erheblich beschränkt werden würde. Allenfalls wenn dadurch Rohstoffe und Arbeitskräfte eingespart werden könnten, hielt man Betriebsstillegungen, Betriebszusammenlegungen und Zwangskartelle für gerechtfertigt. Im Grunde ging man davon aus, daß solche Maßnahmen die unternehmerischen Kräfte aus dem Produktionsprozeß ausschalten würden, zum Nachteil der Effizienz und der Eigenverantwortlichkeit. Daher war es für die Kammer auch wichtig, immer wieder zu betonen, daß man nach dem Ende des Krieges wieder von den Einschränkungen des freien Handels und der Reglementierung wegkommen müsse. Dies war gewissermaßen ein Vorgriff auf die Ablehnung einer Verankerung des sogenannten Kriegssozialismus[403] über das Ende des Krieges hinaus.[404] Daß diese Befürchtungen zu recht bestanden, haben dann die ersten Nachkriegsjahre mit den Bemühungen um Planwirtschaft bzw. zentraler Verwaltungswirtschaft und Sozialisierung gezeigt.

Im Laufe des Krieges kamen aus zahlreichen Gesetzen auf die Kammern allgemein und damit auch auf die Kölner Handelskammer zusätzliche Aufgaben zu. Diese betrafen zunächst vor allem die außenwirtschaftlichen Beziehungen (Auslandswechsel, Forderungen von Personen, die im Ausland wohnten usw.), aber auch die Änderung der Bestimmungen über die Unpfändbarkeitsgrenzen bei Löhnen und Gehältern, Ansprüche aus Mietverträgen, Bestimmungen bei Vorliegen von Wohnungsnot usw.[405] Teilweise war hier eine Zusammenarbeit mit den Gemeinden, teilweise eine Zuarbeit für die Gerichte vorgesehen.

Im Zusammenhang mit den Bemühungen zur Stabilisierung der Währung versuchte die Kölner Kammer auch die Kaufmannschaft und die Industriellen dahingehend zu beeinflussen, daß sie die Ausfuhr steigerten, ein gerade im Kölner Kammerbezirk wichtiger Wirtschaftsbereich, da hier vor 1914 der Export ein bedeutender Wirtschaftsfaktor gewesen war.[406]

Auch in die Kriegsfinanzierung schaltete sich die Kammer ein. Sie warb bei den Unternehmen des Bezirks, selbst Anleihen zu zeichnen und ihren Mitarbeitern durch Vorschüsse oder Ratenzahlungen die Zeichnung zu ermöglichen. Man unterstützte außerdem die entsprechenden Aktivitäten des auf die Förderung der Anleihezeichnungen ausgerichteten Werbeausschusses der Stadt Köln. „Die Opferbereitschaft des Kölner Kammerbezirks wurde in wesentlicher Weise durch das entsprechende Verhalten der Kölner Kammer angeregt", meinte Wirminghaus in seinem Manuskript über die Tätigkeit der Handelskammer zu Köln.[407] Die Kammer propagierte auch noch die neunte Kriegsanleihe vom September 1918.[408]

Die Börsen standen allgemein in Deutschland unter der Obhut der Handelskammern oder der Kaufmannskorporationen.[409] Auch in Köln war nach der Schließung der Börse bei Kriegsbeginn die Handelskammer daher mit eingebunden in die schiedsrichterliche Festlegung der Kurse durch die Banken außerhalb der Börse und indirekt bei der Erstellung eines Kurszettels am Ende eines jeden Jahres für die Steuereinschätzung. Die Kammer hatte sich vor allem um die Vermeidung oder wenigstens Verminderung der Spekulation, vor allem bei den Wertpapieren der Rüstungsindustrie, zu bemühen.[410] Die zu Beginn des Ersten Weltkrieges geschlossene Börse in Köln wurde aufgrund der verschiedenen Initiativen und der Einflüsse auf die Gesetzgebung zur Tätigkeit der Börsen im Jahre 1917 zum 1. Januar 1918 wieder eröffnet.

Auch zur Steuergesetzgebung äußerte die Kölner Kammer ihre Meinung. Bereits 1915 hatte sich gezeigt, daß eine Finanzierung des Krieges allein aus Anleihen zu einer Zinslast führen würde, die nicht mehr aus dem ordentlichen Etat bestritten werden kann. Mit dem Entwurf eines Vermögenszuwachssteuergesetzes, eines Frachturkundengesetzes und „mit der Umsatzsteuer befaßte sich die Kölner Handelskammer besonders ausgiebig". Die neuen steuerlichen Regelungen wurden als „zweckentsprechend" bezeichnet. 1917 wandte man sich dagegen, daß die Produzenten die Umsatzsteuer, zunächst 1916 als Warenstempelsteuer eingeführt und dann 1918 als Allphasensteuer ausgebaut, auf die Konsumenten abwälzten.[411] Ob diese Mahnung Erfolg hatte, ist nicht ersichtlich. Das Problem der möglichen und der tatsächlichen Steuerüberwälzung, der Steuerinzidenz, ist nicht eindeutig geklärt. Bei der bestehenden Angebotsenge für die wichtigsten Grundbedarfsgüter und damit für die wichtigsten Warenumsätze neben dem Warenverkehr mit Kriegsgütern wird man eher davon ausgehen können, daß die Umsatzsteuer auf die Nachfrager überwälzt werden konnte und überwälzt wurde. Der Belastungssatz lag zunächst bei 0,5 v.H.

Hinzu kamen Tabak- und Zigarettensteuern. Darüber hinaus wurden nach und nach Postsendungen, Telegraphenleistungen, Telefondienste und Kohlen zusätzlich besteuert. Die Kammern wurden wie die Verbände parallel zum jeweiligen Gesetzgebungsverfahren angehört.

1917 befaßte sich die Kammer in vielen Beratungen mit den neuen Steuervorhaben, die erforderlich waren, um den auch durch die Steuergesetzgebung des Jahres 1916 nicht befriedigten Bedarf des Staates besser absichern zu können. Dabei war die Kölner Kammer ebenfalls bei den Beratungen im Steuer-Ausschuß des Deutschen Handelstages beteiligt.[412]

Auch im Jahre 1918 gab es umfangreiche Beratungen in einzelnen Ausschüssen der Kammer zu den Steuerfragen. Hiermit beschäftigten sich der Zoll- und Steuer-Ausschuß, der Gewerbe-Ausschuß, der Kleinhandels-Ausschuß und der Bank- und Börsen-Ausschuß. Auch die Vollversammlung erörterte die damit im Zusammenhang stehenden Probleme.[413] Wirminghaus meinte im Rückblick hierzu: „Die Kammer machte auch dieses Mal gegen eine antikapitalistische Richtung in der Steuergesetzgebung und gegen Steuerüberspannungen Front, wünschte Vorlage eines Gesamtsteuerplanes, stimmte aber angesichts der Kriegslage den Gesetzentwürfen der Regierung in den Grundzügen zu. Sie erklärte die Bereitwilligkeit der Wirtschaftskreise, an den schweren Lasten, die der Weltkrieg dem deutschen Volk aufbürdete, zu ihrem Teil beizutragen. Im Sinne des Wiederaufbaues der deutschen Wirtschaft hielt sie eine Beschränkung der direkten Besteuerung für angebracht, auch schon zur Wahrung der Wettbewerbsfähigkeit der deutschen Wirtschaft sowie zur Erhaltung des Unternehmergeistes und zur Vermeidung von Erschütterungen. Nach Ansicht der Kammer hätte auch ein System indirekter Steuern dem berechtigten Gesichtspunkt der Besteuerung nach Leistungsfähigkeit gerecht werden können. Immerhin mußte man nach ihrer Ansicht darauf Bedacht nehmen, daß Gütererzeugung und Güterabsatz möglichst wenig gehemmt und daß die Steuerquellen nicht verstopft würden".[414]

Hinzu kam die Mitwirkung der Kammer bei der Ernennung von Sachverständigen und Taxatoren[415], auch hier zur Verminderung vorhandener oder drohender Streitigkeiten.

Für den Außenhandel stellten zahlreiche Firmen einen Antrag auf Genehmigung von Exporten, was aber weniger problematisch war als die entsprechenden Anträge auf Genehmigung der Einfuhr von Rohstoffen oder die Zuweisung aus im Inland vorhandenen ausländischen Rohstoffen. Die Kammer hatte bei den Einfuhr- und Ausfuhrregelungen mitzuwirken.[416]

Dabei konnte der Handel über die Ostsee zu den skandinavischen Ländern voll aufrechterhalten werden. Er wurde teilweise sogar ausgedehnt. Nach Nordamerika versuchte man niederländische Linien einzuspannen und nach Südamerika italienische über den Hafen von Genua, jedenfalls bis 1915. Von den skandinavischen und den niederländischen Häfen aus wurden teilweise neue Schiffahrtslinien eingerichtet, die einen Teil des deutschen Außenhandels vor allem mit den amerikanischen Staaten abwickelten. Der Handelskammer kam es zu, die Unternehmen des Bezirks über diese noch verbliebenen Möglichkeiten zu informieren und über die Formalitäten zu beraten.[417] Sie hatte auch Anträge auf Erteilung einer Handelserlaubnis zu begutachten.[418]

Auch die Verkehrsverhältnisse waren zunächst durcheinander geraten. Die Tage der Mobilmachung hatten das Eisenbahnnetz weitgehend der Durchführung des Aufmarsches geöffnet, so daß die regelmäßigen Personenzüge und teilweise auch die Güterzüge entfielen. Die Handelskammer bemühte sich darum, vor allem im westrheinischen Aufmarschgebiet ein Mindestmaß an zivilem Eisenbahnverkehr aufrechtzuerhalten. Im Laufe des Krieges konnte die Kammer ihre Meinung zur Regelung des Bahn- und Postverkehrs äußern.[419]

Wirminghaus meinte, daß sich für die Kölner Kammer Besonderheiten dadurch ergäben, daß sie „Großstadtkammer, rheinische Kammer und Grenzlandkammer" sei.[420] Daraus ergab sich, daß man eben nicht nur für den Kölner Kammerbezirk verantwortlich war, sondern auch allgemein für das Rheinland agierte. Dies zeigte sich vor allem dann nach 1918 in der Zeit der Besetzung.

Mit dem Fortschreiten des Krieges kamen zu den genannten Aufgaben der ersten Monate, d.h. der Umwandlung der Friedensproduktion in eine Kriegsgüterproduktion, seit Beginn des Jahres 1915 zahlreiche Aufgaben, die mit der Rationierung und Zuteilung von Nahrungsgütern, Rohstoffen und Energieträgern im Zusammenhang standen. Sondergesetze und Kriegsverordnungen mußten interpretiert und angewendet werden. Auch die Versorgung mit den Produktionsfaktoren der Wirtschaft wurde teilweise in die Verantwortung der Kammern gelegt, schließlich auch die Erteilung von Exportgenehmigungen.[421]

Die Kammer hatte ebenfalls zu begutachten, ob als Heereslieferanten vorgesehene Unternehmen zuverlässig und leistungsfähig waren.[422] Diese Aufgaben nahmen im Laufe des Krieges zu, auch wenn die staatlichen Auftragsstellen teilweise versuchten, an den Handelskammern vorbei zu agieren, weil sie örtliche Verflechtungen befürchteten. Selbst Teile der Organisation der Lebensmittelversorgung und der Kriegsfürsorge, d.h. der materiellen Versorgung der Angehörigen der einberufenen Männer und schließlich auch der Kriegshinterbliebenen, wurden wenigstens in zahlreichen Fällen den Kammern aufgebürdet.[423]

Darüber hinaus wurde Louis Hagen bald auch als Kammerpräsident zum „Festungsdelegierten" für die Festung Köln ernannt. Er hatte damit die Interessen der Kölner Wirtschaft gegenüber der Militärverwaltung zu vertreten, vor allem als man am Anfang des Krieges einen Vorstoß der französischen Armee durch Belgien auf das Ruhrgebiet befürchtete.[424]

Die Kammer hatte außerdem die Sachverständigen für die einzelnen Ausschüsse zu benennen, die für Betriebsprüfungen, Schlichtungen und Stillegungen zuständig waren. Außerdem wirkte sie in dem ständigen Ausschuß für die Zusammenlegung von Betrieben mit, mußte dabei aber auch darauf achten, daß solche Betriebskonzentrationen nicht übertrieben wurden.

Wirminghaus urteilte über die Aufgabenwahrnehmung der Kölner Kammer im Weltkrieg: „Bei vielen dieser Tätigkeiten war die Kammer anregend und führend. Sie entlastete dadurch Wirtschaft und Verwaltung, sie wirkte damit im Sinne der Allgemeinheit, welche an einer bestmöglichen Versorgung interessiert war. Aus diesen Leistungen ergaben sich die Grundzüge der Kammerpolitik im Kriege. Im Ganzen also war die Kammer vornehmlich informatorisch tätig. Sodann war sie Hilfsorgan des Staates bezüglich der kriegswirtschaftlichen Vorschriften und Gesetze. Immer mehr nahm sie einen behördlichen Charakter an, immer mehr wurden die Aufgaben allgemeiner und weniger lokal bedingt".[425]

Während die meisten Handelskammern und so auch die Kölner Kammer sowie der Deutsche Handelstag vor dem Ersten Weltkrieg häufig darüber geklagt haben, daß sie nicht in ausreichendem Maße bei einschlägigen Gesetzesvorhaben und anderen staatlichen Aktivitäten zu Rate gezogen worden waren, änderten sich diese Verhältnisse im Ersten Weltkrieg und auch in der Zeit danach erheblich. Der Staat erkannte, daß man die Kammern als Selbstverwaltungseinrichtungen wesentlich mehr in die Wahrnehmung staatlicher Aufgaben einspannen konnte, teilweise zur Ergänzung der staatlichen Tätigkeit, teilweise zur Vermeidung einer Ausdehnung der eigenen Verwaltungstätigkeit und damit auch einer personellen Ausdehnung der Verwaltung. Die Kammern erhielten Behördenaufgaben übertragen und erwiesen sich als sachkundig und elastisch in der Organisation.[426] Möglicherweise wurde die Bedeutung der Handelskammern auch unter dem Gesichtspunkt gesehen, daß sie sich während des Ersten Weltkrieges und auch danach der Mitwirkung der Arbeitnehmer weitgehend erwehren konnten.

Die Tätigkeit der Kammer und eine Analyse der wirtschaftlichen Entwicklung innerhalb des Kammerbezirks waren in den jährlichen Berichten nachzulesen. Diese Berichte umfaßten in der Zeit vor 1914 jeweils mehrere hundert (bis zu 700) Seiten. Während des Krieges wurden sie erheblich kürzer gefaßt.[427]

2.1.4 Der Arbeitsmarkt

Zu den genannten Problemen kam die Arbeitslosigkeit und die Schließung von ganzen Unternehmen oder von Teilen von Unternehmen wegen der Einberufung der Arbeitskräfte und wegen der Unterbrechung der Außenhandelsbeziehungen am Anfang des Krieges.

Bei den Arbeitskräften gab es zunächst eine gewisse Desorganisation, weil einige Unternehmen die infolge der Produktionsunterbrechungen verursachten Unterbeschäftigungen durch die Entlassung der nicht Einberufenen zu lösen versuchten. Dies betraf insbesondere auch Kleinbetriebe, bei denen der Unternehmer selbst einberufen worden war.

Die Erwerbstätigen größerer Betriebe wurden von Arbeitslosigkeit dann betroffen, wenn man auf die Versorgung mit Rohstoffen oder Halbfabrikaten aus dem Ausland angewiesen war oder wenn man einen erheblichen Teil des Absatzes im Ausland hatte. Nur etwa ein Drittel der Industrie des Kölner Kammerbezirks hatte eine Zunahme der Nachfrage und damit der Beschäftigung zu erwarten. In den übrigen Industriezweigen mußte mit einem Rückgang der Beschäftigung über das Ausmaß der Einberufungen hinaus gerechnet werden. Gerade auch die Leichtindustrie, die weitgehend auf den Bedarf der privaten Haushalte ausgerichtet war, hatte erhebliche Einbußen in den Produktionsmöglichkeiten und damit in der Beschäftigungssituation zu verzeichnen. Hiervon wurden in überdurchschnittlichem Maße Frauen betroffen.[428]

Es gab allerdings nicht wenige Unternehmer, die eine soziale Verpflichtung fühlten und die nicht mehr im Produktionsbetrieb einsetzbaren Arbeitskräfte zunächst mit Aufräum- und Reparaturarbeiten beschäftigten.[429] Vielleicht geschah dies auch, um Fachkräfte zu halten.

Insgesamt wurde gerade der Arbeitsmarkt ein wichtiges Tätigkeitsfeld der Kölner Handelskammer. Auf der einen Seite wurden zunächst zahlreiche Arbeitskräfte in Unternehmen mit reduzierter oder gänzlich stillgelegter Produktion entlassen. Die Kölner Kammer wie auch die meisten Handelskammern in Deutschland unterstützten daher die Einrichtung von Arbeitslosenvermittlungsstellen. Hier war es zunächst in den ersten Kriegstagen vor allem wichtig, die Ernteeinbringung noch abzusichern.

Die Kölner Kammer bemühte sich darum, daß der örtliche Arbeitsnachweis effektiver arbeitete. Seine Sorge galt insbesondere auch den kaufmännischen Angestellten. In Köln war in Zusammenarbeit der Handelskammer mit der Stadt, mit kaufmännischen Vereinen und mit Angestelltenverbänden 1905 ein paritätischer Stellennachweis für kaufmännische Angestellte eingerichtet worden. Dieser wurde erst zum Ende des Ersten Weltkrieges mit dem allgemeinen Stellennachweis verbunden. Finanziell wurde der kaufmännische Stellennachweis hauptsächlich von der Kammer getragen. Vor allem beschäftigte man sich mit dem Problem des zunehmenden Andrangs weiblicher kaufmännischer Angestellter[430], was aber möglicherweise erst nach dem Ende des Krieges deutlicher wurde, da man während des Krieges eigentlich ab dem Winter 1914/1915 eher von einem Mangel an Arbeitskräften auf diesem Teilmarkt der Arbeitswelt ausgehen konnte.[431]

Das Problem der Arbeitslosigkeit beschäftigte die Kölner Handelskammer gerade in den ersten drei Kriegsmonaten. „Ende August versandte sie an die Firmen ihres Bezirkes ein Rundschreiben mit dem Ersuchen, selbst unter Opfern eine Weiterbeschäftigung der Arbeiter und Angestellten zu ermöglichen. Sie suchte weiter auf die Kölner Behörden nach der Richtung hin einzuwirken, daß bei dem großen Angebot von Arbeitskräften aller Art nach Möglichkeit nicht unbezahlte freiwillige Kräfte herangezogen würden".[432]

Auf der anderen Seite kam aber auch die Nachfrage nach Arbeitskräften aus den zur Rüstungsindustrie im weitesten Sinne gehörenden Unternehmen. Der Umbruch in der Entwicklung ist wohl in die erste Hälfte des Oktober 1914 einzuordnen. Die verlorene Marneschlacht im September 1914 hatte gezeigt, daß man mit den Vorräten an Kriegsmaterial den Krieg nicht gewinnen konnte. Daher ging man dazu über, die Rüstungsgüterproduktion allgemein anzukurbeln, indem vorhandene Unternehmen mit Kriegsgüterproduktion ihre Produktion ausdehnten und andere ebenfalls in diese

Produktion einbezogen wurden.[433] Im Kölner Raum war es zunächst die Sprengstofferzeugung im rechtsrheinischen Gebiet.[434]

Seit Anfang des Jahres 1915 erhielt die Handelskammer eine neue Aufgabe. Sie wurde in die Verfahren zur Reklamation von Fachkräften vom Wehrdienst einbezogen.[435] Sie hatte entsprechende Anträge zu prüfen und zu begutachten.[436] Welches Ausmaß diese Aufgabenwahrnehmung haben konnte, zeigte sich z.B. für die Handelskammer in Frankfurt/Main. Dort waren in vier Kriegsjahren 30 652 solcher Anträge zu bewerten.[437] Hinzu kamen bald auch Aufgaben zur Vermeidung der Abwerbung von Arbeitskräften innerhalb des Kammerbezirks und zwischen verschiedenen Kammerbezirken. Hohe Löhne dienten dabei meistens als Abwerbungsmittel. Auch die staatlichen Werkstätten beteiligten sich an diesem Wettbewerb.[438]

Ein neues Problem waren die unterschiedlichen Löhne zwischen auf die Kriegsgüterproduktion ausgerichteten Unternehmen, die ihre erhöhten Lohnkosten und die Nachweise der Produktionskosten einsetzen konnten, und denjenigen Unternehmen, die weiterhin nur oder überwiegend für den Zivilbedarf produzierten.

Im übrigen versuchte die Kölner Kammer auch hinsichtlich der Gestaltung der Löhne und Gehälter Einfluß zu nehmen. Einerseits sollten die Arbeitsentgelte in Anpassung an die Nahrungsgüterpreise steigen, andererseits sollten sich die Unternehmen nicht durch überhöhte Löhne und Gehälter die Arbeitskräfte abwerben.[439]

Wirminghaus wies darauf hin, daß das Gesetz zur Dienstpflicht vom 5. Dezember 1916 die Kammer mit zusätzlichen Aufgaben versah. Durch dieses Gesetz war die gesamte Bevölkerung vom 17. bis zum 60. Lebensjahr mobilisiert, der Wehr- oder der Arbeitspflicht unterworfen. Es kam hier zu einem erheblichen Teil nicht nur auf die Mobilisierung der nicht im Arbeitsprozeß stehenden Bevölkerung an, sondern auch auf die Abgrenzung zwischen Wehrpflicht und Arbeitspflicht bei zahlreichen Fachkräften, bis hin zu den Mitarbeitern der Handelskammer.[440] Auch in Spezialberufen, wie den Handelsvertretern, versuchte die Kölner Kammer Einfluß auf das Berliner Kriegsamt zu nehmen, teilweise mit Erfolg. Die Kammer richtete für die Fragen der Hilfsdienstpflicht sogar einen Sonderausschuß ein.[441]

Die Erhöhung der Kriegsgüterproduktion durch die verschiedenen seit August 1916 von der Dritten Obersten Heeresleitung unter Hindenburg und Ludendorff in Gang gesetzten Maßnahmen sollte hinsichtlich der Versorgung mit Arbeitskräften auf zwei Wegen bewältigt werden:

(1) Eine Beschneidung der nicht für kriegswichtig gehaltenen Produktionen sollte Arbeitskräfte freisetzen.

(2) Durch das Hilfsdienstgesetz sollten bisher nicht im Produktionsprozeß stehende Personen aktiviert werden.

Hinzu kamen aber noch andere Maßnahmen: So wurde von der Kölner Kammer im Januar 1917 angeregt, die Schüler der obersten Volksschulklassen vorzeitig in das Berufsleben zu schicken. Dieser Gedanke wurde aber von der staatlichen Verwaltung nicht aufgenommen. Außerdem sollten Kriegsbeschädigte, die nicht mehr wehrtauglich waren, gezielt in kriegswichtigen Betrieben eingesetzt werden. Auch zur Behebung des Facharbeitermangels wurde die Kölner Kammer aktiv.[442]

Die Handelskammer hatte auch die Wirtschaft zu informieren und zu beraten im Hinblick auf die Anwerbung belgischer Facharbeiter und die Beschäftigung von Kriegsgefangenen, die z.B. aus völkerrechtlichen Gesichtspunkten nicht in Unternehmen oder Unternehmensteilen mit Kriegsgüterproduktion eingesetzt werden durften.[443]

Deutsche Arbeitskräfte konnten in kriegswichtige Betriebe und Behörden eingewiesen werden. Die Kammer äußerte sich zur Frage der Einordnung bestimmter Berufsgruppen. Dies war für die Kölner Kammer Anlaß, in den einzelnen Entscheidungsprozeß mindestens gutachterlich mit eingebunden zu werden[444], was nach gemeinsamen Eingaben mehrerer rheinischer Handelskammern beim Kriegsamt auch ab Frühjahr 1917 der Fall war. Der von der Kammer eingerichtete Sonderausschuß wurde hier vor allem tätig. Bereits im Gesetz selbst war festgelegt worden, daß die Handelskammern in die eine Entscheidung vorbereitenden Ausschüsse Vertreter als Vertreter der Arbeitgeber wählen sollten, was in Köln bereits im Dezember 1916 erfolgte. Diese Ausschüsse wurden im Bezirk eines jeden Generalkommandos eingerichtet, für Köln also im Gebiet des VIII. Armeekorps mit Sitz in Koblenz.

Die Kammer hatte über die Kriegswichtigkeit der Produktion des einzelnen Betriebes zu entscheiden und festzustellen, ob ein Überschuß oder ein Bedarf an Arbeitskräften vorhanden war. Sie hatte über Reklamationen und über Beschwerden hilfsdienstpflichtiger Personen zu entscheiden oder entsprechende Entscheidungen der Behörden sachverständig abzusichern. Außerdem wurde in der Kammer eine Hilfsdienstmeldestelle für den freiwilligen Hilfsdienst der Kaufleute, der freien Berufe und höherer Angestellter eingerichtet.[445] So hatte die Kammer noch 1918 mehr als 5 000 „Zurückstellungs-, Urlaubs- und Versetzungsgesuche" zu bearbeiten, wobei der überwiegende Teil Militärreklamationen betraf. Außerdem waren etwa 3 000 Gutachten in Angelegenheiten der sogenannten vaterländischen Hilfsdienste zu erstellen.[446]

Die Beziehungen zwischen Arbeitgebern und Arbeitnehmern gestalteten sich im Weltkrieg teilweise neu. Die Ausrufung des Burgfriedens im August 1914, die Schaffung von Arbeiterausschüssen in Betrieben mit 50 und mehr Arbeitnehmern und die Einrichtung von Schlichtungsausschüssen zur Beilegung von Arbeitsstreitigkeiten waren die äußeren Zeichen dieser Entwicklung. Durch das Hilfsdienstgesetz wurde die Einbindung der Kammern vor allem in das arbeitsrechtliche Schlichtungswesen verstärkt. [447]

Zum Ende des Krieges forderte die Kammer die Unternehmen auf, die heimkehrenden Arbeitnehmer wieder einzustellen. Allerdings wurde dabei auch angeregt, Frauen zu entlassen, auch wenn diese niedrigere Löhne erhielten.[448]

Eine zunehmende Bedeutung erhielt auch die Beschäftigung mit sozialpolitischen Fragen, wie Sonntagsarbeit, Frauenarbeit in bestimmten bisher verbotenen Berufen, vor allem kamen aus der Kammer aber Anregungen zur Hilfe für Kriegsbeschädigte bis hin zu Umschulungen und der Schaffung von Heimarbeit. Die Beteiligung an zahlreichen Kriegswohlfahrtseinrichtungen brachte zusätzliche Aufgaben.[449]

2.2 DIE AUFGABEN UNTER DEM EINFLUSS DER BESONDEREN NACHKRIEGSVERHÄLTNISSE (1919 BIS 1924)

2.2.1 Die Kölner Handelskammer im nationalen und internationalen Beziehungsgeflecht

Zum Ende der siebziger Jahre des 19. Jahrhunderts, wohl auch als Folge der Gründerkrise, fühlten sich die Industriellen Kölns nicht ausreichend durch die Handelskammer vertreten. Sie gründeten daher 1881 den „Verein der Industriellen des Regierungsbezirks Kölns".[450] Dies beruhte auch darauf, daß die Handelskammer zu Köln sich allein auf das sehr enge Stadtgebiet konzentrierte, nicht aber die wachsenden Industrievororte und das Umland berücksichtigte. Teilweise lagen die Produktionsbetriebe außerhalb der Stadt, während die Unternehmensleitungen innerhalb der Stadt angesiedelt waren.[451] Diese Differenzen zeigten sich vor allem auch nach der Einführung der Schutzzölle

1879: Die Kölner Kammer hing der Idee eines gemäßigten Zollsatzes im Sinne von Bismarck an. Verschiedene Kölner Unternehmer, die den genannten Verein 1881 mitgegründet hatten, waren auf hohe Schutzzölle für die industriellen Produkte ausgerichtet.[452] Diese Vereinigung war im Kern eine Gründung gegen die Handelskammer. Man fühlte sich nicht in den eigenen Interessen ausreichend vertreten.

Diese Interessenlage änderte sich allerdings bald nach 1919. Nach dem Ersten Weltkrieg konzentrierte sich die Arbeit des Vereins auf die Ausgleichsmöglichkeiten der Schäden des Krieges und auf die Probleme des Wiederaufbaus, im weitgehenden Gleichklang mit der Handelskammer. Man wandte sich aber gleichzeitig gegen die staatlichen Eingriffe, auch solche, die Kriegsbenachteiligungen auszugleichen versuchten.[453] Leitgedanken dieser letztlich als pressure-group zu bezeichnenden Vereinigung war der „Schutz der deutschen Arbeit".[454] Arnold Langen wies insbesondere in einem Artikel in der örtlichen Presse auf diese weitgehende Einschnürung der Wirtschaft und damit der unternehmerischen Tätigkeit durch die Aktivitäten des Staates hin.[455]

Im Frühjahr 1918 wurde der Deutsche Handelstag in Deutscher Industrie- und Handelstag umbenannt.[456] Man folgte durch diesen Beschluß des Handelstages vom 3. März 1918 den tatsächlichen Verhältnissen und den Wünschen zahlreicher Zugehöriger der einzelnen Handelskammern und der Handelskammern selbst. Immerhin waren die Unternehmen der Industrie in den letzten Jahrzehnten zu einem wichtigen Faktor dieser Selbstverwaltung der Wirtschaft geworden, was sich auch in der Wahl der Mitglieder und der stellvertretenden Vorsitzenden der Kammer zeigte. In Preußen gab es eine entsprechende Regelung für die Handelskammern und damit auch für die Kölner Kammer erst mit der Verordnung vom 1. April 1924. Die Wahlordnung der Kölner Kammer hatte aber bereits gleich nach dem Kriege mit dem Übergang zu Fachgruppenwahlen die Industrie gleichrangig berücksichtigt.

Die Kölner Handelskammer war wie schon bisher in dem nunmehr von sieben auf 15 Mitglieder erhöhten Hauptausschuß des Deutschen Industrie- und Handelstages vertreten. Louis Hagen, d.h. der Vorsitzende der Kölner Kammer ab 1915, und Jakob van Norden, einer der stellvertretenden Vorsitzenden der Kölner Kammer ab 1921, wurden in den Vorstand des Deutschen Industrie- und Handelstages gewählt, was eine weit überproportionale Vertretung der Kölner Kammer darstellte, was aber auch mit der besonderen Stellung des Rheinlandes in diesen schwierigen Jahren zusammenhängen mag. 1931 gehörte dann auch noch Paul Silverberg dem Vorstand des Deutschen Industrie- und Handelstages an.[457] Der Handelstag war im Kriege zu einer wichtigen Schalt- und Informationsstelle zwischen Kammern und Staat geworden. Für die Kölner Kammer war es daher wichtig, an der Meinungsbildung und an der Vorbereitung von Entscheidungen in dieser Einrichtung maßgeblich mitwirken zu können.

Die Umbenennung der Handelskammer in Industrie- und Handelskammer paßte sich damit den tatsächlichen Verhältnissen an, denn schon im 19. Jahrhundert waren Industrieunternehmen als dem Handelsgesetzbuch unterliegende Einzelfirmen oder Handelsgesellschaften Zugehörige der Handelskammern geworden. Die Industriellen waren als Eigentümer oder als Manager bisher Kaufleute im rechtlichen Sinne (des Handelsrechts). Der erste bedeutende Vorstoß zur Erweiterung der Handelskammern zu Industrie- und Handelskammern geschah mit dem Gesetzentwurf zur Neuordnung des preußischen Handelskammergesetzes aus dem Jahre 1917. Zuvor war diese Änderung allerdings bereits bei den Kammern und beim Handelstag im Gespräch gewesen.

Die Kölner Kammer war sowohl im Hauptausschuß des Handelstages bzw. dann des Industrie- und Handelstages vertreten als auch in den einzelnen Ausschüssen. Die Beeinflussung der Arbeit des Handelstages war daher erheblich. Köln vertrat gewissermaßen inoffiziell Westdeutschland, d.h. auch das rheinisch-westfälische Industriegebiet.[458]

Ergänzt wurden diese über Köln hinausgehenden Wirkungsmöglichkeiten noch dadurch, daß sich 1919 die preußischen Handelskammern zu einem Landesausschuß zusammenschlossen, der vor allem auch die Interessen der regionalen Wirtschaft gegenüber der Landesregierung vertreten wollte und vertrat.[459]

Bereits vor dem Ersten Weltkrieg hatten sich die Handelskammern verschiedener Länder und auch andere kaufmännische oder allgemein wirtschaftliche Verbände zu internationalen Tagungen zusammengefunden. Die internationalen Zusammenhänge der Wirtschaft waren stark entwickelt, was die auf den Nationalismus ausgerichteten Politiker der einzelnen Länder offensichtlich nicht wahrnehmen oder nicht richtig einschätzen konnten. So war insbesondere der Deutsche Handelstag in den Jahren vor 1914 stark in solche internationalen Zusammenkünfte und Vereinbarungen eingebunden, auch unter Beteiligung der Kölner Kammer und ihrer Vertreter.[460] Nach dem Ersten Weltkrieg blieben die deutschen Handelskammern allerdings dann zunächst völlig von solchen Zusammenkünften, z.B. von dem 1920 in Paris zusammengekommenen Kongreß, von dem eine Gründung einer „Internationalen Handelskammer" vorbereitet wurde, ausgeschlossen. Erst ab 1925 wurden wieder Vertreter deutscher Handelskammern bei solchen internationalen Zusammenschlüssen berücksichtigt, z.B. 1926, als fünf Vertreter der Kölner Kammer zu dem internationalen Kongreß zugelassen wurden.[461] 1925 wurde auch der Vorsitzende der Kammer, Louis Hagen, vom Zentralverband des Deutschen Bank- und Bankiergewerbes in den Verwaltungsrat der Internationalen Handelskammer und in das Präsidium der deutschen Gruppe entsandt.[462] Erst 1927, d.h. neun Jahre nach dem Ersten Weltkrieg, konnte eine deutsche Delegation an einer Vollversammlung der Internationalen Handelskammer (in Stockholm) teilnehmen.[463]

Zu diesen allgemeinen und auf Dauer angelegten Beziehungen zu anderen Kammern und Kammerorganisationen, ferner zu Verbänden und Vereinen kamen die unter den besonderen Rahmenbedingungen der Besetzung des Rheinlandes und dann auch des Ruhrgebietes entstehenden Gremien und Zusammenschlüsse.

2.2.2 Die Zusammenarbeit der rheinischen Kammern unter den besonderen Bedingungen der Besetzung

Da die wirtschaftlichen, rechtlichen und politischen Probleme in der Nachkriegszeit im besetzten Rheinland eine besondere Ausrichtung hatten, wurde am 28. Februar 1919 eine „Vereinigung der Handelskammern des besetzten Gebietes" gegründet.[464] Die entscheidenden Anregungen hierfür kamen von dem Kölner Handelskammerpräsidenten Hagen und von dem Unternehmer Silverberg. Insgesamt schlossen sich 23 Handelskammern zusammen. In erster Linie ging es entsprechend der Bezeichnung des Zusammenschlusses darum, die Probleme der Besatzungseinflüsse zu besprechen und möglichst zu lösen. Vorsitzender der Vereinigung war der Kölner Kammerpräsident Hagen. Zum Vorstand gehörten ferner die Präsidenten von Düsseldorf, Krefeld, Aachen, Mönchengladbach, Solingen, Trier und dann auch mit einiger Verzögerung Mainz.[465] Die Kammer Duisburg wurde ebenfalls mit hinzugezogen, ohne allerdings fest verankert worden zu sein.[466]

Man benannte auf Anforderung des Auswärtigen Amtes in Berlin einzelne Personen als Sachverständige für verschiedene Wirtschaftszweige. Im März 1919 wurde Louis Hagen als Sachverständiger zu den Friedensverhandlungen hinzugezogen. In Köln richtete die Reichsregierung außerdem eine Unterkommission ein, deren Vorsitz Konrad Adenauer erhielt, die aber hauptsächlich mit Mitgliedern der Kölner Kammer besetzt war. Diese Kommission blieb jedoch wirkungslos, da die britische Besatzungsmacht ihr jegliche Tätigkeit verbot. 1920 war dann die Vereinigung im parlamentarischen Beirat des Reichskommissars für die besetzten Gebiete vertreten. Reichskommissar war zu dieser Zeit der Regierungspräsident von Köln. Dem Reichskommissar stand der stellvertretende Syndikus der Kölner Kammer Rudolf Eggermann zur Seite.[467]

Kölns Oberbürgermeister Konrad Adenauer weihte 1931 das Denkmal des Otto-Motors am Deutzer Bahnhof ein

Von der Handelskammer wurde außerdem auf Wunsch des Auswärtigen Amtes ein Gutachten angefertigt, das sich mit den wirtschaftlichen Folgen der Abtretung der Kreise Eupen und Malmedy, des Saarlandes und Elsaß-Lothringens befaßte und die wirtschaftliche Verflechtung zwischen dem linksrheinischen und dem rechtsrheinischen Gebiet herausarbeitete. Die vom Syndikus Wiedemann verfaßte Denkschrift „lehnte weiter die Errichtung eines rheinischen Pufferstaates ab, da er industriell hypertroph entwickelt und vom Auslande in Rohstoffversorgung und Absatzgelegenheit abhängig wäre".[468]

Als die Bedingungen des Friedensvertrages bekannt wurden, beschloß die Kölner Kammer in einer Vollversammlung am 12. Mai 1919, daß der Vertrag nicht unterzeichnet werden dürfe, auch wenn man davon auszugehen habe, daß das Rheinland bei einer solchen Ablehnung besonders hart betroffen sein würde. Hagen und Adenauer, die zu den Beratungen über den Friedensvertrag nach Berlin berufen wurden, haben dort und Hagen auch in Weimar die Annahme des Vertragsentwurfes „aus finanziellen und wirtschaftlichen Gründen für unmöglich" bezeichnet.[469]

Die Vereinigung der Handelskammern des besetzten Gebietes war dann später auch Basis des am 6. April 1921 bei gleichzeitiger Wahl der Mitglieder in Köln gegründeten Wirtschaftsausschusses für das besetzte Gebiet, der insbesondere die Verbindung zwischen den rheinischen Kammern und der Berliner Zentrale schaffen sollte, außerdem aber auch die Kontakte zur Internationalen Rheinlandkommission entwickelte.[470] Dieser „Wirtschaftsausschuß für das besetzte Gebiet" war ein Interessenverband der bei den Waffenstillstandsverhandlungen und bei den Friedensverhandlungen benachteiligten Gebiete.[471] In diesem Wirtschaftsausschuß saßen neben der Vereinigung der Handelskammern der 1919 entstandene Industrie-Ausschuß des besetzten Gebietes, ein entsprechender Ausschuß der Handelsverbände (Zentralverband des Deutschen Großhandels, Einzelhandelsverbände), der Verbände der Banken, der Schiffahrt usw. Noch im Jahre 1921 kamen dann auch Vertretungen des Handwerks aus den Handwerkskammern der besetzten Gebiete und der Landwirtschaft aus der Landwirtschaftskammer Rheinland hinzu. Zur Beratung von Fragen, die auch für die Arbeitnehmer von Bedeutung waren, wurden Vertreter eines Gewerkschaftsausschusses hinzugezogen. Der Wirtschaftsausschuß blieb aber im wesentlichen eine Interessenvertretung der Unternehmer, unter maßgeblicher Mitwirkung der rheinischen Handelskammern.[472]

Vorsitzender des Wirtschaftsausschusses wurde Louis Hagen, sein Stellvertreter Arnold Langen, ebenfalls aus Köln.[473] Die Federführung für die Arbeit des Wirtschaftsausschusses lag damit bei der Kölner Handelskammer, wo auch die Geschäftsstelle unter der Leitung des Kölner Syndikus eingerichtet wurde. Der Wirtschaftsausschuß war die Adresse für Anträge und Wünsche, die sich auf die Sanktionen der Besatzungsmächte bezogen. Diese Wünsche wurden nach einheitlichen Überlegungen und gebündelt den zuständigen Stellen vorgelegt. Dazu arbeitete man mit verschiedenen Behörden zusammen, u.a. mit dem von der Reichsregierung eingesetzten Reichskommissar für die besetzten Gebiete und mit dem dem Innenministerium in Berlin unterstellten Staatssekretär für die besetzten Gebiete. Dazu wurde zunächst der bisherige Kölner Regierungspräsident Philipp Brugger ernannt[474], der einige seiner Kölner Mitarbeiter mit nach Berlin nahm. Als die wichtigsten Aufgaben des Wirtschaftsausschusses wurden bezeichnet:

1. Aufrechterhaltung der Verbindung zwischen besetzten und unbesetzten Gebieten,
2. ein Sprachrohr zu den Reichs- und Staatsbehörden zu sein,
3. die Ergebnisse der Beratungen über die Kammern und die Verbände an die Unternehmen zu bringen.
4. Gegenüber den Besatzungsmächten (Internationale Rheinlandkommission) sollte die Aufhebung der Sanktionen gefordert werden.

5. Die Reichsregierung sollte angemahnt werden, sich vor zu scharfen Maßnahmen gegen das „Loch im Westen" zurückzuhalten. Wichtig wäre vielmehr die Zulaufkontrolle.[475]

Im Ergebnis bestand damit auch nach Ansicht der Beteiligten noch im Frühjahr 1921 das „Loch im Westen".

Zur Verbesserung der Effizienz der Arbeit des Wirtschaftsausschusses wurde aus seiner Mitte ein besonderer Verhandlungsausschuß gewählt. Dieser verhandelte neben dem von den politischen Parteien gebildeten vergleichbaren Ausschuß und in Zusammenarbeit mit diesem mit den Besatzungsmächten. Ziel dieser Verhandlungen war es, die Hemmnisse für die wirtschaftliche Entwicklung zu beseitigen oder wenigstens zu mildern.[476]

Außerdem wurden die übrigen Handelskammern über die wirtschaftlichen Bedingungen im besetzten Gebiet informiert, z.B. über die Anordnungen der Internationalen Rheinlandkommission zur Rheinzollgrenze und damit zu den Bedingungen der Ein- und Ausfuhren, ferner über die Regelungen des Emser Ausfuhramtes. Im übrigen wurde immer wieder auf die Unvereinbarkeit der Sanktionen (Zollerhebung in Verantwortung der Alliierten und Genehmigung der Ein- und Ausfuhren durch die Alliierten) mit dem Vertrag von Versailles hingewiesen.[477] In zwei Denkschriften für die Rheinlandkommission wurde die Forderung nach Aufhebung der Sanktionen formuliert und untermauert.[478] Dabei wurde vor allem auf die Folgen der Zollbelastungen, der Verzögerungen und Erschwerungen durch die über Ems laufenden Genehmigungsverfahren und die daraus erwachsenden Verzögerungen des Warenverkehrs hingewiesen. Die Folgen lagen nach Ansicht der Handelskammer in erster Linie im Rückgang des Umsatzes, in der Arbeitsstreckung, in der Ausdehnung der unproduktiven (Verwaltungs-)Arbeit, in wachsender Arbeitslosigkeit und Betriebsstillegungen, in der Abwanderung von Unternehmen in die nicht besetzten Gebiete und in der ungehemmten Zufuhr „unerwünschter Ware".[479]

Die Kölner Kammer, die anderen Handelskammern des Rheinlandes und der Wirtschaftsausschuß informierten die Unternehmer des Rheinlandes über die Sanktionen der Rheinlandkommission, z.B. über die Zollbestimmungen und deren Durchführung. Zugleich intervenierte die Kölner Handelskammer als federführende Kammer für den Wirtschaftsausschuß aber auch bei der Rheinlandkommission, um Erleichterungen und besser praktikable Abläufe der Kontrollen zu erreichen. Dabei ging es z.B. um die Verminderung der Verkehrsstockungen durch die Massenabfertigung bei den Zollstellen, um Minderungen der Zollsätze, um die Erreichung der Zollfreiheit für bestimmte Produkte, insbesondere im Zusammenhang mit dem Verkehr von zur Veredlung vorgesehener Waren. So war es z.B. üblich gewesen, Getreide aus anderen Gebieten Deutschlands in Mühlen des Rheinlandes zu mahlen und dann mindestens teilweise wieder aus dem Rheinland auszuführen. Dies war jetzt nicht mehr möglich, so daß z.B. die Mühlenkapazitäten nicht mehr voll ausgenutzt werden konnten.[480]

Welcher zusätzliche Arbeitsaufwand mit diesen Aktionen verbunden war, zeigen die Bemühungen der Kölner Kammer, die Bewirtschaftung des Alkohols durch den „Leitenden Zollausschuß" der Rheinlandkommission aufheben zu lassen. Insgesamt wurden mehr als 3 000 Schreiben der Kammer verfaßt. Einen Erfolg hatte man damit aber nicht. Erst mit der Aufhebung der Sanktionen 1925 wurde auch wieder das Monopolamt zuständig.[481]

Schwierigkeiten gab es auch bei der Einbindung in den Informationsfluß der Berliner Regierung. Bereits im August 1919 hatte die Vereinigung der Handelskammern das Reichsinnenministerium gebeten, einen Beirat einzurichten, der den Reichskommissar für die besetzten Gebiete über die wirtschaftliche Situation beraten sollte. Erst auf erneutes Drängen kam es dann zum Ende des Jahres 1920 zur Gründung dieses Beirates, dem Louis Hagen als Vertreter der rheinischen Wirtschaft angehörte.[482]

Beide Vereinigungen (Wirtschaftsausschuß und Beirat) waren damit im wesentlichen auf Initiativen des Kölner Kammerpräsidenten Hagen zurückzuführen. Zur Verbesserung der Effizienz der Arbeit des Wirtschaftsausschusses, vor allem im Interesse der Bevölkerung und ebenfalls der Wirtschaft, wurden auch die Kontakte zur staatlichen Verwaltung und zu den größeren Gemeinden, z.B. zur Stadt Köln, intensiviert. Man hatte schließlich ein vergleichbares und durch Wechselwirkungen eng zusammenhängendes Schicksal.[483]

Die Besetzung des Ruhrgebietes Anfang 1923 brachte für die Kölner Kammer neue Aufgaben. Im Ruhrgebiet entstand ein Ruhrausschuß, der sich in etwa so zusammensetzte wie der Wirtschaftsausschuß, d.h. Handelskammern, Handwerkskammern und Unternehmerverbände entsandten Vertreter, wobei aber wegen der speziellen Wirtschaftsstruktur des Ruhrgebietes die Handelskammern und die Verbände die industriellen Großunternehmen, d.h. vor allem der Montanindustrie, dominierten. Da das Schicksal des Ruhrgebietes die gleichen Probleme brachte wie bisher für das linksrheinische Gebiet, schlossen sich Ruhrausschuß und Wirtschaftsausschuß zusammen. Jeder Ausschuß entsandte acht Vertreter in den Vorstand des Wirtschaftsausschusses.[484] Dieser Ausschuß vertrat nunmehr unter der Führung der Kölner Kammer die Interessen der Wirtschaft von Dortmund bis Ludwigshafen.[485]

Hauptaufgaben dieses neuen Gremiums waren die Pflege der Wirtschaftsbeziehungen zwischen den besetzten und den nicht besetzten Gebieten des Deutschen Reiches und die Information und Unterstützung der Reichsregierung in den Abwehrmaßnahmen. Die Zusammenarbeit mit der Internationalen Rheinlandkommission war wegen deren zurückweisender Haltung recht dürftig. Man wollte hier offensichtlich nicht zu gemeinsamen Lösungen der anstehenden Probleme kommen, sondern man wollte die Demütigung der Deutschen und die wirtschaftliche Einschnürung.

Elf Vorstandssitzungen und zehn Vollversammlungen im Jahre 1923 sind ein Indiz für die umfangreiche Tätigkeit dieses Zusammenschlusses der Wirtschaft.[486] Teilweise beruhte dies auch darauf, daß der Reichskommissar für die besetzten Gebiete aufgrund von Streitigkeiten mit der Rheinlandkommission ausgewiesen worden war und daher am 17. März 1923 das besetzte Gebiet verließ.[487] Der Wirtschaftsausschuß wurde damit für die Internationale Rheinlandkommission zum einzigen regionalen Ansprechpartner. Diese Zusammenkünfte waren im übrigen nicht ungefährlich. Immerhin wurden Mitglieder und Geschäftsführer der Kammern von der Besatzung beobachtet und manchmal verhaftet oder aus dem besetzten Gebiet ausgewiesen.[488] Die Besatzungsmächte, vor allem die Franzosen und die Belgier, verstanden nicht, daß man auch in einer solchen Situation nicht auf Konfrontation, sondern auf Zusammenarbeit angewiesen war, wenn man für die eigenen Forderungen eine günstige und erfolgreiche Ausgangsposition erreichen wollte.

Auch die Einrichtung eines Reichskommissariats des Reichskanzlers für die Ruhrabwehr und schließlich die Bildung eines Reichsministeriums für die besetzten Gebiete am 27. August 1923 erleichterten zwar die Kontakte zur Berliner Zentrale, beseitigten oder verminderten aber nicht die Aufgabenfelder innerhalb der besetzten Gebiete. Bei allen diesen Aktionen und vor allem auch den informatorischen Vorbereitungen lag die Hauptlast der Arbeit bei der Handelskammer in Köln, d.h. vor allem beim Präsidenten und beim Syndikus dieser Kammer.[489]

Neben dem Wirtschaftsausschuß wurde für das Ruhrgebiet und für die Kölner Region jeweils ein Abwehrausschuß eingerichtet, dem drei Arbeitgeber und drei Arbeitnehmer angehörten. Den Vorsitz führte einer der Arbeitnehmer. Von hier wurde eine Informations- und Absprachelinie zum Reichsarbeitsministerium aufgebaut. Auf diese Weise waren auch die Arbeitnehmer und teilweise die Gewerkschaften in die Maßnahmen der Regierung und regionalen Kammern und Unternehmer eingebunden.[490]

2.2.3 Die Aufgabenfelder der Handelskammer zu Köln

In der Zeit des Waffenstillstandes, der Besetzung und des Übergangs von der Kriegswirtschaft zur Friedenswirtschaft kamen auf die Kammer neue Aufgaben in erheblichem Umfange zu. Sie mußte auf der einen Seite die Zugehörigen der Kammer über die Änderungen der rechtlichen Rahmenbedingungen informieren und sie u.U. auch nach außen gegenüber den staatlichen Institutionen und vor allem gegenüber den Einrichtungen der Besatzung vertreten, mindestens beraten. Eine erhebliche Unsicherheit bestand im Rheinland nicht nur wie in Deutschland allgemein hinsichtlich der Belastung durch die Reparationen, sondern hier auch durch die vorhandenen und in der künftigen Entwicklung nicht abschätzbaren Beeinträchtigungen der Wirtschaft durch die Besatzung.

Zunächst blieben die alten Aufgabenfelder, wie sie sich bis zum Beginn des Ersten Weltkrieges entwickelt hatten, bestehen. Teilweise waren sie erst in den letzten Jahren vor 1914 gesetzlich festgelegt, allerdings nicht in einem immer wieder geforderten, aber nicht verwirklichten Reichsgesetz. Zu den Aufgaben der Handelskammern gehörten so auch die Unterstützung der Registergerichte bei der Führung der Handelsregister[491], das Vorschlagsrecht bei der Ernennung von Handelsrichtern[492], die Bestellung von Revisoren zur Prüfung des Gründungsherganges von Aktiengesellschaften[493] und die unmittelbare Aufsicht über die Börsen.[494] Hinzu kam die Anhörung bei Ausverkäufen, Saison- und Inventurausverkäufen.[495]

In der Zeit nach dem Ersten Weltkrieg kam wieder das Problem auf, in welchem Maße der Kleinhandel und die mittleren und kleineren Gewerbeunternehmen von der Handelskammer vertreten wurden und werden sollten. Beim produzierenden Gewerbe war es die Abgrenzung zu den Handwerkskammern. Die teilweise in den Handelskammern vor dem Ersten Weltkrieg auf Anregung des preußischen Handelsministeriums eingerichteten Kleinhandelsausschüsse sollten hier Abhilfe schaffen. Es blieben aber die sehr unterschiedlichen Interessen zwischen Großhandel und Industrie auf der einen Seite und Kleinhandel und Kleingewerbe auf der anderen Seite. Man hatte bereits vor dem Ersten Weltkrieg die dadurch aufkommenden Interessengegensätze durch die Bildung von Kleinhandelsausschüssen als Sonderausschüsse bei den Handelskammern zu entschärfen versucht. In Düsseldorf hatte man zu diesem Zweck bereits 1900 einen später als Kleinhandels-Ausschuß bezeichneten Sonderausschuß eingerichtet.[496]

Ein Gegensatz zeigte sich vor allem auch zwischen dem unter der Obhut Arnold Langens stehenden „Verein der Industriellen des Regierungsbezirks Kölns" und der Handelskammer. Erst nach und nach erkannte man, daß man eigentlich gemeinsame Interessen vertrat und daß man daher zusammenarbeiten sollte.[497] Insbesondere erkannte auch Arnold Langen, daß man die Interessen der kleineren und mittleren Unternehmen nicht einfach an die Seite schieben konnte und sollte, daß sie ein wichtiges Glied in der Wirtschaftsstruktur einer Region waren.

Die persönlichen Beziehungen zwischen Arnold Langen und Louis Hagen, dem Präsidenten der Kammer, haben die Gegensätze erheblich entschärft. Es ist allerdings fraglich, ob dies auch von den klein- und mittelbetrieblichen Unternehmen so gesehen wurde, denn immerhin waren Langen und Hagen beide vor allem den Interessen der Großunternehmen verbunden. Daß auch die Meinung Arnold Langens nicht unwichtig war, ergibt sich allein daraus, daß er mit Beginn seiner Kammermitgliedschaft 1929 Vizepräsident wurde.[498]

Die wichtigsten Probleme waren aber keineswegs nur die Besatzungseingriffe, sondern die hohe Arbeitslosigkeit und die Umstellung der Kriegsgüterproduktion auf eigene Zivilgüterproduktion. Beide Vorgänge bzw. Erscheinungen standen in engem Zusammenhang, da die langsame Ingangsetzung der Produktion von Gütern des zivilen Bedarfs, hauptsächlich wegen der behinderten Rohstoffzufuhren aus dem Ausland, nur zögerlich neue Arbeitsplätze entstehen ließ, während die Kriegsgüterproduktion abrupt abbrach. Die zögerliche Haltung ist immerhin auch unter dem Gesichtspunkt zu sehen, daß man seitens des Militärs und auch maßgeblicher Politiker in Deutschland sich noch die Möglichkeit offen hielt, wieder militärisch aktiv zu werden.[499] Am 30. November 1918 wurde mit Wirkung vom 6. Dezember die Einstellung der Produktion von Rüstungsgütern angeordnet. Die Handelskammer wies die Wirtschaft ihres Bezirks darauf hin, daß eine schnelle Umstellung notwendig sei. Für die Demobilmachung wurden Demobilmachungskommissare seitens des Staates eingesetzt. Für den Regierungsbezirk Köln war dies der Kölner Regierungspräsident, der auch das Amt eines Reichskommissars für die besetzten Gebiete erhielt.[500] Heeresaufträge entfielen allerdings nicht vollständig, da auch die heimkehrende Truppe zunächst bis zur weitgehenden Demobilisierung Nahrung, Kleidung usw. benötigte.

In die Versorgung der Industrie mit Rohstoffen und Brennstoffen wurde auch die Kammer eingeschaltet, bis hin zu Anträgen auf Zuteilungen aus Hilfsfonds, die von der Handelskammer registriert und eingesammelt wurden und deren Begutachtung an die Zentrale in Berlin weitergereicht wurde.[501] Bei Rohstoffen setzte sich die Kammer zudem dafür ein, daß Beschlagnahmen durch die britischen Truppen unterblieben oder rückgängig gemacht wurden. Dies bezog sich zum einen auf Waren, die sich in den Militärlagern befanden, aber teilweise auch auf Rohstoffe, die in privaten Fabriken lagerten und für Heeresgüter verarbeitet werden sollten, bei denen es nicht sicher war, ob sie noch im Eigentum des Reiches oder schon im Eigentum der Fabrikanten waren. Die Handelskammer und die Stadtverwaltung bemühten sich, diese Waren für die Industrie und für die Einwohner vor dem Zugriff durch die Besatzungsmacht zu retten.[502]

Auch die Zufuhr von Rohstoffen und Vorprodukten aus dem Rechtsrheinischen stieß auf Schwierigkeiten. Die Besatzungsmächte wollten nur Rohstoffe aus diesem Gebiet zugeführt sehen. Es entstand aber ein Streit darüber, was Rohstoffe sind und was als nicht zugelassene Vorprodukte anzusehen war. Die Kölner Kammer setzte daher schon Ende Dezember 1918 eine besondere Kommission ein, die eine Liste aller unentbehrlichen Rohstoffe im weitesten Sinne für die linksrheinische Industrie zusammenstellte. Die Kammer kümmerte sich auch darum, daß die benötigten Rohstoffe teilweise aus oder über neutrale Länder beschafft werden konnten.[503]

In diesem Zusammenhang wandte sich die Kölner Kammer auch gegen Verstaatlichungs- und Sozialisierungstendenzen in der Politik. Dies ging auch gegen die aus dem Jahre 1917 stammende Auskunftspflicht der Industrieunternehmen, damals zur Kontrolle der Wirtschaftlichkeit und der Gewinne von Rüstungsunternehmen.[504] Diese Kontrolle wurde auch noch 1921 angewendet, obgleich keineswegs mehr Staatsaufträge in der Industrie dominierten. Es gab aber auch noch andere Bestrebungen, gegen die sich vor allem der Präsident der Handelskammer Louis Hagen wandte. Er erkannte, daß die Effizienz der Wirtschaft und damit die Basis der Löhne und der Sozialasten darunter leiden mußten, wenn der Wettbewerb beeinträchtigt werden würde. Dabei ergab sich aber ein Problem in der Argumentation Hagens und auch Silverbergs: Einerseits begünstigten und propagierten bzw. organisierten sie die Kartelle und Syndikate, d.h. eine Wirtschaftsordnung, die durch die Beschneidung oder sogar Verdrängung der Marktwirtschaft, der Bildung marktwirtschaftlicher Preise gekennzeichnet war.[505] Andererseits beklagten sie die staatssozialistischen Bemühungen, die letztlich nichts anderes waren als die Fortsetzung der Kartelle aus der Zeit vor 1914 und der Zwangskartelle aus der Zeit des Ersten Weltkrieges, mit allen Nachteilen, die sie schon vor 1914 und im Ersten Weltkrieg gehabt haben, weil sie nicht an der Effizienz, sondern an der Produktionsmenge orientiert waren.[506] Im Grunde ebbte mit der Verminderung der Nachfrage auf den internationalen Märkten und einer damit in vielen Ländern beginnenden Wirtschaftskrise im Jahre 1921 die Flut der Sozialisierungswünsche ab.[507] Die Kölner Kammer lehnte eine Beibehaltung der Zwangskartellisierung nach dem Kriege ab, wohl aus Furcht vor dem Weg zur Sozialisierung. Sie befürwortete eine Liberalisierung der Wirtschaftspolitik und eine Förderung der mittleren Unternehmen, so jedenfalls die Ansicht von Wirminghaus.[508] Die in dieser Zeit wichtigsten Vertreter der Wirtschaft des Kölner Raumes, nämlich Louis Hagen und Paul Silverberg, blieben aber durchaus Anhänger der Kartelle und anderer, auch informeller Absprachen zwischen Wirtschaftszweigen und größeren Unternehmen, wie z.B. die schon genannte 1926 gegründete Ruhrlade zeigte.

Im Grunde hatten sich alle Handelskammern mit diesem Problem zu beschäftigen. Im Bereich der Kölner Kammer wurde dies aber als besonders einschneidend empfunden, weil eine Kontrolle seitens der britischen Besatzungsmacht bestand und außerdem staatliche Aufträge eben wegen dieser Besatzungssituation mit einer Unterversorgung an Kohle und Rohstoffen kaum zu erwarten waren.

Die Einschränkungen des Post- und Bahnverkehrs im Ersten Weltkrieg wurden durch besatzungsrechtliche Bestimmungen nach 1918 fortgesetzt, so daß die Kammer ebenfalls hier tätig werden mußte, um Erleichterungen zu erreichen. Auch die Kriegsschadensregulierungen nahmen die Arbeitskraft der Handelskammer erheblich in Anspruch. Hinzu kam die Einbindung in die Abwicklung der naturalen Leistungen im Rahmen der Reparationen.[509]

Auch Detailprobleme wurden für die Aufgabenwahrnehmung der Kammer wichtig. So führte die besondere Situation auf dem Devisenmarkt im Zusammenhang mit der inländischen Geldentwertung dazu, daß neben den Banken und den Bankiers nur solche Personen Geschäfte über ausländische Zahlungsmittel abschließen durften, die von der Handelskammer eine Bescheinigung erhalten hatten, daß ihr Gewerbebetrieb Geschäfte über ausländische Zahlungsmittel regelmäßig mit sich bringt.[510]

Die turbulenten Verhältnisse führten auch nach dem Kriegsende zu einer großen Zahl von Streitigkeiten über die Erfüllung von Verträgen von Unternehmen. Die Kölner Kammer beschloß daher am 12. April 1920, ein Einigungsamt zur Bereinigung von Streitigkeiten zwischen alliierten und deutschen, alliierten und neutralen, ferner alliierten und alliierten Staatsangehörigen in geschäftlichen Angelegenheiten einzurichten. Streitigkeiten zwischen Deutschen wurden hiervon ausgeschlossen, weil Vereinbarungen über Schiedsgerichte möglich waren. Das Amt nahm am 1. Mai 1920 seine Tätigkeit auf, beendete diese aber bereits wieder am 20. Oktober 1920, da es kaum in Anspruch genommen worden war. Insgesamt wurden 73 Anträge angenommen. Immerhin machte die britische Besatzungsmacht den Vorschlag, das Einigungsamt in ein Schiedsgericht umzuwandeln. Die Kammer ging jedoch nicht darauf ein, da die Erfahrungen nur einen geringen Zuspruch gezeigt hatten und man außerdem zusätzliche Schwierigkeiten erwartete. Man verwies aber darauf, daß in jedem Einzelfall durchaus von den Beteiligten eine Vereinbarung getroffen werden kann, die die Einsetzung und Anrufung eines Schiedsgerichts vorsehen konnte.[511] Trotzdem kam es noch zu zahlreichen einschlägigen Gerichtsverfahren. So wies die Kammer in ihrem Jahresbericht für 1921 darauf hin, daß sie in diesem Jahr etwa 3 000 Sachverständige für Gerichtsverfahren benannt hatte.[512]

Einen besseren Erfolg hatte die durch einen Beschluß der Kammer vom 10. September 1924 vorgenommene Einsetzung eines „Einigungsamtes in Sachen des unlauteren Wettbewerbs". Diese Einrichtung sollte vor allem das Unwesen des Ausverkaufs und der Versteigerungen eindämmen. Man griff damit eigentlich auf eine Idee zurück, die bereits 1908 erörtert worden war. Damals hatte man vorgeschlagen, daß die Handelskammern in den Bereichen des unlauteren Wettbewerbs, des gewerblichen Rechtsschutzes und der Nahrungsmittelvergehen als Prozeßführer auftreten sollten. Man ging aber 1908 davon aus, daß diese Aktivlegitimation, d.h. die Berechtigung zur aktiven Prozeßführung, nur durch ein Reichsgesetz fundiert werden konnte. Die Handelskammern waren im übrigen der Meinung, daß sie nicht selbst als Schiedsgericht agierten, sondern sich darauf beschränken sollten, Sachverständige als Schiedsrichter zu benennen. Die neue Regelung von 1924 und die ergänzende Regelung vom 30. April 1926 sahen allerdings ausdrücklich vor, daß das Einigungsamt die gütliche Regelung von Streitigkeiten wegen unlauteren Wettbewerbs zu bewirken hatte. Das Amt sollte auf ausdrückliche Aufforderung beider Seiten in Aktion treten. Der Rechtsweg vor einem ordentlichen Gericht war damit ausgeschlossen. Das Amt bestand aus einem Vorsitzenden und zwei bis vier Beisitzern. Es hat in den folgenden Jahren jährlich jeweils etwa 100 Fälle entschieden. Meistens endeten die Verfahren mit einem Vergleich.[513]

Auch im Bereich der Sozialpolitik erhielt die Kammer zusätzliche Aufgaben. Sie versuchte die Unternehmen dazu zu bewegen, Kriegsbeschädigte einzustellen, beriet die Unternehmen und Branchen in Lohnfragen (Tarifverträge, freie Arbeitsverträge, Mindestlöhne, Pfändungsgrenze usw.) und versuchte auch das Problem der Entlassungen und der Arbeitslosigkeit wenigstens teilweise durch ihre Beratung und sonstige Einwirkung auf die Unternehmen zu lösen. Dies geschah vor allem dann auch nach der Währungsstabilisierung an der Wende zum Jahre 1924.[514]

Zwei wichtige Bereiche, in deren Neuordnung die Handelskammer eingebunden war, war der Übergang von den kommunalen Arbeitsnachweisen zur Einrichtung von Landesarbeitsämtern und schließlich im Mai 1920 die Schaffung eines Reichsamtes für Arbeitsvermittlung[515], ferner die Neuordnung des Schlichtungswesens bei Arbeitsstreitigkeiten.[516] Hinzu kam die Begutachtung von Tarifordnungen für das Reichsarbeitsministerium und für den Landesausschuß der preußischen Handelskammern, z.B. 400 im Jahre 1921. Hier ging es um das Problem, ob diese Verträge für allgemeinverbindlich erklärt werden können.[517]

Auch die Mitwirkung der Arbeiter und Angestellten bei der Gestaltung der Arbeitsbedingungen war ein Gegenstand der Beratungen in Ausschüssen und in der Vollversammlung der Kölner Kammer. Das Betriebsrätegesetz vom 4. Februar 1920 sah dann vor, daß in allen Betrieben mit 20 und mehr Arbeitnehmern ein Betriebsrat obligatorisch war. Für die während des Ersten Weltkrieges eingerichteten Arbeiterausschüsse waren 50 und mehr Beschäftigte in einem Betrieb Voraussetzung. Diese Betriebsräte konnten insbesondere bei Entscheidungen über Einstellungen oder Entlassungen von Arbeitnehmern mitwirken. Die Kammer befürwortete die Teile des Gesetzentwurfes, die für die Regelung der Arbeits- und Dienstverhältnisse wichtig waren, lehnte aber Eingriffe in die unternehmerische Freiheit ab.[518]

Zu zahlreichen anderen Gesetzen der Sozialpolitik (gesetzliche Versicherungen, Versorgungsgesetzgebung für die Kriegsbeschädigten und Kriegshinterbliebenen usw.), des Arbeitsrechts, der Wirtschaftspolitik, der Zoll- und Steuerpolitik nahm die Kammer allein oder über den Deutschen Industrie- und Handelstag Stellung. Dabei wurden immer die besonderen Belange der besetzten rheinischen Gebiete herausgestellt.

Über die Reparationsfrage berieten die Handelskammern der besetzten Gebiete am 4. März 1921. Man vertrat die Meinung, daß das deutsche Angebot hinsichtlich der Reparationen nicht überschritten werden könne. Die Alliierten hatten 226 Mrd. Goldmark und zwölf v.H. des Wertes der deutschen Ausfuhr über die Dauer von 42 Jahren gefordert. Das deutsche Angebot ging über 53 Mrd. Goldmark Gegenwartswert, d.h. bei einer entsprechenden Zahlung in späteren Jahren insgesamt durchaus eine höhere Summe.[519] Diese Argumentation war jedoch illusorisch. Die Reparationsforderungen wurden auf einem wesentlich höheren Niveau festgelegt, und sie konnten nicht erfüllt werden, da die Leistungsfähigkeit der deutschen Wirtschaft nicht berücksichtigt worden war. Darüber hinaus sprachen sich die Handelskammern der besetzten Gebiete schon Anfang 1919 gegen die Errichtung einer Zollinie am Rhein aus, allerdings ohne Erfolg.[520]

Ein erheblicher Teil der Tätigkeit der Kölner Handelskammer bestand aus den Versuchen, die Sanktionen der Besatzungsmächte zu mildern oder sogar aufheben zu lassen. Auf der anderen Seite mußte die Kammer aber auch die Zugehörigen der Kammer und andere Unternehmer der Region immer wieder über die sich ständig ändernden Einfuhr- und Ausfuhrbestimmungen informieren.[521] Aber man mußte für die Unternehmer des Kammerbezirks wie auch über den Wirtschaftsausschuß für die anderen Kammerbezirke versuchen, die Kontroll- und Absperrmaßnahmen des Reiches gegenüber dem besetzten Gebiet zu mildern, sie nicht zum Schaden auch der rheinischen Wirtschaft ausgestalten zu lassen. Es galt zwar, ausländische Transitware bei der Einfuhr in das unbesetzte Reichsgebiet abzuwehren, nicht aber im Rheinland produzierte Güter. Schließlich wurden für die Regelung die Hauptfahndungsstellen der Zollverwaltung zuständig, was die Handhabung der Gesetze erheblich erleichterte.[522]

Als im Jahre 1922 eine Entschädigung für die Verluste der Unternehmen durch die Sanktionen diskutiert wurde, forderte die Kölner Kammer ein entsprechendes Gesetz, nach einigen Widerständen vor allem der Gewerkschaften mindestens eine Verordnung. Diese scheiterte letztlich daran, daß die Rheinlandkommission verlangte, daß diese Verordnung ihr zur Genehmigung vorgelegt werden müsse. Im Ergebnis blieben die Verluste an den Unternehmen hängen. Die Inflation hätte die Entschädigungen allerdings wertmäßig auch erheblich abschmelzen lassen.[523]

1924 wurde diese Problematik von der Reichsregierung im Zusammenhang mit den Städten der Ruhrbesetzung nochmals aufgegriffen. Allein im Kammerbezirk Köln waren bis zum 20. November 1924 Schäden aus der Ruhrbesetzung in Höhe von 88 Mio. RM gemeldet worden.[524] Zur Feststellung und Vorbereitung der Vergütung der Sachschäden wurden vom Wirtschaftsausschuß 1926 etwa 50 000 Formulare ausgegeben. Deren Bearbeitung nach der Rücksendung nahm die Arbeitskräfte der Kammer als geschäftsführende Stelle des Wirtschaftsausschusses stark in Anspruch.[525] Rechtsgrundlagen waren das Okkupationsleistungsgesetz vom 2. März 1919 in der Fassung vom 27. März 1920 und die Verordnungen dazu vom 8. Dezember 1923, 21. Oktober 1924 und 18. November 1924, d.h., die Gesetzgebung des Reiches hatte sich ausführlich hiermit beschäftigt.[526] Welcher Betrag dann zugestanden wurde, und welcher Betrag auf Unternehmen des Kölner Kammerbezirks entfiel, ist nicht überliefert.

Die Entschädigungsverfahren wurden beim Regierungspräsidenten (in Köln) entschieden. „Die Mitwirkung der Kammer bestand in der Ausstellung von 2 600 Bescheinigungen über handelsgerichtliche Eintragung und Vertrauenswürdigkeit der Antragsteller, 1 300 Bestätigungen der Dringlichkeit von Vorschriften, Angemessenheit der Preise und Wiederbeschaffungspreise", vor allem der beschlagnahmten Güter. Zu dieser beachtlichen Ausdehnung der Aufgaben kam die Aufforderung an die Kammer, Sachverständige zur Überprüfung der Angaben zu benennen, Unternehmen über die Verfahren zu informieren, mit Hilfe des Wirtschaftsausschusses den Begriff des Verschuldens zu klären und zu versuchen, den Geschäftsgang der Feststellungsbehörde beim Regierungspräsidenten zu beschleunigen.[527]

Auf der im Rahmen und zur Regelung der Reparationsprobleme (Stundung der Zahlungen usw.) einberufenen Konferenz in Genua im April 1922 war auch Louis Hagen als Präsident der Kölner Kammer anwesend. Er ließ sich von einem Ausschuß, der aus Unternehmern des Kammerbezirks bestand, beraten. Einen Erfolg hatten diese Konferenz und weitere Zusammenkünfte bis in den Sommer 1922 nicht, so daß die wirtschaftlichen Außenbeziehungen weiter beeinträchtigt wurden.[528]

Wie schon in der Anfangsphase des Ersten Weltkrieges und in den Jahren der Umstellung von der Kriegsgüterproduktion auf die Zivilgüterproduktion nach 1918 kam es auch jetzt zu einer finanziellen Krise zahlreicher Unternehmen, da die Produktionsanlagen nicht voll ausgelastet werden konnten, teilweise die Produktion sogar wegen der Unterbrechung der Kohle- und Rohstoffzufuhr gänzlich eingestellt werden mußte. Die zur Behebung dieser Kreditnot wieder tätigen Hilfskassen wurden von der Reichsbank neu eingerichtet. Nach den Richtlinien der Reichsregierung sollten diejenigen Unternehmen einen Kredit erhalten, die nur mit Hilfe dieses Kredites produktiv weiterarbeiten konnten, d.h. vor allem auch Arbeitsplätze erhielten. Die Kredite wurden mit fünf v.H. verzinst. Ab Mitte 1923 wurden sie wegen der schnell fortschreitenden Inflation valorisiert, und zwar über den Kurs des englischen Pfundes an der Berliner Börse. Über die Kreditanträge hatte zunächst die Handelskammer durch einen Ausschuß, der aus einem Vorsitzenden und je zwei Arbeitgebern und Arbeitnehmern bestand, zu gutachten.[529]

Auch für andere Zuschüsse oder Kredite unter der Obhut des Reiches oder der Reichsbank wurden die Handelskammern der besetzten Gebiete als Gutachter eingespannt, so daß insgesamt hier ein erhebliches Arbeitspensum auf die Kammern zukam.[530] In die Verfahren der Lohnsicherung, d.h. der Auszahlung von Geldern für die Lohnzahlung an solche Unternehmen, die nicht mehr produktiv tätig sein konnten und die Arbeitskräfte mit Aufräumarbeiten usw. beschäftigten, wurde die Kammer durch Nachprüfung der Anträge ebenfalls einbezogen.[531]

Auch im Zusammenhang mit der seit 1919 immer stärker werdenden Inflation hatte die Handelskammer zusätzliche Aufgaben, insbesondere als diese Geldentwertung im Jahre 1923 so gewaltige Ausmaße erreichte, daß die Währung eigentlich nicht mehr funktionstüchtig war und bei vielen Verträgen zwischen Unternehmen der Dollar oder das Gold (Goldmark) für die Zahlungen zugrundegelegt wurden. Die Kammer beschäftigte sich in diesem Zusammenhang mit den wirtschaftlichen Folgen der Geldentwertung im täglichen Leben und bei den wirtschaftlichen Vorgängen der Unternehmen, mit den Fragen der Regelungen bei Kreditgeschäften und mit der Handhabung von Ersatzgeld. Teilweise wurden die Probleme in den einzelnen Ausschüssen der Kölner Kammer erörtert, teilweise wurden die anstehenden Fragen in den Deutschen Handelstag hineingetragen, um so allgemeingültige Regelungen zu finden. Der Präsident der Kammer und der Syndikus haben auch in Köln selbst immer wieder Stellung bezogen und versucht, die Diskussion zu den anstehenden Problemen in Gang zu halten, aber vor allem auch die Zugehörigen der Kammer zu informieren. Dies geschah dann verstärkt auch, als die Stabilisierung der Währung im Herbst des Jahres 1923 langsam Gestalt annahm.[532]

Da die Besatzungsmächte die Rentenmark zunächst nicht in das besetzte Gebiet eingeführt sehen wollten, mußte man sich eine andere Lösung überlegen. Louis Hagen arbeitete einen Plan für die Errichtung einer Rheinisch-Westfälischen Goldnotenbank unter Beteiligung ausländischen Kapitals aus, um eine separate Goldwährung mit Einlösungspflicht der Banknoten zu erhalten, deren Geld auch international anerkannt werden sollte und als internationales Zahlungsmittel fungieren konnte.[533] Als sich aber herausstellte, daß die Rentenmark-Regelung gelungen war, wurde die Rentenmark auch für das besetzte Gebiet zugelassen[534], gefolgt von der Reichsmark ab August 1924.

Die umfangreichen Neuregelungen des Steuerrechts, verbunden mit dem Namen Erzberger, waren ebenfalls ein weites Feld der Tätigkeit der Kammer, die vor allem über den Handelstag versuchte, bei einzelnen Steuern Anregungen zu geben und vielleicht auch Einfluß zu nehmen. Dabei interessierte sich die Kammer vor allem für die Gewerbesteuerregelung.[535] Da auch die Zollbestimmungen durch die Regelungen seitens der Besatzungsmächte erheblich erweitert worden waren, wurde im Juni 1920 eine Zoll- und Steuerberatungsstelle eingerichtet, die ab 1921 von einem aus

Notgeldscheine der Stadt Köln und der Maschinenfabrik Sürth, 1923

dem höheren Zollverwaltungsdienst kommenden Sachverständigen geleitet wurde.[536] Hauptarbeitsgegenstand waren die inneren Verbrauchsabgaben und die Zölle. Dabei konnte bei der Beratung in Zollangelegenheiten auf die schon vor 1914 angelegte Sammlung der Zolltarife aller Länder zurückgegriffen werden, wobei diese Sammlung weiterentwickelt wurde, dem neuesten Stand angepaßt wurde. Schon im Jahre 1904 wurde erwogen, eine Zollauskunftsstelle einzurichten, was aber dann doch unterblieb. Nach der Schaffung des Besatzungsgebietes mit komplizierten Zollsystemen an der Westgrenze, zum übrigen Deutschland und für den Warentransit griff man diesen alten Gedanken dann aber wieder auf. Die Bedeutung dieser Stelle wird daraus deutlich, daß in den ersten Jahren durchschnittlich jährlich etwa 600 Eingaben verschickt wurden und über 3 000 Auskünfte erteilt wurden.

Die Kammer bemühte sich aber auch unabhängig von Krieg, Besatzung und Inflation, anstehende „normale" Probleme und Entwicklungen zugunsten der gesamten Wirtschaft der Region zu fördern. Dazu gehörte z.B. die Einrichtung eines Kurzschrift-Prüfungsamtes im Jahre 1920. Die Kammer Mülheim am Rhein hatte bereits 1913 ein solches „Prüfungsamt für Stenographie und Maschinenschreiben" eingerichtet[537], das auch von der Kölner Kammer bei der Zusammenlegung der beiden Kammern 1914 mit übernommen worden war. Während des Krieges ruhte aber seine Tätigkeit. Schon die Mülheimer Kammer hatte in dieser Angelegenheit mit zwei privaten Stenographie-Vereinen zusammengearbeitet. Auch nach dem Kriege kamen die ersten Anregungen zur Aufnahme solcher Prüfungen von diesen privaten Vereinen. Im Dezember 1920 beschloß die Kammer ein solches Kurzschrift-Prüfungsamt einzurichten. Im Prüfungsausschuß waren fachkundige Personen aus dem Bereich der Berufsschulen, aus Industrie und Handel unter dem Vorsitz des Syndikus der Kammer zusammengefaßt. Die Zeugnisse des Prüfungsausschusses stellten einen wichtigen Qualifikationsnachweis für den weiteren Berufsweg vieler kaufmännischer Angestellter dar.[538]

Die Einrichtung eines Prüfungsausschusses für Bücherrevisoren ebenfalls im Jahre 1920 ist als Teil einer längerfristigen Entwicklung der Prüfung von Handelsgesellschaften seit den siebziger Jahren des 19. Jahrhunderts anzusehen. Diese Entwicklung war im Grunde erst mit der Schaffung der Wirtschaftsprüfer im Jahre 1931 abgeschlossen.[539] Immerhin ging man seitens der Kammer 1920 davon aus, daß die Vereidigung der Bücherrevisoren nur auf Widerruf erfolgen sollte, d.h. man sah offensichtlich die Notwendigkeit eines Anreizes zur ständigen Anpassung des Wissensstandes an die sich fortwährend ändernden handels- und vor allem steuerrechtlichen Gesetze.[540]

Mit der Aufnahme der Börsentätigkeit nach dem Ersten Weltkrieg trat auch wieder die Kammer als aufsichtsführende Einrichtung hiermit in Verbindung. Die Börsenordnung wurde aber dahingehend geändert, daß der Börsenvorstand nicht mehr von der Kammer eingesetzt wurde, sondern von den Börsenbesuchern selbst gewählt wurde. Ab 1. April 1921 galt die neue Börsenordnung, ab Ende 1921 die neue Schiedgerichtsordnung für die Börse.[541] Beide von der Kammer formulierten Ordnungen galten für die Produktenbörse, für die im August 1919 gegründete Warenbörse, für die Effektenbörse und für die ebenfalls 1919 errichtete Devisenbörse.[542] Wirminghaus spricht von einer solchen Devisenbörse. Formell ist dies allerdings nicht richtig. In der Tat wurde aber an der Effektenbörse auch in umfangreichem Maße mit Devisen gehandelt, was durch die besondere Situation des besetzten Gebietes begünstigt wurde. Nur so konnte man den Handel mit Devisen teilweise offenlegen. Reichsbank und Reichsregierung waren jedoch gegen dieses Verfahren, da sie den Devisenhandel für ganz Deutschland in Berlin unter Kontrolle halten wollten. Der Devisenhandel in Köln war aber so stark geworden, daß von der Effektenbörse ab 21. Februar 1921 amtliche Devisennotierungen eingeführt wurden. Im Herbst 1923 wurde der Devisenhandel wegen der hohen Inflation unterbrochen, nach einem Jahr am 20. November 1924 aber wieder aufgenommen.[543]

Der Börsenhandel nahm in Köln nach dem Kriege so stark zu, daß Köln das Börsenzentrum für das gesamte Rheinland wurde. Die Kölner Börse profitierte vor allem von dem „Loch im Westen". Über Köln liefen insbesondere auch die Einfuhren aus dem westlichen Ausland und die Devisen. Dazu hatten sich in Köln auch zahlreiche ausländische Banken niedergelassen, aufbauend auf dem Dokumenten-Akkreditivverkehr der Warengeschäfte.[544] Zeitweise war die Wertpapierbörse wegen der Währungsverhältnisse so überlastet, daß „börsenfreie Tage" eingelegt werden mußten, z.B. im Juni 1921.[545]

Erst nach dem Londoner Abkommen von 1924 (Dawes-Plan) kam es zu einer Erleichterung der Rahmenbedingungen, so daß nunmehr auch die besonderen, durch die Besatzungsverwaltung entstandenen Aufgabenfelder nach und nach geringer wurden.[546]

Sowohl während des Krieges als auch in den turbulenten Nachkriegsjahren reichten die normalen Mitgliederversammlungen für die Bewältigung der Arbeit nicht mehr aus. Die Mitgliederversammlung tagte vor 1914 und auch danach in jedem Monat einmal. Es kam jetzt vermehrt zur Verlagerung der Arbeit in die Ausschüsse.

Die während des Ersten Weltkrieges vorgenommene erhebliche Reduzierung der Jahresberichte wurde auch nach dem Ende des Krieges zunächst beibehalten. Seit Oktober 1919 wurden dann monatlich „Mitteilungen der Handelskammer zu Köln" veröffentlicht, um über die Wirtschaft und über die für die Wirtschaft relevanten Änderungen und Ergänzungen der rechtlichen Bestimmungen zu berichten. Diese Mitteilungen wandten sich mithin sowohl an die Kammerzugehörigen als auch an die an wirtschaftlichen Fragen interessierte Allgemeinheit. Seit dem 1. Januar 1923 wurden die Mitteilungen eingestellt und die „Westdeutsche Wirtschafts-Zeitung" zusammen mit den Kammern in Aachen, Bonn, Koblenz, Stolberg und Trier im monatlichen Rhythmus herausgegeben. Die Schriftleitung lag bei der Kölner Kammer. Man berichtete über die Tätigkeit der Kammern, erörterte aber auch Tagesfragen der Wirtschaftspolitik und andere wirtschaftliche Probleme.[547] Gleichzeitig wurde das Blatt zur „Amtlichen Zeitschrift der Industrie- und Handelskammer zu Köln sowie der Börse und der Außenhandelsstelle für das Rheinland". Auch wenn die anderen rheinischen Kammern später nicht mehr genannt wurden, war der Inhalt der Zeitschrift weit über den Kölner Kammerbezirk hinaus ausgerichtet.

Im Hinblick auf die Öffentlichkeitsarbeit für die Zugehörigen der Kammer, aber auch für an den wirtschaftlichen Verhältnissen im Kammerbezirk Interessierte gab es lange Zeit eine Unterversorgung. Der Deutsche Handelstag oder einige Handelskammern haben mehrmals versucht, eine zentrale periodische Veröffentlichung zu organisieren. Dies gelang aber erst ab 1888, als der Sekretär der Bergischen Kammer in Lennep, Dr. Richard Stegemann, auf eigene Initiative die „Zeitschrift für Handel und Gewerbe" herausbrachte. Er wollte über die „Angelegenheiten und die Wirksamkeit der Handelskammern fortlaufend ... berichten und die Interessen der Handel- und Gewerbetreibenden nach allen Richtungen wahr(...)nehmen, zu diesem Zwecke auch namentlich über die wirtschaftlichen Vorgänge in Deutschland und die handelspolitischen Bewegungen im Ausland ... unterrichten".[548] Diese Zeitschrift wurde auch noch in der Zeit der Weimarer Republik herausgegeben. Ihr fehlte aber eine allgemeine Zustimmung aus dem Kreis der Handelskammern. 1922 wurde die „Zeitschrift für Handel und Gewerbe" durch die vom Handelstag übernommene Wochenschrift „Deutsche Wirtschafts-Zeitung" ersetzt.[549] Im Kern blieb aber auch jetzt die Öffentlichkeitswirkung begrenzt. In der Westdeutschen Wirtschafts-Zeitung traten die speziellen Probleme des Rheinlandes stark in den Vordergrund, so daß hier keine Konkurrenz zwischen den beiden genannten Zeitschriften bestand.

2.3 DIE AUFGABENFELDER IN DER ZEIT DER NORMALISIERUNG (1925 BIS 1929)

Zu den Aufgabenfeldern der Kammertätigkeit gehörten auch die internationalen Beziehungen, d.h. die Beziehungen zu den Handelskammern anderer Länder, und zwar teilweise über die ausländischen Handelskammern. 1925 wurde die Kölner Kammer zusammen mit zahlreichen anderen deutschen Kammern in die Internationale Handelskammer aufgenommen.[550] Neben Louis Hagen vertraten auch andere Mitglieder der Kölner Kammer die Interessen der deutschen Handelskammern in der Internationalen Handelskammer. So wurde Arnold Langen nach seiner Wahl zum zweiten Vizepräsidenten der Kölner Kammer 1929 auch Mitglied der Deutschen Landesgruppe der Internationalen Handelskammer.[551] Neben diesen beiden trat insbesondere Paul Silverberg als Repräsentant der rheinischen und der deutschen Wirtschaft auf diesem internationalen Parkett auf.

Nachdem das Gebiet um Köln, ferner die nördlicher gelegenen Regionen bis zur niederländischen Grenze von den Besatzungsmächten 1926 geräumt waren, gab die Kölner Kammer den Vorsitz und die Geschäftsführung des Wirtschaftsausschusses ab. In einer Sitzung des bisherigen Wirtschaftsausschusses am 20. Februar 1926 legte die Kammer in Anwesenheit des Reichsministers für die besetzten Gebiete, des Reichskommissars für die besetzten Gebiete, des Oberpräsidenten für die Rheinprovinz und des Oberbürgermeisters von Köln über ihre Tätigkeit Rechenschaft ab. Zugleich übernahm die Kammer Koblenz den Vorsitz und die Geschäftsführung in der Vereinigung der Handelskammern des besetzten Gebietes und des nunmehr ebenfalls verkleinerten Wirtschaftsausschusses.[552]

Die Erfahrungen aus der gemeinsamen Arbeit der Handelskammern der besetzten Gebiete bis 1926 führten dazu, daß nunmehr die nicht mehr besetzten Kammern und auch einige der noch besetzten Kammern zu Aachen, Bonn, Idar, Koblenz, Köln, Mönchengladbach, Stolberg und Trier sich am 17. März 1926 in Köln zu einem „Verband Linksrheinischer Industrie- und Handelskammern" zusammenschlossen. Vorsitz und Geschäftsführung lagen bei der Kölner Kammer. Als Gründungszweck wurde angegeben: die Herstellung eines engeren Kontaktes zwischen den beteiligten Kammern und die Herbeiführung von einheitlichen Stellungnahmen bei den die Kammern und ihre Wirtschaft betreffenden grundsätzlichen Fragen. Außerdem beabsichtigte man gemeinsame Berichte über die Lage der Wirtschaft in dem Verbandsgebiet herauszugeben.[553] Zum Ende des Jahres 1929 trat die Kammer zu Mönchengladbach aus dem Verband aus. Sie bildete fortan mit den Kammern Duisburg-Wesel und Krefeld einen neuen Zweckverband.[554]

Nach dem Londoner Abkommen vom 16. August 1924 konnte die Reichsregierung auch daran gehen, die wirtschaftlichen Verhältnisse im Rheinland allgemein und insbesondere in den besetzten Gebieten direkt zu verbessern. Insbesondere war der Außenhandel durch das Abkommen erheblich erleichtert worden. Zur Förderung dieses Außenhandels richtete die Reichsregierung bei der Kammer in Köln zum 1. November 1924 eine „Reichsnachrichtenstelle für den Außenhandel" ein. Insgesamt waren im Deutschen Reich etwa 20 solcher Stellen in Verantwortung des Auswärtigen Amtes eingerichtet worden. Diese Stellen sollten den Außenhandel, insbesondere die Ausfuhr, fördern. Dazu gaben sie nicht zur Veröffentlichung bestimmte Nachrichten weiter, Berichte über die Wirtschaftslage in den verschiedenen Ländern, über Absatzgebiete und -verhältnisse, über Bezugsquellen, Lieferungsausschreibungen usw. Die Stelle sollte außerdem einschlägige Auskünfte erteilen und Anregungen aller Art aufnehmen.[555]

Die Trägerschaften dieser Stellen und damit auch die Last der Finanzierung lag allerdings nicht beim Auswärtigen Amt. Träger der Kölner Reichsstelle waren die Handelskammern Bonn, Koblenz, Köln, Stolberg, Trier und Idar (für das oldenburgische Gebiet von Birkenfeld), ferner der Verband

Rheinischer Industrieller und der Verband Kölner Großfirmen. Die Geschäftsstelle in der Kölner Kammer nahm ihre Tätigkeit am 1. Januar 1925 auf. Die Stelle wurde von einem höheren Beamten der Kölner Kammer geleitet und arbeitete eng mit der Zoll- und Steuerberatungsstelle zusammen. Nach und nach wurde über die Handelsnachrichten und -ratschläge hinaus auch eine Information über ausländische Rechtsfragen aufgenommen.[556]

Erst nach und nach ergab sich die Möglichkeit, „die Tätigkeit der Handelskammer wieder friedensgemäßer zu gestalten und sich neuen Fragen auf den Gebieten der allgemeinen Gesetzgebung, der Rechtspflege, des Verkehrs, des Steuerwesens, der Sozial- und Handelspolitik zuzuwenden, eine Betätigung, die um so wichtiger wurde, als die Maßnahmen auf diesen Gebieten eine Volkswirtschaft antrafen, die durch die Reparationsverpflichtungen, den Steuerdruck und den Kapitalmangel nach wie vor schwer bedroht war".[557]

1926 kam es zu einer Neuordnung des Prüfungswesens für Bücherrevisoren im Rheinland. Bisher hatten alle Kammern ihre eigenen Prüfungsordnungen mit jeweils speziellen Ausrichtungen. Dies hatte zur Folge, daß die Revisoren kaum über die Kammergrenzen hinaus tätig werden konnten. Die Kammern zu Aachen, Bonn, Düsseldorf, Koblenz, Stolberg und Trier vereinbarten eine gemeinsame Prüfungsordnung. Im Kölner Prüfungsausschuß saßen Mitglieder der Kammer, Bücherrevisoren, Universitätsprofessoren der Betriebswirtschaftslehre und ein rechtskundiger Beisitzer.[558] Die Prüfungsausschüsse der anderen Kammern hatten eine vergleichbare Zusammensetzung, nur daß es dort keine Professoren der Universitäten gab.

Zu einer wichtigen Aufgabe der Handelskammern entwickelte sich die aus der Zeit vor 1914 stammende Bestimmung, daß die Gemeinden verpflichtet waren, bei Änderungen der Belastung mit Gewerbesteuern die Handels- und die Handwerkskammern gutachtlich anzuhören.[559]

Das 1924 geschaffene und seitdem mit schiedsgerichtlichen Aufgaben versehene Einigungsamt in Sachen des unlauteren Wettbewerbs wurde 1928 in seinem Aufgabenkreis erweitert, indem es nunmehr auch Gutachten in solchen Angelegenheiten für Behörden anzufertigen hatte. Dies kann offensichtlich als ein Zeichen dafür angesehen werden, daß sich die Tätigkeit des Amtes bewährt hatte.[560]

Seit Anfang des Jahres 1927 kam es in der Westdeutschen Wirtschafts-Zeitung und in den Vierteljahresberichten zu einer Information über die Tätigkeit der Kammern und über die Wirtschaftslage in den Bezirken der beteiligten Kammern (Aachen, Bonn, Koblenz, Köln, Stolberg, Trier). Die Wirtschafts-Zeitung selbst erschien seit dem 1. März 1925 nicht mehr monatlich, sondern wöchentlich, um in der Berichterstattung aktueller zu sein.[561]

Der Verkehrs-Ausschuß beschäftigte sich 1926 und 1928 mit zwei Verkehrsproblemen von überregionaler Bedeutung: Im Oktober 1926 wurde eine Denkschrift beraten, die den Bau einer „Autobahnstraße" zwischen Köln und Düsseldorf propagierte. In jede Richtung sollten zwei Fahrspuren führen, daneben Bankette von jeweils zwei Metern. Man sprach von einem „Reichsfernstraßen-Projekt".[562] Im Geschäftsbericht für 1928 wurde die Notwendigkeit einer solchen Autostraße zwischen Köln und Düsseldorf nochmals hervorgehoben und zugleich „für die vom Verkehr am stärksten belastete Strecke von Köln nach Bonn" eine entsprechende Straße gefordert.[563]

In einer Sitzung in der Kölner Kammer am 28. Januar 1928 erörterten verschiedene eingeladene Interessenten unter dem Vorsitz der Industrie- und Handelskammer Siegen über den Bau einer Bahnstrecke von Köln über Siegen nach Leipzig.[564] Aufgrund der schlechten finanziellen Lage der Eisenbahn wurde der Plan nicht weiter verfolgt.

Auch landwirtschaftliche Probleme beschäftigten die Kölner Kammer. Dabei ging es vor allem um die Schuldenbewältigung der Landwirtschaft, ohne daß aber auf die speziellen Ursachen der Über-

Stahlskelett des Kölner Messeturms, 1927/28 errichtet von der Maschinenbauanstalt Humboldt AG anläßlich der PRESSA

schuldung vieler landwirtschaftlicher Betriebe eingegangen wurde. Die Einstellung Silverbergs zur Verwendung der jährlich 200 Mio. RM aus der *Bank für deutsche Industrieobligationen* im Rahmen der Abwicklung des Dawes-Planes wurde bereits genannt. Es wurde in diesem Zusammenhang aber auch auf die speziellen Probleme der Absatzorganisation der Landwirtschaft eingegangen. Dabei wurde auch darauf hingewiesen, daß es erforderlich sei, neue Markthallen am Bahnhof Bonntor zu errichten, um die Leistungsfähigkeit des Kölner Großmarktes auch in dieser Hinsicht zu verbessern.[565]

2.4   DIE AUFGABEN IN DER WELTWIRTSCHAFTSKRISE (1929 BIS 1933)

Anläßlich des Einzugs in das neue Kammergebäude im Jahre 1932 gab die Kammer einen Überblick über ihre Tätigkeit in diesen Jahren. Es waren Fragen der allgemeinen Wirtschaftspolitik, es waren die Sorgen und Wünsche der Gewerbetreibenden und es war der allgemeine Geschäftsverkehr mit allen Zweigen der kommunalen und der staatlichen Verwaltung. Hinzu kamen zahlreiche Auskünfte für die Gerichte über Unternehmen, die ihren Sitz im Kammerbezirk hatten. Im Laufe der Zeit wurde hier ein umfangreiches Karteimaterial zusammengetragen.[566] Ein Branchenverzeichnis aller Unternehmen des Bezirks diente der Benennung von Lieferanten und Abnehmern verschiedener Waren, insbesondere auch unter Berücksichtigung der Außenhandelsbeziehungen.[567]

Die Steuerabteilung der Kammerverwaltung hatte wegen der sich ständig ändernden Bestimmungen und vor allem wegen der zunehmenden Kompliziertheit des Steuerrechts sich zu einer Steuerauskunftsstelle entwickelt. Sobald neue Erlasse, Verordnungen oder Gesetze in Kraft traten, kam es zu einer Welle von Anfragen bei der Kammer.

Auch die Zollauskunftsstelle hatte eine gegenüber der Zeit vor dem Ersten Weltkrieg gewachsene Tätigkeit aufzuweisen, als die Zollauskünfte noch von der allgemeinen Kammerverwaltung erteilt wurden. Die Zollgesetze und -vorschriften aller Länder der Welt mußten immer wieder auf dem neuesten Stand verfügbar sein. Zahlreiche Auskünfte wurden durch eine Beratung auch in Zollstraffällen ergänzt. Die Kammer vertrat dabei ebenfalls die Interessen der Unternehmen des Kammerbezirks vor ausländischen Zollbehörden. Beglaubigungen von Ursprungszeugnissen und von Rechnungen für in- und ausländische Zollbehörden wurden „in großer Anzahl erteilt".[568] Die Eingaben und Auskünfte stiegen dabei erheblich über das bereits in den Jahren ab 1920 recht hohe Maß hinaus.[569]

Die 1924 gegründete Reichsnachrichtenstelle für den Außenhandel erhielt 1931 einen neuen Namen. Sie hieß nunmehr „Außenhandelsstelle für das Rheinland". Die Trägerschaft änderte sich nicht gegenüber 1924. Neben dem Vorstand aus dem Kreis der Träger wurde ein Beirat eingerichtet, der aus Vertretern des Handels und der Industrie bestand.[570] Diese Außenhandelsstelle hatte ihren Sitz in der Industrie- und Handelskammer zu Köln.[571]

Einen erheblichen Teil der Arbeit der Kammer benötigte die Beratung in Devisenangelegenheiten, zumal nachdem unter dem Kanzler Brüning 1931 eine Devisenbewirtschaftung eingeführt worden war.[572] Die bei den staatlichen Stellen beantragten Devisengenehmigungen, vor allem für den Außenhandel, waren von der Kammer zu begutachten.[573] Bei Problemen des Einzelhandels, insbesondere bei Fragen des unlauteren Wettbewerbs, der Versteigerungen und Sonderaktionen wurde der Rat der Kammer beansprucht.[574]

Außerdem hatte die Kammer in Schwierigkeiten geratene Unternehmer zu beraten. Eng damit verbunden waren die Gutachten für die Gerichte bei der Frage, ob auf einen Schuldner ein Konkursverfahren oder ein Vergleichsverfahren angewendet werden sollte. Dabei kam es vor allem auch darauf an, die Gläubiger möglichst weitgehend zu schützen.[575]

Arnold Langen konzentrierte seine Tätigkeit als Vizepräsident der Kammer seit 1929 insbesondere auf Fragen der Wirtschaftspolitik und der Berufsausbildung. Er sah aber auch große Probleme darin, daß es aufgrund der Geburtenausfälle während des Ersten Weltkrieges und in der unmittelbaren Nachkriegszeit zu einer Unterversorgung mit ausgebildeten Arbeitskräften kommen mußte. Er regte daher die Nachschulung Erwachsener und eine gründliche Ausbildung der Jugendlichen an. Vor allem bemühte er sich auch darum, daß das Prüfungswesen effektiv organisiert und angewendet wurde.[576]

Als wichtigster Bank- und Börsenplatz des Rheinlandes war die Kammer auch in den Jahren der Weltwirtschaftskrise stark in die Beratung dieser Bereiche eingebunden. Dabei trat vor allem der Ausschuß für das Bank- und Börsenwesen hervor. Die enge Zusammenarbeit mit der Kölner Börse rundete diese Tätigkeit ab.[577] In der Zeit ab 1919 hatte sich das Börsenwesen erheblich erweitert und spezialisiert. Neben die Effekten-, Produkten- und Warenbörse war inzwischen eine spezielle Börsenveranstaltung für Immobilien und für Leder getreten.[578]

Wie in der vorhergehenden Zeit hatte die Kammer Bücherrevisoren, Sachverständige, Dispacheure (Seeschadenberechner), Wäger und Messer öffentlich anzustellen und zu beeidigen.[579] So waren von der Kammer 1930 folgende „Gewerbetreibende der in § 36 Gew.O. genannten Art" angestellt: ein Probenehmer von Rohzucker und Melasse, vier von Metallen, Erzen und metallischen Rückständen, einer von Erzen, Metallaschen und Krätzen, einer von Metallen, Bergwerks- und Hüttenprodukten, sieben Handelschemiker, drei Dispacheure, 20 Bücherrevisoren, zwei Wäger, ein Zähler und Messer, 169 Sachverständige für verschiedene Waren und Geschäftszweige.[580] Im Vergleich zu den 360 „öffentlichen gewerblichen Sachverständigen" des auf die Stadt und den Landkreis Köln begrenzten Kammerbezirks vom Oktober 1913 war inzwischen eine Verminderung der Sachverständigen eingetreten.[581] Durch Notverordnung vom 5. Juni 1931 erhielt die Reichsregierung die Ermächtigung, den Kreis der Sachverständigen, die von Kammern beeidigt wurden, zu erweitern. Dies geschah auch für die Kölner Kammer.[582]

Das externe Prüfungswesen der privaten Wirtschaft erhielt infolge der Erfahrungen aus der Weltwirtschaftskrise im Jahre 1931 zusätzliche Impulse. Durch Verordnung vom 19. September 1931 wurde bestimmt, daß Aktiengesellschaften generell einer unternehmensfremden Pflichtprüfung unterliegen sollen.[583] Schon zuvor hatte es allerdings auch eine Weiterentwicklung des Berufes und des Berufsfeldes der Wirtschaftsprüfer gegeben. Durch Verordnung zur Sicherung von Wirtschaft und Finanzen vom 5. Juni 1931 wurde § 36 der Gewerbeordnung dahingehend ergänzt, daß das Recht zur Vereidigung von Sachverständigen erweitert wurde. Dies bezog sich insbesondere auf den neu geschaffenen öffentlich-rechtlichen Wirtschaftsprüfer. Im Einvernehmen zwischen der preußischen Regierung und den Industrie- und Handelskammern wurden sechs Kammern berufen, eine Zulassungs- und eine Prüfungsstelle für öffentlich bestellte Wirtschaftsprüfer einzurichten. Die Kölner Kammer war eine dieser sechs Kammern. An der Kölner Stelle wurden zwölf Industrie- und Handelskammern der Rheinprovinz und des Saarlandes (Aachen, Bonn, Düsseldorf, Idar, Koblenz, Köln, Krefeld, Mönchengladbach, Saarbrücken, Solingen, Trier und Wuppertal-Remscheid), die Landwirtschaftskammer Rheinland und fünf Handwerkskammern (Aachen, Düsseldorf, Köln, Koblenz und Trier) beteiligt. Dem Zulassungsausschuß gehörten Vertreter der Wirtschaft, des Berufsstandes der Wirtschaftsprüfer und des Rheinischen Gemeindetages an. Die preußische Regierung sandte einen Staatskommissar in den Ausschuß. Dem Prüfungsausschuß gehörten Vertreter der Wirtschaft, der Rechtswissenschaft, der Betriebswirtschaftslehre und des Berufs der Wirtschaftsprüfer an. Die Vereidigung des Prüflings erfolgte nach der Prüfung durch die für den Wohnsitz des Prüflings zuständige Industrie- und Handelskammer. Im Unterschied zum Bücherrevisor hatte der Wirtschaftsprüfer nicht nur die Bücher und Rechnungen der Unternehmen zu prüfen, sondern auch in die Betriebsführung einzudringen, Schwächen und Fehler herauszuarbeiten und das

Unternehmen bei der Beseitigung der Mängel zu beraten.[584] Seit Herbst 1931 stellten mehr als 50 Personen aus dem Kölner Kammerbezirk, teilweise bisherige Bücherrevisoren, einen Antrag auf Anerkennung zum Wirtschaftsprüfer. Etwa zwei Drittel überstand das Prüfungsverfahren nicht mit einem positiven Ergebnis.[585] In einer Zusammenstellung aus dem Mai 1932 wurden für das gesamte Deutsche Reich 272 Wirtschaftsprüfer als „Einzelprüfer" namentlich aufgeführt.[586] Offensichtlich waren die Prüfungsanforderungen auch bereits zu Beginn dieses neuen Berufszweiges recht anspruchsvoll.

Durch Notverordnung vom 9. März 1932 wurde festgelegt, daß die amtlichen Berufsvertretungen der Wirtschaft, d.h. auch die Handelskammern, Einigungsämter zur Schlichtung von zivilrechtlichen Wettbewerbsstreitigkeiten einrichten konnten. Sofern die zu schlichtenden Streitigkeiten aus Vorgängen des unmittelbaren Verkaufs von Waren an den letzten Verbraucher herrührten, sollten die beschuldigten Kaufleute durch Androhung von Ordnungsstrafen bis zu 1 000 RM zum Erscheinen vor dem Einigungsamt gezwungen werden können. Es entfiel mithin die Vereinbarung des Schiedsgerichtsverfahrens zwischen den Kontrahenten. Die Kölner Kammer beschloß am 21. Oktober 1932 im Einvernehmen mit der Handwerkskammer, daß das bisherige Einigungsamt nunmehr auch die Zwangsbefugnisse der neuen gesetzlichen Regelung nach § 27 a des Wettbewerbsgesetzes übertragen bekommen sollte.[587] Der preußische Minister für Wirtschaft und Arbeit genehmigte unter dem 10. Januar 1933 diese Erweiterung der Befugnisse des Kölner Einigungsamtes. Zum Vorsitzenden des Einigungsamtes konnte übrigens von Anfang an, d.h. auch vor 1932, nur eine Person mit der Befähigung zum Richteramt, d.h. mit Zweitem Juristischem Staatsexamen, bestimmt werden. Die Beisitzer wurden von der Industrie- und Handelskammer im Einvernehmen mit der Handwerkskammer aus dem Kreis der Kaufmannschaft, d.h. der Zugehörigen zur IHK, gewählt.[588]

Für manche Auskünfte mußte die Kammer zunächst selbst Auskünfte einholen. So fragte man im Januar 1931 Paul Silverberg nach der Auslegung des Wortes Patentagent in Abgrenzung zum Patentanwalt und zum Patentingenieur, zur Vorbereitung eines entsprechenden Gutachtens der Kammer.[589]

In dieser Zeit der Weltwirtschaftskrise waren die internationalen Beziehungen gerade wegen der abweisenden Einstellung der staatlichen Wirtschaftspolitiker wichtig. Die internationalen Beziehungen und Vereinbarungen haben für die Handelskammern Deutschlands und insbesondere für die Kölner Kammer wegen der starken Ausrichtung der Wirtschaft ihres Bezirks auf den Außenhandel eine große Bedeutung gehabt. Diese internationalen Beziehungen wurden vor allem durch die Beteiligung an den internationalen Tagungen der Internationalen Handelskammer, des Deutschen Industrie- und Handelstages, des Allgemeinen Deutschen Bankiertages und anderer Vereinigungen gepflegt. Dabei darf sicher nicht übersehen werden, daß die persönlichen Beziehungen zwischen solchen Personen, die sich mehrfach bei solchen Tagungen und Sitzungen trafen, einen auf die langfristige Entwicklung positiven Einfluß genommen haben, mindestens genommen haben können.[590]

Bei allen diesen Tätigkeiten wurden nicht die Interessen einzelner Firmen oder Branchen vertreten, sondern die Interessen der gesamten Wirtschaft des Kammerbezirks. Wirminghaus meinte daher am Ende dieser Zeit: „Bei alledem aber blieb oberster Grundsatz, daß die Arbeit der Kammer als amtliche Tätigkeit einer öffentlich-rechtlichen Körperschaft sich durch strenge Sachlichkeit und Unparteilichkeit auszuzeichnen habe, keinem irgendwie gearteten Einzelinteresse, das den Gesamtinteressen der Wirtschaft widerspricht, ihre Unterstützung leihen dürfe und da, wo verschiedene Einzelinteressen entgegenstehen, sich in gewissenhafter Objektivität um einen Ausgleich zu bemühen habe".[591]

III DIE INDUSTRIE- UND HANDELSKAMMERN ALS TEIL DER DEMOKRATISCHEN INFRASTRUKTUR

Mit dem Ende des Ersten Weltkrieges und vor allem mit dem Ende der bisherigen auf den Monarchen ausgerichteten Verfassung änderten sich die Aufgaben und die Stellung der Industrie- und Handelskammern und damit auch des Deutschen Industrie- und Handelstages innerhalb des politischen Kräftefeldes in Deutschland. Man stellte vor allem schon auf der 40. Vollversammlung des Deutschen Handelstages im Mai 1918 Überlegungen darüber an, warum die Handelskammern und der Handelstag „ungeachtet der großen und nie bestrittenen Wichtigkeit von Handel und Industrie im öffentlichen Leben, nicht den Einfluß ausübten, den sie eigentlich haben müßten".[592] Dabei wurde vor allem daran gedacht, daß die (Fach-)Verbände und die Kartelle während der Kriegsjahre stärker in die Tätigkeit der staatlichen Wirtschaftsverwaltung eingebunden waren und damit eine größere Anerkennung erhalten hatten.

Diese neue Entwicklung war eigentlich auch ein Ansatz zur stärkeren Einbindung der Arbeit der Handelskammern und anderer entsprechender Einrichtungen zur Unterstützung der Aktivitäten des Staates. Es gab allerdings gerade in der Zeit der Weimarer Republik erhebliche politische Kräfte, die sich gegen die von Unternehmern gebildeten Zusammenschlüsse wandten, diese grundsätzlich ablehnten, wobei die ideologischen, auf den Sozialismus ausgerichteten Überlegungen dominierten, was auch noch in der jüngsten Vergangenheit politisch bewertet wird.[593] Der grundsätzliche Irrtum bestand in der Weimarer Republik, aber wohl auch bei zahlreichen Autoren in der Zeit nach 1945 darin, daß sie Sozialismus mit Demokratie gleichsetzten, obgleich doch die Entwicklung in der Sowjetunion nach dem Ersten Weltkrieg und vieler Staaten nach 1945 gerade das Gegenteil bewies. Auch die Sozialdemokraten haben in Deutschland lange Zeit gebraucht, bis sie die (un-demokratische) Lehre von der Diktatur des Proletariats im Sinne von Karl Marx überwunden haben.

Die Kammern wurden und waren ein wichtiger Bestandteil der demokratischen Kräfte der Weimarer Republik, auch wenn dies gerade von sozialistischer Seite nicht anerkannt wurde. Die Wirklichkeit sah anders aus. „Der Deutsche Industrie- und Handelstag galt in der Weimarer Republik als die amtliche Vertretung von Industrie und Handel und als Berater der Regierungen. Er hat diese Rolle nicht auf irgendwelchen unlauteren Wegen erstrebt. In den Deutschen Industrie- und Handelstag verlängerte sich vielmehr der gesetzliche Auftrag der regionalen Industrie- und Handelskammern in die Reichspolitik hinein."[594] Die Handelskammern waren ein wichtiger Bestandteil der pluralistischen politischen Kräfte. Die in ihnen verankerte Selbstverwaltung brachte eine wichtige demokratische Ergänzung zu den sonstigen Einrichtungen und Gruppierungen, einschließlich den Einrichtungen der öffentlichen Hand.

Die Vielfalt der Organisationen in der Wirtschaft mit zahlreichen Verbänden und Vereinen war einerseits positiv zu sehen, weil sie Ausdruck eines Pluralismus war, die zugleich die politischen Kräfte auf der Ebene des Staates stärken mußte. Andererseits wurden damit die Interessenwahrnehmungen aber auch unübersichtlich. Wirminghaus ging daher davon aus, daß „die wirtschaftlichen Interessenvertretungen von Deutschlands Handel und Industrie unter einem Übermaß von amtlichen und privaten Organisationen leiden, was eine Zersplitterung der Kräfte gegenüber den großen Gesamtinteressen zur Folge habe, weshalb auf durchgreifende Vereinfachung und Zusammenfassung hinzuarbeiten sei".[595] Diese Vereinfachung erfolgte dann nach dem 30. Januar 1933 unter antidemokratischen und wirtschaftsfremden Vorstellungen.

ANMERKUNGEN

1 Herrmann: Wirtschaftsgeschichte, S. 359-473.
2 Jahrbuch Handelskammern, 1917, S. 127.
3 Jahrbuch Handelskammern 1926/27, S. 235; 1928/1930, S. 261.
4 RWWA 1-311-10, S. 75; Hermanns: Handelskammer, S. 211 f.
5 WWZ, 10. Jg. (1932), S. 595; RWWA 1-311-10, S. 74.
6 Vgl. Herrmann: Wirtschaftsgeschichte, S. 372.
7 Kluthe: Tätigkeit, S. 23; 1919 wurde der Sitz der Kammer nach Remscheid verlegt, vgl. Kluthe: Tätigkeit, S. 27; auf das weitere Schicksal des nördlichen Teiles des ehemaligen Kammerbezirks Lennep durch die Vereinigung mit dem Kammerbezirk Wuppertal im Jahre 1929 braucht hier nicht näher eingegangen zu werden, vgl. Kluthe: Tätigkeit, S. 28.
8 RWWA 1-311-10, S. 74.
9 Kellenbenz/van Eyll: Geschichte, S. 171 f.
10 RWWA 1-311-10, S. 78 f.; vgl. dazu den Abschnitt 1933 bis 1945 in diesem Band.
11 Jahrbuch Handelskammern 1923/25, S. 280.
12 Vgl. dazu die einzelnen Periodendarstellungen bei Kellenbenz/van Eyll: Jahrtausende.
13 Henning: Wirtschaftskraft, S. 41-48.
14 Krüger: Bankiergewerbe, S. 59 f.
15 Errechnet aus Statistisches Reichsamt (Hg.): Statistik des Deutschen Reiches, Bd. 209: Berufszählung, Abteilung VIII, Berlin 1910, S. 411 bis 415; Bd. 404: Berufszählung, Heft 16: Rheinprovinz, Berlin 1928, S. 122 f.; Bd. 455: Berufszählung, Heft 16: Rheinprovinz, Berlin 1936, S. 46, 62 und 64.
16 RWWA 1-316-6, S. 5.
17 RWWA 1-311-10, S. 89 f.
18 Hoffmann: Wachstum, S. 205.
19 Hoffmann, Wachstum, S. 205 f.; die absoluten Zahlen erfassen neben dem Landkreis Köln und der Stadt Köln auch den Rheinisch-Bergischen Kreis, der 1933 nur etwa zur Hälfte zum Kammerbezirk gehörte.
20 Fourastié: Espoir, S. 88.
21 Henning: Wirtschaftskraft, S. 43-47.
22 Statistisches Reichsamt (Hg.): Statistik des Deutschen Reiches, Bd. 455, S. 46, 62, 64.
23 Hoffmann: Wachstum, S. 206.
24 Vgl. dazu ausführlich Herrmann: Wirtschaftsgeschichte, S. 413-451.
25 Herrmann: Wirtschaftsgeschichte, S. 400-406.
26 Herrmann: Wirtschaftsgeschichte, S. 404-406.
27 Herrmann: Wirtschaftsgeschichte, S. 405.
28 HStD Reg. Köln 2118, Zusammenstellung vom 07.02.1915.
29 RWWA 1-311-10, S. 94; etwas andere Zahlen in RWWA 1-316-6, S. 7.
30 Hoffmann: Wachstum, S. 388.
31 Herrmann: Wirtschaftsgeschichte, S. 406.
32 Statistisches Reichsamt (Hg.): Statistik des Deutschen Reiches, Bd. 455, S. 46, 62 und 64.
33 RWWA 1-316-6, S. 79.
34 Herrmann: Wirtschaftsgeschichte, S. 401.
35 Henning: Deutschland, S. 35 f.
36 RWWA 1-316-6, S. 42, 107-109.
37 Henning: Stadterweiterung, S. 281.
38 Herrmann: Wirtschaftsgeschichte, S. 365.
39 Kleinertz: Adenauer, S. 67 f.
40 Herrmann: Wirtschaftsgeschichte, S. 401.
41 Herrmann: Wirtschaftsgeschichte, S. 401 f.
42 RWWA 1-316-6, S. 74.
43 Kleinertz: Adenauer, S. 66.
44 Erlaß vom 22.05.1916, RGBl. 1916, S. 402.
45 Ehlert: Zentralbehörde, S. 52.
46 Romeyk: Verwaltungsbeamte, S. 306.
47 Riesser: Kriegsbereitschaft, S. 125-165, zu den Darlehenskassen S. 143-148.
48 Reichsdarlehenskassengesetz vom 04.08.1914, vgl. RGBl 1914, S. 340.
49 Roesler: Finanzpolitik, S. 215.
50 RWWA 1-316-6, S. 31.
51 Henning: Deutschland, S. 48.
52 RWWA 1-316-6, S. 32 f.
53 RWWA 1-316-6, S. 32-38.
54 RWWA 1-316-6, S. 39 f.
55 Verordnungen auf der Grundlage eines Ermächtigungsgesetzes hierzu vom 04.08.1914, RGBl 1914, S. 327.
56 RWWA 1-316-6, S. 42 f.
57 Henning: Börsenkrisen, S. 218 f.; Helten: Kölner Börse, S. 59.
58 RGBl 1914, S. 336.
59 RWWA 1-316-6, S. 45.
60 RWWA 1-316-6, S. 43.
61 RWWA 1-316-6, S. 43.
62 RWWA 1-316-6, S. 43.
63 Henning: Börsenkrisen, S. 219.
64 Bekanntmachung betreffend Verbot von Mitteilungen über Preise von Wertpapieren ... vom 25.02.1915, RGBl 1915, S. 111.
65 Helten: Kölner Börse, S. 59.
66 Henning: Börsenkrisen, S. 219.
67 Helten: Kölner Börse, S. 59.
68 RWWA 1-316-6, S. 44.
69 Henning: Börsenkrisen, S. 224.
70 Helten: Kölner Börse, S. 63 f.
71 HStD Reg. Köln 2118, 07.01.1917.
72 RWWA 1-316-6, S. 80.
73 Gesetz vom 16.07.1927.
74 RWWA 1-316-6, S. 85.
75 Ehlert: Zentralbehörde, S. 48.
76 Ludendorff: Urkunden, S. 80.
77 Herrmann: Wirtschaftsgeschichte, S. 401.
78 Henning: Industrialisierung, S. 35.
79 Herrmann: Wirtschaftsgeschichte, S. 401.
80 Ehlert: Zentralbehörde, S. 48.
81 Ehlert: Zentralbehörde, S. 46 und passim.
82 Ehlert: Zentralbehörde, S. 48.
83 Ehlert: Zentralbehörde, S. 63.
84 RWWA 1-316-6, S. 87
85 RGBl. 1916, S. 885.
86 RWWA 1-316-6, S. 111.
87 Vgl. dazu Riesser: Kriegsbereitschaft, S. 18 f.
88 RWWA 1-311-10, S. 52 f.
89 Eckert: Stellung, S. 10.
90 RWWA 1-311-10, S. 52 f.
91 Eckert: Stellung, S. 10 f.

[92] RWWA 1-311-10, S. 2.
[93] Krüger: Deutschland, S. 63.
[94] RWWA 1-311-10, S. 1 f.
[95] RWWA 1-311-10, S. 2 f.
[96] RWWA 1-311-10, S. 13 f.
[97] RWWA 1-311-10, S. 13.
[98] Eckert: Stellung, S. 11-14.
[99] Eckert: Stellung, S. 10.
[100] Kellenbenz/van Eyll, Geschichte, S. 177-210.
[101] Vgl. den vorherigen Abschnitt.
[102] Eckert: Stellung, S. 10.
[103] RWWA 1-311-10, S. 4 f.
[104] RWWA 1-311-10, S. 5 f.
[105] RWWA 1-311-10, S. 12-15.
[106] RWWA 1-311-10, S. 15 f.
[107] BArch N1013, Nr. 104, S. 168-171.
[108] Eckert: Stellung, S. 11
[109] RWWA 1-311-10, S. 16 f.
[110] RWWA 1-311-10, S. 17 f.
[111] Eckert: Stellung, S. 20.
[112] Brunner: Regierungslehre, S. 401 f.
[113] Spann: Staat, S. 72-74, 287-292.
[114] Z.B. Enzyklika, S. 58-61.
[115] Vgl. hierzu Eckert: Stellung, S. 13 f.
[116] Eckert: Stellung, S. 15.
[117] Eckert: Stellung, S. 17.
[118] Eckert: Stellung, S. 18 f.
[119] BArch N1013, Nr. 104, S. 23-26.
[120] Eckert: Stellung, S. 16.
[121] Eckert: Stellung, S. 24 f.
[122] RWWA 1-311-10, S. 18 f.
[123] RWWA 1-311-10, S. 21.
[124] RWWA 1-311-10, S. 23.
[125] RWWA 1-311-10, S. 39 f.
[126] RWWA 1-311-10, S. 68 f.
[127] Eckert: Stellung, S. 32.
[128] Lefèvre: Industrie- und Handelskammer, S. 109 f.
[129] Weisbrod: Form, S. 677-680.
[130] König: Stellung, S. 130-143, 184-196.
[131] Herrmann: Wirtschaftsgeschichte, S. 360.
[132] RWWA 1-316-7, S. 2 f.
[133] Z.B. Mitteilungen, Jg. 3, 1921, Nr. 3, S. 5-7.
[134] Romeyk: Verwaltungsbeamte, S. 306-763.
[135] Romeyk: Verwaltungsgeschichte, S. 111.
[136] Romeyk: Verwaltungsgeschichte, S. 112 f.
[137] Romeyk: Verwaltungsgeschichte, S. 115 f.
[138] Romeyk: Verwaltungsgeschichte, S. 119.
[139] RWWA 1-316-7, S. 30.
[140] Henning: Industrialisierung, S. 52; Achterberg: Jahre, S. 46-48.
[141] HStD Reg. Köln 2118, September 1919; desgl. Kölner Stadt-Anzeiger, Nr. 420, 12.09.1919.
[142] Mitteilungen, Jg. 3, 1921, Nr. 1, S. 13.
[143] RWWA 1-316-7, S. 21.
[144] Henning: Düsseldorf, Bd. 2, S. 564.
[145] BArch N1013, Nr. 116, S. 9.
[146] HStD Reg. Köln 2118, 26.11.1919.
[147] RWWA 1-316-7, S. 23-29.
[148] RWWA 1-316-7, S. 43.
[149] RWWA 1-316-7, S. 170 f.
[150] RWWA 1-316-7, S. 175.
[151] Henning: Düsseldorf, Bd. 2, S. 565.
[152] BArch N1013, Nr. 105, S. 53.
[153] RWWA 1-316-7, S. 181 f.
[154] BArch N1013, Nr. 116, S. 29.
[155] Londoner Ultimatum vom 05.05.1921, Abschnitt D.
[156] RWWA 1-316-7, S. 180.
[157] RWWA 1-316-7, S. 182 f.
[158] BArch N1013, Nr. 116, S. 4.
[159] HStD Reg. Köln 2118, April 1921.
[160] BArch N1013, Nr. 116, S. 29.
[161] BArch N1013, Nr. 116, S. 5-7.
[162] RWWA 1-316-7, S. 181 -183.
[163] RWWA 1-316-7, S. 189.
[164] RWWA 1-316-7, S. 185 f.
[165] BArch N1013, Nr. 116, S. 31-33.
[166] RWWA 1-316-7, S. 200 f.
[167] RWWA 1-316-7, S. 202.
[168] RWWA 1-316-7, S. 202 f.
[169] RWWA 1-316-7, S. 203.
[170] RWWA 1-316-7, S. 310, 314.
[171] Helten: Kölner Börse, S. 73.
[172] RWWA 1-316-7, S. 316 f.
[173] RWWA 1-316-7, S. 311.
[174] HStD Reg. Köln 2118.
[175] RWWA 1-316-7, S. 311 f.
[176] RWWA 1-316-7, S. 312 f.
[177] Henning: Mustermessen, S. 297 f.
[178] Achterberg: Jahre, S. 52-54.
[179] Herrmann: Wirtschaftsgeschichte, S. 424.
[180] Henning: Mustermessen, S. 298-300.
[181] Herrmann: Wirtschaftsgeschichte, S. 423 f.
[182] BArch N1013, Nr. 107, S. 95.
[183] RWWA 1-316-7, S. 214, Statistische Jahrbücher des Deutschen Reiches.
[184] RWWA 1-316-7, S. 236 f.
[185] RWWA 1-316-7, S. 219.
[186] RWWA 1-316-7, S. 243.
[187] RWWA 1-316-7, S. 243.
[188] RWWA 1-316-9, S. 213.
[189] RWWA 1-316-7, S. 242.
[190] RWWA 1-316-7, S. 283-285; nach BArch N1013, Nr. 117, S. 31, am 24.09.1923 entsprechender Beschluß der Reichsregierung.
[191] BArch N1013, Nr. 116, S. 148.
[192] RWWA 1-311-10, S. 187.
[193] BArch N1013, Nr. 117, S. 36.
[194] RWWA 1-316-7, S. 39.
[195] RWWA 1-316-7, S. 40.
[196] RWWA 1-316-7, S. 43.
[197] Schüler: Bergarbeiterstreik, S. 63-66.
[198] BArch N1013, Nr. 117, S. 34.
[199] RWWA 1-316-7, S. 57.
[200] RWWA 1-316-7, S. 7-9.
[201] Henning: Düsseldorf, Bd. 2, S. 564.
[202] RWWA 1-316-7, S. 12 f.
[203] Schüler: Bergarbeiterstreik, S. 63 f.
[204] RWWA 1-316-7, S. 61.
[205] RWWA 1-311-10, S. 53.
[206] Verordnung vom 15.10.1923 zur Errichtung der Rentenbank und Schaffung der Rentenmark.
[207] Henning: Deutschland, S. 53.
[208] Henning: Deutschland, S. 84.
[209] Hoffmann: Wachstum, S. 826.
[210] Herrmann: Wirtschaftsgeschichte, S. 360.
[211] Herrmann: Wirtschaftsgeschichte, S. 465.
[212] Blaich: Grenzlandpolitik, S. 27-40.
[213] Henning: Deutschland, S. 91-104.

214 Herrmann: Wirtschaftsgeschichte, S. 406.
215 Henning: Deutschland, S. 137.
216 Vgl. dazu BArch N1013, Nr. 115, S. 29-37.
217 WWZ, 10. Jg. (1932), S. 475 f., 534-536.
218 Henning: Deutschland, S. 138 f.
219 Henning: Einordnung, S. 153-155.
220 Most: Selbstverwaltung, 1929, S. 80.
221 RWWA 1-311-10, S. 76.
222 RWWA 1-311-10, S. 94.
223 RWWA 1-311-10, S. 95.
224 RWWA 1-311-10, S. 139.
225 RWWA 1-311-10, S. 120.
226 Kellenbenz/van Eyll: Geschichte, S. 232.
227 RWWA 1-311-10, S. 143.
228 Angaben im wesentlichen nach Treue: Louis Hagen, S. 479 f.
229 Vgl. Schneider: Geschichte, S. 118 ff., wo diese Hochschule keine Erwähnung findet.
230 Henning: Universitätsgründungen, S. 213 f.
231 Henning: Wirtschaftsgeschichte, S. 393.
232 RWWA 1-311-10, S. 145.
233 Treue: Louis Hagen, S. 480.
234 RWWA 1-316-7, S. 32; vgl. dazu dort auch S. 212 und 266 f.
235 BArch N1013, Nr. 103, S. 109 f.
236 RWWA 1-316-7, S. 271 f.
237 RWWA 1-311-10, S. 144 f.; Wirminghaus hat dies nach dem April 1933 geschrieben.
238 BArch N1013, Nr. 113, S. 123 f., November 1931.
239 Vgl. Kölnische Zeitung, Nr. 647 vom 16.09.1922; desgl. BArch N1013, Nr. 105, S. 291.
240 WWZ, 10. Jg. (1932), S. 499; Nr. 42.
241 Treue: Louis Hagen, S. 480.
242 BArch N1013, Nr. 120, S. 3 und passim.
243 Jahrbuch Handelskammern 1928/29, S. 262.
244 BArch N1013, Nr. 126, S. 76.
245 In den Grundzügen nach Kellenbenz: Silverberg, S. 103-132.
246 Herrmann: Wirtschaftsgeschichte, S. 399.
247 Neebe: Großindustrie, S. 29 f.
248 Mariaux: Silverberg, S. LXXXIII.
249 BArch N1013, Nr. 115, S. 76.
250 BArch N1013, Nr. 114, S. 2-7.
251 WWZ, 11. Jg. (1933), S. 14.
252 BArch N1013, Nr. 115, S. 106 f.
253 BArch N1013, Nr. 103 -128.
254 BArch N1013, Nr. 114, S. 133-142.
255 WWZ, 11. Jg. (1933), S. 205.
256 Esterhues: Familie, S. 53 f.
257 RWWA 1-311-10, S. 75 f.
258 Hermanns: Handelskammer, S. 182-184.
259 RWWA 1-311-10, S. 100.
260 Vgl. Tabelle 5.
261 RWWA 1-311-10, S. 82 f.
262 RWWA 1-311-10, S. 84 f.
263 RWWA 1-311-10, S. 101.
264 RWWA 1-311-10, S. 86 f.
265 RWWA 1-311-10, S. 109.
266 Doese: Grundlage, S. 27-29.
267 Gesetz vom 14.01.1921.
268 RWWA 1-311-10, S. 87 f.
269 Wahlordnung von 1920, vgl. RWWA 1-311-10, S. 88 f.
270 RWWA 1-311-10, S. 100.
271 RWWA 1-311-10, S. 137.
272 RWWA 1-311-10, S. 137.
273 RWWA 1-311-10, S. 89 f.
274 RWWA 1-311-10, S. 90 f.
275 Kellenbenz/van Eyll: Geschichte, S. 234-239.
276 § 5 des preußischen Handelskammergesetzes von 1897.
277 RWWA 1-316-10, S. 54.
278 HStD Reg. Köln 2118.
279 HStD Reg. Köln 2118, mit einer Zusammenstellung für 1913.
280 Hermanns: Handelskammer, S. 183.
281 Jahrbuch Handelskammern 1917, S. 127.
282 Jahrbuch Handelskammern 1918, S. 138.
283 Jahrbuch Handelskammern 1919, S. 138.
284 Jahrbuch Handelskammern 1921, S. 185.
285 Jahrbuch Handelskammern 1922, S. 224.
286 Jahrbuch Handelskammern 1923/25, S. 280.
287 Jahrbuch Handelskammern 1926/27, S. 235.
288 Jahrbuch Handelskammern 1928/30, S. 261.
289 Jahrbuch Handelskammern 1922, S. 224; in der genannten Quelle werden 5 748, statt der Summe aus den einzelnen Teilangaben in Höhe von 5 784 angegeben, ein offensichtlicher Druckfehler.
290 Jahrbuch Handelskammern 1923/25, S. 280.
291 Jahrbuch Handelskammern 1926/27, S. 235.
292 Jahrbuch Handelskammern 1928/30, S. 261.
293 RWWA 1-311-10, S. 94.
294 Soénius: Wirminghaus.
295 Jahrbuch Handelskammern 1910, S. 225; 1917, S. 129 f.; Hermanns: Handelskammer, S. 212.
296 Vgl. zur Aufgabenvermehrung bis 1914 Kellenbenz/van Eyll: Geschichte, S. 177-210.
297 RWWA 1-311-10, S. 152.
298 RWWA 1-311-10, S. 152; desgl. Heimbüchel: Universität, S. 154, 406.
299 Gerstein/Soénius: Wiedemann.
300 Schreiben vom 20.04.1917 des Kammerpräsidenten an den Regierungspräsidenten, vgl. HStD Reg. Köln 2118.
301 RWWA 1-311-10, S. 152 f.
302 Vgl. Lebenslauf in der Dissertation von Schmitz-Sieg: Regelung, nach S. 160.
303 Verzeichnis der deutschen Handelskammerbeamten, Berlin 1930, S. 44.
304 RWWA 1-311-10, S. 153.
305 Vgl. den Abschnitt über die Zeit von 1933 bis 1945 in diesem Band.
306 RWWA 1-311-10, S. 150.
307 RWWA 1-311-10, S. 153.
308 Jahrbuch Handelskammern 1910, S. 225.
309 Kuske: Jahre, S. 73.
310 RWWA 1-311-10, S. 153.
311 Kellenbenz/van Eyll: Geschichte, S. 175; Soénius: Wirminghaus, S. 343.
312 Vgl. hierzu Jahrbuch Handelskammern, 1. bis 11. Ausgabe.
313 RWWA 1-311-10, S. 150.
314 BArch N1013, Nr. 127, S. 5 f.
315 RWWA 1-311-10, S. 154.
316 BArch N1013, Nr. 127, S. 21-23.
317 Jahrbuch Handelskammern, 1905, S. 214; RWWA 1-316-6, passim; 1-316-7, passim; 1- 311-10, passim; Esterhues: Familie, S. 53 f.
318 Jahrbuch Handelskammern 1921, S. 185.
329 Jahrbuch Handelskammern 1922, S. 224.
320 RWWA 1-311-10, S. 96.

321 RWWA 1-311-10, S. 94.
322 Vgl. eine entsprechende Regelung durch die Handelskammer Düsseldorf in Henning: Düsseldorf, Bd. 2, S. 485 f.
323 RWWA 1-311-10, S. 41.
324 Henning: Düsseldorf, Bd. 2, S. 486.
325 Jahrbuch Handelskammern 1910, S. 222.
326 RWWA 1-311-10, S. 96.
327 RWWA 1-316-6, S. 147 ff.
328 RWWA 1-316-6, S. 91 f.
329 Jahrbuch Handelskammern 1921, S. 185.
330 RWWA 1-311-10, S. 192.
331 BArch N1013, Nr. 125, S. 3.
332 RWWA 1-311-10, S. 192.
333 RWWA 1-311-10, S. 92 f.
334 RWWA 1-311-10, S. 97.
335 Jahrbuch Handelskammern 1923/24, S. 281.
336 Jahrbuch Handelskammern 1910 bis 1928/29, insbesondere 9. Ausgabe 1923/24, S. 281.
337 HStD Reg. Köln 2118, Schreiben der Kammer an einen Kammerzugehörigen vom 28.12.1920.
338 RWWA 1-311-10, S. 162.
339 RWWA 1-311-10, S. 163.
340 RWWA 1-311-10, S. 166.
341 RWWA 1-311-10, S. 165.
342 Jahrbuch Handelskammern 1910, S. 222.
343 RWWA 1-311-10, S. 168.
344 HStD Reg. Köln 2118, 04.06.1917 und 22.04.1918.
345 Eckert, Stellung, S. 32.
346 Ist-Beträge nach Jahrbuch Handelskammern 1917 bis 1928/30.
347 Jahrbuch Handelskammern 1923/25, S. 280 f.
348 BArch N1013, Nr. 114, S. 26.
349 RWWA 1-311-10, S. 168.
350 Eckert: Stellung, S. 32.
351 HStD Reg. Köln 2118, 04.06.1917 und 22.04.1918.
352 RWWA 1-311-10, S. 164.
353 RWWA 1-311-10, S. 166.
354 Kellenbenz/van Eyll: Geschichte, S. 209.
355 RWWA 1-311-10, S. 169.
356 RWWA 1-311-10, S. 166.
357 RWWA 1-311-10, S. 169; Jahrbuch Handelskammern 1922, S. 224; 1923/25, S. 281; 1926/27, S. 235; 1928/29, S. 262.
358 Schäfer: Industrie- und Handelstag, S. 41-69.
359 RWWA 1-311-10, S. 155.
360 Kellenbenz/van Eyll: Geschichte, S. 177.
361 RWWA 1-311-10, S. 156.
362 BArch N1013, Nr. 103, S. 28-33 und 270 (mit der Namensliste der Zeichner).
363 HStD Reg. Köln 2118.
364 RWWA 1-311-10, S. 157 f.
365 BArch N1013, Nr. 114, S. 100. Vgl. auch Bau und Einrichtung ..., passim.
366 BArch N1013, Nr. 114, S. 99 f.
367 BArch N1013, Nr. 114, S. 87.
368 RWWA 1-311-10, S. 160.
369 RWWA 1-311-10, S. 161.
370 WWZ, 11. Jg. (1933), S. 312.
371 RWWA 1-311-10, S. 160 f.
372 BArch N1013, Nr. 115, S. 59.
373 WWZ, 10. Jg. (1932), S. 499.
374 Preußisches Handelskammergesetz vom 19.08.1897.
375 Kellenbenz/van Eyll: Geschichte, S. 177-210.
376 Kellenbenz/van Eyll: Geschichte, S. 177.
377 Henning: Innovationen, S. 60 f.
378 Heimbüchel: Universität, S. 140.
379 Most: Selbstverwaltung, 1927, S. 42 f.
380 Eckert: Stellung, S. 6 f.
381 RWWA 1-316-6, S. 12.
382 RWWA 1-311-10, S.186.
383 Eckert: Stellung, S. 9.
384 Eckert: Stellung, S. 9.
385 Most: Selbstverwaltung, 1927, S. 32.
386 RWWA 1-316-6, S. 32 f.
387 RWWA 1-316-6, S. 32.
388 RWWA 1-316-6, S. 33.
389 RWWA 1-316-6, S. 34.
390 RWWA 1-316-6, S. 37.
391 RWWA 1-316-6, S. 38.
392 RWWA 1-311-10, S. 196.
393 RWWA 1-316-6, S. 38.
394 RWWA 1-316-6, S. 40 f.
395 RWWA 1-316-6, S. 41.
396 RWWA 1-316-6, S. 40.
397 RWWA 1-316-6, S. 58.
398 RWWA 1-316-6, S. 59.
399 RWWA 1-316-6, S. 59 f.
400 RWWA 1-316-6, S. 60.
401 RWWA 1-316-6, S. 61.
402 RWWA 1-316-6, S. 42
403 Henning: Deutschland, S. 33.
404 Vgl. RWWA 1-316-6, S. 43 f.
405 RWWA 1-316-6, S. 41 f.
406 RWWA 1-316-6, S. 56.
407 RWWA 1-316-6, S. 63.
408 HStD Reg. Köln 2118, Bericht der Kammer für 1918; Roesler: Finanzpolitik, S. 79 zu dieser 9. Kriegsanleihe.
409 Gömmel: Entstehung, S. 172.
410 RWWA 1-316-6, S. 43.
411 RWWA 1-316-6, S. 66.
412 RWWA 1-316-6, S. 68.
413 RWWA 1-316-6, S. 69.
414 RWWA 1-316-6, S. 69.
415 RWWA 1-316-6, S. 32.
416 RWWA 1-311-10, S. 186.
417 RWWA 1-316-6, S. 107-109.
418 RWWA 1-311-10, S. 186.
419 RWWA 1-311-10, S. 186.
420 RWWA 1-316-6, S. 9.
421 RWWA 1-316-6, S. 25.
422 Eckert: Stellung, S. 10.
423 RWWA 1-316-6, S. 26.
424 Treue: Louis Hagen, S. 480.
425 RWWA 1-316-6, S. 243.
426 Vgl. dazu RWWA 1-311-10, S. 182 f.
427 RWWA 1-311-10, S. 209 f.
428 RWWA 1-316-6, S. 79.
429 Für die Firma Mannesmann in Düsseldorf vgl. Pogge von Strandmann: Unternehmenspolitik, S. 92.
430 RWWA 1-316-6, S. 80 f.
431 RWWA 1-316-6, S. 82 f.
432 RWWA 1-316-6, S. 79 f.
433 Henning: Düsseldorf, Bd. 2, S. 589.
434 Herrmann: Wirtschaftsgeschichte, S. 401 f.
435 RWWA 1-316-6, S. 83.
436 Eckert: Stellung, S. 9; RWWA 1-316-6, S. 25.
437 Achterberg: Jahre, S. 38.
438 RWWA 1-316-6, S. 84.

[439] RWWA 1-316-6, S. 98.
[440] RWWA 1-316-6, S. 91.
[441] RWWA 1-316-6, S. 91 f.
[442] RWWA 1-316-6, S. 94.
[443] RWWA 1-316-6, S. 83.
[444] RWWA 1-316-6, S. 91.
[445] RWWA 1-316-6, S. 92.
[446] HStD Reg. Köln 2118, Bericht der Kammer Köln für 1918.
[447] RWWA 1-316-6, S. 94 f.
[448] RWWA 1-316-6, S. 95.
[449] RWWA 1-316-6, S. 99-106.
[450] Kellenbenz/van Eyll: Geschichte, S. 171.
[451] Kellenbenz/van Eyll: Geschichte, S. 211.
[452] Kellenbenz/van Eyll: Geschichte, S. 213.
[453] Esterhues: Familie, S. 56.
[454] Esterhues: Familie, S. 55.
[455] Kölner Stadt-Anzeiger vom 02.05.1931.
[456] RWWA 1-311-10, S. 172.
[457] RWWA 1-311-10, S. 172.
[458] RWWA 1-311-10, S. 172.
[459] RWWA 1-311-10, S. 173.
[460] RWWA 1-311-10, S. 173.
[461] RWWA 1-311-10, S. 174.
[462] RWWA 1-311-10, S. 174.
[463] RWWA 1-311-10, S. 174.
[464] BArch N1013, Nr. 117, S. 22.; Nr. 103, S. 106-111.
[465] RWWA 1-316-7, S. 15.
[466] RWWA 1-316-7, S. 17.
[467] RWWA 1-311-10, S. 176.
[468] RWWA 1-316-7, S. 18.
[469] RWWA 1-316-7, S. 20.
[470] RWWA 1-316-7, S. 176.
[471] BArch N1013, Nr. 116, S. 2.
[472] RWWA 1-316-7, S. 176-178; 1-311-10, S. 175.
[473] RWWA 1-316-7, S. 176 f.
[474] Brugger war vom September 1919 bis zum April 1921 Regierungspräsident, vgl. Romeyk: Verwaltungsgeschichte, S. 306.
[475] BArch N1013, Nr. 117, S. 23.
[476] RWWA 1-311-10, S. 176.
[477] BArch N1013, Nr. 116, Nr. 2.
[478] RWWA 1-316-7, S. 178 f.
[479] RWWA 1-316-7, S. 194.
[480] RWWA 1-316-7, S. 191.
[481] RWWA 1-317-7, S. 192; BArch N1013, Nr. 116, S. 8.
[482] RWWA 1-316-7, S. 21 f.
[483] HAStK 902, 944, 1-2, für die Zeit von 1921-1926.
[484] RWWA 1-316-7, S. 217.
[485] RWWA 1-311-10, S. 175; BArch N1013, Nr. 117, S. 25.
[486] BArch N1013, Nr. 117, S. 25.
[487] RWWA 1-316-7, S. 217 f.
[488] RWWA 1-316-7, S. 219.
[489] RWWA 1-316-7, S. 222.
[490] RWWA 1-316-7, S. 219.
[491] § 126 des Gesetzes über die Angelegenheiten der freiwilligen Gerichtsbarkeit vom 17.05.1898.
[492] § 112 des Gerichtsverfassungsgesetzes vom 17.05.1898.
[493] §§ 192-195 und 320, Abs. 3 Handelsgesetzbuch.
[494] § 1 des Börsengesetzes vom 22.06.1890 in der Fassung vom 08.05.1908.
[495] §§ 7 und 9 des Gesetzes gegen den unlauteren Wettbewerb vom 07.06.1909.
[496] Henning: Düsseldorf, Bd. 2, S. 486.

[497] Esterhues: Familie, S. 56.
[498] Esterhues: Familie, S. 56.
[499] Hubatsch: Hindenburg, S. 50 f.
[500] RWWA 1-316-7, S. 38.
[501] RWWA 1-316-7, S. 39.
[502] RWWA 1-316-7, S. 42.
[503] RWWA 1-316-7, S. 42.
[504] Verordnung vom 12.07.1917.
[505] Treue Louis Hagen, S. 479 f.; Kellenbenz: Silverberg, S. 110-118.
[506] Blaich: Kartellpolitik, S. 25-36.
[507] RWWA 1-316-7, S. 49.
[508] RWWA 1-316-7, S. 51.
[509] RWWA 1-311-10, S. 186.
[510] Gesetz über den Verkehr mit ausländischen Zahlungsmitteln vom 03.02.1922.
[511] RWWA 1-311-10, S. 196 f.
[512] HStD Reg. Köln 2118, Jahresbericht 1921.
[513] RWWA 1-311-10, S. 197-199.
[514] RWWA 1-316-7, S. 58-62.
[515] Verordnung vom 20.05.1920; vgl. dazu auch RWWA 1-316-7, S. 62-66.
[516] RWWA 1-316-7, S. 66, 73-75.
[517] HStD Reg. Köln 2118, Bericht der Handelskammer zu Köln von 1921.
[518] RWWA 1-316-7, S. 68 f.
[519] RWWA 1-316-7, S. 172-174.
[520] RWWA 1-316-7, S. 174.
[521] RWWA 1-316-7, S. 203.
[522] RWWA 1-316-7, S. 203 f.
[523] RWWA 1-316-7, S. 206 f.
[524] BArch N1013, Nr. 116, S. 241 f.
[525] BArch N1013, Nr. 117, S. 29, 37 f.
[526] BArch N1013, Nr. 116, S. 268-271.
[527] RWWA 1-316-7, S. 253.
[528] RWWA 1-316-7, S. 209 f.
[529] RWWA 1-316-7, S. 245 f.
[530] RWWA 1-316-7, S. 250-256.
[531] RWWA 1-316-7, S. 243.
[532] RWWA 1-316-7, S. 296.
[533] BArch N1013, Nr. 117, S. 32.
[534] RWWA 1-316-7, S. 297.
[535] RWWA 1-316-7, S. 304.
[536] RWWA 1-311-10, S. 154.
[537] Hermanns: Handelskammer, S. 407.
[538] RWWA 1-311-10, S. 201 f.
[539] Henning: Unternehmensprüfung, S. 15-23.
[540] RWWA 1-311-10, S. 202.
[541] HStD Reg. Köln 2118.
[542] RWWA 1-316-7, S. 310-312.
[543] HStD Reg. Köln 2118.
[544] RWWA 1-316-7, S. 310.
[545] HStD Reg. Köln 2118.
[546] RWWA 1-311-10, S. 187.
[547] RWWA 1-311-10, S. 210 f.
[548] Henning: Richard van der Borght, S. 33 f.
[549] RWWA 1-311-10, S. 212.
[550] RWWA 1-311-10, S. 174.
[551] Esterhues: Familie, S. 57.
[552] RWWA 1-311-10, S. 177 f.; 1g-1-5; HAStK 902, 244, 2.
[553] RWWA 1-311-10, S. 178 f.
[554] RWWA 1-311-10, S. 179.
[555] RWWA 1-311-10, S. 194 f.; BArch N1013, Nr. 113, S. 24-27. Most: Selbstverwaltung, 1927, S. 55.

[556] RWWA 1-311-10, S. 195 f.
[557] RWWA 1-311-10, S. 188 f.
[558] RWWA 1-311-10, S. 202 f.
[559] RWWA 1-311-10, S. 184.
[560] RWWA 1-311-10, S. 199.
[561] RWWA 1-311-10, S. 211.
[562] BArch N1013, Nr. 121, S. 22-28.
[563] Geschäftsbericht 1928, S. 7.
[564] BArch N1013, Nr. 121, S. 97.
[565] Geschäftsbericht 1928, S. 9.
[566] RWWA 1-311-10, S. 189 f.
[567] RWWA 1-311-10, S. 190.
[568] RWWA 1-311-10, S. 190.
[569] RWWA 1-311-10, S. 194.
[570] RWWA 1-311,10, S. 195 f.
[571] BArch N1013, Nr. 127, S. 27.
[572] Notverordnung vom 31.07.1931.
[573] RWWA 1-311-10, S. 190.
[574] RWWA 1-311-10, S. 190.
[575] RWWA 1-311-10, S. 190.
[576] Esterhues: Familie, S. 57.
[577] RWWA 1-311-10, S. 191.
[578] BArch N1013, Nr. 115, S. 59.
[579] Vgl. § 42 des Handelskammergesetzes und § 36 der Gewerbeordnung, vgl. RGBl. 1900, S. 871.
[580] Jahrbuch Handelskammern 1928/30, S. 263.
[581] HStD Reg. Köln 2118.
[582] RWWA 1-311-10, S. 192.
[583] Henning: Unternehmensprüfung, S. 25.
[584] RWWA 1-311-10, S. 204 f.
[585] BArch N1013, Nr. 113, S. 83-101.
[586] BArch N1013, Nr. 128, S. 12-21.
[587] RWWA 1-311-10, S. 200.
[588] RWWA 1-311-10, S. 200.
[589] BArch N1013, Nr. 113, S. 2, Anfrage vom 15.01.1931.
[590] RWWA 1-311,10, S. 214.
[591] RWWA 1-311-10, S. 191.
[592] Schäfer: Handelstag, S. 135.
[593] Schneider: Unternehmer, passim.
[594] Schäfer: Industrie- und Handelstag, S. 9.
[595] RWWA 1-311-10, S. 48.

DIE ZEIT DES NATIONALSOZIALISMUS (1933-1945)
ULRICH S. SOÉNIUS

I	Aspekte nationalsozialistischer Wirtschaftspolitik	120
II	Wirtschaftsgeschichte des Kölner Raumes im Dritten Reich	127
1	Vorbemerkung	127
2	Voraussetzungen	127
2.1	Der Wirtschaftsraum	127
2.2	Bevölkerung	128
2.3	Wirtschaftsstruktur und allgemeine Entwicklung	129
3	Die einzelnen Branchen	133
3.1	Bergbau	133
3.2	Industrie	135
3.3	Verkehrswesen	143
3.4	Handel	145
3.5	Banken und Versicherungen	147
3.6	Öffentliche Unternehmen	149
3.7	Sonstige Branchen	150
4	Judenverfolgung in der Wirtschaft	153
5	Die Wirtschaft des Bezirks Köln im Zweiten Weltkrieg	155
III	Die Industrie- und Handelskammer im Nationalsozialismus	158
1	Vorbemerkung	158
2	„Machtergreifung" und „Gleichschaltung" in der IHK	158
3	Rechtsgrundlagen und Organisationswandel der Kammern im Dritten Reich	163
4	Die innere Geschichte	168
4.1	Satzung	168
4.2	Mitglieder und Bezirk	169
4.3	Präsident und Präsidium	175
4.4	Geschäftsführung, Organisation und Mitarbeiter	182
4.5	Etat- und Rechnungswesen	191
4.6	Kammergebäude	193
5	Aspekte der Tätigkeit der Kölner Industrie- und Handelskammer	195
5.1	Gutachten und Berichterstattung im allgemeinen	195
5.2	Arbeitsbeschaffung	199
5.3	Handel	199
5.4	Rechtswesen	203
5.5	Die Kölner Börse im Dritten Reich	203
5.6	Verkehrs- und Nachrichtenwesen	204
5.7	Bildungswesen	205
5.8	Sonstige Aufgaben	207
6	Die IHK – Instrumentarium nationalsozialistischer Politik?	208
7	Die IHK in der Kriegswirtschaft	211

I ASPEKTE NATIONALSOZIALISTISCHER WIRTSCHAFTSPOLITIK

Obwohl die NS-Programmatik wenig industrie- und konzernfreundlich war, begrüßte ein Teil der Wirtschaft die Ernennung Hitlers zum Reichskanzler am 30. Januar 1933. Man versprach sich von ihm und dem national-konservativen Kabinett eine wirtschaftspolitische Alternative.[1] Keines der wirtschaftsrelevanten Ressorts wurde zunächst aber von einem Nationalsozialisten verwaltet. Diese hatten auch keinen herausragenden Wirtschaftspolitiker in ihren Reihen.[2]

Das Programm der Nationalsozialistischen Deutschen Arbeiterpartei (NSDAP) war stark auf den kleinen Mittelstand ausgerichtet. Das 25-Punkte-Programm von 1920 forderte die „Brechung der Zinsknechtschaft", ohne daß jemand erklären konnte, wie eine moderne Volkswirtschaft sich ohne Zins und Kredit, Anleihe und Sparvolumen entwickeln konnte. Der Kern dieser Forderung lag im Antisemitismus, der auch in der Folgezeit wirtschaftspolitische Zielvorstellungen bestimmen sollte. Die sog. „sozialistischen Forderungen" im Programm, die die „restlose Einziehung aller Kriegsgewinne", die „Verstaatlichung aller Trusts" sowie die „Gewinnbeteiligung an Großbetrieben" einklagten, verpufften im Dritten Reich wirkungslos, so wie ihre Verfechter schon vor der Regierungsbildung entmachtet waren. Auch eine echte Bodenreform blieb, bei aller Blut-und-Boden-Ideologie, ungewollt. Schon 1928 hatte sich Hitler für das Recht auf Grundeigentum ausgesprochen. Anders verhielt es sich mit der Förderung des Mittelstandes, eines nicht zu verachtenden Wählerpotentiales.

Bereits mit den Wahlerfolgen zu Beginn der dreißiger Jahre verstärkten sich jene Äußerungen von NS-Politikern, die den freien Warenhandel über die Außengrenzen hinweg unterbinden wollten. Binnenmarktorientierung, Währungs- und Konjunkturautonomie, Bevorzugung der Landwirtschaft[3] - alles dies sollte Deutschland vom Weltmarkt und seinen Wechsellagen unabhängig machen. Die antiliberalistische Wirtschaftsauffassung der Nationalsozialisten kam in Vorschlägen zum Ausdruck, die nach 1933 teilweise Wirklichkeit wurden. So forderte Gregor Straßer am 10. Mai 1932 im Reichstag eine staatlich gelenkte Zwangswirtschaft, die u.a. Preiskontrolle, uneingeschränkte Devisenbewirtschaftung und den Erlaß eines Kapitalfluchtgesetzes durchsetzen sollte. Auf Intervention Hitlers, der von der Großindustrie bedrängt wurde, schwächte er diese Forderungen ab. Erstmals äußerte sich die NSDAP in dieser Rede zur Arbeitsbeschaffung.

Das dringendste Problem, mit dem sich das Regime zu Beginn seiner Herrschaft konfrontiert sah, war die hohe Arbeitslosenzahl. Am 31. Januar 1933 waren im Deutschen Reich über sechs Mio. Arbeitslose registriert, von denen ein Fünftel ohne Unterstützung auskommen mußte. Der politische Erfolg der Nationalsozialisten hing nicht unwesentlich von der Senkung dieser Zahlen ab. Mit zwei Arbeitsbeschaffungsprogrammen der Vorgängerregierungen und dem Reinhardt-Programm vom Frühjahr 1933 wurden im ersten Jahr der NS-Diktatur vier Mrd. RM zur Bekämpfung der Arbeitslosigkeit bereitgestellt. Der Bau von Autobahnen, bis in die Gegenwart mit den Nationalsozialisten fälschlicherweise verbundenes Symbol für den Aufschwung, nahm davon nur einen kleinen Teil in Anspruch. Finanziert wurden die öffentlichen Aufträge durch Wechsel („Mefo-Wechsel"), die 1938 ein Volumen von zwölf Mrd. RM erreicht hatten (ca. 60 % der Staatsausgaben) und 1945 dem Reich 8,1 Mrd. RM Schulden hinterließen.[4] Insgesamt investierte der öffentliche Sektor sehr viel höher als der private. In den ersten vier Jahren belief sich der Zuwachs der öffentlichen Ausgaben auf 27 Mrd. RM, von denen rund 40 % von der Reichsbank finanziert wurden. Fast 90 % der öffentlichen Mittel, die für die Arbeitsbeschaffung aufgewendet wurden, dienten der Kriegsvorbereitung, ein von Hitler schon wenige Tage nach der Machtübertragung propagiertes Ziel.[5]

Erfolge in der Wirtschaftspolitik waren aber nur durch die totalitäre Herrschaft möglich. Ermächtigungsgesetz, Gleichschaltung der Parteien, Auflösung der Gewerkschaften und Umfunktionierung der Wirtschaftsverbände zu Befehlsempfängern ebneten den Weg für restriktive Maßnahmen. Die „Arbeitsschlacht" erreichte eine stetig sinkende Arbeitslosenzahl. Die allgemeine Wehrpflicht und die Pflichtableistung beim Reichsarbeitsdienst sowie die propagierte Zurückdrängung der Frau aus der Erwerbstätigkeit verbesserten ebenso die Statistik. Diese Schritte brachten aber 1937 mit Erreichung der Vollbeschäftigung einen Arbeitskräftemangel.

Der Aufschwung der deutschen Wirtschaft wird in der Forschung dem staatlichen Dirigismus zugeschrieben, der eine aktive Konjunkturpolitik, die Ausweitung von Krediten und ein bis dahin nicht gekanntes „deficit-spending" verfolgte. Der Staat griff in alle wirtschaftlichen Vorgänge ein, die öffentlichen Aufträge erhielten Übergewicht, der Außenhandel wurde wie Preise und Löhne staatlich reglementiert. Am 15. Juli 1933 wurde das Zwangskartellgesetz erlassen, das den Wettbewerb durch Preiseindämmung einschränken sollte. Dies war der Beginn der staatlichen Wirtschaftslenkung, indem stabile Preise vom Staat verordnet wurden. Teile der Industrie begrüßten die Initiative, die aufkommende Konkurrenz vom Markt halten sollte.[6] Rohstoffkontrolle und Investitionsverbote für ca. dreißig Wirtschaftszweige unterbanden die private unternehmerische Tätigkeit. Auch diese Maßnahmen dienten der Verdrängung des privaten Verbrauchs und der Förderung der Produktionsgüterindustrie zu Rüstungszwecken, da hauptsächlich die Konsumgüterindustrie, insbesondere die Branchen Textil und Nahrungsmittel, von Reglementierungen betroffen waren.[7]

Die deutsche Außenwirtschaft schädigte das Binnenprimat der Nationalsozialisten anfangs nur leicht. Bereits von Januar 1934 bis Mitte 1935 erlitt jedoch der Importüberschuß – verursacht durch geringeren Export – erschreckende Ausmaße. Die Gold- und Devisenbestände der Reichsbank schrumpften auf ein nicht mehr zu vertretendes Minimum. Der Reichswirtschaftsminister drohte den Unternehmen mit Ausschluß von der öffentlichen Auftragsvergabe, um den Export anzukurbeln. Dies fruchtete jedoch nicht, so daß ein Transfermoratorium für Auslandsverbindlichkeiten verhängt wurde. Aber diese exportfeindliche Politik ging auf Hitler selbst zurück, der schon bei der Vorlage des Ermächtigungsgesetzes der agrarischen „Nationalwirtschaft" den Vorrang gab. Hohe Einfuhrzölle für landwirtschaftliche Produkte waren die Folge. Eine Reihe von Kontrollen, Beschränkungen und gesetzlichen Verboten sollten den Devisenabfluß verhindern und den Exportausgleich herbeiführen.[8] Schacht entwickelte seinen „neuen Plan", der den bilateralen Warenverkehr regelte. Neben der Formel „Ware gegen Ware" sollten Einfuhren nur gestattet sein, wenn sie volkswirtschaftlich notwendig waren und dann aus solchen Ländern kamen, die überwiegend ihren eigenen Bedarf mit deutschen Waren deckten. Verbunden mit dem staatlichen Außenhandelsmonopol war eine strenge Devisenkontrolle[9], die der Wirtschaft oft Sorgen bereitete. Andererseits waren aber auch einige Industrielle aus „nackter Profitgier" an einer größtmöglichen Autarkie interessiert, wie Kurt Freiherr von Schröder, Präsident der Kölner IHK, feststellte.[10] Schon vor Schacht wurde ein Gesetz zum Schutz der deutschen Warenausfuhr erlassen, das Importe aus solchen Staaten, die deutschen Waren Exportbeschränkungen auferlegten, ebenfalls kontingentierte.[11]

Der gegenseitige Verrechnungshandel funktionierte jedoch nur teilweise, da die meisten Länder sich nicht darauf einlassen wollten. Während der NS-Diktatur fehlten daher Nahrungsmittel, Rohstoffe und vor allem Devisen. Eindeutig gab die staatlich gelenkte Außenhandelspolitik der Senkung des privaten Verbrauchs, der mit erhöhter Beschäftigung verstärkt nach Importware verlangte, den Vorzug, forderte höhere Selbstversorgungsquoten und schützte den Devisenbestand für den Aufbau der Rüstung vor anderen Begehrlichkeiten. Bis 1936 hatte sich der Auslandsumsatz zwar wieder eingependelt, aber Devisennot und Rohstoffmangel blieben konstant. Ende 1937 gab es mit 27 Ländern Verrechnungsabkommen. Kleinere Staaten, die in den vergangenen Jahren

Handelsbilanzüberschüsse angesammelt hatten, mußten teurere deutsche Produkte übernehmen, wollten sie denn überhaupt einen Gegenwert erhalten.

Mit der Steuerpolitik wurden die verfügbaren Einkommen der arbeitenden Bevölkerung in Grenzen gehalten. Steuernachlässe gab es v.a. für die Wirtschaft, die sich mit Investionen an der Arbeitsbeschaffungspolitik beteiligte. Allerdings hatten die Unternehmen vielfach unter hohen Abgaben anderer Art, insbesondere den permanenten Spendensammlungen für oder durch die Partei, zu leiden.

Ziel der Hitlerschen Politik war die Aufrüstung zur Führung eines Angriffskrieges, der seine „Lebensraumpläne" Wirklichkeit werden lassen sollte. Die deutsche Wirtschaft wurde jedoch im unklaren gelassen über die wahren Ziele. Wiederaufrüstung und begrenzte regional ausgetragene Konflikte nahmen Konservative, Militärs und Großindustrie zur Gesundung der Lage in Kauf, nicht aber jenen „imperialistischen Rassenkrieg", von dem sie ebenso überrascht wurden wie die Bevölkerung auch.[12] Die enorme Aufrüstung verschlang innerhalb von sechs Jahren 90 Mrd. RM.[13] Es war Ziel der Geldpolitik, möglichst viel in den Auf- und Ausbau der Rüstungsindustrie zu investieren. Zinssenkungen, Anleihestockgesetzgebung, Bankenüberwachung, Wechselausgabe und Emissionskontrolle waren die Mittel. Die belebte Nachfrage nach Konsumgütern mußte durch einen Preisstopp eingedämmt werden. Das Reichsgesetz über das Kreditwesen von Dezember 1934, das erste deutsche Bankengesetz, schuf die Voraussetzungen für einen geregelten Kreditmarkt, u.a. mit der Schaffung einer zentralen Bankenaufsicht.[14] Mit der Anleihestockgesetzgebung wurden Dividenden auf sechs Prozent begrenzt, was gleichzeitig zu einer Erhöhung des Investitionsvolumens in den Unternehmen führte. Verfehlt wurde die verstärkte Streuung von Reichs- und Kommunalanleihen.

Um die Anforderungen der Rüstungswirtschaft zu erfüllen, wurde auch die nicht unwesentlich zum Wahlerfolg 1932 geführte Mittelstandsorientierung der NS-Ideologie im Juli 1933 aufgegeben.[15] Hintergrund für das Verlassen dieses Weges war die Erkenntnis, daß die Großunternehmen zur Beseitigung der Arbeitslosigkeit und zur Aufrüstung benötigt wurden. Bis zum Frühjahr 1934 wurde vordergründig dem Handwerk noch geholfen durch Umbau- und Renovierungsprogramme. Ein Wohnungsbauprogramm wurde von der öffentlichen Hand jedoch nicht in Angriff genommen. Den Versicherungsgesellschaften wurde – neben dem Zwang, Staatsanleihen zu zeichnen – untersagt, im Wohnungsbau zu investieren.[16] 300 000 Handwerksbetriebe wurden in der Phase der Hochrüstung seit 1936 geschlossen[17], unwirtschaftliche Kleinbetriebe im Handel folgten seit März 1939. Die so gewonnenen Arbeitskräfte wurden der Rüstungsindustrie zugeführt, die bei Rohstoffzuteilungen bevorzugt war.[18]

Die Einbindung der Wirtschaft in die Aufrüstung lief zwar schon mit Beginn der NS-Herrschaft an, aber insbesondere mit dem Vierjahresplan von 1936 sollte die deutsche Wirtschaft auf den Krieg eingestellt werden. Zwar gab es sicher vereinzelt Widerstände, aber die Mehrzahl der „wehrwirtschaftlichen Unternehmen" zog mit.[19] Dies erfolgte auch unter Aufgabe der Marktwirtschaft zugunsten einer staatlich gelenkten Planwirtschaft.[20] Das Amt des Generalbeauftragten für den Vierjahresplan, Hermann Göring, wuchs nicht zur Super-Wirtschaftsbehörde heran, stellte aber einige Wirtschaftszweige unter sein Kuratel. Die Autarkie der Rohstoffversorgung durch Kohleverflüssigung, Herstellung synthetischer Ersatzstoffe und Förderung des heimischen Eisenerzes wurden als Schwerpunkte gewählt, weil sie vorrangig kriegspolitischen Zielen dienten.[21] Die Gründung der *Reichswerke Hermann Göring* war die Reaktion des Regimes auf die Weigerung der Eisen- und Stahlindustrie, die wenig erfolgversprechenden heimischen Erze zu verhütten.[22] Zu Beginn des Krieges hatte die Rohstoffversorgung durch Ersatzstoffe quantitativ auch schon Erfolge aufzuweisen[23], letzten Endes autark – ein für die moderne Industriegesellschaft auch unlösbares Ziel – wurde die Wirtschaft des Deutschen Reiches jedoch nicht.

Welchen Stellenwert die Rüstung bekam, macht ein Vergleich des Bruttosozialprodukts von 1932 und 1939 deutlich. In dieser Spanne steigerte sich das BSP von 58 Mrd. RM auf 130 Mrd. RM, die Rüstungsausgaben stiegen von unter ein Prozent auf ca. 23 %.[24] Von einer für eine längere militärische Auseinandersetzung notwendigen Tiefenrüstung kann aber nicht gesprochen werden.[25] Angetreten mit völlig gegensätzlichen Zielen in der Wirtschaftspolitik war zum Ende der Friedenswirtschaft das NS-System überbürokratisiert und überreguliert. Die vielfachen Eingriffe in das freie Unternehmertum führten zur Überschreitung der Grenze von der Privat- zur Staatswirtschaft.[26] Dabei wurden größere Einheiten gegenüber kleineren bevorzugt. Das Energiewirtschaftsgesetz von 1935, auch ein Teil rüstungswirtschaftlicher Planungen, bevorzugte mit dem Stromverbund Großunternehmen.[27]

Erreicht wurde mit der Aufrüstung 1936 eine Vollbeschäftigung, die sich sogar zur Überbeschäftigung entwickelte. Die Arbeitslosenzahl sank auf 2,5 Mio., 1938 auf 0,5 Mio. und kurz vor Entfesselung des Krieges auf 0,074 Mio.[28], wobei nicht nur die Arbeitsplätze in der Rüstungsindustrie, sondern der Konjunkturaufschwung insgesamt für die gestiegenen Beschäftigtenzahlen verantwortlich war. Hinzu kam eine „psychologische Überformung der Wirtschaftspolitik", die, fußend auf dem Vertrauen in das Regime und seine Politik, eine entscheidende Wirkung nicht verfehlte.[29] Probleme tauchten aber volkswirtschaftlich auf. Der Staatshaushalt wurde bis an die Grenze des Zumutbaren belastet, obwohl die Steuereinnahmen stiegen. Die Währungsstabilität geriet bedrohlich ins Schwanken.[30] Geschwächt wurde der Staatshaushalt durch die Senkung der Konsumgüterproduktion. Das verfügbare Einkommen der deutschen Bevölkerung stieg zwar, aber das Warenangebot hielt nicht mit. Der Traum vom KdF-Wagen und von einer neuen Wohnung mußte zurückstehen hinter der Produktion von Waffen und Munition. Obwohl die deutschen Sparer dem Staat 110 Mio. RM für den Bau des Volkswagens anvertrauten, bekam kein einziger von ihnen einen zu sehen. Verstärkt durch die Autarkiepolitik, die Warenverkehr mit Luxusgütern nicht zuließ, entstand ein gesellschaftliches wie ökonomisches Vakuum. Gebremst wurde dies nur bedingt mit einem allgemeinen Lohnstopp, der auch zur Investitionslenkung in der Rüstungswirtschaft mißbraucht wurde – neben der Rohstoffbewirtschaftung und der Investitionskontrolle.[31]

Verfolgung

Jüdische Unternehmer gab es traditionell in Großunternehmen, Warenhauskonzernen und Banken, aber auch im Einzelhandel. Jegliche Aktion gegen diese Teile der deutschen Wirtschaft sollten in der Krise ernste Störungen des Wirtschaftslebens zur Folge haben. Dies erkannten auch die Machthaber. Der von Hitler und Goebbels vorbereitete und Ende März 1933 zum 1. April eingeleitete Boykott jüdischer Geschäfte wurde bereits nach wenigen Stunden abgebrochen.[32] Der von Goebbels vor der rheinisch-westfälischen Presse so überheblich formulierte Primat der Politik gegenüber der Wirtschaft[33] war nur Agitation. Besonders die befürchteten Auswirkungen auf den Arbeitsmarkt ließen das NS-Regime zu Beginn seiner Herrschaft vor großangelegten, staatlich sanktionierten Arisierungen Abstand nehmen. Der aufgestaute Unmut bei NS-Mitgliedern aus dem Mittelstand ließ sich jedoch nicht eindämmen, so daß es vielerorts zu spontanen Gewalttätigkeiten, illegalen Verhaftungen und Kollektivausschreitungen gegen jüdische Bürger und Geschäfte kam. Am 7. Juli 1933 mußte schließlich die Partei „Aktionen" gegen die besonders betroffenen Warenhäuser verbieten, da sie wirtschaftliche Negativfolgen befürchtete. Die Vergabe von öffentlichen Aufträgen war nicht an eine „arische" Abstammung gebunden, da auch dies das Arbeitslosenheer vermehrt hätte. Die Reaktion des Auslandes auf die Verfolgung tat ihr Übriges, um die Ausschaltung der Juden zurückzustellen, da massive Devisenverluste einsetzten.[34] Ursprüngliche Pläne, den Warenhäusern durch hohe Besteuerung einen unrentablen Betrieb zu bescheren, wurden spätestens mit der Kreditgewährung von 1,5 Mio. RM für den stark verschuldeten *Karstadt-Konzern* durch Hitler im März 1933 ad absurdum geführt.

Die Nürnberger Gesetze von 1935 bildeten dann den Keim für aufkommende Aktionen gegen Juden, die auch zur Konkurrenzausschaltung genutzt wurden. Schilderaktionen, widerrechtliche Kundenkontrollen und gewalttätige Ausschreitungen gegen einzelne Geschäftsleute riefen mit der Zeit auch eine passive Haltung bei der Bevölkerung hervor, da das Anormale zur Normalität wurde. Es gab jedoch auch Resistenz: So lehnte die staatliche Reichsstelle für den Außenhandel Aktionen gegen jüdische Auslandsvertreter ab. Dennoch waren bis 1938 von ehemals 100 000 jüdischen Unternehmen bereits 60 % „arisiert" worden. Von ca. 50 000 Einzelhandelsgeschäften waren nur noch 9 000 in jüdischer Hand.[35] Das Regime ging nun in konsequenter Fortführung der seit 1933 verfolgten antisemitischen Politik daran, die Ausschaltung der Juden aus der Wirtschaft zu vollenden. Außenpolitische Erfolge, innere Geschlossenheit der Bevölkerung und die Aufrüstung erlaubten ein solches Vorgehen.[36] Hinzu kam noch die wirtschaftliche Lage, die nunmehr die Eliminierung bisher dringend benötigter Unternehmen sowie die Verfügbarkeit von genügend Kapital ermöglichte. Ende Februar 1938 beschloß das Kabinett den Ausschluß jüdischer Unternehmen von öffentlichen Aufträgen, wobei es auch zu Ausnahmen bei der Heeresbeschaffung kam. Es folgten Anordnungen zur Kennzeichnung von jüdischen Unternehmen oder die Anmeldung jüdischen Vermögens.[37]

Mit einer Verordnung Görings vom 12. November 1938 – unmittelbar nach dem Novemberpogrom – sollten die Juden endgültig aus dem deutschen Wirtschaftsleben ausgeschaltet werden. Sie durften keine Geschäfte oder selbständige Handwerksbetriebe mehr führen, auf Märkten keine Waren mehr anbieten und konnten aus leitenden Stellungen gekündigt werden.[38] Die restlichen Unternehmen wurden zu Schleuderpreisen an „arische" Käufer überführt oder geschlossen. Der Veräußerungsgewinn mußte auf ein Sperrkonto eingezahlt werden.[39] Berufsverbote trafen die Gesamtwirtschaft. Jüdische Wissenschaftler mußten ihre Arbeitsplätze in der Industrie aufgeben. Viele von ihnen halfen den USA als Emigranten beim Rüstungswettlauf gegen Hitler-Deutschland. Die Unternehmen selbst beugten sich dem Druck, da staatliche Aufträge sie für die rassisch begründete Vertreibung belohnten.

Behörden

Das Reichswirtschaftsministerium wurde mit Bildung der Regierung Hitler Alfred Hugenberg übertragen, der gleichzeitig zum Ernährungsminister und entsprechenden preußischen Minister ernannt wurde. Hugenberg konnte in seiner kurzen Amtszeit wirtschaftspolitisch keine Akzente setzen. Seinen Sturz Ende Juni 1933 leitete der nationalkonservative Politiker mit seiner Opposition gegen das Reinhardt-Programm selbst ein. Sein Nachfolger wurde Dr. Kurt Schmitt, Generaldirektor der *Allianz-Versicherung* und Finanzier Hitlers. Offiziell hatte er das Amt des Reichswirtschaftsministers bis zum 30. Januar 1935 inne, erkrankte aber bereits nach einem Jahr. Interpretiert wurde die Ernennung des Versicherungsmannes mit dem Sieg des bürgerlich-privatwirtschaftlichen Flügels über die Anhänger eines kollektivistischen Wirtschaftsprogramms. Seit Juli 1934 führte Dr. Hjalmar Schacht die Geschäfte kommissarisch. Eine förmliche Ernennung des Nichtparteimitglieds zum Minister erfolgte nicht, Schacht war mit der Führung der Geschäfte unter Beibehaltung seines Amtes als Reichsbankpräsident „beauftragt". In seiner Dreifachfunktion – zudem war er ab 1935 noch Generalbevollmächtigter für die Kriegswirtschaft – konnte er zum „Wirtschaftsdiktator" aufsteigen, der sich auch gegen die Partei durchzusetzen vermochte.[40] Seine Grenzen werden am Beispiel der Kölner IHK noch aufzuzeigen sein. Schacht blieb bis Januar 1939 Reichsbankpräsident, wurde dann von Walter Funk abgelöst. Bevor dieser jedoch auch das Amt des Wirtschaftsministers übernahm und bis zum Kriegsende beibehalten sollte (7. Februar 1938 bis 30. April 1945), nahm Hermann Göring, zweiter Mann im NS-Staat, interimistisch vom 26. November 1937 an die Führung der Ministergeschäfte wahr.

Gauleiter im Gau Köln-Aachen war seit 1931 Josef Grohé, vormals ein kleiner Angestellter sowie Mitgründer und dann Chefredakteur des „Westdeutschen Beobachters". Die Regierungspräsidenten repräsentierten die staatliche Mittelbehörde. Hans Elfgen wurde als Regierungspräsident Ende April 1933 abgesetzt. Es folgte Dr. Rudolf zur Bonsen (1933 bis 1934), der sich aber bald mit der NSDAP überwarf. Rudolf Diels, ehemaliger Leiter des Geheimen Staatspolizeiamtes (Gestapa), der Himmler und Heydrich das Feld räumen mußte, folgte für zwei Jahre. Eggert Reeder blieb in dieser Funktion bis zum Kriegsende. Im Zweiten Weltkrieg wurde er Militärverwaltungschef für Belgien und Nordfrankreich und kam erst 1944 nach vierjähriger Abwesenheit nach Köln zurück.[41]

Kriegswirtschaft

Die Entfesselung des Zweiten Weltkriegs durch Hitler am 1. September 1939 war die logische Konsequenz einer Entwicklung, die an der Jahreswende 1938/39 bereits eine „kriegsähnliche Friedenswirtschaft" hervorgerufen hatte. Das System der Rationalisierung und Bewirtschaftung hob den letzten Rest privater unternehmerischer Initiative zu Gunsten der staatlich gelenkten Zwangswirtschaft auf. Die Erwartung, der Verwaltungsüberhang würde mit Kriegsbeginn abnehmen, blieb unerfüllt. Neue Behörden und Organisationen traten neben den bestehenden auf, ohne daß ihre Aufgaben deutlich definiert wurden. Dabei arbeiteten die meisten Institutionen gegen- statt miteinander.[42] Das System der Polykratie des Dritten Reiches blieb auch unter den Kriegsbedingungen existent.

Zwei Tage nach Kriegsbeginn ordnete Hitler die Gesamtmobilmachung der deutschen Wirtschaft an, die nur noch für die Kriegsbedürfnisse produzieren sollte. Dieser staatlich verordnete Eingriff in das Wirtschaftsleben konnte nicht funktionieren. So wurden kriegsunwichtige Produktionsstätten nicht stillgelegt und Arbeiter in den Betrieben gehalten. Eine Totalisierung der Kriegswirtschaft verfolgte aber das diktatorische Regime nicht stringent, da man eine negative Stimmung in der Bevölkerung befürchtete. Es entstand nunmehr eine „friedensähnliche Kriegswirtschaft". Nach den schnellen Eroberungen in Polen und im Westen wurde die zuvor eingestellte Konsumgüterproduktion wieder angekurbelt, die Rüstungsgüterherstellung stagnierte.[43] Doch spürte die Bevölkerung die Beschränkungen des Krieges auf ihre Weise. Die Lebensmittelkarte bestimmte seit August 1939 den Nahrungsmitteleinkauf, die Reichskleiderkarte organisierte den Bezug von Textilien. Da die Beschaffung für Wehrmachtszwecke Vorrang vor der zivilen Nutzung hatte, kam es zu Hamsterkäufen, Warenknappheit, Umsatzrückgängen im Handel und täglichen Einschränkungen. Selbst wenn die Möglichkeit dazu bestand, lehnten manche Unternehmen die Herstellung ziviler Güter ab, da sie Produktionseinschränkungen und Arbeitskräfteentzug fürchten mußten. Andere besorgten sich einen Rüstungsauftrag, um mit den damit verbundenen Vergünstigungen weiterhin ihre Zivilproduktion aufrechtzuerhalten.[44] Schließlich führten die Warenverknappung und die gestiegene Kaufkraft 1941 zu einem Kapitalüberschuß der privaten Haushalte. Bis dahin hatte die Mehrzahl der Bevölkerung den Krieg selbst noch nicht erlebt.

Ökonomische Vorbereitungen für eine wie auch immer geartete Kriegsphase nach den „Blitzkriegen" wurden nicht getroffen.[45] Wirtschaft und Militär waren sich der Gefahr bewußt, aber Opposition rührte sich nicht. Bis zum Krieg gegen die Sowjetunion ging die Produktion sogar leicht zurück, während andere Staaten nachrüsteten.[46] Erst in der Phase des „totalen Krieges" kam es zu Produktionseinstellungen in nicht rüstungswichtigen Industriebranchen und zu einer groß angelegten „Betriebsumsetzungsaktion". Die Produktion der verarbeitenden Industrie floß zu zwei Dritteln an die 7,5 Mio. Soldaten, während der Rest an die um ein Zehnfaches größere Bevölkerung ging, die teilweise durch Stillegung von Lebensmittelunternehmen Not erlitt.[47]

Das neugeschaffene Ministerium für Bewaffnung und Munition unter Fritz Todt, seit Februar 1942 unter seinem Nachfolger Albert Speer, war zuständig für die Rohstoffverteilung und Produktion. Die Wehrmacht bestellte nur noch ihre Kontingente, für die Ablieferung und Kontrolle war sie nicht mehr zuständig.[48] Ein noch strengerer Dirigismus hielt in der Wirtschaft Einzug. So wurden für die Produktion Quoten erteilt, Rohstoffe und Arbeitskräfte zugewiesen. Die Unternehmer waren aufgerufen, in Ausschüssen und sog. „Ringen" ihre Erfahrungen einzubringen, die im Rüstungsbeirat des Ministeriums koordiniert wurden. Die bisherigen Wirtschaftsgruppen blieben aber bestehen, so daß ein riesiges Kompetenz- und Sachverstandschaos drohte. Eine Einheitlichkeit im Organisationsprinzip der Ausschüsse und Ringe war zudem nicht gegeben.[49] Dennoch konnte Ende 1942 die Kriegswirtschaft nach einer Krise wieder Oberhand gewinnen, was v.a. auf die Zurückdrängung der Militärs zurückzuführen war. Gleichzeitig wurde der zivile Sektor stark beschnitten.[50]

Neben dem Reichswirtschaftsministerium und dem Generalbevollmächtigten für den Vierjahresplan trat der Wirtschaft damit eine weitere, sich schnell zum Wasserkopf entwickelnde Zentralbehörde entgegen. Die Machtstellung Speers wurde deutlich, als im September 1943 sein Ministerium den Namen „für Rüstung und Kriegsproduktion" erhielt. Speer konnte aber die Niederlage nicht verhindern, da die Kriegsproduktion sich nicht den militärischen Gegebenheiten anpaßte.[51] Weder wurden die Arbeitszeiten wesentlich verlängert, noch kamen – im Vergleich zu anderen Staaten – Frauen in großer Zahl zur Beschäftigung.[52] Die steigenden Einberufungen riefen einen eklatanten Arbeitskräftemangel hervor. Der „Generalbevollmächtigte für den Arbeitseinsatz" ließ daher unter den unwürdigsten Umständen Millionen Menschen aus den besetzten Ländern für die deutsche Rüstungswirtschaft heranziehen. Schon zuvor hatte das Terrorsystem der Konzentrationslager Insassen zu Rüstungsarbeiten verpflichtet. Im NS-System wurde die Ware Arbeit auf brutalste Weise ausgenutzt. Auch mußten die besetzten Staaten finanziell die Kosten der Besatzung tragen, die nur zum Teil den deutschen Steuerzahlern aufgebürdet wurden, und deutsche Waren zwangsweise abnehmen. Die Ausplünderung dieser Staaten führte dazu, daß der Lebensstandard in Deutschland bis kurz vor Kriegsende vergleichsweise hoch blieb.

Mitte 1944 erreichte die Rüstungsproduktion ihren Höhepunkt. Zuliefererbranchen wurden ausgebaut und Ersatzrohstoffe auf Selbstversorgerniveau produziert. Die militärische Lage führte 1944 dazu, daß die Anstrengungen an eine totale Kriegswirtschaft verschärft wurden. Aber das Speersche „Rüstungswunder" half nicht gegen die gegnerische Übermacht.[53] Gebietsverluste bis hinein ins Reichsterritorium verschlangen wichtige Industriebereiche.[54] Die Anforderungen an eine Kriegswirtschaft wurden aber bestimmt durch den Luftkrieg über Deutschland, der Produktion und Sicherungsmaßnahmen diktierte. Was die deutsche Wehrmacht in anderen Ländern angerichtet hatte, sollten deutsche Bevölkerung und Wirtschaft um ein Vielfaches selbst erleben. Besonders Industrieanlagen waren zu Beginn Ziele der alliierten Bomber, später wurde mit der Bombardierung der Innenstädte auch die klein- und mittelständische Wirtschaft schwer in Mitleidenschaft gezogen. Ab 1944 wurden besonders aber die Grundstoffindustrie, die Versorgungsbetriebe und die Verkehrsanlagen bombardiert. Der Staat war zu diesem Zeitpunkt schon bankrott.[55] Am 30. März 1945 gab Hitler den nicht zur Ausführung gekommenen Befehl, alle wichtigen Industrieanlagen vor dem Zugriff der alliierten Streitkräfte zu zerstören.[56] Bei Kriegsende am 8. Mai 1945 waren viele Betriebe zerstört oder beschädigt, die Belegschaft dezimiert, die Unternehmensleitungen auf der Flucht oder in Resignation verharrend.

Die Wirtschaftspolitik der Nationalsozialisten, fußend auf autarker Selbstversorgung mit agrarischer Vorrangstellung und dirigistischen Eingriffen des Staates in Produktion, Lohnsystem und Verbrauch, war nicht antikapitalistisch eingestellt. Auch wenn die Propaganda inbesondere der Anfangsjahre mit „deutschem Sozialismus" und entsprechender Terminologie („Gemeinwohl vor Eigennutz") versuchte, in der Bevölkerung den Eindruck einer Neuordnung der wirtschaftlichen Verhältnisse zu erwecken, blieben die Besitzstrukturen unangetastet, und ein Gewinnstreben blieb möglich. Marktwirtschaftliche Freiheit war den Unternehmern in der staatlichen Zwangswirtschaft allerdings nicht gegeben. Vielmehr wurde ein Typus des Wirtschaftsführers geformt, der sowohl Funktionär des Regimes wie auch privater Unternehmer war.[57] Ein Großteil der Unternehmer wurde durch die Wirtschaftslage für diese Unfreiheit entschädigt. Auch waren einige Wirtschaftsführer so eng in das System der Rüstungswirtschaft und der Ausbeutung der besetzten Gebiete eingebunden, daß Widerstand oder kritische Auseinandersetzung mit dem NS-System nicht stattfand. Dennoch hinterließ der Rüstungswettlauf in der Zeit der NS-Herrschaft einen entscheidenden „Modernisierungs- und Konzentrationsschub" bei Kriegsende. Die Ausbildung der Facharbeiter war verbessert worden, die technische Entwicklung vorangetrieben. Zukunftstechnologien in der Elektrotechnik und Chemie waren wesentlich weiterentwickelt worden. Obwohl die Zerstörung zahlreiche Unternehmen in Mitleidenschaft zog, hat die deutsche Wirtschaft ihren Produktionsapparat zu einem guten Teil in die Zeit nach dem Krieg hinüberretten können.[58]

II WIRTSCHAFTSGESCHICHTE DES KÖLNER RAUMES IM DRITTEN REICH

1 VORBEMERKUNG

Im folgenden Kapitel wird auf die wichtigsten ökonomischen Entwicklungen im Kammerbezirk eingegangen. Ausgeklammert bleiben dabei Handwerk, Landwirtschaft und freie Berufe, die nicht zum Betreuungsfeld der IHK gehörten. Geographisch erstreckt sich die folgende Darstellung auf die Gebiete, die zwischen 1933 und 1945 Bezirk der IHK bzw. der Gauwirtschaftskammer waren. Verzichtet wird dabei auf die Untersuchung der Verhältnisse im heutigen Gebiet der IHK Bonn, das zwischen 1934 und 1945 Teil des Kammergebietes Köln war.[59] Die Wirtschaftsgeschichte der Gemeinden und Städte des Kammerbezirks ist für die Zeit des Dritten Reiches nur sehr lückenhaft erforscht. Dies liegt auch an der ungenügenden Quellenlage, da viele Akten durch die Zerstörung der Unternehmen und ihrer Registraturen unweigerlich verloren sind. In einer zentral gelenkten Staatswirtschaft kann die Wirtschaftsgeschichte dieser Region nicht losgelöst behandelt werden von gesamtstaatlichen Rahmenbedingungen.[60] Dennoch soll hier nur versucht werden, für den Kammerbezirk wichtige Tendenzen dieser Zeit aufzuzeigen. Dabei wird auch auf Besonderheiten einzelner Unternehmen eingegangen, ohne daß die Bedeutung anderer etwa geschmälert werden soll.

2 VORAUSSETZUNGEN

2.1 DER WIRTSCHAFTSRAUM

Der Kammerbezirk umfaßte 1933 die kreisfreie Stadt Köln, den Landkreis Köln (ohne Wesseling und Keldenich) und von dem 1932 fusionierten Rheinisch-Bergischen Kreis den Teil des alten Landkreises Mülheim, während der ehemalige Landkreis Wipperfürth bei der IHK Wuppertal verblieb. Mit der Vereinigung der Industrie- und Handelskammern Bonn und Köln zur IHK für den Regierungsbezirk Köln wurden 1934, mit Ausnahme der alten Landkreise Gummersbach (seit 1932 Teil des Oberbergischen Kreises) und Wipperfürth, alle Kreise und Städte des Regierungsbezirks erfaßt. Der Kammerbezirk umfaßte 3 340,81 qkm, ca. 84 % des Regierungsbezirks. 1943 kamen die bergischen Territorien zur neugegründeten Gauwirtschaftskammer Köln-Aachen.[61] Eingemeindungen erfolgten im Berichtszeitraum nur 1935 (Keldenich zu Wesseling) und 1938, wovon die Stadt Bergheim sowie die Gemeinden Elsdorf und Esch profitierten.[62]

2.2 BEVÖLKERUNG

Die Bevölkerungsstruktur im Bezirk wurde im wesentlichen bestimmt durch die Großstadt Köln mit über 750 000 Einwohnern, von denen drei Viertel auf der linken Rheinseite wohnten. Der Bestand sank im Krieg kontinuierlich. Im März 1945 sollen beim Einmarsch der alliierten Truppen noch 32 000 Menschen im linksrheinischen Teil anwesend gewesen sein. Die Bevölkerungsdichte lag 1939 in der Stadt bei 3 065 Einwohnern je qkm, in den Landkreisen zwischen 150 und 393 je qkm.[63]

Sowohl die Stadt wie auch die vier Landkreise konnten in den Jahren zwischen 1933 und 1939 einen Einwohnerzuwachs verzeichnen, wobei die beiden rechtsrheinischen Kreise und der Landkreis Köln am deutlichsten zunahmen.

	16. Juni 1933	17. Mai 1939	Zuwachs in %
Bergheim	68 575	69 490	1,3
Stadt Köln	756 605	772 221	2,0
Landkreis Köln	109 245	115 503	5,7
Oberbergischer Kreis	79 105	84 851	7,2
Rheinisch-Bergischer Kreis	102 816	111 369	8,3

Während 1933 67,75 % der Bevölkerung in der Großstadt lebte, waren es sechs Jahre später ca. ein Prozent weniger. Das Wachstum der Großstadt wurde etwas verlangsamt. Die jeweils größten Gemeinden im Umland waren 1939 Türnich (8 768 Ew., LK Bergheim), Hürth (30 058, LK Köln), Gummersbach (20 982, Oberberg.) und Porz (24 986, Rhein.-Berg.). Das größte Wachstum zwischen 1933 und 1939 erreichte Lövenich mit einem Bevölkerungswachstum um 25,2 %, gefolgt von Porz (17,3 %). Von den größeren Gemeinden hatte nur Waldbröl eine Abnahme der Bevölkerung in dieser Zeit um 2,1 % zu verzeichnen.[64] Bei Kriegsende waren insbesondere in den rechtsrheinischen Kreisen viele geflüchtete Kölner ansässig, so daß deren Bevölkerungszahl weiter wuchs.

Die Zahl der Erwerbspersonen (incl. Arbeitslose und Angehörige) im Regierungsbezirk Köln stieg von 1 325 300 im Jahr 1933 auf 1 354 900 sechs Jahre später. Die Zahl der Berufslosen nahm um ein Prozent auf 226 900 zu, während der Anteil der Selbständigen stagnierte (14 %).[65] Auf die einzelnen Sektoren verteilten sich 1939 die Erwerbspersonen im Regierungsbezirk Köln wie folgt[66]:

	Reg.bez. Köln in %	Altes Reichsgebiet in %
Land- und Forstwirtschaft	9,6	20,7
Industrie und Handwerk	50,6	47,2
Handel und Verkehr	23,4	18,1
Öffentliche und private Dienste	11,9	11,6
Häusliche Dienste	4,5	2,4

Im Vergleich zum Gesamtreich waren im Kölner Raum mehr Menschen in Industrie und Handwerk sowie im Handel tätig als im Reichsdurchschnitt, während die Land- und Forstwirtschaft geringer vertreten war. Im Vergleich zur Rheinprovinz war der Handel über-, die Industrie und das Handwerk leicht unterrepräsentiert. Klassifiziert nach der sozialen Stellung ergibt sich folgendes Bild, in dem die höhere Zahl der Angestellten im Vergleich zum Gesamtreich auffällt:

	Reg.bez. Köln in %	Altes Reichsgebiet in %
Selbständige	14,4	16,2
Mithelfende Angehörige	6,6	9,8
Beamte	7,4	7,1
Angestellte	17,0	13,3
Arbeiter	54,6	53,6

2.3 WIRTSCHAFTSSTRUKTUR UND ALLGEMEINE ENTWICKLUNG

Der Wirtschaftsraum Köln war in seiner Struktur auch im Dritten Reich vielgestaltig. Sämtliche Wirtschaftszweige waren vorhanden. Die landwirtschaftliche Nutzfläche umfaßte im Regierungsbezirk gut 60 % der Gesamtfläche. Die Gewinnung von Bodenschätzen wurde vornehmlich im Westen durch den Abbau der Braunkohle vollzogen. Das industrielle Oberzentrum war die Stadt Köln, in wesentlich geringerem Maße folgten Hürth, Wesseling, Porz, Bensberg und Gummersbach. An manchen Orten kamen vereinzelte Ansiedlungen vor (Bedburg, Bergheim, Bergisch Gladbach, Engelskirchen). Von 17 Industrieunternehmen (incl. Energieversorgung) mit mehr als 1 000 Arbeitnehmern hatten sich 1938 elf in der Stadt Köln (29 223 Arbeitnehmer), vier im Kreis Köln-Land (6 509) und jeweils eins im Oberbergischen (2 110) sowie im Rheinisch-Bergischen Kreis (1 280) niedergelassen. Großunternehmen, die sich in fünf oder mehr Industriezweigen betätigten, waren nur in Köln drei vorhanden. Eine weitaus höhere Bedeutung als im Gesamtreich hatte die Herstellung von Braunkohlenbriketts, Karbid- und Kalkstickstoff, Steinzeug, Zündmittel, Essigsäure, Tonerde, Ruß, Zinkweiß und Tapeten.[67]

Die Verteilung der Industriebetriebe im Jahr 1936 auf die einzelnen Kreise und die Stadt Köln wird aus folgender Tabelle ersichtlich[68]:

	Zahl der Betriebe	Beschäftigte	Ø
Bergheim	66	8 905	134,92
Landkreis Köln	179	17 557	98,08
Stadt Köln	1 082	70 853	65,48
Rheinisch-Bergischer Kreis	184	10 738	58,35
Oberbergischer Kreis	215	14 842	69,03
Gesamt	1 726	122 895	71,20
Regierungsbezirk Köln	2 421	157 837	65,19

Demnach beheimatete die Stadt Köln ca. 45 % aller Industriebetriebe und -beschäftigten des Regierungsbezirks. Nahezu alle Industriezweige waren hier vorzufinden. Der Landkreis Köln und der Kreis Bergheim stachen durch die Brikettfabrikation und den Braunkohlenbergbau hervor. Hinzu kam noch die Karbid- und Kalkstickstoffindustrie. Der Rheinisch-Bergische Kreis war das Zentrum der Papier- und Pappenfabrikation – neben Elektro-, Maschinen- und Apparatebau sowie Glasherstellung. Im Oberbergischen waren es der Kessel- und Apparatebau, die Eisen- und Stahlwarenindustrie sowie die Wirkereien und Strickwarenproduzenten neben den Streichgarnspinnereien.[69]

Für den Handel ergibt sich noch verstärkt eine gleiche Situation. Groß- und Importhandel waren fast sämtlich auf die Großstadt Köln konzentriert. In 1933 waren im gesamten Regierungsbezirk 152 683 Menschen im Sektor Handel und Verkehr beschäftigt, davon allein 64,8 % in der Stadt Köln. Nur hier lag auch die Zahl der Beschäftigten (mit Verkehr) höher als in Industrie und Handwerk.

Zu Beginn der hier behandelten Periode waren fast alle Branchen aufgrund der katastrophalen Auftragslage unterbeschäftigt. Da half auch der „starke Uniformbedarf" der Kölner Bekleidungsindustrie wenig. Einzelne Branchen erholten sich im ersten Jahr. Besonders schwach war jedoch das Auslandsgeschäft. Nach einigen Monaten ebbte auch die Nachfrage nach „Uniform- und Braunstücken" wieder ab. Die „Arbeitsschlacht", die mit öffentlichen Geldern finanziert die Arbeitslosen von der Straße holen und den Aufschwung sichern sollte, lief im Kölner Gebiet – wie überall im Rheinland – langsamer an als im übrigen Reich. In den Weststädten kam zu dieser Zeit Unmut über die andernorts günstigere Entwicklung auf. So kritisierte 1936 Dr. Paul Heinen, stellv. Geschäftsführer der Kölner IHK, die Anballung von neuen Arbeitsplätzen in Mitteldeutschland. Hintergrund war die (saisonale) Zunahme der Arbeitslosenzahlen, so z.B. im Dezember 1935 um 36 000 auf 384 466 im Rheinland. Während hier der Anteil der Arbeitslosen von 33,8 % (1932) auf 12,5 % (1936) sank, gab es in Mitteldeutschland einen schnelleren Rückgang von 31,6 % auf 4,9 %. 1937 war die Arbeitslosigkeit im Schnitt fast doppelt so hoch wie im Reich. Im Westen verhinderte die Grenznähe den Aufbau einer bedeutenden Rüstungsindustrie, v.a. links des Rheins. Man befürchtete, diese würde im Kriegsfall zuerst und zu stark in Mitleidenschaft gezogen. Im April 1936, also unmittelbar nach dem Einmarsch der Wehrmacht in das Rheinland, erklärte das Reichskriegsministerium nur *Felten & Guilleaume* zum Rüstungsbetrieb, für die *Humboldt-Deutzmotoren AG* lag ein Mob-Auftrag vor. Vier weitere Unternehmen des Kammerbezirks und Oberbergs bearbeiteten je einen Beschaffungsauftrag, zwei andere wurden für die Auftragsvergabe noch überprüft. In der Arbeiterschaft bestand die Tendenz zur Abwanderung nach Mitteldeutschland. Hinzu kam ein gravierender Mangel an Rohstoffen, der die Unternehmen bis zum Kriegsbeginn zu zeitweiligem Stillstand verurteilte und auf die Belegschaften einen „moralisch niederdrückenden Einfluß" ausübte. Dadurch war auch im Rheinland der Aufschwung gebremst worden. Teilweise erhielten Arbeiter bezahlten Urlaub, damit Entlassungen vermieden wurden.[70]

1937 war Köln die Großstadt im Deutschen Reich mit der höchsten Arbeitslosenquote und der geringsten Abnahme seit 1932. Die meisten Arbeitslosen waren im Juli 1932 gemeldet (109 712). Vier Jahre später waren es immerhin noch etwas über die Hälfte (57 084), während dann im Dezember 1938 die Zahl um ca. 84 % auf 17 840 sank. Auf 1 000 Einwohner kamen 1935 noch 66 Arbeitslose, während der Reichsdurchschnitt bei 34 lag. Die Zahl der Unterstützungsempfänger sank zwischen 1933 und 1936 stärker rechtsrheinisch. In Oberberg fiel die Zahl um 92 %, während in der Stadt Köln und im Landkreis Bergheim nur Abnahmen von 60 % bzw. 65 % eintraten. Dafür litten die ländlichen Gebiete stärker als die Stadt unter dem Wintereinbruch. Während zwischen Oktober und Dezember 1936 die Zahl der Arbeitslosen in Köln um zwei Prozent leicht abnahm, stieg sie im Oberbergischen um fast das Doppelte, im Kreis Bergheim immerhin noch um 45 %. Langfristig griff die Vollbeschäftigung aber auch im Westen. Besonders im Arbeitsamtsbezirk Gummersbach sank die Zahl der Arbeitslosen um 96,5 % von 1933 zu 1937. Im gleichen Zeitraum nahmen die Zahlen in Bergisch Gladbach um 83 %, in Horrem um 64,8 % und in Köln um 67,3 % ab. Neue Arbeitsplätze richtete einseitig die Produktionsgüterindustrie ein. Gleichzeitig ging die Beschäftigungslage in der Konsumgüterindustrie stetig zurück. Wegen des Auftragsrückgangs der Textil-, Papier- und Glasindustrie fürchtete man starke Unzufriedenheit aufgrund von möglichen Arbeiterentlassungen Ende 1935.[71]

Für einen Vergleich bietet sich die Stadt Köln aufgrund ihrer Pluralität an. In der Produktionsgüterindustrie standen hier 1927 61 234 Beschäftigungsverhältnisse 58 515 im Jahr 1936 gegenüber. Zwar waren zu Beginn der Aufrüstung im Rheinland weniger Beschäftigte in diesem Industriebereich vorhanden als auf dem Höhepunkt der Konjunktur in der Weimarer Republik, aber immerhin fast doppelt so viele wie 1932 (29 797). In der Konsumgüterindustrie war der Zuwachs mit acht Prozent zu 1932 sehr viel geringer (33 508 zu 31 132). In diesem Sektor waren nur 80 % der Beschäftigten von 1927 (42 079) noch in Arbeit. Gewonnen hatte im Nationalsozialismus der Dienstleistungssektor, ausgenommen der häusliche Bereich. Hier waren 1936 weniger Menschen in Arbeit als 1930 (41 754 zu 45 062), aber mehr als 1927 (38 527). Seit 1934 partizipierte die Konsumgüterindustrie nur noch partiell am Aufschwung. Verlierer waren die Arbeiter, die 1936 auch in der Produktionsgüterindustrie nicht wieder den Beschäftigungsstand von 1927 und 1928 erreichen konnten. Gestiegen war die Zahl der Angestellten generell um fünf Prozent zu 1928, während die Zahl der Arbeiter um ca. 13 % abnahm. Besonders schwer vermittelbar waren die ungelernten Kräfte, die nicht im gleichen Maße an der Beschäftigungswelle partizipierten.[72] Wenn auch weltweit die Zahl der „white-collar"-Beschäftigten zunahm, so wird dieser Zuwachs auch im Zusammenhang mit der Überbürokratisierung im NS-System stehen.

Die Sektoren reagierten sehr heterogen. Im Konsumsektor war von dem Rückgang der Beschäftigten vor allem die Textilindustrie betroffen, während die Nahrungsmittelindustrie weniger Probleme hatte. Im Produktionsgüterbereich war in der Branche „Steine und Erden" ein Rückgang zu verzeichnen, wobei 1938 zwar wesentlich mehr Beschäftigte in diesem Bereich tätig waren als 1932, aber auch wesentlich weniger als vor der Wirtschaftskrise 1928. Am stärksten gewann der Maschinen-, Apparate- und Fahrzeugbau, dessen Beschäftigtenzahlen von 1928 bis 1936 um 31 % stiegen, von 1932 auf 1936 sogar um mehr als das Zweieinhalbfache. Dies ist ein Indiz dafür, daß die vielpropagierten Autobahn- und Wohnungsbauten gegenüber dem rüstungsindustriellen Aufschwung zurückstecken mußten bzw. als Propagandainstrumente mißbraucht wurden. Nicht anders sah es im Handel aus, dessen Konjunktur sich langsamer erholte, da 1936 die Arbeitskräfterate noch unter der von 1928 lag – bei gleichzeitiger Steigerung im Dienstleistungsbereich![73]

Erst mit dem Bau des Westwalls und der inzwischen angelaufenen Konjunktur im Westen ließen die Probleme etwas nach. Hunderte von Baustellen beschäftigten zahlreiche Zivilingenieure und verschafften dem Einzelhandel Zugewinne. Auch im Rheinland näherte man sich nun der Vollbeschäftigung. Die Wiedereinführung der Wehrpflicht und die Heranziehung von Fürsorgeempfängern zu Pflichtarbeiten führten zur Abnahme der Arbeitslosigkeit. Es mehrten sich aber Stimmen, die in der einseitigen öffentlichen Auftragsvergabe Gefahren für die Exportfähigkeit sahen. Rohstoffe, Arbeitskräfte und Maschinen wurden für die Aufrüstung eingesetzt, das für die rheinische Wirtschaft so wichtige Auslandsgeschäft verlor dabei. Seit der Machtübertragung hatte es im Ausland Boykottmaßnahmen gegen deutsche Waren gegeben. Neben den Judenverfolgungen waren es auch 1937 Vermutungen über Katholikenverfolgungen, die z.B. den *Rheinischen Linoleumwerken Bedburg* den Verkauf ihrer Produkte in den USA erschwerten. Nach der Annexion Österreichs im März 1938 waren deutsche Waren in England boykottiert worden, weitere Boykotte folgten auf das Judenpogrom vom 9. November 1938. Bei *KHD* erreichte das Auslandsgeschäft im September 1938 einen absoluten Tiefstand. Aber auch inländische Kunden wandten sich bei einer vorrangigen Bearbeitung von Wehrmachtsaufträgen ab. Dennoch haben einzelne Unternehmen oder Branchen 1937 erstmals wieder einen Außenhandelsaufschwung verzeichnen können. In diesem Jahr konnte der Kölner Bezirk seine Umsatzentwicklung wieder an den Reichsdurchschnitt angleichen. Dafür drohten der Industrie nun andere Probleme. Der Aufschwung kam zu schnell, die Unternehmen waren technisch und organisatorisch, die Menschen in ihrer Leistungsfähigkeit überlastet. Schon im Juli 1938 warnte die Wehrinspektion VI vor einer „Überbeanspruchung der Werke, Leistungsabfall und Ermüdungserscheinungen von Gefolgschaft und Maschine" und forderte ein „ruhigeres Tempo in Kürze". Doch die Kriegsvorbereitungen sollten noch gesteigert werden. Im ersten Quartal 1939 stellte die Wirtschaftskammer eine „regelrechte Überbelastung mit Aufträgen und Lieferungsverpflichtungen" bei der Eisen- und Stahlindustrie fest. Arbeitskräftemangel und starke Wanderungsbewegungen waren die Folge. Im Juni 1939 hielt die Höchstbeschäftigung der Industrie unvermindert an. Das Tempo in der Industrieproduktion führte daher auch zu einer starken Zunahme des Krankenstandes. Der Aufschwung brachte aber den Aktionären wieder die Ausschüttung von Dividenden, so 1937 bei *Clouth* in Köln-Nippes und *Meirowsky & Co.* in Porz jeweils in Höhe von acht Prozent.[74]

Vergleicht man die Zahlen der Unternehmen in der Stadt Köln, so stellt man einen Rückgang der Summe fest.[75]

	1933	1936
Unternehmen insgesamt	44 761	44 103
Industrie	650	593
Handwerk	14 768	15 744
Großhandel/Verkehr	3 495	3 716
Kleinhandel	17 519	14 513
Gast-, Schankwirtschaft	2 353	2 176
Theater/Vergnügungsstätten	93	72
Gärtnerei/Tierhandel	305	320
Sonstige Betriebe	5 578	6 969

Die Zahl der Industriebetriebe nahm, krisenbedingt in der Weltwirtschaftskrise, konstant ab. Auch Fusionen verringerten den Bestand. Die Zahl der Kleinhändler sank ebenfalls, und zwar sprunghaft von 1935 auf 1936 um ca. 13 %. Beim Handwerk ist zwar eine Steigerung zu verzeichnen, die jedoch gegenüber 1934 und 1935 eine Abnahme bedeutete, im letzten Fall um ca. fünf Prozent. Allgemein ist aufgrund der Rüstungspolitik und der damit verbundenen Konzentration auf das produzierende Gewerbe ein Rückgang der Selbständigen zu bemerken.[76] Zahlreiche jüdische Unternehmen, insbesondere auch Kleinst- und kleinere mittelständische Betriebe wurden gezwungen zu schließen.

1934 waren ca. 7 900 Unternehmen im Kammerbezirk handelsregisterlich eingetragen. Zum Kammerbeitrag veranlagt werden konnten jedoch im Rechnungsjahr 1934/35 nur 6 656 Unternehmen, da der Rest in Konkurs, gelöscht oder in Liquidation war. Eine Bereinigung des Handelsregisters wurde in Angriff genommen. 1936 waren es 6 676, im folgenden Jahr 6 824. Die Zahl der nicht eingetragenen Unternehmen sank von 33 500 (1936) auf 32 614 (1938). Im Kölner Handels- und Genossenschaftsregister waren 1932 7 144 Firmen eingetragen. Fünf Jahre später waren es nur noch 5 624 (82 % der HR-Firmen im IHK-Bezirk). Da in dieser Zeit die Beschäftigungssituation in Köln stieg, kann vorsichtig von einer Konzentration auf größere Unternehmen gesprochen werden. Gab es 1932 noch 4 298 Einzelfirmen, offene Handelsgesellschaften und Kommanditgesellschaften, so waren es 1937 nur noch 3 564. Die Zahl der Aktiengesellschaften sank von 568 auf 430, wobei dieser Trend nicht nur mit der Zurückdrängung der anonymen Gesellschaften durch die Nationalsozialisten zu erklären ist, die im Gesetz über die Umwandlung von Kapitalgesellschaften vom 5. Juli 1934 manifestiert wurde. 2 026 Gesellschaften mit beschränkter Haftung im Jahr 1932 standen im Vergleichsjahr nur noch 1 415 gegenüber. Auch bei den Versicherungsvereinen auf Gegenseitigkeit und sonstigen juristischen Personen (24 zu 19), bei den Genossenschaften (222 zu 195) und bei den Kommanditgesellschaft auf Aktien (6 zu 1) hielt diese Entwicklung an.[77]

Betriebsappell am 22. und 29. Juni 1940

Auf Anordnung des Reichsorganisationsleiters Dr. Ley findet am 22. bzw. 29. Juni, 8:45 Uhr, in unserm Werk ein Kurzappell statt. Es spricht der Kreisobmann der Deutschen Arbeitsfront, Pg. Niebuhr.

Die Gefolgschaftsmitglieder der Betriebe versammeln sich um die ihrem Betrieb nächst liegenden Lautsprecher, die kaufmännischen Angestellten des Direktionsgebäudes im Musterzimmer, die übrigen kaufmännischen Angestellten im Speisesaal Tor 14.

Der Appell wird die Frühstückspause nicht überschreiten.

Die Gefolgschaftsmitglieder der Betriebe, die zu der angegeben Zeit keine Pause haben, können an dem Appell unter Fortzahlung des Lohnes teilnehmen. Soweit die Art der Arbeit eine Unterbrechung nicht gestattet, kann eine Teilnahme an dem Appell nicht stattfinden. Näheres bestimmen die Betriebsleiter.

Der Appell am 29. Juni ist für die Gefolgschaftsmitglieder bestimmt, die am 22. Juni nicht teilnehmen können.

Carlswerk, den 18. Juni 1940

Der Betriebsobmann
gez.: Stiehl

Der Führer des Betriebs
gez.: Lehmann

Aufruf zum Betriebsappell der Felten & Guilleaume Carlswerk AG, Köln-Mülheim, 1940

Die steigende Beschäftigung führte auch zu Ausweitungen in der betrieblichen Sozialpolitik, die von der Deutschen Arbeitsfront (DAF) gezielt zur Beruhigung der Massen eingesetzt wurde. Die Unternehmen wurden unter Druck gesetzt, sich der allgemeinen Entwicklung anzuschließen. Der von den NS-Schergen propagierte „Volksgemeinschafts"-Charakter sollte insbesondere in den Betrieben gefördert werden, da für die Aufrüstung „zufriedene" Arbeiter benötigt wurden. Viele Anordnungen der DAF waren nicht im Sinne der Wirtschaft, zumal sie mit zusätzlichen Kosten verbunden waren. Einige Unternehmen investierten wie schon in der Vorzeit in soziale Einrichtungen, nur jetzt von der entsprechenden Propaganda der DAF begleitet. Die *Gebr. Stollwerck AG* richtete 1938 die erste Betriebstagesstätte in Deutschland für Säuglinge und Kleinkinder ein. Zur Belohnung wurden manche Unternehmen als „nationalsozialistischer Musterbetrieb" ausgezeichnet. Die zweite Stufe war das „Gaudiplom für hervorragende Leistungen". Dabei hatte die Ausrufung des „Leistungskampfes der deutschen Betriebe" durch die DAF und deren durch Schacht aber vereitelten Versuch der Zwangsbewerbung Unruhe in die Unternehmerschaft gebracht. Sie befürchtete die Verbreitung eines Negativ-Images bei gering eingeschätzten Leistungen und vermißte wirtschaftliche Beurteilungskriterien.[78]

3 DIE EINZELNEN BRANCHEN

3.1 BERGBAU

An der Spitze der Braunkohlenunternehmen standen zwei große Gesellschaften; die *Rheinische Aktiengesellschaft für Braunkohlenbergbau und Brikettfabrikation in Köln* (RAG) und die *Braunkohlen- und Briketwerke Roddergrube AG* in Brühl. Beide waren über Kapitalbeteiligungen, Dividendengarantieverträge und Personalunion in den Aufsichtsräten eng verbunden. 1933 erlangte das RWE die

Braunkohlenkraftwerk „Goldenberg" der RWE AG in Hürth-Knapsack, 1936

absolute Mehrheit am Grundkapital von Rheinbraun, nachdem auch schon die Roddergrube aufgekauft worden war. Sie hielten gemeinsam 56 % der Gesellschafteranteile des Verkaufskartells *Rheinische Braunkohlen-Syndikat GmbH*. Um 1940 wurden ca. ein Viertel der Welt- und ein Drittel der deutschen Braunkohlenförderung im rheinischen Revier in den größten Betrieben Europas gewonnen. Neben dem Hausbrand war somit die Elektrizitätsversorgung durch benachbarte Kraftwerke gesichert. Das größte Kraftwerk Europas war dabei das *Goldenberg-Werk*. Brikettfabriken verarbeiteten an Ort und Stelle die geförderte Braunkohle. Eine eigene Reederei besorgte die Verteilung bis in die Niederlande und die Schweiz. In den dreißiger Jahren sollten die mit dem Abbau verbundenen Landschaftsprobleme durch gesetzliche Regelungen gelöst werden, Vorarbeiten des Kölner Regierungspräsidenten gelangten jedoch wegen des Krieges nicht mehr zur Ausführung. Zur Erforschung des Braunkohlenuntertagebaus wurde 1939 eine *Rheinische Braunkohlentiefbau GmbH* in Köln gegründet. Ein 1941 abgeteuftes Tiefbauversuchsbergwerk bei Liblar wurde später wegen Unrentabilität stillgelegt. Nachdem die Gesamtfördermenge von 52,33 Mio. t im Geschäftsjahr 1929/30 auf 39,26 Mio. t in der Wirtschaftskrise 1932/33 gefallen war, konnte für 1938/39 erstmals wieder eine Rekordförderung in Höhe von fast 59 Mio. t erreicht werden. Analog dazu verlief die Brikettfabrikation, die im letzten Friedensgeschäftsjahr 12,25 Mio. t produzierte. Mit Kriegsbeginn steigerte sich die Produktion erneut.[79] Anfang 1933 drohte die Stillegung der *Grube und Brikettfabrik Berggeist* in Brühl. Die Nationalsozialisten fürchteten einen Negativimpuls für ihre Aufschwungparolen, besetzten die Fabrik und zwangen den jüdischen Eigentümer, diese in eine Auffanggesellschaft zu überführen, die später von der *Grube Neurath* gekauft wurde. 1936 mußte aber dennoch die Fabrik, nachdem die Kohlenvorkommen schon längst erschöpft waren, schließen. Neben den beiden großen Unternehmen bestanden noch eine Reihe kleinerer, die sich anteilig an den Gemeinschaftsunternehmen beteiligten.[80]

Zum Autarkieprogramm der NSDAP gehörte die Förderung heimischer Bodenschätze. Die *Grube Lüderich* bei Untereschbach konnte z.B. den Abbau von 40 t Zink- und Bleierz 1933 auf 1 300 t Zink und 150 t Bleierz 1936 steigern. Die Belegschaft stieg von 30 auf 950 Personen (Steigerungsrate 3 160 %!). 1937 wurden 138 000 t gefördert.[81]

3.2 INDUSTRIE

Der Schwerpunkt der industriellen Tätigkeit lag im Kölner Kammerbezirk bei der Metallindustrie. 1941 gehörten im Kammerbezirk Köln 514 Unternehmen zur Eisen- und Metallbranche. Im Oberbergischen Kreis waren es 89.[82] Gut vier Fünftel davon beschäftigten unter 100 Personen, ca. fünf Prozent allerdings mehr als 500 Beschäftigte.[83]

In der Stadt Köln wurden besonders Erzeugnisse für den Verkehr produziert. Hauptprodukt waren Motoren für jeden Verwendungszweck. Deren Fabrikation erfuhr durch die Arbeitsbeschaffung für Binnenschiffer zu Beginn der Periode einen besonderen Aufschwung. Eine spezialisierte Maschinenbauindustrie produzierte für den Bergbau sowie die Hütten-, Stahl- und Walzwerksindustrie, aber auch für die chemische Industrie. 1934 ging die Metallbranche wieder von der Kurzarbeit zur 48-Stunden-Woche über. In der Folgezeit stand die Branche unter hohen wehrwirtschaftlichen Produktionsanforderungen.[84] Die *Humboldt-Deutzmotoren AG* (seit 1938 *Klöckner-Humboldt-Deutz AG*, KHD) erweiterte 1936 durch den Kauf der *C.D. Magirus AG* in Ulm ihre Produktpalette um Lastkraftwagen und Feuerlöschanlagen. Hauptprodukt war der Kleinmotor, der einen enormen Aufschwung im Dritten Reich erlebte. Im Januar 1939 wurde der 200 000ste liegende Kleinmotor ausgeliefert, wobei die Hälfte davon seit 1935 angefertigt wurde. Die anderen Produkte, Schlepper sowie Feldbahn- und Grubenlokomotiven, profitierten ebenso vom Aufschwung. Die Zahl der Mitarbeiter betrug 1940 ca. 10 000.[85]

Die Waggonindustrie litt auch in den dreißiger Jahren unter Auftragsmangel, v.a. beim Export. 1935 erreichte die Waggonherstellung im Kölner Bezirk nur 30 % des Beschäftigungsstandes. Behördenaufträge garantierten das Überleben. Die schlechte Auftragslage in den ersten Jahren führte dazu, daß die *Vereinigte Westdeutsche Waggonfabriken AG* andere Produktionsfelder suchte, u.a. Holzgasgeneratoren und Steinkohleschwefelanlagen. Erst 1937 kamen wieder ausreichend Aufträge hinein. Am 27. Januar 1938 startete der hier produzierte Stromlinien-Schnelltriebwagen der *Deutschen Reichsbahn* mit einer Höchstgeschwindigkeit von 160 km/h zur Probefahrt.[86]

Die Mobilisierungskampagne sollte die latent vorhandene Nachfrage nach preiswerten Automobilen befriedigen und bei der Vorbereitung des Angriffskrieges helfen. Die *Ford Motor Company* (seit Juli 1939 *Ford-Werke AG*) in Köln wurde wegen der Abhängigkeit von der amerikanischen Muttergesellschaft zunächst argwöhnisch beobachtet. Deutsche Modellnamen sollten das Image verbessern („Köln", „Eifel", „Taunus"). Erst am 1. Februar 1936 wurde Ford als „deutsches Erzeugnis" anerkannt. Somit waren Lieferungen an Behörden möglich. Vor dem Krieg war Ford der zweitgrößte Lastkraftwagen- und der drittgrößte Personenkraftwagenhersteller im Deutschen Reich. Die außerordentlich hohe Qualität führte dazu, daß private Kraftfahrzeuge dieser Marke ohne Ausnahme zum Kriegsdienst requiriert wurden. Die Pkw-Herstellung stockte bald nach Kriegsbeginn. Dafür wurden von 1939 bis 1944 über 90 000 Lkw für die Wehrmacht produziert. Schon zum Einmarsch in die Tschechoslowakei hatte das Unternehmen der deutschen Wehrmacht 1 500 Lkw geliefert. In seinen Spitzenzeiten beschäftigte man 1944 über 5 000 Mitarbeiter. Die Ford-Werke blieben im Zweiten Weltkrieg weitestgehend von Zerstörungen verschont.[87] Das Citroën-Montagewerk in Poll mußte wegen der Devisenbewirtschaftung 1935 liquidiert werden, konnte aber als Verkaufsstelle weiterexistieren. Die wachsende Automobilindustrie zog im Kölner Umland eine Reihe von Zulieferbetrieben an. Die *Eisenwerk Brühl GmbH* stellte im Krieg ihre Zylinderblockproduktion auf Spezialmotoren um. Mitte der dreißiger Jahre errang die *Bergische Achsenfabrik Fr. Kotz & Söhne* mit einem eigenen Vertriebsnetz für Rollenlagerachsen einen durchschlagenden Erfolg. 1943 wurde das Tochterunternehmen des Schwelmer Eisenwerks *Müller & Co.*, die Firma *Krebsöge Sintertechnik*, die die Produktion von pulvermetallurgischen Produkten, u.a. Lager und Bundbolzenbuchsen für den VW-Kübelwagen betrieb, gegründet.[88]

Im Zuge der Autarkiepolitik unterstützten die Machthaber die Entwicklung ölunabhängiger Antriebsarten. Die *Imbert-Generatoren-Gesellschaft mbH* wurde im September 1933 in Köln gegründet. Das Unternehmen verwertete weltweit das Holzgasgeneratorverfahren von Georges Imbert. Wegen der komplizierten Handhabung und des großen Gewichts erfreuten sich diese Generatoren nur geringer Beliebtheit. Der Einbau rechnete sich nur bei Lkw oder Omnibussen. 1935 wurde ein eigenes Werk in Köln-Braunsfeld bezogen, 1941 ein Neubau in Köln-Niehl. Der Krieg brachte in diesem Jahr einen Produktionsanstieg von 200 auf 20 000 Anlagen. Da Holz in Deutschland auf Dauer nicht ausreichend zur Verfügung stand, plante das Militär die Umstellung auf Braunkohle. Dafür gründete Imbert eine eigene Entwicklungs- und Versuchsanstalt in Recklinghausen. In den verschiedenen Niederlassungen, verteilt über ganz Europa, waren Ende 1944 2 400 Mitarbeiter beschäftigt. Bis 1945 wurden über 500 000 Generatoranlagen produziert – andere Hersteller hatten nur Stückzahlen von wenigen hundert vorzuweisen.[89]

Die Rüstungspolitik brachte insbesondere den Maschinenbauern Auftrieb. Schon 1935 wurde teilweise eine Beschäftigungsquote von 100 % erreicht. Die *Reichswerke Hermann Göring* erteilten der *Berlin-Anhaltische Maschinenbau-AG* (BAMAG) in Bayenthal den Auftrag, Thomas-Konverter mit einem Fassungsvermögen von 60 t herzustellen, den damals größten ihrer Art. Der allgemeine Aufschwung nach 1936 verhalf auch den rheinischen Unternehmen zu mehr Exportaufträgen. Die Deutzer Firma *Alfred H. Schütte* konnte 1937 nach langen Jahren wieder einen größeren Auftrag zur Lieferung von Automaten nach Siam verbuchen. Neue Unternehmen drängten mit dem Konjunkturaufschwung auf den Markt: 1937 in Engelskirchen die Fabrik für Schleif- und Fräswerkzeuge *Gebr. Lukas* und im Kriegsjahr 1940 die Elektro-Maschinenfabrik *Joisten & Kettenbaum* in Bensberg-Herkenrath zur Anfertigung von Schweißmaschinen und Spezialwerkzeugen für Werkzeug- und Formenbau.[90]

In der Eisen-, Stahl- und NE-Metall-Industrie wurden Gießereierzeugnisse für die Montan- und Chemie-Industrie fabriziert. 1935 kam infolge der Kontingentierung die Herstellung von Blei- und Zinkprodukten in Schwierigkeiten. Eine gute Auftragslage konnte den Beschäftigungsstand nicht halten, weil die entsprechenden Rohstoffe nicht geliefert wurden. Die *Sachtleben AG für Bergbau und Chemische Industrie* in Köln, eine Tochterfirma der *Metallgesellschaft* in Frankfurt/Main, versuchte die Herstellung eines Spezialeisens, das dem schwedischen Holzkohleneisen gleichwertig war.[91] Neue Unternehmen nahmen in den dreißiger Jahren regen Auftrieb. So war das Stahlbauunternehmen *Albert Liesegang* in Köln-Kalk, 1932 gegründet, mit Hallenbauten für die Industrie beschäftigt, so daß die Arbeiterzahl sich von 1936 auf 1939 verdoppelte. In diesem Jahr erhielt das junge Unternehmen auch den Auftrag des Reichsverkehrsministers für den Bau genieteter und geschweißter Eisenbahnbrücken. In Waldbröl wurde 1940 ein Radiatorenwerk gegründet. Ein wichtiger Zuliefererbetrieb für die Rüstungsindustrie war die *Walther & Cie.* in Köln-Dellbrück mit den von ihr hergestellten Feuerschutzanlagen.[92]

Die Leichtmetallindustrie war 1935 schon durch Wehrmachtsaufträge gut ausgelastet und vermeldete teilweise sogar Vollbeschäftigung. Neue Unternehmen wurden in dieser Branche ins Leben

Ford „Rheinland" mit Imbert-Holzgasgenerator als Versuchswagen, 1935

gerufen. 1936 z.B. in Egerpohl, Gemeinde Klüppelberg, die *Teckemeyer Metallwarenfabrik*, die die Herstellung und den Vertrieb von leichten Preß-, Zieh- und Stanzteilen (Muttern, Stative, Uniformknöpfe, Koppelschlösser und Wehrmachtsfeuerzeuge, aber auch Metallbaukästen und Aluminiumbestecke) übernahm. Noch 1940 eröffnete in Köln-Zollstock die Metalldrückerei *Schmitt* ihren Betrieb.[93]

Köln war durch die *Felten & Guilleaume Carlswerk AG* (F & G) Zentrum der Kabelindustrie. Neben vielen in- und ausländischen Beteiligungen waren hier die *Land- und Seekabelwerke* in Nippes, *Meirowsky und Co. AG* (später *Dielektra*) in Porz, das Braunkohlenbergwerk in Liblar, *Franz Clouth Rheinische Gummiwerke AG* in Nippes und das Seilbahn- und Anlagenbauunternehmen *J. Pohlig AG* in Zollstock unter dem Dach von F & G zusammengeführt. Die schlechte Rohstofflage machte der Branche in den dreißiger Jahren zu schaffen. Die Auftragslage stagnierte, die Produktion ebenso. Erst 1937 gelang es den *Land- und Seekabelwerken* in Köln-Nippes wieder, einen größeren Feldkabelauftrag für den Export zu akquirieren. Ende 1939 arbeiteten bei F & G im Bereich Eisen- und Stahlwaren 2 224 Menschen, im Bereich Elektrotechnik 2 902, davon 1 060 Frauen.[94] Letzterer Bereich expandierte auch bei anderen Unternehmen. Die Firma *Albert Ackermann GmbH & Co. KG* in Gummersbach erweiterte ihre Produktpalette in den dreißiger Jahren von Elektroschaltern auf Bauteile für die Nachrichtentechnik. Dadurch konnte das Unternehmen expandieren und die bisher gemietete Betriebsstätte in ihr Eigentum überführen.[95]

Als besonderer Industriezweig bildete sich in dieser Zeit die Serienproduktion von Geräten zur Wiedergabe von Rundfunksendungen oder Musikaufzeichnungen heraus. Am 25. April 1936 gründete in Köln der Ingenieur Dr. Carl Daniel die *Tefi-Apparatebau Dr. Daniel KG*, an der sich bedeutende Kölner Unternehmer (u.a. Gustav Bredt, Max Clouth, Gottlieb von Langen, Eugen

In Köln entwickeltes Tonaufnahmegerät („Tefiphon"), 1937

Gottlieb von Langen) als Kommanditisten beteiligten. Ab 1938 half *Haus Neuerburg* bei Kapitalerhöhungen und sorgte für die Erweiterung des Kundenkreises. Das Werk verlegte 1940 seinen Firmensitz aus der Kölner Innenstadt nach Porz in ein neues Betriebsgebäude. Zweck des Unternehmens war die „Herstellung und der Vertrieb von Sprechapparaten mit endlosem Filmband als Lautträger und in Verbindung mit einem Telefon". Das von Daniel entwickelte Tefifon war ein akustisches Aufnahme- und Wiedergabegerät, das mittels einer Walze einen Tonfilm an einem Saphir vorbeileitete, der eine Tonspur einritzte. In diese Tonspur wurden entsprechende Schallschwingungen aufgenommen. Gegenüber den Schallplatten erwies sich der Tonfilm als lebensfähiger und unempfindlicher. Die Nationalsozialisten entdeckten die Bedeutung dieser Technik zur Aufnahme von Konferenzen, Telefongesprächen, Diktaten und v.a. für die politische Propaganda. Sie wollten ein „Reichsarchiv für akustische Zeitdokumente" einrichten, in dem auch Führerreden eingelagert werden sollten. Der gleichgeschaltete Rat der Stadt Köln nahm seine Sitzungen auf Tefibändern auf. Auch das Reichsluftfahrtministerium machte sich Daniels Erfindung zunutze, die in Konkurrenz zu dem von *AEG* entwickelten Magnettonverfahren, das sich schließlich durchsetzte, stand.[96]

1941 waren in der Chemiebranche in der Kölner Wirtschaftsregion 262 Unternehmen tätig, davon viele mittelständische Unternehmen. Neben Fertigwaren, Lacken, chemischen Grundstoffen, Rostschutzfarben und technischen Ölen, Chemikalien für Emaille, Keramik und Glas sowie Putzmittel waren Teerprodukte, Ruß und Isoliermassen die Hauptprodukte. Parfüms und Eau de Cologne zählten ebenso dazu wie Pharmaprodukte.[97] Köln galt insbesondere als Zentrum der Mineralfarben- und Lackindustrie. 1938 gelang *Bollig & Kemper* die Umstellung von Bauten- auf Industrielacke, so daß bei Kriegsausbruch die Stillegung vermieden werden konnte. Ein Patent zur Herstellung von Feuerschutz-Tarnfarben für Flughäfen sicherte dem Unternehmen dann die Existenz.[98]

Ein Großunternehmen war der Chemiefaserhersteller *Glanzstoff-Courtaulds GmbH* in Köln-Weidenpesch, dem mit der Autarkiepolitik hohe Bedeutung zukam. Zeitweise waren hier fast 3 000 Menschen in Arbeit.[99] Die *AG für Stickstoffdünger* in Knapsack war ein Tochterunternehmen der *I.G.-Farbenindustrie AG*. 1938 nahm das Werk den ersten gedeckten Karbidofen in Betrieb und wurde so zur größten Karbidfabrik der Welt. Aufgrund des hohen Energiebedarfs war der Standort nahe der Braunkohle ideal. 1937 wurden 100 000 kWh Strom pro Tag benötigt. Drei Jahre später waren in Knapsack 1 905 Arbeitnehmer beschäftigt.[100] Die Chemie-Industrie war bei der Erforschung und Produktion von Ersatzstoffen gefragt. In Rodenkirchen eröffnete 1935 eine Fabrik zur Herstellung des Gerbstoffes Celtanin. Die IHK glaubte, mit dieser eine autarke Versorgung zu erreichen.[101]

Durch den Vierjahresplan veranlaßt gründeten die rheinischen Braunkohlengesellschaften am 27. Januar 1937 die *Union Rheinische Braunkohlen Kraftstoff AG* (UK) mit Sitz in Köln zwecks Aufbau und Unterhaltung einer Hochdruck-Hydrieranlage für Benzin und Dieselöl. Für Wesseling bedeutete die Ansiedlung einen entscheidenen Standortimpuls, der sich besonders nach dem Krieg auswirkte. Aufgrund von Terrainschwierigkeiten, u.a. wegen überteuerter Grundstückspreise, sowie Mangels an Baumaterial wurde erst 1939 mit dem Bau begonnen. Unruhen unter den angeworbenen Gastarbeitern aus der Slowakei und Italien wegen unterschiedlicher Behandlung brachten eine erneute Verzögerung. Zeitweise besagte ein Gerücht, daß Bauteile an die Sowjetunion ausgeliefert werden sollten. 1941 konnte die UK ihre Produktion nach dem Hochdruckverfahren der *IG Farben* aufnehmen. Bereits 1943 hatte sie ihre Sollproduktion von 225 000 t Dieselöl erreicht. Im Oktober 1944 wurde das Werk nach starken Zerstörungen stillgelegt.[102]

Aufgrund der Rohstoffbewirtschaftung waren die Unternehmen gezwungen, die Abfall- und Resteverwertung energischer voranzutreiben. 1937 versuchte das *Martinswerk* in Bergheim die auf Halden liegenden eine Mio. t Bauxitrückstände für die Eisen- und Stahlindustrie aufzubereiten. Im Betrieb

Hydrierwerk Wesseling der Union Rheinische Braunkohlen Kraftstoff AG (UK), Februar 1943

verwendete Laugen gaben Vanadin zur Stahllegierung ab. Aus Bauxit wurde Tonerdekonzentrat als Ausgangsstoff für die Verhüttung hergestellt, so daß die Einfuhr aus Italien und Jugoslawien gedrosselt werden konnte.[103] Unter der Rohstoffkontingentierung litt auch die Linoleumproduktion, die 1936 über Unterbeschäftigung klagte. Das Auslandsgeschäft wurde durch die Exportbeschränkungen behindert. Im Krieg befürchtete man sogar die Schließung der *Rheinischen Linoleumwerke Bedburg Richard Holtkott GmbH & Co. KG*, nachdem die Belegschaft auf ein Fünftel des Vorkriegsstandes (von 400 auf 80) geschrumpft war und teilweise die Wochenproduktion gegen Null tendierte.[104] Köln war wichtigster Standort der Gummifädenindustrie im Deutschen Reich, wo aber auch konfektionierte, chirurgische und technische Gummiwaren hergestellt wurden. 1934 nahm die *Felix Böttcher GmbH* die Produktion von Gummiwalzenbezüge auf Basis von Naturkautschuk und später von synthetischen Kautschuk auf.[105] Die Autarkiepolitik forderte in der Industrie wegen fehlender Rohstoffe Opfer, so die Schuhcremefabrik *Siebenborn* in Köln, die Mitte der dreißiger Jahre ihren Betrieb einstellte. Die Kölnisch Wasser-Branche konnte sich halten. Allerdings war auch der Markt begrenzt. 1936 setzten die Kölnisch Wasser-Fabrikanten drei Viertel ihres Inlandsabsatzes in der Stadt Köln ab.[106]

Die Industrie der Steine und Erden sowie der Baunebenprodukte war durch die öffentlichen Arbeitsbeschaffungsprogramme zu Beginn der Berichtszeit am Aufschwung beteiligt. Größtes Problem blieb aber auch der hier chronische Materialmangel. 1937 fehlten für Heeresbauten im Kölner Kammerbezirk Eisen, Ziegelsteine und sonstige Materialien, die einen produktiven Arbeitseinsatz

Nach einem Angriff Anfang Oktober 1944 war das Werk der UK Wesseling weitestgehend zerstört

ermöglicht hätten. Vor dem Krieg bestanden in der Stadt Köln ca. 150 dieser Industriebetriebe mit ca. 2 600 Beschäftigten, in der Mehrzahl Klein- und Mittelbetriebe. Diese Tendenz bestand auch im Kammerbezirk, wo 1941 insgesamt 234 Betriebe vorhanden waren, von denen 85 % (200) unter 50 Beschäftigte und 0,9 % (zwei) zwischen 501 und 1 000 Beschäftigten zählten. In Oberberg war die Zahl der Kleinbetriebe noch höher (28 = 90,3 %). Rechtsrheinisch wurde Sandstein und Grauwacke gewonnen, die als Werk- und Pflastersteine u.a. im Straßenbau Verwendung fanden. Immerhin arbeiteten hier 3 000 Arbeiter. Zahlreiche Glasfabriken verarbeiteten Sand aus dem Vorgebirge. Viele kleinere und mittelständische Unternehmen prägten das Erscheinungsbild der Holzindustrie, die im Oberbergischen auf einen ausgedehnten Waldbestand zurückgreifen konnte. In Hürth-Kalscheuren war die *Kölner Holzbau-Werke GmbH Christoph & Unmack* seit 1936 mit der Herstellung von Lignat-Asbestfaserzement-Bauplatten beschäftigt.[107]

Das Zentrum der hiesigen Papierindustrie war Bergisch Gladbach, wo bei der Firma *J.W. Zanders* 1940 1 280 Menschen beschäftigt waren. Zwei große Tapetenfabriken im Bezirk, *Pickhardt & Siebert* in Gummersbach und *Flammersheim & Steinmann* in Köln, wo 1939 auf 23 Druckmaschinen fünf Millionen Tapetenrollen fabriziert wurden[108], sorgten u.a. für die Weiterverarbeitung des Papiers. Gleiches galt für einige Großdruckereien wie *M. DuMont Schauberg* mit 500 und *J.P. Bachem KG* mit knapp 200 Beschäftigten. Allerdings beherrschten hier die vielen Kleinbetriebe (1941: 378 von 386) den Markt mit 98 %.[109]

Neubau der Kölner Großmarkthalle an der Bonner Straße, 1941

Im Bereich der Konsumgüterindustrie existierten 1941 im Kammerbezirk Köln 654 Unternehmen, an der Spitze die Lebensmittelindustrie mit 203, die Spiritusindustrie mit 178, die Bekleidungsindustrie mit 118 und das Textilgewerbe mit 70 Betrieben. Im Oberbergischen herrschte in diesem Bereich, wie im gesamten Bergischen Land, die Textilindustrie vor. Jedoch waren hier 1941 nur 28 Unternehmen bekannt.[110] In der Lebensmittelbranche gab es nur einen Großbetrieb vor dem Krieg, die Schokoladenfabrik *Gebr. Stollwerck AG* (1940 ca. 2 100 Beschäftigte). Brauereien und Mälzereien waren zumeist Klein- und Mittelbetriebe, die Spiritusunternehmen hatten allesamt unter 50 Beschäftigte. Einige Brauereien waren in jüdischem Besitz, so die *Hirsch- und Adler-Brauerei AG*, die 1937 von der Familie Feitel, die in die USA emigrierte, an die Essener *Carl Funke AG* verkauft und in *Dom-Brauerei* umbenannt wurde. Die Unternehmen der Zuckerindustrie waren mit ihren Verwaltungen in Köln ansässig, mit ihren Fabrikationsstätten jedoch im Vorgebirge. Als bedeutendstes Unternehmen galt die Firma *Pfeifer & Langen*. Die Kontingentierung zwang das Unternehmen bis 1938, ein Werk in Ameln stillzulegen. 1943 erfolgten Einschränkungen in der Rübenverarbeitung. *Haus Neuerburg* produzierte Tabakwaren in Trier und an anderen Orten, die Verwaltung saß jedoch in Köln. Ende 1935 erwarb *H. F. & Ph. F. Reemtsma* aus Hamburg fast sämtliche Anteile von der Familie Neuerburg. Die Firma engagierte sich auch bei der Errichtung einer „Obsterei" zur Versorgung der deutschen Bevölkerung im Krieg. Für 1942 waren zwei Mio. Liter Fruchtsaft geplant, der aus Importobst produziert werden sollte.[111]

Die deutsche Textilindustrie litt als Industriezweig sicher am stärksten unter dem Primat der Aufrüstung. Um Devisen für rüstungsnotwendige Rohstoffe zu sparen, wurde im Mai 1934 ein Einfuhrverbot für Wolle und Tierhaare erlassen. Die „Faserstoffverordnung" vom 19. Juli d. J. hinderte die Textilunternehmen an neuen Investitionen und untersagte Neuerrichtungen. Die Arbeitszeit wurde um 30 % verkürzt, die Verkaufspreise wurden auf den Stand von März 1934 eingefroren. Die Abhängigkeit vom Ausland versuchte man mit der Förderung der Zellwollproduktion zu umgehen, wobei die Spinnereien gezwungen wurden, das notwendige Kapital für die Gründung regionaler Pflichtgemeinschaften aufzubringen. So entstand auch die *Rheinische Zellwolle AG*, die zunächst ihren Sitz in Köln hatte. 1937 erwarb das Unternehmen die Siegburger Produktionsstätte von *J.P. Bemberg* aus Wuppertal und verlegte ihren Sitz an die Sieg.[112] Zentrum der bezirklichen Textilindustrie war das Bergische Land. Allein im Oberbergischen Kreis wurde ca. die Hälfte der textilen Gesamtproduktion des Regierungsbezirks erwirtschaftet. In Dahlerau saß das traditionsreiche Textilunternehmen *Johann Wülfing & Sohn* mit seiner Tuchfabrik, die im Zweiten Weltkrieg vornehmlich Aufträge von Behörden, Partei und Militär erhielt. Aufgrund der Rohstoffnot begann man hier im Krieg mit dem Einsatz von Mohair. Im Krieg legte die Administration zahlreiche Unternehmen still, da deren Arbeiter in Rüstungsbetrieben gebraucht wurden. In der Bekleidungsindustrie verschwammen die Unterschiede zwischen industrieller Fertigung und großhändlerischer Tätigkeit. *Bierbaum-Proenen*, Spezialhaus für Berufskleidung, galt mit über 1 100 Arbeitnehmern 1940 als größtes Unternehmen dieser Art in Köln. Zu den örtlichen Hauptprodukten zählten Spitzen- und Besatzartikel, die hauptsächlich von jüdischen Unternehmen hergestellt und vertrieben wurden. Das bekannte Haus *Reifenberg* wurde später arisiert.[113] In der Lederindustrie hielt sich die Verarbeitung von Leder zu Damen-Luxusschuhen als Ausnahme. Die Sohlledergerberei *Ed. Schuhmacher* in Waldbröl, einem Zentrum der Lederwarenindustrie, war mit Wehrmachtsaufträgen ausgelastet.[114]

3.3 VERKEHRSWESEN

Der Kölner Wirtschaftsraum war von je her von besonderer verkehrsstrategischer Bedeutung. Schon 1933 konnten die Kölner Häfen wieder steigenden Umschlag verzeichnen, der sich schwunghaft seit 1936 entwickelte. Zu den Hauptumschlagwaren gehörten neben der Kohle Erde und Tone.

1939 umfaßten die Hafenkais 14,5 km, die Hafenbahn 67 km Gleise und die Lagerfläche insgesamt 265 000 qm, wovon 125 000 qm überdacht waren. Mit einer Wasserfläche von 40 ha und einer Werftfläche von 65 ha gehörte Köln zu den größeren Binnenhäfen im Deutschen Reich. Bauliche Erweiterungen in den vorangegangenen Jahren, z.B. Silobauten, sowie die Elektrifizierung der Krananlagen, hatten die Kölner Häfen zu leistungsfähigen Güterverteilzentren werden lassen. Der Hafen Wesseling als Heimathafen der *Reederei Braunkohle GmbH* (gegr. 1935) diente dem Umschlag von Briketts aus dem rheinischen Braunkohlentagebau. Ende Oktober 1938 verband der fertiggestellte Mittellandkanal Köln erstmals auf dem Schiffsweg mit Berlin. Im März 1939 wurde der direkte Rhein-See-Verkehr von Köln über Duisburg nach Spanien aufgenommen. Die Personenschiffahrt erfuhr durch die KdF-Fahrten einen Auftrieb, der jedoch durch den Kriegsbeginn absorbiert wurde. Zwar übernahmen die Schiffe noch bei Ausfall der Brücken wichtige Transportfunktionen, aber kaum eines überstand den Krieg.[115]

Im Mittelpunkt der Straßenplanung stand der Bau von Reichsautobahnen, die jedoch keine Erfindung der Nationalsozialisten waren. Schon 1932 war die von den Städten und Landkreisen Köln und Bonn geplante „erste moderne Nur-Autostraße in Deutschland" eröffnet worden. Die Autobahnen dienten als Propagandainstrument der NS-Arbeitsbeschaffungspolitik sowie als sichtbares Zeichen der versprochenen Motorisierung. Gleichzeitig waren sie aber auch Gegenstand militärstrategischer Überlegungen, weshalb im Rheinland wegen der nahen Westgrenze zuerst rechtsrheinisch geplant und gebaut wurde. 1936 wurde die Strecke Köln – Düsseldorf als Teilstück einer Verbindung vom Ruhrgebiet zum Rhein-Main-Raum eröffnet. 1937 erfolgte die Fertigstellung bis Oberhausen und die Eröffnung der Strecke Köln – Siegburg. Linksrheinisch wurde die Strecke Aachen – Köln 1936 begonnen, mußte jedoch 1942 bei Düren wegen des Krieges eingestellt werden. Als Verbindung über den Rhein diente die Rodenkirchener Brücke (Bauzeit 1938 bis 1941) – mit 378 m Spannweite die weitestgespannte Hängebrücke Europas. Der zunehmende Großstadtverkehr erfuhr verstärkte Regeleingriffe und den Ausbau von Ausfallstraßen. Innerstädtische Parkplätze sollten den Verkehrsfluß kanalisieren. Als Sammelpunkt des Güterfernverkehrs wurde der Autohof in Köln-Raderthal am 28. März 1936 nahe der geplanten neuen Großmarkthalle eröffnet. Der Verbesserung der Verkehrsverhältnisse, aber auch der Großmannssucht der Nationalsozialisten sollte der Ost-West-Durchbruch vom Heumarkt zum damaligen Opernhaus am Ring dienen. Mit den Abbrucharbeiten von bebauten Grundstücken wurde schon vor 1938 begonnen. Auch im Stadtteil Deutz, der einem „Gauforum" weichen sollte, erfolgten vorbereitende Arbeiten. Die Kriegsereignisse haben der Stadt die Durchführung erspart. Nur die Ost-West-Achse wurde begonnen, die Nord-Süd-Achse geplant – ebenso wie der Ausbau der Inneren Kanalstraße.[116]

Wegen der Bedeutung Kölns als Verkehrskreuz des Westens wurde in den dreißiger Jahren die Eisenbahnverbindung zur Reichshauptstadt verbessert. Am 1. Juli 1935 begann der Planverkehr des Schnelltriebwagens Köln – Berlin. Die D-Zug-Geschwindigkeit verbesserte sich erheblich, und im Juli 1938 kamen auf den Strecken Köln – Essen bzw. Wuppertal – Berlin neue dreiteilige Schnelltriebwagen zum Einsatz. Die Massenveranstaltungen der Nazis verursachten bei der Reichsbahn 1936 allein 6 000 Sonderzüge im Reichsbahndirektionsbezirk Köln. In den folgenden Jahren wurden sowohl im Reise- wie auch im Nahverkehr, letzterer insbesondere durch den gestiegenen Arbeitsmarkt, neue Zugverbindungen geschaffen. Die Hohenzollernbrücke war schon 1933 verstärkt worden. 1934 löste die elektrische Schnellbahn auf der Strecke Köln – Brühl den „feurigen Elias" ab. Die Reichsbahn eröffnete eine Omnibuslinie Köln – Düsseldorf am 23. Mai 1936 mit täglich 28 Fahrten zwischen den beiden rheinischen Großstädten. Der Güterbahnhof Gereon erfuhr 1935 einige technische Neuerungen im Rangierbetrieb und den Bau eines neuen Verwaltungsgebäudes. Stetiger Kritikpunkt war die mangelnde Güterwaggongestellung der Reichsbahn. Teilweise gelangte nur 70 % der Braunkohlenförderung durch fehlende Transportmittel auf den Markt. Immer mehr aber geriet die staatliche Eisenbahn, besonders im Westen als Hauptverkehrsmittel, zum Gehilfen

Autobahnbrücke Rodenkirchen im Bau, 1941/42

der Kriegsvorbereitung. Im Sommer 1938 wurden täglich 12 000 bis 16 000 Güterwagen zum Transport von Baumaterialien für den Westwall in der hiesigen Direktion eingesetzt. Teilweise stillgelegte Bahnhöfe wurden wieder in Betrieb genommen. Mit Beginn des Krieges mußten Aufmarsch- und Versorgungszüge bereitgestellt werden, während die Wirtschaft dringend auf Güterwaggons angewiesen war, da die Wehrmacht die Lastkraftwagen konfisziert hatte.[117]

Der Kölner Flughafen Butzweiler Hof war einer der größten im Deutschen Reich. Vor dem Krieg lag er im Luftfracht- und Luftpostverkehr auf dem zweiten, nach Anzahl der Starts auf dem dritten und nach Anzahl der Fluggäste auf dem fünften Rang. Als westlichster Flugplatz erlangte er auch internationales Gewicht durch den Ausbau der Luftstrecken nach den meisten mitteleuropäischen Metropolen. Im Inlandsverkehr war die Verbindung Köln – Berlin von der Wirtschaft stark frequentiert. Am 15. Juni 1934 wurde auf dieser Strecke der Blitzstrecken-Flugverkehr eröffnet. 1936 war ein neues Flughafengebäude in Betrieb genommen worden. Mit Beginn des Krieges wurde der private Flugverkehr eingestellt. 1943 begannen die ersten Arbeiten für ein späteres Flughafengelände in der Wahner Heide.[118]

3.4 HANDEL

Einzelhandel

Objekt nationalsozialistischer Hetze waren in der Konsolidierungsphase des Regimes besonders die Warenhäuser. Auch die *Leonhard Tietz AG* mit Sitz in Köln galt bei den NS-Schergen als Sinnbild einer „Vertrustung", die angeblich zu Lasten des „kleinen Mannes" ging. Hintergrund des Kesseltreibens war der Antisemitismus, der sich als Angriffsziel die jüdischen Warenhausunternehmer erwählte. Mehrere jüdische Vorstands- und Aufsichtsratsmitglieder mußten bis 1934 ausscheiden und alle jüdischen leitenden Angestellten wurden entlassen. Am 11. Juli 1933 erfolgte die Umbenennung in *Westdeutsche Kaufhof AG* (1936 *Kaufhof AG*). Ein ähnliches Schicksal erlitt das Kaufhaus *Gebr. Bing* am Neumarkt, das seit dem Judenpogrom vom November 1938 nach Vertreibung der jüdischen Besitzer durch einen Kommissar verwaltet wurde.[119] Bereits seit den zwanziger Jahren existierten die Einheitspreisgeschäfte, die aus Amerika kamen. Die noch von Tietz gegründete *Ehape AG* wurde im Dritten Reich umbenannt in *Kaufhalle AG* und als Niedrigpreisgeschäft geführt. Bei der NS-Hago, der Mittelstandsvereinigung der NSDAP, waren diese Geschäfte besonders verhaßt.[120]

1939 zählte die Stadt Köln 10 205 Einzelhandlungen mit 35 123 Beschäftigen (Ø 3,44). Im Kammerbezirk war die Großstadt das Zentrum des Einzelhandels: 55 % aller Einzelhandelsunternehmen waren mit 63 % der Beschäftigten 1933 in Köln ansässig. Die Zahl der „fliegenden Händler", von den stationären Händlern als lästige Konkurrenz bekämpft, ging nach 1933 rapide zurück. Es begann der Aufstieg der Filialunternehmen. Die *Cornelius Stüssgen GmbH* hatte z.B. vor dem Krieg 145 Filialen. Die Konsumgenossenschaften „*Eintracht*" und „*Hoffnung*" wurden 1933 aufgelöst und ihre Vermögen von der Deutschen Arbeitsfront konfisziert. Verschiedene Unternehmen betrieben sowohl Einzelhandel als auch Großhandel.[121]

Großhandel

Köln war die Großhandelsmetropole Westdeutschlands. 1933 war ein Drittel aller Beschäftigten und Betriebe in der Stadt in dieser Branche zu finden, wobei die mittlere Betriebsstärke 6,5 Beschäftigte betrug, weit mehr als der Durchschnitt im Rheinland. Zwei Drittel aller Betriebe und drei Viertel aller Beschäftigten des Großhandels im Kammerbezirk waren in der Stadt Köln ansässig. Führende Häuser waren für Eisenerze und Stahl *Gebr. Lissauer* bis zur Emigration der Inhaber und die *Otto Wolff oHG*, im Textilsektor *F.W. Brügelmann Söhne*. Die beiden letztgenannten waren auch industriell tätig. Die Vielfalt des Kölner Groß- und Außenhandels spiegelte sich in der berufsständischen Gliederung der Reichsgruppe Großhandel wider, die in Köln 32 verschiedene Sparten aufwies. Teilweise geriet der Großhandel in Lieferengpässe: Ende 1936 war die Nachfrage an Eisenwaren sowie Häuten und Fellen nicht zu befriedigen. Der Importgroßhandel konnte sich trotz der Autarkiepolitik und der Devisenbewirtschaftung weiterhin günstig entfalten, geführt vom Lebensmittel- und Kolonialwarengroßhandel. Für die westdeutsche Industrie waren weltweite Handelsverbindungen überlebenswichtig. Großunternehmen hatten eigene Handelsabteilungen, mittlere Unternehmen bedienten sich ansässiger Großhandelshäuser. Der Exportanteil lag bei der Motorenindustrie zu Beginn der dreißiger Jahre bei 55-60 %, bei der Kabelindustrie bei 40-60 %, beim Maschinenbau bei 20 %. Haupthandelspartner waren die Niederlande und Belgien, es folgten Südamerika und das übrige europäische Ausland. Weltweite Geschäftsverbindungen bestanden bei den genannten Industriebereichen wie auch – quantitativ jedoch bescheidener – bei „Eau de Cologne". Hauptbezugs- und Absatzmarkt im Inland war Westdeutschland.[122]

Die alte Großmarkthalle am Heumarkt erwies sich schon seit längerem als nicht mehr zeitgemäß und zu eng, so daß ein bereits Mitte der zwanziger Jahre geplanter, 1937 bis 1940 in Raderthal errichteter Neubau notwendig wurde. Neben Obst und Gemüse wurden in der Großstadt Schlachtvieh und Blumen auf Großmärkten umgeschlagen.[123]

In der Handelsmetropole Köln saßen die meisten Handelsvertreter, ca. 70 % der südlichen Rheinprovinz. Führend in der Branchenverteilung waren Textilerzeugnisse, Garne und Bekleidung. Es folgten die Geschäftszweige Nahrungs- und Genußmittel, Eisen- und Metallwaren, Gesundheitspflege und Chemie sowie Maschinen. Eine Reihe von Vertretern, die in Rheinland-Westfalen tätig waren, wählten Köln als Geschäfts- und Wohnsitz.[124]

Messe

Mit dem Gesetz über die Wirtschaftswerbung vom 12. September 1933 wurde der Werberat der Deutschen Wirtschaft oberstes Aufsichtsorgan über das deutsche Messewesen. 1936 wurde die Bezeichnung „Messe" reichsweit vier Standorten zuerkannt, in Westdeutschland nur Köln. Gesellschafterin der *Messe- und Ausstellungs GmbH* war auch die IHK. Das Jahr 1933 brachte neue Namen für schon bestehende Messen. Die Textilmesse wurde z.B. in „Westdeutsche Textilpropaganda" umbenannt. Verstärkt wurden die Messen zu Horten der Autarkiepolitik: „Deutsch kaufen" war angesagt. Unter der NS-Herrschaft gab es einige Propagandaausstellungen, wie z.B. 1933 die „Rassehygienische Sonderschau". Eine reichsweit organisierte „Braune Woche" fand auch in Köln statt, aber der Grundcharakter bestand nach wie vor im Handel. Die jährlichen Kölner Frühjahrs- und Herbstmessen entwickelten sich besonders für den Export zu Erfolgsmessen, deren Höhepunkt im Frühjahr 1939 mit 1 027 Ausstellern und 71 000 Besuchern erreicht wurde. Die Frühjahrsmesse wurde erweitert um technische Sonderausstellungen („Der Kleinmotor in Haushalt, Industrie und Handwerk"). In zweijährigem Rhythmus fand die Gastwirtsmesse statt. Die Schließung der Messe erfolgte nach der kleinen Frühjahrsmesse 1942 aufgrund ministerieller Anordnung. 1940 sollte mit der Internationalen Verkehrsausstellung an den Erfolg der Pressa ein Dutzend Jahre zuvor angeknüpft werden. Der Krieg machte auch hier einen Strich durch die Pläne.[125]

3.5 BANKEN UND VERSICHERUNGEN

Die Banken galten als die großen Verlierer des Wirtschaftsaufschwungs in den dreißiger Jahren. Die Bilanzsumme der Groß- und Regionalbanken fiel auch nach der Machtübertragung an Hitler weiter. Die Kreditvergabe sank bis 1938 kontinuierlich. Zum einen waren dies Auswirkungen der Anleihestockgesetzgebung, die den Unternehmen genügend Kapital für Investitionen verschaffte. Zudem wurden öffentliche Gelder direkt – unter Umgehung der Banken – an Berechtigte ausgezahlt. Ressentiments der NS-Herrscher hielten die Banken von der Finanzierung der Arbeitsbeschaffungsprogramme und der Aufrüstung überwiegend fern. Die Banken ihrerseits warteten – die reale Situation verkennend – auf die Wiederbelebung der Privatinvestitionen. Erst der Krieg brachte eine Besserung, wobei die Großbanken sich eng mit dem Besatzungssystem verstrickten.[126]

Bis zum Krieg war Köln wichtigster Bankenplatz Westdeutschlands. Die Reichsbankhauptstelle in Köln gehörte zu den führenden Dependancen im Reich. Die drei Großbanken besaßen in der Stadt wichtige Nebenstellen, die teilweise aus in der Konzentrationsphase aufgekauften Banken hervorgingen. Eine Ursache für die abnehmende Bedeutung des Bankplatzes lag in der Ausschaltung der Juden. Pikanterweise war Günther Riesen, erster NS-Oberbürgermeister Kölns, zuvor Prokurist im Bankhaus *A. Levy* gewesen. Dieses wurde 1936 von der Privatbank *Sal. Oppenheim jr. & Cie.* übernommen. Deren Firmenname mußte 1938 verschwinden. Robert Pferdmenges, seit 1931 Teilhaber, gab der Bank bis 1947 seinen Namen (*Pferdmenges & Co.*). Ein Teil der Sanktionen gegen die Inhaber des Hauses ging sicher auf die Intervention des Kammerpräsidenten und Bankiers von Schröder zurück, nicht aber ausschließlich – auch wenn Pferdmenges später bezeugte, Kunden seien zu *J.H. Stein* übergewechselt. Von Schröder drängte Waldemar von Oppenheim aus dem Aufsichtsrat von F & G. Die Sanktionen des Regimes, für die das Bankhaus als „jüdisch" galt, verschärften die schlechte Ausgangslage. Bis Kriegsbeginn stiegen die Bilanzsummen – parallel zur wirtschaftlichen Gesamtlage – wieder an. Von einer direkten Verfolgung blieben die Inhaber bis 1944 verschont. Auch konnten sie noch zahlreiche Aufsichtsratsämter ausüben. Die Auslandsreisen von Friedrich

Carl von Oppenheim, die er zu Kontaktaufnahmen mit Juden und und für deren Ausreisen aus den besetzten Gebieten nutzte, wurden stets von der IHK Köln befürwortet. Die Gestapo verhaftete Waldemar von Oppenheim nach dem Attentat vom 20. Juli 1944, ließ ihn dann aber irrtümlich wieder frei. Friedrich Carl von Oppenheim wurde Anfang September 1944, ebenso wie Pferdmenges, verhaftet und erst am 1. Mai 1945 von den Amerikanern befreit. Neben Oppenheim galten 1938 noch weitere sechs Banken als „jüdisch". Schließlich meldete die WWZ Anfang 1939, reichsweit sei das „Bankgewerbe völlig frei von Juden".[127]

1939 waren in Köln noch 39 teilweise kleinere Kreditinstitute ansässig.[128] Daß aber auch diese in die Finanzierung der Aufrüstung eingespannt wurden, zeigt das Beispiel der katholischen *Pax-Bank eG*. Die Genossenschaftsbank hatte 1936 nur 643 Priester als Mitglieder, mußte aber dennoch „einen bestimmten Betrag" der vom Deutschen Reich aufgelegten vierprozentigen Schatzanweisungen unterbringen.[129] Das Bankhaus *J.H. Stein* geriet durch seinen Teilhaber Kurt Freiherr von Schröder in das Blickfeld einer breiteren Öffentlichkeit. Dennoch blieb es ein Privatbankhaus kleineren Stils, bei aller Anbindung an die staatlich gelenkte Wirtschaft und Finanzpolitik sowie auch angesichts der „bedeutungsvollen" Tätigkeit von Schröders.[130]

1936 waren bei der *Sparkasse der Stadt Köln* und der *Kreissparkasse der Landkreise Köln, Rheinisch-Bergischer Kreis und Bergheim* rd. 70 % aller Gesamteinlagen in Sparkassen im Regierungsbezirk Köln eingezahlt: bei der Stadtsparkasse 205 Mio. RM, bei der Kreissparkasse 149 Mio. RM. Es folgten die *Städtische Sparkasse* in Gummersbach mit knapp sieben Mio. RM Einlagen sowie sieben weitere Institute. Bis 1936 stagnierte der Sparwille aufgrund der Wirtschaftslage. Im folgenden Jahr stiegen die Einlagen jedoch um rd. 22 Mio. RM. Der Kriegsbeginn brachte zwar keinen Schaltersturm, aber einen geringen Sparrückgang bei gleichzeitig gesteigertem Kreditbedarf. 1941 erreichten die Einlagen der 450 000 Spar- und 53 000 Girokonten bei der Kölner Stadtsparkasse die 400-Millionen-Grenze. 1935 vereinigte sich die Kreissparkasse des Landkreises Köln mit den Sparkassen in den Landkreisen Bergheim und Rheinisch-Bergischer Kreis. Zur gleichen Zeit wurde ein neues, repräsentatives Geschäftshaus am Neumarkt bezogen. Bis 1938 nahm der Zweckverband alle selbständigen Stadt- und Gemeindesparkassen in den drei Kreisgebieten auf. Damit war die Kreissparkasse die größte Gebietssparkasse in Preußen.[131]

Bei den Genossenschaftsbanken nahm eine führende Stelle die *Kölner Bank von 1867 eG* ein. Als Bank des gewerblichen Mittelstandes hatte sie jedoch erhebliche Probleme, die Wirtschaftskrise zu überwinden. Erst 1938 erreichte sie wieder die Hälfte der Bilanzsumme von 1913.[132] Kleinere Volksbanken sowie Spar- und Darlehnskassen bestanden v.a. in den Gemeinden der Landkreise und in einigen eingemeindeten Vororten. Das Kölner Postscheckamt war das zweitgrößte im Deutschen Reich. 1938 konnte es einen Jahresumsatz von 16 Mrd. RM vorweisen. Im Durchschnitt wurden 250 000 Buchungen täglich vorgenommen.[133]

Die Hypothekenbanken litten 1933 unter einem hohen Disagio für Pfandbriefe, das diese Wertpapiere im Ansehen belastete, sowie unter der geringen Wohnbautätigkeit. Die Kommunalobligationen verbuchten erhebliche Zinsrückstände. Am 24. Januar 1935 trat das „Zinskonversionsgesetz" in Kraft, das den Pfandbriefzins auf 4,5 % um eineinhalb Punkte drückte. Diese Einbuße belastete die *Rheinisch-Westfälische Boden-Credit-Bank* in Köln enorm. Erst die leicht verstärkte Bautätigkeit in den folgenden Jahren verbesserte die Lage. 1938 erlaubte der Wirtschaftsminister den Bausparkassen nur die Eintragung von zweitrangigen Hypotheken, so daß die Hypothekenbanken bei privaten Kunden in die Bresche sprangen. Später half der Führererlaß zum Siedlungsbau bei der weiteren Geschäftsentwicklung. Im Vorstand von Rheinboden war seit 1941 Dr. Hans von Dohnányi, Schwager Dietrich Bonhoeffers. 1943 wurde der Mann des Widerstandes gegen das NS-Regime verhaftet und zwei Jahre später, am 8. April 1945, im KZ Sachsenhausen ermordet. 1943 übernahm Rheinboden die Auszahlungsstelle der Preußischen Staatsbank.[134]

1936 konnten auch die Versicherungen an dem leichten Konjunkturaufschwung teilhaben. Mit Ausnahme der Autounfall- und Teilkaskoversicherung ging nur das Volumen der Kraftfahrzeugversicherung im Rheinland zurück. Die Lebensversicherung hatte hingegen seit 1933 Zuwächse zu verbuchen. Die *Allianz-Versicherung* übernahm 1939 den Grundbesitz der aufgelösten *AG für Grundbesitz in Köln*. Aufgrund des Aktiengesetzes von 1937 paßte die *Kölnische Feuer- und Kölnische Unfall-Versicherungs-Aktiengesellschaft* ihr Statut an und änderte ihren Namen ein Jahr später in *Colonia Kölnische Versicherungs-AG*. An deren Beispiel läßt sich der Rückgang des ausländischen Engagements in Deutschland aufzeigen. Im Juli 1938 waren nur noch 0,43 % des Aktienkapitals in ausländischem Besitz. Die *Colonia Versicherungsgesellschaften* waren auch im annektierten Österreich und in den besetzten westlichen Nachbarländern tätig.[135] Am 2. Juni 1937 beschloß auf Druck der NS-Machthaber eine außerordentliche Generalversammlung die Umbenennung der aus der christlichen Arbeiterbewegung entstandenen *Leo Volks- und Lebensversicherungsbank aG* in *Kölnische Lebensversicherung aG*. Hinzu kam, daß der Reichskommissar für das Kreditwesen 1935 von den Lebensversicherungsgesellschaften verlangte, ihren Beinamen „Bank" abzulegen, denn dieser Begriff sollte eindeutig dem Kreditwesen zugeordnet bleiben.[136] 1944 konnte die *Agrippina Versicherungsgesellschaft* ihr 100jähriges Bestehen feiern. Im Zweiten Weltkrieg litten v.a. die Kraftfahrzeugversicherer unter Einbußen, da der private Gebrauch von Kraftfahrzeugen eingeschränkt war. Auch die 1940 eingeführte Haftpflichtversicherung änderte daran wenig, so daß die Transportversicherungsgesellschaften eine „Kriegsversicherungsgemeinschaft" gründeten. Zu Beginn des Dritten Reiches hatte die Agrippina die *Düsseldorfer Lloyd Versicherungs-AG* nach Köln verlagert und in *Agrippina Allgemeine Versicherungs-AG* umbenannt. Die *Patria Versicherung* wurde in den Konzern integriert, und im April 1933 erhielt die Gesellschaft die Konzession zu einer Technischen Versicherung, die Maschinenbruch, Bau- und Montageschäden abwickelte. 1941 erwarb sie die *Central Krankenversicherung AG*.[137]

3.6 ÖFFENTLICHE UNTERNEHMEN

Im Jahr 1933 wurde die *Kölner Straßen-Omnibus-Gesellschaft mbH* wegen wirtschaftlicher Schwierigkeiten liquidiert und den *Bahnen der Stadt Köln* eingegliedert. Ebenfalls kam in diesem Jahr die *Mülheimer Kleinbahnen AG* hinzu, die trotz der Eingemeindung Mülheims nach Köln 1914 weiterbestanden hatte. Auch die Kraftpostlinie nach Worringen wurde 1935 in städtische Regie übernommen. Als „Ohnehaltfahrt" fuhr ab Juni 1938 eine Omnibuslinie vom Dom nach *Ford*. 59 Motorwagen mit acht Anhängern bedienten 1939 auf zwölf Linien rd. 100 km Gesamtstrecke. Der Straßenbahnwagenpark bestand aus 1 185 Wagen. Die *Köln-Frechen-Benzelrather Eisenbahn* hatte auf dem Betriebsbahnhof Frechen acht Trieb- und 14 Beiwagen stationiert. Zur Schonung der Altstadt wurden Straßenbahnlinien teilweise auf Omnibus umgestellt. Reifen- und Kraftstoffmangel, Einberufungen und Militärrequirierungen führten im Krieg zu starken Einschränkungen des Linienverkehrs. Die Wehrmacht zog die Omnibusse ein, die Straßenbahn geriet so zum Haupttransportmittel für die Arbeiterschaft. Die Beförderung wurde bei Luftalarm lebensgefährlich. Nach Beendigung des Alarms schaltete der Strom erst nach einigen Minuten wieder ein, um den Fahrgästen, die aus den Schutzräumen kamen, mit ihrer noch gültigen Fahrkarte die Weiterfahrt zu ermöglichen. Bombenangriffe zerstörten Gleise und Fahrleitungen der Straßenbahnen. Im Herbst 1944 kam der Linienverkehr linksrheinisch zum Erliegen, während auf der anderen Rheinseite noch bis April 1945 gefahren werden konnte. Im Kölner Umland fuhr auf Schienen neben der Reichsbahn v.a. die *Köln-Bonner Eisenbahnen AG*. Im Oktober 1934 wurde die bereits in den zwanziger Jahren begonnene Elektrifizierung der Strecke Köln-Brühl-Bonn vollendet.[138]

1940 hatten zwei öffentliche Unternehmen im Wehrwirtschaftsbezirk VI (Regierungsbezirke Aachen, Düsseldorf und Köln) mehr als 1 000 Beschäftigte. Beide lagen im Kölner Kammerbezirk: das RWE-Werk in Hürth-Knapsack mit 1 365 und die GEW-Werke in Köln mit 1 200 Beschäftigten. Ersteres war mit Abstand das leistungsfähigste Elektrizitätswerk im Rheinland, das 1938 über 3,3 Mio. kWh aus Braunkohle erzeugte. Im Rahmen der Arbeitsbeschaffungspolitik war zu

Beginn dieser Periode der Versuch unternommen worden, den Stromverbrauch der Kleinabnehmer durch verbilligte Abgabe elektrischer Geräte zu fördern. Diese Bemühungen hatten allerdings nur begrenzten Erfolg. 1935/36 gaben die GEW-Werke 220,9 Mio. kWh an 233 000 Abnehmer ab, 1939 waren es 308,6 Mio. kWh bei 275.000 Abnehmern. 1938 wurde Merheim, zwei Jahre später Worringen dem Kölner Netz zugefügt. Das *Rheinisch-Westfälische Elektrizitätswerk* setzte in den dreißiger Jahren seine Fusionsbestrebungen fort. So wurde 1934 in Brühl das *Elektrizitätswerk Berggeist AG*, in deren Aktienbesitz das RWE schon seit Beginn des Jahrhunderts war, aufgelöst und als RWE-Betriebsverwaltung weitergeführt. Ein Jahr später verkaufte der Oberbergische Kreis sein E-Werk an das RWE.[139]

Die Umstellung von Stadt- auf Ferngas begann in Köln schon vor 1933, kam aber in diesem Jahr zum Abschluß. Am 7. Oktober wurde das Gaswerk Ehrenfeld stillgelegt und später abgerissen. Das Gas wurde nun aus dem Ruhrgebiet und dem Wurmgebiet bezogen. Gleiches geschah auch im Umland. 1935 schloß sich der Rat der Stadt Brühl dieser Vorgehensweise an. Die *Ruhrgas AG* legte eine Fernleitung von Köln nach Bonn und schuf in den angrenzenden Gemeinden Anschlüsse. Grundstücksenteignungen wurden aufgrund des Gesetzes zur Förderung der Energiewirtschaft vom 13. Dezember 1935 für Rechtens erklärt. 1934 erwarb die Stadt Bergisch Gladbach Anteile an der *Gasgesellschaft Aggertal* in Gummersbach, die seit dieser Zeit von *Thyssengas* in Duisburg beliefert wurde.[140]

Im Bereich der Wasserwirtschaft wurden 1937 bzw. 1938 die Stauanlagen Bieberstein und Wiehlmünden fertiggestellt. Aus der Aggertalsperrengenossenschaft bildete sich zum 1. April 1943 der Aggerverband zur Wasserkraftnutzung und Bereitstellung von Trink- und Brauchwasser. Bis 1936 konnte das Kölner Wasserwerk steigende Gewinne erzielen, danach sank die Quote wegen hoher Abgaben. Auch die Wasserwerke waren von der Rohstoffverknappung betroffen. Das Kreiswasserwerk Bergheim konnte keinen Ersatz für brüchige Stahlrohre beschaffen, obwohl wichtige Industriebetriebe Kunden waren.[141]

3.7 SONSTIGE BRANCHEN

Eine besondere Aufgabe für die Kommunen war die Linderung der Wohnungsnot. Wachsender Wohlstand seit Mitte der dreißiger Jahre führte schließlich zu steigender Bautätigkeit. Neben zahlreichen Verwaltungs- und Industrieneubauten wurden auch Wohnungen gebaut, die jedoch teilweise am Markt vorbei geplant waren. In Brühl wurde so der Mangel an dringend benötigten Zwei- und kleineren Dreizimmerwohnungen nicht behoben. 1937 stellte die Stadt Köln für Siedlungszwecke eine Mio. qm Land zur Verfügung. Die Altstadt wurde großzügig saniert, neue Wohnflächen wurden erschlossen. Der Facharbeitermangel in der Bauwirtschaft verschärfte sich durch den Bau des Westwalls. 1936 wurde die *Grund und Boden GmbH (Grubo)* von einem Opladener Kaufmann und einem Kölner Rechtsanwalt gegründet. Dieser übertrug drei Viertel seiner Stammeinlage an die Ernst-Cassel-Stiftung, die einige Jahre zuvor von der *Gemeinnützigen Aktiengesellschaft für Wohnungsbau* (GAG) ins Leben gerufen wurde. Damit war eine soziale Ausrichtung der Gesellschaft vorbestimmt. Die Grubo beteiligte sich zuerst an der Altstadtsanierung, wobei 1939 dem „Hänneschen-Theater" eine neue Bleibe geboten wurde. Gemeinsam mit der Ernst-Cassel-Stiftung gründete sie auf Anweisung des Gauleiters Grohé 1941 eine *Planungsgesellschaft mbH*, aus der nach dem Zweiten Weltkrieg die *Wiederaufbaugesellschaft* hervorging. Ziel war die Neugestaltung Kölns mit Großbauten und Aufmarschstraßen. Zu Beginn des Krieges wurden noch weitere Wohnungsgesellschaften geschaffen, so 1940 die *Gemeinnützige Wohnungsgesellschaft mbH für den Landkreis Köln* (GWG).[142]

1939 belegte die Stadt Köln den fünften Rang in der inländischen Übernachtungsstatistik. 1938 waren in der Stadt 7 082 Betten in 191 Hotelbetrieben vorhanden. Die Zahl der Übernachtungen stieg von 634 000 im Jahr 1933 auf 945 000 in 1937, wobei in der Hauptsache Ein- und Zweitageübernachtungen gebucht wurden (Messebesuch). Im Kölner Hauptbahnhof wurde am 2. Januar 1936 der Hotelnachweis eröffnet.[143]

In Köln erschienen 1933 verschiedene überregionale Zeitungen und einige Lokalblätter. Die auflagenstärkste Zeitung war die „Kölnische Zeitung" des Hauses M. *DuMont Schauberg*, die reichsweite Bedeutung genoß. Von der Unternehmerfamilie Neven DuMont herausgebracht, mußte die Zeitung erhebliche Repressalien durch die Machthaber hinnehmen, fand aber schließlich eine Nische im zensierten Pressewesen. Die ruinöse Anzeigenpreispolitik des NSDAP-Organs „Westdeutscher Beobachter" bescherte Stadt-Anzeiger und Kölnischer Zeitung massive Auflagensenkungen. Aus der Not heraus wurden beide Zeitungen zusammengelegt, erst ab 1936 konnte die Kölnische Zeitung wieder erscheinen und ihre Auflagenhöhe steigern. Dazu beigetragen hatte im Reichspropagandaministerium die Erkenntnis, daß ein unabhängiges Blatt für die öffentliche Meinung im Ausland nur förderlich sein konnte. Mit einem starken Akzent auf den Feuilletonteil und einem „Kurs der Anpassung" gab die Zeitung auch kritisch eingestellten Redakteuren die Möglichkeit zur Publikation. Die Wehrmacht erreichte später, daß die „Kölnische" offiziell in das Feldpostabonnement aufgenommen wurde. Am Ausweichquartier Lüdenscheid wurde die Zeitung auf Befehl der dortigen Gauleitung am 9. April 1945 eingestellt.[144] Die katholische „Kölnische Volkszeitung" galt ebenso als überregionale Tageszeitung, die dem Zentrum nahestand. Sie erschien bei der *Görreshaus GmbH*, deren Finanzprobleme 1933 die NS-Herrscher zu einem Schauprozeß gegen führende Zentrumsleute nutzten. Die Zeitung konnte fortgeführt werden, wurde aber, nach mehrmaligem Besitzerwechsel und ständigen Schikanen, 1941 verboten. Dieses Schicksal ereilte schon im Februar 1933 das Organ der KPD sowie die „Rheinische Zeitung", Organ und Tageszeitung der SPD in der nördlichen Rheinprovinz. Nachdem das Vermögen der SPD eingezogen war, zog der „Westdeutsche Beobachter" in das Deutzer Druckhaus der „Rheinischen Zeitung" ein. Maschinen und Immobilie wurden erpreßt, so daß schließlich das bis 1933 unbedeutende Parteiblatt der NSDAP auf den Rotationsmaschinen des ehemaligen politischen Gegners gedruckt wurde. Der „Westdeutsche Beobachter" avancierte zum Organ sämtlicher Behörden. 1938 wird eine Auflage von 250 000 Stück genannt. Fünfzehn Regionalausgaben bedienten sämtliche Kreise und Gemeinden in den Regierungsbezirken Aachen und Köln. Die ideologische Ausrichtung und die Skandalaufmachung im Stile der Boulevardpresse verschafften dem Beobachter jedoch nicht annähernd den Stellenwert früherer Zeitungen. Die *Westdeutsche Beobachter GmbH* mußte sich zudem bis zum Kriegsende gegen die Okkupationsgelüste des Parteiverlags *Franz Eher Nachf.* in München wehren.[145]

Der Rundfunk setzte seinen Siegszug auch im Nationalsozialismus fort, nunmehr maßlos zur „Volksaufklärung" mißbraucht. Die einige Jahre zuvor gegründete *Westdeutsche Rundfunk AG* wurde in *Reichssender Köln* umbenannt. Preisgünstige Angebote ermöglichten jeder Familie den Kauf eines Volksempfängers, der zum Massenpropagandainstrument umfunktioniert wurde.[146] Neben städtischen und privaten Theatern, von denen als Volksbühne im Dritten Reich das *Millowitsch-Theater* überlebte, waren die Kinos eine kulturelle wie auch eine wirtschaftliche Größe in der Stadt. 1940 war mit 56 Kinos, 35 540 Sitzplätzen und rd. 15,5 Mio. Besuchern ein Rekordjahr[147], wozu nicht unwesentlich die Meldungen vom „Blitzkrieg" in den Wochenschauen beitrugen.

Die von den Nationalsozialisten sorgsam gepflegte und stetig betriebene Beeinflussung der Bevölkerung durch Massenaufmärsche, Großkundgebungen, öffentliche Rundfunkübertragungen von Führerreden, Fahnenmeeren und Propagandahetzereien machten auch vor der Wirtschaft nicht halt. Ungewohnt zog am 30. April 1933 ein „Werbeumzug der Groß-Kölner-Wirtschaft" durch die Straßen. Die Werbung wurde auch zur Arbeitsplatzbeschaffung eingesetzt. Im Mai 1934 stand eine Woche der deutschen Werbung unter dem Motto „Werbung schafft Arbeit". Bei der Pariser Weltausstellung 1937 war Köln die einzige deutsche Stadt, die einen eigenen Pavillon neben dem Deutschen Haus errichtete.[148]

Boykott jüdischer Geschäfte am 1. April 1933: Kaufmann Richard Stern zeigt sich vor seinem Geschäft am Marsilstein in Köln als Träger des E.K. I

4 JUDENVERFOLGUNG IN DER WIRTSCHAFT

1933 bekannten sich 14 819 Menschen in Köln zum jüdischen Glauben. Im Regierungsbezirk Köln lebten vor Kriegsausbruch noch 9 832 Juden, davon 81 % in der Stadt Köln. 1946 waren es nur noch 437 Personen. Verfolgung und Vernichtung richteten sich nicht nur gegen die „Glaubensjuden", sondern auch gegen sog. „Geltungsjuden". Nach Erteilung des Befehls zum Holocaust im Jahr 1941 wurden ca. 11 000 Mitglieder der Kölner Synagogengemeinde deportiert. Nur ein Bruchteil kehrte von ihnen nach der Befreiung aus den Vernichtungslagern zurück.[149]

Die geschilderten rassistischen Maßnahmen des Regimes wurden auch im Rheinland durchgeführt. Beim Boykott jüdischer Geschäfte am 1. April 1933 wurden auch hier Schaufenster mit Slogans wie „Deutsche, wehrt euch, kauft nicht bei Juden!" beklebt, Kunden gewaltsam am Betreten der Geschäfte gehindert und jüdische Geschäftsleute mißhandelt. Der jüdische Kaufmann Richard Stern aus Köln bot den SA-Männern mit dem E.K. I am Revers Paroli. Er verfaßte mutig ein Flugblatt, in dem er sich als Frontkämpfer darstellte und an die Gefallenen jüdischen Glaubens erinnerte. Der Boykott galt als Fanal – nun war der Verfolgung Tür und Tor geöffnet. Die Kölner Stadtverwaltung ging vehement gegen jüdische Geschäftsleute ohne rechtliche Absicherung vor, etwa indem sie jüdische Geschäfte von der Einlösung der städtischen Bedarfsscheine ausschloß. Auch die – von Berlin aus wirtschaftlichen Gründen ungewollte – Ausschließung jüdischer Unternehmen von öffentlichen Aufträgen hielt die Stadtverwaltung durch. Die Verfolgung kostete Arbeitsplätze, die man aber in der Rüstungsindustrie neu geschaffen hatte. Die jüdische Schuhfabrik *Rollmann & Meyer* mußte Ende 1935 Konkurs anmelden. 1 100 Arbeiter und Angestellte wurden erwerbslos. Auch nichtjüdische Textilunternehmen wurden Opfer der NS-Verfolgungspolitik, da jüdische Einzelhändler aufgrund von Boykottmaßnahmen und Angst vor Zerstörung nur noch den Tagesbedarf einkauften. Beim Getreide-Großmarkt war 1934 bereits die Hälfte der jüdischen Händler vertrieben worden.[150]

Die staatliche Verfolgung wurde begleitet von zahlreichen Denunziationen gegen jüdische Geschäftsinhaber. „Arische" Kaufleute, die sich bei Auftragsvergaben übergangen fühlten, denen die Leistung jüdischer Kollegen ein Dorn im Auge war oder die prophylaktisch lästige Konkurrenz aus dem Feld schlagen wollten, schwärzten die Juden wegen angeblicher Vergehen an. Begleitet wurden solche Ausfälle in den folgenden Jahren von der Propaganda. Eine „Judensondernummer" des Westdeutschen Beobachters hetzte 1935 gegen die Juden. Teile der Wirtschaft beteiligten sich an der Finanzierung der Ausgabe durch elf Seiten Annoncen unter der Rubrik „Judenfreie Wirtschaft". Auf einer Parteitagung lobte Dr. Heinen, stellv. Geschäftsführer der IHK und Sachbearbeiter des Gauwirtschaftsberaters, die „Entjudung im Gau Köln-Aachen", die zur Senkung der jüdischen Bevölkerung in Köln geführt habe. Im Herbst 1938 wurden alle polnischstämmigen Juden aufgefordert, das Land zu verlassen. Davon waren auch Menschen, die sich seit Jahrzehnten in Deutschland eine Existenz aufgebaut hatten, betroffen. Der Inhaber eines großen Schuhgeschäfts auf der Kölner Breite Straße mußte ebenso der Anordnung Folge leisten wie ein Kleiderfabrikant aus der Südstadt. Beim Novemberpogrom 1938 wurden auch im Rheinland zahlreiche Geschäfte von jüdischen Kaufleuten geplündert, ihre Einrichtung zerstört und die Inhaber mißhandelt. Zahlreiche Juden wurden verhaftet und in Konzentrationslager verschleppt. Das Pogrom führte zu einer verstärkten Auswanderungsbereitschaft. Der Warenhausbesitzer Julius Bluhm aus Köln-Ehrenfeld wanderte 1939 mit seiner Familie nach Palästina aus. Im Ausland verstärkte sich die antideutsche Stimmung, so daß die rheinische Exportindustrie darunter zu leiden hatte.[151]

„Arisierungen" jüdischer Unternehmen erfolgten schon seit 1933. Das *Fotohaus Brenner* war eines der ersten betroffenen Einzelhandelsgeschäfte in Köln. Die Besitzer wurden auch auf Druck der NSBO gezwungen, ihre Anteile an Arier zu verkaufen. Wie auch in anderen Fällen handelte es sich um ein renommiertes Geschäft, dessen Namen erhalten blieb. Ein jüdischer Brauereibesitzer wurde durch Gewaltaktionen der SA, organisierten Boykott und Willkürmaßnahmen des städtischen Steueramtes gezwungen, seinen Betrieb einem Arier zu ungünstigen Konditionen zu verkaufen. In den ersten Jahren der NS-Herrschaft handelte es sich jedoch um nicht koordinierte Einzelaktionen. 1935 führte eine verstärkte Arisierungspolitik zu einem zeitweisen Überangebot. Ende 1937 waren aber zahlreiche jüdische Unternehmen verkauft oder befanden sich in Auflösung. Das anhaltende Konjunkturhoch, die Vollbeschäftigung und die Zurückhaltung des Auslandes ließen nun alle Hemmungen staatlicherseits fallen. Jüdische Unternehmen mußten zwangsveräußert werden. Aufgrund des Verbots der Ausübung des Vertreterberufs mußten allein in Köln 400 jüdische Handelsvertreter ihre Tätigkeit zum 1. Oktober 1938 einstellen. Von ca. 1 800 zur Arisierung anstehenden Unternehmen im Gaugebiet sollten noch ca. 300 fortbestehen. Insbesondere im Einzelhandel wurden Geschäfte, auch wegen Übersetzung, ganz geschlossen, während in der Industrie die Arisierung zur Regel wurde. Bis zum 1. Januar 1939 mußten die Juden aus dem Wirtschaftsleben an verantwortlicher Stelle ausscheiden. Dies galt für Einzelhändler ebenso wie für Industrielle, Bankiers oder Handwerker, denen allesamt die ökonomische Existenz entzogen wurde. Gleichzeitig wurden die Juden zur Zwangsarbeit gezwungen, die sie abgesondert von der übrigen Belegschaft ableisten mußten. Grundstücke wurden zwangsversteigert, wenig später persönliche Wertgegenstände und ausländischer Grundbesitz zugunsten des Staates eingezogen. Manche Unternehmer erwarben Besitz von Juden zu deren Schutz. Oft wurde die Situation aber genutzt, um Konkurrenten loszuwerden. Teilweise kritisierten sogar öffentliche Stellen die „unerfreulichen Konkurrenzerscheinungen bei den Erwerbern der zu Schleuderpreisen angebotenen Geschäfte". 1941 mußten jüdische Geschäftsnamen getilgt werden. Größter Gewinner der Arisierung war der Staat, der das Vermögen einzog, weiterveräußerte und selbst nutzte. Letztendlich zahlten, so makaber es klingt, die Juden sogar mit ihrem Vermögen ihre Vernichtung selbst, da dieses laut Heydrich für die Endlösung bereitzustellen sei, damit keine Reichsmittel in Anspruch genommen werden müßten.[152]

Parteistellen drangsalierten auch „arische" Unternehmer, die weiterhin Juden beschäftigten. Die Kreisgruppe Bergheim der DAF beschwerte sich am 29. Oktober 1936 bei Alfred Holtkott, Teilhaber der *Rheinischen Linoleumwerke Bedburg*, daß er immer noch nicht, obwohl schon mehrmals dazu aufgefordert, einen Juden entlassen habe. Holtkott hatte sich bisher gewehrt, weil der Unterabteilungsleiter die Geschäftsbeziehungen zu jüdischen Geschäften aufrecht erhielt. Die DAF stellte aber Nachforschungen im Betrieb an und bekam heraus, daß dem Betreffenden zwei Parteigenossen, ein SS-Mann, ein DAF-Amtswalter und ein Hitlerjunge unterstellt waren. Offen wies die DAF Holtkott darauf hin, daß sein Betrieb „zu einem erheblichen Teil mit Aufträgen für die Wiederaufrüstung versehen ist" und man nun, nachdem er nicht „im Nationalsozialistischen Sinne" handele, Gauleitung und Wehrmacht über seine Weigerung informieren werde. Auch der Vertrauensrat habe „mehrfach" die Entlassung des jüdischen Kollegen gefordert.[153] Die Fa. *Otto Wolff* protestierte gegen den Ariernachweis für ausländische Vertreter, der ihrer weitverzweigten Handelstätigkeit enorme Schwierigkeiten bereitete.[154]

Mit dem Zweiten Weltkrieg begann die systematische Auslöschung der Juden. 1941 lebten im gesamten Regierungsbezirk Köln nur noch etwa 7 700 Juden, davon ca. 6 300 in der Stadt Köln.[155] Im Winter 1941/42 wurden viele im Fort V in Müngersdorf interniert. Auch aus Köln rollten die Deportationszüge gegen Osten in die Vernichtungslager. Wer gesund und kräftig erschien, wurde zum Arbeitssklaven der SS erkoren, wobei das Sterben nur verlängert wurde. Die Sammeltransporte fuhren unter den unmenschlichsten Bedingungen vom Bahnhof Deutz-Tief ab, wo die Deportierten zuvor im Messelager interniert worden waren. 1943 war Köln „judenfrei" – nur wenige waren dem Holocaust unter Lebensgefahr entkommen. Apathisch erlebte die Bevölkerung den Abtransport mit, sah die Arbeitssklaven aus den Konzentrationslagern bei Aufräumungsarbeiten nach den Luftangriffen oder wußte aus dem persönlichen Umfeld von Deportationen und Terrormaßnahmen zu berichten. Breiter Widerstand regte sich nicht, wohl auch, weil man zu sehr mit dem eigenen Schicksal beschäftigt war oder sich vorstellte, daß die Juden „nur" zu „Arbeitseinsätzen" in den Osten transportiert wurden.[156]

5   DIE WIRTSCHAFT DES BEZIRKS KÖLN IM ZWEITEN WELTKRIEG

Da die Aufrüstung eine „kriegswirtschaftliche" Situation schon vor dem Überfall auf Polen simuliert hatte, war die Wirtschaft keinen abrupten Veränderungen unterworfen. Allerdings ging der Kriegsbeginn nicht spurlos an den Unternehmen vorbei. Neben Kraftfahrzeugrequirierungen, weiteren Kontingentierungen und Benzinmangel – so konnten Ford und KHD keine Probe- und Ablieferungsfahrten für Wehrmachtserzeugnisse (!) durchführen – waren v.a. Kapazitäten auch bei Nichtrüstungsbetrieben nunmehr für die Waffen- und Munitionsherstellung freizumachen. Die Gesenkschmiede von *Fried. Zapp & Cie.* in Bickenbach sollte monatlich 30 000 Stück Bodenrohlinge für 8,8 cm Sprenggranaten herstellen, bei *Ford* sollten 30 000 Feldhandgranaten bearbeitet werden, weitere Kapazitäten waren für Marine und Luftwaffe dort belegt. Auch *Köttgen & Cie.* in Bergisch Gladbach war in die Munitionsherstellung einbezogen. Auf der anderen Seite stockten die Lieferungen von Fertigprodukten. Baron Schröder kritisierte im Februar 1940 gegenüber Staatssekretär Dr. Landfried aus dem RWM die Bezugsscheinwirtschaft und die fehlende Solidarität mit dem Westen, der als Aufmarschgebiet herhalten mußte. Im mitteldeutschen Raum hielten Fabrikanten Waren zurück, da sie höhere Preise erhofften. Die zugesagten Sonderzuteilungen bei Tabak, Papier- und Schreibwaren blieben aus, während das im Westen stationierte „Millionenheer" den örtlichen Einzelhandel leerkaufte. Zeitweise war daher ein Eimermangel zu beklagen. An Installationsartikeln gab es einen starken Bedarf, da die Bestände alle zum Westwallbau abgezogen wurden. Kritik äußerte der Kölner Kammerpräsident am Rundfunk, der falsche Warenfreigaben meldete, die Verbraucher hiernach den Einzelhandel überrannten, ohne ihre Bedürfnisse befriedigt zu bekommen. Die Unternehmen mußten mit Kriegsbeginn ihre Kantinen schließen, den Urlaub streichen, auf Preissenkungen und die Abhaltung von Kameradschaftsabenden verzichten. Das so gesparte Geld sollte dem Winterhilfswerk gespendet werden.[157]

Eine zusätzliche Bürokratiewut brach aus, die die bisherige, schon vorhandene Überbürokratisierung weit in den Schatten stellte. Alle Unternehmen wurden in wehrwirtschaftliche Klassen eingeteilt, die den Verwendungszweck der Produkte, die Versorgungslage, die Auslandsabhängigkeit und die Exportbedeutung sowie die Standortgebundenheit bewerteten. Entzug von Arbeitskräften, Schließungsandrohungen und Verlagerungsauflagen waren nur einige Drohgebärden. Die kleineren und mittleren Unternehmen litten besonders unter dem Arbeitskräftemangel. Manches Unternehmen, das gerade erst im Wirtschaftsaufschwung gegründet worden war, erlosch durch die Einberufung des Firmeninhabers wieder schnell. Zu Beginn des Krieges stieg im Rheinland kurzfristig die Arbeitslosenquote. Nach wenigen Monaten änderte sich aber diese Lage durch verstärkte Ankurbelung der Kriegsindustrie. Teilweise konnte die Nachfrage wegen fehlender Kapazitäten nicht befriedigt werden. Andere Unternehmen wurden durch die Beschlagnahmung von Kraftfahrzeugen durch die Wehrmacht stark in ihrer Geschäftstätigkeit eingeschränkt. Das Kölner Speditions- und Fuhrgewerbe bildete auf Anordnung des IHK-Präsidenten von Schröder eine Arbeitsgemeinschaft für den Stückgutverkehr, die den Rolldienst für Unternehmen übernehmen sollte, die über keinen eigenen Lkw mehr verfügten. Die Wagengestellungen der Reichsbahn waren aufgrund der Aufmarschtransporte in den ersten Kriegstagen völlig für die Wirtschaft lahmgelegt und wurden auch in der Folgezeit erheblich eingeschränkt. Die Probleme in der ersten Kriegsphase lassen den Schluß zu, daß die Industrie des Bezirks weniger auf die Rüstungs- und Kriegsproduktion ausgerichtet war als im Ersten Weltkrieg.[158]

Der Wandel erfolgte mit dem Vordringen der alliierten Luftwaffe in das deutsche Luftgebiet. Unter den Bombardements litt die westdeutsche Zivilbevölkerung in unvorstellbarem Maße. Während anfangs militärisch wichtige Anlagen wie Industriebetriebe und Verkehrseinrichtungen Ziele der Bomben waren, geriet zum Ende des Krieges immer mehr die Zivilbevölkerung, deren Durchhaltewillen gebrochen werden sollte, unter Beschuß. Die Bilanz der Wirtschaft war bei Kapitulation erschreckend. Von Mai 1940 bis zum Ende des Krieges waren in Köln Industriebetriebe, Geschäfte und Läger, Verwaltungsräume und Verkehrseinrichtungen den Luftangriffen ausgesetzt. Köln war die in absoluten Zahlen und im Vergleich am stärksten zerstörte Stadt in Deutschland. Durch die Großstadt lief rechts- wie linksrheinisch ein Streifen der Zerstörung, die Innenstadt war fast nicht mehr vorhanden. Nirgends war die Infrastruktur an Leitungen, Kanälen und Gleisen so sehr zerstört wie in der rheinischen Metropole. Am 13. Mai 1940 explodierten die ersten Fliegerbomben bei *E. Leybold's Nachfolger* in Bayenthal und im Rheinauhafen. Personen wurden bei diesem ersten Angriff nicht verletzt. 1941 verstärkte sich das Ausmaß der Schäden, insbesondere auf der rechten Rheinseite. Am 6. April wurde erstmals Totalschaden gemeldet bei der Weizenmühle *Leysieffer & Lietzmann* in Köln-Deutz. Nach dem Großangriff vom 31. Mai 1942 waren 2 560 Gewerbebetriebe beschädigt worden. Davon waren 1 505 total zerstört. Um diese Zeit begannen auch die Tagesangriffe mit dem Abwurf von Sprengbomben, die die Produktion erschwerten. Bei F & G wurde den Arbeitern erst 1944 erlaubt, auch bei öffentlichem Luftalarm Schutzräume außerhalb des Werksgeländes aufzusuchen, wobei die Rückkehr an den Arbeitsplatz zwecks gering zu haltenden Produktionsausfalls schnellstens erfolgen müsse. Zahlreiche Menschen mußten bei solchen Angriffen ihr Leben lassen. Kein Einzelfall war das Schicksal von sieben Mitarbeitern der Firma *Albert Liesegang*, die bei einem Tagesangriff im Werk ums Leben kamen. Verschont blieben auch nicht die Fremdarbeiter, von denen z.B. am 4. März 1944 16 ums Leben kamen. Schwere Luftangriffe erforderten 1943 81 totale Zerstörungen bei Industriebetrieben, 1944 waren es 56 solcher Verlustmeldungen. Leichte Schäden wurden in dieser Phase des Krieges nicht mehr gezählt. Oft wurden wichtige Wirtschaftsbereiche innerhalb weniger Tage ausradiert. Alle Industriebetriebe der Stadt meldeten Schäden, die jedoch auch sehr glimpflich verlaufen konnten. So beklagte die *Berlin-Anhaltische Maschinenbau AG* den Verlust ihrer Maschinenkartei, konnte aber den Maschinenpark unbeschädigt über den Krieg retten. Insgesamt 260 Luftangriffe wurden allein in Köln gezählt. Die Zerstörungen in den Landkreisen waren zwar geringer, aber nahe der Stadt dennoch verheerend. So waren besonders im Landkreis Köln hohe Verluste in der Zivilbevölkerung entstanden. Aber auch Industriebetriebe wurden zerstört, u.a. die Firma *Linde AG* am 17. Oktober 1944 in Sürth zu 60 %.[159]

Trotz aller Zerstörungen gingen die Unternehmen bald wieder an die Arbeit und suchten sich Ausweichquartiere. Doch die Häufung der Luftangriffe ließ bald keine Reorganisation mehr zu. Konnte die *Maschinenfabrik Kolb* in Köln-Ehrenfeld noch im Frühjahr 1944 Bombenschäden reparieren, so fehlte es im Herbst an allem. Die Transportfrage war schon im Juli 1943 vordringlich, da zerstörte Nahverkehrsmittel vielerorts die Arbeiter am Erscheinen am Arbeitsplatz hinderten. Im Winter 1944/45 stellte die Reichsbahn fast den gesamten Nah- und Fernverkehr wegen der Luftkriegsschäden ein. Hinzu kam, daß die Unternehmen beim Wiederaufbau ihrer zerstörten Werke, der Unterbringung und Verpflegung ihrer Betriebsangehörigen weitestgehend auf sich selbst gestellt waren. Diese Situation führte zu Abwanderungswünschen der Belegschaften, aber auch mancher Unternehmen. Andere wurden zwangsweise in das rechtsrheinische Gebiet verlagert. Teilweise erfolgten solche Auslagerungen auch nach Mitteldeutschland. Die *Gottfried Hagen AG* wurde nach schwerer Beschädigung im November 1944 nach Rösrath und Hoffnungsthal ausgelagert. F & G verlegte die Feldkabelproduktion nach Gmünd bei Wien. Die Mitarbeiter von KHD wurden an 100 verschiedenen Orten untergebracht. Auch Handelsunternehmen wie die *REWE-Zentrale* oder Versicherungen wie die *Agrippina* wurden verlagert. Manches Unternehmen blieb am neuen, kriegsbedingten Standort auch nach dem Krieg. In den letzten Kriegswochen wehrte sich dann die oberbergische Wirtschaft gegen Auslagerungen von Betriebs- und Rohstoffen. Durch die Einquartierung von *Ford* in Betrieben der oberbergischen Textilindustrie gab es dort Engpässe. Neben den Verlagerungen führte schließlich der Energie- und Ersatzteilengpaß zu Betriebsstillegungen von eigentlich wichtigen Rüstungsbetrieben. Trotz der Verlagerungen bemühten sich die Unternehmen, weiter an der Rüstung zu partizipieren. KHD überlegte noch im Herbst 1944, in die Produktion von Flugzeugmotoren einzusteigen. Auch wurden Planungen für die Zeit nach dem Krieg angestellt. Die Firma *Otto Wolff* bereitete Stahllieferverträge mit Bulgarien, Ungarn, Rumänien und der Slowakei vor, die nach Kriegsende in Kraft treten sollten.[160]

Die Industrie, von der immer größere Rüstungsanstrengungen verlangt wurden, litt unter Einberufungen, „Auskämmaktionen" und dem Facharbeitermangel. Hilfskräfte konnten die Beschäftigungslage nur ungenügend verbessern. Bei allen KHD-Betrieben in Köln waren am 1. Juli 1939 12 447 Arbeiter und Angestellte beschäftigt, am 1. August 1943 waren es noch 11 546 (−7,24 %). Dabei waren aber schon 4 345 Beschäftigte, also fast 35 %, eingezogen. Diese wurden ersetzt durch Frauen und „zivile Ausländer". Zu berücksichtigen ist, daß es sich bei KHD um einen anerkannten Rüstungsbetrieb handelte, der eine höhere Zuteilungsquote hatte. Die meisten deutschen Frauen jedoch zogen es vor, das zerstörte Köln mit ihren Kindern zu verlassen. Sie konnten der doppelten Belastung als Ernährerin und einziger Erziehungsperson nicht immer nachkommen, zumal die Zerstörungen oft stundenlange Wege mit sich brachten. Auch ein Tauschprogramm brachte nicht den gewünschten Erfolg. Der Anstieg der weiblichen Beschäftigungsquote im Krieg von ca. einem Viertel auf ein Drittel der Beschäftigten war mit dem Einsatz von ausländischen Zwangsarbeiterinnen verbunden. Auf deren Einsatz wie auch von männlichen Fremdarbeitern und Kriegsgefangenen wurde verstärkt zurückgegriffen. Die anfänglichen Versuche, besonders in den westlichen Nachbarländern freiwillige Arbeiter nach Köln zu locken, brachten wenig Erfolg. Das Verhältnis zwischen deutschen Arbeitern und „Ostarbeitern" wurde strengstens geregelt und wenn möglich generell vermieden, aber dennoch oft unterlaufen. Fiel dies auf, griffen die Werksleitungen drakonisch durch.

Im Sommer 1942 waren im Kölner Arbeitsamtsbezirk 7 825 Ausländer, zusätzlich 7 400 „Ostarbeiter" und 5 977 Kriegsgefangene eingesetzt, so daß über 21 000 Zwangsarbeiter in der Kölner Industrie arbeiteten. Im Gau Köln-Aachen stieg die Zahl der „Ausländer" und „Ostarbeiter" von 61 028 im August 1942 auf 107 491 im Januar 1944. Hinzu kamen Kriegsgefangene, 1942 allein 29 385. Bei einzelnen Betrieben, etwa bei *Ford* und *KHD*, machte der Anteil der Zwangs- und Fremdarbeiter bis zu einem Viertel der gesamten Arbeiterbelegschaft aus. 1942 beschäftigte Ford rund ein Viertel Fremdarbeiter bei 4 182 Beschäftigten, im Juli 1943 waren es bereits ca. 50 % bei knapp 5 000 Mitarbeitern. Mit der Arbeitsleistung der russischen Zwangsarbeiter zeigte sich der Vorstand sehr zufrieden. Für jede Nationalität seien eigene Küchen eingerichtet, eine Barackensiedlung erbaut und eigene Entbindungsheime sowie Säuglingsanstalten errichtet worden. Es gab kaum ein Unternehmen, das als kriegswichtig eingestuft war, das nicht auf ausländische Arbeiter zurückgriff, wobei branchenmäßig die Eisen- und Metallindustrie und die Chemische Industrie besonders hervortraten. Die Kölner Wirtschaft meldete einen Arbeitskräftebedarf zu Beginn des Jahres 1942 von 7 560 sowjetischen Arbeitern an, die zur Hälfte in der Metallindustrie gebraucht wurden. Im Braunkohlenbergbau sollen bei *Rheinbraun* bis zu einem Drittel ausländische Arbeiter beschäftigt gewesen sein, wobei darunter auch freiwillige Fremdarbeiter waren. Bei der *Roddergrube* arbeiteten polnische, bei Rheinbraun französische und italienische Kriegsgefangene. Die ausländischen Arbeitskräfte lebten in von den Unternehmen eingerichteten Lagern. In der Stadt Köln gab es 1944 ca. 120 solcher Lager. Die Fremdarbeiter litten besonders unter dem Bombenkrieg, da ihre Baracken meist zerstört wurden. Auch in kleineren Städten und Gemeinden kam es zur Zwangsbeschäftigung von Kriegsgefangenen und Fremdarbeitern. Bei der *Zuckerfabrik Brühl* arbeiteten Kriegsgefangene verschiedener Nationen.[161]

Zwecks Aufräumungsarbeiten, Bombenentschärfung und Bunkerbau wurden im Spätsommer 1942 von der SS auf Befehl Himmlers sog. Baubrigaden mit KZ-Häftlingen eingerichtet. Köln war die erste Stadt, in der eine solche Brigade aus dem KZ Buchenwald eingesetzt wurde. Wie die Kriegsgefangenen waren auch die KZ-Häftlinge auf dem Messegelände untergebracht. Sie gehörten bald zum alltäglichen Erscheinungsbild in den Kölner Straßen. Auch bei Privatfirmen kamen sie unter, da die SS die Häftlinge vermietete. Teilweise erlebten sie dort wesentlich bessere Arbeits- und Lebensbedingungen. So arbeiteten Häftlinge aus dem Messelager bei der Großhandelsfirma *Heinrich Schulze-Berl*, deren Inhaber als Anti-Nationalsozialist bekannt war und zwei Häftlingen zur Flucht verhalf. Auch bei *Ford* und *Westwaggon* waren KZ-Häftlinge zwangsverpflichtet. Versuche mancher Unternehmen, den Zwangsarbeitern wenigstens einigermaßen erkläglice Lebensumstände zu gewähren, mußten auf Druck der SS und der örtlichen NS-Schergen, aber auch auf Grund der Kriegslage aufgegeben werden. Die Bewachung und die Unterbringung in KZ-Außenlagern oblag der SS, so daß die Unternehmen auch nur bedingt Einfluß geltend machen konnten. Außenstehende hatten den Eindruck, daß die Kriegsgefangenen und Fremdarbeiter von Unternehmen gut, von den Lagerleitungen jedoch schlecht behandelt wurden.[162]

III DIE INDUSTRIE- UND HANDELSKAMMER IM NATIONALSOZIALISMUS

1 VORBEMERKUNG

Die Geschichte der IHK Köln im Dritten Reich kann nur unvollständig dargestellt werden: Sämtliche Akten dieser Zeit verbrannten bei der Zerstörung des Kammergebäudes in der Registratur. Nachfolgend angelegte Akten wurden von Mitarbeitern am Ende des Krieges vernichtet, andere durch die Besatzer unbrauchbar gemacht.[163] Nur wenige, verstreute Quellen haben sich aus dieser Zeit erhalten u.a. im Bundesarchiv. Die „Westdeutsche Wirtschafts-Zeitung", Veröffentlichungsorgan der IHK, ist eine wichtige, wenn auch nicht unproblematische Quelle. Die Kammer steht aber mit dieser Überlieferungslücke nicht allein, da auch Kommunen ähnliche Verluste zu beklagen haben.[164] Dies gilt auch für andere Kammern. Dennoch behandeln einige Festschriften, insbesondere die von Winkel verfaßten, die Zeit des Nationalsozialismus ausführlichst.[165] Das folgende Kapitel soll v.a. Entwicklungslinien ohne den Anspruch auf Vollständigkeit aufzeigen. Im Vordergrund stehen neue Aufgaben, von denen manche bis zum derzeitigen Zeitpunkt noch Gültigkeit haben.

2 „MACHTERGREIFUNG" UND „GLEICHSCHALTUNG" IN DER IHK

Für die innere Geschichte der Kammer Köln war der Aufstieg der NSDAP zur Massenpartei nicht relevant. Von den leitenden Angestellten der Weimarer Zeit war niemand Mitglied der NSDAP. Auch die Mitglieder des Präsidiums waren – bei aller Affinität zu den konservativen Kräften der Republik – nicht erklärte NS-Anhänger. Einige Mitglieder, die das Revirement im Frühjahr 1933 überstanden, traten nach dem Machtwechsel in die Partei ein. Nur diejenigen, die nach der Gleichschaltung Mitglied der Kammer wurden und im Laufe der folgenden zwölf Jahre herausragende Positionen übernahmen, waren schon seit 1930 Parteigenossen.[166]

Gefragt werden soll im folgenden, wie der Prozeß der „Gleichschaltung" ablief und wer die handelnden Personen waren.[167] Der 30. Januar 1933, an dem die Macht an Hitler übertragen wurde, stellt die Zäsur dar. Die ersten Monate der Reichskanzlerschaft Hitlers waren für die Konsolidierung des Regimes die wichtigsten. Dabei kam auch der Interessenvertretung der Wirtschaft eine Schlüsselrolle zu. Die Kammern sollten „nach den großen Richtlinien der Reichsregierung im gleichen Takt und nach dem gleichen Ziel ausgerichtet marschieren".[168] Entlarvender konnte man das Ziel der Gleichschaltung nicht formulieren. „Machtergreifung" und „Gleichschaltung" der IHK liefen aber im Vergleich zu anderen Orten wesentlich ruhiger ab. Vielfach übernahmen Anhänger des NS-Kampfbundes für den gewerblichen Mittelstand als sog. „Kommissare" die Leitung der Kammern, unterstützt von SA und SS. Diese Aktionen führten jedoch zu Protesten, da in den IHKn nunmehr die kleineren und Kleinstbetriebe das Sagen hatten, mittlere und größere Unternehmen hingegen geschwächt wurden. Aufgrund von Vorbehalten Görings gegen das Kommissarunwesen mußte das illegale Vorgehen gestoppt werden.[169] In Wuppertal übernahmen Ende März sechs von der NSDAP-Gauleitung Düsseldorf ernannte Kommissare die Aufsicht über die laufenden Geschäfte. Nur unter Androhung von Gewalt wich der Syndikus der Willkür, eine Stellungnahme vom Ministerium zu dieser Vorgehensweise suchte er vergeblich nach.[170]

Die Gleichschaltung der Kammer Köln, eine der bedeutendsten und größten Kammern, sollte eigentlich reichsweit ein Zeichen setzen. Hier lief die „Machtergreifung" jedoch relativ lautlos ab. Die entscheidenden Schritte vollzogen sich subtil im Hintergrund, ohne SA-Aufmarsch und Agitation in der Vollversammlung. Aber auch hier wartete der „Kommissar" schon auf seinen, vergleichsweisen frühen Einsatz. Am 13. März teilte Kurt von Schröder, nicht Mitglied der Vollversammlung, aber als Präsident der Börse anwesend, im Anschluß an die Plenarsitzung Präsident Paul Silverberg und Syndikus Dr. Walter Schmitz-Sieg mit, daß am nächsten Tag ein Staatskommissar Aufsicht und Kontrolle über die Kammer übernehme. Im Gespräch genannt wurde Dr. Karl Georg Schmidt, der spätere Gauwirtschaftsberater der NSDAP. Eine entsprechende ministerielle Verfügung kündigte der Baron für den nächsten Tag an.[171] In der Vollversammlung hatte Silverberg noch für die IHK die „nationale Gesinnung und Einstellung auf die nationalen Notwendigkeiten" beschworen.[172] Am nächsten Morgen setzte sich Schmitz-Sieg mit Staatssekretär Dr. Claussen im Preußischen Ministerium für Wirtschaft und Arbeit in Verbindung, dem aber die Einsetzung eines Kommissars unbekannt war. Er deutete an, daß der Regierungspräsident Weisung habe, „die Sache nach den bestehenden Gesetzen zu vollziehen". Ein Anruf beim Vizepräsidenten klärte den Syndikus auf, daß eine „Sonderaktion" gegen die Kammer nicht in Frage komme, ein Staatskommissar nicht eingesetzt werde und auch der Gauleiter in diesem Sinn unterrichtet sei.[173] Zeitgleich verlief die Machtübernahme der NSDAP in der Stadt Köln. Am 13. März 1933 wurde Konrad Adenauer, erfolgreicher Oberbürgermeister seit 1917, aus seinem Amt verjagt und ein NSDAP-Nachfolger eingesetzt. Die Pseudo-Kommunalwahl am 12. März hatten den Nationalsozialisten in Köln eine Mehrheit von fast 40 %, aber nicht die absolute Herrschaft erbracht.[174]

War von Schröders Ankündigung Teil einer konzertierten Aktion oder nutzte der Bankier die Gunst der Stunde, um sich seinen Platz im NS-Reich zu sichern? Auch wenn eine eindeutige Festlegung seiner Motive nicht mehr möglich ist, so sprechen doch einige Indizien für die zweite Annahme. Die IHK galt nicht als Hort des Widerstandes gegen die NS-Partei. Nach der „Wahl" vom 12. März mußte die NSDAP erst einmal die Herrschaft in Stadtverwaltung und Stadtrat, der noch nicht vollständig gleichgeschaltet war, erlangen. Sich mit anderen Institutionen, die für die NSDAP unter dem Primat der Politik zweitrangige Bedeutung hatten, zu belasten, wäre kontraproduktiv gewesen. Wie oben angedeutet, haben die anderen Kammern auch erst Ende März/Anfang April, einige Kammern sogar erst im Mai[175], die Einsetzung eines Kommissars erlebt. Dahinter stand die NS-Mittelstandsbewegung – kein vermeintlicher Bankier des Großkapitals. Auch hätte Vizepräsident Dr. Rudolf zur Bonsen, der wenige Wochen später zum ersten nationalsozialistischen Regierungspräsidenten Kölns ernannt wurde[176], sicher den Gauleiter nicht als Zeugen benannt. Daß die Berufung eines Kommissars nicht gelang, sprach für sich. Auch die Auffassung des zuständigen Ministerialbeamten, daß die Angelegenheit „angesichts der persönlichen Beziehungen zwischen Herrn von Schröder und Herrn Dr. Silverberg" erledigt werden könne, deutet eher auf ein Privatvorgehen von Schröders zu diesem Zeitpunkt hin.[177]

Der Bankier selbst sprach am Mittag des 14. März bei Schmitz-Sieg vor und erklärte die Unterredung als „persönliche". Die Gauleitung der NSDAP, so von Schröder, bitte um den Rücktritt Silverbergs und die Übernahme der Präsidentschaft durch ihn. Auch andere Mitglieder sollten ausscheiden. Schmitz-Sieg äußerte, „daß mir die gesetzliche Grundlage zu diesem Vorgehen nicht erkennbar erscheine, daß, wenn ein solcher Weg gegangen werden sollte, doch überlegt werden müsse, in welchen Formen sich die Maßnahmen vollzögen." Von Schröder bejahte dies und erklärte, alles müsse „in Ruhe und Würde" geschehen. Er spekulierte auf eine Ersatzwahl, bei der er nachrücken wollte. Schmitz-Sieg erklärte gegenüber seinem späteren Vorgesetzten, daß „die Aufoktroyierung eines Präsidenten kaum von Nutzen sein könne, da es ja darauf ankomme, daß der Präsident mit dem Kollegium in einem wirklich inneren Konnex stehe". Damit verspielte er sich wohl sämtliche Sympathien. Auch unterrichtete der Syndikus den Bankier über seine Erkundigungen, die von Schröder völlig desavouieren mußten. Dann vertröstete er ihn mit der Bemerkung, daß er zwar die Geschäfte führe, aber der Präsident als Entscheidungsorgan verreist sei. Der Syndikus versuchte Zeit zu gewinnen. Er war sich der Stellung der Kölner IHK im Reich durchaus bewußt, indem er erklärte, „daß ich unter keinen Umständen die deutschen Handelskammern im Sinne der geforderten Zustände präjudizieren werde". Von Schröder, Reserveoffizier der berühmten Bonner Königshusaren, blieb nur das Eingeständnis seiner vorläufigen Niederlage. Er erklärte, er werde mit „den in Betracht kommenden Herren der Gauleitung" in diesem Sinne verhandeln. Einige Stunden später teilte er dem Syndikus mit, daß die Gauleitung bis zur Rückkehr des Präsidenten warten sowie „Beunruhigungen der Wirtschaft" vermeiden und die „geeigneten Formen" wahren wolle.[178]

Am folgenden Tag informierte Vizepräsident Proenen den Syndikus darüber, daß abends zuvor Regierungspräsident Elfgen, der sich schon für den Status quo ausgesprochen hatte, ihn telefonisch über einen Besuch von Dr. Schmidt unterrichtet habe. Eine „Aktion" gegen die Kammer, wie es das Gerücht besagte, sei verneint worden. Es handele sich um ein Mißverständnis, keinerlei Vorgehen sei geplant(!).[179] Wenig später meldete sich von Schröder bei dem Kammerbeamten und berichtete von einem ähnlichen Gerücht, das in Berlin kursiere. Schmitz-Sieg hatte abends zuvor Silverberg in Berlin angerufen und von dem Gespräch mit Schröder berichtet. Dieser behauptete nun, er habe überhaupt nicht den Rücktritt des Präsidiums verlangt, woraufhin Schmitz-Sieg berichtigte. Der Baron versuchte daraufhin die Angelegenheit als Mißverständnis darzulegen, „auf dessen Beseitigung er großen Wert legen müsse, insbesondere durch eine Benachrichtigung des Herrn Dr. Silverberg." Schmitz-Sieg bat den Bankier, diese Mitteilung sofort zu diktieren. In dieser bekräftigte von Schröder die Auffassung der Gauleitung, „daß auf Dauer wohl die Persönlichkeit des Handelskammerpräsidenten nicht tragbar" sei, daß aber übereilte Schritte nicht vorgenommen werden sollten. „Eine Bitte der Gauleitung, daß er sein Amt niederlegen sollte, ist nicht ausgesprochen worden."[180]

Die Geschehnisse der folgenden zwei Wochen sind nicht eindeutig zu erfassen. Pferdmenges berichtete nach dem Krieg, Silverberg habe ihn in Berlin angerufen und mitgeteilt, daß von Schröder bereits auf seinem Stuhl sitze. Er sei daraufhin zu Minister Hugenberg geeilt, der zwar Silverberg bestätigte, damit aber nur seine eigene Machtlosigkeit dokumentierte.[181] Am 5. April trat Silverberg als Präsident der Kammer und am 12. April als Mitglied der Zulassungsstelle für Wertpapiere an der Börse zu Köln zurück.[182] Während in Köln der Druck erst einmal durch das mutige Vorgehen des Syndikus gelindert schien, war Silverberg am 1. April als Vizepräsident des RDI widerrechtlich entlassen worden.[183] Es half ihm nicht, daß er in der Weltwirtschaftskrise die NSDAP finanziell

– wie andere Großindustrielle – unterstützt hatte.[184] Ob der erzwungene Rücktritt des Protestanten jüdischer Abstammung in der Kammer eine „Anfälligkeit der freien Wirtschaft für den Antisemitismus der neuen Machthaber beweist"[185], muß mehr als fraglich bleiben. Die Oberflächlichkeit dieser Aussage steht für sich. Die zahlreichen „Gleichschaltungs"-Prozesse in der Phase der Machtergreifung nahmen die alten Eliten in Kauf. Sie versprachen sich von der neuen Regierung die Lösung aller wirtschaftlichen Probleme – mehr nicht.

Die Ablösung des Präsidenten war jedoch nur die Ouvertüre. Ende März 1933 kündigte die „Deutsche Wirtschafts-Zeitung" Neuwahlen zu den Handelskammern an, die den Wählern nach der Wahl vom 5. März Gelegenheit bieten sollten, „zu einer neuen Bekundung ihres Willens hinsichtlich der Vertretung in den wirtschaftlichen Berufskörperschaften zu kommen."[186] Erstmals fand somit eine Verquickung von Parlaments- und Kammerwahl statt – sofern der Begriff „Wahl" noch seine Berechtigung hatte. Anfang April wurde den Kammern vom Landesausschuß der preußischen IHKn auf Anregung Hugenbergs „empfohlen", sich innerhalb kürzester Frist aufzulösen und Neuwahlen auszuschreiben. Dies wurde offen als „reibungsloses Zusammenarbeiten der Industrie- und Handelskammern mit der nationalen Regierung" proklamiert. Gesamtwahlen wurden Ersatzwahlen für zurückgetretene Mitglieder vorgezogen. Im Falle des Widerstandes drohte die Besetzung mit einem Staatskommissar.[187]

Die Nationalsozialisten waren in der Konsolidierungsphase darauf bedacht, den Schein der Legalität zu wahren. Entgegen jeglicher demokratischer Praxis genehmigte aber das Ministerium Einheitslisten und die Wahl per Akklamation.[188] Noch die „alte" Vollversammlung, die am 10. April den Rücktritt Silverbergs entgegennahm, wählte „auf Wunsch der Gauleitung" von Schröder zum Nachfolger[189] – obwohl er nicht Mitglied war. Eigens zur Übertünchung dieses Mankos legte das Präsidium der Vollversammlung eine Entschließung vor, die die Bildung eines „Präsidialgremiums" aus IHK und Börse sowie von Schröder als Präsidenten vorschlug. Die Vollversammlung folgte einstimmig. Diese nicht turnusgemäße Wahl wurde ermöglicht durch den Kollektivrücktritt der Vollversammlungsmitglieder in dieser Sitzung. Gleichzeitig wurde die Zusammensetzung der Vollversammlung gegenüber der Wahlordnung zugunsten des Einzelhandels verändert, der vier Vertreter mehr erhielt. Die Industrie mußte einen, der Großhandel drei Vertreter abgeben, so daß nunmehr 20 Mitglieder von der Industrie, 18 vom Großhandel, zwölf vom Einzelhandel und zwei Handelsvertreter zu wählen waren.[190] Nach der „Neuwahl" am 28. April 1933 änderte sich die Zusammensetzung der Vollversammlung radikal. Ein Handelsvertreter hatte die Wahl ablehnen müssen, so daß nur 51 Mitglieder gewählt waren.[191] Von diesen waren nur 17, also ein Drittel, bereits vorher Mitglied gewesen.[192] Dieses Ergebnis deckt sich mit dem anderer Kammern.[193] Einige der bisher vertretenen Kölner Kaufleute waren Juden, so z.B. Fritz Kaufmann, Inhaber der Strickwarenfabrik *Rollmann & Rose*, oder Meno Lissauer, Inhaber der Erzhandelsfirma *Gebr. Lissauer & Co.* Aus politischen Gründen schied Robert Freiherr von der Schulenburg, Mitinhaber von *Tillmanns & Co.*, Rotarier und später Mitwisser des Attentats vom 20. Juli 1944, aus.[194] Ein Verlust des Amtes bedeutete jedoch nicht automatisch offene Gegnerschaft zum NS-Regime. So wurden einige Ausgeschiedene in späteren Jahren wieder in den Beirat berufen: 1934 Paul Müller[195], Generaldirektor der *Dynamit AG*, oder 1937 Fritz Polensky, Inhaber von *Polensky & Zöllner*. Auch schieden 1933 Mitglieder aus, denen bei der „Wahl" vom 28. April Mitinhaber ihrer Firma oder sogar Familienmitglieder nachfolgten – von einer „Ausschaltung" des jeweiligen Unternehmens konnte also keine Rede sein. Dies trifft zu auf die Firma *F.W. Brügelmann Söhne* (Otto Brügelmann folgte auf den am 27. April verstorbenen Wilhelm Brügelmann), auf *Haus Neuerburg* (Strenger folgte auf Neuerburg) oder auf die Fa. *Jakob van Norden* (Heinz J. folgte Jakob van Norden). Die *Rheinische AG für Braunkohlenbergbau und Brikettfabrikation*, deren Vorsitzender Silverberg war, wurde erst 1934 wieder mit der Berufung von Gustav Brecht in den Beirat berücksichtigt.[196] Nicht alle neuen Kammermitglieder waren Parteigenossen.[197]

Die parteizugehörigen Mitglieder der Vollversammlung und Vertreter des Hauptamtes in NSDAP-Uniform vor der konstituierenden Sitzung der Vollversammlung am 9. Mai 1933

Die erste Versammlung der neuen Kammer fand am 9. Mai 1933 statt. In dieser wurde von Schröder zum Präsidenten gewählt. In seiner Eröffnungsrede wies er auf die nationalsozialistische Wirtschaftsauffassung und die ersten Maßnahmen zur Senkung der Arbeitslosenzahlen hin. Neben der Hakenkreuzfahne war der Saal der Kammer mit der Reichsflagge und einem „umkränzten Bildnis des Reichskanzlers Adolf Hitler" geschmückt. Mitglieder und Beamte, die NSDAP-Mitglieder waren, erschienen zur Sitzung in Braunhemden. Anwesend war bei dieser Sitzung, in der er als Gauwirtschaftsberater der NSDAP in den Verwaltungsausschuß der IHK gewählt wurde, auch Dr. Karl Georg Schmidt.[198]

Die Gleichschaltung fand ihren Abschluß mit der Entlassung des Syndikus Schmitz-Sieg, dem jedoch aufgrund seines Vertrages, der 1941 auslief, nicht zu kündigen war. Zwar versuchte er noch durch einen Parteieintritt am 1. Mai dem drohenden Arbeitsplatzverlust zuvorzukommen[199], aber seine mutige Opposition gegen von Schröder hatte sein Schicksal schon besiegelt. Am 15. Mai mußte er daher aus der IHK ausscheiden. Der Präsident besorgte ihm eine Stelle als Direktor bei der Knappschaft in Aachen. Die IHK erklärte sich bereit, die Differenz im Gehalt bis zu 500 RM zu vergüten und ihm bis September 1933 sein volles Gehalt zu zahlen. Im Juli übersandte Schmitz-Sieg noch dem zuständigen Ministerialrat im Preuß. Ministerium für Wirtschaft und Arbeit zwei Aktenvermerke und das Manuskript einer Rede vor der Vollversammlung, die aber auf seine Bitte hin zurückgesandt wurden. Daher ist der Inhalt nicht bekannt, die Tatsache aber als solche schon bemerkenswert. Der Entlassene versuchte noch seine Stellung zu behaupten. Er kündigte sogar einen Besuch für Ende Juli in Berlin an. Das Ministerium stellte sich zwei Jahre später auf den Standpunkt, daß Schmitz-Sieg sein Amt „freiwillig" aufgegeben habe, da die IHK nicht mehr mit ihm zusammenarbeiten wollte und Schmidt den Posten erhalten sollte. Eine „politische Unzuverlässigkeit" im Sinne des Gesetzes zur Wiederherstellung des Berufsbeamtentums sei dem ehemaligen Syndikus jedoch nicht nachzuweisen, weshalb die Kammer ihm auch sein volles Gehalt bis Vertragsende im Falle eines Verlustes des Aachener Arbeitsplatzes bezahlen müsse.[200]

3 RECHTSGRUNDLAGEN UND ORGANISATIONSWANDEL DER KAMMERN IM DRITTEN REICH

Seit[201] der Ernennung Hitlers zum Reichskanzler und dem Beginn der nationalsozialistischen Herrschaft erfuhren die Industrie- und Handelskammern und ihr Spitzenverband Deutscher Industrie- und Handelstag (DIHT) Umstrukturierungen, Aufgabenzuwächse und Zunahme von staatlicher Eingebundenheit bei gleichzeitigem Verlust an Selbstverwaltung und demokratischen Mitspracherechten. Anders als die Gewerkschaften und Parteien existierten Kammern und die meisten Verbände der Wirtschaft weiter. Sie mußten aber eine Gleichschaltung hinnehmen und in der Anfangsphase der NS-Herrschaft um ihre Existenz bangen.[202]

Der DIHT hatte sich zu Beginn der NS-Herrschaft noch in Opposition zu der propagierten Autarkiepolitik begeben. Er wies etwa auf die „Zusammenhänge zwischen Arbeitslosigkeit und Exportförderung" hin und warnte vor einer Verschlechterung der außenwirtschaftlichen Beziehungen. Auch lehnte er eine Politik des „deficit-spending" ab.[203] Im Mai 1933 übernahm der Mittelstandsideologe Adrian von Renteln die Präsidentschaft beim DIHT. Seine Amtsanmaßung wurde nachträglich durch eine „Wahl" im Juli legitimiert. Ein Gesetzentwurf aus seiner Feder bestimmte den DIHT zur Spitzenorganisation der deutschen Wirtschaft. Neu zu schaffende Landes-Wirtschaftskammern sollten horizontale und vertikale Wirtschaftsverbandsebenen in sich vereinigen, in denen Vertreter des Mittelstandes in der Mehrheit waren. Zwar wurde dieser Entwurf vorerst zurückgestellt, floß aber später in die Herausbildung der Organisation der gewerblichen Wirtschaft mit Ausnahme der Mittelstandsorientierung ein. Von Renteln war seit März 1933 zugleich noch Vorsitzender der Hauptgemeinschaft des Deutschen Einzelhandels sowie des Reichsverbandes des Deutschen Handwerks, die er in „Reichsstände" umwandelte. Durch die von Hitler im Juli 1933 verkündete Vertagung des ständischen Aufbaus wurde auch er ins politische Abseits gestellt. Die Reichsstände wurden wieder abgeschafft. Noch im Juni war ein „Ausschuß für den ständischen Wirtschaftsaufbau" beim DIHT berufen worden, dem auch der Kölner Präsident von Schröder angehörte. Im Folgemonat verzichtete der DIHT dann auf die Einberufung.[204]

Nachdem bereits mit dem „Gesetz zur Ordnung der nationalen Arbeit" vom 20. Januar 1934 in die Unternehmen hineinregiert wurde, das Betriebsverfassungsrecht dem Führerprinzip unterworfen sowie die staatliche Tariflenkung des Treuhänders der Arbeit institutionalisiert wurde, folgten die Eingriffe in die Autonomie der Organisationen. Mit dem am 27. Februar 1934 verkündeten Gesetz zur Vorbereitung des organischen Aufbaus der Wirtschaft wurden dem Wirtschaftsministerium weitreichende Befugnisse in die Selbstverwaltung der Verbände hinein gegeben. Ziel war es, die Verbände in die staatliche Wirtschaftslenkung einzugliedern. Die Kammern nannte das Rahmengesetz nicht einmal. Aus Unternehmerkreisen wurde starke Kritik an diesem Modell geäußert: Baron Schröder befürchtete die Ausschaltung der IHKn. Das DIHT-Präsidium hatte bereits im Dezember des vorherigen Jahres einen konträren Gesetzentwurf eingebracht, der den Kammern autoritäre Vollmachten auf dem Gebiet der Wirtschaft unter gleichzeitigem Ausschalten der regionalen Verbände bringen sollte. Im Präsidium des DIHT kam es zu starker Opposition gegen von Renteln, der sich nur mit Rückgriff auf das Führerprinzip halten konnte.[205]

Erst Hjalmar Schacht erließ Ende 1934 die Durchführungsverordnungen zu dem Gesetz, die einen Kompromiß darstellten. In das geltende Recht der IHKn wurde dabei nicht eingegriffen.[206] Die bezirklichen Angelegenheiten sollten von den IHKn bearbeitet werden, die fachlichen von den Wirtschaftsgruppen. Während Schmitt kein Freund der Kammern war[207], erklärte Schacht die „selbständige Organisation der Wirtschaft" zur Notwendigkeit. Er brauche als Minister „ein solches

Instrument zur Durchgabe von Anordnungen an die Wirtschaft", wobei er auch den Selbstverwaltungscharakter hervorhob, indem er eine „geordnete Sammlung von Wünschen der Wirtschaft an die Regierung" erwartete.[208] Am 20. August 1934 unterstellte Schacht die Kammern seiner Aufsicht und verankerte das – teilweise schon verwirklichte – Führerprinzip. Mit diesem Schritt schuf er ein flächendeckendes Instrument, mit dessen Hilfe er seine Wirtschaftspolitik durchzusetzen erhoffte. Gleichzeitig setzte er aber faktisch, nicht de jure, die Landeshoheit über die Kammern außer Kraft, ohne ein Reichsgesetz vorzulegen. Öffentlich wurde ein anderer Eindruck erweckt. Zwar diskutierte ein kleiner Kreis schon einen Referentenentwurf, aber eine Verkündigung kam nicht zustande. Zu Besprechungen über diesen Entwurf waren nur die Hauptgeschäftsführer der IHKn Berlin, Duisburg, Köln und München neben Vertretern des DIHT und der RWK am 25. und 26. Februar 1935 in Berlin geladen. Für die Kölner IHK nahm Schmidt teil. Sieben Monate später war er wieder mit demselben Kreis in Berlin und mußte dort erfahren, daß der Erlaß des Gesetzes noch von einer Einigung zwischen Einzelhandel und DIHT abhing, da der Entwurf die Abschaffung der Einzelhandelsvertretungen forderte. Noch 1941 wurde ein solches Gesetz für die nahe Zukunft prognostiziert.[209]

An der Spitze der Wirtschaftsorganisation stand ab 1. April 1935 die Reichswirtschaftskammer (RWK), die direkt dem Minister unterstellt war. Darin überführt wurde der bisherige DIHT, der als „Arbeitsgemeinschaft der Industrie- und Handelskammern" weiterarbeitete. Die Kammern waren dort und bei der RWK Mitglied. Die IHK Köln, die gehofft hatte, mit der Umstellung Beiträge zu sparen, mußte einer Erhöhung ihrer Umlagebeteiligung von 16 000 RM auf über 27 000 RM hilflos zusehen. Ebenso überführt in das neue Gebilde wurden die Wirtschaftsverbände, die in sieben Reichsgruppen mit einer Vielzahl von untergliederten Wirtschafts-, Fach- und Fachuntergruppen zusammengefaßt waren.[210]

Als regionale Unterabteilungen der RWK wurden 18, später 27 Wirtschaftskammern (WKn) eingerichtet, in denen die jeweiligen Industrie- und Handelskammern, die Handwerkskammern und die ehemaligen regionalen Verbände als Bezirksgruppen der Reichsgruppen zusammengefaßt wurden. Die beabsichtigte Anpassung der WKn an die Gaue scheiterte an der vertagten Reichsreform, so daß die Bezirke mit denen des Treuhänders der Arbeit übereinstimmten.[211] Den Industrie- und Handelskammern kam entscheidendes Gewicht zu, da die Vorortkammer die Geschäftsstelle der WK bildete. Damit übernahmen sie zunächst jedoch auch bis in den Herbst 1936 hinein die Haushaltsbelastung, da eine Umlage auf die übrigen Organisationen nicht statthaft war. Die Bezirkskammern galten als ausführende Organe der staatlichen Wirtschaftslenkung, denen sämtliche Betriebe über die Pflichtmitgliedschaft in den Kammern unterstellt waren. Sie sollten Mittler zwischen diesen und den Gruppen sowie zu der DAF sein. Mit der neugeschaffenen Arbeitskammer bildete die Wirtschaftskammer einen bedeutungslosen Bezirkswirtschafts- und Arbeitsausschuß. Die WKn waren nicht Körperschaften des öffentlichen Rechts. Innerhalb der WK waren die Bezirksgruppen für die fachlichen Angelegenheiten, die Kammern für die bezirklichen zuständig. Auch hier galt das Führerprinzip. 1936 erhielten diese Bezirkskammern eigene Rechtsfähigkeit. Nun wurde auch erstmals der Begriff der „einheitlichen Organisation der gewerblichen Wirtschaft" geprägt. Die WKn wurden zu nachgeordneten Stellen des Ministeriums, über die auch der Dienstverkehr der IHKn zu laufen hatte. Im folgenden Jahr wurde per Erlaß eine „Ehrengerichtsordnung" verkündet. Ihre Verfahren bezogen sich stets auf geschäftliche Vorgänge; unterworfen waren ihr alle Unternehmer sowie leitenden Angestellten. Die IHK Köln hatte – wie auch andere Kammern – schon 1933 ein solches Gericht geschaffen, das nun auf die Wirtschaftskammer überging.[212]

Ihre Aufgaben fanden die WKn besonders in der Rüstungsplanung, der Devisenbewirtschaftung, der Vergabe öffentlicher Aufträge über die ihnen angeschlossenen Bezirksausgleichsstellen und in der Rohstoffkontingentierung. Mit der Zeit vergrößerte sich auch der Einfluß der Gauleiter bzw.

der Gauwirtschaftsberater.[213] Der Wirkungsgrad der WKn war zwar höher als in der Forschung angenommen[214], aber bei weitem nicht vergleichbar mit dem der einzelnen Kammern – zumal ihre Aufgaben zu Beginn nicht fest umschrieben waren. Organisatorisch waren die Wirtschaftskammern unterteilt in einzelne Abteilungen. Wirkliche Bedeutung kam nur der Industrie-Abteilung zu, die bis Kriegsende in Köln die Betreuung der ihr über die IHKn angeschlossenen Unternehmen wahrnahm und auch starken Einfluß geltend machte. Jede Abteilung hatte einen Leiter, einen Beirat und einen Geschäftsführer.[215]

Köln und die hiesige IHK wurden Sitz der Wirtschaftskammer für den Wirtschaftsbezirk Rheinland. Das Gebiet umfaßte die Rheinprovinz – ohne den Regierungsbezirk Düsseldorf und den Kreis Altenkirchen – und einige Gemeinden des Kreises St. Goarshausen und den Unterwesterwaldkreis. Die Satzung datiert vom 18. März 1937, die Genehmigung durch den Minister erfolgte erst drei Monate später.[216] Ein Erlaß änderte im August 1937 den Namen in „Wirtschaftskammer Köln".[217] Die Übernahme der Geschäfte der Wirtschaftskammer vergrößerte die Bedeutung der Kölner IHK. Leiter der Wirtschaftskammer war stets der Präsident der Vorort-IHK, in Köln Kurt Freiherr von Schröder. Die Einschätzung, die Kölner Wirtschaftskammer habe, soweit „es die Berliner Wirtschaftslenkung zuließ, ... kölnisch-rheinische Wirtschaftspolitik zu machen versucht"[218], betont, daß die Wirtschaftskammer nicht viele Freiheiten genoß. Ihre konstituierende Sitzung war am 23. November 1935, am selben Tag gründete sich auch die Arbeitskammer Rheinland.[219] Die IHK Köln hatte bereits die Geschäftsstellen der ehemaligen Verbände in ihrer Haus geholt.[220] Die Kölner WK entwickelte gegenüber den anderen Kammern schnell hierarchische Umgangsformen.[221] Einen Erfolg brachte die Reform für die Kölner Bemühungen um die Eingliederung der oberbergischen Gebietsteile: Während die IHK Wuppertal zum WK-Bezirk Düsseldorf kam, gehörten ihre oberbergischen Teile zum Kölner Bezirk. Bei der vergleichsweisen Umsetzung der Organisationsreform kam der IHK eine entscheidende Rolle zu. Der Beirat der WK tagte kontinuierlich. Er bestand aus Repräsentanten der Kammern und Bezirksgruppen.[222] Die 1937 in Köln eingerichtete Energiewirtschaftsabteilung umfaßte die WK-Bezirke Köln, Düsseldorf sowie Teile der WKn Westfalen und Lippe, Hessen, Niedersachsen und Saarpfalz.[223]

Die Industrie- und Handelskammern konnten also ihre Entwicklung fortsetzen – zwar unter veränderten Rahmenbedingungen und politischen Einschränkungen, aber belohnt mit zusätzlichen Aufgaben. Kritiker des Kammersystems mußten zurückstecken[224], da sich inzwischen eine Reihe von einflußreichen Parteimitgliedern in den Kammern engagierten.[225] Von ihrer inneren Einstellung, ihrer Tätigkeit und ihrem Verhältnis zu den Mitgliedsunternehmen waren die Kammern trotz „revolutionärer" Umstellungen nicht berührt. Im Gegenteil: Die Aufgabenfülle ermöglichte eine enge Verbindung mit den Unternehmen, so daß der Verlust an demokratischer Freiheit nicht zur Abschaffung der Kammern führte.[226] Sie erlebten nicht die gleiche und durchgreifende Organisationsveränderung wie die Arbeitgeberverbände, die schon von ihrer Intention nicht mehr in den Führerstaat hineinpaßten. 1935 befürchteten die Wirtschaftskammern noch, die Verbände würden sie in in der umgewandelten Form der Gruppen überflügeln. Stattdessen waren zwei Jahre später die Weichen für die ausgebaute Existenz der Kammern gestellt, während die Verbände in eine gewisse Starre versetzt waren.[227] Die Kammern hatten teilweise die Aufgaben der jeweiligen Gruppen übernommen und mit den sog. „Industrie-Abteilungen" die Bezirksgruppe Industrie ins Abseits gedrängt. Auch nach außen traten die Repräsentanten der Kammer stets mehr in den Vordergrund.

Wesentlich belastet im Alltag wurden die IHKn mit der Neuorganisation der Wirtschaftsverwaltung. Fragen nach Abgrenzung der bezirklichen von den fachlichen Aufgaben sowie die erzwungene Zusammenarbeit mit den Bezirksgruppen belasteten die Kammern mit einem enormen Arbeitsaufwand. Die Rechtsstellung der IHKn blieb bis 1942 unberührt. Mit der Novelle des preußischen Handelskammergesetzes vom 28. Dezember 1933 wurden alle nicht im Handelsregister eingetragenen Unternehmen zu Pflichtmitgliedern. Diese Bestimmung war v.a. auf Bestrebungen des Einzelhandels zurückzuführen, der stärkere Mitspracherechte erhalten wollte. Gleichwohl traf es auch viele ambulante Händler. Dieser preußischen Regelung schlossen sich die außerpreußischen Länder an. Staatliche Aufgaben erhielten die Kammern 1935 mit der Übertragung des kaufmännischen und gewerblichen Prüfungswesens.[228]

Eine wesentliche Änderung erfuhren die Kammern aber mit der Unterstellung unter das Führerprinzip. Wahlen wurden abgeschafft, das Präsidium vom Minister unter Mitsprache des zuständigen Gauleiters ernannt, der auch bei der Auswahl der vom Präsidenten vorgeschlagenen, vom Wirtschaftsminister bestätigten „Beiratsmitglieder" Einfluß ausübte. Zwar wurde diese Mitsprache erst zwingende Voraussetzung 1938[229], war aber bereits zuvor schon gängige Praxis. Ob und inwieweit die Kammern zu diesem Zeitpunkt noch gewisse Selbstverwaltungsrechte aus der Vorzeit hatten, muß fraglich bleiben. Partei und Regierung betonten zwar den Selbstverwaltungscharakter der Kammern[230], verlangten aber gleichzeitig den „nationalsozialistischen Unternehmer". Dabei war den Theoretikern der „Organisation der gewerblichen Wirtschaft" klar, daß der Terminus „Selbstverwaltung" nun ganz anders besetzt war. Als Angelegenheiten der Selbstverwaltung galten alle Themen, die die Kammern von sich aus aufgriffen. Rechtlich konnte der Staat zudem jede Aufgabe den Kammern aufzwingen, die ihm genehm war.[231] Einen Gegensatz zwischen Kammern und Staat, im 19. Jahrhundert nicht selten, konnten die NS-Ideologen nicht gutheißen. Pietzsch sah als Selbstverwaltungsaufgaben nur die „Beratung und Beauskunftung" der Mitgliedsunternehmen sowie „die Bearbeitung aller Fragen, die an den Kammerbezirk gebunden sind".[232] Dies beschränkte die Kammern auf die Funktion eines „Erfüllungsgehilfen", während die klassischen Aufgaben eines Initiators und Beobachters staatlicher Wirtschaftspolitik völlig wegfielen.[233] Der Gedanke der Selbstverwaltung war innerlich ausgehöhlt[234], auch wenn Boelcke keine „unbedingte Subordination unter die Befehlsgewalt des Staates" annimmt.[235] Gewisse Mitspracherechte sollten anfangs noch die Mitwirkung der Wirtschaft am Wiederaufschwung sichern. Jeglichem Selbstverwaltungsgedanken widersprach aber die Form der Beiratsbesetzung ohne Wahlen. Nicht mehr die Wirtschaft eines Bezirks, sondern die Sympathie von Präsident und Gauleiter zählten, wobei der „politischen Zuverlässigkeit" noch Genüge getan werden mußte. Dennoch stand in der Praxis auch jetzt noch die Mitarbeit von fachlich versierten Unternehmern im Vordergrund. Auch der Einwurf, die Kammer böte noch genügend Raum für ehrenamtliche Mitwirkung, half im Krieg nicht weiter – dafür war die staatliche Lenkung zu weit fortgeschritten.[236] Mit der Errichtung der Gauwirtschaftskammern und der Auflösung der Industrie- und Handelskammern Ende 1942 wurden die Prinzipien der Selbstverwaltung endgültig beigelegt.[237] Führerprinzip und Selbstverwaltungsanspruch galten zwar nicht als Widerspruch, waren aber Antipoden. Die erste Prämisse setzte sich im Führerstaat durch.[238]

Schon am 9. Mai 1933 hatte Präsident von Schröder die Vergrößerung des Kölner Kammerbezirks auf das Gaugebiet propagiert.[239] Die zunehmende Bürokratisierung, die Doppelarbeit bei IHKn und Gruppen sowie deren verwirrende Strukturen führten schließlich im Krieg zur Schaffung von Einheitskammern auf Gauebene.[240] Aufgrund der Verordnung des Reichswirtschaftsministers vom 20. April 1942 wurden die bisherigen 27 Bezirkswirtschaftskammern, 111 Industrie- und Handelskammern und 71 Handwerkskammern mit Wirkung vom 1. Januar 1943 abgeschafft und in die neugebildeten 41 Gauwirtschaftskammern überführt, deren Sprengel deckungsgleich mit den Parteigauen der NSDAP waren. Alle bisherigen Kammern verloren zwar ihren Rechtsstatus, aber die bisherigen Aufgaben übernahmen die GWKn. Auch der Apparat der ehemaligen Vorort-IHK wurde als GWK fortgeführt, während die anderen IHKn sowie die Handwerkskammern teilweise als Zweigstellen und Abteilungen fortbestanden.

Ähnlich wie bei der Wirtschaftskammer war Köln mit der Errichtung der Gauwirtschaftskammer zum 1. Januar 1943 wieder Vorreiter. Die konstituierende Sitzung ihres Beirates fand am 5. Februar

1943 statt.[241] Die Satzung der GWK Köln-Aachen datiert vom 16. März 1943, die Geschäftsordnung vom 21. Dezember 1943. Das Vermögen der bisherigen Kammern wurde auf die Gauwirtschaftskammern übertragen[242], was nach 1945 manch langwierige Auseinandersetzung beinhaltete. In Köln wurde jedoch die Trennung beibehalten.[243] Die Übernahme des Personals und die Fortführung der Aufgaben erleichterten nach dem Krieg einen Neuaufbau der IHKn nach altem Muster. In den wenigen Monaten bis Kriegsende konnten die GWKn nicht den Geist der alten Kammerorganisation auslöschen.[244] Die Neuorganisation war nicht nur eine „kriegswirtschaftliche" Notwendigkeit und auf keinen Fall, wie in der neueren Forschung angenommen, eine vom Rüstungsminister Speer initiierte Strukturreform.[245] Auch wenn nach außen der Einfluß der Gauapparate gestärkt schien, so blieben die Gauwirtschaftskammern dennoch de jure Einrichtungen der Selbstverwaltungsorganisation der Wirtschaft und unterstanden weiterhin dem Reichswirtschaftsminister. Die Benennung des Präsidenten erfolgte, wie schon zuvor, in Einklang mit dem Gauleiter, ebenso wie die der Beiräte. Neu war, daß die Gauwirtschaftskammern nicht nur dem Staat zur Seite stehen sollten, sondern auch den Gauleitern bei der Durchführung ihrer Aufgaben behilflich sein sollten. Wie vorher sollten die neuen Kammern die Wirtschaft ihres Bezirks vertreten, deren Belange wahrnehmen und fördern sowie den Ausgleich der verschiedenen Interessen bewirken. Auch Rüstungsminister Speer hielt die Kammern für unverzichtbar, weil nur sie die „unmittelbare Betriebsnähe und die spezielle Betriebskenntnis" besaßen. Die Abteilungen der GWK reagierten im Bombenkrieg schneller und präziser auf die sich ergebenden Veränderungen als andere Stellen.[246]

Die Annahme, die Gauwirtschaftskammern seien von der Großindustrie getragen worden und damit auch automatisch in deren NS-Verstrickungen eingebunden gewesen[247], negiert Herkunft und Realität. Im Alltag waren die GWKn – wie ihre Vorgänger auch – für alle Unternehmen da. Ob die Organisation der Wirtschaft überhaupt die Chance hatte, die gesamte Wirtschaft für Aufrüstung und Krieg zu mobilisieren, muß ebenfalls sehr fraglich bleiben. Vielmehr entsteht der Eindruck, daß staatliche Reglementierungen und Kontrolle[248] die Wirtschaft einspannten und der „Selbstverwaltung" enge Grenzen setzten. Schon allein der auffallend hohe Bürokratismus, mit denen die Kammern zugeschüttet wurden, wird sie von Eigenständigkeiten abgehalten haben. Dem widerspricht nicht, daß sie, im Rahmen der ihnen gesteckten Möglichkeiten, Anregungen und Beschwerden an höhere Stellen weitergaben. Wichtiger erscheint die Tatsache, daß die GWKn nach wie vor dem Wirtschaftsminister unterstanden, in allen sachlichen Angelegenheiten von den Landeswirtschaftsämtern als dessen regionalen Vertretern betreut wurden und zudem den zuständigen Rüstungskommissionen untergeordnet wurden, deren Bedeutung stetig zunahm.[249]

Ein Erlaß vom Dezember 1942 regelte die Zusammenarbeit der GWK mit dem Gauwirtschaftsberater. Dieser war zu allen wichtigen Sitzungen der Kammer hinzuzuziehen, zudem konnte er die Kammer mit der Erledigung seiner Aufgaben beauftragen.[250] Bereits vorher arbeiteten IHK und Gauwirtschaftsberater zusammen, der z.B. mit der Einzelhandelsvertretung gemeinsam Bestimmungen über den Saisonschlußverkauf erließ. IHK und Gauwirtschaftsberater forderten in Köln auch die Einzelhändler 1934 auf, ihre Geschäfte an Allerheiligen als katholischem Feiertag geschlossen zu halten.[251] In Köln war der Syndikus und spätere Oberbürgermeister Schmidt Gauwirtschaftsberater (bis zu seinem Tod 1940). Dies war rechtlich möglich und bei anderen Kammern ebenso Praxis.[252] Sein Nachfolger wurde Präsident von Schröder, der jedoch 1943 bei Errichtung der Gauwirtschaftskammer sein Amt wegen Verbotes der Personalunion aufgeben mußte. Gauwirtschaftsberater wurde nun Dr. Paul Heinen, bis dahin Geschäftsführer der IHK und nun in der Wirtschaft tätig. Die Personalunion sicherte beiden Stellen eine enge Verzahnung. Die Aufgaben des Gauwirtschaftsberaters lagen zwar mehr im politischen Aktionismus, während der Präsident „für die gewissenhafte Durchführung der der wirtschaftlichen Selbstverwaltung obliegenden Aufgaben Sorge zu tragen" hatte.[253] Auch wenn die Unternehmer in den GWKn unter sich blieben[254], schloß dies eine Einflußnahme von Parteiseite nicht aus.

4 DIE INNERE GESCHICHTE

4.1 SATZUNG

Die politischen Verhältnisse nach der Gleichschaltung ließen auch die Kammern als Körperschaften des öffentlichen Rechts eine Neuordnung ihrer inneren Struktur anstreben. Die schon erwähnte Gesetzesnovelle in Preußen von Ende 1933 sah zwar an keiner Stelle das Führerprinzip vor, aber ein Schreiben des Ministers vom 6. Januar 1934 machte deutlich, daß auch nicht Gesagtes umgesetzt werden sollte. Der Minister behauptete, die Novelle habe „ganz allgemein die Möglichkeit, zum Führerprinzip überzugehen" gegeben. Auch wenn hier noch von einer freien Entscheidung der IHK die Rede ist, so übte doch die Regierung einen starken Druck aus. Der Minister erwartete bis zum 1. April 1934 einen Bericht von den einzelnen Kammern, ob sie zum Führerprinzip übergehen wollten. Auch gab er die Ausschaltung der gewählten Vollversammlung vor. Die Kammern beantragten daraufhin ihre „Auflösung zum Zwecke des Übergangs zum Führerprinzip". Der Kölner Syndikus Schmidt war ein Gegner solcher Auflösung, da er Unruhe befürchtete. Schließlich seien die Kammern im Vorjahr alle gleichgeschaltet worden, die Einführung des Führerprinzips benötige keine Auflösung und reichsrechtliche Regelungen stünden noch aus, die erneut eine Änderung brächten.[255]

Die Gesetzesnovelle und die Einlassungen des Ministers waren der Auslöser für die Neufassung der Satzung der IHK zu Köln, die am 12. Mai 1934 in Kraft trat. Wirminghaus sah die herausgehobene Bedeutung der Kölner Satzung darin, daß sie der Verordnung des Reichswirtschaftsministers vom 20. August 1934 zuvorkam und das Führerprinzip schon vorwegnahm.[256] Doch kann man dieses Argument nicht gelten lassen, wenn man das Schreiben des Ministers vom 6. Januar 1934 richtig interpretiert. Sieben Tage später äußerte sich das Ministerium gegenüber der IHK Köln ähnlich.[257] Die Satzung der Kölner IHK erlangte aber dennoch reichsweite Bedeutung, da sie „als erste und sehr bedeutende Kammer" eine solche zur Genehmigung einreichte und damit rechtsetzend wirkte. Dieses Vorgehen war Teil einer Absprache. Am 13. Februar 1934 trafen sich die Syndici Dr. Karl Georg Schmidt und Rudolf Eggermann (Köln) mit ihren Kollegen Prof. Dr. Otto Most (Duisburg) und Fritz Weike (Hannover) in Königswinter. Dort wurden von den Kölnern noch Änderungsvorschläge zu einem Satzungsentwurf angenommen. Weitere Unterredungen Schmidts folgten in Berlin, u.a. beim DIHT, wo noch verschiedene Modifikationen eingefügt wurden. Man vereinbarte, daß die Kölner IHK dem Minister den Entwurf vorlegte. Nach Genehmigung verbreitete der DIHT diese als Mustersatzung.[258] Bei der Diskussion des Referentenentwurfs zu einem Reichsgesetz über die IHKn wurden 1935 Paragraphen teilweise wortwörtlich aus der Kölner Satzung übernommen, wozu sicher auch Schmidt als Teilnehmer der Runde beitrug. Auch das Reichswirtschaftsministerium hatte in seinen Formulierungen auf die Kölner Satzung zurückgegriffen.[259]

Der dem Minister vorgelegte Satzungsentwurf wurde in einigen Bestimmungen geändert. Die IHK wollte neben der angeordneten Einzelhandelsvertretung gleiche Gremien für die anderen Wirtschaftsbereiche bilden. Dies wurde vom Minister abgelehnt. In einer Besprechung mit von Schröder und Schmidt am 16. März 1934, an der auch die Präsidenten von Frankfurt/Main und Nürnberg, Lüer und Schaub, teilnahmen, betonte Minister Schmitt, daß die Kammern auch bei einer Neuorganisation erhalten bleiben sollten. Die Frage der Fachgruppen als regionale Instanz in Konkurrenz zu den Kammern sollte noch geklärt werden, daher bat er, von entsprechenden Satzungsformulierungen Abstand zu nehmen. Um die Möglichkeit eigener Stellungnahmen der Einzelhandelsvertretung gegenüber Behörden wurde gerungen, schließlich aber ein Kompromiß gefunden. Gleichzeitig verteidigte das Ministerium seine Vorrangstellung, in dem es eine „Übereinstimmung mit dem zuständigen Gauleiter" bei der Berufung des Präsidenten ablehnte und dem Parteiapparat nur eine „Anhörung" zugestand. Der Präsident selbst wurde bei der Führung der Geschäfte noch als letztendliche Instanz vor dem Hauptgeschäftsführer eingeführt. Das rotierende Berufungssystem mit einer Gesamtamtszeit von drei Jahren pro Mitglied und einem Ausscheiden jeweils von einem Drittel zu Beginn des Kalenderjahres wurde vom Ministerium wohl aus mehreren Gründen abgelehnt. V.a. wird es aber die für eine Berufung völlig widersinnige Bestimmung erkannt und daher die Amtszeit auf das Rechnungsjahr begrenzt haben. Einen weiteren Widerspruch beinhaltete der Vorschlag, Mitglieder eines ständigen Ausschusses nur für ein Jahr zu berufen – eine Bestimmung, die in der endgültigen Form fortfiel.[260]

Die IHK vertrat „die Gesamtbelange der Unternehmungen der Industrie, des Handels, des Verkehrs, der Versicherungen und der Banken" ihres Bezirks nach dem Grundsatz „Gemeinnutz geht vor Eigennutz" (§ 2). Die Satzung regelte den Bezirk, die Zugehörigkeit zur Kammer, die Beitragspflicht sowie die Organisation der Gremien. Zwischen 1935 und 1940 erfolgten sieben Änderungen. Sie betrafen Angleichungen an reichsrechtliche Regelungen (Berufung der Beiratsmitglieder, Übernahme der Ehrengerichtsordnung der gewerblichen Wirtschaft etc.) und Bestimmungen über die Geschäftsführung.[261]

4.2 MITGLIEDER UND BEZIRK

Die letzte offizielle, nicht unter demokratischen Bedingungen abgehaltene Wahl fand – wie oben geschildert – am 28. April 1933 statt. Durch die Änderung der Satzung im Jahr 1934 wurde ein Beirat berufen und damit die bisherige Vollversammlung abgeschafft. Dieser wurde auch in die Gauwirtschaftskammer übernommen.

Die erste durchgreifende Änderung war die mögliche Zuwahl von Arbeitnehmern in die Kammer. Das DIHT-Präsidium verabschiedete im August 1933 einen Vorschlag zur Änderung des Handelskammergesetzes, der eine solche Möglichkeit eröffnen sollte. Damit sollte das Verhältnis zur Deutschen Arbeitsfront verbessert werden. Der Reichswirtschaftsminister kündigte jedoch an, daß diese auch Unternehmer aufnehmen solle, um so der Wirtschaft eine innere Geschlossenheit zu geben. Das DIHT-Präsidium ließ daraufhin seinen Vorschlag fallen.[262] Bei der Durchsetzung des Führerprinzips und den damit gebildeten Beiräten wurde eine paritätische Besetzung nicht mehr diskutiert. Da Arbeitnehmer nicht das passive Wahlrecht hatten, fielen sie auch aus dem Beirat fort.[263] Die Kammer Köln wählte stattdessen den Weg, den Treuhänder der Arbeit, dessen Büro seit dem 22. Juni 1933 auch im Gebäude der Kammer war, und den Gaubetriebszellenleiter NSBO als angebliche Vertreter der Arbeitnehmerschaft zu Beiratssitzungen einzuladen.[264]

Der Beirat wurde zur „Beratung und Unterstützung" des Präsidenten und des Präsidiums gebildet. Er rekrutierte seine Mitglieder durch Ernennung des Präsidenten. Schon bei der Novelle des preußischen Handelskammergesetzes Ende 1933 hatte der Minister intern deutlich gemacht, daß die Vollversammlung „nur noch beratende Funktionen" haben sollte.[265] Die Mitgliederzahl war begrenzt auf 50 Personen. Eine Satzungsänderung vom 7. Februar 1940 ermöglichte die Berufung von bis zu 55 Personen. Die Begründung dafür wird in der kriegsbedingten Abwesenheit mancher Mitglieder zu suchen sein. Die Berufung erfolgte durch den Präsidenten, wobei diese der Reichswirtschaftsminister bestätigen mußte. Der Kreis der zu Berufenen war definiert im Gesetz über die Handelskammern, das nach wie vor Gültigkeit besaß. Die einzelnen Wirtschaftszweige des Kammerbezirks sollten berücksichtigt werden. Die Kammer Köln berief besonders Vertreter der Organisation der gewerblichen Wirtschaft, d.h. Leiter von Bezirksgruppen, und machte damit „gute Erfahrungen". Auf Anregung des Leiters der Bezirksgruppe Rheinland der Reichsgruppe Handel empfahl von Schröder, der selbst diese Linie vehement vertrat, den anderen Kammern im Wirtschaftskammerbezirk ein ähnliches Vorgehen.[266] Bei der Einreichung der Vorschlagsliste äußerte sich von Schröder 1937 über seine Motive. Er habe die Absicht, „eine möglichst enge personelle Verbindung zwischen Beiratsmitgliedern, Obmännern von Reichsgruppen und Fachgruppenleitern herbeizuführen."[267] Dabei konnte er sich auf ein Rundschreiben des Preußischen Ministers für Wirtschaft und Arbeit vom 11. Mai 1934 sowie einen Erlaß des RWM vom 7. Juli 1936 berufen, in dem genau dies gefordert wurde.[268] Auch stand der Präsident in dieser Frage im besten Einvernehmen mit seinen Vorstandsmitgliedern. Hünemeyer drängte sogar als Leiter der Unterabteilung Groß-, Ein- und Ausfuhrhandel in der Wirtschaftskammer Rheinland der IHK Koblenz einen Obmann der Wirtschaftsgruppe auf.[269] Eine Abberufung der Beiratsmitglieder war jederzeit möglich, bedurfte aber der Zustimmung des Ministers. Von Schröder brachte neue Leiter der Fachgruppen einfach bei der Vorlage der Berufungsliste zum Beginn eines Rechnungsjahres unter. Die Berufung galt ab 1939 für zwei Jahre. Im Krieg wurde diese Amtsdauer vom Reichswirtschaftsminister automatisch verlängert. Wurde innerhalb der Amtszeit eine Stelle frei, konnte sie für den Rest der Amtsdauer wiederbesetzt werden. Die Mitglieder des Vorstandes gehörten der Kammer zusätzlich an.[270]

In den Augen der Theoretiker der Organisation der gewerblichen Wirtschaft stellte der Beirat kein Parlament oder eine parlamentsähnliche Institution dar. Jegliches „Pallaver" (sic!) war verpönt, kein Beiratsbeschluß – sollte er jemals herbeigeführt werden – konnte den Präsidenten zur Umkehr zwingen.[271] Die Satzung der IHK zu Köln regelte keinen Aufgabenbereich dieses Gremiums in den dafür vorgesehenen Paragraphen (§§ 14-17). Ein Recht war dem Beirat gegeben: Lt. § 8 der Satzung übte er das Vorschlagsrecht für das Amt des Präsidenten aus.[272] Praktische Auswirkungen hatte diese Bestimmung jedoch nicht.

Bei einer solchen Beschränkung der Mitspracherechte drängt sich die Frage auf, warum sich Unternehmer zur Annahme der Berufung entschlossen haben? Zum einen war es sicher der Wille, sich an der Verbesserung der wirtschaftlichen Lage aktiv zu beteiligen.[273] Zum anderen wird sicher der Gedanke eine Rolle gespielt haben, Einfluß nehmen zu können auf die Wirtschaftsorganisation. Das Gefühl, in einer Einrichtung der Selbstverwaltung zu wirken, galt immer noch – auch wenn der Staat die Kammern zu Handlangern degradierte. Der Präsident versicherte sich langfristig der Zugehörigkeit herausragender Wirtschaftsvertreter seines Bezirks. Auch in Köln hielt man sich nicht an einen Erlaß der Minister, ein Ehrenamt höchstens zwei Jahre auszuüben. Sicher waren unter den Beiratsmitgliedern teilweise fanatische Nationalsozialisten, aber die meisten stammten aus dem gemäßigt-konservativen Lager. Von einigen Mitgliedern ist auch bekannt, daß sie nicht in die Partei eintraten. Sogar 1940 wurde noch mit Rudolf Siedersleben ein Nicht-Parteimitglied berufen.[274] Den Parteigenossen wurde aber das offene Bekenntnis befohlen. Der Einladung zur ersten Beiratssitzung am 4. Juni 1934 wurde die Aufforderung beigefügt: „Die Herren Parteimitglieder werden gebeten, in Uniform zu erscheinen."[275]

Der erste Beirat, der am 9. April 1934 dem Minister zum Vorschlag gebracht wurde, umfaßte 45 Personen, davon zwanzig Vertreter der Industrie, zehn des Großhandels, neun des Einzelhandels und sechs des sonstigen Gewerbes. Die Zustimmung erfolgte fünf Tage später. Bis zum Jahresende wurden vier weitere Personen, alle aus dem Bereich der Industrie, berufen, zwei Personen (einer aus der Industrie, einer aus dem Einzelhandel) schieden wegen Mitgliedschaft in der Reichskulturkammer wieder aus. Zehn der insgesamt 49 Mitglieder kamen aus dem Bezirk der ehemaligen Bonner Kammer. Fünf Mitglieder waren aus der Stadt Bonn, zwei aus dem Siegkreis[276] sowie je einer aus dem Kreis Bergheim, dem Landkreis Bonn sowie dem Landkreis Euskirchen. Bei den Mitgliedern aus dem Bereich der Kölner Kammer vertraten nur zwei Unternehmen, die ihren Sitz außerhalb der Stadt Köln hatten, nämlich in Bergisch Gladbach und in Brühl, die ländlichen Gebiete.[277] In der Verteilung der Gruppen änderte sich in den folgenden Jahren nichts, auch die Anzahl der Bonner Vertreter blieb dieselbe, wobei hier eine Verschiebung zu Lasten der Stadt Bonn (drei) und zu Gunsten der Landkreise (Bonn zwei, Euskirchen zwei, Siegkreis drei) stattfand. Aus dem Umland von Köln kamen nur drei Vertreter, zwei aus Bergisch Gladbach und einer aus Brühl. Der Landkreis Bergheim war ebenso wie der ehemalige Kreis Waldbröl nicht berücksichtigt worden. Gegenüber 1934 wurde 1940 die Höchstzahl von 50 Mitgliedern ausgeschöpft.[278]

Von den insgesamt 70 Unternehmern, die zwischen 1934 und 1942 Mitglied im Beirat der IHK zu Köln waren, waren 14 Vertreter des ehemaligen Bonner Kammerbezirks. Vernachlässigt man diese in der folgenden Betrachtung, so stellt man fest, daß fast 30 % (16 von 56) bereits vor der Gleichschaltung Mitglieder der Kammer waren. Über 42 % (24) erlangten die Mitgliedschaft mit der „Wahl" vom 28. April 1933. Demnach beschränkte sich die Auswahl der Beiratsmitglieder auf einen relativ kleinen, überschaubaren Kreis von Personen, die zum einen eine gewisse Erfahrung aus der Kammertätigkeit mit sich brachten, zum anderen aber auch „politisch zuverlässig" erschienen. Die durchschnittliche Verweildauer betrug sieben von neun möglichen Amtsjahren, woran man die geringe Fluktation erkennen kann. 36 Beiratsmitglieder, also über 50 %, waren während der gesamten neun Jahre im Amt, weitere 18 sechs bis acht Jahre. 15 Mitglieder waren drei bis vier Jahre im Beirat, und nur einer kam auf ein Jahr Amtsdauer (Niederlegung wegen Zugehörigkeit zur Reichskulturkammer[279]).

Präsidium und Beirat von Wirtschaftskammern und Gauwirtschaftskammern wurden in Anlehnung an die der IHKn gebildet. In Köln wurde Kurt Freiherr von Schröder Präsident beider Institutionen, in deren Präsidien und Beiräte er Vertreter der verschiedenen Wirtschaftszweige, Industrie, Handel und Handwerk berief. Zudem waren fachliche Gesichtspunkte bzw. Proporzgründe für die Berufung ausschlaggebend. Von der Wirtschaftskammer übernommen wurde die Regelung, den Vertreter des Reichsnährstandes sowie einen der Gemeinden des Wirtschaftsbezirks in den GWK-Beirat aufzunehmen. Über 52 % (39 von 74) der zwischen 1943 und 1945 diesem Gremium angehörenden Männer der Wirtschaft waren bereits vor 1943 Mitglied der Kammer Köln gewesen, fünf davon sogar vor 1933 schon. Rechnet man bei den Neulingen die Vertreter der oberbergischen Wirtschaft, die zuvor Mitglied der Wuppertaler Kammer waren, sowie die Vertreter des Aachener Raumes hinzu, so kann man konstatieren, daß auch beim Aufbau des GWK-Beirates auf die bewährte Organisation der IHKn zurückgegriffen wurde. Der Auffassung, der Bezirk der ehemaligen Kammer Bonn sei nur marginal im Beirat der GWK vertreten gewesen[280], ist nicht zuzustimmen. Über 13 % aller Mitglieder des GWK-Beirates, unabhängig von deren Amtsdauer, waren Vertreter des ehemaligen Bonner Bezirks (zehn von 74). Im Vergleich zu den Regionen Aachen und Oberberg, beide wirtschaftlich wesentlich höher entwickelte Gebiete, war der Südteil des Kammerbezirks sogar überproportional vertreten.[281]

Die Sitzungen des Beirates fanden in der Regel dreimal jährlich im ersten Quartal, im Juni und Ende Oktober/Anfang November statt. In den Kriegsjahren tagte man – außer 1942 – seltener, 1936 fanden sogar vier Sitzungen statt.[282] Die Tagesordnungspunkte der Sitzungen beinhalteten neben Organisatorischem (Tätigkeitsbericht, Einführung neuer Mitglieder, Organe der Kammer) jeweils Themen wirtschaftlichen Interesses. Am 18. März 1935 wurden z.B. neben inneren Angelegenheiten und der „Organisation der Kölner Wirtschaft" das Gesetz über die Durchführung einer Zinsermäßigung bei den Kreditanstalten, die Neugestaltung der Vergleichsordnung, die Vergabe öffentlicher Aufträge sowie die Arbeitsplatzbeschaffung für die Kriegsbeschädigten und die Ausbildungsplatzsituation angesprochen. Im nichtöffentlichen Teil standen der Ausbau von Landstraßen und Autobahnen sowie die Gewerbesteuerzuschläge der Gemeinden auf der Tagesordnung.[283] Diese Gestaltung der Beiratssitzungen hielt sich bis ins Jahr 1937. Nach der Konsolidierungsphase des Regimes, als sich ein wirtschaftlicher Aufschwung abzeichnete, waren Sachthemen nicht mehr gefragt. Nunmehr standen nur „geschäftliche Mitteilungen" und die „Aussprache zur Wirtschaftslage" mit immer wiederkehrender Monotonie auf den Einladungen. Einzelne Beiratsmitglieder hielten längere Referate mit Themen aus ihrem Bereich.[284] Nicht selten stand zum Ende ein Vortrag auf dem Programm, zu dem auch Gäste geladen wurden. Hauptthemen waren wirtschaftspolitische Probleme, aber auch Belange des Bezirks, so am 6. März 1939 die Bauplanung Kölns mit Bürgermeister Brandes als Referenten.[285] Einem Vortrag im März 1940 über die Reichsbahn im Krieg folgten neben dem Beirat der IHK und der WK auch Angehörige von Partei, Wehrmacht und Behörden.[286] Neben den Vorträgen gewannen im Krieg wieder die inhaltlichen Diskussionen, v.a. zur „Preisbildung" oder zur „Kohlebewirtschaftung" unter dem Punkt „Aussprache" an Geltung. Die Bedingungen des Krieges diktierten dann auch die Umstände: 1941 heißt es in einer Einladung zum anschließenden geselligen Zusammensein: „Fett- und Brotmarken bitte mitbringen".[287] Selten nahm der Gauleiter selbst an den Sitzungen teil, im Krieg war er nie anwesend.[288] Von den Sitzungen ist teilweise bekannt, daß die Beiratsmitglieder sich „sehr rege beteiligten".[289] Bei der Herbstsitzung 1935 entstand eine lebhafte Diskussion zur allgemeinen Wirtschaftslage, aber auch zu Einzelproblemen mit der Rohstoffversorgung und der Bewirtschaftung. Daraus hätten sich „wertvolle Anregungen" für die IHK ergeben.[290] Am 21. Dezember 1942 fand die Schlußsitzung der IHK vor der Auflösung statt. Von Schröder bezeichnete darin retrospektiv als wichtigste Aufgaben seit 1933 die Umgestaltung der Wirtschaft in nationalsozialistischem Sinne, die Pflege der Auslandsbeziehungen und die Stärkung der Kölner Kammer innerhalb der Wirtschaftsorganisation.[291]

Über die Arbeitsweise der Ausschüsse liegen nur wenige Quellen vor. Am 9. Mai 1933 berief die Vollversammlung elf Ausschüsse, darunter einen Handelsregister-Ausschuß. Das Präsidium wurde ermächtigt, weitere Ausschüsse zu berufen.[292] Im Mai 1934 tagten in Köln die Mitglieder des Verkehrs-Ausschusses der Kammer gemeinsam mit dem des DIHT. Nach Konstituierung des Beirates wurde die Zahl der Ausschüsse auf sechs verkleinert.[293] Am 16. November 1934 fand eine gemeinsame Sitzung des Steuer- sowie des Handels- und Gewerbe-Ausschusses statt, auf der Franz Proenen über das Steuerrecht sprach. Zu den Ausschußsitzungen gab es jeweils zahllose Tagesordnungspunkte. So lautete das Programm der Sitzung des Verkehrs-Ausschusses am 11. Januar 1935 wie folgt: Stellungnahme zum Reichsstraßennetz in der Rheinprovinz, Luftverkehrsverbindungen von und nach Köln, Luft- und Seepostbeförderung von und nach Nordamerika, Ermäßigung Postgebühren, Neuregelung Autodroschkenwesen, Umstellung Kraftverkehrswirtschaft auf heimische Treibstoffe, Neuregelung Güterlastkraftwagenverkehr.[294] Dieser Ausschuß blieb auch in der GWK bestehen und wurde vom Präsidenten persönlich geleitet. Nach § 20 ihrer Satzung richtete die GWK einen „Arbeitskreis Rechtsrhein" ein, in den Unternehmensvertreter aus den rechtsrheinischen Kreisen berufen wurden bzw. als GWK-Beiratsmitglieder automatisch Mitglied waren. Die erste Sitzung dieses Arbeitskreises fand am 11. Juni 1943 im Gebäude der GWK (IHK) in Köln statt.[295]

1937 beabsichtigte von Schröder, die Beiratsmitglieder stärker in die Alltagsarbeit der Kammer einzubinden. Dazu führte er monatliche zwanglose Treffen ein, bei denen die Beiratsmitglieder „Wünsche und Anregungen" einbringen und die Geschäftsführer der IHK Fragen ihres Arbeitsgebietes vortragen konnten. Von Schröder fehlte beim ersten Treffen am 6. September 1937, nahm dann aber regelmäßig teil. Diese Treffen fanden auch noch während des Krieges statt.[296]

Der Kammerbezirk bestand 1933 aus dem ehemaligen Landkreis Mülheim, seit 1932 Teil des Rheinisch-Bergischen Kreises, dem Landkreis Köln und der Stadt Köln.[297] Es lagen schon Anfang der dreißiger Jahre Bestrebungen der IHK Köln vor, den gesamten Regierungsbezirk unter ihre Ägide zu bringen. Der Anspruch der Nationalsozialisten, Verwaltungsstrukturen zu vereinfachen, gab diesen Ausdehnungswünschen neuen Auftrieb. Hauptverfechter war der Erste Syndikus Dr. Karl Georg Schmidt.[298] Einen Erfolg konnten diese Bemühungen mit der Auflösung der noch relativ jungen, 1891 gegründeten Industrie- und Handelskammer Bonn zum 1. Januar 1934 und deren Vereinigung mit der Kölner Kammer zur IHK für den Regierungsbezirk mit Sitz in Köln verbuchen.

Die Kölner Kammer hatte noch in den achtziger Jahren des 19. Jahrhunderts eine Ausweitung ihres Bezirks auf das spätere Bonner Gebiet abgelehnt. Der Bezirk der neuen Kammer wuchs nun beträchtlich, da die ehemalige IHK Bonn ca. zwei Drittel des Regierungsbezirks umfaßte.[299] Es handelte sich dabei um die Landkreise Bonn, Bergheim, Euskirchen, Rheinbach und Siegburg, den ehemaligen Landkreis Waldbröl (nun Teil des Oberbergischen Kreises) sowie um den Stadtkreis Bonn. Zum Kölner Kammerbezirk kamen nun auch die Gemeinden Wesseling und Keldenich, die nach der Gebietsreform am 1. Oktober 1932 vom Landkreis Bonn zum Landkreis Köln, nicht aber an die Kammer Köln gefallen waren.[300] Zum größten Teil bestand der alte Kammerbezirk Bonn aus wirtschaftlich teilentwickelten Regionen, in denen nur vereinzelte Industrieunternehmen ansässig waren. Haupterwerb bildete die – nicht IHK-zugehörige – Landwirtschaft.

Die Quellenlage sowohl auf Bonner wie auf Kölner Seite läßt keine eindeutigen Schlußfolgerungen über das Zustandekommen der Vereinigung zu. Paul Brandt, Geschäftsführer der IHK, legte eine Denkschrift über „Aufbau und Verflechtung der Industrie- und Handelskammerbezirke Köln und Bonn"[301] vor, in dem eine Zusammenlegung begründet wurde. Dabei ging er auch auf den industriell wenig entwickelten Kammerbezirk Bonn sowie auf die Verbindungen der Kölner Wirtschaft mit diesem Bezirk ein. Insbesondere die Zusammenarbeit mit den öffentlichen höheren Verwaltungsstellen sei von Köln aus besser zu organisieren. Maßgeblich beteiligt an dem Zusammenschluß waren Gauleiter Grohé und Dr. Schmidt. Das Präsidium der Bonner Kammer wandte sich zwecks Auflösung an den preußischen Wirtschaftsminister. Dieser gab der Bonner Vollversammlung auf, über die Angelegenheit zu beraten und zu beschließen. Die Kammer faßte einen Vereinigungsbeschluß, so daß der Minister am 13. Januar 1934 per Erlaß beide Kammern vereinigte.[302] Die Freiwilligkeit dieses Beschlusses mit dem Argument anzuzweifeln, die gleichgeschaltete Bonner Kammer habe erst eine ca. einjährige Tätigkeit ausüben können, überzeugt nicht. Vielmehr war Anfang 1934 der Kölner Kammer bekannt, daß die – schon länger verschobene – Neuorganisation der Wirtschaft in diesem Jahr erfolgen werde. Von Schröder, der auch Mitglied des gleichgeschalteten DIHT-Präsidiums war und vielfältige Kontakte nach Berlin hatte, konnte sicher sein, daß den Kammern eine schwierige Diskussion bevorstand. Nur starke Kammern boten die Gewähr für einen Bestand der Gesamtorganisation. Die kleine, vorwiegend im Agrarland angesiedelte Kammer Bonn war dabei nicht überlebensfähig. Auch der Versuch, der Kammer Köln ein „neues Interesse" am rheinischen Braunkohlengebiet zu unterstellen, entbehrt der Logik. Die Hauptverwaltungen von *Rheinbraun* und *Roddergrube*, die beiden stärksten Unternehmen, lagen ohnehin auf Kölner Gebiet, ihre Vertreter wirkten bereits in der Kammer mit. Sicher wird ein zentralistisches Interesse der Kölner IHK nicht abzusprechen sein, jedoch daraus zu schließen, die Bonner Kammermitglieder hätten nur auf äußeren Druck und gegen ihre tatsächliche Überzeugung eine Auflösung beantragt[303], scheint wenig dem dortigen Selbstverständnis zu entsprechen.

Grundstücke und Gebäude der beiden Kammern wurden in die „neue" Kölner Kammer überführt, die Angestellten übernommen und sogar die Bücher der Bonner Kammer in die Wirtschaftsbibliothek der IHK Köln überführt. In dem Bonner Gebäude blieb noch eine Zweigstelle der Einzelhandelsvertretung.[304]

Nunmehr war die Kölner Kammer ihrem Ziel, möglichst den ganzen Regierungsbezirk zu betreuen, einen großen Schritt nähergekommen. Es fehlten noch die beiden bergischen Regionen Wipperfürth und Oberberg. Erste Versuche des Kölner Regierungspräsidenten seit 1930 führten nicht zum Erfolg. 1933 griff die IHK Köln dieses Vorhaben wieder auf. Die Regierung fühlte sich aber an Zusagen gebunden, die sie der Wuppertaler IHK beim Zusammenschluß mit der in Remscheid gegeben hatte. Triumphierend meldete der Wuppertaler Syndikus Lohmann seinem Präsidenten, daß „der Angriff" abgeschlagen sei.[305] Die Eröffnung der IHK „für den Regierungsbezirk" 1934 entsprach also nicht der Realität. Man versuchte daher weiterhin von Kölner Seite aus, die beiden

Kreisteile in den Kammerbezirk einzugliedern. 1934 teilte Gauwirtschaftsberater Dr. Schmidt der Wuppertaler Kammer mit, daß Gauleiter Grohé nun in dieser Frage „an maßgebenden Stellen vorstellig geworden" sei.[306]

Dagegen konnte es als Erfolg gewertet werden, daß die bergischen Teile bei der Einrichtung von Bezirkswirtschaftskammern nicht mit der IHK Wuppertal von der WK Düsseldorf, sondern von der Kölner WK betreut wurden.[307] Dies war aber nicht auf die IHK, sondern auf die Angleichung der Wirtschaftskammerbezirke an die Sprengel der Treuhänder der Arbeit zurückzuführen. Der Bezirk Rheinland umfaßte den gesamten Regierungsbezirk mit. Die IHK zu Köln hat verschiedene Versuche unternommen, die Regierung von der Richtigkeit einer „Regierungsbezirks"-Kammer zu überzeugen. Kurz vor dem Krieg erreichte Gauleiter Grohé mit seinem Düsseldorfer Kollegen Florian Einvernehmen in dieser Frage zugunsten der Kölner Lösung. Auch die oberbergischen Unternehmer, allen voran Emil Engels von *Ermen & Engels*, waren für eine solche Gebietsveränderung. Die IHK Wuppertal konnte aber erneut eine Änderung der Kammergrenzen verhindern, da der Kriegsausbruch eine Entscheidung verzögerte. Auch wäre die Bergische IHK ohne diese beiden Teile nicht lebensfähig gewesen. In Berlin schreckte man daher auch vor einer Änderung der Grenzen im Bergischen Land zurück. Im Dezember 1940 wurde eine erneute Kölner Eingabe an das Ministerium gerichtet. Im Frühjahr 1941 trat von Schröder an den Staatssekretär heran, so daß schließlich Besprechungen des RWM in Köln und Wuppertal durchgeführt wurde. In Köln nahmen von Schröder und Eggermann teil, die insbesondere die territoriale Deckungsgleichheit der politischen und administrativen Ebenen im Regierungsbezirk als Argument für eine Eingliederung der bergischen Teile nach Köln vorbrachten. Die IHK Wuppertal versuchte, die kriegswirtschaftliche Bedeutung der Bezirksunternehmen herauszustellen, die jedoch irrelevant war, da die Zweigstelle mit nach Köln gewechselt wäre. Hauptgrund war, von Ministerialrat Haßmann auch so erkannt, die fehlende Größe der Kammer Wuppertal bei einer Fortnahme der beiden Gebietsteile, die insgesamt die Hälfte des Territoriums ausmachten. Dann hätte die IHK Solingen aufgelöst und Wuppertal zugeschlagen werden müssen. Der IHK Köln teilte daher das RWM am 20. Juni 1941 mit, daß von einer Neuordnung während des Krieges abzusehen sei, was von Schröder in einem Antwortschreiben nicht anerkannte. Gerade das RWM plante ja eine vollständige Änderung mit der Errichtung der Gauwirtschaftskammern. Im Oktober 1941 entwarf man einen Brief an von Schröder, in dem auf die Änderungen im Kammerwesen insgesamt hingewiesen wurde, Teillösungen aber abgelehnt wurden. Dieser Brief wurde nicht abgesandt. Drei Monate später entschied man im Ministerium, eine Antwort erst anmahnen zu lassen.[308] Gleichzeitig führte das RWM eine Rundfrage bei den IHKn über die Bereinigung der Kammergrenzen durch, die von Schröder im November 1941 auch in dem beschriebenen Sinne beantwortete.[309]

Mit der Errichtung der GWK und der Auflösung der IHKn gelang dann aber die Eingliederung, da die beiden bergischen Gebiete zum Gaugebiet Köln-Aachen gehörten. Die Wuppertaler IHK wurde zur Zweigstelle der GWK Düsseldorf, so daß der Gebietsverlust nicht mehr entscheidend war.[310] In Gummersbach fand am 18. Januar 1943 eine Abschiedssitzung der Wuppertaler IHK mit Vertretern der örtlichen Wirtschaft statt, bei der auch von Schröder und Brandt anwesend waren. Der Berichterstatter der Firma *Steinmüller* versprach sich für sein Unternehmen mehr von der Zugehörigkeit nach Köln.[311] Die Gebietsstreitigkeiten führten auch zu einer Verstimmung zwischen den Gauleitern Grohé und Florian, da sich beide ursprünglich geeinigt hatten. Nachdem Florian auf Druck aus Wuppertal dann plötzlich eine Neuordnung während des Krieges ablehnte, machte Grohé diesem Vorwürfe, so daß dem Düsseldorfer Gauleiter der „Vorwurf der Illoyalität peinlich" war. Von Seiten der Wuppertaler IHK wurde behauptet, Köln greife auch nach Leverkusen, wenn die IHK Solingen aufgelöst würde. Damit wiederum war Florian nicht einverstanden. Diese Behauptung war jedoch ein vom Wuppertaler Präsidenten Wachs gestreutes Gerücht, um den Gauleiter gegen Köln einzunehmen. Er berief sich auf eine Aussage des inzwischen verstorbenen Schmidt.

Gerade die IHK Köln vertrat ja die Ansicht, daß Verwaltungs- und politische Grenzen sich mit denen der Kammern decken sollten. Leverkusen gehörte zum Gau und Regierungsbezirk Düsseldorf – die IHK Köln hätte sich mit einem Ausgreifen dahin selbst widersprochen und so ihre Pläne mit Oberberg gestört. Grohé gab noch Anweisung, „daß über Leverkusen im Gau Köln nicht mehr gesprochen werden dürfe"[312], damit das Verhältnis zu seinem Düsseldorfer Kollegen nicht überstrapaziert werde. Mit dem Plan zur Errichtung von Gauwirtschaftskammern kam im März 1942 allerdings Leverkusen als Kölner Nebenstelle ins Gespräch. In einem Entwurf über die zukünftige GWK-Einteilung wurden Köln (ohne Aachen!) Nebenstellen in Bonn, Gummersbach (!) und Velbert zugestanden. Velbert war damals Nebenstelle der IHK Wuppertal. Handschriftlich wurde dazu mit Fragezeichen gesetzt: Leverkusen. Die Verwirklichung dieser Pläne hätten jedoch einem Erlaß Hitlers zur Vereinfachung der Verwaltung vom 25. Januar 1942 widersprochen, in dem die Gaugrenzen verpflichtend festgeschrieben wurden. Gleiches galt für die Ausschließung Aachens.[313]

Im Bezirk einer Gauwirtschaftskammer konnten Zweigstellen und/oder Wirtschaftskammern als Untergliederungen gegründet werden.[314] In Aachen wurde unter dem Namen „Wirtschaftskammer Aachen" eine solche eingerichtet, die zwar eine gewisse Selbständigkeit hatte, aber „in den entscheidenden Fragen" den Weisungen der Hauptstelle aus Köln unterworfen wurde.[315] Die ehemalige Zweigstelle der IHK Wuppertal in Gummersbach wurde in eine Geschäftsstelle zu Auskunftszwecken umgewandelt. Geschäftsführer wurde hier am 13. März 1944 der spätere Landrat Dr. August Dresbach. Seit 1940 gehörten die bis dahin belgischen Kreise Eupen und Malmedy zum Regierungsbezirk Aachen.[316]

4.3 PRÄSIDENT UND PRÄSIDIUM

Kurt Freiherr von Schröder, der in der Industrie- und Handelskammer seit der Absetzung Silverbergs bis zu ihrer Auflösung am 31. Dezember 1942 und dann in der Gauwirtschaftskammer bis Kriegsende Präsident war, wurde am 24. November 1889 in Hamburg als Sohn des Bankiers Frederik von Schröder und der Harriet Milberg geboren. Nach dem Abitur studierte er an der Universität Bonn, wo er Mitglied im Corps Borussia wurde, drei Semester Jura und Kameralistik. 1909 trat er in das 1. Rhein. Husarenregiment König Wilhelm (No. 7) in Bonn ein, wo er bis 1918 aktiver Offizier war. Im letzten Kriegsjahr wechselte er in den Generalstab und nahm 1919 hochdekoriert seinen Abschied als Rittmeister d.R. Im September 1944 meldete er sich freiwillig „im Kampf auf Leben und Tod" zur Waffen-SS, ohne aber einberufen zu werden.[317]

Im Anschluß an eine zweijährige Banklehre in Köln, Hamburg und Berlin nahm sein Schwiegervater Richard von Schnitzler ihn in das Kölner Bankhaus *J.H. Stein* 1921 als Teilhaber auf. Von diesem „erbte" er auch 1938 das Amt des schwedischen Generalkonsuls. Aus der Ehe mit Edith von Schnitzler (∞ 1913) stammen drei Kinder. Von Schröder hatte eine gewisse Affinität zum Bankgeschäft, da sein Vater Inhaber des Bankhauses *I. Henry Schröder & Co.* in Hamburg war, das aber mit dessen Tod 1903 erlosch. Vettern unterhielten unter gleichem Namen eine Bank in London. In den zwanziger Jahren setzte sich von Schröder gemeinsam mit Louis Hagen für eine rheinische Goldbank ein. Dies führte in der NS-Zeit zum Vorwurf des Separatismus. Von Schröder behauptete, er habe sich nur im Sinne der Marktstabilität gegen den Bolschewismus engagiert, den Separatismus aber abgelehnt.[318]

Im Sommer 1932 trat von Schröder aus der DVP, deren Mitglied er einige Zeit gewesen war, aus. Anscheinend vereitelte ein ungünstiger Listenplatz ein Stadtratsmandat.[319] Um diese Zeit schloß er sich der Bewegung Hitlers an, weil er erkannte, „daß die früher führenden Männer und herrschenden Parteien mit ihren veralteten Methoden nicht weiterkamen."[320] Wilhelm Keppler holte

Kurt Freiherr von Schröder, Präsident der Industrie- und Handelskammer zu Köln 1933-1942,
Präsident der Gauwirtschaftskammer Köln-Aachen 1943-1945

den Kölner Bankier in sein Gremium von Wirtschaftsfachleuten zwecks Vorbereitung der Machtübernahme. Von Schröder gehörte dann auch zu den Mitunterzeichnern einer Petition an Hindenburg, die die Reichskanzlerschaft Hitlers zum Ziel hatte.[321] Im Juli 1932 kam er erstmals mit Hitler zusammen, eine Bekanntschaft mit von Papen begann nach dessen Regierungsantritt. Von Papen habe ihn, so berichtete von Schröder später, gebeten, ein Treffen mit Hitler zu arrangieren, damit der Weg für eine parlamentarische Mehrheit der Rechten zur Abwehr des „drohenden Bolschewismus" geebnet werden könne.[322]

Die eigentliche Berühmtheit des Kölner Kammerpräsidenten ist daher auch begründet in jenem Treffen vom 4. Januar 1933 in dessen Privathaus am Stadtwaldgürtel 35 in Köln-Lindenthal. In der Geschichtsschreibung gilt diese Zusammenkunft als „Geburtsstunde des Dritten Reiches". Von Schröder nahm selbst an dem Gespräch teil und behauptete später, es sei kein Abkommen erzielt worden, da Hitler für sich die Kanzlerschaft beanspruchte, die von Papen als nicht durchsetzbar ansah. Ein weiteres Treffen sei aber vereinbart worden, da man sich grundsätzlich einig war. Das Treffen blieb – entgegen den Absprachen – nicht geheim. Einschätzungen, das Treffen sei auf Initiative „rheinischer Industrieller" und wegen der Schulden von Robert Ley beim *Bankhaus Stein* zustandegekommen, entbehren jeglicher Grundlage. Gleiches gilt für angenommene Freundschaften des Bankiers mit Adenauer und Silverberg. Mit der offen zutage tretenden NS-Sympathie des Bankiers wurde dessen Verhältnis zur Kölner Gesellschaft kühler.[323] Das Ziel dieser Zusammenkunft war schließlich am 30. Januar 1933 erreicht. Von Schröder selbst verschwieg seinen Anteil daran nicht. Ein Jahr später wollte er den Jahrestag feiern und noch Jahre später brüstete er sich damit, „Anbahner der Neuordnung" gewesen zu sein. Die „entscheidende Unterredung" habe die „Voraussetzungen für die legale Betrauung des Führers mit der Reichskanzlerschaft" geschaffen. Nach Kriegsende wollte er von dieser sich selbst zugeschriebenen Rolle nichts mehr wissen.[324]

In der Festschrift des Bankhauses Stein von 1940 wird Schröder ein „altes Kämpfertum" für den Nationalsozialismus unterstellt. Von Schröder wurde jedoch erst am 1. Februar 1933 NSDAP-Mitglied.[325] Anscheinend wollte der später von vielen als Opportunist dargestellte Bankier erst einmal die Entwicklung abwarten, ehe er den Parteieintritt vollzog. Aufgrund dieses Verhaltens blieb er mehr eine Randfigur. 1936 wurde er von Himmler zum SS-Standartenführer ehrenhalber ernannt und bis zum Brigadeführer befördert. Von Schröder behauptete später, er habe nie seinen SS-Dienst angetreten und nur den Pflichtbeitrag bezahlt, was aber nicht stimmte.[326] Ein Bericht des Reichssicherheitshauptamtes von August 1937 bestätigte, daß auch in den eigenen Reihen der Kölner Bankier nicht als „Aktivist" galt. Die SS, so von Schröder nach dem Krieg, sei ihm gegenüber negativ eingestellt gewesen, habe ihn als „Judenfreund" tituliert und als Separatist diffamiert. 1935 unternahm er einen Besuch im KZ Dachau, das den „besten Eindruck" auf ihn machte. Durch einen jüdischen Kunden erfuhr er von den Deportationen nach Theresienstadt und sah darin eine „Sicherheitsmaßnahme des Staates".[327]

Von Schröder war bei einer geheimgehaltenen Unterredung mit Hitler am 20. Februar 1933 anwesend, als der Reichskanzler sein weiteres politisches Vorgehen umriß. Die anwesenden 25 Unternehmer sammelten damals drei Mio. RM Wahlhilfegelder.[328] Seit 1934 übernahm von Schröder alljährlich für den Freundeskreis „Heinrich Himmler" die Spendensammlung in der Wirtschaft. Beim *Bankhaus Stein* wurde dafür ein Sonderkonto eingerichtet. 1944 teilte von Schröder Himmler mit, man habe eine Mio. RM eingesammelt. Unter den 18 Spendern waren die Großbanken, die Reichsbank und das *Bankhaus Stein*, Schiffahrtsgesellschaften, Ölfirmen sowie weitere Großbetriebe. Von Schröder nutzte auch seine Aufsichtsratsmandate und seine Stellung als IHK-Präsident zur Druckausübung gegenüber Unternehmern aus. 1940 forderte er F & G auf, 50 000 RM zu spenden. Generaldirektor Lehmann soll sehr ungehalten über das Anliegen gewesen sein, so daß er die Summe um die Hälfte kürzte. Mit den Spenden finanzierte Himmler die Kultorte der SS.[329] Der Reichsführer beauftragte von Schröder mit der Neuordnung beim ungarischen *Manfred-Weiss-Konzern*. Die SS erzwang nach der Besetzung Ungarns im März 1944 von den Inhabern des größten ungarischen Konzerns mit 50 Einzelfirmen, die sich besonders mit der Herstellung von Waffen und sonstigem Kriegsmaterial beschäftigten, die Treuhänderschaft. Im Gegenzug konnten vierzig Mitglieder der jüdischen Familie aus einem österreichischen KZ nach Portugal und die Schweiz ausreisen.[330] Den Anklägern nach dem Krieg schien diese Tätigkeit von Schröders nicht bekannt gewesen zu sein, denn sie fand keinen Eingang in die Akten des Spruchgerichtsverfahrens.

Die Übernahme der Leitung der Kölner Börse am 17. Oktober 1932 ermöglichte von Schröder den Einstieg in die Selbstverwaltung der Wirtschaft und brachte ihm schließlich die IHK-Präsidentschaft. In der Organisation der gewerblichen Wirtschaft war er unangefochten der herausragende Repräsentant Westdeutschlands. In der Satzung der IHK von 1934 wurde bestimmt, daß der Präsident auf Vorschlag des Beirats nach Anhörung des Gauleiters vom Wirtschaftsminister berufen wurde. Ihm oblag die Leitung der Kammer, die er nach außen vertrat, deren Sitzungen er einberief und hierin den Vorsitz führte. Gemäß dem Führerprinzip war der Präsident befugt, Entscheidungen allein herbeizuführen – und zwar gemäß § 34 des preußischen Handelskammergesetzes, in dem zuvor die Beschlußfassung der Vollversammlung verlangt wurde. Nicht der Beirat, sondern der Präsident ersetzte also die Vollversammlung alten Stils! Im NS-Jargon wurde daraus das „maßgebende Organ für die Willensbildung der Kammer". Schon 1934 hatte der Minister gebeten, daß die Präsidenten nicht den Bogen überspannen, „sondern im engen Zusammenwirken mit Vorstand, Beirat und Geschäftsführung für die ihnen anvertraute Wirtschaft das Beste zu leisten versuchen" sollten. Wichtige Themen, etwa die Aufstellung des Haushaltsplanes, Berufung und Abberufung von Beiratsmitgliedern, Vorschläge über die Ernennung von Handelsrichtern und Mitglieder der Finanzgerichte, Anstellung, Kündigung und Entlassung von Beamten sowie Einsprüche gegen Kammerbeiträge sollten Gegenstand der Präsidialsitzungen sein. Dem Minister schlug der Präsident die vier Vizepräsidenten vor, die zu Beginn jedes Rechnungsjahres ernannt wurden, und bestimmte die Reihenfolge seiner Stellvertreter. Als Präsident von WK und GWK hatte von Schröder auch Einfluß auf die ihm unterstellten regionalen fachlichen Gliederungen.[331]

Die Günstlingswirtschaft der NSDAP brachte ständig neue Titel und Ämter hervor, ohne daß deren Sinn und Aufgabe erkennbar wurde. Im Sommer 1934 wurde von Schröder zum „Bezirkswirtschaftsführer für das Rheinland" ernannt.[332] Neben dem Amt des Kammerpräsidenten übte er Ende 1940 bis Ende 1942 auch das Amt des Gauwirtschaftsberaters im Gau Köln-Aachen aus. In der Gauleitung war er für alle die Wirtschaft betreffenden Themen zuständig. In dieser Funktion setzte sich von Schröder u.a. für die Zuführung von beschlagnahmten Haushaltseinrichtungen von Juden aus Belgien und den Niederlanden nach Köln ein, wo sie unter Fliegergeschädigten versteigert wurden. Mit Errichtung der Gauwirtschaftskammern wurde die Personalunion durch die Parteikanzlei verboten. Von Schröder mußte daraufhin das Amt abgeben.[333] Am 22. Mai 1936 wurde er zum ehrenamtlichen Richter beim Obersten Ehren- und Disziplinarhof der Deutschen Arbeitsfront ernannt, obwohl er sich später als deren Gegner bezeichnete.[334] 1940 erfolgte die Ernennung zum „Reichsehrenrichter der Wirtschaft"[335], was ihn an die Spitze der Ehrengerichtsorganisation stellte.

Als Bankier und Interessenvertreter war von Schröder ein Gegner der Großbanken. Bereits im August 1933 trat er bei einer Sitzung zur Bankenenquête für die Umwandlung der *Dresdner Bank* in mehrere Regionalinstitute, wie es nach 1945 die Alliierten auch umsetzten, ein. Als Mitglied im „Bankausschuß bei der Zentralstelle der wirtschaftspolitischen Organisationen der NSDAP" („Bormann-Komitee") forderte er die Umsetzung der NS-Ideologie bei den Banken sowie eine Rationalisierung und Redimensionierung des Bankwesens.[336] Diese Haltung spiegelte sich auch in den Vernehmungen nach dem Krieg wider. Im November 1945 ließ er sich gegenüber den Alliierten über die Macht der Großbanken und deren Verflechtungen mit der NSDAP aus, so daß er von den

Amerikanern als „Spezialist" in dieser Frage bezeichnet wurde.[337] Dabei denunzierte er andere Unternehmer als Parteigenossen. Vor allem ging es ihm darum, seine eigene Rolle herunterzuspielen – wie er dies auch später in dem gegen ihn angestrengten Spruchgerichtsverfahren versuchte. Denn seine kritische Haltung zu den Großbanken hinderten den Privatbankier 1940 nicht, gemeinsam mit der *Deutschen Bank* eine Aktienmajorität beim luxemburgischen *ARBED-Konzern* zu erwerben, wo er auch als „Verwalter feindlichen Vermögens" in die Leitung des Unternehmens eintrat.[338]

Als Bankier und Teilhaber des *Bankhauses Stein*, das vielfache Verbindungen zu anderen Privatbankhäusern hatte[339], war von Schröder Vorsitzender und Mitglied zahlreicher Aufsichtsräte. Zeitweise bekleidete er dreißig Posten, wofür er vom Wirtschaftsministerium wegen Überschreitens der Höchstgrenze eine Sondergenehmigung einholen mußte.[340] 1940 war er Vorsitzender der Aufsichtsräte *Felten & Guilleaume Carlswerk AG*, Köln, und *Rheinische Zellwolle AG*, Siegburg. In vier weiteren Aufsichtsräten war er stellvertretender Vorsitzender, u.a. bei *Rheinbraun*.[341] Teilweise ranken sich Legenden um diese Positionen.[342] Dabei galt von Schröder nicht nur als „Konzessionsschulze" oder „NS-Dekorationsstück"[343], sondern in erster Linie war er als Bankier gefragt. Seine herausgehobene Stellung in der rheinischen Wirtschaftsorganisation wird ebenfalls zur Vermehrung der Ämter beigetragen haben. Von Schröder leitete seit 1934 die Fachgruppe Privatbankiers in der Wirtschaftsgruppe Banken, deren Leitung er 1943 übernahm.[344] Mit Beginn der NS-Herrschaft löste er Robert Pferdmenges als Vorsitzenden der Vereinigung von Banken und Bankiers in Rheinland und Westfalen ab.[345]

Der Präsident hat, soweit dies aufgrund der rudimentären Aktenüberlieferung nachzuvollziehen ist, sein Amt sehr ernst genommen. Mitarbeiter berichteten nach dem Krieg von seiner häufigen Anwesenheit im Haus und seinem moderaten Führungsstil. Auch scheint er sich um Kenntnis in Einzelfragen bemüht zu haben. Bei Regierung und Partei setzte er sich zudem für die Kammern ein. 1940 wurde er auch mit der Reorganisation des Handelskammerwesens in den besetzten Ländern des Westens beauftragt, wobei er v.a. in Belgien tätig sein sollte.[346] Als Kammerpräsident war der Multifunktionär Mitglied des Präsidiums des DIHT sowie in dessen Nachfolgeorganisation, der „Arbeitsgemeinschaft", einer von zwei stellvertretenden Leitern. Von Schröder war auch Mitglied in vier Ausschüssen des DIHT, von denen er den für Kredit-, Geld- und Bankwesen leitete.[347] 1943 wurde er Vorsitzender des Ausschusses sämtlicher Gauwirtschaftskammern bei der RWK, deren Beirat er seit 1935 angehörte. Auch im Verwaltungsrat der Internationalen Handelskammer, wo er zudem stellv. Vorsitzender des Eisenbahnausschusses war, und im Präsidium der Deutschen Gruppe vertrat er das deutsche Kammerwesen. Er war Mitglied der Verwaltungsräte von Reichsbahn, Reichspost und von der *Bank für internationalen Zahlungsausgleich*, im Generalrat der deutschen Wirtschaft und für die deutschen IHKn im Reichsverkehrsrat sowie seit Sommer 1939 Beirat der Reichsbank. Seit 1933 Senator der Kaiser-Wilhelm-Gesellschaft und Ratsherr der Stadt Köln, gehörte er seit 1935 auch dem Provinzialausschuß der Rheinprovinz an und wurde 1944 Ehrensenator der Universität zu Köln. Der belgische König verlieh ihm das Kommandeurkreuz des Kronenordens. Im Krieg bekam er das Kriegsverdienstkreuz 1. und 2. Klasse verliehen.[348] Von Schröder engagierte sich in der Herbeiführung von Wirtschaftsbeziehungen mit dem Ausland. Auch war er Vorsitzender der Deutsch-Englischen Gesellschaft Köln.[349] Als Leiter der Wirtschaftskammer war er qua Amt Mitglied des Reichsarbeits- und Wirtschaftsrats. Aufgabe dieses Rates, der auch ohne praktische Bedeutung blieb, war die „Erziehung des arbeitenden und wirtschaftenden Menschen zum Geiste des Nationalsozialismus".[350]

Die Gesamtbewertung von Schröders für die Zeit des Nationalsozialismus läßt einen Opportunisten erkennen, der zwar das nationalsozialistische System begrüßte, sich aber dessen Tragweite wohl nicht in aller Konsequenz bewußt war. Dem Uniformliebhaber kam die ranghohe SS-Mitgliedschaft zu Gute. Als Vertreter der konservativen Elite begrüßte er die von den Nationalsozialisten verkündete „Neuordnung Deutschlands". Sicher war er ein „total überzeugter Nationalsozialist"[351], der jedoch eine „exponierte Rolle" in der NSDAP[352] nicht erreichte. Vielmehr galt er als nützlich, die Verbindungen zur Wirtschaft aufrecht zu erhalten und die Organisation der gewerblichen Wirtschaft mit auf einen von den Nationalsozialisten eingeschlagenen Weg zu führen, der die Selbstverwaltung zur leeren Hülle verkommen ließ. Seinen (angeblich) selbst formulierten Anspruch: „Ich will und werde eine Rolle spielen"[353] erfüllte er mit dem Treffen vom 4. Januar 1933. Auch eine SS-interne Untersuchung bezeichnete ihn als „sehr zielbewußte und energische, aber andererseits ruhige und äußerlich nicht sehr aktive Persönlichkeit". Er vermeide Festlegungen, sei sehr vorsichtig und ginge Meinungsverschiedenheiten, trotz Auseinandersetzungen mit Schacht und Pietzsch, aus dem Weg.[354] Nach dem Krieg wurde untersucht, welche Rolle er im NS-System spielte und ob er Anteil an den Verbrechen hatte. Letzteres wurde verneint, ersteres mit Opportunismus beschrieben. Schröder habe „aus Geltungsbedürfnis sein nationalsozialistisches Herz entdeckt". Allerdings habe er durch seine Reden gegen die Juden in der Wirtschaft zu Pogromen beigetragen. Dagegen führte von Schröder selbst an, er habe nie etwas mit Verfolgungsmaßnahmen zu tun gehabt und z.B. das *Bankhaus Oppenheim* sogar geschützt. Der Einwand, er habe „von Berlin diktierte Reden" gehalten, die nicht seinen inneren Überzeugungen entsprachen[355], wirkt unglaubhaft. Zu seiner Entlastung wurden verschiedene Fälle aufgeführt, in denen er sich schützend vor Personen gestellt habe, die Repressalien erfuhren. Bei der Kammer hat er verschiedene Personen eingestellt, deren gegnerische Haltung zum NS-System bekannt war. Einige der Mitarbeiter stellten ihm im nachhinein ein Zeugnis aus, das seine Fairneß im dienstlichen Umgang betonte.[356]

Bei Kriegsende floh von Schröder aus dem Kammerbezirk. Im Herbst 1945 wurde er in Frankreich in einem amerikanischen Arbeitslager für SS-Angehörige, wo er unerkannt arbeitete, festgenommen und nach Deutschland verbracht.[357] Schon bald folgten Verhöre der Amerikaner, die in dem prominenten Bankier einen aussagefreudigen Zeugen des Dritten Reiches fanden.[358] 1947 wurde von Schröder vom Zeugen zum Angeklagten. Zahlreiche Zeitgenossen waren vor seinem Verfahren vernommen worden, darunter einige bekannte Kölner Bankiers, die Angestellten der IHK und viele weitere. Angeklagt war von Schröder u.a. wegen seiner Zugehörigkeit zur SS, Kenntnis von Verfolgungsmaßnahmen sowie Durchführung des Zwangsarbeiterprogramms. Das Spruchgericht Bielefeld verurteilte den Baron zu drei Monaten Haft und 1 500 Mark Geldstrafe wegen Zugehörigkeit zur SS. Das Gericht ging davon aus, daß sein Ehrenrang ihm keine Enblicke in die Vernichtungsmaschinerie ermöglicht habe. Auch die Zeugen erklärten mit zwei Ausnahmen, daß von Schröder nichts von den Greueltaten des NS-Regimes gewußt haben könne. Die meisten, durchaus kritisch gegen seine Haltung eingestellten Zeugen gingen davon aus, daß von Schröder zudem von seiner gesamten Persönlichkeitsstruktur her nicht wirklich der Typus mit der Fähigkeit zum Verbrechen gewesen sei.[359] Das milde Urteil rief insbesondere bei den Gewerkschaften und der sozialdemokratischen Presse Empörung hervor. In Bielefeld streikten die Arbeiter und bei Gericht liefen Protestnoten ein. Die KPD forderte im nordrhein-westfälischen Landtag einen Untersuchungsausschuß.[360] In der Revision wurde von Schröder vom Spruchgericht Stade unter Beibehaltung der Haftstrafe, die auch nicht Gegenstand der zweiten Verhandlung war, zu einer Geldstrafe von 500 000 RM verurteilt.[361] Die Verteidigung ging erneut in Berufung, von der Geldstrafe blieb nach der Währungsreform in einem dritten Urteil nur noch ein geringer Rest übrig. Von Schröder war am 11. Juni 1948 aus der Internierung entlassen worden und lebte bis zu seinem Tod am 4. November 1966 auf seinem Gut Hohenstein bei Eckernförde.[362]

Die Vizepräsidenten

Mit der „Neuwahl" der Vollversammlung am 28. April 1933 wurden auch die Ämter der Vizepräsidenten vakant. Auf der Sitzung vom 9. Mai 1933 wurden auf Vorschlag von Schröders Dr. Arnold Langen, Fritz Hobert, Eberhard Ley und Franz Proenen zu Vizepräsidenten gewählt. In dem fünfköpfigen Präsidium saßen demnach drei neue Kammermitglieder neben zwei Mitgliedern, die Erfahrung in der Führung der Kammergeschäfte hatten.[363] Franz Proenen, persönlich haftender Gesellschafter von *Bierbaum-Proenen*, war seit 1921 als Vertreter des Großhandels Mitglied der Kammer und seit 1931 deren Vizepräsident. Er galt als anerkannter Steuerfachmann – eine wichtige Novelle des Umsatzsteuergesetzes trug auch die Bezeichnung „lex Proenen".[364] Dr. Arnold Langen, Generaldirektor der *Humboldt-Deutzmotoren AG*, war seit 1929 Kammermitglied als Vertreter der Industrie und seit dieser Zeit auch Vizepräsident. Ausgeschieden war Jakob van Norden, verdienter Vertreter des Einzelhandels, der zum Ehrenmitglied der Kammer ernannt wurde und dessen Sohn in die Vollversammlung nachrückte. Dennoch blieb van Norden sen. bis zum Februar 1934 Vorsitzender des Einzelhandelsausschusses des DIHT.[365] Sein Nachfolger als Vizepräsident wurde Dr. Eberhard Ley, Teilhaber bei der *Hettlage OHG*. Fritz Hobert, Inhaber der Firma *Carl Hobert Bergwerks- und Hüttenerzeugnisse*, war ebenso wie Proenen und von Schröder Mitglied der Wahlgruppe Großhandel, die damit überrepräsentiert war.

Ley und Proenen wurden 1934 in den um einen Vizepräsidenten erweiterten Vorstand der Kammer nicht wiederberufen. Für den Einzelhandel kam Franz Hamacher jun., Fa. *Adolf Strick*, Gold- und Silberwaren, in das Präsidium. Neben von Langen vertrat nun Oscar vom Scheidt, Mitinhaber von *Pfeifer & Langen*, die Gruppe der Industrie. Letzterer war nach der Gleichschaltung der Kammer Bonn zu deren Präsidenten 1933 berufen worden, wo er seit 1927 Mitglied war[366], und vertrat nun den alten Bonner Bezirk im Präsidium. Allerdings war die Vertretung Bonns keine conditio sine qua non. Vom Scheidt mußte im April 1937 sein Amt zur Verfügung stellen. Hintergrund war die Berufung Eugen Gottlieb von Langens in den Beirat, da dieser zum Obmann der Wirtschaftsgruppe Zuckerindustrie für den Wirtschaftsbezirk Rheinland berufen worden war. Nachfolger vom Scheidts im Präsidium wurde Fritz Lehmann, Generaldirektor von *Felten & Guilleaume* seit 1936, der Ende 1937 auch die Leitung der Industrieabteilung bei der Wirtschaftskammer übernahm. Lehmann sollte später als Verdienst angerechnet werden, in dieser Tätigkeit „bei der fein verästelten Industrie dieses Bezirks die Einschaltung des großgewerblichen Schaffens in die Rüstungswirtschaft" gefördert zu haben.[367]

Schon 1936 waren zwei Vizepräsidenten ausgeschieden und ersetzt worden. Mit Beginn des Rechnungsjahres 1936/37 legte Fritz Hobert sein Amt wegen persönlicher und geschäftlicher Belastung nieder. Sein Nachfolger wurde Hans Hünemeyer, Inhaber der Firma *Benedikt Tillmann*, Großhandel für Friseurartikel und Parfümeriewaren. Vorhergegangen war der Wechsel von Hobert auf Hünemeyer als Leiter der Bezirksgruppe der Reichsgruppe Handel.[368] Dieser setzte sich später gegen Anweisungen von Schröders durch, wenn diese mit seinen kaufmännischen Ansichten nicht einhergingen. Im Krieg half er kleineren und mittleren Geschäften gegen die drohende Schließung. Er widersetzte sich zudem der Verlagerung der Abteilung Handel, da er im ländlichen Bereich keine Möglichkeit des Arbeitens sah.[369]

Am 3. Oktober 1936 legte Arnold Langen sein Amt als Vizepräsident nieder, da er mit der Entwicklung der Kammerorganisation nicht zufrieden war. Hintergrund war die Neuregelung der Organisation der gewerblichen Wirtschaft. Der Verband rheinischer Industrieller, in dem Langen Vorsitzender war, wurde am 2. Mai 1935 aufgelöst und unter seiner Leitung in die Bezirksgruppe Rheinland der Reichsgruppe Industrie überführt. Nach Einführung der Wirtschaftskammer wurde die Bezirksgruppe zur dortigen Industrie-Abteilung umorganisiert – praktisch aber entmachtet. Dabei kam es auch zu Streitigkeiten mit dem Syndikus Dr. Schmidt. Dies veranlaßte den Vizepräsidenten, der wie sein Vater Eugen stets Verbandsfunktionär blieb, zum Rücktritt.[370] Für kurze Zeit war er noch Mitglied im Beirat. Sein Nachfolger wurde Dr. Werner Köttgen, Generaldirektor der *Vereinigten Westdeutschen Waggonfabriken AG*, der auch Leiter der Abteilung Industrie in der Wirtschaftskammer wurde. Köttgen legte seine Ämter jedoch bereits Ende 1937 wegen Ausscheidens aus dem Unternehmen nieder.[371] Ein Nachfolger wurde nicht berufen. Erst 1940 schlug von Schröder dem Reichswirtschaftsministerium Dr. Theodor Kotthoff jr., Inhaber der Firma *Theodor Kotthoff*, Lackfabrik und Fabrik chemischer Buntfarben in Köln-Raderthal, als Vizepräsident vor.[372]

Betrachtet man die Verteilung nach Wirtschaftsgruppen, so waren stets zwei Vertreter des Großhandels (wozu auch die Banken zählten), zwei Vertreter der Industrie (mit Ausnahme des Interregnums von 1938 bis 1939) und ein Vertreter der Einzelhandels Präsidiumsmitglieder. Sämtliche in der Zeit nach 1934 ernannten Vizepräsidenten waren Mitglied der Kammer erst 1933 geworden; Lehmann war es erst seit 1936. Die meisten von ihnen traten jedoch schon vor der Machtübertragung an Hitler in die NSDAP ein.[373] Einzig Arnold Langen konnte es sich noch leisten, nicht Mitglied der Partei zu werden.[374]

Das Präsidium der Gauwirtschaftskammer hielt im Prinzip die Verteilung der Wirtschaftsgruppen bei. Lehmann und Kotthoff vertraten die Industrie, Hünemeyer und von Schröder den Großhandel sowie die Banken. Als Einzelhandelsvertreter kam Dr. Eberhard Ley in das GWK-Präsidium, der bereits 1933/34 diese Position in der IHK wahrgenommen hatte und seitdem auch Beiratsmitglied geblieben war. Das GWK-Präsidium erweiterte sich gegenüber dem Präsidium der IHK um drei Vizepräsidenten. Der Gauhandwerksmeister Christian Kleinmann, Präsident der ehemaligen Handwerkskammer Köln, war geborenes Mitglied. Vertreter des oberbergischen Wirtschaftsgebietes war Reinhard Kaufmann, Mitinhaber der *Leop. Krawinkel GmbH & Co. KG*, Strick- und Wirkwarenfabrik in Bergneustadt und Vollmerhausen. Kaufmann galt als Freund des Hauptgeschäftsführers Brandt und auch zu von Schröder scheint er Zugang gefunden zu haben.[375] Hans Croon, Präsident der ehemaligen IHK Aachen, vertrat den Aachener Wirtschaftsraum.[376]

4.4 GESCHÄFTSFÜHRUNG, ORGANISATION UND MITARBEITER

In der 1934 verabschiedeten Satzung ist nur von einem Geschäftsführer die Rede, der vom Präsidenten nach Anhörung des Vorstandes berufen wurde. Seine rechtliche Stellung war die eines mittelbaren Staatsbeamten. Nach Bedarf konnten weitere Beamte berufen werden. Die Berufung eines Stellvertreters und die Anstellung weiterer Mitarbeiter regelten Präsident und Geschäftsführer im Einvernehmen, wobei letzterer auch die Dienstaufsicht übernahm. In einer längeren Satzungsänderung wurde 1938 die Stellung des nunmehrigen „Hauptgeschäftsführers" neu formuliert. Zum einen fiel die Charakterisierung als mittelbarer Staatsbeamter fort. Dafür wurde die Anstellung der Geschäftsführer als „Beamte auf Zeit" von mindestens fünf und höchstens zwölf Jahren festgeschrieben, die anschließend auf Lebenszeit erfolgen konnte.[377]

Karl Georg Schmidt

Der erste Hauptgeschäftsführer, der in der Berichtszeit sein Amt antrat, war zugleich auch einer der jüngsten im Deutschen Reich. Karl Georg Schmidt wurde am 29. März 1904 in Ehringsdorf als Sohn eines Kunstmalers und Gewerbelehrers geboren. In zweiter Ehe heiratete die verwitwete Mutter den Goldschmied Prof. Karl Borromäus Berthold, der am 30. August 1933 zum Leiter der Kölner Werkschulen ernannt wurde. Der evangelisch getaufte Schmidt besuchte die Gymnasien in Hanau und Eisenach, wo er Ostern 1923 die Reifeprüfung ablegte. Das dreijährige Studium der Wirtschafts- und Sozialwissenschaften in Frankfurt/Main beendete er 1926 mit der Prüfung zum Diplom-Kaufmann. Anschließend studierte Schmidt dort Nationalökonomie und promovierte 1929 zum Dr. rer. pol. mit dem Thema: „Die deutsche Mineralölversorgung in ihren Beziehungen zur Wirtschafts- und Außenpolitik". Schon vorher hatte Schmidt verschiedene Anstellungen in der Wirtschaft, u.a. bei der *IG Farben* in Bitterfeld, innegehabt. Der Westdeutsche Verband der

Uhrmacher und Goldschmiede e.V. in Köln berief ihn, wohl auf Vermittlung seines Stiefvaters, im Januar 1929 zum Geschäftsführer. Kurze Zeit später heiratete er in Hanau die Tochter eines Siebwarenfabrikanten. Schon früh betätigte sich Schmidt politisch. Am 1. April 1928 trat er in die NSDAP ein, in der er bereits 1923 für kurze Zeit Mitglied gewesen war. In der Wirtschaftskrise war er Mitgründer des Kampfbundes des gewerblichen Mittelstandes. Am 18. März 1933 wurde er, nachdem die Nationalsozialisten Adenauer und mit ihm die Stadtspitze widerrechtlich abgesetzt hatten, kommissarischer Wirtschaftsbeigeordneter der Stadt Köln – ein Amt, das er bis zum 15. Juni ausübte. Am 30. Mai 1933 erging zum 1. Juli seine Bestellung zum Ersten Syndikus der IHK Köln und zum geschäftsführenden Vorstandsmitglied des Verbandes Linksrheinischer Industrie- und Handelskammern. Er wurde Ratsmitglied in Köln, 1935 Provinzialrats- und 1936 auch Reichstagsmitglied. Bereits am 23. November 1933 erhielt er das goldene NS-Ehrenzeichen verliehen. Im Sommer 1933 war er zum „Landesleiter für den ständischen Aufbau" für das Rheinland ernannt worden.[378]

Seit 1931 war Schmidt Gauwirtschaftsberater der NSDAP im Gau Köln-Aachen, wobei diese Personalunion in Partei und Wirtschaftsorganisation keine Seltenheit war. Etwa die Hälfte der Gauwirtschaftsberater waren in den dreißiger Jahren Präsidenten oder Hauptgeschäftsführer einer IHK. Bei Schmidt kamen jedoch noch eine seltene Ämterhäufung und Machtstellung hinzu. Sicher ist, daß er Angelegenheiten der Partei auch in seiner Dienstzeit als Kammerbeamter bearbeitete und dafür den Apparat der IHK in Anspruch nahm. Seit 1935 war er Gauobmann der Deutschen Arbeitsfront und als solcher mit der Gründung der Arbeitskammer Rheinland auch deren Leiter. Als Gauwirtschaftsberater versuchte Schmidt, die Unternehmer im Sinne der NS-Sozialpolitik zu beeinflussen. Als Mitte 1935 die Frage des Urlaubs für Arbeitnehmer diskutiert wurde, empfand er es für „nationalsozialistische Betriebsführer" als eine Selbstverständlichkeit, über die tariflich geregelte Urlaubsnorm hinauszugehen.[379]

Die Ämterfülle des Syndikus führte zu Auseinandersetzungen. Bei der Überführung der Bezirksgruppe Industrie in die Wirtschaftskammer drohte er deren Geschäftsführer, da er sich in einer sachlichen Frage nicht durchsetzen konnte, mit einem Parteiverfahren. Zudem lancierte er einen Artikel im Westdeutschen Beobachter gegen die Geschäftsführer der ehemaligen Wirtschaftsverbände. Mit den leitenden, von ihm 1933 selbst als Gauwirtschaftsberater eingesetzten Männern der Handwerkskammer geriet Schmidt als DAF-Gauobmann in Zuständigkeitsstreitereien über Ausbildungsfragen, die wieder in der Drohung eines Parteiverfahrens gipfelten. Dieser Zwist führte 1936 zu einer ernsten Krise zwischen Minister Schacht und Baron Schröder. Auf entsprechende Vorhaltungen des Ministers reagierte von Schröder äußerst kühl. Der Minister vermutete eine Führungsschwäche beim Präsidenten; er stellte fest, daß Schmidt ihm als Syndikus unterstellt und als Gauwirtschaftsberater hingegen vorgesetzt war. Dagegen verwahrte sich von Schröder äußerst scharf: Er sei schließlich Mitglied im Stab des Gauleiters, ein Unterstellungsverhältnis sei also nicht möglich. Eine Entlassung von Schmidt lehnte der Baron ab. Den Vorgang brachte er u.a. dem Oberpräsidenten zur Kenntnis. In seiner Antwort sprach Schacht von Mißverständnissen, blieb aber in der Sache hart und schob von Schröder sämtliche Verantwortung zu. Er erwartete auch von dem Kölner Präsidenten, daß er Schmidts „Gefühl und Unterscheidungsvermögen für die Besonderheiten der verschiedenen Funktionen" stärke. Bei einem erneuten Vorfall düpierte Schmidt öffentlich Regierungspräsident Reeder und verlangte, man müsse mehr dem Parteibefehl als den Gesetzen gehorchen. Eine solche Grundauffassung „werde ich", so schrieb der Minister, „von einem beamteten Vertreter der Organisation der gewerblichen Wirtschaft keineswegs zulassen." Mündlich wie schriftlich mußte daraufhin von Schröder klein beigeben, da nun auch seine Autorität untergraben wurde. Er wies Schmidt auf die Ämtertrennung hin, schrieb aber die Vorfälle dem jugendlichen Eifer des Hauptgeschäftsführers zu.[380] Der Konflikt wurde durch die – zunächst kommissarische – Ernennung Schmidts zum Oberbürgermeister der „Hansestadt Köln" am 10. Dezember 1936 beigelegt.

Dr. Karl Georg Schmidt, Hauptgeschäftsführer
der Industrie- und Handelskammer zu Köln 1933-1936

Rudolf Eggermann, Hauptgeschäftsführer
der Industrie- und Handelskammer zu Köln 1937-1941

Das einflußreiche Amt des Gauwirtschaftsberaters behielt er bei, alle anderen Ämter gab er auf. Als Vertreter der Gemeinden wurde er Mitglied im Beirat der Wirtschaftskammer. Sein politisches Amt brachte Schmidt verschiedene Aufsichtsratsmandate, u.a. bei *Rheinbraun*, *Roddergrube* und *Union Kraftstoff*. Vorsitzender war er bei den Aufsichtsräten der *Gemeinnützigen AG für Wohnungsbau*, der *Köln-Bonner Eisenbahnen AG* und der *Messe- und Ausstellungs-GmbH Köln*.[381]

1935 versuchte Schmidt an den Universitäten Bonn oder Köln einen Lehrauftrag zu erhalten, was insgesamt fünfmal vom Reichserziehungsministerium abgelehnt wurde. Nach seinem beruflichen Wechsel wurde er dann Vorsitzender des Kuratoriums der Kölner Universität. Als Oberbürgermeister setzte er sich sehr für die Stärkung des Wirtschaftsstandortes Köln ein, so z.B. in der Förderung des Exports mit den westlichen Nachbarstaaten, wofür er von Belgien und den Niederlanden mit Orden ausgezeichnet wurde. Zwar wirkt er auf einem Ölbild „ruhig und eher wie ein Bürokrat", aber dennoch galt Schmidt als fanatischer Nationalsozialist. Am 26. November 1940 verstarb er, schon länger an einer Krankheit leidend, im thüringischen Friedrichsroda.[382] Laut Klein galt Schmidt in Köln „als verhältnismäßig korrekt". Er sei in Köln nicht unbeliebt gewesen.[383]

Rudolf Eggermann

Nachfolger von Schmidt wurde Rudolf Eggermann, geboren am 22. September 1880 in Witten (Ruhr) als Sohn eines Kriegsinvaliden und ehemaligen Landwirts. Er war verheiratet in zweiter Ehe mit der Tochter eines Mühlenbesitzers in Sprockhövel, deren ältere verstorbene Schwester Eggermanns erste Frau war. Nach dem Besuch von Realschule und Oberrealschule studierte der Protestant an der Handelshochschule Köln und an der Universität Bonn Wirtschafts- und Rechtswissenschaften.

1904 holte ihn der damalige Syndikus Wirminghaus als wiss. Assistenten zur Kölner Kammer, da dieser einen Stab von jungen Mitarbeitern zur Bewältigung der steigenden Arbeiten benötigte. 1914 wurde er stellvertretender, 1921 Syndikus. Nach dem Krieg, den er als hochdekorierter Bataillonsführer beendete, vertrat er zeitweise den Ersten Syndikus. Eggermann hat alle Abteilungen durchlaufen und zeitweise auch die Redaktion der Kammerzeitschrift innegehabt. Zweimal wurde er von der Handelskammer abgeordnet, zuerst 1912/13 zur Geschäftsführung eines Wirtschaftsverbandes und dann 1921/22 als Hilfsreferent zum Reichsministerium des Innern in die Abteilung für die besetzten Gebiete. Nebenamtlich lehrte er an der Kunstgewerbeschule Köln Volkswirtschaftslehre. Schon 1930 war er Mitglied des Kreistages und des Kreisausschusses im Landkreis Köln. Er wohnte in Rodenkirchen, wo er auch Mitglied im Gemeinderat war. Diese Ämter behielt er nach der Gleichschaltung bei. In der Kammer hatte er sich durch seine hohe Leistungsfähigkeit und Belastung Respekt und Anerkennung verdient. 1934 wurde er als „rechte Hand" des Syndikus Schmidt bezeichnet, der auf Eggermann wegen dessen profunder Kammerkenntnisse wohl auch angewiesen war. Die Kammer dankte Eggermann, indem sie an seiner höheren Besoldungsstufe trotz Einspruch des Wirtschaftsministeriums festhielt. Dafür verschaffte man ihm im April 1936 als „Nachfolger" seines Vorgesetzten Schmidt die Geschäftsführung des Verbandes Linksrheinischer Industrie- und Handelskammern. Der Verband wurde nach wenigen Monaten aufgelöst und in die Wirtschaftskammer überführt. Mit Genehmigung des Ministers übte Eggermann hier die Geschäftsführung aus, obwohl diese eigentlich durch den Hauptgeschäftsführer erfolgen sollte.[384]

Eggermann stellte sich 1933 in den Dienst der neuen Machthaber. Er wandelte sich vom Deutschnationalen zum NS-Parteigenossen, ohne besonderen Fanatismus an den Tag zu legen. Er wurde „Kreiswirtschaftsberater" im Landkreis Köln und Mitglied im „Gauwirtschaftsrat". Zu verstehen ist diese politische Wandlung auch angesichts des Beamtenstatus der Kammergeschäftsführer. Das Berufsbeamtentum wirkte wie ein Fremdkörper in der Weimarer Demokratie, zu sehr war es noch den starren Formen des Obrigkeitsstaates verschrieben. Der von den NS-Machthabern installierte „totalitäre Verwaltungsstaat" kam auch den Beamten der wirtschaftlichen Selbstverwaltung entgegen, war er doch im weitesten Sinne die Fortführung des preußischen Systems. Dafür nahm man auch den Parteieintritt in Kauf bzw. verzichtete auf eine innere Auseinandersetzung mit dem Nationalsozialismus. Nach langer Krankheit starb Eggermann am 30. Dezember 1941 in Köln.[385]

Paul Brandt

Paul Brandt, geboren am 19. Juli 1898 in Isselburg, trat am 1. Juli 1921 in die Kölner Handelskammer ein. Nach der Reifeprüfung am Bocholter Gymnasium diente er 1917 bis 1918 bei der Kriegswirtschaftsstelle des Kreises Rees als Freiwilliger. Er studierte Rechts- und Staatswissenschaften bzw. Volkswirtschaft in Bonn, Münster, Erlangen sowie Köln, wo er 1921 zum Dr. rer. pol. mit einem wirtschaftshistorischen Thema promovierte. Sein Doktorvater war Bruno Kuske[386], der wohl auch erste Kontakte zur Kammer herstellte. Bis Ende März 1925 war er wissenschaftlicher Hilfsarbeiter, anschließend Dezernent. Am 1. November 1928 wurde er zum stellvertretenden Syndikus ernannt. In Personalunion war er Leiter der Reichsnachrichtenstelle für Außenhandel, Köln. Brandt galt als der Außenhandels-Fachmann der Kammer. Eine längere Reise nach Südosteuropa 1937 sowie viele kürzere Auslandsaufenthalte verschafften ihm auch praktische Einblicke. Am 27. Juli 1938 erhielt Brandt einen Lehrauftrag an der Universität zu Köln für sein Spezialgebiet. Auch als Geschäftsführer der Warenbörse erlangte er den Ruf eines hervorragenden Sachkenners. Der mit dem Offizierskreuz des Belgischen Kronenordens ausgezeichnete Syndikus war auch Mitglied beim Justizprüfungsamt des OLG Köln.

Dr. Paul Brandt, Hauptgeschäftsführer der Industrie- und Handelskammer zu Köln 1942, Hauptgeschäftsführer der Gauwirtschaftskammer Köln-Aachen 1943-1945

Dr. Georg Rieber, Hauptgeschäftsführer der Gauwirtschaftskammer Köln-Aachen 1945

Zum 1. Februar 1942 wurde Brandt zum Hauptgeschäftsführer der IHK bestellt und 1943 in dieser Eigenschaft in die Gauwirtschaftskammer übernommen. Zum Zeitpunkt seiner Berufung war Brandt in den Niederlanden tätig, wo er den Aufbau einer Kammerorganisation nach deutschem Vorbild begleitete. Eine dort am 17. Dezember 1941 erlassene Verordnung geht wohl auf ihn zurück. Er beabsichtigte, auch weiterhin für die Betreuung der dortigen Wirtschaftsorganisation tätig zu sein und in Köln einen Vertreter einzusetzen, der ihn an einzelnen Tagen entlastete. Praktisch ließ sich dieses Vorhaben jedoch nicht umsetzen. In einer Rede vor dem Beirat am 13. Februar 1942 formulierte Brandt seine Ziele, die er als Hauptgeschäftsführer umsetzen wollte. Darunter verstand er in erster Linie den Ausbau der „wehrwirtschaftlichen" Tätigkeiten. Gleichzeitig gab er ein Bekenntnis für die Privatwirtschaft ab und sagte der Kölner Messe für die Zeit nach dem Krieg eine westeuropäische Geltung voraus.[387]

Auch Brandt trat 1933 in die NSDAP ein und wurde Blockleiter in der Ortsgruppe Köln-Marienburg. Er galt als aktiver Nationalsozialist, der sich mit den Zielen der Partei voll identifizierte. Inwieweit aus der Anpassung wirklich auch eine innere Überzeugung wurde, ist schwer festzustellen. Die äußere Haltung führte aber zu einer gewissen Distanz der Mitarbeiter. Auch seine Entscheidungen in Personalangelegenheiten belasteten die Akzeptanz. So förderte er junge Kammermitarbeiter nicht, wenn deren „politische Zuverlässigkeit" nicht gegeben war.[388] Am 3. Januar 1945 fiel Brandt gemeinsam mit dem Fahrer der Kammer einem Luftangriff zum Opfer. Bei dem Versuch, Gegenstände aus der Dienstwohnung zu sichern, wurden sie vom Alarm überrascht und in ihrer Zufluchtstätte durch einen Bombentreffer verschüttet.[389] Tragisches Schicksal oder Zeichen einer Ära: Drei der vier Hauptgeschäftsführer, die ihr Amt in der Zeit des Dritten Reiches angetreten hatten, starben während ihrer aktiven Dienstzeit.

Georg Rieber

Am 31. Januar 1945 wurde Georg Rieber (* 22. Dezember 1895 Ludwigshafen) zum Nachfolger von Paul Brandt bestellt. Die Kriegsereignisse brachten es mit sich, daß der Präsident erst am 20. März die Auszahlung des Hauptgeschäftsführergehaltes anweisen konnte. Ob eine Genehmigung zur Ernennung Riebers in Berlin oder bei der Gauleitung eingeholt wurde, muß offen bleiben, zumindest war ersteres wenig wahrscheinlich. Nach der Reifeprüfung 1915 wurde Rieber Soldat, studierte nach dem Krieg Volkswirtschaftslehre in Freiburg i. Brsg. und Heidelberg, wo er Anfang 1921 zum Dr. phil. mit einem Thema aus der Sparkassenlehre promovierte. Am 1. Mai 1921 trat er in die Handelskammer Köln ein, wo er vom wissenschaftlichen Hilfsarbeiter bis hin zum Geschäftsführer alle Abteilungen durchlief. Als Leiter der Verkehrsabteilung und der wehrwirtschaftlichen Abteilung kamen ihm kriegswichtige Aufgaben zu, ebenso wie er als Geschäftsführer der Bezirksausgleichsstelle für die Einholung von öffentlichen Aufträgen zuständig war. Da er auch für die Wirtschaft unliebsame Unternehmensschließungen anordnen und vertreten mußte, war seine Stellung nicht unumstritten. In die NSDAP trat er am 1. Mai 1933 ein. Er wurde Betriebsobmann der Kammer, wobei man ihm im Nachhinein bescheinigte, mehr Ehrgeiz als NS-Ideologie an den Tag gelegt zu haben. Als der Krieg vorbei war, endete auch seine Tätigkeit für die Kammer. Rieber wurde Geschäftsführer des Verbandes der Körperpflegemittelindustrie in Köln. Hier starb er am 28. März 1965.[390]

Die Organisation der IHK scheint – so die Quellenlage – im Dritten Reich nicht wesentlich verändert gewesen zu sein. Neben dem Hauptgeschäftsführer führten die Geschäftsführer Hauptabteilungen, die sich untergliederten in Sachgebiete. Dabei war die Zuteilung einzelner Referate und Sachgebiete abhängig von den Interessenlagen und Spezialkenntnissen der Geschäftsführer.[391] 1940 waren auch zwei Abteilungsleiter als Angestellte in der Geschäftsführung der Kammer tätig. Die Dezernenten waren den Geschäftsführern zugeordnet, bearbeiteten aber teilweise auch eigenständige Sachgebiete.[392] Der Hauptgeschäftsführer war nicht Betriebsführer im Sinne des Dritten Reiches, sondern „Betriebsaufsichtsperson".[393]

Die interne Verwaltung wurde geführt durch die Hauptkanzlei. Eine Geschäftsordnung existierte nicht, was 1941 von den Rechnungsprüfern beanstandet wurde. Neue Abteilungen wurden nach Bedarf gegründet, so 1939 die Bildungsabteilung sowie die wehrwirtschaftliche Abteilung.[394] 1935 übernahm die Kammer die von der IHK Stolberg 1925 errichtete, 1930 bei der Fusion auf die größere Kammer Aachen übergegangene Verbindungsstelle in Berlin. Disziplinargewalt und Etatisierung wechselten zur IHK Köln, die IHK Aachen beteiligte sich aber weiterhin an den Kosten. Die Verbindungsstelle war besetzt mit einem Geschäftsführer, der von den Kölnern nicht ins Beamtenverhältnis übernommen wurde, und einer Bürokraft. Ihre Aufgabe lag in der engen Fühlungnahme mit der RWK, der Reichsgruppe Industrie, allen fachlichen Spitzenorganisationen, den Ministerien und sonstigen Behörden. Es wurden dort zentral die nach Berlin gerichteten Eingaben, Anfragen und Informationen bearbeitet. Auch Anfragen von Unternehmen, die von Seiten der Kammer nicht beantwortet werden konnten, kamen zur Verbindungsstelle. Alle Angelegenheiten sollten dabei in mündlicher Aussprache vorgebracht werden, um „vermeidbare Rückfragen und somit Zeitverlust auszuschalten." 1935 wurde das Berliner Büro von der Wirtschaftskammer Rheinland übernommen, etatmäßig aber bei der IHK weitergeführt und schließlich von der GWK bis im März 1945 unterhalten.[395] 1936 kündigte der Präsident im Einvernehmen mit dem Gauwirtschaftsberater die Schaffung eines besonderen Referates für den Vierjahresplan bei der IHK an.[396]

Die Gauwirtschaftskammer war untergliedert in Abteilungen und 14 Sachdezernate.[397] Die Abteilungen wurden im wesentlichen aus den alten Kammern gebildet. Die Sachdezernate waren gegliedert nach Themen, insbesondere der Kriegswirtschaft, wie z.B. Abwehr und Wehrwirtschaftsfragen, Arbeitseinsatz, Rohstoff- und Kontingentierungsbewirtschaftung. Zusätzlich gab es noch das Ehrengericht der gewerblichen Wirtschaft, das Wettbewerbseinigungsamt, die Zulassungsstelle für Wirtschaftsprüfer sowie die Geschäftsstellen in Bonn und Gummersbach. Eine besondere Einrichtung war das „Generalreferat zur Verfügung der Kammerleitung" unter Dr. Hans Riepen, der sämtliche Eingaben und Berichte des Präsidenten und des Hauptgeschäftsführers verfaßte. Mehrere Dezernate wurden von einem Geschäftsführer geleitet, die Mitarbeiter konnten aus mehreren Abteilungen an einer Dezernatsaufgabe arbeiten. Zwischen den Abteilungen und den Dezernaten gab es enge, v.a. personelle Verbindungen. Die Industrie-Abteilung war z.B. eingeteilt in fünf Arbeitsbereiche. Allgemeine Grundsatzfragen und die Geschäftsführung oblagen dem Hauptgeschäftsführer, der von einem Generalreferenten unterstützt wurde. Fragen der industriellen Sozialwirtschaft, das industrielle Ausbildungswesen, die Gemeinschaftshilfe und auch Teilaspekte der Rüstungswirtschaft wurden in enger Zusammenarbeit mit dem Dezernat II (Arbeitseinsatz und Sozialwirtschaft) bearbeitet. Zudem gab es noch das industrielle Berichtswesen, in dem die Industrieberichterstattung, die Beschäftigtenmeldung sowie die Firmen-Kartei angesiedelt waren, sowie die Bezirksenergiestelle.[398]

Das Gesetz zur Wiederherstellung des Berufsbeamtentums vom 7. April 1933 ermöglichte es, Staatsbeamte aus politischen oder rassistischen Gründen zu entlassen. Es war vornehmlich gegen Sozialdemokraten und Kommunisten gerichtet, die in der IHK kaum vorhanden waren. Es konnten auch Juden entlassen werden, wobei bis 1935 Frontkämpfer noch verschont wurden.[399] Ob auf Grundlage dieses Gesetzes Mitarbeiter entlassen wurden, ist nicht weiter bekannt. In den Unterlagen sind 1933 einige Kündigungen vermerkt; ein Assistent schied aus. Die Kündigung des Zollfachmanns der Kammer wurde später zurückgenommen.[400] Im April 1933 mußte Prof. Dr. Bruno Kuske, bis März Mitglied der SPD, sein Amt als Leiter des mit der IHK verbundenen Rheinisch-Westfälischen Wirtschaftsarchivs aufgeben. Gleichzeitig wurde er als Ordinarius der Universität zu Köln entlassen, dort aber 1934 wieder eingestellt. Der Treuhänder der Arbeit setzte sich für ihn ein, so daß Angriffe gegen ihn unterblieben.[401] 1942, zwei Tage vor Veröffentlichung der Gauwirtschaftskammerverordnung, beauftragten von Schröder und Brandt, Schüler des Hochschullehrers, Bruno Kuske mit der Erstellung einer Geschichte der IHK bis zur Gegenwart. Diese Arbeit war schon begonnen worden von Alexander Wirminghaus, Kammersyndikus von 1892 bis 1916. Vor Abschluß der Arbeit verstarb er allerdings 1938. Kuske sollte das Manuskript zur Kammergeschichte innerhalb von zwei Jahren vorlegen und für ca. 400 Seiten insgesamt 10 000 RM Honorar erhalten. Hintergrund dieses Auftrags war die bevorstehende Auflösung der Kammer und deren Überführung in die Gauwirtschaftskammer. Veröffentlicht wurde in der Folgezeit lediglich eine kurze Studie über die Industriestruktur des Kammerbezirks; ihr Druck war jedoch vertraulich zu behandeln.[402] Nach dem Krieg erschien 1947 eine kurze Abhandlung zum 150jährigen Jubiläum der Kammer aus der Feder von Kuske.

Die NS-Machthaber machten sich die Sachkenntnis und die Erfahrungen der Kammermitarbeiter zu Nutze und banden sie in ihr System ein. Auch war die Personaldecke 1933 viel zu gering, um alle Positionen – mit Ausnahme des Ersten Syndikus – mit bekennenden Nationalsozialisten zu besetzen. Den Geschäftsführern war es aufgrund ihres Status als Beamter nicht möglich, sich einem Parteieintritt zu entziehen. Teilweise sind hierbei auch Repressalien ausgeübt worden.[403] In der Kammer waren aber auch Führungskräfte beschäftigt, die nicht Mitglied der Partei wurden. Die mittelbaren Staatsbeamten traten nach dem „Wiederherstellungs"-Gesetz am 1. Mai 1933 in die Partei ein, zwei waren bereits seit dem 1. April Mitglied. Zwei Geschäftsführer wurden erst 1937 Mitglied.[404]

Herrschte bei den meisten Geschäftsführern Anpassungsdruck vor, so machte die erstaunlichste Wendung Dr. Paul Heinen mit. Seit 1923 war er stellv. Syndikus der IHK Bonn und vor 1933 maßgeblicher Zentrumsfunktionär und Stadtverordneter in Bonn gewesen. Im Zuge der Gleichschaltung wurde Heinen zunächst beurlaubt, später jedoch wieder eingesetzt. Wohl um sich Repressalien zu entziehen, trat Heinen 1933 als ehemaliger Zentrumsmann in die SA ein.[405] 1934 wurde er in den Bonner Stadtrat berufen.[406] Zwar wurde er erst 1937 NSDAP-Mitglied, dafür absolvierte er aber eine Blitzkarriere in der Partei: 1934 bis 1938 war er Geschäftsführer des Gauwirtschaftsberaters, 1938 wurde er als Leiter der Gauhauptstelle dessen „Hauptsachbearbeiter" und Stellvertreter. 1943 wechselte Heinen aus der Kammer in das *Rheinische Braunkohlensyndikat* über und war nach dem Krieg in der – aus dem Syndikat hervorgegangenen – *Rheinischen Braunkohlenbrikett-Verkauf GmbH* tätig. Er selbst behauptete später, er sei gegen seinen Willen und nur zum Schein 1943 Nachfolger von Schröders als Gauwirtschaftsberater geworden, als dieser auf Befehl Bormanns zurücktreten mußte.[407] Gauleiter und Präsident hätten sich vergeblich gegen den Erlaß der Parteizentrale gewandt. Auch sei er weder bestätigt noch ernannt worden, weil er als praktizierender Katholik bekannt gewesen sei. Richtig ist, daß in einem internen Vermerk vom 21. November 1944 Heinen als „kommissarischer Gauwirtschaftsberater" bezeichnet wird.[408] Nach dem Krieg wurde Heinens Wohnung durchsucht und zahlreiche theologische Literatur gefunden.[409] Die von Heinen vorgebrachten Verteidigungspunkte waren jedoch wenig glaubhaft, da er schon früh in eine leitende Stellung beim NSDAP-Gau aufrückte. Auch sein Referat über die „Entjudung im Gau Köln-Aachen" spricht eine deutliche Sprache.[410]

Andere Mitarbeiter der Kammer galten hingegen als erklärte Nazi-Gegner. Dr. Heinrich Müser, Zentrumspolitiker vor 1933, wurde nach dem 20. Juli 1944 von der Gestapo gemeinsam mit Konrad Adenauer und anderen prominenten Zentrums- und SPD-Politikern im Messelager inhaftiert. Er kam nur auf Intervention von Schröders frei.[411] Dr. Wilhelm von Thenen trat 1937 in die NSDAP ein, um sich auf seinem Posten halten zu können. Dabei mußte ein Wiederaufnahmeverfahren eingeleitet werden, da von Thenen nach einer Mitgliedschaft zum 1. Mai 1933 ein Jahr später aus der Kartei gestrichen worden war. Er erklärte, er habe sich wegen „häufigen Wohnungswechsels" nicht um seine Mitgliedschaft kümmern können. Auch habe er keine Mitgliedskarte vorzuweisen. In einem seltenen Vorgang zog daraufhin die Parteileitung die seit 1933 bestehende Mitgliedschaft zurück, bestätigte aber erst nach zwei Jahren die erneute Mitgliedschaft. In dem Vorgang kam die Skepsis von Thenens zur NSDAP zum Ausdruck, so daß ihm nach dem Krieg auch eine Gegnerschaft zum Regime bescheinigt wurde. Er hatte Schwierigkeiten mit seinem Vorgesetzten Schmidt und setzte sich beruflich deutlich für Juden ein. Wegen seiner Äußerungen zur Rassepolitik befürchteten Kollegen Sanktionen.[412] Ein stellvertretender Geschäftsführer, der zwar 1937 auf Druck hin Mitglied der NSDAP wurde, wurde beim Übergang der IHK in die GWK wegen seiner „betont ablehnenden Haltung zum Nationalsozialismus" zum Dezernenten degradiert.[413] Die erste Ehefrau des Zollfachmannes der Kammer fiel dem Euthanasieprogramm der Nazis zum Opfer, was einigen Kollegen auch bekannt war.

Nach Kriegsende wurden sieben leitende Mitarbeiter der GWK als für die Alliierten vertrauenswürdige Personen benannt, darunter der spätere Geschäftsführer der Außenhandels-Abteilung Ernst Voigt, der als Regimegegner sofort wieder eingesetzt wurde.[414] Auch die Vorhaltungen von Schröders 1937, jeder Mitarbeiter, der nicht in der Partei sei, beweise seine negative Haltung zum Nationalsozialismus[415], deuten darauf hin, daß die Mobilisierung der NSDAP bei den Kammermitarbeitern nicht vollständig gelungen war. Dennoch wurde den Angestellten nicht mit Entlassung oder Repressalien gedroht, weil auch der Präsident sich im täglichen Umgang nur von sachlichen, nicht aber von persönlichen Gesichtspunkten leiten ließ. Und 1943 löste der Generalreferent seine Mitgliedschaft zur Partei, ohne daß ihm dafür Konsequenzen drohten.[416]

1939 wurden neben dem Hauptgeschäftsführer sechs Geschäftsführer, ein stellv. Geschäftsführer, ein Dezernent, ein Bürovorsteher, eine Kassenleiterin und eine „Sekretariatsbeamtin" nach den

Richtlinien des öffentlichen Dienstes besoldet. Mit Privatdienstvertrag arbeiteten 85 Angestellte, hinzu kamen drei Hausmeister, zwei Boten und ein Kraftfahrer, so daß die IHK 103 Planstellen besetzt hatte. Tatsächlich verzeichnete sie mit Abschluß des Jahres jedoch 117 Beschäftigte. Der Anstieg der Beschäftigten von 38 im Jahr 1933 auf 119 im Jahr 1940 hing mit dem Aufgabenzuwachs zusammen. Ursprünglich hatte man 1934 noch angenommen, die Stellenvermehrung abblocken zu können, da Wirtschaftsvertretungen es gewohnt seien, „von ihrem Personal außergewöhnliche Leistungen" zu verlangen. 1940 war vorgesehen, sogar 130 Stellen zu besetzen, um die kriegsbedingten Aufgaben erfüllen zu können. Für die zur Wehrmacht eingezogenen Beschäftigten sollten Aushilfskräfte eingestellt werden, was sich aber nicht realisieren ließ. Während sich der Anteil der Stenotypistinnen und Telefonistinnen 1940 im Vergleich zu 1934 mehr als verdoppelte, sank der Anteil der Geschäftsführer, Dezernenten und wissenschaftlichen Mitarbeiter in dieser Zeit um mehr als die Hälfte. Die Gauwirtschaftskammer hatte 228 Beschäftigte, davon allein 100 Stenotypistinnen und Telefonistinnen. Unter den wissenschaftlichen Hilfsarbeitern befanden sich nun auch die ersten Frauen. Alle Mitarbeiter waren jetzt Angestellte, da die GWK keine Körperschaft des öffentlichen Rechts mehr war. Dies entsprach aber auch dem Willen des RWM, das eine „Verbeamtung" der Kammern verhindern wollte.[417]

Die Dienststunden waren werktäglich von 8.00 bis 16.30 Uhr. Die Kammer Köln richtete sich bei der Besoldung nach den öffentlichen Tarifen bezüglich der Gehaltseinstufung ihrer Mitarbeiter, nahm aber Höhereinstufungen vor, was zu Streitigkeiten mit dem Ministerium führte. Auch über Zusatzzahlungen für Leistungen, die im Rahmen der Sondereinrichtungen erbracht wurden, kam es zu ministeriellen Abmahnungen. Die Kammer sah sich schließlich genötigt, dem Ministerium mitzuteilen, daß sie „ihre Beamten und Angestellten nicht nach Schul- und anderen Zeugnissen, sondern lediglich nach Tüchtigkeit und Leistungsfähigkeit" bewerte. Das Ministerium antwortete darauf, daß es nicht angehe, wenn ein Geschäftsführer höher besoldet werde als der Regierungsvizepräsident. Neben dem Witwen- und Waisen-Fonds sowie einem Bildungsfonds wurde im Haushalt 1939/40 ein Rücklagefonds zur Versorgung von aus dem Dienst scheidenden Mitarbeitern gegründet, dem 300 000 RM zugeführt wurden. Ein Erlaß des Stellvertreters des Führers und des Reichswirtschaftsministers vom Oktober 1938 ermöglichte der NSDAP eine Mitsprache bei Personalentscheidungen innerhalb der Kammerorganisation. Kriegsbedingt ist ein Führererlaß vom 25. Januar 1942 zu verstehen, mit dem das Personal der Kammern um 60 % vermindert werden sollte. Daran schloß sich eine Tagung der Hauptgeschäftsführer aller Kammern an, die übereinkamen, bestimmte Aufgabenbereiche wie Recht, Statistik zu schmälern oder stillzulegen. In der Praxis waren solche Ideen jedoch letztendlich undurchführbar, da WK und IHK bis April 1942 schon 42 % ihres Stammpersonals durch Einberufungen einbüßten, womit die Kölner im Vergleich zu anderen Kammern an der Spitze lagen.[418]

Mehrmals fanden im Berichtszeitraum Betriebsfeiern oder sonstige Zusammenkünfte statt – Feiern zum 1. Mai oder Betriebsappelle zu Hitlers Geburtstag. Am 11. Dezember 1937, einem Samstag, führte die IHK z.B. einen Kameradschaftsabend der „Gefolgschaften" von WK und IHK durch. Im Mai 1939 unternahmen die Mitarbeiter mit Ehepartnern eine Rheinfahrt nach Unkel. Auch Karneval wurde gemeinsam gefeiert. In den letzten Kriegsmonaten versprach Hauptgeschäftsführer Brandt, hinterbliebene Kinder von gefallenen oder durch Fliegerangriff getöteten Kammerangestellten aus dem Bildungsfonds der Kammer zu unterstützen. Die verschiedenen Auslagerungen der Verwaltung durch die Zerstörung des Kammergebäudes und den anhaltenden Luftkrieg führten auch in der alltäglichen Arbeit zu unvorstellbaren Verhältnissen. Neben Brandt starb auch der stellv. Geschäftsführer Hanns Adolf Riepe bei einem Fliegerangriff.[419]

Betriebsordnungen der IHK Köln liegen nicht vor. Aus der GWK-Zeit haben sich „Arbeitsrichtlinien" und eine „Betriebsordnung" erhalten.[420] Erstere wurde vom Hauptgeschäftsführer Dr. Brandt am 1. Mai 1944 erlassen und regelte das Verhalten des einzelnen Mitarbeiters am Arbeitsplatz. Die Betriebsordnung vom 21. Dezember 1943, unterschrieben vom Präsidenten, bestimmte allgemeinere Angelegenheiten sowie in § 19 z.B. Ruhegehälter.

4.5 ETAT- UND RECHNUNGSWESEN

Die Beiträge zur IHK waren öffentliche Abgaben, die zwangsweise eingetrieben werden konnten. Gleichzeitig stellten sie zweckgebundene Mittel dar, die nur für die der Kammer obliegenden Aufgaben nach einem Beitragsgesetz vom 24. März 1934 verwendet werden durften.[421] Sie errechneten sich aus einer Umlage auf ein Viertel der veranlagten Gewerbesteuergrundbeträge. Die Novelle des preußischen Kammergesetzes erlaubte der IHK, zusätzlich einen Grundbetrag bis zu zwölf Reichsmark, von den Kleingewerbetreibenden bis zu sechs Reichsmark zur erheben. Die Kölner IHK machte von dieser Regelung Gebrauch mit der Begründung, daß die Kammer auch Unternehmen zu Diensten sei, die keine Gewerbesteuer zahlten. Zwar konnte 1936/37 fast das gesamte angesetzte Soll eingenommen werden, aber 1937/38 kassierte die IHK nur 92 % des veranschlagten Grundbetrags. Bei den nicht eingetragenen Unternehmen wurden die EHV-Beiträge noch geringer einkassiert, in den beiden Vergleichsjahren lag die Erfolgsquote bei nur 65 %. Dies erklärte die IHK mit Ermäßigungen auf Antrag sowie Freistellungen, „Billigkeitsgründen sowie Ausfall infolge Unpfändbarkeit". Bei der Eintreibung der Umlage erreichte die IHK 1936/37 sogar einen leichten Überschuß. Dies lag auch an höheren Vorauszahlungen, die im folgenden Jahr wieder ausgeglichen wurden. Dabei fällt auf, daß sich die Umlage in diesen Jahren im Soll um mehr als das Zweieinhalbfache (551 141 RM zu 1 397 209 RM) erhöhte.[422] Dies ist zu erklären mit der verbesserten Konjunkturlage, die nun auch das Rheinland erreichte. 1935 verlangte die Kammer von 185 Unternehmen einen Vorschuß in Höhe von 50 % des 1934 veranlagten Beitrages, insgesamt 119 000 RM, von dem 115 000 RM eingingen. Erweitert wurde 1933 auch die Berechtigung, öffentlich-rechtliche Gebühren erheben zu können, indem auch die Inanspruchnahme durch Einzelpersonen gebührenpflichtig sein konnte.[423] Aufgrund der Änderung des Reichsgewerbesteuergesetzes vom 1. Dezember 1936 wurden seit dem Rechnungsjahr 1937/38 die Gewerbesteuermeßbeträge für die IHK-Beiträge maßgebend. 1939 folgte das Reichsgesetz über die Beitragserhebung bei den IHKn. Gegen den Beitragsbescheid konnte Einspruch erhoben werden, gegen den ablehnenden Bescheid Beschwerde bei der höheren Verwaltungsbehörde. Als letzte Instanz galt die Revision beim Reichsverwaltungsgericht. In der Praxis waren diese Regelungen bedeutungslos, da im Krieg der Rechtsweg nur eingeschränkt beschritten werden konnte. 1941 erging eine Entscheidung des Reichswirtschaftsgerichts, daß die Kleingewerbetreibenden den angeforderten Grundbetrag zu zahlen hatten.[424]

Im Mai 1933 senkte das Präsidium den Beitragssatz von 25 % auf 20 %. Beim Ministerium reichte die Kammer den Antrag ein, von den Unternehmen eine Vorausleistung in Höhe von zehn Prozent der bei der letztjährigen Veranlagung zu Grunde gelegten Gewerbesteuergrundbeträge erheben zu können. Die Genehmigung dazu erteilte das Ministerium erst am 7. Dezember![425] 1937 betrug die Umlage zwölf Prozent des Gewerbesteuermeßbetrages, 1942 waren es nur noch sechs Prozent. Der Grundbetrag von zwölf RM war gesetzlich vorgeschrieben und änderte sich nicht. In 1940 wurde aber der gesamte Grundbetrag verwandt zur Restschuldsumme des Grundbesitzes. Der Grundbetrag für die EHV betrug zuerst sechs RM, ab dem Rechnungsjahr 1936/37 fünf RM. 1940 wurde beim Ministerium eine Sonderbeitragseinziehung für nicht eingetragene Gewerbetreibende in Höhe des Grundbetrages beantragt, die aber auch ausschließlich der EHV zur Verfügung stehen sollte. Die GWK erhob eine Umlage ebenfalls von sechs Prozent des Gewerbesteuermeßbetrages, mindestens aber sechs RM. Auf eine Erhebung für einzelne Abteilungen wurde verzichtet, so daß die Kleingewerbetreibenden beitragsfrei gestellt wurden.[426]

Beiträge zog die Kammer jedoch nicht nur für sich ein. So war sie 1935 zuständig für die Erhebung des Reichsnährstandes, die Aussortierung und Freihaltung der Reichskulturkammerbetriebe von anderen Beiträgen sowie für Strafen, die die fachlichen Organisationen von ihren Mitgliedsunternehmen einzogen. Dies führte dazu, daß „eine unangenehme psychologische Belastung" und eine „Verärgerung" der betroffenen Unternehmen gegen die Kammer aufkamen. Die Kammer zog mit ihrer Umlage auch die Beiträge zur Industrie-Abteilung der Wirtschaftskammer ein, die 1942 1,2 % des Gewerbesteuermeßbetrages betrugen.[427]

Die Haushaltsführung der Kammer war vor der Novellierung des preußischen Kammergesetzes im wesentlichen ihr selbst überlassen. Das neue Gesetz verpflichtete die Kammer zu sparsamster wirtschaftlicher Rechnungsführung, die aber in Köln schon zuvor üblich war. Nunmehr mußte zu Beginn des Rechnungsjahres (1. April bis 31. März) ein Haushaltsplan aufgestellt und zum Ende des Haushaltsjahres eine Rechnungsnachweisung vorgelegt werden. Der Rechnungsprüfungs-Ausschuß der IHK prüfte die Haushaltsrechnung, der Minister erteilte die Entlastung. Im Krieg wurde die Prüfung durch schriftliche Rundfrage durchgeführt. Die Pflicht zur Erstellung eines Haushaltsplanes erstreckte sich auch auf die Nebenhaushalte, d.h. auf die Einrichtungen, die von der Kammer betreut wurden. Der Haushalt des RWWA war Bestandteil des Haupthaushaltes, die Zeitschrift WWZ wurde hingegen gesondert gebucht, da sie Organ mehrerer Organisationen war.[428] Zur Zahlungsanweisung berechtigt war der Hauptgeschäftsführer in Vertretung des Präsidenten, Bankvollmacht hatten außer ihm noch vier weitere Geschäftsführer, nicht aber die Kassenleiterin. Die interne Belegprüfung erfolgte durch den Bürovorsteher und dessen Stellvertreter, die monatliche Prüfung durch vereidigte Buchsachverständige.[429]

1935 war die Kammer, wie andere Institutionen auch, gezwungen, die „staatswirtschaftliche [einfache] Buchführung" mit Beginn des neuen Rechnungsjahres am 1. April einzuführen, da die Nazis die doppelte Buchführung als „amerikanisch" ablehnten.[430] Die den Kammern bis dahin ungewohnte Art der Haushaltsführung führte zu einer „erheblichen dauernden Belastung".[431] 1935 wurde ein leitender Beamter vom Reichswirtschaftsminister beauftragt, bei den IHKn außerordentliche Kassenprüfungen vorzunehmen. Diese wurden nach einem Erlaß vom 7. Juli 1936 nunmehr von einer neu eingerichteten Prüfstelle für den Bereich der Organisation der gewerblichen Wirtschaft vorgenommen, die seit 1939 zudem weitreichendere Befugnisse in der Vorprüfung besaß. Unter Kriegsbedingungen wurden in der Praxis aber die unangemeldeten Kassenprüfungen durch die Prüfstelle, die auch Vorschläge zur Einsparung von Einrichtungen und Personal machen konnte, aufgegeben. Der Minister verordnete den Kammern für das Haushaltsjahr 1940 eine Zwangssparmaßname von 15 % gegenüber dem Vorjahreshaushalt. Die frei gewordenen Mittel waren für einen Reservefonds zu verwenden. Da die Kammern immer mehr und neue Aufgaben annehmen mußten, dies vermerkte auch der Minister, sollten sie diese erst genehmigen lassen und zudem durch Ausgabenkürzung an anderer Stelle finanzieren.[432] In der Realität waren jedoch ministerielle Erlasse Makulatur, da die ständig wachsenden Aufgaben eine Sparpolitik kaum durchführen ließen. Schon im Haushaltsansatz hatte die IHK Köln sich nicht an die Sparvorgabe gehalten. 1939 betrug das Haushaltsvolumen 1,745 Mio. RM, der Haushaltsplan 1940 projizierte die Ausgaben in Höhe von 1,55 Mio. RM (– elf Prozent). Die zu leistende Rücklage wurde um knapp 100 000 RM unterschritten, indem nur 166 000 RM verbucht wurden. In beiden Jahren blieb jedoch die Kammer unter dem Haushaltsvolumen. 1940 gab sie ca. 27 % weniger aus, 1939 sogar 35 %. Die Einnahmen lagen in beiden Jahren wesentlich höher als ursprünglich angenommen, so daß jeweils ca. eine Mio. RM in einen Neubaufonds abgeführt werden konnten.

Der stetige Zuwachs an Aufgaben spiegelt sich auch im Haushalt wider. 1935 umfaßte der Voranschlag 520 000 RM, vier Jahre später waren es bereits fast dreieinhalb mal soviel. In der Zeit von 1933 bis 1940 gab die Kammer nur im ersten Jahr mehr Geld aus, als sie einnahm.[433] Dies lag wie

1932 an den geringeren Einnahmen durch die Umlage der Unternehmen. Von 1934 stiegen die Einnahmen in Höhe von 430 000 RM auf 2,7 Mio. RM (incl. Vortrag von 475 000 RM) in 1940. Während die Einnahmen um das Sechsfache stiegen, entwickelten sich die Ausgaben sehr viel harmonischer von 405 000 RM im Jahr 1934 auf 1,136 Mio. RM im Jahr 1940 (Steigerungsfaktor 2,8). Die Entwicklung der Ausgaben war bedingt durch die Vermehrung der Aufgaben, die die Kammer vom Staat zugeschrieben bekam. Im Krieg stiegen 1941 die Einnahmen noch einmal an, wobei die Umlage nun 57 % der Einnahmen (2,534 Mio. RM) ausmachte. Der Anteil der Personalkosten sank von 41 % 1933/34 auf 25 % 1939/40.[434] Dabei stieg die Anzahl der Beschäftigten um das Dreifache. Demnach fielen bei der Kammer stets mehr Sachausgaben als Personalausgaben an, wobei erstere kontinuierlich anstiegen. Die Steigerung der Ausgaben gesamt verlief parallel zu der des Personals (ca. 300 %).

Der Präsident verfügte über einen Dispositions- und einen Bildungsfonds. Letzteren kritisierte die Rechnungsprüfungsstelle, da Ausgaben nur zu kammerrelevanten Angelegenheiten erfolgen durften. Die Prüfer beanstandeten u.a. Zahlungen für das Obergausportfest der HJ. Die geleisteten Beträge lagen unter 100 RM, aber auch schon einmal höher. Von Schröder beschwerte sich schriftlich bei der Reichswirtschaftskammer. Es handele sich um winzige Beträge für „gemeinnützige Zwecke". Er bat die RWK, die Prüfstelle zu veranlassen, „Beanstandungen dieser Art in Zukunft zu unterlassen, da sie nicht der Würde und der Stellung des Präsidenten der Industrie- und Handelskammer zu Köln entsprechen."[435] Generell mußte sich die Kammer für Ausgaben, die nicht dem ihr bestimmten Zweck dienten, eine ministerielle Genehmigung einholen. Eine Spende an den Reichsluftschutzbund wurde genehmigt, dagegen eine Zuwendung an das Kunsthistorische Institut der Universität Bonn, trotz Insistierens von Schröders, abgelehnt.[436]

Von Schröder behauptete, er habe die Kammer mit einem Schuldenstand von zwei Mio. RM übernommen und später ca. sechs bis sieben Mio. RM Vermögen hinterlassen. Dabei mißachtete er in seiner Aussage die wirtschaftlich desolate Gesamtlage 1933, während in der Aufrüstungsphase auch die rheinische Wirtschaft mit einer höheren Umlage wesentlich zum Vermögensanwachsen der IHK beitrug. 1939 betrug das Vermögen der Kammer 3,125 Mio. RM, wobei die Gebäude schon über 40 % ausmachten. Demgegenüber standen Verbindlichkeiten von 1,231 Mio. RM, davon 600 000 RM für das Kammergebäude. Diese resultierten aus dem Kaufpreis in Höhe von zwei Mio. RM, der 1932 vereinbart worden war, und der bis zum 1. Oktober 1940 abbezahlt werden mußte bzw. zu einem Viertel auch bis zum 1. Oktober 1950 gestundet werden konnte. Am 31. März 1942 hatte die Kammer ein Gesamtvermögen von 7,6 Mio. RM, wovon 5,087 Mio. RM in Wertpapieren (nominell) angelegt und die Gebäude mit 1,275 Mio. RM angesetzt waren. Demgegenüber standen 2,2 Mio. RM Verbindlichkeiten. In einer Rechnungsprüfung nach dem Krieg wurde festgehalten, daß die GWK am 1. Mai 1945 ein Vermögen von 9,39 Mio. RM besaß.[437]

4.6 KAMMERGEBÄUDE

Seit 1930 war die Kammer Eigentümerin des Gebäudes des ehemaligen *A. Schaaffhausen'schen Bankvereins* Unter Sachsenhausen 4, inmitten des Kölner Bankenviertels. Das Gebäude wurde in den Folgejahren stark frequentiert von der Bezirkswirtschaft, da die Tätigkeiten der IHK zunahmen, die Geschäftsführung der Wirtschaftskammer eines erhöhten Abstimmungsbedarfs mit den Fachgruppen bedurfte und auch in der Öffentlichkeit das Gebäude durch entsprechende Veranstaltungen angenommen wurde. Es fanden fast täglich Sitzungen, Prüfungen, Unterrichtskurse und andere Veranstaltungen statt, so daß es tatsächlich als „Haus der Wirtschaft" galt. Die IHK investierte ständig in neue Technik, so wurde 1939 die Fernsprechzentrale erweitert. Die angeschafften Büromöbel in diesem Jahr – „ein feuergeschützter doppelwandiger Aktenschrank" – lassen schon die

Zerstörtes Kammergebäude Köln, Unter Sachsenhausen 4, 1943

gedankliche Vorbereitung auf den Krieg erahnen. Auch die Kammer trug dazu bei, Rohstoffe in den Wiederverwertungskreislauf zu bringen: Aus vernichteten Akten erzeugte man im Haus Papierwolle. Wie in anderen Verwaltungseinrichtungen auch, so gab es auch hier einen Luftschutzhauswart, der regelmäßig Übungen durchführte. Zwei Schutzräume sollte die „Gefolgschaft" – nach Geschlechtern getrennt – bei Alarm aufsuchen.[438]

Die benachbarten hinteren Grundstücke waren auch im Kammereigentum, ebenso die Dienstwohnung für den Hauptgeschäftsführer Am Botanischen Garten 47. An weiteren Gebäuden besaß die IHK nach der Zusammenlegung mit Bonn das dortige Haus in der Schumannstraße 2 sowie das Nebengebäude 4/6. Nach Abschluß der Haushaltsjahre 1939/40 und 1940/41 wurden insgesamt 2,1 Mio. RM Überschüsse in einen Neubaufonds überführt. Mit der Stadt Köln stand man schon in Verhandlungen über ein geeignetes Grundstück, plante aber für die Zeit nach dem Krieg. Der gestiegene Platzbedarf konnte zwischenzeitlich nur durch Anmietungen befriedigt werden. Am Kriegsende waren 5,5 Mio. RM für einen Neubau zurückgelegt.[439]

In der Nacht zum 29. Juni 1943 wurde das Kammergebäude durch Bomben völlig zerstört. Die GWK verlegte daraufhin ihren Sitz nach Bonn in das Gebäude der ehemaligen IHK, dann nach Beuel und anschließend im April 1944 nach Bonn in die Wörthstraße, wo sie ein Haus kaufte. Am 2. Februar 1945 wurde der Sitz nach Godesberg in die Rheinallee 18 verlagert. Die Leitung blieb jedoch in Köln, zuerst am Deutschen Ring 11, dann in der Worringer Straße 22, wo sie acht Räume bei der *Kölnischen Hagelversicherung* beziehen konnte. Die Abteilungen Industrie, Handel und Handwerk waren auf verschiedene Gebäude in Köln verteilt. Die Abteilung Berufsbildung wurde nach Herchen an der Sieg und später nach Bonn ausgelagert. Aufgrund der schlechten Verkehrsbedingungen ging der Geschäftsführer nur jeden zweiten Tag zu Fuß in die Außenstelle. Die Ausweichquartiere blieben vom Luftkrieg nicht verschont. Daher zogen am 21. April 1944 weitere Abteilungen nach Bonn. Dort waren aber auch die alliierten Angriffe verstärkt worden, so daß im Herbst 1944 weitere Umzüge nach Godesberg, Gummersbach sowie in einzelne Orte im Bergischen Land und im Siegkreis notwendig wurden. Nach Schloß Ehreshoven waren schon frühzeitig die umfangreiche Bibliothek der Kammer sowie Teile der Archivbestände des RWWA ausgelagert worden. Im März 1944 mußte die Kammerleitung in die Elsa-Brandström-Str. 4, in einen Seitenflügel der *Agrippina-Versicherung* ausweichen. Die bisher in Bonn erledigten Aufgaben Kohlebewirtschaftung und Außenwirtschaft kamen zurück nach Köln. Bei Anrücken der alliierten Truppen wurden die linksrheinischen Verwaltungsstellen aufgegeben, im November 1944 wurden in Dellbrück sowie im Januar 1945 in Bensberg neue Büros eröffnet. Zu diesem Zeitpunkt konnte in Köln selbst kein ordnungsgemäßer Arbeitsablauf mehr gewährleistet werden, nur noch in der Jakordenstraße gab es ein Büro für Einzelhandels- und Reisebescheinigungen.[440] In Gummersbach-Vollmerhausen hatte man am 12. September 1944 die Sicherstellung eines Zimmers im Hause des Fabrikanten Reinhard Kaufmann für die Unterbringung des Präsidenten beantragt.[441] Bis März 1945 hielten dann von Schröder und Rieber dort den Anschein einer funktionierenden Kammer aufrecht. Am 12. März luden sie Unternehmer zu einer Besprechung über „wirtschaftliche Tagesfragen" in das *Metallwerk Elektra* ein. Die Dienststellen in Dellbrück und Bensberg waren schon aufgegeben worden, ein Teil der Godesberger Geschäftsstelle war nach Much verlegt worden. Nach Bonn und Gummersbach waren im September 1944 auch die Angestellten der Aachener Wirtschaftskammer umquartiert worden. In Bonn verschloß Dr. Müser am 5. März, einen Tag vor dem alliierten Einzug, das Gebäude. Schon zuvor hatte von Schröder die Anweisung gegeben, die Godesberger Geschäftsstelle zu räumen und das Personal ins Bergische Land zu evakuieren. Müser sollte als Verbindungsmann zu den Alliierten dort bleiben.[442]

Die vorrückenden Truppen der Alliierten besetzten schließlich auch das rechtsrheinische Gebiet, so daß die Tätigkeit der bisherigen Behörden und Organisationen des Deutschen Reiches erlosch. Auch die Gauwirtschaftskammer stellte ihre Arbeit ein.

5 ASPEKTE DER TÄTIGKEIT DER KÖLNER INDUSTRIE- UND HANDELSKAMMER

5.1 GUTACHTEN UND BERICHTERSTATTUNG IM ALLGEMEINEN

Während[443] vor 1933 die IHK Mittler zwischen Staat und Wirtschaft war, die Regierung bzw. deren nachgeordnete Stellen auch mit Gutachten auf wirtschaftspolitische Notwendigkeiten hinweisen konnte, fielen nach der Machtübertragung Mittler- und Transportfunktion „nach oben" weitestgehend fort. Die IHK sollte Industrie und Handel zwar noch beraten bei der Umsetzung gesetzlicher Vorgaben, aber letztendlich war sie Befehlsempfänger in der staatlichen und vielfach auch der parteilichen Stellen. Selten führte sie Umfragen bei Unternehmen durch, wie am 14. Juli 1936 über die Abstandsdauer von Buch- und Betriebsprüfungen.[444] Eine Beraterfunktion an die vorgesetzte Behörde fiel mit der Zeit immer weniger ins Gewicht. Noch 1939 wurde zwar von der Kammer angenommen, daß sie sich zu allen wirtschaftspolitischen Fragen, die ihren Bezirk betreffen, äußerte und Stellungnahmen zum Verkehr, zu Gewerbesteuern oder Gemeindefinanzen abgeben konnte[445] – aber in der Praxis waren diese „Rechte" längst obsolet geworden. Geblieben waren nur noch Gutachten zu kleineren Angelegenheiten, die zudem auf Anforderung des Staates erstellt wurden.[446] „Mitarbeit ... wurde nur noch dort erwartet, wo das Ergebnis vorbestimmt war und die Entscheidung der Kammer sich in festgelegten Bahnen zu bewegen hatte".[447] Zwar sollte die

Kammer noch die Gesamtbelange der Wirtschaft ihres Bezirks vertreten, aber stets unter der Prämisse der NS-Ideologie „Gemeinnutz geht vor Eigennutz" – wobei sich dies als Platitüde erwies. 1936 forderte Wirminghaus noch von der Kammer, sie solle „die ihrer Vertretung anvertrauten einzelnen Belange und Nöte in bezug auf alle Gebiete der Wirtschaft ... nachdrücklich zur Geltung bringen".[448] Die Regierung hatte aber bekanntlich daran keinerlei Interesse. Dennoch hat sich die IHK Köln davon nicht abschrecken lassen und sich zu verschiedenen Themen zu Wort gemeldet. Zudem hatte sie als eine der großen IHKn im Deutschen Reich die Möglichkeit, direkt auf einzelne Regierungsstellen einzuwirken.[449] Mehrmals lud die Kammer prominente Gäste ein. Hjalmar Schacht kam im November 1934 zu einem Referat in die IHK, drei Jahre später zu einer Sitzung des Wirtschaftskammerbeirates. Bei beiden Veranstaltungen wünschte sich der Reichsbankpräsident eine offene Aussprache mit den Unternehmern.[450] Angesichts der mehrstufigen Führungshierarchie des Dritten Reiches, in dem Kompetenzen gleichgewichtig und konkurrierend vergeben wurden, damit der Führungsanspruch Hitlers nicht in Gefahr geriet, waren die Kammern nur kleine Räder in der großen Maschinerie. Auch durch die Zurückdrängung des Selbstverwaltungsgedankens bildeten sich in den Kammern keine kritischen und konstruktiven Geister heraus, die hätten Einfluß nehmen wollen. Führerprinzip und staatliche Aufsicht, verbunden mit Einflußnahme der NS-Stellen, machten dem Willen der Kammern, im Sinne der Wirtschaft ihres Bezirks an maßgeblicher Stelle einzugreifen, den Garaus.

Als zweite Aufgabe blieb der Kammer die Beratung der Unternehmen ihres Bezirks. Diese Aufgabe wuchs mit der steigenden Verordnungs- und Regelungswut, dem übermäßigen Bürokratismus und dem Kompetenzwirrwarr von Behörden und Parteistellen derart, daß sie schließlich, insbesondere kurz vor dem und im Krieg, zur alles beherrschenden Tätigkeit heranwuchs. Dabei war es erforderlich, daß die Kammer – mehr als in der Vergangenheit – ihre Betreuung auf die einzelnen Unternehmen erstreckte, da diese die Papierfluten nicht bewältigen konnten. Hinzu kam eine nicht unwesentliche „Filterfunktion". Der Unmut zahlreicher Unternehmer über die Hyperorganisation der Wirtschaft, insbesondere in den Fach- und Fachuntergruppen, die die Arbeit in den Unternehmensverwaltungen übermäßig belastete, wurde von der Kammer aufgefangen; sie stand helfend zur Seite. Die Kammer führte seit Ende der dreißiger Jahre auch vermehrt Bereisungsaktionen von Mitarbeitern durch, die mit den Unternehmen in Kontakt treten sollten. Desweiteren wurde 1937 gemeinsam mit der Verwaltungsakademie eine Vortragsreihe unter dem Titel „Wirtschaftspolitische Zeitprobleme" ins Leben gerufen, bei der z.B. über die „industriellen Aufgaben des Vierjahresplans" gesprochen wurde.[451]

Bei der Unterrichtung der Unternehmen kam der „Westdeutschen Wirtschafts-Zeitung" eine besondere Bedeutung zu. Ursprünglich als Kammermitteilungsblatt ins Leben gerufen, wurde die Zeitschrift im Dritten Reich ihrem Titel als regional übergreifendes Blatt gerecht. Die IHK blieb maßgeblich an der Herausgabe durch die Schriftleitung beteiligt, selbst als Gauwirtschaftsberater Dr. Schmidt die Herausgeberschaft nach Beendigung seiner Kammerzeit beibehielt. Seit dem 1. Januar 1934 erschien die WWZ auch als Organ des Treuhänders der Arbeit, der Außenhandelsstelle, der Börse, der Handwerkskammer, verschiedener wirtschaftlicher Vereine sowie der Messe. Für diese Änderung hatte sich Schmidt ein Grußwort des Ministers erbeten, was dieser ablehnte.[452] Zwei Jahre später kamen hinzu die Wirtschaftskammer, die DAF-Gauwaltung Köln-Aachen, die Arbeitskammer Rheinland, IHK (seit 1. Januar 1935)[453] und Handwerkskammer Aachen, die Bezirksgruppen Rheinland der Reichsgruppen Industrie und Handel sowie der Rheinische Großmarkt. Damit war die Zeitschrift „das einzige amtliche Organ der regionalen wirtschaftlichen und sozialpolitischen Organisationen des Gaugebietes Köln-Aachen".[454] Gedruckt wurde sie bei der *Kölnischen Verlags-Anstalt und Druckerei*. 1939 betrug die Auflage 5 750, wobei 150 Exemplare an Behörden etc. versandt wurden. 1944 war die Auflage nur unwesentlich auf 5 000 gesunken.[455]

Titelblatt der „Westdeutschen Wirtschafts-Zeitung", Veröffentlichungsorgan der IHK/Wirtschaftskammer Köln, 1937

Die WWZ entwickelte sich in den dreißiger Jahren zum angepaßten Blatt, in dem jedoch auch in einigen Leitartikeln deutlich die Meinung der Kammer zur Geltung kam, da die Autoren meist aus der Geschäftsführung oder der zweiten Riege der Kammermitarbeiter stammten. Auch in Berlin wurde sie aufmerksam gelesen. So fragte man nach der Veröffentlichung einer DAF-Stellungnahme, die im Gegensatz zu Äußerungen des Ministeriums standen, ob die WWZ noch berechtigt sei, „sich auch als Zeitschrift der Wirtschaftsorganisationen mit amtlichem Einschlag zu bezeichnen."[456] Aufgrund eines Artikels über die Preisstoppverordnung in der WWZ vom 14. Oktober 1937 beschwerte sich das RWM bei der IHK, sie habe ein Schreiben des Reichskommissars an die Organisation der gewerblichen Wirtschaft völlig mißachtet und damit dessen Intentionen ins Gegenteil verkehrt.[457] Einen Artikel über den Werberat und die Gerichte veröffentlichte die Schriftleitung, ohne mit der „Ansicht des Verfassers in allen angeschnittenen Fragen übereinzustimmen".[458] Dennoch ließ die Zeitschrift als offizielles Sprachrohr kritische Artikel oder Kommentare zur Wirtschaftspolitik nicht zu. Ausführlichst berichtete sie über wichtige, die Wirtschaft interessierende Gesetze, über Steuer- und Zollpolitik. Mit Kriegsbeginn nahmen den meisten Platz die legislativen Mitteilungen ein. Zu Beginn 1943 fielen auch noch die Leitartikel fort, die letzte Nummer erschien am 20. Dezember 1944. Als Beilage zur WWZ wurden Quartalsberichte zur Lage im Wirtschaftskammerbezirk veröffentlicht, wobei neben den hierin verkündeten Aufschwungparolen in den vertraulichen Berichten an den Regierungspräsidenten auch kritischere Töne anklangen. Dies traf u.a. die Rohstofflage, die z.B. 1937 kritisiert wurde.[459] Vor Widersprüchen war man auch in der NS-Zeit nicht gefeit: Anzeigen der Sparkassen mit dem Tenor „Sparen schafft Arbeit!" standen einhellig neben einem Aufruf „Wer kauft, schafft Arbeit ...".[460]

Ein weites Gebiet eröffnete sich den Kammern in der Auskunftserteilung. Die Zunahme staatlicher, halbstaatlicher und parteilicher Stellen im NS-Deutschland führte zu einer ungeheuren Bürokratievermehrung und zu einem Nebeneinander, das nicht selten zum Durcheinander wurde. Andere Wirtschaftsorganisationen bemühten sich im Zuge des Aufbaus der Organisation der gewerblichen Wirtschaft verstärkt um Auskünfte der Kammer, etwa um Listen von Unternehmen einer Branche, die der zuständigen Fachgruppe als Grundmaterial diente. Besonders eifrig war auch die DAF, die nach 1933 auf kein Vorgängermaterial zurückgreifen konnte und sich der Kammern bediente.[461]

1933 erlebte das seit einem Jahr auch räumlich bei der IHK untergebrachte Rheinisch-Westfälische Wirtschaftsarchiv (RWWA) die Überführung seiner aktuellen Dokumentation zu Wirtschaftsfragen in das IHK-Dezernat „Wirtschaftsbeobachtung und Statistik". Die Bibliotheken der IHK und des RWWA wurden vereinigt. Im folgenden Jahr übernahm die IHK die Finanzierung des Archivs allein. Zwar wurden wenige Aktenbestände übernommen (u.a. vom Arbeitsgericht Köln), aber für die IHK erledigte das Archiv Anfragen und Benutzerberatungen zur Arbeitsbeschaffung und Sozialordnung. Zahlreiche Sonderaufträge für behördliche und parteiliche Stellen kamen hinzu. Die Betreuung von Studenten der Universität Köln wurde fortgesetzt. Ausstellungen, Rundfunkbeiträge und öffentliche Vorträge gehörten ebenso zu dem Aufgabenbereich des Archivs unter Leitung des Kuske-Schülers Privatdozent Dr. Kurt Loose wie die Fortführung der Schriftenreihe und der vom RWWA mitherausgegebenen Rheinisch-Westfälischen Wirtschaftsbiographien. Hinzu kamen Beratungen bei Unternehmen zur Gründung eines eigenen Unternehmensarchivs sowie bei der Herausgabe von Firmenfestschriften und Werkzeitschriften.[462] Eine derartige Sammel- und Auskunftsfunktion war den Kammern allgemein gegeben, auch zur Bewältigung der Vielzahl von Zolltarifen, Devisenbestimmungen etc.[463], aber in Köln wurde diese Tätigkeit durch die Unterhaltung einer besonderen Institution, deren Aufgabengebiet sich im Nationalsozialismus auf die Gegenwartstätigkeit erweiterte, besonders gefördert. Die Bedürfnisse des RWWA stiegen durch die erhöhten Anforderungen, so daß 1939 der Etat auf 15 000 RM (ohne Gehälter) anstieg und 1940 mit über 17 000 RM abschloß. Die Bibliothek wurde 1941 neu aufgestellt und katalogisiert, auch waren mehr Nachbestellungen notwendig geworden.[464] Im Januar 1944 forderte die GWK die Unternehmen ihres

Bezirks auf, Berichte über die Leistungen der Belegschaft im Rahmen der Luftangriffe auf Köln niederzuschreiben und der GWK als Beitrag zur „Kriegswirtschaftsgeschichte" des Bezirks zur Verfügung zu stellen.[465]

5.2 ARBEITSBESCHAFFUNG

In den ersten Jahren der NS-Herrschaft war die IHK ebenfalls in die Schaffung neuer Arbeitsplätze zur Beseitigung der Krise eingebunden. Es war Aufgabe der Kammer, Unternehmen mit den Maßnahmen bekannt zu machen und dafür Sorge zu tragen, daß die Wirtschaft diese auch annahm. Am 29. Mai 1933 veröffentlichte die IHK einen „Aufruf an die Kölner Kaufmannschaft", in dem sie bei Neueinstellungen die Berücksichtigung „älterer SA-Leute" erbat, da diese, „für die nationalsozialistische Bewegung kämpfend", keine Zeit für die Stellensuche gehabt hätten. Nach Einleitung der ersten Maßnahmen forderte die Kammer die privaten Unternehmer auf, das Ihrige zu leisten und sich am „gemeinsamen Kampf gegen die Arbeitslosigkeit zu beteiligen." IHK, Handwerkskammer und Verbände der Wirtschaft erwarteten von ihren Mitgliedsfirmen Einstellungen und Auftragsvergaben, die die Arbeitslosigkeit linderten. Gleichzeitig sprach man sich für günstige Großkredite für die Privatwirtschaft aus, da nur durch deren Ankurbelung auch die Zahl der Arbeitslosen dauerhaft sinken könne. Neben den öffentlichen Aufrufen bewog die IHK viele Einzelunternehmen zu Neueinstellungen. Daneben bemühte sie sich um die Kreditbeschaffung, u.a. ließ sie im November 1933 den Zweigstellenleiter der *Bank für deutsche Industrieobligationen* referieren, da man beobachtet hatte, daß Kreditmöglichkeiten nicht genutzt wurden.[466]

Auf Anregung der IHK wurde auch im Kölner Bezirk eine „Gas-Elektro-Front" ins Leben gerufen, um die Zuschüsse der Regierung für Abänderungen, Erweiterungen und Neuanlagen von Gas- und Installationsleitungen zu verteilen. Anfang Februar 1934 rief die Kammer zu einer großen Kundgebung der Front im Gürzenich auf.[467]

5.3 HANDEL

Schon bald nach Beginn der NS-Herrschaft erwuchs den Kammern auf dem Gebiet des Einzelhandels ein enormer Aufgabenzuwachs. Das „Gesetz zum Schutz des Einzelhandels" vom 12. Mai 1933, eines der wenigen Gesetze, zu dem die Kammern noch gehört wurden, sprach ein befristetes Neuerrichtungsverbot für den Einzelhandel aus, das aber 1934 in eine allgemeine Konzessionspflicht umgewandelt wurde. Die Übersetzung von Einzelhandelsgeschäften in bestimmten Regionen konnte zu einer Genehmigungsverweigerung führen, so daß die Kammern auch marktregelnde Aufgaben überwiesen bekamen. Die IHK stellte daher auch beim Reichswirtschaftsminister den Antrag, die Stadt Köln in neun Gemeindebezirke aufzuteilen, wodurch für die Verlagerung von offenen Verkaufsstellen außerhalb eines Stadtteils eine Genehmigungspflicht entstand. 1935 prüfte die Kammer 3 604 Anträge auf Neuerrichtung, Geschäftsverlegung oder -erweiterung, wovon sie 48 % ablehnte. Die befürworteten Anträge richteten sich hauptsächlich auf Übernahmen oder Verlegungen. Sofern ein Antragsteller nicht eine entsprechende Ausbildung oder Berufserfahrung nachweisen konnte, prüfte ein Ausschuß der IHK die Kenntnisse der Aspiranten in den Bereichen Kalkulation, Buchhaltung und allgemeine kaufmännische Bildung, juristische Fragen sowie Waren- und Verkaufskunde. Vorsitzender war ein Geschäftsführer der IHK, als Beisitzer waren je ein Vertreter der Arbeitgeber und der Arbeitnehmer anwesend. Die persönliche Zuverlässigkeit des Bewerbers galt als weitere Zulassungsvoraussetzung. Schon die Vorprüfung der schriftlichen Anträge verlangte eine erhöhte Sorgfalt, „da in sehr starkem Maße in das Lebensschicksal des Antragstellers eingegriffen werden kann." 1935 wurde nach ersten Erfahrungen eine Prüfungsstelle bei der IHK eingerichtet. Von den Prüflingen dieses Jahres bestanden nur 48 % die Prüfung. Immer wieder äußerte sich die IHK insbesondere zu Einzelhandelsthemen öffentlich. So prangerte sie im März 1936 die Zunahme der Krediteinkäufe für Händler und Verbraucher als schädlich an.[468]

Die wohl einschneidendste Änderung des deutschen Handelskammerwesens im 20. Jahrhundert war die Einbeziehung der Minderkaufleute in die Mitgliedschaft der Kammer. Waren zuvor nur die im Handelsregister eingetragenen Einzelhändler wahlberechtigt, so wurden mit der Änderung des Handelskammergesetzes vom 28. Dezember 1933 sämtliche Gewerbetreibende Mitglieder der Kammer. Ausgenommen waren nur die in der Handwerksrolle eingetragenen Kleingewerbetreibenden. 1937 kam es zu Beschwerden von Handwerkern, die bei Unterhaltung eines Ladenlokals zu Beiträgen herangezogen wurden. Die Kammer erklärte daraufhin eine Einzelfallprüfung in Zusammenarbeit mit den Innungen für obligatorisch. Die Hinzunahme der Kleingewerbetreibenden hatte ihre Basis noch in der Mittelstandsprogrammatik der NSDAP. Um die Akzeptanz der Pflichtmitgliedschaft in diesem Kreis zu steigern, wurden sämtliche nicht im Handelsregister eingetragene Mitglieder in einer neu gegründeten Einzelhandelsvertretung (EHV) zusammengefaßt. Der erhobene Grundbetrag von sechs RM floß in seiner Gesamtheit in den Haushalt der EHV. Bei der IHK zu Köln wurde eine EHV zum 1. Mai 1934 eingerichtet, der Einzelhandels-Ausschuß, in dem schon vorher eine breite Vertretung des Einzelhandels gewährleistet war, ging darin auf. Die Kammer hatte zuvor dem Ministerium einen eigenen Satzungsentwurf für die EHV zugeleitet, der nicht der Mustersatzung entsprach und geändert werden mußte. Gegen die Kölner Kammer beschwerte sich die Hauptgemeinschaft des deutschen Einzelhandels aufgrund einer Eingabe des Kölner Einzelhandelsverbandes. Dr. Schmidt habe in einer Besprechung dem Verband jegliche Berechtigung abgesprochen, da die EHV deren Aufgabenbereiche übernehmen werde. Die EHV ginge nun werbend in den Einzelhandel und entzöge dem Verband finanziell den Boden. Am 1. Juni 1934 veranstaltete die EHV in der IHK eine Kundgebung, bei der der Vorsitzende Hamacher, der Geschäftsführer Dr. von Thenen sowie Dr. Schmidt als Gauwirtschaftsberater sprachen. Propagiert wurde dabei die wirtschaftspolitische Allgemeinkompetenz der IHK. Die Verbände, so schrieb Hamacher im Westdeutschen Beobachter, müßten der EHV als Standesvertretung des Einzelhandels weichen. Der Kölner Einzelhandelsverband bemängelte daraufhin, daß im Rheinland generell Personen zu Vorsitzenden der EHV bestellt seien, die zuvor nicht als Vertreter des Einzelhandels aufgefallen waren.[469]

Die EHV sollte die Gesamtbelange des Einzelhandels wahrnehmen sowie auch einen Ausgleich zwischen den Fachgruppen des Einzelhandels, mit denen sie zusammenarbeiten sollte, herbeiführen. Der Minister ging sogar davon aus, daß die Kartothek der EHV sowie Haushaltmittel den Fachgruppen zur Verfügung zu stellen waren. Auf die Berufsbildung sollte sie ein besonderes Augenmerk richten. Da der Einzelhandel besonders vom Gesetz gegen den unlauteren Wettbewerb betroffen war, galt es auch auf diesem Feld einen großen Beratungsbedarf zu befriedigen. Die EHV klagte über den Vertrieb von Waren in Betrieben und Behörden und propagierte an deren Stelle den Weihnachtseinkauf beim Einzelhandel.

Der Vorsitzende der EHV, die Organ der Kammer war, wurde vom Präsidenten der IHK berufen, der eigene Beirat vom EHV-Vorsitzenden – gemäß dem für die Organisation der Wirtschaft geltenden Führerprinzip. Die Vorsitzenden-Berufung sollte im Einvernehmen mit dem DIHT bzw. später mit der Arbeitsgemeinschaft erfolgen. Damit wurden die rechtlichen Strukturen vermischt, da der DIHT juristisch ein Verein war, die EHV aber Organ einer Körperschaft des öffentlichen Rechts. Alle Mitglieder des Beirates der IHK, die den Einzelhandel repräsentierten, gehörten dem Beirat der EHV als geborene Mitglieder an. Die enge Anbindung an die Kammer war auch durch die Geschäftsführung gegeben, die in der Hand eines Kammergeschäftsführers lag. Sollten in einer sachlichen Angelegenheit des Einzelhandels die Auffassungen von Kammer und EHV divergieren, so mußten beide Stellungnahmen anderen Stellen zur Kenntnis gebracht werden. Letztere satzungsmäßig verankerte Regelung war eine absolute Ausnahme im Rahmen des Führerprinzips und zeigt deutlich die anfängliche starke Berücksichtigung der Interessen des Mittelstandes, die aber später dem Aufrüstungsprogramm geopfert wurden. Eine tatsächliche Differenz in den Auffassungen konnte nicht nachgewiesen werden. Anfang 1936 waren rd. 32 000 Mitglieder in der EHV zusammengefaßt.[470]

Die Bedeutung des Einzelhandels für die Kammer insgesamt wird auch an der Gründung einer eigenen EHV-Zweigstelle in Bonn ersichtlich. Die EHV bot in kleineren Gemeinden besondere Sprechstunden an, die von den örtlichen Einzelhändlern auch angenommen wurden.[471] In Einzelhandelsfragen organisierte die Kammer auch öffentliche Kundgebungen. Am 6. November 1934 veranstaltete die Kölner IHK eine große Einzelhandelskundgebung in Bonn, um über die Arbeit der EHV zu berichten. Diese stand jedoch unter keinem guten Stern, da gegen einen der Bonner Redner ein Verfahren beim Kreisparteigericht anhängig war.[472] Zur Alltagsarbeit gehörte die Betreuung der Kleingewerbetreibenden sowie die Abhaltung von Ortsversammlungen durch die EHV. Auch wurden Rundbriefe an Minderkaufleute verfaßt, Pressemitteilungen informierten über die eigene Tätigkeit. Im Krieg kam eine schnelle Unterrichtung der EHV-Firmen per Telefon hinzu.[473]

Die Altstoffverwertung („Recycling"), im Dritten Reich wegen Rohstoffmangels und Aufrüstung bis in extenso hinein organisiert, machte die Zulassung von Altmetallhändlern notwendig, deren Anträge ebenfalls in der Kammer bearbeitet wurden. Gleiches gilt für die Erhebung von Altstoffen und deren Zuführung zum Handel. Weitere Gutachten erforderten nach 1933 die Verordnung über die Errichtung und Erweiterung von Tankstellen, die Preisstoppverordnung, das Gesetz über Herstellung und Verkauf von Waffen und Munition, die Verordnungen über die Branntweinkonzession, den Verkauf von Orden und Ehrenzeichen sowie die Anordnung über die Errichtung und Erweiterung von Versandgeschäften. Auch die Bestellung von Versteigerern und die Durchführung von Versteigerungen sowie das Verbot der Errichtung von Abbruch- und Abwrackunternehmungen erforderte den Sachverstand der Kammer. Entscheiden konnte die IHK selbst bei der preispolitischen Bewertung von Beschwerden, die Handelsvertreter über Kündigungen oder Provisionsherabsetzungen einreichten. Bereits am 2. März 1933 wurde eine Gutachterstelle für Handelsklassen für den Bezirk Rheinland und das Saargebiet mit Sitz und Geschäftsführung in der IHK eingerichtet.[474]

Ähnlich wie schon mit dem Einzelhandelsschutzgesetz wurde versucht, auch im Großhandel eine Übersetzung zu verhindern. Dies geschah jedoch erst 1940 unter Kriegsbedingungen.[475]

Der für die westdeutsche Wirtschaft überlebenswichtige Außenhandel fand in der Kammer v.a. zwei Aufgabenbereiche. Zum einen war dies die Anbahnung, Pflege und Verbreiterung von Kontakten mit dem Ausland, die eine entsprechende Auftragsvergabe nach sich ziehen sollte. Eine Ausstellung niederländischer Kolonialprodukte im Gebäude der IHK machte im Herbst 1933 den Anfang und war zugleich Symbol für die besonderen Wirtschaftsbeziehungen der Kölner Region mit den westlichen Nachbarstaaten. Intensive Begegnungen fanden mit Vertretern belgischer und niederländischer Wirtschaftskreise statt. Dabei wurde versucht, auch mit der Politik ins Gespräch zu kommen, so bei einem Empfang für niederländische Politiker im Mai 1939 in der Kammer. Derlei Einladungen wurden oft durch Präsident von Schröder, der weitreichende ausländische Kontakte besaß, ausgesprochen: Skandinavische Eisen- und Stahlwarenhändler oder Vertreter der deutsch-jugoslawischen Regierungsdelegation kamen im Haus der IHK mit Vertretern der Bezirkswirtschaft zusammen. Die IHK bemühte sich, auch im Ausland Kontakte zu knüpfen. Bei der Internationalen Ausstellung 1937 in Paris gab sie einen Empfang für französische Unternehmer. Der Gegenbesuch des Präsidenten und von Mitgliedern der Pariser Handelskammer in Deutschland kam auf Initiative der Kölner Kammer zustande. Mehrere Mitarbeiter der IHK fuhren zur Frühjahrsmesse 1939 nach Brüssel, nachdem die Kölner Wirtschaft schon im Januar über deren Ablauf aus erster Hand informiert worden war. Bei dieser Gelegenheit betonte von Schröder nochmals die engen Beziehungen zwischen Westdeutschland und dem Königreich. Der Präsident hatte extra zum Zweck der Auslandskontakte seinen Dispositionsfonds um 10 000 RM auf 25 000 RM erhöht, da die IHK die „besondere Aufgabe" habe, „die Beziehungen zu den westlichen Nachbarländern zu pflegen." Vor Kriegsbeginn fanden 1939 diese Bemühungen des Präsidenten ihre Krönung in der Einladung der konsularischen Vertreter des Auslandes im Kammerbezirk zu einem Empfang mit Abendessen. Der Neujahrsempfang der Kammer war damit ins Leben gerufen, ohne daß er in dieser Ära noch einmal stattfand.[476]

Das zweite Standbein der Außenwirtschaftstätigkeit war die Beratung der Exportunternehmen. Bei den Handelsvertragsverhandlungen konnten die Kammern keinen Einfluß mehr geltend machen. Ihnen blieb eine passive Rolle, die darin bestand, die Auswirkungen der Wirtschaft des Bezirks zur Kenntnis zu bringen. Dazu gehörten Zollerhöhungen, Einfuhrbeschränkungen sowie internationale Zahlungsmodalitäten. Besonders hilfreich bei der Vermittlung war die WWZ, in der die Regelung der Außenwirtschaft stets einen breiten Raum einnahm. Eine breite Gutachtertätigkeit erfüllte die Kammer im Rahmen der Devisenbewirtschaftung, wobei sie u.a. die Anträge der Unternehmen vorprüfte.[477]

Die Beratung der Wirtschaft kam den 19 deutschen Außenhandelsstellen (AHS) zu, die der Reichsstelle für den Außenhandel unterstellt waren, die wiederum von Auswärtigem Amt und Reichswirtschaftsministerium gemeinsam beaufsichtigt wurde. Diese noch in der Weimarer Zeit auf freiwilliger Basis gegründeten Beratungsstellen wurden mit dem Gesetz über Maßnahmen zur Förderung des Außenhandels vom 18. Oktober 1933 erstmals mit einer gesetzlichen Grundlage versehen. Die AHS Rheinland mit Sitz im Kölner Kammergebäude arbeitete in enger Verflechtung mit der IHK. Ihr Leiter war Dr. Brandt. Zur Finanzierung trugen die IHKn Köln, Aachen, Koblenz und Trier 70 % des Haushaltes von knapp 60 000 RM (1939) bei, wobei Köln den Löwenanteil mit 45 % des Gesamthaushaltes (66 % des Kammeranteils) übernahm. Vorsitzender war der Präsident der Kölner Kammer. Ein Beirat wurde auch hier gebildet. Die Aufgabe der AHS war – nach den Worten Brandts – die einer „Exportförderungs-Einrichtung" der Kammer. Sie erledigte diese durch Vorhaltung sämtlicher Informationen zu Im- und Export, Zolltarifen, Ein- und Ausreisevorschriften etc.; Bezugsquellenkarteien und Vertreternachweise erleichterten den Zugriff auf den Weltmarkt. Eine Dokumentation über die wirtschaftlichen Verhältnisse in den Staaten der Erde wurde vorgehalten. Die Kölner AHS verfügte bis 1934 über eine eigene Zollauskunftsstelle, die aus Einspargründen aufgegeben wurde. Auch unterhielten die AHS einen eigenen Inkassodienst in den wichtigsten Außenhandelsländern und waren bemüht, bei einem Forderungsausgleich zu vermitteln. Nicht minder wichtig war die Beratung der Exportunternehmen bei der Werbung im Ausland, insbesondere zur „Bekämpfung des Boykotts", der aufgrund der NS-Politik gegen die Juden im Ausland weit verbreitet war. Die AHS hatte eine besondere Kenntnis von der betrieblichen Situation in den Exportunternehmen. Der Leiter der AHS besuchte „wöchentlich mehrmals" Unternehmen. Die Kölner AHS gab einen eigenen Nachrichtendienst heraus und veranstaltete neben gut besuchten Jahrestagungen Vorträge, in denen stets hochrangige Redner ausgewählte Themen behandelten. 1936 errichtete sie bei der Kölner Frühjahrsmesse eine eigene Informationsstelle. Vor Kriegsende litt sie unter ständigem Aufgabenzuwachs, wozu die Inanspruchnahme von Ministerien besonders beitrug. Auch widmete sie sich der Fortbildung von Jungkaufleuten und Ingenieuren.

Die AHS wurde 1943 in die GWK überführt. Dort wurde sie als Außenwirtschaftsabteilung fortgeführt, die aber nicht nur für den Bezirk der GWK Köln-Aachen, sondern auch für den Bezirk der GWK Moselland mit Sitz in Koblenz zuständig war. Eine ihrer Aufgaben zu Beginn des Krieges war die Anbahnung der wirtschaftlichen Zusammenarbeit mit den besetzten Ländern des Westens. Von Schröder verlangte von den Volkswirtschaften Frankreichs, Belgiens und der Niederlande eine Ausrichtung auf Kontinentaleuropa, wobei der rheinischen Wirtschaft eine entscheidende Rolle zukam. Gemeinsam mit der IHK versuchte die AHS, den Unternehmen ein wirtschaftliches Engagement in den besetzten Ländern schmackhaft zu machen.[478]

5.4 RECHTSWESEN

Auf dem Gebiet des Rechtswesens waren die Kammern nur eingeschränkt tätig. Bekannt ist, daß die IHK an der Vorbereitung zur neuen Vergleichsordnung durch die Abgabe von Reformvorschlägen beteiligt war. Gutachten und Auskünfte zur Verkehrssitte und zu Handelsbräuchen waren für verschiedene Gerichte zu erteilen. Zwingend vorgeschrieben war eine gutachtliche Stellungnahme bei Warenzeichen-Streitsachen. Den Ausbau ihrer Gutachtertätigkeit bei der Führung des Handelsregisters (HR) erlangten die Kammern 1937 durch eine Verfügung des Reichsjustizministers, mit der sie bei der Eintragung neuer Firmen und Änderungen zu hören waren. Drei Jahre zuvor wandte sich die Kammer gegen „hochtrabende Firmenbezeichnungen" und befürwortete eine Bereinigung des HR. Die Schaffung eines Zentral-HR lehnte sie dagegen ab. Neben zahlreichen Auskunftsersuchen der Gerichte konnte sich die IHK auch an diese wenden, um Auskünfte zu erlangen. Seit 1938 fielen darunter auch Auszüge aus dem Strafregister.[479]

Im Rahmen des Wettbewerbsrechts war die Beteiligung der IHK bei Zulassung von Aus- und Schlußverkäufen seit 1935 obligatorisch. Zudem mußte sie ein Einigungsamt für den unlauteren Wettbewerb nach § 27 a des entsprechenden Gesetzes bereitstellen. Dies war eine Schlichtungsbehörde, die nur bei unentschuldigtem Fehlen einer Partei Ordnungsgelder verhängen durfte. Im Fall des Nichtzustandekommens einer Einigung gab sie Gutachten für einen späteren Zivilprozeß ab. Ebenso konnte das Einigungsamt in Rechtsfällen nach dem Gesetz über Preisnachlässe (Rabattgesetz) vom 25. November 1933 eingeschaltet werden. Die Kammer selbst konnte als „Treuhänder ihrer Mitglieder" Unterlassungsklagen gegen unlautere Wettbewerber beantragen. In der Praxis gerieten zwar wenige Fälle vor das Einigungsamt, aber im Vorfeld mußten die Kammern zahlreiche Fälle mit Verwarnungen belegen. Dennoch wurden 1933 mehr Verhandlungen beantragt, so daß regelmäßige Sitzungen festgelegt wurden.[480]

5.5 DIE KÖLNER BÖRSE IM DRITTEN REICH

Die Kölner Börse war 1932 mit der IHK, die die Börsenaufsicht ausübte, in das neue Gebäude Unter Sachsenhausen 4 gezogen, dessen Umbau sie mitfinanziert hatte. Nach der Zerstörung zog die Börse um nach Bonn, von dort im Oktober 1943 zum *Gerling-Konzern* nach Köln und anschließend ab Mai 1944 in die Alte Universität, wo sie im Herbst desselben Jahres dann stillgelegt wurde. Obwohl es riesige Transport- und Sicherheitsprobleme gab, scheint die Nachfrage nach den Börsengeschäften in den letzten Kriegsjahren nicht nachgelassen zu haben.

Zu Beginn des Dritten Reiches wurden die Börsenvorstände, die von der IHK ernannt wurden, ausgewechselt, wobei es starke Veränderungen gab. Jüdische Mitglieder wurden nicht mehr in den Vorstand berufen. Neu war 1933 die Aufnahme zweier kaufmännischer Angestellter aus den zum Börsenhandel zugelassenen Unternehmen in den Vorstand der Wertpapierbörse. In Köln wurde – wie bei anderen Börsen – der schon nicht geringe Einfluß der IHK auf die Börse weiter verstärkt.[481]

Generell sank die Bedeutung des Effektenhandels, da das Wirtschaftsministerium seine Staatsaufsicht in eine Kapitallenkung zugunsten der Rüstungsfinanzierung ummünzte. Es kam schließlich zu einer Konzentration des deutschen Börsenwesens, in deren Rahmen die Kölner Effektenbörse Ende 1934 aufgehoben und mit der Essener sowie Düsseldorfer Börse zur Rheinisch-Westfälischen Börse am letztgenannten Ort zusammengelegt wurde. Diese Fusion war schon kurz nach dem Ersten Weltkrieg diskutiert und jetzt von den Nationalsozialisten vollzogen worden. Sowohl Börse wie auch IHK hatten gemeinsam mit Stadtverwaltung und Regierungspräsident gegen die Schließung protestiert und zuvor Gerüchte hierüber stets dementiert. Kurt Freiherr von Schröder schloß die letzte Börsenversammlung am 31. Dezember 1934 mit der Bemerkung, daß Dezentralismus besser sei als Zentralismus, wobei er von einer vorübergehenden Schließung der Kölner Effektenbörse ausging.[482]

Die Produktenbörse wurde 1933 in „Amtlicher Großmarkt für Getreide und Futtermittel zu Köln" umbenannt. Diesem oblag die Preisfestsetzung für Roggen und Weizen und seit 1934 auch für Hafer und Futtergerste sowie für in- und ausländische Kartoffeln, wobei diese Preise Gültigkeit für die gesamte Rheinprovinz hatten. Die IHK war Aufsichtsorgan und Trägerin des Großmarktes. 1936 erfolgte die Umgestaltung zum „Rheinischen Großmarkt ..." mit der Aufgabe des Großhandels incl. Düngemittel und Fracht-, Lagerei- und Versicherungsgeschäft. Der Großmarkt besaß amtlichen Charakter, er unterhielt Zweigstellen in Aachen und Krefeld. Der Sprengel umfaßte neben der Rheinprovinz die Provinzen Westfalen und Hessen sowie die Mühlen am Oberrhein. Die Mitgliederzahl betrug ca. 1 000. 1944 schloß der Großmarkt wegen der Kriegslage. Geleitet wurde er von einem Präsidium mit einem Vorsitzenden und vier Stellvertretern, daneben gab es einen 24köpfigen Vorstand.[483]

Die mit der Produktenbörse verschmolzene Warenbörse hatte die Aufgabe, Preistreiberei und Schwarzmarkthandel zu unterbinden. Sie untergliederte sich in Abteilungen für Kolonialwaren und verwandte Gebiete; Häute, Felle und Leder sowie Immobilien und Hypotheken. 1936 wurden die Notierungen für Waren jedoch eingestellt, da die staatliche Bewirtschaftung ihre Aufgabe überflüssig machte. Zuständig für die Preiserhebung war der Reichskommissar für das Preiswesen, so daß ein freier Handel nicht mehr möglich war. Erhalten blieb die Abteilung „Immobilien und Hypotheken". Im Frühjahr 1933 war sie wegen der allgemeinen Wirtschaftslage für ein Jahr geschlossen worden, nahm aber am 8. März 1934 wieder ihre Tätigkeit auf. Seit Anfang 1936 war erneut eine regelmäßige Geschäftstätigkeit zu konstatieren. Die „Vermittlungsstelle zur Schuldenregelung des Grundbesitzes", die die IHK 1933 nach Berliner und Frankfurter Vorbild einrichtete, sei an dieser Stelle ebenfalls erwähnt. Diese sollte versuchen, einen Schuldenausgleich bei „durchaus würdigen Schuldnern" aus dem Bereich des Haus- und Grundbesitzes herbeizuführen. Mit dem Aufschwung verlor diese Stelle jedoch zunehmend an Bedeutung.[484]

5.6 VERKEHRS- UND NACHRICHTENWESEN

Die unter den NS-Herrschern zunehmende Bedeutung der Verkehrs, der Mobilisierung der Massen, aber auch der Güter, brachte der Kölner Kammer, die traditionell der Verkehrspolitik hohe Bedeutung zumaß, ein erhebliches Volumen an Gutachten, Eingaben und Bescheinigungen. Zahlreiche Anträge auf Genehmigung zum Güterfernverkehr begutachtete sie zwecks Konzessionserteilung. Bei der Planung der Autobahnen, bei der Entwicklung inländischer Treibstoffproduktion, bei der Wiederverwertung von Altölen war die Kammer ebenfalls in die Pflicht genommen durch entsprechende Genehmigungsverfahren. Zur Planung des Autobahnbedarfs ermittelte die IHK für eine Erhebung des Generalinspekteurs für das deutsche Straßenwesen den werkseigenen Lastkraftwagenverkehr der Bezirksunternehmen. Sie wurde auch Mitglied in der Gesellschaft zur Vorbereitung der Reichsautobahnen und begründete in Gutachten die Notwendigkeit mancher Strecke. Vehement setzte sie sich für den Bau der Strecke Köln – Frankfurt/Main ein. Nach der reichseinheitlichen Regelung der Personenbeförderung mit Gesetz zum 1. April 1935 wurde auch die IHK in das Genehmigungsverfahren als begutachtende Stelle eingeschaltet. Damit war eine erhebliche Mehrarbeit zu leisten. In den ersten fünf Monaten mußte die IHK 800 Anträge prüfen und begutachten, wobei besonders das Bedürfnis nach Neuzulassung von Kraftdroschken beachtlich war.[485]

Dem Flugverkehr, insbesondere dem Flughafen Köln, widmete die Kammer ein besonderes Interesse. So stand sie in stetigen Verhandlungen mit der *Deutschen Lufthansa* über den Flugplan und schlug mehrmals Verbesserungen vor. Dabei waren natürlich die innerdeutschen Verbindungen nach Berlin besonders wichtig. Auch die Blitzflüge mit Rückkehr am Abend waren ein Anliegen der IHK. Dazu befragte sie ausgewählte Beiratsmitglieder, um deren Stellungnahme bzw. Erfahrungen in die Verhandlungen mit einfließen zu lassen. Ein „Luftverkehrsausschuß" aus Vertretern der Stadtverwaltung, des Landesverkehrsverbandes Rheinland, Vertretern der Wirtschaft und der Deutschen Lufthansa sollte Anträge zur Gestaltung des Flugplanes ausarbeiten. Dazu eingeladen wurden auch die Kammern Solingen und Aachen.[486]

Zahlreiche Äußerungen erfolgten zu Eisenbahnfahrplänen, die sowohl den Fern- wie auch den Nahverkehr betrafen, wie aber auch zu geplanten oder bereits gebauten Strecken. Auch forderte sie eine Senkung der Personentarife. Der Verkehrsausschuß beschäftigte sich eingehend mit Detailfragen. Der Präsident war maßgeblich beteiligt an dem Zustandekommen einer Eiltriebwagenverbindung von Köln nach Remscheid. Nur am Rande sei das besondere Engagement für den Ausbau des Fremdenverkehrs erwähnt sowie der Einsatz für die Senkung der Fernsprechgebühren.[487]

5.7 BILDUNGSWESEN

Das Bildungswesen erfuhr im Dritten Reich, teilweise fußend auf Vorerfahrungen, einen Auftrieb. Nach 1945 konnten die Kammern auf den Vorkriegserfahrungen aufbauen. Durch den großen Bedarf an Facharbeitern, den die zunehmende Aufrüstung verlangte, forderte die Praxis entsprechende theoretische Grundlagen. Ein mit der Reichsgruppe der Industrie geschlossenes Abkommen übertrug 1935 den Kammern die Prüfung des kaufmännischen und gewerblichen Nachwuchses in der Industrie.[488]

Durch die Hinzunahme der Nicht-HR-Firmen erlebte die Kammer einen Anstieg der allgemeinen Ausbildungsfragen. Die Konkurrenz der DAF, die das gesamte Ausbildungswesen unter ihre Fittiche bekommen wollte, spornte die Kammern zu mehr Verantwortung an. Die Ministerialbürokratie, die einen Einfluß der Partei auf ihr Aufgabengebiet verhindern wollte, stärkte sie. Erst 1940 regelten Funk und DAF-Reichsleiter Ley abschließend die Berufsausbildung in Handel und Gewerbe.[489] Die DAF erkannte die Vorrangstellung des Staates an, sicherte sich aber bei der Erarbeitung von Richtlinien, Anweisungen und Unterlagen für die Berufsausbildung durch die Organisation der gewerblichen Wirtschaft ein Mitspracherecht zu. Auch bei der Besetzung der Lehrmeisterstellen mußte die DAF ihr Einverständnis erteilen, da nicht nur sachliche Anforderungen, sondern auch die „weltanschauliche und politische Haltung" zum Tragen kommen sollte.

Zu Beginn der hier zu behandelnden Periode galt es, die Schulabgänger in Lehrstellen unterzubringen, da ein Mangel an Ausbildungsbereitschaft vorherrschte. Die IHK forderte von den Unternehmen, nunmehr eine „Pflicht an der Gemeinschaft" einzulösen und über Bedarf auszubilden. Vier Jahre später, im Zeichen der Vollbeschäftigung, wurden Auszubildende gesucht. Nunmehr war auch die Einstellung genehmigungspflichtig. Die IHK prüfte den Antrag, der vom Arbeitsamt bewilligt wurde, vor und wurde so zum Erfüllungsgehilfen der Arbeitsverwaltung.[490]

Während in der Weimarer Zeit die Kölner IHK die Abhaltung von Kaufmannsgehilfenprüfungen ablehnte, änderte sie 1933 ihre Meinung. In mehreren Vollversammlungen wurde diese Frage debattiert. Im Herbst 1933 beschloß man die Grundsätze für die Prüfungsausschüsse sowie die Zulassungsbedingungen. Die IHK warb bei den Mitgliedern ihres Beirates für diese Prüfungen, die mit der Zeit zu Aushängeschildern der Kammerarbeit wurden. Sie sollten den Wert dieser Prüfungen propagieren und auf die Lehrlinge einwirken, sich diesen zu stellen. Die theoretische Prüfung wurde in der IHK abgenommen, die praktische im Ausbildungsunternehmen. Neben den Grundlagen kaufmännischer Bildung, wie Buchführung, Handelsbetriebskunde, Waren- und Verkaufskunde, wurden auch staatspolitische Aufgaben gestellt. 1940 mußte ein Prüfling einen Aufsatz zu dem Thema „Wie erlebte ich die Reichskristallnacht?" schreiben. Die erste Prüfung wurde im Einzelhandel im Sommer 1934 mit 50 Prüflingen, von denen neun nicht bestanden, durchgeführt. Die Ausschüsse sparten nicht mit Kritik an der Vorbildung der Aspiranten. Im April 1935 folgten Prüfungen für Industrie, Großhandel, Banken, Versicherungen und Verkehr. Im gewerblichen Bereich wurden Facharbeiter- bzw. Gehilfenprüfungen abgehalten. Für das Gaststätten- und Beherbergungsgewerbe wurden erstmals Lehrlinge im Herbst 1938 geprüft. Bei den Lossprechungsfeiern erhielten die Prüfungsbesten Hitlers „Mein Kampf" als Prämie.[491] Hinzu kamen noch die Meisterprüfungen im graphischen Gewerbe, die vorher bei der Handwerkskammer angesiedelt waren. Prüfungsämter für die einzelnen Bereiche wurden 1937 beschlossen. Die IHK unterhielt zudem eine Zulassungs- und Prüfungsstelle für Wirtschaftsprüfer sowie ein Prüfungsamt für Wirtschaftstreuhänder und vereidigte Bücherrevisoren mit überbezirklicher Zuständigkeit.[492]

Die IHK führte nun eine „Lehrlingsrolle", in der die Lehrverträge eingetragen wurden. Allerdings befürchtete man, daß gerade in ländlichen Gebieten nicht immer ordnungsgemäße Lehrverträge abgeschlossen würden und somit nicht alle Lehrlinge erfaßt waren. Die Ausbildung der Industrie erhielt den gleichen Stellenwert wie die des Handwerks, da von der IHK geprüfte Gesellen bei den Handwerkskammern zur Meisterprüfung zugelassen werden konnten.[493] Die IHK war Mittler zwischen Staat und Wirtschaft in Bezug auf bürokratische Maßnahmen im Bildungswesen, so bei der Verteilung der reichseinheitlichen Lehrverträge oder bei der Pflichtausgabe von Lehrheften. Sie verstärkte immer mehr auch das Angebot an freiwilligen Fortbildungsmaßnahmen und gründete 1937 maßgeblich das Wirtschaftsseminar Köln mit, das jungen Angestellten ein berufsbegleitendes Studium ermöglichte.[494]

1938 wurde die Lehrzeit von vier auf drei Jahre verkürzt. Hauptgrund für diese Maßnahme war der Facharbeitermangel in der Metallindustrie, die mit den Rüstungsaufträgen nicht nachkam. Die IHK mußte daher 1939 zwei Jahrgänge prüfen. Daher rief sie zur Verstärkung der Prüfungsausschüsse auf, da diese das Pensum nicht bewältigten. Die unter Kriegsbedingungen abgehaltenen Prüfungen konnten vereinfacht werden. 1940 begannen die Kammern Abschlußprüfungen für Anlernlinge abzuhalten, die 1942 dann obligatorisch wurden. Der Krieg machte auch eine großzügige Genehmigungspraxis bei der Verkürzung der Lehrzeit notwendig, wenn der Prüfling vor der Einberufung zur Wehrmacht stand und gute Prüfungsergebnisse erwarten ließ. Die Verhältnisse, unter denen die Prüfungen abgehalten wurden, verschlechterten sich zunehmend. Nach der Verlagerung der Abteilung waren Prüfungsorte Köln, Bonn und Siegburg. Die Wehrmacht trat an den Abteilungsleiter Dr. Müser heran, da in Belgien stationierte Soldaten den Wunsch geäußert hatten, ihre Kaufmannsgehilfenprüfungen abzulegen. Nachdem eine Denkschrift Müsers in Berlin genehmigt wurde, veranstaltete er eine dreitägige Prüfung in Brüssel. Der Amsterdamer Kammer erläuterte er das deutsche Prüfungswesen.[495]

Die Kammern bemühten sich auch von je her, die schulische Ausbildung an die Anforderungen der wirtschaftlichen Praxis heranzuführen und neue schulische Aufgaben zu formulieren. Daher war die Mitarbeit der IHK auch im sich ausdehnenden Fachschulwesen gefragt. 1938 richtete die Kaufmännische Berufsschule 1 in Köln Bankenklassen ein. Zuvor erfolgte die Ausbildung fast nur in der eigenen Bank. Dies war ein Vorgriff auf das Reichschulpflichtgesetz vom 6. Juli 1938. 1937 entstand das erste kaufmännische Berufsbild, der Industriekaufmann. Vier Jahre später genehmigte der Reichswirtschaftsminister die „Ordnung über die Ausbildung von Lehrlingen in Kreditinstituten", womit zwar ein Berufsbild, aber keine Berufsbezeichnung verbunden war.[496]

5.8 SONSTIGE AUFGABEN

Die Kammern gerieten zunehmend in die Funktion von unmittelbar nachgeordneten Behörden des Wirtschaftsministers. Dieser griff auf die Kammern als bezirkliche Organisation zurück, die ihm sonst – im Vergleich auch zu anderen Ministern – versagt war.[497] Die unter Hjalmar Schacht grundsätzlich vorhandene positive Einstellung zu den Kammern wurde unter Walter Funk nicht wesentlich verändert, zumal dieser auch den Wert von regionalen Befehlsempfängern zur Stärkung seiner eigenen Macht im nationalsozialistischen Herrschaftssystem erkannte. Die IHKn waren Träger hoheitlicher Aufgaben, die sie ausdrücklich zur Führung des Reichssiegels berechtigten, während die Reichsgruppen und die Wirtschaftskammern dieses nicht durften. Daher stellte die IHK auch Ursprungszeugnisse oder Devisenbescheinigungen nach dem Gesetz über die Devisen-Bewirtschaftung von 1935 aus.[498]

Nach reichseinheitlicher Regelung wurde 1936 bei der Wirtschaftskammer eine Bezirksausgleichsstelle für die Vergabe öffentlicher Aufträge errichtet. Bereits vorher hatte die IHK, gemeinsam mit der Handwerkskammer und dem Regierungspräsidenten, auf diesem Gebiet Anstrengungen unternommen. Zentral wurden hier Aufträge von Staat, Wehrmacht und Partei begutachtet sowie die in ihrem Bezirk anfallenden Aufträge öffentlicher oder parteilicher Stellen mit Stellungnahmen bedacht. Erst nach der Aufhebung der Entmilitarisierung des Rheinlandes gewann die Ausgleichsstelle an Bedeutung. 1937 holte sie öffentliche Investitionen in Höhe von 300 Mio. RM nach hier. Mit Hilfe der IHKn ihres Bezirks führte die WK Karteien nach Branchen und Unternehmen, aus denen sie auf Wunsch den Auftraggebern Unternehmen benennen konnte bzw. die politische und „rassische" Zuverlässigkeit prüfen mußte. Dadurch arbeitete die Bezirksausgleichsstelle eng mit Parteiinstanzen wie den Kreisleitern zusammen. Bis zur Vollbeschäftigung galt es, öffentliche Aufträge in den Bezirk der Kammer zu holen, danach wurden Lieferanten vermittelt und freie Kapazitäten gemeldet. Weitere Aufgaben im Rahmen der Normung und Typisierung, Nachwuchsförderung, Umschulung und Rationalisierung kamen – teilweise in Konkurrenz zu den IHKn – hinzu. Im Krieg wurden diese Ausgleichsstellen den Bezirkswirtschaftsämtern bzw. ab 1942 den Bezirksobleuten der Ausschüsse und Ringe unterstellt. Die GWK sog im folgenden Jahr die Stelle auf. Erst ab 1944 wurde die Auftragslenkung allein der Berliner Zentralstelle unterstellt.[499]

In das System der Warenbewirtschaftung waren die Kammern nur mittelbar durch Erteilung von Gutachten oder als Auskunftsstelle für die einzelnen Unternehmen eingebunden. Federführend waren hier die Überwachungsstellen. Allerdings waren die Kammern zuständig für die Zuteilung von unedlen Metallen, wobei sie Bedarfsdeckungsscheine ausstellten. Gutachten mußten auch zu Ausnahmeregelungen von Sperrvorschriften des Spinnstoffgesetzes, etwa über die Neuerrichtung von Spinnstoffbetrieben oder bei Anträgen auf Erhöhung der Kontingente, erteilt werden. Im Jahr 1938 erhielten die Kammern das Recht, solche Anträge als unmittelbare Behörde des Reichswirtschaftsministers – allerdings in Zusammenarbeit mit den Gewerbeaufsichtsämtern und den Gauwirtschaftsberatern – selbst zu entscheiden.[500]

Im Rahmen des Vierjahresplanes hatten die Kammern dagegen nur Propaganda- und Aufklärungsarbeit zu leisten. Die Unternehmen wurden auf Fördermittel hingewiesen und zur Mitarbeit bei der Rohstoffeinsparung und Altmaterial-Wiederverwertung hingewiesen. Generell haben die Bewirtschaftung und die Maßnahmen des Vierjahresplanes zahlreiche Verordnungen hervorgerufen sowie eine Vielzahl von neuen Ämtern eingerichtet. Die Kammern waren den Unternehmen behilflich, den Wust zu durchschauen und möglichst wenig Zeitverlust zu erleiden. Die im Rahmen des Vierjahresplanes errichteten Unternehmen zur Ersatzstoffproduktion wie Zellwolle, Kohleverflüssigung und Buna wurden aber vor Ort von den Kammern begleitet, insbesondere bei „Standortfragen und Fragen der Finanzierung". Die IHK Köln war bei der Gründung der *Rheinischen Zellwolle* beteiligt.[501]

Involviert war die IHK im Rahmen der Preisbildung u.a. bei der Vorprüfung von Anträgen zur Aufhebung des Preisstopps. Die Kammern halfen den Unternehmen durch Erstellung von Gutachten und Auskünften zu vergleichenden Kostenrechnungen und zu Anträgen für die Erteilung einer Ausnahmeregelung wider die Gewinnabschöpfung im Krieg.[502]

Mit Verordnung vom 9. Juni 1936 wurde das Recht der IHK zur Bestellung und Vereidigung von Sachverständigen ausgedehnt. Die IHK war nun allgemein berechtigt, Gewerbetreibende auf dem Gebiet der Industrie, des Handels und des Verkehrs zu Sachverständigen zu berufen. Auch die Prüfung für die Zulassung von Versteigerern war ihre Aufgabe. Zudem waren die Kammern für eine Vielzahl von Bestellungen zuständig, so etwa für die Benennung von Handelsrichtern, Bestellung von Wirtschaftsprüfern, Mitgliedern des Finanzgerichts etc. Vor diesen Berufungen mußten die zuständigen Parteistellen gehört werden, die die „politische Unbedenklichkeit" bescheinigten. Welcher Verwaltungsaufwand dafür notwendig war, wird am Beispiel der Beiräte (früher: Steuerausschüsse) bei den Finanzämtern deutlich. 1934 mußte die Kölner IHK 250 Beiratsmitglieder vorschlagen. Die Erstellung von Dringlichkeitsbescheinigungen für die Mitnahme von inländischer Währung bei Auslandsreisen, die Begutachtung von Ausbürgerungen sowie sogar die Beantwortung gewisser sozialpolitischer Angelegenheiten (v.a. Urlaubsordnungen) waren weitere Aspekte der vielfältigen Kammerarbeit.[503]

6 DIE IHK – INSTRUMENTARIUM NATIONALSOZIALISTISCHER POLITIK?

Die IHK hat sich unter Kurt Freiherr von Schröder zu allgemeinen politischen Anlässen geäußert. Drei Tage nach dem Völkerbund-Austritt Deutschlands begrüßte sie die Außenpolitik der Regierung am 17. Oktober 1933 und behauptete, alle Unternehmen des Bezirks stünden hinter diesen Maßnahmen „aus Gründen der nationalen Ehre und der unbedingten Notwendigkeit der Wiederherstellung der Gleichberechtigung Deutschlands mit den übrigen Kulturstaaten". Da ist die Rede vom „unerschütterlichen Vertrauen" in die Regierung und in Hitler, da wird der Kampf zur Erringung der Gleichberechtigung Deutschlands verquickt mit der wirtschaftlichen Aufschwungpolitik. Auch zur „Volksabstimmung" über den Völkerbundaustritt am 12. November stellte sich die Kammer „bedingungslos" hinter die Regierung. Gleiches galt beim Einmarsch ins Rheinland wie bei der Annexion Österreichs. Übergangen wurde jedoch die Besetzung des Sudetenlandes, was auf eine gewisse Skepsis gegenüber der Haltung des Auslandes schließen läßt. Aufrufe ergingen zur Adolf-Hitler-Spende der deutschen Wirtschaft, zum Winterhilfswerk des deutschen Volkes oder zu den Scheinwahlen, etwa am 29. März 1936. Gemeinsam mit Parteistellen organisierte die IHK Vorträge zu wirtschaftspolitischen Themen, u.a. lud sie 1934 den NS-Ideologen Gottfried Feder ein, zu dessen Vortrag 2 000 Zuhörer kamen. Im Krieg erging sich die GWK in Durchhalteparolen und blindem Gehorsam.[504]

Der Frage nach Beteiligung an Maßnahmen, die unmittelbar oder mittelbar zu der Verfolgung von Andersdenkenden oder Andersgläubigen beigetragen haben, müssen sich alle Institutionen stellen, die im Dritten Reich eingespannt wurden in staatliche Aufgaben. Da die Handelskammern zu Beginn der NS-Herrschaft nicht wußten, welche Regierungsentscheidungen über ihr Fortleben drohten, neigten sie dazu, durch Anpassung und Negierung der Tatsachen Sorglosigkeit zu verbreiten. Nach dem Boykott jüdischer Geschäfte wandte sich die IHK am 3. April 1933 an Außenhandelsunternehmen mit einer von Paul Silverberg unterschriebenen Mitteilung. Darin forderte die Kammer die Unternehmen auf, Geschäftspartner im Ausland darauf hinzuweisen, daß in Deutschland „Ordnung und Disziplin" herrschten. „Die mit Zustimmung der Reichsregierung am vergangenen Samstag durchgeführten Maßnahmen der NSDAP sind auch in unserem Bezirk reibungslos verlaufen. Der Boykott wird jedoch mit aller Kraft wieder aufgenommen werden müssen, wenn die Greuelhetze nicht völlig aufhört." Die nach dem Frühjahr 1933 gleichgeschalteten Kammern stellten auch in der Öffentlichkeit sicher nicht einen Zufluchtsort für Verfolgte dar. Vollends bestätigte dies der Präsident in seiner Rede vor der Vollversammlung am 15. Januar 1934, in der er die Mitarbeit von „Juden und Judenstämmlingen" in der Wirtschaftsorganisation ablehnte.[505]

Die IHK war in Personalunion mit dem Gauamt „Gauwirtschaftsberater" verquickt. Sie lieferte nach Aufforderung Informationen nicht nur über jüdische Unternehmen. Eine aktive Rolle im Prozeß der langfristigen Verdrängung der Juden aus der Wirtschaft hatte sie allerdings nicht. Natürlich trugen die Informationen, die die Kammer an staatliche, parteiliche oder private Anfrager weitergab, zur Ausgrenzung bei. Dabei machten es sich die Kammern nicht einfach mit ihren Gutachten. Per Erlaß des Wirtschaftsministers vom 11. Dezember 1935 waren die Kammern gehalten, nicht auf Anfragen zu antworten, die zum Inhalt hatten, ob bestimmte für Auftragserteilungen vorgesehene Unternehmen „als deutsch oder jüdisch' anzusehen seien. Da die Kammern sich wohl an diesen Erlaß hielten, wurden Unternehmen, über die sich etwa Wehrmachtsstellen nicht sicher waren, von der Auftragserteilung generell ausgeschlossen. Dabei traf es wohl auch „arische" Firmen, so daß der Minister sich am 28. April 1936 – auf Anfrage der RWK – zu einer Willensänderung herbeiführen ließ. Die IHKn waren demnach befugt, „über die tatsächlichen Verhältnisse" eines Unternehmens Auskunft zu erteilen, „während die Entscheidung darüber, ob hiernach das betreffende Unternehmen als deutsch oder jüdisch anzusehen ist, den interessierten Stellen selbst überlassen bleibt." Dabei galt es vor allem, Informationen über die Klassifizierung des Unternehmensleiters nach dem Reichsbürgergesetz und die Herkunft der Aktionäre oder der Gesellschafter weiterzugeben. Sehr richtig urteilte die RWK: „Damit dürfte den Bedürfnissen der anfragenden Stellen aber bereits weitgehend Rechnung getragen sein." Anfragen aus fremden Kammerbezirken sollten immer über die entsprechenden IHKn versandt werden.[506]

In den Jahren bis 1938 galt die mit Gesetzen und Verordnungen eingeleitete Judenverfolgung bei den Kammern als untergeordnete Aufgabe. Die IHKn bemühten sich, „die Ziele der Bewegung mit den Notwendigkeiten einer möglichst störungsfreien Wirtschaftsentwicklung in Einklang zu bringen".[507] Vielfach war auch Unsicherheit zu spüren. So teilte die Arbeitsgemeinschaft Ende 1935 mit, daß Kammern gefragt hätten, ob sie noch Bescheinigungen für Juden ausstellen dürften – was die AG bejahte.[508] Allerdings sind auch Aktionen bekannt, bei denen Kammern aktiv an der Verfolgung der Juden mithalfen.[509]

Mit der Dritten Verordnung zum Reichsbürgergesetz vom Juli 1938 wurde die Erfassung aller noch bestehenden jüdischen Unternehmen angewiesen. Die Unternehmer waren gezwungen, ihre Vermögenslage und die Besitzverhältnisse auf einem Formular anzugeben, von dem auch die IHK einen Durchschlag erhielt. Auch hierbei waren die Kammern Informationsbeschaffer. Erstmals äußerte sich nun die WWZ zur Judenverfolgung mit einem eigenen Artikel, und auch im Beirat referierte der Präsident über dieses Thema. Die Kammer versandte an ihre Mitgliedsunternehmen einen Fragebogen, um ein „Verzeichnis jüdischer Gewerbebetriebe" anzulegen. Sie bezeichnete diese Aufgabe als „von behördlicher Seite" gestellt. Der Fragebogen enthielt Angaben über die Geschäftsführer bzw. Vorstandsmitglieder, die Mitglieder des Aufsichtsrates, und zwar jeweils am 1. Januar und am 1. August 1938. Gefragt wurde auch nach den Kapitaleignern. Die Unternehmen waren verpflichtet anzugeben, wer von diesen Personen Jude gemäß § 5 der Ersten Verordnung zum Reichsbürgergesetz vom 14. November 1935 war. Zudem waren ausländische Staatsangehörige zu kennzeichnen. Auskunft wurde verlangt über die Anzahl der beschäftigten Juden. Unternehmensleitung, Aufsichtsgremien und Kapitaleigner mußten eine Erklärung abgeben, daß sie nicht Juden seien. Ein Erlaß des Reichswirtschaftsministers vom 13. Mai 1938 bestimmte die Charakterisierung als „jüdischer Betrieb", auch wenn nur ein Mitglied des Aufsichtsrats jüdischen Glaubens sei oder weniger als drei Viertel des Gesellschaftskapitals in nichtjüdischen Händen lag. Die Kammern wurden auch im Rahmen der Rohstoffzuteilungen befragt über jüdische Inhaber, so daß eine „negative" Charakterisierung für die Unternehmen ernsthafte Schwierigkeiten nach sich ziehen konnte. Der Rheinische Großmarkt änderte am 22. Juni 1938, zwei Tage nach einer entsprechenden Ministerialanordnung, seine Satzung, die nun Juden den Besuch untersagte.[510]

Die gesetzlich geregelte Arisierung von jüdischen Unternehmen nach dem Novemberpogrom 1938 war das Fanal zur Auslöschung der Juden aus dem Wirtschaftsleben. Kurz nach Kriegsende unterstellte die amerikanische Armee eine aktive Rolle der IHKn bei der Arisierung: „Der Prozeß der ‚Arisierung' erforderte enge Verbindungen mit den Parteibüros auf örtlicher Ebene, da alle Verkäufe von jüdischen Unternehmen die Zustimmung der Handelskammer oder in wichtigen Fällen der Gauwirtschaftskammer (sic! Wirtschaftskammer!) und des Gauwirtschaftsberaters der NSDAP notwendig machten." Beauftragt mit der Beaufsichtigung der Arisierungen war der Gauwirtschaftsberater. In seinem Büro wurden Akten über jedes jüdische Unternehmen angelegt, wobei Handelskammern und Finanzämter Informationen beisteuerten. Erst nach Abschluß des Kaufvertrages wurde dieser dem Regierungspräsidenten zur Genehmigung vorgelegt, der dann Gutachten des Gauwirtschaftsberaters und der IHK veranlaßte. Darin sollten das Geschäftsvermögen bewertet sowie die Verwendbarkeit oder die fachliche Qualifikation eventueller Geschäftsnachfolger beurteilt werden. Auch das Warenlager und der Kaufpreis wurden von der IHK begutachtet. Gesamtwirtschaftlich wurde eine mögliche Übersetzung in das Gutachten einbezogen. Andererseits mußte die Kammer sich gegen „Feldzüge" erwehren, die die Ausschaltung von Konkurrenz zum Ziel hatten. Gleichzeitig war zu prüfen, ob eine Übernahme nur zur Kapitalanlage oder zur Eingliederung in einen Konzern vonstatten ging, wobei sich in diesen Fällen die IHK ablehnend äußerte. Die Entscheidung über die Arisierung lag dann beim Regierungspräsidenten. Der Verkäufer mußte jede ihm gebotene Summe hinnehmen, eine echte Einspruchsmöglichkeit war ihm nicht gegeben. Das Reich setzte Ausgleichsabgaben fest, wenn das Unternehmen unter Wert den Eigentümer wechselte. Diese Abschöpfung ging jedoch nicht in die Hände der ehemaligen Eigentümer über, sondern der Staat übte eine Art modernen Raubrittertums aus, indem er diese Differenz kassierte. Die Kammer mußte auch zu diesen Diskrepanzen in der Wertermittlung Stellung nehmen, was sie einmal mehr zwischen alle Stühle brachte. Sie konnte Sachverständige zur Wertermittlung heranziehen, was nicht selten geschah. Von Schröder erklärte nach dem Krieg, er habe die Gefahr möglichst billiger Abschlüsse erkannt und die IHK angewiesen, bei Gutachten „für einen gerechten Preis" einzutreten.[511]

Die Regelung dieses Auskunftswesens als solches ist nicht von den Kammern herbeigeführt worden. Vielmehr wurden sie durch entsprechende Erlasse des Reichswirtschaftsministers vor vollendete Tatsachen gestellt. Im Hierarchiedenken des Dritten Reiches waren auch keinerlei Mitspracherechte der Kammern bei der Durchführung staatlicher oder halbstaatlicher Aufgaben erwünscht. Seltsam mutet es nur an, daß auch in Erlassen und Verordnungen von anderen Ressortministern die Kammern zu unfreiwilligen Helfershelfern des NS-Verfolgungssystems gemacht wurden. So wurde den IHKn mitgeteilt, daß nach der Polizeiverordnung über die Kennzeichnung der Juden vom 1. September 1941 der Reichsminister des Innern vierzehn Tage später Richtlinien über die Benutzung von Verkehrsmitteln durch Juden erlassen hatte. Darin waren die Fälle geregelt, in denen es den Juden erlaubt war, zwecks Verlassen ihrer Wohngemeinde Verkehrsmittel zu benutzen. Dies konnten auch „wirtschaftliche Gründe" sein, die von der zuständigen IHK bescheinigt werden mußten. Den Kammern wurde noch mitgeteilt, daß Anfragen wohl eher von Behörden zu erwarten seien und Bescheinigungen „voraussichtlich ... nicht auf Antrag eines Juden" ausgestellt werden müßten. Hier trieb der Bürokratismus der NS-Zeit makabre Blüten, war doch den Juden jegliche wirtschaftliche Betätigung inzwischen verboten.[512]

7 DIE IHK IN DER KRIEGSWIRTSCHAFT

Bereits vor dem Krieg wurden unter höchster Geheimhaltung mit Erlaß vom 16. August 1938 „Wehrwirtschaftsabteilungen" bei den Wirtschaftskammern und den IHKn eingerichtet. Ihre Einrichtung, schon seit Dezember 1937 geplant, „bedeutet für die Industrie- und Handelskammer eine erhebliche Steigerung ihrer Verantwortlichkeit gegenüber den vorgesetzten Behörden und auch gegenüber der Wirtschaft". Von ihren Beurteilungen hingen die Einstufungen als kriegswichtige Betriebe ab. Die Kammer mußte zudem Vertrauenspersonen in den Unternehmen bestellen, für die Sicherstellung von Arbeitskräften und Kraftfahrzeugen nebst Treibstoff sorgen, die Energiebewirtschaftung regeln und die Vorbereitung der Räumung von Industriebetrieben treffen. Gleichzeitig sollte sie Mobilmachungs- und Abwehrbeauftragte benennen. Der tatsächliche Arbeitsaufwand dieser Abteilung, deren Tätigkeit unter höchste Geheimhaltung fiel, war vor Kriegsbeginn eher gering. In der Hauptsache wurden Gutachten über die Aufrechterhaltung des Berufsverkehrs etc. erstellt, vereinzelt trafen Anfragen der Wirtschaftsämter ein. Eine Haupttätigkeit war die Entgegennahme von schriftlichen Anweisungen für das Verhalten im Kriegsfall, die unter Verschluß zu halten waren. Die Kölner Abteilung wurde „ein regelrechter Bestandteil der Kammer", dessen Budget im Nachtragshaushalt 1938 für fünf Monate 12 000 RM verschlang. Unter Leitung eines Ingenieurs arbeiteten drei weitere Mitarbeiter. Das Personal sollte im Kriegsfall mit kriegswirtschaftlichen Aufgaben betraut werden und sich durch Umbesetzung aus dem bisherigen Mitarbeiterstamm rekrutieren. Besonderen Wert legte das RWM auf die technische Vorbildung des Abteilungsleiters. Der Hauptgeschäftsführer selbst war der Mob-Beauftragte der Kammer, was die Bedeutung dieser Aufgabe herausstellen sollte. Seit 1936 mußten die Kammern statistisches Material über Industriebetriebe sammeln, das zur Vorbereitung des Mobilmachungsfalles sowie zur Lenkung von Arbeitskräften, Rohstoffen und Produktion benötigt wurde. Dazu bediente sich die Kammer eines Fragebogens, dessen Bearbeitung sie erbat mit dem Hinweis, eine „Dienststelle der Heeresverwaltung" benötige nähere Auskunft über die Unternehmen des Kammerbezirks. Schon im Erlaß von August 1938 war den Kammern die Selektion der Wehrwirtschaftsbetriebe übertragen worden, die Betreuung der Rüstungsbetriebe im engeren Sinne oblag den militärischen Stellen. Mit der Zeit fiel diese Unterscheidung jedoch fort.[513]

Im Krieg stand in der alltäglichen Arbeit der Einzelfall im Vordergrund, dessen Bearbeitung oft ungeheuer zeitaufwendig und personalintensiv war. Dabei war die Bewegungsfreiheit des einzelnen Bearbeiters durch strenge Vorschriften eingeengt. Diese Entwicklung kann auch erklärt werden mit der Streichung jeglichen Selbstverwaltungsgedankens sowie der Umwandlung der Kammern zu Erfüllungsgehilfen des Staates und seiner Kriegsmaschinerie. Kritische Töne waren aber dennoch möglich: Als kurz vor Weihnachten 1939 eine Einkaufspsychose einsetzte, während der „Artikel in nutzlosen Qualitäten und Quantitäten" gekauft wurden, wies die IHK darauf hin, „daß ein solches Verhalten der Bevölkerung in keiner Weise das von der Regierung geforderte Vertrauen in die von ihr angeordneten Maßnahmen erkennen läßt." Doch auch die IHK wurde Teil des Staatsapparates und mußte sogar Spionageabwehraufgaben wahrnehmen. Die komplette Eingliederung in die staatliche Hoheitsgewalt war schon in der Kriegswirtschaftsverordnung vom 27. August 1939, fünf Tage vor dem Überfall auf Polen, geregelt. Der Generalbevollmächtigte für die Wirtschaft und seine nachgeordneten Behörden konnte den Kammern Weisungen erteilen. Diese wurden zu nachgeordneten Instanzen der Bezirkswirtschaftsämter (BWA), also unmittelbare Behörde des Reichswirtschaftsministers. Die 1941 in Landeswirtschaftsämter (LWA) umbenannten Behörden waren gegenüber den Kammern weisungsbefugt, soweit sie hoheitliche Aufgaben durchzuführen hatten. Im Rheinland war das LWA in Düsseldorf zuständig, aber mit Wirkung vom 1. Januar 1943 wurde ein zusätzliches Amt in Köln eingerichtet. Das Verhältnis zwischen Ämtern und Kammern war derart belastet, daß der Reichswirtschaftsminister schon vor der Entfesselung des Krieges seine Außenstellen anordnen mußte, die Zusammenarbeit mit den „Selbstverwaltungskörperschaften der Wirtschaft" zu suchen und unbotmäßige Anordnungen zu unterlassen. Im Krieg wurde die Aufgabenverteilung festgelegt mit dem Grundsatz, daß die Kammern bei betriebsnahen Angelegenheiten den Vorrang haben sollten. Dieser Erlaß brachte den Kammern etwa die Kohlenverteilung ein. Die Präsidenten der IHKn wurden zu Reichskommissaren für diesen Tätigkeitsbereich ernannt, ihre Stellvertreter und ausübenden Organe waren die Hauptgeschäftsführer. Diese seltsame Zwitterstellung führte dazu, daß ein und dieselbe Person ehrenamtlicher Präsident mit dem Anspruch auf Vertretung einer Selbstverwaltungskörperschaft war und gleichzeitig als „Ehrenbeamter" Teil der Wirtschaftsverwaltung wurde. 1941 fiel diese Regelung jedoch auch aufgrund von praktischen Erwägungen fort. Die Kammern hatten vor Ort die Produktionsfähigkeit der kriegswichtigen Industrieunternehmen sowie die Geschäftstätigkeit der unentbehrlichen Handels-, Kredit- und Versicherungsunternehmen zu gewährleisten. Dies hieß, daß die Unternehmen die notwendige Zahl von Arbeitskräften, ausreichende Transportmittel, Materialien und Energiemengen zugeteilt bekamen. Die Anforderung von Kriegsgefangenen konnte durch ein Unterstützungsgutachten der IHK bei den zuständigen Arbeitsämtern gefördert werden. Die IHKn waren zudem in die Rohstoff- und Halbwarenbewirtschaftung sowie in die Vorratsüberwachung involviert. Der Staat wandelte sich damit aber im Zweiten Weltkrieg vom Schutzherrn der Kammern zu deren Befehlshaber. Auch die Gauleiter versuchten als „Reichsverteidigungskommissare" stärkeren Einfluß auf die IHKn zu gewinnen.[514]

Die Wirtschaft wurde mit bürokratischen Hemmnissen zugeschüttet, die einen steten Anlaß zur Klage gaben. Auch Baron Schröder sparte bei einem Vortrag vor dem Staatssekretär Dr. Landfried nicht an deutlichen Worten, kritisierte die neuen Stellen, die alle mitreden wollten, die Papierflut, die Zunahme von Sitzungen bei gleichzeitiger Einschränkung des Reichsbahnverkehrs und forderte schließlich die Möglichkeit zur Selbsthilfe.[515] Auf der anderen Seite wurden die IHKn auch mit einer Flut von Anträgen behelligt, die den Arbeitsaufwand um ein Vielfaches erhöhte. Auch der fortschreitende Krieg verhinderte nicht ein Übermaß an Pedanterie. Im Februar 1945 mußten für Notbelegschaften „doppelte Uk-Stellungen" beantragt und gleichzeitig Volkssturmkarten mit Vermerken versehen werden.[516]

Auch die Neuorganisation der Gauwirtschaftskammern hatte der Kriegswirtschaft nur einen verstärkten Bürokratismus erbracht, aber keine wesentlichen Änderungen in der Arbeitsweise, wie auch die deutschen Hauptgeschäftsführer auf einer Tagung im Oktober 1943 bekannten. Hinzu gekommen waren die Lenkungsstellen mit Ausschüssen und Ringen, deren Anordnungen das Chaos vergrößerten. Die gesamten fünfeinhalb Kriegsjahre waren von verzweifelten Versuchen geprägt, „durch diktatorisches Eingreifen und organisatorische Maßnahmen aus der Wirtschaft die letzten möglichen Leistungen herauszuholen". Dies hatte zwangsläufig auf die Arbeitsweise der Kammern enorme Auswirkungen, die im alltäglichen Verordnungswust zu ersticken drohten. Die GWKn waren dabei mit ihren Abteilungen, den alten Kammern und Unterorganisationen, noch der ruhende Pol – weil sie die Verbindung mit den Unternehmen vor Ort hielten und die Sorgen und Nöte der

Wirtschaft aus eigener Anschauung kannten. Dies war auch schon erklärtes Ziel vor dem Krieg gewesen.[517]

Mit der Stillegung von Betrieben tat sich die Kammer besonders schwer. Um Rohstoffe und Energie zu sparen, Räumlichkeiten zu gewinnen und Arbeitskräfte für Rüstungsbetriebe freizusetzen, sollten die Wirtschaftsämter Stillegungslisten erstellen, an denen die Kammern neben Partei und Arbeitsamt zu beteiligen waren. Die Kammern haben hier im Sinne der Wirtschaft ihres Bezirks oft mäßigend gewirkt, Stillegungen durch Vermittlung von Rüstungsaufträgen vermieden und oft Auskämmungsaktionen zur Gewinnung von Arbeitskräften reduzieren können. Nach der Propagierung des „Totalen Krieges" wurden die Kammern direkt mit der Anfertigung der Listen beauftragt. Insbesondere das Handwerk und der Handel waren schließlich betroffen. Von Schröder trat als GWK-Präsident gemeinsam mit Gauleiter Grohé vehement für die Schließung von Einzelhandelsgeschäften aufgrund der Versorgungslage ein, was einherging mit der Senkung der Produktion für den zivilen Sektor. Dies führte auch zu Widerspruch, da der Einzelhandelsvertreter im Präsidium, Dr. Ley, mehr Geschäfte in die Nachkriegszeit hinüberretten wollte als vorher zu schließen. Im Januar 1944 konstatierte von Schröder daher, daß sich „weite Teile der Wirtschaft noch nicht oder nicht hinreichend auf den totalen Krieg eingestellt" hätten.[518]

Bei der Energieversorgung übte die Kammer als verlängerter Arm der Reichsstelle für die Elektrizitätswirtschaft gemeinsam mit den örtlichen Verteilungsstellen Zuweisungsfunktionen aus. Die IHK hatte das Recht, Verbraucher von der Stromversorgung auszuschließen oder deren Abnahme einzuschränken, wenn Schwierigkeiten in der Stromversorgung auftraten oder Katastrophenfälle dies erforderten. Bei der Kohleversorgung erwarb sie Informationen von den Unternehmen über Bedarfsmengen, die an das BWA gemeldet wurden. Zudem verfaßte sie Gutachten in Fragen der Verbrauchsbeschränkungen. Im Oktober 1942 wurde eine Bezirksenergiestelle eingerichtet, die Auskünfte erteilte, Gutachten einholte und einen Erfahrungsaustausch zu Energiefragen initiierte.

Einen arbeitsintensiven Auftrag mußte die IHK bei der Bearbeitung der Unabkömmlichkeits-Stellungnahmen (Uk-Stellung) erfüllen, wobei Ansprüche der Wirtschaft mit denen des Staates in Einklang gebracht werden mußten. Gegen Ende des Krieges waren Sachbearbeiter damit beschäftigt, dringend benötigte Facharbeiter für die Rüstungswirtschaft wieder von der Wehrmacht freigestellt zu bekommen. Auch zur Erlangung von Familienunterstützungen oder Wirtschaftsbeihilfen für eingezogene Gewerbetreibende sowie von Mietbeihilfen für Einzelhändler war die Kammer tätig. Mit gleichem Arbeitsvolumen war sie beschäftigt bei der Genehmigung zur Weiterbenutzung von Kraftfahrzeugen, wobei ein öffentliches Interesse nachgewiesen werden mußte. Die Fahrzeuge der gewerblichen Wirtschaft wurden mit einem roten Winkel versehen, den die Kammer vergab (Bewinkelung). Ihr eigenes Fahrzeug wurde mit Beginn des Krieges stillgelegt, der Fahrer zur Wehrmacht eingezogen. Es wurde daraufhin der Privatwagen eines Geschäftsführers in Dienst gestellt, der aber nur für Angelegenheiten der wehrwirtschaftlichen Abteilung, die nun in die Unterabteilungen „Erzeugungssicherung" und „Erzeugungsplanung" geteilt war, oder der Bezirksausgleichsstelle benutzt werden konnte. Auch für die Zuteilung von Treibstoff war die IHK zuständig. Gutachten erstellte sie für Geschäftsreisen, die Verteilung und Beschlagnahme von Kraftfahrzeugen, für die Güterbeförderung per Bahn, die Aufrechterhaltung der Personenbeförderung etc. Der „Transportbeauftragte der Wirtschaft" regelte den Fluß des Güterverkehrs. Nur wenige Unternehmen erhielten die Befugnis, mit dem Ausland per Telefon oder Telegramm in Kontakt zu treten. Weniger wichtige Unternehmen mußten diese Kontakte von der IHK genehmigen lassen und im Kammergebäude Auslandsgespräche führen. Das Karten- und Bezugsscheinwesen war zwar den Wirtschaftsämtern übertragen, aber diese baten die IHK in Zweifelsfällen um Mithilfe. Bedarfsbescheinigungen wurden hingegen von der Kammer bearbeitet. So mußte sich die GWK um ein Vorschlagskontingent für Schreibmaschinen kümmern, die Anträge auf Bedarf von Gummitransportbändern prüfen und den

Am Ende des Krieges war Köln die am meisten zerstörte Stadt in Deutschland – ein Blick in die Glockengasse

Unterkunftsbedarf der Unternehmen gutachterlich weiterleiten. Die Kammern zogen die Ausgleichsumlage ein, die zuerst nur gegen Störungen des Preisgefüges bei Ein- und Ausfuhrwaren gedacht war, später aber wegen der allgemeinen Kriegslage erhoben wurde. Dabei kam ihnen Eintreibung und Verwaltung einer staatlich verordneten Abgabe zu, auf deren Gestaltung sie selbst keinerlei Einfluß hatten. Eine „Kölner Auftragsbörse" im Hause der IHK, veranstaltet von der Industrie-Abteilung der Wirtschaftskammer, sollte die Ausnutzung sämtlicher Ressourcen im Krieg bringen. Gutachterliche Äußerungen der Kammern bei Betriebsverlagerungen über Mietpreise, in Vertragsbeihilfeverfahren, Kriegsausgleichsverfahren und bei Anträgen auf Gemeinschaftshilfe waren nur wenige weitere Tätigkeiten, die nicht selten die Beziehung zu dem betroffenen Unternehmen belasteten. Bei der Ernennung der Wehrwirtschaftsführer, eines inhaltslosen, an die Zeit des Kommerzienrates erinnernden Titels, sowie bei Verleihung von Orden und Ehrenzeichen an Personen der Wirtschaft war die Kammer gutachterlich tätig. Mit dem Wunsch des Reichskommissars für die Preisbildung, die Wirtschaft an der Preisfestsetzung für Unterlieferungen und neue Erzeugnisse zu beteiligen, wurden im Rheinland 1943 erste Versuche gestartet. Bei der GWK Köln-Aachen bildeten sich Preisausschüsse für Textilerzeugnisse, die auf Antrag Höchstpreise festsetzten.[519]

Mit Zunahme der Luftangriffe rückte die Betreuung der betroffenen Unternehmen in den Vordergrund. Es galt, Aufräumtrupps aus anderen Unternehmen zusammenzustellen, Schadensmeldungen zu bearbeiten und die Dringlichkeit von Ersatz- und Neubauten zu begutachten. Der Bedarf an Räumlichkeiten und deren Verteilung mußte ermittelt bzw. geplant werden. Anfangs lehnte die Industrie-Abteilung der GWK Betriebsverlagerungen ab. Gauleiter Grohé genehmigte persönlich derartige Anträge von wehrwirtschaftlich wichtigen Betrieben nach Stellungnahme des Präsidenten. In den letzten Kriegswochen waren aber Registrierung und Genehmigung von Betriebsverlagerungen oder Verlagerung von Warenlägern aus den bombengefährdeten Ballungsgebieten in ländliche Bezirke eine der Kernaufgaben. Von Schröder ordnete die Verlegung von Rüstungsbetrieben in oberbergische Textilunternehmen an. Dieses Verhalten verstimmte die betroffenen Unternehmer. Die Unternehmen sollten nach einem Fliegerschaden sich weitestgehend selbst oder im Rahmen der Nachbarschaftshilfe gegenseitig helfen und sich nur in Notfällen an die GWK wenden. Die Regelung der Fliegerschäden lehnten aber von Schröder und Brandt ab. Der Präsident setzte als Leiter der Wirtschaftskammer nach dem Angriff vom 30. Mai 1942 Sonderbeauftragte für die Versorgung der Kölner Bevölkerung mit Lebensmitteln und benötigten Alltagsgegenständen ein.[520]

Die Reichsregierung verlangte von den Kammern in den letzten Kriegswochen die Mitwirkung an Zerstörungs- und Lähmungsmaßnahmen, deren militärisch-strategischer Wert mehr als fraglich war. Es handelte sich hierbei um eine „Politik der verbrannten Erde", die vielerorts nicht mehr befolgt wurde. Auch von Schröder soll Anfang 1945 mit dem Vorrücken der Alliierten den Befehl zu Betriebszerstörungen gegeben haben. Für die bergische Industrie unterschrieb er noch in den letzten Kriegstagen Sprengungsbefehle, denen sich der Leiter der Geschäftsstelle Gummersbach, Karl Woltering, widersetzte. Aber auch der Präsident gab die Situation schon verloren, da er nicht auf Vollzug seiner Anordnung bestand. Er versprach oberbergischen Unternehmern, sich höheren Orts für eine Veränderung der Befehlslage einzusetzen. Vorbereitungen für Sprengungen stoppte er daraufhin. Da halfen auch keine Gerüchte von NS-Stellen, die behaupteten, im linksrheinischen Gebiet seien Unternehmer hingerichtet worden, weil sie sich der Sprengung ihrer Fabriken widersetzt hätten.[521]

Mit dem Untergang des Deutschen Reiches endete auch die Ära der nur wenige Monate wirklich intakten Gauwirtschaftskammer, die ohne den inneren Zusammenhalt und die Aufgabenkontinuität nicht hätte bestehen können. Anknüpfungspunkte gab es daher auch nach Kriegsende genug für einen Neubeginn der Industrie- und Handelskammer zu Köln.

ANMERKUNGEN

[1] Kap. I beruht weitestgehend, sofern nicht anders angegeben, auf Barkai: Wirtschaftssystem; Blaich: Wirtschaft; Boelcke: Wirtschaft.
[2] Neebe: Industrie, S. 156; Ritschl: Wirtschaftspolitik, S. 118-119; Trumpp: Finanzierung, S. 151.
[3] Auf die Entwicklung der Landwirtschaft mit der Etablierung des Reichsnährstandes kann hier nicht weiter eingegangen werden.
[4] Boelcke: Finanzpolitik, S. 99; Boelcke: Wirtschaft, S. 70; Broszat: Staat, S. 225.
[5] Barkai: Wirtschaftssystem, S. 204-205; Boelcke: Finanzpolitik, S. 95; Bracher u.a.: Machtergreifung, S. 788.
[6] Broszat: Staat, S. 223.
[7] Barkai: Wirtschaftssystem, S. 188; Schieder: Staat, S. 211.
[8] Ritschl: Wirtschaftspolitik, S. 120.
[9] Schieder: Staat, S. 203.
[10] Volkmann: Verhältnis, S. 496.
[11] Winkel: Geschichte, S. 21.
[12] Schieder: Staat, S. 200.
[13] Boelcke: Finanzpolitik, S. 102.
[14] Ritschl: Wirtschaftspolitik, S. 127-128.
[15] Broszat: Staat, S. 211, 215.
[16] Blaich: Wirtschaft, S. 17-18; Borscheid: 100 Jahre, S. 425.
[17] Broszat: Staat, S. 217.
[18] Blaich: Wirtschaft, S. 19-20; Petzina: Entwicklung, S. 675.
[19] Anders Boelcke: Wirtschaft, S. 151.
[20] Groesgen: Einwirkungen, S. 76.
[21] Die deutsche Industrie, 16-17; Ritschl: Wirtschaftspolitik, S. 125-126.
[22] Zu diesem Gedanken Petzina: Entwicklung, S. 675, der a) das Risiko der heimischen Erze negiert und b) ab diesem Zeitpunkt die industriellen Interessen als „nicht selbstverständlich identisch mit den Zielen und Mitteln der Politik" gleichsetzt.
[23] Die deutsche Wirtschaft, S. 18.
[24] Dülffer: Beginn, S. 325.
[25] Schieder: Staat, S. 211-212.
[26] Boelcke: Wirtschaft, S. 221; anders Schieder: Staat, S. 208, der von „Willkürcharakter" spricht.
[27] Ritschl: Wirtschaftspolitik, S. 128.
[28] Dülffer: Beginn, S. 321.
[29] Petzina: Entwicklung, S. 667.
[30] Schieder: Staat, S. 203, 206-207.
[31] Petzina: Entwicklung, S. 668.
[32] Boelcke: Wirtschaft, S. 62; Nationalsozialismus, S. 282-284.
[33] WWZ, 11. Jg. (1933), S. 216.
[34] Ritschl: Wirtschaftspolitik, S. 119.
[35] Benz: Juden, S. 285.
[36] Barkai: Schicksalsjahr, S. 95, 105.
[37] Barkai: Schicksalsjahr, S. 101; Boelcke: Wirtschaft, S. 211-212; Benz: Juden, S. 281.
[38] RGBl, Jg. 1938, T. 1, Nr. 189, S. 1580.
[39] Benz: Juden, S. 285.
[40] Boelcke: Wirtschaft, S. 76-79; Broszat: Staat, S. 223-224.
[41] Klein: Regierungspräsidenten, S. 110-115.
[42] Boelcke: Wirtschaft, S. 244; Müller: Grundzüge, S. 358-359; Schieder: Staat, S. 200-201.
[43] Boelcke: Wirtschaft, S. 245-249; Müller: Grundzüge, S. 360-361; Ritschl: Wirtschaftspolitik, S. 131.
[44] Müller: Grundzüge, S. 362.
[45] Die deutsche Wirtschaft, S. 24.
[46] Die deutsche Wirtschaft, S. 27-28, 34.
[47] Die deutsche Wirtschaft, S. 79-82; Müller: Grundzüge, S. 369-370.
[48] Boelcke: Wirtschaft, S. 297; Die deutsche Wirtschaft, S. 39-40.
[49] Die deutsche Wirtschaft, S. 40-41.
[50] Müller: Grundzüge, S. 367.
[51] Barkai: Wirtschaftssystem, S. 221; Blaich: Wirtschaft, S. 44-48; Schieder: Staat, S. 214- 216, 220.
[52] Die deutsche Wirtschaft, S. 47.
[53] Müller: Grundzüge, S. 371, 374.
[54] Die deutsche Wirtschaft, S. 91.
[55] Boelcke: Finanzpolitik, S. 111-115.
[56] Müller: Grundzüge, S. 375.
[57] Broszat: Staat, S. 229.
[58] Müller: Grundzüge, S. 376.
[59] Vgl. dazu Vogt: Wirtschaftsregion.
[60] So auch Mölich: Köln, S. 271, ähnlich auch Schieder: Staat, S. 199, für Berlin.
[61] S. dazu auch Kapitel III.4.2.
[62] Entwicklung der kreisfreien Städte ..., S. 85-99; RWWA 1-316-5, S. 14.
[63] Groesgen: Einwirkungen, S. 55; Herrmann: Wirtschaftsgeschichte, S. 365-366; Wehrwirtschaftsbezirk, S. 107, 114, 124, 128, 133.
[64] Entwicklung der kreisfreien Städte ..., S. 18-20, S. 85-99.
[65] WWZ, 18. Jg. (1940), S. 956-960. Auch im fol.
[66] Die selbständigen Berufslosen sind aus dieser Betrachtung ausgeschlossen worden.
[67] Kuske: Industriestruktur, S. 9; Wehrwirtschaftsbezirk, S. 3-6, 8, 105-106, „Wehrwirtschaftliche Industriekarte" des Reichsamtes für wehrwirtschaftliche Planung von 1940 im Anhang. Die Zahlen wurden bereinigt, da F&G sowie KHD auf S. 105-106 jeweils zweimal und nicht mit allen Beschäftigten (wie auf S. 8) genannt sind. Die Tabelle ist nicht datiert, muß aber von 1938 oder früher her stammen, da KHD noch mit seinem alten Namen bezeichnet ist.
[68] Zusammengestellt aus Wehrwirtschaftsbezirk, S. 107-143. In den Zahlen zum Gesamtregierungsbezirk sind noch die Angaben der Stadt Bonn sowie der Landkreise Bonn, Euskirchen und Sieg enthalten.
[69] Wehrwirtschaftsbezirk, S. 115, 125, 129, 134.
[70] Alte Adreßbücher ..., S. 317; Boelcke, Wirtschaft, S. 172; Die Lage von Industrie und Handel im zweiten Vierteljahr 1934 ..., S. 9; Die Lage von Industrie und Handel im zweiten Vierteljahr 1935 ..., S. 3; Die Lage der Wirtschaft in den Monaten August und September 1937 ... im Gebiet der Wirtschaftskammer Rheinland, S. 3; Vogt: Wirtschaftsregion, S. 172. Westdeutscher Beobachter, 29.12.1937; WWZ, 11. Jg. (1933), S. 179-199, 367-381, 561-575; 15. Jg. (1937), S. 885; 16. Jg. (1938), S. 76; BArch RW19/10, Fol. 134-135; RW19/26, Fol. 67-79; RW19/30, Fol. 96-108; RW19/1989; RWWA 1-287-1.
[71] Die Lage der Wirtschaft im vierten Vierteljahr 1936 im Gebiet der Wirtschaftskammer Rheinland, S. 14-15; Rüther: Arbeiterschaft, S. 224, 430; WWZ, 13. Jg. (1935), S. 456; 14. Jg. (1936), S. 741; 15. Jg. (1937), S. 516; BArch RW19/10, Fol. 177-178.

[72] Wirtschaftsgeschichte, S. 369, 386; Rüther: Arbeiterschaft, S. 231; Zunkel: Entwicklung, S. 37-38, 68.
[73] Die Lage der Wirtschaft im vierten Vierteljahr 1936 im Gebiet der Wirtschaftskammer Rheinland, S. 3; Rüther: Arbeiterschaft, S. 229, 435; Zunkel: Entwicklung, S. 41, 43.
[74] Roßmann: Weg, S. 42, 353-354; Rüther: Arbeiterschaft, S. 224; Westdeutscher Beobachter, 29.12.1937; WWZ, 16. Jg. (1938), S. 630; 17. Jg. (1939), S. 358; BArch RW19/28, Fol. 65-74; RW19/40, Fol. 53-63, 133-148; BArch RW19/56, 123-130; RWWA 58, RWM. Diverses (unverz.); ZARB 310/611/I.
[75] Zunkel: Entwicklung, S. 45.
[76] Schieder: Staat, S. 205.
[77] Herrmann: Wirtschaftsgeschichte, S. 387; RGBl. I, 1934, S. 569; BArch R11, Nr. 1812, Fol. 156.
[78] Alte Adreßbücher ..., S. 327; Roßmann: Weg, S. 43; BArch RW19/30, Fol. 96-108.
[79] Kellenbenz: Wirtschaft, S. 338-339; Kleinebeckel, S. 169-181; Kuske: Industriestruktur, S. 10; O.M.G.U.S.: Deutsche Bank, S. 100, 128-130, 305, 307; 310; O.M.G.U.S.: Dresdner Bank, S. 223; Schoppe: Rekultivierung, S. 206-207; Thrams: Brühl, S. 10; WWZ, 17. Jg. (1939), S. 650; 19. Jg. (1941), S. 718; BArch R31.01, Nr. 9612, o. Pag.; RWWA 11-16,2,10.
[80] 150 Jahre Regierungsbezirk Köln, S. 466; O.M.G.U.S.: Deutsche Bank, S. 309, 311, 485; Thrams: Brühl, S. 14-18.
[81] BArch RW19/26, Fol. 67-79; BArch RW19/40, Fol. 167-183..
[82] ZA RBAG, 310/611 II. Tabellen der IHK-Bezirke im Gau Köln-Aachen. Bei den Zahlen zur IHK Köln sind auch enthalten die Unternehmen des ehemaligen Bezirks der IHK Bonn. Lt. Groesgen waren es 1939 allein in der Stadt Köln 850 Betriebe mit 54 000 Beschäftigten, wobei diese Zahlen auf Schätzungen beruhen.
[83] Kuske: Industriestruktur, S. 15; Schaier: Eisen- und Stahlindustrie, S. 42.
[84] Groesgen: Einwirkungen, S. 25; Kuske: Industriestruktur, S. 12; Die Lage von Industrie und Handel im ersten Vierteljahr 1934 ..., S. 6; ... im zweiten Vierteljahr 1934 ..., S. 5.
[85] Goldbeck: Kraft, S. 178-180, 189, 211, 235, 238; Wehrwirtschaftsbezirk, S. 8; WWZ, 17. Jg. (1939), S. 77; BArch RW19/10, Fol. 52-55; Firmentabelle in RWWA Fg.
[86] Alte Adreßbücher ..., S. 327; Goldbeck: Kraft, S. 222; Wehrwirtschaftsbezirk, S. 8; BArch RW19/9, Fol. 218-222, 272-273; RW19/11, Fol. 39-40; RW19/24, Fol. 144-156; RW19/32, 67-82; RW19/1609, Fol. 61.
[87] Fings: Messelager, S. 154; Frank: Ford, S. 3 (Berechnung d. Verf.), 25, 35; Herrmann: Wirtschaftsgeschichte, S. 403-404; Rosellen: „... und trotzdem ...", S. 101-102, 112-113, 115, 117, 130, 148, 154, 171, 212-226, 240-241; Roßmann: Weg, S. 356-359; Rüther: Arbeiterschaft, S. 350, Anm. 137; BArch RW19/11, Fol. 1-4, 39-40; RW19/22, Fol. 157-169; RW19/30, Fol. 96-108; RW19/56, Fol. 94-108. Die Namensänderung war schon lange geplant, 1936 strebte man die Eintragung als „Deutsche Ford-Motor AG" an. Vgl. BArch RW19/10, Fol. 134-135.
[88] Fings: Messelager, S. 100; Köppen: Fahrzeugteile, S. 92; Krebsöge Sintertechnik. Eine Idee führt zum Weltunternehmen. In: Technik- und Industriegeschichte, 137-139; Kreis Köln, Firmenporträt, o.P.; Rosellen: „... und trotzdem ...", S. 110, 116, 152; Thrams: Brühl, S. 24; WWZ, 14. Jg. (1936), S. 264; BArch RW19/10, Fol. 134-135.
[89] Eckermann: Technik, S. 70, 80-81, 88-89, 93-94, 110, 113, 115-116, 122-127, 133-134, 160; Linneborn: Energiegewinnung; WWZ, 21. Jg. (1943), S. 33.

[90] Thomas/Trümper: Bayenthal, S. 21; Wehrwirtschaftsbezirk, S. 4; BArch RW19/9, Fol. 218- 222; RW19/24, Fol. 144-156; RW19/1609, Fol. 61.
[91] BArch RW19/40, Fol. 133-148
[92] Alte Adreßbücher ..., S. 324; 150 Jahre Regierungsbezirk Köln, S. 287; Groesgen: Einwirkungen, S. 25-26; Henning: Produktionshemmnisse, S. 213-214; Sinz: 25 Jahre, S. 15-23; BArch RW19/9, Fol. 218-222.
[93] Rosenzweig: Zollstock, S. 74; Teckemeyer Metallwarenfabrik. Präzision millionenfach. In: Technik- und Industriegeschichte, S. 150-152; BArch RW19/9, Fol. 218-222.
[94] Groesgen: Einwirkungen, S. 26; Herrmann: Wirtschaftsgeschichte, S. 402-403; BArch RW19/9, Fol. 218-222; RW19/26; Fol. 67-79
[95] 75 Jahre Ackermann. In: Technik- und Industriegeschichte, S. 111-113.
[96] Meynen: Randstädte, S. 222; Die neue Wirtschaft, 5. Jg. (1937), H. 7, S. 6; WWZ, 14. Jg. (1936), S. 565; RWWA 1 h, Tefi-Werke GmbH & Co.; dito, Zigarettenfabrik Haus Neuerburg, 1959.
[97] Groesgen: Einwirkungen, S. 28-29; ZARB, 310/611 II.
[98] 75 Jahre Bollig & Kemper.
[99] Groesgen: Einwirkungen, S. 30; Herrmann: Wirtschaftsgeschichte, S. 403. 1940 knapp 2 000 Beschäftigte, Wehrwirtschaftsbezirk, S. 6.
[100] Alte Adreßbücher ..., S. 330; Kellenbenz: Wirtschaft, S. 339; Kreitz: Kreis, S. 29; O.M.G.U.S.: I.G. Farben, S. 301-302; Schieder: Staat, S. 210; Wehrwirtschaftsbezirk, S. 5; BArch RW19/34, Fol. 139-153.
[101] BArch RW19/9, Fol. 97-98.
[102] Blaich: Wirtschaft, S. 28; Gustav Brecht: Erinnerungen, o.O. o.J., S. 51 (ZARB); 25 Jahre, S. 25; Joest: Kraftakte, S. 22, 30-32; Matzke: Wesseling, S. 238; Meynen: Randstädte, S. 225; O.M.G.U.S.: Deutsche Bank, S. 155-160, 307-308; WWZ, 12. Jg. (1934), S. 1097-1098; 15. Jg. (1937), S. 106; BArch RW19/22, Fol. 157-169; RW19/24, Fol. 144-156; RW19/28, Fol. 65-74; RW19/56, Fol. 94-108; RWWA 11-14,5,11/1.
[103] Groesgen: Einwirkungen, S. 30; Matzke: Wesseling, S. 238; Meynen: Randstädte, S. 225; O.M.G.U.S.: I.G. Farben, S. 102-103; BArch RW19/9, Fol. 109-110; RW19/26, Fol. 67-79.
[104] RWWA Abt. 58: NSDAP, DAF, NSV; RWM. Diverses; Vertrauensräte (unverz.).
[105] Böttcher, S. 9; Groesgen: Einwirkungen, S. 31; Wehrwirtschaftsbezirk, S. 6.
[106] Henning: Produktionshemmnisse, S. 210; Rosenzweig: Zollstock, S. 74; Wehrwirtschaftsbezirk, S. 113.
[107] Groesgen: Einwirkungen, S. 23, 31; Kreis Köln, Firmenporträt, o.P.; Wehrwirtschaftsbezirk, S. 3; BArch RW19/28, 65-74; ZA RBAG, 310/611 II.
[108] Rosenzweig: Zollstock, S. 241.
[109] ZARB, 310/611 II.
[110] ZARB, 310/611 II.
[111] 150 Jahre Regierungsbezirk Köln, S. 473; Thomas/Trümper: Bayenthal, S. 26-27; Wehrwirtschaftsbezirk, S. 6; RWWA 1h, Zigarettenfabrik Haus Neuerburg, 1959; ZA RBAG, 310/611 II.
[112] Blaich: Wirtschaft, S. 28; Ehrhardt: Zellwolle, S. 52; WWZ, 16. Jg. (1938), S. 702; BArch RW19/24, Fol. 144-156.
[113] Groesgen: Einwirkungen, S. 35; Hack/Werner v. Wismar: Entwicklung, S. 77, 83; Kuske: Industriestruktur, S. 12; Thrams: Brühl, S. 27; Wehrwirtschaftsbezirk, S. 6.

[114] BArch RW19/32, Fol. 67-82.
[115] Alte Adreßbücher ..., S. 322, 328; Herrmann: Wirtschaftsgeschichte, S. 383, 440; Kellenbenz: Wirtschaft, S. 339; Meynen: Randstädte, S. 224; WWZ, 12. Jg. (1934), S. 122; 15. Jg. (1937), S. 977; BArch RW19/56, Fol. 197-213.
[116] Alte Adreßbücher ..., S. 306, 316, 320-321, 327-328, 330, 335; 150 Jahre, S. 63; Hagspiel: Reflex, S. 78-79; WWZ, 14. Jg. (1936), S. 443-446; 15. Jg. (1937), S. 1049-1050.
[117] Alte Adreßbücher ..., S. 301, 311, 316, 327-328, 335; Herrmann: Wirtschaftsgeschichte, S. 439; WWZ, 13. Jg. (1935), S. 640-641; BArch RW19/32, Fol. 67-82.
[118] Alte Adreßbücher ..., S. 300, 302, 306, 311, 320; Herrmann: S. 441; Fings: Messelager, S. 99; WWZ, 14. Jg. (1936), S. 636.
[119] Herrmann: Wirtschaftsgeschichte, S. 413; Jüdisches Schicksal, S. 158, 323.
[120] Herrmann: Wirtschaftsgeschichte, S. 415.
[121] Bohn: 200 Jahre, S. 43; Herrmann: Wirtschaftsgeschichte, S. 413, 415, 421;. WWZ, 15. Jg. (1937), S. 334.
[122] Groesgen: Einwirkungen, S. 42-44, 53-54; Herrmann: Wirtschaftsgeschichte, S. 419; Die Lage der Wirtschaft im vierten Vierteljahr 1936 im Gebiet der Wirtschaftskammer Rheinland, S. 9; WWZ, 11. Jg. (1933), S. 193-195; 15. Jg. (1937), S. 334; BArch R31.01, Nr. 9612, o. Pag.; RWWA 72-190-11.
[123] Hagspiel: Reflexe, S. 81; WWZ, 15. Jg. (1937), S. 1107-1109.
[124] WWZ, 20. Jg. (1942), S. 394-395.
[125] Fings: Messelager, S. 26-29; Hagspiel: Reflexe, S. 75; Herrmann: Wirtschaftsgeschichte, S. 425-426; Kölner Messe, S. 51-55; WWZ, 11. Jg. (1933), S. 492; 12. Jg. (1934), S. 456-457; 14. Jg. (1936), S. 997; 15. Jg. (1937), S. 830-831; BArch RW19/26, Fol. 67-79.
[126] Barkai: Wirtschaftssystem, S. 195-204.
[127] Herrmann: Wirtschaftsgeschichte, S. 427-428; Treue: Schicksal ; WWZ, 17. Jg. (1939), S. 57; Kölns Banken in arischem Besitz. In: Der Händlerschutz, 14. Jg. (1938), 01.10.1938. Abschrift in RWWA 1h, Rheinboden. 1977 behauptete ein Hans Schoemann im „Spiegel", F.C. von Oppenheim habe ihm im Frühsommer 1942 die Gaswagenvernichtung Tausender Juden mitgeteilt. Vgl. Abdruck in Treue, Schicksal, S. 74. In seinem Vernehmungsprotokoll in der Spruchgerichtssache von Schröder berichtete von Oppenheim hingegen, daß er von der Judenvernichtung nichts gewußt habe. Nur die KZ und die Tötung Geisteskranker seien ihm bekannt gewesen. BArch Z 42 IV/375, Fol. 16-19. Die Yad-Vashem-Gedenkstätte in Israel ehrte Oppenheim posthum am 6. April 1997 wegen Rettung u.a. der Familie Lissauer als „Gerechter unter den Völkern". Kölnische Rundschau, 05.04.1997.
[128] Herrmann: Wirtschaftsgeschichte, S. 430.
[129] Van Eyll: Pax-Bank, S. 43.
[130] Eckert: Stein, S. 212-213.
[131] Alte Adreßbücher ..., S. 312, 322; Gierden: Landkreis, S. 298; Schöttler: Sparkassen, S. 362-363, 365-366; WWZ, 19. Jg. (1941), S. 1057-1058.
[132] Herrmann: Wirtschaftsgeschichte, S. 431.
[133] Herrmann: Wirtschaftsgeschichte, S. 432; WWZ, 17. Jg. (1939), S. 9.
[134] 100 Jahre Rheinboden, 93-112.
[135] Borscheid: 100 Jahre, S. 484; Van Eyll: ... genannt Colonia, S. 101-104, 108, 112, Liste im Anhang; Die Lage der Wirtschaft im vierten Vierteljahr 1936 im Gebiet der Wirtschaftskammer Rheinland, S. 3, 10-11; WWZ, 17. Jg. (1939), S. 643.
[136] Borscheid: 100 Jahre, S. 202, S. 485; 100 Jahre jung, S. 59, 124-127.
[137] Zöller: Blickrichtung, S. 66-69, 132-133.
[138] Alte Adreßbücher ..., S. 307, 327, 335; 100 Jahre Kölner Verkehrs-Betriebe, S. 36, 40, 46- 47, 57, 61-62, 121; Thrams: Brühl, S. 38; WWZ, 15. Jg. (1937), S. 284; RWWA 11-A/I/11c/9.
[139] Blumrath: Gas-, Elektrizitäts- und Wasserwerke, S. 52-53; Ruland: Zeitalter, S. 56; Thrams: Brühl, S. 25; Wehrwirtschaftsbezirk, S. 6, 10.
[140] Alte Adreßbücher ..., S. 302; Blumrath: Gas-, Elektrizitäts- und Wasserwerke, S. 54; Die Gasgesellschaft Aggertal. Ihr Partner mit Energie. In: Technik- und Industriegeschichte, S. 129-131; Thrams: Brühl, S. 32-33.
[141] Der Aggerverband - Kompetenz in Wasser seit 1923. In: Technik- und Industriegeschichte, S. 114-116; Blumrath: Gas-, Elektrizitäts- und Wasserwerke, S. 22, 24; Stadermann: Wasserwirtschaft, S. 196; BArch RW19/32, Fol. 67-82.
[142] Alte Adreßbücher ..., S. 322, 325-326, 330; Hagspiel: Reflexe, S. 76, 83; Kreis Köln, Firmenporträt, o.P.; von Petz: Gegen „Dirnen und Verbrecher"; 60 Jahre Grund und Boden, S. 15-18; Thrams: Brühl, S. 62-63; WWZ, 16. Jg. (1938), S. 898; BArch RW19/40, Fol. 53-63.
[143] Alte Adreßbücher ..., S. 316.
[144] Kurt Neven DuMont. Einem Verleger zum Gedenken; Klein: Köln, S. 129-130; Der Name der Freiheit, S. 622-623; Schmitz: Comeback, S. 17-21; Weinhold: Geschichte, S. 272-295.
[145] Fuchs: Kampfblatt, S. 123-125; Herrmann: Wirtschaftsgeschichte, S. 445; Klein: Köln, S. 130-133; Der Name der Freiheit, S. 622.
[146] Herrmann: Wirtschaftsgeschichte, S. 449; Der Name der Freiheit, S. 628-629.
[147] Herrmann: Wirtschaftsgeschichte, S. 450.
[148] Alte Adreßbücher ..., S. 303, 307, 322.
[149] Faber: Leben, S. 40; Matzerath: Weg, S. 551.
[150] Bopf: Arisierung, S. 167; Jüdisches Schicksal, S. 139-140, 146-147, 149; Klein, Köln, S. 94-98; WWZ, 12. Jg. (1934), S. 1123-1124; BArch RW19/9, Fol. 97-98, 109-110.
[151] Becker: Äbte, S. 113-114; Faust: Pogrom, S. 156, 159; Jüdisches Schicksal, S. 153-155, 261, 265, 318, 320-321; WWZ, 16 Jg. (1938), S. 733-734, 1080; BArch RW19/40, Fol. 3-18.
[152] Bopf: Arisierung, S. 170-172, 174, 178-180; Jüdisches Schicksal, S. 159, 266-267, 278- 279, 290; Treue: Schicksal, S. 20-21; Wessel: Firma, S. 150; Winkel: Geschichte, S. 105; WWZ, 16. Jg. (1938), S. 558-559, 1014-1015, 1089; 17. Jg. (1939), S. 141-144.
[153] RWWA 58, Vertrauensräte (unverz.).
[154] RWWA 72-190-10.
[155] Jüdisches Schicksal, S. 284. Bei Bopf: Arisierung, S. 179, wird die Zahl 11 500 genannt.
[156] Klein: Köln, S. 256-257; Müller-Jérina: Befreiung, S. 67-71.
[157] BArch RW19/56, Fol. 3-7, 31-35, 79-81; RWWA 58, NSDAP, DAF, NSV (unverz.); ZARB 310/611/I.
[158] Herrmann: Wirtschaftsgeschichte, S. 406; Kreis Köln, Firmenporträt, o.P.; WWZ, 17. Jg. (1939), S. 1017-1018; 19. Jg. (1941), S. 611; BArch RW19/56, Fol. 78-81; ZARB 310/611/I. Der Behauptung Hilgermanns: Wandel, S. 20, es habe keinen Rüstungsbetrieb in Köln gegeben, kann aber nicht zugestimmt werden.

[159] Billstein: Was machen wir ..., S. 276-279; Faber: Leben, S. 40; Gierden: Landkreis, S. 298; Groesgen: Einwirkungen, S. 80-86; Hagemann, Kreis, S. 309; Herrmann: Wirtschaftsgeschichte, S. 407; Kraus: Köln, S. 72-73; Kreis Köln, Firmenporträt, o.P.; Schleper: Konstruktionen, S. 27; Sinz: 25 Jahre, S. 25, 63; RWWA Abt. 1h, Berlin-Anhaltinische Maschinenbau AG ; 11-A/I/11c/9; 11-A/I/11c/10.
[160] Billstein: Was machen wir ..., S. 271-272; Die deutsche Wirtschaft, S. 95; 3-Kronen- Rundschau, 6. Jg. (1942), 7./8. H., S. 56-57; Groesgen: Einwirkungen, S. 89-90; Henning: Produktionshemmnisse, S. 206-209, 211; Herrmann: Wirtschaftsgeschichte, S. 438; Kreis Köln, Firmenporträt, o.P.; Schulz: Gläubiger, S. 250; RWWA 112-P001; ZARB 210/611.
[161] Fings: Messelager, S. 41; Der Name der Freiheit, S. 655; O.M.G.U.S.: Deutsche Bank, S. 310; Rosellen: „... und trotzdem ...", S. 179; Roßmann: Weg, S. 361-362; Rüther: Arbeiterschaft, S. 321, 329-332, 344, 348, 350-351, 470-471; Thrams: Brühl, S. 119-121; Werks-Rundschau der Betriebsgemeinschaft Klöckner-Humboldt-Deutz AG, 5. Jg. (1940), Nr. 9, S. 5; Zwangsarbeit bei Ford; RWWA 11-A/I/11c/9; 11-A/I/11c/10.
[162] Blaich: Wirtschaft, S. 38, 109-111; Dresdner Bank, S. 88; Fings: Messelager, S. 45-49, 54, 99-100, 152-158; Schieder: Staat, S. 209; Wessel: Kontinuität, S. 252-263; BArch Z42, IV/375; Fol. 16-17, 27.
[163] Hilgermann: Weichen, S. 3; RWWA 1-210-6.
[164] Matzerath: Nationalsozialismus, S. 100.
[165] Winkel: Geschichte, und Winkel: Wirtschaft. Ebenfalls gelungen ist die ältere Festschrift der Industrie- und Handelskammer Wuppertal (s. Literaturliste), die von Wolfgang Köllmann betreut wurde. Die IHK Würzburg hat in einer Artikelserie in ihrer Kammerzeitschrift die Zeit des Nationalsozialismus ausführlichst behandelt.
[166] Recherchen im BArch R2, Mitgliederkartei.
[167] Vgl. die Anforderungen von Matzerath: Nationalsozialismus, S. 102-103, an eine Stadtgeschichte Kölns in der Zeit des Nationalsozialismus. Der Wandel in der Aufgabenstellung wird in den fol. Kapiteln beschrieben.
[168] [Adrian] von Renteln: Die Führung der Industrie- und Handelskammern. In: Die neue Wirtschaft, 2. Jg. (1934), H. 9, S. 1.
[169] Broszat: Staat, S. 211, 215. Zum Institut der „Kommissare" s. Bracher u.a.: Machtergreifung, S. 460-464, auch 637, 639, und WWZ, 11. Jg. (1933), S. 321-322.
[170] Industrie- und Handelskammer Wuppertal, S. 110-111; RWWA 22-303-4. Vgl. auch ähnliche Vorgehen in Bonn, München und Würzburg, wobei jede IHK andere Formen der Machtergreifung erlebte. Schäfer: Machtergreifung, S. 30; Vogt: Wirtschaftsregion, S. 190; Winkel: Wirtschaft, S. 112-113.
[171] Aktenvermerk von Schmitz-Sieg, 14.03.1933, RWWA 1g-3-1.
[172] WWZ, 11. Jg. (1933), S. 127.
[173] Aktenvermerk von Schmitz-Sieg, 14.03.1933, RWWA 1g-3-1.
[174] Morsey: Adenauer, S. 464-465.
[175] Broszat: Staat, S. 211.
[176] Klein: Regierungspräsidenten, S. 110.
[177] Nachschrift zum Aktenvermerk von Schmitz-Sieg, 14.03.1933, RWWA 1g-3-1.
[178] Zweiter Aktenvermerk von Schmitz-Sieg, 14.03.1933, RWWA 1g-3-1.
[179] Dritter Aktenvermerk von Schmitz-Sieg, 15.03.1933, RWWA 1g-3-1.

[180] Vierter Aktenvermerk von Schmitz-Sieg, 15.03.1933, RWWA 1g-3-1.
[181] Treue: Schicksal, S. 24; BArch Z42, IV/375, Fol. 212-213. Dieser Vorgang ist nicht datiert.
[182] WWZ, 11. Jg. (1933), S. 205; BArch N1013, Nr. 101. Fol. 32-33.
[183] Neebe: Industrie, S. 167-169.
[184] Trumpp: Finanzierung, S. 142, 146-147, 149-150.
[185] Bopf: Arisierung, S. 168.
[186] Deutsche Wirtschafts-Zeitung, 30. Jg. (1933), S. 284.
[187] RWWA 3-66-4; 22-303-4.
[188] Vogt: Wirtschaftsregion, S. 191.
[189] Westdeutscher Beobachter, 16.01.1934. In WWZ, 11. Jg. (1933), S. 205-206, ist von einem solchen Wunsch jedoch nicht die Rede.
[190] WWZ, 11. Jg. (1933), S. 217.
[191] WWZ, 11. Jg. (1933), S. 231, wo die Nichtannahme verzeichnet ist. In dem Expl. der Wirtschaftsbibliothek hat Geschäftsführer Dr. von Thenen handschriftlich zugefügt „ablehnen müssen". Gründe sind nicht bekannt.
[192] Vgl. Anhang: Die Mitglieder der IHK zu Köln. Einige der Mitglieder, deren Amtsbeginn mit 1933 angegeben wird, hatten bereits mit Wirkung vom 1. Januar 1933 ihr Amt angetreten, u.a. Werner Köttgen, Robert Pferdmenges und Fritz Vorster.
[193] Z.B. Aachen (15 von 50), Bonn (acht von 28) und München (18 von 53). 150 Jahre, S. 27; Vogt: Wirtschaftsregion, S. 190; Winkel: Wirtschaft, S. 114.
[194] Zu von der Schulenburg s. Steimel: Köpfe, Sp. 377, und BArch Z42 IV/375, Fol. 24.
[195] Müller vergiftete sich am 4. April 1945 in Würgendorf, Wasserscheide. Mitt. des Standesbeamten Burbach, 01.02.1994 (RWWA-PA).
[196] S. dazu auch Gustav Brecht: Erinnerungen, o.O. o.J., S. 50 (ZARB).
[197] Fall des Kürschners W.K., der 1933 in die Vollversammlung gewählt wurde und der später als Sachverständiger von einem Konkurrenten angegriffen wurde. Einer der Argumente gegen K. war die fehlende Parteimitgliedschaft. BArch R31.01, Nr. 9610, o. Pag.
[198] WWZ, 11. Jg. (1933), S. 247, 251.
[199] BArch R2 Mitgliederkartei NSDAP.
[200] BArch R31.01, Nr. 9608, Fol. 12, 24-27, 118; Nr. 9609, o. Pag.; WWZ, 12. Jg. (1934), S. 69. S. mußte einen hohen Einkommensverlust von 1.000 RM monatlich hinnehmen. Nachruf in: Der Rhein, 35. Jg. (1936), S. 1-2.
[201] Eine gute Übersicht über die betr. Gesetze, Erlasse und Durchführungsverordnungen - mit Ausnahme der preußischen - bietet Winkel: Wirtschaft, S. 256-259. S.a. Abel: Industrie- und Handelskammern, S. 13-16.
[202] Van Eyll: Selbstverwaltung, S. 689; Winkel: Geschichte, S. 43.
[203] Neebe: Industrie, S. 159-161.
[204] Barkai: Wirtschaftssystem, S. 121; van Eyll: Selbstverwaltung, S. 684; Winkel: Geschichte, S. 10; WWZ, 11. Jg. (1933), S. 311, 401.
[205] Barkai: Wirtschaftssystem, S. 122; Bracher u.a.: Machtergreifung, S. 650-651; van Eyll: Selbstverwaltung, S. 689.
[206] Barth: Wesen, S. 30.
[207] Aktenvermerk Lohmann mit Äußerungen Hillands, 09.02.1934, RWWA 22-303-4. Schmitt war vorher Vizepräsident der Berliner IHK, vgl. Borscheid: 100 Jahre, S. 106.
[208] Zit. nach Reininghaus: Selbstverwaltung, S. 60, vgl. auch Boelcke: Wirtschaft, S. 94.

[209] Abel: Industrie- und Handelskammern, S. 13; Bracher u.a.: Machtergreifung, S. 654; Winkel: Geschichte, S. 63; Rheinisch-Westfälische Zeitung, 25.08.1934; RWWA 20-605-3; 22-303-1.

[210] Barkai: Wirtschaftssystem, S. 123, 125; Barth: Wesen, S. 54, 62-63; van Eyll: Selbstverwaltung, S. 690; Schieder: Staat, S. 205; BArch R31.01, Nr. 9609, o. Pag.

[211] RWWA 22-303-11. Diese Anpassung war widersinnig, weil auch im Dritten Reich die Kammern keine Befugnisse im Tarif- und Sozialrecht hatten.

[212] Barkai: Wirtschaftssystem, S. 123; Barth: Wesen, S. 31-32, 50, 58, 84-88; van Eyll: Selbstverwaltung, S. 690-691; Frielinghaus: Kommentar, S. 102, 109, 112, 115-116; Winkel: Geschichte, S. 35; WWZ, 14. Jg. (1936), S. 627; 15. Jg. (1937), S. 94-97; RWWA 1-316-5. S. 52; 20-606-2.

[213] Barkai: Wirtschaftssystem, S. 124; van Eyll: Selbstverwaltung, S. 691; Reininghaus: Selbstverwaltung, S. 58.

[214] Winkel: Geschichte, S. 52.

[215] Barth: Wesen, S. 58-59; Schmidt, K.G.: Vereinfachung der Wirtschaftsorganisation. In: Kölnische Zeitung, Nr. 349, 12.07.1936; Winkel: Geschichte, S. 48-49; WWZ, 13. Jg. (1935), S. 919.

[216] RWWA 1g-1-1.

[217] WWZ, 15. Jg. (1937), S. 773.

[218] Herrmann: Wirtschaftsgeschichte, S. 452.

[219] Im Januar 1936 wurden Gauarbeitskammern in Köln-Aachen und Koblenz-Trier gegründet, von denen die Bezirksarbeitskammer aber unberührt blieb. WWZ, 13. Jg. (1935), S. 957-967; 14. Jg. (1936), S. 95, 124

[220] WWZ, 13. Jg. (1935), S. 250-251, 959-964.

[221] Vgl. die Definition von Schröders über Leitung und Beiräte der WK als „Wirtschaftsoffiziere", die das Recht zur Befehlserteilung hätten. WWZ, 13. Jg. (1935), S. 960.

[222] Frielinghaus: Kommentar, S. 113; WWZ, 13. Jg. (1935), S. 928-929. Nicht tagte der Beirat der WK Württemberg und Hohenzollern. s. Winkel: Geschichte, S. 50.

[223] RWWA 22-330-1.

[224] S. exemplarisch Tengelmann: Beitrag.

[225] Winkel: Geschichte, S. 45-46. Vgl. auch von Schröder, in WWZ, 20. Jg. (1942), S. 43-48.

[226] Industrie- und Handelskammer Wuppertal, S. 115.

[227] Vgl. auch die Entwicklung in Westfalen bei Reininghaus: Selbstverwaltung, S. 61.

[228] Barth: Wesen, S. 40, 50; van Eyll: Selbstverwaltung, S. 691; Winkel: Geschichte, S. 95.

[229] Winkel: Geschichte, S. 64.

[230] Hassmann: Standort, S. 11.

[231] Barth: Wesen, S. 15-16, 18-19.

[232] Pietzsch: Organisation, S. 28.

[233] Winkel: Geschichte, S. 13. Winkel spricht von völligem Verlust der Selbstverwaltung erst mit der Einrichtung der Gauwirtschaftskammern wie auch mit dem Vordringen der Ringe und Ausschüsse nach Todt/Speer, s. ebda., S. 133, 138. Most, Handelskammern, S. 6, kennzeichnete die Entwicklung als „Fortschritt".

[234] So auch Bracher u.a.: Machtergreifung, S. 627, wo von einer „radikalen Entleerung und Relativierung" des Begriffs in der NS-Zeit gesprochen wird.

[235] Boelcke: Wirtschaft, S. 99.

[236] Vgl. den Beitrag von Brandt in der WWZ, 20. Jg. (1942), S. 452-453.

[237] Henning: Geschichte, S. 49.

[238] Henning: Geschichte, S. 47-48; Reininghaus: Selbstverwaltung, S. 70.

[239] WWZ, 11. Jg. (1933), S. 248.

[240] Van Eyll: Selbstverwaltung, S. 692; Hassmann: Standort, S. 15; Winkel: Geschichte, S. 125, 127-128.

[241] StadtABN, Pr 10/732. Rechtsverordnungen in WWZ, 21. Jg. (1943), S. 16-17, Eröffnung GWK ebda., S. 47-61.

[242] Van Eyll: Selbstverwaltung, S. 692.

[243] Auseinandersetzungsvertrag zwischen der Industrie- und Handelskammer zu Köln und der Industrie- und Handelskammer Bonn über die Aufteilung des Vermögens der Gauwirtschaftskammer Köln-Aachen, RWWA 1-210-7.

[244] Winkel: Geschichte, S. 136-137.

[245] Zu beiden Annahmen Volkmann, Verhältnis, S. 489-490.

[246] Reininghaus: Selbstverwaltung, S. 63, 65; Winkel: Geschichte, S. 132, 141.

[247] Volkmann: Verhältnis, S. 506.

[248] Was Volkmann verneint, Verhältnis: S. 507.

[249] Winkel: Geschichte, S. 132.

[250] Winkel: Geschichte, S. 133.

[251] WWZ, 12. Jg. (1934), S. 617, 957. Gleiches galt für den Fronleichnamstag 1935. WWZ, 13. Jg. (1935), S. 439.

[252] Vgl. etwa für Westfalen-Süd zwischen 1939 und 1943 Reininghaus: Selbstverwaltung, S. 60.

[253] WWZ, 13. Jg. (1935), S. 681-683.

[254] Volkmann: Verhältnis, S. 491.

[255] Deutsche Wirtschafts-Zeitung, 31. Jg. (1934), S. 25-26; RWWA 3-64-1; 22-303-1; 22-303-4.

[256] RGBl, 1934, I, S. 790; RWWA 1-316-5, S. 55-56.

[257] BArch 31.01, Nr. 9608, Fol. 41.

[258] RWWA 20-639-2.

[259] Vgl. etwa die Formulierungen zur Besetzung des Präsidentenamtes, die Berufung der Vizepräsidenten, Zahl der Beiratsmitglieder etc. Dr. Klug an Dr. Wachs, 27.02.1935, mit den Änderungen und dem anliegenden Referentenentwurf, RWWA 22-303-1.

[260] BArch R31.01, Nr. 9608, Fol. 47-51, 58-68, 70; RWWA 22-303-4.

[261] RWWA 1g-1-1.

[262] Bracher u.a.: Machtergreifung, S. 646; Winkel: Geschichte, S. 38; RWWA 20-606-7.

[263] Z.B. in Duisburg, RWWA 20-606-7.

[264] Westdeutscher Beobachter, 16.01.1934; WWZ, 11. Jg. (1933), S. 336, 411.

[265] Verordnung des Preuß. Ministers für Wirtschaft und Arbeit, 06.01.1934 (Abschrift), RWWA 22-303-1. Der Empfänger bei der Wuppertaler Kammer (Syndikus Lohmann?) legte den Finger in die Wunde, als er am Rand dazu handschriftlich bemerkte: „Wo steht das?".

[266] BArch R31.01, Nr. 9610, o. Pg.; RWWA 1g-1-1; 3-64-1.

[267] Von Schröder an RWM, 22.02.1937, BArch R31.01, Nr. 9609, o. Pag.

[268] Abel: Industrie- und Handelskammern, S. 32; RWWA 22-303-4.

[269] RWWA 3-64-2.

[270] RWWA 1-316-5, S. 24-25; ZARB 310/611/I.

[271] Barth: Wesen, S. 67.

[272] RWWA 1g-1-1.

[273] In diesem Sinne auch das Dankschreiben von Zapf nach dem Ausscheiden aus dem Beirat 1936, RWWA 11-A/I/9/109.

[274] Volkmann, Verhältnis, S. 493-495; RWWA 72-190-10.
[275] ZARB 310/611/I.
[276] Als „Bonner" in diese Betrachtung aufgenommen wurde Dr. Paul Müller, der bereits 1921 bis 1933 der IHK zu Köln als Generaldirektor der Rheinisch-Westfälischen Sprengstoff AG angehörte, nunmehr aber als Direktor der Dynamit AG in Troisdorf residierte.
[277] Korrespondenz zwischen IHK und RWM, 09.04.-18.05, BArch R31.01, Nr. 9608, Fol. 82- 87, 89, 179; IHK an RWM, 17.12.1934, R31.01, Nr. 9609, o. Pag.; RWWA 1-316-5, S. 26-40.
[278] BArch R.31.01, Nr. 9610.
[279] BArch R31.01, Nr. 9609, o. Pag.
[280] Vogt: Wirtschaftsregion, S. 203.
[281] Vgl. Anhang: Die Mitglieder der IHK zu Köln.
[282] ZARB 310/611/I und II.
[283] ZARB 310/611/I.
[284] Z.B. WWZ, 18. Jg. (1940), S. 18.
[285] ZARB 310/611/I.
[286] BArch R11, Nr. 1812, Fol. 15-16.
[287] ZARB 310/611/II.
[288] Westdeutscher Beobacher, 16.01.1934; BArch Z42, IV/375, Fol. 20.
[289] WWZ, 13. Jg. (1935), S. 570.
[290] WWZ, 13. Jg. (1935), S. 885-886.
[291] WWZ, 21. Jg. (1943), S. 3-6.
[292] WWZ, 11. Jg. (1933), S. 248-249.
[293] WWZ, 12. Jg. (1934), S. 524.
[294] ZARB 310/611/I.
[295] WWZ, 21. Jg. (1943), S. 160-161; RWWA 63-46-8; 112-P001.
[296] ZARB 310/611/II.
[297] Kellenbenz/van Eyll: Selbstverwaltung, S. 220, Karte nach S. 240.
[298] Vorgeschoben wurde in einer Begründung für Schmidts Aktivitäten in diese Richtung seine Stellung als Gauwirtschaftsberater. BArch R31.01, Nr. 9608, Fol. 34.
[299] Vogt: Wirtschaftsregion, S. 11; RWWA 1-316-5, S. 13.
[300] S. die Beschreibung des Kammerbezirks anläßlich der Ergänzungs- und Ersatzwahlen Anfang Dezember 1932, in der die beiden Gemeinden ausgenommen sind. WWZ, 10. Jg. (1932), S. 595. Bis zum 01.01.1934 war demnach ein Teil des Landkreises Köln nicht Teil des Kammerbezirks. Mit der Literatur (Vogt: Wirtschaftsregion, S. 14) war eine eindeutige Aussage, ob die beiden Gemeinden nun mit Gebietsreform auch zum Kammerbezirk gekommen sind, nicht zu beantworten.
[301] Wirtschaftsbibliothek der IHK zu Köln, XIV 276. Die Verfasserschaft Brandts ist handschriftlich hinzugefügt.
[302] StadtABN, Pr 10/732; Vogt: Wirtschaftsregion, S. 193-195, dessen Sicht die notwendige Distanz vermissen läßt, mißachtet leider die überlokalen Zusammenhänge dieser Vereinigung. Die wesentlichen Passagen sind ohne neue Erkenntnisse wieder abgedruckt bei Vogt: Hintergrund.
[303] Vogt: Wirtschaftsregion, S. 195.
[304] RWWA 1-210-7; StadtABN, Pr 14/46.
[305] Industrie- und Handelskammer Wuppertal, S. 104-105; RWWA 22-303-4; 22-327-2.
[306] Die Kammer Wuppertal überlegte, dem Minister Abschrift davon zu erteilen. Anlaß des Schreibens war die Genehmigung des Gauleiters, erteilt durch den Gauwirtschaftsberater, einen Fabrikanten aus Ründeroth in den Beirat der Wuppertaler Kammer zu berufen. RWWA 22-303-4.
[307] Industrie- und Handelskammer Wuppertal, S. 115.
[308] BArch R31.01, Nr. 9611, o. Pag.
[309] BArch R31.01, Nr. 9319, Fol. 126.
[310] Romeyk: Verwaltungs- und Behördengeschichte, S. 448.
[311] RWWA 112-P001.
[312] BArch R31.01, Nr. 9611, o. Pag.
[313] BArch R31.01, Nr. 9330, Fol. 13, 29.
[314] Winkel: Geschichte, S. 132.
[315] StadtABN Pr 10/751.
[316] 150 Jahre, S. 98-99; Goebel/Pomykaj: Demokrat, S. 20; Organisation, Karte im Anhang; WWZ, 21. Jg. (1943), S. 102.
[317] BArch NS 48/73.
[318] Alte Adreßbücher ..., S. 295; Eckert: S. 201, 203, 205-206; Handbuch, S. 76; Hilgermann: Wandel, S. 31; Roßmann: Weg., S. 309-310; Wistrich, Wer war wer, S. 245-246; BArch Z42, IV/375, Fol. 2-4; NS 48/73.
[319] Lt. Pferdmenges. BArch Z42, IV/375, Fol. 212-213.
[320] Eckert: Stein, S. 213. Es darf angenommen werden, daß die von Schröder betreffenden Passagen von ihm selbst formuliert bzw. vorgegeben wurden.
[321] Bracher u.a.: Machtergreifung, S. 406, Anm. 128.
[322] BArch Z42, IV/375, Fol. 2-4. Von Papen versuchte später, seine Initiative herunterzuspielen, vgl. Fest: Hitler, S. 1093. Jäckel, Hitler, S. 714-715, sieht, ohne Quellenangabe, eine „Intrige" Kepplers, die diesem Treffen zugrunde lag. Der Bericht des RSHA von ca. 1937 teilt mehrere Missionen von Schröders im Sommer und Herbst 1932 mit, die wohl auf den Exkanzler zurückgingen. BArch NS 48/73.
[323] Fest: Hitler, S. 497, 1093; Morsey: Adenauer, S. 456, 793, 803; Roßmann: Weg, S. 303- 308; BArch Z42, IV/375, Fol. 2-4.
[324] Eckert: Stein, S. 213; Barch R2, Mitgliederkartei NSDAP; Z42, IV/375, Fol. 2-4.
[325] Eckert: Stein, S. 213; BArch R2, Mitgliederkartei NSDAP.
[326] Dresdner Bank, S. 29, 31; BArch Z42, IV/375, Fol. 196-202.
[327] Dresdner Bank, S. 31; Höhne: Orden, S. 550, Anm. 60; BArch NS 48/73; Z42, IV/375, Fol. 2-4, 196-202.
[328] Bracher u.a.: Machtergreifung, S. 69-71, 629.
[329] Bracher u.a.: Machtergreifung, S. 631; Höhne: Orden, S. 131-133; O.M.G.U.S., Deutsche Bank, S. 58-59; O.M.G.U.S., Dresdner Bank, S. 88, 206; O.M.G.U.S., I.G. Farben, S. 170-171, 465-466; BArch Z42, IV/375, Fol. 217-218. Die Akten zum Freundeskreis Himmler fanden amerikanische Finanzoffiziere bei der Durchsuchung einer Bonner Villa, die angeblich Baron Schröder gehört habe. Ebda., S. XIV, vgl. auch Billstein: Was machen wir ..., S. 287, Anm. 61. Bei Bracher u.a.: Machtergreifung, S. 406, Anm. 128, werden Akten genannt, die im Tresor des Bankhauses Stein in Köln gefunden wurden. Zu den Kultobjekten: Aussage von Schröder in der Verhandlung (Protokoll), BArch Z42, IV/375, Fol. 48-56.
[330] Biss: Wir hielten ..., S. 69-70, 103-105; BArch NS 48/73; Z42, IV/375a.
[331] Abel: Industrie- und Handelskammern, S. 30, s.a. S. 36-38; Winkel: Geschichte, S. 132; BArch R31.01, Nr. 9608, Fol. 41; RWWA 1-316-5, S. 20-21; 3-64-1; 22-303-4.
[332] WWZ, 12. Jg. (1934), S. 758. Nach Einführung der Wirtschaftskammer war der Titel hinfällig.
[333] Fings, Messelager, S. 100-101; WWZ, 18. Jg. (1940), S. 905; BArch R31.01, Nr. 9612, o. Pag.; Z42, IV/375, Fol. 2-4.

334 WWZ, 14. Jg. (1936), S. 477; BArch Z42, IV/375, Fol. 196-202
335 Kölnische Zeitung, 08.07.1940.
336 Mohrmann: Konkurrenz; O.M.G.U.S., Deutsche Bank, S. 60, 483; O.M.G.U.S., Dresdner Bank, S. XXXVI, 326; vgl. auch WWZ, 11. Jg. (1933), S. 513.
337 O.M.G.U.S., Deutsche Bank, S. 62-63, 483; O.M.G.U.S., Dresdner Bank, S. 29-30.
338 O.M.G.U.S., Dresdner Bank, S. LVI; RWWA 72-190-10.
339 Bracher u.a.: Machtergreifung, S. 407, Anm. 132, mit dem falschen Eintrittsdatum von Schröders in das Bankhaus 1913.
340 BArch Z42, IV/375a; Fol. 54-66.
341 Eckert: Stein, S. 216, 221, s. a. Stockhorst: Köpfe, S. 397.
342 Vgl. die Behauptungen bei Völklein: Macht.
343 So Gustav Brecht: Erinnerungen, o.O. o.J., S. 50 (ZARB).
344 WWZ, 21. Jg. (1943), S. 284; BArch Z42, IV/375, Fol. 45-46.
345 Treue: Pferdmenges, S. 207.
346 RWWA 72-190-10.
347 WWZ, 11. Jg. (1933), S. 510, 513.
348 Eckert: Stein, S. 213-214, der die Mitgliedschaft im Präsidium DIHT für 1940 nennt, obwohl dieser in die Arbeitsgemeinschaft der Industrie- und Handelskammern umgewandelt wurde; Handbuch, S. 32, 34, 76, 437; WWZ, 13. Jg. (1935), S. 368; 16. Jg. (1938), S. 433; 17. Jg. (1939), S. 641, 955; WWZ, 18. Jg. (1940), S. 797; 21. Jg. (1943), S. 79, 222; RWWA 112-P001.
349 WWZ, 17. Jg. (1939), S. 219-220.
350 Frielinghaus: Kommentar, S. 118-119.
351 Dresdner Bank, S. 31.
352 Fings: Messelager, S. 28. Auch Robert Pferdmenges, mit von Schröder aus der Weimarer Zeit gut bekannt, verneinte einen Einfluß auf die Partei, führt aber als Beispiel das Nichtwissen von Schröders über die bevorstehende Entfesselung des Zweiten Weltkrieges an. BArch Z42, IV/375, Fol. 31. Da der Kreis der Unwissenden wesentlich höher war als der der Beteiligten, kann dies nicht als Argument gelten.
353 Hilgermann: Wandel, S. 31.
354 BArch NS 48/73.
355 BArch Z42, IV/375, Fol. 16-17, 32, 45-46.
356 BArch Z42, IV/375, Fol. 19, 21-23. Laut Aussage von Schröders wären nur zwölf von 86 Mitarbeitern des Bankhauses Stein Parteigenossen gewesen, ebda., Fol. 196-202.
357 Roßmann: Weg, S. 436.
358 Vgl. die Verhörprotokolle, die zu den O.M.G.U.S.-Berichten beitrugen.
359 BArch Z42, IV/375.
360 Krüger: Entnazifiziert, S. 77; Roßmann: Weg, S. 433-435.
361 BArch Z42, IV/375a; Fol. 68.
362 Todesanzeige in Die Welt, 08.11.1966; Wistrich: Wer war wer, S. 245-246.
363 Soweit nicht anders angegeben, beziehen sich die folgenden Angaben auf den Anhang: Die Mitglieder der Industrie- und Handelskammer zu Köln.
364 Hilgermann: Weichen, S. 34.
365 WWZ, 12. Jg. (1934), S. 207.
366 RWWA 1-316-5, S. 23.
367 Deutsche Bergwerks-Zeitung, 19.05.1942; Kölnische Zeitung, 29.11.1937, Nr. 604; BArch R31.01, Nr. 9609, o. Pag; Nr. 9880, Fol. 152; RWWA 11-A/I/14/3.
368 BArch R31.01, Nr. 9609, o. Pag; Nr. 9880, Fol. 35.
369 BArch Z42, IV/3286; Fol. 41.
370 Esterhues: Familie, S. 57-58; WWZ, 14. Jg. (1936), S. 841-842; BArch R31.01, Nr. 9609, o. Pag.; R31.01, Nr. 9880, Fol. 53-56.
371 BArch R31.01, Nr. 9609, o. Pag.
372 BArch R31.01, Nr. 9610.
373 Hamacher 1930, Hobert und Kotthoff 1931, Hünemeyer und vom Scheidt 1932. Köttgen und Proenen traten am 01.04. bzw. am 01.05.1933 ein, die Mitgliedschaft Leys läßt sich nicht belegen, wird aber Voraussetzung für seine spätere Berufung in das Präsidium der GWK gewesen sein. Recherchen des Verf. im BArch R2, Mitgliederkartei NSDAP.
374 BArch, Reichskulturkammer.
375 Kreisarchiv Oberbergischer Kreis, NL Dresbach.
376 Alle drei waren Mitglieder des NSDAP, die alle nach der Machtübertragung eintraten, davon Croon und Kaufmann sehr spät (1937). BArch R2, Mitgliederkartei NSDAP.
377 RWWA 1g-1-1.
378 Alte Adreßbücher ..., S. 295; Der Deutsche Reichstag, S. 292; Lebenslauf in Diss.; Herrmann: Wirtschaftsgeschichte, S. 361-362; Romeyk: Verwaltungsbeamte, S. 726-727; Westdeutscher Beobachter, 08.12.1936, Nr. 579; WWZ, 11. Jg. (1933), S. 283, 408; 18. Jg. (1940), S. 824; BArch R2 Mitgliederkartei NSDAP, wo der Eintritt 1923 nicht vermerkt ist. 1936 wurde S. zum NSKK-Standartenführer ernannt. WWZ, 14. Jg. (1936), S. 946.
379 Barkai: Wirtschaftssystem, S. 124; Pressemitteilung des GWB, RWWA 1h, Vereinigte Westdeutsche Waggonfabrik AG, erl. 1959.
380 50 Jahre Handwerkskammer, S. 26, 28; BArch R31.01, Nr. 9880, Fol. 49-79. In seiner Trauerrede auf Schmidt ging von Schröder auf diesen Vorfall noch einmal verdeckt ein. WWZ, 18. Jg. (1940), S. 827.
381 Handbuch, S. 78; Romeyk: Verwaltungsbeamte, S. 726-727; Rosellen: „... und trotzdem ...", S. 244-245; Stockhorst: Köpfe, S. 387; WWZ, 18. Jg. (1940), S. 850-854.
382 Alte Adreßbücher ..., S. 319; Drittes Reich, S. 70; Lademacher: Nachbarn, S. 137; Romeyk: Verwaltungsbeamte, S. 726-727; WWZ, 16. Jg. (1938), S. 433; 18. Jg. (1940), S. 853; BArch REM Kartei.
383 Klein: Köln, S. 226.
384 Soérius: Wirminghaus, S. 344-345; Verzeichnis 1930, S. 45; WWZ, 20. Jg. (1942), S. 4-5, 29; BArch R31.01, Nr. 9608, Fol. 110; Nr. 9609, o. Pag.; Nr. 9612, o. Pag.
385 Bracher u.a.: Machtergreifung, S. 478-479, 487; BArch R31.01, Nr. 9609, o. Pag.; Nr. 9612, o. Pag.
386 UA Köln, 70/138: „Studien zur Wirtschaftsgeschichte der Stadt Wesel 1814-1914. Zugleich ein Beitrag zur Geschichte der Rhein- und Lippe-Schiffahrt". Für diese Dissertation benutzte Brandt im RWWA die später im Krieg vernichteten Akten der Handelskammer Wesel. Ein Desiderat der Forschung ist noch eine Untersuchung des Schülerkreises von Kuske. Mehrere seiner Doktoranden waren später im Kammerwesen tätig, so in Köln sein erster Doktorand Heinrich Vervier (s.u.), Hans Stein (RWWA) und Ernst Habermas, später Friedrich Dole. Vgl. Limper: Verzeichnis.
387 Verzeichnis 1930, S. 45; WWZ, 20. Jg. (1942), S. 119-122; BArch REM Kartei; R31.01, Nr. 9609, o. Pag.; Nr. 9611, o. Pag.; Nr. 9612, o. Pag.
388 BArch R31.01, Nr. 9612, o. Pag.; RWWA 1-146-2. S. a. seine Artikel zum Besuch Hitlers am 30.03.1938, WWZ, 16. Jg. (1938), S. 239, und „Der Kampf um unser Lebensrecht", WWZ, 17. Jg. (1939), S. 95-96.
389 RWWA 72-190-11.

390 BArch R31.01, Nr. 9612, o. Pag.; IHK zu Köln, Personalakte Lorck; Personalakte Rieber; RWWA 72-190-11. In einem Vermerk zum Aufbau der Kammer wurde er nach 1945 auch als Hauptgeschäftsführer bezeichnet, StadtABN, Pr 10/751.
391 Beispiel eines Geschäftsverteilungsplanes in diesem Sinne bei Abel: Industrie- und Handelskammern, S. 122-125.
392 BArch R31.01, Nr. 9612, o. Pag.
393 Abel: Industrie- und Handelskammern, S. 30-31.
394 BArch R11, Nr. 1812, Fol. 12; R31.01, Nr. 9610, o. Pag.; RWWA 1-316-5, S. 18-19.
395 BArch R11, Nr. 1814, Fol. 103; ZARB 310/611; IHK zu Köln, Personalakte Vervier.
396 WWZ, 14. Jg. (1936), S. 1006.
397 Soweit nicht anders angegeben, beziehen sich die folgenden Ausführungen auf den Verwaltungsplan der GWK, der am 11. Januar 1943 in Kraft trat, RWWA 1g-2-3. Handschriftliche Änderungen und Zusätze wurden nicht berücksichtigt. In die folgenden Äußerung wurde auch das Organisationshandbuch der GWK mit dem Stand vom 15. Mai 1944 hinzugezogen (Zit. Organisation).
398 Arbeitseinteilung bei der Industrie-Abteilung der Gauwirtschaftskammer Köln-Aachen, RWWA 1g-2-3; IHK zu Köln, Personalakte Riepen.
399 Bracher u.a.: Machtergreifung, S. 172-173, 497; Broszat: Staat, S. 306.
400 BArch R31.01, Nr. 9608, Fol. 15-17. In R31.01, Nr. 9612, o. Pag., ist von einer nebenamtlichen Beschäftigung die Rede, die aber in der Personalakte nicht bestätigt wird.
401 Van Eyll: Voraussetzungen, S. 100; Golczewski: Universitätslehrer, S. 111, 353-357, 446. Der zwielichtigen Rolle Kuskes im Dritten Reich wird die jüngste biographische Veröffentlichung von Schuchardt (s. Literaturliste) nicht gerecht. Die bei Däbritz: Lebensgang, S. 22, genannte kurze Internierung Kuskes im Messe-KZ in Köln-Deutz nach dem 20. Juli 1944 wird von Golczewski zu Unrecht in Frage gestellt.
402 RWWA 72-190-11. Das Titelblatt trägt zwar das Publikationsjahr 1942, wegen „Feindeinwirkung" bei Kammer und Druckerei verzögerte sich die Fertigstellung jedoch bis Anfang 1944.
403 Weise: Kammern, S. 68.
404 Recherchen in BArch R2 Mitgliederkartei NSDAP sowie Parteikanzlei, Korrespondenz.
405 BArch R31.01, Nr. 9612, o.Pag. In Z42 IV/1572 wird von ihm angegeben, er sei 1937 zur SA-Reserve gekommen.
406 WWZ, 12. Jg. (1934), S. 696.
407 BArch R31.01, Nr. 9612, o.Pag; Nr. 9330, Fol. 192, und Z42 IV/375, Fol. 2-4. Das RWM hatte 1940 eine Personalunion noch befürwortet. Hassmann: Standort, S. 37. Zu der Vorgeschichte s. Boelcke: Wirtschaft, S. 277.
408 RWWA 72-190-11; vgl. auch die Formulierung von Grohé, WWZ, 21. Jg. (1943), S. 51.
409 Gustav Brecht: Erinnerungen, o.O. o.J., S. 59 (ZARB); BArch Z42 IV/1572.
410 WWZ, 16. Jg. (1938), S. 733-734, sowie sein Artikel in der WWZ, 17. Jg. (1939), S. 141-144.
411 BArch Z42, IV/375, Fol. 19.
412 BArch Parteikanzlei, Korrespondenz; IHK zu Köln, Personalakte von Thenen.
413 RWWA 1-146-2.
414 Report concerning „Gauwirtschaftskammer Köln-Aachen", Bonn, 18.03.1945, StadtABN, Pr 10/751.
415 BArch Z42, IV/375, Fol. 19.
416 BArch Z42, IV/375, Fol. 20; IHK zu Köln, Personalakte Riepen.
417 Hassmann: Standort, S. 11; BArch R11, Nr. 1812, Fol. 35; Nr. 1814, Fol. 82, 99-100, 106, 108-110; Nr. 1815, Fol. 39; Nr. 1936, Fol. 26-27; R31.01, Nr. 9608, Fol. 107, 109; RWWA 1-113/00.
418 Reininghaus: Selbstverwaltung, S. 58; Winkel: Wirtschaft, S. 140; BArch R11, Nr. 1814, Fol. 82; R31.01, Nr. 9608, Fol. 110-112, 163-164, 224; Nr. 9609, o. Pag.; Nr. 9610, o. Pag.; Nr. 9611, o. Pag.; ZARB 310/611/I.
419 Hilgermann: Weichen, S. 3; Vogt: Wirtschaftsregion, S. 202; WWZ, 15. Jg. (1937), S. 1062; 16. Jg. (1938), S. 318, 376; 17. Jg. (1939), S. 110, 467; IHK zu Köln, Personalakte Brandt; ZARB 310/611/I.
420 RWWA 1-113/00; 1d-12-6.
421 Barth: Wesen, S. 50; RWWA 22-330-1.
422 BArch R31.01, Nr. 9610, o. Pag.
423 WWZ, 10. Jg. (1932), S. 629; BArch R11, Nr. 1812, Fol. 156; RWWA 1-316-5, S. 42.
424 Abel: Industrie- und Handelskammern, S. 15; Winkel: Geschichte, S. 66-67.
425 WWZ, 11 Jg. (1933), S. 270; BArch R31.01, Nr. 9608, Fol. 7, 33.
426 WWZ, 21. Jg. (1943), S. 99; BArch R11, Nr. 1814, Fol. 92-93; Nr. 1815, Fol. 7; R31.01, Nr. 9609, o. Pag.
427 RWWA 20-606-2; 31, Firmenakte Eisenwerk Marx, Hennef/Sieg.
428 Kölnische Zeitung, 10.01.1934, Nr. 16; BArch R11, Nr. 1812, Fol. 5; R31.01, Nr. 9611, o. Pag.; RWWA 1-316-5, S. 41-43.
429 BArch R11, Nr. 1812, Fol. 3-4.
430 BArch R31.01, Nr. 9609, o. Pag.
431 RWWA 20-606-2.
432 Winkel: Geschichte. S. 93-94; RWWA 22-330-1.
433 BArch R11, Nr. 1812, Fol. 28-29, 171; Nr. 1814, Fol. 17-22, 82.
434 BArch R11, Nr. 1812, Fol. 29-30, 34-35; Nr. 1815, Fol. 38; R31.01, Nr. 9608, Fol. 8-9.
435 BArch R11, Nr. 1813, Fol. 10.
436 BArch R31.01, Nr. 9610, o. Pag.
437 BArch R11, Nr. 1812, Fol. 26-27, 143, 167; Nr. 1815, Fol. 52;.; Z42, IV/375, Fol. 196-202; RWWA 1-210-6.
438 BArch R11, Nr. 1812, Fol. 13, 30-32; R31.01, Nr. 9610, o. Pag.; Nr. 9611, o. Pag.; Anweisungen an die Gefolgschaftsmitglieder, RWWA, Abt. 1h, Zigarettenfabrik Haus Neuerburg, 1959.
439 BArch R11, Nr. 1812, Fol. 20; 1814, Fol. 82, 104; RWWA 1-210-5.
440 Hilgermann: Weichen, S. 3; WWZ, 21. Jg. (1943), S. 169; BArch R11, Nr. 1815, Fol. 4; RWWA 1-210-6; 1d-1-4; 72-190-11; 112-P001; ZARB 310/611.
441 Kreisarchiv Oberbergischer Kreis, NL Dresbach. Wenig später besorgte Brandt für sich und seine Familie ein Zimmer in Gummersbach. RWWA 112-P001.
442 150 Jahre, S. 143; IHK zu Köln, Personalakte Lorck; RWWA 1d-1-4; 72-190-11; 112-P001.
443 Einen Überblick über die IHK-Aufgaben in Pietzsch: Organisation. S. 29-30.
444 ZARB 310/611/I.
445 Barth: Wesen, S. 51.
446 Hilland: Handelskammerwesen, S. 4.
447 Winkel: Geschichte, S. 37; Winkel: Wirtschaft, S. 125.
448 RWWA 1-316-5, S. 44.

449 Zu diesem Gedanken Winkel: Geschichte, S. 95.
450 WWZ, 12. Jg. (1934), S. 1046; 15. Jg. (1937), S. 306; BArch R31.01, Nr. 9880, Fol.100- 101; ZARB 310/611/I.
451 Winkel: Geschichte, S. 13; WWZ, 15. Jg. (1937), S. 832; BArch R31.01, Nr. 9609, o. Pag.; RW19/10, Fol. 52-55; RWWA 1-316-5, S. 45.
452 WWZ, 11. Jg. (1933), S. 721; BArch R31.01, Nr. 9608, Fol. 35.
453 150 Jahre, S. 39.
454 WWZ, 14. Jg. (1936), S. 269.
455 BArch R11, Nr. 1812, Fol. 14; RWWA 1-210-4.
456 BArch R31.01, Nr. 9880, Fol. 138. Mitteilung der DAF in WWZ, 15. Jg. (1937), S. 686. Zur Bedeutung der Kammerzeitschriften allgemein aus NS-Sicht vgl. WWZ, 20. Jg. (1942), S. 5-9.
457 BArch R31.01, Nr. 9610, o. Pag.
458 WWZ, 13. Jg. (1935), S. 1025-1026.
459 RWWA 1-287-1; 1-316-5, S. 53.
460 WWZ, 12. Jg. (1934), S. 849, 866.
461 RWWA 20-606-2.
462 Van Eyll: Voraussetzungen, S. 102-104, 194; WWZ, 11. Jg. (1933), S. 312; 12. Jg. (1934), S. 697, 15. Jg. (1937), S. 275-277.
463 Barth: Wesen, S. 52.
464 BArch R11, Nr. 1812, Fol. 32-33; Nr. 1814, Fol. 73; Nr. 1815, Fol. 124-125.
465 RWWA 72-190-11. Vgl. auch die zu Kriegsbeginn veröffentlichten Empfehlungen zur Sicherung des Schriftgutes der Unternehmen. WWZ, 17. Jg. (1939), S. 941.
466 WWZ, 11. Jg. (1933), S. 283, 411, 446-447, 595, 685-686; 12. Jg. (1934), S. 70, 372.
467 WWZ, 12. Jg. (1934), S. 39, 59, 117, 143.
468 Abel: Industrie- und Handelskammern, S. 85-86; Broszat: Staat, S. 212; Winkel: Geschichte, S. 37, 95-96; WWZ, 13. Jg. (1935), S. 77-78, 399-400, 626, 921; 14. Jg. (1936), S. 130, 234, 812; RWWA 1-316-5, S. 50; 20-606-2.
469 Grosse: Industrie- und Handelskammern, S. 18; WWZ, 12. Jg. (1934), S. 342, 515-516, 536; BArch R11, Nr. 1812, Fol. 37-38; R31.01, Nr. 9608, Fol. 72-76, 195-199; Nr. 9609, o. Pag.; RWWA 1-316-5, S. 15; 22-303-4.
470 WWZ, 12. Jg. (1934), S. 452-452; 14. Jg. (1936), S. 130; RWWA 1g-1-1; 22-303- 4; StadtABN, Pr 10/732.
471 WWZ, 12. Jg. (1934), S. 877; 15. Jg. (1937), S. 600.
472 StadtABN, Pr 10/732.
473 BArch R11, Nr. 1814, Fol. 122-123; RWWA 20-606-2.
474 Abel: Industrie- und Handelskammern, S. 54; Winkel: Geschichte, S. 96; WWZ, 11. Jg. (1933), S. 144-146; RWWA 20-606-2.
475 Winkel: Geschichte, S. 25.
476 Kölnische Zeitung, 08.10.1938; WWZ, 15. Jg. (1937), S. 863-864; 16. Jg. (1938), S. 191, 1004; 17. Jg. (1939), S. 68, 77, 87, 493-495; BArch R11, Nr. 1812, Fol. 15, 33-34; R31.01, Nr. 9608, Fol. 28; Nr. 9610, o. Pag.; StadtABN, Pr 10/732; ZARB 310/611/I.
477 Winkel: Geschichte, S. 20; RWWA 20-606-2.
478 Abel: Industrie- und Handelskammern, S. 52; Barth: Wesen, S. 76; Boelcke: Wirtschaft, S. 115; Klein: Industrie- und Handelskammern, S. 17; Romeyk: Verwaltungs- und Behördengeschichte, S. 448-449; WWZ, 11. Jg. (1933), S. 599-600, 675-676, 721-725; 13. Jg. (1935), S. 280; 14. Jg. (1936), S. 216, 356-357; 16. Jg. (1938), S. 522-523, 669-670; 21. Jg. (1943), S. 17-18; BArch R11, Nr. 1812, Fol. 16, 39-40, 45-46, 124-125; Nr. 1815, Fol. 136; R31.01, Nr. 9609, o. Pag.; RWWA 1-316-5, S. 47; 1d-3-1; 1g-2-3; ZARB 310/611/I.

479 Abel: Industrie- und Handelskammern, S. 62-64, 68; Wendlandt: Einfluß, S. 11; WWZ, 12. Jg. (1934), S. 985; 14. Jg. (1936), S. 129; RWWA 20-606-2.
480 Abel: Industrie- und Handelskammern, S. 83-84; Barth: Wesen, S. 81; Wendlandt: Einfluß, S. 12; Winkel: Geschichte, S. 36, 96; WWZ, 11. Jg. (1933), S. 81-82; 12. Jg. (1934), S. 71; 15. Jg. (1937), S. 3-7; RWWA, Abt. 1h, Zigarettenfabrik Haus Neuerburg, 1959; 20-606-2.
481 WWZ, 11. Jg. (1933), S. 273-275.
482 Boelcke: Wirtschaft, S. 142-143; Herrmann: Wirtschaftsgeschichte, S. 423; Kuske: 400 Jahre, S. 51-52; Romeyk: Verwaltungs- und Behördengeschichte, S. 449-450; WWZ, 12. Jg. (1934), S. 180-181, 217, 323, 1108; 13. Jg. (1935), S. 14-15.
483 Kuske: 400 Jahre, 57-58; WWZ, 11. Jg. (1933), S. 620; 14. Jg. (1936), S. 44-46.
484 Herrmann: Wirtschaftsgeschichte, S. 423; Kuske: 400 Jahre, S. 63; WWZ, 12. Jg. (1934), S. 264-265; RWWA 1-316-5, S. 49; ZARB 210/611.
485 WWZ, 12. Jg. (1934), S. 73; 13. Jg. (1935), S. 456, 767-768; RWWA 20-606-2; ZARB 210/611.
486 WWZ, 16. Jg. (1938), S. 427-429; ZARB 310/611/I.
487 WWZ, 11. Jg. (1933), S. 155-156; 12. Jg. (1934), S. 11, 37, 73, 591, 859, 1020; 16. Jg. (1938), S. 388-389.
488 Abel: Industrie- und Handelskammern, S. 55; Wessel: Industrie, S. 24; Winkel: Geschichte. S. 31. Zum Gesamtthema Wolsing: Untersuchungen.
489 Boelcke: Wirtschaft, S. 92; Winkel: Geschichte, S. 30, 34; BArch R11, Nr. 730, Fol. 99- 105.
490 Winkel: Geschichte, S. 33; WWZ, 12. Jg. (1934), S. 533.
491 WWZ, 15. Jg. (1937), S. 493, 901.
492 Abel: Industrie- und Handelskammern, S. 56-57; „Drittes Reich", S. 125; WWZ, 11. Jg. (1933), S. 598; 12. Jg. (1934), S. 74, 382-383, 877-878; 13. Jg. (1935), S. 160; 15. Jg. (1937), S. 715-717, 733-735; 16. Jg. (1938), S. 305-309; BArch R31.01, Nr. 9610, o. Pag.; ZARB 310/611/I.
493 Winkel: Geschichte, S. 31; WWZ, 16. Jg. (1938), S. 78, 611, 1125.
494 Van Eyll: Selbstverwaltung, S. 691; WWZ, 13. Jg. (1935), S. 115; 14. Jg. (1936), S. 997; 16. Jg. (1938), S. 932; BArch R31.01, Nr. 9610, o. Pag.
495 Boelcke: Wirtschaft, S. 223; Kessler: Wie war es ..., S. 64, der im März 1944 „Reichssieger" als Kaufmannsgehilfe in der Fachsparte Binnenschiffahrt wurde; Winkel: Geschichte, S. 34; WWZ, 16. Jg. (1938), S. 968, 1125; RWWA 1d-1-4.
496 Hoch: Industrie- und Handelskammern, S. 13; Kreyenschmidt: Wandel, S. 66; Küpper/Wolff: Bankenabteilung, S. 69; Weber: 100 Jahre, S. 18-19.
497 Dieser Gedanke bei Industrie- und Handelskammer Wuppertal, S. 120.
498 Abel: Industrie- und Handelskammern, S. 89; Barth: Wesen, S. 50, 52.
499 Abel: Industrie- und Handelskammern, S. 88; 150 Jahre, S. 50; Reininghaus: Selbstverwaltung, S. 66; Romeyk: Verwaltungs- und Behördengeschichte, S. 449; Winkel: Geschichte, S. 102-103; Kölnische Zeitung, 09.05.1936; WWZ, 13. Jg. (1935), S. 251, 455-457; 14. Jg. (1936), S. 407-408; 16. Jg. (1938), S. 77, 128-131; BArch R31.01, Nr. 9609, o. Pag.; Nr. 9880, Fol. 26-31; RWWA 1-316-5, S. 48.
500 Barth: Wesen, S. 83; RWWA 20-606-2.
501 Abel: Industrie- und Handelskammern, S. 53; Winkel: Geschichte, S. 98; RWWA 20-606- 2.
502 Barth: Wesen, S. 32; Winkel: Geschichte, S. 100-102.

⁵⁰³ Winkel: Geschichte, S. 96; RWWA 20-606-2; 22-330-1; ZARB 310/611/I.
⁵⁰⁴ WWZ, 11. Jg. (1933), S. 545, 594, 598, 626; 12. Jg. (1934), S. 307-309, 449; 14. Jg. (1936), S. 249; 16. Jg. (1938), S. 261; 1156; BArch R31.01, Nr. 9608, Fol. 30; RWWA 72-190-10.
⁵⁰⁵ Jüdisches Schicksal, S. 150; Winkel: Geschichte, S. 29; WWZ, 12. Jg. (1934), S. 67.
⁵⁰⁶ Bopf: Arisierung, S. 169; RWWA 22-330-1.
⁵⁰⁷ Dr. Hans Buchner: Aufgabenbereich und Tätigkeitsfeld einer Industrie- und Handelskammer. Referat des Hauptgeschäftsführers der IHK zu München auf der Tagung des Bayerischen Industrie- und Handelskammertages, 19.11.1935, S. 8. Ms. in RWWA 20-605-1.
⁵⁰⁸ RWWA 22-330-1.
⁵⁰⁹ Boelcke: Wirtschaft, S. 127.
⁵¹⁰ Barkai: Schicksalsjahr, S. 103, 114; Winkel: Geschichte, S. 104; WWZ, 16. Jg. (1938), S. 558-559, 571-572; Fragebogen und „Reichsbürgererklärungen" in verschiedenen Firmenakten, RWWA 1h.
⁵¹¹ Barkai: Schicksalsjahr, S. 96, 100, 107; 150 Jahre, S. 35; O.M.G.U.S., Deutsche Bank, S. 174; Winkel: Geschichte, S. 106; Winkel: Wirtschaft, S. 124-125; WWZ, 17. Jg. (1939), S. 141-144; BArch Z42, IV/375, Fol. 196-202; RWWA 20-606-2.
⁵¹² RWWA 22-330-1.
⁵¹³ Industrie- und Handelskammer Wuppertal, S. 121-123; Reininghaus: Selbstverwaltung, S. 58, 62-63; Winkel: Geschichte, S. 110; WWZ, 15. Jg. (1937), S. 759-761, 781-784; BArch R11, Nr. 1812, Fol. 33-34; R31.01, Nr. 9610, o. Pag.; Nr. 9374, Fol. 6-9, 11-12; RWWA, Abt. 1h, Zigarettenfabrik Haus Neuerburg, 1959.

⁵¹⁴ 150 Jahre, S. 131; van Eyll: Selbstverwaltung, S. 691-692; Hassmann: Standort, S. 11-12; Industrie- und Handelskammer Wuppertal, S. 121-122; Reininghaus: Selbstverwaltung, S. 58, 63; Rüther: Arbeiterschaft, S. 302; Winkel: Geschichte, S. 114-115, 123-124; RGBl, I, 1939, S. 1565-1566, WWZ, 18. Jg. (1940), S. 496; 19. Jg. (1941), S. 772; 21. Jg. (1943), S. 97-98, S. 145-146; BArch R31.01, Nr. 9374, Fol. 29-30; RWWA 63-46-8; 22-330-1.
⁵¹⁵ Rede Baron Schröder, ZARB 310/611/I. Das Manuskript ist nicht datiert, das Anschreiben von Schröders datiert vom 09.02.1940. Es handelt sich dabei um einen Besuch des Staatssekretärs Anfang Februar im Rheinland, zu dem eine gemeinsame Tagung der Wirtschaftskammern Düsseldorf und Köln stattfand. WWZ, 18. Jg. (1940), S. 58-59.
⁵¹⁶ Winkel: Geschichte, S. 115-116; Winkel: Wirtschaft, S. 132; RWWA 112-P001.
⁵¹⁷ Winkel: Geschichte, S. 109; Winkel: Wirtschaft, S. 143; WWZ, 16. Jg. (1938), S. 77.
⁵¹⁸ Industrie- und Handelskammer Wuppertal, S. 124-125; Reininghaus: Selbstverwaltung, S. 67-68; Winkel: Geschichte, S. 116; RWWA 72-190-11.
⁵¹⁹ Industrie- und Handelskammer Wuppertal, S. 123-129; Most: Handelskammern, S. 13; Winkel: Geschichte, S. 117, 119-123; WWZ, 18. Jg. (1940), S. 509, 986; 21. Jg. (1943), S. 121-122, 145-146, 258; BArch R11, Nr. 1813, Fol. 3; RWWA 22-330-1; 63-46-8; ZARB 210/611.
⁵²⁰ Industrie- und Handelskammer Wuppertal, S. 131-132; Vogt: Wirtschaftsregion, S. 202 fußend auf HStD RW 13-2 (nicht im RWWA, wie von Vogt angegeben!); Winkel: Geschichte, S. 121-122; WWZ, 20. Jg. (1942), S. 375-376, 453; RWWA 1-110/42, Bd. 1; 72-190-11; ZARB 210/611.
⁵²¹ Hilgermann: Wandel, S. 14; BArch Z42, IV/375, Fol. 79, 121-125, 176; Z42, IV/375a; Fol. 32.

WIRTSCHAFTSGESCHICHTE DES INDUSTRIE- UND HANDELSKAMMERBEZIRKS KÖLN SEIT 1945

GÜNTHER SCHULZ
UNTER MITARBEIT VON MARCUS SCHÜLLER

I	Grundzüge der deutschen Wirtschaftsentwicklung und Wirtschaftspolitik	228
II	Gebiet – Bevölkerung – Startbedingungen nach 1945 im Kammerbezirk	233
1	Wirtschaftsgebiet	233
2	Bevölkerung	235
3	Erwerbstätigkeit	238
4	Unternehmensstruktur	239
5	Verkehr	241
6	Der Start 1945/48	244
III	Bergbau und verarbeitendes Gewerbe im Kammerbezirk	245
1	Bergbau und Energie, Steine und Erden	245
2	Metallindustrie und Maschinenbau	247
3	Fahrzeugbau	250
4	Elektrotechnik	251
5	Chemie	253
6	Nahrungs- und Genußmittel	256
7	Weitere Branchen	258
IV	Der Dienstleistungsbereich im Kammerbezirk	260
1	Handel	260
2	Messen	262
3	Banken und Versicherungen	264
4	Verkehr	265
5	Beherbergungsgewerbe	268
6	Medien	268
V	Fazit und Perspektiven	270

I GRUNDZÜGE DER DEUTSCHEN WIRTSCHAFTS-
    ENTWICKLUNG UND WIRTSCHAFTSPOLITIK

In der wirtschaftlichen Entwicklung Deutschlands nach dem Zweiten Weltkrieg bilden die Besatzungsjahre eine Ausnahmeepoche. Die Übernahme der Regierungsgewalt durch die Alliierten mit dem sich bald zuspitzenden Ost-West-Konflikt, Entnazifizierung, wirtschaftliche Eingriffe wie die Absenkung der gewerblichen Produktion auf ein gerade noch für die elementaren Bedürfnisse ausreichendes Niveau, Demontagen und Entflechtung, die Bodenreform, Lizensierung und Konzessionierung kennzeichnen die Singularität dieser Epoche ebenso wie die extreme Not durch die Kriegszerstörungen, durch Flucht und Vertreibung. Gesamtwirtschaftlich waren rund zwanzig Prozent der industriellen Anlagen zerstört, ferner Straßen, Eisenbahnlinien und Kanäle, knapp ein Viertel der Wohnungen, die Menschen hungerten und froren, vor allem im „Hungerwinter" 1946/47. Die Besatzungsmächte, die in ihren Heimatländern selbst beträchtliche wirtschaftliche Schwierigkeiten zu bewältigen hatten, überzogen das Land mit einem dichten Netz von zwangswirtschaftlichen Maßnahmen, um den Mangel zu verwalten und zu verteilen. Dazu gehört die – häufig noch verschärfte – Fortsetzung der nationalsozialistischen Bewirtschaftung der Güter und Preise: der Energie ebenso wie der Rohstoffe, Halb- und Fertigwaren, der Löhne und des Wohnraums. Die öffentliche Zwangswirtschaft bewirkte, daß der Geldüberhang, mit dem der Krieg finanziert worden war, nicht in eine offene Inflation mündete. Doch die Existenz eines Schwarzmarktes zeigt, daß es eine verborgene, „zurückgestaute" Inflation gab, die sich sogleich gezeigt hätte, wenn die öffentliche Rationierung und Preisfestsetzung aufgehoben worden wären. Auf dem Schwarzmarkt war die Zigarette die „Währung" des Kleinen Mannes, so wie die Kohle die „Währung" der Industrie bei der Kompensation der öffentlichen Mangelwirtschaft war.[1]

Bis Ende 1946 war die Politik der westlichen Alliierten gegenüber ihren Zonen äußerst restriktiv. Dies änderte sich mit Wirkung zum Jahresbeginn 1947. Treibende Kraft waren die Amerikaner. Sie hatten erkannt, daß sie nur dann ihre Besatzungslasten reduzieren, die Umstellungsschwierigkeiten ihrer eigenen Wirtschaft mildern und Westeuropa als wirtschaftlich potenten und hinsichtlich der Wirtschaftsordnung gleichgerichteten Kooperationspartner und Absatzmarkt gewinnen konnten, wenn sie Deutschland zur Genesung verhalfen. Die praktische Umsetzung dieser Politik waren – neben vielem anderen – die Errichtung der Bizone Anfang 1947, der Marshallplan 1948 bis 1952 mit der Gründung der OEEC und der Europäischen Zahlungsunion[2], die Währungsreform 1948 und das Londoner Schuldenabkommen 1953. Der wichtigste Schritt der Deutschen auf diesem Weg war die Bewirtschaftungsreform Ludwig Erhards 1948, mit der der Frankfurter Wirtschaftsrat die staatliche Verteilung der meisten Güter und die Festlegung der meisten Preise abschaffte. Ausnahmen gab es für Güter der Grundversorgung: Energie- und Nahrungsmittelpreise, Verkehrstarife, Zinsen, Wohnungsmieten und -zuteilung. Die Aufhebung der Zwangswirtschaft war die Geburtsstunde der Sozialen Marktwirtschaft. Freilich wurde sie erst mit dem Ergebnis der ersten Bundestagswahl 1949 politisch grundsätzlich fixiert.

Die konjunkturelle Entwicklung der Bundesrepublik umfaßt bislang sechs Zyklen.[3] Zäsuren gab es 1958, 1966/67, 1973/74, 1982 und 1992. In diesen Jahren sank das jährliche Wachstum in Prozent des realen Sozialprodukts auf den jeweils tiefsten Punkt, von dem aus ein neuer Aufschwung begann. In der ersten Phase (1949/50 bis 1958) wurden die Kriegsschäden weitgehend überwunden. Die Wirtschaft gewann ihre Exportstärke zurück und boomte, vor allem seit 1950 („Koreaboom"). Die Arbeitslosenquote sank von anfangs mehr als zehn auf rund drei Prozent. Zu dieser Entwicklung trug die fortschreitende Verflechtung der Bundesrepublik mit den westeuropäischen

Provisorischer Wiederaufbau der Hohenzollernbrücke, 1948

Volkswirtschaften maßgeblich bei. Wichtige Elemente dieser Integration waren die Lieferungen im Rahmen des Marshallplans (1948 bis 1952) und die mit diesem Plan von den Amerikanern angestrebte wirtschaftspolitische Öffnung (West-)Europas. Sie manifestierte sich insbesondere in der Gründung der Organization for European Economic Cooperation (OEEC, 1948). Aus dieser ging 1961 die Organization for Economic Cooperation and Development, OECD, hervor. Ferner trug die Gründung der Europäischen Zahlungsunion (EZU, 1950) als Clearingstelle für den multilateralen Zahlungsausgleich in Europa dazu bei, die anfängliche Devisenknappheit zu überwinden. 1958 war die volle Konvertibilität der DM erreicht. Weitere wichtige Schritte zur internationalen wirtschaftlichen Integration waren der Beitritt der Bundesrepublik zum General Agreement on Tariffs and Trade (GATT) 1951, ferner die Gründung der Europäischen Gemeinschaft für Kohle und Stahl (EGKS, Montanunion, 1951). Die Wirtschaft des Kölner Handelskammerbezirks, die ohnehin stets eng mit den westeuropäischen Nachbarn kooperiert hatte, profitierte von der Liberalisierung des Außenhandels und der Intensivierung des wirtschaftlichen Austausches.

Im Zeitraum von 1958 bis 1966/67 sank die Arbeitslosenquote unter ein Prozent. Die Arbeitskräftenachfrage überstieg das Angebot. Nun begann die Anwerbung von Gastarbeitern. Die westeuropäische Integration wurde durch Gründung der Europäischen Wirtschaftsgemeinschaft (EWG, 1957, in Kraft seit 1. Januar 1958) auf eine neue Stufe gehoben: Die Mitgliedsstaaten Belgien, Bundesrepublik Deutschland, Frankreich, Italien, Luxemburg und die Niederlande verpflichteten sich, die Außenhandelszölle zu vereinheitlichen und ihre Wirtschafts-, Handels-, Verkehrs- und Sozialpolitik zu koordinieren. Aus der EWG entstand die Europäische Gemeinschaft (EG, 1967) und aus dieser die Europäische Union (EU, 1993), deren Mitglieder 1992 in Maastricht einen Vertrag über die Errichtung einer Wirtschafts- und Währungsunion schlossen. Zugleich wuchs die Mitgliederzahl von ursprünglich sechs Staaten durch die Aufnahme von Dänemark, Großbritannien und Irland (1973), Griechenland (1981), Portugal und Spanien (1986), Österreich, Finnland und Schweden (1995) auf 15 Staaten.

In der Rezession von 1966/67 sank das wirtschaftliche Wachstum erstmals kurzfristig unter Null. Die Arbeitslosenquote stieg vorübergehend auf 2,1 % 1967. Doch die Auslandsnachfrage sprang rasch wieder an und stimulierte das Wachstum. Auch staatliche Konjunkturprogramme trugen zur Wiederbelebung bei, hatten allerdings ein geringeres Gewicht als die Impulse des Exports.

Eine nachhaltige Zäsur bildete die erste Ölkrise 1973. Nun brach das Wirtschaftswachstum stark ein (1975 ein Minus von 1,4 %), die Exportmöglichkeiten verschlechterten sich, und es begann eine andauernde Strukturkrise.[4] Die Bundesrepublik versuchte den konjunkturellen Rückschlag durch Flexibilisierung der Wechselkurse abzumildern. Allerdings beeinträchtigten auch inflationäre Tendenzen, stark wachsende Lohnkosten und schließlich die zweite Ölkrise von 1978/79 das Wirtschaftswachstum. Nachdem es 1976 noch einmal 5,6 % erreicht hatte, sank es 1982, zum dritten Mal in der Geschichte der Bundesrepublik, unter die Nullgrenze (minus ein Prozent).

Der fünfte Konjunkturzyklus (1982 bis 1992) brachte anfangs Wachstumsraten von zwei bis drei Prozent. 1990/91 löste der Beitritt der früheren DDR einen gewaltigen Nachfrageschub aus. Der „Einigungsboom" brachte der westdeutschen Wirtschaft Zuwächse des Bruttoinlandsprodukts von mehr als fünf Prozent. Auf Grund dieser deutschen Sonderkonjunktur wirkte sich die weltweite Rezession auf die deutsche Wirtschaft erst ab Mitte 1992 mit einem erneuten „Minuswachstum" aus (1993: minus 1,7 %).

1994 setzt die Erholung ein. Der starke Beschäftigungsabbau, den die Krise bewirkt hatte, endete Mitte 1994. Der Konjunkturaufschwung setzte sich 1995 fort, anfangs von der Auslandsnachfrage, später auch von der Binnennachfrage (Wohnungsbau, gewerbliche Investitionen) getragen.[5]

Das Wirtschaftswachstum war in den ersten Jahren nach dem Zweiten Weltkrieg sehr hoch. Es flachte seitdem stark ab. Das reale Bruttoinlandsprodukt in der Bundesrepublik wuchs in den fünfziger Jahren um 8,6 %, in den Sechzigern um 4,9 %, den Siebzigern um 2,7 % und 1980 bis 1989 um 2,1 %. Die deutsche Wirtschaft war anfangs in einer außerordentlich günstigen Situation, insbesondere wegen der sehr hohen Binnennachfrage (Überwindung der Kriegsschäden, Zustrom von Vertriebenen und Flüchtlingen) und auf Grund exogener Faktoren („Koreaboom", Exportorientierung). Der nachfolgende Rückgang der Zuwächse scheint eher der Weg in die Normalität als in die Stagnation zu sein.

Einige wirtschaftliche Trends sind durchgängig zu beobachten. Dazu gehört der sektorale Wandel: der massive Bedeutungsverlust der Landwirtschaft. Ihr Anteil an den Erwerbstätigen der Bundesrepublik sank von 24,6 % 1950 über 8,5 % 1970 auf 3,5 % 1990 und ihr Anteil an der Bruttowertschöpfung von 10,2 % über 3,4 % auf 1,6 % in diesen Jahren. Der gewerbliche Sektor expandierte anfangs, verlor aber seit den siebziger Jahren an Bedeutung. Sein Anteil an den Erwerbstätigen betrug 1950 = 42,6 %, 1970 = 48,9 % und 1990 = 39,7 %. Sein Anteil an der Bruttowertschöpfung wuchs von 49,6 auf 51,7 % 1950/70, 1990 waren es nur noch 40,1 %. Statt dessen schob sich der tertiäre Sektor nach vorn. Seit den siebziger Jahren schreitet die Bundesrepublik auf dem Weg zur Dienstleistungsgesellschaft immer schneller voran. Arbeiteten 1950 erst 32,7 % im Dienstleistungsbereich, so waren es 1970 = 42,6 % und 1990 = 56,8 %. Zur Bruttowertschöpfung trug der tertiäre Sektor in diesen Jahren 40,0 % bzw. 45,0 % bzw. 58,3 % bei.[6]

Hinter diesen Kennzahlen verbergen sich weitere Entwicklungen. Dazu gehören der Bedeutungsverlust und die Strukturkrise des Bergbaus seit 1957/58 sowie starke Zuwächse der chemischen und elektrotechnischen Industrie und des Automobilbaus. Der Dienstleistungsbereich konnte lange diejenigen Arbeitskräfte aufnehmen, die die Landwirtschaft und das Gewerbe freisetzten. Banken, Versicherungen, Reisebüros und andere private Dienstleister expandierten besonders stark, gefolgt vom Staat und den Sozialversicherungen, während Handel und Verkehr etwas zurückblieben. Auch die Exportorientierung der Bundesrepublik gehört zu den Konstanten. Der Export erwirtschaftet hohe Überschüsse. Die Handelsbilanz ist seit 1952 positiv. Zugleich aber weist die Übertragungsbilanz seit 1953 rote Zahlen aus. Die wichtigsten Handelspartner der Bundesrepublik waren und sind die westlichen Industrieländer, allen voran Frankreich, die Niederlande und Italien. Schließlich bewirkt der Übergang zur Dienstleistungsgesellschaft auch eine Umstrukturierung der Beschäftigten. Die Zahl der Selbständigen nimmt langfristig ab. Dasselbe gilt für die mithelfenden Familienangehörigen, deren Zahl in der Landwirtschaft und im Handwerk stets besonders groß war. Auch die Zahl der Arbeiter und ihr Anteil an den Erwerbstätigen sind langfristig rückläufig: Seit 1987 gibt es in der Bundesrepublik mehr Angestellte als Arbeiter. Angleichungstendenzen im Arbeits- und Sozialrecht lassen vermuten, daß der Angestellte das Muster für einen zunehmend einheitlich werdenden Arbeitnehmertypus darstellt.

Eine nachhaltige Zäsur in der Wirtschaftsgeschichte der Nachkriegszeit bilden die Jahre 1973/75. In der vorhergehenden Zeit hatte die Arbeitslosigkeit schon früh abgenommen, Vollbeschäftigung geherrscht, das reale Wachstum war relativ hoch gewesen, das Preisniveau nur leicht gestiegen. Seit 1973/75 jedoch befindet sich die Wirtschaft in einem schwierigen Strukturwandel. Seither flacht das Wachstum ab, und die Arbeitslosigkeit ist anhaltend hoch. Wirtschaftliches Wachstum wirkt sich seither kaum im Abbau von Arbeitslosigkeit aus. Dies hat zahlreiche Ursachen, unter anderem demographische und technologische Faktoren, die Ölpreiserhöhungen, zunehmende Sättigung der Märkte für langfristige Gebrauchsgüter wie Automobile, Schwächen der deutschen Wirtschaft im internationalen Wettbewerb aufgrund steigender Lohnkosten einschließlich Sozialabgaben und gewachsener Steuerlasten, schließlich wohl auch gelegentlich das Nachlassen von Innovationsdynamik und Leistungsbereitschaft.

Die Wirtschaftspolitik basiert auf dem Konzept der Sozialen Marktwirtschaft als drittem Weg zwischen staatlicher Zentralverwaltungswirtschaft und Manchesterkapitalismus. Im Mittelpunkt dieses ordoliberalen Konzepts Ludwig Erhards und Alfred Müller-Armacks steht der Wettbewerb als Motor des Wohlstands.[7] Der Staat soll das Funktionieren der Wettbewerbsordnung und möglichst weitgehende Freiheit des Außenhandels gewährleisten, auf Interventionen nach Möglichkeit verzichten und im übrigen nur marktkonforme Instrumente einsetzen, wenn die Stimulierung von wirtschaftlichem Wachstum und Beschäftigung Eingriffe erfordert. Er soll sichere Grundlagen für das Wirtschaften schaffen, unter anderem durch eine zuverlässige Rechtsordnung, eine funktionsfähige Geldordnung und stabile öffentliche Finanzen. Die beste Grundlage für soziale Sicherheit und Gerechtigkeit bildete in Erhards Augen eine gute Wirtschaftspolitik. Soweit aus gesellschaftspolitischen Erwägungen erforderlich, soll der Staat die ursprüngliche Einkommens- und Vermögensverteilung korrigieren.

Erhard hielt nichts von Konjunkturprogrammen und einer Politik der Einzelmaßnahmen, sondern vertraute auf die Wirkung der ordnungspolitischen Grundentscheidungen. Er zielte auf den Abbau von Wirtschaftshemmnissen. Doch konnten angesichts der Kriegsschäden und Kriegsfolgen nicht alle Interventionen abgebaut werden, die im und nach dem Krieg eingesetzt hatten (u.a. bei der Bewirtschaftung des Wohnraums). Erhard war auch zu pragmatischen Schritten bereit und ließ notfalls auch systemwidrige Mittel zu, wenn sie zum Erhalt oder zur Stabilisierung des ordnungspolitischen Systems in seiner Gesamtheit erforderlich schienen. Hierzu zählen u.a. Eingriffe in den

Kapitalmarkt der fünfziger Jahre (Anlagevorschriften, Zinsbegrenzung), Marktordnungen für einzelne Bereiche der Landwirtschaft und das Investitionshilfegesetz von 1952. Es zwang die gewerbliche Wirtschaft nach dem Auslaufen des Marshallplans, als sich Kapitalmangel bemerkbar machte, eine Milliarde DM für Investitionen in den Engpaßbereichen Kohlebergbau, Eisen, Stahl, Eisenbahn und Energieversorgung aufzubringen.

Als in den späteren fünfziger Jahren die Verteilungsspielräume größer wurden, traf die Wirtschaftspolitik weitere strukturelle Entscheidungen zugunsten marktwirtschaftlicher Verhältnisse. Hierzu gehört das Kartellgesetz von 1957. Es soll verhindern, daß Unternehmen eine marktbeherrschende Stellung erlangen. Hierzu gehört ferner die bedeutende Liberalisierung des Wohnungsmarktes in den sechziger Jahren. Auch gesellschaftspolitische Strukturentscheidungen sind zu nennen, darunter die Förderung der privaten Vermögensbildung seit 1959 durch Vermögensbildungsgesetze („312 DM-Gesetz"; heute 936 DM), Sparförderung und durch Privatisierung bundeseigener Wirtschaftsunternehmen und Ausgabe von „Volksaktien" (Preussag, VW, VEBA). Weitere strukturelle Weichenstellungen waren der Familienlastenausgleich, die Eigenheimförderung und andere Faktoren.[8]

Ludwig Erhards Wirtschaftspolitik wurde in der Rezession 1966/67 von einer keynesianischen Politik abgelöst. Karl Schiller, Wirtschaftsminister in der Großen Koalition und unter Kanzler Willy Brandt, baute die Interventionsmöglichkeiten der öffentlichen Hand auf der Grundlage des marktwirtschaftlichen Systems bedeutend aus. Staatliche Globalsteuerung sollte konjunkturelle Schwankungen und strukturelle Ungleichgewichte mit den Mitteln antizyklischer Nachfragesteuerung, langfristig angelegter Haushaltspolitik, staatlicher Rahmenplanung, Struktur- und regionaler Wirtschaftspolitik ausgleichen. Das Konzept der Globalsteuerung wurde 1967 in dem noch von Erhard entworfenen und bis heute wichtigen Stabilitätsgesetz kodifiziert. Es verpflichtet den Staat, im Rahmen der marktwirtschaftlichen Ordnung für Stabilität des Preisniveaus, hohen Beschäftigungsstand, außenwirtschaftliches Gleichgewicht sowie stetiges und angemessenes Wirtschaftswachstum zu sorgen („magisches Viereck"). Als Steuerungselemente sollten unter anderem die Konzertierte Aktion dienen, eine Gesprächsrunde der Interessengruppen beim Bundeswirtschaftsminister (1967 bis 1977), ferner die mittelfristige Finanzplanung sowie Konjunktur- und Strukturprogramme. Die sozialliberale Wirtschaftspolitik wurde von einer erheblichen Ausweitung sozialpolitischer Leistungen begleitet. Dazu gehören das Lohnfortzahlungsgesetz 1970, das Bundesausbildungsförderungsgesetz 1971 und die Rentenreform 1972, die die flexible Altersgrenze einführte und die Rentenversicherung für Selbständige öffnete. Doch die Ölpreiskrisen 1973 und 1978/79, zunehmende Marktsättigung, steigende Arbeitskosten, struktureller Wandel durch neue Technologien (Mikroelektronik, Solarenergie) sowie ökologische Widerstände zeigten die Grenzen der Globalsteuerung. Das wirtschaftliche Wachstum flachte stark ab, es gab hohe Dauerarbeitslosigkeit und hohe Inflation. Versuche, die Ausweitung öffentlicher Leistungen zu begrenzen, blieben stecken.

Unter Kanzler Helmut Schmidt (1974 bis 1982) gewannen Ansätze Bedeutung, staatliche Wirtschaftspolitik auch mit Hilfe einer angebotsorientierten Finanzpolitik und einer stetigen Geldmengenpolitik zu betreiben. Die Wirtschaftspolitik setzte nicht mehr hauptsächlich auf die Steuerung der Nachfrage mit Hilfe von Wachstums-, Beschäftigungs-, Strukturprogrammen etc., sondern ging zur Angebotspolitik über, indem sie unter anderem die Rahmenbedingungen für private Investitionen verbesserte. Zugleich sollten Ausgabenkürzungen die Struktur der öffentlichen Haushalte verbessern. Beides wurde auch durch die zunehmende Verschuldung der öffentlichen Hand erzwungen. Die Bundesbank versuchte, mit einer restriktiven Geldmengenpolitik die Inflation zu bekämpfen.

Der Regierungswechsel zu Kanzler Helmut Kohl 1982 brachte den Durchbruch der Angebotspolitik. Nun traten die angebotsorientierte Fiskalpolitik und die Konsolidierung der öffentlichen Haushalte, Forderungen nach Deregulierung und Subventionsabbau ganz in den Vordergrund. Die öffentliche Hand sollte auf unmittelbare Steuerung der Wirtschaftstätigkeit so weit wie möglich verzichten. Anreize und Leistungswettbewerb sollten an die Stelle staatlicher Steuerung treten. Die neue liberale Wirtschaftspolitik setzte u.a. bedeutende Steuersenkungen 1986/88/90 durch, bremste das Wachstum der staatlichen Ausgaben und der Neuverschuldung und privatisierte öffentliche Unternehmen. Tatsächlich wurden die Wachstumskrise überwunden und Preisstabilität erreicht. Die Staatsquote ging zeitweise zurück, doch die Arbeitslosigkeit blieb auf hohem Niveau. Mit dem Zusammenbruch der DDR und der Vereinigung Deutschlands 1990 entstanden gewaltige, unvorhergesehene Finanzierungsprobleme, die bedeutende Transferleistungen in die neuen Bundesländer erforderten und zu erheblichen Belastungen der privaten und der öffentlichen Haushalte sowie der Sozialversicherungen führten.

II GEBIET – BEVÖLKERUNG – STARTBEDINGUNGEN NACH 1945 IM KAMMERBEZIRK

1 WIRTSCHAFTSGEBIET

Der Bezirk der IHK Köln umfaßt seit 1977 neben dem Zentrum Köln die Stadt Leverkusen, den Erftkreis, den Oberbergischen Kreis und den Rheinisch-Bergischen Kreis. Auf einer Fläche von 2 545 qkm leben mehr als 2,1 Mio. Menschen. Vor der Neugliederung des Kammerbezirks 1977, notwendig geworden durch die kommunale Gebietsreform in NRW zum 1. Januar 1975, waren Chemie, Maschinenbau, Fahrzeugbau und Elektrotechnik, bezogen auf den Umsatz, nahezu gleich gewichtige Wirtschaftsbranchen (insgesamt 55,2 % vor der Neugliederung, nun 62,8 % des Gesamtumsatzes). Seit Ende der siebziger Jahre nimmt aber die Chemie mit mehr als 33 % die Spitzenstellung ein, gefolgt vom Fahrzeugbau mit 12,1 %. Die Hauptursache für das große Gewicht der Chemie war die Aufnahme der *Bayer AG* durch die Eingliederung der Stadt Leverkusen in den Bezirk. Auf den Kölner Kammerbezirk entfielen jetzt 34 % des nordrhein-westfälischen Chemieumsatzes.[9]

Das mit großem Abstand dominierende Ballungszentrum der Region ist Köln, die größte Stadt Nordrhein-Westfalens und viertgrößte Stadt Deutschlands.[10] Sie ist ein Dienstleistungs- und Industriezentrum mit vielfältiger Wirtschaftsstruktur. Die wichtigsten industriellen Branchen sind der Automobilbau, die Chemie, Elektrotechnik, Feinmechanik und der Maschinenbau. Die Industrie in der Stadt hat in den vergangenen Jahrzehnten mehr und mehr abgenommen, der Dienstleistungsbereich expandierte stark und bietet heute die meisten Arbeitsplätze. Die Domstadt ist ein Schwerpunkt des Groß- und Einzelhandels mit rund 6 000 Ladengeschäften (1996) und ein Messeplatz mit 39 internationalen Messen und Ausstellungen. Wenngleich Köln die Vorkriegstradition als Bankenzentrum nicht fortsetzen konnte, sind die Banken nach wie vor stark vertreten, und besonders kräftig expandierten die Sparkassen, unter anderem durch den Beitritt von Sparkassen des Oberbergischen Kreises zum „Zweckverband für die *Kreissparkasse Köln*" 1985. Köln wurde eine führende Versicherungsmetropole, in der etwa 60 Versicherungsunternehmen ihre Hauptverwaltung haben. Des weiteren haben sich in der rheinischen Metropole zahlreiche Botschaften und ausländische Wirtschaftsvertretungen angesiedelt, ferner Spitzenverbände wie die Bundesvereinigung der Deutschen Arbeitgeberverbände, der Bundesverband der Deutschen Industrie und der Bundesverband deutscher Banken. Seit Mitte der achtziger Jahre entwickelte sich der Medien- und Kommunikationsbereich zu einem wichtigen Wirtschaftsfaktor, den zehn Rundfunk- und Fernsehsender (1996) und ihre Zulieferer etc. prägen. Ferner ist Köln das größte Wissenschafts- und Forschungszentrum der Region mit neun Hochschulen, darunter einer der größten Universitäten der Bundesrepublik. Schließlich sind auch die Theater, Musikveranstaltungen, Museen, Stadien und die übrigen Einrichtungen des Kultur- und Freizeitangebots ein bedeutender Wirtschaftsfaktor, nicht nur im Hinblick auf den Fremdenverkehr.[11]

Die Wirtschaft der kreisfreien Stadt Leverkusen ist durch die chemisch-pharmazeutische Industrie geprägt (*Bayer AG*). Ferner gibt es eine Vielzahl von Unternehmen des Stahl- und Maschinenbaus und der Kunststoffverarbeitung. Die Stadt ist mit ihrem Angebot an Handwerk, Schulen und Einkaufsmöglichkeiten ein eigenständiges Mittelzentrum.[12]

Die wirtschaftliche Basis des Erftkreises sind die chemische, petrochemische und elektrometallurgische Industrie westlich und südlich von Köln, der Braunkohlebergbau – ursprünglich im Süden, heute im Norden des Kreises – und die Energieerzeugung. Der südöstliche Teil des Kreises blieb das gewerbliche Zentrum, denn als der Braunkohletagebau nach Norden wanderte, siedelten sich um Brühl herum metallverarbeitende und Maschinenbauindustrie an. Die im 19. Jahrhundert noch landwirtschaftliche Prägung der Region wurde im 20. Jahrhundert von Bergbau und verarbeitendem Gewerbe abgelöst. In den vergangenen Jahren hat die Zahl der Arbeitsplätze in Handel, Verkehr und den übrigen Dienstleistungsbereichen diejenige im sekundären Sektor überflügelt. In jüngster Zeit haben sich hier zahlreiche Betriebe der „Zukunftsbranchen" Entsorgungswirtschaft, Umwelttechnik und Elektronik angesiedelt. Zudem haben einige Städte des Kreises vom Wachstum der Medien partizipiert. Der Kreis erhielt unter anderem mit den Autobahnen A 4 (Köln-Aachen) in den fünfziger Jahren und A 61 (Venlo-Schwetzingen/Heidelberg) in den siebziger Jahren wichtige West-Ost- und Nord-Süd-Anbindungen. Seither wurde der Erftkreis ein wichtiger Standort für Transport- und Logistikunternehmen. Die neun Städte und eine Gemeinde des Kreises bilden eine polyzentrische Wirtschaftsstruktur. Die Landwirtschaft ist im Erftkreis noch bedeutend, wenngleich sie auch hier zurückgeht. Begünstigt von der Nähe zu Köln, guten Verkehrsverbindungen und Naherholungsmöglichkeiten – unter anderem durch die Rekultivierung von Braunkohletagebauen – ist der Kreis in den vergangenen Jahren stark gewachsen und hat die Industrie in Köln entlastet.[13]

Der Oberbergische Kreis ist ähnlich stark ländlich geprägt wie der Erftkreis. Die landwirtschaftliche Nutzfläche ist insgesamt kleiner als dort, doch die Zahl der Höfe ist größer, die durchschnittliche Betriebsgröße im Schnitt weniger als halb so groß. Die bäuerliche Bevölkerung ist in der Nachkriegszeit dramatisch zurückgegangen (von einem Fünftel der Erwerbstätigen 1950 auf gegenwärtig unter drei Prozent). Im Gegenzug hat das verarbeitende Gewerbe stark zugenommen. Es ist zwar seit den siebziger Jahren etwas zurückgegangen, beschäftigt aber auch heute noch mehr Erwerbstätige als der Dienstleistungsbereich. Dies gibt dem Kreis eine Sonderstellung im Handelskammerbezirk. Das verarbeitende Gewerbe ist mittelständisch geprägt. Die wichtigsten Branchen sind die elektrotechnische und kunststoffverarbeitende Industrie, der Maschinen- und Fahrzeugbau, Gießerei, Eisen-, Blech- und Metallwarenherstellung. Das oberbergische Berg- und Hügelland wird von den großen Autobahnlinien nur am Rande berührt und ist vergleichsweise dünn besiedelt, wenngleich einige der sieben Städte und sechs Gemeinden (darunter zwei Kurorte) stark wachsen.[14]

Der Rheinisch-Bergische Kreis ist durch die Mischung gewerblich-verdichteter Gebiete im westlichen und ländlicher Regionen im östlichen Kreisgebiet geprägt. Er profitiert von der Randlage zum südöstlich angrenzenden Köln und zum nördlich angrenzenden bergischen Industriegebiet. Die Landwirtschaft ist marginal. Seit den 1970er Jahren tritt das zuvor expandierende produzierende

Erstes Teilstück der Autobahn A 4 Köln – Gummersbach, 1968

Gewerbe mehr und mehr hinter den Dienstleistungsbereich zurück. Das ehemals florierende Textilgewerbe schrumpfte, die Schuhproduktion verschwand ganz.[15] Die wichtigsten Branchen sind der Maschinen- und Fahrzeugbau, die Eisen-, Blech- und Metallwarenherstellung sowie die elektrotechnische und kunststoffverarbeitende Industrie. Im Norden des Kreises sind Kfz-Zulieferindustrie und Rollenfabrikation bedeutend, in der Kreisstadt Bergisch Gladbach Papiererzeugung und -verarbeitung. Ferner haben sich neue Branchen angesiedelt (Informations-, Kommunikationstechnologie, Medienwirtschaft). Im östlichen Kreisgebiet gibt es große Erholungsgebiete.[16]

2   BEVÖLKERUNG

Nahezu jeder zweite Bewohner des Handelskammerbezirks lebte 1995 in Köln: 965 697 von 2 120 760. Während die Bevölkerungsdichte dort bei 2 384 Einwohnern pro qkm lag, betrug sie im Oberbergischen Kreis nur 306 Personen, im Kammerbezirk insgesamt 833.[17]

Für die demographische Entwicklung der Großstadt Köln und ihres Umlandes war 1945 eine wichtige Zäsur. Vor Ausbruch des Zweiten Weltkriegs hatten im Stadtgebiet mehr als 700 000 Menschen gelebt. Im Frühjahr 1945 waren es nur noch schätzungsweise 40 000. Die Hauptursache war die Flucht der Zivilbevölkerung in das Umland, vor allem in den letzten Kriegsmonaten. Ferner hatte Köln durch den Luftkrieg etwa 20 000 Tote zu beklagen. Die männliche Bevölkerung war zum Kriegsdienst einberufen. Nach dem Ende der Kampfhandlungen strömten die Kölner wieder in die Stadt zurück. Die Zahl der Rückkehrer stieg schnell an. Am 27. Mai 1945 lebten bereits wieder 125 000, Anfang 1946 489 000 Menschen in der Rheinmetropole.[18] Dort hatte der Bombenkrieg seine Spuren hinterlassen, Köln war eine Trümmerwüste. Die Zerstörungen an Wohngebäuden, vor allem im Innenstadtbereich, gingen weit über den Durchschnitt anderer deutscher Großstädte hinaus. Viele Kölner mußten in Notunterkünften, bei Nachbarn oder Fremden untergebracht werden, man war gezwungen zusammenzurücken.

In der Folgezeit kamen Flüchtlinge aus anderen Gebieten und Vertriebene aus den östlichen Teilen des zusammengebrochenen Reiches.[19] Die Gruppe der Heimatvertriebenen wuchs in den Folgejahren noch stärker an (1954: 8,6 %; 1958: 12 % Anteil an der Bevölkerung), so daß eine Entlastung auf dem Wohnungsmarkt trotz erheblicher Aufbauleistungen nur langsam spürbar wurde. Die Bevölkerungszahl im Stadtgebiet erreichte allerdings erst zu Beginn der sechziger Jahre wieder das Niveau der Vorkriegszeit.[20]

Die Aufnahme von Flüchtlingen, Evakuierten und Vertriebenen beeinflußte auch die Bevölkerungsentwicklung der benachbarten Kreise. Man lenkte den Strom dieser vom Krieg betroffenen Gruppen besonders in dünn besiedelte Gebiete des Kölner Umlandes. So stieg die Bevölkerungsdichte in der Stadt Bergheim von 1939 bis 1950 von 301 auf 438 Einwohner pro qkm. Dieser Anstieg ist allerdings stärker auf die dort vorhandenen Unterbringungs- bzw. Wohnmöglichkeiten als auf Arbeitskräftenachfrage zurückzuführen. Nur in den stärker industrialisierten Gemeinden wie Hürth, Brühl und Wesseling boten sich den Zuwanderern ausreichende Erwerbsmöglichkeiten. Hinzu kamen die direkt oder indirekt mit dem Braunkohletagebau des Villegebietes verbundenen Arbeitsplätze. Darüber hinaus lagen in den strukturschwächeren Gebieten fast ausschließlich die Wohn- und Schlafstätten der Pendler, eine Entwicklung, die besonders ab 1957 zu verzeichnen war.[21] Im Regierungsbezirk Köln lebten Mitte der sechziger Jahre mehr als 400 000 Flüchtlinge, Vertriebene und Aussiedler.[22]

Von Mitte der sechziger bis Anfang der siebziger Jahre stagnierte die Zunahme der Bevölkerungszahl, und es kam zu starken Abwanderungen. Arbeitnehmer zogen mit ihren Familien aus dem Kölner Stadtgebiet „ins Grüne", in die Wohn- und Schlafgebiete des Umlandes und fuhren nun mit dem Auto oder öffentlichen Verkehrsmitteln zur Arbeit nach Köln hinein. Dazu trugen der wachsende Individualverkehr ebenso bei wie Bauland- und Siedlungsprobleme. Köln war, wie fast alle anderen kreisfreien Städte in NRW, von einer merklichen Abnahme der Bevölkerungszahl betroffen – ein Trend, der sich in den späten achtziger Jahren wieder umkehrte.[23]

Die administrativen Auswirkungen der Abwanderung in die Vororte konnten durch die kommunale Gebietsreform von 1975 und die Neugliederung des Handelskammerbezirks von 1977 zum Teil aufgefangen werden. Besonders die Eingliederung Leverkusens mit über 165 000 Einwohnern machte sich dabei bemerkbar.[24] Köln und die umliegenden Kreise vergrößerten sich durch die genannten neu hinzugekommenen Gemeinden. Für den Oberbergischen Kreis bedeutete dies beispielsweise eine Zunahme der Bevölkerung um 50 %. Auch das Wanderungsverhalten wirkte sich in den Folgejahren positiv auf die Bilanz aus. Während die Bevölkerungszahlen landesweit sanken, konnte das Oberbergische Land die Zahl seiner Einwohner nahezu kontinuierlich steigern.[25] Im Rheinisch-Bergischen Kreis vergrößerte sich unter anderem die Kreisstadt Bergisch Gladbach nach 1975 erheblich. Hier, nahe der Stadtgrenze Kölns, wohnten rund 40 % der Kreisbevölkerung. Rösrath und Overath entwickelten sich zu bevorzugten Wohnorten in unmittelbarer Nähe Kölns.[26]

Die Zahl ausländischer Zuwanderer stieg seit den 1960er Jahren stark an, heute wohnen viele schon in der dritten Generation in der Domstadt. Waren zu Beginn der Anwerbephase der „Gastarbeiter" noch die Italiener die größte Gruppe der ausländischen Arbeitnehmer, so wurden sie zu Beginn der siebziger Jahre von der Zahl der Türken überflügelt. 1995 leben in Köln mehr als 77 000 Türken und etwa 20 000 Italiener. Gemeinsam bilden sie etwa die Hälfte der knapp 20 % Ausländer in Köln. Die dem Kammerbezirk angeschlossenen Kreise hatten im Betrachtungszeitraum durchweg

	Stadt Köln	Kreis Bergheim/ Erftkreis	Oberberg. Kreis	Rhein.- Berg. Kreis	Landkreis Köln	Leverkusen
1946	491 380	80 974	116 360	147 726	128 899	
1950	594 941	92 321	121 369	159 506	147 310	
1955	715 900	99 400	123 300	176 500	173 611	
1960	801 100	104 200	131 000	206 200	194 600	
1965	857 400	112 600	142 506	246 245	231 166	
1970	870 801	124 740	152 439	283 552	265 549	
1975	1 020 507	309 995	227 241	221 832		
1980	976 694	399 322	247 281	247 927		161 362
1985	916 153	403 357	245 975	248 103		155 077
1990	953 551	419 414	263 276	260 695		160 919
1994	963 817	438 760	277 444	268 042		161 832

Tab. 1: Die Bevölkerung im Bezirk der IHK zu Köln[29] Wohnbevölkerung, ab 1985 ortsanwesende Bevölkerung; Krs. Bergheim bis 1970, ab 1975 Erftkreis.

einen niedrigeren Anteil ausländischer Einwohner (zwischen sechs und zehn Prozent). Insgesamt lebten im Handelskammerbezirk Ende 1994 299 188 Ausländer (14,2 % der Bevölkerung), darunter 110 612 Türken, 34 410 Italiener und 16 605 Griechen.[27]

Die Stadt Köln zählte Mitte der siebziger Jahre nach der vorübergehenden Eingemeindung von Wesseling erstmals und zunächst nur für ganz kurze Zeit zu den Millionenstädten. Die Rückführung ausländischer Bewohner in ihre Heimatländer ab Anfang der achtziger Jahre ließ die Bevölkerungszahl weiter sinken. Die Zuwanderung zahlreicher Deutschstämmiger aus Osteuropa in den späten achtziger Jahren sowie der konjunkturelle Boom der frühen neunziger Jahre infolge der Wiedervereinigung Deutschlands mit wiederum steigendem Anteil ausländischer Mitbewohner ließen die Einwohnerzahl der Domstadt fortan um die Millionengrenze schwanken.[28]

Unter den Wanderungen sind nicht zuletzt auch diejenigen der Studenten zu nennen. Die Kölner Universität überholte bereits Mitte der achtziger Jahre Bonn und Münster. Sie entwickelte sich, betrachtet man die Studentenzahlen, bis 1996 zur größten wissenschaftlichen Hochschule in Deutschland und hat heute 63 000 Studenten.

Seit Anfang der sechziger Jahre machte sich der allgemeine Anstieg der Lebenserwartung auch in Köln bemerkbar. Es lebten zunehmend mehr alte Menschen im Stadtgebiet, und zwar mehr als im Durchschnitt von Nordrhein-Westfalen. Dennoch schritt der Prozeß der „Überalterung" in Köln relativ langsam voran. 1946 lag der Anteil der Hochbetagten (75 Jahre und älter) lediglich bei 1,9 %, 1990 hingegen waren es 6,7 % der Kölner Bevölkerung.[30] Wie jetzt bereits absehbar ist, werden die Zahlen der älteren und hochbetagten Einwohner Kölns zunehmen und diejenigen der jüngeren Generationen zurückgehen.[31] Dies wird für die Stadt und ihr Umland von großer Tragweite sein. Besonders die Verlagerungen im Erwerbsprozeß – weniger junge Menschen müssen für die Versorgung einer steigenden Zahl älterer Menschen aufkommen – werden Auswirkungen auf das Erwerbs- und Sozialgefüge im IHK-Bezirk haben.

3   ERWERBSTÄTIGKEIT

Gemessen an der Zahl der beschäftigten Arbeitnehmer stand der Kölner Handelskammerbezirk stets an zweiter Stelle in NRW hinter dem Bezirk der IHK Münster. Ein Vergleich mit der bundesdeutschen Entwicklung zeigt, daß die Beschäftigung nach dem Krieg in ähnlichem Maße wie auf Bundesebene anwuchs, wobei Einbrüche in konjunkturellen Krisenzeiten den IHK-Bezirk ebenso wie die gesamte Volkswirtschaft betrafen.[32] So läßt sich beispielsweise die Wirtschaftskrise 1966/67 an den Beschäftigtenzahlen in der Kölner Industrie deutlich ablesen. Diese sanken erstmals stark, nachdem sie seit 1950 dauernd gestiegen waren.[33] Im Kölner Bezirk zeigten sich ähnliche Entwicklungen wie auf der Bundes- und der nordrhein-westfälischen Ebene, doch war er nicht so stark von strukturellen Einbrüchen betroffen wie beispielsweise das Ruhrgebiet. So nahm von 1977 bis 1987 in Westdeutschland die Beschäftigung um rund sechs Prozent zu, in NRW dagegen stagnierte sie.[34] Im IHK-Bezirk stieg die Zahl der beschäftigten Arbeitnehmer in diesem Zeitraum ebenfalls leicht an, gleichzeitig nahmen aber auch die Arbeitslosenzahlen zu. Ursache für die positive Entwicklung bis zum ersten Ölpreisschock war das anhaltende Wirtschaftswachstum der fünfziger und sechziger Jahre (Ausnahme 1966/67), das sich auch im geringen Umfang der Arbeitslosigkeit in der zweiten Hälfte der sechziger Jahre im Kammerbezirk zeigt. Das Niveau der Arbeitslosigkeit lag hier bis zu den siebziger Jahren meist unter dem Landesdurchschnitt, seither liegt es etwa einen halben Prozentpunkt darüber.[35]

Die Beschäftigung von nichtdeutschen Arbeitnehmern im Kammerbezirk war spätestens seit Anfang der sechziger Jahre[36] bedeutend. Im Bereich der IHK Köln gab es mit großem Abstand die meisten Ausländer in NRW. Bereits 1961 arbeiteten nahezu 30 000, 1965 mehr als 56 000, zu Beginn der achtziger Jahre 90 000 Ausländer in und um Köln. Auch ihr Anteil an der Gesamtzahl der Beschäftigten war hoch: Er stieg von vier Prozent 1966 auf rund zwölf Prozent 1980 und stabilisierte sich bis Mitte der neunziger Jahre in etwa bei diesem Wert. Er lag im oberen Drittel der Kammerbezirke in NRW und entwickelte sich entgegen dem landesweit sinkenden Trend der Ausländerbeschäftigung (um acht Prozent Mitte der achtziger Jahre in NRW). Schwerpunkte im Kölner Bezirk (wie auch andernorts) waren die Land- und Forstwirtschaft, das verarbeitende Gewerbe, besonders Eisen und Metall, sowie das Baugewerbe.[37]

Die Verteilung der ausländischen Arbeitnehmer auf die Wirtschaftssektoren im Kölner Bezirk änderte sich bis zur Mitte der neunziger Jahre signifikant. Zwar blieb ihr Anteil an der Gesamtzahl der Beschäftigten mit elf bis zwölf Prozent unverändert, doch arbeiteten sie mehr und mehr in den Dienstleistungsberufen. Dort waren 1994 14 % der Beschäftigten Ausländer; einen geringfügig höheren Anteil wiesen nur die vorgenannten Wirtschaftsbereiche auf.[38]

Das Schwergewicht der Erwerbstätigkeit im Bereich der IHK zu Köln hatte seit Anfang der zwanziger Jahre im sekundären Sektor gelegen. Nahezu jeder zweite Beschäftigte arbeitete in Handwerk oder Industrie. Auch in diesem Bereich dominierte das Zentrum Köln mit dem größten Anteil an den erwerbstätigen Personen. Bereits für 1946 liegen statistische Angaben über die Verteilung der Beschäftigten auf die Sektoren vor. Danach arbeiteten im Stadtgebiet knapp 200 000 Personen, die Hälfte davon in Branchen des sekundären Sektors. Mit knapp 30 % folgte der Bereich Handel und Verkehr, an dritter Stelle lagen die öffentlichen und privaten Dienstleistungen mit 16 %. Die Landwirtschaft innerhalb Kölns war und ist eine zu vernachlässigende Größe. Bis 1970 hatten sich die Anteile der Sektoren in der Stadt Köln nur unwesentlich verschoben.[39]

Eine ähnliche Entwicklung gab es im gesamten Kammerbezirk. Die Beschäftigtenzahlen in der Land- und Forstwirtschaft, im Bergbau und im Energiebereich nahmen seit Ende der siebziger bzw. Mitte der achtziger Jahre merklich ab. Das Baugewerbe und die verarbeitende Industrie verloren ebenfalls Beschäftigte, allerdings in geringerem Maße. Zudem konnte in diesen Bereichen die Negativentwicklung gestoppt werden (Bau), in der Industrie nahmen die Beschäftigtenzahlen nach 1988 sogar wieder spürbar zu. Der angesprochene Trend zur Dienstleistungsgesellschaft zeigte sich seit Ende der siebziger Jahre an der stetigen Zunahme der Erwerbstätigenzahlen in den Bereichen Kredit und Versicherungen sowie bei sonstigen Dienstleistungen. Für die Stadt Köln und den Erftkreis ist besonders die Entwicklung im Verkehr und im Nachrichtenwesen hervorzuheben. In diesen Wachstumsbereichen mit großen Anteilen zukunftsorientierter Technologien zeichnete sich ab 1984 sowohl auf Landes- als auch auf Kammerbezirksebene ein positiver Trend ab.[40] Gerade der seit dieser Zeit boomende Medienbereich beeinflußte die Zunahme der Beschäftigtenzahlen in und um Köln. Nicht zuletzt die Ansiedlung verschiedener Sender sowie der mit diesen verbundenen Produktionsfirmen wirkte sich dabei positiv auf den Arbeitsmarkt aus. Festzuhalten bleibt allerdings, daß in diesem Bereich ein starker, aber auch befruchtender Wettbewerb mit der Nachbarstadt Düsseldorf besteht, die sich ebenfalls als Medienstadt behaupten möchte.

Innerhalb des Kammerbezirks differierte die Entwicklung der einzelnen Wirtschaftsbereiche. Während landesweit bzw. auf Kammerbezirksebene die gewerbliche Wirtschaft zugunsten des Dienstleistungssektors an Bedeutung einbüßte, spielte z.B. im Oberbergischen Kreis das produzierende Gewerbe eine maßgebliche Rolle. Städte wie Gummersbach, Bergneustadt, Engelskirchen und Radevormwald mit hohen Anteilen industrieller Betriebe standen neben eher ländlich geprägten Gemeinden wie Waldbröl und Lindlar. Dort wiederum etablierte sich neben den in der Landwirtschaft Tätigen eine zunehmend größere Gruppe von Beschäftigten des Dienstleistungssektors.[41] Im Erftkreis konzentrierte sich das produzierende Gewerbe in den Städten Hürth, Frechen, Brühl und Wesseling, also im südöstlichen Bereich des Kreises. Die Landwirtschaft, in der 1990 nur ein Prozent der Beschäftigten tätig war, dehnt sich im nördlichen und westlichen Kreisgebiet aus. Auch in dem durch den Braunkohletagebau geprägten Erftkreis hat sich die Abwanderung der Beschäftigten in den dritten Sektor durchgesetzt. Zu Beginn der neunziger Jahre waren 42,9 % im Bereich Dienstleistungen tätig, der einst sehr beschäftigungsintensive industrielle Sektor dagegen wies nur noch 38,4 % auf.[42] Auch im Rheinisch-Bergischen Kreis war diese Entwicklung feststellbar. Der Zuwachs im industriellen Bereich setzte sich hier bis in die sechziger Jahre fort. Seit 1970 steigen hingegen die Beschäftigtenzahlen des dritten Sektors erheblich an. Der Anteil der in der Landwirtschaft tätigen Personen sank bis Anfang der neunziger Jahre auf 1,5 % ab.[43]

4 UNTERNEHMENSSTRUKTUR

Die Zahl der im Handelsregister eingetragenen Unternehmen im Kammerbezirk hat sich von 1955 bis 1995 mehr als vervierfacht (1955: 8 186; 1995: 25 275).[44] Von 1955 bis zur Mitte der siebziger Jahre nahm die Zahl der ins Handelsregister des Kammerbezirks neu eingetragenen Unternehmen überproportional zu. In der zweiten Hälfte der 1970er Jahre erhöhte sich der Bestand an Unternehmen sogar um fast 40 % (1975: 13 389; 1980: 18 650). Seitdem blieben die Zuwachsraten zwar weiterhin positiv, nahmen aber erheblich ab. Auch die im Jahr 1990 weltweit einsetzende Rezession, die sich aufgrund der wiedervereinigungsbedingten Wachstumsimpulse in Deutschland erst zwei Jahre später einstellte, übte starken Einfluß auf die Gründung und Neuansiedlung von Unternehmen im Kölner Kammerbezirk aus. Ihre Zahl nahm in der ersten Hälfte der neunziger Jahre nur noch um etwa vier Prozent zu (1990: 24 323, 1995: 25 275).

In Hinblick auf die Rechtsform der kammerzugehörigen Unternehmen vollzog sich ein Strukturwandel. Einzelunternehmen und Personengesellschaften[45] hatten Mitte der fünfziger Jahre einen Anteil von rund 80 % der Unternehmen. Dies änderte sich im Laufe der folgenden vierzig Jahre dramatisch. 1995 waren nurmehr 14,6 % aller Unternehmen im Kölner Kammerbezirk Einzel-

Jahr	Gesamt*		Einzelfirmen		OHG		KG		Personenges.		GmbH		AG		Kapitalges.		Sonstige	
	abs.	in %	abs.	in %	abs.	in %	abs.	in %	abs.	in %	abs.	in %	abs.	in %	abs.	in %	abs.	in %
1955	8 186	100	3 999	48,9	1 395	17,0	1 048	12,8	2 443	29,8	1 481	18,1	242	3,0	1 723	21,0	21	0,3
1960	8 784	100	3 862	44,0	1 467	16,7	1 319	15,0	2 786	31,7	1 883	21,4	231	2,6	2 114	24,1	22	0,3
1965	9 867	100	3 722	37,7	1 446	14,7	1 773	18,0	3 219	32,6	2 656	26,9	247	2,5	2 903	29,4	23	0,2
1970	11 286	100	3 623	32,1	1 343	11,9	2 375	21,0	3 718	32,9	3 675	32,6	246	2,2	3 921	34,7	24	0,2
1975	13 389	100	3 264	24,4	1 208	9,0	3 389	25,3	4 597	34,3	5 259	39,3	244	1,8	5 503	41,1	25	0,2
1980	18 650	100	3 851	20,6	1 198	6,4	3 969	21,3	5 167	27,7	9 342	50,1	261	1,4	9 603	51,5	29	0,2
1985	21 705	100	3 615	16,7	1 163	5,4	3 788	17,5	4 951	22,8	12 854	59,2	255	1,2	13 109	60,4	30	0,1
1990	24 323	100	3 652	15,0	1 166	4,8	3 418	14,1	4 584	18,8	15 799	65,0	259	1,1	16 058	66,0	29	0,1
1995	25 275	100	3 145	12,4	614	2,4	3 071	12,2	3 685	14,6	18 033	71,3	266	1,1	18 299	72,4	146	0,6

Tab. 2: In das Handelsregister eingetragene kammerzugehörige Firmen nach Rechtsformen 1954 – 1994

Jahr	Gesamt*		Industrie**		Großhandel		Einzelhandel		Handelsvermittler		Banken u. KI		Versicherungen		Verkehr		Gaststätten		Energie		Sonstige	
	abs.	in %	abs.	in %	abs.	in %	abs.	in %	abs.	in %	abs.	in %	abs.	in %	abs.	in %	abs.	in %	abs.	in %	abs.	in %
1955	8 186	100,0	2 475	30,2	2 708	33,1	1 488	18,2	698	8,5	48	0,6	61	0,7	238	2,9	74	0,9	9	0,1	387	4,7
1960	8 784	100,0	2 692	30,6	2 757	31,4	1 584	18,0	703	8,0	48	0,5	61	0,7	341	3,9	85	1,0	10	0,1	503	5,7
1965	9 867	100,0	3 113	31,5	2 895	29,3	1 678	17,0	794	8,0	66	0,7	62	0,6	404	4,1	124	1,3	11	0,1	720	7,3
1970	11 286	100,0	3 590	31,8	3 054	27,1	1 881	16,7	857	7,6	129	1,1	67	0,6	487	4,3	145	1,3	8	0,1	1 068	9,5
1975	13 389	100,0	4 124	30,8	2 984	22,3	2 179	16,3	978	7,3	258	1,9	69	0,5	603	4,5	168	1,3	12	0,1	2 014	15,0
1980	18 650	100,0	5 749	30,8	3 463	18,6	3 600	19,3	1 169	6,3	513	2,8	72	0,4	823	4,4	280	1,5	17	0,1	2 964	15,9
1985	21 705	100,0	6 628	30,5	3 543	16,3	4 216	19,4	1 366	6,3	448	2,1	82	0,4	940	4,3	383	1,8	20	0,1	4 079	18,8
1990	24 323	100,0	7 288	30,0	3 950	16,2	4 440	18,3	1 493	6,1	376	1,5	83	0,3	1 082	4,4	522	2,1	n.b.		5 089	20,9
1995	25 275	100,0	3 693	14,6	4 255	16,8	4 481	17,7	567	2,2	584	2,3	351	1,4	1 249	4,9	620	2,5	n.b.		9 475	37,5

Tab. 3: In das Handelsregister eingetragene kammerzugehörige Firmen nach Wirtschaftszweigen 1954 – 1994

* Hauptsitze und Zweigniederlassungen
** ab 1989 produzierendes Gewerbe

Quelle: Statistische Jahrbücher der nordrhein-westfälischen Industrie- und Handelskammern, hrsg. und bearb. von der Gemeinsamen Statistischen Stelle der nordrhein-westfälischen Industrie- und Handelskammern zu Dortmund.

firmen bzw. offene Handels- oder Kommanditgesellschaften, 72,4 % dagegen gehörten zur Gruppe der Kapitalgesellschaften. Daraus abzuleiten, daß es sich hierbei – etwa aus Gründen der Kapitalbeschaffung und des Unternehmenswachstums – ausschließlich um Umwandlungen von Einzelfirmen und Personengesellschaften in anonyme Kapitalgesellschaften gehandelt habe, wäre nicht zulässig. Denn die Zahl der Einzelfirmen und offenen Handelsgesellschaften blieb etwa auf gleichem Niveau, die der Kommanditgesellschaften verdreifachte sich sogar. Demnach handelte es sich wohl eher um eine Konzentration der neu gegründeten Unternehmen oder Niederlassungen bei den Rechtsformen der Kapitalgesellschaften, hier sogar fast ausschließlich auf die Gesellschaften mit beschränkter Haftung (1955: 1 481; 1995: 18 033).

Auch im Hinblick auf die Zugehörigkeit zu den Wirtschaftszweigen veränderte sich die Zusammensetzung der Unternehmen seit dem Ende des Zweiten Weltkriegs. Neben die Unternehmen in den überkommenen Bereichen der Industrie, des Handels, der Banken und Versicherungen traten immer mehr Unternehmen mit neuen Dienstleistungen. Auch hinsichtlich der Zahl an Betriebsstätten entwickelte sich der tertiäre Sektor als Wachstumssektor und mit ihm der Kölner Bezirk als Wachstumsregion in diesem Bereich. Betrachtet man allein die beiden „klassischen" Segmente des Dienstleistungsmarktes, so hat sich die Zahl der Transport- und Verkehrsunternehmen von 1955 bis 1995 mehr als verfünffacht, die der Gaststätten ist sogar um das Achtfache angestiegen. Das Messewesen hat in Köln eine lange und erfolgreiche Tradition. Immer mehr nationale und internationale Veranstaltungen fanden in der Kölner Messe statt. Die Organisation von Großveranstaltungen, Messen und Ausstellungen führte zu einem lebhaften Ausbau der vor- und nachgelagerten Dienstleistungsbereiche um das eigentliche Unternehmen „Messe". Hotels und Restaurants, Theater und Museen sowie die vielfältigen Freizeitbetriebe profitierten von der Attraktion der Kölner Messe. Viele Unternehmen und Handwerksbetriebe in Köln und aus dem Umland haben sich aus diesem Grund auf die Organisation der Besucherbetreuung oder den Messebau spezialisiert.

Aber auch andere Segmente gewannen für die Zunahme der Unternehmensgründungen und die Eröffnung von Filialbetrieben für den Kammerbezirk an Bedeutung. Hierzu zählten in immer stärkerem Maße die Beratungsbranche (Unternehmens-, Rechts- und Steuerberatung, Wirtschaftsprüfung), die Personalvermittlungs- und Zeitarbeitsfirmen sowie die „Kreativindustrie" (Werbung, Mode, Photographie, Graphik & Design, freie Künstlerbetriebe und Galerien).

Den mit Abstand größten Zuwachs jedoch erlebten die Unternehmen des Medien- und Kommunikationsbereichs. Von der Produktion bis hin zum Marketing von Medien- und Kommunikationsleistungen konzentrierten sich viele der seit den achtziger Jahren gegründeten Unternehmen auf diese Zukunftsbranche. Damit stieg auch der Bedarf an vor- und nachgelagerten Mediendiensten und medienspezifischen Serviceleistungen. Bei den sogenannten „Neuen Medien" handelt es sich vor allem um Klein- und Kleinstunternehmen, die in der jüngsten Vergangenheit in Köln und seiner Umgebung entstanden sind.[46]

5 VERKEHR

Die Stadt Köln als Zentrum des Kammerbezirks ist verkehrstechnisch sehr gut erschlossen. Die auch als „Verkehrskreuz des Westens" apostrophierte Metropole verfügt zu Lande, zu Wasser und aus der Luft über vorzügliche Anbindungen an die Nah- und Fernverkehrsnetze Deutschlands und der westlichen Nachbarländer. Ein weitgespanntes, von Köln ausgehendes Netz von Bundesstraßen bildet die Grundlage für einen guten Anschluß an die umliegenden, größtenteils ländlichen Regionen. Wichtige Nord-Süd-Autobahnen (A 1, A 3) kreuzen sich an der Peripherie der Domstadt mit der West-Ost-Trasse A 4, die in der größer gewordenen Bundesrepublik alte und neue Länder verbindet.

Die 1948 neu errichtete Deutzer Brücke

Darüber hinaus erfüllt diese Autobahn auch eine wichtige Funktion im Kammerbezirk: Über diese Trasse fließt zunächst der gesamte Personen- und Güterverkehr Richtung Aachen und weiter in die Benelux-Länder und nach Frankreich. Des weiteren verbindet die A 4 den Erftkreis im Westen sowie das Bergische und Oberbergische Land im Osten mit dem Wirtschaftszentrum Köln.[47] Der Großraum Bonn-Köln-Düsseldorf ist außerdem durch mehrere regionale Autobahnen links- und rechtsrheinisch verknüpft und hat durch die A 61 eine gute Verbindung zu den Niederlanden und zum südwestdeutschen Raum.

Als wichtiger Knotenpunkt für den Schienenverkehr wurde Köln nach dem Krieg ständig erweitert. Nachdem die Kriegsschäden an den Gleisanlagen behoben und die Rheinbrücken wiedererrichtet worden waren, wurden die Hauptstrecken seit den sechziger Jahren sukzessive elektrifiziert. Köln entwickelte sich zu einem zentralen Punkt im deutschen und europäischen Schienennetz, der zunehmend frequentiert wurde, wenngleich der Schienenverkehr insgesamt in den letzten fünfzig Jahren zugunsten der Straße an Bedeutung verlor.[48] Der Hauptbahnhof in zentraler Innenstadtlage sowie der großflächig ausgebaute Güterbahnhof am Eifeltor trugen dazu bei, die Bedeutung Kölns im nationalen und internationalen Verkehrsnetz zu erweitern. Während die Infrastruktur für den Schienenverkehr in der Metropole den modernen Erfordernissen angepaßt wurde, legte man in den Landkreisen des Kammerbezirks seit den fünfziger und sechziger Jahren viele Strecken still. Waren dies zunächst noch die unrentablen Nebenstrecken, so begann die Bundesbahn seit Mitte der siebziger Jahre auch die Haupttrassen auszudünnen. So blieb z.B. an Personenverbindungen in das Oberbergische Land nur noch die Strecke Köln-Gummersbach erhalten.[49]

Eingangshalle des wiederaufgebauten Kölner Hauptbahnhofes, 1957

Der Kölner Busbahnhof in den fünfziger Jahren

6   DER START 1945/48

Am 6. März 1945 marschierten die Amerikaner ins linksrheinische Köln ein, am 21. Juni nahmen die Briten ihren Platz ein.[50] Nachdem die Alliierten die Kontrolle über Deutschland übernommen hatten, lief die Produktion bald zögernd und auf geringem Niveau wieder an. Es fehlte an Rohstoffen, die Verkehrsverbindungen waren stark beschädigt, und die Besatzungsbehörden schnürten die Produktion durch Auflagen, Kontrollen und Verbote auf vielfältige Weise ein. Im „Plan für die Reparationen und das Niveau der deutschen Nachkriegswirtschaft" (erster Industrieplan, 28. März 1946) legten sie fest, daß die Industrieproduktion auf 50 bis 55 % des Niveaus von 1938 gesenkt werden sollte. Das entsprach etwa 70 % des Niveaus von 1936. Doch dies war eher ein psychologisches als ein betriebstechnisches Hemmnis, weil viele Anlagen ohnehin ihre frühere Auslastung nicht erreichten. Dies hatte seine Ursachen weniger in den Kriegszerstörungen. Zwar waren viele Industrieanlagen bei den Kämpfen zerstört oder beschädigt worden. Doch die Alliierten hatten mit ihren Bombardements vornehmlich auf die Wohngebiete gezielt, um die Zivilbevölkerung zu demoralisieren. Die Industrieanlagen, zumal an der Peripherie der Städte, waren in der Summe nicht so stark beschädigt oder konnten vergleichsweise rasch wiederhergestellt werden. In Köln waren etwa die *Ford-Werke AG* und die *Glanzstoff-Courtaulds GmbH*, die Kunstfasern herstellte, von Zerstörungen weitgehend verschont geblieben, wohingegen *Klöckner-Humboldt-Deutz* (ein kriegswichtiger Produzent von U-Boot-Motoren), die *Felten & Guilleaume Carlswerk AG* und die *Firma Gottfried Hagen* stark zerstört waren. Zudem waren Teile der Produktion und der Verwaltung ausgelagert worden.[51]

Das industrielle Anlagevermögen im Vereinigten Wirtschaftsgebiet war je nach Branche zu zehn bis 25 % zerstört. Da das Brutto-Anlagevermögen der Industrie im Krieg um rund 20 % gegenüber 1936 erweitert worden war, waren trotz der Zerstörungen im Ergebnis kaum weniger Anlagen vorhanden als 1936.[52] Auch die Demontagen, die große öffentliche Empörung hervorriefen, zumal im Ruhrgebiet, hatten auf das Produktionspotential nur begrenzte Wirkung.[53] Größer war die Wirkung der Zerstörungen im Verkehrswesen, was die Beschaffung von Rohstoffen etc. stark beeinträchtigte. Ferner behinderten die produktionstechnischen und politischen Lenkungsmaßnahmen der Besatzungsmächte die Wirtschaftstätigkeit.[54] Zwar lief die Produktion allmählich wieder an. Im Herbst 1946 hatten 40 % der Kölner Industriebetriebe die Arbeit wieder aufgenommen. Die Versorgung mit Energie (Steinkohle) sowie mit Eisen und Stahl war stark eingeschränkt. Die Unternehmen versuchten dies mit Kompensationsgeschäften (z.B. Kohle gegen Baumaterial oder Vorprodukte) auszugleichen.[55]

Die Gründung der Bizone und die Übertragung wirtschaftspolitischer Kompetenzen an die Deutschen im bizonalen Frankfurter Wirtschaftsrat schufen neue Rahmenbedingungen. Der Industrieplan wurde für die Bizone am 29. August 1947 revidiert und gestand den Deutschen zu, die Industrieproduktion auf das Niveau von 1936 anzuheben. Erste Anzeichen für einen Aufschwung machten sich ab Sommer und Herbst 1947 bemerkbar. Sie verstärkten sich mit der Währungsreform, der Perspektive der Marshallplanhilfe und mit dem Eintreffen der ersten Lieferungen des European Recovery Program im Herbst 1948. Die Beschäftigung wuchs rasch, weil viele Unternehmen bald mehr Arbeitnehmer einstellten als erforderlich, denn zum einen spielten die Lohnkosten keine bedeutende Rolle, da vor der Währungsreform genügend Geld vorhanden war. Zum andern versuchten Unternehmen auf diese Art, den Leistungsabfall vieler Arbeitnehmer auszugleichen, den die schlechte Ernährungslage bewirkte. Schließlich wollten die Firmen auf eine baldige Verbesserung der Absatzmöglichkeiten vorbereitet sein, für die Industrie und Großhandel ab etwa Herbst 1947 Rohstoffe und Fertigwaren horteten. Nach der Währungsreform und der Freigabe der meisten Waren aus der Bewirtschaftung im Juni 1948 gelangten diese schlagartig auf den Markt. Nachdem es nun wieder eine harte Währung gab, zeigte sich Geldknappheit. Zugleich nahm die Nachfrage so stark zu, daß die Erzeugung bei weitem nicht Schritt halten konnte.[56]

III BERGBAU UND VERARBEITENDES GEWERBE
IM KAMMERBEZIRK

Die wichtigsten Branchen des Kammerbezirks waren 1995 die chemische Industrie mit 53 408 Beschäftigten und einem Umsatz von 26,4 Mrd. DM, der Fahrzeugbau (30 036 Beschäftigte, 11,3 Mrd. DM Umsatz), der Maschinenbau (18 106 Beschäftigte, 5,1 Mrd. DM Umsatz) und die elektrotechnische, feinmechanische, optische Industrie und Büromaschinenherstellung (16 207 Beschäftigte, 4,0 Mrd. DM Umsatz).[57]

1 BERGBAU UND ENERGIE, STEINE UND ERDEN

Der Bergbau konzentriert sich vor allem auf das rheinische Braunkohlerevier – das wirtschaftlich bedeutendste der Bundesrepublik – mit dem Zentrum im Erftkreis. Die Verarbeitung der Braunkohle zu Briketts expandierte in der frühen Nachkriegszeit stark. Mit der Umstellung der Heizungen in den privaten Haushalten etc. auf Öl, Gas und Fernwärme büßte sie jedoch stark an Bedeutung an. Zugleich wurde immer mehr Braunkohle verstromt, gegenwärtig sind es rund 90 %. Der Braunkohleabbau ist mit der Energiewirtschaft verbundwirtschaftlich verknüpft. Dies reicht bis zum Erwerb des Kraftwerks „Berggeist" durch die *Rheinisch-Westfälische Elektrizitätswerk AG (RWE)* 1906 zurück, doch wurde die Verbundwirtschaft in der Nachkriegszeit stark ausgebaut. 1959 schlossen sich die bis dahin bestehenden vier Bergbaugesellschaften des Braunkohlereviers zur *Rheinischen Braunkohlenwerke AG* zusammen. Das Unternehmen, dessen Aktien überwiegend in der Hand des RWE sind, diversifizierte in den achtziger Jahren zunehmend auch in den Handels- bzw. Dienstleistungsbereich hinein. Es benannte sich 1989 in *Rheinbraun AG* um. Neben die rückläufige Brikettherstellung traten mehr und mehr die Produktion von Braunkohlenstaub und Wirbelschichtbraunkohle. Im Erftkreis entstanden gewaltige Kraftwerkskapazitäten. Dies begünstigte die Ansiedlung energieintensiver Industrieunternehmen, z.B. des Stickstoffwerks in Knapsack. Der Braunkohlenabbau wanderte immer weiter in den Norden des Erftkreises. Er weitete sich dabei räumlich stark aus und drang in größere Tiefen vor. Beides war nur möglich durch Eingriffe in die vorhandenen Siedlungsstrukturen (Umsiedlungen in immer größerem Ausmaß) und durch Absenkung des Grundwasserspiegels (seit 1955) und rief ökologische Kritik hervor. 1995 hatten die vorhandenen fünf Tagebaue eine Förderkapazität von insgesamt 110 bis 120 Mio. t im Jahr. Zur Verbindung der Tagebaue, Brikettfabriken und Kraftwerke errichteten die Braunkohlenwerke die private Nord-Süd-Bahn am Ostrand der Ville. Sie wurde 1954 in Betrieb genommen und gilt als größte Privatbahn der Bundesrepublik. Im Zuge der Nordwanderung des Braunkohlenabbaus wurden die ausgekohlten südlichen Gebiete rekultiviert und attraktive Naherholungsgebiete (z.B. der Erholungspark Ville) angelegt.[58]

Im Oberbergischen Kreis war der einst prosperierende Eisen-, Blei-, Kupfer- und Zinkbergbau schon im frühen 20. Jahrhundert erloschen. Der im Rheinisch-Bergischen Kreis vorhandene Eisenerz-, Braunkohlen-, Zink- und Bleierzabbau wurde schrittweise bis 1978 aufgegeben.[59] Insgesamt erwirtschafteten im Bergbau und bei der Gewinnung von Steinen und Erden im Bezirk der IHK Köln 1995 34 Betriebe mit 8 860 Erwerbstätigen einen Umsatz von 1,11 Mrd. DM, davon 4,8 % für den Export.[60]

Der Industriezweig Steine und Erden umfaßt die Gewinnung von Naturstein, Ton, Sand und Kies sowie die Weiterverarbeitung zu Zement, Beton, Kalk, Mörtel und zu Industriekeramik etc. und die Produktion von Schleifmitteln. Die Branche ist räumlich stark dezentralisiert. Sie umfaßt überwiegend kleine bis mittelständische Betriebe. Hauptkunde mit etwa 85 % des Umsatzes ist

Schaufelradbagger im rheinischen Braunkohlengebiet mit einer Tagesleistung von 240 000 m³

das regionale Baugewerbe; es gibt dennoch steigende Tendenzen im Exportbereich, v.a. beim Straßenbau. Die Standorte der Unternehmen sind absatzmarkt- und rohstoffnah: Frechen und das Vorgebirge sind ein Zentrum der Steinzeugbranche (Tonröhren). Dort wird ferner seit mehr als 2 000 Jahren Silbersand/Quarz abgebaut, der heute der Glasherstellung und der High-Tech-Industrie dient. Aus dem Bergischen Land kommt Stein für den Haus- und Straßenbau, ein Zentrum ist die Steinbruchindustrie im Raum Lindlar. Im Kölner Raum wird Tonerde zur Keramikherstellung gewonnen. Im linksrheinischen Terrassengebiet liegen Auskiesungsbetriebe. Im Bergischen wird Schluff zur Ziegelherstellung gefördert. Die weiterverarbeitende Industrie profitiert von der Infrastruktur des Gebiets. Innovationsimpulse kommen vor allem aus den gestiegenen Umweltschutzanforderungen und resultieren aus dem allgemeinen technologischen Fortschritt (z.B. High-Tech-Keramik).[61]

Rekultivierter Braunkohlentagebau bei Brühl

Die Bedeutung der Branche Glasgewerbe, Keramik und Verarbeitung von Steinen und Erden ist seit etwa den siebziger Jahren stark zurückgegangen. 1995 erwirtschafteten im Bezirk der Kölner Kammer 52 Betriebe mit 5 815 Arbeitskkräften einen Umsatz von 1,77 Mrd. DM, davon 18,1% für den Export.[62]

2 METALLINDUSTRIE UND MASCHINENBAU

Die Metallindustrie ist stark mittelständisch strukturiert. Die Standorte sind verstreut, besonders zahlreich sind sie im Oberbergischen und Rheinisch-Bergischen Kreis. Die dort im 19. Jahrhundert auf Grund der vorhandenen Rohstoffe und Antriebsenergie (Wasser, Holz) entstandenen gewerblichen Zentren mit ihren qualifizierten Arbeitskräften blieben wichtige Standorte, nachdem die Bodenschätze erschöpft und neue Energiequellen (elektrischer Strom) entwickelt worden waren. Die Unternehmen *L. & C. Steinmüller GmbH* in Gummersbach und *Fröling GmbH & Co. KG* in Overath sind Beispiele solcher mittelständischer Unternehmen. In den ersten beiden Jahrzehnten nach dem Zweiten Weltkrieg prosperierten die metallverarbeitenden Unternehmen stark. Seither hat die Konkurrenz, insbesondere auf ausländischen Märkten und von seiten ausländischer Anbieter, bedeutend zugenommen. Die Konzentrationstendenzen sind stark. Umsatzsteigerungen im Stahlbau trotz zurückgehender Beschäftigtenzahlen belegen ein hohes Zuwachspotential. Es entstanden neue Arbeitsgebiete und lokale Schwerpunkte: Die Nachfrage von Unternehmen der Großchemie und der Petrochemie führte dazu, daß zahlreiche Unternehmen des Anlagen- und Rohrleitungsbaus in Leverkusen und Wesseling entstanden oder sich umorientierten. Ein Beispiel ist die *Köln-Wesselinger Eisenbau GmbH*, ein 1918 gegründeter Reparaturbetrieb für Baumaschinen, der sich mit dem Ausbau der Chemieindustrie in Wesseling zum Stahlbauunternehmen entwickelte und für die ROW, *Bayer* und andere Unternehmen baute. Zu den bedeutenden Unternehmen der Metallbranche gehören ferner die *Mauser-Werke GmbH* in Brühl und die *DOM-Sicherheitstechnik GmbH & Co. KG*. Köln ist Sitz des Deutschen Stahlbauverbandes. Insgesamt waren 1995 bei der Metallerzeugung, -bearbeitung und der Herstellung von Metallerzeugnissen im Bezirk der IHK Köln 164 Unternehmen mit 20 991 Beschäftigten tätig. Sie erwirtschafteten einen Umsatz von 4,76 Mrd. DM. Davon gingen 21,8 % in den Export.[63]

Der Maschinenbau zählt seit langem zu den wichtigsten und erfolgreichsten Branchen des Kammerbezirks. Großunternehmen wie *Klöckner-Humboldt-Deutz* (heute: *Deutz AG*) und *Leybold* haben Weltruf. Doch überwiegend ist die Branche mittelständisch strukturiert; das Produktionsprogramm ist durch starke Spezialisierung geprägt. Die Vielfalt und der hohe Fertigungsgrad der hergestellten Produkte benötigt einen weiten Absatzmarkt.[64]

Bei Kriegsende war der Maschinenbau wie andere Industriebereiche der Region Köln von schweren Zerstörungen der Werksanlagen betroffen. Demontagen erschwerten zusätzlich eine rasche Wiederaufnahme der Produktion. Bis zur Währungsreform blieb der industrielle Wiederaufbau auch auf dem Sektor des Maschinenbaus ein tauschwirtschaftlicher Behelf. Der Aufschwung in den fünfziger Jahren war kräftig. Besonders in der zweiten Hälfte der fünfziger Jahre profitierte der Maschinenbau von den Investitionen und der Nachfrage nach qualifizierten Maschinen.[65] Auch zu Beginn der sechziger Jahre blieb der Maschinenbau trotz Abschwächungstendenzen der Industrie beständig. Ihm kam vor allem der Ausbau der kapitalintensiven Mineralölindustrie zugute. Auch als das Wachstum 1966 nachließ, hatte die Branche Umsatzerfolge. Doch bis 1975 erreichten Produktionszahlen und Umsätze einen Tiefstand, vornehmlich auf Grund zunehmender internationaler Konkurrenz sowie sinkender Investitionsbereitschaft der Industrie. Erst Ende der siebziger Jahre verbesserte sich die Ertragslage, wenngleich der Wettbewerbsdruck aus dem Ausland, Behinderungen auf einigen Auslandsmärkten, Facharbeitermangel und ein z.T. erheblicher Anstieg der Produktionskosten Schwierigkeiten bereiteten.[66]

Die lebhafte Investitionsneigung der Industrie brach 1982 ab: Für den Maschinenbau war dies das schlechteste Geschäftsjahr seit langem. Die Branche litt vor allem unter den Folgen von verschärftem Preiswettbewerb auf den Märkten und von Markteinbußen im In- und Ausland, v.a. zugunsten der USA und Japans. Die verringerte Marktbreite führte zu Überkapazitäten, erhöhte den Kostendruck und zwang zu nachhaltiger Rationalisierung. Erst Mitte der achtziger Jahre fand der Maschinenbau Anschluß an den allgemeinen Aufschwung und verbuchte Umsatzzuwächse. Sie hielten in der zweiten Hälfte der achtziger Jahre an.[67]

Am Beginn der neunziger Jahre mußte der Maschinenbau die seit langem stärksten Umsatzeinbrüche hinnehmen. Verantwortlich waren vor allem Währungsturbulenzen, verschärfter Wettbewerb aus

Verschiffung von Deutz-Traktoren, ca. 1960

Billiglohnländern und sinkende Inlandsnachfrage. Darüber hinaus machten sich das Ende der durch die Wiedervereinigung hervorgerufenen Sonderkonjunktur bemerkbar sowie hohe Tarifabschlüsse, eine allgemein nachlassende Investitionsbereitschaft und anfangs hohe Zinsen. Mitte der neunziger Jahre zeichnete sich ein Aufwärtstrend ab; 1995 waren die Auftrags- und Umsatzentwicklung erstmals wieder positiv. Stärken des Maschinenbaus im Handelskammerbezirk sind die Nähe zur umliegenden Großindustrie, die gut ausgebaute Infrastruktur der Region sowie vor allem die Entwicklung EDV-unterstützter Fertigungssysteme und technologisches Know-how, insbesondere bei der Umwelttechnologie. In Zukunft verspricht man sich neue Impulse von Investitionspotentialen in Osteuropa und Marktchancen in China.[68]

Viele Entwicklungen des Maschinenbaus zeigen sich wie im Brennglas bei der *Klöckner-Humboldt-Deutz AG*. Bei Kriegsende waren rund 74 % des Werks völlig zerstört. Das Unternehmen litt unter den Demontagen. Mit großem Einsatz wurden die Produktion von Bergbaumaschinen und der Bau von Brücken aufgenommen. 1946 erhielt KHD die Genehmigung zum Bau von 500 Traktoren, zwei Jahre später wurden wieder Dieselmotoren produziert. 1951 erreichten die Produktions- und die Umsatzzahlen das Vorkriegsniveau. Von 1950/51 bis 1985 expandierte das Unternehmen stark. Es entwickelte sich zu einem der größten, international engagierten Konzerne des Motoren-, Maschinen- und Fahrzeugbaus mit rund 31 000 Beschäftigten 1960 und 32 250 in 1970. Lange war KHD Hauptarbeitgeber im Kölner Raum, 1960 mußte das Unternehmen diese Position an die *Ford-Werke AG* abtreten. Mitte der achtziger Jahre trat eine Trendwende ein: 1987 verzeichnete KHD erstmals Umsatzverluste. Man begann mit der Restrukturierung des Konzerns durch Sanierung und Konzentration auf die Kerngeschäfte. In den neunziger Jahren brachten defizitäre

Großprojekte im Ausland das Unternehmen in Schwierigkeiten. Es wurde in *Deutz AG* umbenannt (seit 1. Januar 1997), neu strukturiert, stieß Nebenbereiche ab und konzentrierte sich auf das Kerngeschäft Dieselmotoren. Die Belegschaft halbierte sich im Zuge der Sanierung des Konzerns auf rund 11 000 Beschäftigte.[69]

Ein Beispiel für das stürmische Wachstum des Maschinenbaus in den fünfziger Jahren sind die Zunahme der Betriebe im Kammerbezirk von 131 mit 26 577 Beschäftigten 1954 auf 135 mit 31 031 Beschäftigten 1955 (ein Plus der Beschäftigten von 16,8 %) und des Umsatzes von 593,9 auf 775,4 Mio. DM (plus 30,6 %). 1995 arbeiteten in den 118 Betrieben des Maschinenbaus im Kammerbezirk 18 106 Beschäftigte. Der Umsatz belief sich auf 5,1 Mrd. DM, die Exportquote auf 48,6 %.[70]

3 FAHRZEUGBAU

Der Kölner Kammerbezirk ist traditionell ein bedeutender Standort der Automobilbranche. Dabei waren zwei Ereignisse ausschlaggebend: die Erfindung des Otto-Motors und seine Produktion im damals selbständigen Deutz und die Gründung eines Tochterunternehmens der Detroiter *Ford Motor Company* im Kölner Norden. Der Fahrzeugbau im Kammerbezirk umfaßte 1995 lediglich 20 Betriebe, doch diese beschäftigten mit 30 036 Personen 27,7 % aller Arbeitskräfte dieser Branche in Nordrhein-Westfalen; der Umsatz von 11,3 Mrd. DM hatte einen Anteil von 28,9 % am Umsatz des Fahrzeugbaus im gesamten Land. Die Branche ist durch eine hohe Exportquote (53,8 % im Kammerbezirk; 46,9 % in NRW 1995) und hohen Konzentrationsgrad gekennzeichnet.[71]

Die *Ford Werke AG* erlebten seit 1952 mit den Taunus-Modellen 12, 15 und 17 M einen Aufschwung. 1955 begann die eigene Herstellung bislang von Fremdfirmen bezogener Einzelteile, und die Kapazität wurde erheblich vergrößert. Anfang der sechziger Jahre wurden bereits 400 Fahrzeuge pro Tag hergestellt.[72] Das Unternehmen ist mit knapp 27 000 Beschäftigten der größte Arbeitgeber der Region. Der Jahresumsatz lag 1990 bei 20 Mrd. DM, davon entfielen auf das Kölner Werk acht Mrd. Seit Produktionsbeginn bis 1990 wurden ca. 8,5 Mio. Autos hergestellt; Rekordzahlen zeigen auch die Investitionen in Sachanlagen: 1990 bis 1994 ca. sieben Mrd. DM; daneben wird die eigene Forschung stark gefördert.[73]

Die sehr guten Standortfaktoren und die günstige Infrastruktur der Region haben andere Automobilhersteller dem Beispiel Fords folgen lassen; heute sind im Kammerbezirk auch *Citroën* in Porz und *Renault* in Brühl ansässig, ferner in Leverkusen seit 1979 die deutsche Hauptverwaltung von *Mazda*, *Toyota* und in Rodenkirchen seit 1993 die deutsche Hauptverwaltung von *Volvo*.[74]

Auch die Produktion von Nutzfahrzeugen ist im Handelskammerbezirk wichtig. Hier handelt es sich um hochspezialisierte Firmen, zum Beispiel die *Ackermann Fruehauf GmbH*, die als Hersteller von Kühl-, Möbel- und anderen Spezialfahrzeugen in Deutschland Marktführer ist. Bis 1994 fertigte ferner die *Hermann Peter Hall Nachf. GmbH & Co. KG* in Köln Spezialanhänger für den Warentransport.

Um den Fahrzeugbau herum entstand ein Netz von hochspezialisierten Zulieferern und Ersatzteilproduzenten, das dem Industriebereich, ähnlich wie in der Chemie, internationale Bedeutung verschafft. So beliefert die *Gebrüder Ahle GmbH & Co.* aus Lindlar In- und Ausland mit Fahrzeugtragfedern, die *Alfred Teves GmbH & Co. KG* (seit 1994 *ITT Automotive Europe GmbH*) hat sich auf Sicherheits- und Komfortsysteme im Automobil spezialisiert, die *Hermann Voss GmbH & Co.* stellt Armaturen für Hydraulikanlagen und Druckluftbremsen her. Eine wichtige Position nehmen die

Gruppe *Eisenwerk Brühl* und die *Goetze AG* ein. Erstere liefert Zylinderblöcke an viele namhafte deutsche und ausländische Fahrzeughersteller, Goetze hat sich mit einem breiten Sortiment von Dichtungen etc. national und international einen Namen gemacht. Auch *KHD* ist als Produzent von Dieselmotoren zu nennen. Schließlich haben auch viele Unternehmen der Elektroindustrie eine wichtige Funktion als Zulieferer der Automobilindustrie.[75]

Der Start des Fahrzeugbaus im Kammerbezirk war 1945 schwierig. Kriegszerstörungen, Demontagen und Materialmangel machten eine schnelle Wiederaufnahme der Produktion zunächst unmöglich. Anfangs wurden vornehmlich Lastkraftwagen hergestellt. Noch bis etwa Ende 1952 war die Materialbeschaffung schwierig, es gab lange Lieferzeiten. Doch die Produktionszahlen stiegen rasch; bereits 1951 übertraf die Jahreserzeugung diejenige der Vorkriegszeit, 1956 wurde die Grenze von einer Million überschritten, 1960 verließen mehr als zwei Mio. Kraftfahrzeuge die Fließbänder. Neben dem Inlandsabsatz gewann der Export mehr und mehr an Bedeutung.[76]

Die wachsende Nachfrage nach Automobilen im In- und Ausland, die vor allem in den siebziger Jahren sprunghaft anstieg, und technologische Neuerungen führten in den Folgejahren zu Produktionsausweitungen und hohem Arbeitskräftebedarf. Zwischen 1954 und 1964 stiegen die Beschäftigtenzahlen dauernd – von 10 971 (1954) auf 37 885 (1965) –, bei fast gleichbleibender Zahl der Unternehmen. In den achtziger Jahren führten hoher Wettbewerbs- und Rationalisierungsdruck zum Rückgang der Beschäftigtenzahlen (um fast 23 %). Die Zahl der Betriebe hingegen ging nicht nennenswert zurück, der Umsatz stieg um mehr als 50 % (1989 10,3 Mrd. DM). Konzentration und Rationalisierung setzten sich in den neunziger Jahren fort. 1995 verzeichnete die Branche einen Umsatzanstieg im Endverbrauchergeschäft um etwa neun Prozent. Die Inlandsverkäufe von Kraftfahrzeugen hatten ein Plus von 16 %.[77]

4   ELEKTROTECHNIK

Diese Branche nimmt, gemessen an Umsatz und Beschäftigung, Platz vier unter den Industriezweigen im Kammerbezirk ein, hat sich aber zu einem Spitzenreiter des wirtschaftlichen Wachstums entwickelt. Die Unternehmensstruktur ist mittelständisch bis großindustriell geprägt. Die Elektroindustrie im Kammerbezirk ist hoch spezialisiert und bietet ein breites Produktions- und Fertigungsspektrum. Schwerpunkte liegen in der Kommunikationstechnik, Unterhaltungselektronik, Meß- und Regeltechnik, Lampen- und Kabelproduktion. Sie profitiert besonders von der hohen Zahl an qualifiziertem Fachpersonal, der Nähe zur Abnehmerindustrie und vom Wissenschafts- und Forschungspotential der Region.

Zu den Unternehmen, die „klassische" Elektroprodukte wie Kabel und Glühlampen herstellen, gehören u.a. die alteingesessene *Felten & Guilleaume Energietechnik GmbH*, die eine Spitzenposition bei der Kabelherstellung hat, sowie die *Daimon Duracell GmbH* (Batterien, Handleuchten). Ferner gibt es der neueren Computertechnik verpflichtete Konzernniederlassungen internationaler Unternehmen wie die *Siemens AG*, *Sony Deutschland GmbH* und die *Philips Kommunikations Industrie AG*.

1955 gab es im Handelskammerbezirk 80 Betriebe der elektrotechnischen Industrie mit 22 614 Beschäftigten und einem Umsatz von 738,8 Mio. DM; 1975 waren es 103 Betriebe, 24 939 Beschäftigte und 2,6 Mrd. DM Umsatz. 1995 erwirtschafteten 105 Betriebe mit 16 207 Personen einen Umsatz von 4,0 Mrd. DM, davon 15,9 % für den Export.[78] Die konjunkturelle Entwicklung der Elektroindustrie im Kammerbezirk vollzog sich entsprechend dem allgemeinen industriellen Aufschwung der Nachkriegsjahre anfangs positiv und ohne nennenswerte Einbrüche, wenn auch nicht in allen Bereichen einheitlich. Dagegen waren die siebziger Jahre durch zunehmende Umsatz-

Herstellung von Glasfaserkabeln im Unternehmensbereich F & G Nachrichtenkabel (Philips Kommunikations Industrie AG), Köln, 1984

verluste, unbefriedigende Kapazitätsauslastung und Zurückgehen der Investitionstätigkeit gekennzeichnet. Rationalisierung und Preissteigerungen konnten den Kostenanstieg nicht ausgleichen.

Zudem verschärfte sich der Wettbewerb auf den Auslandsmärkten. Auch in den Folgejahren gelang keine nennenswerte Verbesserung der Lage. Zu Beginn der achtziger Jahre machten sich neben wachsender Konkurrenz aus Fernost, partieller Marktsättigung und abnehmender Nachfrage der öffentlichen Hand die schlechte Entwicklung im Bausektor und die Flaute im Nutzfahrzeugbereich bemerkbar. Auch beeinträchtigten Schwierigkeiten bei den Rohstoffen (Silber) die Elektroindustrie. 1984 leiteten leichte Umsatzsteigerungen eine konjunkturelle Besserung ein. 1985 verzeichnete die Branche erstmals wieder eine hohe Kapazitätsauslastung. Das positive Geschäftsergebnis führte zu Erweiterungsinvestitionen, v.a. in Form von CAD- und CAM-Systemen und Elektronischer Datenverarbeitung. Der Aufwärtstrend setzte sich bis 1992/93 fort. Der Beginn der neunziger Jahre stand ganz im Zeichen der durch die Wiedervereinigung hervorgerufenen „Sonderkonjunktur". 1990 hatte die Elektroindustrie eine zweistellige Zuwachsrate: Ergebnis der lebhaften Nachfrage bei der Nachrichtentechnik, Energieerzeugung und -verteilung und dem Boom der Automobilbranche. Beispielsweise profitierten Unternehmen vom Auf- und Ausbau des Telekommunikationsnetzes in den neuen Bundesländern. 1992 kündigte ein Umsatzrückgang um 1,9 % ein vorläufiges Ende des Aufwärtstrends an. Seitdem war die Entwicklung uneinheitlich. 1995 verbuchte die Branche wieder deutliche Umsatzzuwächse.[79]

5   CHEMIE

Die chemische Industrie steht mit weitem Abstand an der Spitze der Branchen im Kammerbezirk. Mehr als ein Viertel aller Beschäftigten im Bergbau und verarbeitenden Gewerbe des Kölner Kammerbezirks arbeiteten 1995 in der chemischen Industrie (53 408 Personen, 27,3 %). Jeder dritte (33,3 %) nordrhein-westfälische und fast jeder zehnte (9,9 %) bundesdeutsche Erwerbstätige der Chemie war im Bezirk Köln beschäftigt. Gemessen am Umsatz stellt sich das Verhältnis noch deutlicher dar: Knapp 35 % des gesamten industriellen Umsatzes im Kammerbezirk und 36 % bzw. zwölf Prozent auf Landes- bzw. Bundesebene vereinigte der Kölner Wirtschaftsbereich „Chemie" 1995 auf sich. Auch die Exportquote von 45,7 % ist ein Indikator dafür, daß der „Kölner Chemiegürtel" über die Landes- und Bundesgrenzen hinaus Weltruf besitzt.[80] Neben der in Leverkusen ansässigen Zentrale der zu den bedeutendsten Chemieunternehmen der Welt gehörenden *Bayer AG* spannt sich ein weiter Bogen von Chemie-, Pharma- und petrochemischen Gesellschaften um das Wirtschaftszentrum Köln. Weltweites Ansehen genießen aber nicht nur die Großunternehmen mit „klangvollem" Namen und deren im Bezirk angesiedelte Zweigwerke und Tochterunternehmen. Von entscheidender Bedeutung für den Verbund der chemischen Industrieproduktion im Kammerbezirk sind auch die kleinen und mittleren Betriebe, deren Fertigungsprogramm sämtliche Segmente des Chemiemarktes umfaßt.[81]

Die Gründe für die konzentrierte Ansiedlung und prosperierende Entwicklung der Chemie-Branche im Kölner Großraum liegen in der Qualität der historischen Standortfaktoren. Die relativ hohe Bevölkerungsdichte bietet ein ausreichendes Potential an qualifizierten Arbeitskräften und schafft einen aufnahmefähigen Absatzmarkt.[82] Die chemische Industrie konnte sich weitgehend nicht auf örtliche Bodenschätze stützen, sondern auf andere Potentiale, insbesondere auf gute Verkehrslage und -erschließung.[83] Die Kombination der Verkehrswege zu Wasser und zu Land bildete für die rohstoffintensive Produktion der Chemie die notwendige Infrastruktur für Beschaffung und Absatz. Der Rhein dient als wichtige Nord-Süd-Verbindung. Ferner kann ihm das für die chemischen Prozesse benötigte Kühlwasser entnommen werden. Der im Rheintal in unmittelbarer Nähe befindliche Braunkohletagebau bot die erforderliche Energie. Erst später wurde diese wichtige Quelle immer stärker von anderen Energieträgern wie dem Erdgas bzw. durch die Rückführung der in den Prozessen gewonnenen Energie substituiert und verlor somit als Standortfaktor an Bedeutung. Schließlich sorgte der Grad der Integration unterschiedlicher Produktionsstufen dafür, daß sich über die Fertigungsstufen hinweg die Anbieter und Nachfrager vor- bzw. nachgelagerter Produktionsgüter in unmittelbarer Nähe ihrer Abnehmer und Lieferanten niederließen. Produzenten chemischer Grundstoffe – beispielsweise aus Braunkohle und Erdöl – und die weiterverarbeitende Industrie suchten die räumliche Nähe. Die Produkte der Mineralölverarbeitung sind einerseits Verbrauchsgüter für nachgelagerte Industriezweige, andererseits stellen sie auch die Ausgangsstoffe für die Petrochemie dar: Rund 80 % der Chemieproduktion lassen sich direkt oder indirekt – in Form von Folgeprodukten – auf die moderne Petrochemie zurückführen.[84] So entstand gleichsam ein Verbundsystem aus selbständigen und unabhängigen Betrieben über die unterschiedlichen Produktionsstufen hinweg und mit verschiedenen Absatzprogrammen: Grundstofflieferanten, Veredler von Zwischenprodukten und Hersteller von Fertigwaren einerseits; Spezialisten für Farben, Lacke und Feinchemikalien, Arzneimittel oder Putz- und Pflegemittel andererseits.

Nach dem Krieg war die Lage der chemischen Industrie im Kammerbezirk wie überall in Deutschland durch Zerstörungen, Demontagen, Enteignung von Patenten und Warenzeichen und andere alliierte Eingriffe bestimmt. Hinzu kam die Unsicherheit, wie der Alliierte Kontrollrat seine Entflechtungs- und Wiederaufbaupolitik gestalten würde. Erst ab 1951 kam es nach zähen Verhandlungen unter deutscher Beteiligung zur Gründung wettbewerbsfähiger *I.G. Farben*-Nachfolgegesellschaften.[85] Die Rückkehr der während des Krieges ausgelagerten Betriebe wurde durch

Esso-Raffinerie in Köln-Niehl

Aufnahme von Unternehmen aus dem Osten ergänzt.[86] Die Ansiedlung der Arzneimittelfabrik *Dr. Madaus & Co.* (heute: *Madaus AG*) aus Radebeul 1947 auf dem Merheimer Kriegsflugplatzgelände ist ein Beispiel für eine solche erfolgreiche Ost-West-Verlagerung. In den ersten Nachkriegsjahren galt es nicht nur für die *I.G. Farben*-Nachfolger, sondern auch für alle anderen Chemie- und Pharmaunternehmen, die zerstörten oder demontierten Produktionsanlagen instandzusetzen oder zu erneuern. Aber nicht nur die Ausstattung mit Betriebsmitteln und Produktionsanlagen brachte in dieser Phase große Schwierigkeiten mit sich. Ein so forschungsintensiver Wirtschaftsbereich wie die chemische Industrie ist auf die neuesten wissenschaftlichen Erkenntnisse angewiesen. Die deutsche chemische Forschung aber hatte seit Beginn des Krieges auf vielen Gebieten ihre Aktivitäten drosseln oder einstellen müssen und nur auf wenigen Spezialgebieten weiterforschen und ihre führende Stellung behalten können. Mit dem Ende des Krieges hatte sie einen Rückstand von gut zehn Jahren wettzumachen. Die ersten Nachkriegsjahre waren primär noch von Investitionen in Neuanlagen bestimmt. So wurden bei *Bayer* von der Währungsreform bis 1955 allein 870 Mio. DM in Sachanlagen investiert. Mit Beginn der fünfziger Jahre stellten sich die ersten Erfolge in der chemischen Forschung wieder ein; dies veranlaßte *Bayer* schon 1955, einen Betrag von 236 Mio. DM in die Forschung zu investieren.[87] Wenn auch die Ertragslage bei den I.G. Farben-Nachfolgegesellschaften bereits früh wieder sehr gut war [88], schufen doch erst die Investitionen in Sachkapital, Patente und Warenzeichen das Fundament für den wirtschaftlichen Aufschwung der Chemiebranche des Kammerbezirks in den folgenden Jahrzehnten.

Jahr	Zahl der Betriebe	Beschäftigte	Umsatz in Mio. DM
1955	99	21 161	771,3
1960	91	27 220	1 393,4
1965	90	29 406	2 287,5
1970	83	31 609	3 626,3
1975	73	29 956	5 963,5
1980[90]	67	71 652	19 478,7
1985	62	66 466	26 288,3
1990	60	66 096	23 030,6
1995	59	53 408	26 395,5

Tab. 4: Entwicklung der chemischen Industrie im Bezirk der IHK Köln 1955 – 1995[89]

Besonders auffällig bei der in der Tabelle abgebildeten Entwicklung ist der zahlenmäßige Rückgang der Chemiebetriebe bei gleichzeitigem wirtschaftlichem Wachstum. Die Beschäftigung in der chemischen Industrie nahm seit Kriegsende andauernd zu. Doch im Gefolge der Ölkrise 1973 kam es zum ersten Mal zu einem Beschäftigungsabbau allgemeiner, konjunktureller Art, der bis in die achtziger Jahre anhielt. Demgegenüber war der Beschäftigungsrückgang, der seit Anfang der neunziger Jahre zu verzeichnen ist, eher strukturell. Allgemeine Standortfragen, insbesondere die Arbeitskostenproblematik, aber auch Internationalisierung und Globalisierung führten zur Verlagerung von Arbeitsplätzen in Niedriglohnländer. Rationalisierungsmaßnahmen, um Kostennachteile an inländischen Standorten zumindest teilweise auszugleichen, führten ebenfalls zum Wegfall vieler Stellen in der Chemie. Aber nicht nur Kostenaspekte waren für die Abwanderung von Produktion und Beschäftigung aus der Kölner Region ursächlich. Auch das Erfordernis, auf dem Weltmarkt nahe beim Kunden zu sein, sowie ungünstige Forschungsbedingungen und rigide Produktionsauflagen in Deutschland vor allem im Bereich der jungen Wissenschaftsbereiche Bio-

und Gentechnologie zwangen viele Unternehmen, eine international ausgerichtete Standortpolitik zu betreiben. Bei wertmäßiger Betrachtung der Wirtschaftsentwicklung fällt auf, daß die Umsätze der Branche im Kölner Bezirk nur in der zweiten Hälfte der achtziger Jahre zurückgingen. Erst 1995 wurde wieder das Niveau von 1985 erreicht. Aus der Tatsache, daß im vergangenen Jahrzehnt lediglich der status quo zurückerlangt wurde, wird deutlich, daß das Branchenwachstum im Kammerbezirk zumindest deutlich verlangsamt ist. Die Gründe liegen in der erwähnten veränderten Wettbewerbssituation.

Die globalen Veränderungen auf dem Chemiemarkt blieben ebenfalls nicht ohne Auswirkungen. So ist der Strukturwandel innerhalb der chemischen Industrie des Kammerbezirks seit Beginn der achtziger Jahre ein weiterer Anhaltspunkt dafür, welche binnen- und regionalwirtschaftlichen Auswirkungen die skizzierten Veränderungen der Branche hatten. Allein in der Stadt Köln machte 1980 der Umsatz der Grundstoffchemie mit etwa fünf Mrd. DM fast das Siebenfache des Umsatzes der pharmazeutischen Industrie (740 Mio. DM) aus. Zwölf Jahre später hatte sich der Chemikalien-Umsatz um nahezu ein Drittel auf rund 3,3 Mrd. DM reduziert, hingegen überschritt der Umsatz von Arzneimitteln 1991 die Milliardengrenze (ein Plus von 30 %); 1992 stand der Umsatz der Grundstoffe zu dem der Arzneimittel nur noch in der Relation 3 zu 1.[91]

Auch das Schicksal einzelner traditionsreicher Unternehmen der Region spiegelt allgemeine Entwicklungen. Die Übernahme der *A. Nattermann & Cie. GmbH* durch den „Multi" *Rhône-Poulenc Rorer GmbH* 1986 verdeutlicht den Konzentrationsprozeß in der Branche und den gestiegenen Wettbewerbsdruck insbesondere auf kleinere und mittlere Betriebe. Andere Unternehmen und ihre Mitarbeiter hatten nicht das Glück, sich mit einem starken Partner zusammenschließen zu können. So mußte die *Chemische Fabrik Kalk* Ende 1993 die Produktion einstellen. Lediglich eine Rumpfmannschaft gehört noch zu der Handelsgesellschaft, die heute als Tochterunternehmen der zur *BASF*-Gruppe gehörenden Firma *Wintershall AG* weitergeführt wird. Die Zukunft wird zeigen, ob der Trend zur Schwergewichtsverlagerung in der Branche und zu Unternehmenszusammenschlüssen eine strategische Neuausrichtung des gesamten Industriezweigs ist. Konzentration auf die „High-Chem"-Potentiale Pharma, Agrochemikalien, Fein- und Spezialitätenchemie sowie der Ausbau der Innovationsfähigkeit und Spezialisierung in den angestammten Arbeitsbereichen der Kunststoffe, Haushaltschemikalien, Farben und Lacke u.a.m. und schließlich der Zusammenschluß zu im Markt stärkeren Einheiten könnten sich als mögliche Antwort auf die zunehmende Konkurrenz durch Anbieter aus anderen Regionen der Welt erweisen.

6 NAHRUNGS- UND GENUSSMITTEL

Die Nahrungs- und Genußmittelindustrie im Kammerbezirk ist überwiegend mittelständisch strukturiert; das Schwergewicht liegt in den Bereichen Süßwaren, Nährmittel, Erfrischungsgetränke und Tabakwaren sowie Brauereien. Bier, Zucker (*Pfeifer & Langen*), Schokolade (*Stollwerck AG*) und Mehl (*Auer-Gruppe*) sind besonders erfolgreiche Erzeugnisse. Die Produktpalette umfaßt fast alle Formen der Be- und Verarbeitung von Lebensmitteln; Schwerpunkte liegen bei der Produktion von Lebensmittelkonserven, der Milchverwertung und der Herstellung von Süßwaren. Auf vorgelagerten Produktionsstufen werden Gewürze und Mahlerzeugnisse bearbeitet sowie chemische Wirkstoffe hergestellt.[92]

Im Rheinisch-Bergischen Kreis wird die Branche vornehmlich durch zwei Hersteller von Feinkost- bzw. Instantprodukten (*Nadler-Werke GmbH* und *Krüger GmbH & Co. KG*) vertreten[93], im Oberbergischen ist insbesondere die *Erzquell Brauerei Bielstein Haas & Co. KG* von wirtschaftlicher Bedeutung. Die Zuckerindustrie ist ein erfolgreicher Traditionszweig des Erftkreises: Überregional durchsetzen konnten sich auch die *May-Werke* in Erftstadt-Köttingen (Molkereiprodukte) und die Fa. *J. & W. Stollenwerk oHG*, Konservenproduktion in Kerpen-Blatzheim.[94] Im Kölner Raum bestimmen Unternehmen der Süßwaren-, Bier- und Mehl- bzw. Mahlerzeugnisse (Teigwaren- und Brotindustrie) das Branchenbild. Ein wichtiges Forum ist die internationale Messe Anuga in Köln.[95] 1970 hatte die Nahrungs- und Genußmittelindustrie des Bezirks 74 Betriebe mit 10 248 Beschäftigten und einem Umsatz von 1,18 Mrd. DM. 1994 waren es 76 Betriebe mit 10 761 Beschäftigten und einem Umsatz von 6,95 Mrd. DM.[96]

In den fünfziger Jahren stiegen die Betriebs-, Beschäftigtenzahlen und Umsätze der Branche. 1958/59 führte die in- und ausländische Konkurrenz zu Umsatzeinbußen vor allem bei Süßwaren und Mehlprodukten.[97] Dieser Importdruck blieb auch zu Beginn der sechziger Jahre bestehen. Die sechziger Jahre brachten vor allem für die Brauereien im Kammerbezirk große Umsatzerfolge und einen überdurchschnittlichen Anstieg der Produktivität. 1961 konnten die Brauereien beispielsweise ihren Umsatz um 17 % steigern; dies wurde im Kammerbezirk nur noch von der mineralölverarbeitenden Industrie übertroffen.[98] Auch die Molkereien und Käsereien erlebten etwas später einen ähnlich starken Aufschwung. Ihr Umsatzplus von 35,4 % 1964 war das zweithöchste unter den Industriezweigen im Kammerbezirk.[99] Die Zucker- und die Süßwarenindustrie hingegen hatten weniger Erfolg. Vor allem in der zweiten Hälfte der sechziger Jahre mußte sie Umsatzeinbußen hinnehmen, die trotz Rationalisierungsmaßnahmen nicht aufgefangen werden konnten. Gründe waren vor allem Anbaubeschränkungen und unterdurchschnittliche Ernteergebnisse (1966), sinkende allgemeine Nachfrage sowie geringerer Bedarf der Weinwirtschaft (1967). 1968 wirkte sich die EWG-Zuckermarktordnung auf den Umsatz positiv aus.[100]

Die siebziger Jahre waren für die Nahrungs- und Genußmittelindustrie insgesamt zufriedenstellend. Die Ernährungsindustrie mußte zwar aufgrund von verschärftem in- und ausländischem Wettbewerb und steigenden Produktionskosten Umsatzverluste hinnehmen; die Genußmittelindustrie konnte dagegen die Verkaufspreise den steigenden Kosten anpassen und Umsatzzuwächse realisieren.

Hier wurden vereinzelt Erweiterungsinvestitionen mit Rationalisierungseffekt durchgeführt. Zunehmender Wettbewerb, angespannte Weltmarktlage, Kostensteigerungen, Facharbeitermangel und Stagnation der Verbrauchernachfrage bereiteten den Betrieben Schwierigkeiten. Besonders die Zucker-, Süßwaren- und Brotindustrie erlitten überdurchschnittliche Umsatzverluste. Erstere konnte 1977 infolge betrieblicher Rationalisierung wieder ein Umsatzplus (bei zurückgehendem Mengenabsatz) verbuchen. 1978 verzeichnete die Branche insgesamt wieder ein positives Jahresergebnis mit Umsatzsteigerungen bis zu fünf Prozent bei voller Kapazitätsauslastung (z.T. aber mit Preiszugeständnissen). Allein die Brauereien waren nicht von dem Tief betroffen. Sie konnten ihre Umsätze steigern und die Abfüllkapazitäten ausbauen.[101]

In den achtziger Jahren setzte sich die rückläufige Entwicklung fort. Zu den vorhandenen Schwierigkeiten traten weitere gravierende Kostensteigerungen, hohe Überkapazitäten, eine Kostenexplosion im Vorproduktbereich und Konzentrationstendenzen hinzu. Ferner ging die Nachfrage zurück, weil die Kaufkraft infolge steigender Ölpreise und Arbeitslosigkeit abnahm.[102] 1982 wurde die für konjunkturelle Schwankungen ansonsten weniger anfällige Ernährungswirtschaft von der anhaltenden Schwäche des privaten Verbrauchs voll erfaßt. Die Folge: Umsatzstagnation; die Preise gerieten unter Druck.[103]

Auch Veränderungen im Verbraucherverhalten bei gesättigtem Markt sorgten für Umstrukturierungsprozesse in der Branche. Der Verbrauchertrend bewegte sich von Markenartikeln zu No-Name-Produkten. Markenhersteller erlitten z.T. empfindliche Umsatzeinbußen. Deshalb drängten nun auch Markenhersteller auf den Markt der „weißen Ware". Fortschreitende Konzentration auf wenige

Großkunden drückte die Entwicklung der Gewinnmargen.[104] Die bei vielen Unternehmen rückläufige Ertragsentwicklung ließ die Investitionsneigung sinken. Lediglich Ersatz- und Rationalisierungsmaßnahmen wurden vorgenommen.[105]

Erst 1988 verzeichnete die Branche wieder z.T. deutliche Umsatzzuwächse. Die Ertragslage war dennoch nicht in allen Bereichen zufriedenstellend, da die Steigerung der Rohwarenpreise nicht voll an den Endverbraucher weitergegeben werden konnte. Insgesamt aber regte das hohe Auftragspotential die Investitionstätigkeit an und führte v.a. zu Kapazitätserweiterungen.[106] Entsprechend der überaus positiven Gesamtwirtschaftslage zu Beginn der neunziger Jahre sorgten der Nachfrageschub der neuen Bundesländer sowie wachsende Einkommen und Konsumbereitschaft für steigende Umsätze. Viele Unternehmen nutzten dies für Erweiterungsinvestitionen. 1992 stabilisierte sich das Umsatzniveau auf hohem Stand. Doch die Impulse der Wiedervereinigung flachten ab; die Steuer- und Abgabenpolitik, steigende Mieten und kommunale Gebühren beeinträchtigten das Verbraucherverhalten. Dies setzte sich weiter fort. 1995 verzeichnete fast die Hälfte der Unternehmen der Nahrungs- und Genußmittelindustrie im Kammerbezirk Ertragsrückgänge aufgrund anhaltender Konsumzurückhaltung und verstärkten Konkurrenzdrucks im Lebensmitteleinzelhandel. Der anhaltende Rationalisierungsdruck wird auch in Zukunft zu weiterem Arbeitsplatzabbau führen.[107]

7 WEITERE BRANCHEN

Über die genannten Branchen hinaus kennzeichnet eine außerordentlich große Vielfalt das verarbeitende Gewerbe im Bezirk der Industrie- und Handelskammer zu Köln. Stellvertretend für die zahlreichen Branchen, die hier nicht näher dargestellt werden können, seien Textil und Bekleidung, Kunststoffverarbeitung, Holz, Papier und Druck und das Baugewerbe genannt. Ihre Entwicklung zeigt auf unterschiedliche Weise, daß die Wirtschaftsgeschichte der Nachkriegszeit neben großen Erfolgen auch Strukturkrisen, Niedergang und Konkurse umfaßt.

Die Textilindustrie war im Kammerbezirk wie überall sonst in Deutschland vom Niedergang betroffen. Die Krise, die u.a. vom Import sehr preiswerter Textilien aus Asien hervorgerufen wurde, setzte gegen Ende der fünfziger Jahre ein, als der Nachholbedarf nach dem Krieg gedeckt war, und erreichte in den Siebzigern ihren Höhepunkt. Zu den Betrieben, die stillgelegt wurden, gehören die *Bedburger Wollindustrie AG* (1966) und die Baumwollspinnerei *Ermen & Engels* in Engelskirchen (1979).[108] In der Textilindustrie des Kölner IHK-Bezirks arbeiteten 1955 68 Betriebe mit 9 595 Beschäftigten und einem Umsatz von 168,6 Mio. DM. Vierzig Jahre später waren es nur noch 16 Betriebe mit 923 Beschäftigten und einem Umsatz von 180,9 Mio. DM, wovon 17,5 % im Ausland erzielt wurden. Einen ähnlichen Rückgang erlebte die Bekleidungsindustrie im Kammerbezirk. Sie schrumpfte von 101 Unternehmen mit 8 723 Beschäftigten und einem Umsatz von 169,4 Mio. DM 1955 auf zehn Betriebe mit 817 „tätigen Personen" und 188,6 Mio. DM Umsatz 1995, davon 15,5 % im Export.[109]

In der Holzindustrie, die vor allem im Oberbergischen und Rheinisch-Bergischen Kreis angesiedelt war, mußten viele kleinere Betriebe aufgeben; andere konnten durch Spezialisierung expandieren, darunter die *Kleusberg GmbH & Co. KG* in Morsbach, die Baustellencontainer etc. herstellt. Die Holz verarbeitende Industrie des Handelskammerbezirks hatte 1955 50 Betriebe mit 2 301 Beschäftigten und 35,0 Mio. DM Umsatz. 1995 arbeiteten hier bei der Herstellung von Möbeln etc. 26 Unternehmen mit 2 867 Personen und einem Umsatz von 774,6 Mio. DM, wovon 19,9 % im Ausland erlöst wurden.[110]

Schirmherstellung bei Gebr. Nolte, Köln-Bickendorf, 1965

Auch die Branche Papier und Druck hatte nach dem Aufschwung der Nachkriegszeit bis Mitte der achtziger Jahre mit starken Einbrüchen zu kämpfen. Umstellungskrisen auf Grund der EDV, des Umweltschutzes und anderer Faktoren zwangen zur grundlegender Modernisierung und Technisierung. Es kam zu einer Reihe von Konkursen und zur Unternehmenskonzentration. Unter anderem stellte 1966 die *Kieppemühle (ehemals Poensgen & Co.)* den Betrieb ein.[111] In den frühen neunziger Jahren war die Entwicklung der Branche wieder nach oben gerichtet. Neben alteingesessenen traditionsreichen Firmen wie den Verlagen bzw. Druckereien *M. DuMont Schauberg, Kölnische Verlagsdruckerei* und *J.P. Bachem Verlag GmbH* in Köln und *Zanders Feinpapiere AG* in Bergisch Gladbach stehen Neugründungen wie der *Bastei-Verlag Gustav H. Lübbe GmbH & Co.*, ebenfalls in Bergisch Gladbach (seit 1953), und die oberbergische *AS Création* (Tapetenherstellung). Bei der Papierverarbeitung des Handelskammerbezirks erwirtschafteten 1955 3 424 Beschäftigte in 41 Betrieben einen Umsatz von 89,6 Mio. DM; 1995 erzielten 4 793 Personen in 23 Betrieben des Papiergewerbes einen Umsatz von 1,39 Mrd. DM, davon 38,0 % im Ausland.[112] 1955 gab es im Kammerbezirk 75 Druckereien mit 4 609 Beschäftigten und einem Umsatz von 73,3 Mio. DM. 1995 beschäftigten 81 Druckereien und Verlage sowie Unternehmen bei der Vervielfältigung von bespielten Ton-, Bild- und Datenträgern im Kammerbezirk 9 116 Personen bei einem Umsatz von 2,21 Mrd. DM (Exportquote: 4,7 %).[113]

Die Kunststoffbranche dehnte sich besonders stark aus. Sie profitierte davon, daß seit den sechziger Jahren viele Stahlerzeugnisse durch die leichteren Kunststoffprodukte ersetzt wurden und insbesondere auch davon, daß die expandierende Autoindustrie zum wichtigsten Abnehmer technischer Kunststoffe wurde, z.B. von Formteilen der Leverkusener *illbruck GmbH* für die Isolation im Fahrzeug. Wichtige neue Abnehmer wurden seit den achtziger Jahren auch EDV und Bürotechnik. Bei der Herstellung von Gummi- und Kunststoffwaren – von der Handelskammerstatistik 1955 noch nicht eigens ausgewiesen – arbeiteten im Kölner Kammerbezirk 1975 72 Betriebe mit 5 262 Beschäftigten und einem Umsatz von 488,4 Mio. DM. 1995 waren es 90 Unternehmen mit 11 772 Personen und einem Umsatz von 3,69 Mrd. DM, wovon 20,3 % im Ausland erzielt wurden.[114]

Das Baugewerbe boomte in der Wiederaufbauphase der fünfziger und frühen sechziger Jahre. 1955 waren in der Bauindustrie des Kölner Bezirks 166 Betriebe mit 22 045 Beschäftigten tätig (Oktober) und erzielten einen Umsatz von 30,6 Mio. DM. Hingegen war die Entwicklung der Branche in den siebziger und frühen achtziger Jahren von Krisen gekennzeichnet. Viele Unternehmen mußten schließen, die betriebliche Konzentration nahm zu. Dennoch ist die Branche weiterhin überwiegend mittelständisch geprägt. Ferner arbeiten neben international tätigen Großunternehmen – darunter der *Strabag AG*, die 1945 ihren Sitz von Berlin nach Köln (zurück)verlegte – zahlreiche große (wie die *Peter Bauwens Bauunternehmung GmbH & Co. KG*) und spezialisierte Betriebe (wie die *Ernst Bohle GmbH*, Gummersbach, Wärme-, Schall-, Brandschutz). Gegen Mitte der achtziger Jahre wuchs die Branche wieder leicht, hat jedoch seit Mitte der neunziger Jahre erneut mit Schwierigkeiten zu kämpfen. Im Bauhauptgewerbe des Kammerbezirks arbeiteten Ende der siebziger und Anfang der achtziger Jahre rund 340 Betriebe mit etwa 22 000 Beschäftigten. 1995 waren es 243 Betriebe mit 15 714 Beschäftigten und einem baugewerblichen Umsatz von 3,13 Mrd. DM.[115]

Auch wenn die Angaben für die jeweiligen Stichjahre wegen zahlreicher Änderungen der Systematik und der Erhebungsgrundlagen streng genommen nicht vergleichbar sind, sind die Entwicklungstendenzen, die sie anzeigen, doch deutlich erkennbar. Erstens: Einige Branchen schrumpften und verloren stark an Bedeutung (Textil, Bekleidung). Dabei wirkten sich vornehmlich gesamtwirtschaftliche Tendenzen wie die Konkurrenz aus Ländern mit günstigeren Produktionsbedingungen aus. Zweitens: In einigen Branchen vollzog sich ein nachhaltiger Konzentrationsprozeß. Die Zahl der Beschäftigten schrumpfte nur wenig oder nahm sogar zu, doch diejenige der Unternehmen sank (Holz, Papier). Die Baubranche, sowohl von Schrumpfung als auch von Konzentration geprägt, nahm auf Grund ihrer besonderen Produktionsbedingungen und wirtschaftlichen Eigenart eine Sonderstellung ein. Drittens: Manche Branchen strukturierten sich unter großen Schwierigkeiten um und wurden damit, nach einer kritischen Phase, langfristig (wieder) erfolgreich (Verlage, Druckereien, Vervielfältigung von Ton-, Bild- und Datenträgern). Viertens: andere Branchen schließlich erlebten eine regelrechte Erfolgsstory und Expansion (Kunststoffverarbeitung). Ursachen scheinen zum einen Elemente der europäischen und weltwirtschaftlichen Konkurrenz zu sein, zum andern die Potentiale, die in der Umstellung und Innovationsfähigkeit der Branchen selbst liegen.

IV DER DIENSTLEISTUNGSBEREICH IM KAMMERBEZIRK
1 HANDEL

Der Handel ist seit Jahrhunderten eine wichtige Säule für den wirtschaftlichen Erfolg Kölns und vieler Städte und Gemeinden des Umlandes. Einzelhandel sowie Groß- und Außenhandel sind gleichermaßen bedeutend. Die Zahl der Unternehmen dieser Branche wuchs seit den Wiederaufbaujahren stark an. Im Kammerbezirk waren 1956 1 514 Einzelhandels- und 2 716 Großhandelsunternehmen eingetragen. 1971 waren es 1 931 und 3 044, 1995 4 481 Einzelhandels- und 4 255 Großhandelsunternehmen. Textilien, Nahrungs- und Genußmittel sowie Apotheken, Drogerien, Parfümerien etc. sind die Branchenschwerpunkte.[116]

Fußgängerzone in Bergisch Gladbach

Köln hat die größte Dichte und Bandbreite beim Einzel- und Großhandel und erfüllt eine zentrale Versorgungsfunktion, die weit über die Stadtgrenzen ausstrahlt. Hierdurch übt das Zentrum auch eine Sogwirkung auf die umliegenden Kreise aus, der Einzugsbereich reicht z.B. bis weit in den Rheinisch-Bergischen Kreis hinein.[117] Als gegenläufiger Trend siedelten sich seit den siebziger Jahren am Stadtrand und in den Nachbarkreisen der Großstadt weitläufige Einkaufs- und Gewerbeparks an, die die Kundschaft aus der City anziehen. Beispiele sind das City Center Leverkusen, das Einkaufszentrum Gummersbach, der Hürth-Park und das Erftstadt-Center.[118] Die Einkaufszentren erlangten in den Kreisgebieten neben dem traditionellen Landhandel mehr und mehr Gewicht. Der Großhandel verlor dort an Bedeutung, selbst Großhandelsplätze wie die Stadt Wipperfürth waren hiervon betroffen. Zu den wichtigsten Ursachen gehört offenbar, daß die jeweiligen Regionen in geringerem Maße in den Ausbau und die Modernisierung der Verkehrsnetze einbezogen waren.[119]

Die Entwicklung des Handels war zunächst davon gekennzeichnet, daß die Zahl der Einzelhandelsgeschäfte zurückging. Der „Tante-Emma-Laden" verschwand, großflächige Supermärkte, Discounter, Spezialverbrauchermärkte und große Kaufhäuser expandierten. In den achtziger Jahren geriet der Einzelhandel in den Innenstädten vielerorts in eine Krise, wozu neben anderen Ursachen insbesondere die Konkurrenz von der „grünen Wiese" beitrug. Nicht wenige Geschäfte mußten schließen. Andere reagierten mit Spezialisierung auf besonders hochwertige Produkte, baulicher Modernisierung (Ladenpassagen etc.; „Revitalisierung der Innenstädte") oder der Eröffnung von Filialen. Große Kaufhäuser wie *Kaufhof* und *Karstadt* errichteten Betriebe in den umliegenden Kreisstädten. Um Köln herum siedelten sich in großer Zahl Autohändler, Heimwerker-, Bau- und Gartenmärkte sowie Möbel- und Einrichtungshäuser an, die auf große Verkaufs- und Präsentationsflächen angewiesen sind. Sie liegen meist an den großen Ausfallstraßen oder in unmittelbarer Nähe zu einer Autobahnzufahrt, zudem verfügen sie über große Parkflächen. Ähnliches gilt auch für den Großhandel. Der Kölner Großmarkt sowie Cash & Carry-Großhandelsbetriebe liegen verkehrsgünstig. Sie erlebten gerade in jüngster Zeit einen neuen Aufschwung, wobei der Trend weiterhin zu größeren Betriebseinheiten geht.[120]

2 MESSEN[121]

1997 jährt sich zum fünfzigsten Mal der Neubeginn bei den Kölner Messen und Ausstellungen nach dem Zweiten Weltkrieg. Schon im September 1947 fand die erste Herbstmesse auf dem Messegelände am rechten Rheinufer, in Köln-Deutz, statt. Dieses Jubiläum markiert allerdings nur einen kurzen Zeitraum in der Geschichte des Kölner Messewesens, blickt man in der Domstadt doch auf eine rund tausendjährige, allerdings lange unterbrochene Messetradition zurück. Nachdem der ursprüngliche Messebetrieb rund 500 Jahre geruht hatte, erlangte die Messe im 20. Jahrhundert eine so große Bedeutung wie nie zuvor.

1922 war die neue Kölner Messegesellschaft auf Initiative von Oberbürgermeister Konrad Adenauer gegründet, zwei Jahre später die erste Messeveranstaltung eröffnet worden. Von Beginn an wurden die Messen in Köln nach fachlichen Schwerpunkten ausgerichtet, die Branchen Möbel und Hausrat waren stets besonders stark vertreten. 1942 wurde der Messebetrieb in Köln ebenso wie in allen anderen deutschen Städten eingestellt.

Nachdem die Kölner *Messe- und Ausstellungsgesellschaft* 1946 ihre Arbeit wieder aufgenommen hatte, bemühte man sich von mehreren Seiten darum, in Köln wieder Messen und Ausstellungen durchzuführen. Allein der gute Vorsatz half in den ersten Nachkriegsjahren wenig, da die meisten Bereiche des Wirtschaftslebens streng durch alliierte Bestimmungen reglementiert waren. Dies galt auch für das Messewesen in den Besatzungszonen, welches sich nur mit Zustimmung der alliierten Behörden installieren ließ. Neben den administrativen Hemmnissen war die Wiederingangsetzung des Messebetriebs durch die herrschende Mangelwirtschaft stark behindert. Zudem lag das Messegelände mit seinen Hallen und Anlagen nach Kriegsende nahezu vollständig in Trümmern.

Ein weiteres Hindernis auf dem Weg zur ersten Kölner Nachkriegsmesse war der Wettbewerb zwischen den ehemaligen deutschen Messestädten, der frühzeitig einsetzte. Jede Stadt war bestrebt, möglichst bald wieder an alte Traditionen anzuknüpfen. Auch Frankfurt am Main und Düsseldorf versuchten Genehmigungen und Material für ihre Messen zu erlangen. Leipzig als Messestadt von ehemals überragender Bedeutung hatte schon 1946 auf Anordnung der sowjetischen Besatzungsmacht die erste Messe in der SBZ durchführen können. Obwohl das zunehmend gespannte Ost-West-Verhältnis eine Rückkehr Leipzigs als international bedeutende Messe unwahrscheinlich erscheinen ließ, rechneten die westdeutschen Messestädte bis in die fünfziger Jahre mit dem Wettbewerber aus der SBZ.

Doch die erste große Nachkriegsmesse fand nicht in Köln und auch nicht in Düsseldorf oder Frankfurt statt. Die britischen Militärbehörden hatten Hannover als Veranstaltungsort für eine Exportmesse 1947 ausersehen, obwohl man dort auf keinerlei Messeerfahrung zurückblicken konnte. Doch im selben Jahr, nach starkem Drängen, erhielten die Kölner Veranstalter die Erlaubnis, die erste Herbstmesse am Rhein zu veranstalten. Diese wurde nach schwierigen Aufbauarbeiten in bescheidenem Rahmen, doch selbstbewußt und mit einer optimistischen Perspektive, mit 450 Ausstellern und 10 000 Besuchern durchgeführt.

Damit war der Grundstein gelegt, Köln war wieder Messestadt. Diese Position wurde hinfort verteidigt und ausgebaut. Zunächst, in den Gründerjahren der Republik, mußten Widerstände aus Politik und Wirtschaft gegen weitere Messen überwunden werden. Das betraf allerdings nicht Köln allein. So beabsichtigte man schon 1948 einen vorübergehenden Messestopp, da die Versorgungssituation bei Rohstoffen und Materialien sich verschlechtert hatte. Zu einem solchen Moratorium kam es aber nicht, da alle den Stopp befürwortenden Messestädte die Abmachung sukzessive unterliefen und ihre Messen durchführten.

Diese Messepolitik bestimmte auch das Vorgehen in den Folgejahren. Bis zur Mitte der fünfziger Jahre sah man sich seitens der Kölner Messe einem mit großer Härte ausgetragenen Verdrängungskampf der kleinen und großen Messen in Westdeutschland gegenüber. In den Schlagzeilen der Fach- und der Tagespresse war die Rede vom „Messekrieg". Auch diese Phase überstand die Kölner Messe mit Bravour. Sie etablierte sich als eine der „Großen Drei" westdeutschen Messeveranstalter (neben Hannover und Frankfurt am Main).

Der weitere Werdegang der Kölner Messe war eine Erfolgsgeschichte. Dazu haben mehrere Faktoren beigetragen. So bildete die konsequente Ausrichtung am Gedanken der Fachmessen eine solide Grundlage, um einzelne Wirtschaftszweige fest an die Kölner Messe zu binden. Hierzu zählten von Beginn an die Branchen Hausrat und Eisenwaren, Möbel sowie Teile des Textilbereiches. Zu den wichtigsten Ausstellungen gehört neben der Anuga vor allem die photokina; sie fand erstmals 1950 statt. Sie hat sich bis heute zur führenden Veranstaltung im Bereich Foto, Film und Video entwickelt. Der Trend zu immer stärker spezialisierten Fachmessen brachte mehrmals Auslagerungen einzelner Teilbranchen mit sich, für die wiederum eigene Messen in Köln geschaffen wurden. Beispiele hierfür sind die INTERZUM für den Bereich Möbelfertigung, ferner die Aufgliederung der ehemaligen Hausrat- und Eisenwarenmesse in DOMOTECHNICA, Internationale Eisenwarenmesse und DIY'TEC. Daneben wurde ein großer Kreis weiterer Fachmessen in Köln etabliert. Hierzu zählen u.a. die weithin bekannte POPKOMM, die ART COLOGNE, die SPOGA, die Herren-Mode-Woche und die ISM.[122]

Die große Zahl neuer Messen in Köln war allerdings kein Garant für den langfristigen Erfolg. Hierzu mußten die notwendigen Rahmenbedingungen geschaffen werden. Herauszuheben sind dabei die Bemühungen um internationale Messen und Ausstellungen. Schon die ersten Nachkriegsmessen in Köln konnten Erfolge verbuchen, wenn auch bescheidene. Kamen zunächst Aussteller und Besucher aus den benachbarten Benelux-Ländern und aus Frankreich nach Köln, so entwickelten sich die meisten Veranstaltungen im Laufe der Zeit zu Messen mit weltweiter Anziehungskraft. Heute ist Köln der bevorzugte Messeplatz für 25 Branchen und Wirtschaftszweige. Im übrigen bietet die Kölner Messe über das International Service Center KölnMesse (ISC) Dienstleistungen rund um den Messebetrieb für Messebeteiligungen und für Aussteller im In- und Ausland an. Auch für den Kongreßbereich ist die Kölner Messe zuständig. Das Congress Centrum KölnMesse schafft mittlerweile ein modernes Forum für rund 1 500 Veranstaltungen im Jahr. 1995 erwirtschaftete die Kölner Messe einen Gewinn von 16,2 Mio. DM bei einem Umsatz von 361 Mio. DM.[123]

3 BANKEN UND VERSICHERUNGEN

Banken und Versicherungen entwickelten sich in Köln nach Kriegsende unterschiedlich.[124] Köln hatte seine Stellung als bedeutender Finanzplatz schon in den dreißiger Jahren verloren, als die Effektenbörsen in Köln, Essen und Düsseldorf zur Rheinisch-Westfälischen Börse in Düsseldorf vereinigt wurden. 1946 geriet die Stadt wieder ins Hintertreffen, denn es gelang ihr nicht, Sitz der Landeszentralbank zu werden, die ebenfalls in der neuen Landeshauptstadt errichtet wurde. Dennoch waren und sind in Köln alle bedeutenden Großbanken vertreten, wenngleich keine von ihnen nach dem Krieg ihre Zentrale am Rhein errichtete.

Die Niederlassungen der drei großen Aktienbanken, der *Deutschen Bank*, der *Dresdner Bank* und der *Commerzbank*, sowie einiger ausländischer Institute bestimmen heute das Bild im Kölner Bankenviertel unweit des Doms in der Straße „Unter Sachsenhausen". Neben diesen sind eine Reihe angesehener Privatbanken in Köln etabliert, darunter *Sal. Oppenheim jr. & Cie.*, *Marcard, Stein & Co.* und *Delbrück & Co.* Ferner haben zahlreiche private Hypothekenbanken – zum Beispiel die *Frankfurter Hypothekenbank Centralboden AG*, die *Rheinboden Hypothekenbank AG* und die *Rheinhyp Rheinische Hypothekenbank* – ebenso wie genossenschaftliche Institute – darunter die *Kölner Bank von 1867 eG* und *die Pax-Bank eG* – ihren Sitz oder ihre Hauptverwaltung in der rheinischen Metropole.[125]

Die *Kreissparkasse Köln*, die heute von den drei Kreisen des Kammerbezirks getragen wird, ist gegenwärtig die größte Zweckverbandssparkasse in Deutschland. 1962 überschritt die Bilanzsumme des Instituts erstmals die Milliardengrenze, bis Mitte der neunziger Jahre stieg sie auf mehr als 16 Mrd. Den Kunden im Kölner Umland stehen mehr als 130 Geschäftsstellen zur Verfügung, die Zentrale ist nach wie vor am Kölner Neumarkt beheimatet.[126] Ebenfalls eines der größten Institute ihrer Art ist die *Stadtsparkasse Köln*. Sie war entscheidend an der Finanzierung des Wiederaufbaus der Stadt beteiligt, besonders im Bereich des Wohnungsbaus. Ihr Engagement reicht heute über den Wirtschafts- und Finanzbereich hinaus, da sie auch im kulturellen Bereich Projekte trägt oder fördert. Zudem beteiligen sich die Stadt- und die Kreissparkasse an der Errichtung eines Hochleistungsdatennetzes in der Stadt.[127]

Spektakulärstes Ereignis der jüngeren Kölner Bankengeschichte war der Zusammenbruch der *Herstatt-Bank* 1974. Das private Institut war 1955 von Iwan D. Herstatt gegründet worden, dabei beteiligte sich der *Gerling-Konzern* maßgeblich. Das Versicherungsunternehmen mußte durch den Konkurs von Herstatt gewaltige finanzielle Belastungen auf sich nehmen, die Gerling zeitweise selbst wirtschaftlich gefährdeten.[128]

Für das Kölner Kreditgewerbe ist neben dem Privatkundengeschäft vor allem die Zusammenarbeit mit der mittelständischen Wirtschaft eine zentrale Aufgabe. Im Mittelpunkt stehen nicht nur die klassischen Geschäftsbereiche, wie die Finanzierung von Investitionsvorhaben, sondern auch das zunehmende Engagement bei der Wirtschaftsförderung (z.B. Existenzgründung). Das Kreditgewerbe in Köln hat trotz des relativen Bedeutungsverlustes in der Nachkriegszeit stark expandiert. Gegenwärtig zeichnen sich durch Telefon- und Online-Banking neue Kommunikations- und Transaktionsformen ab.

Für die Entwicklung des Versicherungsplatzes Köln waren vor allem die Qualitäten der Stadt als Verkehrsknotenpunkt sowie als stark frequentierter Handelsplatz von Bedeutung. Die Branche war innovationsfreudig – so wurde z.B. die Rückversicherung in Köln erdacht. Der Ruf als eine der großen deutschen Versicherungsstädte resultierte allerdings aus den veränderten Bedingungen der unmittelbaren Nachkriegszeit. Zuvor war Berlin Versicherungsplatz Nummer Eins gewesen. Dort sowie in einigen anderen Städten Mittel- und Ostdeutschlands waren die Zentralen der großen Assekuranzunternehmen. In den Nachkriegsjahren verlegten dann bedeutende Unternehmen ihren Sitz an den Rhein, darunter die *Gothaer, Nordstern*, die heutige *Berlin-Kölnische, die Deutsche Krankenversicherung* (DKV) und die *DEVK*. Hinzu kam eine Anzahl von Neugründungen wie der *Roland Rechtsschutz* und die *Unitas*. Zu den alteingesessenen Versicherern gehören bekannte Unternehmen wie *Colonia* (heute *AXA Colonia*), *Gerling*, die *Agrippina* und *Kölnische Rück*.

1950 hatten 5 000 Beschäftigte ihren Arbeitsplatz im Versicherungsgewerbe. Bis 1970 vervierfachte sich diese Zahl auf 20 400. Zu Beginn der neunziger Jahre waren mehr als 23 000 Personen in den Kölner Versicherungsunternehmen tätig. 1992 zählte man 64 Gesellschaften (hinzu kam die Zweigniederlassung der *Allianz* für NRW). Das Prämienaufkommen betrug 35,2 Mrd. DM. Für die Stadt und das Umland ist besonders die Tätigkeit einzelner Versicherer im Immobilienbereich von großem Nutzen, viele Wohnungen und gewerbliche Bauten wurden von ihnen errichtet. Köln ist zudem Sitz von Verbänden und ähnlichen Organisationen der Branche. Außerdem sind eine Reihe wissenschaftlicher Institute mit Fragen des Versicherungswesens und der Ausbildung für Versicherungsberufe befaßt. Zu diesen zählen das Seminar für Versicherungslehre an der Universität zu Köln und der Fachbereich Versicherungswesen der Fachhochschule. Daß die Geschäftstätigkeit der Versicherungen heute nicht auf Köln und den Kammerbezirk beschränkt ist, versteht sich von selbst. Weltweites Engagement in allen Bereichen des Versicherungsgeschäftes sichert die herausragende Stellung dieser Dienstleistungsbranche für die Region, womit der Bestand einer großen Zahl von Arbeitsplätzen verbunden ist.[129]

4 VERKEHR

Köln ist ein Knotenpunkt für den Kraftfahrzeugverkehr und eine wichtige Drehscheibe für den Schienen- und Luftverkehr. Hinzu kommt die Binnenschiffahrt auf dem Rhein, der größten europäischen Wasserstraße. Dieses Verkehrssystem wird lokal und regional durch einen Verbund im öffentlichen Personennahverkehr (ÖPNV) ergänzt.

Obwohl es in jüngster Zeit vielfache Bemühungen gab, alternative Verkehrsträger zu fördern, ist das Kraftfahrzeug nach wie vor das beliebteste und meistgenutzte Transportmittel. Allein zwischen 1978 und 1990, einer Phase, in der wachsendes Umweltbewußtsein ein Überdenken der Verkehrskonzepte beflügelte, stieg der Bestand an Kraftfahrzeugen beträchtlich. Rund 700 000 Pkw und Lkw waren 1978 im Kammerbezirk zugelassen, 1990 lag die Zahl schon bei 1,102 Mio. Danach setzte offenbar eine leichte Trendwende ein, denn 1995 war die Zahl der Kraftfahrzeuge nur wenig

Pressekonferenz im Camphausen-Saal der IHK Köln anläßlich des Zusammenbruchs der Herstatt-Bank, Herbst 1974

Niehler Hafen, 1970

gestiegen (auf 1,180 Mio., davon 1,046 Mio. Pkw, 51 062 Lkw, 2 086 Kraftomnibusse und 80 902 sonstige). Die Verteilung in den Städten und Kreisen des Kammerbezirks entspricht der jeweiligen Bevölkerungsstärke. In Köln waren 1995 gut 500 000 Fahrzeuge zugelassen, es folgten der Erftkreis (250 000), der Rheinisch-Bergische (168 000) und der Oberbergische Kreis (167 000) sowie Leverkusen (89 247).[130]

Die Alternative zum Auto im Individualverkehr stellt der ÖPNV dar. Träger des öffentlichen Nahverkehrs in Köln sind die *Kölner Verkehrs-Betriebe* (KVB), die diesen Namen seit 1950 tragen. Neben den Straßenbahnen und Omnibussen verkehrt seit 1968 auch eine U-Bahn in der Domstadt, deren Netz ständig erweitert wird. Als Abschluß des zuletzt fertiggestellten Abschnitts eröffnete man 1997 die Station am Wiener Platz in Köln-Mülheim. Gemeinsam mit elf anderen Verkehrsunternehmen ist die KVB seit 1987 im *Verkehrsverbund Rhein-Sieg GmbH* (VRS) zusammengeschlossen, der wichtige Beförderungsaufgaben im Kammerbezirk hat, unter anderem beim Transport der Berufspendler zwischen Metropole und Umland. Dabei gewann das Park-and-Ride-Konzept Bedeutung.[131]

Die *Deutsche Bahn AG* ist in das Nahverkehrskonzept eingebunden. Der Hauptbahnhof Köln war und ist eine wichtige Station im regionalen wie im nationalen und europäischen Reiseverkehr. In den sechziger und siebziger Jahren fuhren hier täglich 700 bis 900 Reise- und Güterzüge ein; deren Zahl erhöhte sich bis Mitte der neunziger Jahre auf 1 200. 1971 wurde Köln ein wichtiger Knoten im InterCity-Netz der Bahn, seit 1994 verkehrt zwischen Köln und den Städten Berlin und Hamburg der InterCityExpress.[132]

Dem Güterverkehr steht als größte Container- und Umladestation des Landes der Bahnhof Köln-Eifeltor zur Verfügung. Hier werden täglich mehr als 300 Waggons beladen. Die Kölner Rheinbrücken haben dabei eine verkehrstechnische Schlüsselposition, die Südbrücke ist heute die meistbefahrene Güterzugstrecke Deutschlands.[133]

Der Kammerbezirk verfügt über mehrere Binnenhäfen. Der Hafen Niehl I und II, mit insgesamt 18,7 km Kailänge einer der größten Binnenhäfen Deutschlands, liegt in unmittelbarer Nähe zu den Produktionsstätten der *Ford Werke AG*. Der Hafen in Köln-Mülheim ist für Güter bis 70 t Gewicht ausgelegt und ergänzt die Niehler Kapazitäten. In Godorf, seit 1975 Teil des Kölner Stadtgebietes, besteht eine Hafenanbindung an die dortige Raffinerie sowie an die chemische Industrie der *Rheinischen Olefin-Werke* (ROW). Auch das Werk der *Bayer AG* in Leverkusen verfügt über eine eigene Hafenanlage. Von 1958 bis 1978 stieg die Umschlagsleistung in den Kölner Häfen von 3,4 auf 17,0 Mio. t. Zwischen 1978 und 1990 entwickelte sich der Güterumschlag unterschiedlich. Während die Tonnenleistung in Köln und Leverkusen sank, verzeichnete Wesseling einen leichten Anstieg. Insgesamt werden in den Kölner Häfen ca. neun Mio. t Güter pro Jahr umgeschlagen.[134]

Bei der Personenschiffahrt ist Köln der Heimathafen der „weißen Flotte" der *Köln-Düsseldorfer Deutsche Rheinschiffahrt AG* (KD) sowie Sitz ihrer Hauptverwaltung. Das Unternehmen, deren Vorläufergesellschaft 1826 gegründet wurde, zählt zu den ältesten Aktiengesellschaften der Region. Sie ist mittlerweile auch international tätig, bis nach Afrika und Asien. Den Schwerpunkt bilden aber immer noch die Schiffsreisen auf den europäischen Flüssen. Dort ist die Gesellschaft Marktführer.[135]

1950 wurde in der Wahner Heide der *Flughafen Köln/Bonn*[136] anstelle des früheren Butzweiler Hofes in Betrieb genommen. Er entwickelte sich schnell zu einem wichtigen Verkehrsträger neben den Flughäfen in Frankfurt und Düsseldorf. Besonders als Frachtflughafen avancierte Köln/Bonn zur Nummer Zwei in Deutschland. Internationale Transportunternehmen siedelten sich an, so daß der Airport heute mehr als 6 000 Beschäftigte hat. 330 Starts und Landungen täglich mit rund 11 000 Passagieren verdeutlichen die Bedeutung, die mit dem zukünftigen ICE-Anschluß noch steigen wird.[137]

5   BEHERBERGUNGSGEWERBE

Köln und andere Regionen des Handelskammerbezirks sind reich an attraktiven Reisezielen und Erholungsgebieten. Der Dom, die Messen, Museen und der Karneval, ein nahezu unerschöpfliches Angebot an kulturellen Veranstaltungen und Kongressen ziehen Einheimische und Gäste aus dem In- und Ausland an. Gastronomie und Beherbergungsgewerbe bieten den Reisenden ein breitgefächertes Spektrum. 1954/55 übernachteten in den Hotels und Pensionen des Kammerbezirks mehr als 1,083 Mio. Personen. 1994/95 waren es 4,236 Mio. Gäste. Davon übernachteten rund 2,7 Mio. in Köln und Leverkusen und etwa 1,5 Mio. in den drei Kreisen des Bezirks.[138]

Während in Köln die Zahl der Übernachtungen im Winter- und Sommerhalbjahr 1994/95 nahezu gleich war, stieg sie im Oberbergischen Kreis deutlich von 331 097 (Winter) auf 454 422 (Sommer) an. Hier wird die große Anziehungskraft deutlich, die diese reizvolle Landschaft mit ihren Wäldern, Tälern und Seen vor allem für die Erholung suchende großstädtische Bevölkerung hat.[139] In Köln übernachteten mehr ausländische Gäste als im Landesdurchschnitt: 1994/95 waren es 37 %, in NRW 14 %. Daran hatten nicht zuletzt die Geschäftsreisenden zu den international ausgerichteten Messen Anteil.[140]

In Köln entstanden seit den siebziger Jahren zahlreiche neue große Hotels der Spitzenklasse. Zuvor hatten lediglich das *Dom-Hotel* und das *Excelsior Hotel Ernst* ein luxuriöses Ambiente geboten. Neubauten wie das *Maritim-Hotel*, das *Hyatt Regency*, die Häuser der *Dorint-Gruppe*, das *Holiday Inn Crowne Plaza* oder das Hotel „*Im Wasserturm*" brachten nun weiteres internationales Flair in die Domstadt.[141]

6   MEDIEN

WDR, Deutsche Welle, DeutschlandRadio, RTL, Viva und Vox prägen heute maßgeblich den Ruf Kölns als „Medienstadt".[142] Sicher zu Recht werden diese großen privaten und öffentlich-rechtlichen Sender zuerst genannt, wenn es um die Präsenz im Bewußtsein der Bevölkerung geht. Dennoch ist es eine verkürzte Darstellung der massiven Zusammenballung dessen, was man in der Domstadt und um sie herum als „Medienbranche" bezeichnet. Ca. 45 000 Beschäftigte arbeiten heute im Bereich Medien und Kommunikation in und um Köln, 45 % der Medienbetriebe im Land NRW sind hier angesiedelt.[143] Diese Konzentration ist nicht nur allgegenwärtig, sondern hat auch eine Geschichte, die nicht erst mit der Etablierung der Privatsender Mitte der achtziger Jahre begann.

Wenn von „Medien" die Rede ist, müssen zunächst die Printmedien genannt werden. Der Kölnische Kurier, die einzige von der amerikanischen Militärregierung lizensierte Tageszeitung für Köln, wurde im Februar 1946 eingestellt. Abgelöst wurde er unter anderem durch die Kölnische Rundschau. Der auflagenstärkere Kölner Stadt-Anzeiger des traditionsreichen Verlages *M. DuMont Schauberg* kam erst 1949 auf den Markt. Er wurde 1964 durch das Boulevardblatt Express aus demselben Haus ergänzt. Auf dem Buchsektor haben Köln und der Kammerbezirk traditionell eine bedeutende Stellung. Wichtige Kölner Verlage sind unter anderem *Greven, Bachem, Wienand, Kiepenheuer & Witsch* sowie, im weiteren Kammerbezirk, *Bastei-Lübbe* in Bergisch Gladbach.[144]

Die audiovisuellen Medien sind in und um Köln in allen Bereichen der Branche vertreten. Sowohl die Produktion von Ton-, Bild- und Datenträgern als auch deren Vertrieb auf unterschiedlichen Übertragungswegen haben einen Schwerpunkt im Handelskammerbezirk. Der Grundstein für die einem Boom gleichende Entwicklung der vergangenen zehn Jahre wurde bereits gelegt, als der damalige Nordwestdeutsche Rundfunk (NWDR) eine Zweigstelle in Köln errichtete. Daraus entstand 1949, im Gründungsjahr der Bundesrepublik, der Westdeutsche Rundfunk (WDR). Er ist heute die größte deutsche Anstalt der ARD. Die jüngste Gründung in Köln ist der öffentlich-rechtliche Ereignis- und Dokumentationskanal Phoenix, eine Gemeinschaftsgründung von ARD und ZDF. Als die alliierten Besatzungstruppen 1945 den British Forces Broadcasting Service (BFBS) für ihre Zone aufbauten, errichteten sie eine Außenstelle in Köln, die bis Anfang der neunziger Jahre ihren Dienst für die Angehörigen der Rheinarmee versah. Seit 1953 strahlt die Deutsche Welle ihr Kurzwellenradioprogramm von Köln in alle Welt aus, ebenso der Deutschlandfunk (heute DeutschlandRadio) seit Beginn der sechziger Jahre.[145] Mit dem Aufkommen des privaten Rundfunks in Deutschland etablierten sich im Kammerbezirk eine Anzahl kommerzieller Radiostationen, die vorwiegend mit Nachrichten und lokalen Programmen auf Sendung gingen.

In Köln siedelte sich auch eine Anzahl privater Fernsehsender an. Dieses Medium expandierte in den vergangenen Jahren gewaltig, nicht zuletzt, weil sich die Sendemöglichkeiten durch die Breitbandkabelnetze und Satellitenübertragung verbesserten. Bis Ende der achtziger Jahre produzierte und sendete allein der WDR Fernsehprogramme. Am 1. Januar 1988 erhielt der öffentlich-rechtliche Sender in Köln Konkurrenz durch RTL, der bereits 1984 auf Sendung gegangen war und damals noch den Namen RTL Plus trug. Er bezog sein Stammhaus an der westlichen Stadtgrenze. Heute ist er der größte private Fernsehsender. Ihm folgten Vox, Viva, Viva 2 und Super RTL. Diese Konzentration von Fernsehsendern zog eine entsprechende Infrastruktur nach sich. Im neuangelegten Mediapark im Zentrum, vor allem aber „auf der grünen Wiese" in Köln (Ossendorf und Bocklemünd) sowie in Hürth (Erftkreis), entstanden Produktionsfirmen, Casting- und Promotionagenturen sowie weitläufige Aufnahmestudios, die den Kölner Sendern und auch auswärtigen Unternehmen für Produktionen zur Verfügung stehen. Gegenwärtig sind es mehr als 250 Film-, Fernseh- und Videoproduktionsfirmen, fast 600 Zulieferunternehmen sowie eine große Zahl von Produzenten, Sprechern, Bühnenbildnern etc., die in dieser weiter wachsenden Branche beschäftigt sind. Der Jahresumsatz wird auf eine halbe Milliarde DM geschätzt.[146]

Der Ruf Kölns als Medienmetropole wird durch eine Vielzahl weiterer Unternehmen unterstrichen, die besonders im Bereich Musik und Video tätig sind. Tonstudios, Musikverlage und Branchenriesen wie *EMI Electrola* und *Sony* steuern ihre über die Grenzen des Kammerbezirks hinausgehenden Aktivitäten von Köln aus. Außerdem bietet Köln ein Forum für Großveranstaltungen aller Art: Konzerte in der Philharmonie, im Müngersdorfer Stadion, auf dem ehemaligen Flugplatzgelände Butzweiler Hof oder zukünftig in der Köln Arena im Stadtteil Deutz ziehen Tausende von Zuschauern bzw. Zuhörern an. Hinzu kommen die eigens für Musicalproduktionen geschaffenen Veranstaltungshallen im Zentrum am rechten und linken Rheinufer.

Die Medienbranche wartet zudem mit einschlägigen Veranstaltungen auf. Seit 1950 findet die Photo- und Kino-Ausstellung photokina als führende Ausstellung im Bereich Foto, Film, Video auf dem Messegelände statt. Die Musikmessen PopKomm und KlassikKomm ergänzen das Angebot. An Festen für das breite Publikum sind vor allem die seit 1994 stattfindende Musik Triennale Köln und das jährliche Ringfest zu nennen. Das letztere zog 1997 an vier Tagen annähernd zwei Millionen Zuschauer an.

Ebenso bieten Ausbildung und Wissenschaft ein umfangreiches Spektrum für den Bereich Medien an. Zu nennen sind vor allem die Kunsthochschule für Medien, die Universität mit dem Institut für Theater-, Film- und Fernsehwissenschaften, den Instituten für Rundfunkökonomie sowie für Rundfunkrecht, die Fachhochschule Köln u.a. mit dem Studiengang Fotoingenieurwesen, die Sporthochschule Köln mit dem Institut für Sportpublizistik, die Musikhochschule und die Berufsbildende Joseph DuMont Schule mit der Ausbildung zum kaufmännischen Medienassistenten.

Die modernste und jüngste Branche ist die der EDV-gestützten Kommunikation. Mit der Weiterentwicklung und immer intensiveren Nutzung großer Netzwerke wie des Internets vergrößert sich die Zahl der Anbieter vielfältiger Leistungen auf diesem Gebiet. Nahezu jedes Unternehmen, das sein äußeres Erscheinungsbild modern gestalten möchte, leistet sich ein Angebot im WorldWide-Web oder in ähnlichen interaktiven Online-Foren. Auch hierzu bedarf es einer Produktions- und Zulieferbranche, der Bereitsteller von computergestützter Infrastruktur (providern) und Beratungsunternehmen im weitesten Sinne. Das Gemeinschaftsunternehmen *NetCologne* der *Stadtsparkasse Köln*, der *Kreissparkasse Köln* und der *Gas-, Elektrizitäts- und Wasserwerke Köln* (GEW), das sich im Aufbau befindet, beabsichtigt beispielsweise, bis zum Jahr 2004 20 % des Kölner Telekommunikationsmarktes zu erobern.

V FAZIT UND PERSPEKTIVEN

1954 erschien zum ersten Mal ein gemeinsames Statistisches Jahrbuch der nordrhein-westfälischen Industrie- und Handelskammern.[147] Seither haben sich die statistischen Kategorien, die Erfassung, Zuordnung und Abgrenzung der Branchen etc. wie auch einzelner Gebiete vielfältig verändert. Deshalb ist es kaum möglich, detaillierte konsistente lange Reihen aufzustellen. Doch einen groben Eindruck vermittelt eine Gegenüberstellung von Daten für 1955 und für 1994. Ende März 1955 gab es im Handelskammerbezirk 478 491 beschäftigte Arbeitnehmer (8,8 % der beschäftigten 5 417 404 Arbeitnehmer in Nordrhein-Westfalen) und 15 781 Arbeitslose (3,2 %). Von den Beschäftigten im Kölner Handelskammerbezirk arbeiteten 2,2 % in der Landwirtschaft (in Nordrhein-Westfalen 2,8 %), 56,4 % im verarbeitenden Gewerbe einschließlich Bergbau, Energie und Baugewerbe (NRW 63,5 %), 30,8 % im Bereich Handel, Banken, Versicherungen, Verkehr etc. (NRW 23,6 %) und 10,6 % im öffentlichen Dienst (NRW 10,1 %).[148] 1994 gab es im Kölner Handelskammerbezirk 903 426 Erwerbstätige (12,3 % der 7 332 858 Erwerbstätigen in NRW) und eine Arbeitslosenquote von elf Prozent (NRW 10,5 %). In der Land- und Forstwirtschaft des Bezirks arbeitete ein Prozent (NRW 1,8 %), im verarbeitenden Gewerbe einschließlich Bergbau, Energie und Baugewerbe waren es 32,3 % (NRW 35,7 %), in den Bereichen Handel, Banken, Versicherungen, Verkehr und sonstige Dienstleistungen 52,4 % (NRW 48,2 %) und bei Gebietskörperschaften und Sozialversicherungen 14,4 % (NRW 14,1 %) der Erwerbstätigen.[149] Diese Zahlen sind zwar nicht völlig vergleichbar, geben aber drei grundlegende Entwicklungen deutlich zu erkennen. Zum einen war der Kölner Bezirk in der Nachkriegszeit stets stärker auf die modernen Dienstleistungsbereiche hin ausgerichtet als Nordrhein-Westfalen im Landesdurchschnitt. Zum zweiten verstärkte sich diese Dienstleistungsorientierung im Lauf der Entwicklung und überflügelte die gewerbliche Orientierung. Zum dritten zeigt sich bei der Beschäftigung, was sich beim Vergleich der Position des Kammerbezirks in NRW auch auf anderen Feldern erweist: Der Kölner Bezirk hat innerhalb Nordrhein-Westfalens in der Nachkriegszeit an Bedeutung gewonnen.

Der wirtschaftliche Strukturwandel im Bezirk der Industrie- und Handelskammer zu Köln spiegelt die Umbrüche wider, die Nordrhein-Westfalen in seiner Gesamtheit[150] – dort noch verstärkt durch die Probleme des Ruhrkohlebergbaus und der Eisen- und Stahlindustrie – und die Bundesrepublik durchliefen und die zum Teil noch nicht abgeschlossen sind. Im Handelskammerbezirk sind die Umbrüche überlagert durch eine für den Kölner Großraum offenbar typische Gemengelage von urbanem Wachstum mit seinen Modernitätsschüben und dem meist langsameren Gleichziehen der ländlichen Kreise, einer Mischung von Dienstleistungs-, gewerblicher und agrarischer Orientierung. Der Prozeß der ungleichgewichtigen Stadt-Land-Entwicklung erscheint bei der Betrachtung einzelner Branchen noch differenzierter. Die Ansiedlung moderner Medienunternehmen oder großer Einkaufsparks an der Peripherie der Städte, zum Beispiel im Erftkreis, profitiert von den Standortvorteilen der ländlichen Kreise ebenso wie von der Attraktivität der großen Agglomerationen.

Grundlegende wirtschaftliche Umbrüche trennen drei Entwicklungsphasen der Nachkriegszeit voneinander. Die fünfziger und, etwas abgeschwächt, auch die sechziger Jahre kennzeichnet stürmisches industriell-gewerbliches Wachstum; die landwirtschaftliche Produktion war noch gewichtig, verlor aber stark an Bedeutung. Seit den späten sechziger und den frühen siebziger Jahren boomte der „klassische" Dienstleistungssektor Handel, Banken und Verkehr; das Gewerbe verlor an Bedeutung, der agrarische Bereich trat ganz zurück. Seit den achtziger Jahren verliert das verarbeitende Gewerbe dramatisch an Gewicht; nun treten die „neuen" Dienstleistungssparten Medien, Kommunikation, Unterhaltung und individuelle Dienste stark in den Vordergrund.

Die Landwirtschaft, die auch in den Kreisen des Kammerbezirks einst ein wichtiger Wirtschaftssektor gewesen war, hatte schon vor dem Krieg eine untergeordnete Rolle gespielt. Der Wandel hin zur industriell geprägten Gesellschaft war in der Kölner Region bei Kriegsende bereits weitgehend abgeschlossen. Lediglich der Oberbergische Kreis schloß den Übergang von der agrarischen Wirtschaft zu Industrie und Gewerbe erst in den fünfziger Jahren ab. Indem er heute eine vergleichsweise starke ländliche Tradition mit der Ansiedlung modernster Industrien verbindet – er ist ein Schwerpunkt der Kunststoffindustrie; dort siedelten sich viele Zulieferer für andere Unternehmen an, z.B. für den Fahrzeugbau[151] – ist er ein anschauliches Beispiel für die Gemengelage von Altem und Neuem im Bezirk der IHK Köln.

Der zweite, moderne Umbruch ist demgegenüber noch nicht an sein Ende gekommen. Er läßt sich anhand der Beschäftigtenzahlen und der Art der neuentstandenen Unternehmen und Branchen im Kammerbezirk nachweisen. Der „Weg in die Dienstleistungsgesellschaft" wurde hier schon in den frühen siebziger Jahren eingeschlagen. Besonders in der Metropole bietet sich heute ein breitgefächertes Spektrum von Dienstleistungsbereichen an. Traditionelle Branchen arbeiten hier neben einer nahezu unüberschaubaren Vielfalt neuartiger Unternehmen. Vom sogenannten „home delivery service" für alle möglichen Güter bis hin zum modernen Beratungsunternehmen ist der Bereich der Dienstleistungen zur tragenden Säule der vor allem mittelständischen städtischen Wirtschaft geworden. Aber auch die Kreise haben Anteil an dieser Entwicklung. Dort, wo einst die Landwirtschaft und, wie im Erftkreis, der Bergbau dominierten, erfolgte der Aufbruch aus dem primären Sektor unmittelbar zu einer dienstleistungsorientierten Wirtschaft. Allerdings gab es auch starke Kontinuitäten; so wird der Abbau der Braunkohle im Erftkreis weiterhin ein tragender Wirtschaftszweig[152] bleiben.

Innerhalb des tertiären Sektors erweitert und spezialisiert sich das Angebot gegenwärtig stark. Vor allem die Bereiche der Information, Kommunikation und Unterhaltung expandieren. Im Umfeld der modernen Medien entsteht großer Bedarf bei der Ausbildung und Planung, Beratung, kreativen Entwicklung und Anwendung hochtechnisierter Leistungen.

Ein gleichermaßen junger Wirtschaftszweig, der sich im Grenzbereich zwischen Industrie und Dienstleistung bewegt, ist die Umwelttechnik. Die Entsorgung und das Recycling von Abfällen aus allen Bereichen werden immer weiter verbessert. Aufgrund steigender Anforderungen an umweltgerechte und wirtschaftliche Lösungen findet auch in dieser Branche eine zunehmende Spezialisierung statt. Sie bietet vorwiegend kleinen und mittleren Unternehmen ein Betätigungsfeld in einem wachsenden Markt. Auch die Bio- und Gentechnologie kann den chemischen und pharmazeutischen Unternehmen des Kammerbezirks neue Geschäftsfelder erschließen, falls ein gesellschaftlicher Konsens über den Nutzen und die Grenzen dieser Technologie zustande kommt.

Grundlage wirtschaftlichen Erfolgs ist das „Gewußt wie". Es setzt eine effiziente Ausbildung voraus. Bildung als Produktivkraft zur Erlangung von Standortvorteilen in einer globalen Wettbewerbswirtschaft erfordert moderne Einrichtungen der Forschung und Lehre. Die Kölner Universität, die

Kommunikationszentrum der Bayer AG („BayKomm") vor dem Firmenhochhaus

Fachhochschulen und weitere Forschungs-, Bildungs- und Ausbildungseinrichtungen im Kammerbezirk tragen hierzu bei. Es gibt zahlreiche Ansätze für das Zusammenwirken von Wirtschaft und Wissenschaft, Stadt und Verbänden. Aus ihrer Kooperation entstanden – nur um diese Beispiele hier zu nennen – das Gründer- und Innovationszentrum Köln (GIZ) sowie das Informationstechnik-Zentrum Köln (ITZ). Auch die außeruniversitäre Forschung im Kammerbezirk trägt dazu bei, die Bedeutung des Standorts zu sichern. Institute wie die Deutsche Forschungsanstalt für Luft- und Raumfahrt (DLR), die Max-Planck-Institute für Gesellschaftsforschung und für Züchtungsforschung sowie eine Vielzahl von Instituten an der Universität zählen zu den führenden Einrichtungen ihrer Fachgebiete.

Seit dem Wegfall der Grenzen im Westen und dem Hinzukommen der Neuen Länder im Osten haben sich die Märkte vergrößert. Die veränderten Rahmenbedingungen bergen Probleme und Chancen. Die Unternehmen des Kammerbezirks können dabei von den großen Konzernen lernen, denn Unternehmen wie *Ford* und *Bayer* richteten ihre Aktivitäten schon frühzeitig europaweit und global aus. Nicht nur das Arbeitskräfte- und Nachfragepotential, sondern auch die geographische Lage und verkehrsmäßige Erschließung des Bezirks der IHK Köln mit seiner Funktion als Drehscheibe für den internationalen Verkehr sind ein günstiger Standortfaktor bei den Herausforderungen durch die Internationalisierung und Globalisierung des wirtschaftlichen Austauschs.

Recyclinganlage für Verbundfolien der DEA AG

ANMERKUNGEN

¹ Für die britische Zone s. Trees/Whiting/Omansen: Drei Jahre; Trittel: Verwaltung des Mangels; für Köln die Beiträge in: Schwere Zeiten.

² S. dazu u.

³ S. dazu Abelshauser: Wirtschaftsgeschichte, S. 103 ff.; für NRW s. Briesen u.a.: Gesellschafts- und Wirtschaftsgeschichte; Brunn/Reulecke: Kleine Geschichte, S. 82-85, 122-125, 197-205; Briesen: Durchbruch.

⁴ S. dazu u.

⁵ Diese und die übrigen Angaben nach den jeweiligen Jahresgutachten des Sachverständigenrats zur Begutachtung der gesamtwirtschaftlichen Entwicklung, Stuttgart, und eigenen Berechnungen.

⁶ Bruttowertschöpfung, jeweilige Preise; Inlandskonzept in der Abgrenzung der volkswirtschaftlichen Gesamtrechnungen. Alte Bundesländer, 1950 ohne Saarland und Berlin. Berechnet nach: Statistisches Jahrbuch für die Bundesrepublik Deutschland 1965, S. 151, 553 f.; Sachverständigenrat zur Begutachtung der gesamtwirtschaftlichen Entwicklung, Jahresgutachten 1994/95, Stuttgart 1994, S. 345, 348 f.

⁷ S. Erhard: Wohlstand.

⁸ Zur Eigenheimförderung s. Schulz: Wiederaufbau; zur Einführung der dynamischen Rente mit der Rentenreform 1957 s. Hockerts: Entscheidungen.

⁹ JB IHK Köln 1977, S. 6 f.

¹⁰ S. dazu: Der Wirtschaftsraum Köln, 2. und 3. Aufl.

¹¹ Die Landwirtschaft in den Stadtgrenzen schrumpfte stark, 1995 gab es noch 174 landwirtschaftliche Betriebe und 7 832 ha landwirtschaftliche Nutzfläche. Im verarbeitenden Gewerbe Kölns erwirtschafteten 1994 347 Betriebe mit 74 708 Beschäftigten einen Umsatz von 32,2 Mrd. DM. Der Fremdenverkehr verzeichnete 2,6 Mio. Übernachtungen (1995); Strukturatlas Regio Rheinland, Stadt Köln, S. 1, 9-12.

¹² Im verarbeitenden Gewerbe Leverkusens erwirtschafteten 1994 47 Betriebe mit 43 283 Beschäftigten einen Umsatz von 12,8 Mrd. DM. 1995 gab es 80 landwirtschaftliche Betriebe mit 1 497 ha Nutzfläche; Strukturatlas Regio Rheinland, Kreisfreie Stadt Leverkusen, S. 8-10.

¹³ 1994 erwirtschafteten im verarbeitenden Gewerbe des Erftkreises 157 Unternehmen mit 32 947 Beschäftigten einen Umsatz von 14,0 Mrd. DM. 1995 gab es 791 landwirtschaftliche Betriebe mit 36 081 ha Nutzfläche; Strukturatlas Regio Rheinland, Erftkreis, S. 1, 7-9. Zur Entwicklung des Kreises s. ausführlich Pohl: Wirtschaftsgeschichte des Erftkreises, S. 18.

¹⁴ 1994 erwirtschafteten im verarbeitenden Gewerbe 271 Unternehmen mit 34 917 Beschäftigten einen Umsatz von 8,4 Mrd. DM. 1995 gab es 1 788 landwirtschaftliche Betriebe mit 31 349 ha Nutzfläche; Strukturatlas Regio Rheinland, Oberbergische Kreis, S. 1, 7, 9. Zur Entwicklung s. ausführlich Pohl: Wirtschaftsgeschichte des Oberbergischen Kreises, S. 11 f.

¹⁵ Pohl: Historische Aspekte, S. 30 f.

¹⁶ 1994 erwirtschafteten im verarbeitenden Gewerbe 143 Unternehmen mit 16 925 Beschäftigten einen Umsatz von 3,9 Mrd. DM. 1995 gab es 764 landwirtschaftliche Betriebe mit 13 068 ha Nutzfläche; Strukturatlas Regio Rheinland, Rheinisch-Bergischer Kreis, S. 1, 6-8; zur Entwicklung s. Pohl: Wirtschaftsgeschichte des Rheinisch-Bergischen Kreises, S. 11 f.

¹⁷ In Leverkusen sind es 2 057, im Erftkreis 628, im Rheinisch-Bergischen Kreis 616 Personen/qkm; Stand 31.12.1995; StJb IHKn NRW 1996, S. 22.

¹⁸ Ruhl: Neuanfang, S. 231; Brunn: Köln in den Jahren 1945 und 1946, S. 38; ders.: Evakuierung, S. 141.

¹⁹ Ruhl: Neuanfang, S. 231.

²⁰ Herrmann: Wirtschaftsgeschichte, S. 366 ff.

²¹ Pohl: Wirtschaftsgeschichte des Erftkreises, S. 13 ff.

²² Breuer: Nordrhein-Westfalen, S. 18 ff.

²³ S. Tabelle zur Bevölkerungsentwicklung und StJb IHKn NRW, div. Jahrgänge.

²⁴ Mitt. IHK Köln, 32. Jg. (1977), S. 200. Vgl. zur kommunalen Gebietsreform: Die Stadt Köln in der Kommunalen Gebietsreform. In: Statistische Mitteilungen der Stadt Köln 29 (1974), S. 173-192.

²⁵ Pohl: Wirtschaftsgeschichte des Oberbergischen Kreises, S. 9.

²⁶ Pohl: Wirtschaftsgeschichte des Rheinisch-Bergischen Kreises, S. 10.

²⁷ StJb IHKn NRW 1996, S. 37.

²⁸ Das Neue Köln 1945-1995, S. 498; Das wiedererstandene Köln, S. 41; StJb. der Stadt Köln, div. Jahrgänge; StJb NRW, div. Jahrgänge.

²⁹ StJb NRW, div. Jahrgänge.

³⁰ Das Neue Köln 1945-1995, S. 499.

³¹ StJb Köln 1994/95, S. 16, 18.

³² Vgl. Henning: Das industrialisierte Deutschland, S. 196 f.

³³ Kölner Industrie, Tab. 1, S. 17.

³⁴ Bußmann: Nordrhein-Westfalens Wirtschaft, S. 26.

³⁵ Vgl. die Übersichten zu Beschäftigung und Arbeitslosigkeit in den StJbb IHK NRW.

³⁶ Erst in diesem Zeitraum werden die ausländischen Beschäftigten durch die Kammerstatistik erfaßt.

³⁷ StJb IHKn NRW 1966, S. 90, 92 f.; 1981, S. 55; 1985, S. 54; 1995, S. 58. Eine konsistente Untersuchung der ausländischen Arbeitnehmer im Erwerbsprozeß ist nicht möglich, da sie Mitte der siebziger Jahre in o.a. Statistiken nicht immer gesondert ausgewiesen wurden.

³⁸ StJb IHKn NRW 1995, S. 58.

³⁹ Herrmann: Wirtschaftsgeschichte, S. 386 f. (Tab. 3). – Im produzierenden Gewerbe nahm der Anteil der Beschäftigten zwischen 1946 und 1970 lediglich um fünf Prozent ab, während er im Dienstleistungsbereich um rund sieben Prozent anstieg.

⁴⁰ Der Wirtschaftsraum Köln 1978-1990, S. 15.

⁴¹ Pohl: Wirtschaftsgeschichte des Oberbergischen Kreises, S. 11 f.

⁴² Pohl: Wirtschaftsgeschichte des Erftkreises, S. 18.

⁴³ Pohl: Wirtschaftsgeschichte des Rheinisch-Bergischen Kreises, S. 11.

⁴⁴ Stand jeweils 1. Januar. Vgl. zur quantitativen Entwicklung der Unternehmensstrukturen im folgenden die Angaben in den StJb IHKn NRW.

⁴⁵ Aufgrund der geringen Bedeutung anderer Rechtsformen werden als Personengesellschaften nur die Offene Handelsgesellschaft (OHG) und die Kommanditgesellschaft (KG), als Kapitalgesellschaften nur die Gesellschaft mit beschränkter Haftung (GmbH) und die Aktiengesellschaft betrachtet. Andere gesellschaftsrechtliche Unternehmensformen mach-

ten im Untersuchungszeitraum einen Anteil von lediglich 0,2 bis 0,6 % an der Gesamtheit der Unternehmen aus.
[46] S. dazu u.
[47] Pohl: Wirtschaftsgeschichte des Rheinisch-Bergischen Kreises, S. 13.
[48] Herrmann: Wirtschaftsgeschichte, S. 438 f.
[49] Vgl. Pohl: Wirtschaftsgeschichte des Oberbergischen Kreises, S. 14.
[50] Zur amerikanischen Politik in Köln s. Billstein: Kölner Industrie, zur Besatzungspolitik der Alliierten in Köln Hilgermann: Wandel.
[51] Schulz: Gläubiger, S. 254 f.; Henning: Produktionshemmnisse, S. 205 ff.; Klekamp: Zusammenbruch, S. 119 ff. Billstein: Kölner Industrie, S. 277 f. enthält eine Übersicht der stark beschädigten Kölner Betriebe.
[52] Abelshauser: Wirtschaftsgeschichte, S. 20; Ruhl: Neuanfang, S. 246-257.
[53] Vgl. Brunn/Reulecke: Kleine Geschichte, S. 47-50; Först: Geschichte Nordrhein-Westfalens, S. 305-323.
[54] Vgl. Schulz: Gläubiger, S. 254 ff.; Henning: Produktionshemmnisse.
[55] Vgl. Klekamp: Zusammenbruch, S. 128 ff., 137 f.; Henning: Produktionshemmnisse, S. 218 ff.; Ruhl: Neuanfang, S. 246-257.
[56] Klekamp: Zusammenbruch, S. 135-142; Ruhl: Neuanfang, S. 254 f.
[57] Betriebe ab 20 Personen; Umsatz ohne Mehrwertsteuer; StJb IHKn NRW 1996, S. 77, 83-85. – In die folgende Darstellung werden die Bereiche nicht einbezogen, die nicht Gegenstand der IHK-Arbeit sind, insbes. Landwirtschaft, Handwerk und Freie Berufe.
[58] Pohl: Wirtschaftsgeschichte des Erftkreises, S. 47-55; Das Neue Köln, S. 426.
[59] Pohl: Wirtschaftsgeschichte des Oberbergischen Kreises, S. 40; ders.: Wirtschaftsgeschichte des Rheinisch-Bergischen Kreises, S. 37 ff.
[60] In NRW gab es 1995 209 Unternehmen mit 96 988 Personen, einem Umsatz von 18,93 Mrd. DM und einer Exportquote von 2,4 %. Betriebe ab 20 Personen; Umsatz ohne Mehrwertsteuer; StJb IHKn NRW 1996, S. 69.
[61] Pohl: Wirtschaftsgeschichte des Erftkreises, S. 56 ff.; ders.: Wirtschaftsgeschichte des Oberbergischen Kreises, S. 47 f.; ders.: Wirtschaftsgeschichte des Rheinisch-Bergischen Kreises, S. 44 f.
[62] In NRW hatte die Branche 1995 630 Betriebe mit 50 163 Arbeitskräften, einem Umsatz von 15,55 Mrd. DM, davon 16,2 % für den Export. Betriebe ab 20 Personen; Umsatz ohne Mehrwertsteuer; StJb IHKn NRW 1996, S. 79.
[63] In NRW hatte die Metallerzeugung etc. 1995 2 545 Betriebe mit 353 044 Arbeitskräften, einem Umsatz von 99,91 Mrd. DM, davon 28,1 % für den Export. Betriebe ab 20 Personen; Umsatz ohne Mehrwertsteuer; StJb IHKn NRW 1996, S. 80.
[64] Industrieregion, S. 34-35.
[65] JB IHK Köln 1950-1959.
[66] JB IHK Köln 1970-1979.
[67] JB IHK Köln 1980-1989.
[68] JB IHK Köln 1990-1995.
[69] Das Neue Köln 1945-1995, S. 423; Herrmann: Wirtschaftsgeschichte, S. 405, 407; Sachse: Fahrzeugbau, S. 125-130.
[70] 1954/55 Stand Dezember, einschließlich Werkzeugmaschinenbau, Betriebe ab zehn Personen; 1995 Betriebe ab 20 Personen, Umsatz ohne Mehrwertsteuer; StJb IHKn NRW 1956, S. 104 f.; dsgl. 1996, S. 83.

[71] Betriebe ab 20 Personen, Umsatz ohne Mehrwertsteuer; StJb IHKn NRW 1996, S. 85.
[72] Hashagen: Automobilindustrie, S. 48-49.
[73] Industrieregion, S. 27.
[74] Industrieregion, S. 26-27.
[75] Industrieregion, S. 27 ff.
[76] Hashagen: Automobilindustrie, S. 27 ff.
[77] StJb IHKn NRW, div. Jahrgänge.
[78] Branchengliederung nach der jeweiligen Systematik; 1955 und 1975 Betriebe ab zehn, 1995 ab 20 Personen, seit 1970 Umsatz ohne Mehrwertsteuer; StJb IHKn NRW 1956, S. 108 f.; desgl. 1976, S. 70; desgl. 1996, S. 84.
[79] JB IHK Köln 1950-1995.
[80] StJb IHKn NRW 1996, S. 61-86, insbes. 77.
[81] Vgl. Schäfer: Mittelbetriebe, S. 565-572.
[82] Vgl. Broja: Chemie, S. 110-117.
[83] Vgl. Voppel: Räumliche Potentiale, S. 47.
[84] Vgl. Broja: Chemie, S. 110.
[85] Vgl. Schulz: Entflechtungsmaßnahmen, S. 213 f.
[86] Vgl. Herrmann: Wirtschaftsgeschichte, S. 407.
[87] Teltschik: Großchemie, S. 204.
[88] Vgl. Schulz: Entflechtungsmaßnahmen, S. 214.
[89] Errechnet aus StJb IHKn NRW, div. Jahrgänge.
[90] Der sprunghafte Anstieg von Beschäftigtenzahl und Umsatz ist durch die Aufnahme der Stadt Leverkusen in den Kammerbezirk Köln zu erklären.
[91] Vgl. Lucas: Region Köln, S. 22.
[92] Industrieregion, Anhang.
[93] Um Obst so schnell wie möglich zu verarbeiten, wurde die *Leiko Konservenfabrik* gegründet. Schwierigkeiten im Konservenbereich während der frühen fünfziger Jahre veranlaßten das Unternehmen, Eis herzustellen. 1959 übernahmen die *Nadler-Werke* die Firma; seitdem wurde die Produktpalette zum Feinkostbereich umorientiert. Seit 1968 wird nur noch Feinkost hergestellt; Pohl: Wirtschaftsgeschichte des Rheinisch-Bergischen Kreises, S. 56 f.
[94] Pohl: Wirtschaftsgeschichte des Oberbergischen Kreises, S. 53; ders.: Wirtschaftsgeschichte des Erftkreises, S. 65.
[95] Auer: Nahrungs- und Genußmittelindustrie, S. 180.
[96] StJb IHKn NRW 1971, S. 87; dsgl. 1995, S. 80 f.
[97] Obwohl die kartellgebundenen Mehlpreise im Wettbewerb mit den Außenseitern ständig sanken, konnten die kartellierten Mühlen die Umsatzanteile, die seit dem Vorjahr verlorengingen, in wesentlichem Umfang nicht zurückgewinnen; JB IHK Köln 1959, S. 15.
[98] JB IHK Köln 1961, S. 13.
[99] Platz eins mit 38,4 % Umsatzplus hatte die Natur- und Kunststeinindustrie; JB IHK Köln 1964, S. 9.
[100] JB IHK Köln 1966, 1967, 1968.
[101] JB IHK Köln 1970-1979.
[102] JB IHK Köln 1980-1989.
[103] JB IHK Köln 1982, S. 44.
[104] JB IHK Köln 1983, S. 35-36.
[105] So sank beispielsweise infolge von Rationalisierung und Konzentration die Beschäftigtenzahl in der Kölner Süßwarenindustrie von 3 500 in 1950 auf unter 500 in 1987. Das Neue Köln 1945-1995, S. 348.
[106] JB IHK Köln 1988, S. 12.
[107] JB IHK Köln 1990-1995.
[108] Pohl: Wirtschaftsgeschichte des Erftkreises, S. 59; ders.: Wirtschaftsgeschichte des Rheinisch-Bergischen Kreises, S. 50 f.
[109] 1955 Stand Dezember, Betriebe mit zehn und mehr Beschäftigten; StJb IHKn NRW 1956, S. 122-125; 1995 Betriebe mit im allgemeinen 20 und mehr tätigen Personen,

Beschäftigte im Monatsdurchschnitt, Umsatz ohne Mehrwertsteuer; StJb IHKn NRW 1996, S. 73 f.
[110] 1955 Stand Dezember, Betriebe mit zehn und mehr Beschäftigten; ferner gab es 1955 21 Sägewerke und Unternehmen der Holz bearbeitenden Industrie mit 631 Beschäftigten und 21,1 Mio. DM Umsatz; StJb IHKn NRW 1956, S. 114-117; 1995 Herstellung von Möbeln, Schmuck, Musikinstrumenten, Sportgeräten, Spielwaren und sonstigen Erzeugnissen sowie Recycling; Betriebe mit im allgemeinen 20 und mehr tätigen Personen, Beschäftigte im Monatsdurchschnitt, Umsatz ohne Mehrwertsteuer; StJb IHKn NRW 1996, S. 86; Pohl: Wirtschaftsgeschichte des Rheinisch-Bergischen Kreises, S. 48 f.; ders.: Wirtschaftsgeschichte des Oberbergischen Kreises, S. 51 f.
[111] Pohl: Wirtschaftsgeschichte des Rheinisch-Bergischen Kreises, S. 48 f.
[112] 1955 Stand Dezember, Betriebe mit zehn und mehr Beschäftigten; StJb IHKn NRW 1956, S. 118 f.; 1995 Betriebe mit im allgemeinen 20 und mehr tätigen Personen, Beschäftigte im Monatsdurchschnitt, Umsatz ohne Mehrwertsteuer; StJb IHKn NRW 1996, S. 75; Industrieregion Köln, S. 42-45.
[113] 1955 Stand Dezember; Betriebe mit zehn und mehr Beschäftigten; StJb IHKn NRW 1956, S. 120 f.; 1995 Betriebe mit im allgemeinen 20 und mehr tätigen Personen; Beschäftigte im Monatsdurchschnitt; Umsatz ohne Mehrwertsteuer; StJb IHKn NRW 1996, S. 76.
[114] Betriebe mit mehr als zehn (1975) bzw. 20 und mehr tätigen Personen (1995), Beschäftigte im Dezember (1975) bzw. im Monatsdurchschnitt (1995), Umsatz ohne Mehrwertsteuer; StJb IHKn NRW 1976, S. 74; 1996, S. 78; Industrieregion Köln, S. 32 f.
[115] Betriebe mit 20 und mehr Beschäftigten, 1995 Beschäftigte im Monatsdurchschnitt, Umsatz 1995 ohne Mehrwertsteuer; StJb IHKn NRW 1955, S. 132; 1996, S. 89; Industrieregion Köln, S. 6 ff.; Wirtschaftsraum Köln 1978-1990, S. 54.
[116] StJb IHKn NRW 1956, 1971, 1995; Bellinger: Entwicklung.
[117] Pohl: Wirtschaftsgeschichte des Rheinisch-Bergischen Kreises, S.61.
[118] Hermanns: Einzelhandel; Pohl: Wirtschaftsgeschichte des Erftkreises, S. 68.
[119] Pohl: Wirtschaftsgeschichte des Erftkreises, S. 68; ders.: Wirtschaftsgeschichte des Oberbergischen Kreises, S. 56 f.
[120] JB IHK Köln 1994, S. 36; Hermanns: Einzelhandel; Bellinger: Entwicklung.
[121] S. 50 Jahre Kölner Messe; Die Kölner Messen; von der Heyde: 50 Jahre; demnächst Schüller: Wiederaufbau.
[122] DIY'TEC = Fachmesse für Bau- und Heimwerkerbedarf; ISM = Internationale Süßwaren- Messe; POPKOMM = Die Messe für Popmusik und Entertainment; SPOGA = Internationale Fachmesse für Sportartikel, Campingbedarf und Gartenmöbel; DOMOTECHNICA = Weltmesse der Hausgerätetechnik; ART COLOGNE = Internationaler Kunstmarkt.
[123] Kölner Stadt-Anzeiger, 10.09.1996: „Kölner Messe zieht ausländische Gäste an".
[124] Zum Kölner Bankgeschäft 1945-1953 s. Rudersdorf: Wiederbeginn.
[125] Garnatz: Banken; Das Neue Köln, S. 359; Herrmann: Wirtschaftsgeschichte, S. 428 ff.
[126] Kreissparkasse Köln, Geschäftsberichte; Das Neue Köln 1945-1995, S. 356.
[127] Das Neue Köln 1945-1995, S. 354 f.; Herrmann: Wirtschaftsgeschichte, S. 433 ff. Zum Datennetz s. u.
[128] Herrmann: Wirtschaftsgeschichte, S. 430, 444.
[129] Ebd., S. 435-438, Klein: Versicherungsplatz, S. 183, 186; Das Neue Köln 1945-1995, S. 360-369.
[130] Der Wirtschaftsraum Köln 1978-1990, S. 67; StJb IHKn NRW 1995, S. 131 f.
[131] Das Neue Köln 1945-1995, S. 345; Pohl: Wirtschaftsgeschichte des Oberbergischen Kreises, S. 15.
[132] Dole: Schlüsselstellung, S. 114; Herrmann: Wirtschaftsgeschichte, S. 439; Das Neue Köln 1945-1995, S. 326.
[133] Dole: Schlüsselstellung, S. 116.
[134] Wirtschaftsraum Köln 1978-1990, S. 68 f; Willers: Rheinschiffahrt, S. 92; Das Neue Köln 1945-1995, S. 346.
[135] Das Neue Köln 1945-1995, S. 341.
[136] Heute „Flughafen Köln/Bonn - Konrad Adenauer".
[137] Das Neue Köln 1945-1995, S. 328.
[138] StJb IHKn NRW 1956, 1971, 1996.
[139] Pohl: Wirtschaftsgeschichte des Oberbergischen Kreises, S. 61.
[140] StJb IHKn NRW 1996, S. 116, 122 f.
[141] Das Neue Köln 1945-1995, S. 290.
[142] S. zur gegenwärtigen Entwicklung: Medienstandort Köln '97.
[143] Internet: Medienstadt Köln, unter: http://www.koeln.de/cit-ecd/verbindg/htm.
[144] Herrmann: Wirtschaftsgeschichte, S. 447 f.; Grevens Adreßbuch. Das Adreßbuch verzeichnet unter dem Stichwort „Verlage" 371 Einträge.
[145] Leistico: Standort, S. 42.
[146] Internet (s. Anm. 143); ferner Pohl: Wirtschaftsgeschichte des Erftkreises, S. 69.
[147] StJb IHKn NRW 1954.
[148] Stand: 31.03.1955; StJb IHKn NRW 1955, S. 24 f., 64 f.
[149] Arbeitslosenquote: Stand Sept. 1995; StJb IHKn NRW 1996, S. 42, 48.
[150] Zur wirtschaftlichen Entwicklung Nordrhein-Westfalens im einzelnen s. die Beiträge in Die Wirtschaft; Petzina: Revolution; Brunn: Zeit der Krisen (bis 1955); Briesen: Durchbruch (ab 1955).
[151] Industrieregion Köln, S. 30 ff.
[152] Vgl. JB IHK Köln 1994, S. 45.

DIE INDUSTRIE- UND HANDELSKAMMER ZU KÖLN ZWISCHEN 1945 UND 1965

JÜRGEN WEISE

I	Zwischen „Stunde Null" und demokratischer Erneuerung – Die Kammer Köln in der Besatzungszeit	279
1	Die Auseinandersetzung um das Kammerrecht	279
1.1	Neubeginn ohne rechtliche Grundlage	279
1.1.1	Gründung durch die US-Militärregierung	279
1.1.2	Gauwirtschaftskammer – Probleme der Rechtsnachfolge	281
1.2	Kammerrecht der britischen Militärregierung	281
1.2.1	Technical Instructions	281
1.2.2	Ölkrug-Entschließung und Friedmann-Erlaß	282
2	Weichenstellungen	283
2.1	Kammerbezirk	283
2.1.1	Auseinandersetzung mit Bonn	283
2.1.2	Außenstellen	284
2.2	Kammerorgane und Gremien	285
2.2.1	Beirat	285
2.2.2	Vollversammlung/Wahlen	285
2.2.3	Satzung	287
2.2.4	Präsidium	289
2.2.5	Arbeitskreise und Ausschüsse	292
2.3	Zweigstelle Gummersbach – Der Beirat der oberbergischen Wirtschaft	293
2.4	Geschäftsführung	295
2.5	Verwaltung	297
2.5.1	Finanzen	297
2.5.2	Personalfragen	298
2.6	Kammergebäude	299
2.7	Überregionale Interessenvertretungen der Kammern	299
2.7.1	Linksrheinische Industrie- und Handelskammern	299
2.7.2	Die Kammervereinigung von Nordrhein-Westfalen	300
2.7.3	Deutscher Industrie- und Handelstag	301
3	Kammerpolitik im Neuordnungsprozeß	302
3.1	Die instrumentalisierte Kammer	302
3.1.1	Anlaufstelle der Wirtschaft	302
3.1.2	Entnazifizierung	303
3.1.3	Permits	304
3.1.4	Bewirtschaftung	304
3.1.5	Demontagefragen	305
3.2	Rückkehr zu traditionellen Kammeraufgaben – Konturen der frühen Kammerarbeit	306
3.2.1	Berichterstattung und Öffentlichkeitsarbeit	306
3.2.2	Groß- und Einzelhandel/Wettbewerb	308
3.2.3	Außenwirtschaft/Interzonenhandel	309
3.2.4	Industrie und Umwelt	310
3.2.5	Verkehr/Nachrichtenwesen/Messewesen	311
3.2.6	Recht	312
3.2.7	Steuern	313

3.2.8	Geld- und Kreditwesen/Versicherungswirtschaft/Börsen	314
3.2.9	Berufsausbildung	315
3.2.10	Rheinisch-Westfälisches Wirtschaftsarchiv zu Köln	316
II	Wirtschaftlicher Wiederaufstieg durch Soziale Marktwirtschaft – Die IHK zu Köln als verläßlicher Partner...	317
1	Souveränes Kammerrecht	317
1.1	Das nordrhein-westfälische Wirtschaftskammergesetz	317
1.2	Das (vorläufige) Kammergesetz von 1956	318
1.3	Das IHK-Gesetz des Landes NRW von 1957	319
2	Innere Entwicklung	319
2.1	Kammerorgane und Gremien	319
2.1.1	Vollversammlung – Wahlen...	319
2.1.2	Satzung	320
2.1.3	Das Präsidium	321
2.1.4	Ausschüsse	327
2.1.5	Geschäftsführung	328
2.2	Zweigstelle Oberberg – Beratende Versammlung	329
2.3	Verwaltung	331
2.3.1	Finanzen	331
2.3.2	Personal	334
2.4	Kammergebäude	334
3	Aspekte der Wirksamkeit der Kölner Kammer	338
3.1	Öffentlichkeitsarbeit/Informationsdienst/Bibliothek	338
3.2	Handel und Wettbewerb	340
3.3	Außenwirtschaft/Interzonenhandel	343
3.4	Industrie und Umwelt	346
3.5	Verkehr	348
3.6	Kreditwesen/Versicherungswirtschaft...	352
3.7	Rechtswesen	353
3.8	Finanz- und Steuerwesen	356
3.9	Berufsausbildung	358
3.10	Produkten- und Warenbörse/Immobilienbörse	361
3.11	Rheinkammernunion	364
3.12	Der Juniorenkreis der Kölner Wirtschaft	365
3.13	Rheinisch-Westfälisches Wirtschaftsarchiv zu Köln	368

ZWISCHEN „STUNDE NULL" UND DEMOKRATISCHER ERNEUERUNG – DIE KAMMER KÖLN IN DER BESATZUNGSZEIT

1 DIE AUSEINANDERSETZUNG UM DAS KAMMERRECHT
1.1 NEUBEGINN OHNE RECHTLICHE GRUNDLAGE
1.1.1 Gründung durch die US-Militärregierung

Die Industrie- und Handelskammer zu Köln wurde auf Veranlassung der amerikanischen Militärregierung im April 1945 wiedererrichtet.[1] Köln war vier Monate nach der Grenzstadt Aachen am 6. März 1945 eingenommen worden. Dem Kommandeur der Militärregierung Köln, Lt. Colonel Patterson, stellte sich mit dem Aufbau einer provisorischen Verwaltung in der zerbombten und entvölkerten Stadt eine überaus große Herausforderung.[2] Es gelang den sorgfältig ausgebildeten und gut vorbereiteten Offizieren des Military Government Detachment E1H2, Cologne, während ihrer 100-Tage-Herrschaft – „ohne Zugeständnisse in besatzungspolitischen Grundsatzfragen zu machen"[3] –, einen pragmatischen Weg zur Bewältigung der vielfachen Probleme einzuschlagen, so daß die britische Militärregierung im Juni 1945 in Köln bereits auf überwiegend funktionierende Strukturen zurückgreifen konnte.

Eine der vordringlichsten Aufgaben der Verwaltung bestand darin, die für die Versorgung der Zivilbevölkerung notwendigen Betriebe zu überprüfen und mit einem „Permit-to-re-open" versehen zu lassen. Diese Aufgabe wurde zunächst in Köln – im Gegensatz zu anderen Städten, wo die Industrie- und Handelskammern meist nach kurzer Unterbrechung in ihrer alten Organisationsform von vor 1933 reanimiert wurden –, vom städtischen Amt für Wirtschaft durchgeführt. In Köln war die Einschaltung der Kammer nicht möglich, weil die in die Gauwirtschaftskammer Köln-Aachen aufgegangene IHK zu Köln noch nicht wieder präsent war. Offensichtlich waren aber die Probleme, die im Zusammenhang mit der Bewirtschaftung und der Wiederzulassung von Handels- und Industrieunternehmen einerseits und der Beratung von Unternehmen in wirtschaftlichen Fragen andererseits auftraten, so gravierend, daß nach anderen Lösungen gesucht wurde.[4] Daher war aus den Reihen der Wirtschaft, so Bernhard Hilgermann, der Vorschlag zur Wiedererrichtung der IHK gekommen und vom städtischen Beigeordneten, Dr. Fritz Hellwig, und anderen städtischen Verantwortungsträgern aufgegriffen worden.[5] Die US-Militärregierung stimmte der Handelskammeridee zu, legte aber zunächst das aus den Vereinigten Staaten bekannte Handelskammerprinzip zugrunde. In den amerikanischen „Chambers of Commerce" war nicht nur die Mitgliedschaft auf freiwilliger Basis geregelt, sondern in ihr waren alle Wirtschaftszweige zusammengefaßt. Gemeinsam mit Oberbürgermeister Dr. Konrad Adenauer gelang es letztlich nach schwierigen Verhandlungen, die Militärregierung zu Zugeständnissen hinsichtlich der Organisationsform zu bewegen.[6] Den Amerikanern sei es vordergründig darum gegangen, so Hilgermann in seinen Erinnerungen[7], es nur noch mit einer Stelle zu tun zu haben, die die Wünsche der deutschen Wirtschaft vortrug und die Anweisungen der Militärregierung weitergab.

Nach wochenlangen Besprechungen wurde am 25. Mai 1945 die erteilte Genehmigung in einem Protokoll festgehalten.[8] In diesem Gründungsprotokoll[9] wurde niedergelegt, daß die Industrie- und Handelskammer unabhängig sein sollte, daß sie Ratschläge erteilen, Stellungnahmen ausarbeiten und im Regierungsbezirk Köln Handel und Industrie nach besten Kräften fördern sollte. Hinsichtlich der Aufteilung der Wirtschaft auf die IHK, die Handwerks- und die Landwirtschaftskammer

Registering of private business enterprises in the Regierungsbezirk Cologne	Erfassung der gewerblichen Betriebe im Regierungsbezirk Köln
In order to take care of the interests of industry and commerce the **Chamber of Industry and Commerce** will be established. All private business-enterprises (industry, wholesale-trade, retail-trade, credit-institutions, insurance, traffic agencies, restaurants, hotels and lodging-instigations) in the Regierungsbezirk Cologne, are herewith ordered to answer a schedule of interrogatories to give a clear insight into their situation. Every business-enterprise is bound to answer correctly to all questions and to deliver the answered schedule to the Chamber of Industry and Commerce, regardless if the business has already permit to re-open or if it is still temporarily closed. Delivery of the answer will be confirmed by receipt. Existing regulations with regard to registering to the Police Department (Gewerbepolizei) or with regard to admittance in accordance with protective laws do not interfere with answering the schedule. The schedules of interrogatories can be obtained from the office of the Chamber in Cologne, temporarily von-Werthstraße 10-14a or from the local burgomasters or from the branches of the Chamber at the office of the president of the district (Landratsamt) in Bergisch Gladbach and Gummersbach. The answer to the schedule of interrogatories is to be delivered to the Chamber or its afore mentioned branches within two weeks in four-fold, written in German and possibly in English. Cologne, 25 May 1945 Military-Government Regierungspräsident	Zur Wahrnehmung der Belange der gewerblichen Wirtschaft wird die **Industrie- und Handelskammer Köln** errichtet. Sämtliche Gewerbebetriebe (Industrie, Großhandel, Einzelhandel, Kreditinstitute, Versicherungen, Verkehr, Vermittler, ambulanter Handel, Gaststätten und Beherbergungsbetriebe) im Regierungsbezirk Köln werden hiermit aufgefordert, einen Fragebogen zur Aufklärung der Betriebsverhältnisse auszufüllen. Jeder Gewerbebetrieb ist zur ordnungsgemäßen Ausfüllung des Fragebogens und zur Zurückleitung an die Industrie- und Handelskammer verpflichtet, gleichgültig, ob der Betrieb bereits zugelassen oder noch vorübergehend stillgelegt. Über die Anmeldung wird eine Bestätigung erteilt. Die bestehenden Vorschriften über gewerbepolizeiliche Anmeldung oder über Zulassung auf Grund von Schutzgesetzen werden von dieser Anmeldung nicht berührt. Die Fragebogen sind auf der Geschäftsstelle der Industrie- und Handelskammer Köln, z. Zt. von-Werth-Str. 10-14a, oder in Köln-Mülheim, Elisabeth-Breuer-Str. 5, oder in Köln-Brück, Brücker Mauspfad 642, oder bei den zuständigen Bürgermeisterämtern bzw. bei den Außenstellen der Industrie- und Handelskammer im Stadthaus in Bonn, im Landratsamt Bergisch Gladbach und Gummersbach sofort abzuholen. Die Abgabe der Fragebogen hat innerhalb von 2 Wochen in vierfacher Ausfertigung bei der Geschäftsstelle der Industrie- und Handelskammer Köln oder bei den genannten Außenstellen zu erfolgen. Köln, den 25. Mai 1945 Die Militärregierung Der Regierungspräsident

Wiedererrichtung der Industrie- und Handelskammer zu Köln. Aushang der amerikanischen Militärregierung 1945

machten die Amerikaner Zugeständnisse, wenngleich sie die Aufgabenverteilung der neuen Kammer sehr eng an die Abteilungen des städtischen Dezernats für Wirtschaft und Arbeit anlehnte. Als Präsidenten waren alternativ vorgesehen Dr. Paul Silverberg, im Schweizer Exil lebend, und Dr. Robert Pferdmenges, der sich ebenfalls noch nicht wieder in Köln aufhielt. Dr. Silverberg, der als letzter frei gewählter Präsident der Kölner Kammer 1933 nach seiner Absetzung in die Schweiz emigriert war, lehnte das Amt des Präsidenten in Köln ab.

Zum „Manager" wurde Dr. Bernhard Hilgermann bestimmt; er war bis zum Zusammenbruch Geschäftsführer der „Vereinigung von Banken und Bankiers in Rheinland und Westfalen". Sein erster Mitarbeiter wurde Dr. Heinrich Müser, der schon in der früheren IHK tätig gewesen war. Zu Beratern (später Beirat) der IHK wurden Unternehmer verschiedener Branchen ernannt, die bereits zuvor als Berater des städtischen Wirtschaftsdezernats fungiert hatten, die nicht in der Partei gewesen waren und als Nazigegner bekannt waren.[10] Im Gegensatz zu ihrer späteren Kammerpolitik billigte die US-Militärregierung der Kölner Kammer ausdrücklich zu, sich durch Beiträge der Mitglieder in der „üblichen Weise" (wie vor 1933) zu finanzieren.[11] Obwohl dies noch kein Zugeständnis bezüglich der Anwendung des Kammerrechts von vor 1933 war, bedeutete dies aber de facto, daß man auch in Köln – wie in der übrigen britischen Besatzungszone auch – den Rechtsstatus einer Körperschaft mit Pflichtmitgliedschaft anstrebte. Man ließ daher auch in Köln gegenüber den Mitgliedsunternehmen keinen Zweifel darüber entstehen, daß zukünftig die Finanzierung der Kammeraufgaben nach den bisherigen Regeln durchgeführt würde.

1.1.2 Gauwirtschaftskammer – Probleme der Rechtsnachfolge

Hinsichtlich der Frage der Rechtsnachfolge der Gauwirtschaftskammer Köln-Aachen (GWK), die bis zum 31. März 1945 existiert hatte, ergaben sich für die Kölner IHK eine Fülle von vermögensrelevanten Fragen. Sie war mehr oder weniger gezwungen, in die Pflichten der ehemaligen, inzwischen aufgelösten Gauwirtschaftskammer einzutreten, damit ihr Anspruch auf deren Grund- und Kapitalvermögen bestehen blieb. Das Vermögen der GWK, das unter einer doppelten Vermögenssperre stand (das Kapital war auf Konten des Bankhauses *J.H. Stein* deponiert, das selbst einer Vermögenssperre unterlag), war außerdem zwischen den ehemaligen Institutionen aufzuteilen, die zwangsweise zur GWK zusammengeschlossen worden waren. Zu den Pflichten gehörten in erster Linie Pensionszahlungen an ehemalige Mitarbeiter bzw. deren Hinterbliebene. Eine Zusammenstellung des Jahres 1949 bezifferte die Jahrespensionssumme, die vom Versorgungsverband deutscher Wirtschaftsorganisationen nicht gedeckt war, auf 21 500 DM.[12] Im Gegensatz zu manch anderer Kammer im Rheinland war die Kölner IHK aber dank großzügiger Vorauszahlungen von einigen Unternehmen auf ihren Kammerbeitrag in der Lage, die Verwaltungskosten aus laufenden Einnahmen zu bestreiten.

Wirkliche Probleme bei der eigentlichen Auseinandersetzung über das GWK-Vermögen, die bis zum Jahre 1950 andauerte, stellten sich zwischen den Beteiligten nicht. Hinsichtlich der Existenz der Gauwirtschaftskammern setzte sich im Laufe der Jahre die Rechtsauffassung durch, daß die Ablösung der GWKn durch die neuen Industrie- und Handelskammern faktisch, nicht aufgrund rechtlicher Anordnungen erfolgt sei und daß die entstandene Lage erst nachträglich untermauert worden sei. Obwohl die Gauwirtschaftskammern durch allgemeine Anordnung abgeschafft worden waren, blieben sie als funktionslose Vermögensträger weiterhin existent.

Zur Entsperrung des Vermögens und seiner Übertragung auf die Industrie- und Handelskammern mußte zunächst ein Treuhänder bestellt werden, der nach erfolgter vermögensrechtlicher Auseinandersetzung die Übertragung auf die Nachfolgekammern vornahm. Da die IHK zu Aachen und die beiden Handwerkskammern (Köln und Aachen) bereits 1945 das von ihnen eingebrachte Vermögen übernommen hatten, mußten sich lediglich die Kölner und Bonner IHK vertraglich einigen. Dies geschah im September 1951.[13] Gemäß den Bestimmungen wurden zunächst die durch die beiden Kammern bei der Zusammenlegung 1934 eingebrachten Grundstücke rückübertragen. Der Erlös aus dem gemeinschaftlichen Bonner Grundstück Wörthstraße 5 in Höhe von 70 000 DM, der Wertpapierbestand in Höhe von 60 000 DM und das Bankguthaben von 91 402 DM sowie ein Festgeldkonto von 8 101,23 DM wurde zwischen den Kammern Köln und Bonn im Verhältnis 76 : 24 aufgeteilt. Diese Schlüsselung war „über den Daumen gepeilt", denn sowohl Köln als auch Bonn hatte nach dem Zusammenbruch den Verlust sämtlicher Buchhaltungsunterlagen zu beklagen und konnte sich auf keine gesicherten Zahlen hinsichtlich des Vermögenszuwachses während der Gauwirtschaftskammerzeit berufen.[14] Davon abzuziehen waren noch offenstehende Forderungen der beiden Kammern, die sich bei Köln auf ca. 67 000 DM und bei Bonn auf 2 223 DM beliefen, sowie allgemeine Abwicklungskosten etc. Für die zukünftigen Pensionsleistungen wurde ein Verpflichtungsverhältnis von 88 % zu zwölf Prozent vereinbart. Außerdem erhielt die Kammer Bonn zum Ausgleich ihres in die Bibliothek der IHK Köln aufgegangenen Buchbestandes einen Betrag von 3 000 DM.

1.2 KAMMERRECHT DER BRITISCHEN MILITÄRREGIERUNG

1.2.1 Technical Instructions

Als der Kammerbezirk Köln am 21. Juni 1945 der britischen Besatzungszone zugeschlagen wurde, änderte sich bezüglich der Arbeit der IHK zu Köln zunächst wenig. Bezüglich der rechtlichen

Würdigung der Industrie- und Handelskammern hatten die Planer der britischen Militärregierung zu Beginn lediglich die Technical Instruction No. 49[15] (Handels- und Industrievorschriften) vom 30. Juli 1945 veröffentlicht, wonach die Gauwirtschaftskammern aufgelöst und die Wiedergründung von Industrie- und Handelskammern unter Verzicht auf die Zwangsmitgliedschaft gestattet waren.[16] Ausdrücklich zugelassen wurden die Industrie- und Handelskammern erst per Erlaß vom 20. Oktober 1945[17], der sich speziell zur Ausgestaltung eines umfassenden Bewirtschaftungsapparates unter Beteiligung deutscher Funktionsträger[18] äußerte. Abermals lehnte die britische Militärregierung in diesem Papier die Pflichtmitgliedschaft in den Kammern ab, was aber längst nicht mehr mit den Realitäten übereinstimmte. Sowohl seitens der Unternehmer der Bezirkswirtschaft als auch seitens der deutschen zonalen Verwaltung in Minden wurde an dem Prinzip der Pflichtzugehörigkeit festgehalten.[19] Der Entwicklung Rechnung tragend, wurde der Erlaß einer Revision unter der Leitung des zuständigen Deputy President der Economic Sub-Commission, Dr. Wolfgang Friedmann, unterzogen. Mit Schreiben der Militärregierung vom 28. März 1946 wurden schließlich auch die restriktiven Bestimmungen bezüglich der freiwilligen Mitgliedschaft endgültig aufgegeben. Alle in das Handelsregister eingetragenen Firmen wurden Pflichtmitglieder mit entsprechender Beitragspflicht und Wahlberechtigung.[20]

1.2.2 Ölkrug-Entschließung und Friedmann-Erlaß

Die Industrie- und Handelskammern der britischen Besatzungszone haben ihren Status als Körperschaft öffentlichen Rechts mit Pflichtmitgliedschaft letztlich in einem wesentlichen Maße dem starken politischen Einfluß der amerikanischen Deutschlandpolitik zu verdanken, die sich endlich auch aufgrund des sich anbahnenden „Kalten Krieges" durchsetzte. Die IHK zu Köln verdankt ihre unbeschädigte Existenz in doppelter Weise den Amerikanern. Zunächst wurde sie von den Militärs zur schnellen Lösung von Problemen nach „altem Muster" genehmigt, wäre aber sicherlich bei einem Verbleib der amerikanischen Besatzungstruppen in Köln organisatorisch umgestaltet worden. Als die britischen Wirtschaftsplaner kurz davor standen, das deutsche Handelskammerwesen nachdrücklich zu verändern, verhinderte dies das Veto des politisch und wirtschaftlich dominierenden Partners.

Während in der französischen Besatzungszone eine Kontinuität für die bisherigen Selbstverwaltungseinrichtungen ohne Vorbehalt gegeben war[21], die Amerikaner dagegen in ihrer Zone die Kammern zu privaten Organisationen umfunktionierten, entbrannte in der britischen Zone eine ideologisch beeinflußte Auseinandersetzung um das zukünftige Kammerrecht. Es kann an dieser Stelle nicht auf die Einzelheiten dieser Debatten eingegangen werden[22], dennoch sollen die wesentlichen Gefahren für den rechtlichen Status der Kammern aufgezeigt werden.

Vergleichbar der politischen Auseinandersetzung um eine neue Wirtschaftsordnung nach dem Ersten Weltkrieg (Wirtschaftsdemokratie) gerieten die Industrie- und Handelskammern im Zusammenhang mit gewerkschaftlichen Forderungen nach paritätischer Beteiligung von Arbeitnehmern in den Mittelpunkt einer Debatte, die zunächst auf zonaler Verwaltungsebene und später auch auf landes- und bundespolitischer Ebene fortgesetzt wurde. Die Industrie- und Handelskammern, die ihre Interessen durch Zusammenschluß auf zonaler Ebene (Vereinigung der Industrie- und Handelskammern in der britischen Besatzungszone) zu wahren suchten, sahen sich sowohl den gewerkschaftlichen Forderungen nach paritätischer Arbeitnehmerbeteiligung an den Kammern als auch einer „Economic Sub-Commission" gegenüber, die durch den gewerkschaftsnahen Leiter, Dr. Wolfgang Friedmann, keinen Zweifel daran ließ, daß sie eine Kammer als Körperschaft öffentlichen Rechts mit Pflichtmitgliedschaft nur um den Preis der Parität genehmigen würde.

Dr. Victor Agartz, der Leiter des Zentralamts für Wirtschaft (ZAW) in Minden, war im Juni 1946 seitens der britischen Militärregierung damit beauftragt worden, ein Gutachten über den zweckmäßigen Aufbau der Selbstverwaltungsorganisation vorzulegen.[23] Obwohl Agartz zugesagt hatte, alle beteiligten Kreise in den Meinungsbildungsprozeß einzubeziehen, hatte seine vorläufige Stellungnahme vom Juni 1946 präjudizierende Wirkung.[24] Er befürwortete zwar den Erhalt einer Kammer als öffentlich-rechtliche Körperschaft mit Pflichtmitgliedschaft, hielt es aber für zweckmäßig und notwendig, die Arbeitnehmer zur fachlichen Arbeit bereits auf Kammerebene hinzuzuziehen.

Der Widerstand der Kammern gegen die Parität, der durch die Zonenvereinigung (Präsident Dr. Robert Pferdmenges, Köln) koordiniert wurde, drückte sich in der „Ölkrug-Entschließung" vom 18. Juli 1946 als einem ersten wichtigen Strategiepapier aus.[25] Im Ölkrug, einem Gasthaus bei Stadthagen, waren Kammervertreter der britischen Zone zusammengekommen, um eine Verhandlungsstrategie für das am darauffolgenden Tag stattfindende Gespräch mit dem Leiter des ZAW festzulegen. Die Entschließung erkannte zwar das Recht der Arbeitnehmer an, auf geeigneter Ebene an den wirtschaftspolitischen Entscheidungen beteiligt zu werden, lehnte dafür aber die Kammerebene als ungeeignet ab. Neu an der „Ölkrug-Entschließung" war eine von den Kammerrepräsentanten in dieser Deutlichkeit bisher nicht formulierte Absage an eine Veränderung der Wirtschaftsverfassung. Solange noch keine gewählte Volksvertretung souverän darüber befinden könne, sei man seitens der Kammern zu keinen Zugeständnissen bereit.[26]

Obwohl sich allmählich die Kennzeichen dafür mehrten, daß das „Vereinigte Wirtschaftsgebiet" (Bizone) dazu führen mußte, daß der antisozialistische Wirtschaftskurs der US-Militärregierung eine Änderung der Wirtschaftsverfassung nicht zulassen würde, blieb für die Kammern die Gefahr der Parität weiter bestehen. Der Konfrontationskurs mit dem ZAW und die hier und da erkennbaren Kompromißangebote einzelner Kammern, die sich damit deutlich vom „Ölkrug-Kurs" entfernten, führte auch innerhalb der Kammerorganisation zu einer Zerreißprobe. Als am 27. November 1946 die Empfehlungen der Militärregierung an das ZAW zur vorläufigen Regelung der Handelskammerfrage versandt wurden, war die Gefahr endgültig gebannt. Das lang erwartete und auf Kammerseite gefürchtete Schreiben, nach seinem Verfasser als „Friedmann-Erlaß"[27] betitelt, beschränkte die Frage der paritätischen Beteiligung von Arbeitnehmern auf Empfehlungen, darüber hinaus aber wurden die Aufgabenbereiche der Kammern in keiner Weise beschränkt.

2 WEICHENSTELLUNGEN

2.1 KAMMERBEZIRK

2.1.1 Auseinandersetzung mit Bonn

Nachdem die Bonner Industrie- und Handelskammer 1934 mit der IHK zu Köln zusammengelegt worden war und die oberbergischen Gebietsteile, die bis 1943 zur Kammer Wuppertal-Remscheid gehörten, im Zuge der Gauwirtschaftskammerverordnung der neuen GWK zugeschlagen worden waren, stimmten erstmals die Grenzen des Kammerbezirks mit denen des Regierungsbezirks Köln überein. Im Protokoll über die Neuerrichtung der Kölner Kammer wurde ausdrücklich durch die Militärregierung bestätigt, daß der Regierungsbezirk Köln auch der Arbeitsbereich der IHK sein sollte.[28]

Als es für die Kölner Kammergeschäftsführer wieder möglich wurde, erste Kontakte zu den benachbarten kammerzugehörigen Kreisen aufzunehmen, mußte man zur Kenntnis nehmen, daß die örtliche Militärregierung im Stadtgebiet Bonn bereits einer dortigen Kammerwiedergründung zugestimmt hatte.[29] Ohne die beiden Kreise Euskirchen bzw. den Siegkreis wäre aber die Bonner Kammer kaum lebensfähig gewesen. Die IHK zu Köln war zunächst nicht gewillt, auf diese Gebiete zu verzichten, zumal sich Industrielle des Siegkreises für den Verbleib bei Köln ausgesprochen hatten.

Während die IHK Köln es bei formellen Protesten unter Hinweis auf die Erschwerung des Geschäftsverkehrs und die Verteuerung des Apparates[30] bewenden ließ, setzte der Bonner Hauptgeschäftsführer Dr. Alef alle ihm zur Verfügung stehenden Mittel ein, die Bonner Kammer zu stabilisieren und bezirklich abzusichern.[31] Für die Kölner IHK waren die südlichen Kreise des Regierungsbezirks schließlich nicht existentiell, möglicherweise hatte man auch zu Beginn der Auseinandersetzung mit Bonn, deren Eskalation man auf Kölner Seite stets zu vermeiden suchte, lediglich darauf spekuliert, daß die Bonner Kammer bei Verlust des Siegkreises nicht allein lebensfähig und deshalb zum Einlenken bereit gewesen sei.

2.1.2 Außenstellen

Nach und nach wurden auch die ehemaligen Außenstellen Bergisch Gladbach und Bergheim sowie die Zweigstelle in Gummersbach in die Bereisungsaktionen von Präsident und Hauptgeschäftsführer miteinbezogen. In Bergisch Gladbach fand Dr. Hilgermann eine Kammer vor, deren Vorsitzender, Dr. Hans Albrecht Freiherr von Rechenberg, zusammen mit Dr. Krahe die Geschäfte führte. Letzterer hatte zusammen mit Dr. Wilhem von Thenen im Bereich Handel der Gauwirtschaftskammer gearbeitet. Er war bereit, weiterhin auch für die Kammer Köln tätig zu sein. In Bergheim war ebenfalls bereits eine Kammer unter der Leitung eines Diplom-Handelslehrers tätig, auch hier gelang es, eine Kooperationsbasis vertraglich zu erzielen.[32] Im Juli 1945 nahmen Präsident Dr. Robert Pferdmenges und Hauptgeschäftsführer Dr. Bernhard Hilgermann auch erste Kontakte zum Oberbergischen Kreis auf. Hier war der langjährige Geschäftsführer, Dr. Ernst Habermas, noch nicht aus der Kriegsgefangenschaft zurückgekehrt, so daß die Geschäfte von Dr. August Dresbach geführt wurden, der inzwischen von der Militärregierung zum Landrat ernannt worden war. In zwei Sitzungen am 22. August 1945 entschied die dortige Wirtschaft einstimmig, sich Köln anzuschließen.[33] Allerdings wurde vereinbart, daß ein Beirat von 16 Mitgliedern zu bilden sei, von dem drei in den Beirat der IHK zu Köln berufen werden sollten. Der Bezirk der neuen Industrie- und Handelskammer zu Köln umfaßte somit die Stadt Köln, den Landkreis Köln, den Rheinisch-Bergischen Kreis, den Oberbergischen Kreis und den Kreis Bergheim.

Zum 1. Januar 1949 wurde aus Kostengründen das Zweigbüro in Bergisch Gladbach geschlossen[34], die vier dort tätigen Mitarbeiter wurden in die Kölner Hauptstelle integriert. Nachdem den Unternehmen des Rheinisch-Bergischen Kreises dies mitgeteilt worden war, beantragte eine große Zahl von Wipperfürther Unternehmen in einem gemeinsamen Antrag eine offizielle Zuteilung zur Zweigstelle Oberberg.[35] Es ging ihnen vor allem darum, auch Sitz und Stimme im Beirat zu erhalten.

Ebenfalls aus Kostengründen wurde zum Ende des Jahres 1948 die Außenstelle in Bergheim geschlossen. Den schriftlich formulierten Bedenken von Unternehmen dieser Region[36] bezüglich der großen räumlichen Distanz begegnete man seitens der Kölner Zentrale mit dem Hinweis darauf, daß der Bedarf einer ständigen Präsenz vor Ort durch Wegfall vieler bürokratischer Verfahren zukünftig geringer werde.

Siegel der Industrie- und Handelskammer zu Köln mit
den Wappen der Stadt Köln
und der
vier Landkreise des Kammerbezirks (bis 1974)

2.2 KAMMERORGANE UND GREMIEN

2.2.1 Beirat

Gemäß den „Proposals" (Vorschlägen) zur Gründung der IHK zu Köln vom 25. Mai 1945 hatte die US-Militärregierung einen sogenannten Beraterstab zugelassen, der aus politisch einwandfreien Unternehmern verschiedener Branchen bestand. Dieser zunächst acht Köpfe zählende Beraterstab bestand aus den Herren Dr. Peter Josef Bauwens (Bauindustrie), Gustav Bredt (Zucker), Alfred Vorster (Chemie), Dr. Albert Kirsch (Bergbau), Dr. Joseph Horatz (Kabelindustrie), Leo Sinn (Textil), Dr. Werner S. Erich Schulz (Einzelhandel) und G.A. Aretz (Außenhandel). Um die Arbeit der Kammer auf eine breitere Basis zu stellen, beschloß das dreiköpfige Präsidium (Präsident Dr. Pferdmenges und die Vizepräsidenten Dr. Schulz und Arthur Sondermann aus Oberberg) am 19. Januar 1946[37], einen „Präsidial-Beirat" einzurichten. Mit Erlaubnis der Militärregierung wurde im Laufe des Jahres 1946 der Beirat durch Unternehmer ergänzt, die für die vielfältigen Arbeitsbereiche der Kammer als unverzichtbar galten. Darunter war auch Franz Greiß, (*Glanzstoff- Courtaulds*), der 1947 der erste freigewählte Präsident der neuen Kölner Kammer wurde. Er schilderte seine Ernennung in den Beirat eher als zufällig. Dr. Hilgermann habe ihn anläßlich seines Permitgesuches, da er politisch unbelastet war, aufgefordert, in der Kammer mitzuarbeiten, allerdings mit dem Hinweis, daß er angesichts der provisorischen Verhältnisse im Kammerbüro Papier und Bleistift selbst mitzubringen habe.[38]

Gegen Ende des Jahres 1946 bestand der Beirat aus 26 Unternehmern.[39] Da zu diesem Zeitpunkt die erste Mitgliederversammlung für das Frühjahr 1947 bereits beschlossen und genehmigt war, wurde im Kreis der Beiratsmitglieder diskutiert, ob nicht bereits zum gegenwärtigen Zeitpunkt ihre Zahl auf die für die Wahl vorgesehenen 52 Mitglieder erhöht werden sollte. Angesichts der Kürze der noch zur Verfügung stehenden Zeit wurde dieser Vorschlag nicht mehr umgesetzt, gleichzeitig wurde aber anheimgestellt, die auf der Vorschlagsliste stehenden potentiellen Beiratsmitglieder bereits als Gäste in den Sitzungen zuzulassen. Die Sitzungsfrequenz des Beirats der Kammer war mit einer Sitzung pro Monat recht hoch, auch die Inhalte der Tagesordnung geben Auskunft darüber, daß der Beirat sehr stark um die Lösung einzelner Fragen bemüht war. Festzuhalten bleibt, daß der Beirat auch ohne formaljuristische Legitimation, vergleichbar mit der späteren, gewählten Mitgliederversammlung, in wichtigen Angelegenheiten durch Abstimmung votierte.

2.2.2 Vollversammlung/Wahlen

Ende 1946 berichtete Dr. Hilgermann während einer Geschäftsführersitzung, daß sich in Bezug auf Kammerwahlen eine veränderte Lage ergeben habe.[40] Mit der Genehmigung von Wahlen bei den Kammern in Osnabrück und Stade durch örtliche Militärregierungen sei nun endlich der Weg in der ganzen britischen Zone für Wahlen frei. Im Anschluß an die Tagung der Hauptgeschäftsführer in Hahnenklee, auf der man sich auf Neuwahlen verständigt habe, seien Gespräche mit Dr. Friedmann von der britischen Kontrollkommission und in der NRW-Kammervereinigung mit Wirtschaftsminister Nölting so erfolgreich verlaufen, daß man sich allgemein für Neuwahlen entschieden habe.

Für die IHK zu Köln wurde daraufhin festgelegt, die Wahlen nach den Bestimmungen des preußischen Kammerrechts durchzuführen und vier Wahlgruppen zu bilden: Industrie, Großhandel (einschl. Banken, Versicherungen und Verkehr), Einzelhandel und Vermittlergewerbe. Der Beirat beschloß, keine Wahlbezirke, wohl aber besondere Wahllokale in Gummersbach und Bergheim einzurichten. Nach Fertigstellung der Wahllisten wurde errechnet, daß sich die 4 225 wahlberechtigten Unternehmen auf die Wahlgruppe Industrie mit 1 444, die Wahlgruppe Großhandel mit 1 629, die Wahlgruppen Einzelhandel mit 780 und Vermittlergewerbe mit 368 Firmen verteilten. Von den 52 zu wählenden Mitgliedern entfielen je 21 auf die Wahlgruppen Industrie und

Großhandel (einschl. je zwei für das Bank-, Versicherungs- und Verkehrsgewerbe), acht auf die Gruppe Einzelhandel und zwei auf die Gruppe Vermittlergewerbe.

Der Wahlaufruf erfolgte am 1. März im Mitteilungsblatt der IHK zu Köln, aufgerufen waren alle Wahlberechtigten, die gemäß § 3 des Preuß. Industrie- und Handelskammergesetzes vom 24. Februar 1870/1. April 1924 – sofern sie zur Gewerbesteuer veranlagt waren – im Handels- und Genossenschaftsregister eingetragen waren. Die nach den Wahlgruppen und Wahllokalen getrennt aufgestellten Wahllisten lagen während der Geschäftsstunden vom 6. bis 12. März 1947 in den Wahllokalen öffentlich aus. Insgesamt vier Wahllokale waren eingerichtet worden, die Geschäftsstelle der IHK, Unter Sachsenhausen 37 (für die Wahlberechtigten des Stadt- und Landkreises Köln und Porz), die Außengeschäftsstelle in Bergheim, Bethlehemer Straße 10 (Kreis Bergheim), die Außenstelle Bergisch Gladbach, Landratsamt (Rheinisch-Bergischer Kreis) und die Außenstelle Gummersbach, Körnerstraße 33 (Oberbergischer Kreis und Engelskirchen).

Die Wahlberechtigten waren damit aufgefordert, hinsichtlich der ausgelegten Wahllisten entsprechende Einwände (binnen Wochenfrist nach beendeter Auslegung) zu erheben bzw. eigene Wahlvorschläge entsprechend den Wahlgruppen einzureichen. Jeder Wahlvorschlag mußte aber mindestens so viele Namen enthalten wie Mitglieder in der entsprechenden Wahlgruppe zu wählen waren, außerdem mußte der Wahlvorschlag von mindestens 30 Wahlberechtigten dieser Gruppe unterzeichnet sein. Für jeden Wahlvorschlag (Liste) war ein Vertrauensmann samt Stellvertreter namentlich zu benennen, der ggf. den Wahlkommissaren gegenüber Stellung beziehen konnte. Gewählt werden konnten Personen, die mindestens 25 Jahre (ab 1949 30 Jahre, gem. § 10 Wahlordnung) alt waren und entweder Alleininhaber eines Unternehmens, Gesellschafter einer OHG oder persönlich haftender Gesellschafter einer KG, Vorstandsmitglied einer AG, Geschäftsführer einer GmbH oder Genossenschaft waren und deren passives Wahlrecht nicht beschränkt war.

Nach Ablauf der Frist teilte die IHK mit, daß für jede Wahlgruppe nur ein zulässiger Wahlvorschlag eingegangen sei, die auch nicht mehr Namen enthalten habe, so daß sich deshalb ein besonderer Wahlakt erübrige.[41] Zur konstituierenden Mitgliederversammlung am 5. Mai 1947 im Sitzungssaal der *Commerzbank* waren bis auf vier Ausnahmen alle gewählten Vertreter der Bezirkswirtschaft erschienen. Aufgrund der Prüfung der Wahlvorschläge durch die Wahlleiter konnte der Alterspräsident, Peter Schlack, die ordnungsgemäße Durchführung der Wahlen bestätigen und somit ihre Rechtsgültigkeit feststellen.[42] Im weiteren Verlauf der Versammlung wurden die einzelnen Paragraphen der zu verabschiedenden Satzung erörtert, die nach leichten Korrekturen einstimmig angenommen wurde.[43]

Der noch amtierende Kammerpräsident, Dr. Peter Josef Bauwens, hatte bereits im Vorfeld erklärt, daß er seine Amtsführung nur als vorübergehend angesehen habe und daß er sein Amt bei Neuwahlen niederlege. Daraufhin sprach ihm die Mitgliederversammlung für seine Tätigkeit in schwieriger Zeit ihren besonderen Dank aus.[44] Zur Wahl des Präsidenten war Franz Greiß, Geschäftsführer der *Glanzstoff-Courtaulds GmbH*, vorgeschlagen worden, er wurde in geheimer schriftlicher Wahl mit 44 Ja-Stimmen und einer Nein-Stimme bei einer Stimmenthaltung gewählt. Dr. Hilgermann kommentierte die Wahl von Franz Greiß als eine Wahl der Zuversicht. Franz Greiß sei bekannt geworden durch Verhandlungen mit der britischen Militärregierung, wobei seine Schwerpunkte im sozialen Bereich gelegen hätten. Außerdem sei seine Rede, die er 1947 in der Aula der Universität gehalten habe und „in der er das Selbstbewußtsein der Unternehmer zu stärken versuchte"[45], durch ihre „Jugendlichkeit" mitreißend gewesen. Im Anschluß an die Präsidentenwahl erfolgten die Wahlen der Vizepräsidenten, wobei jede Wahlgruppe einen Kandidaten vorgeschlagen hatte. Ein Vizepräsident war für die Kammerzweigstelle Gummersbach vorgesehen, zusätzlich war geplant, Dr. Robert Pferdmenges nach seiner endgültigen Rehabilitierung ebenfalls ins Präsidium zu wählen.

Wie bereits angeführt, wurde durch das Ausscheiden des Kammermitglieds Hans Schmitz, der zum Präsidenten der IHK Bonn gewählt worden war, in der Wahlgruppe Einzelhandel eine Ersatzwahl notwendig. Diese Wahl wurde ausgeschrieben[46] und gem. § 25 der Wahlordnung der IHK zu Köln unter Zugrundelegung der bei der letzten Neuwahl festgestellten Liste der Wahlberechtigten der Wahlgruppe Einzelhandel vollzogen. Eine Neuaufstellung und öffentliche Auslegung der Wahllisten fiel somit weg, es war also sozusagen lediglich ein Ersatzmann vorzuschlagen. Da dieser schon in Fritz Schmitz gefunden war, verlief dessen Nachwahl ordnungsgemäß.

Während gem. der Satzung der IHK zu Köln der Präsident wie auch das Präsidium auf der ersten Mitgliederversammlung eines jeden Geschäftsjahres in geheimer, schriftlicher Wahl zu wählen waren, schieden alle zwei Jahre ein Drittel der auf die Dauer von sechs Jahren gewählten Mitglieder aus. Sie mußten mittels Ergänzungswahlen neugewählt werden. Diejenigen, die zum ersten oder zweiten Mal ausschieden, wurden durch das Los bestimmt. Im Frühjahr 1949 und 1951 sollten, so der Beschluß der Mitgliederversammlung, zunächst 18 und dann 17 Mitglieder ausscheiden.[47] In der Mitgliederversammlung am 5. Januar 1949 entschloß man sich auf Vorschlag von Präsident Greiß, die Erhöhung der Mitgliederzahl von 52 auf 75 (im Verhältnis der vier Wahlgruppen von 30 : 30 : 12 : 3) zur Beschlußfassung zu stellen. Diese erhöhte Mitgliederzahl ermögliche, so Greiß, eine Einbeziehung aktiver Persönlichkeiten aus dem Wirtschaftsleben und vor allem von Führungspersönlichkeiten der Verbände.[48] Diese Erweiterung wurde mit der ohnehin anstehenden Ergänzungswahl gekoppelt, so daß für die vier Wahlgruppen jetzt 41 Mitglieder zu wählen waren, wobei 23 auf die Neu- und 18 auf die Ergänzungswahl entfielen.[49]

In der auf die Wahl folgenden Mitgliederversammlung am 16. Mai 1949 gaben die neuen Mitglieder (entsprechend § 3 der Satzung) gegenüber dem Präsidenten ihr Versprechen auf Stillschweigen bei vertraulichen Angelegenheiten. In einem Vortrag wurden anschließend die wesentlichen Schwerpunkte der Kammerarbeit und die kritischen Fragen hinsichtlich der kammerpolitischen Auseinandersetzung dargelegt. Mit Ausnahme der Wahlgruppe Großhandel war in den drei anderen Gruppen nur ein Wahlvorschlag eingegangen, so daß diese ohne Wahlgang als gewählt galten. In der Wahlgruppe Großhandel hingegen mußte im April 1949 eine Wahl durchgeführt werden, bei der sich eine Zweidrittelmehrheit für den Wahlvorschlag der Wirtschaftsvereinigung ergab. Erstmalig wurden auch zwei Wahlbeschwerden eingereicht, die aber beide durch die Wahlleitung gemäß den Bestimmungen der Wahlordnung zurückgewiesen werden konnten. Zum einen war ein Wahlvorschlag mit nur einem Kandidaten eingereicht worden. Dies widersprach § 16 der Wahlordnung, nach dem der Vorschlag mindestens die Anzahl der Namen aufweisen mußte, die für die Wahlgruppe zu wählen waren. Außerdem fehlten die notwendigen 30 Unterschriften für den Vorschlag. Im zweiten Fall lag ein Verstoß gegen § 7 der Wahlordnung vor, ein Unternehmer wollte geltend machen, daß er aufgrund der Stimmberechtigung für mehrere unabhängige Unternehmen auch entsprechend viele Stimmen abgeben durfte.

2.2.3 Satzung

Die Satzungen aller Kammern der britischen Zone basierten im Jahr 1947 auf der von der Zonenvereinigung erarbeiteten Mustersatzung. In ihnen verbanden sich die rechtlichen Vorgaben des preußischen Handelskammerrechts mit den Bestimmungen bzw. Empfehlungen des „Friedmann-Erlasses". Dieser hatte ausdrücklich auch anheimgestellt, die Beteiligung von Arbeitnehmern in den Kammern auf freiwilliger Basis statutarisch festzulegen. Diese Möglichkeit wurde von keiner einzigen Kammer genutzt.

Die Mustersatzung der Kölner Kammer wurde am 5. Mai 1947 durch die nunmehr gewählte 52-köpfige Mitgliederversammlung noch einmal erörtert. Diskutiert wurde z.B. die Frage, wer über

Dr. h.c. Robert Pferdmenges, Präsident der Industrie- und Handelskammer zu Köln 1945-1946

die Bildung von Gremien zu befinden habe, die mit den Gewerkschaften zusammenarbeiteten. Hier war in der Satzung gem. § 7 g ausdrücklich vorgegeben, daß dieses Recht nur der Mitgliederversammlung zustand. Insbesondere wurde in jener Sitzung in § 14 Abs. 1 der Satzung der Zusatz aufgenommen, daß ein Vertreter der Zweigstelle Oberberg stets Mitglied des Präsidiums der Kammer war. § 15 legte fest, daß der jeweilige Vorsitzende des Beirates Oberberg automatisch Mitglied des Präsidiums war, wenn er gleichzeitig gewähltes Kammermitglied war. Nach einstimmiger Annahme des Satzungsentwurfs stand sie mit den entsprechenden redaktionellen Veränderungen am 18. Juni 1947 endgültig zur Abstimmung. Der Begriff „Vollversammlung" war in „Mitgliederversammlung" umgeändert worden. Als Begründung wurde angeführt, daß man sich damit einer „alten Gerichtsentscheidung anschließen"[50] wolle, nach der als Mitglieder der Handelskammer nur die tatsächlich gewählten Mitglieder gelten konnten. Eine weitere Satzungsergänzung nahm die Mitgliederversammlung im September 1947 vor. In § 16 wurde die Bestimmung über die Ernennung von Ehrenpräsidenten erweitert um die Möglichkeit, auch Ehrenmitglieder zu wählen, die zu jeder Vollsitzung einzuladen waren, aber lediglich eine beratende Stimme hatten. Am 31. Januar 1949 fand schließlich die bereits dargestellte Erweiterung der Mitgliederzahl auf 75 statt, entsprechend mußte § 3 der Satzung abgeändert werden.

2.2.4 Präsidium

Nachdem Dr. Paul Silverberg die Präsidentschaft abgelehnt hatte, übernahm dieses Amt im Juni 1945 der Bankier und Teilhaber des *Bankhauses Oppenheim* (zu dieser Zeit noch *Pferdmenges & Co.*), Dr. Robert Pferdmenges. Zunächst war ihm als Vizepräsident Dr. Werner Schulz von der *Kaufhof AG* beigeordnet worden, hinzugezogen wurde dann noch seitens der oberbergischen Wirtschaft Arthur Sondermann. Mit der Erweiterung der Zahl der Beiratsmitglieder zu Beginn des Jahres 1946 wurde auch die Zahl der Vizepräsidenten auf sechs erhöht. Berufen wurden jedoch nur drei weitere Vizepräsidenten: Egon Gerhard Malmedé (Wirtschaftsvereinigung Groß- und Außenhandel), Hans Schmitz (Einzelhandelsverband) und Alfred Vorster (*Chemische Fabrik Kalk*). Im August 1946 löste Dr. Peter Josef (Peco) Bauwens (*Peter Bauwens & Co.*) Alfred Vorster ab.[51] Nach Entlassung von Dr. Pferdmenges wurden Robert Esser (*Bankhaus Ferd. Schroeder & Co.*) und Franz Greiß (*Glanzstoff-Courtaulds*) durch die Militärregierung auf ausdrücklichen Wunsch der Vizepräsidenten und des Interimspräsidenten Dr. Bauwens ins Präsidium kooptiert.[52]

Robert Pferdmenges

Am 20. September 1946 erhielt Dr. Robert Pferdmenges durch die britische Militärregierung ein Schreiben[53], in dem er ohne weitere Begründung zur Aufgabe sämtlicher Ämter aufgefordert wurde. Es wurde lediglich mitgeteilt, daß die Untersuchung durch die Intelligence Division nunmehr abgeschlossen sei. Neben seinem Amt als Kammerpräsident in Köln gehörten dazu auch seine Funktionen als Stadtverordneter, als Vorsitzender in der „Vereinigung der Industrie- und Handelskammern der Nord-Rheinprovinz"[54] und der „Vereinigung der Industrie- und Handelskammern in der britischen Besatzungszone". Die tatsächlichen Gründe seiner Entlassung aus öffentlichen und halb-öffentlichen Ämtern sind bislang nicht völlig geklärt. Vor dem Hintergrund, daß die britischen Militärs sehr streng auf die politische Integrität der von ihnen eingesetzten Funktionsträger achteten, genügte ein wager Verdacht bzw. eine gezielte Denunziation, um eine Person zu diskreditieren. Im Falle von Dr. Pferdmenges spielte offenbar die Untersuchung eines Arisierungverfahrens bei einem bedeutenden Kölner Unternehmen eine Rolle. Hier wurde der Bankier Pferdmenges der Beihilfe bezichtigt. Dr. Hilgermann war bei der später erfolgten Rehabilitierung von Dr. Pferdmenges insofern beteiligt, als er mit Dr. Viktor Agartz, der als Wirtschaftsprüfer tätig war, einen politisch unverdächtigen, neutralen Gutachter in die Untersuchung einschalten konnte.

Dr. Peter Josef Bauwens, Präsident der Industrie- und Handelskammer zu Köln 1946-1947

Robert Pferdmenges[55] wurde am 27. März 1880 in Gladbach (heute Mönchengladbach) als Kaufmannssohn geboren. Nach seinem Studium und einer Banklehre erhielt er 1902 eine Anstellung bei der *Disconto-Gesellschaft* in Berlin. Früh konnte er in London und Antwerpen Auslandserfahrungen sammeln. 1916 übernahm er die Leitung des von der *Disconto-Gesellschaft* 1914 übernommenen *A. Schaaffhausen'schen Bankvereins* in Köln. Nach der Fusion mit der *Deutschen Bank*, die 1929 erfolgte, wechselte er zwei Jahre später als persönlich haftender Gesellschafter zur Privatbank *Sal. Oppenheim jr. & Cie.* Im gleichen Jahr trat er auch als bankpolitischer Berater von Reichskanzler Brüning hervor. 1938 wurde aufgrund der sich verstärkenden Repressionen der nationalsozialistischen Machthaber der Name des Bankhauses *Oppenheim* durch *Pferdmenges & Co.* ersetzt. Gegen Ende des Krieges sah sich auch Robert Pferdmenges Verfolgungen seitens der Gestapo ausgesetzt, monatelang stand er im Osten Deutschlands unter Hausarrest und konnte erst im Juni 1945 nach Köln zurückkehren. 1949 übernahm er ein CDU-Bundestagsmandat, als Fraktionsmitglied galt er als enger Vertrauter von Bundeskanzler Konrad Adenauer.

In der Kölner Kammer war Pferdmenges seit 1923 – mit einer kurzen Unterbrechung von 1930 bis zum 31. Dezember 1932 – als Vollversammlungsmitglied vertreten, lange Jahre war er Vorsitzender der „Vereinigung von Banken und Bankiers in Rheinland und Westfalen". Nach seiner vollständigen Rehabilitierung durch die britische Militärregierung Ende 1947 erklärte er, sich wiederum als Vollversammlungsmitglied kooptieren zu lassen. Nach Ablauf dieser Kooptationszeit wurde Dr. Pferdmenges in der Mitgliederversammlung am 18. Mai 1953 zum Ehrenpräsidenten der IHK zu Köln ernannt. Robert Pferdmenges starb am 28. September 1962 in Köln.

Peter Josef Bauwens

In dem Entlassungsschreiben von Dr. Pferdmenges war dieser aufgefordert worden, seine Vollmachten als Präsident „to hand over to the Senior Vice Chairman".[56] Dr. Bauwens, der als dienstältester Vizepräsident die Geschäfte übernahm, war außerdem aufgefordert, eine Kandidatenliste für die Neuwahl eines Präsidenten binnen zehn Tagen an den Militärkommandeur White einzureichen. Dr. Hilgermann erinnerte sich, daß die Militärregierung zudem strenges Stillschweigen über diese personellen Veränderungen vorgeschrieben habe, daher sei der Führungswechsel erst Monate später bekannt geworden.[57] Nachdem der Beirat eine Sympathieerklärung gegenüber Dr. Pferdmenges abgegeben hatte, in der ihm das volle Vertrauen ausgesprochen und seine Amtsenthebung als nur vorübergehend bezeichnet wurde[58], antwortete Dr. Bauwens Ende September der Militärregierung brieflich.[59] In seinem Schreiben wurde noch einmal das tiefe Bedauern über die Absetzung des Präsidenten Pferdmenges ausgedrückt und um eine nochmalige Überprüfung seiner Person nachgesucht. Aber anstatt entsprechende Kandidaten für das Präsidentenamt zu benennen, bat er im Namen des Präsidiums der Kölner Kammer um die Genehmigung, bis zur freien Wahl einer Mitgliederversammlung die gegenwärtigen Vizepräsidenten die Geschäfte führen zu lassen.

Nachdem dies abgelehnt worden war, erklärte sich Dr. Bauwens bereit, das Präsidentenamt unter der Bedingung anzunehmen, daß seine Amtszeit bis zur ersten freien Wahl dauere, daß die Vizepräsidenten im Amt blieben, daß die Herren Esser und Greiß zusätzlich ernannt würden und man die Zusage erteile, daß Dr. Pferdmenges im Falle seiner Rehabilitierung, wenn sie vor einer freien Wahl ausgesprochen werde, dieses Amt zurückerhalte.

Hinsichtlich der Geschäftsverteilung wurde als Neuerung eingeführt, daß jeder Vizepräsident einmal in der Woche in der Kammer anwesend sein sollte, „um mit den Referenten und mit Ratsuchenden fachliche Fragen seines Arbeitsbereiches zu besprechen".[60] Hilgermann protokollierte zu diesem Punkt, daß man mit dieser Maßnahme erreichen wolle, daß es zu keinen Erschütterungen mehr komme, wenn der Präsident aus irgendwelchen Gründen ausscheide.[61] Allgemeiner Tenor der ersten Beiratssitzung nach dem Amtsantritt von Dr. Bauwens war, daß man die Kammerarbeit auf breitere Schultern verteilen und die entsprechenden Ausschüsse aktiv an der Bewältigung von Einzelproblemen teilhaben lassen wollte.

Dr. jur. Peco (Peter Joseph) Bauwens, geb. am 24. Dezember 1886 in Köln, war nach Absolvierung seines Studiums 1913 in das elterliche Bauunternehmen eingetreten, das 1873 gegründet worden war. Zusammen mit seinen beiden Brüdern entwickelte er die Firma zu einem der führenden Bauunternehmen Westdeutschlands, u.a. errichtete man 1930/31 die *Ford-Werke* in Köln-Niehl. Dr. Bauwens leitete in der ersten, von der Militärregierung berufenen Stadtverordnetenversammlung, die im Oktober 1945 zusammentrat, die Fraktion der unabhängigen Gruppe Dr. Bauwens. Nach seinem Verzicht auf die Kandidatur als Kölner Kammerpräsident 1947 gehörte er der Vollversammlung noch bis 1949 an. 1948 übernahm er das Präsidentenamt der neugegründeten Deutsch-Belgischen (später: Deutsch-Belgisch-Luxemburgischen) Handelskammer in Köln. Ihm lagen die Beziehungen zu den westlichen Nachbarstaaten Belgien und Luxemburg deshalb sehr nahe, weil sein Vater gebürtiger Belgier war.

Parallel zu seiner Unternehmertätigkeit engagierte sich Dr. Bauwens ehrenamtlich stark im Sport, insbesondere im Fußball. Selbst Fußballnationalspieler im Jahre 1910, avancierte er zum internationalen Schiedsrichter und leitete u.a. bis 1948 82 Fußball-Länderspiele. Als erster Präsident des Deutschen Fußball-Bundes (1949-1962) führte er den deutschen Fußball nach dem Krieg wieder zu internationalem Ansehen. Zahlreiche nationale und internationale Ehrungen wurden ihm zuteil. Dr. Bauwens starb am 17. November 1963 in Köln.[62]

2.2.5 Arbeitskreise und Ausschüsse

Obgleich die Bildung von Kammerausschüssen erst mit der durch die Vollversammlung der IHK zu Köln verabschiedeten Satzung von 1947 rechtlich sanktioniert war, bildeten sich aus dem Präsidium und dem vielköpfigen Beirat heraus schon vorher, insbesondere 1946, einige Ausschüsse. Hilgermann verwendet in seinen Erinnerungen für diese – teilweise ad hoc gebildeten – Gremien auch die Bezeichnung Arbeitskreise, was sicherlich genauer war.[63] Zu den frühen Arbeitskreisen gehörten die, die sich mit den „Permits" befaßten, dem Wiederaufbau, dem Maschinenausgleich, dem Verkehr, der freien Marktwirtschaft, den Währungs- und Kreditfragen, dem Rechts- und Steuerwesen sowie dem Interzonenhandel. Schriftliche Unterlagen über Besprechungsthemen dieser frühen Arbeitskreise liegen nicht vor, so daß über konkrete Verhandlungsgegenstände kaum Kenntnis besteht. Sicher ist, daß es bereits vor der Neukonstituierung der Ausschüsse durch die Vollversammlung einen Finanz-Ausschuß (Robert Esser), einen wirtschaftspolitischen Ausschuß (Heinrich Jakopp), einen Energie- und Materialbeschaffungs-Ausschuß (Hans Albrecht Freiherr von Rechenberg), einen Versicherungs-Ausschuß (Dr. Hans Gerling), einen Arbeitsrechts-Ausschuß (Franz Greiß) und einen Berufsausbildungs-Ausschuß (Christian Bachschuster) gegeben hat (in Klammern jeweils die Vorsitzenden).

Nach den Vollversammlungswahlen am 18. Juni 1947 wurde zunächst die Etablierung von zehn Sachausschüssen festgelegt, wobei eine gleiche Anzahl von Gründungsvorsitzenden dieser Gremien vorgeschlagen und gewählt wurden. Das Präsidium hatte für die Besetzung der Ausschüsse entsprechende Listen vorbereitet, als ideale Besetzungszahl ging man zunächst von zwölf Mitgliedern aus. Man verzichtete auch vorerst auf die Kooptierung von Nichtmitgliedern.[64] Jedem Ausschuß wurde ebenfalls ein Geschäftsführer der Kammer als Sekretär beigeordnet, dem insbesondere die Vorbereitungen der Ausschußarbeiten und die Berichterstattung (Protokoll) oblagen.

Folgende Ausschüsse wurden beschlossen:

Wirtschaftspolitischer Ausschuß (Vors.: Heinrich Jakopp; Sekretär: Dr. Hilgermann)
Außenhandels-Ausschuß (Gustav Bredt; Dr. Müller)
Rechts-Ausschuß (Hellmut Reidemeister; Dr. Schmitz)
Steuer-Ausschuß (Friedrich Sünner; Reg. Rat a.D. Oelrichs)
Verkehrs-Ausschuß (Walter Hoven; Dr. Rüther)
Berufsbildungs- und Prüfungs-Ausschuß (Chr. Hub. Bachschuster; Dr. Müser)
Börsen-Ausschuß (Robert Esser; Dr. Stein)
Wiederaufbau-Ausschuß (Paul Kuth; Dr. Müller)
Industrie-Ausschuß (Heinrich Pellenz; Dr. Schäfer)
ad-hoc-Ausschuß (Hanns Bomm; Dr. Hilgermann)
Haupt- und Verwaltungs-Ausschuß (Präsidium und alle Ausschußvorsitzenden)

Der ad-hoc-Ausschuß war zur Bearbeitung von Fragen gedacht, die plötzlich auftauchten. Als erstes Projekt nahm sich der Ausschuß der 150-Jahrfeier der Kammer im November 1947 an. Einige Unterausschüsse waren bereits in Planung und wurden kurz darauf eingerichtet, dazu gehörten der Preisrechts-Ausschuß (Rechts-Ausschuß), die Unterausschüsse für Demontage-, für Energie- und Arbeitseinsatzfragen (Industrie-Ausschuß) und die Unterausschüsse für Marktwirtschaft, Wirtschaftsorganisationsfragen, Unternehmer und Öffentlichkeit, Reparationen und Wiedergutmachung sowie Währung und Finanzen (Wirtschaftspolitischer Ausschuß).

Der Haupt- und Verwaltungs-Ausschuß, der erstmalig eingerichtet wurde, setzte sich aus den Präsidiumsmitgliedern und den Vorsitzenden der Sachausschüsse zusammen, als Geschäftsführer fungierte hier Hauptgeschäftsführer Dr. Hilgermann. Die Sitzungen fanden meist unmittelbar vor den Mitgliederversammlungen statt, hier wurden die wichtigsten Fragen vorgeklärt, die Tagesordnungspunkte festgelegt und entsprechende Abstimmungsvorlagen für die Mitglieder erarbeitet.

2.3 ZWEIGSTELLE GUMMERSBACH – DER BEIRAT DER OBERBERGISCHEN WIRTSCHAFT

Arthur Sondermann, der erste Vorsitzende des „Beirats der oberbergischen Wirtschaft", stellte immer wieder heraus, daß es sich dabei um eine Einrichtung handelte, die aus dem besonderen Bedürfnis eines Wirtschaftsbezirks eigener Prägung entstanden sei und die nun als das verbindende Organ der oberbergischen Wirtschaft mit der Industrie- und Handelskammer wirke und eine fruchtbare Zusammenarbeit gewährleiste.[65]

Der Grund für die starke Position, die die oberbergischen Unternehmer unmittelbar nach der Wiedergründung der Kölner Kammer in ihr einnahmen, dürfte vor allem darin zu suchen sein, daß in der Gummersbacher Zweigstelle seit mehreren Jahrzehnten bereits eigenständige Kammerpolitik in Distanz zur jeweiligen Hauptstelle betrieben wurde. Seit 1887 gehörte der Kreis Gummersbach zur Handelskammer Lennep, und seit dem 1. Oktober 1919 bestand in Gummersbach eine eigene Nebenstelle, die zuerst von dem Hilfsassistenten Dr. August Dresbach betreut wurde. Die Nebenstelle wurde von der dann zuständigen IHK Remscheid (vormals Lennep) u.a. auch deshalb eingerichtet, weil die Forderung der Kölner Kammer im Raum stand, die zum Regierungsbezirk Köln gehörenden Gebiete in den Kölner Kammerbezirk zu integrieren.

Seit dem 1. Oktober 1921 war Dr. Ernst Habermas als Geschäftsführer im Nebenamt für die Kammer tätig, er war auch hauptamtlicher Geschäftsführer des „Oberbergischen Arbeitgeberkartells", in dessen Gebäude (Körnerstraße 33) er zu diesem Zeitpunkt auch wohnte. Hier wurden die Geschäfte für beide Einrichtungen parallel geführt. 1935 erhielt Dr. Habermas von der „Bergischen IHK Wuppertal-Remscheid" (Fusion 1929) einen Beamtenvertrag und gleichzeitig die Position eines stellvertretenden Syndikus. Diese berufliche Absicherung war notwendig geworden, weil die Arbeitgeberverbände im Zuge der „Gleichschaltungspolitik" (Eingliederung in die DAF) aufgelöst worden waren. Zuvor hatte der Vorstand des „Oberbergischen Arbeitgeberkartells" (Ernst Pickhardt und Emil Sondermann) beschlossen, Dr. Habermas als Abfindung ein lebenslängliches Wohnrecht in der Dienstwohnung zuzubilligen. Als die DAF damit begann, die Vermögen der aufgelösten Verbände zu beschlagnahmen, übertrug der Vorstand das Grundstück auf den neugegründeten „Verein zur Förderung und Aufrechterhaltung der Kammerzweigstelle Gummersbach". In der Präambel der Vereinssatzung war niedergelegt, daß die geographische Lage sowie der Aufbau der Verkehrs- und Nachrichtenverhältnisse des Oberbergischen Landes den Verkehr mit der zuständigen IHK derart erschwere, daß eine Zweigstelle unbedingt erhalten werden müsse.[66]

Auch nach dem Ausscheiden Oberbergs aus dem Zugehörigkeitsbereich der IHK Wuppertal-Remscheid und der Integration in die Gauwirtschaftskammer Köln-Aachen (GWK) 1943 änderte sich an dieser Konstruktion nichts. Dr. Habermas selbst war ab 1939 zum Kriegsdienst eingezogen, er kehrte erst 1946 aus der Kriegsgefangenschaft zurück. Während dieser Zeit wurden die Geschäfte in Gummersbach durch Stellvertreter weitergeführt. 1943 schloß die GWK mit Dr. Dresbach einen Angestelltenvertrag, bis zu ihrer Auflösung war er stellvertretender Geschäftsführer. In der Führung der Zweigstelle wurde ihm mit Dipl.-Ing. Karl Woltering ein erfahrener Kammermitarbeiter kommissarisch zugeordnet.

Beide führten auch die Zweigstellengeschäfte 1945 als Angestellte der wiedererrichteten IHK zu Köln, wobei Dr. Dresbach als inzwischen amtierender Landrat des Oberbergischen Kreises die Funktion eines stellvertretenden Hauptgeschäftsführers bekleidete und Karl Woltering die eigentlichen Geschäfte führte. Mit der Rückkehr von Dr. Habermas und der Wiederaufnahme seiner Geschäftsführertätigkeit endete die komissarische Leitung der Zweigstelle. Woltering wechselte in die Kölner Hauptstelle, und Dresbach beendete seine nebenamtlichen Dienste für die Kölner Kammer endgültig 1951.

Aus der Vorgeschichte der Zweigstelle wird deutlich, warum Präsident Dr. Pferdmenges und Hauptgeschäftsführer Dr. Hilgermann anläßlich ihrer im August 1945 in „Oberberg" geführten Übernahmeverhandlungen auf eine relativ intakte Organisation mit autorisierten Verhandlungsführern stießen und warum die oberbergischen Vertreter in der Lage waren, so konkrete Vorstellungen über eine zukünftige Zusammenarbeit mit Köln zu artikulieren. Bei diesem Gespräch wurde bekräftigt, daß man als Zweigstelle bei der Kölner Kammer verbleiben wolle, allerdings unter der Bedingung, daß der oberbergischen Wirtschaft die Bildung eines 16-köpfigen Beirates zugebilligt werde und daß der Vorsitzende dieses Beirates jeweils Sitz und Stimme im Präsidium der Kammer habe.[67]

Nachdem die IHK zu Köln 1947 in ihrer Satzung die Zugehörigkeit des Beiratsvorsitzenden der Außenstelle Gummersbach als „geborenes Mitglied" des Präsidiums festgelegt hatte, konzipierte der oberbergische Beirat seinerseits eine „Zweigstellensatzung"[68], die von der Mitgliederversammlung der IHK zu Köln verabschiedet wurde. In dieser Satzung wurde der relativ großen Selbständigkeit der Zweigstelle Rechnung getragen und ihr Zuständigkeitsbereich auf sämtliche Aufgaben gem. § 4 der Kammersatzung (1947) ausgedehnt. Sie hatte demnach alle Aufgaben wahrzunehmen, die den Zweigstellenbereich betrafen, war dabei aber ausdrücklich an die Richtlinien und Weisungen der IHK zu Köln gebunden. Als Organe (gem. § 2) waren neben dem Beirat außerdem der Vorstand, der Vorsitzende und die Geschäftsführung vorgesehen. Der gem. § 15 der IHK-Satzung errichtete Beirat bestand aus dem Vorsitzenden (vom Beirat gewählt und Kammermitglied), dem Stellvertreter (vom Beirat gewählt), den übrigen Kammermitgliedern aus Oberberg und zwölf weiteren Mitgliedern. Letztere wurden, wenn sie nicht Kammermitglieder waren, unter sinngemäßer Anwendung der Kammerwahlordnung gewählt. Sie setzten sich aus sechs Mitgliedern der Gruppe Industrie, vier Mitgliedern der Gruppe Großhandel (Banken, Verkehr, Handelsvertreter) sowie zwei Mitgliedern der Gruppe Einzelhandel zusammen. Der Beirat hatte die Aufgabe, Beschlüsse zu fassen, die den Oberbergischen Kreis betrafen.

Die Aufgaben der Zweigstelle entsprachen prinzipiell denen der Hauptstelle in Köln, sieht man einmal davon ab, daß Grundsatzentscheidungen selbstverständlich dort getroffen wurden. Dennoch war die Zweigstelle trotz ihrer kleinen personellen Besetzung in der Lage, der bezirklichen Wirtschaft in beinahe allen Fragen die gleichen Dienstleistungen anzubieten, wie dies bei einer großen Kammer der Fall war. Dies war in den ersten Nachkriegsjahren besonders wichtig, weil durch die äußerst eingeschränkten Verkehrsmöglichkeiten eine „Vor-Ort-Betreuung" notwendiger denn je war. Die Tätigkeiten für die Unternehmen des Oberbergischen Kreises und Wipperfürth bezogen sich nicht allein auf die handelsregisterliche Betreuung der Unternehmen und auf die Bearbeitung der vielfältigen Anfragen zu Außenhandels-, Rechts- oder Verkehrsfragen, sondern schlossen auch alle im Zusammenhang mit der Berufsausbildung im kaufmännischen und gewerblich-technischen Bereich auftretenden Aufgaben mit ein, bis hin zur selbständigen Führung der Lehrlings- und Anlernlingsrollen.

2.4 GESCHÄFTSFÜHRUNG

Dr. Bernhard Hilgermann begann in den späten Apriltagen des Jahres 1945 gemäß Auftrag der US-Militärregierung als „Manager" mit dem Aufbau der IHK zu Köln. Er bezeichnet in seinen Erinnerungen die Kammer als eine „Ein-Mann-Handelskammer", die in der Pförtnerloge des Vinzenz-Krankenhauses in der Eintrachtstraße begann.[69] Parallel dazu richteten sich seine ersten Mitstreiter, die ebenfalls von der Militärregierung wiedereingesetzten Geschäftsführer Dr. von Thenen und Dr. Heinrich Müser mit einer Sekretärin im Tiefkeller der *Commerzbank* ein. Dr. von Thenen und Dr. Müser waren im Gegensatz zu Dr. Hilgermann schon in der IHK zu Köln tätig gewesen. Sie galten als Fachleute auf den Gebieten Handel und Wettbewerb (Dr. von Thenen) bzw. Berufsausbildung. Die Tatsache, daß Dr. Hilgermann seit vielen Jahren schon eng mit dem Präsidenten Dr. Pferdmenges zusammengearbeitet hatte, trug sicherlich mit dazu bei, daß Hilgermanns Aufbauarbeit so erfolgreich verlief.

Bernhard Hilgermann wurde am 27. Februar 1896 in Camenz/Schlesien geboren. Nach dem Studium mit volkswirtschaftlicher Promotion machte er in dem später von der *Deutschen Bank* übernommenen *A. Schaaffhausen'schen Bankverein* vielfältige Erfahrungen mit der Kölner Wirtschaft, die er auch durch die Mitarbeit in vielen Gremien des Bankwesens sammeln konnte. Während des Krieges war er kommissarischer Geschäftsführer der Vereinigung von Banken und Bankiers in Rheinland und Westfalen e.V. und besaß im Prinzip bereits seit 1943 einen Anstellungsvertrag mit der Gauwirtschaftskammer Köln-Aachen.[70] Er hatte es zu einem besonderen Anliegen gemacht, während seiner aktiven Zeit als Hauptgeschäftsführer die Belange der Stadt Köln gegenüber den benachbarten Konkurrenten vehement zu verteidigen. Eine gewisse Zurückhaltung gegenüber den Nachbarstädten teilte er uneingeschränkt mit Bankier Dr. Pferdmenges. Die vielfältigen Ereignisse, die er im Zusammenhang mit dem Wiederaufbau der Kammer miterleben konnte, hat er in mehreren Erlebnisschriften niedergelegt. Seine Aufzeichnungen sind heute oft die einzigen erhaltenen Quellen, die besonders die Ereignisse in den ersten Monaten nach dem Wiederbeginn im April 1945 dokumentieren.

Dr. Bernhard Hilgermann, Hauptgeschäftsführer der Industrie- und Handelskammer zu Köln 1945-1961

Dr. Hilgermann ist, von einer Ausnahme abgesehen, weder politisch noch rechtlich in seiner Funktion als Hauptgeschäftsführer in Frage gestellt worden. In diesem einen genannten Fall hatten offensichtlich zwei Vollversammlungsmitglieder aus persönlichen Gründen unmittelbar nach der ersten Wahl zur Vollversammlung 1947 die Gelegenheit nutzen wollen, Dr. Hilgermann aus seinem Amt zu entfernen. Sie beriefen sich darauf, daß der Vertrag mit dem Hauptgeschäftsführer nichtig sei, weil die Berufung nicht satzungsgemäß erfolgt sei. Außerdem hielt man den Hauptgeschäftsführer für unfähig, dieses Amt auszufüllen, und beantragte aus diesem Grund die Abwahl. Eine Mehrheit war für diesen Antrag nicht zu gewinnen.

Dr. Hilgermann entschied sich bei der Auswahl seiner Geschäftsführer für eine Mischung aus erfahrenen, ehemaligen Kammermitarbeitern und versierten Spezialisten verschiedener Fachgebiete. In Einzelfällen kam es auch zur Einstellung politisch belasteter Mitarbeiter. Dies geschah dann, wenn Dr. Hilgermann, der bezüglich seiner antinationalsozialistischen Haltung bekannt war, sich davon überzeugt hatte, daß es sich bei den erhobenen Anschuldigungen gegen das ehemalige Parteimitglied um objektiv zu vernachlässigende Tatbestände handelte.

Etwa Mitte des Jahres 1947 war die Belegschaft der Kammer bereits wieder auf 100 Mitarbeiter angewachsen, entsprechend hatten sich mittlerweile die Dezernate mit ihren Arbeitsschwerpunkten herausgebildet. Diese blieben von diesem Zeitpunkt an – obwohl noch immer besatzungsbedingte Aufgaben in größerem Rahmen durchzuführen waren -, bis weit in die siebziger Jahre unverändert. Ende des Jahres 1946 gab es acht Geschäftsführungsbereiche. Dr. Hilgermann war für den Bereich Geld- und Kreditwesen sowie Versicherungswesen und sein Stellvertreter Dr. Müller für den Außenhandel zuständig. Neben den drei Außenstellen Bergisch Gladbach (Dipl.-Kfm. Wolfgang Langen), Gummersbach (Dipl.-Ing. Karl Woltering) und Bergheim (Dipl.-Ing. Schöttler, nebenamtlich) sowie der nach Schloß Ehreshoven ausgelagerten Bibliothek (Dipl.-Soz. Käthe Scherlitzky, Berichterstattung) gab es die Abteilungen Industrie (Dr. Oskar Schäfer), Großhandel (Ernst Voigt), Einzelhandel (Dr. Peter Hartel), Verkehr und Steuern (Dr. Fritz Rüther), Rechtswesen (Dr. Schmitz) und Berufsausbildung/Prüfungswesen (Dr. Müser/Dr. Walch).

1947 wurde die Zahl der Dezernate auf elf erhöht, die Zweigstellen nicht eingerechnet. Die Abteilung I (Innere Verwaltung) leitete jetzt der neue stellvertretende Hauptgeschäftsführer Heinrich Oelrichs, ein langjähriger Mitarbeiter der IHK Breslau und anerkannter Steuerfachmann. Er leitete gleichzeitig das Dezernat VIII (Steuerrecht und Finanzpolitik). Zu den Aufgaben im Verwaltungsdezernat gehörten neben den klassischen Bereichen (Rechnungswesen, Kasse, Buchhaltung, Veranlagung, Hausverwaltung, Schriftgutverwaltung usw.) auch allgemeine Organisationsfragen, die Koordinierung der Ausschüsse und die Kammerwahlen.

2.5 VERWALTUNG

2.5.1 Finanzen

Im Zusammenhang mit der Auseinandersetzung über die Gauwirtschaftskammer wurde bereits darauf hingewiesen, daß sich deren gesamtes Kapitalvermögen unter Vermögenssperre befand, so daß sich die neugegründete IHK zu Köln ausschließlich aus den laufenden Einnahmen finanzieren konnte. Hinsichtlich der Zahlung von Renten und Pensionen, die sich aus der Verpflichtung der GWK ergaben, hatte die Kammer einen auf das GWK-Vermögen bezogenen Sonderkredit aufgenommen.

Bedingt durch die diversen Ausweichbüros aufgrund der frühen Zerstörung des Kammergebäudes in Köln waren auch die für die Erhebung der Beiträge notwendigen Veranlagungsunterlagen

(Beitragskonten) aufgeteilt und durch Vandalismus in den ersten Besatzungstagen restlos vernichtet worden. Eine Neuveranlagung war entsprechend schwierig. Die jeweiligen Kammeretats mußten der Militärregierung zur Genehmigung vorgelegt werden. Einem Vermerk von Dr. Hilgermann vom Herbst 1945 ist zu entnehmen, daß man in Köln zunächst das letzte Drittel der Vorauszahlungen für 1944/45 erhoben hatte, und zwar Grundbeiträge von zwölf RM (auch für Minderkaufleute) und die nicht bezifferte Umlage.[71] Diese Beitragserhebung brachte einen Überschuß von 200 000 RM ein, wobei bereits 100 000 RM an die Kammer Bonn abgeführt worden waren.

Bei möglichen Einsprüchen von Unternehmen gegen die Beitragsbescheide konnte man vorerst keine Zwangsmaßnahmen einleiten. Um so erstaunlicher war die Bereitschaft der Unternehmen, die Umlage zu zahlen. Zu keinem Zeitpunkt in der frühen Nachkriegsgeschichte – vor der Währungsreform –, gab es bezüglich des Kammerhaushalts Befürchtungen, daß dieser möglicherweise nicht gedeckt war. Das Beitragsaufkommen für das Rechnungsjahr 1947/48 wurde mit ca. 740 000 RM (bei geplanten Ausgaben von 1 033 600 RM) angenommen, die leichte Steigerung gegenüber dem Vorjahr sollte, so vermerkt das Protokoll[72], ohne Beitragserhöhung verkraftet werden, da man nunmehr von einer besseren Erfassung der beitragspflichtigen Firmen ausgehen könne. Im Vergleich mit Nachbarkammern sei Köln ausgesprochen preiswert, man wolle aber auch die beste Kammer werden.

2.5.2 Personalfragen

Im Haushaltsvoranschlag für 1947/48 war auch ein Betrag von 15 000 RM vorgesehen worden, um dem immer schlechter werdenden Gesundheitszustand der Angestellten wirksam entgegentreten zu können. Das Geld wurde vor allem dazu benötigt, einen täglichen Mittagstisch von einer Großküche bereiten zu lassen. Hilgermann hat in seinen Erinnerungen verschiedentlich herausgestrichen, daß die Mitarbeiter – vor allem die, die bereits im Jahre 1945 eingestellt worden waren – unter äußerst schweren Bedingungen ihren Dienst verrichten mußten.[73] Angesichts der Arbeitsverhältnisse der ersten Monate, als Kisten als Bürostühle dienten, als die Büros unbeheizt waren und um Schreibmaterial gebettelt werden mußte, müsse diesen Frauen und Männern der ersten Stunde eigentlich, so Hilgermann, „ein Denkmal gesetzt" werden.[74] Er schildert in seinen Aufzeichnungen auch die Probleme, die im Zusammenhang mit der politischen Überprüfung von Mitarbeitern entstanden. Die Militärregierung ließ nur bereits entnazifizierte und entsprechend unbelastete Mitarbeiter zu. Entgegenkommenderweise, so Hilgermann, „ließ die Militärregierung frühere Geschäftsführer wenigstens als 'Sachverständige' zu".[75]

Kritiker der Kammern versuchen immer wieder, in der Weiterbeschäftigung bzw. Wiedereinstellung von ehemaligen Kammermitarbeitern, die bereits vor 1945 in den Einrichtungen tätig waren, einen Beweis ihrer Kontinuitätsthesen zu sehen. Nach Ablauf der üblichen Beschäftigungsverbote für kategorisierte Personen seien diese dann wieder „sang- und klanglos" in ihre Ämter zurückgekehrt. Auch Dr. Hilgermann ist in seinen Aussagen und Handlungen oft mißverstanden worden. Es ist allerdings nachgewiesen, daß diese Thesen für Köln nicht zutreffen, Hauptgeschäftsführer Hilgermann und die Präsidenten Pferdmenges, Bauwens und Greiß haben strengste Maßstäbe bei der Beschäftigung bzw. Wiedereinstellung belasteter Mitarbeiter angelegt.[76]

Für die große Fülle an Aufgaben fehlte es zunächst an Fachpersonal, so daß man gezielt auch auf ehemalige Kammerangestellte zuging, die zwischenzeitlich in andere Berufe übergewechselt waren. Auf die Kräftezuweisungen der Militärregierung wollte man lieber verzichten, so Hilgermann, weil hier selten Fachkräfte zu finden waren. Für August 1946 schildert Hilgermann die Personalsituation in einer Präsidialsitzung als sehr angespannt.[77] Durch Errichtung der Bezirkswirtschaftsämter seien zwar nunmehr die Exekutivaufgaben (z.B. Bewirtschaftungsaufgaben) weggefallen, aber dennoch habe man nach wie vor zu wenig Personal. Obwohl die Kammer sich in ihrer Struktur allmählich den Kammern von vor 1933 annähere, sei sie so schwach besetzt, daß man nach dem Ausscheiden der beiden Verbände des Großhandels und Einzelhandels eine Mitarbeiterzahl wie 1933 und daß man nach Ausscheiden etwa der Fachgruppe Industrie soviel Mitarbeiter wie 1914 habe. Die Größe des Mitarbeiterstabes stellte sich für den Hauptgeschäftsführer in der Folge immer wieder als Problem dar, wiederholt mußte er gegenüber dem Präsidium und dem Haupt- und Verwaltungs-Ausschuß begründen, warum es trotz des Rückgangs an besatzungsbedingten Auftragsangelegenheiten keinen deutlichen Personalabbau geben konnte. Wiederholt trat er dabei auch mit der Begründung an, daß die Verhältnisse von vor 1933 keinesfalls mit den vielschichtigen Problemen der sich anbahnenden neuen Wirtschaftsverfassung vergleichbar seien. Dies wurde besonders deutlich in der großen Spardebatte, die das Präsidium nach der Währungsreform anordnete und bei der ein Personalabbau von 25 % vorgenommen werden mußte.

2.6 KAMMERGEBÄUDE

Es wurde bereits darauf hingewiesen, daß die IHK zu Köln nach der Wiedergründung über kein intaktes Gebäude mehr verfügte und somit für die ersten Jahre, bis zum Neubau, verschiedene Räumlichkeiten anmieten mußte. Das bislang einzige Kammergebäude, das in der 150jährigen Geschichte der IHK Köln als Eigentum erworben wurde, das alte Gebäude des *A. Schaaffhausen'schen Bankvereins*, wurde in der Nacht zum 29. Juni 1943 ausgebombt (einschließlich eines Großteils der Schriftgutverwaltung). Bis dahin hatte man nur die wertvolle Kammerbibliothek und einige Aktenbestände des Rheinisch-Westfälischen Wirtschaftsarchivs nach Schloß Ehreshoven ausgelagert. Neben den Grundstücken Unter Sachsenhausen 4, Stolkgasse 19 und Enggasse 2-12 besaß die Kammer noch das sogenannte „Hauptgeschäftsführer-Haus" Am Botanischen Garten 47.

Nachdem die Mitarbeiter um Dr. Hilgermann zunächst im Keller der *Commerzbank* ein erstes Büro gefunden hatten, zog man schon bald darauf – zwischenzeitlich wurde auch der (beschädigte) Sitzungssaal der *Dresdner Bank* mitgenutzt – in das *Gerling*-Gebäude in der Von-Werth-Straße. Das dort Anfang Juni 1945 bezogene Büro war in Eigenarbeit und mit Hilfe von „geliehenen" Bauarbeitern zuerst einmal herzurichten, auf Strom und Wasser mußte verzichtet werden, Fenster und Türen waren nicht vorhanden. Doch auch dieser Zustand war nicht von Dauer, weil auch *Gerling* seine Büroräume verstärkt selbst nutzen wollte und es auch dort wiederum zu eng geworden war. Man zog daher im Laufe des Sommers 1946 in das sogenannte „OSRAM-Haus", Unter Sachsenhausen 37. Dieses Haus gehörte der Firma *Fritz & Co.*, auch hier hatte der *Gerling*-Konzern im Erdgeschoß Räume angemietet, die man jetzt an die Kammer abtreten konnte. Im Erdgeschoß befand sich ein großer Saal, der später zum Börsensaal umgestaltet wurde, im oberen Geschoß wurden weitere Räume durch Einzug von Zwischenwänden (Holzfaserplatten mit Glaswolle) gewonnen.

Eine Telefonzentrale wurde von einer Industriefirma ausgeliehen, sie fiel allerdings immer bei Regen aus, weil das Dach noch nicht in Ordnung gebracht worden war. Geheizt wurde mit Trümmerholz und Briketts, das Schreibmaterial wurde mit nach Hause genommen, die wenigen (geliehenen) Schreibmaschinen wurden nach Dienstschluß im Tresor eingeschlossen.

2.7 ÜBERREGIONALE INTERESSENVERTRETUNGEN DER KAMMERN

2.7.1 Linksrheinische Industrie- und Handelskammern

Es war erstaunlich und doch zwingend zugleich, daß sich die Industrie- und Handelskammern zur Lösung gemeinsamer Probleme und zur Erarbeitung gemeinsamer Handlungsstrategien schon unmittelbar nach ihrer Gründung wieder zu Vereinigungen zusammenfanden. Hierbei war nicht nur ausschlaggebend, daß die verschiedenen Formen der Kooperation in der Kammerwelt eine lange Tradition hatten, hinzu kam auch, daß persönliche Kontakte teilweise schon viele Jahrzehnte bestanden.

Ohne eine breite Organisationsstruktur bildete sich bereits Ende 1945 eine Art Gesprächskreis linksrheinischer Kammern heraus, in dem die Industrie- und Handelskammern von Aachen, Bonn, Köln, Krefeld, Mönchengladbach und Neuss über besondere Themen debattierten. Obwohl es keine Satzung und auch keinen Vorsitzenden dieser Kammerrunde gab, kam doch Präsident Dr. Pferdmenges bis zu seiner Suspendierung aus allen Ämtern eine geistige Führung im Kreise dieser Kammern zu. Die rheinischen Kammern waren sein großer Rückhalt, sie trugen auch mit dazu bei, daß er zum Vorsitzenden der Kammervereinigung der Nord-Rheinprovinz gewählt wurde und darüber hinaus auch in der Zonenvereinigung zunächst der unumstrittene Vorsitzende war. Zu den wichtigsten Besprechungsthemen der linksrheinischen Kammern gehörten neben der Kammerrechtsdiskussion auch die niederländischen Gebietsansprüche des Jahres 1947. Ein wichtiges Betätigungsfeld ergab sich im Verkehrsbereich. Hier kam es zur Gründung des „linksrheinischen Verkehrsverbandes", der sich – unter Einbeziehung der Kammern Duisburg und Düsseldorf – mit Fahrplanfragen, insbesondere mit dem zeitaktuellen Problem der Elektrifizierung der rheinischen Bahnen, zu beschäftigen hatte.[78]

2.7.2 Die Kammervereinigung von Nordrhein-Westfalen

Dem Zusammenschluß der Industrie- und Handelskammern auf Landesebene, der nach Gründung des Landes Nordrhein-Westfalen am 5. November 1946 erfolgte, war zunächst die Errichtung eines Kammerzusammenschlusses auf Provinzebene vorausgegangen. Die „Kammervereinigung für die Provinz Westfalen" wurde bereits im August 1945, die „Vereinigung der Industrie- und Handelskammern der Nord-Rheinprovinz" kurze Zeit später gegründet. Beiden Zusammenschlüssen fehlte eine offizielle Genehmigung, was dazu führte, daß die westfälische Kammervereinigung sogar ausdrücklich verboten wurde. Nach Einholung einer mündlichen Genehmigung konnten die nordrheinischen Kammern durch Verabschiedung einer Satzung ihre Vereinigung offiziell gründen.[79] Obwohl mit Beginn der Arbeit die Kammervereinigung der Nord-Rheinprovinz schon sehr stark an die IHK Düsseldorf (Sitz des Oberpräsidenten war Düsseldorf) angelehnt war und Hauptgeschäftsführer (Dr. Josef Wilden) und Vorsitzender (Niels von Bülow) durch die Düsseldorfer Kammer gestellt wurden, übernahm Dr. Pferdmenges im Juni 1946 den Vorsitz. Von Bülow war kurz zuvor als Präsident in Düsseldorf ausgeschieden. Die im Frühjahr 1946 einsetzende Diskussion über die Bildung des Landes NRW setzte zwischen den beiden Kammervereinigungen einen Dialog über einen Zusammenschluß in Gang. Anfang September 1946 verständigten sich beide Kammerverbände auf eine gemeinsame Geschäftsstelle und einen hauptamtlichen Geschäftsführer. Die IHK Münster zeichnete seinerzeit verantwortlich für die Erarbeitung der Gründungsvereinbarung, so daß in einer gemeinsamen Präsidialkonferenz am 5. November 1946 die „Vereinigung der Industrie- und Handelskammern des Landes NRW" von den 20 Kammern des Landes gegründet wurde.[80]

Nach der Absetzung von Dr. Pferdmenges im September 1946 durch die britische Militärregierung setzte sich innerhalb der Kammervereinigung der Flügel der „Hardliner" durch, der sich gegen jegliche Beteiligung von Arbeitnehmern bzw. Gewerkschaften in den Kammern wandte und auf den günstigen „amerikanischen Wind" in der neuen „Zweizonenverwaltung" setzte. Die Wahl des neuen Vorsitzenden, Wilhelm Vorwerk aus Wuppertal, vollzog sich in einer Phase, als Köln durch die Ereignisse um Dr. Pferdmenges geschwächt war. Der scharfe Protest, der durch Vizepräsident Franz Greiß erfolgte und der sich vor allem dagegen richtete, daß man bei der Wahl des Vorsitzenden die größte nordrhein-westfälische Industrie- und Handelskammer unberücksichtigt gelassen hatte, zeigte keine Wirkung. Hinsichtlich der fachlichen Zusammenarbeit gehörte die Kölner

Zwei Kölner, die nach dem Krieg gemeinsam den Wiederaufbau in die Wege leiteten:
Robert Pferdmenges im Gespräch mit Konrad Adenauer

Kammer allerdings von Anfang an zu den Kammern, die einen Großteil der Gremienarbeit und Ausschußarbeit der Kammervereinigung mittrug. Die Kölner Kammer übernahm eine Reihe von Federführungen, zeitweise war deren Zahl höher als die jeder anderen Kammer.

2.7.3 Deutscher Industrie- und Handelstag

Die Initiative zur Gründung einer „Vereinigung der Industrie- und Handelskammern in der britischen Besatzungszone" ging von der Provinzialwirtschaftskammer Hannover aus.[81] Deren Vizepräsidenten hatten schon im Juni 1945 eine „Forschungsreise" durch die Zone veranstaltet, um eine Fühlungnahme zu den Kammern Nordwestdeutschlands herbeizuführen. Am 13. Juli 1945 fand in Bad Nenndorf ein erstes Treffen von Delegierten statt, die Industrie- und Handelskammern der Nord-Rheinprovinz hatten seinerzeit die IHK Essen (Präsident Dr. Theo Goldschmidt, Hauptgeschäftsführer Dr. August Küster) mit der Wahrung ihrer Interessen beauftragt.

Nachdem die beteiligten Verhandlungsführer bereits über Satzungsfragen und die Zusammensetzung des Vorstands beraten hatten und auch der Sitz der Zonenvereinigung bereits diskutiert worden war (Hannover oder Wuppertal), trat dann im Winter 1945/46 eine Stagnation ein, die ausgelöst wurde durch eine verstärkte Umsetzung der Technical Instructions No. 49 seitens der Militärregierung.[82]

Im Frühjahr 1946 wurde das Thema eines Zusammenschlusses erneut aufgegriffen. Nachdem man die Gründung einer „Vorort-Kammer" verworfen hatte, einigte man sich auf die Errichtung einer

Geschäftsstelle in Minden, dem Sitz des ZAW. Auf der entscheidenden Gründungstagung der Vereinigung am 12. und 13. Mai 1946 in Hahnenklee/Harz einigte man sich auf den neuen Vorsitzenden Dr. Pferdmenges und Köln als vorläufigen Sitz der Zonenvereinigung. Am 1. Juli 1946 wurde in Obernkirchen die Geschäftsstelle errichtet, Dr. Georg Wolff wurde zum Hauptgeschäftsführer bestellt. Auch hier wurde durch die Absetzung von Dr. Pferdmenges die aus Kölner Sicht positive Mitarbeit in der Zonenvereinigung jäh unterbrochen.

Nach Gründung der Bundesrepublik stellten die Kammern des Landes Rheinland-Pfalz den Antrag, in die 1948 errichtete „Arbeitsgemeinschaft der Industrie- und Handelskammern des Vereinigten Wirtschaftsgebietes" (Sitz in Frankfurt/Main) aufgenommen zu werden. Auf der Hauptausschußsitzung am 26. Oktober 1949 in Bad Dürkheim wurden die Kammern der französischen Besatzungszone, also auch aus Baden und Württemberg-Hohenzollern, aufgenommen. Einen Tag später wurde auf einer in Ludwigshafen veranstalteten Volltagung der Deutsche Industrie- und Handelstag (DIHT) wiedererrichtet. Gleichzeitig hatte sich der DIHT bereits mit der Frage eines erneuten Umzugs seiner Geschäftsstelle nach Bonn auseinanderzusetzen, zumal der Hauptstadtbeschluß jetzt vorlag. Bei der Suche nach geeigneten Objekten wurden auch Angebote seitens der Stadt Köln gemacht, zumal ein renommierter Kölner Makler von der IHK Köln um Mithilfe ersucht worden war.

3 KAMMERPOLITIK IM NEUORDNUNGSPROZESS
3.1 DIE INSTRUMENTALISIERTE KAMMER
3.1.1 Anlaufstelle der Wirtschaft

Die Schwierigkeiten, mit denen sich die neue Kammer zu beschäftigen hatte, werden in ihrem ganzen Ausmaß am besten durch zeitgenössische Berichte und Vermerke erfaßt. Selbst in Erinnerungen Hilgermanns, die dieser 1971 verfaßte, ist schon eine distanzierte Betrachtungsweise an die Stelle seiner früheren emotionaleren Berichte getreten. Daher sei hier eingangs eine Passage aus einem Zustandsbericht Hilgermanns vom September 1945 zitiert, der deutlich werden läßt, daß es den Menschen neben aller materieller Not vor allem an Zuversicht und Hoffnung mangelte. „Die Wünsche der Wirtschaft sind vielfältig. Die Menschen wollen arbeiten. Sie fühlen sich gehemmt durch die schlechten Unterbringungsverhältnisse. Es fehlt in Köln vor allem an Fleisch, an Kartoffeln, an Kohle. Die Kartoffelnot, die bereits für die meisten sieben Wochen andauert und die Leute veranlaßt, bei den Bauern die Kartoffeln vom Felde weg zu stehlen, ist besonders drückend, weil sie nach wie vor eines der Hauptnahrungsmittel ist. Die Kohlenot versteht niemand. Man sieht die englischen Wagen vollgeladen wegfahren. Die Landkreise erhalten Briketts. Der Kölner sitzt praktisch auf der Kohle und kann es nicht begreifen, daß er von den Briketts nichts erhalten kann. Strom wird abgestellt, Gas ist nicht vorhanden. Die Frauen können nur unter Schwierigkeiten kochen, denn das Holzsammeln in den Trümmern ist angesichts der drohenden Verschüttungsgefahren nicht immer einfach. Nach wie vor sind die Schlangen vor den Läden zu sehen. Die Schuhmacher erhalten keine Schuhsohlen. Auch im Regen sieht man die Kinder vermehrt in Sandalen laufen. Der Weg zur Arbeitsstelle ist weit. Nur wenige Straßenbahnen fahren. Alle diese Verhältnisse drücken auf die Stimmung und den Arbeitswillen. Dies ist die besondere Lage in Köln."[83]

In den ersten Tagen habe man aus Mangel an Arbeit bereits um zwei Uhr nachmittags schließen können, berichtet Hilgermann an anderer Stelle, und sei dann durch die menschenleeren Straßen eineinhalb Stunden heimwärts unterwegs gewesen.[84] Als es sich herumgesprochen hatte, daß es wieder eine Stelle gab, an der man fachgerecht betreut wurde, brach eine Flut von Anforderungen über der Kammer zusammen. Und dies, so Hilgermann, „mit einem Apparat von Menschen, die

die Materie nicht kannten und die noch zu erziehen waren."[85] Es mußte ein Publikum beraten und gelenkt werden, das, noch gedanklich festgelegt auf den „Führerstaat", von der Kammer die Zuweisung von Läden, von Ware, von Baumaterial und Kraftwagen verlangte. Außerdem verlangte die Militärregierung von der Kammer auch die Durchführung der Genehmigungsverfahren, ca. 80 000 Fragebogensätze (Questionnaire mit 132 Fragen) wurden ausgegeben.

3.1.2 Entnazifizierung

Die sich zu Hunderten jeden Tag vor der Kammer drängenden Besucher – teilweise standen sie bis auf die Straße – wollten von der Kammer Näheres über die strengen Maßstäbe der US-Militärregierung bezüglich der Parteizugehörigkeit wissen. Hilgermann, für den die Parteizugehörigkeit keinesfalls automatisch bedeutete, daß die Person ein überzeugter Nationalsozialist gewesen war, nahm in dieser Frage sehr früh eine pragmatische Haltung ein. „Auf die Dauer war ein Berufsverbot angesichts der vielen Millionen Parteigenossen unhaltbar."[86] Gleichzeitig stellte er fest, daß es in Köln für Parteimitglieder besonders schwierig war, eine Arbeitserlaubnis, geschweige denn die Genehmigung zur Eröffnung eines Unternehmens zu bekommen. Dies waren die Auswirkungen der kompromißlosen Entnazifizierungspolitik unter Colonel John K. Patterson, die dem mißlungenen „Experiment Aachen" zugeschrieben wurden.[87] Manche ließen sich von seinen Warnungen „wait and see", so Hilgermann, nicht beeindrucken und erhielten dann oft die angekündigte automatische Vermögenssperre.

Angesichts der sich in diesen Monaten häufenden Berichte über die Greuel in den Konzentrationslagern, deren volles Ausmaß sowohl Besatzern als auch der deutschen Bevölkerung vor Augen geführt wurde, war es weder den US-Militärs noch der britischen Militärregierung nach dem 21. Juni 1945 plausibel zu machen, daß viele „Pgs" als Mitläufer einzustufen waren und daß jeder Einzelfall sorgfältig zu prüfen war. Hilgermann wehrte sich gegen den Automatismus, der Berufsverbot und Vermögenssperre auslöste. Obwohl es nicht ungefährlich war – in Behörden und behördenähnlichen Einrichtungen durften generell keine „Pgs" beschäftigt werden oder öffentliche Ämter bekleiden –, beschäftigte die Kammer einen Geschäftsführer, der seit 1916 in den Diensten der Kammer stand und als unverzichtbarer Fachmann galt. Sein Entnazifizierungsverfahren wurde erst im September 1945 durchgeführt, wobei sich herausstellte, daß er von 1937 bis 1945 Parteimitglied ohne Funktion war (für Beamte der IHK war die Mitgliedschaft in der NSDAP obligatorisch). Nach dessen Entlassung setzte sich Hilgermann sehr stark für ihn ein, er bat z.B. um die Entblockierung seines Vermögens, damit er sich eine Existenz in einem anderen Bereich aufbauen könne. Der Hauptgeschäftsführer war so überzeugt von der politischen Integrität des Geschäftsführers, daß er ihn nach Aufhebung des Beschäftigungsverbots in seine ursprüngliche Position wiedereinstellte.

Zwei Probleme der Entnazifizierung tauchen in den vielen schriftlichen Erinnerungen Hilgermanns immer wieder auf. Das eine waren die ständigen Denunziationen, die gezielt dazu benutzt wurden, um entweder „alte Rechnungen zu begleichen", um Konkurrenten loszuwerden oder um sich sonstige Vorteile zu verschaffen. Meist habe man viel Mühe darauf verwenden müssen, berichtet Hilgermann, um „die Belastungen wieder rückgängig zu machen". „Stundenlang waren wir mitunter bei der Militärregierung, um Anschuldigungen gegen Kaufleute zu widerlegen."[88] Eine andere unangenehme Begleiterscheinung bestand darin, daß alle Auswirkungen der Entnazifizierungsverfahren den gutachterlich mitwirkenden Personen persönlich angelastet wurden. Die einen beschweren sich, weil die Kammer zu wenig getan hätte, um eine Entlastung herbeizuführen, und die anderen diffamierten die Kammer als „braunes Haus", weil angeblich „Nazis" Vorteile verschafft worden seien. Hilgermann beklagte auch, daß bei den späteren deutschen Entnazifizierungsausschüssen immer mehr Persönlichkeiten des öffentlichen Lebens eine Mitarbeit verweigert hätten, weil sie sich verstärkt persönlichen Angriffen ausgesetzt gesehen hätten.

Die IHK zu Köln erhielt im Oktober 1946 einen eigenen Entnazifizierungs-Unterausschuß, dessen Mitglieder gemäß einer IHK-Vorschlagsliste vom Entnazifizierungs-Hauptausschuß gewählt wurden. Der dreiköpfige Unterausschuß Nr. 279 nahm seine Arbeit im Juni 1947 auf und beendete sie im September 1948. Zu beurteilen waren sämtliche bei der Kammer beschäftigten Personen zuzüglich einiger ehemaliger Beschäftigter der GWK.

3.1.3 Permits

Während die US-Militärregierung in der Zeit ihrer einhunderttägigen Präsenz in Köln global bestimmte Bereiche mit einer generellen Betriebserlaubnis versah (z.B. Lebensmittelbetriebe, Pharmahersteller usw.), wechselten die Engländer die Zulassungspraxis. Jeder einzelne Betrieb mußte jetzt genehmigt werden und mußte ein „permit to-re-open" beantragen. Im Bereich des Groß- und Einzelhandels überließen die Briten der IHK einen gewissen Handlungsspielraum, allerdings mit der Maßgabe, daß Parteimitglieder auszuschließen waren. Für die verschiedenen Handelsbranchen wurden gemeinsame Ausschüsse von IHK und Stadt errichtet, die dann über die Vergabe von Zulassungen entschieden. Aus den Aufzeichnungen von Hilgermann geht hervor, daß es dabei schließlich immer wieder zu Konflikten kam, die sich am Einzelhandelsschutzgesetz entzündeten. Dieses Gesetz lehnten die britischen Militärs als nationalsozialistisches Recht ab. Sie forderten die Kammer auf, vor allem jungen, unbelasteten Menschen und auch politisch verfolgten Personen verstärkt die Erlaubnis zu geben. Die Kammer war dazu nicht bereit, sie verwies immer wieder darauf, daß für die schwierige Versorgung der Bevölkerung, die mittels eines komplizierten Bezugsscheinwesens sicherzustellen war, fachlich versierte Kaufleute erforderlich seien.

Für die Industrie hatte sich die Militärregierung die Zulassung von Betrieben vorbehalten. Ein umfangreicher Industrie-Fragebogen diente den zuständigen Militärs als Unterlage für die Zuweisung von Strom und Kohle. Hilgermann konstatiert, daß es tatsächlich aus verschiedensten Gründen an Energie, vor allem an Kohle, mangelte. Er unterstellt aber in seiner Kritik, daß die Fragebogenaktion auch als Möglichkeit der Durchleuchtung der Wirtschaft genutzt wurde. Dreh- und Angelpunkt der Aktivierung der lebensnotwendigen Betriebe blieb die Energie, teilweise mußten Unternehmen auf Nachtarbeit umstellen, weil tagsüber stundenlang der Strom gesperrt wurde. Nach Meinung von Hilgermann wäre das Energieproblem in Köln zu lösen gewesen, hätte man sich seitens der Genehmigungsbehörden weniger Kompetenzwirrwarr eingehandelt. Ein Indiz für eine fehlende Gesamtstrategie war nach Hilgermann auch die völlig überraschende Stillegung von 242 Unternehmen kurz vor Weihnachten 1945. Nur unter großen Mühen gelang es der Kammer im Zusammenwirken mit Oberbürgermeister Hermann Pünder, diesen Befehl teilweise zu revidieren.

Während die Vertreter der britischen Militärregierung die Ausgabe der Permits für die Industrie also zunächst in eigener Regie behielten, waren die Kammern damit beauftragt, die sogenannten „Klein-Permits" (Kammerpermits) an Betriebe auszugeben, die weniger als 25 Personen beschäftigten und nicht mehr als 20 t Kohle im Monat bzw. 20 cbm Gas und 80 kWh Strom pro Arbeitstag verbrauchten. Auf die Dauer war das Zulassungsverfahren insgesamt unzulänglich, vor allem zeigten sich immer wieder „Permitlücken", d.h. wichtige Zulieferbetriebe waren ohne Produktionserlaubnis, stellten aber für andere Produktionsbereiche einen unverzichtbaren Zulieferer dar. Dazu gehörten u.a. auch die Hersteller von Azetylen, Silizium-Aluminium und Karbid.

3.1.4 Bewirtschaftung

Hilgermann hat darüber berichtet, daß die US-Militärs während der Vorgänge um die Kammergründung dieser sehr viel mehr Exekutivaufgaben zuweisen wollten und daß man sich unter Mithilfe von Dr. Adenauer dagegen relativ erfolgreich zur Wehr setzen konnte.[89] Dennoch wurde die Kammer für eine kurze Zeitspanne in die Bewirtschaftung einbezogen, so gab sie Bescheinigungen zum Bezug von Petroleum, Azetylen, Schmiermitteln und Eisen aus. Die erwähnten Permitverfahren enthalten Momente einer Exekutivgewalt und müssen deshalb ebenfalls dazugerechnet werden. Als im Oktober 1946 die fünf für Nordrhein-Westfalen vorgesehenen staatlichen Bezirkswirtschaftsämter errichtet wurden, konnte die Kammer die ungeliebten Tätigkeiten an diese abtreten. Daß mit der Errichtung der Bezirkswirtschaftsämter inmitten der Auseinandersetzung um das Kammerrecht von diesen eine Existenzbedrohung für die Handelskammer ausging, soll an dieser Stelle nur erwähnt werden.[90] Die (scheinbare) Bedrohung bestand darin, daß man dieser neuen staatlichen Einrichtung nicht nur die Bewirtschaftungsaufgaben übertragen wollte, sondern evtl. auch die durch die Kammern seit Jahrzehnten wahrgenommenen Auftragsangelegenheiten (z.B. in der Berufsbildung). Die von den Kammern heftig bekämpften Bezirkswirtschaftsämter verloren schließlich ihre Bedrohung dadurch, daß die Bewirtschaftungskompetenzen immer weiter zurückgingen, bis sie schließlich 1949 endgültig wieder aufgelöst wurden.

Innerhalb des Systems der Warenbewirtschaftung behielt die IHK zu Köln – ohne Exekutivgewalt – weiterhin einige Aufgaben. Dazu gehörten, neben den Aufgaben der umfassenden Beratung in allen Bewirtschaftungsfragen, die Unterhaltung einer Umtauschstelle für Eisenbezugsrechte (Köln und Oberberg), die entsprechende Ausgabe von Bestell- und Eisenscheckheften an die zum Scheckverfahren zugelassenen Firmen, der Verkauf amtlicher Formulare, die Mitwirkung bei der Erstellung von Gutachten zu grundsätzlichen Problemen der Rohstoff- und Warenbewirtschaftung durch die Kammervereinigung und die Vermittlung bei Meinungsverschiedenheiten zwischen Lieferanten und Kunden.

3.1.5 Demontagefragen

Die im Potsdamer Abkommen festgelegten Prinzipien der Reparationen wurden in den vier Besatzungszonen völlig unterschiedlich angewendet. Der Teil der Reparationen – die Demontage von Industrieunternehmen -, der politisch die Beziehungen zu den Besatzungsmächten am meisten negativ beeinflußte, begann am 16. Oktober 1947 mit der Herausgabe der Demontagelisten für die britische und amerikanische Zone nach unablässigen Diskussionen, Einwänden und Protesten Realität zu werden. In der britischen Zone waren 496 Demontageobjekte aufgelistet, das Land Nordrhein-Westfalen war mit 294 Objekten das am stärksten betroffene Land.

Die Industrie- und Handelskammern und ihre Vereinigungen setzten sich besonders heftig gegen die Demontage zur Wehr und versuchten mit Hilfe ausführlicher Untersuchungen und Gutachten die Sinnlosigkeit und Gefährlichkeit der Demontage nachzuweisen.[91] Ein hauptsächlich von Emotionen beherrschtes Argument gegen die Demontage, das auch Hilgermann in seinen Erinnerungen anführt, wurde in vielen zeitgenössischen Äußerungen verwendet: „Sie hatten bereits Milliarden durch Beschlagnahme von Patenten und Herausgabe geheimer Produktionsverfahren vereinnahmt und suchten nun die Konkurrenz der deutschen Eigentümer auszuschalten."[92] Neuere Untersuchungen kommen allerdings zu einem anderen, sehr viel differenzierteren Urteil über die britische Demontagepolitik, der es nicht darauf angekommen sei, die westdeutsche Wirtschaft lahmzulegen oder gar Konkurrenzinteressen in der besonders hart betroffenen Metallindustrie zu verwirklichen.[93]

Gleichwohl war es vielerorts nicht zu verstehen, warum Unternehmen, die nachweislich weder zu den Rüstungsunternehmen gehörten, deren Inhaber nicht politisch belastet waren und die zudem für viele Unternehmen einen wichtigen Zulieferbetrieb darstellten, auf die Liste gesetzt worden waren. Von den 13 Betrieben, die auf der Liste für den Kammerbezirk Köln standen, waren zwei ehemalige Rüstungsbetriebe, neun Unternehmen waren zur Volldemontage und zwei (*Klöckner-*

Humboldt-Deutz und *AG für Stickstoffdünger*) zur Teildemontage vorgesehen. Der Reparations- und Demontage-Ausschuß der Kölner Kammer, der im übrigen von Heinrich Pellenz geleitet wurde (sein Unternehmen stand zur Volldemontage an), befaßte sich intensiv mit der Erstellung von Material, das sowohl dem Wirtschaftsministerium in Nordrhein-Westfalen als auch dem Federführer der nordrhein-westfälischen Industrie- und Handelskammern für Demontagefragen, Dr. Hermann Ringel, IHK Remscheid, als Argumentationsbasis dienen sollte. Stellvertretend seien hier nur die Argumente aufgeführt, die im Falle von *Pellenz & Co.* (Hebezeuge) aufgelistet wurden. In dem entsprechenden Schreiben an das Wirtschaftsministerium wurde darauf hingewiesen, daß diverse Bescheinigungen von Reichsbahndirektionen vorlägen, die nachwiesen, daß *Pellenz* die einzige deutsche Firma sei, die die Reichsbahn mit Doppelkohlenaufzügen beliefern könne.[94] 70 % der Pellenz-Produktion gehe an die Reichsbahn. Als Hauptlieferant der rheinischen Braunkohlengruben für Gleis- und Autowaagen sei das Unternehmen kaum ersetzbar, das Unternehmen habe außerdem niemals Rüstungsgüter hergestellt.

Im Oktober 1947 stellte der Geschäftsführer der Industrie-Abteilung der Kölner Kammer einen Lagebericht über den Stand der Demontagen zusammen.[95] Dabei stellte er fest, daß bei einer gegenwärtigen Zahl von 6 720 handelsregisterlich eingetragenen Unternehmen im Kammerbezirk ein Rüstungsbetrieb, der Bombenhüllen und Granaten gefertigt hatte, demontiert sei, ein weiterer Betrieb, der Flugzeugteile hergestellt hatte, stehe ebenfalls auf der Liste. Im Rahmen der „multilateral-action" seien bei elf Fabriken insgesamt 47 sehr wichtige, unentbehrliche Werkzeugmaschinen beschlagnahmt worden. Das bekannte Formblatt 80 G[96] sei von diesen Firmen nicht unterzeichnet worden, weil es sich um einen Kaufvertrag mit äußerst niedrigen Maschinenpreisen gehandelt habe.

Neben der erwähnten „multilateral-action", die Requisitionen von wertvollen Maschinen zum Ziel hatte, hatten sich die Demontageausschüsse auch mit der sogenannten „disarmement-action" auseinanderzusetzen. Hier wurde zugrundegelegt, daß es bei einer Reihe von Unternehmen Rüstungsmaschinen gab, die ohne formelles Requisitionsverfahren beschlagnahmt und vernichtet werden konnten. Nach dem englischen Wortlaut waren in dieser Liste (außerhalb der Demontageliste) Firmen enthalten, bei denen durch die Beschlagnahme die in dem bestehenden Permit festgelegte künftige Erzeugung nicht berührt wurde. Daß mit diesem Freibrief für „ad hoc"-Demontagen einer Willkür Tor und Tür geöffnet war, monierte auch Hilgermann: „Die Kammer war sehr auf der Hut und hat in allen ihr bekannt gewordenen Fällen mitunter noch in letzter Minute den Abtransport verhindern können."[97]

3.2 RÜCKKEHR ZU TRADITIONELLEN KAMMERAUFGABEN – KONTUREN DER FRÜHEN KAMMERARBEIT

3.2.1 Berichterstattung und Öffentlichkeitsarbeit

Im ureigensten Interesse der Kammern lag es, die zuständigen politischen Stellen und die Verwaltungen mit den notwendigen Informationen zu versorgen. In der geschilderten Wiederaufbauphase bestand seitens der zuständigen Planungsbehörden ein über das übliche Maß hinausreichender Informationsbedarf. Aus den vielfältigen Anforderungen solcher wirtschaftlicher Daten seien hier einige Beispiele hervorgehoben. An die Militärregierung (808 Detachment Trade & Industry) waren monatliche Berichte zu liefern, man war vor allem daran interessiert, welchen Zahlenstand die Wiederzulassungen in den einzelnen Branchen inzwischen erreicht hatten. Der Oberpräsident der Nord-Rheinprovinz hatte angeordnet, daß die Kammern einen Halbjahresbericht zu erstellen hatten, der die Grundlage der Regierungspolitik auf längere Sicht sein sollte.[98] Der Bericht war so zu gliedern, daß er neben einer Übersicht über die strukturellen Veränderungen des Bezirks vor allem auch Daten über die Konjunktur, über Beschäftigung, Arbeitsfragen und Beschäftigungsbedingungen, über industrielle Entwicklung, Groß-, Außen- und Interzonenhandel, Bewirtschaftung, Preisbildung, Berufsausbildung, Entnazifizierung, Konkurse etc. enthielt. Daß hier auch Anforderungen vorlagen, die deutlich nicht in den Zuständigkeitsbereich der Industrie- und Handelskammer fielen (soziale Fragen, Ernährung, Handwerk), erklärt sich z.T. daraus, daß in Köln die Fachverbände erst relativ spät wieder zugelassen wurden und die IHK gewisse Verbandsfunktionen mitwahrzunehmen hatte.[99] Nach Gründung des Landes Nordrhein-Westfalen war dem Wirtschaftsministerium ein vierteljährlicher Bericht zu erstatten, der in ähnlicher Aufteilung die wesentlichen wirtschaftlichen Fakten beinhalten sollte. Die Berichte der IHK zu Köln zeichneten sich durch eine unverblümte Darstellung der tatsächlichen Verhältnisse aus. Sie nahmen kritisch Stellung zu Maßnahmen der Militärregierung wie auch zu wirtschaftspolitischen Entscheidungen der deutschen Planungsbürokratie.

Die Möglichkeit der notwendigen Informationsverbreitung war für die IHK zu Köln gerade in der Phase des Wiederbeginns ausgesprochen wichtig. Unmittelbar nach der Arbeitsaufnahme begann die Kammer damit, trotz der großen Papierknappheit, die wichtigsten Anordnungen der Alliierten und sonstige wichtige Entscheidungen mittels eines vervielfältigten Informationsblattes an die Besucher weiterzugeben. Die erste Ausgabe des unregelmäßig erscheinenden „Rundschreibendienstes" (sechs Rundschreiben wurden herausgegeben) erschien am 1. Oktober 1945. Im Rundschreiben Nr. 2 vom 24. Oktober 1945 wurde die schon erwähnte Bekanntmachung der Bedingungen für die Erteilung von „Kammerpermits" veröffentlicht.

Mit Genehmigung der Militärregierung erschien ab Januar 1946 das „Mitteilungsblatt der Industrie- und Handelskammer zu Köln". Es sollte zeit- und papierbedingt zunächst ebenfalls noch unregelmäßig erscheinen, doch schon ab Januar 1946 erschien das Blatt zweimal monatlich. Eine klare Gliederung des Inhaltes sollte das Wiederauffinden früherer Notizen und Verweisungen auf diese erleichtern.[100] Weiterhin wollte man Bekanntmachungen aus den Amtsblättern der Behörden in verstärktem Maße dann zur Kenntnis bringen, wenn diese für die Unternehmer bedeutsam waren. So konnte z.B. das Arbeitsamt seit Mitte 1946 sein Merkblatt „Tagesfragen" monatlich dem „Mitteilungsblatt" beilegen, und auch die Finanzbehörden benutzten das Kammerblatt für ihre Informationen. Geplant waren auch Veröffentlichungen der handelsregisterlichen Eintragungen im Kammerbezirk. Die Bezugskosten beliefen sich für die Bezieher zunächst auf zwei RM pro Quartal, mangels Briefumschlägen wurden die Mitteilungen als Streifband verschickt. 1948 war es der Kammer dann möglich, allen Interessenten das Informationsblatt zuzusenden, die Papierversorgung hatte sich inzwischen stabilisiert, jetzt konnte auch ein Anzeigenteil geschaltet werden.

Obwohl Hauptgeschäftsführer Dr. Hilgermann bereits seit Ende 1945 gegenüber Präsidium, Beirat und später auch der Mitgliederversammlung diverse Tätigkeitsberichte, Zustandsbeschreibungen, Analysen, aber auch Zukunftsvisionen zur Kenntnis gebracht hatte, entschloß man sich erst mit dem Ablauf des Jahres 1947, wieder mit einem gedruckten Jahresbericht an die Öffentlichkeit zu gehen. Im Vorwort hieß es: „Im gegenwärtigen Zeitabschnitt ist es außerordentlich mühselig und unter Umständen geradezu gefährlich, mit einem Geschäftsbericht aufwarten zu wollen. Aber die Firmen haben ein Recht auf Publizität."[101] Im Jahresbericht 1948 schien bereits durch, daß man offenbar die Berichterstattung viel stärker auch als Mittel der Öffentlichkeitsarbeit einsetzen wollte, Presse und Rundfunk wurden demnach ebenfalls mit Quartalsberichten versorgt. Außerdem wurden diesen auch die Ergebnisse wichtiger Beratungen der Kammergremien und der Ausschüsse übermittelt.

Die Öffentlichkeit sollte mit der Feier des 150jährigen Bestehens der Kölner Kammer darauf aufmerksam gemacht werden, so Hilgermann, „daß Köln, die größte Stadt am Rhein, wieder ersteht."[102]

Trotz der Notzeiten sollte im bescheidenen Rahmen das Jubiläum, das am 8. November 1947 gefeierte wurde, auch dafür genutzt werden, Perspektiven für die Zukunft aufzuzeigen. Professor Bruno Kuske hatte eine Jubiläumsschrift verfaßt. In der Aula der Universität zu Köln wurde der Tag feierlich begangen, Kuske hielt auch die historische Festrede, wobei er auf den Charakter der Kölner Kammer und ihre Initiativkraft abhob. Der Jubiläums-Ausschuß und der eigens für das Jubiläum errichtete Unterausschuß „Unternehmer und Öffentlichkeit" nutzten die Jubiläumsfeierlichkeiten, um verstärkt werbend an die lokale und bizonale Presse heranzutreten.

Präsident Franz Greiß hielt in der Aula eine vielbeachtete Rede zu dem Thema „Der Unternehmer". Sie war deshalb bedeutsam, weil sie bereits ein ganz eindeutiges Bekenntnis zur „Sozialen Marktwirtschaft" enthielt. Unverblümt forderte Greiß darin einen radikalen Abbau der „Kommandowirtschaft", deren Kennzeichen Desorganisation und fortlaufende Gesetzesübertretung seien. Die Kölner Kammer spreche sich deutlich für eine Änderung der Wirtschaftspolitik nach der Währungsreform aus, nur so könne der einer Schattenwirtschaft gleichende Tausch- und Kompensationshandel beendet werden. Im Jahresbericht 1947 wurden die klaren Bekenntnisse der Kammer noch einmal programmartig zusammengestellt. Eine abschließende Reflexion auf ein Jahr, das mit der Hoffnung auf langsamen Aufstieg nach Überwindung eines absoluten wirtschaftlichen und moralischen Tiefpunktes begonnen hatte, lautete: „Im Innern erwarten wir eine Abkehr von der Politik weiter Kreise, die lediglich auf restlose Erfassung und Kontrolle eingestellt ist, obschon dieses System offenbar materiellen und, was vielleicht noch schwerwiegender ist, moralischen Schiffbruch erlitten hat."[103]

3.2.2 Groß- und Einzelhandel/Wettbewerb

Im Großhandel wie auch im Einzelhandel entfiel in den ersten Jahren ein wesentlicher Teil der Kammerarbeit auf die Prüfung der Anträge auf die Neuzulassung eines Gewerbes. Angesichts einer Wirtschaftslage, die durch Versorgungsschwierigkeiten, Warenknappheit und Lagerprobleme äußerst angespannt war, konnte die Kammer nicht alle Wünsche nach einer Existenzgründung erfüllen. Da sie angewiesen worden war, politisch Verfolgten eine Sonderstellung einzuräumen, versuchte sie, nur solchen Personen eine Genehmigung zu erteilen, die nachgewiesenermaßen über Fachkenntnisse verfügten. Im Einzelhandel konnten zunächst die Bestimmungen des Einzelhandelsschutzgesetzes (Befähigungsnachweis) nicht angewendet werden, so daß die Kammer ihre restriktive Zulassungspraxis mit anderen Rechtsnormen absichern mußte. Später konnten die Kammern erreichen, daß einige Bestimmungen des früheren Einzelhandelsschutzgesetzes wieder angewendet werden konnten.

Eine Köln-spezifische Problemstellung ergab sich für den Einzelhandel – teilweise auch den Großhandel – dadurch, daß es zunächst nicht zur Gründung eines Einzelhandels- bzw. Großhandels-Ausschusses kam. Dr. Hilgermann prangerte diesen Umstand in einer Geschäftsführersitzung als äußerst ärgerlich an.[104] Er begründete sein Mißfallen damit, daß im Hinblick auf die Permiterteilung in beiden Bereichen ein Mißtrauen gegenüber der Kammergeschäftsführung entstanden sei, das sich in erster Linie auf den Vorwurf der „Selbstherrlichkeit der Geschäftsführer" stütze.[105] Ein vom Vertrauen aller getragener Fachausschuß wäre niemals solchen Vorwürfen ausgesetzt worden. Im offiziellen Protokoll der Geschäftsführersitzung wurde zu dieser Frage lediglich vermerkt, daß in Verbandskreisen die Bildung solcher Ausschüsse nicht für nötig erachtet werde.[106] Dr. Müser sprach sich allerdings gemeinsam mit den Geschäftsführern Voigt und Friesdorf unbedingt für einen solchen Ausschuß aus, denn man habe auch vor 1933 gute Erfahrungen damit gemacht.

Auch Dr. Hilgermann war der Meinung, daß die Ausschüsse sich nicht mit den Wirtschaftsvereinigungen überschneiden müßten. Es sei bezeichnend, daß in Düsseldorf die Aufgaben des Großhandels von einem Versorgungsausschuß miterledigt worden seien, bevor man einen gemeinsamen Groß- und Einzelhandels-Ausschuß gebildet habe. „Die Aufgaben dieser Ausschüsse sind doch wesentlich anders als die Aufgaben, die sich die Interessenverbände gesetzt haben, selbst wenn sie sich auch einmal mit dem gleichen Problem beschäftigen sollten. Die Verbände sind zudem freiwillig und umfassen teilweise manche Gruppen überhaupt nicht."[107] Die starke Stellung der drei früh (Anfang 1946) wiedergegründeten Handelsverbände (Wirtschaftsvereinigung Groß- und Außenhandel, Einzelhandelsverband und Fachverband Handelsvertreter) stützte sich sicherlich vor allem auf ihre Führungspersönlichkeiten. Sowohl Egon Gerhard Malmedé (Großhandel) als auch Hans Schmitz gehörten bereits vor der ersten Kammerwahl im Mai 1947 dem Kammerpräsidium an und waren auch in die erste Mitgliederversammlung gewählt worden. Hans Schmitz, der spätere Bundesvorsitzende des Einzelhandelsverbandes, wurde am 17. April 1947 zum Präsidenten der IHK zu Bonn gewählt[108] und schied daher aus der Mitgliederversammlung unmittelbar wieder aus, für ihn wurde Fritz Schmitz nachgewählt. Georg Fetzer gehörte als Vorsitzender des Handelsvertreterverbandes ebenso der ersten gewählten Mitgliederversammlung an.

Sehr nachteilig wirkte sich für Köln der Versuch aus, sowohl die Interessen eines Verbandes als auch die der Kammer miteinander in Einklang zu bringen. Die Verknüpfung von Verbands- und Kammerinteressen im Hauptamt war in der Geschichte der Kammern nicht unbekannt, einige Kammergeschäftsführer waren nebenbei auch Geschäftsführer eines oder mehrerer Verbände. Am 29. Mai 1946 gab es in der IHK zu Köln eine Verhandlung über die „Gemeinschaft Einzelhandel und Kammer", an der neben Präsident Dr. Pferdmenges Vizepräsident Hans Schmitz, Dr. Hilgermann und der Geschäftsführer der Wirtschaftsvereinigung Einzelhandel teilnahmen.[109] Hier wurde vereinbart, daß letzterer zum offiziellen Geschäftsführer der Bezirksgruppe Köln der Wirtschaftsvereinigung der Nord-Rheinprovinz ernannt werden und von dieser sein Gehalt bekommen sollte. Im Nebenamt wurde er als stellv. Geschäftsführer der IHK ohne Bezahlung eingestuft, als Äquivalent für seine Arbeit im Interesse der Kammer brauchte der Verband keine Miete für die im Bereich der Kammer benutzten Büroräume zu entrichten. Zu diesem Zeitpunkt betrug die Zahl der Mitarbeiter und Mitarbeiterinnen zehn. Der Geschäftsführer sollte nur Herrn Schmitz gegenüber für seine Arbeit verantwortlich sein, in reinen Kammerfragen blieb allerdings das Präsidium bzw. der Hauptgeschäftsführer zuständig.

Hinsichtlich der Abgrenzung der Tätigkeiten einigte man sich darauf, daß der Geschäftsführer zunächst alle Verbandsfragen, wie Mitgliederbetreuung, bearbeiten und nur dann Eingaben an die Behörden machen sollte, wenn er dazu aufgefordert wurde. Eingaben, die möglicherweise auch die Kammer betrafen, waren mit dieser abzustimmen. Alle Briefe, die er als Geschäftsführer der Kammer unterschrieb, sollten vom HGF gegengezeichnet werden. Schon wenige Monate nach dieser Vereinbarung wurde deutlich, daß diese Art der Aufgabenteilung nicht reibungslos funktionieren konnte, zumal deshalb nicht, weil Dr. Hilgermann mit dem Aufbau und der personellen Besetzung einer Abteilung V, Einzelhandel, dafür sorgte, daß sich der Einzelhandelsverband hinsichtlich Kammeraufgaben zurückhielt. Ende des Jahres kam es zu unschönen Auseinandersetzungen, es mußte dem Geschäftsführer des Verbandes sogar untersagt werden, den Kammerbriefkopf zu benutzen. Weitere Kompetenzüberschreitungen des Geschäftsführers und die Fälschung eines Permits führten schließlich (auch über ein Arbeitsgerichtsverfahren) zur Beendigung des Kooperationsverhältnisses zwischen Kammer und Verband. Dies beinflußte das Verhältnis zwischen beiden für längere Zeit nachhaltig.

3.2.3 Außenwirtschaft/Interzonenhandel

Bis 1947 war der Export aus dem Kölner Kammerbezirk nicht nennenswert, bei der JEIA (Joint Export Import Agency) der Alliierten gingen bis Ende 1947 190 Ausfuhr-Anträge im Wert von 335 000 US $ ein, nur 26 im Werte von 26 000 $ wurden genehmigt.[110] Die Im- und Exportwirtschaft, die im Kölner Raum traditionell stark vertreten war, zählte im Jahre 1948 mit 354 bei der Kammer gemeldeten Außenhandelsbetrieben und 134 Importunternehmen wieder zu einem starken Wirtschaftsfaktor. Als im Frühjahr 1947 mit der Ablösung des bisherigen, auf die anonyme Ausfuhr von Rohstoffen und Massengütern abgestellten Verfahrens durch das JEIA-Verfahren (8. April 1947) die Individualausfuhr eingeführt wurde, kritisierte die IHK zu Köln, daß der „befreiende Auftrieb, den man sich hiervon erhofft hatte"[111], ausgeblieben sei, weil eine Vielzahl hemmender Regulative nach wie vor eine Behinderung des Exports darstelle. Über das Vorstadium des Wiederaufgreifens abgerissener Außenwirtschafts-Verbindungen sei man bislang noch nicht wesentlich hinausgekommen.

Der im Sommer 1947 gegründete Außenhandels-Ausschuß unter Vorsitz von Gustav Bredt war bestrebt, mittels zahlreicher Eingaben und Lageberichte auf die Notwendigkeit des Wiedereinschaltens der deutschen Wirtschaft in das internationale Wirtschaftsgefüge und auf den dringenden Bedarf eines freien deutschen Außenhandels hinzuweisen.[112] Scharfe Kritik äußerte die Kammer in ihrer Berichterstattung zu einzelnen Handelshemmnissen. Sie forderte stattdessen u.a. die Verstärkung der Einfuhr, eine Beteiligung am Devisenerlös, die Aufhebung der Zonengrenzen, die Aufhebung der Dollarklausel, eine verstärkte Mitwirkung deutscher Stellen bei Handelsvertragsverhandlungen und bei der Preisbildung sowie eine deutliche Vereinfachung der Antragsverfahren. Auch der Interzonenhandel war nach Auffassung der Kölner Kammer unzumutbaren bürokratischen Belastungen ausgesetzt. In den Antrags- und Genehmigungsverfahren wurden oft in zu kurzen Abständen Neuerungen eingeführt, die von den Firmen vielfach überhaupt nicht in ihren Anträgen berücksichtigt werden konnten. Nicht einmal die Kammer, so lautete es in einem Jahresbericht, sei stets auf der Höhe des aktuellen Informationsstandes gewesen.[113] Sie kritisierte auch, daß das im November 1947 für alle Zonen verbindlich eingeführte Ausfuhrgenehmigungspapier zu einer noch größeren Papierflut geführt habe, zudem seien teilweise die Genehmigungswartezeiten von bis zu drei Monaten unerträglich.

Die nachstehende (vereinfachte) Zusammenstellung der Aufgaben der Kammer auf dem Gebiet des Außenhandels (AH) verdeutlicht, wie stark reglementiert die einzelnen Verfahren waren:
1. Beratung und Betreuung in allen Fragen des AH, Formularverkauf, AH-Nachrichtendienst, Auslandsreisen;
2. Zollauskunftsstelle, Ursprungszeugnisse, Bescheinigungen (z.B. Force Majeure-Certificate), Fragen der Zollabfertigung;
3. Mitwirkung bei der Zielformulierung der Außenhandelspolitik;
4. Unterhaltung eines Außenhandelsarchivs, Forderungseintreibung im Ausland, Firmenauskünfte; gewerblicher Rechtsschutz im Ausland;
5. Mitwirkung bei der Devisenbewirtschaftung;
6. Organisation von Vortragsveranstaltungen über AH-Themen.

3.2.4 Industrie und Umwelt

Im Juli 1948 äußerte sich der damalige Geschäftsführer der Industrieabteilung der IHK zu Köln, Dr. Oskar Schäfer, zu den Aufgaben seiner Abteilung. Er bemerkte rückblickend, daß es vor 1933 überhaupt keine Industrieabteilungen in den Kammern gegeben habe.[114] Aus regionalen Industrieverbänden habe man erst nach 1935 in den Kammern solche Abteilungen geformt, die dann schließlich in allen größeren Kammern auch nach dem Zusammenbruch bestehen geblieben seien. Sie hätten sich mit dem Wiederanlauf und der Inganghaltung der Betriebe befaßt und sich überhaupt allen Fragen gewidmet, die nicht in die Zuständigkeit der einseitigen Interessenverbände gefallen seien. Als gegenwärtige Aufgaben der Kölner Industrieabteilung zählte er die Bereiche Energiewirtschaft, Reparationen und Demontagen, Wiederaufbau, industrielle Produktion, Neuzulassungen, Neuansiedlungen, industrielle Berichterstattung und Kontaktpflege zu den Verbänden.

Nach seiner Auffassung war auch der Name Industrieabteilung trotz seiner Geläufigkeit falsch: „Ich möchte anregen, ihn fallen zu lassen, auch wenn die anderen Kammern ihn beibehalten, und dafür Fachreferate, die in dieselbe Linie münden, einsetzen, damit aus all dem Kleinwust, der ebenso gut von der Büroverwaltung erledigt werden kann, die wissenschaftliche Kammerarbeit herausgeschält wird."[115] Vier Bereiche hielt er allerdings für außerordentlich wichtig. In der Energiewirtschaft sei die Braunkohle des Kammerbezirks für die Landesversorgung bedeutend. Die Kammer Köln sei in der Kammervereinigung Federführer für diesen Bereich; er selbst sei in den Energie-Beirat sowie in den Fachausschuß Elektrizität des Landeswirtschaftsministeriums NRW berufen worden. Der Bereich Reparationen beschäftige sich zur Zeit im Auftrag des Verwaltungsamts für Wirtschaft (VfW), Frankfurt/Main, mit Restitutionen und geistigem Eigentum. Auch der Arbeitseinsatz, der in Zusammenarbeit mit der Arbeitsverwaltung die Unterbringung der Arbeitslosen steuern sollte, sei ein wichtiges Problem. Schließlich nannte er in seiner Auflistung noch den Bereich industrielle Grundsatzfragen, der nach seiner Meinung den Bereich der industriepolitischen Beratung der Kammer abdeckte.

Der seit Mitte 1947 errichtete Industrie-Ausschuß (Vorsitz: Heinrich Pellenz) befaßte sich monatelang, so der Jahresbericht von 1947, mit der Elektrizitätsversorgung, insbesondere war man um die Wiederherstellung des *Goldenbergkraftwerks* bemüht. In zähen Verhandlungen mit dem ZAW in Minden war es gelungen, dringende Instandsetzungsarbeiten ausführen zu lassen, so daß bis Ende 1947 zwei Drittel der alten Stromproduktion wieder erreicht waren. Unablässig setzte sich der Ausschuß auch bei der Wirtschaftsverwaltung für eine Verbesserung der Kohleversorgung ein, wobei es nicht nur um ausreichende Mengen für revierferne Kraftwerke ging, sondern auch um minderwertige Kohle, deren Einsatz in Kraftwerken zu Kesselschäden geführt hatte. Ein Unterausschuß des Industrie-Ausschusses befaßte sich mit Demontagefragen, insbesondere mit der Vielzahl von Einzelbeschlagnahmen.

Gemeinsam mit dem Industrie-Ausschuß befaßte sich der Wiederaufbau-Ausschuß (Vorsitz: Philipp Charon) u.a. mit der Instandsetzung des städtischen Gasrohrnetzes in Köln.[116] In Form einer Hilfeleistung der Kölner Wirtschaft erklärten sich einige Branchen bereit, den städtischen Werken wöchentlich gewisse Arbeitskräftekontingente zur Verfügung zu stellen. Während der ersten sechs Monate der Anfang 1948 beginnenden Reparaturarbeiten konnten für den Bereich Kanal- und Gasrohrnetze durchschnittlich 100 bis 150 Arbeitskräfte pro Woche zur Verfügung gestellt werden.[117] Ähnlich gestaltete sich die Mithilfe der Wirtschaft bei der sogenannten „Schuttaktion" des Jahres 1948, bei der die restlichen 1 000 000 cbm Schutt der Stadt Köln abgeräumt werden sollten.[118]

3.2.5 Verkehr/Nachrichtenwesen/Messewesen

Auch im Verkehrsbereich war die IHK zunächst sehr stark mit Zulassungen und mit der Erstellung von Bescheinigungen aller Art befaßt. Zahlreiche Anträge auf Genehmigung von Betriebsfortführungen und Neuzulassungen zum Transportgewerbe waren zu bearbeiten. Bescheinigungen mußten bei Führerscheinanträgen, bei interzonalen Dienstreisen und bei der Erteilung von Fernsprechanschlüssen ausgestellt werden. Im Bereich des Straßenverkehrs war die Kammer sehr stark in Anspruch genommen bei der Zulassung von Kraftfahrzeugen, bei der Reifenverteilung, der Benzinquotenfestsetzung und bei Fahrgenehmigungen aller Art. Vielfach waren Betriebsbesichtigungen zur Berichterstattung an die Verkehrsausschüsse bei den Straßenverkehrsämtern erforderlich.

Gegen die am 17. September 1947 vom Verkehrsminister verhängte Verordnung über Einschränkungsmaßnahmen im Straßenverkehr, nach der eine große Zahl von Lastkraftwagen stillgelegt werden mußte, protestierte die IHK Köln in Gemeinschaft mit anderen Kammern des Landes.[119] Der Straßenverkehrs-Ausschuß der Kammer machte teilweise erfolgreiche Eingaben bei den Straßenverkehrsbehörden zwecks Verbesserung des Straßenzustands.

Auf dem Gebiet des Reichsbahnverkehrs beteiligte sich die Kammer bei der Fahrplangestaltung und bei der Tarifpolitik im Personen- und Güterverkehr. Im Jahresbericht 1947 wurde darauf hingewiesen, daß zugunsten eines verstärkten Güterverkehrs zahlreiche Lokomotiven aus dem Reisezugverkehr herausgezogen wurden. Einschränkungen, die auch den linksrheinischen Wirtschaftsraum betrafen, beabsichtigte man durch Mitgründung des Verkehrsverbandes linksrheinischer Industrie- und Handelskammern wirksam zu begegnen. Immer wieder richtete die Kammer Appelle an die zuständigen Verwaltungen, die auf die verstärkte Instandsetzung beschädigter Waggons und Lokomotiven und die Erhöhung der Wagenumlaufzeiten abzielten.

Die Kammer richtete ihren Protest auch gegen die vom Verkehrsministerium verfügte Stillegung der Kleinbahn Engelskirchen–Marienheide. Auf dieser für die Wirtschaft des Oberbergischen Kreises wichtigen Strecke wurden immerhin im Jahre 1946 250 000 Personen und 86 000 t Güter transportiert. Für die baldige Wiederherstellung des zerstörten Tunnels zwischen Hoffnungsthal und Honrath auf der Strecke Köln–Dieringhausen setzte die Kammer sich ebenfalls ein.

Weitere Verkehrsprobleme, an denen die Kammer konstruktiv mitwirkte, waren die Enttrümmerung der Straßen, die Schiffbarmachung des Rheins, der Bau einer festen Rheinbrücke, der Wiederaufbau des innerstädtischen Verkehrsnetzes, der Generalverkehrsplan der Stadt Köln, die Nord-Süd-Fahrt, der Aufbau des Postverkehrs, die Wiedereinschaltung der Rheinmündungshäfen, die Denkschrift zum Flughafen Köln/Bonn und die Wiedererrichtung der Gesellschaft zur Förderung des Instituts für Verkehrswissenschaft an der Universität zu Köln.

Die Durchführung der Kölner Messen lag schon seit 1922 im Zuständigkeitsbereich der in diesem Jahr gegründeten Kölner *Messe- und Ausstellungsgesellschaft*, an der sich neben der Handwerkskammer und der Industrie- und Handelskammer u.a. auch der Verein der Industriellen des Regierungsbezirks Köln e.V. beteiligt hatte. Nach dem Zusammenbruch ordnete sich die Messegesellschaft neu, wobei eine Neugestaltung des Gesellschaftsvertrages erst im Jahre 1952 vorgenommen wurde.[120] Festzuhalten bleibt, daß die IHK zu Köln aufgrund der zu diesem Zeitpunkt erheblichen Gesellschaftsanteile an der Messe (neben der Hauptgesellschafterin Stadt Köln) mit ihrem jeweiligen Präsidenten ein geborenes Vorstandsmitglied (2. stellv. Vorsitzender) und zwei weitere Kammermitglieder im Aufsichtsrat stellte.

Zur Eröffnung der Kölner Herbstmesse 1947, der ersten Messe der Nachkriegszeit, die bereits wieder auf 10 000 qm Hallenfläche stattfinden konnte, hielt Präsident Franz Greiß am 14. September in der Aula der Universität zu Köln die Eröffnungsansprache. In seinen Ausführungen ging Greiß sehr stark auf den psychologischen Effekt dieser Messe ein, die nach seiner Meinung bezüglich eines realen Konsums noch keine Berechtigung hatte. Er verglich die Messe mit der Aussage jener Schilder, die die Geschäftsleute Kölns nach jedem Bombenangriff geschrieben und vor den Trümmern ihres Hauses aufgestellt hatten: „Mein Geschäft befindet sich jetzt in der und der Straße." Die Kölner Herbstmesse 1947 solle, so Greiß, allen zurufen: „Wir leben noch."[121]

3.2.6 Recht

Die Rechtsabteilung der IHK zu Köln, die zunächst von Ass. Dr. Wilhelm Schmitz und nach 1948 von Amtsgerichtsrat a.D. Carl Richard Wellmann geleitet wurde, hatte sich im Rahmen der Vorbereitung und Veränderung von den die Wirtschaft berührenden Gesetzen gutachtlich zu äußern. Im Zusammenhang mit der drängenden Frage der Schuldenbereinigung hatte man sich z.B. Anfang 1946 im Auftrag des Rechtsausschusses der britischen Zone zur Aussetzung gerichtlicher Verfahren zu äußern. Weitere Gutachten erstellte die Abteilung zum Gesetz über die Umwandlung von Kapitalgesellschaften (5. März 1934), zur Frage der Treuhänderschaft bei zonenmäßig getrennten

Betrieben und zur Sicherung der Wertpapiere innerhalb der Aktienrechtsreform. In Köln hatte man federführend für die gesamte Nord-Rheinprovinz den „Ausschuß zonenmäßig getrennter Betriebe" errichtet und hier viele Rechtsprobleme behandelt. Die Rechtsabteilung wirkte auch an der Sonderkommission der Schmalenbach-Vereinigung für Schuldenbereinigung mit, man beschäftigte sich vor allem mit solchen Schuldnern, deren Geschäftsvermögen infolge der ungeklärten Reichsschuldenfrage bedroht war.

Neben den gutachterlichen Tätigkeiten, die sich auch im Bereich der Handelsregistereintragungen durch die Flut von Geschäftsneugründungen hinsichtlich der Prüfung der Eintragungsfähigkeit und der Firmenbezeichnung mehrten, war die Rechtsabteilung auch auf dem Gebiet des Preisrechts eingeschaltet. Im Vordergrund standen hier Bemühungen, die Unternehmen bei der Ermittlung einer neuen Kostengrundlage und der Beantragung von Preisen bei den Preisbildungsstellen zu beraten. Dies war im Kölner Raum z.B. für die Herstellung von Zellwoll- und Kunstseidefäden sowie in der Papierindustrie notwendig. Abgesehen von einer stark ansteigenden Tätigkeit auf dem Gebiet des Wettbewerbsrechts, insbesondere im Schiedsgerichtswesen, bewegten sich die Arbeitsanforderungen im Bereich der sogenannten Routineaufgaben im Rahmen des üblichen. Dazu zählten im einzelnen: Feststellung von Handelsbräuchen, Patent-, Muster- und Warenrecht, Konkurs-, Vergleichs- und Vertragshilfeverfahren sowie eigene Rechtsangelegenheiten (Kammer).

Am 8. Juli 1947 nahm der Rechts-Ausschuß der IHK zu Köln unter dem Vorsitz von Dr. Leo Menne (*Rheinisch-Westfälische Bodenkreditbank*) seine Arbeit auf. Der zunächst auf zehn ständige Mitglieder beschränkte Ausschuß sollte sich nach Wunsch der Gründungsmitglieder in Bezug auf seine Zusammensetzung in etwa an der wirtschaftlichen Struktur des Kammerbezirks ausrichten.[122] Die Arbeit des Rechts-Ausschusses sollte nicht in Form regelmäßiger Sitzungen erfolgen, sondern durch schriftliche Stellungnahmen, wobei der Geschäftsführer der Rechtsabteilung in Fühlungnahme mit dem Vorsitzenden die relevanten Fragen zu unterbreiten hatte. Eine enge Zusammenarbeit mit anderen Ausschüssen, insbesondere mit dem wirtschaftspolitischen Ausschuß, wurde angestrebt. Als erste Fragen wollte man das Rückerstattungsgesetz und das Reichsleistungsgesetz angehen, zu beiden lagen Entwürfe vor.

Im Zusammenhang mit dem vom Deutschen Gewerkschaftsbund vorgelegten Entwurf eines Wirtschaftskammergesetzes beschäftigte sich der Unterausschuß für Verfassungsfragen gemeinsam mit dem Rechts-Ausschuß mit der Problematik eines paritätisch zusammengesetzten Landeswirtschaftsrates, der in der zukünftigen Landesverfassung verankert werden sollte. Dieser Kölner Vorschlag eines beratenden Gremiums wurde von den übrigen Kammern des Landes gutgeheißen und dem Ministerpräsidenten des Landes vorgeschlagen.[123] Die beiden Ausschüsse waren auch befaßt mit den Fragen der künftigen Landesverfassung von NRW, insbesondere mit den Inhalten, die für die Wirtschaft von Bedeutung waren. 16 Grundsätze wurden Ende 1947 der Vereinigung der Industrie- und Handelskammern des Landes Nordrhein-Westfalen zur weiteren Diskussion zugeleitet.[124]

3.2.7 Steuern

Der Leiter der Steuerabteilung der IHK zu Köln, Reg.-Rat a.D. Heinrich Oelrichs, kennzeichnete die Tätigkeit der Abteilung Mitte 1948 dadurch, daß sie ohne weiteres die Bearbeitung allgemeiner Steuerfragen auch für weitere Kammern mitübernehmen könne.[125] Er begründete dies damit, daß die gutachterliche Tätigkeit gegenüber den Finanzbehörden verhältnismäßig gering sei. Diese seien überlastet mit den ständig wechselnden und sehr komplizierten Bestimmungen. Da die Finanzgerichtsbarkeit noch fehle, schlösse die Finanzverwaltung mit den großen Firmen Kompromisse hinsichtlich der Heranziehung. Eine einzelgutachtliche Tätigkeit der Kammer erübrige sich dabei, eine Änderung sei erst mit der Stabilisierung des Steuerrechts und der Wiedereinführung der Finanzgerichte zu erwarten. Umfangreiche und voraussichtlich noch lange andauernde Aufgaben seien dagegen auf dem Gebiet der Steuerreform – vor allem im Rahmen der Arbeiten der beiden Kammervereinigungen (NRW und Bizone) – zu leisten. Hier stehe man, so Oelrichs, im „ständigen Konnex mit der Wissenschaft (Prof. Dr. Bühler) und der Finanzverwaltung".[126]

Bereits zu Anfang des Jahres 1946 bestand bei der Kölner Kammer ein provisorischer Steuer-Ausschuß, der vom damaligen Doppelgeschäftsführer Dr. Fritz Rüther (Verkehr und Recht) geleitet wurde. Zu der kleinen Gruppe anerkannter Steuerspezialisten, die von Anfang an sehr eng mit dem Institut für Steuerrecht der Universität zu Köln zusammenarbeiteten, gehörten u.a. Dr. Paul Schmitz-Sinn (*Westdeutsche Handelsgesellschaft AG*) und Dr. Peter Pannhuysen (*Stollwerck AG*). Eines der ersten Besprechungsthemen war die neue Finanzgesetzgebung des Kontrollrats, durch die vor allem die Einkommen- und Lohnsteuer ab 1. Januar 1946 drastisch erhöht und bisherige Vergünstigungen rigoros zurückgeführt wurden. Der Ausschuß beklagte z.B., daß die progressive Steigerung der Einkommensteuer leistungshemmend sei, denn es mache für das Nettoeinkommen nun keinen Unterschied mehr, ob man 24 000 RM, 60 000 RM oder 100 000 RM verdiene.[127] Bereits im Sommer 1946 waren Geschäftsführer Dr. Rüther und Prof. Dr. Bühler federführend beteiligt an der Ausarbeitung einer Steuerdenkschrift der Kammervereinigung der Nord-Rheinprovinz.[128]

Die durch die Kammerwahlen im April 1947 notwendig gewordene Neugründung des Steuer-Ausschusses fand am 10. Juli 1947 statt, Vorsitzender wurde Friedrich Sünner. Erste Besprechungsthemen dieses Gremiums waren die Wiederherstellung des Umsatzsteuerseehafenprivilegs für die niederrheinischen Häfen, die steuerlichen Auswirkungen der Dekartellisierungsgesetzgebung und alle im Zusammenhang mit der Währungsreform auftretenden Probleme, z.B. Bilanzierungsfragen.

3.2.8 Geld- und Kreditwesen/Versicherungswirtschaft/Börsen

In den Erinnerungen von Hauptgeschäftsführer Dr. Hilgermann taucht häufig der Begriff der „Benachteiligung" der Stadt Köln in der unmittelbaren Nachkriegszeit auf.[129] Bei der Zuteilung von Nahrungsmitteln, Textilien, Kraftwagen, Benzin und Reifen durch die Provinzialregierung war ein Mißverhältnis entstanden, weil die Kontingente nach der Einwohnerzahl berechnet wurden und weder der hohe Zerstörungsgrad der Stadt noch die starke Rückwanderung kalkuliert worden waren. Aber auch hinsichtlich der Berücksichtigung Kölns als ehemaliges Verwaltungs- und Wirtschaftszentrum war Hilgermann äußerst unzufrieden. Köln „war anscheinend abgeschrieben", so Hilgermann, „man wollte es nur noch beerben. Nachbarstädte kämpften um die Reichsbankhauptstelle, um die Post- und Eisenbahndirektion, um die internationale Paketumschlagstelle, um den Weinkommissar, um die Produkten- und Warenbörse, um den Sitz von Versicherungsgesellschaften."[130] Auch Dr. Pferdmenges habe eine Vision von der Zukunft der Stadt als Finanzzentrum gehabt. Ihm und seinem Mitstreiter Karl Haus sei es zu verdanken, daß eine Reihe von bedeutenden Versicherungsgesellschaften nach ihrer Verdrängung aus Mittel- und Ostdeutschland sich in Köln niedergelassen hätten. Außerdem werde Köln als bedeutender Sitz von Hypothekenbanken durch die Ansiedlung der *Deutschen Centralbodenkredit-AG* weiter gestärkt. Dr. Paul Gülker beschreibt in seiner Rückblende auf den Wiederanfang der Kölner Versicherungswirtschaft, daß die in Köln ansässigen Versicherer bereits Ende 1945 wieder eine Prämieneinnahme von 170 695 000 RM hatten.[131] Zu den 21 alteingesessenen Versicherungsunternehmen kamen seit 1945 14 Versicherer von auswärts hinzu, dazu gehörten so klangvolle Unternehmen wie die *Magdeburger Lebensversicherungs-Gesellschaft*, die *Nordstern (*Allgemeine, Leben und Rück), die *Schlesische Feuerversicherungs-Gesellschaft* und die *Vaterländische Feuer-Versicherungs-Societät aG*.

Der verlorene Kampf um die Landeszentralbank gehörte nach Hilgermann in jene Kategorie von Niederlagen Kölns, für die es keine vernünftigen Gründe gab. Köln besaß vor dem Krieg die einzige

Reichsbankhauptstelle der alten Rheinprovinz, die Bankumsätze hatten in Köln stets Spitzenplätze errungen. Ausschlaggebend für die Wahl der Landeshauptstadt Düsseldorf als neuer Sitz der LZB war nach Meinung von Hilgermann der Einfluß von Karl Arnold und Landtagspräsident Josef Gockeln, der auch Oberbürgermeister von Düsseldorf war.

Erfolgreich verliefen hingegen die Bemühungen um den Wiederaufbau der Kölner Börse. Die Produkten- und Warenbörse konnte bereits im August 1947 „nach Überwindung von technischen Schwierigkeiten" in einem eigens hergerichteten und ausgestalteten Saal (Unter Sachsenhausen 37) eröffnet werden.[132] Der Börsen-Ausschuß war vor allem mit der Aufgabe betraut, die entsprechend notwendigen Börsenbestimmungen zu erarbeiten. Mit der Erweiterung der Börse um die Bereiche Immobilien und Hypotheken im November 1947 war die Kölner Produktenbörse schließlich die einzige staatlich anerkannte Börse im britischen Besatzungsgebiet, auf die die Vorschriften des Börsengesetzes Anwendung fanden. Zur feierlichen Eröffnung der Immobilien- und Hypothekenbörse am 26. November 1947 stellte der Vorsitzende des Börsen-Ausschusses, Robert Esser, den neuen Leiter der Börsenabteilung, Herrn Driller, vor. Bei dieser Veranstaltung war auch der Vorsitzende des Fachverbandes der Makler, Verwalter und Vertreter im Grundstücks- und Bausparwesen, Günter Gaul, zugegen. Er brachte zum Ausdruck, „daß es die besondere Aufgabe der an der Börse zusammengeschlossenen Kreise der Maklerschaft sein werde, für eine einwandfreie und makellose Abwicklung des Geschäftsverkehrs Sorge zu tragen und in dieser Weise mit allen Mitteln zur Hebung des Berufsstandes beizutragen."[133]

Der Börsen-Ausschuß hatte auch eine Schiedsgerichtsordnung verabschiedet, man war bestrebt, diese für ganz Nordrhein-Westfalen einheitlich zu gestalten. Der Ausschuß übte mehr oder weniger in Gemeinschaft mit der Kammer die nach der Börsenordnung vorgesehene Verwaltungs- und Aufsichtstätigkeit aus, die der Kammer von der Landesregierung übertragen wurde. Die eigentliche Börsenarbeit sollte von den gewählten Börsenorganen (Börsenvorstand, Notierungsausschüsse, Schiedsgericht, Ehrengericht) durchgeführt werden. Es gab zwar vehemente Bemühungen um eine Wertpapierbörse in Köln, sie blieben aber letztlich erfolglos. 1948 wurde bei der Kölner Börse ein Maklerbüro ins Leben gerufen, von dem aus die Kölner Banken telefonisch den geschäftlichen Verkehr mit der Rheinisch-Westfälischen Börse in Düsseldorf abwickeln konnten. Es wurde allerdings bereits ein Jahr später wieder geschlossen, und die Telefonverbindung nach Düsseldorf wurde eingezogen.[134]

3.2.9 Berufsausbildung

Ende 1946, so wird im Bericht über die Arbeit der Berufsausbildungsabteilung wiedergegeben, waren die vielfältigen gesetzlich vorgeschriebenen und freiwillig übernommenen Aufgabengebiete des Ausbildungs- und Prüfungswesens in ihrem vollen Ausmaß in die Kammerarbeit integriert.[135] Im Vordergrund standen dabei die Stellungnahmen zu den bei den Arbeitsämtern eingehenden Anträgen auf Zuweisung von kaufmännischen und gewerblichen Lehr- und Anlernlingen. Die Stellungnahmen wurden unter Berücksichtigung der betrieblichen und fachlichen Eignung des Ausbildungsbetriebes in Verbindung mit den Fachverbänden erstellt. Die Führung der Lehrlingsrolle war mit einem relativ großen Verwaltungsaufwand verbunden, denn vor der Eintragung mußte eine Prüfung der Lehrverträge auf ihre Ordnungsmäßigkeit hin erfolgen.

Bei den durchgeführten Lehrabschlußprüfungen kam es zunächst darauf an, solchen Lehrlingen eine Möglichkeit zur Prüfung zu geben, die zwar schon ihre Lehrzeit hinter sich gebracht, bislang aber aufgrund der Kriegswirren noch keine Prüfung abgelegt hatten. Mit den Vorbereitungen und der Durchführung der zweimal im Jahr stattfindenden Prüfungen war ein großer bürokratischer Aufwand verbunden. Bei der Durchführung der Prüfungen von Lehrlingen des nichttechnischen

Dienstes der Privatbahnen des Landes NRW, der Bilanzbuchhalterprüfungen und der Prüfung von Stenographen und Stenotypisten waren ebenfalls schon erste Erfahrungen gesammelt worden. Dies galt auch hinsichtlich der ersten Kurse zur Vorbereitung auf die Lehrmeisterprüfungen im graphischen Gewerbe.

Der Berufsschulunterricht stellte zunächst eines der vordringlichsten Probleme dar, vor allem fehlte es an geeigneten Unterrichtsräumen. Zusammen mit der Handwerkskammer richtete man Appelle an die Wirtschaft, bei der Suche nach verwendbaren Räumlichkeiten zur Unterrichtung der Lehrlinge zu helfen. Da diesem Mangel aber bei der steigenden Anzahl von Ausbildungswilligen schließlich nicht entsprechend begegnet werden konnte, entschloß sich die Kammer zur Erhebung einer nicht unumstrittenen Sonderumlage bei allen ausbildenden Betrieben, um damit den Berufsschulwiederaufbau gemeinsam mit der Stadt Köln zu finanzieren. Besonders aktiv war in dieser Hinsicht der Vorsitzende des im Sommer 1947 gegründeten Berufsausbildungs- und Prüfungs-Ausschusses, Christian H. Bachschuster.

3.2.10 Rheinisch-Westfälisches Wirtschaftsarchiv zu Köln

Das Rheinisch-Westfälische Wirtschaftsarchiv (RWWA) hatte gleichsam mit anderen Abteilungen der ehemaligen Kölner Kammer zunächst seine Arbeit eingestellt. Die Bibliothek des Archivs war zusammen mit der Kammerbibliothek 1942 nach Ehreshoven in das dortige Schloß evakuiert worden. Ein Teil der Akten befand sich ebenfalls auf Schloß Ehreshoven. Dr. Hans Riepen, der 1948 zum kommissarischen Leiter des Rheinisch-Westfälischen Wirtschaftsarchivs ernannt worden war[136], hatte laut Hilgermanns Erinnerungen bereits in den ersten Nachkriegsmonaten nach diesen Akten geforscht und einiges Material auch aus dem Keller des völlig zerstörten Kammergebäudes „ausgebuddelt".[137] Fündig wurde man auch in den Trümmern des teilweise zerstörten Stadtarchivs, in dessen Magazinen allerdings große Teile des historischen Aktenmaterials des RWWA durch Bomben vernichtet wurden.

Prof. Dr. Bruno Kuske, von 1920 bis 1933 wissenschaftlicher Leiter des RWWA, war einer der Befürworter der Wiedereinrichtung des Wirtschaftsarchivs. Er blieb auch nach seiner Emeritierung 1951 dem Archiv und der Kammer durch Mitarbeit an verschiedenen wissenschaftlichen Projekten verbunden.

II WIRTSCHAFTLICHER WIEDERAUFSTIEG DURCH SOZIALE MARKTWIRTSCHAFT – DIE IHK ZU KÖLN ALS VERLÄSSLICHER PARTNER

1 SOUVERÄNES KAMMERRECHT

1.1 DAS NORDRHEIN-WESTFÄLISCHE WIRTSCHAFTSKAMMERGESETZ

Als die Gefahr einer paritätischen Umgestaltung der Industrie- und Handelskammern durch Errichtung der „Bizone" und durch den Einfluß der amerikanischen Richtlinienpolitik längst gebannt schien, bahnte sich für die nordrhein-westfälischen Kammern mit dem sogenannten Wirtschaftskammergesetz, das am 28. April 1948 von der SPD-Fraktion im Düsseldorfer Landtag eingebracht wurde, eine neue, sehr ernstzunehmende Gefahr an. Solange keine zentrale politische Legislative sich mit einer gesetzlichen Regelung der Selbstverwaltung der Wirtschaft befaßte, waren die Länderparlamente befugt, sich mit solchen Gesetzen auseinanderzusetzen.

Erstaunlich an der Gesetzesinitiative war, daß der Entwurf[138], der in allen wesentlichen Punkten mit dem DGB-Entwurf übereinstimmte und der auf der Grundlage des „Rosenberg-Planes"[139] des Jahres 1947 erarbeitet wurde, zu einem Zeitpunkt eingebracht wurde, als bereits viele Anzeichen gegen eine wirtschaftsdemokratische Ordnung in der Wirtschaft sprachen. Der Wirtschaftskammerentwurf sah vor, daß sich die Vollversammlung je zur Hälfte aus Vertretern der Wirtschafts- und Innungsverbände und Vertretern der Gewerkschaften zusammensetzte. Diese Entsendungskörperschaften sollten die Mitglieder namentlich berufen.

Die Beratungen des Gesetzentwurfs im Wirtschaftsausschuß, die sich fast über ein ganzes Jahr hinzogen, verliefen hinsichtlich vieler Einzelfragen, aber auch bezüglich einiger Grundpositionen – etwa der Frage, ob die Wirtschaftskammer neben den bisherigen Körperschaften bestehen bleiben könne, oder der Frage, ob sie Körperschaft öffentlichen Rechts sein sollte –, derart kontrovers, daß schließlich keine Einigung zwischen den Fraktionen erzielt werden konnte. Die Vereinigung der Industrie- und Handelskammern des Landes Nordrhein-Westfalen war lange Zeit nicht in das Gesetzgebungsverfahren eingebunden, und der Vorstand derselben hatte sich der Illusion hingegeben, daß bei dieser Sache überhaupt nichts herauskommen werde.[140] Gegenüber besorgten Stimmen aus verschiedenen Kammern wurde geantwortet, daß die Kammerfrage in NRW ein Konglomerat von politischen Machtbestrebungen, Illusionen, gutem Willen und Unzulänglichkeiten sei, und daß aufgrund der dilettantischen und widersprüchlichen Arbeit des Wirtschaftsausschusses die Hoffnung berechtigt sei, daß sich die Dinge in absehbarer Zeit an ihrer eigenen inneren Verkrampfung und Unausgeglichenheit totliefen.[141] Aufgrund der massiven Kritik einiger Kammern gegen die zu „sanfte" Gegenwehr erwirkte die Kammervereinigung durch einen energischen Vorstoß bei Ministerpräsident Karl Arnold (CDU) und Wirtschaftsminister Prof. Dr. Erik Nölting (SPD) die Bildung einer Unterkommission, in der der Entwurf gemeinsam mit den Gewerkschaften weiterentwickelt werden sollte. Hier kam es dann zur Konfrontation, die mit einem Eklat seitens der Gewerkschaften endete.

Innerhalb der Kammervereinigung gab es über das taktische Verhalten in der Frage, ob Arbeitnehmer an der Kammerarbeit zu beteiligen seien, heftige Auseinandersetzungen. Die Schwierigkeit bestand darin, alle 20 Kammern darauf einzuschwören, daß es in dieser Frage keine Kompromisse geben durfte.[142] Vorsitzender Wilhelm Vorwerk nahm am 31. Mai 1949 die Gelegenheit wahr, die Ablehnung der Kammern gegenüber den Gesetzesvorhaben (inzwischen lagen drei verschiedene Entwürfe auf dem Tisch) vor dem Wirtschaftsausschuß des Landtags zu begründen. Aufgrund seiner klaren Absage bezüglich der Zuständigkeit der Landesgesetzgebung in dieser Frage und seiner Aussage, daß sich die bezirkliche Ebene nicht für eine wirtschaftspolitische Auseinandersetzung eigne, geriet er unter heftigen Beschuß seitens einiger Ausschußmitglieder. Insgesamt wurde den Kammern vorgeworfen – auch von Politikern der bürgerlichen Parteien –, daß sie es nicht ernst meinten mit der Beteuerung, sie wollten die Arbeitnehmer an der Gestaltung der Wirtschaft beteiligen.

Als das Wirtschaftskammergesetz, das auf einem politischen Kompromiß zwischen den beiden stärksten Fraktionen (CDU und SPD) basierte, am 12. Juli 1949 im Landtag verabschiedet wurde, war im Prinzip keine der beteiligten Parteien, ebensowenig die Gewerkschaften und die Kammern, von diesem Gesetz überzeugt. Allerdings hatten sich die Zeichen dafür gemehrt – schon während der Verhandlungen –, daß die alliierten Behörden dieses Gesetz nicht genehmigen würden.[143] Letztlich hing die Zukunft der Industrie- und Handelskammern bis zur Ablehnung des Gesetzes durch den Regional Governmental Officer A.A. MacDonald (4. Oktober 1949) an einem sehr dünnen Faden, ohne daß es den Kammern in jeder Konsequenz bewußt war. MacDonald hatte Karl Arnold lapidar mitgeteilt: „As a result of the discussions which took place in Berlin, it was decided that the law was contrary to Anglo-American policy, that a decision on this matter should be made by the Federal Government."[144]

1.2 DAS (VORLÄUFIGE) KAMMERGESETZ VON 1956

Nach Gründung der Bundesrepublik Deutschland war der DIHT darum bemüht, gemeinsam mit dem Bundeswirtschaftsministerium (BWM) über die Initiative eines Kammergesetzes zu verhandeln, das der nach wie vor herrschenden Rechtsunsicherheit ein Ende setzen sollte. Es stellte sich allerdings sehr bald heraus, daß die Kammerfrage im Zusammenhang mit der nun auf Bundesebene einsetzenden Diskussion über die überbetriebliche Mitbestimmung (Bundeswirtschaftsrat) abermals zu einer Auseinandersetzung mit den Gewerkschaften führte. Es war nicht leicht, Wirtschaftsminister Prof. Ludwig Erhard davon zu überzeugen, daß die Kammern als Körperschaften öffentlichen Rechts ohne Beteiligung von Arbeitnehmern gesetzlich abgesichert werden mußten.

Als 1955 aufgrund von weiteren Gesetzesinitiativen auf Länderebene (z.B. Hessen) zur separaten Regelung des Handelskammerrechts die Lage für die Kammern schwieriger wurde, unternahm der DIHT einen Vorstoß in Richtung eines Initiativantrags über Abgeordnete der CDU. Erhard stimmte nach längerer Überzeugungsarbeit des DIHT einer „anonymen" Mitarbeit seines Ministeriums zu. Somit war der Weg frei zur Bearbeitung eines DIHT-Entwurfs, der schon am 15. November 1955 anläßlich der Volltagung in Köln verabschiedet werden konnte (Kölner Beschlüsse).[145] Die Kammerrechtskommission des DIHT überarbeitete den Entwurf und am 14. Dezember 1955 wurde er im Parlament eingebracht.[146] In der zweiten Lesung im Ausschuß für Wirtschaftspolitik im Oktober 1956 wurde der Initiativantrag zum Gesetz zur vorläufigen Regelung des Rechts der Industrie- und Handelskammern, womit man zum Ausdruck bringen wollte, daß es sich zunächst nur um den Versuch einer Beseitigung der Rechtszersplitterung bei den Handelskammern handeln sollte. Man wollte die Frage der überbetrieblichen Mitbestimmung einer späteren Klärung vorbehalten.

In dem am 18. Dezember 1956 erlassenen Gesetz[147] sind drei bewährte Grundprinzipien verankert: die Rechtseinheit, die Pflichtmitgliedschaft im Sinne der öffentlich-rechtlichen Zugehörigkeit und der Selbstverwaltungsstatus mit Rechtsaufsicht durch die oberste Landesbehörde.[148] Abgesehen von der Anerkennung der Arbeitnehmerinteressen im Bereich der Berufsbildung – paritätisch besetzte

Berufsbildungsausschüsse wurden verankert – blieben gewerkschaftliche Forderungen nach einer Beteiligung unerfüllt.[149] „Gemäß § 1 IHKG von 1956 haben die Industrie- und Handelskammern die Aufgabe, das Gesamtinteresse ihrer Mitglieder zu vertreten, Interessen einzelner Mitglieder oder Branchen zu einer einheitlichen Meinung zu bündeln, abzuwägen, Gegensätze auszugleichen. Durch Eingaben, Vorschläge, Gutachten und Berichte sollen die Kammern als Rathäuser der Wirtschaft Behörden, örtliche und obere Verwaltungsinstanzen sowie Parlamente beraten und unterstützen."[150]

Gem. § 2 IHKG gehören zur IHK natürliche Personen, Handelsgesellschaften und juristische Personen des privaten wie öffentlichen Rechts, die im Kammerbezirk eine Niederlassung oder eine Betriebsstätte unterhalten und im Handelsregister eingetragen sind. Die Finanzierung (§ 3) sollte über die Erhebung von Beiträgen erfolgen, wobei diese sich in feste Grundbeiträge und Umlagen auf der Basis des Gewerbesteuermeßbetrages aufgliederten, ausgenommen waren hier die kammerzugehörigen Kleingewerbetreibenden, die keine Umlage und den halben Grundbeitrag zu zahlen hatten.

1.3 DAS IHK-GESETZ DES LANDES NRW VON 1957

In § 11 IHKG war die Rechtsaufsicht über die Kammern geregelt, die Aufsicht des Landes erstreckte sich demnach lediglich auf die Einhaltung der für die Industrie- und Handelskammern geltenden Rechtsvorschriften (einschließlich Satzung, Wahl-, Beitrags-, Sonderbeitrags- und Gebührenordnung). Genehmigungspflicht bestand für die Beschlüsse der Vollversammlung über die oben genannten Ordnungen und für einen Beitragsmaßstab, der zehn vom Hundert der Gewerbesteuermeßbeträge überstieg. Gem. § 12 IHKG konnten durch Landesrecht ergänzende Vorschriften erlassen werden, die sich u.a. auf die Kammerbezirke, die Aufsichtsmittel und die Grundsätze über die Rechnungslegung und -prüfung bezogen.

In Nordrhein-Westfalen wurde das Gesetz über die Industrie- und Handelskammern im Lande NRW am 23. Juli 1957 verkündet.[151] Es war damit das erste Land in der Bundesrepublik, das eine landesgesetzliche Regelung vornahm. In den §§ 1 u. 2 IHKG war die Frage der Aufsichtsbehörde geregelt. Der Minister für Wirtschaft und Verkehr war demnach ermächtigt, die Kammern zu errichten bzw. aufzulösen oder deren Bezirke zu ändern. Bei Mißachtung der Rechtsvorschriften durch eine Kammer war er nach entsprechender Vorankündigung befugt, die Vollversammlung aufzulösen. Der Minister für Wirtschaft und Verkehr war gem. § 5 IHKG auch zuständig für die Bestellung der in die Ausschüsse für Berufsausbildung (§ 8 Bundesgesetz) zu entsendenden Arbeitnehmervertreter sowie für deren Abberufung. Mit dem Inkrafttreten dieses Gesetzes wurde gleichzeitig das preußische Gesetz über die Handelskammern von 1870/1897 bzw. 1924 aufgehoben.

2 INNERE ENTWICKLUNG

2.1 KAMMERORGANE UND GREMIEN

2.1.1 Vollversammlung – Wahlen

Bis zum Jahre 1957 ergaben sich hinsichtlich der Wahlen zur Mitgliederversammlung keine Veränderungen. Durch das Ende 1956 im Bundestag verabschiedete Kammergesetz und das NRW-Gesetz wurden Neuwahlen erforderlich. Diese wurden Ende 1957 ausgeschrieben, und der Wahlgang wurde auf den 25. Januar 1958 festgelegt. Wiederum war aufgrund der eingegangenen Wahlvorschläge eine Abstimmung nicht erforderlich. Die noch amtierende Mitgliederversammlung der IHK zu Köln hatte am 14. Juni 1957 eine neue Satzung sowie eine Wahl- und Beitragsordnung verabschiedet, die am 6. November 1957 vom Minister für Wirtschaft und Verkehr des Landes NRW genehmigt worden war. Nunmehr verwendete man auch wieder die Bezeichnung Vollversammlung statt Mitgliederversammlung.

Die Wahlordnung der IHK zu Köln enthielt u.a. Veränderungen bezüglich der Wahlgruppen.[152] Die jetzt vorgeschriebene Berücksichtigung der umlagebefreiten Kammerzugehörigen gab dazu Anlaß, die Zahl der Vollversammlungsmitglieder auf 93 zu erhöhen, wobei sogar die drei großen Wahlgruppen zugunsten der umlagebefreiten Kaufleute, die jetzt vier Sitze beanspruchten, je eine Stimme abgeben mußten.[153] Die Zahl der Wahlbezirke betrug nun fünf. Im Wahlbezirk I (Köln Stadt) waren zunächst die drei Wahlgruppen Industrie, Großhandel/Verkehr und Einzelhandel wählbar, deren Stimmenanzahl 21, 23 bzw. zehn betrugen. Im Wahlbezirk II (Landkreise Köln und Bergheim) waren die Wahlgruppen Großhandel/Verkehr und Einzelhandel mit je einem Kandidaten vertreten sowie die Wahlgruppe Industrie. Auf den Wahlbezirk IIa (Landkreis Köln) entfielen dabei acht und auf den Wahlkreis IIb (Landkreis Bergheim) zwei Mitglieder. Dem Wahlbezirk III (Oberbergischer Kreis) waren in der Industrie vier und im Groß- sowie Einzelhandel je eine Stimme zugebilligt worden. Im Rheinisch-Bergischen Kreis (Wahlbezirk IV) entfielen ebenfalls vier Stimmen auf die Industrie und je eine auf Groß- bzw. Einzelhandel. Der Wahlbezirk V (gesamter Kammerbezirk) war insofern eine Besonderheit, als in ihm neben den zwei neu gebildeten Wahlgruppen Banken/Versicherungen (acht Mitglieder) sowie Vertreter- und Vermittlergewerbe (drei Mitglieder) nun auch drei Wahlgruppen umlagebefreiter Kammerzugehöriger vertreten waren. Je ein Mitglied gehörte zu der Gruppe der Hersteller und der Großhändler, zwei Mitglieder zu der Wahlgruppe der umlagebefreiten Kammerzugehörigen aus dem Einzelhandel und den übrigen Gewerbetreibenden. Insgesamt entfielen damit auf die Wahlgruppe Industrie 39, den Großhandel (incl. Verkehr, Verlage, Auskunfteien) 26, den Einzelhandel (incl. Hotel- u. Gaststättengewerbe, Garagen, Tankstellen, Bestatter, Theater, Kinos, Privatschulen) 13, die Banken und Versicherungen (incl. Treuhand- u. Inkassounternehmen) acht, das Vertreter- und Vermittlergewerbe drei und die umlagebefreiten Kammerzugehörigen vier Mitglieder.

Die konstituierende Sitzung der Vollversammlung fand am 6. März 1958 statt, anläßlich derer die neuen Mitglieder durch den neu gewählten Präsidenten, Eugen Gottlieb von Langen, per Handschlag verpflichtet wurden. Die Ergänzungswahlen wurden weiterhin im Zweijahresrhythmus vorgenommen, wobei die Wahlordnung in § 1 Abs. 2 bestimmte, daß jeweils ein Drittel der Mitglieder, ermittelt durch Losentscheid, auszuscheiden hatte. Ersatzwahlen waren gemäß § 1 Abs. 3 der Wahlordnung zusammen mit der nächsten Ergänzungswahl durchzuführen, konnten aber auch vorgezogen werden. Hinsichtlich der Wahlordnung wurde zunächst keine Veränderung beschlossen, sieht man einmal von der „Anlage zur Wahlordnung (§ 7)" ab, die 1962 zur Ergänzung eingeführt wurde. Hier wurde fixiert, nach welchem Zeitplan wie viele Mitglieder in der jeweiligen Wahlgruppe auszuscheiden hatten.[154]

2.1.2 Satzung

Aufgrund der gesetzlichen Regelungen des Jahres 1956 verabschiedete die IHK zu Köln bereits im Mai 1957 einen neuen Satzungsentwurf. Anläßlich der Diskussion über einzelne Paragraphen der Satzung ging Präsident Franz Greiß besonders auf § 4 Abs. 4 ein.[155] Hier sei wiederum – wie auch in der alten Satzung – herausgestrichen worden, daß die Mitglieder der Vollversammlung verpflichtet seien, an den Sitzungen teilzunehmen.[156] In den vergangenen Jahren sei der Besuch der Vollversammlungen recht schwach gewesen, er schlage daher vor, daß man bei den Wahlvorschlägen für die kommende Neubesetzung der Vollversammlung darauf achte, daß nur Kandidaten aufgestellt würden, die auch teilnehmen könnten und wollten.

Der Umgang mit der alten Vereinbarung über das „geborene Mitglied" im Präsidium war in der Auseinandersetzung zwischen den Verantwortlichen der Nachkriegskammer und dem „Beirat der oberbergischen Wirtschaft" nicht unproblematisch. Die entsprechenden Regelungen der alten Satzung (§§ 14 und 15) standen im Widerspruch zum neuen Kammerrecht, die Satzung wäre mit denselben Formulierungen vom zuständigen Minister für Wirtschaft und Verkehr beanstandet worden. Mit dem Vorschlag, eine diesbezügliche Loyalitätserklärung zu Protokoll zu nehmen, fand Franz Greiß einen Ausweg aus dieser Zwickmühle. Die Erklärung lautete: „Die Vollversammlung der IHK zu Köln erklärt, daß sie im Rahmen der neuen gesetzlichen Bestimmungen über die Industrie- und Handelskammern die Vereinbarungen loyal erfüllen will, die mit der Wirtschaft des Oberbergischen Kreises getroffen worden sind. Diese Erklärung bezieht sich insbesondere auf die Wahl eines Vizepräsidenten der IHK zu Köln aus der Wirtschaft des Oberbergischen Kreises."[157]

Am 22. April 1960 beschlossen die Vollversammlungsmitglieder die Umstellung des Rechnungsjahres auf das Kalenderjahr, das bis dahin vom 1. April bis zum 31. März des folgenden Jahres gerechnet wurde. § 10 der Satzung wurde entsprechend verändert, gleichzeitig wurde auch festgehalten, daß sich durch die Änderung des Geschäfts- und Rechnungsjahres die Amtszeit der (gerade gewählten) Kammermitglieder um drei Monate verkürzte. Der Vollständigkeit halber sei hier noch angefügt, daß diese Satzungsänderung vom Minister für Wirtschaft und Verkehr beanstandet wurde und infolgedessen neugefaßt und beschlossen werden mußte. Das Wirtschaftsministerium verlangte, daß in §10 Abs. 1 der Satzung die Terminierung des Haushaltsjahres 1960 vom 1. April bis 31. Dezember 1960 aufgenommen wurde. Für die darauffolgenden Jahre war Absatz 1 (mit Wirkung zum 1. Januar 1961) wieder abzuändern. Als Satzungsergänzung wurde ein neuer § 11 aufgenommen. Aufgrund der jüngsten Rechtsprechung der Verwaltungsgerichte sei es anzuraten, so hatte Dr. Hilgermann in der Mitgliederversammlung argumentiert, eine Vorschrift über die Art der Veröffentlichung von Beschlüssen und Bekanntmachungen zu erlassen.[158] Die Vollversammlung faßte daraufhin einen entsprechenden Beschluß. Die Mitteilungen der IHK zu Köln wurden damit auch satzungsgemäß das Veröffentlichungsorgan der Kammer. Zu einer weiteren Korrektur der Satzung aufgrund von Unsicherheiten über den Rechtsstatus der Industrie- und Handelskammern kam es Ende 1962.[159] Hauptgeschäftsführer Helmut Rehker (seit 1. Januar 1962) hatte dazu die entsprechenden Vorschläge ausgearbeitet, es handelte sich hierbei aber nur um minimale Ergänzungen.

2.1.3 Das Präsidium

Interimspräsident Dr. Peco Bauwens, dessen Wahl zum neuen Präsidenten der IHK zu Köln 1947 sicherlich nur eine Formsache gewesen wäre, hatte schon im Vorfeld eine Kandidatur abgelehnt.[160] Er war stattdessen darum bemüht, Dr. Robert Pferdmenges zu überreden, sich wieder als Präsident zur Verfügung zu stellen. Dieser aber hatte lediglich seine Bereitschaft erklärt, das Präsidium in der Zonenvereinigung, das ihm noch offengehalten worden war, zu übernehmen. Dazu benötigte er aber eine Fundierung in seiner Heimatkammer, etwa durch eine Kooptierung in die Mitgliederversammlung und Wahl zum Ehrenpräsidenten. In der konstituierenden Mitgliederversammlung der Kölner Kammer am 5. Mai 1947 wurde schließlich Franz Greiß (*Glanzstoff-Courtaulds GmbH*) überraschend zur Wahl als Präsident vorgeschlagen. Dr. Bauwens hatte endgültig seinen Verzicht erklärt.

In geheimer schriftlicher Wahl wurde er zum ersten demokratisch gewählten Nachkriegspräsidenten bestellt. In seiner Antrittsrede betonte Franz Greiß, daß er trotz seiner Zugehörigkeit zur Industrie in seiner Amtszeit danach streben werde, die gemeinsamen Interessen und Belange der übrigen Gruppen genauso zu wahren, wie sie es selbst täten.[161] Er ging außerdem mit einigen Bemerkungen auf den Einfluß der Kammern auf die Wirtschaftspolitik ein, der seiner Meinung nach noch erheblich zu steigern sei. „Wenn darüber geklagt würde", so Greiß, „daß die bisherige Wirtschaftsform nicht in Ordnung gewesen sei, so müßten wir sorgen, daß nicht eine andere, sondern eine bessere Wirtschaftsform gefunden werde."[162] Die Aufgaben der Kammer in den folgenden Jahren seiner

Dr. h.c. Franz Greiß, Präsident der Industrie- und Handelskammer zu Köln 1947-1958

Amtszeit sah er in der Mitschaffung einer besseren Wirtschaftsordnung, die wirklich wirtschaftlich sei und so dem Unternehmer und dem Mitarbeiter gerecht werde.[163]

Bei der Wahl der Vizepräsidenten, deren Zahl gem. Satzung zwischen vier und sechs liegen konnte, verzichtete man auf Vorschlag von Präsident Greiß zunächst auf die Wahl eines sechsten Vizepräsidenten zugunsten von Robert Pferdmenges. Da er inzwischen als Mitglied kooptiert sei, könne er ggf. zugewählt werden.[164] Als Vizepräsidenten wurden gewählt: Gustav Bredt (*Pfeifer & Langen*), Robert Esser (*Ferd. Schroeder & Co.*), Egon Gerhard Malmedé (*Kölnische Mode- und Textil-Großhandlung GmbH*) und Josef Kirch (*Kirch & Taesch*). Außerdem war Arthur Sondermann (*Emil Wilh. Sondermann*) als Vertreter des Bezirks Gummersbach geborenes Mitglied des Präsidiums.

Franz Greiß

Dr. h.c. Franz Greiß[165] wurde am 22. April 1905 in Worringen geboren. Nach dem Besuch des Gymnasiums Hansaring absolvierte er bei der Firma *Schenker & Co.* eine dreieinhalbjährige Lehre und war anschließend zwei Jahre bei den *Farbenfabriken Bayer* in Dormagen beschäftigt. Parallel dazu studierte er in seiner Freizeit fünf Semester Betriebswirtschaft an der Universität zu Köln. Im Alter von 22 Jahren wechselte Greiß zur damaligen *Glanzstoff-Courtaulds GmbH* in Köln-Niehl, wo er bereits 1932 zum kaufmännischen Leiter berufen wurde. Besondere Verdienste hatte er sich durch eine Reorganisation des Rechnungswesens seines Werkes nach „Schmalenbachschen Grundsätzen" erworben. Nach dem Zusammenbruch 1945 wurde ihm die Geschäftsleitung des Unternehmens übertragen.

Franz Greiß setzte in seiner Amtszeit als Präsident (5. Mai 1947 bis 6. März 1958) hinsichtlich seiner Initiativen in regionalen, nationalen und internationalen Kammergremien besondere Maßstäbe. Dazu gehörten die Wiedererrichtung der Kölner Produkten- und Warenbörse und der Kölner Messe ebenso wie seine Beteiligung bei der Gründung der Union der Rheinkammern. Als Vorsitzender des Wasser- und Luftreinhaltungs-Ausschusses der IHK zu Köln war er besonders engagiert in Umweltfragen und hier vor allem hinsichtlich der Verbesserung der Wasserqualität des Rheins. Er war in dieser Funktion auch in entsprechenden Gremien der Union der Rheinkammern aktiv. 1952 war er einer der ersten europäischen Unternehmer, der auf dieses Problem mit seinen ernsten Konsequenzen für die Trinkwassergewinnung vieler europäischer Staaten hinwies. 1965 übernahm Franz Greiß das Amt des Vorsitzenden in der Rheinkammernunion von Dr. K.P. van der Mandele, der 1949 als Kammerpräsident von Rotterdam die Idee zu deren Gründung hatte. Nach seinem Ausscheiden 1969 wurde Greiß zum Ehrenvorsitzenden ernannt.

Der am 3. Juni 1995 verstorbene Dr. Franz Greiß war über seine engagierte Mitarbeit in der Selbstverwaltung der Wirtschaft hinaus – von 1960 bis 1970 war er wiederum als Vizepräsident Mitglied des Präsidiums der IHK zu Köln, hiernach ihr Ehrenpräsident – auf sehr vielen Ebenen gesellschafts- und wirtschaftspolitisch tätig. Er war als gläubiger Christ ein glühender Anhänger der katholischen Soziallehre und zählte Oswald von Nell-Breuning S.J. zu seinen persönlichen Freunden. Aus seinen zahlreichen Redebeiträgen, viel mehr aber noch aus seinen Korrespondenzen, die er bis ins hohe Alter zu Fragen der Wirtschaftspolitik mit Persönlichkeiten aus Politik, Wirtschaft und Medien führte, wird sein christlich-sozialer Ansatz deutlich.[166] Seine uneingeschränkte politische Sympathie galt den Verfechtern der Sozialen Marktwirtschaft, wozu in erster Linie Prof. Alfred Müller-Armack und Wirtschaftsminister Prof. Ludwig Erhard zählten. Die 1952 von ihm initiierte und bis zu ihrer Auflösung in den 1960er Jahren auch geleitete Gemeinschaft zur Förderung des sozialen Ausgleichs e.V. (Die Waage) war gegründet worden, um in breiten Kreisen der Bevölkerung das Verständnis für die Soziale Marktwirtschaft zu fördern. Mit finanziellen Mitteln der Industrie wurden entsprechende „Reklamefeldzüge" in Wochenschauen, Illustrierten und Tageszeitungen gestartet, in denen vor allem die Vorteile der Marktwirtschaft gegenüber planwirtschaftlichen Modellen herausgearbeitet wurden.[167]

Franz Greiß war auch im Verbandsbereich tätig, er war an der Gründung der Bundesvereinigung der Deutschen Arbeitgeberverbände (BDA) beteiligt und dort langjähriges Vorstandsmitglied. Die Ausschüsse „Eigentumsbildung" und „Familienlohn" wurden von ihm begründet und verantwortlich betreut. Außerdem war er Mitbegründer und Vorstandsmitglied des Arbeitgeberverbandes der chemischen Industrie, u.a. war er am ersten Spitzengespräch zwischen den Arbeitgeberverbänden und dem Deutschen Gewerkschaftsbund in Hattenheim zum Thema „Mitbestimmung" am 9. und 10. Januar 1950 beteiligt. Im Deutschen Industrie-Institut (später Institut der Deutschen Wirtschaft) war er stellvertretender Vorsitzender. Im Bund Katholischer Unternehmer (BKU), der 1949 von ihm mitgegründet wurde, war er von 1949 bis 1965 Vorsitzender. Die Universität zu Köln ernannte Greiß 1955 zum Ehrensenator, und zehn Jahre später ehrte ihn die Wirtschafts- und Sozialwissenschaftliche Fakultät der Kölner Universität für sein vielfältiges Engagement um die Wissenschaftsförderung mit der Verleihung der Doktorwürde ehrenhalber. Seine Initiativen erstreckten sich dabei auf das Institut für Wirtschaftspolitik, das von Müller-Armack geleitet wurde, – Greiß war dort Vorsitzender des Fördervereins –, und auf den Verein für Wirtschaftsrecht, den er 1948 mitgegründet hatte. Die Satzung des Vereins bestimmte, daß der jeweilige Präsident der IHK zu Köln den Vorsitz im Vorstand führte.

Bis ins hohe Alter hinein blieb Franz Greiß in vielen Gremien ehrenamtlich tätig, seine Ehrungen sind so zahlreich, daß sie hier kaum gewürdigt werden können. 1980 wurde ihm der Ehrenring der IHK zu Köln verliehen. Anläßlich der konstituierenden Vollversammlung der IHK zu Köln am 6. März 1958 nahm Franz Greiß noch einmal die Gelegenheit war, Aspekte seiner elfjährigen Amtszeit zu reflektieren.[168] Die wirtschaftliche Situation jener Tage, als er das Präsidentenamt übernommen habe, sei bekanntermaßen mehr als bescheiden gewesen. Der Unternehmer habe aber noch etliche Zeit hintan stehen müssen, da er in jener Zeit des sogenannten „Permit-Verfahrens" grundsätzlich zunächst verdächtig erschienen sei. Jeder habe von wirtschaftlichen Dingen gesprochen, und jeder habe geglaubt, davon etwas zu verstehen, nur der Unternehmer sei nicht zu Wort gekommen.[169] Er habe deshalb auch in der ersten öffentlichen Unternehmerversammlung am 12. Februar 1947 in der Kölner Uni seinen Vortrag („Der Unternehmer, Objekt der Wirtschaft") mit den Worten begonnen: „Gestatten Sie mir, etwas in Deutschland Unpopuläres und Unmodernes zu tun, nämlich als Wirtschaftler über wirtschaftliche Fragen zu sprechen."[170] Die Kölner IHK habe immer die Auffassung vertreten – und sei durch die nach 1948/49 ständig ansteigenden Wirtschaftsdaten bestätigt worden –, daß die Losung lauten müsse: Ankurbelung der Produktion, Abbau der Bewirtschaftung, Beseitigung von Versorgungsengpässen.

Als Eckpfeiler der Kammerarbeit seiner Amtszeit stellte Franz Greiß einige wichtige Aufgabenfelder vor. Dazu gehörten die Ansiedlung neuer Industrien (z.B. Mineralölindustrie), die Eingliederung von Flüchtlingen, gewerberechtliche Fragen im Handel, Verkaufszeiten, Werks- und Behördenhandel, unlauterer Wettbewerb, Zollfragen, Produkten- und Warenbörse, Verkehrsfragen (Rheinbrücken, Flughafen, Autobahnausbau, Elektrifizierung der Bundesbahn, Verkehrsplan der Stadt Köln), Steuerabbau, Finanzausgleich zwischen Bund und Ländern, Kartellgesetzgebung, DM-Eröffnungsbilanzgesetz, Berufsausbildungsfragen (Berufsschule, Schulwerkstätten für die Metallindustrie, Außenhandelsfachschule), Rheinisch-Westfälisches Wirtschaftsarchiv, Kammerneubau, Deutsch-Belgisch-Luxemburgische Handelskammer.

In der gleichen Sitzung erklärte Franz Greiß, daß er nicht mehr als Präsident zur Verfügung stehe. Unter der Leitung von Heinrich Pellenz wurden innerhalb der Wahlgruppe Industrie Eugen Gottlieb von Langen (*Pfeifer & Langen*) als Präsident und Carl-Alex Volmer (*Rheinische Aktiengesellschaft für Braunkohlenbergbau und Brikettfabrikation*) als Vizepräsident zur Wahl vorgeschlagen. Während alle anderen Wahlgruppen ihren Vorschlag zur Wahl eines Vizepräsidenten durchbrachten, scheiterten die Handelsvertreter mit ihrem Antrag, einen Vizepräsidenten zu stellen. Stattdessen wurden mit der Wahl von Heinrich Pellenz dessen Verdienste um die Kammer (als Leiter des Industrie-Ausschusses) honoriert. Neben ihm und Carl-Alex Volmer wurden als Vizepräsident gewählt: Hermann Dörrenberg (Oberberg), Konsul Karl Haus (Banken und Versicherungen), Josef Kirch (Einzelhandel) und Egon Gerhard Malmedé (Großhandel).

Nach der Vereidigung ging Präsident Eugen Gottlieb von Langen in seiner Antrittsrede mit einigen Bemerkungen auf die Tradition der Kölner Kammer ein und verwies darauf, daß zur Zeit der Präsidentschaft seines Großvaters Johann Jakob Langen (1848 bis 1856) die Wirtschaft vor ähnlichen Problemen gestanden habe. Die Probleme, die zwischen den Beitrittsländern zum Zollverein hätten gelöst werden müssen, seien am ehesten vergleichbar mit den gegenwärtig anstehenden Neuerungen des gemeinsamen Europäischen Marktes und der Schaffung einer Freihandelszone. Er versicherte den gewählten Wirtschaftsvertretern, daß er seine ganze Kraft zur Lösung der der Kammer gestellten Aufgaben einsetzen werde.

Eugen Gottlieb von Langen

Eugen Gottlieb von Langen, der seine Familie in der vierten Generation in der IHK zu Köln vertrat, wurde am 9. Mai 1896 in Köln geboren, sein Vater war Gottlieb von Langen (1858-1940), der älteste Sohn von Eugen Langen. Gottlieb Langen wurde 1907 in den erblichen preußischen Adelsstand erhoben und Fideikommißherr auf Burg Zieverich, Kreis Bergheim. Nach dem Abitur am Realgymnasium (Kreuzgasse) im Jahre 1914 begann Eugen Gottlieb von Langen zunächst ein Volontariat in der *Zuckerfabrik Elsdorf*, wurde aber schon kurz darauf zum Militärdienst einberufen. 1917 und 1918 zog er sich an der Westfront schwere Verletzungen zu. Im Frühjahr 1919 begann er ein Studium an der Technischen Hochschule Hannover, das er einige Zeit später an der Münchner TU fortsetzte. Nach mehreren Volontariaten und Praktika in verschiedenen Unternehmen trat er 1922 in das Unternehmen *Pfeifer & Langen* ein und wirkte zunächst in der *Zuckerfabrik Elsen* in Grevenbroich. Im Zuge der Umwandlung des Unternehmens in eine Aktiengesellschaft 1924 nahm er in der Kölner Hauptverwaltung neue Aufgaben wahr und wurde dort 1926 geschäftsführender Teilhaber und Vorstandsmitglied.

Seit 1923 hatte er im Verband der rheinischen Rohrzuckerfabriken den Vorsitz inne, 1928 begann seine Tätigkeit im Verein der Zuckerindustrie. Auch nach dem Zweiten Weltkrieg blieb er weiterhin im Verbandsbereich tätig, er gehörte z.B. 1949 zu den Mitbegründern der Wirtschaftsvereinigung Zucker e.V. in Bonn. Hier wurde er in den Gesamtvorstand gewählt, zeitweise war er auch Präsident des Comité Européen des Fabricants de Sucre. Besonders interessiert war von Langen am Ausbau der deutschen und internationalen Zuckerforschung, so war er Mitglied des Institut International de Recherches Betteravières in Tirlemont, Kuratoriumsmitglied des Max-Planck-Instituts für Züchtungsforschung und des Instituts für Zuckerrübenforschung Göttingen. Auf seine Initiativen hin wurden umfangreiche Forschungsarbeiten vor allem auf dem Gebiet der Schädlingsbekämpfung in Angriff genommen. Der Aufbau einer Außenstelle der Biologischen Forschungsanstalt Braunschweig in Elsdorf ist von ihm intensiv unterstützt worden.

Für sein umfangreiches ehrenamtliches Engagement im Bereich der Wirtschaft und der Wissenschaftsförderung, aber auch in karitativen Einrichtungen und in Stiftungen zur Förderung der Kunst erhielt Eugen Gottlieb von Langen zahlreiche Auszeichnungen. Die Industrie- und Handelskammer

Eugen Gottlieb von Langen, Präsident der Industrie- und Handelskammer zu Köln 1958-1966

zu Köln ehrte ihn im April 1966 nach seiner achtjährigen Amtszeit als Präsident durch die Wahl zum Ehrenpräsidenten. In seiner Retrospektive auf die vergangenen Jahre seiner Tätigkeit in der Kölner Kammer hob er einige der für ihn selbst wichtigen Aspekte seiner Amtszeit heraus.[171] Er betonte, daß bei seinem Amtsantritt im Jahre 1958 der überaus schwierige innere und äußere Aufbau der Kammer überwunden gewesen sein. Daß die Kölner Kammer in sich festgefügt sei und inzwischen wieder ein hohes Ansehen genieße, sei in erster Linie der Arbeit des Präsidiums um Franz Greiß und der Arbeit des Hauptamtes mit Dr. Bernhard Hilgermann an der Spitze zu verdanken. Franz Greiß habe ihm eine gut eingearbeitete Organisation übergeben, „deren Mitarbeiterstab in hervorragender Weise eingespielt" gewesen sei.[172] Im Gegensatz zu den schwierigen Jahren des Wiederaufbaus habe seine Amtsperiode in einer Zeit gelegen, in der die Wirtschaft eine ungewöhnlich günstige Entwicklung genommen habe.

In seinem Rechenschaftsbericht betonte der scheidende Präsident von Langen die Bedeutung der Bildung eines gemeinsamen europäischen Agrarmarktes, der insbesondere für die Waren- und Produktenbörse der IHK zu Köln von Bedeutung sei. Bislang seien für 85 % aller landwirtschaftlichen Produkte Marktordnungen erarbeitet worden. Da aber die Marktordnung für Zucker noch nicht geregelt sei, müsse er – entgegen seiner Wunschvorstellung – noch einige Zeit seiner ehrenamtlichen Tätigkeit in der Zuckerwirtschaft nachgehen.

Den Dank der Vollversammlung und der hauptamtlichen Mitarbeiter der IHK zu Köln stattete Alterspräsident Dr. Otto Brügelmann dem scheidenden Präsidenten ab.[173] Er ging besonders auf die persönlichen Verdienste des scheidenden Präsidenten ein. So habe er im Rahmen der Rheinisch-Westfälischen Börse zu Düsseldorf Kölner Interessen vertreten, er habe als stellvertretender Vorsitzender des Aufsichtsrates der *Messe- und Ausstellungs-GmbH* gewirkt und habe schließlich mit der Kölner Kammer dafür gestritten, daß die Eigenbetriebe der Stadt Köln in Aktiengesellschaften umgewandelt worden seien. Er habe durch den Ankauf der Bibliothek von Bruno Kuske einen wissenschaftlichen Schwerpunkt in der Kölner Kammer geschaffen. Den Wirtschaftsjunioren habe er die Mitarbeit in Kammergremien und auch in der Vollversammlung eröffnet. Schließlich habe er sich nicht nur persönlich verantwortlich für die tägliche Kammerarbeit gefühlt, sondern er habe sich auch großzügig und hilfsbereit für die Anliegen der Mitarbeiter eingesetzt. Von Langen starb am 4. Januar 1982.

2.1.4 Ausschüsse

Gemäß der Satzung der Kammer Köln stand das Recht zur Einrichtung von Ausschüssen der Vollversammlung zu. Sie waren als Gremien zu etablieren, die die Vollversammlung in bestimmten Tätigkeitsbereichen – etwa bei der Ausarbeitung von Stellungnahmen, Denkschriften, Gutachten für Behörden etc. – entlasten sollten. Dabei konnte die Vollversammlung die Ausschüsse, die in der Regel aus Mitgliedern zusammengesetzt wurden, auch durch Kooptation besonders sachverständiger Nichtmitglieder erweitern. Die Ausschüsse waren gem. § 5 (Satzung von 1957) jeweils für die Dauer der Amtszeit der Vollversammlung zu berufen, ebenfalls auf die Dauer von zwei Jahren waren die Mitglieder, die Ausschußvorsitzenden und deren Stellvertreter zu wählen.[174] Die Berufung der Ausschußmitglieder konnte die Vollversammlung auch dem Präsidium übertragen. Weitere Ausschüsse wurden bei auftretendem Bedarf eingerichtet, so 1949 der Sachverständigen-Ausschuß (Vors.: Dr. Leo Menne), der Insolvenz-Ausschuß (Vors.: Robert Esser), der Bau-Ausschuß (Neubau des IHK-Verwaltungsgebäudes), der Einzelhandels-Ausschuß, der Gewerbe-Ausschuß, der Versicherungs-Ausschuß und der Ausschuß für die Rhine-Development-Corporation. 1950 wurde der Verfassungsausschuß (ein Unterausschuß) aufgelöst und der Ausschuß für das Kreditwesen (notwendig geworden aufgrund des Beitritts der Sparkassen zur IHK) neu errichtet. 1951 kam der Stiftungs-Ausschuß für die Louis-Hagen-Stiftung hinzu.

Am 12. Juni 1950 wurde in der Mitgliederversammlung auf Vorschlag von Präsident Greiß der Beschluß gefaßt, die Ausschüsse alljährlich neu zu bilden bzw. deren Mitglieder zu wählen. In der Satzung war über die Dauer des jeweiligen Ausschusses keine Aussage getroffen worden. Der Präsident begründete seinen Vorschlag damit, daß die Arbeitsfähigkeit dieser Gremien gesichert werden müsse, offenbar hatte das Interesse an der Ausschußarbeit partiell nachgelassen. Um die Verbindung zwischen der Ausschußarbeit und den Kammermitgliedern noch enger zu gestalten, wurde ab Ende 1953 die regelmäßige Berichterstattung der einzelnen Ausschüsse über die wichtigsten Themen ihrer Arbeit gegenüber der Vollversammluung eingeführt.

Nachdem sich die Vollversammlung im Anschluß an die Neuwahlen des Jahres 1958 konstituiert hatte, wurden auch die Ausschüsse neu geordnet. Es gab jetzt zunächst 19 ständige Ausschüsse. Die Struktur der Ausschüsse blieb in dieser Form bis zum Ausscheiden von Präsident von Langen Ende 1965 erhalten, lediglich ein weiterer Ausschuß kam hinzu. Franz Greiß, der bereits den Vorsitz im Wasser-Ausschuß innehatte, stellte Anfang 1960 den Antrag zur Einrichtung eines Ausschusses für Luftreinhaltung. Dieser wurde ebenfalls von ihm geleitet. Nachzutragen bleibt, daß der Berufsausbildungs-Ausschuß (gem. § 8, Abs. 2 IHKG 1956) je zur Hälfte aus Mitgliedern bestand, die von der Vollversammlung bestimmt wurden. Die andere Hälfte des Ausschusses sollte aus Arbeitnehmern bestehen, die bei kammerzugehörigen Unternehmen beschäftigt waren. Vorschlagsberechtigt waren gem. Landeskammerrecht die im Kammerbezirk bestehenden Gewerkschaften sowie selbständige Vereinigungen von Arbeitnehmern mit sozial- oder berufspolitischer Zwecksetzung. Alle zwei Jahre waren der Vorsitzende und die zehn Mitglieder (Kammervertreter, gem. § 5 der Satzung der IHK zu Köln) des Berufsausbildungs-Ausschusses zu wählen, das Recht, diese Ausschußmitglieder zu berufen, konnte – anders als bei den beratenden Ausschüssen – nicht von der Vollversammlung an das Präsidium delegiert werden.

2.1.5 Geschäftsführung

Am 7. Dezember 1961 verabschiedete die Vollversammlung der IHK zu Köln Hauptgeschäftsführer Dr. Bernhard Hilgermann, der nach Erreichen der Altersgrenze aus dem aktiven Kammerdienst ausschied. Obwohl ihm das Angebot gemacht worden war, noch eine gewisse Zeit weiterzuarbeiten, hatte Hilgermann die für den öffentlichen Dienst geltende Altersgrenze aus Überzeugung beachtet.[175] In der Laudatio, die Präsident von Langen auf ihn hielt, wurden noch einmal die Stationen aufgezählt, die der Hauptgeschäftsführer mit „seiner" Kammer seit dem Zusammenbruch 1945 durchlaufen hatte. Von Langen bedankte sich im Namen der Wirtschaft des Kölner Kammerbezirks für die Aufbauarbeit, die Dr. Hilgermann mit großer Energie und Ausdauer zum Wohle des Standorts geleistet habe. Ganz besonders ging von Langen auf den Wiederaufbau des Kammergebäudes ein, der unzweifelhaft ohne Dr. Hilgermanns vorausschauende Ideen und weitreichende Planungen kaum zustande gekommen wäre. Das Gebäude mit seinem großzügigen Börsensaal und dem späteren Anbau sei zu einem echten Treffpunkt der Wirtschaft geworden, die vielen internationalen Veranstaltungen zeugten davon.[176]

Hilgermanns designierter Nachfolger als Hauptgeschäftsführer, Rechtsanwalt Helmut Rehker, würdigte die Leistung seines Mentors vor allem bezogen auf die tägliche Kammerarbeit. Er habe durch die Zuständigkeit für das wichtige und schwierige Gebiet der Banken und Versicherungen gezeigt, wie erfolgreiche Kammerarbeit betrieben werden könne.[177] Auch in dieser sachbezogenen Arbeit habe man die Kompetenz von Hauptgeschäftsführer Dr. Hilgermann überregional beachtet, so sei er auf diesem Gebiet für die nordrhein-westfälischen Kammern Federführer gewesen. Gleichermaßen habe er seine Fachkenntnisse im Kreditausschuß des DIHT einbringen können. Die Verwaltungspraxis der Kölner Kammer trage auf allen Gebieten seinen Stempel, auch wenn dies nicht immer deutlich sichtbar sei. Er sei in der täglichen Arbeit niemals in eine Routine ausgewichen, sondern habe stets das Problem in den Grundzügen bearbeitet. „Eine Kammer muß", so Rehker, „soweit es eben möglich ist, versuchen, die Entwicklung vorauszuahnen, damit zu dem Zeitpunkt, wo sich ein Problem drängend stellt, schon ein wesentlicher Teil der Arbeit geleistet worden ist, die zur Klärung und Lösung notwendig ist".[178]

Helmut Rehker würdigte das Betriebsklima unter Hilgermann als straff und zielorientiert, aber gleichsam Geborgenheit vermittelnd. Er bedankte sich persönlich dafür, daß er seit 1953 als engster Mitarbeiter des Hauptgeschäftsführers die Möglichkeit bekommen habe, sich in alle mit der Leitung einer Kammer verbundenen Aufgaben einzuarbeiten. Aufgrund einer Entscheidung des Haupt- und Verwaltungs-Ausschusses vom 24. März 1959 arbeitete er schon mehrere Jahre als präsumptiver Nachfolger in der Geschäftsführung. Am 27. April 1961 wurde er zum stellvertretenden Hauptgeschäftsführer ernannt. Wenige Monate später (7. Dezember 1961) wählte ihn die Vollversammlung als Nachfolger von Dr. Hilgermann.

Helmut Rehker schloß in seinen Dank an die Vollversammlung das Versprechen mit ein, daß er nicht versuchen werde, jetzt alles anders zu machen, sondern anstrebe, die Linie fortzusetzen.[179] Konkret ging Rehker auf die Stellung des Hauptgeschäftsführers ein, der durch den Gesetzgeber mit großer Verantwortung ausgestattet sei und die Kammer neben dem Präsidenten vertrete. Seine Aufgabe bestehe auch darin, zusammen mit dem Präsidenten darüber zu wachen, daß das Gesamtinteresse der einzelnen Gruppen gegeneinander abgewogen werde. Zum anderen sei er aber auch für die gesamte Geschäftsführung der Kammer verantwortlich und habe auch die Interessen der Mitarbeiter zu vertreten. Er fühle daher die Verpflichtung, „seinen Standpunkt klar und deutlich, ohne Umschweife darzulegen".[180] Die Vollversammlung habe über die Kammerarbeit bindende Beschlüsse zu fassen, daher habe sie auch den berechtigten Anspruch, von der Geschäftsführung genau unterrichtet zu werden.

Helmut Rehker, der als Mitglied des Rates der Stadt Köln kommunalpolitisch engagiert war, thematisierte in der gleichen Rede diese ehrenamtliche Nebentätigkeit gegenüber der Vollversammlung, indem er versprach, daß er diese Funktion nur insoweit ausüben werde, als dies mit seiner Stellung in der Kammer zeitlich vertretbar bleibe. Er verzichtete zunächst auf die Darlegung einer umfassenden Prognose für die Kammerarbeit der kommenden Monate und Jahre, deutete aber bereits während der ersten Vollversammlung nach seinem Amtsantritt Probleme im Bereich der Berufsbildungsarbeit an.

2.2 ZWEIGSTELLE OBERBERG – BERATENDE VERSAMMLUNG

Nachdem mit dem neuen Kammerrecht von Ende 1956 die starke Stellung des bisherigen „Beirats der oberbergischen Wirtschaft" suspendiert worden war, stellten die führenden Vertreter von Oberberg Überlegungen dazu an, in welcher Weise der Beirat weiterhin in die IHK zu Köln eingebunden werden konnte. Zunächst ging man davon aus, daß man durch eine leichte Korrektur der Satzung der Zweigstelle[181] und eine Umbenennung des „Beirates" in „Beratende Versammlung Oberberg" die bisherige Zusammenarbeit weiterbestehen lassen könne.

Wie bereits ausgeführt, ließen die neuen gesetzlichen Bestimmungen es nicht zu, daß ein Vizepräsident „geborenes Mitglied" im Präsidium der Kölner Kammer war. Nur der Vollversammlung stand das Recht zur Wahl eines Präsidiumsmitglieds zu, das außerdem nicht übertragbar war. Es war aber auch nicht möglich, neben der Satzung der IHK zu Köln für die Zweigstelle Oberberg eine eigene Satzung aufzustellen. 1958 machte Präsident Franz Greiß in einem Schreiben an die Zweigstelle deutlich, daß er es für richtig halte, wenn sich die Zweigstelle für die Erledigung der

Ehemaliges Gebäude der IHK-Zweigstelle in Gummersbach, Körnerstraße 33 (bis 1981)

ihr zufallenden Aufgaben eine Ordnung gäbe.[182] Diese Ordnung, die auch schriftlich fixiert sein könne, bedürfe keiner Zustimmung der Vollversammlung. Eine rechtliche Anbindung an die Kammer könne nur dann erfolgen, wenn der bisherige Beirat als regionaler Ausschuß offiziell konstituiert würde (gem. § 5 IHK-Satzung verwirklicht 1966). Greiß betonte aber auch, daß er die Einrichtung eines solchen regionalen Ausschusses nicht für glücklich hielte, weil er möglicherweise hinsichtlich anderer Kreise des Kammerbezirks präjudizierende Wirkungen ausüben könnte.

Aufgrund der Beschlagnahmung des Verwaltungsgebäudes durch belgische Besatzungstruppen am 26. August 1949 entstanden der Zweigstelle bei der Bewältigung täglicher Aufgaben größere Probleme. Sieben Jahre lang mußten die Mitarbeiter in provisorisch eingerichteten Räumen, teilweise im Keller des Gebäudes Talstraße 23, den Bürobetrieb aufrechterhalten. Als das Haus in der Körnerstraße im April 1956 wieder zugänglich war, wurden erhebliche Gebäudeschäden registriert. Große Teile des zurückgelassenen Büromobiliars waren verschwunden oder unbrauchbar. Während zur Rückerstattung der Renovierungskosten entsprechende Anträge an das Amt für Verteidigungslasten gestellt wurden, hatte die Kölner Kammer zur Neuausstattung und Vervollständigung der Einrichtung eine Summe von 25 000 DM aufzubringen. Am 14. Dezember 1956 konnte das alte Verwaltungsgebäude wieder bezogen werden.

Dr. Ernst Habermas (1891-1972) wurde 1956 pensioniert, damit war er seit 1921 – mit Unterbrechung durch die Kriegszeit – 35 Jahre für die oberbergische Wirtschaft tätig. Er blieb zunächst gemäß eines Sondervertrages mit der IHK zu Köln Geschäftsführer der Zweigstelle, unterstützt wurde er von Waldemar Fischer, der als stellvertretender Geschäftsführer überwiegend für die Routinearbeiten der Zweigstelle zuständig war. Beide Herren nahmen auch regelmäßig für die

Geschäftsführung an den Sitzungen der Beratenden Versammlung Oberberg der Industrie- und Handelskammer zu Köln teil und zeichneten neben dem jeweiligen Vorsitzenden auch für die Sitzungsprotokolle verantwortlich. 1962 wurde auf Vorschlag der Beratenden Versammlung Dr. jur. Hans Joachim Habermas zum Geschäftsführer der Zweigstelle Oberberg ernannt. Er trat damit die Nachfolge seines Vaters an, der im gleichen Jahr seine ehrenamtlichen Aufgaben in wirtschaftlichen Gremien weitgehend reduzierte. Für die großen Verdienste, die sich Dr. Ernst Habermas für die oberbergische Wirtschaft erworben hatte, wurde er im Februar 1962 mit dem Bundesverdienstkreuz I. Klasse ausgezeichnet.

2.3 VERWALTUNG

2.3.1 Finanzen

Die Einnahme- und Ausgabenpolitik der Kölner Kammer, die gemäß Kammergesetz in einem vorgegebenen Rahmen autonom zu gestalten war, verlief nach Überwindung der Probleme, die mit der Währungsreform zusammenhingen, ohne nennenswerte Schwierigkeiten. Der zu erwartende Einnahmeausfall nach der Währungsumstellung veranlaßte das Präsidium im Mai 1948, gemeinsam mit dem Haupt-Ausschuß vorsorglich einen Sparhaushalt zu beschließen.[183] Hauptgeschäftsführer Dr. Hilgermann wurde dementsprechend aufgefordert, von jeder Kammerabteilung eine Übersicht über Einnahmen und Ausgaben erstellen zu lassen, einschließlich der Personalausgaben. Das Präsidium ging davon aus, daß der gegenwärtige Etat, der etwa bei einer Million Reichsmark lag, um ein Drittel reduziert werden konnte, der Abbau von überflüssigem Personal war in dieses Sparkonzept miteingeschlossen. In der Zeit von Juli bis Dezember 1948 wurde die Zahl der Angestellten von 102 auf 76 reduziert.

Aus der überlieferten Gegenargumentation Hilgermanns und aus einer deutlichen Stellungnahme seines Stellvertreters Oelrichs ist erkennbar, daß die Geschäftsführer der Kammer hinsichtlich der zu erwartenden Einnahmeverluste und der daraus abzuleitenden Konsequenzen anderer Auffassung waren. Während Hilgermann deutlich gegen den Stellenabbau argumentierte, weil dieser seiner Meinung nach unweigerlich zu einer Verringerung der Leistungsfähigkeit der Kammer führen mußte, griff Oelrichs – allerdings in einem internen Vermerk – die Radikalität der Sparbeschlüsse an.[184] Es sei bedenklich, so führte er aus, eine Reduzierung der Einnahmen in einem Augenblick zu beschließen, in dem noch völlige Unklarheit über die Heranziehung von Beiträgen bestehe. „Ich möchte grundsätzlich der Auffassung sein, daß man, da wir ja vorläufig nur Vorauszahlungen erheben können – die Gewerbesteuermeßbeträge für 1946/47 und selbstverständlich auch 1948 liegen noch gar nicht vor – eine Herabsetzung des Beitragssatzes einer späteren Zeit vorbehalten sollte."[185]

In der Mitgliederversammlung am 30. Juli 1948 wurden die entsprechenden Beschlüsse für den Etat 1948/49 getroffen. Von den beitragspflichtigen Unternehmen sollten Vorauszahlungen in der bisherigen Höhe erhoben werden (wie in Etatjahren 1945/46 bis 1947/48 zehn Prozent des Gewerbesteuermeßbetrages). Für das I. Quartal des Rechnungsjahres (1. April bis 30. Juni 1948) waren zehn Prozent des auf diesen Zeitraum entfallenden Reichsmarkbetrages in D-Mark zu zahlen (10:1), während für die folgenden drei Quartale (1. Juli 1948 bis 31. März 1949) die noch verbleibenden Beträge in voller Höhe in D-Mark zu zahlen waren. Von den nicht im Handelsregister eingetragenen Gewerbetreibenden sollte ein Beitrag von zwölf DM für das gesamte Rechnungsjahr erhoben werden. Auch in diesem Fall stand noch eine endgültige Beschlußfassung über die Beitragshöhe bis zum Vorliegen der Gewerbesteuermeßbeträge aus.

Wegen der Notlage der Kammer, die nach der Währungsumstellung über keine nennenswerten Geldmittel verfügte, wurden die Mitgliedsfirmen per Rundschreiben aufgefordert, 25 DM als

Akontozahlung auf den Beitrag zu leisten. Im Mai 1949 konnte ein aus außerordentlichen Einnahmen erzielter Überschuß des Etatjahres 1948/49 von 94 000 DM verbucht werden, wobei 70 000 DM dem Betriebsmittelfonds (gem. VO des Reichswirtschaftsministers vom 21. Dezember 1942) zugeführt wurden. Für das Rechnungsjahr 1949/50 wurde abermals ein Vorschuß auf den Mitgliedsbeitrag erhoben, der sich aus dem Grundbeitrag von 25 DM und einer vorläufigen Kammerumlage zusammensetzte. Die Firmen, deren Gewerbesteuermeßbetrag von 1947 bekannt war, zahlten zehn Prozent des Gewerbesteuermeßbetrages. Die Firmen, deren Meßbetrag nicht bekannt war, zahlten eine vorläufige Kammerumlage in Höhe des für die letzten drei Quartale 1948/49 als Kammerumlage veranlagten Betrages. Die Firmen, die im gleichen Rechnungsjahr lediglich zum Grundbeitrag herangezogen wurden, hatten die Berechnung aufgrund des zu erwartenden Gewerbesteuermeßbetrages von 1948 mit einem Hebesatz von zehn Prozent selbst durchzuführen.[186]

Für das Rechnungsjahr 1950/51 wurden die Beiträge in gleicher Höhe festgelegt wie im Vorjahr. Satzungsgemäß (§ 7 der Satzung von 1947) oblag es der Mitgliederversammlung, alljährlich den Haushaltsplan und die Beiträge zu beschließen, die Jahresabrechnung und den Bericht der Rechnungsprüfer entgegenzunehmen sowie die Entlastung des Präsidiums vorzunehmen. Außerdem waren die Rechnungsprüfer für die nächste Jahresrechnung zu bestimmen. Die Entlastung des Präsidiums hinsichtlich des Etats 1947/48 und des Rumpfetats vom 1. April bis 20. Juni 1948 erfolgte im Mai 1949[187], die entsprechende Entlastung für den Etat des Rumpfrechnungsjahres 1948/49 (21. Juni 1948 – 31. März 1949) im November 1949. Seit dem Haushaltsjahr 1949/50 unterwarf die Kölner Kammer sich regelmäßig einer Etatprüfung durch die Rechnungsprüfungsstelle beim DIHT, so daß die entsprechende Entlastung des Präsidiums erst nach erfolgter Prüfung durchgeführt werden konnte.[188] Diese Regelung führte allerdings 1950 dazu, daß die Wiederwahl des Präsidiums ohne Entlastung hinsichtlich des Etats erfolgen mußte.[189] Die formelle Beschlußfassung über die endgültige Veranlagung in den jeweiligen Bemessungszeiten gehörte ebenfalls zu den Aufgaben der Mitgliederversammlung. Eine solche war bis zum Jahre 1951 noch nicht vorgenommen worden, sie wurde durch die Mitgliederversammlung am 16. April 1951 rückwirkend zunächst für die Reichsmarkzeit (für die Etatjahre 1945/46 bis 1947/48) und für die Etatjahre 1948/49 und 1949/50 nachvollzogen.

Bei der Haushalts- und Kassenführung hatte man in Köln aus Vereinfachungsgründen in den ersten Jahren auf einen Doppelhaushalt zurückgegriffen. Im sogenannten ordentlichen Haushalt wurden die regulären Beitragseinnahmen den allgemeinen Ausgaben gegenübergestellt, während der sogenannte außerordentliche Haushalt alle Einnahmen aufnahm, deren Höhe unkalkulierbar war (Gebühren für Ursprungszeugnisse etc.). Auf die Nachfrage eines Kammermitglieds bezüglich der Teilung des Haushaltes führte Dr. Hilgermann als Begründung aus, daß sich die Ausgabengestaltung des außerordentlichen Etats danach richte, wie hoch die Einnahmen ausfielen. Bei günstiger Einnahmeentwicklung würden dringend erforderliche Neuanschaffungen, wie etwa Büromöbel, vorgenommen.[190]

Eine weitere Besonderheit war der Bauhaushalt, der ab 1950 für die Errichtung des neuen Kammergebäudes separat geführt wurde. Der mit einer Bausumme von 2,75 Mio. DM im Februar 1950 veranschlagte Neubau sollte mit Hilfe eines einmaligen Zuschlags zum Kammerbeitrag in Höhe von zehn Prozent des Gewerbesteuermeßbetrages finanziert werden. Man rechnete allerdings damit, daß von der rechnerisch ermittelten möglichen Beitragssumme von 700 000 DM nur etwa 400 000 DM einkommen würden. Nach der Genehmigung dieses einmaligen Zuschlags durch den Wirtschaftsminister im Sommer 1950 wurden die entsprechenden Zuschläge eingefordert. Die Rückerstattung dieser Vorauszahlung setzte mit dem Haushaltsjahr 1951/52 ein, jeweils ein Zehntel der Umlage war von dem jeweiligen Beitrag abzuziehen. Die positive wirtschaftliche Entwicklung im Wirtschaftsraum Köln führte dazu, daß die Beiträge der nachfolgenden Jahre ständig abgesenkt werden konnten. Die Etatjahre im Überblick:

	Ermäßigter Grundbeitrag in DM	Rückerstattung Sonderumlage	Grundbeitrag in DM	Umlage in %
1948/49	0		25	10,0
1949/50	0		25	10,0
1950/51	0		25	10,0
1951/52	0	10 %	25	10,0
1952/53	0	10 %	25	10,0
1953/54	0	10 %	25	9,0
1954/55	0	10 %	25	8,0
1955/56	0	10 %	25	5,0
1956/57	0	*	25	5,0
1957/58	12		25	3,5
1958/59	12		25	3,5
1959/60	12		25	2,5
1960**	9		18	2,0
1961	12		25	3,0
1962	12		25	3,0
1963	12		25	3,0
1964	12		25	2,5
1965	12		25	2,5

* die restlichen 50 % der Sonderumlage wurden 1956 anteilig zurückgezahlt
** Rumpfrechnungsjahr (1. April 1960 – 31. Dezember 1960)

Am 22. April 1960 beschloß die Vollversammlung der IHK zu Köln die Umstellung des Geschäfts- und Rechnungsjahres auf das Kalenderjahr (vgl. § 10 der Satzung). Hier, wie auch in allen Fragen der Beitragserhebung, wie Senkung des Hebesatzes oder aber Verwendung des Überschusses, oblagen dem Beitrags- und Haushalts-Ausschuß die entsprechenden Vorberatungen und das Vorschlagsrecht. Gemeinsam mit Präsidium und Haupt-Ausschuß wurden die entsprechenden Etatansätze der Mitgliederversammlung vorgestellt. Der günstige Verlauf der Einnahmen ab 1949 führte dazu, daß die Finanzierung des Kammerneubaus, in die große Teile des Überschusses flossen, in wenigen Jahren aus eigener Kraft bewerkstelligt werden konnte. Andere Teile des Überschusses wurden für die Rücklage verwandt, die gemäß einer Vorgabe die Höhe eines halben Jahresetats erreichen sollte. 1953 wurde mit der Auffüllung dieses Betriebsmittelfonds begonnen. Die Schlußzahlung für den Kammerneubau konnte bereits im Jahr 1953 vorgenommen werden. Nachdem die Aufwendungen für den Neubau erheblich zurückgegangen waren, begann die Kammer mit dem allmählichen Abbau der Beiträge. Bei gleichbleibendem Grundbeitrag von 25 DM (zwölf DM für Umlagebefreite) reduzierte sich der Hebesatz auf 2,5 % im Jahre 1965, die Kölner Kammer gehörte damit zu den Kammern mit den geringsten Beiträgen.

1954 teilte Vizepräsident Robert Esser (Vorsitzender des Beitrags- und Haushalts-Ausschusses) mit, daß sich das Gesamtvermögen der IHK zu Köln auf 3,5 Mio. DM belaufe. Die erzielten Überschüsse, die auch begünstigt wurden durch allgemein ansteigende Einnahmen aus Gebühren etc., blieben trotz Beitragssenkungen in etwa gleich und konnten von der Mitgliederversammlung entsprechend großzügig zugewiesen werden. In den Jahren 1954 bis 1960 wurden etwa für den Ankauf des Gerling-Grundstückes 300 000 DM, für die Einrichtung des Plenarsaales 50 000 DM, für den Umbau des Zweigstellengebäudes in Gummersbach 75 000 DM, für den Erweiterungsbau 900 000 DM und für die Rückzahlung der einmaligen Umlage des Jahres 1950 257 000 DM zusätzlich aufgebracht. Hierzu ist anzumerken, daß die Mittel nicht berücksichtigt sind, die aufgrund gesetzlicher Vorgaben aufgebracht werden mußten, wie z.B. die Betriebsmittelrücklage, die Rückstellungen gem. Art. 131 (Pensionszahlungen an Kammerbeamte aus dem besetzten Osten) und die Mittel für die Erstattung von Kammerbeiträgen.

Mit der Übernahme der Grundsätze der „Haushalts-, Kassen- und Rechnungslegungsordnung der Industrie- und Handelskammern" durch die IHK zu Köln mußte von der bislang geübten Praxis abgerückt werden, den jeweils erzielten Überschuß im Nachhinein zu „verteilen". Die Haushaltsordnung ging nunmehr von einem ausgeglichenen Haushalt aus, d.h. Abweichungen von mehr als zehn Prozent vom Haushaltsvoranschlag waren unzulässig, etwaige Veränderungen des Ansatzes waren durch einen entsprechenden Nachtragshaushalt zu korrigieren. In ihn waren auch alle nichtetatisierten, im Laufe des Haushaltsjahres auftretenden Erfordernisse (z.B. einmalige Ausgaben) einzubinden.

2.3.2 Personal

Es wurde bereits darauf hingewiesen, daß im zweiten Halbjahr 1948 das Kammerpersonal um ein Viertel reduziert wurde. Neben der vorzeitigen Pensionierung älterer Mitarbeiter mußten auch jüngere Mitarbeiter entlassen werden. Die Kammer mußte entsprechend begründete Anträge an die Arbeitsämter von Köln, Bergisch Gladbach und Gummersbach stellen und jeden Fall genehmigen lassen. Für den „Betriebsfrieden", auf den Dr. Hilgermann immer bedacht war, wirkte dieser personelle Abbau sicherlich kontraproduktiv. Gab es noch ein Jahr zuvor für jeden Mitarbeiter eine Jubiläumsgabe von mindestens 50 RM, aufgestockt um einen fünfprozentigen Zuschlag (von der Gehaltssumme) für jedes weitere in der Kammer verbrachte Dienstjahr, so kursierten jetzt in der Kammer Freisetzungslisten. Naturgemäß konnte dies nicht ohne Auswirkungen bleiben.

Insgesamt mußte 18 Mitarbeiterinnen und Mitarbeitern gekündigt werden, weitere acht Angestellte schieden freiwillig aus. Die Geschäftsführer der Kammer bekundeten ihre Solidarität mit ihren Mitarbeitern durch freiwilligen Verzicht auf 20 % ihres Gehaltes für die Dauer von drei Monaten. Obwohl Dr. Hilgermann in seinen Berichten gegenüber Präsidium und Mitgliederversammlung wiederholt auf die ständig zunehmende Inanspruchnahme der Kammermitarbeiter durch vielfältige neue Aufgaben hingewiesen hatte, wurde die Minimierung der Personalbesetzung zum Prinzip erhoben. Nur mühsam gelang es der Geschäftsführung, wenigstens die notwendigen zusätzlichen Planstellen genehmigen zu lassen. Der Personalbestand der Kölner Kammer betrug (ohne Börse) 1950 79 Mitarbeiter, er erhöhte sich 1955 auf 87 (bei vier Halbtagskräften) und betrug 1960 99 Mitarbeiter. 1964 waren bei der Kammer 102 Mitarbeiter (incl. sechs Halbtagskräften) tätig.

2.4 KAMMERGEBÄUDE

Parallel zum notwendigen Ausbau des provisorischen Domizils im sogenannten „Osram-Haus" stellte das Präsidium Überlegungen an, inwieweit sich Teile des zerstörten Kammergebäudes Unter Sachsenhausen Nr. 4 wiederherstellen ließen, im besonderen der Gebäudeteil an der Enggasse. Architekt Karl Hell war von Dr. Hilgermann mit den Vorarbeiten beauftragt worden, und das Präsidium beschäftigte sich mit der Finanzierung des Wiederaufbaus.[191] Ein entsprechender

Ausbauvorschlag, den Architekt Hell im September 1948 vorstellte, erschien dem Präsidium mit 300 000 DM zu teuer.[192] Angesichts der hohen Kosten für einen Bau, der möglicherweise durch die Planung der „Nord-Süd-Fahrt" gefährdet werden könnte, verzichtete man endgültig auf diesen Plan.

Architekt Hell wurde schließlich damit beauftragt, nach einem anderen geeigneten Grundstück Ausschau zu halten. Philipp Charon, Vorsitzender des Wiederaufbau-Ausschusses, beschrieb die Verhandlungen mit der Stadtverwaltung, dem *Gerling-Konzern*, der *Concordia* und dem Landeskonservator bezüglich eines Grundstückstausches als sehr schwierig.[193] Beschlossen wurde der Kammerneubau in der Präsidialsitzung am 2. November 1949, inzwischen waren entsprechende Genehmigungen für den Grundstückstausch (ehemaliges Grundstück von *Felten & Guilleaume*) durch den Finanzminister erteilt worden. Mit der Stadt Köln einigte sich die Kammer darüber, daß diese den Kammervorplatz „unter der Hand" aufkaufte und ihn als Parkplatz umgestaltete (heutiger Börsenplatz).[194] Zur Finanzierung des Neubaus war neben der Kreditaufnahme die schon behandelte Sonderumlage (siehe Kapitel II.2.3.1) Sonderumlage in Höhe eines Jahresbeitrages für alle handelsregisterlich eingetragenen Unternehmen vorgesehen. Von Anfang an war daran gedacht, einen Großteil der Büroflächen an Firmen des Kammerbezirks zu vermieten. Nachdem auch die Mitgliederversammlung den Kammerneubau und alle dafür erforderlichen Rechtsgeschäfte (Rückübertragung des GWK-Vermögens, Auseinandersetzung mit der IHK Bonn, Grundstückstausch, Kreditaufnahme und Sonderumlage) genehmigt hatte, wurde ein Bau-Ausschuß bestimmt, der, mit entsprechenden Vollmachten ausgestattet, die ersten Vorarbeiten in die Hand nehmen sollte.[195] Mit der alleinigen Beauftragung des Architekten Hell war die Mitgliederversammlung nicht einverstanden. Trotz der Hinweise auf höhere Kosten und ggf. Verzögerungen hinsichtlich des Baubeginns bestand man darauf, weitere Architekten mit Vorentwürfen zu beauftragen. Der Bauausschuß wurde dafür mit 20 000 DM ausgestattet. Nach abschließender Prüfung erhielt allerdings Karl Hell doch den endgültigen Auftrag.

Die Ausschachtungsarbeiten begannen im Spätherbst 1950 und waren aufgrund der Bodengegebenheiten ausgesprochen schwierig, zumal das Fundament sieben Meter unter der Straßensohle gelegt werden mußte. Die Grundsteinlegung erfolgte im Rahmen der Mitgliederversammlung am 5. Dezember 1950 in einem feierlichen Akt. In den Grundstein wurde eine Kupfertrommel eingemauert, in die eine kunstvoll gefertigte Pergamenturkunde eingelegt war.[196] Auf ihr waren u.a. alle Kammermitglieder und -angestellten aufgelistet. Am 6. Juni 1951, exakt ein halbes Jahr nach der Grundsteinlegung, konnte die Kammer Richtfest feiern. Eingebunden in die traditionellen Zeremonien erläuterte Karl Hell in einem kurzen Vortrag die Baukonzeption und lieferte entsprechende Angaben über technische Details. Präsident Greiß lobte insbesondere den Planer Karl Hell und den Bauleiter, Architekt Kiesewetter, da die termingerechte Fertigstellung des Neubaus und die Bewältigung der damit verbundenen Schwierigkeiten nur aufgrund ihres Einsatzes im Zusammenwirken mit den beteiligten Mitarbeitern möglich geworden seien.[197] Bereits am 15. November 1951 bezogen die Mitarbeiter der Industrie- und Handelskammer ihre neuen Büroräume, für den Umzug wurde ein Samstag verwendet, da an diesem Tag die Besucherfrequenz geringer war. Die erste Börsenveranstaltung konnte bereits am 4. Januar 1952 im neuen Börsensaal durchgeführt werden.

Im Erdgeschoß des neuen Gebäudes lag der 710 qm große Börsensaal, der ebenso wie ein 100 qm großer Sitzungssaal und ein 50 qm großes Beratungszimmer von der Wandelhalle am Börsenplatz aus erreichbar war. Der 220 qm große Plenarsaal lag am Maria-Ablaß-Platz. Dazwischen befanden sich die Räume für die Verwaltung der Börse und der Erfrischungsraum, der durch Aufzüge mit der Küche im Untergeschoß verbunden war. Von den Büroräumen in den oberen Geschossen nutzte die IHK nur 26 % der verfügbaren Fläche, die übrigen Räume waren vermietet an die Bundesauskunftsstelle für Außenhandelsinformationen, das Verkaufsbüro West von *Klöckner-Humboldt-Deutz*,

Das neue Kammergebäude im Bau, Unter Sachsenhausen 10-26, 1951

das *Bankhaus J.H. Stein* sowie *Sutter & Fetzer*. In Anwesenheit zahlreicher Ehrengäste wurde das Gebäude am 4. Februar 1952 feierlich eingeweiht. Ursprünglich hatte auch Bundeskanzler Konrad Adenauer seine Teilnahme zugesagt, er mußte allerdings kurzfristig absagen.[198] Mit Ministerpräsident Karl Arnold und Finanzminister Flecken waren hochkarätige Vertreter der Landesregierung zugegen, von Präsident Franz Greiß besonders willkommen geheißen wurden darüber hinaus Ministerialdirektor Dr. Ewers vom Landeswirtschaftsministerium, die Vertreter der Kirchen, Konsulatsvertreter, Dr. van der Mandele (Rheinkammernunion), DIHT-Präsident Schäfer, DIHT-Präsidialmitglied Dr. Beyer, DIHT-Hauptgeschäftsführer Dr. Frentzel, Regierungspräsident Dr. Warsch, Oberbürgermeister Dr. Schwering und Oberstadtdirektor Dr. Suth.

Für die Innenausstattung der Sitzungsräume konnten verschiedene Unternehmen als Sponsoren gewonnen werden, sie trugen teilweise die gesamten Kosten. Einzelne Unternehmen spendeten erhebliche Geldmittel zur weiteren Ausstattung der Räume, eine Summe von 125 000 DM war allein zur Fertigstellung des Plenarsaales aufzubringen. Gemäß den Bestimmungen der Reichsgaragenordnung war die Kammer verpflichtet, entweder eine der Größe des Kammergebäudes entsprechende Parkraumfläche einzurichten oder an die Stadt Köln einen erheblichen Geldbetrag als Ersatz zu zahlen. Die Mitgliederversammlung beschloß, statt der Zahlung von 385 000 DM Parkgrundstücke zu erwerben.[199] Der *Gerling-Konzern*, dem das Nachbargrundstück gehörte und der einen Erweiterungsbau projektiert hatte, trat der Kammer eine entsprechende Parzelle von 1 200 qm mit der Auflage ab, daß im Falle der Errichtung eines Gebäudes auf dem erworbenen Grundstück auf

Einweihung des neuen Kammergebäudes am 4. Februar 1952

die einheitliche Fassadengestaltung Rücksicht genommen werden müsse. Die Kammer mußte für den Erwerb des Grundstücks 350 000 DM aufwenden.

Da letztlich das Grundstück als Parkplatz nicht ausgereicht hätte, wurde der Bau einer zweigeschossigen Tiefgarage (Einfahrt Enggasse) beschlossen. Im Laufe des Jahres 1955 wurde entschieden, angrenzend an das Gebäude parallel zur Straße Unter Sachsenhausen anzubauen, wobei im gleichen Bauabschnitt ein der Bedeutung der Kammer entsprechender repräsentativer Plenarsaal errichtet werden sollte.[200] Die Gesamtkosten wurden mit 1,6 Mio. DM veranschlagt. Aufgrund der günstigen Beitragsentwicklung konnte mit erheblichen Eigenmitteln gerechnet werden. Architekt Körfer wurde mit der Konstruktion und Planung beauftragt, und der ehemalige Bauleiter, Architekt Kiesewetter, wiederum mit der Bauausführung. Der Bau-Ausschuß unter Philipp Charon wurde für die weitere Planung reaktiviert. Baubeginn für den Erweiterungsbau war der Spätherbst 1955. Bis auf den Plenarsaal, der nur im Rohbau fertig war, konnten die zusätzlichen Büroräume und die Tiefgarage nach einer neunmonatigen Bauzeit fertiggestellt werden. Die Bausumme wurde nur geringfügig überzogen, für den Ausbau des Plenarsaales nach den neuesten technischen Erkenntnissen genehmigte die Mitgliederversammlung 300 000 DM.[201]

Im Juni 1957 wurde beschlossen, den alten Plenarsaal in „Merkens-Saal" und den neuen Plenarsaal in „Camphausen-Saal" umzubenennen. Dies sollte nach Auffassung von Präsident Greiß verdeutlichen, daß Menschen die Wirtschaft gestalten und nicht staatliche oder sonstige Institutionen.[202]

Seinem Vorschlag folgend, wurden auch die beiden bisher noch unbenannten kleineren Sitzungszimmer im Kammergebäude nach bedeutenden Männern der Wirtschaft benannt: „Heimann-Zimmer" und „van Norden-Zimmer".

Im Jahre 1958 entschied die IHK zu Köln, auch in Gummersbach Eigentum zu erwerben. Der Zweigstelle Oberberg wurde das Gebäude, das seit Jahrzehnten gemeinsam mit dem Verein der Industriellen im Bezirk Oberberg bzw. dessen Vorgängern gemeinsam genutzt wurde, jetzt zum Kauf angeboten. Das Gebäude Körnerstraße 33 konnte zum Preis von 50 000 DM erworben werden.[203] Der Kauf stand im Zusammenhang mit Überlegungen, das Gebäude evtl. durch einen Anbau sinnvoll zu erweitern. Dr. Ernst Habermas, der in diesem Gebäude lebenslängliches Wohnrecht genoß, war Anfang 1957 in das von der Kammer neu gebaute „Geschäftsführerhaus" in der Danziger Straße 8 als Mieter eingezogen.

3 ASPEKTE DER WIRKSAMKEIT DER KÖLNER KAMMER
3.1 ÖFFENTLICHKEITSARBEIT/INFORMATIONSDIENST/BIBLIOTHEK

Bis zum Beginn der fünfziger Jahre stand der Informationsdienst der Kammer noch im Vordergrund, dies war eine Berichterstattung, die sich mit der Lage und der Entwicklung der einzelnen Wirtschaftszweige im Kammerbezirk befaßte. Grundlage der Quartalsberichte, die verstärkt jetzt auch an die Presseorgane weitergeleitet wurden, waren die Berichte und Einzelinformationen, die aus den Unternehmen der Bezirkswirtschaft an die Kammer geleitet wurden. Zusätzlich veranstaltete die Kammer gelegentliche Pressekonferenzen zu besonderen Fragen. Presse und Rundfunk wurden regelmäßig auch zum öffentlichen Teil der Vollversammlung eingeladen. Großen Wert legte man auch auf die Durchführung von öffentlichen Vortragsveranstaltungen, die zum Teil in Verbindung mit den Instituten der Kölner Universität durchgeführt wurden und über die stets ausführlich in den Presseorganen berichtet wurde.

Das vierzehntägig erscheinende Mitteilungsblatt der IHK zu Köln stand als schnelles Kommunikationsorgan zwischen der Kammer, dem Mitgliedsunternehmen und der interessierten Öffentlichkeit stets im Mittelpunkt der Öffentlichkeitsarbeit und war somit auch einem permanenten Veränderungs- bzw. Optimierungsprozeß unterworfen. Seit 1950 (anläßlich der 1900-Jahrfeier der Stadt Köln) wurden pro Jahr mehrere Sonderhefte des Mitteilungsblattes herausgegeben, in denen man sich mit speziellen Themen beschäftigte, aber auch über kammereigene Besonderheiten oder Ereignisse berichtete. In diesem Zusammenhang sind die Hefte zu erwähnen, die anläßlich der Grundsteinlegung (1950), der Einweihung des neuen Kammergebäudes oder anläßlich der ersten internationalen Tagung der Rheinkammernunion in Köln (1952) erschienen sind. Die frühen Sonderhefte zeichneten sich insbesondere dadurch aus, daß sie reicher bebildert und in besserer Papierqualität hergestellt waren als die normalen Hefte. Da die Mitteilungsblätter zunächst noch nicht kostenlos vertrieben wurden, hatte auch nicht jedes Unternehmen die Kammerzeitschrift abonniert. Daher wurde ab 1950 jeden Monat ein aus den wichtigsten Auszügen zusammengestelltes Informationsblatt an alle Nichtbezieher kostenlos verteilt.

Inhaltlich wurde die Kammerzeitschrift ab 1952 durch qualitativ anspruchsvollere Artikel weiter aufgewertet, z.B. wurden Leitartikel und Fortsetzungsfolgen eingeführt. Ab Juli 1954 wurde sie allen kammerzugehörigen Unternehmen kostenlos zugestellt, die Auflage lag bei ca. 8 500 Exemplaren. 1955 wurde die Zeitschrift auch äußerlich verändert, ab der zweiten Aprilausgabe 1955 nannte man sie „Mitteilungen der Industrie- und Handelskammer zu Köln", außerdem wurde der

Titelumschlag künstlerisch neugestaltet. Der Ausschuß für Öffentlichkeitsarbeit (als Unterausschuß des wirtschaftspolitischen Ausschusses), in dem neben Georg Fetzer und Raymund Jörg auch Prof. Dr. Fritz Burgbacher mitwirkte, sorgte durch Berichte aus Unternehmen und interessante Informationen aus Geschäftsberichten für eine weitere inhaltliche Bereicherung. Außenhandelsinformationen hingegen, die trotz ihrer Wichtigkeit nur relativ wenige Mitglieder interessierten, wurden separiert und durch das kostenlos vertriebene „Außenhandelsrundschreiben" ersetzt.

Mit der Informationsschrift „Was tut die Industrie- und Handelskammer?" wurde Ende 1958 eine zusätzliche Informationsform eingeführt. Diese Schrift wurde allen nicht im Handelsregister eingetragenen Gewerbetreibenden fortan drei- bis viermal jährlich kostenlos zugeschickt. Ab 1963 publizierte man sie zusammen mit den Kammern Aachen, Mönchengladbach und Neuss unter dem Titel „Handelsrundschau" in einer Auflage von 60 000 Stück. Zum Jahresbeginn 1963 erhielt die Kammerzeitschrift abermals ein neues Titelbild, graphisch dargestellt war jetzt das Treppenhaus des Kammergebäudes, „das in seiner klaren und strengen Konzeption", so im Jahresbericht der Kammer, „vom Geiste unserer Zeit zeugt".[204]

In den Bemühungen um einen guten Kontakt zur regionalen Presse beschränkte sich die Kammer nicht nur auf die Weitergabe von entsprechenden Informationen, sondern übernahm auch die Initiative in Form von organisierten Betriebsbesichtigungen für die Medien. Die Vermittlung dieser intensiven Betriebsbegehungen bei Unternehmen des Kammerbezirks sei dazu angetan, so der Jahresbericht, „die Pflege der nichtkommerziellen Beziehungen des Unternehmens zur Außenwelt"[205], also public relations, zu unterstützen.

Etwa seit 1952 bemühte sich die IHK zu Köln um Kontakte zum Rundfunk, insbesondere zum damaligen Kölner NWDR. Gezielt versorgte man die dortigen Nachrichtenredaktionen mit wirtschaftlichen Fakten, damit auch die Stimme der Kammern zu Wort kam. Dr. Hilgermann nahm an der Arbeit des Arbeitskreises Rundfunk des DIHT teil und wirkte federführend beim Kölner Sender für die Interessen der Schwesterkammern aus Nordrhein-Westfalen. 1954 wurde die Zusammenarbeit mit dem Rundfunk noch verstärkt, indem man für bestimmte Schulfunk-, Zeitfunk- oder Wirtschaftssendungen gezielt Material zur Verfügung stellte bzw. auch Gespräche mit Unternehmern anregte. Nachdem die Vereinigung der Industrie- und Handelskammern des Landes Nordrhein-Westfalen einen Arbeitskreis Rundfunk gegründet hatte, wurde jetzt auch die IHK zu Köln mit dieser Federführung betraut. Hauptziel der Rundfunkarbeit war es, die Redaktionen von der Notwendigkeit zu überzeugen, wirtschaftliche Themen so aufzuarbeiten und zu präsentieren, daß vor allem Laien über die Zusammenhänge und Hintergründe ausreichend informiert wurden.

Nach 1955 wurden die Aktivitäten auch auf das Fernsehen ausgedehnt, wobei sich der Kammerausschuß Öffentlichkeitsarbeit mit dem Werbefernsehen auseinandersetzte. 1956 und 1957 beteiligten sich 13 NRW-Kammern unter Federführung der Kölner Kammer an einem sogenannten „Abhördienst", der zur Analyse der Sendungen mit wirtschaftlichen Themen diente. Als die Kammervereinigung NRW 1956 darüber nachdachte, dem Beispiel anderer Länderarbeitsgemeinschaften zu folgen und einen hauptamtlichen Mitarbeiter für die Rundfunkarbeit zu engagieren, unterstützte die IHK Köln diese Pläne nachhaltig. Nach langen und schwierigen Verhandlungen wurde im Laufe des Jahres 1958 bei der IHK zu Köln eine Arbeitsgemeinschaft Öffentlichkeitsarbeit West gegründet[206], die wenig später (27. August 1959) in Kammergemeinschaft Öffentlichkeitsarbeit der Industrie- und Handelskammern des Landes Nordrhein-Westfalen (KGÖ) umbenannt wurde. Ein von der Präsidialkonferenz der NRW-Kammern alle zwei Jahre zu wählendes Kuratorium bestimmte durch Wahl den jeweiligen Vorsitzenden der KGÖ. Obwohl eigentlich geplant war, den Kuratoriumsvorsitzenden alle zwei Jahre zu wechseln, übernahm 1961 Dr. Ernst Schneider, der spätere DIHT-Präsident, dieses Amt bis 1976.

Zum Geschäftsführer hatte man den ehemaligen Mitarbeiter des Bundespresseamtes, Arnold Leistico, bestellt, der gemeinsam mit einem Referenten und einer Sekretärin in den Räumen der Kölner Kammer seine Aufgaben wahrnam. Diese bestanden darin, die Kenntnisse über wirtschaftliche Zusammenhänge stärker im Bewußtsein der breiten Öffentlichkeit zu verankern, die Arbeit der Industrie- und Handelskammern stärker hervorzuheben und zu würdigen und dazu beizutragen, das Bild des Unternehmers von den vielfältigen Verzerrungen und falschen Vorstellungen zu befreien. Die Arbeit des kleinen Teams um Leistico war von Anfang an sehr erfolgreich, zumal es ihm gelang, durch die intensive Pflege der Kontakte mit den Redakteuren des WDR in Hörfunk und Fernsehen eine Vielzahl von Sendungen und Senderreihen anzustoßen bzw. auch maßgeblich mitzugestalten. Leistico wies in seinen Arbeitsberichten explizit immer wieder darauf hin, daß die erfolgreiche Arbeit durch die rückhaltlose Unterstützung durch die Kölner Kammer und vor allem durch Helmut Rehker ermöglicht wurde.[207]

Die Bibliothek der Kölner IHK war auch schon vor dem Krieg eine bekannte und öffentlichkeitswirksame Einrichtung. Sie verfügte über einen Fundus von ca. 50 000, teilweise sehr wertvollen Bänden. Erst sieben Jahre nach Kriegsende konnten die nach Schloß Ehreshoven evakuierten Bestände nach Köln zurückverlagert werden. Sie wurden im März 1952 im Keller des neuen Gebäudes untergebracht. Die Hälfte des ursprünglichen Bücherbestandes war durch Kriegseinwirkung verloren gegangen, vor allem die Bestände im Lesesaal des alten Kammergebäudes und die Handbibliotheken in den Abteilungen waren betroffen. Innerhalb von zehn Jahren konnte aber der Anfangsbestand von 25 000 Bänden bereits wieder verdoppelt werden. Der Präsenzbestand erfreute sich eines regen Zuspruchs, er wurde zu Anfang auch von Behördenvertretern aus der Nachbarschaft genutzt, denn vielfach bestand ein Mangel an dringend benötigten – vor allem juristischen – Schriften. Tageszeitungen und Zeitschriften wurden angeschafft und standen somit auch wieder der interessierten Öffentlichkeit zur Verfügung.

Die Benutzerzahl betrug in den ersten Jahren durchschnittlich ca. 1 750 Leser. 1956 bezog die Bibliothek neue Räume in der dritten Etage des Erweiterungsbaus. Die Attraktivität der Bibliothek auch für Studierende der Kölner Universität wurde dadurch gesteigert, daß gemäß einer Vereinbarung mit der wirtschafts- und sozialwissenschaftlichen Fakultät je ein Exemplar aller vorgelegten Dissertationen an die Kammerbibliothek abgeliefert wurde. Außerdem gelang es der Kammergeschäftsführung 1964, die private Bibliothek des verstorbenen Ordinarius für Wirtschafts- und Sozialgeschichte der Universität zu Köln, Prof. Dr. Bruno Kuske, anzukaufen. Die vereinzelt bis ins 17. Jahrhundert zurückreichende Spezialsammlung Kuskes bestand aus 7 000 Bänden, die zum Teil sehr wertvoll waren.

3.2 HANDEL UND WETTBEWERB

Nach der Währungsreform und der damit einhergehenden Ausweitung des Warenangebotes wandelte sich der Verkäufermarkt in einen Käufermarkt. Da auch weiterhin sehr viele Gewerbetreibende in die Bereiche Groß- und Einzelhandel drängten, verschärfte sich die Wettbewerbssituation erheblich. Die Kammer stand hier in einem Dilemma, einerseits trat sie sehr stark für eine umfassende Gewerbefreiheit ein, andererseits votierte sie zunächst für die Beibehaltung des Einzelhandelsschutzgesetzes, weil sie die Gefahr unqualifizierter Bewerber als sehr schädlich einschätzte. In Nordrhein-Westfalen wurde am 30. Juni 1950 das alte Einzelhandelsschutzgesetz, mit Ausnahme der Bedürfnisprüfung bei der Zulassung von Bewerbern, wieder in Kraft gesetzt. Großhandel, Versandhandel und Vertreterhandel waren jetzt grundsätzlich wieder frei zugänglich, im Einzelhandel waren aber weiterhin die Bereiche Nahrungs- und Genußmittel, Arzneimittel, Textilien,

Schreibwaren und Metallhandel genehmigungspflichtig. Ein Großteil der Anträge bezog sich auf die Neuzulassung von Verkaufsstellen (Stubenverkauf), von Warenkreiserweiterungen (hauptsächlich Trinkhallenbesitzer) und Geschäftsübernahmen. In vielen Fällen mußte die Kammer Sachkundeprüfungen abnehmen.

Die Zulassung zum Einzelhandel richtete sich ab 1957 nach dem Gesetz über die Berufsausübung im Einzelhandel (5. August 1957), wobei aber auch hier die persönliche Zuverlässigkeit und der Nachweis der kaufmännischen Sachkunde eine wesentliche Voraussetzung darstellten. Neu war, daß nunmehr die Zulassungsbehörde (Regierungspräsident) nur dann ein Gutachten der Kammer einforderte, wenn Zweifel vorhanden waren. Nach den jetzt ersatzlos gestrichenen Bestimmungen des Einzelhandelsschutzgesetzes hatte die Kammer sich noch zu jedem einzelnen Antrag zu äußern. In den Fällen, in denen eine Sachkundeprüfung erforderlich wurde, traten die beim Regierungspräsidenten eingerichteten Prüfungsausschüsse in Funktion. Die Geschäftsführung dieser Ausschüsse blieb auch weiterhin bei der Kölner Kammer.

Wettbewerbsrechtliche Verstöße, die sich im Zuge der verschärfenden Wettbewerbssituation immer mehr ausweiteten, führten zu neuen Arbeitsherausforderungen. Ein besonderes Ärgernis war dabei der Werks-, Belegschafts- und Behördenhandel, der aufgrund seiner weiten Verbreitung den ortsansässigen Handel empfindlich schädigte. Während die Appelle der Kammer bei der Landesregierung ein generelles Verbot des Behördenhandels (1949) bewirkten, blieb der Werkshandel noch bis zum Ende der fünfziger Jahre ohne gesetzliches Verbot. Die Kammer mußte es dabei bewenden lassen, darauf hinzuweisen, daß die Zulieferer des Werkshandels den Wettbewerbsverzerrungen Vorschub leisteten, indem der durch Steuern und Abgaben belastete Einzelhandel umgangen oder sogar ausgeschaltet wurde. Auch Verkäufe der Industrie oder des Großhandels unmittelbar an die Endverbraucher wurden seitens der Kammer scharf verurteilt.

Ein Grenzbereich des illegalen Handels war nach Auffassung der Kammer der Trinkhallenhandel, der seine Verkaufsstruktur wesentlich verändert hatte und mittlerweile mehr als 90 % seines Umsatzes mit dem Verkauf von Tabak- und Süßwaren erzielte. Vergleichbar mit dem Bahnhofshandel waren diese Verkaufseinrichtungen aber nicht an die gesetzlichen Öffnungszeiten gebunden. In diesem Zusammenhang muß auf den erheblichen Arbeitsaufwand hingewiesen werden, der der Kammer durch die Anmeldung von Sonderverkaufsveranstaltungen, Aus- und Räumungsverkäufen und Versteigerungen entstand. Im Wettbewerbsrecht (UWG) waren die Kammern ausdrücklich als Überwachungsstelle für die Rechtmäßigkeit dieser Sonderverkäufe genannt. Dies galt im übrigen auch für die Saisonabschlußverkäufe, bei denen es immer wieder zu rechtlichen Verstößen kam.

Schließlich häuften sich in der zweiten Hälfte der fünfziger Jahre die Wettbewerbsverstöße als Folge eines Verdrängungswettbewerbs des Handels. Dabei ging es um Fälle unerlaubter Rabatte und Zugaben, unzulässiger Preisunterbietung und Garantieversprechungen, irreführender Qualitätsangaben und falscher Herkunftsbezeichnungen. Bei der Bekämpfung dieser Wettbewerbsverstöße arbeitete die IHK zu Köln sehr eng mit dem Verein gegen Unwesen in Handel und Gewerbe e.V. zusammen. Seit dem 20. September 1948 bestand im Kammerbezirk das gemeinsam mit der Handwerkskammer gegründete Einigungsamt für Wettbewerbsstreitigkeiten[208], das bestrebt war, auf freiwilliger Basis einen gütlichen Schiedspruch zu fällen, der möglichst beiden Parteien gerecht wurde. Es stellte sich aber zunehmend als negativ heraus, daß es dem Einigungsamt an dem notwendigen Nachdruck fehlte und sich immer mehr Antragsgegner durch passives Verhalten einem Schiedsverfahren entzogen. Durch die Verordnung des Landes NRW wurde am 15. Oktober 1958 die von der Kölner Kammer lange geforderte Veränderung umgesetzt. Entsprechend der Novelle zum Gesetz gegen den unlauteren Wettbewerb (§ 27a) wurde jetzt eine Einigungsstelle zur Beilegung von Wettbewerbsstreitigkeiten in der gewerblichen Wirtschaft bei der Kammer ein-

Die Fußgängerzone Schildergasse in Köln, 1965

gerichtet, die im Gegensatz zum bisherigen Einigungsamt über größere Kompetenzen verfügte. Der Vorsitzende – er besaß die Befähigung zum Richteramt – konnte jetzt das persönliche Erscheinen der Parteien anordnen und im Falle des unentschuldigten Fernbleibens eine Ordnungsstrafe festsetzen. Mit der Frage der Wettbewerbsstreitigkeiten befaßte sich neben dem Einzelhandels-Ausschuß der IHK zu Köln auch deren Gewerbe-Ausschuß und der 1956 gegründete wettbewerbsrechtliche Arbeitskreis.

Vor und auch nach dem Erlaß des neuen Ladenschlußgesetzes (1957) stellte das Thema Ladenöffnungszeiten ein Dauerthema des Einzelhandels und seiner Vertreter dar. Wenngleich die Kammer stets Verständnis für die Belange der Mitarbeiter im Einzelhandel bekundete, die ebenfalls an den freizeitorientierten Arbeitszeitbeschränkungen partizipieren wollten, trat sie für die Beibehaltung der langen Öffnungszeiten auch am Samstag ein. Solange der Samstag noch allgemeiner Werktag war, plädierte sie außerdem für insgesamt vier verkaufsoffene Sonntage im Jahr, die einheitlich für ganz NRW festgelegt sein sollten (Mantelsonntag vor Allerheiligen, drei Sonntage vor Weihnachten). Durch diese Festlegung hoffte man, den alljährlich wiederkehrenden peinlichen Auseinandersetzungen vor den Sonntagen endlich ein Ende zu machen.[209] Die Diskrepanz zwischen den Arbeitszeiten im Einzelhandel und der übrigen Wirtschaft führte zu einer Abwanderung der Arbeitskräfte und zu einer Vergrößerung des Personalmangels. Der Zwang zur Rationalisierung begünstigte nicht zuletzt auch wegen dieser Entwicklung ein allgemeines Vordringen der Selbstbedienungsläden und nach 1957 auch der Supermärkte. Der Einzelhandels-Ausschuß kritisierte 1961 die Schließung der Banken an Samstagen, was naturgemäß die Abwicklung des Zahlungsverkehrs, der noch überwiegend auf Bargeld basierte, erheblich beeinträchtigte.

Anfang der sechziger Jahre stellten sich der Kölner Kammer im Zusammenhang mit dem zunehmenden Siedlungsbau bzw. dem Neubau ganzer Ortsteile neue Aufgaben im Hinblick auf Planung und Ansiedlung von Gewerbebetrieben und Einzelhandelsunternehmen. Herausragend war hier das Projekt „Neue Stadt im Norden" (Chorweiler), in dessen Folge sich in Köln der Arbeitskreis „Gewerbeansiedlung Neue Stadt" bildete, an dem auch die IHK zu Köln mitarbeitete. Bereits seit 1960 befaßte sich unter Leitung von Vizepräsident Josef Kirch ein übergreifender Arbeitskreis „Gewerbebetriebe in neuen Wohnsiedlungen" in Zusammenarbeit mit dem Institut für Selbstbedienung mit der Planung eines Geschäfts- und Einkaufszentrums für den ersten Bauabschnitt der Nordstadt. Neben der planerischen Mitarbeit an kleineren Einheiten beschäftigte sich die Kammer ebenso intensiv mit den Großprojekten in den Kölner Vororten Ostheim und Bocklemünd-Mengenich.

3.3 AUSSENWIRTSCHAFT/INTERZONENHANDEL

Im Zuge der Konsolidierung der deutschen Beziehungen zum Ausland nach 1950 stieg auch der Export aus dem Kölner Wirtschaftsraum deutlich an, zunächst profitierte davon die Maschinenbauindustrie. Die Kölner Kammer, die konsequent für die Grundsätze eines freien Welthandels eintrat, hatte zunächst gegenüber der Im- und Exportwirtschaft des Kammerbezirks eine umfassende Beratungs- und Auskunftstätigkeit zu gewährleisten. Dies bezog sich auf verfahrensrechtliche Fragen, Zahlungs- und Lieferbedingungen und naturgemäß auch auf Zollauskünfte. Für über 80 Länder waren die jeweils aktuellen Zollbestimmungen nachzuhalten, eine Aufgabe, die unter Einbeziehung der Handelsadministrationen der Partnerländer und der in Frage kommenden Auslandshandelskammern (AHKn) unter großem personellen und zeitlichen Aufwand durchgeführt wurde. Außerdem erstellte die Kammer 1950 bereits ein Handbuch, worin alle Außenwirtschaftsunternehmen des Kammerbezirks mit ihrem Lieferprogramm aufgeführt waren.

Die Informationsfülle im Außenhandelsbereich steigerte sich bei zunehmender Verflechtung der Wirtschaft des Kammerbezirks, wobei ein breites Aufgabenfeld auch durch die Devisenbewirtschaftung vorgegeben war. Hinzu kamen Fragen über Form und Inhalt der vorgeschriebenen Handelsdokumente. Allein im Jahre 1951 betrug die Zahl der von der Kammer beglaubigten Ursprungszeugnisse, Handelsrechnungen oder Konsulatsfakturen 20 000 Stück. Trotz zunehmenden Abbaus dieser Warenbegleitpapiere, der im Laufe der fünfziger Jahre bei den wichtigsten Handelspartnern erfolgte, verdoppelte sich die Anzahl der beglaubigten Papiere noch bis zum Beginn der sechziger Jahre. Hinsichtlich der Beantwortung mündlicher und schriftlicher Anfragen kam es ab Ende 1951 mit der im neuen Kammergebäude domizilierenden Bundesstelle für Außenhandelsinformationen zu einer ergänzenden Zusammenarbeit.

Die aktive Förderung der außenwirtschaftlichen Beziehungen war ebenfalls ein Aufgabengebiet, dem sich die Kammer intensiv widmete. Zahlreiche Vorträge von Fachleuten für Außenwirtschaftsfragen wurden in Verbindung mit dem Institut für Handelsforschung an der Universität zu Köln der interessierten Unternehmerschaft angeboten, darüber hinaus gestaltete die Kammer sogenannte „Sprechtage", zu denen ausländische Spezialisten oder die Geschäftsführer der Auslandshandelskammern zugezogen wurden, um spezielle Fragen beantworten zu können. Das ganze Jahr über wurden ausländische Besucher und Delegationen in der Kammer empfangen, jede Gelegenheit wurde genutzt, mit diesen Besuchen auch außenwirtschaftliche Fragestellungen zu verknüpfen. Der Neujahrsempfang der IHK zu Köln fand ab 1954 wieder statt. Der Präsident lud jeweils zu Jahresbeginn die Diplomaten und Botschaftsangehörigen des Wirtschaftsraums gemeinsam mit Vertretern der Außenpolitik, den Repräsentanten der Verbände und Vertretern des Kammerbezirks zu einem festlichen Empfang ins Kölner *Excelsior Hotel Ernst*.

Die Kölner Kammer war im Jahre 1956 an den Vorarbeiten zur Einführung eines Warenmuster-Carnets (Carnet E.C.S.) beteiligt. Es verfolgte den Zweck, den Exporteuren die Vorführung von Mustern im Ausland zu erleichtern und zu verbilligen. Eine Ergänzung dieses Carnets stellte das im Jahre 1963 ebenfalls unter Mitwirkung der IHK Köln erarbeitete Carnet A.T.A. da. Dieses internationale Zollpapier, das gleichfalls auf der allgemeinen Bürgschaftsübernahme des Zollrisikos durch die Kammern der beteiligten Länder basierte, war dazu geeignet, die vorübergehende Ein- und Ausfuhr von Messe- und Ausstellungsgütern, Montagewerkzeugen oder Kontroll- und Meßinstrumenten zu erleichtern.

Die Diskussion um die Errichtung einer Europäischen Wirtschaftsgemeinschaft (EWG) verfolgte die Kammer Köln intensiv, sie vertrat von Anfang an die Auffassung, daß das Vertragswerk um einen Zusammenschluß aller OEEC-Länder in einer Freihandelszone ergänzt werden müsse, um einer wirtschaftlichen und politischen Spaltung Europas zuvorzukommen. Nach Inkrafttreten des EWG-Vertrags 1958 gab die Kammer einen EWG-Nachrichtendienst heraus; sie war nicht zuletzt durch die Intensivierung auch ihrer Ausschußtätigkeit (DIHT und Kammervereinigung) darum bemüht, der Bezirkswirtschaft alle Informationen der zu erwartenden Veränderungen zugänglich zu machen. Durch Befragungen stellte die Kammer 1961/62 mit Erstaunen fest, daß vornehmlich Großunternehmen hinsichtlich ihrer Vorbereitungen auf den „Gemeinsamen Markt" bereits optimal vorbereitet waren, während sich aber die große Vielzahl der kleineren und mittleren Unternehmen zurückhaltend und abwartend verhielt. Sie intensivierte aus dieser Erkenntnis heraus noch einmal ihre „EWG-Informationsangebote" und richtete u.a. in Köln und Gummersbach verschiedene Sprechtage aus.

Die Frage der „Europäischen Integration" und die Erfolge, die 1962/63 im Bereich der Binnenzölle, des Kartellrechts und der Harmonisierungsprozesse erzielt wurden, bewertete die Kölner Kammer positiv. Sehr kritisch setzte sie sich aber wiederholt mit dem zunehmenden Dirigismus auseinander. Die 1962 in Kraft gesetzten Marktordnungen für Getreide, Schweinefleisch etc. beurteilte sie sehr ungünstig, nach ihrer Meinung konnte eine Fortführung des Agrarprotektionismus nicht ohne Folgen für die Gesamtwirtschaft bleiben. Dem entsprechenden Erfahrungsbericht der EWG-Kommission, der von einer Bewährung der Marktordnungen sprach, widersprach die Kölner Kammer deutlich. Es sei vollkommen negiert worden, daß die Verbraucherpreise inzwischen überteuert seien.

Neben den sicherlich herausragenden Problemen, die im Zusammenhang mit der „Europäischen Integration" zu lösen waren, beschäftigte sich die Kölner Kammer schon seit 1958 mit der Entwicklungshilfe. Der Westen müsse diesen Ländern beistehen, so ihre Aussage im Jahresbericht 1959, damit sie nicht der kommunistischen Infiltration anheimfielen. Sie mahnte aber nicht nur eine Erhöhung der Bundesmittel für Entwicklungshilfe an, sondern forderte ihrerseits die Wirtschaft auf, wenn möglich, in diesen Ländern Entwicklungsinvestitionen zu tätigen. Der Gesetzgeber müsse diese Investitionen durch steuerpolitische Maßnahmen flankieren. 1962 wurde in der Kammer die *Deutsche Gesellschaft für wirtschaftliche Zusammenarbeit (Entwicklungsgesellschaft) m.b.H.* gegründet, die die entsprechenden Investitionsprojekte vor Ort koordinieren sollte.

Die Handelsbeziehungen zwischen Unternehmen des Wirtschaftsraums Köln und Unternehmen in der sowjetischen Besatzungszone wurden aufgrund ihrer traditionellen Bindungen unmittelbar nach dem Krieg wieder aufgenommen. Der Interzonenhandel war von Anfang an schwersten bürokratischen Belastungen ausgesetzt.[210] Die Genehmigungsverfahren waren teils so undurchschaubar, daß selbst die Kammer Schwierigkeiten damit hatte, den Unternehmen stets die richtige Auskunft zu erteilen. Teilweise waren die Genehmigungsverfahren aber auch so langwierig, daß einzelne Firmen die noch vorhandenen Möglichkeiten des illegalen Transportes unter Ausschöpfung vorhandener

Kompensationsmöglichkeiten nutzten. Im Zusammenhang mit der Berlin-Blockade kam es schließlich zur Einstellung des interzonalen Handels 1948/49.

Nach der Berlin-Blockade wurde der vertragslose Zustand im Interzonenhandel insofern genutzt, als Kaufleute zur illegalen Selbsthilfe griffen und jetzt Geschäfte im „Bar- und Kompensationsverkehr" abwickelten. Die Kammer äußerte sich hinsichtlich der Duldung dieser illegalen Geschäfte durch die Alliierten sehr dankbar, denn nur so war ein Warenverkehr überhaupt möglich. Durch das Frankfurter Abkommen vom 8. Oktober 1949 wurde in entsprechenden Durchführungsbestimmungen jetzt ein festumrissenes Verfahren bezüglich der Lieferung und deren Verrechnung eingeführt. Die vorgesehenen Liefermengen waren aber nach Auffassung der Kammer zu gering, so daß immer wieder Ausnahmegenehmigungen beantragt werden mußten. Im Grunde war der Güter- und Warenaustausch mit der DDR von 1951 – hier wurde mit dem Berliner Abkommen ein neues Verfahren vertraglich fixiert – bis 1953 ständig durch politische Störungen bedroht. Das ambivalente Verhalten der DDR-Behörden führte immer wieder zu Behinderungen, entschädigungslosen Beschlagnahmungen von Lieferungen usw.

Das Gesetz zur Förderung der Wirtschaft von Groß-Berlin vom 8. März 1950, das u.a. Umsatzsteuervergünstigungen beim Bezug aus Westberlin zur Folge hatte, gab dem Berlin-Verkehr neue Impulse. Auch die Kölner Kammer trat aktiv für eine Steigerung des Absatzes der Berliner Wirtschaft ein. Während auf westdeutscher Seite das Interesse am Warenaustausch mit der DDR nach 1953 prozentual stetig zurückging (der Anteil des Interzonenhandels am Außenhandel der BRD betrug 1958 2,5 %), stellte er für die DDR mit elf Prozent Außenhandelsanteil ein wichtige Größe dar. Die Tätigkeit der Kammer auf dem Gebiet des Interzonenhandels erstreckte sich in der Hauptsache auf die Unterrichtung und Aufklärung der am Warenaustausch beteiligten bzw. interessierten Unternehmen über Bezugs- und Absatzmöglichkeiten und über die Genehmigungsverfahren.

Es war offensichtlich, daß die Ausbildung des Außenhandelsnachwuchses dringend durch systematische Schulungen nachgebessert werden mußte, zumal durch den reglementierten Außenhandel in den Jahren vor Ausbruch des Krieges die Funktionen des Außenhandelskaufmannes verkümmert waren. Die Ausbildung war demzufolge 15 Jahre lang vernachlässigt worden.[211] Am 1. Oktober 1949 wurde der Unterricht der von der Kölner Kammer gegründeten „Außenhandelsfachschule" aufgenommen. 50 junge Kaufleute nahmen an deren erstem Lehrgang teil. In der konstituierenden Sitzung zur Bildung der Fachschule wurde ein Kuratorium geschaffen, dem zunächst neben dem Präsidenten der Kölner Kammer (Vorsitz) Vertreter der Stadt, der Regierung und der Universität angehörten, später kamen Vertreter des Deutschen Gewerkschaftsbundes und der Deutschen Angestellten-Gewerkschaft hinzu.

Der Abendschulbetrieb fand in den Räumen der Städtischen Handelslehranstalten statt. Träger der Schule war die Kammer Köln, die Geschäfte führte der Geschäftsführer der Außenwirtschaftsabteilung. Die Schule konnte von ausgebildeten Kaufleuten (Kaufmannsgehilfenbrief) besucht werden, die zusätzlich das Abschlußzeugnis einer zweijährigen Handelsschule, einer Höheren Handelsschule, einer Oberschule oder einer Mittelschule erworben hatten. Außerdem waren diejenigen zugelassen, die als Berufsschüler an Förderlehrgängen zur Erlangung der Fachschulreife teilgenommen und ein berufspraktisches Jahr im Anschluß an die Lehrzeit absolviert hatten. Die Studiendauer betrug sechs Semester mit je zwanzig Schulwochen und wöchentlich neun Unterrichtsstunden, die außerhalb der normalen Berufstätigkeit lagen.

Zum Lehrangebot gehörten neben den Kernfächern (wie z.B. Außenhandelsbetriebslehre) vor allem Fremdsprachen, aber auch die Fächer Zollwesen, Außenhandelsversicherung, Außenhandelswerbung, Internationaler Zahlungsverkehr, Markterkundung, Wirtschaftsgeographie, Außenhandelsrecht und

Handelskorrespondenz in verschiedenen Sprachen. Durch Studienreisen in das benachbarte Ausland, zu wichtigen Häfen und Handelsplätzen verschiedener Länder, sollte praktischer Anschauungsunterricht vermittelt werden. Ziel der ersten Reise im Jahr 1951 war die Besichtigung der Rheinmündungshäfen Rotterdam und Antwerpen.[212] 1954 wurde durch Erlaß des Kultusministers die staatliche Anerkennung verliehen, damit stand die Außenhandelsfachschule unter staatlicher Aufsicht. Ihre Abschlußprüfungen mußten entsprechend vor einem staatlichen Prüfungsausschuß vorgenommen werden.

3.4 INDUSTRIE UND UMWELT

Das Jahr 1950 markierte mit dem Ablauf des Gesetzes zur vorläufigen Regelung gewerberechtlicher Genehmigungen und Schließungen die Wiederherstellung der vollen Gewerbefreiheit im industriellen Bereich. Nachdem es zur Jahreswende 1948/49 noch einmal zu einem schwerwiegenden Engpaß in der Energieversorgung gekommen war, trat in dieser Frage nun auch eine deutliche Besserung ein. 1950 konnten alle Verbrauchsbeschränkungen im Energiebereich aufgehoben werden. Davon ausgenommen blieben lediglich die Schaufensterbeleuchtungen und sonstige Leuchtreklamen. Hiergegen richtete die Kammer ihre Kritik, weil die Verbrauchsmengen in diesem Bereich nachgewiesenermaßen äußerst gering waren.

Im Zuge der rüstungsbedingten Konjunktur der sogenannten „Korea-Krise" kam es wiederum zu Engpässen bei Rohstoffen und Kohle. Dabei zeigten sich schwerwiegende Mängel des Verteilsystems. Während die Kohlebeschaffung für die Industrie zentral geregelt war, blieben die gewerblichen Kleinverbraucher oftmals von den Zuteilungen ausgeschlossen. Die Kammer forderte daher eine Neuordnung des gesamten Energiebereiches. Intensiv setzte die Kölner Kammer sich für eine Energierechtsreform ein, der bezirklichen Wirtschaft ließ sie hinsichtlich des Abschlusses von Stromlieferungsverträgen ausführliche Beratungen zukommen. 1956 wurde sie federführend für Stromfragen in Nordrhein-Westfalen und setzte sich bereits im gleichen Jahr mit dem Thema „Atomstrom" auseinander. Gemeinsam mit den Spitzenorganisationen der Wirtschaft wurde ein Gesetzentwurf über die Vorratshaltung in der Energiewirtschaft ausgearbeitet. Anlaß war eine empfindliche Energieverknappung zur Jahreswende 1962/63, die durch das Zufrieren der Flüsse und Kanäle bedingt war. Ende Januar 1963 war sogar die Rheinschiffahrt zum Erliegen gekommen. Zu Versorgungsengpässen war es vor allem gekommen, weil Brennstoffhändler zu wenig Lagerkapazität besaßen.

Ein Arbeitsschwerpunkt der Industrieabteilung war die Hilfe bei der Ansiedlung neuer Gewerbebetriebe, wobei auch die besondere Lage der Betriebe aus dem Osten zu berücksichtigen war. Die Kammer hatte im Rahmen der Flüchtlingshilfe die Wirtschaftlichkeitsprüfung des beabsichtigten Gewerbes gutachtlich durchzuführen. Die Hilfen erstreckten sich auch auf die Suche nach gewerblichen Räumen. Zahlenmäßig am stärksten wirkten sich dabei die Ansiedlungen der großen Mineralölunternehmen aus, die jeweils an den Endpunkten von bedeutenden Ölpipelines (Wesseling) errichtet wurden.

Die Tätigkeit der Kammer bei der Vermittlung öffentlicher Aufträge (fünf Prozent der öffentlichen Aufträge waren betroffen) bezog sich zunächst auf die Herstellung von Kontakten zwischen den Unternehmen und den Behörden. Dabei kam es darauf an, insbesondere den kleinen und mittleren Unternehmen die Teilnahme an den Ausschreibungen zu ermöglichen sowie sie entsprechend zu beraten. Gegenüber den Behörden lieferte die Kammer bei Bedarf Beurteilungen über die Leistungsfähigkeit, Eignung und Zuverlässigkeit von in Frage kommenden Unternehmen. 1955 wurde von den nordrhein-westfälischen Kammern, zunächst noch gemeinsam mit Wirtschaftsorganisationen des Handels und des Handwerks, die Beratungsstelle für das öffentliche Auftragswesen im Lande Nordrhein-Westfalen errichtet.[213] Die Auftragsberatungsstelle überließ der Kammer bei Vorliegen eines bestimmten Auftrags die Auswahl eines Unternehmens. Erst nach Prüfung der Lieferfähigkeit und -bereitschaft durch die Kammer bezog sie dann das Unternehmen in das Verfahren ein. Die IHK zu Köln richtete eine entsprechende Firmen- und Warenkartei ein, um bei Handlungsbedarf effektiv reagieren zu können.

Das teilweise stürmische Wachstum der Industrie bei knapper werdenden Ressourcen zwang die Verantwortlichen zur Rationalisierung in allen wirtschaftlichen Bereichen. Die äußerlichen Zeichen wiesen immer deutlicher darauf hin, daß ein weiteres Wachstum u.a. vom Erfolg im Rationalisierungsbereich abhängig war. Bereits 1956 wurden die ersten ausländischen Arbeitskräfte in der oberbergischen Steinindustrie eingesetzt. Bei gleichzeitiger Arbeitszeitverkürzung auf 45 Stunden pro Woche im Jahre 1957 sank die Arbeitslosenquote zunächst von 4,4 % auf 1,1 %. 1962 waren bei einer Arbeitslosenquote von 0,3 % bereits 42 000 ausländische Arbeitnehmer im Kammerbezirk beschäftigt. Schon 1949 hatte sich die Kölner Kammer in diese Diskussion eingeschaltet und erste Erfahrungsaustauschzirkel angeregt, die sich mit neuen Betriebsarten und Produktionsmethoden auseinandersetzten. Ein Jahr später ergab sich eine erste Zusammenarbeit mit dem Rationalisierungskuratorium der deutschen Wirtschaft (RKW). Es wurden Erfa-Gruppen zusammengestellt, und es kam zu einer regen Aktivität hinsichtlich von Vortragsveranstaltungen, Unternehmerfachwochen u.v.m. 1961 kam es zur Gründung der Erfa-Gruppe „Mittel- und Kleinbetriebe", daneben existierten weitere Erfa-Gruppen für die Bereiche „Betriebswirtschaft", „Arbeitsvorbereitung", „Industrieller Einkauf" und „Industrieller Vertrieb". Eine Vielzahl von Spezialseminaren zu Rationalisierungsfragen wurde der Bezirkswirtschaft das ganze Jahr über angeboten.

Im Zusammenhang mit der Auseinandersetzung in verteidigungswirtschaftlichen Fragen, insbesondere mit der Notstandsgesetzgebung, hatte sich die IHK zu Köln (auch der Industrie-Ausschuß) mit den Auswirkungen auf die gewerbliche Wirtschaft zu befassen. Die Selbstschutz-, Schutzbau- und Zivildienstgesetze waren mit erheblichen Belastungen für die Wirtschaft in personeller und finanzieller Hinsicht verbunden. Die Kammer bemühte sich daher, die Wirtschaft über die kommende Entwicklung zu informieren, und richtete im Jahre 1964 gemeinsam mit der Handwerkskammer und der IHK Bonn eine Beratungsstelle für betrieblichen Selbstschutz der gewerblichen Wirtschaft im Regierungsbezirk Köln (Selbstschutzberatungsstelle) ein.

In Verbindung mit dem Übergang der Braunkohlengewinnung zum Tieftagebau, aber auch aufgrund allgemein auftretender Wasserprobleme setzte sich die Kölner Kammer schon früh mit der Versalzung des Rheinwassers und dem stetigen Absinken des Grundwasserspiegels auseinander. Die Kammer schaltete sich 1951 auch in Untersuchungen des Landesamtes für Gewässerkunde zur Sicherung der Frisch- und Brauchwasserversorgung ihres Bezirks ein und führte bei größeren Wasserverbrauchern des Bezirks entsprechende Erhebungen durch. Auch in die Planungen zum Bau der großen Dhünn-Talsperre des Wupperverbandes schaltete sie sich ein.

Das Referat, das Franz Greiß im Rahmen der Vollversammlung der Rheinkammernunion in Köln am 30. September 1952 über die Verunreinigung des Rheins hielt[214], war die Initialzündung zu einer in allen Rheinanliegerstaaten geführten Diskussion über die Maßnahmen zur Abwendung der Wassernot und über die konkreten Programme zur entscheidenden Verbesserung der Wasserqualität des Rheins und seiner Nebenflüsse. Mit großer Sorge beobachtete die Kammer die Trockenlegung des Erftgebietes und seine Auswirkungen auf das linksrheinische Wasserreservoir. Franz Greiß, der bereits als Vertreter der deutschen Gruppe in der Rheinkammernunion Wortführer für Fragen der Rheinwasserverschmutzung war, gründete und leitete auch den im April 1959 errichteten Wasser-Ausschuß der IHK zu Köln. Nahezu zeitgleich trat das Wasserhaushaltsgesetz des Bundes (1960) in Kraft, das in Verbindung mit weiteren landesrechtlichen Gesetzen und Bestimmungen für die Rheinschiffahrt des deutschen Rheingebiets eine Vereinheitlichung und Verschärfung des deutschen Wasserrechts brachte.

1963 konnte Franz Greiß in einem Resümee über die Auswirkungen der nationalen und internationalen Anstrengungen der Rheinanliegerstaaten und der privatwirtschaftlichen Unternehmen positiv berichten, daß die Mittel zum Bau von Großkläranlagen etc. inzwischen viele Milliarden betrügen.[215] Allein im Wirtschaftsraum Köln seien in der Zeit zwischen 1950 und 1960 über 100 Mio. DM investiert worden, die deutsche Industrie habe nach einer Untersuchung des DIHT im gleichen Zeitraum einen Betrag in Höhe von mehr als 1,5 Mrd. DM für die Reinhaltung des Rheins aufgebracht.

Ende 1959 wurde das sogenannte Luftreinhaltungsgesetz verkündet (Gesetz zur Änderung der Gewerbeordnung und Ergänzung des Bürgerlichen Gesetzbuches), das eine wirksame Bekämpfung der Luftverschmutzung, soweit von der Industrie verursacht, zum Ziel hatte.[216] Zusätzlich wurde 1960 in einer Anlagenverordnung der Katalog der genehmigungsbedürftigen Anlagen neu festgesetzt. Durch Ländergesetze wurden im Anschluß daran auch die zahlreichen Emittenten ausgewiesen, die durch das neue Gesetz nicht unmittelbar erfaßt waren. Hierzu zählte auch das Immissionsschutzgesetz des Landes NRW, das von den nordrhein-westfälischen Kammern kritisch aufgenommen wurde.

Die Kammer Köln gründete unter Vorsitz von Franz Greiß im Januar 1960 ihren Ausschuß für Luftreinhaltung, der sich den geschilderten Problemen und insbesondere den Einflüssen der Chemie-Industrie des Kölner Wirtschaftsraums widmete. Es ging dem Ausschuß in erster Linie darum, die teilweise emotional verfälschten Tatsachen über das Ausmaß der Luftverschmutzung durch eine objektive Bestandsaufnahme der tatsächlich vorliegenden Beeinträchtigungen zu ersetzen. Er führte daher zunächst bei den betroffenen Industrieunternehmen eine Befragung über die getätigten oder geplanten Investitionen im Bereich Immissionsschutz durch. Außerdem setzte sich der Ausschuß gegen ein „Gutachten über die Luftverunreinigung in Köln" zur Wehr, das seiner Meinung nach auf der Basis falscher Meßdaten erstellt worden war. 1963 wurde daher ein Arbeitskreis zur Koordinierung von betriebseigenen Messungen in Verbindung mit Fachinstituten eingerichtet. Als Ergebnis der Untersuchungen gab die Kammer 1964 zwei Gegengutachten in Auftrag, die zu einer deutlichen Relativierung der ursprünglichen Meßergebnisse beitrugen. Immer stärker trat ab 1963 die Beseitung des gewerblichen Abfalls als Problem in den Vordergrund. Schon zu diesem Zeitpunkt plädierte die Kölner Kammer für die Errichtung einer Müllverbrennungsanlage als Alternative zur Mülldeponierung mit ihren unkalkulierbaren Folgen für das Grundwasser.

3.5 VERKEHR

Nach der Währungsreform hatte sich im Verkehrsgewerbe eine völlig neue Konkurrenzsituation herausgebildet, an die Stelle des Kampfes um die (knappen) Verkehrsmittel war jetzt mehr oder weniger ein Überangebot getreten. Dabei konkurrierte die Eisenbahn mit der Binnenschiffahrt vornehmlich im Bereich der Massengüter, während der Güterstraßenverkehr hauptsächlich beim Stückgut mit der Eisenbahn im Wettbewerb stand. Traditionell war die Kölner Kammer in den verschiedenen Gremien und Ausschüssen der Bahnen vertreten und kannte die Sorgen und Nöte des Schienenverkehrs – aber auch die Schwächen – sehr wohl. Ihr kam es stets darauf an, die Notwendigkeit eines intakten Schienenverkehrs herauszustellen, da nur dieser als quasi öffentlicher Sektor eine Beförderungspflicht sicherte. Andererseits blieb auch ihr nicht verborgen, daß die Eisenbahnen, hier vor allem die Bundesbahn, aufgrund der hohen Betriebskosten und ihres enormen

Investitions- und Modernisierungsbedarfs keine kostendeckenden Beförderungspreise erheben konnten. Anfang der fünfziger Jahre trat auch immer deutlicher zutage, daß im Verteilungskampf um Frachtanteile die Binnenschiffahrt und die Eisenbahn ohne entsprechende Hilfen ins Hintertreffen geraten würden.

Bei der Modernisierung der Bundesbahn spielte die Elektrifizierung eine wesentliche Rolle. Die Kammer schaltete sich hier frühzeitig ein. Als 1952 bekannt wurde, daß als erstes Teilstück die Strecke Hamm–Düsseldorf elektrifiziert werden sollte, intervenierte sie und bezeichnete diesen Versuch, Köln nicht sofort in das Netz einzubeziehen, als völlig unhaltbar. Nennenswerte Fortschritte bei der Elektrifizierung ergaben sich gegen Ende der fünfziger Jahre, mit der Inbetriebnahme der Strecke „Düsseldorf–Köln–Remagen" wurde die Elektrifizierungslücke zwischen Nord- und Süddeutschland geschlossen. Die Forderungen der Kammer gingen allerdings weit darüber hinaus und bezogen sich auch auf den zügigen Weiterbau der Parallelstrecken, etwa von Köln nach Aachen etc. Während die Bundesbahn bei der Modernisierung ihres Streckennetzes und ihrer technischen Ausstattung recht erfolgreich war, ließ sich ihr Hauptproblem, das ständig hohe Defizit, weder durch Rationalisierung noch durch Streckenstillegung in den Griff bekommen. Die Konkurrenz des stetig wachsenden Individualverkehrs führte dazu, daß auch im Kölner Kammerbezirk Strecken stillgelegt werden mußten. 1959 waren davon sieben Strecken betroffen, wobei die Kölner Kammer versuchte, gegen einige der geplanten Stillegungen zu argumentieren.

Im Bereich des Güternah- und -fernverkehrs mußte die Kammer eine ständig ansteigende Zahl von Anträgen auf Zulassung begutachten und hier die unangenehme Aufgabe der in den ersten Jahren noch verlangten Bedürfnisprüfung wahrnehmen. Diese Prüfung war notwendig, weil es für jedes Bundesland eine bestimmte Zulassungsquote gab. Die Kammer war auch bei der Prüfung von entsprechenden Zulassungen beim Omnibus- und Gelegenheitsverkehr einbezogen. Überhaupt hatte die Kammer im Bereich des Kraftverkehrs etliche weitere Genehmigungsverfahren abzuwickeln, etwa bei der Zulassung von Kraftdroschken und Mietwagen, beim internationalen Güterverkehr, bei Fahrten nach Berlin usw.

Im Zusammenhang mit der in den fünfziger Jahren einsetzenden Motorisierungswelle schaltete sich die Kammer sehr engagiert in die Fragen ein, die sich im Bereich der Verkehrssicherheit in den Städten und auf den Fernstraßen stellten. Gemeinsam mit dem Verkehrs-Ausschuß gab die Kammer hinsichtlich des weiteren Ausbaus der Autobahnen eindeutige Stellungnahmen ab, so forderte sie neben dem Bau der Rodenkirchener Autobahnbrücke die Fertigstellung der Autobahn Köln–Aachen, den Bau der Autobahn von Köln über Wuppertal nach Kamen sowie den Bau der Nordtangente (nördlicher Kölner Autobahnring). 1952/53 war der Vorkriegsbestand an Kraftfahrzeugen im Kammerbezirk bereits wieder erreicht, der durch Köln zu schleusende Verkehr überlastete die Kölner Brücken und das unvollkommene und wenig geeignete innerstädtische Straßennetz. Zusätzlich führte er zu einer drastischen Verschärfung der Parkraumnot.

Auch wegen der ständig steigenden Zahlen von Verkehrsunfällen im Kammerbezirk forderte die Kammer weitere Rheinbrücken, den Ausbau des Kölner Autobahnringes, den großzügigen Ausbau der innerstädtischen Entlastungsstraßen (Nord-Süd-Fahrt, Innere Kanalstraße, Militärringstraße), den Ausbau wichtiger Bundes- und Landstraßen im Kammerbezirk, die Schaffung von ausreichend Parkraum im Innenstadtbereich und weitere Maßnahmen zur Förderung der allgemeinen Verkehrssicherheit. Die Sicherheit im Verkehr war nach Auffassung der Kammer besonders dringlich anzugehen, sie selbst arbeitete daher sehr eng mit der Verkehrswacht und dem Verkehrssicherungsausschuß der Stadt Köln zusammen. 1953 war der Vorkriegsbestand an Kfz bereits um 75 % überschritten, in Köln waren 105 000 Kfz zugelassen, davon allein 36 000 Autos und 48 000 Motorräder.

Einweihung eines Teilabschnitts der Kölner Nord-Süd-Fahrt, 1962. Tunnel an der Schildergasse

Während die Kammer bei der Bekämpfung der hohen Zahl der Verkehrsunfälle – allein zwischen 1952 und 1953 kam es zu einem neunzigprozentigen Anstieg der Verkehrstoten –, auf die Maßnahmen der Verkehrsentschärfung, Aufklärung und Polizeiarbeit setzte, lehnte sie etwa Sperrungen der Innenstadt für Lkw oder aber ein Verbot des Ferntransportes von Massengütern auf der Straße ab. Auch eine Verkehrssünderkartei traf nicht auf ihre Gegenliebe. Stattdessen forderte sie alle verantwortlichen Politiker und Verkehrsplaner auf, die notwendigen Mittel aufzubringen und Entscheidungen umzusetzen, um die Probleme beherrschbar zu machen. Schon 1954 schlug sie eine Straßenverbreiterung im Stadtbereich und den Bau einer Unterpflasterbahn (U-Bahn) vor. 1955 begann mit dem verabschiedeten Verkehrsfinanzierungsgesetz der Ausbau der Autobahnen. Die Kammer begrüßte dieses Zehnjahres-Straßenbauprogramm ausdrücklich.

Der Straßenbau in der Kölner Innenstadt war ihrer Meinung nach unzureichend und verlief zu schleppend, vor allem die Nord-Süd-Fahrt wurde ständig kritisiert. Sie sollte nach Meinung der IHK ebenso kreuzungsfrei ausgebaut werden wie die Innere Kanalstraße, die als Stadtautobahn bis zum Verteilerkreis Süd geführt werden sollte. Zum Generalverkehrsplan der Stadt Köln 1957 wurde durch ein Auftragsgutachten eines Verkehrsplaners der TU Berlin Stellung genommen. Die Kammer nahm diese Gelegenheit wahr, um noch einmal ihre Forderungen zu formulieren: Ausbau des innerstädtischen Straßennetzes, Ausbau des öffentlichen Personennahverkehrs, U-Bahnbau, weitere Brücken (Nordbrücke, Autobahnbrücke Leverkusen) usw. Das Problem des ruhenden Verkehrs in der Innenstadt entspannte sich durch den Bau einer Reihe von Parkhäusern und durch die Einführung von Parkuhren für Kurzparker. Auch die Zahl der Verkehrsunfälle stagnierte erstmalig im Jahre 1958. Zurückzuführen war dies nach Meinung der Kammer auf das allmähliche Wirksamwerden der Verkehrssicherungsmaßnahmen, z.B. durch zahlreiche Ampelanlagen, außerdem wurde 1957 eine Geschwindigkeitsbegrenzung eingeführt.

Zu Beginn der sechziger Jahre wurde immer deutlicher, daß die Verkehrsinfrastruktur Kölns für den rasch zunehmenden Individualverkehr nicht ausreichte. Die ohnehin seit Anfang der fünfziger Jahre rückläufige Zahl der Fahrgäste bei den *Kölner Verkehrsbetrieben* (KVB) war ein Indikator für deren Leistungsfähigkeit. Weder das Straßenbahnnetz reichte zur Abwicklung des Pendlerverkehrs aus, noch waren die Bahnen im Innenstadtbereich eine Alternative, auch sie standen während der Hauptverkehrszeiten im Stau. Die Kammer begrüßte daher den Beginn (September 1963) des ersten Bauabschnitts des U-Bahnnetzes, die etwa zwei Kilometer lange Strecke Hauptbahnhof–Friesenplatz. Die Attraktivität der KVB verbesserte sich auch deutlich durch eine weitere Streckenführung über die neugebaute Severinsbrücke.

Wenngleich die Straßenverkehrsprobleme aufgrund der stürmischen Entwicklung auf dem Gebiet des Individualverkehrs und des Güterverkehrs zumindest zeitweise im Vordergrund der Kammeraktivitäten standen, so bedeutet dies keinesfalls, daß die anderen Verkehrsbereiche vernachlässigt worden wären. Die Aufmerksamkeit der Kammer richtete sich gleichermaßen auch auf die Probleme der Binnenschiffahrt, die in der Bundesbahn und später auch den Ölpipelines existenzbedrohende, starke Konkurrenten hatte. Außerdem zwangen die Wetterbedingungen die Rheinschiffahrt oftmals zur Einstellung ihres Betriebes, sei es durch extremes Niedrigwasser (Sommer 1959) oder durch lang anhaltende Frostperioden (z.B. Januar bis März 1963).

Auf eine ausführliche Darstellung aller Aufgaben der Verkehrsabteilung bzw. des Verkehrs-Ausschusses muß hier verzichtet werden, eine stichwortartige Aufzählung soll diese aber zumindest benennen. Dazu gehörten: Harmonisierung des EWG-Verkehrs, Erhalt und Ausbau der Kölner Häfen, Fahrgastschiffahrt, Laufzeiten im Brief- und Paketverkehr, Selbstwählferndienst, Ausbau des Fernsprechnetzes sowie des Telegramm- und Telex-Verkehrs, Datenfernübertragung, private Gesellschaften des öffentlichen Nahverkehrs (Eisenbahn und Bus), Fremdenverkehr, Luft-, Schienen- und Seetouristik, Messen und Ausstellungen (internationale Kölner Fachmessen, wie photokina, Anuga, interzum, SPOGA).

Die Bemühungen der Kölner Kammer um die Wiederbelebung und wirtschaftliche Nutzung des Luftverkehrs wurden mit besonderem Nachdruck betrieben. Als sich endgültig der Wiederaufbau des Flughafens Butzweiler Hof, einst das Luftkreuz des Westens, als nicht lohnend herausgestellt hatte, konzentrierten sich die Bemühungen auf den in den ersten Nachkriegsjahren noch militärisch genutzten Flughafen Köln-Wahn. Im Herbst 1950 wurde dieser (teilweise) für den zivilen Luftverkehr freigegeben, es wurde daraufhin die *Köln-Bonner-Flughafen-Wahn GmbH* gegründet. Zu diesem Zeitpunkt führte die *British European Airways* (BEA) während der Industrieausstellung schon täglich Flüge nach Berlin durch, 1951 folgten Flugverbindungen (auch durch die belgische *SABENA*) nach London, Brüssel, Hamburg, München und Nürnberg. Immer wieder aber kam es zu vorübergehenden Betriebsstörungen, weil die Alliierten den Flughafen für militärische Zwecke nutzten. Gemeinsam mit der IHK Bonn richtete die Kölner Kammer an die Bundesregierung einen Dringlichkeitsappell, der die Freigabe des Flughafens forderte. Den Ausbau sah man andernfalls gefährdet.

Am 6. Januar 1953 wurde im Kammergebäude die *AG für Luftverkehrsbedarf* (*Deutsche Lufthansa*) mit Sitz in Köln gegründet, sie eröffnete ihren Flugbetrieb 1955. Nach verstärkten Protesten erfolgte am 18. Juni 1957 die völlige Freigabe des Flughafens für den zivilen Verkehr, am 2. Oktober des gleichen Jahres wurde der Zivilflughafen Köln/Bonn feierlich eröffnet. Die nordrhein-westfälische Landesregierung sagte jetzt auch ihre Unterstützung zu, zumal landesweit die Frage des Ausbaus eines NRW-Flughafens zum Großflughafen für den zukünftigen Düsenverkehr diskutiert wurde (als Ausweichflughafen für Frankfurt/Main). Bereits im November 1958 entschied die Landesregierung, Köln/Bonn zum interkontinentalen Düsenverkehrsflughafen auszubauen, wobei die Kosten anteilig vom Bund, vom Land und von der Stadt Köln zu tragen waren. Mit dem Bau der 3,8 km langen Startbahn wurde 1959 begonnen, im gleichen Jahr erfolgten auch die ersten Starts und Landungen von Düsenjets.

Aufgrund der großen Steigerungen im Bereich des Passagieraufkommens und des Frachtverkehrs war die Kammer in ihrem Jahresbericht 1960 sehr optimistisch hinsichtlich der Entwicklung des Flughafens zu einem zukünftigen „Rhein-Ruhr-Flughafen". 1961 war die erste Ausbaustufe des Flughafens abgeschlossen, mit der Fertigstellung der Startbahn für Interkontinentalflüge konnten jetzt auch die Flugmuster B 707 und DC 8 mit voller Nutzlast starten. Zu diesem Zeitpunkt wurden in Köln/Bonn bereits 20 000 Starts und Landungen registriert. In den folgenden Jahren wartete der Flughafen mit großen Steigerungsraten auf. Seit 1962 war mit der Firma *Air Lloyd AG* eine zweite Fluggesellschaft in Köln ansässig, sie betätigte sich überwiegend im Werkluftverkehr und hatte bereits ein Passagieraufkommen von 25 000. Im Sommer 1965 wurde der Grundstein für das neue Abfertigungsgebäude gelegt, das für ein Fluggastaufkommen von 2,5 Mio. Menschen pro anno ausgelegt war. Die Steigerungsraten bei Passagieren und Fracht betrugen von 1964 auf 1965 18 % bzw. 30 %, 1964 wurden 700 000 Flugreisende abgefertigt.[217]

3.6 KREDITWESEN/VERSICHERUNGSWIRTSCHAFT

Sowohl der Bereich Geld- und Kreditwesen als auch die Versicherungswirtschaft wurden bei der Industrie- und Handelskammer zu Köln durch die Hauptgeschäftsführung betreut. Dies galt naturgemäß auch für die Betreuung der Ausschüsse (Ausschuß für das Kreditwesen und Versicherungs-Ausschuß). Der Grund dafür, daß die beiden Branchen in der Kammer besonders repräsentiert waren und auch sehr aufmerksam beobachtet wurden, war nicht allein darin begründet, daß sie für den Wirtschaftsraum Köln eine große wirtschaftliche Bedeutung hatten, sondern vor allem darin, daß sie in alle Wirtschaftsbereiche gleichermaßen hineinwirkten. Intensiv beschäftigte sich die Kölner Kammer mit den Entwicklungen im Versicherungswesen und nutzte ihre Möglichkeiten, die Unternehmen des Kammerbezirks über die wichtigsten Neuerungen oder Veränderungen der verschiedenen Versicherungssparten zu informieren.

Ene Reihe von gesetzlichen Maßnahmen bzw. bankpolitischen Entscheidungen zeigte sehr starke Auswirkungen auf das Geld- und Kreditwesen. Mit Unterstützung des Kredit-Ausschusses nahm daher die Kammer zu einer Vielzahl von geld- und kreditpolitischen Maßnahmen unter besonderer Berücksichtigung der wirtschaftlichen Auswirkungen Stellung. Sie regte im Zusammenspiel mit den überregionalen Ausschüssen auch Veränderungen an. Aufgrund der großen Fachkenntnis, die Hauptgeschäftsführer Dr. Hilgermann in allen Kreditfragen besaß, war die Kammer Köln für das Kreditwesen federführend in Nordrhein-Westfalen. Zu den herausragenden Themen, mit denen sich der Kredit-Ausschuß befaßte, gehörten das Kreditwesengesetz, Fragen der Münz- und Währungsverhältnisse, die Kreditgarantiegemeinschaften und Kapitalmarktfragen.

Auf dem Gebiet der außerordentlichen Kredithilfe war die Kammer Köln zur besonderen Mitarbeit aufgerufen. Dabei bezog sich die praktische Mitarbeit auf verschiedene Darlehenshilfen aus öffentlichen Mitteln, die bestimmten Anspruchsberechtigten im Antragsverfahren zugebilligt wurden. In die Vergabeverfahren war die Kammer in zweifacher Weise einbezogen. Sie war einerseits aufgefordert, Gutachten über die Förderungswürdigkeit des Unternehmens, die Entwicklungsmöglichkeiten und die Rentabilität der antragstellenden Betriebe zu erstellen. Andererseits arbeitete sie in den verschiedenen Ausschüssen zur Kreditvergabe mit, diese waren beim Regierungspräsidenten Köln, der Stadtverwaltung Köln und den Kreisverwaltungen etabliert worden. Bei den Krediten handelte es sich um Darlehen, die für bestimmte, durch Kriegs- und Nachkriegsfolgen geschädigte Personenkreise vorgesehen waren. Diese wurden in Form von Aufbaudarlehen, Vertriebenendarlehen, Spätheimkehrerdarlehen, Arbeitsplatzdarlehen und Darlehen aus dem Härtefonds gewährt. Mit dem Inkrafttreten des Lastenausgleichsgesetzes ab 1953 wurden die früheren Existenzaufbaukredite aus der Soforthilfe durch die sogenannten Aufbaudarlehen für die gewerbliche Wirtschaft und die freien

Berufe abgelöst. Beim Ausgleichsamt Köln waren 1953 2 200 und 1954 bereits 4 500 solcher Darlehensanträge gestellt worden. 1954/55 stieg die Zahl der Anträge auf Aufbauhilfe aus dem Lastenausgleichsfonds, während die anderen Darlehensformen zahlenmäßig entscheidend zurückgingen.

Ursprünglich war der Eingliederungszeitraum für Anspruchsberechtigte nach dem Lastenausgleichsgesetz bzw. dem Soforthilfegesetz bis 1957 befristet worden, dieser wurde aber schließlich für die gewerbliche Wirtschaft bis 1963 verlängert. Bis Ende 1956 waren allein in Nordrhein-Westfalen aus LAG- und SHG-Mitteln rd. 337 Mio. DM an Krediten vergeben worden. Die Laufzeit der Kredite (Zinssatz drei Prozent) war auf 13 Jahre befristet, wobei die ersten drei Jahre rückzahlungsfrei blieben. Bei den etwa zum gleichen Zeitpunkt allmählich anlaufenden Hauptentschädigungsleistungen, wobei durch Umwandlung bereits gewährter Darlehen erhebliche Mittel aus dem Lastenausgleichsfonds in Anspruch genommen wurden, war die Kammer ebenfalls in die Zuerkennungsverfahren einbezogen. Die IHK Köln vertrat hinsichtlich der Darlehensgewährung die Auffassung, daß es zweckmäßig sei, die bestehenden Betriebe durch Genehmigung von Aufstockungsdarlehen in ihrer Existenz zu sichern und ihnen auf diese Weise Möglichkeiten zu eröffnen, durch eine spätere Umwandlung ihres Aufbaudarlehens zu echtem Eigenkapital zu kommen.

1955 wurden aufgrund eines Erlasses des nordrhein-westfälischen Wirtschaftsministeriums Kreditaktionen zur Förderung des Mittelstandes (Mittelstandshilfe) gestartet. Die Kreditinstitute wurden durch Landesmittel und Garantien in die Lage versetzt, Kleingewerbetreibenden, Handwerkern und Angehörigen der freien Berufe Darlehen im Bereich von produktiven Investitions- und Rationalisierungskrediten zu gewähren. Auch hier war die Kammer wiederum zur Stellungnahme aufgefordert. 1959 war bereits das vierte Mittelstandskreditprogramm des Landes NRW aufgelegt worden. Eine indirekte Beteiligung der Kammer bei der Kreditvergabe lag auch dort vor, wo gegenüber der *Deutschen Revisions- und Treuhand AG*, Düsseldorf, Firmengutachten abzugeben waren. Die Firma war als Geschäftsführerin des Bürgschaftsausschusses und Treuhänderin des Landes NRW in die Anträge auf Landesbürgschaften eingeschaltet.

Im Februar 1962 wurde ein Landeskreditprogramm gestartet, das die Kreditgewährung an Wirtschaftsunternehmen in regional abgegrenzten Förderungsgebieten vorsah und sich insbesondere auch auf Investitionen richtete, die zur Luftreinhaltung vorgenommen wurden. Sie wurden innerhalb der Förderungsgebiete auch gewährt als Existenzgründungskredite für Nachwuchskräfte des gewerblichen Mittelstandes bzw. zur Errichtung und Ausstattung von Betrieben in Sanierungsgebieten von Städten oder in Wohnsiedlungsgebieten im Rahmen der städtebaulichen Planung. Im Kölner Kammerbezirk galt zunächst der Oberbergische Kreis als Förderungsgebiet. Aufgrund der Neufassung des Landeskreditprogramms im Mai 1964 zählte schließlich auch der Rheinisch-Bergische Kreis dazu. Die neu errichteten Betriebe in der „Neuen Stadt im Norden" (Chorweiler) gehörten ebenfalls zu den Anspruchsberechtigten.[218]

3.7 RECHTSWESEN

Ein wesentliches Aufgabengebiet der Rechtsabteilung der Industrie- und Handelskammer zu Köln bestand darin, die gesetzgeberischen Initiativen auf Landes- und Bundesebene aufmerksam zu beobachten und zu begleiten. In der Regel wurden die Gesetzesvorhaben bereits auf der Ebene der Referentenentwürfe kritisch daraufhin untersucht, ob sie in irgendeiner Weise die Interessen der Wirtschaft bzw. der Unternehmen tangierten. War dies der Fall, versuchte die Kammer entweder auf direktem Wege – etwa durch Eingaben oder Stellungnahmen – oder aber über ihre Vereinigungen und ihre Spitzenorganisation, den DIHT, auf die weiteren Beratungen Einfluß zu nehmen. Sehr oft wurden dabei entsprechende Fragen zu den Auswirkungen der geplanten Gesetzesvorhaben an die

	HRA Amtsgericht Köln	HRB Amtsgericht Köln	HRA übrige Amtsgerichte	HRB übrige Amtsgerichte	HRA gesamt	HRB gesamt	Amtsgericht Köln	Übrige Amtsgerichte	Sämtliche Eintragungen	Prozentualer Anteil HRA	Prozentualer Anteil ARB
1949	250	120	50	23	300	143	370	73	443	67,7	32,3
1950	275	133	72	13	347	146	408	85	493	70,4	29,6
1951	252	101	59	15	311	116	353	74	427	72,8	27,2
1952	282	134	74	28	356	162	416	102	518	68,7	31,3
1953	219	130	42	15	261	145	349	57	406	64,3	35,7
1954	192	133	67	10	259	143	325	77	402	64,4	35,6
1955	213	127	49	9	262	136	340	58	398	65,8	34,2
1956	199	129	57	18	256	147	328	75	403	63,5	36,5
1957	207	151	76	24	283	175	358	100	458	61,8	38,2
1958	197	155	38	14	235	169	352	52	404	58,2	41,8
1959	280	253	75	33	355	286	533	108	641	55,4	44,6
1960	267	184	84	31	351	215	451	115	566	62,0	38,0
1961	216	195	59	22	275	217	411	81	492	55,9	44,1
1962	264	203	77	46	341	249	467	123	590	57,8	42,2
1963	246	215	87	48	333	263	461	135	596	55,9	44,1
1964	237	267	75	57	312	324	504	132	636	49,1	50,9
1965	241	249	75	55	316	304	490	130	620	51,0	49,0

Eintragungen in das Handelsregister im Kammerbezirk 1949-1965

Unternehmen weitergeleitet bzw. diese um Meinungsäußerungen ersucht. Außerdem beschäftigte sich der Rechts-Ausschuß der Kammer ausgiebig mit besonders relevanten Rechtsthemen.

Aus der Fülle der Gesetzesinitiativen sollen an dieser Stelle nur die Beispiele genannt werden, die nach Meinung der Kammer in wirtschaftlicher Hinsicht einschneidende Wirkung zeigten. Dazu gehörte der Komplex Wettbewerbsrecht und Kartellrecht. Das Gesetz gegen Wettbewerbsbeschränkungen wurde am 27. Juli 1957 nach mehrjähriger, teilweise leidenschaftlich geführter Diskussion verabschiedet.[219] Die Kammer begrüßte dieses Gesetz, obwohl es ihrer Meinung nach umstritten und auch voller Kompromißlösungen war, als Fortschritt, denn es beendete den unsicheren Rechtszustand, der allgemein im Bereich des Kartellrechts und besonders auf dem Gebiet der Preisbindung zweiter Hand vorherrschend gewesen sei. Im gleichen Jahr wurde auch das Gesetz über die Gleichberechtigung von Mann und Frau auf dem Gebiet des bürgerlichen Rechts verabschiedet.

Im Zuge der durch die beabsichtigte Schaffung des „Gemeinsamen Marktes" geführten rechtspolitischen Diskussionen setzte sich die Kölner Kammer – auch gemeinsam mit dem DIHT – verstärkt mit Fragen der Rechtsangleichung (Harmonisierung) im Bereich der EWG-Staaten auseinander. Zu erwähnen sind hier die Bereiche Strafrecht, Wettbewerbsrecht, Kartellrecht, Urheberrecht, Baurecht und Gesellschaftsrecht. Die Notstandsgesetzgebung und die Wehrgesetzgebung war ebenfalls ein wichtiges Thema, denn hier waren im Ernstfall nicht unerhebliche Auswirkungen auf die Unternehmen zu erwarten.

Parallel zu diesen vielfältigen Aufgabenstellungen hatte die Kölner Kammer zuständigkeitshalber auch ein außerordentlich großes Maß an Routinearbeiten durchzuführen. Bei Handelsregistereintragungen (s. Tabelle) wurde die Kammer von den verschiedenen Amtsgerichten im Kammerbezirk um eine Stellungnahme ersucht. Dabei waren auch Abgrenzungsverhandlungen mit der Handwerkskammer Köln auf der Grundlage des Gesetzes über die Kaufmannseigenschaft von Handwerkern zu führen. Die IHK war ebenfalls einbezogen bei Vergleichsanträgen, in denen sie sich gutachterlich gegenüber dem Amtsgericht zu äußern hatte. Gutachterliche Äußerungen der Kammer waren außerdem gem. § 4 Warenzeichengesetz in Zusammenarbeit mit dem DIHT gegenüber dem Deutschen Patentamt zu erstatten. Regelmäßig verfaßte die Kammer auch Gutachten über das Vorliegen von Handelsbräuchen und über Fragen der Verkehrsgeltung. 1954 hatte die Kölner Kammer federführend – unter Mitarbeit der Industrie- und Handelskammern Dortmund und Wuppertal – Richtlinien entwickelt, die bei den Feststellungsverfahren zur Ermittlung von Handelsbräuchen zu beachten waren. Dazu veröffentlichte der DIHT 1957 das von der Kammer Köln erarbeitete „Merkblatt zur Feststellung von Handelsbräuchen".

Die schlichtende und vermittelnde Tätigkeit der Kammer war ein wichtiger Teil der Arbeit, durch mündliche Verhandlungen mit den streitenden Parteien konnten häufig rechtliche Auseinandersetzungen vermieden werden. Oftmals setzte die Kammer aufgrund vertraglicher Schiedsklauseln der Kontrahenten Schiedsrichter oder Schiedsgerichte ein. Eine entsprechende Schiedsgerichtsordnung der IHK zu Köln wurde vom Rechts-Ausschuß erarbeitet. Rechtserhebliche Gutachten seitens der Kammer waren schließlich auch in Wiedergutmachungs- und Entschädigungssachen, in Familienrechtssachen, bei Einbürgerungsanträgen und vielem mehr zu erstatten. Die Kammer war den Bezirksunternehmen auch unmittelbar bei der außergerichtlichen Eintreibung von Forderungen gegen ausländische Firmen behilflich.

Der Sachverständigen-Ausschuß der IHK zu Köln hatte regelmäßig über die Anträge auf öffentliche Bestellung und Vereidigung von Sachverständigen (auch Probenehmer, Wäger, Eichaufnehmer) zu entscheiden. Nicht immer konnte die Kammer den Anträgen entsprechen, weil in einigen

Fällen ein allgemeines wirtschaftliches Bedürfnis nicht gegeben war. Am 29. Mai 1957 hatte das Bundesverwaltungsgericht in einer höchstrichterlichen Entscheidung festgestellt, daß die Bestellung von Sachverständigen nach dem Bedürfnis erfolgen konnte. Im Februar 1960 wurde durch die Neufassung von § 35 GewO festgelegt, daß nunmehr auch Nichtselbständige als öffentliche Sachverständige bestellt und vereidigt werden konnten. Die Tatsache, daß sehr viele Sachverständige durch Gerichte, Firmen und Privatpersonen benannt wurden, wertete die Kammer als Beleg dafür, welche Bedeutung dem Sachverständigenwesen im wirtschaftlichen Leben zukomme.[220]

3.8 FINANZ- UND STEUERWESEN

Die Steuerabteilung der Kammer hatte in Zusammenarbeit mit dem Steuer-Ausschuß drei wesentliche Aufgaben zu erfüllen. Diese bestanden zunächst darin, die Entwicklung des deutschen Steuerwesens kritisch zu beobachten und, wenn notwendig, entsprechend zu kommentieren. Des weiteren war es notwendig, den Bezirksfirmen die überaus schwierige Materie des Steuerrechts näherzubringen, entweder durch Mitteilungen in der Kammerzeitschrift oder auch durch spezielle Seminare und Vortragsveranstaltungen. Eine individuelle Steuerberatung war hingegen nicht vorgesehen und auch nicht zulässig. Der dritte Schwerpunkt lag auf dem Gebiet der Haushaltsprüfungen der Gemeinden des Bezirks und der Gewerbesteuerhebesätze.

Hinsichtlich der Steuergesetzgebung waren die fünfziger Jahre geprägt durch eine derartige Fülle von neuen Gesetzen, Durchführungsbestimmungen aller Grade, Verwaltungsanordnungen und Richtlinien auf Bundes- wie auch Landesebene. Die Kammer führte immer wieder darüber Klage, daß auf steuerlichem Gebiet keine Beruhigung und keine Stabilisierung der Verhältnisse zu erwarten sei. Im Gegenteil: Die formalen und materiellen Schwierigkeiten in der Durchführung der Bestimmungen seien sowohl für die Steuerpflichtigen wie auch ihre Berater immer weiter erschwert worden. Dies gelte auch für die Angestellten der Finanzverwaltung.[221] Die ersten Gesetze der sogenannten „kleinen Steuerreform" des Jahres 1953 hätten zwar beachtliche Verbesserungen und materielle Entlastungen gebracht, das Problem einer entscheidenden Minderung der Gesamtsteuerlast unter gleichzeitiger Vereinfachung von Steuergesetzgebung und -verwaltung sei damit aber noch keineswegs gelöst.[222] Dies gelte analog für das Problem einer Neuregelung des Finanzausgleichs. Die Kammer machte wiederholt deutlich, daß es bei der fortschreitenden Kompliziertheit der einzelnen steuerlichen Bestimmungen zu einer ständig wachsenden Inanspruchnahme der Kammer seitens der Bezirksfirmen komme. Immer wieder habe es Veranlassung gegeben, in grundsätzlichen Fragen den Finanzbehörden gegenüber vermittelnd tätig zu werden, wobei sich das Vertrauensverhältnis zu den Dienststellen der Finanzverwaltung allerdings bewährt habe.[223]

Die gewerbliche Wirtschaft war besonders betroffen von dem Lastenausgleichsrecht (LAG), das im November 1951 nach jahrelanger Vorbereitung im Grundsatz vorgelegt worden war. In den nachfolgenden Jahren wurden eine Reihe von umfänglichen Durchführungsverordnungen für die Abgaben- wie die Empfängerseite erlassen, mit deren Hilfe der Gesetzgeber versuchte, die zahlreichen Fragen der überaus komplizierten gesetzlichen Regelung zu klären.[224] Ein Teil der Erlasse zielte darauf ab, die Bestimmungen der den Lastenausgleich vorbereitenden Gesetze (z.B. Forderungssicherungsgesetz, Soforthilfegesetz) in die gesetzliche Sphäre des LAG überzuleiten. Mit ähnlichen Hemmnissen für die gewerbliche Wirtschaft war nach Auffassung der Kammer das Investitionshilfegesetz behaftet. Dieses umstrittene Gesetz des Jahres 1952, mit dessen Hilfe die Grundstoffindustrie (Kohle, Eisen und Stahl) und die Energiewirtschaft instandgesetzt werden sollten, basierte auf einem Investitionsverzicht der übrigen Wirtschaft. Es wirke, so die Kammer, trotz seines Anleihecharakters wie eine steuerliche Zusatzbelastung und hemme die dringend notwendigen Investitionen nachhaltig.

Ab Mitte der fünfziger Jahre kritisierte die Kölner Kammer das steigende Steueraufkommen. Sie wies dabei auf die Gefahr hin, daß ein zu hohes Steueraufkommen bei der öffentlichen Hand den Anreiz zur Erhöhung der öffentlichen Ausgaben verstärken könnte.[225] Demgegenüber verhindere die immer noch überspannte Besteuerung die notwendige Eigenkapitalbildung bei den Unternehmen und den Abbau der bestehenden Verschuldung. Die im Steuerordnungsgesetz festgelegten Tarifsenkungen bei der Einkommens- und Körperschaftssteuer gingen der Kammer nicht weit genug, um die beschriebene Konsolidierung der Wirtschaft zu gewährleisten. Sie forderte daher 1955 eine sofortige und deutliche lineare Senkung der Tarife und für die Zukunft die Zurückführung der Besteuerung des Ertrages auf ein wirtschaftlich vertretbares Maß, wobei die psychologische Grenze von 50 % nicht überschritten werden dürfe.[226] Das von der Kammer gutgeheißene Gesetz zur Änderung des Einkommensteuergesetzes vom 5. Oktober 1956 brachte zwar einige Erleichterungen für die gewerbliche Wirtschaft, änderte aber, so die Kammer 1957, „das besorgniserregende Mißverhältnis zwischen Eigen- und Fremdkapital nicht".[227]

Die Kammer betrachtete erst die im Juli 1958 verkündeten Steueränderungsgesetze als wirkliche Verbesserung. Endlich sei ein erster Durchbruch im Hinblick auf eine organische Steuerreform erzielt worden. „Wenngleich auch nicht alle Anregungen und Wünsche erfüllt werden konnten, so hat sich doch der von ihr (IHK zu Köln, d. Verf.) vertretene Standpunkt hinsichtlich der Regelung der Ehegattenbesteuerung durch die Einführung des Splittings und hinsichtlich des Tarifs durch die Herabsetzung der Spitzenbesteuerung auf 53 % durchgesetzt".[228] Im Jahre 1959 verlagerte sich der Schwerpunkt der Steuerdiskussion auf die Umgestaltung des Umsatzsteuersystems, wobei sich auch die Kammergremien mit Alternativen (etwa des Mehrwertsteuersystems) auseinandersetzten. Im Februar 1964 wurde nach außerordentlich schwierigen Auseinandersetzungen in der Umsatzsteuerreformdiskussion ein Regierungsentwurf zur Einführung der Mehrwertsteuer eingebracht. Die Kammer war ebenfalls im DIHT-Arbeitskreis Umsatzsteuer mit den jeweiligen Einzelproblemen des Mehrwertsteuergesetzes befaßt, wobei es offensichtlich war, daß eine einheitliche Auffassung der gewerblichen Wirtschaft zur Frage der Einführung der Mehrwertsteuer nicht herzustellen war.[229]

Aufgrund der ständigen Ausgabenerhöhungen des Bundes und der Länder, die zudem konjunkturell beschleunigt wurden, widmete sich die Kammer ebenfalls sehr intensiv der Beobachtung der Haushalte der öffentlichen Hand sowie der Gestaltung des Finanzausgleichs zwischen Ländern und Gemeinden. Die Frage der Besserdotierung der Gemeinden durch die Länder war sehr eng verbunden mit der gewerbesteuerlichen Entlastung und infolgedessen mit der Festsetzung der Hebesätze. Die Kammer kam in ihrer Analyse 1960 zu der Erkenntnis, daß auch bei wesentlich höheren Finanzzuweisungen durch die Länder die Gemeinden nur sehr schwer zu Steuersenkungen zu veranlassen seien.[230] In Zusammenarbeit mit den übrigen Kammern des Landes Nordrhein-Westfalen setzte sie sich daher in einer Eingabe an den Ministerpräsidenten für eine Herabsetzung der Höchstsätze bei den Realsteuern ein, deren Hebesätze ohne Genehmigung der Aufsichtsbehörde beschlossen werden konnten. Ziel war es, die finanzstarken Gemeinden zur Senkung ihrer Hebesätze zwingen zu können.

In der konkreten Auseinandersetzung der Kölner IHK mit den Gemeinden des Kammerbezirks – wobei die Stadt Köln einen Schwerpunkt darstellte – konnten bescheidene Erfolge erzielt werden. Parallel zur Ermittlung der Gewerbesteuererträge durch die Stadt Köln stellte die Kammer entsprechende Schätzungen an, die in der Regel höher ausfielen als die auf städtischer Seite. Es gelang zunächst, die Stadtverordneten davon zu überzeugen, den Gewerbesteuerhebesatz für das Haushaltsjahr 1954/55 um zehn Punkte, von 340 % auf 330 %, zu senken. Bei vielen anderen Gemeinden war ebenfalls ein Mehraufkommen an Gewerbesteuer zu verzeichnen.[231] Bei den schwierigen Verhandlungen mit den Gemeinden rechnete es sich die IHK zu Köln schon als Erfolg an, wenn sie die Einführung der Lohnsummensteuer verhindern konnte.

Für den Haushaltsansatz des Jahres 1955/56 befürwortete die Kammer aufgrund der günstigen Gewerbesteuerprognosen und einer vom Bonner Institut Finanzen und Steuern angeforderten Haushaltsanalyse eine abermalige Senkung des Gewerbesteuerhebesatzes auf den für die Größe Kölns zulässigen Höchstsatz von 300 %. Dem konnte sich die Stadt Köln aber nicht anschließen, stattdessen wurde die Gewerbesteuersenkungsrücklage, die bereits in Höhe von zwei Mio. DM bestand, um eine weitere Million aufgestockt. In den Jahren bis 1960 verzichtete die Kammer ihrerseits in den Gewerbesteuerverhandlungen mit der Stadt Köln auf die Forderung weiterer Absenkungen des Hebesatzes. Trotz anwachsender Gewerbesteuereinnahmen waren die steigenden Ausgabenlasten der Stadt kaum aus anderen Einnahmequellen zu finanzieren. Für das Haushaltsjahr 1960, für das die Kammer eine Absenkung auf 312 % gefordert hatte, führte der Rat der Stadt den Hebesatz in zwei Schritten auf den gesetzlichen Höchstsatz von 300 % zurück.

In unmittelbarem Zusammenhang damit stand die Umwandlung der städtischen Regiebetriebe in Gesellschaften des privaten Rechts, ein Vorgang, den die Kammer schon seit Jahren angeregt hatte. Die Verkehrsbetriebe und die Energieversorgungsbetriebe wurden in Aktiengesellschaften umgewandelt und in einer *Stadtwerke Köln GmbH* als Organmutter zusammengefaßt. Der Wegfall der laufenden Verlustabdeckung durch allgemeine Haushaltsmittel bedeutete eine wesentliche Verbesserung der Kölner Haushaltssituation. Während es bei weiterhin günstigen Gewerbesteuereinnahmeprognosen trotz wiederholter Versuche bis 1965 nicht gelang, den Kölner Hebesatz weiter abzusenken, war die Kammer bei den Gemeinden im Kammerbezirk erfolgreicher. Es gelang ihr in nahezu allen Gemeinden, die Herabsetzung der Hebesätze auf die zulässige Höchstgrenze durchzusetzen, außerdem war es möglich, einige Gemeinden zur Abschaffung der Lohnsummensteuer bzw. zur Senkung der zugrundegelegten Hebesätze zu bewegen.

3.9 BERUFSAUSBILDUNG

Nachdem die Wirtschaft wieder mit den ersten positiven Ergebniszahlen nach der Währungsreform aufwarten konnte, stieg auch die Zahl der Ausbildungsverhältnisse sehr rasch an. Die Berufsausbildungsabteilung der Kölner Kammer hatte hier vor allem ein großes organisatorisches Pensum zu leisten. 1949 mußte sie für 3 195 Lehrlinge und 571 Anlernlinge entsprechende gutachtliche Äußerungen abgeben, wobei sie durchaus auch Ablehnungen aussprach wegen nicht vorliegender schulischer Voraussetzungen oder gar wegen der Überbesetzung in dem entsprechenden Beruf. Es erforderte einen großen bürokratischen Aufwand, alle kaufmännischen und gewerblichen Lehrverhältnisse in die vorgesehenen Rollen einzutragen. 1949 waren es bereits 10 500 Lehrverhältnisse. Darüber hinaus war die Mitwirkung der Kammer dort von Nöten, wo sich Meinungsverschiedenheiten zwischen Lehrherr und Lehrling ergaben. Bevor man arbeitsgerichtliche Instanzen bemühte, setzte sich die Kammer oft schon im Vorfeld für andere Lösungen ein.

Der zweite arbeitsintensive Aufgabenbereich der Berufsausbildungsarbeit betraf die kaufmännischen und gewerblichen Lehrabschlußprüfungen, wobei die Kammer neben dem verwaltungstechnischen Aufwand (Zulassungsprüfung, Terminabsprachen, Einladung der Prüfungskommissionen etc.) vor allem auch für die Erstellung der Prüfungsaufgaben Sorge tragen mußte. Auf diesem Gebiet arbeitete die Kölner Kammer sehr eng mit den anderen nordrhein-westfälischen Kammern zusammen. In entsprechenden Gremien und unter Hinzuziehung von Fachleuten der verschiedenen Prüfungsdisziplinen wurden mehr oder weniger einheitliche Aufgabenstellungen für alle Lehrlinge erarbeitet. In vielen Bereichen war die Kölner Kammer Federführer.

Die regelmäßige Nachbereitung der Prüfungsergebnisse durch eine statistische Auswertung der Resultate und durch Vergleiche mit den Ergebnissen anderer Kammern lieferte der Kölner Kammer

Ein Ausbildungsberuf der IHK: Flugzeugmechaniker

eine Fülle von Erkenntnissen. Die Ermittlung von Schwächen sollte zu Korrekturen der Ausbildungsziele und der täglichen Berufsbildungsarbeit führen. Es kristalisierte sich bald heraus, daß die Leistungen in den Fächern Mathematik und schriftlicher Sprachgebrauch auffallend schlecht waren. Stichprobenartige Eignungstests, die die Kammern bei einer großen Zahl von zukünftigen Lehrlingen durchführten, ergaben ebenfalls verwertbare Erkenntnisse darüber, welchen Bildungsstand die jungen Auszubildenden je nach Schultyp mitbrachten. Aus den immer wiederholten Eignungsuntersuchungen leitete die Kammer über Jahrzehnte ihre Forderungen nach einer veränderten Bildungskonzeption im allgemeinbildenden Schulwesen ab.

Sie ließ es aber nicht mit einer Kritik am allgemeinbildenden Schulwesen bewenden, sondern leitete daraus gleichfalls Forderungen an die berufsbildenden Schulformen ab. Anfang der fünfziger Jahre stellte sich heraus, daß die Anstrengungen hinsichtlich der Schaffung von Schulraum und der

Einstellung von mehr Lehrern mit der wachsenden Zahl von Auszubildenden nicht Schritt halten konnte. Die IHK zu Köln wies darauf immer wieder mahnend hin. Mehr als die Hälfte der kaufmännischen und gewerblichen Berufsschulen konnten den gesetzlich vorgeschriebenen Berufsschulunterricht nicht erteilen. An diesem Zustand änderte sich auch in den sechziger Jahren nichts Grundlegendes.

Aus den statistischen Auswertungen der Prüfungsergebnisse ergab sich zunehmend, daß es einen Zusammenhang zwischen der Qualität der Vorbildung und den Leistungen in der Lehre gab. Mit weitem Abstand rekrutierte sich die größte Zahl der sogenannten „Versager" (Durchgefallenen) mit ca. 25 % bis 30 % aus den Volksschulabgängern, während es z.B. bei den Realschulabsolventen nur etwa vier Prozent und den Handelsschülern lediglich zwei Prozent waren. 90 % der Lehrlinge stammten aus der Volksschule, daher war nach Meinung der Kammer auf diese Schule in der Bildungsdiskussion die größte Anstrengung zu richten. Sie hielt nichts davon, die Volksschule durch schulorganisatorische Veränderungen einer fortgesetzten „Auspowerung"[232] auszuliefern. Damit wandte sie sich gegen den 1959 vom Deutschen Ausschuß für das Erziehungs- und Bildungswesen entwickelten Rahmenplan zur Umgestaltung und Vereinheitlichung des allgemeinbildenden öffentlichen Schulwesens.[233] Die Kammer betonte, daß sie die darin geäußerte „Fiktion unausgeschöpfter Begabungsreserven"[234] bei Volksschülern nicht teilen könne. Die Reform des allgemeinbildenden Schulwesens müsse vorrangig als eine „innere Schulreform" betrieben werden.

Die Kammer plädierte mit großer Bestimmtheit für die Beibehaltung des relativ hohen Niveaus der schulischen und betrieblichen Ausbildung. Sie sah daher auch mit großer Sorge die Entwicklung auf dem Lehrstellenmarkt, die bis 1965 durch einen zunehmenden Mangel an Lehrstellenbewerbern gekennzeichnet war. Sie warnte immer wieder die Lehrherrn, aber auch die Erziehungsberechtigten, im „Wettrennen" um die Lehrlinge die Anforderungen an die Berufseignung herabzusetzen. Enttäuschungen aufgrund solcher Fehlentscheidungen waren vorprogrammiert. Die Bemühungen der Kölner Kammer um eine Verbesserung der Ausbildungsergebnisse konzentrierten sich zum einen auf eine Veränderung der äußeren Rahmenbedingungen der Ausbildung und zum anderen auf eine innere Qualitätssicherung. Zu den Rahmenbedingungen gehörten die bereits erwähnten Probleme räumlicher und personeller Art bei der schulischen Unterweisung. Als weiteres Hindernis auf dem Weg zu einer effektiven betrieblichen Ausbildung benannte die Kammer die Arbeitszeitregelungen des Jugendarbeitsschutzgesetzes vom 1. Oktober 1960. Der Schutzgedanke für den Jugendlichen wurde uneingeschränkt bejaht, andererseits lehnte die Kammer es aber ab, daß der Auszubildende lediglich unter dem Gesichtspunkt seiner Arbeitnehmerfunktion betrachtet wurde. In Wirklichkeit, so die Kammermeinung, führten die Arbeitszeitbeschränkungen – im übrigen auch die Fünf-Tage-Woche – zu einer Reduzierung der zur Verfügung stehenden Ausbildungszeit um ein Sechstel.

Die Kammer begrüßte die Diskussion um die Einführung des neunten Pflichtschuljahres, die seit 1961 auch in Nordrhein-Westfalen stärker geführt wurde. In diesem Jahr wurden in Köln neun Volksschulklassen probeweise in das neunte Schuljahr geführt. Besonders positiv registrierte man die vorgesehene berufliche Orientierung des neunten Schuljahres, hinsichtlich der raschen Durchführbarkeit angesichts der ungelösten Probleme des Lehrer- und Raummangels hatte man aber Zweifel. Bezüglich der Förderung von Ausbildern bot man zusammen mit dem Zentralbüro für Ausbilderförderung, das gemeinsam vom DIHT, vom BDI und von der BDA getragen wurde, Kurse für Ausbilderschulungen an, nach deren erfolgreicher Absolvierung in den kleineren und mittleren Betrieben entsprechende Verantwortliche geschult werden konnten. Ab 1963 wurden für verschiedene Berufsgruppen Arbeitskreise zur systematischen Förderung der Ausbildungsleiter eingeführt. Eine Verbesserung der betrieblichen Ausbildung wurde auch durch den Einsatz eines Lehrwartes (1960) erreicht. Dieser war ausschließlich zur Betriebsberatung im Interesse der Verbesserung der Ausbildungsbedingungen eingesetzt. Er suchte zunächst alle Betriebe auf, deren Lehrlinge etwa durch besonders schlechte Prüfungsleistungen auffällig geworden waren. Einigen Unternehmen wurde nahegelegt, statt Lehrlingen Hilfskräfte zu beschäftigen, andere wurden sogar gänzlich von der Ausbildung ausgeschlossen, weil sie nicht den Mindestanforderungen genügten.

Der 1958 aufgrund des Gesetzes zur vorläufigen Regelung des Rechts der Industrie- und Handelskammern von 1956 gem. § 8 zu bildende Berufsbildungs-Ausschuß, dessen Mitglieder sich je zur Hälfte aus Arbeitnehmervertretern und Kammervertretern zusammensetzte, arbeitete von Anfang an in allen Fragen kooperativ und ohne Reibungsverluste. Seine erste wesentliche Aufgabe bestand darin, eine neue Prüfungsordnung für anerkannte Ausbildungsberufe zu erarbeiten, die am 24. November 1958 in der Vollversammlung der Kammer verabschiedet wurde. Der Ausschuß beschäftigte sich mit einer Fülle von Einzelfragen, wobei sicherlich einzelne Themen herausragten, wie etwa die Einführung des neunten Pflichtschuljahres oder die Planung einer kammereigenen Lehrwerkstatt für die metall- und eisenverarbeitende Industrie, die 1966 realisiert wurde. Ein weiteres Thema war die sogenannte Stufenausbildung, die im Jahre 1965 erstmalig ernsthaft diskutiert wurde. Einer Anregung des Berufsbildungs-Ausschusses der Kölner Kammer folgend entstand in diesem Jahr eine Arbeitsgruppe zum Studium der Stufenausbildung, bestehend aus Ausbildungsleitern des Kammerbezirks. Diese Arbeitsgruppe setzte sich u.a. intensiv mit dem Krupp'schen Stufenplan auseinander. Man kam dabei zu dem Ergebnis, daß zunächst die nach einer Übereinkunft mit dem DIHT begonnenen Versuche der Kammern Bonn, Essen, Ludwigshafen und Stuttgart aufmerksam verfolgt und deren Ergebnisse abgewartet werden sollten.[235]

Die Kölner Kammer war in überregionalen Gremien der Berufsbildungsarbeit entweder federführend oder anteilig an der Erarbeitung von einheitlichen Ausbildungsrichtlinien bzw. Prüfungsordnungen beteiligt. Dazu gehörten die entsprechenden Berufsbildungsausschüsse der überregionalen Kammervertretungen (DIHT, Kammervereinigung NRW) ebenso wie der Schulausschuß der Kammern in NRW oder die Arbeitsstelle für Betriebliche Berufsausbildung in Bonn.

Neben der Berufsausbildungsarbeit widmete sich die Kölner Kammer sehr früh auch der beruflichen Weiterbildungsarbeit. Geleitet aus der Erkenntnis, daß die Kaufmannsbildung mit dem Lehrabschluß und der Gehilfenprüfung nicht abgeschlossen sein konnte, war die Kammer darum bemüht, eine systematische Schulungsmöglichkeit für interessierte Nachwuchskräfte zu schaffen. Auf Initiative der Kammer Köln kam es daher 1950 unter Einbindung von Arbeitnehmer- und Unternehmerorganisationen zur Gründung des Kaufmännischen Berufsertüchtigungswerks Köln.[236] Nach fünfjähriger Tätigkeit konnte das Berufsertüchtigungswerk resümieren, daß an insgesamt 553 Lehrgängen bereits 14 947 Jungkaufleute teilgenommen hatten, allein im Jahr 1965 nahmen 3 000 junge Kaufleute an 98 Lehrgängen und Übungen teil. Zum Bereich der Weiterbildung zählen auch die von der Kammer regelmäßig seit 1948 durchgeführten Industriemeisterausbildungen, die kursweise in verschiedenen gewerblichen Disziplinen angeboten wurden (Eisen- und Metall, Elektro, graphisches Gewerbe, Chemie). Dazu gehörten ebenfalls die seit 1949 durchgeführten Bilanzbuchhalterprüfungen, zu denen sich auch Absolventen aus den Nachbarkammerbezirken Aachen, Bonn und Solingen anmelden konnten.

3.10 PRODUKTEN- UND WARENBÖRSE/IMMOBILIENBÖRSE

Aufgrund des großen Interesses, das der wiedererrichteten Produkten- und Warenbörse seitens des Fachpublikums entgegengebracht wurde, stieß der provisorisch hergerichtete Börsensaal im Gebäude Unter Sachsenhausen 37 sehr bald auf Kapazitätsgrenzen. Bis zum Jahresende 1951 betrug die Zahl der Mitglieder bei der Produktenbörse bereits wieder 501 und bei der Warenbörse 228. Die Produktenbörse war somit wieder einer der großen Umschlagplätze für Landesprodukte aller Art, insbesondere Brot-, Futter- und Industriegetreide, Mehl, Mühlenprodukte, Kraftfutter- und Rauhfuttermittel, Kartoffeln etc.[237] Dabei beschränkte sich ihr Geschäftsbereich nicht nur auf den Kölner Raum, der Kreis der Besucher reichte im Westen vom Ruhrgebiet bis an den Niederrhein und im Süden bis nach Trier. In erster Linie waren alle an der Erzeugung und am Vertrieb von Landesprodukten beteiligten Unternehmen, wie etwa Genossenschaften, der Land- und Großhandel, die Agenten, die Mühlen und die Brotfabriken an den Börsen vertreten.

Die Kölner Börse übernahm mehr und mehr wieder ihre ursprüngliche Funktion als Treffpunkt von Angebot und Nachfrage, wo sich „der wirtschaftlich wichtige Ausgleich zwischen der am Markt verfügbaren Ware und dem vorhandenen Bedarf in der denkbar günstigsten und vollkommensten Weise vollziehen"[238] konnte. Die Kölner Produktenbörse war die erste Börse nach der Währungsreform 1948, die wieder für Rauhfutter (Heu und Stroh) Preisnotierungen herausgab. Die Feststellung der Preise erfolgte durch die von der Kammer berufenen Notierungskommissionen, die paritätisch aus Vertretern der Landwirtschaft, den landwirtschaftlichen Genossenschaften sowie des Groß-, Stadt- und Landhandels zusammengesetzt waren. Im Herbst 1949 wurden die Notierungen für Kartoffeln und seit Anfang 1950 für Eier aufgenommen, 1953 folgten die Notierungen für Käse und Butter. Zu Beginn der sechziger Jahre waren in der Kölner Börse sechs Notierungskommissionen tätig: für Getreide und Futtermittel, für Mehl, für Heu und Stroh, für Kartoffeln, für Eier, Butter und Käse sowie für Häute, Felle und Leder.

Die Kölner Warenbörse (gegründet 1919) umfaßte die Abteilungen Nahrungs- und Genußmittelbörse, Immobilien- und Hypothekenbörse sowie die Häute-, Felle- und Lederbörse. Die Kölner Immobilien- und Hypothekenbörse, deren Gründung im Jahre 1927 auf die Initiative des Kölner Immobilien- und Hypothekenmaklerverein e.V. zurückgeht[239], war am 28. November 1947 mit zunächst 68 Mitgliedern wieder eröffnet worden. Die wöchentlich stattfindenden Börsentreffen der Makler, die aus dem Großraum Köln und den angrenzenden Regionen stammten, ermöglichten eine verhältnismäßig schnelle und gute Abwicklung von Gemeinschaftsgeschäften und einen schnellen Austausch der Gesuche und Angebote. Außerdem war es den Maklern während der übrigen Zeit möglich, Gesuche oder Angebote auf eine Orderliste setzen zu lassen. Diese Orderliste, auf der auch Angebote privater Anbieter und Objekte nicht börsenzugehöriger Makler aufgenommen wurden, wurde von der Geschäftsstelle an alle interessierten Makler weitergeleitet.

Neben der preisregulierenden Funktion der Börse trug sie auch zur Sondierung der Marktlage bei. Außerdem leistete sie bezüglich des Berufsstandes der Immobilienmakler einen wichtigen Beitrag. Durch die Mitgliedschaft zur Kölner Immobilienbörse, die unter strengen Zulassungsbestimmungen erworben werden konnte, und durch die Unterwerfung unter die Ehrengerichtsbarkeit qualifizierte sich der börsenzugehörige Makler als zuverlässiger Vertreter seines Berufsstandes. Dies war angesichts einer Großzahl unzuverlässiger Berufszugehöriger ein wichtiges Anliegen der organisierten Makler, die bestrebt waren, ihr Image zu verbessern.

Die Börsenabteilung Nahrungs- und Genußmittel (99 Mitglieder) umfaßte den Großhandel und die Handelsvertreter der Nahrungs- und Genußmittelbranche. Während vor dem Krieg ca. 70 Artikel notiert wurden, waren es seit Eröffnung der Nahrungs- und Genußmittelbörse am 28. Januar 1949 lediglich die von der Bewirtschaftung befreiten Produkte. Die Notierungen hatten allerdings überregionale Gültigkeit, zum Teil für den gesamten Norden der Bundesrepublik.

Auf der konstituierenden Sitzung der Arbeitsgemeinschaft der deutschen Börsen im Jahr 1951 wurde die Kölner Börse mit der Federführung beauftragt. In diesem Gremium wurde u.a. eine einheitliche Schiedsgerichtsordnung ausgearbeitet, die zum 1. Januar 1955 für alle bundesdeutschen Börsen (einschließlich Berlin) in Kraft trat. Als der Geschäftsführer der Produkten- und Warenbörse,

Der Börsenplatz vor dem Kammergebäude, ca. 1960

Dr. Fritz Rüther, der seit 1951 dieses Amt inne hatte, Ende 1963 pensioniert wurde, wechselte auch die Federführung in der Arbeitsgemeinschaft der Börsen nach Hannover. Bei Rüthers Verabschiedung sprach ihm Präsident von Langen vor der Vollversammlung am 3. Februar 1964 seinen besonderen Dank dafür aus, daß er sich mehr als ein Jahrzehnt dafür eingesetzt habe, daß sich die Börsen auf einheitliche Bedingungen festgelegt und eine gemeinsame Schiedsgerichtsordnung verabschiedet hätten.[240]

Gemäß Börsenordnung lag die unmittelbare Aufsicht über die Börse bei der IHK zu Köln (§ 2), sie war zugleich Trägerin der Börse.[241] Die Börsenleitung oblag einem 24-köpfigen Börsenvorstand. Die zum Börsenbesuch zugelassenen Personen, die die dauerhafte Befugnis zur Teilnahme am Börsenhandel besaßen, wählten aus ihrer Mitte zehn Mitglieder des Börsenvorstandes sowie zwei Vorstandsmitglieder, die das Müllereigewerbe betreiben (§ 4). Sie wählten außerdem aus einer von der Landwirtschaftskammer Rheinland aufgestellten Vorschlagsliste sechs weitere Vorstandsmitglieder als Vertreter der Landwirtschaft aus. Sechs Vorstandsmitglieder waren von der Vollversammlung der IHK zu Köln (auf Vorschlag des Börsen-Ausschusses) zu wählen. Die jeweils auf drei Jahre gewählten Börsenvorstände wählten aus ihrer Mitte den Vorsitzenden. Dem Vorstand oblag die Überwachung der Börsenbestimmungen, die Zulassung zum Börsenbesuch, die Durchführung der Börsennotierungen und die Aufstellung der Schiedsgerichte. Zu allen Sitzungen des Börsenvorstandes war der Staatskommissar einzuladen.

Bei Streitigkeiten aus Geschäften, die an der Börse oder zwischen Börsenbesuchern abgeschlossen wurden, konnte bei Bedarf ein Schiedsgericht (§ 29) oder ein Oberschiedsgericht eingeschaltet werden. Das Verfahren war in einer Schiedsgerichtsordnung festgelegt. Für ähnlich gelagerte Fälle war an der Börse ein Ehrenausschuß bzw. Ehrengericht gebildet worden, für dessen Zusammensetzung waren die Bestimmungen des Börsengesetzes und die Anordnungen der Landesregierung maßgeblich.

3.11 RHEINKAMMERNUNION

Die im Jahre 1949 gegründete Rheinkammernunion (Vereinigung der Handelskammern des Rheingebietes) geht zurück auf die Ideen des Niederländers Karel Paul van der Mandele, des damaligen Präsidenten der IHK zu Rotterdam.[242] In seinem Vortrag „Der Rhein, die Bindung Europas"[243], den er am 20. Januar 1949 in der Kölner Universität hielt, schilderte er sein Konzept über eine neu zu schaffende westeuropäische Organisation zum ersten Mal auch in Deutschland. Vorher hatte er seine Ideen bereits in der Schweiz vorgestellt und war dort auf großen Anklang gestoßen. Ausgehend von dem Gedanken, daß der Rhein das Rückgrat Europas sei, ging van der Mandele von der Schaffung einer multilateralen „Rhine-Development Corporation" aus, die sich an erster Stelle um eine Wiederbelebung des Schiffsverkehrs auf dem Rhein und die Modernisierung von Häfen, Umschlagplätzen und Tank-Installationen bemühen sollte. Außerdem sollten Kanalbauprojekte wie der Rhein-Main-Donau-Kanal oder die Verbindung von Basel zum Bodensee ausgeführt werden, damit weitere südeuropäische Länder dem Rheinverkehr angeschlossen werden könnten.

In einer kleinen Expertenrunde, zu der die Kölner Kammer van der Mandele nach Köln eingeladen hatte, wurden erste Sondierungsgespräche geführt. Hier gelang es ihm, in Präsident Franz Greiß einen gleichermaßen begeisterten wie engagierten Mitstreiter für die gemeinsame Sache zu gewinnen. Die Kölner Kammer machte sich jetzt dafür stark, interessierte Partner auf deutscher Seite zu finden. Am 21. Februar 1949 trafen sich 13 Kammern und Vertreter der Kammervereinigungen aus Frankfurt und Düsseldorf auf Einladung der IHK zu Köln auf dem Rheindampfer „Bismarck". Dr. van der Mandele stellte hier sein Konzept der „Rhine-Development-Corporation" als einer nicht gewinnbringenden, privaten Vereinigung der rheinischen Handelskammern vor.[244] Auf der Kölner Tagung wurde die Gründung einer Studienkommission unter Kölner Führung vorgeschlagen, die sich mit technischen Projekten und deren Finanzierung auseinandersetzen sollte, während Dr. van der Mandele sich für die Ausarbeitung einer Satzung verantwortlich erklärte.

Auf einer Vorbesprechung über mögliche Kölner Themen für die erste Sitzung der Studienkommission kamen die Vertreter der Kölner Wirtschaft zu dem Ergebnis, daß man sich zunächst darauf beschränken sollte, auf die Notwendigkeit des Ausbaus des Niehler Hafens und der Fertigstellung der Autobahn Köln-Aachen hinzuweisen.[245] Die erste Tagung der Studienkommission fand am 19. Mai 1949 in Koblenz statt. Die personell stärkste Verhandlungsgruppe der 15 Kammern stellte die IHK zu Köln mit Präsident Franz Greiß, Waldemar Freiherr von Oppenheim, Prof. Paul Berkenkopf, Hauptgeschäftsführer Dr. Bernhard Hilgermann und Geschäftsführer Dr. Fritz Rüther. Eine kontroverse Diskussion zeigte auf, daß man sich inhaltlich zunächst noch nicht auf gemeinsame Ziele einigen konnte, wohl aber kam man zu der Erkenntnis, daß man aus deutscher Sicht nicht an einer neuen internationalen Organisation interessiert war. Auf einer weiteren Tagung der Studienkommission am 28. Juni 1949 in Köln wurden als mögliche Themen für eine Rhine-Development-Initiative die Moselkanalisierung, der Ausbau des Hochrheins, der Rhein-Main-Donau-Kanal, der Wiederaufbau der Rheinhäfen und die Gleichberechtigung für die deutsche Rheinschiffahrt vorgeschlagen.[246]

Dr. van der Mandele übernahm anschließend die Initiative und lud zu einer ersten gesamteuropäischen Sitzung der Handelskammern für den 9. September 1949 nach Rotterdam ein. Hier sollten die jeweiligen Themenschwerpunkte erörtert und der Entwurf des Statuts einer Vereinigung der Handelskammern des Rheingebietes verabschiedet werden. Dr. van der Mandele ging in seiner Eröffnungsrede insbesondere auf die Frage ein, ob es angesichts der gerade vollzogenen Einrichtung eines europäischen Ministerrates in Straßburg noch sinnvoll sei, eine solche Union der Kammern zu gründen. Er kam in seiner Analyse zu dem Ergebnis, daß jede zentrale Organisation in Wirklichkeit nichts als eine Verwaltung sei, die sich selbst ausgewählt habe.[247] Straßburg und die O.E.E.C seien keineswegs überflüssige Organe, aber sie fingen es, so van der Mandele, nur verkehrt an. Die heutige Zeit fordere von jedem einzelnen, eigene Anstrengungen zu machen, Energie zu entfalten und Pläne zu entwickeln. „Unsere abendländische Gesellschaft basiert auf der Privatinitiative".[248] „Wohlan, bilden wir gemeinsam eine Vereinigung der Initiative, einen Kreis von Freunden! Bilden wir diese Vereinigung der Kammern!"[249]

Eine lebhafte Diskussion über die Ziele und die Ausrichtung der Union der Rheinkammern führte in allen wesentlichen Fragen zu einer gemeinsamen Auffassung darüber, daß man eine freie „Vereinigung der Handelskammern des Rheingebietes" errichten wollte. Ihre Aufgabe sollte darin bestehen, die wirtschaftliche Entwicklung des gesamten Rheinstromgebietes einschließlich der Nebenflüsse im weitesten Sinne zu fördern. Ein entsprechender Satzungsentwurf wurde nach eingehender Überarbeitung verabschiedet. Die Errichtung einer Rhine-Development-Corporation, die van der Mandele nach dem Vorbild der Tennessee Valley Corporation vorgeschlagen hatte, schien den Delegierten zunächst noch undurchführbar. Diese sollte aber nach der Etablierung der Union weiterhin angestrebt werden. Zum ersten Präsidenten wählten die Delegierten Dr. van der Mandele, der dieses Amt bis 1965 ausübte (Nachfolger Franz Greiß). Während dieser Zeit lag die Geschäftsführung der Rheinkammernunion bei der Kammer Rotterdam, die Federführung der deutschen Landesgruppe hatte die IHK zu Köln übernommen.

Die erste Vollversammlung der Rheinkammernunion auf deutschem Boden fand am 30. September 1952 in Köln (im neuen Kammergebäude) statt. Auf dieser Veranstaltung hielt Präsident Franz Greiß seine bekannte Rede, in der er zum ersten Mal öffentlich das Thema Wasserverschmutzung des Rheins behandelte und mit der er den Anstoß dafür gab, daß sich die Rheinkammernunion dieses Themas als Existenzfrage der Rheinanliegerstaaten annahm. Präsident Greiß übernahm in diesem Zusammenhang den Vorsitz im Wasserkomitee (später: Wasserausschuß) der Rheinkammernunion. Gezielt richteten die nationalen Unionsmitglieder ihre Anstrengungen darauf, die Wasserverschmutzung in den Kommunen und in der Industrie deutlich einzudämmen. Einen weiteren Arbeitsschwerpunkt stellte der Ausbau des Hochrheins dar. Zu diesem Komplex der Anbindung südeuropäischer Länder an den Rheinstrom gehörte ebenso der Rhein-Main-Donau-Kanal.

3.12 DER JUNIORENKREIS DER KÖLNER WIRTSCHAFT

Die Juniorenkreise, die sich in Deutschland erst in den späten vierziger und fünfziger Jahren zu etablieren begannen und die in den Industrie- und Handelskammern zunächst noch sehr zurückhaltende Partner fanden, konnten ihre auf die dreißiger Jahren zurückgehenden Anfänge aufgrund der politischen Verhältnisse nach 1933 nicht weiterverfolgen. An wenigen Orten waren sie bereits 1930 (Chemnitz), 1932 (Hagen) gegründet worden. Die Industrie- und Handelskammern Krefeld und Duisburg standen kurz vor einer Gründung eines Juniorenausschusses[250], sie hatten als erste Kammern das (theoretische) Modell eines kammerbetreuten Juniorenkreises entwickelt. Auch sie mußten die Pläne zunächst wieder einstellen.

Der Kölner Juniorenkreis gehört zu den sehr frühen Nachkriegsgründungen, fand aber zunächst als „Juniorenkreis beim Arbeitgeberverband der Metallindustrie des Bezirks Köln" seine Heimat im Verbandsbereich. Zielsetzung und Organisation des Juniorenkreises stimmte mit der Arbeit anderer Juniorenkreise überein, die etwa ab 1949 von einzelnen Industrie- und Handelskammern aufge-

Der „Wiederaufbau-Brunnen" von Heribert Calleen vor dem IHK-Gebäude, 1965

nommen wurden.[251] Der Kölner Juniorenkreis gehört somit zu den ältesten Gründungen überhaupt, zumal in den Jahren 1947/48 in der US-Zone die sogenannten „Junioren-Kammern"[252] gegründet wurden, die den amerikanischen Junior-Chambers nachempfunden waren. Sie wurden von den Kammern heftig bekämpft und schließlich zurückgedrängt.

Der personell hervorragend besetzte Kölner Juniorenkreis nahm bereits 1952 Kontakt zur Kammer Köln auf, weil deren Bestrebungen zur personellen Erweiterung des Kreises auf andere Branchen innerhalb des Verbandes nicht möglich waren.[253] Der Vorsitzende Dr. Karl-Heinz Hölling führte erste Kontaktgespräche mit dem Geschäftsführer der Industrieabteilung Dr. Oskar Schäfer und später auch mit Dr. Hilgermann und Dr. Habermas (Oberberg). Man erzielte darin Einigkeit, daß sich der Juniorenkreis mit Hilfe der Kammer öffnen und daß einzelne Junioren an der Kammerarbeit (als Gäste) beteiligt werden sollten. 1953 waren bereits fünf Junioren in den Ausschüssen Industrie und Energie, Verkehr und Steuern beteiligt. 1954 führte die Kammer sogar eine Mitgliederwerbeaktion durch, die beachtliche Resonanz hervorrief. Daß es trotz der großen Sympathie, die man den Junioren entgegenbrachte, zu einer Stagnation der Zusammenarbeit kam, lag an der inneren, vor allem personellen Entwicklung des Kreises.[254]

Der drohende Auflösungsprozeß des Juniorenkreises gegen Ende 1957 wurde dadurch verhindert, daß der amtierende Vorsitzende Alexander Hagen-Freusberg (*Gottfried Hagen AG*), der gleichzeitig Vollversammlungsmitglied war, gemeinsam mit dem Vorsitzenden des Industrie-Ausschusses Heinrich Pellenz (Vorsitzender des Arbeitgeberverbandes der Metallindustrie) und Geschäftsführer Herbert Kallewegge die Umgründung des Kreises vorbereitete. In der Mitgliederversammlung am 15. November 1957 beschlossen die Mitglieder die Umbenennung in „Juniorenkreis der Kölner Wirtschaft bei der Industrie- und Handelskammer zu Köln" und eine Übertragung der Geschäftsführung auf die Kölner Kammer.

Am 8. April 1958 fand die konstituierende Sitzung des Juniorenkreises statt, auf der die 19 Gründungsmitglieder die neue Geschäftsordnung verabschiedeten. In ihrer Satzung war festgeschrieben, daß der Sinn und Zweck der Vereinigung darin bestehen sollte, seine Mitglieder fachlich weiterzubilden, sie an die Arbeit der Kammer als Selbstverwaltungsorgan der Wirtschaft heranzuführen, sie mit Wirtschaftsfragen und gesellschaftspolitischen Problemen bekannt zu machen und in die Stellung und Aufgaben des Unternehmers in Wirtschaft und Gesellschaft einzuführen. Diese Ziele sollten durch Vorträge, Diskussionen, Arbeitskreise und Betriebsbesichtigungen sowie durch enge Fühlungnahme und vielseitigen Erfahrungsaustausch untereinander erreicht werden. Eine enge Anlehnung an die IHK Köln war dadurch gesichert, daß der Schriftführer und Kassenwart des Juniorenkreises in der Person des jeweiligen Geschäftsführers der Industrieabteilung der IHK geborenes Vorstandsmitglied war.[255]

Die IHK zu Köln, insbesondere auch Präsident Eugen Gottlieb von Langen, ging von Anfang an eine echte Partnerschaft mit den Junioren ein. So konnten einige Junioren in den Ausschüssen der Kammer mitarbeiten, und ihr Vorstand wurde ab 1961 regelmäßig zu den Vollversammlungen eingeladen. Sekretariat, Schreibdienst, Kontenführung und Postvertrieb wurden über die Kammer abgewickelt, diese Dienste belasteten die Finanzen der Junioren ebensowenig wie die Nutzung von Sitzungsräumen, die kostenlos zur Verfügung gestellt wurden. 1966 genehmigte die Vollversammlung den Haushaltstitel „Sonderkonto Juniorenkreis", der in den folgenden Jahren kontinuierlich erhöht wurde. Außerdem verlangte die Juniorenbetreuung durch Geschäftsführer Herbert Kallewegge einen hohen zeitlichen Einsatz. Der bis zum Wechsel in der Geschäftsführung (Nachfolger 1965 Dr. Franz Schoser) von 19 auf 84 angewachsene Mitgliederstamm entwickelte eine Fülle von Aktivitäten in allen Bereichen, wobei neben der seriösen Arbeitskreistätigkeit und den sozialen Engagements der gesellige Teil einen breiten Raum einnahm.

3.13 RHEINISCH-WESTFÄLISCHES WIRTSCHAFTSARCHIV ZU KÖLN

Obgleich Präsident Franz Greiß und Hauptgeschäftsführer Dr. Bernhard Hilgermann bereits zu Beginn der fünfziger Jahre darum bemüht waren, das Rheinisch-Westfälische Wirtschaftsarchiv (RWWA) wieder zu einer Institution der historischen Forschung auszubauen, gelang dies trotz ausreichender finanzieller Unterstützung nur zögerlich. Der zur Leitung des Archivs bestimmte IHK-Geschäftsführer Dr. Hans Riepen konnte aufgrund seiner Hauptaufgabe als Leiter der Berufsbildungsabteilung das RWWA nur nebenher betreuen. Außerdem fehlte eine qualifizierte Fachbesetzung und eine wirkliche Anbindung an das Wirtschaftshistorische Seminar der Wirtschafts- und Sozialwissenschaftlichen Fakultät der Universität zu Köln. Die wenigen noch erhalten gebliebenen Aktenbestände wurden Zug um Zug von Ehreshoven zurückgeholt und in einem Magazin des Historischen Archivs der Stadt Köln eingelagert ebenso wie die Bibliothek der Fest- und Werkzeitschriften sowie die Jahresberichte.

1954 konnten sämtliche Aktenbestände im Keller der IHK Köln dann untergebracht werden. 1956/57 erhielt das RWWA im dritten Obergeschoß des Kammeranbaus innerhalb der IHK-Bibliothek, die im Anbau ihre mehr als 40 000 Bände und 400 Zeitschriften jetzt besser präsentieren konnte, einen Platz innerhalb des Büchermagazins eingeräumt, so daß ab jetzt eine Benutzerbetreuung möglich war.

1957 trat der erste Archivar, Doktorand des Kölner Ordinarius für Wirtschafts- und Sozialgeschichte, eine Teilzeitstelle im RWWA an. Prof. Ludwig Beutin übernahm am 1. Oktober 1957 als Direktor im Nebenamt die wissenschaftliche Leitung des Wirtschaftsarchivs, damit war die jahrzehntelange bewährte Verbindung zur Wirtschafts- und Sozialwissenschaftlichen Fakultät der Universität zu Köln wieder hergestellt. Die am 3. Juni 1958 von der Vollversammlung der IHK zu Köln genehmigte neue Satzung garantierte den Unterhalt des Archivs durch die IHK zu Köln, die auch die Besoldung des hauptamtlichen Archivars übernahm.[256]

1959 erschienen die drei ersten Bände der „Schriften zur rheinisch-westfälischen Wirtschaftsgeschichte" (Neue Folge). Am 1. Dezember 1960 übernahm Prof. Dr. Hermann Kellenbenz das Amt des Archivdirektors im Nebenamt. Gleichzeitig wurde im Archiv eine volle Archivarstelle eingerichtet. 1962 wurde das RWWA als eingetragener, gemeinnütziger Verein rechtlich selbständig. Gem. § 8 der Vereinssatzung steht der Präsident der IHK zu Köln an der Spitze des Vereins, auch der Hauptgeschäftsführer der IHK zu Köln gehört stets zum Vorstand.

ANMERKUNGEN

1 Hilgermann: Weichen, S. 2.
2 Vgl. Billstein/Illner: Cologne, S. 51.
3 Ebd., S. 10.
4 Hilgermann: Selbstverwaltung, S. 217.
5 Ebd.
6 Hilgermann: Wandel, S. 26.
7 Hilgermann: Weichen, S. 5.
8 Hilgermann: Selbstverwaltung, S. 218.
9 RWWA 1d-4-3.
10 Van Eyll: Selbstverwaltungsorganisation, S. 227.
11 Van Eyll: Selbstverwaltung, S. 351.
12 Pensionen GWK 1949, RWWA 1d-12-2.
13 Auseinandersetzungsvertrag, Abschrift, RWWA 1-210-7.
14 Aktenvermerk Hilgermann, 26.03.1946, RWWA 1d-12-2.
15 Technical Instruction No. 49, 30.07.1945, RWWA 1-186-4.
16 Van Eyll: Selbstverwaltung, S. 352.
17 Technical Instruction No. 9, Economic Division der CCG (BE), 20.10.1945. In: Vogel: Westdeutschland, II, Anhang Nr. 2, S. 340f.
18 Weise: Kammern, S. 126.
19 Ebd., S. 129.
20 Geschäftsbericht der Vereinigung der Industrie- und Handelskammern der britischen Besatzungszone, 1946/47, S. 2. In: RWWA 20-1480-6.
21 Van Eyll: Selbstverwaltung, S. 351.
22 Vgl. dazu ausführlich: Weise: Kammern; Prowe: Unternehmer; ders.: Sturmzentrum; Schulze: Selbstverwaltung.
23 Weise: Kammern, S. 131-137.
24 Vgl. Vorläufige Stellungnahme zu den im Schreiben der Economic Sub-Commission vom 14.06.1946 enthaltenen Fragen über die deutsche Wirtschaftsorganisation, 24.06.1946, Abschrift. In: RWWA 70-111-00/1.
25 Weise: Kammern, S. 138-140.
26 Ölkrug-Entschließung, 18.07.1946, RWWA 1-189-3.
27 Vgl. German Organisation Branch, Economic Sub-Commission, 64 HG CCE/BE, 27.11.1946, Übersetzung. In: RWWA 1-186-4.
28 Hilgermann: Weichen, S. 13.
29 Ebd., S. 14.
30 Vgl. Pferdmenges an Regierungsdirektor Soergel, Düsseldorf, 23.07.1945. RWWA 1d-4-3.
31 Vgl. dazu ausführlich Vogt: Wirtschaftsregion, S. 203-210.
32 Hilgermann: Weichen, S. 14.
33 Aktenvermerk Dr. Hilgermann, 24.08.1945, RWWA 1d-6-4.
34 Vgl. Rundschreiben IHK zu Köln, 30.12.1948, RWWA 1d-6-4.
35 Antrag, 15.01.1949, RWWA 1d-6-4.
36 RWWA 1d-6-4.
37 Hilgermann: Weichen, S. 15.
38 Greiß: Erfahrungen, S. 128.
39 Protokoll, Beiratssitzung, 19.12.1946, RWWA 1-1005-4.
40 Protokoll Geschäftsführersitzung IHK Köln, 11.12.1946, Referat Dr. Hilgermann. In: RWWA 1d-3-6.
41 Mittbl. IHK Köln 1947, S. 69.
42 Protokoll Mitgliederversammlung IHK Köln, 05.05.1947, RWWA 1-1005-4, S. 1.
43 In diesem Punkt widersprechen sich die Protokolle der Mitgliederversammlungen, denn lt. Protokoll vom 18.06.1947, RWWA 1-1005-4, S. 2. wurde erst zu diesem Zeitpunkt die endgültige Satzung von der MV genehmigt.
44 Ebd., S. 3.
45 Hilgermann: Weichen, S. 75.
46 Mittbl. IHK Köln 1947. S. 97.
47 Mitgliederversammlung IHK Köln (nicht-öffentlich), 12.10.1948, RWWA 1-1005-4, S. 4-6.
48 Mitgliederversammlung IHK Köln, 05.12.1949, S. 9., RWWA 1-1006-1.
49 Mittbl. IHK Köln 1949, S. 21-22.
50 Protokoll der Mitgliederversammlung IHK Köln, 18.06.1947, S. 2, RWWA 1-1005-4.
51 Dr. Pferdmenges an Dr. Bauwens, 23.08.1946, RWWA 1-1005-4.
52 Dr. Schulz, Sondermann, Schmitz, Bauwens an Militärregierung 622 Det., 18.10.1946, RWWA 1d-11-6.
53 J.M. White an Dr. Robert Pferdmenges, Subject: Denazification, 20.09.1946. RWWA 1d-11-6.
54 Weise: Handeln, S. 7-15; ders.: Kammer, S. 109-117.
55 Treue: Robert Pferdmenges, S. 203-222.
56 Vgl. Anm. 53.
57 Hilgermann: Weichen, S. 73.
58 Beirat an Dr. Pferdmenges, 27.09.1946, RWWA 1d-11-6.
59 Dr. Bauwens an Militärregierung, 30.09.1946, RWWA 1d-11-6.
60 48. Protokoll Beiratssitzung, 08.11.1946, S. 2, RWWA 1-1005-4.
61 Ebd., S. 2.
62 Vgl. Soénius: Peco Bauwens, S. 564.
63 Hilgermann: Weichen, S. 15-16.
64 Protokoll Mitgliederversammlung IHK Köln, 18.06.1947, S. 3-5, RWWA 1-1005-4.
65 Sondermann: Beirat, S. 102.
66 Satzung vom 20.02.1936, siehe RWWA 1-110/42.
67 Vgl. Hilgermann an Fischer, 19.02.1958, RWWA 1-110/42.
68 Satzung der Zweigstelle Oberberg in Gummersbach, o.J., RWWA 1-110/42.
69 Hilgermann: Weichen, S. 5.
70 Van Eyll: Selbstverwaltungsorganisation, S. 229.
71 Aktenvermerk Dr. Hilgermann, RWWA 1d-11-7.
72 Vgl. Protokoll Mitgliederversammlung, 18.06.1947, S. 2, RWWA 1-1005-4.
73 Hilgermann: Weichen, Liste der Mitarbeiter 1945, Anhang II.
74 Ebd., S. 17.
75 Ebd.
76 Vgl. dazu ausf. Weise: Kammern, Neubeginn oder Kontinuität?, S. 64-73.
77 Protokoll Präsidialsitzung, 23.08.1946, RWWA 1-1001-1.
78 Protokoll über Besprechung der linksrheinischen Kammern, 17.09.1947, RWWA 1- 189-1.
79 Vgl. ausführlich Weise: Handeln, 7-21.
80 Gründungsvereinbarung vom 05.11.1946, RWWA 70-112-00/1.
81 Vgl. ausf. Weise: Kammern, S. 109-117.
82 Ebd., S. 113.
83 Vermerk Hilgermann, 14.09.1945, RWWA 1d-8-11.
84 Vermerk Hilgermann, o.J., RWWA 1d-1-6.
85 Ebd.
86 Hilgermann: Weichen, S. 7.
87 Vgl. Billstein/Illner, Cologne.
88 Hilgermann: Weichen, S. 9. Vgl. dazu Hilgermann: Wandel, S. 29-33.

[89] Hilgermann: Wandel, S. 26.
[90] Vgl. ausführlich Weise: Kammern, S. 92-98.
[91] Weise: Handeln, S. 42-44.
[92] Hilgermann: Weichen, S. 25.
[93] Köchling: Demontagepolitik, S. 47-52.
[94] IHK Köln an Wirtschaftsministerium des Landes NRW, 27.10.1947, RWWA 1-317-1.
[95] IHK Köln an Paul Brinkmann, Milspe, 22.10.1947, RWWA 1-317-1.
[96] Requisitionsformular 80 G diente zur Geltendmachung des entstandenen Schadens bei der zuständigen Kriegsschädenfeststellungsbehörde.
[97] Hilgermann: Weichen, S. 26.
[98] Vermerk, Hilgermann, o.J., RWWA 1d-5-2.
[99] Hilgermann: Weichen, S. 69-70.
[100] Vgl. Mittbl. IHK Köln 1946, S. 1.
[101] JB IHK Köln 1947, S. 8.
[102] Hilgermann: Weichen, S. 87.
[103] JB IHK Köln 1947, S. 16.
[104] Vermerk Geschäftsführersitzung, 17.06.1947, RWWA 1d-5-3.
[105] Ebd., S. 2.
[106] Niederschrift Geschäftsführersitzung, 17.06.1947, RWWA 1d-6-3.
[107] Vermerk Geschäftsführersitzung, 17.06.1947, S. 2, RWWA 1d-5-3.
[108] Vogt: Wirtschaftsregion, S. 219-220.
[109] Vgl. Vermerk Hilgermann, 29.05.1946, RWWA 1d-1-6.
[110] JB IHK Köln 1947, S. 8.
[111] Ebd., S. 8.
[112] Ebd.
[113] Ebd. S. 9.
[114] Vermerk Dr. Schäfer, 10.07.1948, RWWA 1-462-4.
[115] Ebd., S. 1.
[116] Vgl. Meier: Situation, S. 262-266.
[117] JB IHK Köln, 1948, S. 4.
[118] Meier: Situation, S. 265.
[119] JB IHK Köln, 1947, S. 10.
[120] Vgl. Niederschrift Gesellschaftsversammlung der Messe- und Ausstellungs- G.m.b.H., 19.12.1952, RWWA 1-497-1.
[121] Greiß: Eröffnung, S. 1, Nachlaß Dr. h.c. Franz Greiß, RWWA 127-3-1.
[122] Protokoll Gründungssitzung, Rechts-Ausschuß der IHK Köln, 08.07.1947, S. 1. RWWA 1-462-4.
[123] JB IHK Köln, 1947, S. 15.
[124] Vgl. Mittbl. IHK Köln 1947, S. 199-200.
[125] Vermerk Oelrichs an Dr. Hilgermann, 08.07.1948, RWWA 1-462-4.
[126] Ebd.
[127] Vgl. Niederschrift, Sitzung des provisorischen Steuer-Ausschusses der IHK zu Köln, 18.03.1946, RWWA 1-300-1.
[128] Vgl. Niederschrift Sitzung Präsidium der IHK zu Köln, 23.08.1946, S. 2, RWWA 1- 1001-1.
[129] Vgl. Hilgermann: Wandel, S. 36-37.
[130] Ebd.
[131] Gülker: Entwicklung. In: Mittbl. IHK Köln 1953, S. 486-488.
[132] JB IHK Köln 1947, S. 12.
[133] Mittbl. IHK Köln 1947, S. 191.
[134] JB IHK Köln, 1949, S. 23.
[135] Vgl. Ausbildungswesen, Mittbl. IHK Köln 1947, S. 9.
[136] Vgl. Präsidialbeschluß, Präsidialprotokoll, 26.02.1948, RWWA 1-1001-1.
[137] Hilgermann: Weichen, S. 90.
[138] Landtagsdrucksache Nr. II-364, Erste Wahlperiode, 01.04.1948.
[139] Vgl. ausführlich Weise: Kammern, S. 211-224.
[140] Weise: Handeln, S. 40-42.
[141] Vgl. Schreiben Dr. August Küster an Dr. Gerhard Frentzel, 04.03.1949, RWWA, DIHT-Archiv 229-4.
[142] Weise: Kammern, S. 249-251.
[143] Vgl. ausführlich Weise: Kammern, S. 264-276.
[144] Vgl. Regional Governmental Office, Düsseldorf, NRW/RGO/1505/38 to Herrn Karl Arnold, Ministerpr. NRW, 4.10.1949. In: PRO, FO 1013/274B.
[145] Vgl. Weise: Kammern, S. 317-318.
[146] Entwurf eines Gesetzes über die Industrie- und Handelskammern. In: Bundestagsdrucksache 1964, 2. Wahlperiode 1953.
[147] Bundesgesetzblatt 1956, I S. 920.
[148] Van Eyll: Selbstverwaltung, S. 359.
[149] Ebd.
[150] Ebd., S. 360.
[151] GV NW, 11. Jg., Nr. 49, S. 187-188.
[152] Mitt. IHK Köln 1957, S. 557-561.
[153] Vgl. Protokoll Mitgliederversammlung IHK Köln, 14.06.1957, RWWA 1-1006-4, S. 2-3.
[154] Mitt. IHK Köln 1962, S. 628-632.
[155] Mitt. IHK Köln 1957, S. 553-557.
[156] Protokoll Mitgliederversammlung IHK Köln, 13.05.1957, S. 6, RWWA 1-1006-4.
[157] Ebd., S. 7.
[158] Protokoll Mitgliederversammlung IHK Köln, 01.12.1960, S. 3-4, RWWA 1-1004-1.
[159] Protokoll Mitgliederversammlung IHK Köln, 06.12.1962, S. 4-5, RWWA 1-1004-2.
[160] Protokoll Präsidialsitzung IHK Köln, 10.04.1947, S. 2, RWWA 1-1001-1.
[161] Protokoll Mitgliederversammlung IHK Köln, 05.05.1947, S. 3, RWWA 1-1005-4.
[162] Ebd., S. 4.
[163] Ebd.
[164] Ebd., S. 5.
[165] Vgl. Weise: Franz Greiß, S. 576; Mitt. IHK zu Köln 1955, S. 177-180; 1958, S. 173- 174; 1965, S. 189-191.
[166] Der Nachlaß von Dr. Franz Greiß befindet sich im RWWA.
[167] Teile des historischen Akten- und Filmbestandes der „Gemeinschaft zur Förderung des sozialen Ausgleichs (Die Waage)" befinden sich im RWWA.
[168] Niederschrift Vollversammlung IHK Köln, 06.03.1958, S. 3-8, RWWA 1-1006-4.
[169] Ebd., S. 3.
[170] Ebd.
[171] Rechenschaftsbericht E. Gottlieb von Langen, 03.02.1966, Sonderdruck aus den Mitt. IHK Köln 1966, S. 70-76.
[172] Ebd. S. 70.
[173] Rede von Dr. Otto Brügelmann, Sonderdruck aus den Mitt. IHK Köln 1966, S. 76- 78.
[174] Die Satzung von 1947 kannte noch keine Bestimmung über die Bestätigung der Ausschüsse.
[175] Verabschiedung Dr. Hilgermann, Mitt. IHK Köln, 1961, S 615.
[176] Ebd.
[177] Ebd., S. 616.
[178] Ebd.
[179] Niederschrift Vollversammlung IHK Köln, 07.12.1961, S. 8-9, RWWA 1-1004-1.
[180] Ebd., S. 10.

[181] Geschäftsordnung der Zweigstelle Oberberg der IHK Köln, 27.02.1958, RWWA 1-110/42
[182] Präsident Greiß an die Zweigstelle Oberberg, 20.02.1958, RWWA 1-110/42.
[183] Protokoll Präsidialsitzung IHK Köln, 03.05.1948, S. 1-2, RWWA 1-1001-1.
[184] Vermerk Reg.-Rat Oelrichs an Dr. Hilgermann, 21.07.1948, RWWA 1-462-4.
[185] Ebd., S. 1.
[186] Protokoll Mitgliederversammlung IHK Köln, 16.05.1949, S. 6, RWWA 1-1006-1.
[187] Ebd., S. 4.
[188] Die erste Prüfung des Haushaltswesens der IHK Köln wurde für das Jahr 1945 durchgeführt, der Bericht stammt vom 26.04.1947.
[189] Protokoll Mitgliederversammlung IHK Köln, 12.06.1950, S. 2, RWWA 1-1006-2.
[190] Protokoll Mitgliederversammlung IHK Köln, 16.04.1951, S. 3, RWWA 1-1006-2.
[191] Protokoll Präsidialsitzung IHK Köln, 19.08.1948, S. 1, RWWA 1-1001-1.
[192] Protokoll Präsidialsitzung IHK Köln, 09.09.1948, S. 2, RWWA 1-1001-1.
[193] Charon: Bauausschuß, S. 75.
[194] Protokoll Präsidialsitzung IHK Köln, 03.02.1950, S. 1, RWWA 1-1001-2.
[195] Protokoll Mitgliederversammlung IHK Köln, 16.02.1950, S. 2-5, RWWA 1-1001-2.
[196] Urkundentext zur Grundsteinlegung: Protokoll Mitgliederversammlung IHK Köln, 05.12.1950, S. 8-9, RWWA 1-1006-2.
[197] Richtfest der Kammer, Mittbl. IHK Köln 1951, S. 219-221.
[198] Festakt aus Anlaß der Einweihung des neuen Kammer- und Börsengebäudes, Mittbl. IHK Köln 1952, S. 157-174.
[199] Niederschrift Mitgliederversammlung IHK Köln, 11.01.1954, S. 10, RWWA 1-1006- 3.
[200] Niederschrift Mitgliederversammlung IHK Köln, 18.01.1955, S. 4-6, RWWA 1- 1006-3.
[201] Niederschrift Mitgliederversammlung IHK Köln, 30.10.1956, S. 2-3, RWWA 1- 1006-4.
[202] Niederschrift Mitgliederversammlung IHK Köln, 14.06.1957, S. 4, RWWA 1-1006- 4.
[203] Niederschrift Vollversammlung IHK Köln, 06.03.1958, S. 2, RWWA 1-1006-4.
[204] Vgl. JB IHK Köln 1963, S. 135.
[205] Vgl. JB IHK Köln 1950, S. 43.
[206] Vgl. ausführlich Weise: Handeln, S. 83-88 u. S. 110-114.
[207] Ebd., S. 86.
[208] Satzung des Wettbewerbseinigungsamtes, 20.09.1948, RWWA 1-488-1.
[209] Vgl. JB IHK Köln 1952, S. 11.
[210] Die Freigabe des Interzonenwarenverkehrs mit der französischen Zone erfolgte im Oktober 1948.
[211] Voigt: Außenhandels-Fachschule, S. 413.
[212] Vgl. Besuch der Kölner Außenhandelsfachschule in Rotterdam und Antwerpen. In: Mitt. IHK Köln 1951, S. 261-263.
[213] Vgl. Weise: Handeln, S. 23-24.
[214] S.o.
[215] Vgl. Rheinische Wirtschaft seit langem im Kampf gegen Wasserverschmutzung. In: Mitt. IHK Köln 1971, S. 359.
[216] Vgl. §§ 16 u. 25 GewO und § 906 BGB, BGBL. I S. 781.
[217] JB IHK Köln 1949-1965.
[218] JB IHK Köln 1949-1965.
[219] JB IHK Köln 1957, S. 117.
[220] JB IHK Köln 1955, S. 118.
[221] JB IHK Köln 1953, S. 32.
[222] JB IHK Köln 1954, S. 70.
[223] JB IHK Köln 1953, S. 32.
[224] JB IHK Köln 1954, S. 70-71.
[225] JB IHK Köln 1955, S. 103.
[226] Ebd., S. 104.
[227] JB IHK Köln 1957, S. 103.
[228] JB IHK Köln 1958, S. 112.
[229] JB IHK Köln 1964, S. 97.
[230] JB IHK Köln 1960, S. 109.
[231] JB IHK Köln 1954, S. 76.
[232] Ebd.
[233] JB IHK Köln 1959, S. 107.
[234] Ebd.
[235] JB IHK Köln 1965, S. 132.
[236] JB IHK Köln 1950, S. 42.
[237] Rüther: Produktenbörse, S. 31.
[238] Ebd.
[239] Vgl. „Zur Tradition des Maklerstandes", S. 214-215.
[240] Vgl. Verabschiedung des Geschäftsführers Dr. Rüther, Mitt. IHK Köln 1964, S. 71.
[241] Vgl. Börsenordnung für die Börse zu Köln, 01.07.1946 mit Nachträgen I 18.05.1949, II 27.10.1950 und III 06.02.1961, RWWA 1-212-1. Börsenordnung der Produktenbörse zu Köln, 13.05.1965; Niederschrift Vollversammlung IHK Köln, 13.05.1965, RWWA 1-1004-3.
[242] Watanabe: Gründungsjahre, S. 1.
[243] Vortrag Dr. K.P. van der Mandele am 20.01.1949, RWWA 1-888-2.
[244] Watanabe: Gründungsjahre, S. 8.
[245] Ebd., S. 11.
[246] Ebd., S. 19-23.
[247] Protokoll über die Gründungssitzung der Handelskammern des Rheingebietes am 09.09.1949, Rotterdam, RWWA 1-888-3, S. 5.
[248] Ebd.
[249] Ebd.
[250] Vgl. ausführlich Weise: Ursprünge. (Die Geschichte der Junioren vor dem Zweiten Weltkrieg).
[251] Vgl. ausführlich Weise: Juniorenkreis (Geschichte des Kölner Juniorenkreises 1958 bis 1983).
[252] Ebd., S. 4-6.
[253] Ebd. S. 25-30.
[254] Vgl. dazu ausführlich ebd., S. 30-32.
[255] Ebd., S. 36-37.
[256] Niederschrift, Vollversammlung IHK Köln, 03.06.1958, S. 9, RWWA 1-1006-4.

DIE INDUSTRIE- UND HANDELSKAMMER ZU KÖLN 1966 BIS 1997

KLARA VAN EYLL
UNTER MITARBEIT VON JÖRG WIESEMANN

I	Die Organisation der Industrie- und Handelskammer zu Köln 1966 bis 1997	375
1	Der rechtliche Rahmen	375
2	Die Kammerneugliederung 1977	375
3	Die innere Struktur der Kammer	378
3.1	Mitglieder und Wahlen	378
3.2	Kammerzugehörigkeit und Beitragspflicht	380
3.3	Das Ehrenamt	385
3.3.1	Die Vollversammlung	385
3.3.2	Das Präsidium	386
3.3.3	Die Ausschüsse	395
3.3.4	Die Wirtschaftsgremien	397
3.3.5	Die Erfahrungsaustausch-Gruppen	398
3.4	Das Hauptamt	399
3.5	Der Kammerhaushalt	406
4	Die Zweigstellen	407
4.1	Oberberg	407
4.2	Leverkusen	411
4.3	Wermelskirchen	413
II	Kammeraufgaben im Wandel	413
1	Berichterstattung und Öffentlichkeitsarbeit	415
2	Medienwirtschaft	419
3	Verkehr und Telekommunikation	422
3.1	Individualverkehr	422
3.2	Öffentlicher Personennahverkehr	424
3.3	Schienenschnellverkehr	426
3.4	Flughafen Köln/Bonn	426
3.5	Häfen	427
3.6	Telekommunikation	428
4	Informations- und Kommunikationstechnik/Datenverarbeitung	429
5	Informationsmanagement und Dokumentation	431
5.1	Stammdaten	431
5.2	Datenbankservice und Zentrale Schriftgutverwaltung	431
5.3	Wirtschaftsbibliothek	432
5.4	Service-Center	433
6	Außenwirtschaft	434
6.1	Ausstellung von Carnets, Ursprungszeugnissen und sonstigen Bescheinigungen	434
6.2	Auskunft und Beratung	436
6.3	Sprechtage und Seminare	437
6.4	Innerdeutscher Handel	438
6.5	EG/EU-Beratungsstelle	438
6.6	Schwerpunktkammer	439

6.7	Außenwirtschaftsfachschule	441
7	Berufsbildung	441
7.1	Das Berufsbildungsgesetz von 1969 und seine Konsequenzen für die kaufmännische und gewerblich-technische Ausbildung	441
7.2	Ausbilderqualifizierung – Ausbildungsinitiativen	444
7.3	Stufenausbildung und Blockunterricht	448
7.4	Qualifikation ausländischer Nachwuchskräfte	449
7.5	Neuordnung von Ausbildungsberufen und neue Berufe	449
7.6	Kollegschule, Fachoberschule und Fachhochschule	450
7.7	Berufliche Fortbildung	451
7.8	Weiterbildung	454
8	Wirtschaftsförderung und Planung für Handel und Industrie	455
8.1	Raumordnung	455
8.2	Stadtentwicklung	457
8.3	Existenzgründungsberatung	461
8.4	Technologieberatung	463
8.5	Vermittlungsdienste (Börsen)	464
9	Abfallwirtschaft und Umweltschutz	465
9.1	Abfallwirtschaft/ENSO	465
9.2	Luft- und Wasserreinhaltung	467
9.3	Öko-Audit	468
10	Strukturpolitik und Förderung der Region	468
10.1	Strukturatlas	468
10.2	ZIN	469
10.3	Bio- und Gentechnologie	469
10.4	Regio Rheinland	470
11	Finanzen und Steuern	471
12	Recht	475
12.1	Schlichtung	475
12.2	Selbständige Gewerbetätigkeit von Ausländern	476
12.3	Gewerbeuntersagung	477
12.4	Sachverständige	478
12.5	Firmenrecht	479
12.6	Stellungnahmen zu Vergleichsverfahren - Der Fall Herstatt	480
12.7	Handels- und Finanzrichter	481
12.8	Gaststättenunterrichtung/Fachkundeprüfungen	481
12.9	Sonstige Auftragsangelegenheiten und gutachtliche Tätigkeiten	482
12.9.1	Öffentliches Auftragswesen	482
12.9.2	Kreditanträge	483
12.9.3	UK-Stellungen	483
13	Kammernahe Einrichtungen	484
13.1	Börsen	484
13.1.1	Produkten- und Warenbörse	484
13.1.2	Immobilienbörse	484
13.2	Rheinkammernunion	486
13.3	Wirtschaftsjunioren	487
13.4	Rheinisch-Westfälisches Wirtschaftsarchiv zu Köln	489
III	Schlußwort	491

I DIE ORGANISATION DER INDUSTRIE- UND HANDELSKAMMER ZU KÖLN 1966 BIS 1997

1 DER RECHTLICHE RAHMEN

Das Gesetz zur vorläufigen Regelung des Rechts der Industrie- und Handelskammern vom 18. Dezember 1956[1] definiert ihre Stellung und Aufgaben. Änderungen erfuhr es im Behandlungszeitraum vor allem durch § 103 des Berufsbildungsgesetzes vom 14. August 1969[2] sowie am 21. Dezember 1992 im Zusammenhang mit der großen Beitragsreform der Kammern.[3] Ergänzt wird das Bundesgesetz durch das Gesetz über die Industrie- und Handelskammern im Lande Nordrhein-Westfalen vom 23. Juli 1957.[4] Die Einzelheiten der inneren Organisation regelt das Satzungsrecht der IHK zu Köln, das vom Landeswirtschaftsminister als der zuständigen Behörde, der die Rechtsaufsicht über die Kammern obliegt, zu genehmigen ist.[5]

Bundes- und Landesgesetz garantieren den Selbstverwaltungscharakter der Kammer als Körperschaft öffentlichen Rechts in personeller, finanzieller und organisatorischer Hinsicht. Ihre Unabhängigkeit ist Voraussetzung zur Erfüllung der ihr durch Gesetz übertragenen Aufgaben. Die Pflichtzugehörigkeit der gewerbetreibenden Mitglieder basiert auf ihrer Veranlagung zur Gewerbesteuer. Es werden Grundbeiträge und Umlagen auf der Basis der Gewerbesteuermeßbeträge erhoben.

Die Vollversammlung beschließt als höchstes Organ der Kammer Satzung, Wahlordnung, Beitrags- und Gebührenordnung, sie stellt jährlich den Haushaltsplan fest, erteilt Entlastung, wählt das Präsidium und bestellt den Hauptgeschäftsführer. Die Satzung regelt die detaillierten Befugnisse der Organe. Präsident und Hauptgeschäftsführer vertreten die Kammer rechtsgeschäftlich und gerichtlich. Der Präsident ist der oberste Repräsentant des Ehrenamtes, der Hauptgeschäftsführer steht – mit Mandat von der demokratisch gewählten Vollversammlung – an der Spitze des Hauptamtes.[6]

Die am 7. Dezember 1962 vom Landeswirtschaftsminister genehmigte Satzung, die Wahlordnung und die Beitragsordnung der IHK zu Köln galten 1966 unverändert weiter. Eine wesentliche Änderung ihrer Rechtsgrundlagen erfuhr die IHK erst im Zuge der Kammerneugliederung von 1977.[7] Nachdem das Bundesverwaltungsgericht im März 1980 die bis dato von den meisten Kammern praktizierte Friedenswahl für unzulässig erklärt hatte, beschloß die Vollversammlung der IHK Köln am 13. Dezember 1982 eine entsprechende Anpassung ihrer Wahlordnung, insbesondere eine Verkürzung des Wahltermins von sechs auf vier Jahre. Zudem wurden die Ersatzwahlen in laufender Amtszeit durch ein Kooptationsverfahren ersetzt. Dem stimmte der Landeswirtschaftsminister im Februar 1983 zu.[8] Im Rahmen der großen Beitragsreform von 1992/93 erfolgten die jüngsten Anpassungen des individuellen Kammerrechts.[9] Die gegenwärtig gültige Satzung sowie die Wahlordnung beschloß die Vollversammlung am 22. April 1993[10], die Beitragsordnung am 7. Dezember 1993.

2 DIE KAMMERNEUGLIEDERUNG 1977

Seit der Mitte der sechziger Jahre gab es auf Landesebene bereits Bestrebungen, die Verwaltung durch Schaffung größerer Einheiten effektiver zu gestalten. So sah ein 1968 vorgestelltes Gutachten nur noch drei Regierungsbezirke vor: Köln, Essen und Münster. Die Verschmelzung des Regierungsbezirks Aachen mit dem Regierungsbezirk Köln 1972 blieb schließlich das einzige Resultat der ursprünglichen Planungen. Parallel zu diesen Bestrebungen gab es seinerzeit Bemühungen, die

Bezirke der Kommunen und Kreise im Land zu verändern und damit viele inzwischen als Anachronismus empfundenen Kleinstgemeinden abzuschaffen. Das am 7. April 1970 verkündete zweite Neugliederungsprogramm zur kommunalen Gebietsreform erhielt mit dem 1. Januar 1975 Rechtskraft.[11] Es hatte für die nordrhein-westfälischen Kammerbezirke mit zeitlicher Verzögerung teilweise erhebliche Konsequenzen. Am 18. November 1974 war in diesem Zusammenhang das Gesetz zur Neugliederung der Gemeinden und Kreise des Neugliederungsraumes Köln (Köln-Gesetz) verkündet worden. Hiernach wurde die Zahl der Städte und Gemeinden von 71 auf 33 verringert.[12] Die IHK nahm am 24. April 1974 zu den Neuordnungsvorschlägen des Innenministers Stellung. „Im Großen und Ganzen"[13] empfahl sie diese.

Im Regierungsbezirk Köln gab es einschneidende Veränderungen bei der Ausdehnung der einzelnen Kreise. Die Kreise Geilenkirchen, Jülich, Monschau, Schleiden, Bonn (Land) und Köln (Land) wurden aufgelöst und anderen zugeschlagen. Der Kreis Bergheim gewann dabei erheblich an Fläche, indem er Teile des bisherigen Kreises Köln (Land) und vom Kreis Euskirchen die zur „Erftstadt" zusammengelegten Orte Kierdorf, Gymnich, Lechenich, Bliesheim und Liblar aufnahm.

Der Oberbergische Kreis wuchs im Westen um die Kommunen Wipperfürth, Kürten und Engelskirchen, welche der Rheinisch-Bergische Kreis abtrat, sowie im Norden mit Radevormwald und Hückeswagen. Die folgenreichste Maßnahme in der Region war die Auflösung des bis Ende 1974 zum Regierungsbezirk Düsseldorf gehörigen Rhein-Wupper-Kreises mit Sitz in Opladen. Der Rheinisch-Bergische Kreis erhielt hierdurch die Gemeinden Burscheid, Leichlingen und Wermelskirchen. Die schon seit 1955 kreisfreie Stadt Leverkusen verleibte sich die Gemeinden Opladen und Bergisch Neukirchen ein.

Mit der Erweiterung des Rheinisch-Bergischen Kreises sowie des Oberbergischen Kreises verschoben sich auch die Grenzen des Regierungsbezirks Köln nicht unbeträchtlich nach Norden. Außerdem wechselte Leverkusen von der Mittelinstanz Düsseldorf nach Köln. Die Stadt Köln schließlich profitierte in besonderem Maße von der kommunalen Gebietsreform. Im Westen bzw. Süden kamen die Gemeinden Lövenich und Rodenkirchen sowie die Orte Esch, Pesch, Widdersdorf und Marsdorf hinzu (ehemals Landkreis Köln), im Südosten fiel das gesamte Stadtgebiet von Porz an Köln (vorher Rheinisch-Bergischer Kreis).[14] Wesseling, 1975 ebenfalls nach Köln eingemeindet, konnte schon ein Jahr später auf gerichtlichem Wege seine Selbständigkeit zurückerlangen.

Bis zur kommunalen Gebietsreform von 1975 waren die Bezirksgrenzen der nordrhein-westfälischen Industrie- und Handelskammern weitgehend deckungsgleich mit den Verwaltungsgrenzen. Jetzt kam es zu teilweise erheblichen Überschneidungen der jeweiligen Sprengel. Gemäß § 1 des NRW-Kammergesetzes von 1957 ist der Wirtschaftsminister im Rahmen seiner Rechtsaufsicht ermächtigt, die Bezirke von Industrie- und Handelskammern per Rechtsverordnung zu verändern.

Schon im Sommer 1974 äußerte sich Wirtschaftsminister Horst Ludwig Riemer zu einer geplanten Kammerreform. Er machte den durch die kommunale Neugliederung betroffenen Kammern einen Vorschlag und forderte sie auf, ein eigenes Konzept zu erarbeiten.[15] 1976 unterbreitete Riemer den Vorschlag, Leverkusen und Opladen Köln zuzusprechen, die nördlichen Teile des Rheinisch-Bergischen Kreises und des Oberbergischen Kreises jedoch – unter Mißachtung des Prinzips der Deckungsgleichheit von Regierungs- und Kammerbezirk – der IHK Wuppertal. Die Kölner Kammer hätte somit einen großen Teil ihres bisherigen Bezirks eingebüßt. Sowohl die Beratende Versammlung Oberberg als auch die Vollversammlung der Kölner IHK protestierten im Juni 1976 energisch gegen diese Pläne der Landesregierung. Zum einen bestünden keine wirtschaftlichen Verflechtungen, zum anderen müßten die Unternehmer aus den beiden genannten Kreisen bis zu 30 % mehr Kammerbeiträge zahlen, da Köln bundesweit den niedrigsten Beitragssatz habe. Kammerpräsident Otto Wolff von Amerongen betonte in einer Rede vor der Vollversammlung, die

Kammerneugliederung 1977: Verpflichtung von Günter Schöpp, vormals Präsident der IHK Remscheid, als Vizepräsident durch IHK-Präsident Wolff. Im Vordergrund v.r.n.l.: die Vizepräsidenten Dr. German Broja und Werner Ackermann, Hauptgeschäftsführer Helmut Rehker

Haltung des Ministers sei um so unverständlicher, weil wichtige Behörden aus den Bereichen Justiz, Finanzen und Zoll ihre Bezirke inzwischen deckungsgleich mit demjenigen der Regierung Köln harmonisiert hätten.

Im Juli 1976 sprach sich Riemer ungeachtet aller Proteste für die Auflösung mehrerer kleinerer Kammern aus, deren Beitragsaufkommen und Beschäftigtenzahl gewisse Sollwerte nicht erreichten: Lippe (Detmold), Remscheid, Solingen, Mönchengladbach und Neuss. Ihre Bezirke sollten derart anderen Kammern zugewiesen werden, daß Verwaltungs- und Kammergrenzen zukünftig wieder übereinstimmten. Eine gewichtige Zahl von traditionsreichen mittelständischen Unternehmen fürchtete bei Auflösung ihrer Kammer Solingen bzw. Remscheid einen vorgeblich dominierenden Einfluß von Großunternehmen in der Kölner Kammer.

Im August 1976 nahm die Kölner Kammer nach Beratungen im Präsidium sowie im Haupt- und Verwaltungs-Ausschuß Stellung zum Verordnungsentwurf des Wirtschaftsministers. Sie stimmte mit dem Ziel überein, die staatlichen Bezirke mit denjenigen der wirtschaftlichen Selbstverwaltung deckungsgleich zu gestalten, hatte aber genau aus diesem Grund kein Verständnis dafür, warum in dem einen Fall Köln/Wuppertal von diesem Grundsatz abgerückt werden sollte. Der Kölner Raum sei überwiegend mittelständisch strukturiert, und seine international tätigen Großbetriebe seien schon deshalb für kleine und mittlere Unternehmen von Bedeutung, weil sie auf außenwirtschaftlichem Gebiet ihre Kompetenz zur Verfügung stellen könnten. Die Kammer wies zudem darauf hin, daß die „Wirtschaft des früheren Rheinisch-Bergischen und Oberbergischen Kreises" in Resolutionen den eindeutigen Wunsch nach Deckungsgleichheit geäußert habe.[16] Im November 1976 ergänzte der Wirtschaftsminister seinen Entwurf im Sinne der Kölner Kammer, auch hierbei die Verwaltungsgrenzen zu respektieren. Den Kammerzugehörigen von Solingen und Remscheid wurde die Möglichkeit gegeben, sich bis Ende Januar 1977 zu diesem Vorschlag zu äußern.[17]

Am 1. März 1977 erließ Minister Riemer sodann die Verordnung, mit der die Industrie- und Handelskammern in Nordrhein-Westfalen definitiv neu gegliedert wurden. Sie entsprach größtenteils dem Entwurf von 1976. Die IHK Lippe (Detmold) wurde allerdings aus verfassungsrechtlichen Gründen nicht aufgelöst. Die Unternehmer von Burscheid, Leichlingen, Wermelskirchen, Radevormwald und Hückeswagen wechselten zur Kölner Kammer. Der neu geschaffene Bezirk der IHK zu Köln umfaßte also mit dem Datum des Inkrafttretens (1. April 1977) folgende Gebietskörperschaften: den Erftkreis, die Stadtkreise Köln und Leverkusen, den (gesamten) Rheinisch-Bergischen Kreis sowie den (gesamten) Oberbergischen Kreis.

Der Kammerbezirk füllte nun wieder den nordöstlichen Teil des Regierungsbezirks Köln aus.[18] Die aufzulösenden Kammern Solingen und Remscheid legten sofort Klage gegen diese Rechtsverordnung ein. Ungeachtet dessen begannen schon im März 1977 erste Verhandlungen über die fällige Vermögensauseinandersetzung mit der IHK Wuppertal.[19] Zum Jahresende 1977 wurde schließlich vereinbart, der Kammer Wuppertal eine einmalige Ausgleichszahlung von 750 000 DM zu gewähren.[20]

Im Herbst 1977 waren bereits die Vermögensauseinandersetzungen mit der IHK Bonn abgeschlossen bezüglich der Unternehmen aus dem Bereich der 1975 neu geschaffenen Erftstadt. Köln überließ Bonn die noch eingehenden Beiträge für 1977 zuzüglich eines Pauschalbetrags von 40 000 DM, um etwaige Nachzahlungen abzugelten.[21] Insgesamt acht Unternehmen klagten in der Folgezeit gegen ihren Anschluß an die Kölner Kammer.[22] Diese rechtlichen Auseinandersetzungen zogen sich bis 1984 hin.

3 DIE INNERE STRUKTUR DER KAMMER

3.1 MITGLIEDER UND WAHLEN

Die Vollversammlung hatte 1966 weiterhin 93 Mitglieder. Während diese Zahl insgesamt bis heute unverändert blieb, gab es hinsichtlich der Wahlgruppen und der Wahlbezirke entscheidende Veränderungen. Die Mitglieder der Vollversammlung wurden von den Kammerzugehörigen „in gleicher, allgemeiner und geheimer Wahl"[23] gewählt, wobei jeweils ein Drittel alle zwei Jahre – mit der Möglichkeit der Wiederwahl – im Zuge von Ergänzungswahlen ausschied. Zum Zweck der Wahl waren bis zur Kammerneugliederung 1977 fünf Wahlbezirke und acht Wahlgruppen gebildet: (I) Köln Stadt, (II) die Landkreise Köln und Bergheim, (III) der Oberbergische Kreis, (IV) der Rheinisch-Bergische Kreis und (V) der gesamte Kammerbezirk. Die Wahlgruppen (1) Industrie, (2) Großhandel und Verkehr sowie (3) Einzelhandel gab es in den Wahlbezirken I bis IV in sehr unterschiedlichen Gewichtungen, die übrigen fünf Wahlgruppen bezogen sich auf den gesamten Kammerbezirk. Es waren dies im einzelnen: (4) Banken und Versicherungen, (5) Vertreter und Vermittlergewerbe, (6) umlagebefreite Hersteller, (7) umlagebefreite Großhändler und (8) umlagebefreite Einzelhändler sowie übrige Gewerbetreibende.

Der Wahlbezirk Köln stellte 1966 allein 54 Mitglieder, die Landkreise Köln und Bergheim gemeinsam zwölf, der Oberbergische und der Rheinisch-Bergische Kreis jeweils sechs, so daß für die fünf Wahlgruppen des gesamten Kammerbezirks (V) 15 Sitze verblieben. Die Mehrzahl hiervon – acht – nahmen die Banken und Versicherungen ein. Insgesamt allerdings lag die Industrie mit 39 Mitgliedern weit an der Spitze vor dem Großhandel und Verkehr mit 26 Personen und dem Einzelhandel mit 13. Auf die umlagebefreiten Gruppen entfielen damals vier Sitze, auf die Vertreter und Vermittler drei Plätze. Die Zusammensetzung der Vollversammlung spiegelte zu jedem Zeitpunkt die aktuelle Wirtschaftsstruktur des Kölner Kammerbezirks und dessen Besonderheiten wider.

Die Sitzverteilung mußte 1977 im Zusammenhang mit der Kammerneugliederung völlig neu geregelt werden.[24] Mit der Stadt Leverkusen kam ein Wahlbezirk hinzu; der Wahlbezirk „Landkreise

Satzung/ Wahlordnung vom:	Industrie	Groß- und Einzelhandel	Banken/ Versicherungen	Dienstleister
14.06.1957	44 %	44 %	9 %	3 %
27.06.1977	51 %	37 %	9 %	3 %
16.04.1991	42 %	31 %	9 %	18 %
22.04.1993	39 %	34 %	9 %	19 %

Sitzverteilung in der Vollversammlung nach Wahlgruppen (ohne Umlagebefreite)

Satzung/ Wahlordnung vom:	Industrie	Groß- und Einzelhandel	Banken/ Versicherungen	Dienstleister (bis 1977: Verkehr)	Umlagebefreite
14.06.1957	39	39	8	3	4
27.06.1977	44	32	8	3	6
16.04.1991	36	27	8	16	6
22.04.1993	36	30	9	18	–

Anzahl der Sitze in der Vollversammlung nach Wahlgruppen   [1] Einschließlich der Gruppe Verkehr

Köln und Bergheim" hieß nun „Erftkreis". Da die absolute Zahl der Sitze unangetastet bleiben sollte, standen den Unternehmen aus dem „alten" Kammerbezirk in Zukunft weniger Sitze zur Verfügung. Um die Mandate möglichst gerecht auf die einzelnen Wahlgruppen verteilen zu können, hatte die Geschäftsführung umfangreiches statistisches Material betreffend die Zahl der Betriebsstätten, der Beschäftigten und die Summe der Gewerbesteuermeßbeträge einer jeden Wahlgruppe ausgewertet. So spiegelte die Vollversammlung in ihrer Zusammensetzung schließlich die veränderte Wirtschaftsstruktur des neuen Kammerbezirks optimal wider. Die Gewichte zwischen den Wahlgruppen Industrie und Handel verschoben sich dabei deutlich: Die Industrie beanspruchte nun mit 51 % mehr als die Hälfte der Sitze (vorher: 44 %), der Handel fiel von 44 % auf 37 %.[25] Das relative Übergewicht der Repräsentanz der Industrie ausgangs des Berichtszeitraums verstärkte sich also im Zuge der Neugliederung. Die neu hinzugekommenen Gebiete waren im Handels- und Dienstleistungssektor deutlich schwächer ausgeprägt als der bisherige Kölner Kammerbezirk.

Spätestens bis zum 31. Dezember 1977 waren Neuwahlen durchzuführen, wobei zunächst das Mandat aller Ehrenamtsträger erlosch. Die neue Vollversammlung konstituierte sich in Köln am 12. Dezember 1977. Sie wies 43 neue Mitglieder auf, 35 waren ausgeschieden. Die personellen Veränderungen waren also beachtlich.[26] Zusätzlich machte die Kammer jetzt verstärkt von der Möglichkeit Gebrauch, „ständige Gäste" regelmäßig hinzuzubitten. Schon seit langem nahmen die Vorsitzenden der Börsen und der Vorstand der Kölner Wirtschaftsjunioren als Gäste an den Sitzungen teil. Des weiteren waren vier Unternehmer aus Radevormwald und Hückeswagen ebenfalls ständige Gäste der Vollversammlung.[27]

Im Herbst 1983 konstituierte sich die Vollversammlung nach Revision der Wahlordnung unter Berücksichtigung des Urteils des Bundesverwaltungsgerichts von 1980 zur Friedenswahl[28] wiederum völlig neu. Da nach vollzogener Wahl jedoch nur 22 Mitglieder ausschieden, ergaben sich auch jetzt keine größeren Verschiebungen in der Zusammensetzung.[29] Das Mandat der neu gewählten Mitglieder begann am 1. Januar 1984 und endete am 31. Dezember 1987. In der Folgezeit wurden entsprechend der Neuregelung der Ersatzwahlen von 1983 Mandate, die aufgrund vorzeitigen Ausscheidens vakant wurden, bis zur Mitte der laufenden Wahlperiode nicht neu besetzt.[30] Hiernach definierte sich die Vollversammlung selbst als Wahlmännergremium und bestimmte so die nachrückenden Mitglieder. Das Präsidium übte stets ein Vorschlagsrecht aus. Zum Jahresende 1989 wurden auf diese Weise elf, zum Jahresanfang 1994 zwölf Mandate mit „Nachrückern" besetzt.[31]

Seit den achtziger Jahren wurde immer deutlicher, daß die in ihrer Zahl und Bedeutung rasch wachsenden Unternehmen des Dienstleistungssektors eine angemessenere Vertretung in der Vollversammlung erhalten müßten. Dies konnte zweifellos nur zu Lasten von Industrie und Handel geschehen. 1990 führte die Kammer eine „Bestandsaufnahme" ihrer Mitglieder durch.[32] Gemäß § 5 Abs. 3 des Bundeskammergesetzes von 1956 hatte die Wahlordnung einer Kammer „die wirtschaftlichen Besonderheiten des Kammerbezirks sowie die gesamtwirtschaftliche Bedeutung der Gewerbegruppen" zwingend zu berücksichtigen.

Die Bestandsaufnahme von 1990 zeitigte folgendes Ergebnis: Die Gesamtzahl der Mandate von 93 wurde auch jetzt nicht erhöht. Die Kleingewerbetreibenden behielten sechs Sitze. Zwar war ihre Zahl in den zurückliegenden Jahren stärker gestiegen als die der im Handelsregister eingetragenen Firmen, doch lag ihr Anteil am Beitragsaufkommen 1990 bei nur zwei Prozent. Für die Gewichtung der Handelsregisterfirmen galten dieselben Parameter wie 1977: Zahl der Betriebe, Gewerbesteuermeßbeträge und Zahl der Beschäftigten im Verhältnis 1:1:1. In einer neuen Wahlgruppe fanden jetzt die „allgemeinen Dienstleistungen" ihren Platz. Insbesondere die Unternehmen der Telekommunikation, der Medienwirtschaft und der Softwarebranche, daneben aber z.B. auch Ingenieurbüros hatten erheblich an wirtschaftlicher Bedeutung gewonnen. Die Dienstleister – bisher überwiegend den Wahlgruppen Großhandel und Einzelhandel zugeordnet – erhielten in ihrer neuen Wahlgruppe jetzt 16 Mandate, d.h. 17 % der Vollversammlungssitze. Auch das Vermittlergewerbe gehörte nun zu dieser Wahlgruppe.[33] Namentlich die Wahlgruppen Großhandel sowie Einzelhandel verloren erheblich an Gewicht. Ihre Repräsentanz ging 1991 von 37 % auf 31 % zurück. Die Wahlgruppe Industrie verlor drei Prozentpunkte.

Im Jahre 1992 gewann die Wahlgruppe Einzelhandel wieder an Gewicht, als die Gruppe „Umlagebefreite Kammerzugehörige" im Zuge der großen Beitragsreform mit bisher sechs Mitgliedern aufgelöst wurde.[34] Die ehemals „Umlagebefreiten" wechselten jetzt über in die Gruppen, die ihnen entsprechend ihrem Wirtschaftszweig offenstanden. Die Wahlgruppe Einzelhandel erhielt drei Sitze mehr, die Gruppe „Allgemeine Dienstleistungen und Vermittlergewerbe" wuchs von 16 auf 18, die Gruppe „Banken und Versicherungen" von acht auf neun Mitglieder.[35]

3.2 KAMMERZUGEHÖRIGKEIT UND BEITRAGSPFLICHT

Die Pflichtzugehörigkeit zur Industrie- und Handelskammer resultiert aus § 2 des Kammergesetzes von 1956. Sie umfaßt, sofern zur Gewerbesteuer veranlagt, „natürliche Personen, Handelsgesellschaften, andere nicht rechtsfähige Personenmehrheiten und juristische Personen des privaten und öffentlichen Rechts, welche im Bezirk der Industrie- und Handelskammer entweder eine gewerbliche Niederlassung oder eine Betriebsstätte oder eine Verkaufsstelle unterhalten". Bei Angehörigen freier Berufe sowie bei Betrieben der Land- und Forstwirtschaft ist die Zugehörigkeit nicht gegeben. Handwerker, die zusätzlich ein Gewerbe betreiben (gemischt-gewerbliche Unternehmen), zahlten bis 1992 Beiträge an die IHK für ihren nichthandwerklichen Betriebsteil. Die kammerzugehörigen Vollkaufleute zahlten einen Grundbeitrag und eine Umlage auf der Grundlage festgesetzter Gewerbesteuermeßbeträge. Minderkaufleute bzw. Kleingewerbetreibende (bis 1992) zahlten einen ermäßigten Grundbeitrag, sofern sie zu Gewerbesteuerzahlungen verpflichtet waren.

Die Beitragsordnung der IHK Köln sah Grundbeiträge und Umlagen nach Maßgabe der von der Vollversammlung jährlich neu zu beschließenden Haushaltssatzung vor. Gegen den Beitragsbescheid kann Einspruch eingelegt werden, allerdings sind Kammerbeiträge öffentliche Abgaben, und für ihre Einziehung sind die für kommunale Abgaben geltenden Landesvorschriften anzuwenden. 1966 betrug der Grundbeitrag der IHK Köln 25 DM; der ermäßigte Grundbeitrag lag bei zwölf DM,

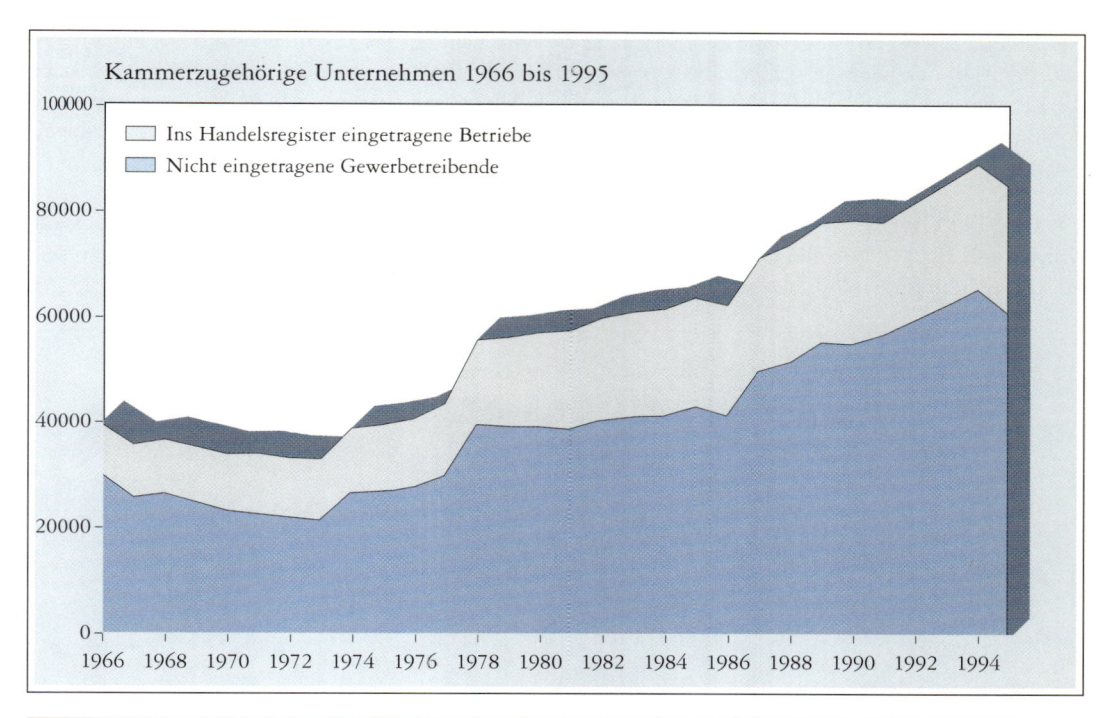

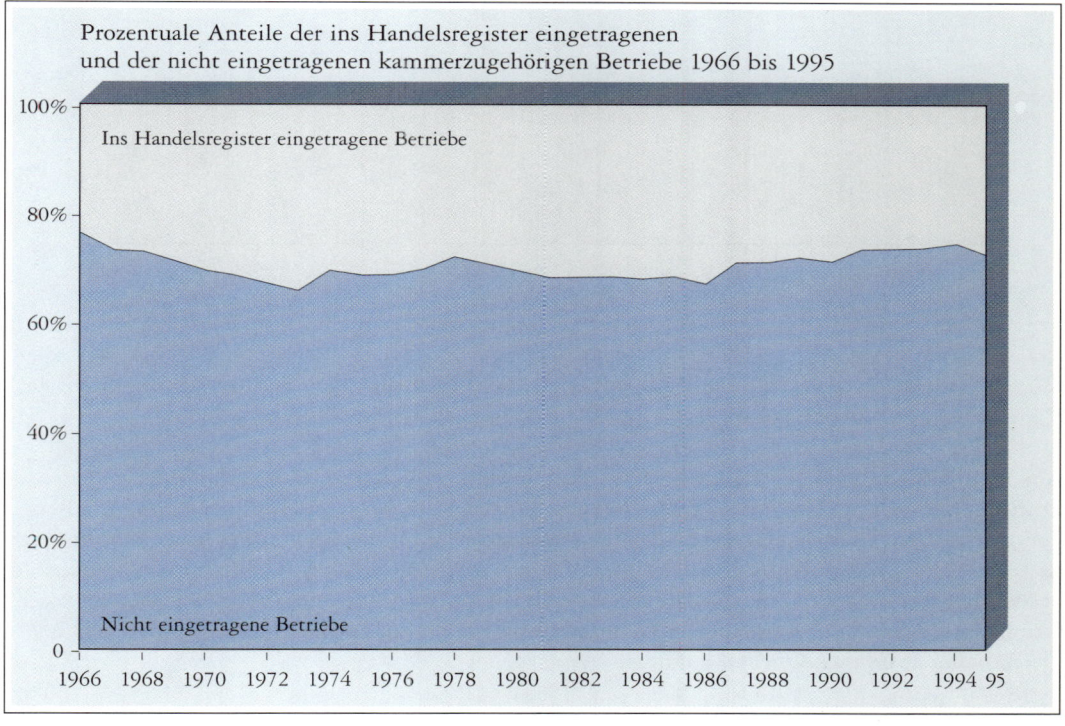

Kammerzugehörige Unternehmen 1966 bis 1995

☐ Ins Handelsregister eingetragene Betriebe
■ Nicht eingetragene Gewerbetreibende

Prozentuale Anteile der ins Handelsregister eingetragenen und der nicht eingetragenen kammerzugehörigen Betriebe 1966 bis 1995

Ins Handelsregister eingetragene Betriebe

Nicht eingetragene Betriebe

und es wurde eine Umlage von 2,5 % auf den Gewerbesteuermeßbetrag erhoben. 1966 gab es im Kammerbezirk 10 117 Firmen, die ins Handelsregister eingetragen waren. Die Zahl der Kleingewerbetreibenden lag bei 32 237.

Als die Neugliederung abgeschlossen war, hatte sich die Zahl der HR-Firmen vergrößert auf 17 699 und die Zahl der Kleingewerbetreibenden auf 42 096. Die folgende Gesamtübersicht verdeutlicht die Zuwächse unmittelbar durch die Neugliederung, belegt andererseits größere Wachstumssprünge gerade auch für die achtziger Jahre. Für 1978 zahlten die Kammerzugehörigen einen Grundbeitrag von – unverändert seit 1974 – 90 DM und eine Umlage von fünf Prozent.

1991 lag der Grundbeitrag für Kleingewerbetreibende bei 100 DM, sofern Gewerbesteuer gezahlt wurde, und für HR-Firmen bei 200 DM. Die Entwicklung der Grundbeiträge und Umlagen seit 1966 zeigt die folgende Übersicht.

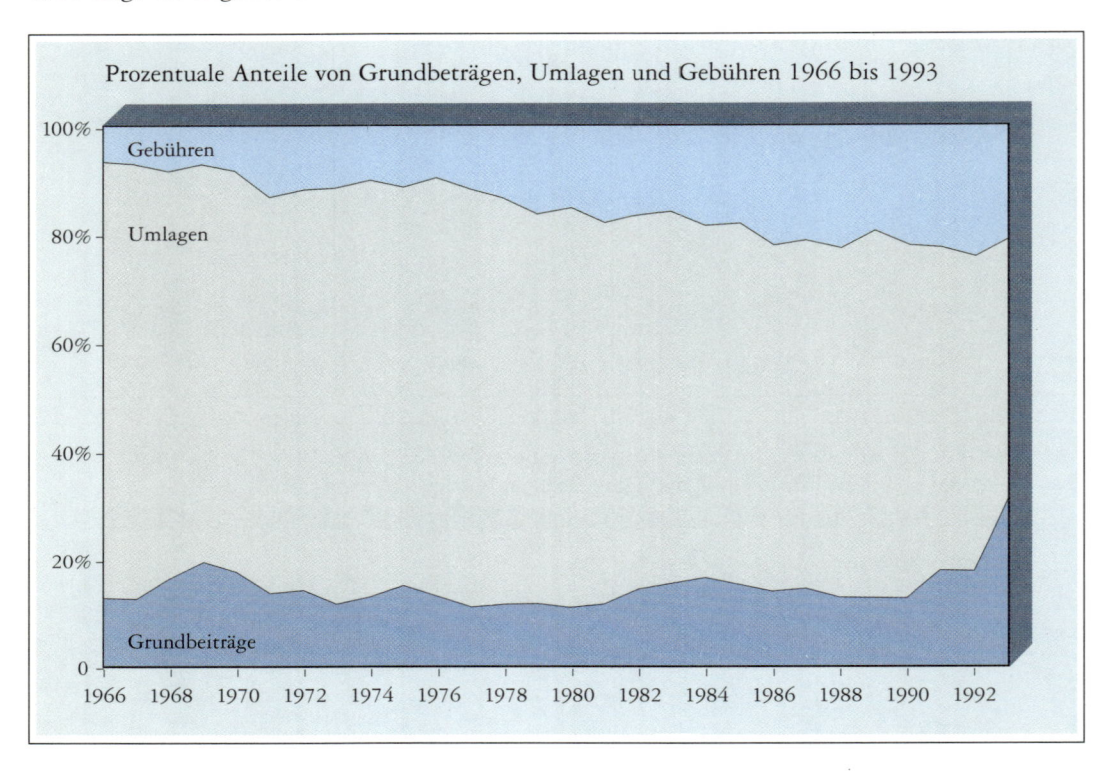

Prozentuale Anteile von Grundbeträgen, Umlagen und Gebühren 1966 bis 1993

Es gab eine Sonderregelung für Beitragszahler, die Pflichtmitglied in ihrer berufsständischen Kammer waren, wie z.B. Apotheker. Diese zahlten nur ein Viertel der Umlage.[36]

Auf ihrer Sitzung vom 8. Dezember 1992 regelte die Vollversammlung das Beitragswesen neu. Damit setzte sie ein Urteil des Bundesverwaltungsgerichts vom 26. Juni 1990 um[37], das den Gewerbesteuermeßbetrag als entscheidenden Maßstab für die Höhe des Beitrags kritisch hinterfragt hatte und eine größere Beitragsgerechtigkeit für die Industrie- und Handelskammern angemahnt hatte. Mittelfristig sollten in Zukunft die Einnahmen einer Kammer auf drei Säulen beruhen: dem Grundbeitrag, der Umlage sowie auf Gebühren und Entgelten. Die Einnahmen sollten möglichst gleichmäßig aus diesen Quellen kommen.

Bei der IHK Köln hatte sich die Finanzierung im Laufe der Jahre erheblich zu Lasten der Großunternehmen verschoben. Immer weniger Unternehmen hatten immer größere Beiträge zu leisten. Von mehr als 80 000 Kammerzugehörigen waren 1992 rund 50 000 beitragsfrei und rund 22 000 nur umlagepflichtig. So brachten 1992 einhundert Unternehmen knapp 50 % der Umlage auf, und hierdurch wurde zweifelsfrei das vom Bundesverwaltungsgericht angemahnte Prinzip der Beitragsgerechtigkeit eklatant verletzt.[38] Mit dem Haushaltsplan für 1993 hatte die Kölner Kammer die Grundbeiträge der Umlagepflichtigen von 200 DM auf 450 DM erhöht und den Umlagesatz von fünf Prozent auf viereinhalb Prozent gesenkt. Nichtumlagepflichtige Betriebe zahlten weiter den Grundbeitrag von 100 DM.[39]

Eine wirklich durchgreifende Reform war erst zum 1. Januar 1994 nötig. Im Laufe des Jahres 1993 war die Kammer folglich mit umfangreichen Vorarbeiten beschäftigt, um dem Wortlaut der Neufassung des Bundeskammergesetzes vom 21. Dezember 1992 Genüge zu tun. Hierin hatte der Gesetzgeber die Empfehlung des Bundesverwaltungsgerichts von 1990 aufgegriffen und den bislang bestehenden Unterschied zwischen Handelsregisterfirmen und Kleingewerbetreibenden aufgehoben. Ab 1994 muß jeder Kammerzugehörige einen Beitrag zahlen, der sich aus Grundbeitrag und Umlage zusammensetzt. Bei denjenigen Kaufleuten, für die im Bemessungsjahr ein Gewerbesteuermeßbetrag festgesetzt wird, gilt für die Umlage der Gewerbeertrag als Bemessungsgrundlage. Alle anderen zahlen ihre Umlage nach dem durch Gewerbebetrieb erzielten Gewinn.[40] Diese Vorgaben setzte die von der Vollversammlung am 7. Dezember 1993 auf Empfehlung des Haupt- und Verwaltungs- sowie des Beitrags- und Haushalts-Ausschusses beschlossene neue Beitragsordnung um. Zugleich beschloß die Vollversammlung folgende Beitragssätze für das Haushaltsjahr 1994:

- Gewerbetreibende ohne vollkaufmännischen Geschäftsbetrieb mit einem Gewerbeertrag bzw. -gewinn bis 48 000 DM zahlen einen Grundbeitrag von 100 DM;
- Gewerbetreibende ohne vollkaufmännischen Geschäftsbetrieb mit einem Gewerbeertrag bzw. -gewinn über 48 000 DM zahlen einen Grundbeitrag von 200 DM;
- Gewerbetreibende mit vollkaufmännischem Geschäftsbetrieb zahlen einen Grundbeitrag von 450 DM;
- Großbetriebe mit einer Beschäftigtenzahl über 500 oder einer Bilanzsumme über 31 Mio. DM oder Umsatzerlösen über 64 Mio. DM einen Grundbeitrag von 5 000 DM.

Zum Haushaltsjahr 1995 führte die Kammer zusätzlich eine Grundbeitragsstufe von 150 DM ein für alle in einer berufsständischen Kammer Pflichtzugehörigen, wie Apotheker, Architekten, Steuerberater.[41] Für das Haushaltsjahr 1994 setzte die Vollversammlung eine Umlage in Höhe von 0,4 % vom Gewerbeertrag bzw. -gewinn fest. Diese Höhe stellte zunächst einen Näherungswert dar, da die Ertragskomponente des Meßbetrages in ihrer Höhe noch nicht abzuschätzen war. So konnte schließlich der Umlagesatz 1995 auf 0,35 % und 1996 auf 0,32 % ermäßigt werden. Sogenannte Kleinstgewerbetreibende mit einem Gewinn unter 3 000 DM bzw. einem Umsatz unter 32 000 DM sind seit 1997 von der Beitragszahlung befreit.

Für besondere Dienstleistungen im öffentlichen und im nicht-öffentlichen Bereich erhebt die IHK traditionell Gebühren und Entgelte. Hierbei muß sie auf ein angemessenes Verhältnis zwischen Verwaltungsaufwand und Nutzen achten.[42] Der in der Vollversammlung vom 8. Dezember 1992 verabschiedete neue Gebührentarif beinhaltet Einnahmen im Einzelfall von fünf DM – z.B. für die Ausstellung von Ursprungszeugnissen oder die Beglaubigung von Rechnungen bis hin zu einem Betrag von 1 100 DM – z.B. für die Schulung von Gefahrgutbeauftragten. Die Gebühr für die öffentliche Bestellung und Vereidigung eines Sachverständigen liegt bei 800 DM, die Gebühren für Ausbildungsprüfungen betragen je nach Berufssparte zwischen 100 DM und 560 DM, im Fortbildungsbereich werden zwischen 70 DM – bei schreibtechnischen Prüfungen z.B. – bis zu 700 DM für eine Meisterprüfung einschließlich Ausbildereignungsprüfung erhoben. Insgesamt umfaßt der Gebührentarif mehr als 80 Positionen in acht Kategorien.[43]

Eine Übersicht über die prozentualen Anteile von Grundbeiträgen, Umlagen sowie Gebühren/ Entgelten an den jährlichen Kammereinnahmen verdeutlicht den konsequenten, vom Gesetzgeber

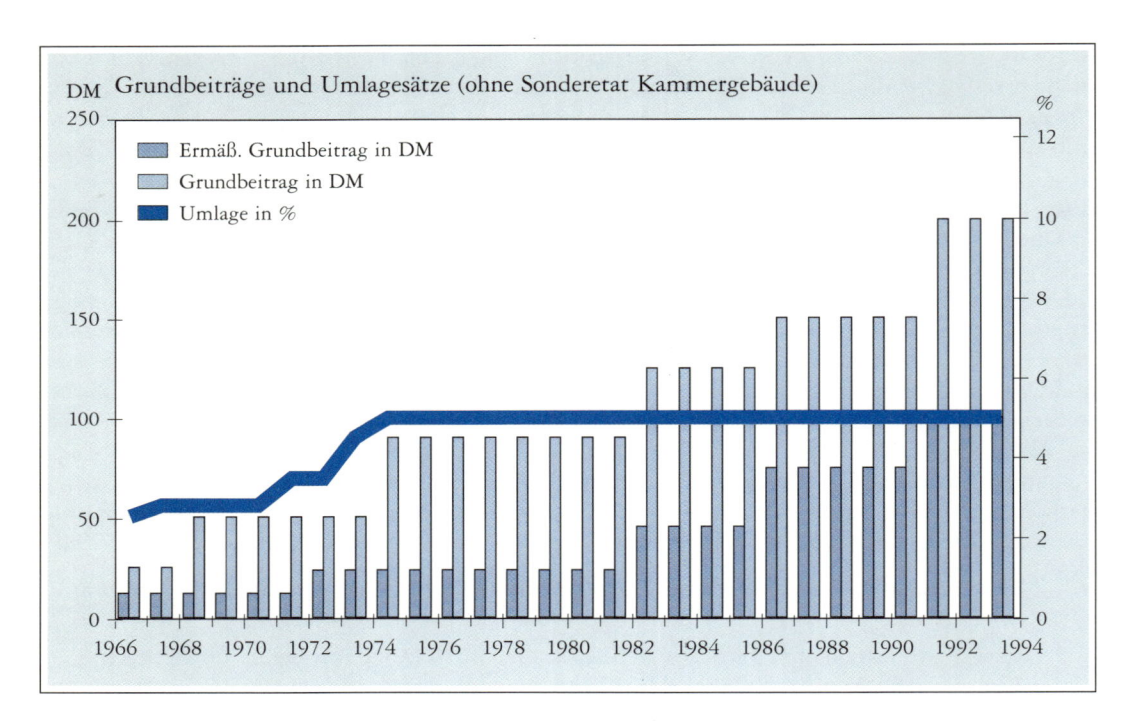

Grundbeiträge und Umlagesätze (ohne Sonderetat Kammergebäude)

- Ermäß. Grundbeitrag in DM
- Grundbeitrag in DM
- Umlage in %

vorgeschriebenen Weg zu mehr Beitragsgerechtigkeit. Der vom Bundesverwaltungsgericht geforderten Drittelung der Einnahmen kam die IHK Köln nach der Beitragsreform 1994 bereits recht nahe mit 39,6 % Einnahmen aus Grundbeiträgen, 29,9 % aus Umlagen und 30,5 % aus Gebühren und Entgelten.

Der Unmut über die gesetzliche Neuregelung des Beitragswesens führte bundesweit seit 1994 zu einer Reihe von Klagen einzelner Gewerbetreibender gegen die Pflichtmitgliedschaft in deutschen Industrie- und Handelskammern. In einer Reihe von Kammerbezirken bildeten sich Interessengemeinschaften von „Kammerverweigerern", die eine Entbindung von der Pflichtmitgliedschaft auf dem Klagewege zum Ziel hatten. Die bisher vorliegenden Urteile aus erster Instanz und auch von einzelnen Oberverwaltungsgerichten bestätigen die Vereinbarkeit der Pflichtzugehörigkeit mit dem Grundgesetz und auch mit Europäischem Recht, da die Kammern nach dem Bundeskammergesetz von 1956 mit der Förderung der Wirtschaft eine ihnen übertragene Staatsaufgabe mit einem Höchstmaß an Objektivität verbinden, wohingegen Fachverbände, auf deren freiwillige Mitgliedschaft die Kläger stets verweisen, Einzel- bzw. Sonderinteressen verträten.[44] Seit 1995 wurde die Pflichtmitgliedschaft in den Kammern ebenfalls von politischer Seite in Frage gestellt, so durch den niedersächsischen Wirtschaftsminister im November 1996 im Rahmen der Konferenz der Wirtschaftsminister, denen ja die Rechtsaufsicht über die Kammern obliegt. Von der Partei Bündnis 90/Die Grünen liegt ein Bundesgesetzentwurf vom 16. September 1996 vor, der u. a. für die Industrie- und Handelskammern nach anglo-amerikanischem Muster die freiwillige Mitgliedschaft vorsieht.

Auch im Bezirk der IHK Köln gibt es seit März 1997 eine kleine Gruppe von Kammerverweigerern. Die IHK stellte sich der Diskussion mit diesen Unternehmern. Es zeigte sich hierbei sehr bald, daß die an der Kammer geäußerte Kritik zu einem großen Teil auf mangelnder Information beruht. Insofern ist es das Bestreben der Kammer gerade in den letzten Jahren, ihrer Arbeit, die sie als Selbstverwaltungsorganisation der Wirtschaft mit öffentlichem Auftrag leistet, mehr Effizienz und vor allem Transparenz zu geben. Der konsequente Ausbau des Service-Centers[45] steht hierbei insbesondere für mehr „Kundennähe".

3.3 DAS EHRENAMT

3.3.1 Die Vollversammlung

Die von den Kammerzugehörigen gewählten 93 Vertreter bilden das „Parlament" der Wirtschaft des Kammerbezirks, die Vollversammlung. Ihre Mitglieder werden nach der Wahl vom Präsidenten vereidigt, sie sind ausschließlich ehrenamtlich tätig, nicht an Aufträge oder Weisungen gebunden, jedoch streng dem Kammergesetz verpflichtet. Hiernach obliegen Beschlußfassungen zur Satzung, zu Wahl-, Beitrags- oder Gebührenordnungen, die Feststellung des jährlichen Haushaltsplanes und der Beiträge sowie die Erteilung der Entlastung ausschließlich diesem höchsten Gremium der Industrie- und Handelskammer. Die Vollversammlung wählt den Präsidenten, die Mitglieder des Präsidiums, ernennt Ehrenpräsidenten und Ehrenmitglieder, bestellt den Hauptgeschäftsführer, bestimmt „die Richtlinien der Kammerarbeit"[46] und beschließt über sämtliche Fragen, die für die gewerbliche Wirtschaft des Bezirks von grundsätzlicher Bedeutung sind. Die Vollversammlung bildet Ausschüsse mit beratender Funktion, Einigungsstellen und Prüfungsämter, beruft deren Mitglieder, erläßt Geschäftsordnungen, Prüfungsordnungen und Vorschriften für die öffentliche Bestellung und Vereidigung von Sachverständigen, errichtet Ehrengerichte und bestellt Rechnungsprüfer.

Neben den aus dem Kammergesetz und dem Satzungsrecht resultierenden Aufgaben, die eine Fülle von sich wiederholenden Regularien beinhalten, die stets in nichtöffentlicher Sitzung behandelt werden, informieren im meist sich anschließenden öffentlichen Teil Gastreferenten aus Politik, Wirtschaft oder Kultur über aktuelle Probleme, die für die Wirtschaft des Bezirks von besonderem Interesse sind.

Der Jahresbericht für 1966 enthält eine Auflistung aller Obliegenheiten und Tätigkeiten der Vollversammlung aus diesem Berichtsjahr. Stellvertretend für alle weiteren Jahre sei hieraus zitiert:[47] „Die Vollversammlung tagte am 3. Februar, 21. April, 26. September und 30. November. Sie befaßte sich mit den folgenden Problemen: Die Verschmelzung der Europäischen Gemeinschaften unter besonderer Berücksichtigung des Wettbewerbs (Vortrag von Dr. habil. Fritz Hellwig, Mitglied der Hohen Behörde der Europäischen Gemeinschaft für Kohle und Stahl, Luxemburg), Die wirtschaftliche Lage und die Aufgaben der deutschen Wirtschaftspolitik (Vortrag von Staatssekretär a.D. Prof. Dr. Alfred Müller-Armack, Köln) sowie Familienvermögen im Erbgang (Rechtsanwalt Dr. Eugen Langen, Düsseldorf). Die Vollversammlung erörterte die wirtschaftliche Lage und Entwicklung im Kammerbezirk sowie aktuelle Probleme des Außenhandels. Sie wählte ein neues Präsidium, verpflichtete die neugewählten Mitglieder, bestimmte die Ausschüsse und wählte die Ausschußvorsitzenden, deren Stellvertreter und ihre Mitglieder sowie die von ihr zu berufenden Mitglieder des Berufsausbildungs-Ausschusses. Ferner nahm sie den Bericht des Vorsitzenden des Beitrags- und Haushalts-Ausschusses über die Haushaltsabrechnung des Rechnungsjahres 1965 entgegen und beschloß die endgültige Veranlagung. Die Vollversammlung wählte die Rechnungsprüfer für das Rechnungsjahr 1966, nahm ihren Bericht für 1965 entgegen, erteilte dem Präsidium und der Geschäftsführung für die Haushaltsführung des Rechnungsjahres 1965 Entlastung und verabschiedete den Haushaltsvoranschlag und die Haushaltssatzung für 1967."

Seit 1966 und unverändert bis heute gehören der Kölner Vollversammlung 93 Unternehmer als gewählte Mitglieder an. Erst 1988 wurde mit der Messegastronomin Hertha Reiss die erste Frau in die Kölner Vollversammlung gewählt; gegenwärtig sind drei Mitglieder weiblich. Bis 1977 tagte die Vollversammlung satzungsgemäß viermal jährlich, seit 1978 sind drei Sitzungen im Jahr, im Frühjahr, Herbst und Winter, üblich.[48]

Zum Jahresbeginn 1966 gehörten der Vollversammlung noch 15 „Männer der ersten Stunde", das heißt Unternehmer, die 1947 ins erste „Nachkriegsparlament" gewählt wurden, an:[49]

Christian Bachschuster, Albert Bernhardt, Otto Frackenpohl, Hans Gerling, Dr. h.c. Franz Greiß, Heinrich Jakopp, Josef Kirch, Dr. Kurt Korsing, Egon Gerhard Malmedé, Karl Marcowitz, Josef Oebel, Wolfgang Perthel, Dr. Werner Schulz, Friedrich Sünner und Moritz J. Weig. Insgesamt 29 Unternehmer waren zwischen 1966 und heute zwanzig Jahre und länger als aktives Mitglied dabei. Einige von ihnen wurden anschließend Ehrenmitglied auf Lebenszeit. Als Dr. Kurt Korsing im Mai 1981 starb, war er 34 Jahre aktives Vollversammlungsmitglied. Ehrenmitglied Christian Bachschuster gehörte der Vollversammlung am 12. Juni 1997 insgesamt 50 Jahre an.

3.3.2 Das Präsidium

Insgesamt sechs Vizepräsidenten waren 1966 im Amt. Man achtete bei ihrer Wahl auch darauf, daß sich die in der Vollversammlung repräsentierten Wirtschaftszweige und Regionen nach Möglichkeit in der Zusammensetzung des Präsidiums widerspiegelten. Entsprechend einer Vereinbarung mit der oberbergischen Wirtschaft war in der Nachkriegszeit stets mindestens ein Unternehmer des Oberbergischen Kreises Vizepräsident der Kölner Kammer. Zwischen 1966 und 1968 war dies Franz Damm, ihm folgte erneut Dr.-Ing. Herbert Stussig, der dieses Amt bereits von 1960 bis 1966 inne gehabt hatte. 1977 folgte ihm Werner Ackermann, und seit 1989 ist Joachim Hassel im Amt. Seit 1996 stellt die oberbergische Wirtschaft mit Christian Peter Kotz einen zweiten Vizepräsidenten.

Dr. h.c. Franz Greiß, Kammerpräsident zwischen 1948 und 1956[50] und seit dem 2. Februar 1970 bis zu seinem Tode am 3. Juni 1995 Ehrenpräsident der Kammer, war zwischen 1960 und 1970 ebenfalls einer der Vizepräsidenten als Generaldirektor von *Glanzstoff-Courtaulds*, Köln, eines Unternehmens der chemischen Industrie. Als weiterer Repräsentant der Wahlgruppe Industrie wurde 1966 Vizepräsident Dr. h.c. Carl Alex Volmer, Vorstand der *Rheinischen Braunkohlenwerke AG*, im Amt bestätigt und bis zum Jahresende 1983 stets wiedergewählt. Er gehörte der Vollversammlung exakt drei Jahrzehnte als Mitglied an und ist seit 1983 ihr Ehrenmitglied. Mit Dr. Harald Zacher (1983-1989) und Dr. Horst Köhler (1990-1994), beide Vorstände der *Rheinbraun AG*, stellte das Unternehmen auch in der Folgezeit jeweils einen Vizepräsidenten, seit 1996 gehört Bernd J. Breloer dem Präsidium an.

Der Einzelhändler Josef Kirch war zwischen 1947 und 1968 Vizepräsident der Kölner Kammer. Anschließend vertrat Knut Bellinger, Mitinhaber der *Dyckhoff-Gruppe*, die Wahlgruppe Einzelhandel bis 1983, abgelöst von Dieter Pesch bis 1985 und Rolf Leisten, Vorstand der *Kaufhof AG*, bis 1995. Gegenwärtig ist Herbert Blank, *REWE/Kontra-Märkte*, der Repräsentant des Einzelhandels. Egon G. Malmedé, ebenfalls seit 1947 Vizepräsident, vertrat die Gruppe des Groß- und Außenhandels als Inhaber der *Kölnischen Mode- und Textil-Großhandlung* bis 1973, gefolgt von Gerd Brügelmann. Seit 1980 hat Dirk Malmedé, der Sohn von Egon G. Malmedé, das Amt des Vizepräsidenten inne.

Karl Haus, *Sal. Oppenheim jr. & Cie.*, Mitglied der Vollversammlung seit 1953, vertrat die Wahlgruppe Banken und Versicherungen bis zu seinem plötzlichen Tod im Mai 1967. Auch Bankier Paul Husmann, *Deutsche Bank AG*, der 1968 zum Vizepräsidenten gewählt wurde, starb innerhalb seiner Amtszeit im Juni 1977. Auf ihn folgte Dr. Walter Barkhausen, ebenfalls *Deutsche Bank AG*; seit 1982 ist Alfred Freiherr von Oppenheim Vizepräsident der Kammer. Von 1970 bis 1977 gehörte Otto Vossen, Vorstandsvorsitzender der *Colonia Versicherung AG*, dem Präsidium an; seit 1994 ist die Versicherungswirtschaft mit Claas Kleyboldt, Vorsitzender des Vorstands der *Colonia Konzern AG* (seit 1997 *Axa Colonia Konzern AG*), erneut im Präsidium vertreten.

Im Zuge der Kammerneugliederung wurde die Zahl der Vizepräsidenten auf maximal neun Personen erhöht. Hans Gluch, bereits seit 1966 Mitglied der Vollversammlung, vertrat zwischen 1977 und 1991 als Vizepräsident die Wahlgruppe des Vermittlergewerbes. Als ehemaliger Präsident der 1977

Otto Wolff von Amerongen im Gespräch mit seinem Vorgänger Eugen Gottlieb von Langen
anläßlich der Amtsübergabe im März 1966

aufgelösten IHK Remscheid übernahm der Wermelskirchener Textilfabrikant Günther Schöpp in Köln einen Sitz im Präsidium bis 1990, gefolgt von Dr. Dietrich Fricke, Geschäftsführer der *Tente-Rollen GmbH*, Wermelskirchen. Zwischen 1984 und 1995 war Wolfgang Wahl, Vorstandsmitglied der *Goetze AG*, Burscheid, Vizepräsident der Kölner Kammer. 1988 wurde Helmut Loehr, Vorstand der *Bayer AG*, in der Nachfolge von German Broja, ebenfalls *Bayer AG* und Vizepräsident seit 1977, ins Präsidium gewählt. Zwischen 1992 und 1995 gehörte auch Werner Kirchgässer, der seinerzeitige Vorsitzende des Vorstands der *Klöckner-Humboldt-Deutz AG* (heute: *Deutz AG*), zum Kreis der Vizepräsidenten.

In der Sitzung der Vollversammlung vom 3. Februar 1966 bat Eugen Gottlieb von Langen um Verständnis dafür, daß er aus Altersgründen – im Mai 1966 vollendete er das 70. Lebensjahr – nicht mehr für eine Kandidatur als Kammerpräsident zur Verfügung stehe.[51] Die Vollversammlung wählte Otto Wolff von Amerongen, den Vorsitzenden des Vorstandes der *Otto Wolff AG*, zum neuen Präsidenten der IHK zu Köln.

Otto Wolff von Amerongen

In seiner Antrittsrede, die vorzüglich aktuelle Probleme des Außenhandels thematisierte, bekannte sich Otto Wolff zur großen, ihn verpflichtenden Tradition der Kölner Kammer und zu einer aus dieser Tradition herausbrechenden Dynamik, die ihre Arbeit auch stets bestimmt habe. Die offizielle Amtsübergabe vollzog sich im Rahmen eines Festaktes in Anwesenheit zahlreicher Repräsentanten der Wirtschaft und des öffentlichen Lebens am 9. März 1966 im *Excelsior Hotel Ernst*. In seinen Aus-

Otto Wolff von Amerongen, Präsident der Industrie- und Handelskammer zu Köln 1966-1990

führungen an diesem Abend betonte Otto Wolff die Verpflichtung, die mit einem so herausragenden Amt an der Spitze der Selbstverwaltungsorganisation der Wirtschaft verknüpft sei, einem Amt, das entsprechend der offiziellen Verpflichtungserklärung eines jeden Vollversammlungsmitglieds sich am allgemeinen Wohl zu orientieren habe, und dies binde ihn als Kammerpräsidenten besonders. Dies zwinge zur Kooperation mit allen, die sich auf ein solches Bekenntnis einließen. So sei die Zusammenarbeit eines seiner Leitmotive für die Folgezeit, und sie sei mehr denn je zuvor notwendig wegen der größer werdenden Märkte, der zunehmenden Konkurrenz und der Verstärkung des östlichen Wirtschaftsblocks.

Otto Wolff von Amerongen gehörte der Vollversammlung der Industrie- und Handelskammer zu Köln bereits seit 1962 als Mitglied an; seit diesem Jahr war er auch Präsident der Deutschen Gruppe der Internationalen Handelskammer, seit 1956 bereits Vorsitzender des Ostausschusses der deutschen Wirtschaft.

Otto Wolff von Amerongen wurde am 6. August 1918 in Köln geboren.[52] Nach seinem Abitur am Gymnasium Kreuzgasse 1937 absolvierte er im väterlichen Unternehmen, der 1904 gegründeten Stahl- und Schrottgroßhandlung Otto Wolff, eine kaufmännische Lehre. Vom Wehrdienst wurde er nach dem frühen Tod seines Vaters 1940 im Jahr darauf freigestellt. Er übernahm die Verantwortung für die Otto Wolff-Gruppe, für die er während des Krieges vor allem in Portugal tätig war. Nach einjähriger Internierung durch die britische Militärverwaltung – obwohl er niemals Mitglied der NSDAP gewesen war – übernahm er im März 1947 erneut die Leitung des Familienunternehmens als geschäftsführender Gesellschafter der Kommanditgesellschaft, die zum Jahresbeginn 1966 dann in eine Familien-Aktiengesellschaft umgewandelt wurde. Von Januar 1966 bis Juli 1986 war Otto Wolff Vorsitzender des Vorstandes der Aktiengesellschaft. Nach dem Verkauf der *Otto Wolff AG* 1990 an die *Thyssen AG* gründete er im Juli 1990 die *Otto Wolff Industrieberatung und Beteiligungen GmbH* und übernahm auch hier erneut persönlich die Geschäftsführung. Im März 1992 errichtete er die gemeinnützige Otto Wolff-Stiftung, die insbesondere die Förderung der beruflichen Aus- und Weiterbildung zum Ziel hat.

Unter seinen zahlreichen frühen Aufsichtsratsmandaten treten besonders hervor seine Aktivitäten im Eisen- und Stahlsektor. Seit 1942 war Mitglied des Aufsichtsrates der *Eisen- und Hüttenwerke AG*, Köln, (Vorsitz: 1968-1990); im Aufsichtsrat der *Stolberger Zink AG*, Aachen, saß er zwischen 1950 und 1969 (Vorsitz seit 1966), bei der *Eisenwerk Weserhütte AG/PHB Weserhütte AG* seit 1952 (Vorsitz: 1968-1986), bei der *Rasselstein AG*, Neuwied, seit 1953 (Vorsitz: 1963-1986, alternierend mit der *Thyssen AG*), bei der *Stahlwerke Bochum AG* seit 1955 (Vorsitz seit 1982). Bei der *Dillinger Hüttenwerke AG* war er stellvertretender Vorsitzender zwischen 1971 und 1989, bei der *Neunkircher Eisenwerk AG* war er Vorsitzender zwischen 1956 und 1978, zwischen 1978 und 1986 hatte er bei der *Maschinen- und Bohrgeräte-Fabrik Alfred Wirth & Co. KG*, Erkelenz, den Vorsitz im Aufsichtsrat inne. Herausragend im Kölner Raum waren seine Mandate als Vorsitzender des Aufsichtsrates von *Gerling* zwischen 1949 und 1978 sowie als Vorsitzender des Beirats der *Versicherungsholding der deutschen Industrie GmbH*, gegründet nach dem Vergleich des Bankhauses *I.D. Herstatt* 1974. Zwischen 1966 und 1980 war er Mitglied des Beraterkreises der *Deutschen Bank AG*, Frankfurt/Main, von 1971 bis 1976 dessen stellvertretender und von 1976 bis 1988 dessen Vorsitzender. In der *Messe- und Ausstellungsgesellschaft mbH*, Köln, war er stellvertretender Vorsitzender zwischen 1966 und 1991.

Hinzu kamen bedeutende internationale Mandate und Gremienverpflichtungen, so 1969 bei der *Chase Manhattan Bank*, New York, zwischen 1971 und 1989 bei der *Exxon Corp.*, New York, als Member of the Board of Directors, bei *IBM Europe SA*, Paris, zwischen 1974 und 1988 als Member of the European Advisory Council, 1980 bis 1983 bei der *Rockwell International Corp.*, Pittsburgh/Pennsylvania, USA, und der *United Technologies Corp.*, Hartford/Connecticut, USA, ab 1983 sowie dem Board of the German Fund, New York. Heute gehört Otto Wolff ebenso noch dem gemeinsamen Beirat der *Allianz Gesellschaften*, München, wie dem Beraterkreis der *Kreditanstalt-Bankverein*, Wien, an.

Innerhalb der Selbstverwaltungsorganisation der deutschen Wirtschaft übernahm Otto Wolff von Amerongen am 27. Februar 1969 das Spitzenamt des DIHT-Präsidenten. Dieses hatte er inne bis zum 3. März 1988, seither ist er Ehrenpräsident des Deutschen Industrie- und Handelstages. Bis 1970 war er Präsident der Deutschen Gruppe der Internationalen Handelskammer, seither ist er ihr Ehrenpräsident. 1988 bis 1991 war er Member of the Board of Directors der Deutsch-Amerikanischen Handelskammer in New York.

Bereits seit 1955 ist Otto Wolff Mitglied des Präsidiums der Deutschen Gesellschaft für Auswärtige Politik e.V., Bonn, seit 1973 auch der Europa-Union Deutschland e.V. Gerade in diesen Funktionen sprach er sich immer wieder nachdrücklich für die Durchsetzung europäischer Belange aus. Im Herbst 1992 übernahm Otto Wolff gemeinsam mit Alfred Freiherr von Oppenheim und dem Bonner *Europa Union Verlag* die Mehrheit beim *Europaverlag Wien/Zürich*, der 1933 als Exilverlag deutscher Schriftsteller in der Schweiz ins Leben gerufen wurde.

Mit seinen Ehrenämtern ist Otto Wolff von Amerongen heute unverändert dem internationalen Wirtschaftsleben verpflichtet. Er tritt ein für liberale Grundwerte in der Wirtschaft und für eine von der Sozialen Marktwirtschaft geprägte Wirtschaftsphilosophie. Den Kampf gegen Protektionismus, Dirigismus und Subventionstreiberei hat er sich immer wieder auf die Fahne geschrieben. Den vielen an ihn herangetragenen Ämtern und Funktionen ist Otto Wolff nie ausgewichen – wissend um seine stete Verpflichtung, dem Gemeinwohl zu dienen.

Bei den vielfältigen Verbandsaktivitäten ragt das Engagement Otto Wolffs für die Wirtschaft in Osteuropa und China hervor. 1997 bekleidet Otto Wolff das Amt des Vorsitzenden des Ostausschusses der deutschen Wirtschaft seit über 40 Jahren. Er ist der „Botschafter der Wirtschaft" und der „Edelkomparse der Politik", der von der Zeit des kalten Krieges bis zu den heutigen Umwälzungen im Ostblock eine Schlüsselstellung der deutschen Wirtschaft verkörpert. Gerade als Vorsitzender des Ostausschusses hat er früh und besonders ausdauernd Brücken geschlagen zwischen Ost und West, er hat sich stets bemüht, der Politik Wege zu öffnen dort, wo Verständigung zunächst nur auf wirtschaftlicher Ebene stattfand. Bis zur Gründung 1973 reicht seine Mitgliedschaft in der Kommission der Bundesrepublik und der ehemaligen UdSSR für die wissenschaftlich-technische Zusammenarbeit zurück, bis zur Gründung 1980 seine Mitgliedschaft im Ausschuß für wirtschaftliche, industrielle und technische Zusammenarbeit der Bundesrepublik Deutschland und der Volksrepublik China. Nach der veränderten politischen Situation im Osten wurde Otto Wolff als verläßlicher Berater von Politik und Wirtschaft in zahlreiche Entscheidungen eingebunden. Er hat die Politik beeinflußt und politische Entscheidungen mit vorbereitet, schon beim ersten deutsch-sowjetischen Handelsvertrag und beim ersten Vertrag zwischen Bonn und Peking über den Warenaustausch.[53]

Otto Wolff von Amerongen erfuhr hohe nationale wie internationale Ehrungen und Auszeichnungen. Seit 1994 ist er Träger des großen Verdienstkreuzes mit Stern und Schulterband des Verdienstordens der Bundesrepublik Deutschland. 1975 wurde er Offizier der Ehrenlegion der französischen Republik. Im gleichen Jahr verlieh ihm die Republik Österreich das große goldene Ehrenzeichen mit Stern, seit 1988 ist er Träger des Sternenbanners mit Goldkranz von Ungarn.

Im universitären Bereich wurde ihm mehrfach die Würde eines Ehrendoktors verliehen, so 1978 von der Rechtswissenschaftlichen Fakultät der Universität zu Köln, 1985 von der Wirtschaftswis-

Boris Jelzin, Präsident der Russischen Föderation, zu Besuch beim Ostausschuß der deutschen Wirtschaft in der IHK zu Köln am 22. November 1991. Rechts neben Jelzin IHK-Ehrenpräsident Otto Wolff von Amerongen, links Hauptgeschäftsführer Eberhard Garnatz

senschaftlichen Fakultät der Friedrich-Schiller-Universität Jena und 1993 von der Deutschen Sporthochschule Köln. Seit Januar 1996 ist Otto Wolff Honorarprofessor der Brandenburgischen Technischen Universität in Cottbus. Seit der Gründung des Universitätsseminars der Wirtschaft e.V. auf Schloß Gracht in Erftstadt ist Otto Wolff Vorsitzender des dortigen Kuratoriums. Seine Erfahrungen des internationalen Wirtschaftslebens fließen in das Programm für eine hochqualifizierte Managementausbildung dieses Seminars ein. Von der Gründung 1954 bis 1980 war er Mitglied des Steering Committees der Bilderberg-Konferenz, seither ist er Mitglied der Advisory Group. Für ein Jahrzehnt (1979-1989) war er Mitglied des Board of Directors des Salzburg Seminars on American Studies.

Im sportlichen Bereich gilt die besondere Liebe von Otto Wolff neben dem Skisport dem Hockey, dem Tennis und dem Fußball. So steht er seit 1977 an der Spitze der Gesellschaft der Freunde und Förderer der Deutschen Sporthochschule Köln e.V. Zwischen 1971 und 1996 war er Präsident des Kölner Tennis- und Hockeyclubs „Stadion Rot-Weiß" e.V., seit der Gründung 1980 ist er Vorstandsmitglied der Hanne-Nüsslein-Stiftung, Köln. Im Verwaltungsrat des 1. FC Köln war er Mitglied seit 1960, dessen Vorsitzender zwischen 1970 und 1975.

Otto Wolff von Amerongen verzichtete nach fast 25jähriger Präsidentschaft im September 1990 auf sein Amt an der Spitze der Kölner Industrie- und Handelskammer. Die Vollversammlung der IHK zu Köln ernannte ihn am 4. Dezember 1990 zum Ehrenpräsidenten. Kein anderer Präsident prägte die Kammer über eine so lange Zeit und so nachhaltig. Anläßlich des Neujahrsempfangs 1991 überreichte „seine" Kammer ihm eine Edition seiner Neujahrsansprachen zwischen 1967 und 1990.[54] Diese spiegeln die Wirtschaftsgeschichte eines Vierteljahrhunderts wider, einer Zeit, deren Fragen und Herausforderungen sich Otto Wolff auch als Kölner Kammerpräsident konsequent stellte, dessen freiheitliche Grundhaltung und gesellschaftlich-politische Verantwortung prägend für diese Zeit war.

Otto Wolff war über einen Zeitraum von nahezu 25 Jahren der höchste Repräsentant der gewerblichen Wirtschaft des Kölner Kammerbezirks. Dadurch, daß er nahezu zeitgleich eine Vielzahl von herausragenden Ämtern auf nationaler wie auf internationaler Ebene bekleidete, war er eigentlich für „seine" Unternehmer niemals „nur" ihr Kölner Präsident. Gerade seine Erfahrungen aus den internationalen Meetings waren gefragt, seine aktuellen und stets pointierten Einschätzungen der politischen Lage im Lande und in der Welt. Otto Wolff war, trotz seiner hohen zeitlichen Beanspruchung als DIHT-Präsident wie auch infolge seiner internationalen Verpflichtungen in Köln, in der Kölner Kammer präsent, wann immer er als Präsident selbst gefordert war. Er vertrat die Kammer persönlich in allen entscheidenden Belangen während seiner langen Amtszeit, wenn es darum ging, für die freiheitliche Ordnung der Wirtschaft und ihrer Selbstverwaltungsorganisation einzutreten, wie z.B. in den Auseinandersetzungen der späten sechziger und frühen siebziger Jahre auf dem Feld der dualen Berufsbildung oder in der Phase der Kammerneugliederung 1977.

In der „Ära Wolff", d.h. zwischen 1966 und 1990, war die IHK zu Köln Standort vieler Konferenzen und Treffen von politischer Weltgeltung. Bedeutende Staatsmänner ihrer Zeit aus dem Osten wie aus dem Westen waren in der Kammer zu Gast, machten sie dank Otto Wolff zu einer Begegnungsstätte besonderer Art.

Alfred Neven DuMont

Am 4. Dezember 1990 nahm Alfred Neven DuMont die Amtsgeschäfte als IHK-Präsident in der Nachfolge von Otto Wolff auf. Gewählt worden war er von der Vollversammlung, der er seit dem 6. Dezember 1989 angehörte, bereits am 21. März 1990.[55]

Alfred Neven DuMont wurde am 29. März 1927 in Köln geboren als Sohn des Zeitungsverlegers Dr. Kurt Neven DuMont und seiner Ehefrau Gabriele, geborene von Lenbach, einer Tochter des Münchner Malers Franz von Lenbach. Alfred Neven DuMont studierte nach dem Abitur Philosophie, Geschichte und Literatur in München sowie Publizistik an der Medill School of Journalism der Northwestern University in Chicago, USA. 1953 trat er nach Volontariaten, u.a. im *Axel Springer-Verlag* und bei der Süddeutschen Zeitung, in elfter Generation in das als Familienunternehmen so erfolgreiche Verlagshaus *M. DuMont Schauberg* ein. 1955 wurde er mit 28 Jahren publizistischer Leiter des Kölner Stadt-Anzeigers, 1960 sein Herausgeber. 1964 gründete er das Boulevardblatt EXPRESS und wurde sein Herausgeber. Im Mai 1991 erwarb er von der Treuhandanstalt die vormalige SED-Parteizeitung „Freiheit" und machte sie unter dem Namen „Mitteldeutsche Zeitung" zur viertgrößten Abonnementszeitung Deutschlands. 350 Mio. DM investierte er in Halle und sicherte damit im Rahmen der Mitteldeutschen Zeitung und des von ihm neu gegründeten Mitteldeutschen EXPRESS dauerhaft mehr als 1 000 Arbeitsplätze.

Zwischen 1967 und Oktober 1990 war Alfred Neven DuMont Vorsitzender der Geschäftsführung von *M. DuMont Schauberg*. Seither ist er Vorsitzender des Aufsichtsrates. Die Verlagshäuser in Köln und Halle beschäftigen 1997 rund 3 000 Mitarbeiter. Im Rahmen seines modernen Medienunternehmens bestehen heute Beteiligungen an einer Reihe weiterer Printunternehmen – u.a. der Kölnischen Rundschau -, an privaten Hörfunkstationen der Region, am Berliner Rundfunk sowie an Fernsehproduktionsgesellschaften und Online-Diensten. Die Bedeutung des kommerziellen Privatfernsehens erkannte er als einer der ersten deutschen Verleger.

Über viele Jahre engagierte sich Alfred Neven DuMont ehrenamtlich für die Belange des deutschen Zeitungswesens. 1970 wurde er in das Präsidium des Bundesverbandes Deutscher Zeitungsverleger gewählt, von 1980 bis 1984 war er dessen Präsident, seither ist er Ehrenmitglied des Präsidiums.

Vollversammlung der IHK zu Köln am 4. Dezember 1990 anläßlich der Übernahme des Präsidentenamtes durch Alfred Neven DuMont (Bildmitte). Links sein Vorgänger Otto Wolff von Amerongen, rechts Hauptgeschäftsführer Eberhard Garnatz

Zwischen 1971 und 1979 war er Vorsitzender des Deutschen Nationalkomitees des Internationalen Presseinstituts und Mitglied von dessen Executive Board. 1981 bis 1985 war er auch Mitglied von Präsidium und Vorstand der Bundesvereinigung der Deutschen Arbeitgeberverbände (BDA). Für seine großen Verdienste wurde Alfred Neven DuMont im November 1988 das große Bundesverdienstkreuz mit Stern des Verdienstordens der Bundesrepublik Deutschland verliehen.

Alfred Neven DuMont hat sich zu einem Engagement in der Vollversammlung der Kölner Industrie- und Handelskammer erst mehrere Jahre nach Beendigung des sehr arbeits- und reiseintensiven Amtes des Vorsitzenden des deutschen Zeitungsverlegerverbandes, das zusätzliche Verpflichtungen für die BDA nach sich gezogen hatte, entschlossen. 1989 stimmte er einer Wahl in die Vollversammlung der Kölner Kammer zu – Voraussetzung für die nur wenig später dann vollzogene Wahl in das Präsidentenamt. „Ich habe es gern angenommen", so äußerte er sich hierzu in einem Interview für die IHK-Zeitschrift „markt + wirtschaft" im Dezember 1990[56], „nicht nur aus Pflichtgefühl, sondern weil ich glaube, mit meinen Erfahrungen als Zeitungsverleger in dieser Region Dinge bewegen zu können. ... Der Weg vom Zeitungsmann zum IHK-Präsidenten ist gar nicht so weit, wie man annehmen könnte. ... Beide Posten haben etwas mit Verantwortung, mit Öffentlichkeit und dem Bemühen um Meinungsführerschaft zu tun." Integrieren wollte er, regionale Kräfte fördern, Projekte voranbringen. Das neue Amt trug ihm neue Ehrenämter ein, so zu Jahresbeginn 1992 den stellvertretenden Aufsichtsratsvorsitz in der *KölnMesse*, im November 1993 den Vorsitz im Beirat des Ernst-Schneider-Preises der deutschen Industrie- und Handelskammern und im Juni 1995 den Sitz im Kuratorium der Fachhochschule Köln.

In den bisherigen, knapp sieben Jahren seiner Präsidentschaft hat Alfred Neven DuMont in der Region und für die Region nachhaltige Akzente gesetzt. Im Rahmen seiner Neujahrsansprache als

Alfred Neven DuMont, Präsident der Industrie- und Handelskammer zu Köln seit 1990

Präsident der IHK legte er 1991 ein klares Bekenntnis für Bonn als deutsche Hauptstadt ab. Zutiefst beklagte er die immer deutlicheren Verkehrsprobleme des Kölner Raumes, leidenschaftlich forderte er eine Stärkung der „Drehscheibe West", den TGV, den Ausbau des Flughafens und der Autobahnen. Im Juni 1991 fiel endgültig die Entscheidung gegen Bonn als zukünftige Hauptstadt. Kurz darauf begann die Diskussion um das Konzept der „Regio Köln/Bonn und Nachbarn". Im April 1992 forderte Alfred Neven DuMont zur Überwindung der Strukturprobleme Kölns die „Besinnung auf die Gesamtregion ... eine gemeinsame Aktion von Politik und Wirtschaft, Wissenschaft und Kultur" in gemeinsamer Verantwortung.[57] Hieran tatkräftig mitzuwirken, war Alfred Neven DuMont bereit als IHK-Präsident. Die besonderen Probleme der Regionalisierung im zusammenwachsenden europäischen Binnenmarkt machte Alfred Neven DuMont seither zu seinem Anliegen als Präsident. Im Oktober 1992 konstituierte sich die Vereinigung von Wirtschaftskammern zur Förderung der Region Köln/Bonn als zweite Säule der Regio Rheinland. Durch die Initiative von Alfred Neven DuMont hat sich die Region Köln/Bonn auf das „Zwei-Säulen-Modell" verständigt. 1996 übernahm er den Vorsitz in der Vereinigung der Wirtschaftskammern.

An der Spitze der Industrie- und Handelskammer zu Köln war Alfred Neven DuMont 1994/1995 der Garant einer schwierigen, aber äußerst sinnvollen, letztlich erfolgreichen Restrukturierung innerhalb des Hauptamtes wie auch einzelner Gremien. Größere Effizienz und Transparenz der Kammerarbeit – zum Wohl der Industrie- und Handelskammer und ihrer Mitgliedsunternehmen – waren hierbei sein Ziel. Er selbst übernahm 1996 den Vorsitz des neuen IHK-Querschnittsausschusses für Wirtschaftsförderung und Planung.

„Alfred Neven DuMont ist ein kämpferischer, ein bekennender Demokrat". So charakterisierte ihn Hans-Dietrich Genscher in seiner biographischen Würdigung zur Vollendung des 70. Lebensjahres am 29. März 1997[58], eine Persönlichkeit, die „das Künstlerische genauso geprägt hat wie das Unternehmerische, das politische Engagement wie das gesellschaftliche".

3.3.3 Die Ausschüsse

Gemäß § 5 der Kammersatzung bildet die Vollversammlung zu ihrer Unterstützung Ausschüsse mit beratender Funktion und beruft deren Vorsitzende, die Vollversammlungsmitglied sein müssen, sowie weitere Personen, die der Vollversammlung jedoch nicht angehören müssen bzw. in ihrer ausgeübten Funktion in der Wirtschaft auch gar nicht wählbar wären. Die Vollversammlung hat die Berufung der Mitglieder dieser Ausschüsse seit langem an das Präsidium delegiert.

Im Jahre 1966 bestanden neben dem gemäß § 8 des Kammergesetzes paritätisch zusammengesetzten Berufsbildungs-Ausschuß, dessen Mitglieder zur Hälfte von der Vollversammlung berufen wurden, die Arbeitgebervertreter, und zur Hälfte vom Landeswirtschaftsminister bestellt wurden, die Arbeitnehmervertreter[59], insgesamt 18 Kammerausschüsse. Diese hatten zwischen drei und 40 Mitglieder. Insgesamt waren hierin 315 Personen ehrenamtlich tätig. An der Spitze eines Ausschusses stand ein Vizepräsident oder ein fachlich für die Leitung besonders ausgewiesenes Vollversammlungsmitglied. Jeder der Ausschüsse wurde von einem der IHK-Geschäftsführer betreut. Die Ausschüsse tagten überwiegend zwei- bis viermal jährlich und befaßten sich jeweils mit den für sie besonderen fachspezifischen, oft sehr aktuellen Problemen. Hier wurden häufig Stellungnahmen, Gutachten, Resolutionen oder Eingaben der Kammer fachlich vorbereitet. In den Ausschußsitzungen, d.h. beim Ehrenamt, erhielt die Geschäftsführung gewissermaßen den Rückhalt für ihre im Hauptamt bzw. Tagesgeschäft behandelten spezifischen Kammerfragen. Hier wurde die Meinung der Bezirkswirtschaft bzw. einer Branche zu bestimmten Gesetzesvorhaben, Verkehrsplanungen, Steuermaßnahmen, Gewerbeansiedlungen etc. erfragt, unternehmerischer Rat wurde eingeholt, spezifische Einschätzungen wurden artikuliert und für das weitere Procedere des Hauptamts festgehalten, ggf. auch zur

Vorbereitung einer Entschließung durch die Vollversammlung. Hier wurden die Wünsche der Wirtschaft des Kammerbezirks an die Politik, die Kommunen und Kreise, das Land und den Bund fachspezifisch gebündelt. Häufig wurde hier auch Expertenwissen in Vorträgen und Diskussionsforen von Gastreferenten und -moderatoren vermittelt. Die Ausschüsse waren stets Plattform für einen umfassenderen und spezielleren Meinungsaustausch, als dies die gesamte Vollversammlung leisten konnte.

Das folgende Tableau listet die – neben dem Berufsbildungs-Ausschuß – 18 Ausschüsse des Jahres 1966 auf:[60]

	Ausschuß	Mitgliederzahl
1	Haupt- u. Verwaltungs-Ausschuß	20
2	Beitrags- u. Haushalts-Ausschuß	3
3	Außenhandels-Ausschuß	38
4	Börsen-Ausschuß	11
5	Einzelhandels-Ausschuß	29
6	Gewerbe-Ausschuß	32
7	Handelsvertreter-Ausschuß	12
8	Industrie-Ausschuß	40
9	Insolvenz-Ausschuß	5
10	Ausschuß für das Kreditwesen	18
11	Ausschuß für Luftreinhaltung	14
12	Sachverständigen-Ausschuß	3
13	Steuer-Ausschuß	26
14	Verkehrs-Ausschuß	25
15	Versicherungs-Ausschuß	17
16	Wasser-Ausschuß	9
17	Wirtschaftspolitischer Ausschuß	9
18	Ausschuß für Wirtschaftsrecht	4

Dem vom Präsidenten geleiteten Haupt- und Verwaltungs-Ausschuß gehörten neben dem Präsidium einschl. Ehrenpräsidenten sämtliche Vorsitzenden der übrigen Ausschüsse an. Er war zuständig in Grundsatzfragen der Kammerpolitik und der Kammertätigkeit. Er fungierte sozusagen als „erweitertes Präsidium". Der stets nur dreiköpfige Beitrags- und Haushalts-Ausschuß war der Garant für die vom Gesetzgeber geforderte sparsame und wirtschaftliche Finanzgebarung. Der vom Hauptamt, dem Hauptgeschäftsführer im Einvernehmen mit dem Verwaltungsdirektor, jährlich unter dieser Maxime des § 3 des Kammergesetzes aufgestellte und im Ausschuß diskutierte Haushaltsvoranschlag wurde regelmäßig vom Vorsitzenden des Ausschusses in der Vollversammlung kommentiert und dort zur Abstimmung gebracht. Ebenso wurde mit den Nachtragshaushalten sowie mit der Rechnungslegung nach Ablauf eines Haushaltsjahres vor der Entlastung durch die Vollversammlung verfahren.

Die übrigen Ausschüsse berücksichtigten in ihrer Thematik insgesamt sämtliche Aufgabenfelder der Kammer. Sie spiegelten mit ihrer Bezeichnung überwiegend die Aufgabenbereiche der einzelnen Abteilungen des Hauptamtes der Kammer und hatten damit in gewisser Weise eine Scharnierfunktion zwischen Hauptamt und Ehrenamt. Die Ausschußmitglieder waren gegenüber den vielen tausend Kammerzugehörigen auch Multiplikatoren, wobei die Tagesarbeit ganz überwiegend Sache des Hauptamts war.

Im Verlauf der letzten drei Jahrzehnte waren trotz der sich ständig ändernden Gegebenheiten der Kammerarbeit die Ausschüsse nur selten von grundsätzlichen Änderungen betroffen. Der Wirtschaftspolitische Ausschuß wurde 1969 aufgelöst. Der Wasser-Ausschuß arbeitete seit 1970 gemeinsam mit dem ebenfalls von Dr. h.c. Franz Greiß geleiteten Ausschuß für Luftreinhaltung und seit 1977 nur noch als Unterausschuß des Industrie-Ausschusses. 1981 erhielt dieser Unterausschuß die Bezeichnung „Umwelt-Ausschuß". Seit 1986 wird dieser selbständig als „Gemeinschaftsausschuß für Umweltschutz" von den Industrie- und Handelskammern Bonn und Köln gemeinsam geführt. Als erster Gemeinschaftsausschuß mit der IHK Bonn entstand 1973 der „Ausschuß für Bau- und Bodenwirtschaft". Der Außenhandels-Ausschuß firmiert seit 1979 als Außenwirtschafts-Ausschuß. 1985 wurde der „Ausschuß für Informations- und Kommunikationstechnik" neu errichtet, 1994 folgte der „Medien-Ausschuß". Die Neustrukturierung der IHK Köln in den Jahren 1994/95 wurde in allen Ausschüssen thematisiert, insbesondere unter dem Aspekt der Möglichkeiten verstärkter Querschnittsarbeit. So wurde der Gewerbe-Ausschuß jetzt erweitert zum „Großhandels- und Gewerbe-Ausschuß".[61]

3.3.4 Die Wirtschaftsgremien

Schon bald nach Vollzug der Kammerneugliederung 1977 versuchte man, die Repräsentanten der Wirtschaft der neu zu Köln gekommenen Gebiete möglichst gut an die Kammer anzubinden. Präsidium und Geschäftsführung der Kölner Kammer war durchaus klar, daß das überragende Gewicht Kölns, insbesondere der Großstadt, bisweilen berechtigte Anliegen der Wirtschaft des Umlandes verdeckte. So war z.B. der heftig geforderte Weiterbau der Kölner Stadtautobahn für die Leichlinger, Wermelskirchener oder Burscheider Unternehmer verständlicherweise nicht von vorrangiger Bedeutung.

Vizepräsident Günter Schöpp erläuterte in der Vollversammlung vom 12. März 1981 die Absicht, im nördlichen Rheinisch-Bergischen Kreis örtliche Kammerausschüsse oder Beratungsgremien neu zu bilden. Im Bereich der großen Flächenkammer für München und Oberbayern hatte man mit Wirtschaftsgremien sehr positive Erfahrungen gemacht. In den neu geplanten Ausschüssen der Kölner Kammer sollten alle für die Wirtschaft der jeweiligen Region grundlegenden Fragen behandelt werden, z.B. zur Bauleitplanung, zum Verkehr oder zu den kommunalen Haushalten. Den Vorsitz dieser ca. 15 bis 20 Personen umfassenden Gruppen sollte jeweils ein Mitglied der Vollversammlung der Kölner Kammer übernehmen, weitere Mitglieder sollten von dieser berufen werden.[62]

Noch 1981 wurden schließlich die ersten drei Wirtschaftsgremien der IHK Köln errichtet, und zwar für Wermelskirchen, Burscheid und Leichlingen. Sie hatten Modellcharakter für ähnliche Gremien auch in „alten" Kammerregionen.[63] Die neuen Gremien im Rheinisch-Bergischen Kreis bewährten sich rasch. Daher konstituierte sich im Sommer 1982 bereits das erste Wirtschaftsgremium des Erftkreises in Brühl. Im November 1982 folgte ein Gremium in Leverkusen. Auch in den Folgejahren kam es zu Neugründungen, so 1983 in Bergisch Gladbach und 1984 in Wesseling. In Hürth kam ein geplantes Wirtschaftsgremium dagegen nicht zustande.

Nach einer Pause von sechs Jahren etablierten sich die vorerst letzten neuen Wirtschaftsgremien 1990 in Bergheim und Kerpen. Damit können die Unternehmen im Erftkreis wie im Rheinisch-

Bergischen Kreis nahezu flächendeckend über jeweils vier Wirtschaftsgremien ihre Interessen wahrnehmen. Für den Oberbergischen Kreis kam das Institut eines Wirtschaftsgremiums nicht in Frage, weil hier mit der Beratenden Versammlung seit 1945 ein bewährter Zusammenschluß von Unternehmern die regionalen Interessen der Wirtschaft wahrnimmt.

Wie Vizepräsident Schöpp es 1981 in seiner Rede vor der Vollversammlung zum Ausdruck gebracht hatte, entwickelten sich die Wirtschaftsgremien zu einem Forum des Austausches besonders zwischen regionaler Wirtschaft und Kreis- bzw. Kommunalverwaltung. Gemäß § 5 der Kammersatzung von 1983 werden die Gremienmitglieder auf Vorschlag ihres jeweiligen Vorsitzenden vom Präsidium der Kölner Kammer berufen.[64] Auf den jährlich zwei- bis dreimal stattfindenden Sitzungen sind oft kommunale Spitzenvertreter präsent. Themen wie Bebauungspläne, Gestaltung von Innenstädten, Berufsbildungsfragen, Verkehrsplanung oder Umweltschutz dominieren die Tagesordnungen. Regelmäßig werden auch Kammergeschäftsführer als Referenten geladen. Im Wirtschaftsgremium Brühl gab es schon 1982 drei eigene Arbeitskreise zu Themen der „Wirtschaftsförderung", „Wirtschaft und Verwaltung" bzw. „Wirtschaft und Gesellschaft".

1984 befaßten sich die Wirtschaftsgremien des Rheinisch-Bergischen Kreises insbesondere „mit der Frage des Zusammenhalts des ehemals zur IHK Solingen gehörenden Wirtschaftsraumes Burscheid, Leichlingen und Leverkusen"; um die gütliche Beilegung der Rechtsstreitigkeiten nach der Auflösung der Kammer 1977 war man einhellig bemüht. Einstimmig sprach man sich 1984 für die Beilegung der Prozesse im Vergleichswege aus. Seinerzeit verhehlte man jedoch auch nicht den Wunsch, ggf. nach dem oberbergischen Modell eine eigenständigere Beratende Versammlung zu fordern.[65]

Die Mitgliederzahl schwankte in den einzelnen Wirtschaftsgremien im Verlauf der Jahre etwa zwischen 15 und 26. Gelegentlich waren auch Repräsentanten des Handwerks, der Landwirtschaft oder einzelner Fachverbände als Gastmitglieder vertreten. Die Leitung der Gremien lag und liegt i.d.R. bei Vizepräsidenten oder Vollversammlungsmitgliedern aus der betreffenden Region. Gelegentlich schlug die Vollversammlung allerdings als Vorsitzende auch Persönlichkeiten der örtlichen Wirtschaft vor, die nicht zur Vollversammlung gehörten.[66]

3.3.5 Die Erfahrungsaustausch-Gruppen

Wie die Ausschüsse der Kammer arbeiten auch die Erfahrungsaustausch-Gruppen („Erfas") auf ehrenamtlicher Basis; allerdings sind sie nicht gebunden an das Satzungsrecht der IHK. Ihre Wurzeln liegen in den fünfziger Jahren, als das Rationalisisierungs-Kuratorium der deutschen Wirtschaft (RKW) die deutschen Industrie- und Handelskammern anregte, Erfa-Gruppen „Betriebswirtschaft" einzurichten. Erfa-Gruppen gab es in Köln anfangs nur in organisatorischer Anbindung an die Industrieabteilung. Diese betreute in den späten sechziger Jahren bis zu sechs dieser Gremien. Hier tauschten Fachleute der mittleren Leitungsebene aus Unternehmen des Bezirks ihre Kenntnisse und Erfahrungen aus. Zu den Gruppen „Betriebswirtschaft", „Einkauf", „Vertrieb", „Arbeitsvorbereitung" (ab 1971: Produktionsplanung und -steuerung) sowie „Klein-/Mittelbetriebe" kam 1968 die Erfa-Gruppe „Datenverarbeitung in Mittelbetrieben". 1976 und 1977 etablierten sich auch bei der Außenwirtschaftsabteilung der IHK Köln Erfahrungsaustausch-Gruppen („Export", „Import"). Im Dezember 1982 konstituierte sich der Arbeitskreis „Auslandsmessen", später auch als „Erfa" bezeichnet. Der Besuch von Messen war für die Exportwirtschaft zum wichtigen Marketing-Instrument geworden. Die erste abteilungsübergreifende Erfa-Gruppe wurde ebenfalls 1982 gegründet und befaßte sich mit dem Datenschutz. Ihr gehörten Datenschutzbeauftragte aus Industrie-, Handels- und Dienstleistungsbetrieben an. Die Mitglieder der Erfa-Gruppen trafen sich etwa alle sechs bis acht Wochen. Während die Unternehmen vom gegenseitigen Praxisaustausch profitierten, erfuhr die Kammer mit Hilfe der Erfa-Gruppen, wo die Betriebe der Schuh drückte, und konnte entsprechende Initiativen ergreifen.[67]

In den achtziger Jahren nahm das Interesse an den Erfa-Gruppen mehr und mehr ab, vor allem in der Industrie. So gab es 1986 bei der Industrieabteilung nur noch die Erfa-Gruppen „Einkauf" und „Klein-/Mittelbetriebe". Letztere wurde 1987 in den Arbeitskreis Industrieller Mittelstand überführt, da sich, so der Jahresbericht der Kammer, die Zielsetzung des alten Gremiums überlebt hatte. 1994 tagte zum letzten Mal die Erfa-Gruppe „Industrieller Einkauf".

Das Interesse nahm aus dreierlei Gründen ab: Zum einen hatte sich der Ausbildungs- bzw. Kenntnisstand in den Unternehmen erheblich verbessert. Des weiteren gab es nun mehr und mehr Alternativen, sich Fachinformationen zu beschaffen (in Seminaren, Kursen, Fachzeitschriften). Schließlich hatte sich der Wettbewerb in den Unternehmen zum Teil drastisch verschärft, so daß viele Fachkollegen auch nicht mehr bereit waren, ihren Konkurrenten hilfreiche Informationen zu verschaffen und selbst unter Umständen bei einem solchen Erfahrungsaustausch leer auszugehen.[68]

Andererseits lebte der Gedanke des Austausches in den neunziger Jahren wieder auf. So etablierten sich im Herbst 1994 die Erfa-Gruppe „Umweltsachverständige" und zwei Jahre später die Gruppe „Öko-Audit" – bei der zunehmend komplexer werdenden Materie des Umweltrechts wundert dies nicht. Immer noch aktiv ist in der Abteilung Außenwirtschaft die Erfahrungsaustauschgruppe „Exportleiterkreis".[69]

3.4 DAS HAUPTAMT

Hauptgeschäftsführer war seit dem 1. Januar 1962 Rechtsanwalt Helmut Rehker. Seit dem 1. Januar 1981 ist Assessor Eberhard Garnatz als sein Nachfolger im Amt.

Als stellvertretender Hauptgeschäftsführer blieb Dr. Friedrich Dole, der Leiter der Abteilung „Verkehr" der IHK zu Köln, noch bis 1977 im Amt. Dr. Franz Schoser, der im Geschäftsverteilungsplan für 1977 und 1978 als neuer stellvertretender Hauptgeschäftsführer der Kölner Kammer aufgeführt ist, war seit 1973 „zur Dienstleistung beim DIHT" freigestellt. Er war hier Verbindungsreferent von Otto Wolff von Amerongen, der seit 1969 ja nicht nur Kölner Kammerpräsident, sondern gleichzeitig auch DIHT-Präsident war. Dr. Schoser blieb beim DIHT; er wurde dort 1978 stellvertretender Hauptgeschäftsführer und 1980 dann Hauptgeschäftsführer. Die Position eines stellvertretenden Hauptgeschäftsführers blieb bei der IHK Köln vakant bis zum Ende der achtziger Jahre. Zwischen 1989 und 1995 nahm Dr. Heinz Hermanns als Geschäftsführer der Abteilung „Handel und Wettbewerb" die Position des Stellvertreters wahr, 1996 gefolgt von Isolde Hübner, der Geschäftsführerin der Zweigstelle Oberberg.

Helmut Rehker

IHK-Präsident Otto Wolff von Amerongen verabschiedete Helmut Rehker in der Vollversammlung vom 11. Dezember 1980 nach 27 Dienstjahren bei der IHK zu Köln in den Ruhestand. Er dankte ihm für die „vielfältigen Impulse, die er dem Kölner Wirtschaftsleben" gegeben habe:[70] „Beruf und Mandat" seien ihm stets „Passion und niemals Job" gewesen, er habe „Spuren gesetzt, die nicht verwischt werden können". Wolff von Amerongen erinnerte dabei besonders an die Ergebnisse der Kammerneugliederung und die damit verbundene Steigerung der Leistungsfähigkeit der Kammer durch die neuen Zweigstellen im Bergischen sowie auch durch den Neubau in Oberberg.

Helmut Rehker, Hauptgeschäftsführer der Industrie- und Handelskammer zu Köln 1962-1980

Er erinnerte an die schwierigen politischen Auseinandersetzungen um die Berufsbildung in den sechziger und siebziger Jahren, an seine vielen Initiativen auf dem Verkehrssektor – wie Stadtautobahn, U-Bahn – , der er sich auch als Mitglied des Kölner Rates verschrieben habe, in der städtischen Finanzpolitik, im Steuerwesen oder auf dem Sektor der Gewerbeansiedlung.

Helmut Rehker wurde am 14. September 1917 in Siegburg geboren als jüngster Sohn des Oberstudiendirektors des Siegburger Lyzeums Dr. Heinrich Rehker und seiner Ehefrau Paula, geborene Gröblinghoff. Seine Mutter verstarb bereits 1936, sein Vater wurde 1944 Opfer eines Luftangriffs auf seine Schule. Seine beiden älteren Brüder wurden Mediziner. Helmut Rehker legte 1936 am humanistischen Beethoven-Gymnasium in Bonn seine Reifeprüfung ab und studierte seit dem Wintersemester 1936/37 Rechtswissenschaften in Bonn, Berlin, München und Köln. Er stammte aus einem christlich-katholischen Elternhaus, und dies prägte ihn nicht nur in der Zeit des Nationalsozialismus, sondern sein ganzes Leben lang zutiefst.[71]

Im Dezember 1939 bestand Helmut Rehker einen Tag vor seiner Einberufung zum Wehrdienst das juristische Referendarexamen am Oberlandesgericht Köln. Der Kriegsdienst beim Heer und in der Heeresverwaltung führte ihn im Februar 1945 als Truppenzahlmeister an die Ostfront. Im März wurde er erheblich verwundet, nach der Kapitulation erfolgte eine mehrjährige russische Kriegsgefangenschaft, aus der er am 10. Oktober 1949 heimkehrte. Die Kriegsgefangenschaft, deren Jahre er – wie er es später oft formulierte – für sich und sein Leben doppelt zählte, überstand er u.a. deshalb, weil er Goethes „Faust", um sich geistig fit zu halten, Szene für Szene auswendig lernte. Der „Faust" wurde für ihn seither – nach der Bibel – sein wichtigstes Buch. Rehker ging fortan mit Goethe und Goethes „Faust" „durchs Leben". Mehr als 600 antiquarische Ausgaben des „Faust" trug er in späterer Zeit zusammen.

Den juristischen Vorbereitungsdienst beendete Helmut Rehker im Januar 1953 mit der zweiten juristischen Staatsprüfung in Düsseldorf. Hiernach war er bis zum Jahresende 1953 Richter am Kölner Amtsgericht. Während dieser Zeit beschäftigte er sich wissenschaftlich mit dem Thema der „Vollstreckung in Urheberrechte", das als Dissertation der Rechtswissenschaftlichen Fakultät der Universität zu Köln genehmigt war, jedoch von Rehker nicht eingereicht wurde (Doktorvater sollte Prof. Dr. Walter Erman werden).

Zum 1. Januar 1954 trat Helmut Rehker in den Dienst der IHK zu Köln ein. IHK-Präsident Dr. Franz Greiß war auf ihn aufmerksam geworden und Hauptgeschäftsführer Dr. Bernhard Hilgermann ernannte ihn noch 1954 zu seinem persönlichen Referenten. Im Juli 1956 wurde Rehker Geschäftsführer, im Januar 1961 stellvertretender Hauptgeschäftsführer und zum 1. Januar 1962 Hauptgeschäftsführer.

Von Oktober 1956 bis zum Jahresende 1976 gehörte Helmut Rehker dem Rat der Stadt Köln als Mitglied der CDU-Ratsfraktion an. Johannes Albers hatte ihm diesen politischen Weg empfohlen. Als Ratsmitglied war er u.a. Vorsitzender des Ausschusses für Wirtschaft und Häfen sowie stellvertretender Vorsitzender des Finanzausschusses.

Helmut Rehker, Westfale von Herkunft und Siegburger von Geburt, wurde seit den fünfziger Jahren mit großer Leidenschaft Kölner und ein ganz hervorragender Kenner nicht nur von Kölns Kunst, Kultur und Wirtschaft, sondern auch seiner Geschichte, die er in vielen Details umfassender und besser kannte, als die Archivare und Historiker in seinem Umfeld es gelernt hatten. Vehement kämpfte er – als Hauptgeschäftsführer der Kölner Kammer, wie als politischer Interessenvertreter seiner Stadt – für den Bau der Stadtautobahn oder um einen sinnvollen Ausbau der U-Bahn. Stolz war er auf seine kleinen Erfolge, so die Wiederherstellung der Station des optischen Telegraphen in

Köln-Flittard als Außenstelle des Kölnischen Stadtmuseums. Auf seine Initiative erfolgte 1962 die rechtliche Verselbständigung des 1906 von der Kölner Handelskammer mitgegründeten Rheinisch-Westfälischen Wirtschaftsarchivs, dessen Vorstand und Kuratorium er als stellvertretender Vorsitzender bis 1980, hiernach bis zu seinem Tode als Ehrenmitglied, angehörte. Auf ihn geht 1966 die Gründung des eng mit dem Wirtschaftsarchiv arbeitenden Forschungsinstituts für Sozial- und Wirtschaftsgeschichte an der Universität zu Köln zurück, und er initiierte Ende der sechziger Jahre die Herausgabe einer zweibändigen Kölnischen Wirtschaftsgeschichte, die 1975 erschien.

Als Helmut Rehker Anfang der fünfziger Jahre seinen Wohnsitz nach Köln verlegte, kaufte er zur Erinnerung an seine Siegburger Heimat eine „Siegburger Schnelle" und machte hieraus seine zweite Sammelleidenschaft, die für altes Steinzeug, die ihn zu Beginn seines Ruhestandes ins belgische Raeren führen sollte. Dem dortigen Töpfereimuseum vermachte er seine inzwischen auf 250 Exponate angewachsene keramische Sammlung, und bis zu seinem Lebensende war er sodann der Leiter des Raerener Museums.

Zwischen 1971 und 1976 war Helmut Rehker Vorsitzender des Verbandes der Geschäftsführer der deutschen Industrie- und Handelskammern. Seine grundlegenden Ausführungen zur „modernen Kammerarbeit", eine Besinnung auf die Probleme zukunftsgerichteter Kammerarbeit, stammen aus dieser Zeit und aus dem Umfeld dieser Verbandstätigkeit.[72] Außerordentlich fruchtbar war seine Tätigkeit als Vorsitzender bzw. – jährlich alternierend mit einem Arbeitnehmerbeauftragten – stellvertretender Vorsitzender des Landesausschusses für Berufsbildung 1973 bis 1977, in der schwierigen Phase der Neuorientierung der Berufsbildung nach Erlaß des Gesetzes. Seit 1970 gehörte Helmut Rehker bereits dem Beirat des Berufsförderungswerkes Michaelshoven als Mitglied an, 1971 übernahm er den Vorsitz des dortigen Ausbildungsausschusses. Seit 1971 war Rehker ebenfalls Vorstandsmitglied der Europa-Union, 1975 wurde er stellvertretender Leiter der Verwaltungs- und Wirtschaftsakademie. Den Vorständen der Fördergesellschaften mehrerer Universitätsinstitute, so des Verkehrswissenschaftlichen Instituts, des Instituts für Wirtschaftspolitik, des Forschungsinstituts für Sozial- und Wirtschaftsgeschichte gehörte er über viele Jahre an. Seit Beginn der achtziger Jahre war Helmut Rehker Vorsitzender des Verwaltungsrates der *Heinen Verlag GmbH* und der Kölnischen Rundschau.

Ehrungen – nicht nur aus dem universitären Bereich – lehnte Helmut Rehker, von ganz wenigen Ausnahmen abgesehen, grundsätzlich für sich selbst ab. Eine Ausnahme bildete 1976 die Verleihung des Ordre de la Couronne des Königreichs Belgien, 1981 der goldenen Münze der Handwerkskammer Köln, in deren Haus er für viele Jahre sein privates Domizil hatte, sowie 1991 des Rheinlandtalers des Landschaftsverbandes Rheinland für seine Verdienste um die Kulturpflege. Mit Stolz und großer Freude nahm er allerdings anläßlich der Vollendung seines 75. Lebensjahres im September 1992 aus der Hand von IHK-Präsident Alfred Neven DuMont den Ehrenring der IHK zu Köln entgegen.

Ehrenring der Industrie- und Handelskammer zu Köln

Helmut Rehker starb nach langer, schwerer Krankheit im Alter von 76 Jahren am 21. Januar 1994 in Köln.

Als Helmut Rehker zum Jahresende 1980 aus dem aktiven Dienst feierlich verabschiedet wurde, betonten gerade seine „Kammerzöglinge"[73], Dr. Franz Schoser – inzwischen Hauptgeschäftsführer beim DIHT – und Eberhard Garnatz – Rehkers Nachfolger in der Hauptgeschäftsführung bei der Kölner Kammer -, „in welch hohem Maße gerade dieser für seine Nachfolger Maßstäbe gesetzt habe".[74] Eberhard Garnatz ging in seiner Ansprache ein auf die für ihn so problemlose Amtsübernahme unter Berücksichtigung gerade des von Rehker geschaffenen Organisationsprinzips, „das dem Einzelnen ein Höchstmaß an persönlicher beruflicher Entfaltung" ermögliche, zum Besten der Anliegen, die eine Kammer zu vertreten habe.

Eberhard Garnatz

Mit Eberhard Garnatz trat erneut ein Jurist an die Spitze des Hauptamtes der Kölner Kammer. Geboren am 31. Oktober 1934 in Bochum, studierte Garnatz nach humanistischem Abitur Rechtswissenschaften in München und Köln. Nach bestandener zweiter juristischer Staatsprüfung begann er seine berufliche Laufbahn zum 1. April 1965 als Referent in der Rechtsabteilung der IHK zu Köln. Zwischen 1967 und 1969 war er abgeordnet zum DIHT. Nach seiner Rückkehr wurde er persönlicher Referent von Hauptgeschäftsführer Rehker. Zum 1. März 1973 übernahm Garnatz die Leitung der Abteilung „Industrie, Banken und Versicherungen" sowie die Geschäftsführung der Wirtschaftsjunioren Köln.

Seit den siebziger Jahren engagierte sich Eberhard Garnatz, wie sein Vorgänger Rehker, in der Kölner Kommunalpolitik. Er wurde zunächst Mitglied der Bezirksvertretung Innenstadt und war hiernach zwischen 1979 und 1994 Mitglied der CDU-Fraktion im Rat der Stadt Köln, zuletzt als stellvertretender Fraktionsvorsitzender. Sein besonderes Engagement galt hier – neben seiner Mitgliedschaft im Finanzausschuß – der Förderung von Kunst und Kultur. Dem Kulturausschuß gehörte er viele Jahre als Mitglied an.

Am 1. Januar 1981 trat Eberhard Garnatz die Nachfolge von Helmut Rehker als Hauptgeschäftsführer der Kölner Kammer an. Aus seiner Kammerfunktion bzw. aus seiner Ratstätigkeit resultieren eine Reihe von Gremientätigkeiten in Unternehmen und Organisationen der Wirtschaft, so im Aufsichtsrat und Finanzausschuß der *KölnMesse*, im Aufsichtsrat der *Kölner Verkehrs-Betriebe AG* und der *Stadtwerke Köln GmbH*, in der *Häfen Köln GmbH* sowie (bis 1988) im Bezirksplanungsrat, im Braunkohlenausschuß und im Beirat der Bundesbahndirektion Köln.

Einen Schwerpunkt seiner ehrenamtlichen Tätigkeit bilden universitäre Gremien, so der Verwaltungsausschuß der Universität zu Köln, der Vorstand verschiedener Förderkreise von Instituten der Wirtschaftsfakultät. Garnatz ist, wie sein Vorgänger, stellvertretender Vorsitzender der Verwaltungs- und Wirtschaftsakademie. Seit den frühen neunziger Jahren ist er Beisitzer im Verein der Freunde und Förderer der Hochschule für Musik und Mitglied des Kuratoriums sowie stellvertretender Vorsitzender des Fördervereins der Kunsthochschule für Medien. Die Universität zu Köln verlieh Eberhard Garnatz für seine vielfältigen Verdienste um die Hochschule 1988 die Ehrenmedaille.

Als stellvertretender Vorsitzender des Rheinisch-Westfälischen Wirtschaftsarchivs baute er die organisatorisch und räumlich eng mit der Kammer verbundene Einrichtung für die Archivpflege der Wirtschaft im Rheinland aus zum größten regionalen Wirtschaftsarchiv, das 1993 von der IHK zu Köln einen Magazinneubau im Kölner Norden zur alleinigen Nutzung erhielt. Seit Beginn der

Eberhard Garnatz, Hauptgeschäftsführer der Industrie- und Handelskammer zu Köln seit 1981

achtziger Jahre setzte sich Hauptgeschäftsführer Garnatz konsequent für eine optimale Erhaltung bzw. Erneuerung der Bausubstanz der Kammergebäude in Köln und Gummersbach ein. Der Neubau der Leverkusener Zweigstelle geht auf seine Initiative zurück.

Zur Führungsspitze gehörten 1966 neben dem Hauptgeschäftsführer und dem stellvertretenden Hauptgeschäftsführer zehn Geschäftsführer als IHK-Abteilungsleiter bzw. Zweigstellenleiter sowie ein Geschäftsführer als Leiter der Börse. Auch an der Spitze der Verwaltung stand in der Kölner IHK traditionell ein Geschäftsführer. Sechs Dezernenten und vier Referenten, darunter einer als persönlicher Referent des Hauptgeschäftsführers, sowie zwei weitere wissenschaftliche Mitarbeiter bildeten 1966 die „zweite Führungsebene" der IHK. Insgesamt hatte die IHK Köln 1966 einschließlich zehn Teilzeitbeschäftigten und vier Auszubildenden 108 Mitarbeiter, diese Zahl erhöhte sich bis 1976 auf 123 und im Zuge der Neugliederung 1978 dann auf 146. 1981 verzeichnete die Kammer 162 Mitarbeiter, 1988 waren es 180. Zur Jahresmitte 1997 betrug die Mitarbeiterzahl einschließlich 13 Teilzeitkräften und acht Auszubildenden 186.

Alle Angestellten arbeiteten 1966 im Rahmen freier Dienstverträge, d.h. ohne konkrete Bezugnahme auf einen bestimmten Branchen-Tarifvertrag. Dies ermöglichte eine leistungsorientierte Bezahlung: ein Tatbestand, der bei einer entsprechenden Diskussion bereits vor 1945 in der IHK Köln mit Erfolg ins Feld geführt worden war.[75] Die Arbeitszeit betrug in der Kölner Kammer über mehrere Jahrzehnte wöchentlich 39,75 Stunden. Zum 1. April 1997 wurde die flexible Arbeitszeit mit einer Arbeitszeit von 40 Stunden wöchentlich eingeführt.

Bis 1993 änderte sich die Organisationsstruktur der Kölner Kammer mit Hauptgeschäftsführung, Fachabteilungen und Zweigstellen kaum. Jeder Geschäftsführer leitete jeweils eine Abteilung, wie z.B. „Recht" oder „Finanzen und Steuern", „Berufsbildung", „Handel und Wettbewerb", „Außenwirtschaft", „Industrie", „Verkehr", „Verwaltung" bzw. eine Zweigstelle. Die Öffentlichkeitsarbeit oblag bis 1981 dem persönlichen Referenten des Hauptgeschäftsführers und wurde hiernach Stabsstelle beim Hauptgeschäftsführer, seit 1986 mit der Bezeichnung „Presse und Information". 1992 kam als weitere Stabsstelle die „Kommunikationstechnik" bzw. „Informatik IHK" hinzu.

1993 wurden im Zuge erster Restrukturierungsüberlegungen hin zu größerer Kundenorientierung der IHK die Abteilungen umfunktioniert zu Geschäftsbereichen. Diese wurden 1994/1995 unter dem Aspekt erforderlicher Querschnittsarbeit im Sinne der Prozeßorientierung umgestaltet bzw. z.T. auch neu zugeschnitten. So vergrößerte sich der Geschäftsbereich „Recht" um das Gebiet des Wettbewerbsrechts, das bis dato im „Handel" bearbeitet worden war. Der „Handel" erfuhr andererseits einen erheblichen Aufgabenzuwachs durch Angliederung der zukunftsträchtigen Bereiche Wirtschaftsförderung und Planung einschließlich der Technologieberatung und Existenzgründungsberatung. Seit 1996 ressortiert auch der „Verkehr" mit seinen weitgefächerten infrastrukturellen Aufgaben in diesem Geschäftsbereich „Handel, Wirtschaftsförderung und Planung". Der Geschäftsbereich „Industrie" wurde erweitert durch Hinzunahme des Arbeitsgebietes volkswirtschaftlicher Grundsatzfragen einschließlich Statistik sowie der Umweltschutzberatung. Neu hinzu kamen 1994 die besonders innovativen Geschäftsbereiche „Medien" und „Informations- und Kommunikationstechnik" sowie die „Dokumentation" mit der Zuständigkeit für die Wirtschaftsbibliothek – bisher ressortierend in der „Presse und Information" – und die Zentrale Schriftgutverwaltung, die zuvor zum Geschäftsbereich „Personal und Verwaltung" gehörte. Die „Personalentwicklung" ist seit 1993 Stabsstelle beim Hauptgeschäftsführer. Unmittelbar von der Hauptgeschäftsführung wird auch das zur optimierten Kundenbetreuung 1994/1995 erheblich erweiterte, im Eingangsbereich der IHK liegende „Service-Center" betreut, das seit 1983 unter der Bezeichnung „Info-Center" unter dem Dach des Geschäftsbereiches „Außenwirtschaft" geführt wurde.

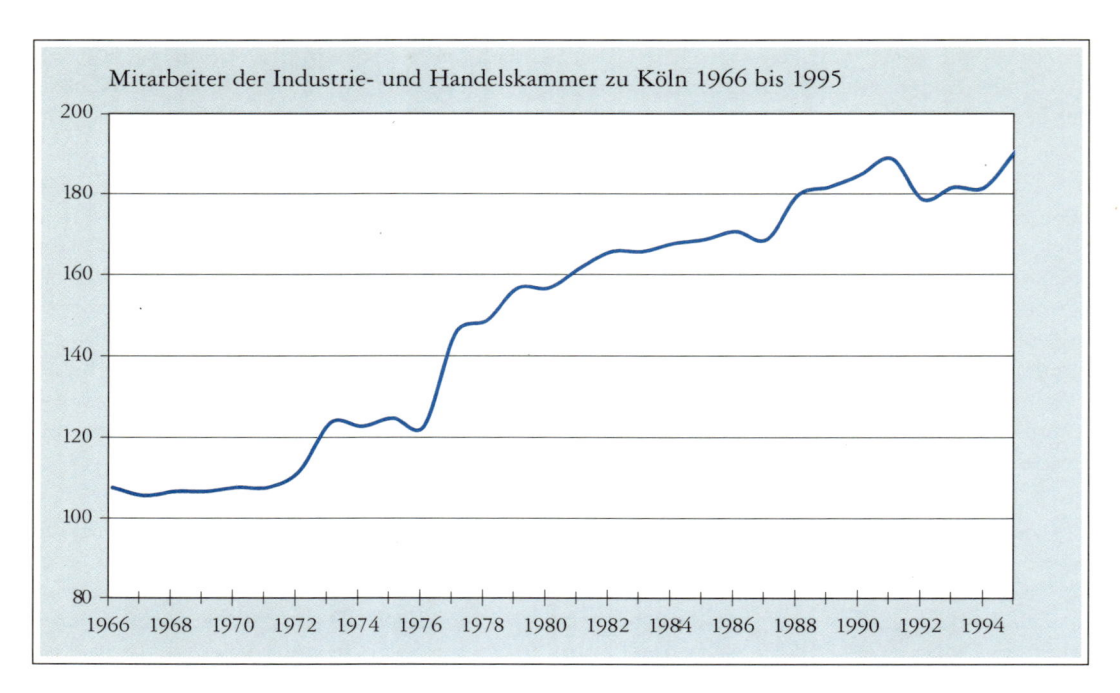

Mitarbeiter der Industrie- und Handelskammer zu Köln 1966 bis 1995

Zusätzlich zu den entsprechend den Schwerpunkten der jeweiligen Abteilung bzw. des Geschäftsbereichs ressorttypischen Aufgaben obliegt den Geschäftsführern auch die Betreuung der fachspezifischen Ausschüsse sowie seit Beginn der achtziger Jahre der örtlichen Wirtschaftsgremien. Die Geschäftsführerin der Zweigstelle Oberberg führt in Personalunion für die deutschen Mitgliedskammern die Geschäfte der Rheinkammernunion.[76]

Die interne Kommunikation und Kooperation der Geschäftsführer ist in der IHK Köln traditionell institutionalisiert durch eine wöchentliche, mehrstündige Geschäftsführungssitzung sowie durch einen täglichen, etwa halbstündigen informellen Erfahrungsaustausch. Dies macht die Kammerarbeit nach innen transparent für alle, die Verantwortung hierfür tragen.

3.5 DER KAMMERHAUSHALT

Die Einhaltung des jährlich von der Vollversammlung per Haushaltssatzung festgestellten Haushaltsplanes überwachen gemäß § 10 der Kammersatzung der Präsident und der Hauptgeschäftsführer. Unabhängig von der jährlichen Prüfung des Haushalts- und Kassenrechnungswesens durch die gemeinsame Rechnungsprüfungsstelle der Industrie- und Handelskammern in Bielefeld, wählt die Vollversammlung jährlich aus ihrer Mitte zwei Rechnungsprüfer für die Prüfung der Jahresrechnung. Erst nach dem Bericht ihrer ehrenamtlichen Prüfer entlastet die Vollversammlung Präsidium und Geschäftsführung. Die von der Vollversammlung erlassene Haushalts-, Kassen- und Rechnungslegungsordnung bildet die umfassende Handlungsanweisung für das nach kameralistischen Gesichtspunkten erstellte Rechnungswesen und die Wirtschaftsführung der Kammer.

Der Haushaltsplan – Geschäftsjahr 1. Januar bis 31. Dezember – dient der Feststellung und Deckung des Finanzbedarfs, der zu Erfüllung der Kammeraufgaben im Folgejahr voraussichtlich notwendig ist. Die im Kammergesetz verankerten Grundsätze der Wirtschaftlichkeit und der Sparsamkeit sind zwingend zu beachten. Die Einnahmen fußen im wesentlichen auf den in der IHK-Beitragsordnung verankerten Grundbeiträgen und Umlagen der Mitglieder[77] sowie auf Gebühren und Entgelten für Dienstleistungen im öffentlichen und privaten Bereich[78], hinzu kommen Pacht-, Miet- und Zins-

Haushaltsvolumen in Mio. DM 1966 bis 1993

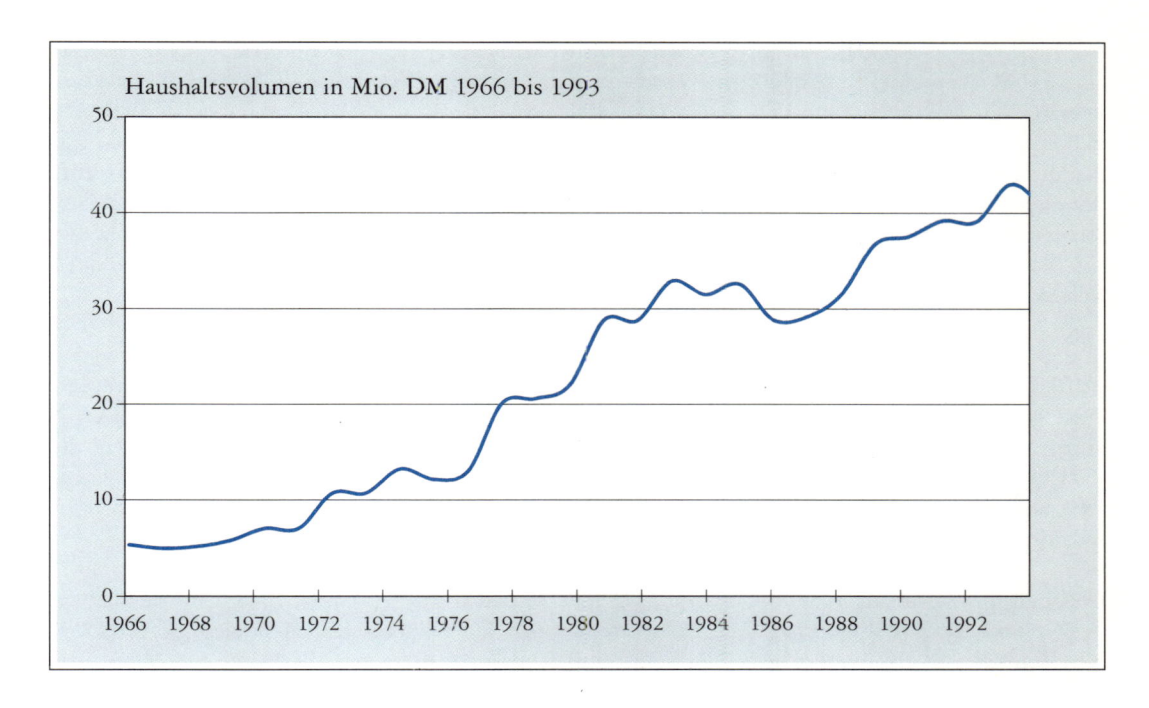

einkünfte. Die Ausgaben sind gebunden an die der Kammer übertragenen sowie die von ihr freiwillig übernommenen Aufgaben. Die nach wie vor streng kameralistische Buchführung erschwert den direkten Vergleich von „Aufwand und Ertrag" bei vielen Maßnahmen, wie z.B. bei Seminaren, Schulungen oder sonstigen Veranstaltungen.

Der Haushalt der IHK Köln schloß 1996 in Einnahmen und Ausgaben auf rund 54 Mio. DM. Gegenüber dem Ausgangsjahr dieses Berichtszeitraumes, 1966, ergibt sich knapp eine Verzehnfachung des Volumens.

4 DIE ZWEIGSTELLEN

4.1 OBERBERG

Die oberbergischen Unternehmer hatten sich im Mai 1945 für einen Verbleib bei der IHK zu Köln ausgesprochen und nicht für eine Rückkehr zu einer der bergischen Kammern Wuppertal oder Remscheid. Zur Kölner Gauwirtschaftskammer gehörte der Oberbergische Kreis seit 1943.[79]

Der 1945 konstituierte „Beirat" der oberbergischen Unternehmer trug seit 1958 die Bezeichnung „Beratende Versammlung". Da das Satzungsrecht der Kölner Kammer ein solches Gremium expressis verbis nicht vorsah, konstituierte sich die Beratende Versammlung im Frühjahr 1966 als „Ausschuß". Hiermit fiel sie unter § 5 der Kammersatzung, wonach die Vollversammlung „zu ihrer Unterstützung Ausschüsse mit beratender Funktion bilden" konnte. Faktisch blieb alles beim alten. Die Beratende Versammlung hatte 1966 bei insgesamt knapp 4 700 kammerzugehörigen Unternehmen[80] 19 Mitglieder. An ihrer Spitze stand Dr.-Ing. E.h. Herbert Stussig. Als Vorsitzender war er – wie auch seine Vorgänger und seine Nachfolger Werner Ackermann (1977-1989) und Joachim Hassel[81] – zugleich Vizepräsident der IHK zu Köln. Die Geschäfte der Zweigstelle führte Dr. Hans-Joachim Habermas bis 1989, gefolgt von Isolde Hübner, der ersten weiblichen Geschäftsführerin der IHK zu Köln überhaupt.

Die Arbeit der Zweigstelle mit ihren gegenwärtig 17 Mitarbeitern spiegelt im Ehren- wie im Hauptamt das Wirken einer selbständigen Kammer „en miniature". Die Beratende Versammlung tagte jeweils drei- bis viermal jährlich und befaßte sich zumeist mit aktuellen Problemen der gewerblichen Wirtschaft ihrer Region, daneben mit wirtschaftspolitischen Themen. 1966 referierte und diskutierte man beispielsweise über die Konzeption zum Kreisentwicklungsplan, über Grenzbeziehungen zwischen Verwaltung und Wirtschaft oder auch über aktuelle Probleme der Wirtschaftspolitik. Erst seit dem Ende der achtziger Jahre waren vermehrt auch hochrangige Politiker aus Nordrhein-Westfalen, dem Bund und der Europäischen Union Gastredner in der Beratenden Versammlung.

In den sechziger Jahren spielten Fragen des Fremdenverkehrs im Oberbergischen noch eine wesentlich größere Rolle als in den achtziger und neunziger Jahren. Gerade das Hotel- und Gaststättengewerbe war an der Wende der siebziger Jahre außerordentlich bemüht, das Oberbergische für den Tourismus attraktiver zu gestalten. Mit Stolz verwies man damals in den Jahresberichten auf die jetzt rasant steigende Zahl der Übernachtungsgäste und ihre längere „Verweildauer" – sieben bis acht Tage. 1973 verzeichnete gerade die Gemeinde Wiehl, die seit den achtziger Jahren die Gewerbeansiedlung äußerst erfolgreich forciert, hierin die stärkste Zunahme.[82]

Den Bau der Autobahn Köln – Olpe förderte man in den sechziger Jahren besonders nachhaltig; denn eine leistungsfähige Ost-West-Achse stellte „für den Oberbergischen Kreis eine Entwicklungsschiene von größter Effizienz" dar.[83] Entscheidend durch diese neue Verkehrsader sollten „die wesentlichen Voraussetzungen für eine bessere Erschließung der Randzonen und für eine engere Verflechtung mit der Kernzone" Köln geschaffen werden.[84] 1969 konnte das erste Teilstück der A 4 Köln – Olpe dem Verkehr übergeben werden, 1973 war die Trasse bis Gummersbach, drei Jahre später bis Olpe befahrbar.[85] Durch die neue Ost-West-Autobahn rückte Köln, aber auch der Flughafen Wahn, für Oberberg „erheblich näher". Erst diese schnelle Verbindung verlieh der Entscheidung der oberbergischen Unternehmer von 1945 pro Köln einen besonderen Sinngehalt. Seit 1991 setzt sich die IHK Köln über ihre Zweigstelle Oberberg in besonderem Maße für den Weiterbau der A 4 Richtung Osten bis zum Hattenbacher Dreieck ein. Dies geschieht seit 1995 u.a. auch über die Beteiligung Oberbergs an der jetzt neu errichteten IHK-Region „Mitte-West", einer Gemeinschaftsinitiative von zehn Industrie- und Handelskammern im Ländereck NRW/Hessen/Rheinland-Pfalz, die die Eigenständigkeit dieser Wirtschaftsregion insbesondere der Bundesregierung und der Europäischen Union gegenüber artikuliert.[86]

Ein besonderer Akzent der Kammerarbeit lag schon in den sechziger Jahren auf dem Gebiet der Berufsbildung, die von der Zweigstelle stets in eigener Verantwortung, unabhängig von der Hauptstelle Köln, wahrgenommen wurde und wird. Zur Förderung der Kontakte zwischen Schule, Wirtschaft und Zweigstelle gab es früher eigene Erfahrungsaustauschgruppen mit „Lehrherren, Ausbildern und Berufsschulen".[87] 1966 wurden in 36 Prüfungsausschüssen insgesamt 987 Prüfungen abgenommen. 1969 waren 2 254 Ausbildungsverhältnisse in Oberberg eingetragen. 1972 führte man die ersten Ausbildereignungsprüfungen und vorbereitenden Seminare hier durch. 250 von insgesamt 600 Ausbildern legten bis 1973 bereits ihre Fachprüfung ab. Ebenfalls 1972 legten die ersten Industriemeister Metall in der Zweigstelle ihre Prüfung ab.[88] Die Kammerneugliederung bescherte der Zweigstelle einen Zuwachs von 28 % bei den Auszubildenden in den kaufmännischen und gewerblich-technischen Berufen.

Aber auch im Fortbildungsbereich stand Gummersbach nicht hinter Köln zurück. 1978 wurden die ersten Sekretärinnenprüfungen abgenommen, 1979 begannen die ersten Lehrgänge zur Vorbereitung auf die Prüfungen zum Industriefachwirt (ab 1981) und zum Handelsfachwirt (ab 1982), 1982 legten 37 Teilnehmer die Bilanzbuchhalterprüfung ab. 1983 arbeiteten im Fortbildungsbereich

67 Prüfer in fünf Ausschüssen. Die Zahl der Tagesseminare wurde seither kontinuierlich angehoben. 1984 besuchten die oberbergischen Ausbildungsberater 865 Betriebe. In diesem Jahr fanden in der Zweigstelle die ersten CNC-Technik-Lehrgänge – noch vor Köln! – statt. 1993 war der Technische Fachwirt neu im Fortbildungsangebot, 1995 der Technische Betriebswirt. 1993 führte die Zweigstelle die ersten Prüfungen für Fremdsprachenkorrespondenten durch.

Während man 1989 noch über einen Bewerbermangel für Lehrstellen klagte, schlug das Pendel seit 1993 auch in Oberberg um. Eine endgültige Trendwende brachte das Jahr 1995 mit einem Ausbildungszuwachs von 7,5 %, der 1996 noch auf 7,7 % gesteigert werden konnte. Die Zweigstelle setzte sich im Rahmen des Ausbildungskonsenses NRW in Gesprächen mit Unternehmern, Ausbildungsbörsen etc. mit ausgezeichnetem Erfolg für die Schaffung neuer Ausbildungsplätze ein.

Die Kammerneugliederung von 1977 wirkte sich auf die Region Oberberg in besonderem Maße aus. Seit dem 1. April 1977 gehörten die Städte Hückeswagen und Radevormwald zum Kammerbereich. Der Oberbergische Kreis umfaßte jetzt 14 Städte und Gemeinden. Die Zahl der kammerzugehörigen Unternehmen stieg im Kreisgebiet seinerzeit um 25 % auf 9 570, davon 1 718 HR-Firmen.[89] Im Oktober 1977 fand die Herbst-Vollversammlung der Kölner Kammer in Gummersbach statt.

Zur ortsnahen Betreuung der Unternehmen richtete die Kammer im „Nordkreis", d.h. in Hückeswagen, zweimal wöchentlich Sprechtage ein.[90] Das Dienstleistungsangebot für die Exportfirmen, die bereits vor der Neugliederung einen Anteil von knapp 25 % am Industrieumsatz des Kreises hatten, weitete die Zweigstelle 1978 deutlich aus. In diesem Jahr wurden u.a. 3 627 Ursprungszeugnisse und 1 152 Beglaubigungen hier ausgestellt.

Der IHK Köln gelang es ausgangs der siebziger Jahre, die neu hinzugekommenen Gebietsteile auch durch gezielte Maßnahmen der Öffentlichkeitsarbeit im Kammerbezirk bekannter zu machen. So widmeten die IHK-Mitteilungen seinerzeit Orten im Bergischen und im Oberbergischen entsprechende Sonderausgaben mit breiten Darstellungen zur Geschichte und zur Repräsentanz der örtlichen Wirtschaft und Verwaltung. Für 1980 verzeichnet der Jahresbericht insgesamt 129 Berichte in den Mitteilungen, die sich mit Vorgängen in der oberbergischen Wirtschaft beschäftigten.

Das Zweigstellengebäude in der Körnerstraße, 1920 erbaut, entsprach nach der Neugliederung bei weitem nicht mehr den gestiegenen Anforderungen. So beschloß die Vollversammlung der IHK Köln noch 1977 den Ankauf eines Grundstückes „im Tal" und die Errichtung eines neuen Zweigstellengebäudes an dieser Stelle.[91] Am 12. November 1979 erfolgte die Grundsteinlegung für den Neubau, am 7. Juli 1980 das Richtfest.[92] Am 6. Oktober 1981 weihte man das neue „Haus der Oberbergischen Wirtschaft" offiziell mit einer Sitzung der Kölner Vollversammlung ein.[93]

Am 11. Dezember gab die Zweigstelle einen festlichen Empfang für die Repräsentanten der oberbergischen Wirtschaft und Verwaltung. Auch die Personalversammlung der Kölner Kammer fand 1981 im Zweigstellenneubau statt. Insgesamt 340 m² Nutzfläche standen jetzt für Büro- und Tagungsräume zur Verfügung.[94] Bereits 1982 fanden 165 Veranstaltungen mit rund 4 200 Teilnehmern hier statt. Hinzu kamen zehn Fremdveranstaltungen mit weiteren 600 Personen. Dieses Veranstaltungsangebot wurde in der Folgezeit kontinuierlich ausgeweitet. Um das Haus optimal zu nutzen, wurden 1992 zwei weitere attraktive Seminarräume durch Ausbau des Dachgeschosses geschaffen.

Seit den frühen achtziger Jahren gewinnt der Bezirk der Zweigstelle als Standort hochspezieller, innovativer Zukunftstechnologien, repräsentiert in jungen, rasch expandierenden Industrieunternehmen,

Das 1981 eingeweihte neue Zweigstellengebäude der IHK zu Köln in Gummersbach, Talstraße 11

enorm an Gewicht neben den traditionell hier ansässigen hochklassigen Unternehmen der Stahlindustrie, des Kessel- wie auch des Fahrzeugbaus. Dies drückt sich in der Arbeit der Zweigstelle in einem vielfältigeren Engagement in „zukunftsorientierten" Gremien und Institutionen aus. Bereits seit dem Ende der siebziger Jahre kooperiert die Zweigstelle eng mit der Fachhochschulabteilung in Gummersbach, die zunächst zur Gesamthochschule Siegen und seit 1983 zur Fachhochschule Köln gehört. Die Geschäftsführerin der Zweigstelle gehört seit 1993 dem entsprechenden Förderverein dieser Abteilung Gummersbach an. Ihr obliegt die Geschäftsführung dieses Vereins. 1995 errichtete die stark praxisorientiert arbeitende Fachhochschulabteilung Gummersbach ein neues Transferbüro in Gummersbach als zentrale Schaltstelle zwischen Hochschule und Praxis. Auf ein breites Echo stieß seinerzeit das von der Fachhochschule veranstaltete „Kooperationsforum Wirtschaft und Wissenschaft" mit Hochschullehrern und Studenten aus zwei Fachbereichen sowie Vorträgen und Präsentationen aus 26 Labors.[95]

1994 schuf die oberbergische Wirtschaft durch ihre Zweigstelle gemeinsam mit Politikern und Verwaltung die Voraussetzungen zur Errichtung eines Gründer- und TechnologieCentrums (GTC) in Gummersbach-Windhagen West. Das Konzept zur Belegung einer Fläche von rund 4 500 m^2 wurde von der Kammer miterarbeitet und in mehreren Gesprächsrunden der interessierten Öffentlichkeit vorgestellt. Die Kosten in Höhe von 14,3 Mio. DM übernahm das Land Nordrhein-Westfalen zu 80 %. Die IHK Köln beteiligte sich mit einem Prozent am Stammkapital der GmbH und ist im Aufsichtsrat der Gesellschaft vertreten. Es ist Ziel des GTC, Unternehmensgründungen zu fördern, regionale, zukunftsorientierte Innovationspotentiale zu erschließen und zu entwickeln. Das GTC wurde am 5. September 1996 durch Landeswirtschaftsminister Wolfgang Clement eröffnet.

Das Zweigstellengebäude der IHK zu Köln in Leverkusen-Opladen, An der Schusterinsel 2 (seit 1991)

4.2 LEVERKUSEN

Im Rahmen der Kammerneugliederung wurden die IHKn Remscheid und Solingen zum 1. April 1977 aufgelöst. Aus dem Rheinisch-Bergischen Kreis kamen seinerzeit die Städte Burscheid, Leichlingen und Wermelskirchen zum Kölner Kammerbezirk. Zusammen mit der kreisfreien Stadt Leverkusen ergab sich – ohne die Erweiterungsgebiete im Oberbergischen Kreis – ein Flächenzuwachs von 222 km² und rund 240 000 Einwohnern. Für die rund 7 100 Kammerzugehörigen dieser Region, davon etwas mehr als 1 500 HR-Firmen, übernahm Köln von der Kammer Solingen deren seit 1935 bestehende Zweigstelle in der Opladener Innenstadt.

Ein Schwerpunkt der Zweigstellentätigkeit lag stets in der Ausstellung von Außenwirtschaftsdokumenten bzw. Beglaubigungen, der Abgabe von Formularen etc.[96] Allein für die *Bayer AG* waren 1977 23 000 Beglaubigungen auszufertigen. Im gleichen Jahr wurden 18 000 Ursprungszeugnisse ausgestellt. Sieht man von der Berufsbildungsarbeit ab, die für den neu zur Kölner Kammer gekommenen bergischen Wirtschaftsraum stets von der Hauptstelle aus verantwortet wurde, fiel auch in Opladen die breite Palette von IHK-„Routinen" in Form von Stellungnahmen in gewerberechtlichen Fragen, zu Flächennutzungs- oder Bebauungsplänen, UK-Stellungen, Genehmigung von ausländischen Gewerbeanträgen, Aus- und Räumungsverkäufen, Gaststättenunterrichtungen, Existenzgründungsberatungen u.v.a. mehr, an.

Auch für diese neuen IHK-Gebiete erfolgte seit 1979 eine gezielte Öffentlichkeitsarbeit von Köln aus, u.a. durch gezielte Sonderausgaben der Mitteilungen, so für Leichlingen oder für Leverkusen.

Foyer des Leverkusener Zweigstellengebäudes

Die Anfang der achtziger Jahre zuerst für Burscheid, Leichlingen und Wermelskirchen konstituierten Wirtschaftsgremien[97] wirkten maßgeblich integrationsfördernd. 1983 gründeten 18 Unternehmen einen gemeinsamen Arbeitskreis der IHKn Wuppertal und Köln zur Erörterung „grenzüberschreitender Fragen" mit örtlichem Bezug und von gemeinsamem Interesse. Er sollte die Gremien beider Kammern beraten und unterstützen. Der Vorsitz alternierte jährlich zwischen Köln (Vizepräsident Günther Schöpp) und Wuppertal (Vizepräsident Diether Klingelnberg, vorm. IHK Remscheid). Der Arbeitskreis bestand lediglich bis 1986.

Die räumlichen Verhältnisse in der Zweigstelle waren sehr beengt. Das Etagenbüro erwies sich als extrem kundenfeindlich, zumal auch die Parksituation in der Opladener Innenstadt katastrophal war. Letztlich machte der enorm verstärkte Arbeitsanfall, insbesondere im Zusammenhang mit Bescheinigungen und Beglaubigungen, eine räumliche Neuorientierung unumgänglich. Auf der „Schusterinsel" an der Wupper, einer Gewerbebrache, die durch die NRW-Entwicklungsgesellschaft großräumig als neuer Gewerbepark auf einem Areal von 52 000 m² seit Ende der achtziger Jahre erschlossen wurde[98], erwarb die IHK Köln am 6. Februar 1990 ein Grundstück. Hier entstand zwischen März und Dezember 1990 ein zweigeschossiger Zweckbau mit einer Nutzfläche von 700 m². Am 4. Februar 1991 weihte IHK-Präsident Alfred Neven DuMont den Neubau im Rahmen einer Vollversammlung feierlich ein. Das Gebäude ist primär orientiert an den Wünschen der vielen Besucher, d.h. Kunden, der Zweigstelle. Im Erdgeschoß liegen das Service-Center sowie mehrere Seminarräume, die auch für größere Fremdveranstaltungen immer häufiger genutzt werden. Das Obergeschoß, über eine Wendeltreppe erreichbar, beherbergt Büroräume für die Geschäftsführung, Referenten und Sachbearbeiter. Dipl.-Kfm. Jörg Fischer leitet die Zweigstelle seit 1977 mit derzeit sieben Mitarbeitern.

4.3 WERMELSKIRCHEN

Nach Übernahme der Zweigstelle in Opladen 1977 von der aufgelösten IHK Solingen richtete die IHK Köln bereits am 27. Juni 1977 eine weitere Zweigstelle in ihrem neu hinzugewonnenen bergischen Wirtschaftsraum ein, und zwar in Wermelskirchen, das vormals zur ebenfalls aufgelösten IHK Remscheid gehört hatte.[99] Die Zweigstelle wurde in Personalunion vom Leverkusener Geschäftsführer geleitet. Zwei Mitarbeiterinnen waren hier 1977 zuständig für 1 650 Unternehmen der Stadt, 350 hiervon HR-Firmen, die in hohem Maße exportorientiert waren. So waren auch hier eine Vielzahl von Ursprungszeugnissen, Handelsrechnungen und sonstigen Bescheinigungen der Außenwirtschaft auszufertigen. Es wurden Formulare und Messekarten verkauft, Auskünfte erteilt, Beratungsgespräche, z.B. in Existenzgründungsfragen, geführt, Finanzierungshilfen aufgezeigt, gutachtliche Stellungnahmen gefertigt, UK-Stellungen und Gewerberechtsangelegenheiten usw. bearbeitet.

Bereits zum 1. Oktober 1978 erschien eine Sonderausgabe der Mitteilungen zum Standort Wermelskirchen. 1981 war Wermelskirchen unter dem Vorsitz des dortigen Textilunternehmers, des früheren Präsidenten der IHK Remscheid und jetzigen Vizepräsidenten der IHK Köln, Günther Schöpp, Vorreiter der neuen Wirtschaftsgremien.[100]

Zum 1. August 1987 wurde die kleine Zweigstelle in Wermelskirchen nach einer umfassenden Kosten-Nutzen-Analyse geschlossen, da ihr Betreuungsbereich mit der Stadt Wermelskirchen sich doch als zu klein erwiesen hatte und die Inanspruchnahme durch die Unternehmen der Region rückläufig war. Eine Vereinbarung zwischen der IHK Köln und der Bergischen IHK Wuppertal erlaubt seither den Wermelskirchener Kammermitgliedern, erforderliche Bescheinigungen des Außenwirtschaftsverkehrs in der Zweigstelle Remscheid der IHK Wuppertal beglaubigen zu lassen.[101]

II KAMMERAUFGABEN IM WANDEL

Das gesamte Tätigkeitsspektrum der IHK zu Köln findet seine rechtliche Grundlage im § 1 des IHK-Gesetzes von 1956. Dieser fixiert die Kammeraufgaben „generalklauselartig".[102] Der gesetzliche Katalog umfaßt Pflichtaufgaben und freiwillig übernommene Leistungen. Mit der Generalklausel des § 1 ist eine Ermächtigung an die Gesetzgeber in Bund und Land verknüpft, den Kammern bestimmte Auftragsangelegenheiten zuzuweisen.[103]

Die IHKn haben, so heißt es im § 1 Abs. 1, „das Gesamtinteresse der ihnen zugehörigen Gewerbetreibenden ihres Bezirkes wahrzunehmen", für „die Förderung der gewerblichen Wirtschaft zu wirken und dabei Einzelinteressen abwägend und ausgleichend" zu berücksichtigen. Als „Rat-Häuser der Wirtschaft" beraten sie „nach außen" Gesetzgeber, Verwaltungen, Gerichte und „nach innen" ihre zugehörigen Mitgliedsunternehmen. Es obliegt ihnen die Unterstützung von „Behörden" – so das Gesetz – „durch Vorschläge, Gutachten und Berichte". Sie nehmen Stellung zu wirtschaftsrelevanten Vorhaben der gewerblichen Wirtschaft, wie Gesetzen, Verordnungen, Verwaltungsvorschriften, Planungsverfahren in Bund und Land ebenso wie auf Regierungsbezirks-, Kreis- oder Kommunalebene. Als Selbstverwaltungskörperschaft der Wirtschaft ihrer Region ist die Kammer in entsprechenden Gremien mit Stimmrecht oder beratender Stimme vertreten; sie bringt ihren Sachverstand ein, muß „angehört" werden. Zudem wirkt die Kammer – so definiert es jedenfalls der § 1 des IHK-Gesetzes – „für Wahrung von Anstand und Sitte des ehrbaren Kaufmanns" – z.B. durch Schutz des lauteren Wettbewerbs über eigene Einigungsstellen, Schlichtungsstellen, durch Gutachten in Wettbewerbsstreitigkeiten, Erhebung von Unterlassungsklagen bei Wettbewerbsverstößen. Die IHK prüft die Zulässigkeit von Aus- und Räumungsverkäufen. Im Bereich des Firmenrechts ist es Amtspflicht der Kammer, das Registergericht zu unterstützen; dieses muß die IHK vor Eintragungen anhören, ihr von Eintragungen und Löschungen Kenntnis geben. Auch bei Vergleichsverfahren hat sich die Kammer gutachtlich zu äußern. Sie leistet ebenfalls Amtshilfe bei UK-Stellungen. Die Kammern können gemäß IHK-Gesetz im Rahmen der Förderung der gewerblichen Wirtschaft ihrer Region „Anlagen und Einrichtungen" begründen, unterhalten oder unterstützen. Hierzu gehört z.B. in Köln die Außenwirtschaftsfachschule, die unmittelbare Börsenaufsicht oder auch die Beteiligung an Vereinen und Gesellschaften, die der Förderung bestimmter Vorhaben oder Einrichtungen dienen, wie z.B. Technologiezentren, Förderkreise in Hochschulen usw.

Die Organisation der beruflichen Ausbildung im kaufmännischen und gewerblich-technischen Bereich gehört[104] zu den Kammerpflichtaufgaben ebenso wie traditionell die Ausstellung von Ursprungszeugnissen, Carnets und anderen dem Wirtschaftsverkehr mit dem Ausland dienenden Bescheinigungen. Auf der Grundlage des § 1 des IHK-Gesetzes wurden und werden den Kammern vom Staat zahlreiche öffentliche Aufgaben zur Erledigung übertragen. Die Zulassung zu bestimmten Gewerben und Berufen, hier insbesondere Sach- und Fachkundenachweise, obliegen der IHK, so zum Güterkraftverkehrsgesetz, oder der Unterrichtungsnachweis gem. § 4 Abs. 1 Nr. 4 des Gaststättengesetzes. Die Zulassung zum Bewachungsgewerbe kam als öffentliche Aufgabe 1995 neu hinzu. Die Kammer hat die selbständige Erwerbstätigkeit von Ausländern gutachtlich zu prüfen und Stellungnahmen zur Rücknahme einer Gewerbeerlaubnis oder zu einer Gewerbeuntersagung abzugeben. Selbst vor Ordensverleihungen des Bundes an Kaufleute ist die IHK gutachtlich zu hören. Auch die öffentliche Bestellung und Vereidigung von Versteigerern und Sachverständigen gehört in NRW zu den vom Staat übertragenen Kammeraufgaben. Ein Vorschlagsrecht hat die Kammer hinsichtlich der Benennung ehrenamtlicher Handelsrichter für die beim Landgericht bestehenden Kammern für Handelssachen und auch für die ehrenamtlichen Finanzrichter beim Finanzgericht.

Die hier allgemein, nicht erschöpfend aufgezählten Tätigkeitsfelder der Selbstverwaltungskörperschaft „IHK" auf der Grundlage des Gesetzes von 1956 mit Pflichtzugehörigkeit ihrer Mitgliedsunternehmen der gewerblichen Wirtschaft bilden ein weites Spektrum von Pflichtaufgaben, übertragenen Aufgaben und freiwillig übernommenen Dienstleistungen; sie belegen, daß die IHK Köln heute wie 1897, exakt vor 100 Jahren, als der Staat sie nach bereits 100jährigem Bestehen erst zur „Körperschaft des öffentlichen Rechts" machte, „Mittler" zwischen Wirtschaft und Staat ist. Sie ist nicht „Hilfsorgan des Staates", wie in Zeiten totalitärer Herrschaft, sie ist jedoch auch keineswegs „Interessenvertreter" für einzelne Unternehmen bzw. Branchen, wie es die Fachverbände der Wirtschaft sind.

Die Aktivitäten der IHK zu Köln sind innerhalb der ihr vom Staat gesetzlich eingeräumten Möglichkeiten permanent anzupassen an die sich immer rascher wandelnden Anforderungen der Wirtschaft und die Bedürfnisse der ihr zugehörigen Mitgliedsunternehmen. Die 1997 knapp 90 000 Mitglieder der Kölner Kammer erwarten von ihr „Rat und Tat" in zeitgerechter Form; der Staat erwartet von der Kammer als einer von heute 83 Industrie- und Handelskammern im Bundesgebiet die korrekte Erledigung aller ihr durch Gesetz zugewiesenen und übertragenen Aufgaben, von denen viele seit Jahrzehnten bis heute kontinuierlich anfallen und nicht deren Inhalt primär, sondern lediglich die Art und Weise der Handhabung einem Wandel unterliegt. Gerade bei den „Routinen" spielt die verbesserte Kundenorientierung in jüngster Zeit eine große Rolle. Im „klassischen" Feld der Berichterstattung und der Öffentlichkeitsarbeit erfolgte gerade im letzten Jahrzehnt eine Optimierung und Beschleunigung durch den Einsatz neuer Medien. Bereits seit den fünfziger Jahren vollzog sich in den Kammern generell ein Wandel weg von „Quasi-Behörden" im Rahmen der Wirtschaftsverwaltung hin zu Dienstleistungskammern. Der Außenwirtschaftsbereich war hier Vorreiter:

Von den Beurkundungen, Bescheinigungen und Beglaubigungen, Zollauskünften im Außenwirtschaftsverkehr ausgehend, wurde hier als freiwillige Serviceleistung eine qualifizierte Exportberatung aufgebaut.

Die vom früheren Hauptgeschäftsführer der IHK Wuppertal Dr. Horst Jordan gelegentlich apostrophierten „zwei Gesichter eines Januskopfes", die öffentlich-rechtliche Seite der Kammer und die private, zielen auf die „Pflicht" einerseits und auf die „Kür" andererseits: „Wie das Gesetz es befiehlt" einerseits – volle Serviceorientierung andererseits. Beides gilt heute weiterhin, das Image der Kammer läßt sich allerdings mit den variantenreichen „Kür"-Maßnahmen wesentlich freundlicher gestalten als mit den ebenso notwendigen „Stempelaktionen".

Aus der gesetzlich verankerten Berichterstattung erwuchs die Öffentlichkeitsarbeit, die breit gestreute Informationen von Rundschreiben über die Mitteilungen bis hin zur Sonderpublikation mit aktuellen Themen und brisanten Problemen. Die Informationsbereitstellung entwickelte sich von der Sammlung und Ablage von Zeitungsausschnitten zur schnellen, aktuellen Präsentation in neuen Medien bis hin zum Internet. Aus der Adreßliste und den voluminösen Bezugsquellen oder Herstellernachweisen wurden die Online-Auskünfte des Service-Centers. Aus der Abteilung „Wirtschaftsbeobachtung und Statistik" erwuchs der Geschäftsbereich der volkswirtschaftlichen Grundsatzfragen.

1 BERICHTERSTATTUNG UND ÖFFENTLICHKEITSARBEIT

Bis zum Februar 1981 oblagen das Berichtswesen und die Öffentlichkeitsarbeit dem persönlichen Referenten des Hauptgeschäftsführers. Diese „Tradition" fand ihr Ende am Übergang der Amtszeit von Hauptgeschäftsführer Helmut Rehker auf seinen Nachfolger Eberhard Garnatz.

Ihre Jahresberichte legte die Kölner IHK bereits seit 1847 in gedruckter Form vor. Sie boten jeweils in ihrer Zeit ein – mehr oder weniger umfangreiches – Spiegelbild der gewerblich-wirtschaftlichen Entwicklung des Kammerbezirks. Sie artikulierten selbstbewußt die Meinung ihrer Mitglieder, übten zuweilen auch sehr deutlich Kritik an Vorhaben der Obrigkeit. Für den Historiker waren sie über viele Jahrzehnte eine Fundgrube, was Daten und Fakten der wirtschaftlichen Entwicklung des Bezirks betraf, zumal ihr Umfang vor 100 Jahren auf mehr als 300 Seiten angeschwollen war. Die IHK zu Köln widerstand auch in den letzten 30 Jahren jedem immer mal wieder geäußerten Ansinnen, diese ja durchaus zeitraubende und nicht ganz preiswerte jährliche Berichterstattung, die heute keineswegs mehr in dieser Form gesetzlich vorgeschrieben ist, einzustellen. So profitieren die Historiker auch dieses Bandes bis zur Gegenwart hin weiterhin von dieser gedruckten Quelle.

Der Jahresbericht der IHK zu Köln für 1966 berichtet auf mehr als 180 Druckseiten nach einem kurzen Überblick zur wirtschaftlichen Gesamtentwicklung im abgelaufenen Jahr sowie einer Bewertung der aktuellen konjunkturellen Situation im Bezirk im wesentlichen abteilungsweise, beginnend mit der „Industrie". Einer allgemeinen Darstellung ihrer Entwicklung generell im Bezirk und einzelner speziell vertretener Branchen folgen eine Vielzahl von Kurzberichten einzelner Firmen über neu getätigte Investitionen, Fabrikanlagen, Maschinen, Produktionsverfahren, Verwaltungsgebäude etc. Eine Berichterstattung über die Sitzungen des Industrie-Ausschusses, bestimmte Weiterbildungsseminare, der verschiedenen Erfa-Gruppen schließt sich an, bevor besonders dringende Probleme des abgelaufenen Jahres, so zur Luftreinhaltung oder zur Müllbeseitigung, dargestellt werden. Auch über die von der Abteilung Industrie des weiteren betreuten Einrichtungen und erledigten Auftragsarbeiten, hier z.B.: Herstellernachweis, öffentliches Auftragswesen, UK-Stellungen und Selbstschutzberatungsstelle, wird jeweils im Abteilungskontext berichtet.

Neujahrsempfang der IHK zu Köln am 12. Januar 1972

Der Darstellung des Bereichs Industrie folgt 1966 die Abteilung „Handel" mit Berichten zu Einzelhandel, Großhandel, Handelsvertretern und dem Hotel- und Gaststättengewerbe, den von hier aus betreuten drei Ausschüssen, sodann den wettbewerbsrechtlichen gesetzlichen bzw. auftragsweise hier bearbeiteten Sachgebieten, wie Gewerbeuntersagungen, Sachkundenachweisen, Aus- und Räumungsverkäufen, der Einigungsstelle etc. Die von der IHK ausgeübte Beratungsfunktion bei der Gewerbeansiedlung wurde ausführlich hier behandelt.

Der „Interzonenhandel", für den stets die Abteilung Außenhandel zuständig war, ist den Berichten zu Export/Import, der Entwicklungshilfe, dem Osthandel, der EWG, Zollfragen, Auslandsreisen und außenwirtschaftlichen Sprechtagen vorgeschaltet. Die Berichterstattung über die „Fachschule für den Außenhandel" erfolgt hier ebenso wie die über den „Neujahrsempfang" des Präsidenten, der stets von der Außenwirtschaft organisatorisch betreut wurde und wird.

Es schließen sich die sehr detaillierten Berichte zum Verkehrswesen für alle Sparten an nebst einem Bericht über Messen und Ausstellungen. Es folgen die Kreditwirtschaft und die Versicherungswirtschaft, die nie eine eigenständige Abteilung in der IHK bildeten. Das Finanz- und Steuerwesen und das Rechtswesen sind 1966 kurz gefaßt, die Berufsausbildung greift in ihren Tabellen zu Ausbildungsverhältnissen, Prüfungen usw. auch 1966 noch bis ins Jahr 1947 zurück. Unter der Rubrik Öffentlichkeitsarbeit werden neben der „Pressearbeit" mit mehreren Beiträgen für einzelne Zeitungen und Festschriften sowie „zahlreichen Pressemeldungen" die „Mitteilungen" als das offizielle Publikationsorgan der Kammer mit seinerzeit noch 24 Ausgaben pro Jahr und die seit 1963 separat für die Kleingewerbetreibenden herausgegebene „Handelsrundschau" ausführlich vorgestellt.

Auch über die Aktivitäten der im Hause der IHK domizilierenden Kammergemeinschaft Öffentlichkeitsarbeit (KGÖ), heute Kammergemeinschaft Rundfunk (KGR), der Industrie- und Handelskammern des Landes Nordrhein-Westfalen wird an dieser Stelle berichtet. Die „Wirtschaftsbeobachtung und Statistik" bildete bis 1968 ein eigenes Referat in der IHK. Auch die Bibliothek zählte seinerzeit hierzu. Im Jahresbericht 1966 folgen mit jeweils selbständigen Berichten und Grafiken zu Produktnotierungen die „Produkten- und Warenbörse", der Juniorenkreis, die Zweigstelle Oberberg, die Union der Rheinkammern und das Rheinisch-Westfälische Wirtschaftsarchiv zu Köln. Im Anhang werden die Mitglieder des Präsidiums, der Vollversammlung und der Ausschüsse sowie die Geschäftsführung namentlich aufgeführt. Der Band ist durch zahlreiche schwarzweiße Foto-Kunstdruckseiten illustriert und enthält auch eine Fülle von Werbeanzeigen.

Auf dem Titelbild des Jahresberichts im Format DIN A5 erscheint unverändert bis 1980 auf wechselndem Farbgrund das Bild des Treppenhauses der IHK zu Köln. Diese Form früher „Corporate Identity" findet sich auch auf den anderen Veröffentlichungen der IHK zu Köln, den Mitteilungen ebenso wie den kleinformatigen Bändchen einer 1968 begonnenen „Schriftenreihe" (hier wurden aktuelle Sachfragen vorgestellt, so 1970 „Baurecht und Wirtschaft", 1973 „Hebezeuge und Kräne", 1976 „Energie wirtschaftlicher einsetzen"), auf den Rechtsgrundlagen etc. Form und inhaltliche Darbietung bleiben im Jahresbericht konstant bis 1976. Nach Abschluß der Kammerneugliederung ist dem Bericht im Anhang ein ausklappbarer „Organisations- und Geschäftsverteilungsplan" beigegeben.

Der Jahresbericht von 1981 hat ein völlig neues Gesicht. Auf weißem Untergrund steht das neue, blaufarbene IHK-Logo, noch ohne den Zusatz „K" für Köln, das ein Jahr später dann verwendet wird. Ein Farbfoto mit einem „aktuellen" Motiv aus dem Bezirk – 1981 ist es der Fernmeldeturm „Colonius" – lenkt die Aufmerksamkeit auf die Titelseite. Im Inhalt führen ausgewählte „Hauptthemen" zu aktuellen Problemen des Kammerbezirks. Vor den Tätigkeitsberichten der Abteilungen steht ein umfassender „Konjunkturlagebericht". Der Schriftsatz ist jetzt zweispaltig. Der fast bombastische Schriftzug „Jahresbericht" weicht 1985 einer sehr viel kleineren, luftigeren Type. Eine farbige Grafik löst das Titelfoto ab. 1987 werden Schrifttype und Titel wieder größer. 16 kleine Farbfotoquadrate werden von einer knalligen Bezirksgrafik überdeckt. Bis 1991 kehren diese Elemente in veränderter Form (größere/kleinere Fotos jährlich anders) wieder.

Seit 1992 präsentiert sich der Jahresbericht in seiner aktuell gültigen Form: Ein ganzseitiges Farbfoto wird grafisch mit einem schmaleren Linienraster aus 16 kleinen Quadraten – eine Assoziation zu dem Treppenhausbild der sechziger und siebziger Jahre – überlegt. Im Textteil beherrschen große Überschriften, weiß auf grauem Raster, den zweispaltigen Text, Fettdruck und Zwischenüberschriften erleichtern dem Leser den Textzugang. Die Darstellung der einzelnen Abteilungen bzw. seit 1994 Geschäftsbereiche ist stark verkürzt zugunsten statistischer Auflistungen und Tabellen im Anhang. Der Gesamtumfang ist deutlich geschrumpft.

Sicherlich ist der Jahresbericht der Kammer mit wechselndem Erscheinungsbild zwischen 1966 und heute auch Ausdruck jeweils „seiner Zeit". Aus einem Lesebuch ist heute ein Nachschlagewerk geworden. Der Jahresbericht für 1995 greift die „Umstrukturierung der IHK Köln" als Themenschwerpunkt auf und stellt die neue Prozeßstruktur in der Kammerarbeit vor: „Während es bislang üblich war, daß Fachabteilungen Branchen betreuten und fachspezifisches Wissen aufbauten, orientieren sich die Geschäftsbereiche des Hauses nunmehr am ‚Prozeß'. Das schafft kürzere Wege und vermeidet Schnittstellen".[105] Es werden „bereichsübergreifende" Verschiebungen deutlich.

Die „Mitteilungen der IHK zu Köln", ihr offizielles Publikationsorgan, erschienen 1966 monatlich zweimal in einer Auflage von 12 000 Exemplaren. Alle HR-Firmen, Behörden, Institutionen erhielten die Zeitschrift, die seit ihrem 21. Jahrgang 1966 in attraktiver Aufmachung mit verbesserter inhaltlicher Systematik (Leitartikel, Kurzartikel, Abteilungsnotizen) im Mehrspaltendruck herauskam. Neu war jeweils zum 15. eines Monats ein Veranstaltungskalender für den Folgemonat. Sonderausgaben zu einzelnen Gemeinden des Bezirks oder Themenhefte zu einzelnen aktuellen Spezialthemen fanden eine hohe Beachtung, so 1966 z.B. Heft 22 zu „Köln, Stadt der Brücken" oder das Sonderheft „Das außerstädtische Einkaufszentrum". Mit der Herausgabe lokaler Sonderausgaben waren regelmäßig Pressefahrten mit regionalen und überregional arbeitenden Fachjournalisten verbunden, die exzellente Einblicke in die Verwaltung und Wirtschaft der jeweiligen Teilregion gewährten, verbunden mit Betriebsbesichtigungen, Gesprächen mit den Unternehmensleitungen, Konferenzen vor Ort etc.

Das Jahr 1972 mit seinen Veranstaltungen und Feierlichkeiten zum 175jährigen IHK-Jubiläum bot für die Öffentlichkeitsarbeit eine besondere Herausforderung, zumal auch eine Volltagung des DIHT seinerzeit in Köln stattfand. 1974 gab die Insolvenz des Bankhauses Herstatt Veranlassung zu einer intensiven Pressearbeit. Die Kammer war besonders bemüht, Informationen über den wirtschaftlichen und juristischen Hintergrund des angestrebten Vergleichs sachgerecht an eine breite Öffentlichkeit zu geben. Über die gem. IHK-Gesetz gefertigte umfassende Stellungnahme der Kammer zu diesem Vergleich sowie über die Bekanntgabe der Vergleichsvorschläge am 23. September und 9. Oktober 1974 in der IHK durch Günther Vogelsang wurde unter weltweiter Beachtung dieser Vorgänge äußerst sorgfältig berichtet.[106]

Im Jahre 1981 bildete neben der Neukonzeption des Jahresberichtes die Umgestaltung des Mitteilungsblattes einen Schwerpunkt der Öffentlichkeitsarbeit. Am 15. März erschien das letzte Heft der alten „Mitteilungen", am 15. April kam „markt + wirtschaft" erstmals heraus. Und dieser Titel, so die Ankündigung, hatte „programmatischen Charakter"; er verdeutlichte, was er bezweckte: Informationen über das Geschehen am Markt und in der Wirtschaft, „ein Bekenntnis zur wirtschaftlichen Grundordnung unseres Staates".[107] Wechselnde Titelfotos, beginnend mit dem Flughafen Köln/Bonn, wiesen auf den führenden Beitrag des Heftes hin, das jetzt nicht mehr primär Mitteilungsorgan, sondern Wirtschaftsmagazin sein sollte und dessen Sachbeiträge zu bezirksrelevanten Vorgängen durchaus fachjournalistisch aufbereitet wurden, um Kammerarbeit für die Mitgliedsfirmen transparenter, besser verständlich zu machen. IHK-Experten und Journalisten kooperieren eng zusammen, sie erarbeiten die Themen von „markt + wirtschaft" gemeinsam, „Fachwissen und Formulierungskunst ergänzen sich".[108]

1983 stieg die Auflage der Zeitschrift von 20 000 auf 65 000 Exemplare, denn ab jetzt erhielten auch die Kleingewerbetreibenden die Kammerzeitschrift, inzwischen die auflagenstärkste im Bund. Eine Leserumfrage ergab 1984 eine sehr hohe Akzeptanz, was Titel und Aufmachung betraf.

Die seit 1963 mit den IHKn Aachen, Mönchengladbach, Neuss und Remscheid in dreimonatlicher Folge für Nicht-HR-Firmen herausgegebene achtseitige „Handelsrundschau", die 1972 in einer Auflage von 250 000 Exemplaren erschien, nach der Kammerneugliederung ab 1978 dann nur noch für die rund 40 000 Kölner Kleingewerbetreibenden unter dem Titel „Informationen" viermal jährlich, stellte ihr Erscheinen zum Jahresende 1982 ein.[109]

Bei „markt + wirtschaft" gab es von Anfang an feste Themenblöcke, wie das Firmenporträt, die Ratgeberthemen, das Managerporträt, das Weiterbildungsangebot oder den Restauranttip. Nach der Wende legte die Kammer dem Heft im April und Juni 1990 DDR-Specials bei mit detaillierten Informationen über die dort im Aufbau befindlichen Kammern oder Wirtschaftsorganisationen, über mögliche Joint-Ventures, über Steuerrechtsfragen und dergleichen mehr. Gemeinsam mit der IHK Düsseldorf gab die Kammer 1991 auch einen DDR-Leitfaden mit Hinweisen für Investoren heraus.

Gemeinsam mit der Kammergemeinschaft Öffentlichkeitsarbeit veranstaltete sie für eine Gruppe von DDR-Journalisten eine Art Fortbildungslehrgang zur Sozialen Marktwirtschaft. In Kooperation mit der Kölner Schule, Institut für Publizistik, veranstaltete man für ostdeutsche Journalisten und IHK-Mitarbeiter Wochenseminare zur Öffentlichkeitsarbeit. 1991 erreichte „markt + wirtschaft" eine Auflage von mehr als 80 000 Exemplaren. Serien wurden seinerzeit neu aufgenommen, so 1991 über unternehmerisches „Engagement im Osten", 1992 über Europa zur Einstimmung auf den gemeinsamen Binnenmarkt oder 1993 zum Umweltschutz – mit Präsentation ausgewählter Firmen. Die Umstrukturierung der IHK 1994/95 hin zu noch mehr Kundenorientierung fand ihren Niederschlag in neuen, regelmäßig wiederkehrenden Spalten „IHK-Service" oder „IHK-Tip".

1976 erschien als eine der ersten großformatigen, selbständigen Publikationen ein Strukturatlas als Leitfaden für die Gewerbeansiedlung. Im gleichen Jahr informierte ein IHK-Prospekt, „Der Wirtschaftsraum Köln – Überblick in Zahlen", neue HR-Firmen quasi zur Begrüßung über das Leistungsangebot der IHK. Dieses Faltblatt im Brieftaschenformat, IHK-Köln in Zahlen, gehört seit langem zu den jährlich aktualisierten Standards der Öffentlichkeitsarbeit.[110] Die kleinformatige „Schriftenreihe" der IHK wurde 1976 aufgegeben zu Gunsten in der Folgezeit besonders seit Beginn der achtziger Jahre vielfältigen Einzelpublikationen, jetzt meist im Format A4. Auch die 1976 erstmals edierte Image-Broschüre „IHK – im Dienst der Wirtschaft" wurde bis 1997 unter dem neuen Titel „Partner der Wirtschaft" mehrfach aktualisiert. Das Seminar von 1981 „Umgang mit der Presse" war der Auftakt für eine Reihe erfolgreicher Seminare, die häufiger gemeinsam mit der im Hause der IHK Köln arbeitenden Kammergemeinschaft Öffentlichkeitsarbeit durchgeführt wurden. Besonders erfolgreich und beliebt war und ist hierunter das „Unternehmerseminar vor Mikrofon und Kamera", bei dem Interviews und Statements in freier Rede vor laufender Kamera trainiert werden.

Die Kammergemeinschaft Öffentlichkeitsarbeit, 1971 gegründet als gemeinsame Stelle der nordrhein-westfälischen Industrie- und Handelskammern für die Öffentlichkeitsarbeit Richtung Funk- und Fernsehmedien[111], trägt in Konsequenz ihres traditionellen Schwerpunktes der Arbeit nicht in Richtung der Printmedien, sondern in Richtung der Rundfunk- und Fernsehmedien seit 1993 den Namen „Kammergemeinschaft Rundfunk (KGR)", seit 1981 in Nachfolge von Arnold Leistico geleitet von Günter Bock. Der 1971 von der Kammergemeinschaft bereits initiierte Ernst-Schneider-Preis genießt in der Fachwelt als begehrtester Hörfunk- und Fernsehpreis[112] ein ausgezeichnetes Ansehen. Er wird jährlich im Wechsel zwischen Hörfunk und Fernsehen verliehen für herausragende Wirtschaftssendungen. Anläßlich des 25jährigen Jubiläums des Preises gab die IHK Köln 1996 eine Festschrift heraus mit „prägnanten Aussagen zum Stellenwert wirtschaftlicher Themen in Hörfunk und Fernsehen".[113]

2   MEDIENWIRTSCHAFT

1985 gab sich die Abteilung für Öffentlichkeitsarbeit der IHK zu Köln einen neuen Namen: „Presse und Information". In diesem „Jahr der Medien" konstatierte die Öffentlichkeitsarbeit der Kammer ein deutliches Zusammenwachsen der Individual- und der Massenkommunikation. Und alle Anzeichen sprachen dafür, daß gerade die Region Köln „ihren Part auf diesem Zukunftssektor spielen" würde.[114] 6 000 bis 8 000 Mitarbeiter beschäftigten die elektronischen Medien seinerzeit in der Stadt Köln, d.h. etwa 25 000 Kölner lebten 1985 bereits unmittelbar von Funk und Fernsehen, von den drei öffentlich-rechtlichen Rundfunkanstalten, und die Zukunft der „Privaten" hatte gerade erst begonnen mit Sat1 und RTL.[115] 1987 kam „RTL-Plus" nach Köln[116], ab 1988 wurde hier Programm gemacht nach Zuteilung der ersten terrestrischen Frequenz. Von 1988 auf 1989 stiegen die Werbeumsätze überdurchschnittlich an, von 125 Mio. DM auf 280 Mio. DM (!) bei Erreich-

Das Treppenhaus des Kommunikations- und Medienzentrums (KOMED) im Kölner MediaPark

barkeit von 55 % aller Haushalte in NRW. Am 2. April 1990 startete über RTL, aber nicht unter Regie dieses Senders, unter Beteiligung nordrhein-westfälischer Zeitungsverleger konzipiert, das 45-minütige Regionalprogramm „Tele-West". Zum Jahresende 1991 erhielt die private Fernsehanstalt „West-Schiene" in Köln-Ossendorf grünes Licht für Sendungen ab Oktober 1993 über TV-Sat2. Der neue Sender VOX strahlte schon ab Januar 1993 sein Programm aus. Ein Jahr später kam der Musiksender VIVA hinzu, der anfangs freie Kapazitäten von VOX nutzte und 1996 einen zweiten Kanal eröffnete.[117]

Die Idee eines „Medienparks"[118] auf dem 200 000 m² großen Gelände des ehemaligen Güterbahnhofs Gereon wurde damals kreiert, Gutachten wurden vergeben an Experten der Individual- und Massenkommunikation zwecks Bestandsanalyse und Konzeption zukünftiger Chancen auf diesem Sektor. „Die Chance nutzen – jetzt handeln" – so überschrieb die IHK Köln ihres Forderung des „ersten Spatenstichs" im Dezemberheft 1986 von markt + wirtschaft.[119] Das Projekt „MediaPark", wie dieser inzwischen offiziell hieß, betrachtete die Kammer als „einmalige Chance zur Verbesserung der Wirtschaftsstruktur der Stadt", und gerade Köln biete die idealen Standortvoraussetzungen für Unternehmen der Medienwirtschaft. Zur Beschleunigung der Angelegenheit schlug die Kammer die Gründung einer Entwicklungsgesellschaft vor mit Beteiligung von Stadt, Land und öffentlich-rechtlichen Kreditinstituten.

1988 gewann der kanadische Architekt H. Zeidler den Wettbewerb zur Erschließung des Media-Park-Geländes. Die Kammer bezeichnete ihn seinerzeit als „Hoffnungsträger für die Kölner Region".[120] 1989 wurde das Grundstück an die *MediaPark-Entwicklungsgesellschaft mbH* Köln übertragen.[121] Die *Victoria-Versicherung* und die *Constantin-Warner-Kino GmbH*, München, reichten als erste Bauanträge für das Areal ein. Im März 1990 erfolgte schließlich der erste Spatenstich, 1991 wurde der Kinopalast Cinedom mit 3 165 Plätzen in 13 Kinos nach einer Investition von rd. 100 Mio. DM fertiggestellt. Die IHK zu Köln nahm an dieser wie an jeder weiteren Planungs- und Baumaßnahme lebhaften Anteil. Sechs bebaute Blöcke sollten im Endzustand einen Halbkreis um einen zentralen Platz bilden, flankiert von einem 29-geschossigen Turm.[122] 1996 wurde der Block 2 des Media-Parks fertiggestellt, neuer Standort für VIVA und KOMED, das Kommunikations- und Medienzentrum Köln. Der Radiosender „Eins Live" ist im Block 4 untergebracht.

Am Entwurf für ein neues Landesmediengesetz wirkten die Kammern, und gerade auch die Kammer Köln, konstruktiv mit. Gerade der private Rundfunk in NRW könne, so die IHK, entscheidende Impulse geben und auch Probleme der Wirtschaftsstruktur mildern helfen.[123] 1987 fiel die Entscheidung für den lokalen Hörfunk[124], 1988 wurden nach Anhörungen der Landesanstalt für Rundfunk über die wirtschaftliche Tragfähigkeit lokaler Sender Veranstaltergemeinschaften als Vorstufe zu Betriebsgesellschaften hierfür gegründet[125], jeweils eine pro Kreis und Stadt im Kammerbezirk, wobei der Rheinisch-Bergische und der Oberbergische Kreis „gemeinsames Verbreitungsgebiet wurden". Für sämtliche Lokalstationen war im Verbund ein Mantelprogramm vorgesehen. Im Mai 1991 gingen Radio Köln und Radio Leverkusen mit täglich acht bzw. sechs Stunden Lokalprogramm auf Sendung. Radio Köln ist heute, vor dem WDR, der am häufigsten eingeschaltete Rundfunksender im Stadtgebiet. Radio Erft, Radio Leverkusen, Radio Berg sind jeweils in ihrer Region, und damit im Bezirk der IHK zu Köln, ein unverzichtbarer Teil der heutigen Medienlandschaft.

1989 gaben die beiden Kammern Köln und Düsseldorf gemeinsam eine viel beachtete Publikation unter dem Titel „Kunstraum Düsseldorf/Köln" heraus mit Porträts von 57 Galerien und 20 Museen. Diese 1995 gemeinsam mit der IHK Bonn in Kooperation mit dem Bundesverband Deutscher Galerien e.V. neu edierte Publikation bildete den Auftakt zu einer intensiveren Beschäftigung der Mitarbeiter der Abteilung Presse und Information/Medien mit Kunst und Kultur im Kammerbezirk. Dies ist nicht zuletzt ursächlich im Zusammenhang zu sehen mit der von Prof. Manfred Eisenbeis aufgebauten, im Wintersemester 1990/91 in Köln eröffneten Kunsthochschule für Medien, über die die IHK in ihrem Jahresbericht sehr ausführlich berichtete, und Kunst in diesem Zusammenhang als „Gestaltung der medialen Umwelt und der Alltagskultur" vorstellte.[126] Die Kammer beteiligte sich im Rahmen einer groß angelegten Kooperation zwischen Stadt Köln und Fachhochschule, Fachbereich Design, um die Entwicklungsmöglichkeiten für diesen Fachbereich zu stärken, mit einer ersten Fotoausstellung in der IHK und seit Herbst 1993 dann als Mitveranstalter der Kölner Designtage. Weitere Fotoausstellungen und Designpräsentationen bereichern seither von Zeit zu Zeit das Kölner IHK-Gebäude.

Seit der Umstrukturierung der IHK-Organisation 1994/95 führt der Leiter der Stabsstelle Information zusätzlich den Geschäftsbereich Medienwirtschaft. Der von der Vollversammlung im April 1994 neu errichtete „Medien-Ausschuß" der IHK zu Köln, dessen Mitglieder aus den Printmedien und von Funk und Fernsehen sowie von Medienproduktionsgesellschaften, Musik- und Unterhaltungsfirmen kommen, haben sich die Beobachtung und Begleitung sowie Förderung dieser ungemein rasant wachsenden Medienbranche auf ihr Panier geschrieben. Die IHK Köln gab 1994 ihren ersten, hiernach bereits mehrfach aktualisierten „Media-Guide Köln" heraus mit Informationen über Standorte, Ausbildungsmöglichkeiten, Sendeanstalten, Messen, Veranstaltungen etc. 1995 folgte die Publikation „Wege in die Medien", 1996 die zweisprachige Broschüre „Medienstandort Köln".

3 VERKEHR UND TELEKOMMUNIKATION

3.1 INDIVIDUALVERKEHR

Bis in die siebziger Jahre hinein war die Kammer mit dem Angebot an Parkmöglichkeiten in Köln zufrieden. So konnte die Zahl der Einstellplätze in Kölner Parkhäusern und Tiefgaragen von 1966 = 7 500 bis 1971 auf 8 300 „wirkungsvoll erhöht werden".[127] 1978 indes mahnte die IHK angesichts der steigenden Kraftfahrzeugzahlen, neuen Parkraum zu erschließen. In diesem Zusammenhang schlug sie vor, im Zuge der U-Bahn-Bauarbeiten am Hohenzollern- und Kaiser-Wilhelm-Ring unbedingt gleichzeitig Tiefgaragen anzulegen. Der Rat der Stadt lehnte dies zunächst ab[128], entschloß sich aber schließlich zur Anlage einer großflächigen Tiefgarage im Rahmen der Erneuerung der Ringe unter dem Kaiser-Wilhelm-Ring. Im Sommer 1979 befragte die Kammer angesichts der „unbefriedigenden, sich ständig verschlechternden Kölner Parkverhältnisse" eine Vielzahl der in der Innenstadt ansässigen Unternehmen, Schulen und Verwaltungen bezüglich ihres Parkraumbedarfs. Im Ergebnis fehlten 6 200 Stellplätze. Die Kammer forderte Rat, Verwaltung und Bezirksvertretung auf, unter Berücksichtigung des Befragungsergebnisses ein Parkprogramm für die Kölner City zu erstellen.[129]

Aus diesen Ansätzen entwickelte man schließlich 1986 ein Parkleitsystem für Köln. Dieses führte bereits in seiner ersten Stufe zu einer erheblichen Reduzierung der innerstädtischen Verkehrsstaus. Im November 1987 wurde die zweite, im September 1988 die dritte und letzte Stufe in Betrieb genommen. Die regelmäßigen Besprechungen im Zuge der Installation dieses bis dahin weltweit einmaligen Systems gaben 1987 Anlaß zur Gründung eines Arbeitskreises „Parken in Köln", dem neben der IHK Köln die Stadtverwaltung, die Parkhausbetreiber, der Einzelhandelsverband sowie die Polizei angehörten. Die Kammer war für die Koordinierung innerhalb dieses Arbeitskreises zuständig.[130] Das Parkproblem war damit noch keineswegs gelöst. Der Fehlbedarf lag inzwischen bei rund 8 000 Stellplätzen, und die IHK drängte massiv, endlich neue Parkhäuser zu bauen, zumal Investoren wie Grundstücke vorhanden seien.[131]

Kölns Straßennetz war seit den späten fünfziger Jahren sowohl innerstädtisch wie auch bezüglich seiner Verbindungen zum Umland großzügig ausgebaut worden. Nachdem 1965 der Autobahnring um Köln geschlossen worden war, konnten bis Mitte der siebziger Jahre weitere wichtige Verkehrsprojekte realisiert werden. Die 1958 begonnenen umfangreichen Arbeiten an der Nord-Süd-Verbindung durch das Kölner Zentrum („Nord-Süd-Fahrt") wurden 1975 abgeschlossen.[132] Sie war nun von der Neusser Straße bis zum Sachsenring durchgehend befahrbar. Ein erster Teilabschnitt der Stadtautobahn, ebenfalls eine Planung der späten fünfziger Jahre, wurde 1966 für den Verkehr freigegeben (Pfälzischer Ring – Zoobrücke – Amsterdamer Straße). Die Kammer forderte in diesem Zusammenhang die baldmögliche rechtsrheinische Weiterführung bis zur heutigen A 3. Dies konnte bis zum Jahr 1973 realisiert werden.[133]

Auch das Bundesautobahnnetz erfuhr zwischen 1966 und 1976 eine erhebliche Erweiterung. Im Dezember 1966 wurde die Autobahn Köln – Neuss in Betrieb genommen, wobei sie bis Ende 1974 noch bis zur Inneren Kanalstraße erweitert werden konnte.[134] 1971 war der Zubringer von Deutz zur A 3 fertiggestellt.[135] Gerade diese Teilstücke waren von der IHK Köln als „dringend erforderlich" bezeichnet worden.[136] Drei größere Maßnahmen sind noch zu erwähnen: 1972 die Inbetriebnahme der rechtsrheinischen Autobahn bis Bonn-Beuel[137], Ende 1975 linksrheinisch die A 61 zwischen Kerpen und Ludwigshafen, die laut IHK „dringend erforderliche zweite Autobahnverbindung nach Süden"[138], und 1976 die Freigabe der Ost-West-Autobahn zwischen Köln und Gummersbach.[139]

Wichtige Forderungen der Kammer Köln bezüglich des Autobahnbaus waren damit erfüllt. Da die Zulassungszahlen der Kraftfahrzeuge weiterhin kräftig stiegen, mahnte die IHK einen zügigen Ausbau des Kölner Straßennetzes weiter an. Im Mittelpunkt stand dabei die Fortführung der Stadtautobahn im Linksrheinischen. Seit 1972 drängte die Kammer immer wieder – vergeblich – darauf, die Trasse wie geplant von der Zoobrücke durch den inneren Grüngürtel nach Süden zum Verteilerkreis Süd weiterzubauen. Sie sei „leistungsfähiger, verkehrssicherer und umweltfreundlicher" als eine ausgebaute Innere Kanalstraße. Würde das Projekt nicht vollendet, müsse „auf die Dauer ... mit einer völligen Verstopfung der innerstädtischen Hauptverkehrsstraßen gerechnet werden".[140]

Auf der politischen Ebene entwickelte sich Mitte der siebziger Jahre eine äußerst kontroverse Diskussion. Nachdem der Rat der Stadt Köln im Januar 1978 alle Planungen für die Stadtautobahn aus dem Stadtentwicklungskonzept gestrichen hatte, tauchte die Trasse im Entwurf des Flächennutzungsplans 1979 in voller Länge wieder auf. Kurz darauf verweigerte hingegen der Regierungspräsident seine Zustimmung. Obwohl die IHK noch 1980 „zur Verkehrsberuhigung der Innenstadt" für den Weiterbau plädierte – „bürgerfreundlich, flächensparend und grünflächenschonend" –, kam das endgültige „Aus" für die Stadtautobahn durch den Rat 1981.[141] Schon 1968 erhob die Kammer die Forderung, im Süden Kölns eine weitere Rheinbrücke zu bauen. Sie argumentierte, Deutzer und Severinsbrücke könnten den in Zukunft vermehrt auftretenden Schwerverkehr in und aus Richtung der Großmarkthalle bzw. vom Containerbahnhof Eifeltor nicht mehr auffangen.[142] Die Kölner Stadtverwaltung wollte die zusätzliche Verbindung über den Rhein seit der Mitte der sechziger Jahre in Höhe der Südbrücke. Diese Pläne sind politisch nicht weiter verfolgt worden. 1974 versickerte das Projekt bei der Stadt, während die Kammer noch 1985 dafür plädierte.[143]

Erste Forderungen nach einem sechsspurigen Ausbau des Kölner Autobahnrings erhob die Kammer 1970.[144] Sie begründete dies vor allem mit der Zubringerfunktion des Rings für die Region. So würden bei einem Nicht-Ausbau „ganze Käuferströme fast zwangsläufig auf die Einkaufsmöglichkeiten des städtischen Umlands verwiesen".[145] Als sich mit der deutschen Einheit die Personen- und Güterbewegungen verstärkt in west-östliche Richtung orientierten, gab die IHK ein verkehrswissenschaftliches Gutachten in Auftrag, das begründete, warum das noch fehlende Teilstück der A 4 zwischen Olpe und dem Hattenbacher Dreieck baldmöglichst in Angriff genommen werden sollte. Der Kölner

U-Bahn-Großbaustelle Neumarkt, 1967

Wirtschaftsraum (und auch das westliche Ausland) brauche zwingend eine Verbindung nach Ostdeutschland bzw. Ostmitteleuropa. Die Bemühungen der Kammer, diesen Lückenschluß durch das Rothaargebirge in den Bundesverkehrswegeplan aufnehmen zu lassen, hatten 1993 Erfolg. Der in Nordrhein-Westfalen gelegene Teil wurde als „vordringlicher Bedarf", das hessische Stück als „bevorzugte Planung" eingestuft.[146] Kurz darauf trat die Kammer auch mit der Landesregierung in einen Dialog über dieses Straßenbauprojekt. Der Landesentwicklungsplan (LEP) 1994 sah diese Trasse nicht vor. Die Kammer wies in einer kritischen Stellungnahme zum LEP darauf hin, wie wichtig die endgültige Fertigstellung der A 4 für das Zusammenwachsen der europäischen Wirtschaftsräume sei.[147] 1995 ließ die Kammer zusätzlich eine Erhebung unter Industrieunternehmen zu diesem Thema durchführen; deren positives Ergebnis fand politisch wenig Resonanz.[148] Eine Gemeinschaftsaktion der Kammern Arnsberg, Dillenburg, Kassel, Siegen und Köln hatte ein Jahr später mehr Erfolg: Der Bundesverkehrsminister leitete mit einer sogenannten Machbarkeitsstudie den nächsten Planungsschritt ein.[149]

3.2 ÖFFENTLICHER PERSONENNAHVERKEHR

1962 hatte der Rat der Stadt Köln den Baubeginn eines großzügigen U-Bahnnetzes beschlossen. Der erste Teilabschnitt zwischen Friesenplatz und Dom/Hauptbahnhof konnte 1968 dem Verkehr übergeben werden. Zwei Jahre später war das Kernstück, die Nord-Süd-Verbindung zwischen Breslauer Platz und Severinsbrücke, fertiggestellt. 1974 schließlich erreichte das Netz eine Länge von 20 km.[150] Im Mai 1997 schließlich wurde die rechtsrheinische U-Bahn-Strecke vom Wiener Platz zum Mülheimer Bahnhof fertiggestellt.[151] Die Kammer unterstützte diesen raschen, wenn auch kostenintensiven Ausbau des ÖPNV stets vorbehaltlos, auch wenn es, wie in ihrer unmittelbaren Nachbarschaft, über längere Zeit zu großen Verkehrsbehinderungen kam. Was letztlich zählte, war die „Entmischung" des Verkehrs, weil die Straßenbahngleise nun nicht mehr oberirdisch verliefen. Schon 1967 forderte die Kammer die dann 1974 realisierte unterirdische Schienenanbindung des Kölner Nordens an die Innenstadt.[152] Damit einhergehend begrüßte sie, daß der im Frühjahr 1970 vom Land Nordrhein-Westfalen aufgestellte Generalverkehrsplan dem ÖPNV Vorrangstellung einräumte. Sie wies allerdings darauf hin, wie wichtig eine bessere finanzielle Basis für den öffentlichen Nahverkehr sei, um mit dem Individualverkehr konkurrieren zu können. Namentlich aus dem Schülerverkehr resultierten ständig wachsende Defizite. Diese Mindereinnahmen der großen Verkehrsunternehmen, so plädierte die Kammer 1971, müßten von Bund und Land getragen werden, da es sich um allgemeine kulturelle und soziale Aufgaben handele. Ein Jahr darauf unternahm das Land einen ersten Schritt in diese Richtung, als es Ausgleichszahlungen für die aus dem Schülerverkehr resultierenden Belastungen leistete.[153]

Was die über Köln hinausgehenden Schienenverbindungen in die Region betrifft, so setzten 1972 die ersten Arbeiten an einem S-Bahn-System ein. Nachdem 1975 die Strecke Köln – Chorweiler – Bergisch Gladbach in Betrieb genommen worden war, trat die Kammer verstärkt für den Anschluß des Kölner Raumes an den S-Bahnverkehr im Raum Düsseldorf – Neuss ein. Zudem betrachtete sie die Verbindung vorläufig als „Torso", da erst ein Übergangstarif zwischen S-Bahn und *Kölner Verkehrs-Betrieben* die positiven Auswirkungen eines guten Nahverkehrsangebotes voll zur Wirkung kommen ließe. Dies scheiterte jedoch vorerst an der Weigerung des Landes, die damit einhergehenden Defizite aufzufangen.[154] Als ab 1978 die Kölner S-Bahn-Stammstrecke ausgebaut wurde, um eine dichtere Zugfolge zu ermöglichen, ging damit auch eine Forderung der Kammer in Erfüllung. Diese drängte ebenso in den Folgejahren darauf, den Ausbau der S-Bahn-Trassen „mit allen Mitteln weiter zu forcieren".[155] So wandte sich Kammerpräsident Otto Wolff von Amerongen im Mai 1979 in Schreiben an den Bundes- wie auch an den Landesverkehrsminister mit der Bitte, die Planungen zu beschleunigen und bald mit den Bauarbeiten zu beginnen. Noch im selben Jahr regte die Kammer bei der Stadt Köln an, für die seit 1976 bestehende „Interessengemeinschaft zum Weiterbau der S-Bahn" ein Ständiges Büro einzurichten, das ausschließlich mit der Lösung von technischen und organisatorischen Fragen des S-Bahnverkehrs, wie möglichem Verkehrsverbund, Park-and-Ride-System etc., beschäftigt sein sollte.[156]

Der von der Kammer 1980 befürchtete Stillstand[157] trat kurz darauf ein. Eine von der IHK 1983 initiierte Befragung von ca. 12 000 Arbeitnehmern ergab, daß durchaus ein großes Interesse an einem leistungsfähigen S-Bahn-System bestand. Die Kammer konstatierte ein hohes Verlagerungspotential vom Individualverkehr auf den ÖPNV, wenn das Angebot entsprechend attraktiv gestaltet werde.[158] Erst 1985 setzte mit der Erweiterung der Hohenzollernbrücke ein neuer Schub beim S-Bahn-Bau ein. 1990/91 konnten die modifizierte Stammstrecke sowie die neuen Verbindungen Köln – Au/Sieg und Köln – Langenfeld (über Düsseldorf) für den Verkehr freigegeben werden.[159]

Eng mit dem Ausbau des U- und S-Bahn-Netzes verbunden war der Ruf nach einem einheitlichen Tarif- und Fahrplansystem im Raum Köln. Anlaß zu einer diesbezüglichen Forderung der Kammer war die Bildung der Verkehrsgemeinschaft Oberberg zum 1. Januar 1970. Fortschritte auf diesem Gebiet – *Stadtbahngesellschaft Rhein-Sieg* 1971, *Regional-Verkehr Köln* sowie Rhein-Sieg-Verkehrs- und Tarifgemeinschaft 1976, Verkehrsgemeinschaft Bergisches Land 1978 – fanden regelmäßig die Anerkennung der IHK.[160] Wenn diese Etappen auch als „entscheidende Schritte zur Verwirklichung des Verkehrsverbundes Rhein-Sieg"[161] gewertet wurden, so vergingen dennoch weitere neun Jahre, bis dieser 1987 seine Arbeit aufnehmen konnte. Die Kammer gestand damals ein, daß es „relativ lange gedauert" habe, doch sei die Vorbereitung sehr gründlich gewesen. Sie betonte ausdrücklich die erheblichen Erleichterungen, die sich aus dem einheitlichen Tarifsystem und den abgestimmten Fahrplänen ergäben. Der Ballungsraum Köln habe in dieser Hinsicht endlich Anschluß an vergleichbare bundesdeutsche Regionen gefunden.[162]

3.3 SCHIENENSCHNELLVERKEHR

Seit Mitte der achtziger Jahre ist die Kammer bemüht, den Großraum Köln auch in den westeuropäischen Schienenschnellverkehr einzubinden. So wurde auf Initiative der IHK Köln 1985 die „Arbeitsgruppe von Industrie- und Handelskammern Schienenschnellverkehr Paris – Brüssel – Köln" gegründet, der die Kammern Paris, Lille, Brüssel, Lüttich, Aachen, Bonn und Köln sowie die Deutsch-Belgisch-Luxemburgische Handelskammer angehören. 1988 trat – vor dem Hintergrund des geplanten Kanaltunnelbaus – die Kammer London hinzu. Trotz vielfältiger Gespräche, die die Arbeitsgruppe mit Verkehrsministerien und Eisenbahngesellschaften führte, sowie mehrerer Appelle an europäische Institutionen stellte sich nur zögernd Erfolg ein. Zwar beschlossen die Verkehrsminister im November 1989, die Hochgeschwindigkeitsstrecke so bald wie möglich zu realisieren, doch ergaben sich seit 1991 auf deutscher Seite Schwierigkeiten, weil hier der S-Bahn-Vertrag Köln – Düren zwischen Bund und Land ausstand, der mit dem Projekt gekoppelt war. In Belgien war lange die Finanzierung des „Herzstücks" zwischen Brüssel und der deutschen Grenze nicht gesichert. 1996 hatten hingegen diesbezügliche intensive Bemühungen der Kölner Kammer Erfolg.[163]

Ebenfalls bis in die Mitte der achtziger Jahre reicht das Engagement der Kammer zurück, eine Hochgeschwindigkeitsverbindung zwischen den Ballungsräumen Rhein/Ruhr und Rhein/Main nachhaltig zu fördern. Im Herbst 1985 schlossen sich 13 Industrie- und Handelskammern zur „Arbeitsgruppe Schienenschnellverkehr Rhein/Ruhr – Rhein/Main" zusammen: Duisburg, Essen, Düsseldorf, Krefeld, Wuppertal, Köln, Aachen, Bonn, Limburg, Wiesbaden, Frankfurt/Main, Darmstadt und Mannheim. Es traten zunächst Verzögerungen ein, weil die Antriebsart noch nicht feststand (ICE/Transrapid) und man sich auf politischer Ebene nicht über die Haltepunkte des neuen Zuges einigen konnte. Die Kammer Köln verbuchte es aber als Erfolg, als die Deutsche Bundesbahn, das Land Nordrhein-Westfalen wie auch der Bezirksplanungsrat 1991 die Streckenführung Köln – Flughafen Köln/Bonn – Siegburg festlegten. Letzte Unsicherheiten in puncto Flughafenanbindung konnten 1994/95 ausgeräumt werden.[164]

3.4 FLUGHAFEN KÖLN/BONN

Als im März 1970 das neue Empfangsgebäude auf dem Köln/Bonner Flughafen eingeweiht wurde, registrierte dies die Kammer mit großer Befriedigung. Viele Unternehmen profitierten von der nun deutlich verbesserten Verkehrsinfrastruktur. Das Flughafengebäude mit seinen modernen Abfertigungsanlagen weise den Weg in die siebziger Jahre. In der Tat, die Zahl der beförderten Passagiere stieg zehn Jahre lang kontinuierlich an. Die 1970 für das Jahr 1980 erwartete Zahl von sechs Mio. Passagieren wurde mit nur zwei Mio. hingegen bei weitem nicht erreicht. Als die *Deutsche Lufthansa* aus Gründen der Minderauslastung Ende 1979 die Direktverbindung Köln – New York nach Düsseldorf verlegte, reagierte die Kammer besorgt. Sie intensivierte ihre Bemühungen im Laufe des Jahres 1980, als sich ein Rückgang der Fluggastzahlen um zehn Prozent abzeichnete.[165] Zudem stellte *Air France* die Verbindung nach Paris, die *SABENA* ihre Heimatstrecke nach Brüssel ein. Die IHK forderte jetzt von der Flughafenverwaltung ein aggressives Marketingkonzept, vergleichbar dem der Kölner Messegesellschaft. Es könne nicht hingenommen werden, daß in Düsseldorf über den Neubau einer Start- und Landebahn geredet werde, während in Köln/Bonn Kapazitäten brachlägen.[166] Um den Köln/Bonner Flughafen künftig besser auszulasten, forderte die Kammer 1982 in einem Aufruf an Bund und Land eine dezentralisierte Flughafenpolitik, wobei besonders im internationalen Linienverkehr „das Beförderungsvolumen auf mehrere Flughäfen verteilt werden" sollte.[167] Dies ließ jedoch bis zum Jahr 1990 auf sich warten, und in der gleichzeitig einsetzenden Diskussion um ein etwaiges Nachtflugverbot plädierte die Kammer dafür, Nachtflüge in Köln/Bonn weiterhin zu fördern, allerdings nur Maschinen mit modernen, also besonders leisen Triebwerken zuzulassen.

Der Köln/Bonner Flughafen im Bau, 1968

Mit zunehmendem Frachtverkehr sah sich die IHK noch 1996 veranlaßt, beide „Parteien" – Flughafen und Anwohner – an einen Tisch zu bringen. Sie unterstrich dabei die elementare Bedeutung eines florierenden Flughafens für Wirtschaft und Arbeitnehmer.[168] Die schon in den achtziger Jahren immer wieder geforderte Schienenanbindung des Flughafens war 1995 endgültig gesichert. Am 7. Juli 1994 erhielt der Flughafen den Namen des ersten Bundeskanzlers: Flughafen Köln/Bonn Konrad Adenauer.

3.5 HÄFEN

Seit Beginn der achtziger Jahre setzte sich die Kammer Köln für die Anlage eines weiteren Rheinhafens ein. Sie wies in zwei Resolutionen an die für Planungsfragen zuständigen Kommunal- und Landesbehörden 1983 darauf hin, daß das für den Containerumschlag im Hafen Köln-Niehl I zur Verfügung stehende Gelände bald erschöpft sei. Wie schon 1982, schlug die Kammer den neuen Standort Köln-Worringen vor. 1985 hieß es, der Containerverkehr verlagere sich immer mehr auf die umweltfreundliche Binnenschiffahrt.[169] Während die Politik Ende 1986 den Ausbau des schon vorhandenen Standorts Godorf ins Spiel brachte, befürwortete eine 1987 von der IHK in Auftrag gegebene Studie weiterhin die Anlage eines neuen Hafens. Nach dem Willen des Kölner Rates jedoch sollte Godorf zum Containerumschlagplatz für die Region ausgebaut werden. Dies hing mit der gleichzeitig ins Auge gefaßten Erweiterung des Containerbahnhofs Köln-Eifeltor zusammen. Die Wirtschaft unterstützte später diese Pläne und mahnte noch im Juni 1997, den 1988 getroffenen Ratsbeschluß endlich in die Tat umzusetzen.[170]

3.6　TELEKOMMUNIKATION

Bis in die neunziger Jahre beherrschte die Deutsche Bundespost die Netze für die Informationsvermittlung in der Bundesrepublik. Neben dem Fernsprechnetz baute der Staatsbetrieb in den sechziger und siebziger Jahren auch das Fernschreibsystem (Telex) großzügig aus. Die Kammer Köln beschäftigte sich damals in ihrer Verkehrsabteilung mit diesen Entwicklungen. Sie mahnte immer wieder, die Post mit genügend Eigenkapital auszustatten, damit diese den stark nachgefragten und gewinnträchtigen Fernmeldesektor besser bedienen könne.[171] Anfang 1979 führte die Post zusätzlich den Telefax-Dienst ein, der zunächst nur zögerlich Anklang bei der Wirtschaft fand. Bis zum Jahresende gab es 80 (!) Anschlüsse im Kammerbezirk. Für 1980 konstatierte die IHK eine Steigerungsrate von 30 %. Seither ging es allerdings steil aufwärts. Mit Sorge betrachtete die Kammer jedoch die Stellung der Bundespost auf dem Endgerätemarkt.

Ebenfalls seit Ende der siebziger Jahre wurden die Vorbereitungen für den Bildschirmtext (Btx) vorangetrieben. Da entsprechende Pilotprojekte nicht im Kölner Raum stattfanden, befürchtete die IHK 1980, die Industrie ihres Bezirks gerate hier nach und nach in einen „innovatorischen Rückstand".[172] Dem Bildschirmtext-System prognostizierte die Bundespost Anfang der achtziger Jahre eine rasante Verbreitung. 1990 sollten geschätzte 3,5 Mio. Teilnehmer mittels Btx visuelle Informationen austauschen. Wohl auch aufgrund dieser Zahlen setzte die IHK Köln große Hoffnungen in dieses System. „markt + wirtschaft" bezeichnete Btx als „Medium mit ungeahnten Möglichkeiten" für Unternehmen, die damit werben, Produkte vertreiben und Öffentlichkeitsarbeit machen könnten. Die gesamte Büroorganisation könne neu konzipiert werden, da „Homebanking" und „Teleshopping" möglich würden.[173]

Das für spätestens 1986 vorhergesagte „Bildschirmtext-Fieber" trat indes nicht ein, weil die Geräte zu teuer blieben. Ein Btx-taugliches Fernsehgerät für den Endverbraucher kostete 1985 noch 2 500 DM bis 2 800 DM, hinzu kam die Tastatur für weitere 500 DM. Ein Btx-Terminal für gewerbliche Nutzer lag gar bei 4 000 DM bis 8 000 DM.[174] Der im Mai 1985 bei der IHK Köln konstituierte Btx-Arbeitskreis der IHK Köln informierte sich einerseits bei den Hardware-Herstellern über die künftige Preisentwicklung, andererseits wollte er die Akzeptanz des Systems in der Öffentlichkeit fördern. Zu diesem Zweck veranstaltete die Kölner Kammer im Mai 1986 eine zweitägige Btx-Aktion. Sie unterrichtete gewerbliche wie private Nutzer an 16 Bildschirmtextplätzen über die Möglichkeiten des Systems und schulte Händler aus dem Büro- und Fernsehfachhandel. Die Kammer selbst war seit 1985 mit Dienstleistungen und Wirtschaftsdaten im Btx-System vertreten. Ein Jahr später boten bundesweit 45 Kammern auf 2 500 Btx-Seiten einen Überblick über Auskunfts- und Beratungsdienste.[175]

Allen Anstrengungen zum Trotz blieb Btx der große Erfolg versagt. Nicht einmal zehn Prozent des für den Anfang der neunziger Jahre prognostizierten Nutzeraufkommens stellte sich ein. Nach dem Siegeszug des PC indes erlebte der Bildschirmtext 1993 eine Renaissance. Als „Datex-J" können die Dienste nun von jedem herkömmlichen Heimcomputer abgerufen werden. Die Kammer Köln gab 1993 beim Informationstechnik-Zentrum Köln (ITZ) ein neues, verbessertes Btx-Angebot in Auftrag.[176]

Auf dem Höhepunkt der Btx-Euphorie beschloß die Vollversammlung der Kammer, einen neuen „Ausschuß für Informations- und Kommunikationstechnik" zu errichten, um zwischen Bundespost, privaten Anbietern und Anwendern einen intensiveren Dialog zu ermöglichen. Dieser konstituierte sich im Mai 1985 unter dem Vorsitz von Vizepräsident Werner Ackermann. Im Vorfeld (Herbst 1984) hatte die IHK 90 Stadt-Kölner Firmen unterschiedlicher Größe und Branche befragt, welche Dienstleistungen der „Neuen Medien" sie bevorzugten. Neben Bildschirmtext zeigten sich die Unternehmen hauptsächlich an Videokonferenzen und an der Digitalisierung des Fernmeldenetzes (ISDN) interessiert.[177] Letztere Thematik stand denn auch im Mittelpunkt der ersten Sitzung des neuen IHK-Ausschusses. Ein Ministerialrat der Bundespost war Gastredner in dieser Sitzung. Für den Raum Köln stellte er einen ersten ISDN-Ausbau im Jahr 1986 in Aussicht.[178]

Der „Ausschuß für Informations- und Kommunikationstechnik" befaßte sich in der Folgezeit immer wieder mit dem Thema ISDN. Auf einer Veranstaltung im Dezember 1987 sprach der Vorsitzende des ITZ-Aufsichtsrates von einer bereits recht guten Akzeptanz bei großen Firmen, doch scheuten kleine und mittlere Betriebe noch den Einstieg in die neue Technik. Um der Bundespost mehr Planungssicherheit zu verschaffen, führte die IHK 1988 eine Firmenbefragung – wie vier Jahre zuvor – im übrigen Kammerbezirk durch. Im Ergebnis war auch dieses Mal der Bedarf an neuen Techniken mehr als offensichtlich.[179] Die IHK Köln präsentierte ISDN 1989 zusammen mit der Oberpostdirektion Köln in Gummersbach, Leverkusen, Bergisch Gladbach, Bergheim und Köln. Obwohl die Kammer bis Ende 1991 eine Reihe derartiger Kampagnen startete, nutzten nur wenige Telefon-Kunden die modernen Möglichkeiten. Weitere Schwerpunkte der Ausschußarbeit lagen bei den Themen MediaPark[180], elektronische Zahlungsmittel (ec), Netzwerke und die Neustrukturierung des Telekommunikationsmarktes.[181]

4 INFORMATIONS- UND KOMMUNIKATIONSTECHNIK/ DATENVERARBEITUNG

Seit 1990 gehörten die Koordination der Datenverarbeitung sowie Fragen der Informations- und Kommunikationstechnik zum Aufgabenbereich der persönlichen Referentin des Hauptgeschäftsführers. Hieraus entwickelte sich 1993 der neue Geschäftsbereich „Informations- und Kommunikationstechnik" (I+K). Dieser betreut neben dem seit 1985 bestehenden Ausschuß für Informations- und Kommunikationstechnik eine stetig wachsende Zahl von Unternehmen; denn Köln hat als Standort für neue Technologien seit Jahren erheblich an Attraktivität gewonnen. Der neue Geschäftsbereich sollte in erster Linie die eigenen Erfahrungen der IHK als Rechenzentrum für den Service ihrer Unternehmen nutzbar machen. Mit der Beteiligung an zahlreichen Initiativen und Veranstaltungen verfolgt der Geschäftsbereich „I+K/DV" das Ziel, die Standortvoraussetzungen des Bezirks für IHK-Firmen zu unterstützen. So fanden die Kölner Softwaretage seit 1990 unter der Schirmherrschaft der IHK und der Stadt Köln und organisatorischer Verantwortung des Bereichs „I+K" als Diskussionsforen von Softwarehäusern statt. Auch Veranstaltungen wie „KölnKommerz", „Kölner Forum für Informationstechnik", „RegioCom '96" oder „MediaMit 1997" wurden nun von der IHK umfassender als bisher unterstützt. 1993 gründete die IHK gemeinsam mit der Stadt Köln und 70 Unternehmen das Zentrum für Interaktive Medien e.V. (ZIM). Zielsetzung war, den Einsatz interaktiv-audiovisueller Medien in der Region zu fördern. Um der wachsenden Bedeutung des Internet Rechnung zu tragen, rief die Kammer 1996 gemeinsam mit 84 Internet-Anbietern im Bezirk das „Internet-Forum" ins Leben. Vornehmlich kleine und mittlere Unternehmen können sich anhand von Broschüren über den Umgang mit diesem neuen Medium informieren. Diese Zielgruppe profitiert auch von der Mitarbeit der Kammer an dem europäischen Projekt INFORMS, dessen Arbeitsergebnisse zu EURO-ISDN jetzt zur Verfügung stehen. Im Juni 1997 wurde der IHK Köln gemeinsam mit der *Stadtsparkasse Köln*, der *Kreissparkasse Köln* und der *Sparkasse Bonn* die Treuhänderschaft für das erste nordrhein-westfälische Multimedia-Support-Center mit Sitz in Köln übertragen. Das Centrum hat die Aufgabe, durch Unterstützung anwendernaher Multimediaentwicklungen vorrangig kleinen und mittleren Unternehmen den Anschluß an Multimediaeinsatz in den Firmen zu bieten. Damit hat die Kölner Kammer als erste Industrie- und Handelskammer in Deutschland eine von Bund und Land anerkannte Beratungsfunktion auf dem zukunftsorientierten Feld der Multimediaentwicklung übernommen.

Dem Serviceangebot der kammerzugehörigen Firmen kommt zugute, daß die hausinterne Datenverarbeitung in den neuen Geschäftsbereich integriert wurde. Bereits seit Ende der siebziger Jahre hatte die IHK zunächst dezentral die Arbeit einzelner Fachabteilungen mit EDV-Systemen unterstützt. Neben den Verwaltungssystemen (Veranlagung, Buchhaltung und Prüfungsverwaltung) wurden in der Folgezeit erste Textverarbeitungssysteme eingeführt. Bis Mitte der achtziger Jahre setzte die IHK Köln eine Bull-Anlage (zunächst 6 160, dann DPS 4) ein. Dezentral wurden PC's (TTX 35, Micral, Questar) und Drucker eingesetzt. Die Hardwarekonzeption mit mittelgroßem Zentralrechner und dezentraler Intelligenz am Arbeitsplatz wurde 1988 unter dem Gesichtspunkt künftiger Nutzung der Datenverarbeitung analysiert. Für die IHK Köln war jetzt entscheidend, daß sich zwischenzeitlich Kammern bundesweit auf eine Zusammenarbeit verständigt hatten. Auf der Grundlage einer eingehenden Analyse der DV-Situation und einer langfristigen Entwicklung von Informationssystemen entschloß sich die Kölner Kammer, sich dem sogenannten IGD-Konzept der Industrie- und Handelskammern anzuschließen. Parallel dazu beschloß die Kammer, mit der *IGD GmbH* zusammenzuarbeiten, die heute als *IHK Gesellschaft für Informationsverarbeitung mbH* (GfI mbH) diese Aufgabe in Dortmund fortführt.

In den Folgejahren führte die IHK Köln EDV-Technologien ein, die den heutigen und zukünftigen Anforderungen der Geschäftsbereiche und Zweigstellen gerecht werden. Dabei stand im Vordergrund, daß moderne Datenverarbeitung über die Textverarbeitung hinaus einen schnellen und qualitativ hohen Zugriff auf Informationssysteme beinhalten muß. Auf dem Wege zu dieser modernen Informationsstruktur wurde in der ersten Umstellungsphase 1989 die DPS 4 durch einen Siemens-Zentralrechner ersetzt. Die früheren Micral- und Questarsysteme ersetzte man durch PC. An den Arbeitsplätzen waren nach und nach Textverarbeitung und Anwendungen von Informationssystemen (z.B. Kammerinformationssystem Dortmund) verfügbar.

Zwecks Arbeits- und Kostenoptimierung schlossen die Industrie- und Handelskammern Aachen, Bonn und Köln zur gemeinsamen Nutzung des Rechenzentrums einen Kooperationsvertrag. Daraus entwickelte sich in Zusammenarbeit mit der bundesweiten IHK-GfI mbH eine arbeits- und kostenoptimierte Struktur, die 1994 zu einer weiteren Anpassung an die moderne Datenverarbeitung führte. Der vorhandene Großrechner wurde auf C 80 umgestellt. Gleichzeitig erhielten alle Arbeitsplätze 486er PC und einheitliche MS-Office-Anwendungen. Die IHK sollte im Rahmen ihrer Umstrukturierung eine optimierte Informations- und Kommunikationstechnik erhalten, um ihre Mitgliedsfirmen besser betreuen zu können. Nach einer 1995 von der Vollversammlung bestätigten Investitionsentscheidung wurde in der Hauptstelle der IHK eine moderne, strukturierte Verkabelung nach Cat 5 (Hochgeschwindigkeitsnetz) installiert. Im Verbund mit den übrigen Kammern ist die IHK Köln über TCP/IP-Standard im Kommunikationsverbund der deutschen Industrie- und Handelskammern sowie der Auslandshandelskammern vertreten.

Das Rechenzentrum der IHK zu Köln betreut derzeit sechs Netzwerke der Industrie- und Handelskammer zu Köln. Neben dem Betrieb eines BS 2000-Host werden zwölf Server im internen Netz betreut. Angeschlossen sind neben den Kammern Aachen und Bonn das Weiterbildungszentrum Christophstraße, die Zweigstellen Oberberg und Leverkusen, die Wirtschaftsbibliothek und das Rheinisch-Westfälische Wirtschaftsarchiv. Zur Optimierung des Informationsangebotes an die kammerzugehörigen Firmen verfügt die IHK Köln seit 1997 über eine Internet/Intranet-Lösung, in der u.a. die Informationsdienste der Kölner Kammer angeboten werden.[182]

5 INFORMATIONSMANAGEMENT UND DOKUMENTATION

5.1 STAMMDATEN

Zu allen ihren Mitgliedsunternehmen speichert die IHK Köln traditionell die wichtigsten Firmendaten (FiDa). Der heute elektronische Datenbestand im FiDa-Verwaltungssystem wird regelmäßig gepflegt, d.h. auf den neuesten Stand gebracht. Handelsregisterfirmen („Vollkaufleute") werden über den Bundesanzeiger, Kleingewerbetreibende („Minderkaufleute") entsprechend den Gewerbemeldungen der Städte und Gemeinden erfaßt. Im September 1996 begann eine breit angelegte Umfrageaktion der Kammer bei ihren Mitgliedsunternehmen, um ihren Datenbestand zu verbreitern und ggf. auch zu aktualisieren. Die Erhebung startete bei den rd. 24 000 ins Handelsregister eingetragenen Firmen. Jedes Unternehmen erhielt einen Fragebogen, der sich auf Basisdaten wie Anschrift, Branche und Betätigungsfeld bezog. Unternehmen, die in der Außenwirtschaft oder im Umweltschutz tätig sind, wurden gebeten, hierzu nähere Angaben zu machen, damit die IHK ihnen ggf. u.a. die Anbahnung von Geschäftskontakten erleichtern konnte. Die Antwortquote übertraf die Erwartungen der Kammer bei weitem. Im Juli 1997 startete dann der weitaus umfangreichere Teil der Gesamtbefragung. Nun wurden auch die etwa 61 000 Kleingewerbetreibenden befragt. Ziel der Kammer war es vor allem, eine genauere Kenntnis über die Zusammensetzung ihrer Mitglieder nach Branchen gewinnen, um ihr Leistungsangebot für diese Unternehmen im Sinne der seit 1994 verstärkten Maßnahmen der Kundenorientierung zu optimieren.[183]

Mit Hilfe eines aktuellen und umfassenden Datenbestandes kann die IHK den Informations- und Beratungswünschen der Mitglieder adäquat nachkommen. Andererseits ist das FiDa-System auch innerhalb der Kammerverwaltung unentbehrlich, da verschiedene Geschäftsbereiche wie die Beitragsveranlagung, die Außenwirtschaft oder die Berufsbildung ständig auf Firmendaten zurückgreifen. Schließlich braucht die IHK ihre Stammdaten, um die ihr vom Staat zugewiesenen hoheitlichen Aufgaben erfüllen zu können.

5.2 DATENBANKSERVICE UND ZENTRALE SCHRIFTGUTVERWALTUNG

Wegen der anschwellenden Informationsflut und des rasch steigenden Informationsbedarfs entstand 1994 ein neuer Geschäftsbereich „Dokumentation". Geleitet wird dieser in Personalunion von der Direktorin des Rheinisch-Westfälischen Wirtschaftsarchivs, die stets Mitarbeiterin der IHK war.

Zum GB „Dokumentation" gehört neben der Wirtschaftsbibliothek, die räumlich ihrerseits seit zwei Jahrzehnten bereits in enger Verbindung zum Wirtschaftsarchiv arbeitet, die „Zentrale Schriftgutverwaltung" (ZSV). Als Zentralregistratur ressortierte diese bis 1994 beim GB „Personal und Verwaltung". Traditionell erfolgte hier die „Ablage" der Sachaktenvorgänge sowie seit den achtziger Jahren auch der Firmenakten B. Somit hatte die ZSV zunächst die Funktion eines Speichers kurzfristig kammerintern benötigter Unterlagen. Seit 1994 erfolgte auch die Aktenverwaltung in der Kammer zunehmend DV-gestützt. Ein Archivsystem in Client-Server-Architektur machte die ZSV seither zu einer Auskunfts- und Clearingstelle primär für „interne Kunden", zunehmend jedoch auch für Externe. Mitgliedsunternehmen der Kammer wurden seither auch in Fragen moderner Registraturführung beraten.

Seit dem Aufbau der Rundschreiben- (1994) sowie der Infodienste-Datenbank des DIHT (1995), die allen Kammern über Datennetze elektronisch zur Verfügung stehen, erhielt die ZSV neue Aufgaben im Informationsmanagement der Kammer zugewiesen. Recherchen in kommerziellen und nichtkommerziellen Datenbanken übernimmt die ZSV seit 1996 als interner Dienstleister für die verschiedenen Geschäftsbereiche der IHK zu Köln.

Wirtschaftsbibliothek der IHK zu Köln, Unter Sachsenhausen 29-31

5.3   WIRTSCHAFTSBIBLIOTHEK

Nach Ankauf der Privatbibliothek des 1964 verstorbenen Kölner Wirtschaftshistorikers Bruno Kuske konnte die Bibliothek der IHK zu Köln ihr Schwerpunkt-Sammelgebiet Geschichte noch erheblich ausbauen. 1966 betrug der gesamte Bücherbestand rd. 57 100 Bände. Hinzu kamen systematische Sammlungen von Geschäftsberichten, Fotos und Klischees.

1971 wurde die IHK-Bibliothek in den Zentralkatalog der Bibliotheken von Nordrhein-Westfalen für die Fernleihe einbezogen. Im Herbst 1977 verlegte die Bibliothek ihren Standort von Verwaltung und Magazin in ein ehemals als Bank genutztes Gebäude vis à vis der IHK Köln. Unter dem Namen „Wirtschaftsbibliothek" präsentierte sich die traditionsreiche Sammlung jetzt erheblich kundenfreundlicher mit attraktiven Lese- und Arbeitsplätzen für Besucher und zugleich auch für die Benutzer des Rheinisch-Westfälischen Wirtschaftsarchivs, dessen Verwaltung 1977 ebenfalls aus dem IHK-Gebäude ausgelagert wurde. Im Frühjahr 1987 wurde in der Wirtschaftsbibliothek ein Readerprinter für Mikroformen angeschafft, und es fanden auch bereits erste Testausleihen über DV statt. 1991 wurde schließlich ein DV-gestütztes „integriertes Bibliothekssystem" für Erwerbung, Katalogisierung, Ausleihe, Rücknahme, Mahnwesen etc. installiert. Gleichzeitig begann der DV-Ausbau des Fotoarchivs. Seit 1992 läuft parallel zum Tagesgeschäft die retrospektive Katalogisierung für den Altbestand der Bücher. Die im Herbst 1993 installierten Besucherterminals zur Online-Recherche (OPAC) fanden eine breite Akzeptanz.

Gehörte die Wirtschaftsbibliothek bis 1993 organisatorisch stets zur Abteilung „Öffentlichkeitsarbeit" bzw. „Presse und Information" der IHK, so ist sie seit 1994 eines der beiden Standbeine des GB „Dokumentation". Der Bücherbestand ist 1997 angewachsen auf rd. 91 000 Bände, von denen bereits rd. 35 000 retrospektiv DV-technisch erfaßt sind. Zusätzlich sind fast 20 000 Mikroformen und mehr als 10 000 Fotos für die Benutzung verfügbar.

Service-Center der IHK zu Köln

5.4 SERVICE-CENTER

Zwischen 1975 und 1983 verdoppelte sich die Zahl der von der IHK Köln ausgestellten Ursprungszeugnisse und Carnets. Dies war ausschlaggebend für die Konzentration wichtiger Kammerleistungen an einem Ort, der von den Kunden schnell erreicht werden konnte und ihnen zeitraubende Wege durchs Haus ersparte. Die Kammer baute deshalb 1983 einen ehemaligen Sitzungssaal im Erdgeschoß zu einem „Info-Center" aus, wie es damals hieß. Im Mittelpunkt standen zuerst zollrechtliche Angelegenheiten: Neben den erwähnten Ursprungszeugnissen und Carnets lagen sonstige Formulare und Vordrucke für die Warenausfuhr bereit. Das Info-Center half schließlich vor allem bei den zunehmend komplizierter gestalteten Im- und Exportvorschriften weiter; hier hatten die Unternehmen teilweise schwierige Detailfragen zu klären.

Darüber hinaus lieferten die Mitarbeiter Herstellernachweise und informierten über Prüfungstermine. Erste Datenbanken mit Millionen an Einträgen erleichterten die Suche nach potentiellen Geschäftspartnern im In- und Ausland. Auch die von der Kammer vertriebenen Broschüren und Merkblätter sowie Messekarten und -kataloge konnten im Info-Center erworben werden. Aus Sicht der Kammer waren nun „Spezialisten" von der Bearbeitung von Routinefragen entbunden; sie konnten sich weiterführenden Gesprächen mit ihren Besuchern („Kunden") widmen. Das Kölner Pilotprojekt „Info-Center" bewährte sich – viele andere deutsche Kammern übernahmen diese Idee in der Folgezeit.

Im Rahmen der internen Umstrukturierung der IHK Köln wurde auch das Info-Center in mehrfacher Hinsicht weiter optimiert. Seit April 1996 heißt es „Service-Center", ist noch kundenfreundlicher gestaltet und hat einen erweiterten Aufgabenbereich. Acht Mitarbeiter geben nun – nach intensiver Schulung – auch Erstauskünfte über viele weitere IHK-Leistungen, so z.B. zur Existenzgründung und -sicherung. Zudem informiert das Service-Center über die von der Kammer Köln angebotenen Vermittlungsdienste („Börsen"). Weitergehende Auskünfte erteilen – wie bisher – die Fachbereiche der Kammer.

Durchschnittlich 100 Kunden suchten 1996 täglich das Service-Center der Kammer auf. Der Adreßverkauf hat in den letzten Jahren zugelegt: 1996 gab es allein hierfür 17 000 Anfragen. Die Kammer konnte ihre Dienstleistungen den Mitgliedsunternehmen gegenüber auch deshalb besser zugänglich machen, weil entsprechende technische Veränderungen vorgenommen wurden. So wurde im Juli 1996 die Telefonzentrale der Kammer ins Service-Center integriert und gleichzeitig im ISDN-Modus ausgebaut, so daß Anrufe unter einer einzigen Nummer automatisch zu einem freien Apparat weitergeleitet werden.[184]

6 AUSSENWIRTSCHAFT

6.1 AUSSTELLUNG VON CARNETS, URSPRUNGSZEUGNISSEN UND SONSTIGEN BESCHEINIGUNGEN

Die Kammern übernehmen bei Carnets traditionell die Zollbürgschaft für Exporteure und auch für deren ausländische Geschäftspartner, da hierdurch zahlreiche Exportformalitäten entfallen. Die Zahl der von der Kölner IHK seit 1983 im zentralen „Info-Center" (heute: Service-Center)[185] ausgestellten Carnets, d.h. Zollpassierscheinhefte, die den vorübergehenden Export von Gegenständen zur Berufsausübung oder von Messe- und Ausstellungsgütern sowie Mustern vereinfachen, verachtfachte sich von 1966 (376) bis 1990 (3 020). Im Ausgangsjahr waren alle wichtigen europäischen Staaten einschließlich einiger Ostblockländer diesem vereinfachten Zollverfahren angeschlossen. Ab 1967 gab es nur noch den Carnet-Typ ATA. Der bis dahin lediglich für Muster gültige Typ ECS wurde abgeschafft.[186] Als erste Kammer in der Bundesrepublik stellte die IHK Köln das sehr arbeitsaufwendige Carnet-Verfahren 1986 auf EDV um.[187]

1986 und 1987 war die Zahl der ausgestellten Hefte rückläufig, da die EG ein innerhalb der Gemeinschaft gültiges günstigeres Warenverkehrscarnet schuf.[188] Mit der Einführung des Binnenmarktes zum 1. Januar 1993 fiel das Carnetverfahren innerhalb der Europäischen Union schließlich ersatzlos weg. Nach Erweiterung der Union 1995 verringerte sich die Zahl der nachgefragten Carnets nochmals deutlich (1996 = 1 300).[189]

Zahlreiche Länder fordern von deutschen Exporteuren die Beglaubigung verschiedener Dokumente, die Auskunft über die Preisgestaltung und die Herstellungsart (Handelsrechnungen) oder den Ursprung der Ware geben (Ursprungszeugnisse). Im stark exportorientierten Kölner Kammerbezirk fallen jährlich Zehntausende dieser Beglaubigungen an. Nach einem Anstieg auf 50 000 im Jahre 1970 verringerte sich ihre Zahl bis 1975 kontinuierlich. Die Gründe waren meist handelspolitischer Natur: das Präferenzabkommen der EWG mit Spanien und der Türkei, der Abschluß des Freihandelsabkommens mit Österreich sowie der Wegfall des Beglaubigungszwangs in Portugal und Peru.[190] Der enorme Anstieg 1977 auf über 60 000 Beglaubigungen ist dem damals erweiterten Kammerbezirk zuzuschreiben.

Den Kammern kommen in der Außenwirtschaft eine Reihe weiterer offiziell bestätigender Funktionen zu. Sie bescheinigen den Exporteuren:

- die Notwendigkeit eines Visums, indem sie den Zweck der Reise und die Garantie der Firma nachweisen, alle im Zusammenhang mit der Reise entstehenden Kosten zu übernehmen,

- daß Preissteigerungen wegen nicht abzusehender Tariferhöhungen unausweislich sind,

- daß aufgrund von Maschinenausfällen oder ausbleibender Teilelieferungen Lieferverzögerungen eintreten.

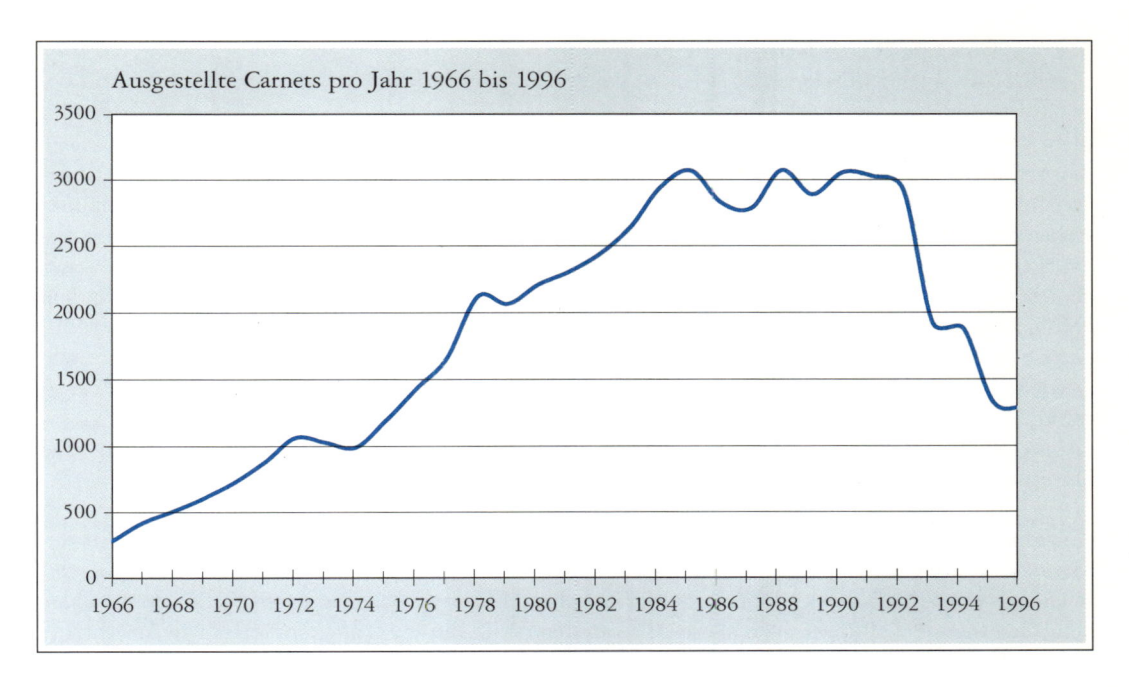

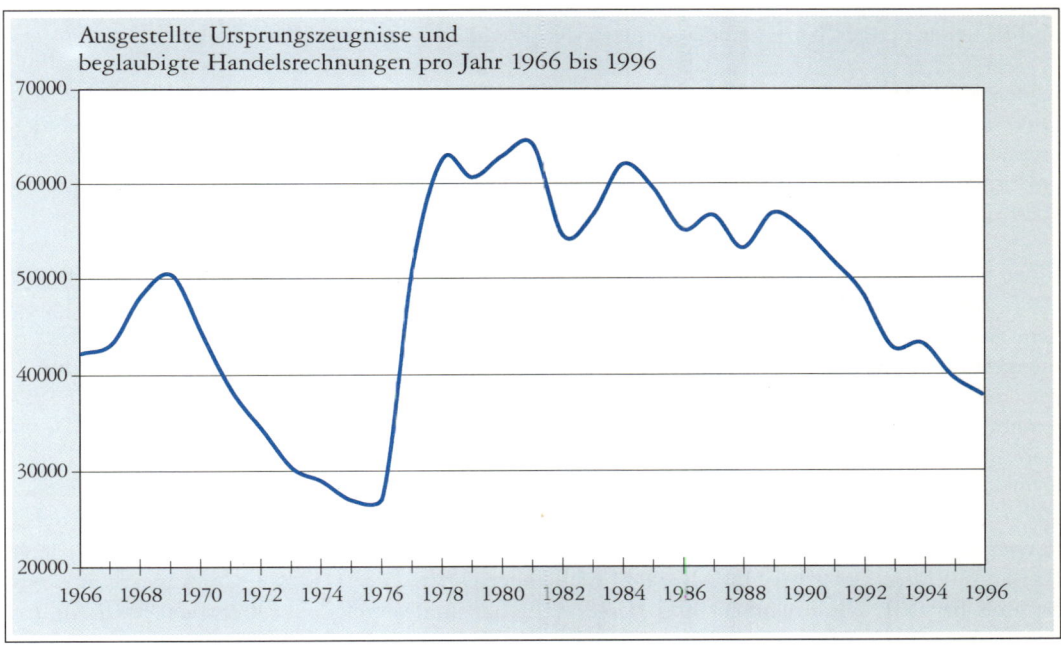

Ergänzend zu nennen sind die Bescheinigungen über Art, Umfang und Leistungsfähigkeit eines Unternehmens (bei öffentlichen Aufträgen) sowie Beglaubigungen von Vertretervollmachten und -verträgen. Die Kölner Kammer verzeichnete hier – wie auch in den zuvor geschilderten Bereichen – eine deutliche Zunahme der Firmenwünsche. Während 1974 lediglich 720 dieser Bescheinigungen ausgestellt wurden, waren es 1990 sechsmal soviel (4 380). Auf die Zweigstelle Leverkusen entfällt dabei teilweise mehr als die Hälfte der Attestate.[191]

6.2 AUSKUNFT UND BERATUNG

Neben den geschilderten gesetzlich vorgeschriebenen Aufgaben leistet die IHK Köln im Bereich der Außenwirtschaft noch eine Vielzahl freiwilliger Auskunftsdienste. Die äußerst komplexe Materie von Im- und Export stellt die Unternehmen oft vor unüberwindliche Probleme. Im Mittelpunkt stehen dabei die sich ständig ändernden Zollvorschriften. Hier half die Kölner Kammer mit Sonderdrucken oder Merkblättern[192] und auch mit regelmäßigen Zollkursen in Köln und Gummersbach, ab 1978 auch in Leverkusen. Mit meist mehr als 200 Teilnehmern fanden diese Kurse stets lebhaften Zuspruch.[193] Seit einigen Jahren bietet die Kammer diese Zollkurse in Zusammenarbeit mit einer privaten Weiterbildungs-GmbH an. Diese „ZAK-Seminare" finden in der IHK statt und werden u.a. von einem Mitarbeiter der Kammer betreut.[194] Oft kann die IHK zudem Mißverständnisse zwischen Unternehmen und Zollverwaltung aufklären.[195] Weitere zentrale Beratungstätigkeiten beziehen sich auf Zahlungsbedingungen, Warenkontingentierung, Bonität ausländischer Unternehmen, Währungsfragen, ausländisches Niederlassungsrecht, Transportprobleme etc.[196]

Auskünfte erteilt die Kammer nicht zuletzt in gedruckter Form. Ein „Klassiker" war (und ist) seit Mitte der fünfziger Jahre das „Außenwirtschafts-Rundschreiben", das alle vier bis acht Wochen erscheint. Firmen des Bezirks können sich hier über Ein- und Ausfuhrbestimmungen einzelner Länder, neue Gesetze und Zollfragen informieren. Des weiteren hilft ein Geschäftskontaktteil die Anbahnung von Geschäften zu erleichtern. Das Echo auf die im Außenwirtschafts-Rundschreiben veröffentlichten Informationen ist gerade in der letzten Jahren sehr lebhaft geworden, nachdem schon in den siebziger und frühen achtziger Jahren eine gesteigerte Nachfrage verzeichnet werden konnte.[197]

Ergänzend führte die Kölner Kammer im Juni 1980 einen sogenannten „Auslandsreisedienst" ein. Diese in Zusammenarbeit mit der Bundesstelle für Außenhandelsinformationen erstellten Ländermappen unterrichten Geschäftsreisende über die jeweilige Volkswirtschaft, die wirtschaftliche und politische Lage sowie Zoll-, Einreise- und Visabestimmungen eines Landes. Jedes Jahr suchte die Kammer neue Schwerpunktländer aus.[198]

Einen weiter verbesserten Außenwirtschaftsservice bot die IHK Köln ihren Unternehmen ab Juli 1986. Als erste deutsche Kammer ermöglichte sie es interessierten Firmen, aus der Vielzahl der aus dem Ausland eingehenden Informationen mit Hilfe der Datenverarbeitung ein individuell zusammengestelltes Info-Paket abzurufen. Meist handelte es sich hierbei um Projektfrühinformationen, Auslandsausschreibungen sowie Angebote und Anfragen aus den verschiedensten Ländern. Seit 1988 nannte sich dieses Angebot „Kammer-Service-Außenwirtschaft".[199]

Schon 1979 legte das Land NRW ein Förderprogramm auf, das kleinen und mittleren Unternehmen öffentliche Gelder zur Verfügung stellt, wenn sie sich von einem Fachmann in außenwirtschaftlichen Fragen beraten lassen wollen. Angesprochen wurden damals Firmen und freiberuflich Tätige, deren Umsatz 30 Mio. DM bzw. fünf Mio. DM nicht überschritt. Die IHK Köln informierte in einem ersten Schritt die Unternehmen ihres Bezirks in einer breit angelegten Öffentlichkeitsarbeit von der Existenz dieses Programms. Die seitdem bei der Kammer eintreffenden Anträge auf Förderung werden meist positiv beschieden. Zusammen mit der Außenhandelsstelle für die Mittelständische Wirtschaft Nordrhein-Westfalens e.V. ermittelt die IHK je nach Exportartikel einen entsprechend qualifizierten Berater. Ab 1982 konstatierte die Kölner Kammer allerdings ein schwindendes Interesse an dem Landesprogramm. Seine Möglichkeiten wurden bei weitem nicht ausgeschöpft. 1992 legte das Land sein Förderprogramm neu auf. Der Höchstumsatz darf nun 50 Mio. DM betragen. Zeitbedingt liegt der Schwerpunkt des Firmeninteresses inzwischen auf den Ländern Mittel- und Osteuropas.[200]

Nigerianische Delegation in der IHK zu Köln 1975

Wohl wegen des zurückgehenden Interesses am Exportförderprogramm des Landes Mitte der achtziger Jahre setzte die IHK Köln ab Ende 1987 sogenannte Exportkontakter ein. Zwei erfahrene Spezialisten besuchten meist kleine und mittlere Firmen im Kammerbezirk, die sich so über das außenwirtschaftliche Dienstleistungsangebot der IHK informieren konnten. Die Kammer wollte auf diese Weise das Exportpotential der Kölner Wirtschaft effizienter ausschöpfen. Bis Ende 1991 hatten fast 350 Firmen diesen kostenlosen Service wahrgenommen.[201]

6.3 SPRECHTAGE UND SEMINARE

Eine vornehmliche Aufgabe der Industrie- und Handelskammern in der Außenwirtschaft besteht darin, ihren Bezirksfirmen die Möglichkeit zu geben, sich von Vertretern der Auslandshandelskammern, Botschaftsangehörigen oder Delegierten der deutschen Wirtschaft im Ausland beraten zu lassen. Die Kölner Kammer führt diese Sprechtage mit Besuchern aus der ganzen Welt regelmäßig durch. Bis in die achtziger Jahre fanden jährlich zwischen zehn und zwanzig Sprechtage in Köln statt. In jüngster Zeit treten die Besuche ausländischer Delegationen mehr in den Vordergrund, welche ebenfalls Gelegenheit zum Gespräch bieten.

Seit 1977 führt die Außenwirtschaftsabteilung der IHK Köln auch Seminare durch; ein Schwerpunkt liegt hier beim Thema „Zahlung und Zahlungssicherheit bei Auslandsgeschäften" (sog. Akkreditiv-Seminare). In den ersten Jahren war hier der Zulauf so stark, daß regelmäßig Interessenten auf das Folgejahr vertröstet werden mußten. Mittlerweile sind auch Sprach- und Marketingseminare für ausgewählte Länder sowie EU-Kurse sehr gefragt.[202]

Bundespräsident Dr. Richard von Weizsäcker in der IHK zu Köln anläßlich des zweitens Polen-Symposiums 1991.
Bildmitte IHK-Präsident Alfred Neven DuMont, links Hauptgeschäftsführer Eberhard Garnatz

6.4 INNERDEUTSCHER HANDEL

Auch im innerdeutschen Handel, 1966 noch Interzonenhandel genannt, lotete die Kammer für ihre Bezirksfirmen aus, wie erfolgreich Geschäftsanbahnungen mit dem Handelspartner sein konnten. Da die wirtschaftlichen Aktivitäten zwischen beiden Staaten zunahmen, konstatierte die Kammer einen stetig wachsenden Beratungsbedarf, besonders bei kleinen und mittleren Betrieben, die zum ersten Mal in geschäftlichen Kontakt mit der DDR traten. Weil die Verfahrensvorschriften komplexer wurden, veranstaltete die IHK Seminare zu praktischen Fragen des DDR-Geschäfts. Als der innerdeutsche Handel 1989 – noch vor dem Umbruch im Herbst – erhebliche Steigerungsraten verzeichnete, gab die Kölner Kammer einen „Leitfaden für Kooperationsbeziehungen zur DDR" heraus, der innerhalb von sechs Monaten in 1 700 Exemplaren verkauft wurde. Die vielfältigen Informationsdienste der IHK waren 1990, im Jahr der deutschen Einigung, natürlich besonders gefragt. Die Kölner Kammer engagierte sich schon bald nach der Wende in den neuen Bundesländern „vor Ort". Sie betreute die wieder gegründeten Industrie- und Handelskammern Halle und Leipzig intensiv und trug so dazu bei, in diesen Regionen ein marktwirtschaftlich orientiertes Wirtschaftssystem aufzubauen. Den Fachkongress „Stadt & Handel", der im November 1990 in Leipzig stattfand, gestaltete sie aktiv mit.

Nach der deutschen Einigung verabschiedete sich die Außenwirtschaftsabteilung der Kammer Ende 1990 von ihrem alten Arbeitsbereich „Innerdeutscher Handel", einem, wie sie schrieb, „wenig spektakulären, dafür aber sehr komplexen" Fachgebiet.[203]

6.5 EG/EU-BERATUNGSSTELLE

Als die IHK Köln 1989 von der EG-Kommission in Brüssel zur offiziellen EG-Beratungsstelle ernannt wurde, baute sie ihr telefonisches und persönliches Europa-Angebot weiter aus. Im Mittelpunkt des Interesses stand jetzt das europäische Niederlassungsrecht. Ab 1994 kamen verstärkt Fragen zur Normung auf (CE und ISO). Kleine und mittlere Unternehmen zeigten sich in jüngster Zeit interessiert an EU-Förderprogrammen.[204]

China-Kooperationskonferenz in der IHK zu Köln, 1988. V.r.n.l.: Sheng Suren, stellv. Vorsitzender der Staatlichen Planungskommission der VR China, Prof. Dr. Reimut Jochimsen, NRW-Wirtschaftsminister

6.6 SCHWERPUNKTKAMMER

Besonders vorteilhaft für die exportorientierten Unternehmen des Kammerbezirks ist die Funktion der IHK Köln als Schwerpunktkammer in Nordrhein-Westfalen für die Länder Volksrepublik China, Türkei (jeweils seit 1986), Taiwan (1989), Vietnam (1991) und Kasachstan (1992) sowie Hongkong (bis 1. Juli 1997). Zentrale Bedeutung kommt hier dem Handel mit China zu, auch deshalb, weil die 1987 gegründete Deutsch-Chinesische Wirtschaftsvereinigung (DCW) 1992 ihren Sitz von Düsseldorf in die IHK Köln verlegte. Die Kölner Kammer führte Fachveranstaltungen in den chinesischen Provinzen Jiangsu, Shandong, Sichuan und in der Hauptstadt Peking durch, bei denen sich meist mittelständische Unternehmen aus NRW mit chinesischen Gesprächspartnern austauschen konnten. 1995 und 1996 besuchten Kfz- bzw. Bauzulieferer aus NRW unter der Leitung der IHK Köln diesen zukunftsträchtigen Markt. Die Kammer koordiniert zudem seit 1996 einen aus zehn bis fünfzehn Unternehmen bestehenden Firmenpool, der über eine Kontaktperson in Peking geschäftliche Betätigungsfelder sondiert. Umgekehrt arrangierte die Kammer 1992 für eine große chinesische Einkaufsdelegation Geschäftskontakte zu mehr als 120 nordrhein-westfälischen Firmen. Aufgrund der zunehmenden Liberalisierung und des einsetzenden Wirtschaftswachstums in China verzeichnen DCW und IHK in den letzten Jahren ein rapide zunehmendes Interesse der chinesischen Partner an nordrhein-westfälischen Investoren. Die Delegationen reisen aus dem gesamten Land an, nicht etwa nur aus den wirtschaftlich prosperierenden Südprovinzen.

Seit 1988 gibt die Kölner Kammer zusammen mit der DCW das zweimonatlich erscheinende China-Telegramm mit aktuellen Informationen zum deutsch-chinesischen Wirtschaftsverkehr heraus. Der sogenannte „A.K.U.T.T.-Brief", dessen Buchstaben für die Länder Aserbaidschan, Kasachstan, Usbekistan, Turkmenistan und Türkei stehen, wird ebenfalls von der Kölner IHK zusammengestellt und informiert über die Märkte in den turksprachigen Staaten. In den Schwerpunktmärkten Vietnam, Türkei und Kasachstan führte die IHK, teils in Zusammenarbeit mit der Landesregierung, Messebeteiligungen, Katalogausstellungen (so z.B. 1994 in Hanoi) und EU-geförderte Workshops durch. 1994 veranstaltete die Kammer in Köln ein deutsch-kasachisches Wirtschaftsforum. An Veröffentlichungen erschienen drei Leitfäden zu den Ländern Vietnam, Kasachstan und Türkei.[205]

Das Gebäude der „Alten Universität" in der Kölner Südstadt, in dem u.a. auch die Außenwirtschaftsfachschule der IHK zu Köln ansässig ist

6.7 AUSSENWIRTSCHAFTSFACHSCHULE

Den Kammern war es bereits nach dem preußischen Handelskammergesetz von 1870 bzw. 1897 gestattet, „Anlagen und Einrichtungen" zu gründen und zu unterhalten, „die die Förderung von Handel und Gewerbe sowie die technische und gewerbliche Ausbildung ... bezwecken".[206] In diesem Sinne gründete die Industrie- und Handelskammer zu Köln bereits vier Jahre nach dem Ende des Zweiten Weltkriegs eine Außenhandelsfachschule. Ziel war es, die kriegsbedingte Minderausbildung von Fachleuten für den Im- und Export möglichst bald wettzumachen. Die Schule wurde 1954 vom Kultusminister des Landes Nordrhein-Westfalen anerkannt und seiner Aufsicht unterstellt. Von nun handelte es sich bei der „AUFA" um eine öffentliche Schule, sie war schulgeldfrei und stellte die Lernmittel. Ein weiterer Meilenstein war ihre Anerkennung als Wirtschaftsfachschule im Dezember 1970. Ihr offizieller Name heute „Wirtschaftsfachschule – Fachrichtung Außenhandel – der Industrie- und Handelskammer zu Köln". Die Absolventen dürfen die Berufsbezeichnung „Staatlich geprüfter Betriebswirt – Fachrichtung Außenhandel" führen. Ebenfalls 1970 ist die Schule im Sinne des Arbeitsförderungsgesetzes als förderungswürdig anerkannt worden.[207] Seit Beginn der achtziger Jahre ist die Schule im Gebäude der Kölner Fachhochschule an der Claudiusstraße untergebracht.

Die AUFA bietet im Rahmen eines sechssemestrigen Abendstudiums eine kaufmännische Weiterbildung für den Führungsnachwuchs besonders in exportorientierten Unternehmen des hiesigen Wirtschaftsraumes. Voraussetzung für den Besuch der Schule waren bis zur Mitte der neunziger Jahre der Hauptschulabschluß und eine abgeschlossene Lehre einschließlich mindestens zwei Jahren Berufspraxis oder sechs Jahre Berufserfahrung ohne einschlägigen Abschluß. Der Schülertrend der letzten Jahre geht eindeutig zu qualifizierteren Schulabschlüssen. Seit Sommer 1996 werden nur noch Anwärter mit Fachhochschulreife zugelassen.

Der Lehrplan gliedert sich, ungefähr zu je einem Drittel, in Allgemeine Wirtschaftswissenschaften, Außenhandel und Fremdsprachen. 1996 wurde er um die Fächer Informatik und Kommunikation erweitert, was erhebliche organisatorische Umstellungen in der Schule zur Folge hatte. Schon 1990 war die Stundenzahl von 1 400 auf 1 800 erhöht worden aufgrund neuer Ausbildungs- und Prüfungsordnungen.[208]

Die – nebenberuflich tätigen – Dozenten der Schule sind zur Hälfte Fachhochschullehrer, zur anderen Hälfte Praktiker aus der Wirtschaft.[209] Ein Förderverein aus Unternehmern des Kölner Kammerbezirks unterstützt die Schule seit 1974 finanziell bei der Anschaffung von Lernmitteln und der Durchführung von Studienreisen. Als 1982 der tausendste erfolgreiche Absolvent gefeiert wurde, beschloß der Förderverein die Stiftung eines Preises für die jeweils Besten der Abschlußklassen.[210] Die Schule erfreut sich seit den achtziger Jahren wachsender Beliebtheit. So mußten 1985 erstmals einige Studienanfänger auf das nächste Studienjahr vertröstet werden, weil nicht genügend Plätze zur Verfügung standen.[211] Gab es 1984 noch 140 Studierende, so erhöhte sich ihre Zahl bis 1990 auf 202. Das Verhältnis zwischen männlichen und weiblichen Studierenden hat sich inzwischen umgekehrt: Im Jahre 1972 lag es bei 113/18, zwanzig Jahre später bei 70/100.[212]

7 BERUFSBILDUNG

7.1 DAS BERUFSBILDUNGSGESETZ VON 1969 UND SEINE KONSEQUENZEN FÜR DIE KAUFMÄNNISCHE UND GEWERBLICH-TECHNISCHE AUSBILDUNG

Am 12. Juni 1969 verabschiedete der Deutsche Bundestag mit großer Mehrheit das neue Berufsbildungsgesetz (BBiG). Entgegen vieler Befürchtungen – nach zahllosen Änderungswünschen der

Länder – billigte der Bundesrat das Gesetz ohne Einschaltung des Vermittlungsausschusses, so daß es am 16. August bereits veröffentlicht wurde und definitiv zum 1. September 1969 in Kraft trat.[213]

Hiermit war eine einheitliche Rechtsgrundlage für alle Berufsbildungsverhältnisse geschaffen und, was für die Wirtschaft von besonderer Bedeutung war, das duale System – betriebliche Unterweisung und Besuch einer berufsbildenden Schule – hatte definitiv die Anerkennung des Gesetzgebers gefunden. Die duale Berufserziehung war bisher nur in wenigen Ländern bekannt. Sie gewann jedoch jetzt ständig mehr Anhänger.[214] Großbritannien, Frankreich und die USA z.B. zeigten Mitte der sechziger Jahre ein wachsendes Interesse hieran.

Bis zur Mitte der siebziger Jahre war die Berufsbildung das Ziel vieler unsachlicher Angriffe und Forderungen. Immer wieder war der Ruf nach Verstaatlichung der Ausbildung zu hören. Im Rahmen eines Referates über die Berufsbildung der Kammern auf der Präsidialkonferenz der Kammervereinigung NRW vom 27. November 1972 kritisierte Hauptgeschäftsführer Helmut Rehker den hohen Verwaltungsaufwand, den das Berufsbildungsgesetz mit sich gebracht habe und den man zunächst nur „mit größtem Mißtrauen" zur Kenntnis genommen habe. Die Kammern hätten alle „bürokratischen Hemmnisse" inzwischen in den Griff bekommen, und es sei auch nicht zu den zunächst „befürchteten Konfrontationen zwischen Arbeitgeber und Arbeitnehmern in den Berufsbildungsausschüssen gekommen".[215] Im Dezember 1973 verlautbarte das Bundesministerium für Wissenschaft und Bildung schließlich, daß eine weitergehende Reform der Berufsbildung ohne die Unternehmen nicht durchführbar sei.[216] Ein Versuch des Bundes von 1975, das BBiG zu ändern, fand keine Zustimmung im Bundestag. Die Arbeitnehmerorganisationen sahen in ihm die Bedürfnisse der Wirtschaft zu stark berücksichtigt, die Verbände verwiesen darauf, daß ein bloßes Mehr an Organisation nicht zwingend auch für eine bessere Berufsbildung sorge, und auch die Wissenschaft entdeckte in dem neuen Entwurf „kaum einen zukunftsorientierten Hinweis".[217] So blieb das Gesetz bis heute gültig. 1993 sprach sich die IHK zu Köln deutlich gegen Pläne der gemeinsamen Verfassungskommission von Bundestag und Bundesrat, dem Bund die Zuständigkeit für die Berufsbildung zu entziehen und den Ländern zu übertragen, aus. Der einheitliche, hohe Ausbildungsstandard, der durch bundeseinheitliche Ausbildungsordnungen gesichert werde und hohe Mobilität und Flexibilität ermögliche, dürfe nicht gefährdet werden.[218]

Das BBiG regelt die Berufsbildung einschließlich der Berufsausbildung, der beruflichen Fortbildung und der beruflichen Umschulung. Deren Betreuung war gem. § 75 „zuständigen Stellen" übertragen, die im gesetzlich festgelegten Rahmen ihre Aufgaben zu erfüllen hatten. Die Industrie- und Handelskammer ist zuständig für alle Berufsbildungsverhältnisse in Gewerbebetrieben, „die nicht Handwerksbetriebe oder handwerksähnliche Betriebe sind". Sie hatte die Durchführung der Bildungsmaßnahmen zu überwachen und sie durch Beratung der Beteiligten zu fördern (§ 75 in Verbindung mit §§ 45 und 56 BBiG). Ein paritätisch besetzter Berufsbildungs-Ausschuß hatte die Rechtsvorschriften zur Durchführung des Berufsbildungsgesetzes zu beschließen.

Das Gesetz setzte auch sprachlich völlig neue Normen: Aus dem „Lehrling" wurde der „Auszubildende", aus dem „Lehrherren" der „Ausbildende". Der „Berufsausbildungsvertrag" (zuvor: „Lehrvertrag") wurde nun bei der IHK in das „Verzeichnis der Berufsausbildungsverhältnisse" (früher: „Lehrlingsrolle") eingetragen.

Bisher stützte sich das Prüfungswesen der Kammern auf § 1 des Kammergesetzes; jetzt war es in den §§ 34-43 des BBiG endgültig gesetzlich verankert. Neben Vorschriften über die Zulassung zur Prüfung und der Prüfungsordnung enthält es detaillierte Bestimmungen über die Zusammensetzung von Prüfungsausschüssen und deren Beschlußfähigkeit. Den Ausschüssen gehören als Mitglieder, die jeweils für drei Jahre berufen werden, Beauftragte der Arbeitgeber und der Arbeitnehmer in gleicher Zahl sowie mindestens ein Lehrer einer berufsbildenden Schule an, wobei mindestens zwei Drittel aller Mitglieder keine Lehrer sein dürfen. Der Ausschuß wählt – anders als zuvor – aus seiner Mitte den Vorsitzenden und den Stellvertreter, diese dürfen nicht der gleichen Mitgliedergruppe angehören.

Gem. § 42 BBiG ist während der Berufsausbildung „zur Ermittlung des Ausbildungsstandes mindestens eine Zwischenprüfung entsprechend der Ausbildungsordnung durchzuführen, bei der Stufenausbildung „für jede Stufe". Die 1973 von 5 329 Teilnehmern erstmals absolvierten Zwischenprüfungen wurden von der IHK – bei hohem organisatorischem Aufwand – sehr begrüßt, weil sie allen an der Ausbildung Beteiligten rechtzeitig einen Überblick über den Kenntnisstand der Auszubildenden gewährten, mit der Möglichkeit, eventuell erforderliche betriebliche Maßnahmen noch rechtzeitig vor der Abschlußprüfung treffen zu können.[219]

1973 arbeiteten in der IHK Köln mehr als 1 600 ehrenamtliche Prüfer in mehr als 260 Ausschüssen mit hohem Engagement, 1983 waren es 2 000 in mehr als 270 Ausschüssen.[220] 1994 verzeichnete die IHK mehr als 3 000 ehrenamtlich Tätige in 326 Ausschüssen. Zu Beginn des Jahres 1997 arbeiteten 4 361 Prüfer in 383 Ausschüssen. Die Arbeitnehmerorganisation hat im Rahmen des Prüfungswesens auch eine Mitverantwortung im Berufsbildungs-Ausschuß der IHK. Dieser mit sechs Beauftragten der Arbeitgeber, sechs Beauftragten der Arbeitnehmer und sechs Lehrern mit beratender Stimme paritätisch besetzte Ausschuß hat aufgrund des Berufsbildungsgesetzes die von der Kammer zu erlassenden Rechtsvorschriften für die Durchführung der Berufsbildung zu beschließen. Die Mitglieder des Berufsbildungs-Ausschusses werden für vier Jahre berufen.

Gem. § 56 BBiG konstituierte sich der Berufsbildungs-Ausschuß der IHK Köln 1970 neu mit 18 Mitgliedern und 18 Stellvertretern. Am 8. Oktober 1970 fand die erste Sitzung des neuen Ausschusses statt. Kammerpräsident Otto Wolff von Amerongen nahm an dieser Sitzung persönlich teil und appellierte im Rahmen seiner Begrüßung besonders an den Geist der Kooperation. Der Vorsitz im Ausschuß lag in Zukunft jährlich alternierend bei einem Beauftragten der Arbeitgeber bzw. der Arbeitnehmer. 1971 absolvierte der Berufsbildungs-Ausschuß, nachdem er sich eine eigene Geschäftsordnung gegeben hatte, sechs Vollsitzungen, zusätzlich tagten 18 – ebenfalls paritätisch besetzte – Arbeitsgruppen.[221] Am 10. September 1971 beschloß die Vollversammlung auf Vorschlag des Berufsbildungs-Ausschusses die Errichtung eines Schlichtungsausschusses zur Beilegung von Streitigkeiten zwischen Ausbildenden und Auszubildenden gem. § 102 BBiG in Verbindung mit § 111 Abs. 2 des Arbeitsgerichtsgesetzes mit je sechs Beauftragten der Arbeitgeber und der Arbeitnehmer. Für die Zweigstelle Oberberg wurde ein eigenständiger Schlichtungsausschuß mit je vier Arbeitgeber- und Arbeitnehmerbeauftragten gegründet.

Aufgrund des Berufsbildungsgesetzes von 1969 wurde das „Bundesinstitut für Berufsbildungsforschung" (BIBB) in Berlin neu errichtet. Ihm obliegt seitdem die Förderung der Berufsbildung durch Forschung, insbesondere die Klärung der Grundlagen, die Ermittlung der Inhalte und Ziele der Berufsbildung, daneben die Vorbereitung der Anpassung der Berufsbildung an die technische, wirtschaftliche und gesellschaftliche Entwicklung; auch der Koordination der Interessen im Rahmen der Schaffung neuer Berufsordnungsmittel kommt hierbei eine besondere Bedeutung zu.

Zwischen 1968 und 1978 – und erneut von 1990 bis 1995 – hatte die IHK zu Köln die Federführung in NRW für „Grundsatzfragen der Berufsbildung und Berufsausbildung" inne.[222] 1971 erfolgte seitens der Kammervereinigung eine Abgrenzung zu der bei der IHK Dortmund liegenden Federführung „Rationalisierung und Weiterbildung", wobei die Kammer Dortmund zukünftig für alle Formen der Weiterbildung zuständig war, die nicht zu einer Abschlußprüfung führten. Die Kölner Kammer blieb gegenüber dem Landes- wie dem Bundesausschuß für Berufsbildung landesweit zuständig.[223]

Im Sommer 1972 wurde als gemeinsame Koordinierungsstelle der NRW-Kammern die „Zentralstelle für Prüfungsaufgaben" (ZPA) eingerichtet, um die Arbeit der einzelnen Kammern auf dem Gebiet des beruflichen Prüfungswesens zu entlasten, zumal im Sommer 1972 in bestimmten kaufmännischen Berufen teilweise erstmals in programmierter Form geprüft worden war. Zudem war der organisatorische Aufwand durch die seit 1973 obligatorischen Zwischenprüfungen von der Einzelkammer nicht mehr zu bewältigen. Die ZPA sollte zunächst als Leitstelle die „Auswahl, Überprüfung und Koordination, später ggf. auch die Erstellung der Prüfungsaufgaben" übernehmen. Die ZPA nahm 1973 ihre Arbeit zunächst in Wuppertal auf, wechselte jedoch bereits 1974 nach Köln, d.h. zur seinerzeit federführenden Kammer, der die Fachaufsicht oblag. Die ZPA ist „technische Koordinierungsstelle der Kammern", keine Aufgabenerstellungsinstanz. Dies blieben die Kammern, die der ZPA Aufgabensubstanzen zuliefern. Die ZPA bereitet diese dann prüfungsgerecht vor und wertet die Ergebnisse mittels Datenverarbeitung aus. Die IHK Köln führt die ZPA „als Organisationseinheit im Kammergefüge" in Abstimmung mit der Rechnungsprüfungsstelle der IHKn haushaltstechnisch über einen Nebenhaushalt der IHK Köln.[224]

7.2 AUSBILDERQUALIFIZIERUNG – AUSBILDUNGSINITIATIVEN

Um das duale System noch tragfähiger zu machen, definierte der Gesetzgeber im Berufsbildungsgesetz klare Vorstellungen bzgl. der persönlichen und fachlichen Eignung des Ausbilders in den Betrieben (§§ 20 ff., § 76). Bereits im Dezember 1969 bot die IHK Köln das erste Grundseminar für Arbeits- und Berufspädagogik an; ihm folgte ein Aufbauseminar mit praktischen Übungen.[225] Die vom Bundeswirtschaftsministerium erarbeitete Ausbildereignungsverordnung (AEVO) vom 28. April 1972 schrieb schließlich verbindlich vor, daß alle in der Ausbildung tätigen Fachkräfte innerhalb von drei Jahren ihre Kenntnisse in Berufs- und Arbeitspädagogik nachweisen mußten, wobei Ausbilder alle „verantwortlich, unmittelbar und über einen längeren Zeitraum hinweg in der Ausbildung tätigen Personen waren".

Die IHK Köln bot zur Vorbereitung auf diese Prüfung schon vor der Verkündung dieses Gesetzes ein erstes 100-Stunden-Seminar für 100 Teilnehmer an. Im Januar 1973 legten die ersten Ausbilder ihre AEVO-Prüfung bei der Kammer ab. Die Kammer betrieb eine vielfältige Aufklärungsarbeit durch Aufsätze, Merkblätter, Rundschreiben und vor allem eine konkrete Vor-Ort-Beratung durch ihre Ausbildungsberater. Sie erließ eine eigene Prüfungsordnung für die AEVO-Prüfung. 1973 bestanden 226 Ausbilder (= 96 %) die Prüfung, 1974 waren es 542. Ein neues Kompendium unter dem Titel „Der Weg zur Ausbilderprüfung"[226], das den Empfehlungen des Bundesausschusses für Berufsbildung entsprach und zum Selbststudium geeignet war, wurde nachdrücklich von der IHK Köln empfohlen. Hiernach war die Prüfung bei Absolvierung von vier Kurzseminaren von je zwölf bis 18 Stunden anstelle eines Langzeitseminars von 120 Stunden möglich. Zum 1. September 1974 brachte eine Änderungsverordnung zur AEVO Erleichterungen bzgl. von Ausnahmegenehmigungen.[227] Auch ADA-Fernsehkurse mit Tutorials wurden angeboten.[228] 1974 ergab eine Analyse der Ausbilderförderung durch die Kammer, daß besonders ländliche Gebiete im Kreis Bergheim und im Rheinisch-Bergischen Kreis noch einen großen Nachholbedarf auf dem Gebiet der Ausbilderqualifizierung hatten.[229]

Mit Bedauern konstatierte die Kammer 1974 eine früher kaum festzustellende, jetzt wachsende Ausbildungsverdrossenheit und Zurückhaltung der Wirtschaft. Dies bestätigten vor allem auch die Ausbildungsberater. Deshalb stellte die IHK das Jahr 1974 insgesamt in der Berufsbildung unter das „Leitmotiv der noch besseren Qualifikation der Ausbilder"[230] und erklärte es zum „Jahr der Ausbilder".

Während die IHK in den sechziger Jahren – und noch 1968 – über Tausende von nicht zu besetzenden offenen Stellen für Auszubildende in der gewerblichen Wirtschaft des Bezirks klagte, begann deutlich in diesem Jahr ein absoluter und relativer Nachfragerückgang, der erstmals Anlaß zu sorgenvollen Bemerkungen gab. Seit 1970 verzeichnete die IHK einen jährlichen Rückgang der Ausbildungsverhältnisse von zwei bis vier Prozent, ohne diesen zunächst bereits als alarmierend anzusehen.[231] Diese Einschätzung änderte sich 1973/74 nicht nur wegen der neuen AEVO, sondern auch, weil der Einbruch der Konjunktur (Ölpreiskrise 1973) deutlich zu spüren war. Hinzu kam, daß sich der Trend bei den Jugendlichen, einzelne Modeberufe zu ergreifen – wie die des Elektrogewerbes – noch verstärkte. 1975 verzeichnete die IHK aber auch eine „Bewerbungsinflation" durch Parallelbewerbungen von Schulabsolventen bei bis zu 20 Unternehmen. Zudem wählten viele Abiturienten infolge erster Zugangsbeschränkungen der Hochschulen jetzt die Lehre als eine „Durchgangsstation". Bei diesen sprach die IHK von sogenannten „Parkstudenten".[232]

Am 1. September 1976 trat das „Ausbildungsplatzförderungsgesetz" des Bundes in Kraft, das auch eine Verstärkung der überbetrieblichen Ausbildungsbemühungen zum Ziel hatte. Dies sah die IHK mit großer Skepsis, zumal hier auch eine betriebliche Ausbildungsabgabe zur Diskussion stand.[233] Die IHK unternahm Sonderaktionen zur Bereitstellung von mehr betrieblichen Ausbildungsplätzen. Jetzt und auch in den Folgejahren war die Resonanz in der Wirtschaft überaus positiv (1977 = + 14,3 % Ausbildungsplätze, 1978 = + 10 %, 1979 = + 12,7 %).

1981 verlief eine Aufkleberkampagne mit dem „Kleeblattsymbol" und dem Slogan „Die Zukunft gewinnen – ausbilden" besonders erfolgreich.[234] Verstärkte Aktionen, zusätzliche Ausbildungsplätze zu schaffen, waren gerade jetzt wichtig, weil die ersten Absolventen des 1980 neu eingeführten zehnten Pflichtschuljahres in die Ausbildung drängten. 1982 forderten Kammerpräsident Otto Wolff von Amerongen und Hauptgeschäftsführer Eberhard Garnatz in einer großangelegten Briefaktion die mehr als 20 000 HR-Firmen ihres Bezirks auf, mehr auszubilden. „markt + wirtschaft" lieferte hierzu eine entsprechende Unterstützungskampagne. Die IHK beteiligte sich an den Lehrstellentagen der Arbeitsämter des Bezirks. Auch 1984 war die prekäre Ausbildungsplatzsituation ein vorherrschendes Thema des Berufsbildungs-Ausschusses. In diesem Jahr begannen 74 % eines Schulabsolventenjahrgangs eine Ausbildung im dualen System, gegenüber nur 50 % im Jahre 1976.[235] 1984 besaßen bereits 50 % der kaufmännischen Auszubildenden von Industrie, Banken, Versicherungen und Groß- wie Außenhandel die Hochschulreife. Mit einem Ausbildungsplatzzuwachs von nochmals 9,6 % lag der IHK-Bezirk Köln seinerzeit an der Spitze aller Kammern in Nordrhein-Westfalen. Für unversorgt gebliebene Bewerber der Arbeitsämter organisierte man jetzt auch außerbetriebliche und vollzeitschulische Maßnahmen. Das Starthilfeprogramm der Landesregierung zur finanziellen Förderung weiterer betrieblicher Ausbildungsplätze erlangte im Kammerbezirk kaum eine Bedeutung.

Im Jahre 1986 war die Zahl der anerkannten Ausbildungsberufe auf fast 400 gestiegen. Inzwischen begannen sich Angebot und Nachfrage in der beruflichen Ausbildung umzukehren. 1990 wurden potentielle Auszubildende von den Unternehmen förmlich umworben. Jetzt unterstützte die IHK ihre Unternehmen bei den unterschiedlichsten Aktionen, Auszubildende zu gewinnen. Die Berufswünsche blieben im wesentlichen auf wenige Berufsfelder beschränkt. Ein 1991 erstmalig herausgegebener Lehrstellenatlas mit rund 5 500 Unternehmen und 135 möglichen Berufen der IHK sollte das Berufswahlspektrum erweitern helfen durch Informationen über die vielfältigen Möglichkeiten betrieblicher Ausbildung.[236]

Im gleichen Jahr beteiligte sich die IHK Köln an der großen NW-Aktion „Karriere mit Lehre" durch Präsentation von Beispielen aus 280 IHK-Berufen. Seit Herbst 1991 informierte zusätzlich eine Vierteljahresschrift der IHK-Berufsbildung über aktuelle Entwicklungen in der regionalen Aus- und

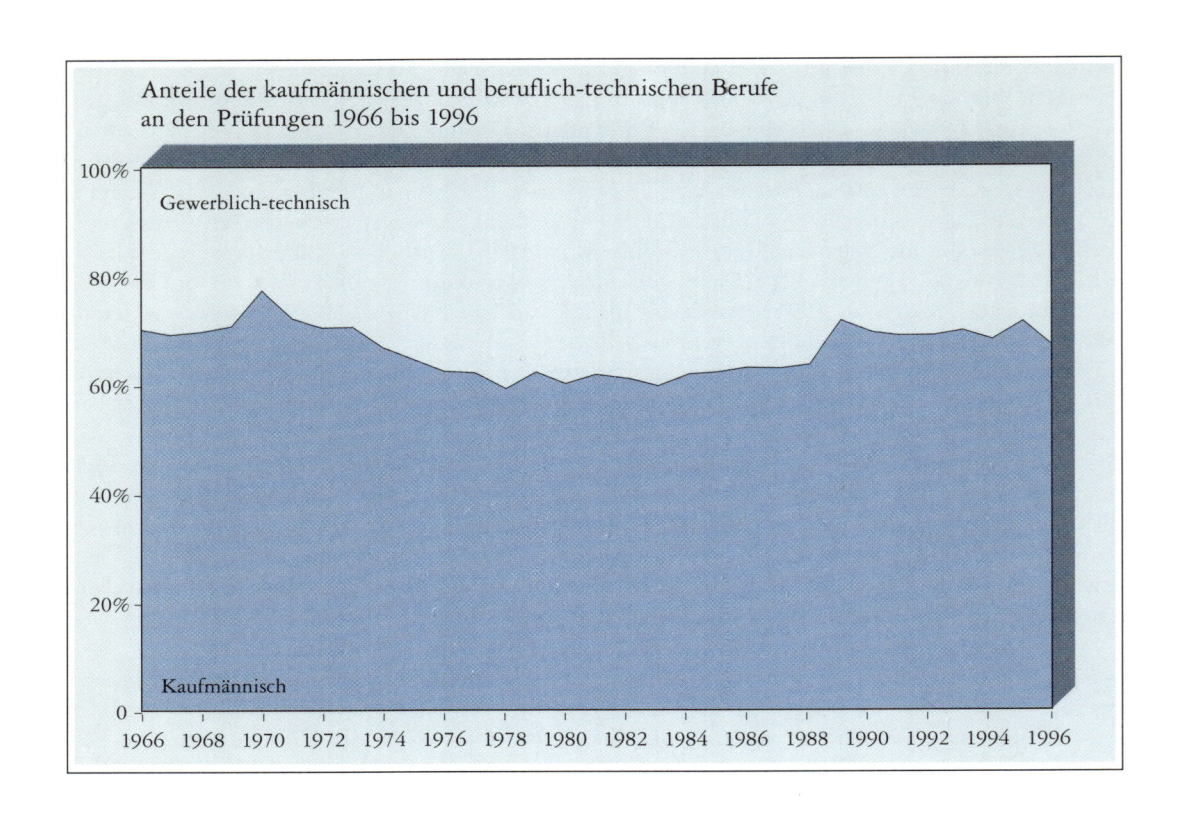

Anteile der kaufmännischen und beruflich-technischen Berufe an den Prüfungen 1966 bis 1996

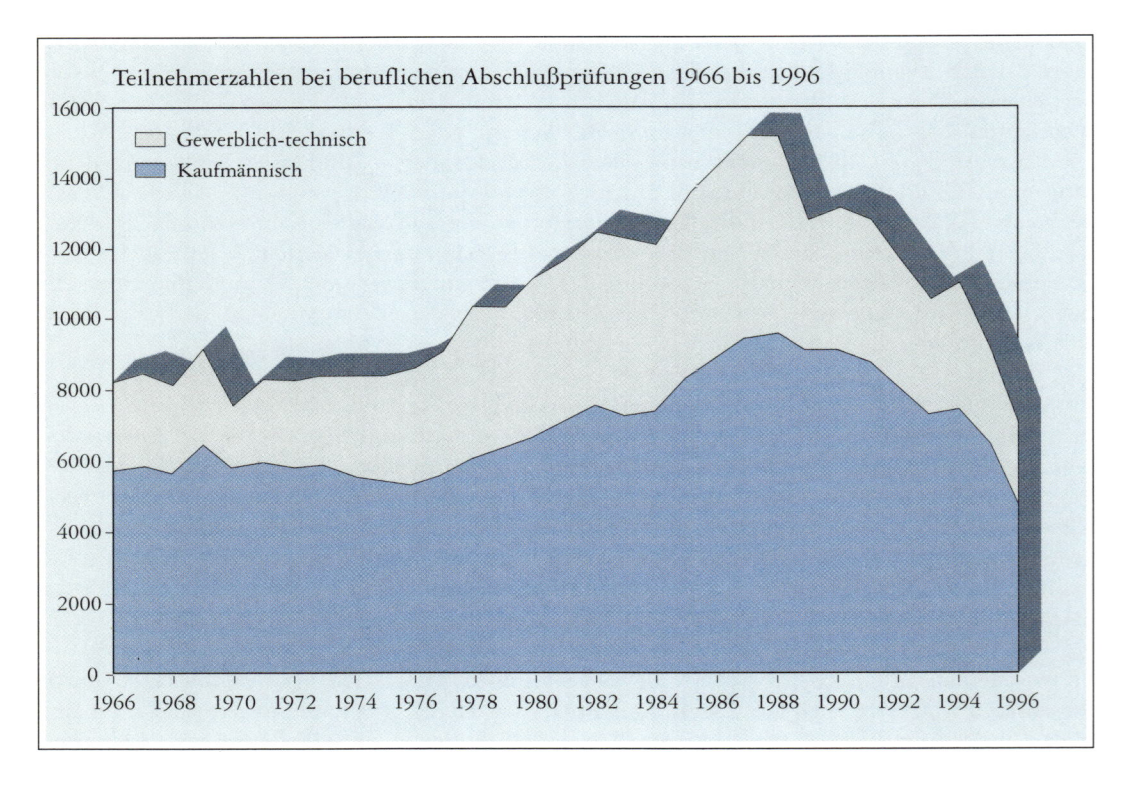

Teilnehmerzahlen bei beruflichen Abschlußprüfungen 1966 bis 1996

Weiterbildung. Bereits seit dem Ende der achtziger Jahre verzeichnen die Kurven der Auszubildenden im IHK-Bezirk sowohl im kaufmännischen wie im gewerblich-technischen Bereich absolut eine abnehmende Tendenz. Höchstzahlen mit jeweils mehr als 15 800 Prüfungsteilnehmern weisen die Jahre 1987 und 1988 aus, mit Anteilen von 62-63 % im kaufmännischen Bereich, und 36-37 % im gewerblich-technischen Bereich.

Nach Jahren rückläufiger Entwicklung trat 1995 erneut eine positive Trendwende mit einem Zuwachs im Kammerbezirk von 0,9 % ein.[237] 1994 veranstaltete die IHK Köln erstmals eine großangelegte „Ausbildungsmesse" im örtlichen Rahmen der Kölner Messe mit breiten, attraktiven Informationsmöglichkeiten für Jugendliche über Inhalte bestimmter Berufsbilder, Aufstiegschancen im gewählten Beruf und die gesamte Palette der Fort- und Weiterbildungsangebote im Kölner Kammerbezirk. 1995 wurde diese Ausbildungsmesse unter Beteiligung der Arbeitsämter wiederholt, mit jetzt mehr als 16 000 Teilnehmern (Vorjahr = 9 000) und mehr als 50 Ausbildungsangeboten von Unternehmen des Bezirks (Vorjahr = 40).[238] Die 1995 begonnene, großangelegte „Lehrstellenaktion" zur Schaffung neuer Ausbildungsplätze setzte sich 1996 erfreulich fort mit einer Steigerung von 5,2 % gegenüber dem Vorjahr. Damit lag die IHK Köln erneut an der Spitze aller 16 NRW-Kammern.[239] Der Erfolg basierte vor allem auf einer persönlichen Ansprache von mehr als 3 000 Unternehmen des Kammerbezirks, wobei die IHK-Ausbildungsberater insbesondere in kleinen und mittleren Unternehmen Ausbildungsplätze zurückgewinnen konnten.

Verbindungsglied zwischen IHK, Verwaltung und ausbildenden Betrieben sind die hauptamtlich und nebenamtlich für die IHK Köln tätigen Ausbildungsberater. 1973 arbeiteten sieben Damen und Herren hauptamtlich und vier nebenamtlich für die IHK. Diese elf Ausbildungsberater besuchten im Jahr 1973 mehr als 1 300 Unternehmen. 1981 waren zwölf Ausbildungsberater für die IHK Köln tätig, 1984 waren es 16, die immerhin 4 163 Besuche in Unternehmen absolvierten.[240] Die seit einiger Zeit ganz überwiegend nebenberuflich tätigen Ausbildungsberater standen den ausbildenden Betrieben in allen Fragen der Berufsbildung „mit Rat und Tat" zur Seite. Sie gingen konkreten Beschwerden nach, informierten, klärten auf, boten konkrete Hilfen an, z.B. auch bei der Formulierung von Verträgen etc.[241] Neben ausführlichen Gesprächen gehört ebenso eine Schlichtung vor Ort in Streitigkeiten zwischen Ausbilder und Auszubildendem wie die Werbung bzw. Überzeugung der besuchten Unternehmen, noch mehr auszubilden, zu den Kernaufgaben. Dank ihrer Erfahrung, ihres Geschicks vor allem, konnte die Zahl der Ausbildungsplätze in den achtziger Jahren kontinuierlich gesteigert werden, ohne daß die Qualität des Ausbildungsplatzangebotes hierunter gelitten hat.[242] So gab es seit 1983 eine „Sondergruppe" von IHK-Beratern, die primär im Bereich der Ausbildungsplatzwerbung tätig, d.h. in bestimmten Regionen flächendeckend unterwegs war, wobei sich die Suche nach freien Plätzen im gewerblich-technischen Bereich bereits seinerzeit als zunehmend schwieriger gegenüber dem kaufmännischen Bereich gestaltete.

Ganz überwiegend, d.h. zu mehr als 90 %, wurden Auszubildende in gewerblich-technischen Berufen in betriebseigenen Einrichtungen ausgebildet. Erfüllten kleinere Unternehmen nicht alle Anforderungen an einen Ausbildungsbetrieb gem. BBiG, so konnten Teile der Ausbildung überbetrieblich absolviert werden. Zwischen 1966 und 1990 unterhielt die IHK Köln in der unweit der IHK-Verwaltung gelegenen Probsteigasse eine eigene Lehrwerkstatt für Berufe der Eisen- und Metallverarbeitung. Hier wurden moderne Unterweisungstechniken erprobt und Methoden der Grundausbildung gemeinsam mit Fachleuten aus betriebseigenen Werkstätten erarbeitet. Die Auszubildenden erlernten in der kammereigenen Werkstatt zu Beginn ihrer Ausbildung während eines halben Jahres die Grundfertigkeiten im Feilen, Drehen, Hobeln, Härten, Fräsen und Elektroschweißen.[243] Auch erste Erfahrungen mit der Stufenausbildung in ausgewählten Berufen des gewerblich-technischen Bereichs wurden hier gemacht.

Lehrwerkstatt der IHK zu Köln in der Probsteigasse

7.3   STUFENAUSBILDUNG UND BLOCKUNTERRICHT

Im Jahre 1966 beschäftigte sich der Berufsbildungs-Ausschuß eingehend mit dieser neuen Form der Ausbildung, der Stufenausbildung[244], die es sowohl im gewerblich-technischen wie auch vereinzelt im kaufmännischen Bereich gab. 1966 wurde die Stufenausbildung im Einzelhandel eingeführt mit dem neuen, zweijährigen Berufsbild des Verkäufers und der zweiten Stufe (drittes Ausbildungsjahr) des Einzelhandelskaufmanns. Im Rahmen der großen Neuordnungen der achtziger Jahre wurde der Einzelhandelskaufmann als Monoberuf festgelegt, die zweijährige Ausbildung zum Verkäufer sollte, ebenso wie die übrigen zweijährigen Ausbildungsberufe – wie z.B. die der Bürogehilfin – aufgehoben werden. Dies konnte bisher nicht realisiert werden aufgrund von divergierenden Meinungen der Sozialpartner im Neuordnungsprozeß. Die Stufenausbildung hat sich in einer Reihe von gewerblich-technischen Berufen durchgesetzt. Sie ermöglicht es, die besonders im Metall- und Elektrobereich stark differenzierten Ausbildungsberufe in der Grundbildungsstufe zusammenzufassen.

Bereits 1971 befürwortete der Berufsbildungs-Ausschuß angelaufene Schulversuche mit Blockunterricht[245], die 1972 dann verstärkt durchgeführt wurden, wobei zwei Modelle, vom Kultusministerium als „gleichrangig" vorgestellt, zur Auswahl standen: das Modell A mit zwölf Wochen Blockunterricht pro Jahr oder das Modell B mit zweimal sechs Wochen Unterricht pro Jahr. Bis 1975 sollte nach den Vorstellungen der Bildungspolitiker möglichst der gesamte, bisher berufsbegleitende Unterricht durch Blockunterrichtsformen ersetzt sein. Hierzu äußerte sich die IHK 1973 sehr kritisch in ihren „Mitteilungen" unter dem Titel „Anspruch und Wirklichkeit" mit Hinweisen auf seinerzeit fast 50 % nicht-erteilte Unterrichtsstunden, 35 % nicht-besetzte Planstellen im berufsbildenden Schulbereich und mit der Forderung nach 24 bis 30 Stunden Vollzeitunterricht innerhalb der Blöcke. „Blockunterricht, die schon vor Jahren entdeckte Zauberformel", werde nur dann „dem Nachwuchs in seinem berechtigten Streben nach sozialer Sicherheit nutzen, wenn mindestens 25 Wochenstunden Unterricht erteilt" würden.[246] Auch in den achtziger und neunziger Jahren boten Probleme des Blockunterrichts, der nach wie vor nicht flächen- und berufsfelddeckend eingesetzt wird, häufig den Anlaß für Gespräche gerade kleinerer und mittlerer Unternehmer mit der Kammer und ihren Ausbildungsberatern.

7.4 QUALIFIKATION AUSLÄNDISCHER NACHWUCHSKRÄFTE

1981 nahmen zum ersten Mal ausländische Mitbürger an einem Ausbilderseminar teil; seit 1991 führt die IHK regelmäßig Ausbilderlehrgänge zu dem Thema „ausländische Jugendliche als Auszubildende" durch.[247] Im Sommer 1996 erwarben 18 türkische Unternehmer die Qualifikation zur Ausbildung – nach dem Besuch eines speziell auf diese Gruppe und ihr Ausbildungspotential zugeschnittenen Kurses.[248] In der Ausbildung waren ausländische Jugendliche auch 1990 noch stark unterrepräsentiert. In diesem Jahr waren acht Prozent aller Auszubildenden im Kammerbezirk Köln Ausländer, bei einem Ausländeranteil in den Schulen von durchschnittlich 33 %, in der Hauptschule allein von rund 50 %. Die IHK Köln konstatierte ein erhebliches Informationsdefizit bei der Entscheidungsfindung gerade der ausländischen Jugendlichen.[249] Aus diesem Grunde entstand in diesem Jahr unter Beteiligung von Handwerkskammern und Kreishandwerkerschaft in Kooperation mit der Berufsberatung des Kölner Arbeitsamtes die „Beratungstelle zur Qualifizierung ausländischer Nachwuchskräfte" (BQN) mit Sitz in der IHK Köln als bundesweit erstes Modellprojekt mit dem Ziel, den Anteil ausländischer Jugendlicher an der beruflichen Bildung deutlich zu erhöhen. Anläßlich einer großen öffentlichen Präsentation von BQN am 8. September 1990 informierten sich mehr als 2 000 Besucher über ihre beruflichen Chancen. Zwischen 1989 und 1993 stieg die Zahl der ausländischen Auszubildenden immerhin bereits von 1 605 auf 3 366.

BQN Köln wurde Vorbild für ähnliche Einrichtungen in Hagen, Düsseldorf, Berlin, Bremen, Frankfurt/Main, Hamburg, Nürnberg und Stuttgart. Das Kölner Modellprojekt zeigt, daß eine deutliche Verbesserung der Ausbildungssituation junger Ausländer durch gezielte Aktionen der Berufsbildungspartner möglich ist. Der Modellversuch hat sich voll bewährt, daher führt die IHK gemeinsam mit Stadt, Arbeitsamt und Handwerkskammer die Aktivitäten weiter.[250]

7.5 NEUORDNUNG VON AUSBILDUNGSBERUFEN UND NEUE BERUFE

Im Sommer 1973 traten vier neue Ausbildungsordnungen für die kaufmännischen Berufe „Industriekaufmann", „Bankkaufmann", „Kaufmann im Groß- und Außenhandel" sowie „Versicherungskaufmann" in Kraft, wobei der letztere Beruf 1996 wiederum neugeordnet wurde. Zum 1. August 1997 ist auch die zweite Neuordnung der Berufe „Speditionskaufmann", „Industriekaufmann" sowie „Kaufmann im Groß- und Außenhandel" abgeschlossen. Am 1. Januar 1974 folgte die Neuordnung für den „Berufskraftfahrer", mit der erstmals über die Führerscheinprüfungen hinaus die allgemeine Ausbildung für diesen besonderen Bereich des Transportwesens geregelt wurde. Im Frühsommer 1974 war die Neuordnung der „feinschlosserischen Berufe" abgeschlossen.

Zum 1. August 1986 wurde durch Rechtsverordnung des Bundes eine ganze Reihe von Berufen nach jahrelangen Verhandlungen zwischen den beteiligten Organisationen der Arbeitgeber und der Arbeitnehmer neu geordnet: Die industriellen Metall- und Elektroberufe wurden inhaltlich den neuen Anforderungen von Wirtschaft und Gesellschaft entsprechend neu gestaltet. Dies bedeutete auch eine Abschaffung der alteingeführten Berufsbezeichnungen zugunsten „moderner" Wortschöpfungen und eine Änderung der Lehrpläne sowie schließlich der Prüfungsanforderungen. Der Informations- und Beratungsbedarf der Wirtschaft war demzufolge hoch damals. Die IHK führte in allen Kreisen und Städten ihres Bezirks Informationsveranstaltungen durch unter Hinzuziehung von Sachverständigen, die an der Neuordnung mitgewirkt hatten. Auch die Ausbildungsberater waren entsprechend gefordert, zumal es auch um eine Abstimmung zwischen den berufsbildenden Schulen und den Unternehmen ging.[251]

1991 war die Neuordnung der Berufsbilder „Bürokaufmann/-kauffrau" und „Kaufmann/Kauffrau für Bürokommunikation" abgeschlossen. Das Ziel der Neuordnung war hier, analog den Errungenschaften der modernen, DV-gestützten Bürokommunikation die Absolventen zu selbständigen, computergestützten Sachbearbeitungen in den Unternehmen zu befähigen. So gehörten die Textverarbeitung und Tabellenkalkulation jetzt zu den Prüfungsfeldern des praktischen DV-Teils.[252]

1993 initiierte die IHK Köln die Schaffung neuer Berufsbilder für den Bereich „Medien". Zum 1. August 1997 werden für den rasch expandierenden Informations- und Kommunikationsbereich fünf neue Informations- und Telekommunikationsberufe („IT-Berufe") eingeführt: der „Informatikkaufmann", der „IT-Systemkaufmann", der „Fachinformatiker" mit den beiden Fachrichtungen „Anwendungsentwicklung" und „Systemintegration" sowie der „IT-Systemelektroniker". Diese Berufe lösen im kaufmännischen Bereich den „DV-Kaufmann" und im gewerblich-technischen Bereich den „Kommunikationselektroniker" ab. Die neuen Berufe werden keinem Berufsfeld zugeordnet, d.h. erstmals in der beruflichen Ausbildung entfällt eine klare Zuordnung eines Berufsbildes zur kaufmännischen bzw. gewerblich-technischen Richtung. Maßgebend allein ist der Wirtschaftszweig.

7.6 KOLLEGSCHULE, FACHOBERSCHULE UND FACHHOCHSCHULE

Über nahezu zwei Jahrzehnte war der NRW-Modellversuch zur Kollegschule, an der auch drei Kölner Schulen teilnehmen, ein zentrales Thema der bildungspolitischen Diskussion auf Landesebene. Hier wurde ein neues Konzept für die Sekundarstufe II erprobt, das die Zusammenführung von allgemeiner und beruflicher Bildung zum Ziel hat. In dieser bildungspolitischen Diskussion hat die IHK Köln mehrfach öffentlich dargestellt, daß der Versuch konzeptionell, inhaltlich und hinsichtlich der Akzeptanz bei Schulen wie bei Auszubildenden als gescheitert anzusehen ist. Die Ablehnung des Ziels dieses Versuches wurde auch von der Kölner IHK der Landesregierung gegenüber schriftlich begründet.[253] Da auch das Regelsystem der berufsbildenden Schule inhaltlich und organisatorisch weiterentwickelt und neu geordnet wurde, besteht heute ein politischer Konsens darüber, beide Systeme zu einem einheitlichen neuen System des Berufskollegs weiterzuentwickeln.

Die Initiativen des Landes zur Bildung der ersten Fachhochschulen verfolgte die IHK Köln mit besonderem Interesse. 1969 stand fest – und dies vermerkte die IHK mit Stolz in ihrem Jahresbericht[254] –, daß die unter Assistenz der IHK Köln 1947 errichtete älteste höhere Wirtschaftsfachschule der Bundesrepublik in Köln ab Herbst 1971 übergehen würde in die Fachhochschule für Wirtschaft. Da für den Zugang zu diesem Bildungsgang neben dem Abitur eine zwölfjährige schulische Ausbildung einschließlich bestimmter praktischer Erfahrungen vorgesehen war, schob sich zwischen Realschule und geplanter Fachhochschule seit April 1969 die Fachoberschule. Sie etablierte sich bereits im ersten Jahr ihres Bestehens 1970 fest auch im Kölner Kammerbezirk mit sofort mehr als 3 000 Schülern in 114 Klassen in 21 Schulen. Die Fachoberschule für Technik und Wirtschaft fand unter den angebotenen Fachsparten das größte Interesse. Hier war in Klasse 11 ein betriebliches Praktikum mit einer Dauer von 48 Wochen vorgesehen. Die IHK Köln bezeichnete diesen Weg als den ersten Versuch, eine Schule zur Praxis hin zu öffnen und betriebliche Ausbildungsgänge in eine öffentliche Schule einzubeziehen.[255]

Im Jahre 1990 plante die IHK Köln gemeinsam mit der Fachhochschule Köln ein kooperatives Studium im kaufmännischen und im gewerblich-technischen Bereich. Das Bildungsziel lag in einer Verknüpfung der Ausbildung im dualen System mit IHK-Abschluß und einem Studium an der Fachhochschule dergestalt, daß der Auszubildende bzw. Student in vier Jahren beide Abschlüsse erreichen konnte. Das kooperative Studium begann im Sommersemester 1992.[256] 1993 wurde im Fachbereich „Wirtschaft" der Studiengang „Kreditwirtschaft" unter Beteiligung von *Stadtsparkasse Köln* und *Kreissparkasse Köln* sowie den Sparkassen von Leverkusen, Bonn und des Siegkreises eingerichtet. Nach einjähriger Banklehre wurde parallel das Studium aufgenommen. Nach zweieinhalb Jahren Lehre ist der Bankkaufmann mit IHK-Abschluß zu erreichen, nach weiteren zwei Jahren der Fachhochschulabschluß als Diplom-Betriebswirt.

1995 entwickelte die IHK Köln gemeinsam mit dem Arbeitgeberverband Metallindustrie, der kaufmännischen Berufsschule Bergisch Gladbach und der privaten Fachhochschule Bergisch Gladbach (Außenstelle der FH Paderborn) ein vierjähriges Ausbildungsmodell zum Industriekaufmann mit Zusatzqualifikation in Englisch, IHK-Prüfung und Fachhochschulabschluß als Diplom-Betriebswirt. Seit 1996 läuft in Kooperation zwischen IHK und Fachhochschule Köln auch ein auf viereinhalb Jahre angelegtes technisches Verbundmodell mit dem Ziel der Ausbildung zum Industriemechaniker mit IHK-Prüfung und der Zusatzqualifikation in Englisch, mit dem Fachhochschulabschluß als Dipl.-Ing. FH.[257]

7.7 BERUFLICHE FORTBILDUNG

Sieht man von den bereits deutlich vor 1966 bei der IHK zu Köln abgenommenen Bilanzbuchhalterprüfungen (seit 1949) und Industriemeisterprüfungen für Facharbeiter (seit 1955) sowie von dem 1951 von der IHK zu Köln mitgegründeten Kaufmännischen Berufsertüchtigungswerk (KBK), das seit 1980 den Namen „Kaufmännisches Bildungswerk Köln" trägt[258], einmal ab, so gab es bis zur Mitte der sechziger Jahre noch kein breit ausgeprägtes Bewußtsein von der Notwendigkeit einer permanenten beruflichen Erwachsenenqualifizierung.

Erstmals der Jahresbericht für 1966 setzt sich mit dieser Thematik ausführlicher auseinander. „Für die gesamte Wirtschaft", so heißt es hierin[259], hat die Frage, „wie die erwachsenen Mitarbeiter ständig über neue Formen des Produzierens, des Verwaltens und Verteilens gut informiert werden können, eine entscheidende Bedeutung gewonnen." Angesichts des gerade im technischen Bereich eingeleiteten Prozesses der Rationalisierung dürften die in Produktion und Verwaltung Tätigen nicht den Anschluß an die rasante Entwicklung verpassen, und die herkömmlichen Initiativen der Erwachsenenbildung reichten heute nicht mehr aus. Die IHK verwies auf die den Amerikanern „nachgerühmte pragmatische Sicht" des „life-long-learning" und die „éducation permanente" der Franzosen und teilte ihre eigenen Überlegungen für eine systematische Fortbildung der Erwachsenen mit: Auf dem Gebiet der Elektronik wurden 1966 die ersten Ausbildungs- und Prüfungsrichtlinien erarbeitet. Noch 1966 fand das erste Seminar für industrielle Elektronik mit 70 Teilnehmern statt. 1967 waren die Berufsordnungsmittel für den Aufbauberuf des „Organisationsprogrammierers" nach dreijähriger Vorarbeit erstellt.[260] 1967 standen die Grundlagen und Verfahren der Hydraulik und Pneumatik an.

Parallel dazu wurden die Vorarbeiten zur Einführung von Sekretärinnenprüfungen abgeschlossen, „um damit dem sich abzeichnenden Strukturwandel in der Mitarbeit der Frau gerecht zu werden." Die neue Sekretärinnenprüfung war eine Fertigkeitsprüfung in den Fächern Kurzschrift, Maschinenschreiben und Briefgestaltung sowie eine Kenntnisprüfung in Deutsch, Sekretariatskunde, Büroorganisation und Technik im Büro. Zusätzlich waren „wirtschaftliche und rechtliche Grundkenntnisse" gefragt. Die ersten Prüfungen sollten Ende 1967 abgenommen werden, jedoch versagten sämtliche Bewerberinnen in der schreibtechnischen Prüfung, so daß eine Zulassung zu den weiteren Prüfungen nicht möglich war.[261] Fünf Jahre später waren dann immerhin 38 von 43 Teilnehmerinnen erfolgreich, und die Tendenz der Teilnahme war steigend. Auf dem Gebiet der Sekretärinnenprüfung war die Kammer Köln Vorreiterin in Deutschland. Ein Kammervertreter wurde 1972 wegen der in Köln gemachten Erfahrungen auf diesem Sektor in ein Sachverständigengremium beim Bundesarbeitsministerium berufen, um an der Formulierung einer allgemeinen Verordnung zur Vereinheitlichung der verschiedenen Qualifikationswege im Sekretariatsbereich mitzuwirken. Die Bundesverordnung zum anerkannten IHK-Abschluß „geprüfte Sekretärin/geprüfter Sekretär" wurde vom Bund schließlich im Januar 1975 erlassen.[262]

Ebenfalls Mitte der sechziger Jahre liefen die Vorbereitungen zur Entwicklung von Ausbildungsrichtlinien und Prüfungsordnungen für Führungskräfte im Einzelhandel an. 1968 nahm die IHK Köln die ersten Prüfungen zum „Handelsfachwirt" ab und bezeichnete dieses Ziel als neue Form der Erwachsenenqualifikation.[263] Die IHK Köln führte den Begriff des Fachwirts und Fachkaufmanns in Verbindung mit der Nennung des jeweiligen Wirtschaftsbereichs ein, als Kennzeichnung für einen auf der kaufmännischen Grundausbildung aufbauenden Erwachsenenberuf. Dies wurde sozusagen die „kaufmännische Meisterebene" der Industrie- und Handelskammern. Erst nach mehr als fünf Jahren setzte sich diese Nomenklatur für die berufliche Aufstiegsfortbildung bundesweit durch. Offiziell wurde sie von der Bundesanstalt für Arbeit 1972 eingeführt.[264]

Das Berufsbildungsgesetz von 1969 bestätigte die Regelungsbefugnisse der Kammern in der beruflichen Fortbildung. Gemäß § 46 wurde „die zuständige Stelle" – also hier die IHK Köln – ermächtigt, Prüfungen durchzuführen „zum Nachweis von Kenntnissen, Fertigkeiten und Erfahrungen, die durch berufliche Fortbildung erworben worden sind". Die IHK regelte „den Inhalt, das Ziel, die Anforderungen und das Verfahren dieser Prüfung" und schuf die Zulassungsvoraussetzungen sowie errichtete Prüfungsausschüsse. Die Kammern waren nunmehr offiziell aufgerufen, für die Qualifikation von Nachwuchs bzw. Führungskräften „Modelle" zu entwickeln. Die ersten Küchenmeisterprüfungen fanden nach sechsmonatiger Schulung der ersten 26 Teilnehmer (250 Stunden Unterricht) 1969 statt.[265]

Bereits seit Jahren plante die IHK eine Prüfungsordnung für den Erwachsenenberuf des Versicherungsfachwirts. Nach Erlaß des Berufsbildungsgesetzes beschäftigte sich der Berufsbildungs-Ausschuß 1970/1971 eingehend hiermit. Im August 1971 wurde die Prüfungsordnung für diesen Aufbauberuf bereits vom Wirtschaftsministerium genehmigt.[266] Parallel hierzu wurden die Vorarbeiten für den „Industriefachwirt", den „Bankfachwirt" und den „Speditionsfachwirt" aufgenommen. 1975 verabschiedete der Berufsbildungs-Ausschuß eine Rahmenordnung für die Durchführung von Fortbildungsprüfungen, die am 1. Juli 1975 nach ministerieller Genehmigung in Kraft trat für alle Erwachsenenprüfungen der IHK Köln.[267] 1976 wurden Prüfungsordnungen für den „Personalfachkaufmann" und „Werbefachwirt" verabschiedet.[268] Im Mai 1978 erließ der Bundeswissenschaftsminister eine entsprechende Rechtsverordnung für die Fortbildungsprüfung zum „Pharmareferenten". Im gleichen Jahr führte die IHK bereits zehn Seminare zur Vorbereitung auf diese Prüfung mit 293 Teilnehmern durch.[269] Im August 1978 folgte der „Wirtschaftsassistent" als Fortbildungsprüfung. Ebenfalls 1978 wurde der Aufbauberuf des „Fachkaufmanns für Einkauf/Materialwirtschaft" geregelt, 1980 folgte der „Fachkaufmann für Marketing".

Anläßlich des 50jährigen Bestehens der Verwaltungs- und Wirtschaftsakademie Köln bezog Otto Wolff von Amerongen, IHK-Präsident und zugleich Präsident des Deutschen Industrie- und Handelstages, eindeutig Stellung zur Weiterbildung als der „Aufgabe der Zukunft", primär für die Wirtschaft selbst und nicht etwa für den Staat, der dieses Feld jetzt für sich vereinnahmen wollte, in einen „Bildungsgesamtplan der Bund-Länder-Kommission" integrieren wollte, d.h. „in das Korsett staatlicher Bildungsverwaltung" zwängen wollte.[270] Wolff von Amerongen sprach sich für die Erhaltung der Vielfalt der Maßnahmen und des Angebotes bei Pluralität der Trägerschaft und Anerkennung der besonderen Aufgaben und Ziele der beruflichen Fortbildung für die Wirtschaft aus. Fortbildung dürfe nicht den Zielen des staatlichen Bildungswesens untergeordnet werden, sondern müsse dem besonderen Qualifikationsinteresse der in den Betrieben Beschäftigten der Wirtschaft entsprechen. Er forderte eine deutliche Verstärkung des Kammerengagements in der beruflichen Fortbildung, mehr Investitionen für die Fort- und Weiterbildung der Mitarbeiter als „Aufgabe für die Zukunft unserer Wirtschaft und Gesellschaft".²⁷¹

Ausgang der siebziger Jahre war das hohe Anspruchsniveau der IHK-Fortbildungsprüfungen in der Wirtschaft allgemein bekannt, so daß nach erfolgreicher Prüfung der berufliche Aufstieg sehr häufig gelang. 1982 führte die Kölner IHK für ganz NRW die neue Fortbildungsprüfung zum „Fachwirt für die Grundstücks- und Wohnungswirtschaft" ein.²⁷² An der Qualifizierungsoffensive des Bundes beteiligten sich alle Industrie- und Handelskammern. Auch in Köln stiegen die Zahlen der Absolventen aller Fortbildungsprüfungen seither rasant an von 1 245 im Jahr 1983 auf 3 027 im Jahr 1992 (Höchstzahl).

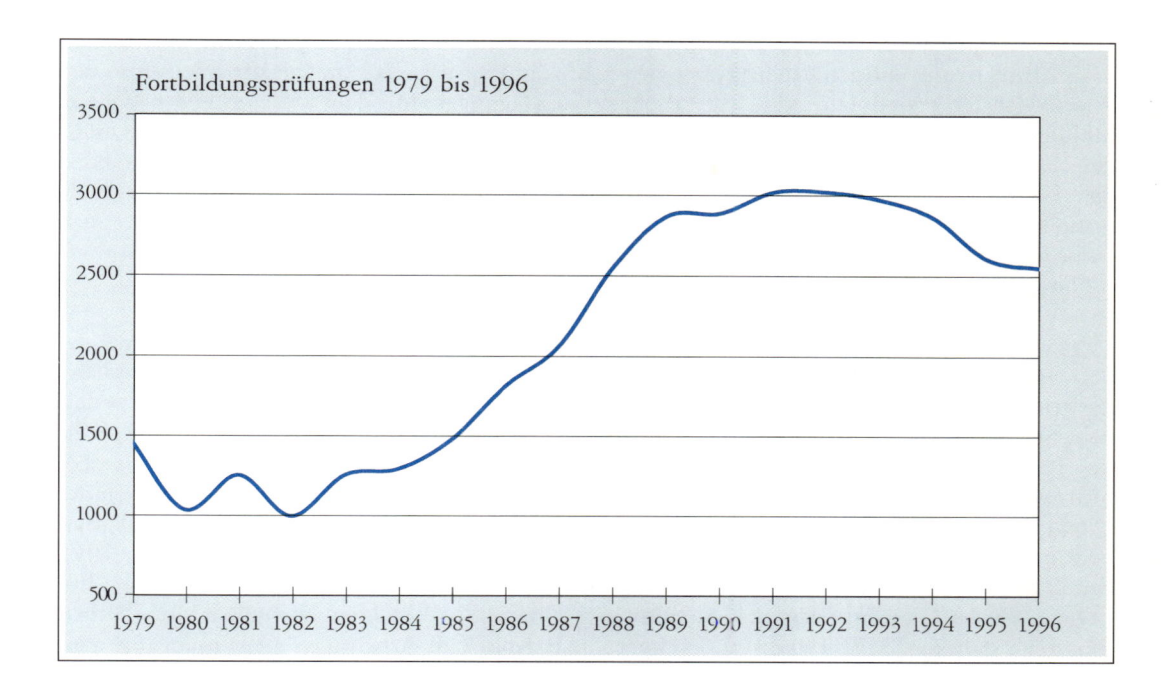

Fortbildungsprüfungen 1979 bis 1996

Das Fortbildungsangebot wurde seit der Mitte der achtziger Jahre vor allem verstärkt auf dem Gebiet der „neuen Technologien" (CNC- und CAD-Lehrgänge) sowie in der Verwaltung (DV-Lehrgänge). Die kammereigenen Lehrgänge wurden seither wesentlich erweitert, viele Maßnahmen wurden jedoch auch im Fortbildungsverbund mit Unternehmen und anderen Institutionen durchgeführt, schließlich waren seither mehr und mehr freie Träger in die Schulungsarbeit einbezogen. 1985 differenzierte die IHK Köln in ihrem Jahresbericht deutlich in eine „zweipolig ausgerichtete" berufliche Fort- und Weiterbildungsarbeit für Unternehmen und Interessenten.²⁷³

1994 konnte das erste europäische Fortbildungsprojekt im Rahmen des FORCE-Programms der EU erfolgreich abgeschlossen werden. Gemeinsam mit der IHK Düsseldorf entwickelte die Kölner Kammer, abgestimmt mit britischen und französischen Prüfungsorganisationen, die Rahmenanforderungen für das EU-Sekretärinnen-Diplom mit IHK-Prüfung, das sofort in den drei Ländern Deutschland, Großbritannien und Frankreich anerkannt wurde. Dieser Abschluß qualifizierte insbesondere für Chefsekretariatsaufgaben in internationalen Unternehmen.²⁷⁴

7.8 WEITERBILDUNG

Für das Jahr 1987 verzeichnete die IHK zu Köln rund 150 Weiterbildungsveranstaltungen, Kurse und Seminare mit mehr als 7 000 Teilnehmern. Im IHK-Verwaltungsgebäude standen bisher 14 Tagungs- und Schulungsräume hierfür zur Verfügung. Im Mai 1988 eröffnete IHK-Präsident Otto Wolff von Amerongen gemeinsam mit Bundesbildungsminister Jürgen Möllemann neue Seminarräume in einer angemieteten Etage in der Christophstraße, rund 150 Meter vom IHK-Gebäude entfernt. 1992/1993 wurde dieses Seminarangebot räumlich nochmals erweitert. Damit schuf die IHK die Voraussetzungen, um in noch weitaus stärkerem Maße als bisher auf den Weiterbildungsbedarf der Wirtschaft eingehen zu können.

Die Fortbildungsprüfungen der Kammer boten traditionell die Chance zum beruflichen Aufstieg nach Absolvierung entsprechender Kurse, wie z.B. vom Facharbeiter zum Industriemeister in den verschiedensten gewerblich-technischen Branchenausprägungen. Mit dem weitergehenden Weiterbildungsangebot, das nicht zwingend in eine IHK-Prüfung im Sinne der Aufstiegsfortbildung mündete, gab die Kammer Unternehmern wie Arbeitnehmern auf breiter Basis die Chance, entsprechend den rasch steigenden Anforderungen zunehmender Technisierung der Betriebe und der kaufmännischen Verwaltung (Bürokommunikation), den Anforderungen an das Management, aber auch aktueller wirtschaftspolitischer und steuerpolitischer Tendenzen, durch Maßnahmen der Anpassungsbildung allen neuen Herausforderungen gewachsen zu sein.

1994 vereinbarten die Weiterbildungsträger der Region eine verstärkte Kooperation untereinander und auch mit den örtlichen Arbeitsämtern. Hierzu gründeten sie einen Arbeitskreis. Angesichts der erheblichen Kürzungen öffentlicher Mittel im Rahmen des Arbeitsförderungsgesetzes waren neue Strategien der Weiterbildung gefragt. Eine gemeinsame Publikation der „Bildungsträger in der Region Köln" nutzten 61 Träger für die Darstellung ihrer speziellen Angebote, wobei Mindestqualitätsnormen der technischen Ausstattung, der Informationsmaterialien bezüglich der Qualifikation der Dozenten und der Zertifikate festgelegt wurden. Gerade diese Publikation bedeutete einen wichtigen Schritt in Richtung höherer Transparenz in der Weiterbildung. 1995 beteiligte sich die Kammer Köln an dem bundesweiten IHK-Aktionstag „Weiterbildung". Ein Tag der offenen Tür führte sehr viele Interessenten seinerzeit in die Christophstraße.[275] Im gleichen Jahr veranstalteten IHK, Handwerkskammer, Stadt Köln und Arbeitsamt gemeinsam mit dem Arbeitskreis beruflicher Weiterbildungsträger die erste Kölner Weiterbildungsmesse, an der sich 40 Aussteller beteiligten.

Traditionell wurde das sehr vielfältige Weiterbildungsprogramm der Kammer, das den seinerzeit rund 200 in der Region tätigen eigenständigen Weiterbildungsträgern keine Konkurrenz bieten wollte, sondern lediglich Angebotslücken aktuell füllen half, von den IHK-Fachabteilungen dezentral zusammengestellt.[276] Bereits 1966 verzeichnete z.B. der Jahresbericht aus dem Bereich der Industrieabteilung Tagesseminare – z.T. in Kooperation mit dem RKW, Landesgruppe Düsseldorf – zu öffentlichen Aufträgen, moderner Lagerhaltung, Lochkartenorganisation, zu Kunststoffen, Kostensparen im Büro, zur Härtenovelle im sozialen Rentenversicherungssystem oder zur Kreditwürdigkeit. Kurse wurden angeboten zu den Themen „Technik für Kaufleute" oder „Kostenrechnung". 1967 wurden von der Abteilung Finanzen und Steuern 13 Seminare zur seinerzeit neu eingeführten Mehrwertsteuer veranstaltet. 1975 bot man seitens der Industrieabteilung eine „aktuelle und breitgefächerte Themenauswahl" in 19 Veranstaltungen, neben den „klassischen Fragestellungen" aus der Material- und Absatzwirtschaft, dem Finanz- und Rechnungswesen jetzt verstärkt auch zu „Betriebskriminalität und -psychologie". 1978 besuchten 1 085 Teilnehmer 44 Seminare, darunter zwei Informationsveranstaltungen als „Leitfaden erfolgreicher Existenzgründung".

1989 konstatierte die Industrie- und Handelskammer in ihrem Jahresbericht selbstbewußt, das Aus- und Weiterbildungsniveau der Region bestimme deren Standortqualität entscheidend mit, und die IHK habe Betriebsnähe und Erfahrung hierbei. Deshalb sei sie auch prädestiniert, in der beruflichen Bildung eine regionale Leitfunktion wahrzunehmen, die Beratung und Koordination des Weiterbildungsangebotes umfasse. WIS, das bundesweite, EDV-gestützte Weiterbildungsinformationssystem der Industrie- und Handelskammern und Handwerkskammern mit Datex-P-Anschluß stand kurz vor der Einführung in der IHK zu Köln.[277] 1990, als WIS startete, waren sofort mehr als 40 Weiterbildungsanbieter in diesem DV-System vertreten. Die Weiterbildungsberatung bot speziell über WIS einen Service im Sinne einer Weiterbildungsaufschlußberatung zur Eingrenzung von Problemfeldern.[278] WIS bietet einen Überblick über Lehrgänge und Seminare zur kaufmännischen und gewerblich-technischen Weiterbildung, differenziert nach Sparten. Es werden auch Sprachkurse, DV-Schulungen, Veranstaltungen zum Umweltschutz, zum Arbeitsrecht und zu EU-Problemen angeboten.

In vielen Unternehmen wurde WIS zu einem „wichtigen Hilfsmittel der Personalentwicklungsplanung" sowie der Organisationsentwicklung, und zwar seitens der IHK im Sinne einer Aufschlußberatung, d.h. lediglich in der Startphase.[279] Die IHK Köln legte besonderen Wert auf eine angebotsunabhängige Beratung und auf die gemeinsame Arbeit mit den Unternehmen. 1994 beantwortete WIS mehr als 4 500 Anfragen[280], 1996 waren es bereits mehr als 5 500. 1997 beteiligten sich 100 Weiterbildungsträger an WIS.

8 WIRTSCHAFTSFÖRDERUNG UND PLANUNG FÜR HANDEL UND INDUSTRIE

8.1 RAUMORDNUNG

Die in § 1 des Bundeskammergesetzes von 1956 verankerte Beauftragung der Kammern, das Gesamtinteresse der Wirtschaft in ihrem Bezirk wahrzunehmen, diese zu fördern und die ökonomischen Interessen verschiedener Branchen oder Einzelbetriebe gegeneinander abzuwägen und einen Ausgleich zwischen ihnen herbeizuführen, manifestiert sich u.a. sehr deutlich in ihrer Mitwirkung an den Raumordnungsverfahren. Der Gesetzgeber will aus Gründen des Landschafts- und Naturschutzes eine unkontrollierte Entwicklung von Gewerbe und Siedlungen verhindern und schreibt deshalb auf drei Ebenen die Aufstellung von Plänen vor:

– Land (Landesentwicklungsplan)

– Regierungsbezirke (Gebietsentwicklungsplan)

– Kommunen (Flächennutzungsplan)

Die der Kammer per Gesetz zugewiesenen Funktionen sind beratender Art – die IHK muß gehört werden. Die Behörden können ihre Anregungen und Bedenken zu den Plänen nur zurückweisen, wenn übergeordnete Gesichtspunkte geltend gemacht werden. Dies allerdings ist häufig der Fall. Entscheidungsgewalt steht der Kammer folglich nicht zu. Inwieweit eine Kammer ihre Vorstellungen bei den Behörden durchsetzen kann, hängt daher oft davon ab, wieviel Kompetenz sie einbringt. Auch ist wichtig, daß sie ihre Stellungnahmen möglichst objektiv formuliert, um etwaige Interessenkonflikte zwischen Behörden und Unternehmen auszugleichen.

Auf Landesebene war die IHK Köln besonders in den achtziger und neunziger Jahren in die Planungsverfahren involviert. 1987 wurde der Landesentwicklungsplan III rechtswirksam, der umweltpolitische Gesichtspunkte in der Landesplanung verankerte. Die Kölner Kammer kritisierte in erster Linie, daß der Plan die noch vorhandenen Freiräume und Freiflächen festschrieb und Wohnbebauung bzw. Gewerbeansiedlung benachteiligte. Einige expansionswillige und damit Arbeitsplätze schaffende Unternehmen hätten schon bald nach der Verabschiedung des Plans ihre Projekte stoppen müssen.

Ähnlich ablehnend stand die IHK den Novellen des Landesplanungsgesetzes bzw. des Gesetzes zur Landesentwicklung (LEPRO) gegenüber. Zum einen ziele die Landesregierung mit diesen Gesetzen darauf ab, in die Planungshoheit der Gemeinden einzugreifen. Andererseits gebe sie den Grundsatz der Angebotsorientierung auf und lasse Siedlungsflächen statt dessen nachfrageorientiert ausweisen. Die Kommunen könnten dann nur noch unter erheblichen Vorbehalten neue Wohn- und Gewerbeflächen schaffen. Hier versuchte die Kammer durch Schriftwechsel und Diskussionen die Folgen für Kommunen und Wirtschaft abzumildern. Schließlich, so die IHK, setze die Landesregierung einen „Eckpfeiler der Planung", das sogenannte Abwägungsgebot, aufs Spiel, weil im Falle einer strittigen Besiedlung zwangsläufig der Umweltschutz Vorrang genieße.

Eine weitere Verschlechterung der Ansiedlungsbedingungen sah die IHK Köln in dem Gesetz, das 1990 die EG-Richtlinie über die Umweltverträglichkeitsprüfung in nationales Recht überführte. Anstatt, wie die Kammern es gefordert hatten, die Ergebnisse der Umweltverträglichkeitsprüfung eines Betriebes in das sich anschließende Planungsverfahren zu integrieren, schrieb das Gesetz vor, das Prüfungsresultat in den weiteren planerischen Überlegungen lediglich zu berücksichtigen. Die IHK Köln betrachtete dieses zweistufige Verfahren mit ungewissem Ausgang als zusätzliches Hemmnis.[281] Den Entwurf eines neuen Integrierten Landesentwicklungsplanes 1994 hielt die Kammer im Ansatz zwar für richtig, doch ziehe man an zentralen Stellen genau die falschen Konsequenzen aus den seit 1990 veränderten politischen Rahmenbedingungen.[282]

Auf der nächstniedrigeren Ebene, also bei der Gestaltung der Gebietsentwicklungspläne, haben die Kammern mehr Möglichkeiten, Einfluß zu nehmen. Diese Pläne sind von besonderer Bedeutung, weil die Städte und Gemeinden ihre eigenen Projekte danach ausrichten müssen. Anfang der achtziger Jahre beschäftigte der Teilabschnitt Köln des neuen Gebietsentwicklungsplans (GEP) die IHK Köln. Dieser Bereich war mit dem Kammerbezirk identisch. Eine erste Bestandsaufnahme der IHK ergab, daß der GEP zu wenig gewerblich oder industriell nutzbare Flächen vorsah. Die Kammer leitete dem Bezirksplanungsrat daraufhin Verbesserungsvorschläge zu, die sie aufgrund von Firmenzuschriften erstellt hatte. Eine in der IHK Köln im März 1982 abgehaltene förmliche Erörterung des Entwurfs mit den beteiligten Behörden führte wenige Monate später zur einstimmigen Annahme dieses Planungswerks, das in dieser Fassung auch die von der Wirtschaft geforderten Flächenreserven auswies. Bis zur Genehmigung durch den Minister tauchten allerdings weitere Probleme auf, die erst nach einem Gespräch des Präsidenten der IHK Köln und des Oberbürgermeisters der Stadt Köln mit dem Ministerpräsidenten im Juni 1983 geklärt werden konnten. Der zuständige Minister erteilte ein Jahr später seine Zustimmung zum GEP.[283] Schon kurz zuvor war allerdings das erste Änderungsverfahren eingeleitet worden, weil die Sondermülldeponie „Ville" zur Planung anstand.[284]

Der Schwerpunkt raumordnerischer Arbeit liegt bei den Kammern naturgemäß auf kommunaler Ebene. Die Städte und Gemeinden planen zwar selbst, wie sie vorhandene Flächen nutzen und gegebenenfalls bebauen wollen. Allerdings werden die Kammern zu jedem Flächennutzungs- und Bebauungsplan gehört, damit sie die Interessen der ansässigen Betriebe sowie der anzusiedelnden Unternehmen wahrnehmen können. Die IHK Köln nahm in den letzten 15 Jahren durchschnittlich etwa 300 Mal Stellung zu kommunalen Planungsvorhaben im Kammerbezirk.

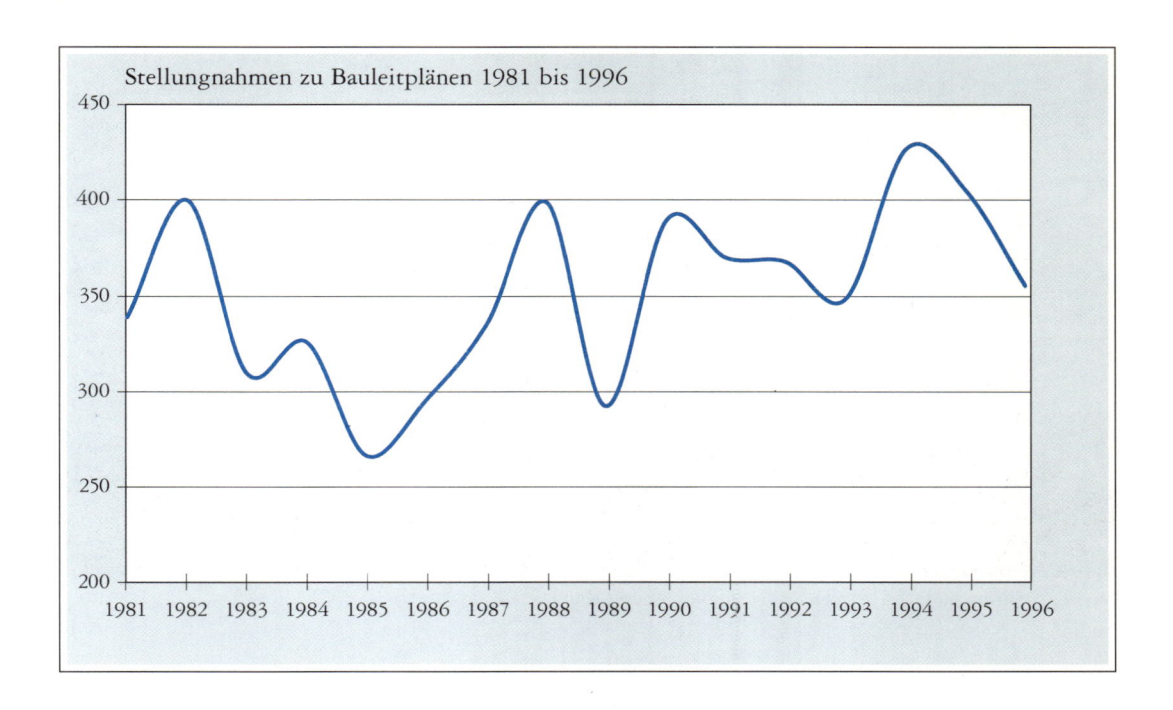

Stellungnahmen zu Bauleitplänen 1981 bis 1996

So bestimmte Anfang der achtziger Jahre die Sanierung einiger Kölner Stadtviertel die Tagesordnung. Die Kammer führte, auch bei späteren Projekten dieser Art, Informationsveranstaltungen und Umfragen durch, um die Wünsche der Firmen artikulieren zu können. Während die IHK mit vielen infrastrukturellen Maßnahmen der Kommunen durchaus zufrieden war, befürchtete sie im Falle des Kölner Landschaftsplanes Ende der achtziger Jahre, daß dessen „übergroßzügige Unterschutzstellungen" die Ansiedlung wichtiger Unternehmen verhindern könnten. Zudem sei der Wohnungsbau stark tangiert. Um den Unternehmen selbst nahezubringen, wie wichtig die oft komplizierten planungsrechtlichen Vorschriften der Kommunen für den eigenen Betriebsstandort sind, gab die Kammer 1983 die Broschüre „Es geht um Ihren Standort" heraus. Die Unternehmen fragten diese rege nach, denn noch im selben Jahr erschien die zweite, 1987 die dritte Auflage.[285]

8.2 STADTENTWICKLUNG

Bis 1958 reichen die Planungen der Kölner Stadtverwaltung zurück, im Norden der Stadt ein großes, völlig neues Wohngebiet anzulegen. Bis zu 100 000 Menschen sollten einmal in der als „Neue Stadt" bezeichneten Trabantensiedlung wohnen. Die Besiedlung wurde in Heimersdorf begonnen und dehnte sich in der Folgezeit von Süden nach Norden aus. Im Zentrum lag Chorweiler, dessen Name aus dem Waldgebiet Chorbusch und dem Vorort Weiler gebildet wurde.

1966 konnte der erste Bauabschnitt mit Wohnungen für rund 20 000 Menschen fertiggestellt werden. Gleichzeitig begann die Bebauung der ersten Gewerbeflächen im Hauptzentrum Chorweiler, geplant als „integriertes Einkaufszentrum" für den gehobenen Bedarf. Für die Gewinnung von ansiedlungswilligen Einzelhändlern und Handwerkern aus Köln war der Arbeitskreis „Gewerbliche Ansiedlung" federführend, der 1961 auf Initiative der Kölner Industrie- und Handelskammer und der Handwerkskammer gegründet worden war. Ihm gehörten auch Vertreter von Rat und Verwaltung der Stadt Köln sowie der Kreditwirtschaft an. Ab 1967 stand dem Arbeitskreis ein Büro im

Der erste Bauabschnitt der „Neuen Stadt" im Nordwesten Kölns, 1966

neu errichteten Kölner Stapelhaus an der Frankenwerft zur Verfügung.[286] Zwischen 1962 und 1970 war Dr. Joseph Wiehen Vorsitzender des Arbeitskreises.[287] In dieser Zeit waren insgesamt rund 150 Betriebe angesiedelt worden. Sein Nachfolger Dr. Eberhard Reichstein (1970-1982) gründete zusätzlich 1970 die „Planungsstelle Gewerbeansiedlung und Innenstadtsanierung". Diese sollte – ergänzend zur Tätigkeit des Arbeitskreises – in den übrigen Gebietskörperschaften der beiden Kammern aktiv werden.[288] Der Arbeitskreis wollte vorrangig eine optimale Versorgung der angesiedelten Bevölkerung sicherstellen. Er wählte auch geeignete Bewerber aus. Den Gewerbetreibenden wollte man den Erwerb von Eigentum an einem Wohngeschäftshaus ermöglichen. In ständiger Absprache mit den Trägergesellschaften verhinderte der Arbeitskreis zudem Versorgungslücken und auch unzweckmäßige Verkaufseinrichtungen.[289]

Der Schwerpunkt des Arbeitskreises Gewerbliche Ansiedlung lag von Anfang an bis zum Beginn der siebziger Jahre eindeutig bei der Neuen Stadt. Sein zentrales Gremium, der Vorprüfungs- und Finanzierungsausschuß (ab 1970: Arbeitsausschuß), trat in der Regel acht- bis neunmal jährlich zusammen.[290] 1966 begleiteten die Arbeitskreismitglieder die Einrichtung einer Nahversorgungszeile, welche im Bezirk Seeberg für die Versorgung der Bevölkerung mit Gütern des täglichen Bedarfs zuständig war. Ein weiteres dieser Subzentren mit zahlreichen Handels-, Handwerks- und weiteren Dienstleistungsbetrieben entstand bis 1969 in Heimersdorf (5 100 qm Gewerbefläche).[291] 1969 wurde auch die Neuansiedlung Bocklemünd-Mengenich (13 000 Einwohner) fertiggestellt. Auch hier hatte der Arbeitskreis im Vorfeld den Geschäftsbelegungsplan erstellt. Von 150 in die engere Wahl gezogenen Bewerbern brachte der Arbeitskreis schließlich 50 Betriebe in 20 Objekten unter.[292]

Erhebliche Schwierigkeiten gab es bei den Bemühungen des Arbeitskreises, für die Nahversorgungszentren Lindweiler und Seeberg-Nord geeignete Bewerber zu interessieren. Wegen der zurückgehenden Zahl von Neuansiedlern zog sich dieser Prozeß über vier Jahre hinweg (1970-1973).[293] Auch aufgrund steigender Baupreise und höherer Finanzierungskosten traten ab 1970 erhebliche Verzögerungen beim Projekt „Neue Stadt" ein.[294] Das eigentliche Hauptzentrum in Köln-Chorweiler, zu dem im Dezember 1971 der Grundstein gelegt wurde, konnte im Oktober 1976 in

Der erste rechtsrheinische Verbrauchermarkt im Kammerbezirk, Plaza Porz, wurde 1968 eröffnet

Betrieb genommen werden. Zwar hatte es seit 1974 – wie auch in den Subzentren – teilweise erhebliche Probleme bei der Gewinnung von Mittelständlern gegeben, doch konnte der Arbeitskreis anläßlich der Einweihung des Einkaufszentrums zufrieden feststellen, daß die ursprünglich geplante Branchenmischung der von ihm konzipierten Mittelstandszeile konsequent eingehalten wurde. Auf zwei Verkaufsebenen befanden sich 62 Einzelhandelsgeschäfte mit Schwerpunkten bei Lebensmitteln und Textilien. Die Gesamtgeschäftsfläche betrug 28 000 qm. Was die zu erwartende Gesamtzahl der Einwohner der Neuen Stadt betraf, hatten die Planer ihre Vorstellungen schon 1976 um 20 000 auf 80 000 reduziert.[295] Heute leben dort 40 000 Menschen.[296]

Wie schon erwähnt, ging aus dem auf Köln beschränkten „Arbeitskreis Gewerbliche Ansiedlung" 1970 die „Planungsstelle für Gewerbliche Ansiedlung und Innenstadtsanierung" hervor. Sie ist im übrigen Kammerbezirk tätig. Anfangs bestand ihre wichtigste Aufgabe darin, Gutachten zur Entwicklung des Handels und des mit einem Handelsbetrieb verbundenen Handwerks in Städten und Gemeinden der Region anzufertigen. Diese Gutachten waren zuvor von der IHK lediglich mitfinanziert worden. Bis zum Beginn der achtziger Jahre erstellte die Planungsstelle mehrere Dutzend Analysen für alle wichtigen Kommunen des Kammerbezirks. Damit wurde sie über das Bundesgebiet hinaus bekannt. Der Handel in den Grund- und Mittelzentren nahm zwar aufgrund der in den Gutachten vorgeschlagenen Maßnahmen einen regen Aufschwung, doch kamen seit 1984 Klagen auf, dies geschehe auf Kosten der Kölner Innenstadt.[297]

Bergisch Gladbach und Bensberg wurden nicht von der Planungsstelle betreut. Denn in Bensberg gründete die dortige Verwaltung gemeinsam mit der IHK Köln, der Handwerkskammer Köln und der Treufinanz Düsseldorf 1969 die *Stadterneuerungsgesellschaft Bensberg mbH*. In Bergisch Gladbach konstituierte sich zwei Jahre später – analog zu Köln – der „Arbeitskreis Gewerbliche Ansiedlung und Innenstadtsanierung". Die beiden Kammern waren auch hier geschäftsführend tätig. Nach der kommunalen Neuordnung 1975 stellte dieser Arbeitskreis seine Tätigkeit ein, da Bensberg mit Bergisch Gladbach zusammengelegt wurde. Die 1969 gegründete Bensberger Sanierungsgesellschaft hieß ab 1976 folglich *Stadterneuerungsgesellschaft Bergisch Gladbach mbH*.[298]

Arbeitskreise und Planungsstelle beobachteten seit Ende der sechziger Jahre mit wachsender Sorge, wie sich großflächige Verbrauchermärkte außerhalb der Stadtzentren ansiedelten. Der Kammer war damals sehr daran gelegen, das sogenannte Zentrengefüge zu erhalten: die Nahversorgungszentren mit Gütern des täglichen Bedarfs, die Hauptzentren mit Artikeln des gehobenen Bedarfs und das Oberzentrum mit Waren speziellen und exklusiven Zuschnitts.

Besonders im Zuge der zweiten Expansionswelle der SB-Warenhäuser und Hobbymärkte ab 1974 verstärkte die IHK ihre Bemühungen, derartige Ansiedlungen „an nicht integrierten Standorten" zu verhindern. Durchweg zufriedenstellend gestaltete sich die Zusammenarbeit mit der Bezirksregierung und den Kommunen. So folgte die Stadt Köln 1981 der schon Jahre zuvor geäußerten Empfehlung des Arbeitskreises, ältere Bebauungspläne an die Bestimmungen der novellierten Baunutzungsverordnung von 1977 anzupassen.

Um den mit der Stadtentwicklung befaßten Stellen das Ausmaß der großflächigen Einzelhandelsbetriebe vor Augen zu führen, gab die IHK – als erste Kammer in der Bundesrepublik – einen Handelsatlas heraus. Er berücksichtigte alle 265 Handelsbetriebe des Kammerbezirks mit mehr als 1 000 qm Verkaufsfläche. Die 1989 erschienene zweite Auflage ermittelte nochmals eine Steigerung um 39 % gegenüber 1983.

Langwierig, aber letztlich erfolgreich gestaltete sich das Vorgehen gegen ein Ansiedlungsbegehren in Frechen mit 25 000 qm Geschoßfläche. Dieses konnte 1985 in einer gemeinsamen Aktion von Kammern, Verbänden, des Regierungspräsidenten, der Kommunen sowie der Gewerkschaften verhindert werden. Zufrieden war die IHK Köln auch mit dem „Flächenerlaß NRW", der mit ihrer Beteiligung zustandegekommen war und ab 1986 eine geordnete städtebauliche Entwicklung restriktiver regelte.

In letzter Zeit beobachtete die Planungsstelle allerdings, daß manche Kommunen unter dem Aushängeschild „Wirtschaftsförderung" wieder verstärkt großflächige Handelsunternehmen zuließen, vor allem Möbelmärkte. Auch die Kammer hatte jedoch in Zeiten sich verschärfender Arbeitslosigkeit wenig Möglichkeiten, sich dieser Entwicklung entgegenzustemmen.[299]

Im Gegensatz zu diesen Großbetrieben begrüßte die IHK Köln einhellig die Einrichtung von Gewerbehöfen in Köln, so am „Butzweiler Hof" (1968-1971), in Rodenkirchen und Ossendorf (1983/84) sowie in Longerich, Ehrenfeld und Zollstock (1985). An ihrer Konzeption waren neben dem Wirtschaftsförderungsamt der Stadt auch die IHK und die Handwerkskammer beteiligt. Sie sind in erster Linie für kleine Produktions- und Handwerksbetriebe gedacht.[300]

1991 legte die IHK den bundesweit ersten Hotelatlas vor. Dieses umfangreiche Werk stellte die mehr als 500 Hotels des Kammerbezirks in Text, Tabellen und Karten dar und bot Besuchern eine wichtige Orientierung bei der Unterkunftssuche.[301]

Repräsentanten des Hotel- und Gaststättengewerbes spielen auch im Verein „city-marketing köln" eine wichtige Rolle. Im Juni 1996 gegründet, setzt sich diese Interessenvertretung von Händlern, Handwerkern und Dienstleistern dafür ein, wichtige Belange der in der Kölner Altstadt ansässigen Unternehmen bei der Stadtverwaltung mit einer Stimme vorzutragen. Zu den Themen gehören u.a. Sicherheit, Sauberkeit, Ladenschlußgesetz und Anwohnerparkbereiche. Schon 1995 hatte sich in Gummersbach auf Initiative der städtischen Wirtschaftsförderung ein „Arbeitskreis City-Marketing" konstituiert. In Wesseling steht eine derartige Gründung kurz bevor. Die IHK Köln bietet diesen Vereinigungen Unterstützung an, doch müssen ihrer Ansicht nach Eigeninteressen der beteiligten Gruppierungen zurückstehen und den kommunalen Verwaltungen substantielle Konzepte vorgelegt werden.[302]

Vor dem Hintergrund sich rapide verändernder Städtelandschaften gründeten Kaufleute aus verschiedenen europäischen Ländern 1968 in Brüssel die Internationale Vereinigung Städtebau und Handel, „Urbanicom" („Commerce et Urbanisme"). Den Initiatoren ging es vor allem darum, den gegenseitigen Austausch zwischen den städtischen Planungsebenen und den Vertretern des Handels zu fördern. In Europa sollten massive Strukturveränderungen wie in den USA wenn möglich im Vorfeld abgefedert werden. Zudem sollte Urbanicom den Informationsfluß zwischen den einzelnen Ländern in Gang setzen und weiterentwickeln. Ende 1974 organisierten sich die inzwischen zahlreich vertretenen Mitglieder der „Deutschen Sektion" neu. Die Geschäftsführung lag fortan bei der IHK Köln, und 1976 erhielt diese auch den Vorsitz der Deutschen Sektion. Noch im selben Jahr fand ebenfalls in Köln die erste Studientagung der Deutschen Sektion von Urbanicom statt. Kommunale Wirtschaftsförderung, die Ausbreitung großflächiger Handelsbetriebe und die Einrichtung verkehrsberuhigter Zonen gehörten zu den Hauptthemen dieser Tagung. Die IHK Köln hatte den Vorsitz der Deutschen Sektion 19 Jahre lang inne. Während dieser Zeit fanden fast jährlich derartige Studientagungen in deutschen Städten statt. An ihnen nahmen neben Vertretern des Handels und der Stadtplanung auch Architekten, Juristen, Wissenschaftler und Politiker teil. 1996 übernahm der Deutsche Industrie- und Handelstag die Geschäftsführung der Deutschen Sektion von Urbanicom.[303]

8.3 EXISTENZGRÜNDUNGSBERATUNG

Um den starken Rückgang der Zahlen neuer selbständiger Unternehmer seit 1973 zu bremsen, richtete die IHK Köln im November 1978 eine zentrale Anlaufstelle für Existenzgründer ein. Auch in den Zweigstellen Leverkusen und Gummersbach wird diese Beratung seither angeboten, in deren Mittelpunkt erste allgemeine Fragen stehen, die mit der Rechtsform eines zu gründenden Unternehmens, etwaigen öffentlichen Zuschüssen oder der Gewerbeanmeldung zusammenhängen. Ebenfalls seit 1978 bietet die Kammer in ihrer Kölner Zentrale begleitende Informations- und Vertiefungsseminare für Existenzgründer an. Eine Bilanz im Jahre 1984 ergab, daß in sieben Jahren fast 1 800 Interessierte an diesen Informationsseminaren teilgenommen hatten. Was die Verteilung auf die Branchen betraf, so konnte die Kammer nahezu gleichmäßige Anteile aus Handel, Dienstleistungen und gewerblichem Sektor feststellen. Ende 1993 wurde der fünftausendste Seminarteilnehmer gezählt. Auch der Beratungsdienst wurde stark nachgefragt. Während die Kammer bis 1981 durchschnittlich 170 Beratungen durchführte, lag diese Zahl in der zweiten Hälfte der achtziger Jahre schon zwischen 350 und 500. Die Existenzgründer schätzen oft die unabhängige Finanzierungsberatung bei der IHK, aber auch, daß sie mit bürokratischen Prozeduren, Rechtsvorschriften und Standortfragen vertraut gemacht werden. Von zentraler Bedeutung für einen Existenzgründer ist indes, welche Marktchancen das geplante Unternehmen überhaupt hat. Viele Beratungsgespräche enden schon an diesem Punkt.

Einen regelrechten Gründungs-Boom verzeichnete die Kammer 1996. Als Folge wurden die Mitarbeiter des IHK-Service-Centers entsprechend geschult, da sie als erste mit den angehenden Unternehmern in Kontakt treten. Darüber hinaus erstellte die Kammer einen eigenen Leitfaden (auch in englisch, französisch und türkisch) sowie ein Verzeichnis der Existenzgründungsberater in der Kölner Region. Das Seminarangebot wurde erheblich ausgebaut. Bei insgesamt 80 Veranstaltungen verzeichnete die IHK allein 1996 1 900 Teilnehmer.[304] Die Gründe für diesen beispiellosen Ansturm vermutete die Kammer zum einen in der sich verschlechternden wirtschaftlichen Lage wie auch in der gerade von der Landesregierung gestarteten Gründungsoffensive.

Das Technologiezentrum Köln-Braunsfeld, 1986

8.4 TECHNOLOGIEBERATUNG

Die IHK Köln trug dem seit Beginn der achtziger Jahre wachsenden Bedürfnis nach Information in technologischen Fragen Rechnung, indem sie Anfang 1984 eine Technologie- und Innovationsberatungsstelle (TIB) einrichtete. Nach zweijähriger „Probezeit" wurde die TIB aufgrund der großen Resonanz hauptsächlich bei kleinen und mittleren Unternehmen 1986 fest in der Kammer verankert.

Die Beratungsstelle hat drei wesentliche Arbeitsschwerpunkte:

– Betriebe werden vor Ort beraten, wie dort anstehende Innovationen umgesetzt werden können („Hilfe zur Selbsthilfe").

– Die Kammer unterstützt Unternehmen bei der Wahrnehmung öffentlicher Finanzierungsprogramme, wenn sie neue Produkte und Verfahren einsetzen wollen. Kernstück der Vielzahl von Programmen ist ein Technologieberatungsprogramm, welches vom Land Nordrhein-Westfalen zusammen mit den Industrie- und Handelskammern seit 1982 angeboten wird. Unternehmen des Kölner Bezirks nehmen es seitdem regelmäßig in Anspruch.

– Die TIB vermittelt den Firmen über „markt + wirtschaft" bzw. einen Datenbankservice Informationen zum Thema Technologie. In den ersten Jahren stand hier die Zusammenarbeit mit Hochschuleinrichtungen im Mittelpunkt. Ein wichtiges Stichwort ist „Technologietransfer", also die Umsetzung von Forschungsergebnissen in Produkte und Verfahren der gewerblichen Praxis. 1986 gab die Kammer das „Forschungshandbuch Köln-Bonn-Aachen" heraus, dessen Beschreibung von 400 Forschungseinrichtungen den Unternehmen ihre Suche nach technologischer Unterstützung erleichterte. Eine zweite Auflage unter dem Titel „Transferhandbuch Köln-Bonn-Aachen" erweiterte das Angebot auf rund 600 regionale Einrichtungen.

In diesem Zusammenhang präsentierten sich die RWTH Aachen und die Universität zu Köln 1986 bzw. 1987 in den Räumen der IHK Köln. Jeweils 35 Institute der beiden Hochschulen machten deutlich, wie theoretische Ansätze aus der Wissenschaft in erfolgreiche Anwendungen der wirtschaftlichen Praxis umgesetzt werden konnten. Mit jeweils über 2 000 Besuchern fanden die Ausstellungen eine enorme Resonanz. Den Austausch von Erfahrungen ermöglicht zudem die „Kölner Transferrunde", an der sich seit 1991 neben dem Beauftragten der IHK Köln Vertreter von Hochschulen und Großforschungseinrichtungen der Region beteiligen. Überregionale Arbeit leistet die TIB seit ihrer Gründung auf der jährlich stattfindenden Hannover-Industriemesse. Seit ihrer Gründung ist sie dort regelmäßig auf dem Stand „Innovationen mit der IHK" vertreten. Ein weiterer Aspekt überregionaler Tätigkeit ist die Herausgabe der Broschüre „High-Tech Rheinland" zusammen mit den sieben anderen rheinischen Industrie- und Handelskammern.[305] Die Kammer Köln fördert zudem Technologieparks, die sich im Bezirk ansiedeln. Pilotfunktion hatte in dieser Hinsicht das Gründer- und Innovationszentrum Köln-Braunsfeld (GIZ), das 1986 eröffnet wurde. 1995 arbeiteten dort schon ca. 3 500 Menschen.

Inzwischen sind auch in weiteren Gebietskörperschaften des Kammerbezirks derartige Projekte angelaufen: das Rheinisch-Bergische Technologie-Zentrum in Bergisch Gladbach-Bensberg auf dem Gelände der ehemaligen Firma *Interatom* (Beteiligung der IHK Köln mit zwei Prozent), das Gründer- und TechnologieCentrum in Gummersbach (IHK-Beteiligung ein Prozent) und das Gründer- und Innovationszentrum Leverkusen, ebenfalls auf einer Industriebrache angesiedelt.[306] Jüngstes Projekt in Köln ist das Rechtsrheinische Technologie-Zentrum (RTZ). Dort, wo früher die Firma *Gottfried Hagen* Akkumulatoren herstellte, entsteht seit 1995 im Rahmen eines städtischen Strukturförderprogramms ein weiteres Zentrum für Innovationen. Die IHK Köln ist neben den beiden Kölner Sparkassen und einem von ihr gegründeten Verein zur Förderung der rechtsrheinischen gewerblichen Wirtschaft Mitglied der Betriebsgesellschaft.

8.5   VERMITTLUNGSDIENSTE (BÖRSEN)

Als der Deutsche Industrie- und Handelstag im Herbst 1968 eine Kooperationsbörse für Unternehmen einrichtete, beteiligte sich auch die IHK Köln daran. Seitdem erscheinen in den DIHT-Rundschreiben bundesweit Angebote und Nachfragen von kooperationswilligen Unternehmen mit Angabe der Branche, des Unternehmenssitzes und des Bereichs, in dem der jeweilige Betrieb eine Zusammenarbeit wünscht. Die „Mitteilungen der IHK Köln" bzw. seit 1981 „markt + wirtschaft" veröffentlichen zudem regelmäßig Kölner Inserate. Später schlossen sich auch die Auslandsbörsen diesem Vermittlungsdienst an.[307]

Als sich die Kammer Köln in den siebziger Jahren prononciert für die Anlage einer Sondermülldeponie einsetzte, verlor sie die Abfallvermeidung nicht aus den Augen: Sie schloß sich 1974 der Abfallbörse der Industrie- und Handelskammern des Landes Nordrhein-Westfalen an mit dem Ziel, „einen Teil der Rückstände einer Wieder- und Weiterverwendung (Recycling) zuzuleiten". Damit sollten Rohstoffe eingespart und der knappe Deponieraum geschont werden. Der DIHT faßte die länderweise eintreffenden Listen zu einer bundesweiten Liste zusammen. Mit Hilfe der Abfallbörse konnten nun Unternehmen, Bundesbetriebe, Kommunen und Privatpersonen verwertbare Rückstände kostenlos im gesamten Bundesgebiet anbieten und nachfragen. Bei den angebotenen und nachgefragten Rückständen aus Industrieprozessen dominierten Kunststoffe, chemische Substanzen, Metalle und Papier. Mitte der achtziger Jahre stellte die Kölner Kammer ihr Vermittlungssystem um; statt in „markt + wirtschaft" wurden die Abfälle nun elektronisch in einer Datenbank erfaßt. 1991 erfolgte die Umbenung in Recycling-Börse; sie ist neuerdings auch im Internet vertreten.[308]

Im Sommer 1979 bauten die Industrie- und Handelskammern ihre Hilfestellung für Existenzgründer überregional aus. Unter der Federführung der IHK Siegen richteten 25 Kammern eine Existenzgründerbörse ein. Bestehende Firmen, deren Nachfolge ungewiß war, plazierten hier entsprechende Angebote, Unternehmer, die gerne einen Betrieb übernehmen wollten, äußern ihr Interesse. Auch Teilhaberschaften konnten inseriert werden. Fünf Jahre nach der Gründung, 1984, arbeiteten schließlich sämtliche 69 Industrie- und Handelskammern an der Existenzgründungsbörse mit.

Die Kammer Köln war diesem Verbund von Beginn an assoziiert. Sie veröffentlichte Angebote und Nachfrage in „markt + wirtschaft" und war stets bestrebt, möglichst seriöse Annoncen aufzunehmen. Allein 1984 vermittelte die IHK Köln fast 1 700 Kontakte. Mit zunehmender Arbeitslosigkeit zu Beginn der neunziger Jahre verstärkte sich das Interesse an der Börse noch; die Kölner Vermittlungszahlen pendeln seit 1992 zwischen 2 700 und 4 000.[309]

Seit November 1984 ist die IHK Köln an der Technologiebörse des Deutschen Industrie- und Handelstages beteiligt. Zweimal jährlich erscheint ein Katalog, in dem Patente, Lizenzen, ungeschütztes technisches Wissen oder neuentwickelte Produkte bzw. Verfahren zum Kauf angeboten werden. Der Zugriff kann auch online weltweit über eine Datenbank erfolgen.

Primär im technischen Bereich ist auch die 1988 von der Kölner Kammer eingerichtete Diplomarbeiten-Börse angesiedelt. Hauptsächlich kleine und mittlere Unternehmen nutzen seitdem die Chance, Forschungs- und Entwicklungsarbeiten von Diplomanden in ihrem Betrieb durchführen zu lassen. Mit dieser Börse verfolgt die Kammer drei Ziele: Vermittlung von Technologie in die Wirtschaft, praxisnähere Gestaltung der Hochschulausbildung sowie Kontaktanbahnung zwischen Unternehmen und Nachwuchs. Seit 1991 können erste Verbindungen noch früher geknüpft werden. In diesem Jahr richtete die Kammer zusätzlich eine Praktikanten-Börse ein. Firmen, die Plätze für Praktika im Fachhochschulstudium zur Verfügung stellen, melden sich bei der Kammer und werden dort in einer Datei geführt.[310]

9 ABFALLWIRTSCHAFT UND UMWELTSCHUTZ
9.1 ABFALLWIRTSCHAFT/ENSO

Angesichts der rapide steigenden Müllmengen gab es Mitte der sechziger Jahre erste Gespräche zwischen den Kammern Aachen, Neuss, Bonn, Remscheid und Köln mit dem Ziel, einen Zweckverband „Abfallbeseitigung Rheinland" zu gründen. Zusammen mit dem *RWE* strebte der Verband den Bau einer „Müllveraschungsanlage" an, wie es damals hieß. Sie sollte neben dem Kraftwerk Goldenbergwerk in der Ville errichtet werden. Da sich jedoch ein derart weit gesteckter Kammerverbund nicht realisieren ließ, gründeten mehrere Firmen unter Beteiligung der Industrie- und Handelskammern Bonn und Köln im Jahre 1968 den Industriemüllverband Köln-Bonn. Dieser stellte noch im selben Jahr beim Oberkreisdirektor in Euskirchen einen Antrag auf Errichtung einer Industriemülldeponie bei Antweiler. Nach mehreren Gutachten, Einsprüchen und Ergänzungen sowie einer ablehnenden Stellungnahme durch die Landesanstalt für Wasser und Abfall zog der Regierungspräsident seine 1973 erteilte Genehmigung zur Inbetriebnahme im Juni 1975 wieder zurück. Da das Sondermüllproblem zu dieser Zeit weiter an Schärfe gewonnen hatte, ließ die IHK Köln im Rahmen einer Erhebung die wichtigsten Müllarten nach Quantität und Qualität erfassen. Den Behörden sollte auf diese Weise Planungssicherheit an die Hand gegeben werden; zudem sollte ihnen vor Augen gehalten werden, wie dringlich eine Deponie inzwischen geworden war. Da jedoch die öffentliche Verwaltung nicht reagierte, stellte der Industriemüllverband noch im selben Jahr seine Tätigkeit ein.

Ein neuer Gebietsentwicklungsplan für den Teilabschnitt Köln ließ die Arbeit des Verbandes im Herbst 1980 wieder aufleben. Der Industriemüllverband mahnte gegenüber dem Regierungspräsidenten erneut ein planvolles Entsorgungskonzept an. Diese Initiative griff die Bezirksregierung im Mai 1981 auf und unterstützte fortan die Errichtung einer Sondermülldeponie im Raum Kottenforst-Ville. Nun begann ein langwieriges Verfahren, einen geeigneten Standort für die Deponie zu finden. Ende 1981 setzte der Bezirksplanungsrat beim Regierungspräsidenten die Kommission „Entsorgung im Regierungsbezirk Köln" ein, die bei der Standortfindung beraten sollte. Die Kammer Köln arbeitete in diesem Gremium mit. Die Kommission prüfte im September 1982 zwanzig Standortvorschläge und bat die Kammern Köln, Bonn und Aachen, eine neue Erhebung über die vermutlich anfallende Menge Sondermüll im Regierungsbezirk Köln einzuleiten. Erste Ergebnisse lagen im Dezember 1982 auf dem Tisch. Nach Prüfung dieser Daten empfahl die Kommission „Entsorgung" 1983 den ehemaligen Tagebau „Vereinigte Ville" als geeigneten Standort für die geplante Sondermülldeponie. Der Bezirksplanungsrat sollte unverzüglich das für die landesplanerische Absicherung notwendige Verfahren durchführen. Nach Ansicht der Kammer mußten indes nicht nur die planungsrechtlichen Voraussetzungen vorliegen, sondern auch das anschließende Planfeststellungsverfahren sollte hinreichende Aussichten auf Erfolg haben. Als die Bezirksplanungsbehörde noch 1983 das erste Änderungsverfahren zum Gebietsentwicklungsplan einleitete, begrüßte dies die Kammer Köln ausdrücklich. Kurz darauf indes nahm der Regierungspräsident die gerade erst gebilligte Standortempfehlung zurück, weil einige technische Probleme nicht vollständig in den Griff zu bekommen seien. Damit hatte sich die Kette von Entscheidungsfindungen wie im Zeitraum 1968/1975 wiederholt.

Neue Brisanz erhielt das Thema Sondermüll, als 1985 bei einigen Industriebetrieben im Kammerbezirk Probleme auftraten, weil Sondermüll auf dem Betriebsgelände zwischengelagert werden mußte. Der Deponieraum in benachbarten Regionen wurde langsam knapp. Die IHK Köln beklagte damals, daß die nach dem Industrieumsatz drittgrößte Industrieregion der Bundesrepublik immer noch nicht über geeignete Entsorgungskapazitäten verfüge. Auch in der Öffentlichkeit wies der Industriemüllverband, dem seit Juni 1984 auch die Kammer Aachen angehörte, verstärkt auf den Zusammenhang einer geregelten Industrieproduktion (Arbeitsplätze!) und der notwendigen Sondermülldeponie hin.

Im Juni 1985 setzte der Bezirksplanungsrat eine neue Entsorgungskommission ein, und nachdem sich die Kammer Köln im Sommer 1986 mit dem Regierungspräsidenten über das rechtlich-organisatorische Betriebskonzept geeinigt hatte, erfolgte im Dezember 1986 auch eine Verständigung der Industrie- und Handelskammern Aachen, Bonn und Köln mit dem Minister für Umwelt, Raumordnung und Landwirtschaft auf ein Sondermüll-Entsorgungskonzept für den Regierungsbezirk Köln. Eine wichtige Forderung der drei Kammern – die Landesregierung müsse das Konzept verbindlich mittragen – war damit erfüllt. Vier Tage später beschloß der Bezirksplanungsrat, eine Umweltverträglichkeitsprüfung zwecks Standortzuweisung in Hürth einzuleiten. Die IHK Köln sah sich in ihren Bemühungen um die Errichtung einer Sondermülldeponie endlich bestätigt.

Schon im Oktober 1986 war der wirtschaftliche Verein „Industriemüllverband Köln-Bonn e.V." auf Beschluß der Mitgliederversammlung in den Idealverein „Industriemüllverband Köln-Bonn-Aachen e.V." umgewandelt worden, um sich den aktuellen Bedingungen anpassen zu können. Die Gründungsmitglieder stammten meist aus der Chemie-Branche. Die Kammer Köln war weiterhin geschäftsführend tätig.

Im Laufe des Jahres 1987 wurde das Finanzierungskonzept der zu gründenden Entsorgungs-GmbH entwickelt: Die Industrie sollte 51 % des Gesellschaftskapitals übernehmen, Kreise und kreisfreie Städte 25,5 %, die Industrie- und Handelskammern 23,5 %. Zur Finanzierung des Industrie-Anteils gründete der Industriemüllverband die *IMV Sonderabfall Beteiligungs-GmbH*, deren einziger Gesellschafter der IMV selbst war. Diese GmbH trat als Komplementärin und Geschäftsführerin ein in die *IMV Sonderabfall GmbH & Co. KG*, deren Kommanditisten die Industrieunternehmen waren. Neben der Entsorgungs-GmbH konstituierte sich, ebenfalls noch 1987, ein Betreiberkonsortium. Im April 1988 einigten sich die Kammern mit den Gebietskörperschaften über den Gesellschaftsvertrag der *ENSO GmbH*, wie nun die Entsorgungsgesellschaft genannt wurde. Die vom Industriemüllverband ein Jahr zuvor entwickelte und oben skizzierte Kapitalstruktur hatte Bestand. Im Februar legte der Bezirksplanungsrat den Deponiestandort einer allgemein zugänglichen Anlage zur Beseitigung von Sondermüllabfällen auf dem Gebiet der Stadt Hürth fest. Dies wurde mit der ersten Änderung des Gebietsentwicklungsplanes Köln auch rechtswirksam.

1989 bzw. Anfang 1990 konstituierten sich die beiden Hauptpfeiler des künftigen Deponiebetriebs: die Verwaltungs- und Besitzgesellschaft *ENSO GmbH* (Anteil der IHK Köln: 15%) sowie die Betreibergesellschaft *SAD Ville GmbH & Co. KG*. Die Geschäftsführung der ENSO GmbH bezog im Mai 1989 provisorische Geschäftsräume in der IHK Köln, bevor sie Ende besagten Jahres ihren eigentlichen Sitz in Kerpen-Sindorf nahm. Die vorrangigste Aufgabe des Industriemüllverbandes – die Errichtung einer Sondermülldeponie – ging nun auf die ENSO über. Fortan widmete sich der Industriemüllverband den Themen Abfallvermeidung und -verwertung. So führte er im Dezember 1990 eine vielbeachtete Fachtagung zu diesem Thema mit über 600 Teilnehmern in der IHK Köln durch.

Nach dem außerordentlich erfolgreichen Jahr 1989 hatten ENSO und SAD als Projektträger in der Folgezeit erheblich mit den sich ständig ändernden gesetzlichen Grundlagen auf Landes- und Bundesebene zu kämpfen, als sie die Planfeststellungsunterlagen für die Deponie vorbereiteten. Außerdem mußte sie zusätzliche Gutachten zur Seismologie, Hydrogeologie, Landschaftspflege und zum Umweltverträglichkeitsverfahren einreichen. Selbst als die Planungsunterlagen Ende 1991 dem Regierungspräsidenten vorlagen, folgten weitere Anforderungen an das immissionsschutzrechtliche Gutachten. Um das Deponiegelände wie geplant von der *Rheinbraun AG* erwerben zu können, verdoppelte die IHK Köln die ihr zustehende Stammeinlage für das Haushaltsjahr 1993.

Eine weitere Maßnahme des Gesetzgebers im Februar 1996 entzog der ENSO die Arbeitsgrundlagen. Die Landesregierung beschloß, die Planung von Sonderabfallanlagen zurückzunehmen, da die

Sonderabfallmenge zwischen 1990 und 1995 um fast die Hälfte zurückgegangen war. Darüber hinaus entschied das Umweltministerium NW in diesem Jahr, künftig Sondermülldeponien in ehemaligen Bergwerken den Vorzug gegenüber oberirdischen Deponien zu geben.[311]

Ein Thema, das die Arbeit der Kammern seit Mitte der neunziger Jahre beherrscht, ist die Neufassung des Abfallgesetzes von 1972. Dieses Kreislaufwirtschafts- und Abfallgesetz wurde 1994 verkündet und trat in seinen wesentlichen Teilen zwei Jahre später in Kraft. Es schreibt in erster Linie die Abfallvermeidung vor, erst dann folgen Abfallverwertung (Recycling) und schließlich die Beseitigung (Entsorgung). Den Herstellern schreibt das Gesetz eine weitreichende Produktverantwortung und -haftung vor, mit anderen Worten, der Produzent ist auch nach dem Verlassen der Ware für die spätere Verwertung in Form von Abfall mitverantwortlich. Während die Abfallbeseitigung lange Zeit Aufgabe des Endverbrauchers war, ist es jetzt auch möglich, ein Produkt nach seiner Benutzung über den Handel zurückzugeben. Die Industrie ist also künftig gehalten, geeignete Sammel- und Rückführsysteme zu entwickeln. Erzeuger, die ein bestimmtes Quantum an überwachungspflichtigen Abfällen produzieren, müssen gar ein betriebsinternes Abfallwirtschaftskonzept entwickeln. Die zuständige Behörde kann jederzeit die Vorlage dieses Konzepts verlangen.

Auch für die Industrie- und Handelskammern hat das Gesetz nicht zu unterschätzende Auswirkungen. Die Kammern sind nach § 38 verpflichtet, ihre Mitgliedsfirmen in rechtlicher und fachlicher Hinsicht zu unterstützen, und der Beratungsbedarf ist in der Tat hoch. Die Kölner Kammer informiert telefonisch, in Form von Faltblättern oder Broschüren, mit Informationsveranstaltungen und seit 1996 über vier Seniorberater für die betriebliche Abfallwirtschaft, die in den Betrieben vor Ort ihre während des eigenen Berufslebens gewonnenen Erkenntnisse vermitteln. Bestehen selbst dann noch Probleme, so vermittelt die Kammer spezielle Abfallberatungseinrichtungen.

Bereits 1993 haben die Industrie- und Handelskammern Aachen, Bonn und Köln zusammen mit den Handwerkskammern die Broschüre „Betriebliche Abfallwirtschaftskonzepte und Abfallbilanzen" erstellt und damit versucht, dieses für die unternehmerische Praxis heikle Problem zu entschärfen. Damit Unternehmen aber schon bei der Entwicklung von Produkten Umweltaspekte berücksichtigen können, brachte die IHK Köln zusammen mit den anderen nordrhein-westfälischen Industrie- und Handelskammern sowie dem Fraunhofer-Institut für Produktionstechnologie 1996 die Broschüre „Produktionsintegrierter Umweltschutz" heraus.[312]

Während die zuletzt genannte Publikation den Bereich Abfallvermeidung abdeckt, bietet das 1996 von den Kammern Aachen, Bonn und Köln herausgegebene „Entsorgungshandbuch" den Unternehmen vielfältige Möglichkeiten, sich über Entwicklungschancen der Branche und die Palette von entsorgungswirtschaftlichen Leistungen zu informieren. Erste Recherchen zu diesem Handbuch hatten zwischen 1991 und 1993 begonnen, als die „Verpackungsverordnung" für Unruhe bei Industrie und Handel sorgte. Lieferanten mußten nun Transportverpackungen, Händler die Umverpackungen zurücknehmen. Die Kammer beriet zu den verschiedenen Verpackungsarten und benannte Entsorgungsbetriebe. Im September 1992 lud sie gemeinsam mit der Kölner Handwerkskammer und einigen Verbänden zu einem Seminar über „Die Verpackungsverordnung im Handel" ein.[313]

9.2 LUFT- UND WASSERREINHALTUNG

Die IHK Köln setzte sich schon früh für die Verbesserung der natürlichen Lebensbedingungen ein. So konstituierte sich auf Anregung der Vollversammlung 1959 der Wasser-Ausschuß, ein Jahr später der Luftreinhaltungs-Ausschuß. 1970 fusionierten sie zum Ausschuß für Luft- und Wasserreinhaltung. Elf Jahre später erhielt dieser den Namen „Umwelt-Ausschuß". Weil die Umweltgesetzgebung immer komplizierter wurde und immer mehr kleine und mittlere Betriebe davon betroffen waren, beschloß die Vollversammlung der Kölner Kammer im März 1986, mit der IHK Bonn einen Gemeinschaftsausschuß für Umweltschutz zu bilden.

Nach den Ergebnissen einer IHK-Umfrage von 1970 investierte die Industrie des Kölner Bezirks bereits in den sechziger Jahren erhebliche Summen, um die Schadstoffbelastung der Luft zu reduzieren. So verdoppelte sie derartige Aufwendungen allein zwischen 1960 und 1968. Anschließend, zu Beginn der siebziger Jahre, war der Ausschuß maßgeblich an einem nordrhein-westfälischen Pilotprojekt beteiligt, als für den Raum Köln ein Emissionskataster erstellt wurde. Dieses diente als Grundlage für den 1977 vorgelegten Luftreinhalteplan für die Rheinschiene-Süd. Auch hier war der Ausschuß der Kölner Kammer involviert. In den achtziger Jahren beherrschten die Großfeuerungsanlagen-Verordnung, die Smog-Verordnung, die Abfallgesetzgebung und die Störfallverordnung die Tagesordnung im Umwelt-Ausschuß. In jüngster Zeit sind das Gesetz über die Umweltverträglichkeitsprüfung, die Bestimmungen zum Umwelt-Zertifikat (Öko-Audit) und das Kreislaufwirtschaftsgesetz von hoher Relevanz. Der Ausschuß versteht sich dabei stets als Mittler zwischen den einzelnen Firmen und den zuständigen Behörden, also Gewerbeaufsichtsamt und Bezirksregierung.[314]

9.3 ÖKO-AUDIT

Ein Betrieb, der sich seine umwelttechnischen Anstrengungen eigenverantwortlich zertifizieren lassen will, kann dies seit Dezember 1995 aufgrund des Umweltauditgesetzes tun, das eine seit 1993 bestehende EU-Verordnung in nationales Recht umsetzte. Die Unternehmen haben auch hier einen großen Beratungsbedarf. Die Kammer informierte 1995 in zwei Großveranstaltungen sowie in kleineren Gruppen, die dem unmittelbaren Erfahrungsaustausch dienten. Außerdem bot die IHK im Herbst 1995 den Umweltbeauftragten der Betriebe bzw. mit ähnlichen Aufgaben betrauten Mitarbeitern einen Grundkurs „Betrieblicher Umweltauditor" an. Im selben Jahr fanden zwei gut besuchte Veranstaltungen zum Thema „Öko-Audit" in Köln und Leverkusen statt. Hiermit sollten den Industriefirmen zum einen die Vorteile einer freiwilligen Umwelt-Zertifizierung nach Europa-Recht nahegebracht werden, zum anderen wurden den Teilnehmern der Kurse die wichtigsten Prinzipien und Verfahren des Öko-Audits vermittelt, so daß die Zertifizierung hiernach möglichst reibungslos ablaufen kann. Nach deutschem Recht fällt es den Industrie- und Handelskammern zu, die überprüften Betriebe in einem Verzeichnis zu führen. Für Nordrhein-Westfalen übernimmt die Niederrheinische IHK zu Duisburg diese Aufgabe.[315]

10 STRUKTURPOLITIK UND FÖRDERUNG DER REGION
10.1 STRUKTURATLAS

Unternehmen des Kammerbezirks, die einen adäquaten Standort suchten, erfuhren bereits 1976 eine Hilfestellung durch die IHK Köln in Form eines von ihr erstmals herausgegebenen „Strukturatlasses". Mit erheblicher Unterstützung der Kommunen und Kreise hatte die IHK alle relevanten Daten zur regionalen Wirtschaftsstruktur zusammengetragen, damit sich Firmen über Niederlassungsmöglichkeiten und -bedingungen im Kammerbezirk informieren konnten. Der Atlas skizzierte sämtliche Gewerbegebiete nicht nur in ihrer räumlichen Ausdehnung (verfügbare und reservierte Gewerbeflächen), sondern erläuterte auch deren infrastrukturelle Merkmale (Erschließung, Verkehrsanbindung etc.). Umfangreiche Statistiken mit wirtschaftlichen Daten der jeweiligen Gebietskörperschaften kamen hinzu.

Ein sich verschärfender Strukturwandel sowie knapper werdende Gewerbeflächen machten 1983 eine zweite Auflage des Strukturatlasses erforderlich. Seine Konzeption änderte sich nicht, doch erfolgten nun jährliche Fortschreibungen. Die 1997 herausgebrachte neue Ausgabe bietet zwei weitere, maßgebliche Verbesserungen. Zum einen umfaßt sie als Pilotprojekt der „Vereinigung von Wirtschaftskammern" die gesamte Regio Rheinland, also auch den IHK-Bezirk Bonn. Zum anderen sind sämtliche Daten auch digitalisiert auf CD-ROM erhältlich. Sie werden weiterhin regelmäßig aktualisiert. Mit Hilfe des Strukturatlasses bleiben den Unternehmern zeitraubende Recherchen nach einem geeigneten Standort zunächst erspart. Wo sie sich mit ihrem Firmenprofil am günstigsten ansiedeln können, ist für sie jetzt ablesbar.[316]

10.2 ZIN

Das im Oktober 1988 von der Bundesregierung beschlossene Strukturhilfegesetz setzte die Landesregierung NW im Sommer 1989 in das sogenannte ZIN-Programm um (Zukunftsinitiative der Regionen Nordrhein-Westfalens). Unter Moderation der jeweiligen Gebietskörperschafte entschieden in den ZIN-Beiräten neben den Gebietskörperschaften und den Kammern die Arbeitsverwaltung, Universitäten, Arbeitgeberverbände oder der DGB, also viele der heute gesellschaftsrelevanten Gruppen und Institutionen, über „regional bedeutsame" und „strukturrelevante Projekte". Unter erheblichem Zeitdruck einigten sich die Mitglieder des Kölner Beirats auf 36 Projekte. Da die Kölner IHK selbst keinen Antrag stellte, bewahrte sie sich die Möglichkeit, konstruktiv Kritik zu üben. Ein interministerieller Ausschuß in der Düsseldorfer Staatskanzlei wählte für den Kammerbezirk Köln zwölf Maßnahmen aus, wobei die Stadt Köln selbst unterdurchschnittlich abschnitt. Allerdings ist der MediaPark im Vorfeld des ZIN-Programms großzügig gefördert worden.

Die Kammer Köln bemängelte, daß wegen der immensen Terminschwierigkeiten viele Entscheidungen der Landesregierung den selbstgesteckten hohen Maßstäben des Kölner Beirates nicht genügten. Zudem müsse die Landesregierung verbindlich festlegen, was genau sie unter Begriffen wie „regional bedeutsam" und „strukturrelevant" verstehe. Die ZIN-Projektförderung verdiene schlüssige und transparente Entscheidungskriterien. Schon 1990 standen – wegen des Finanzbedarfs im Rahmen der deutschen Einigung – keine Fördermittel mehr zur Verfügung. Die ZIN-Beiräte entwarfen nun auf Vorschlag der Landesregierung „mittelfristige Entwicklungsperspektiven". Im Kölner Kammerbezirk führte dies zur ersten Regionalkonferenz am 23. November 1990 in Köln, an der auch die IHK teilnahm. Kreise und kreisfreie Städte des Kammerbezirks setzten sich hier gegen den Regierungspräsidenten durch, der fortan nicht mehr eine moderierende, sondern nur noch eine weiterleitende Funktion (via Landesregierung) haben sollte.[317]

10.3 BIO- UND GENTECHNOLOGIE

Eine zentrale Rolle im künftigen Rechtsrheinischen Technologie-Zentrum (RTZ) wird der Bio- und Gentechnologie zukommen. Schon im Dezember 1992 startete eine von Wissenschaft, Wirtschaft, Stadt Köln sowie der Kammer angeregte „Gemeinschaftsinitiative zur Förderung der Bio-/Gentechnologie in der Kölner Region". Diese Initiative stellte das enorme Potential des hiesigen Raumes auf diesem Gebiet heraus und wollte nachhaltig die Akzeptanz der neuen Technologie in der Bevölkerung verbessern. Auf Bitte der Landesregierung dehnte sie ihre Tätigkeit 1994 landesweit aus. Die Auftaktveranstaltung des nun „Landesinitiative Bio- und Gentechnik NRW e.V." genannten Vereins fand im Mai 1994 in der IHK Köln statt. Ihm gehören Kommunen, Universitäten, Forschungseinrichtungen, Unternehmen, Gewerkschaften, Verbände und die Landesregierung an. Die Kammer Köln ist Mitglied des Beirats und unterstützt dort die Arbeit der Initiative. Zudem betreut

Gründung der Vereinigung von Wirtschaftskammern zur Förderung der Region Köln/Bonn im Oktober 1992. Im Vordergrund links IHK-Präsident Alfred Neven DuMont und rechts Hauptgeschäftsführer Eberhard Garnatz. Stehend v.l.n.r.: Eberhard Schmitz (Hauptgeschäftsführer der IHK Bonn), Wilhelm Lieven (Präsident der Landwirtschaftskammer Rheinland), Wilfried Oberländer (Präsident der Handwerkskammer zu Köln), Achim Heumann (Präsident der IHK Bonn), Uwe Nehrhoff (Hauptgeschäftsführer der Handwerkskammer zu Köln), Gerhard Leßmann (Direktor der Landwirtschaftskammer Rheinland)

die IHK Köln geschäftsführend einen unternehmerisch geprägten Förderverein, der Existenzgründungen aus den Hochschulen begleiten soll.[318]

Ein wichtiger Erfolg der Landesinitiative stellte sich bereits im November 1996 ein, als die Bio-Region Rheinland zusammen mit München und dem Rhein-Neckar-Raum einen Wettbewerb gewann, der vom Bundesministerium für Bildung, Wissenschaft, Forschung und Technologie ausgeschrieben worden war. An die drei Gewinner gingen Fördergelder in Höhe von 50 Mio. DM. Entscheidend für die Jury waren die exzellenten Standortbedingungen und das unter wesentlicher Mitwirkung der Kammer Köln entwickelte schlüssige Konzept, aufgrund dessen schon bald neue Arbeitsplätze für die Region erwartet werden. Banken und Sparkassen werden zukünftigen Bio-Tech-Unternehmern im Rheinland 90 Mio. DM Risikokapital zur Verfügung stellen, eine Summe, die mit den Ausschlag für die Preisverleihung gab.[319]

10.4 REGIO RHEINLAND

Nach der deutschen Einigung und nach der endgültigen Entscheidung der Mehrheit der Abgeordneten des Deutschen Bundestages im Juni 1991, Berlin zur Hauptstadt zu machen, waren sehr bald konkrete Maßnahmen zur Stärkung der Region Köln/Bonn gefragt. In der Sitzung des Haupt- und Verwaltungs-Ausschusses der IHK Köln vom 17. Juli 1991 wurde das Konzept der sieben Gebietskörperschaften aus den Bezirken Köln und Bonn zur „Regio Köln/Bonn und Nachbarn e.V." ausführlich zur Diskussion gestellt. Die Kammer beabsichtigte damals noch nicht, ordentliches Mitglied des Vereins zu werden, sondern wollte lediglich in dessen Beirat mitwirken. Ende August legte die IHK gemeinsam mit der IHK Bonn, der Handwerkskammer Köln und der Landwirtschaftskammer Rheinland ein Positionspapier vor. Im Herbst 1991 schließlich einigte man sich auf ein Zwei-Säulen-Modell mit zwei getrennten Vereinen, dessen Vorstände in einem übergeordneten Gremium zusammenarbeiten sollten. Die Zustimmung der Vollversammlungen der Industrie- und Handelskammern in Köln und Bonn erfolgte im Frühjahr 1992.

Inhaltlich hatte die Kölner Kammer schon im Sommer 1991 eine Verbesserung der Verkehrsinfrastruktur und einen Ausbau der Region Köln/Bonn zum internationalen Dienstleistungszentrum sowie zum europäischen Wissenschafts- und Technologiezentrum gefordert. Zusammen mit der IHK Bonn wurden diese Forderungen im April 1992 dann konkretisiert. Um in einem zusammenwachsenden Europa die Belange der Region Köln/Bonn besser wahrnehmen zu können, sollten das Schienenschnellverkehrsnetz Paris/London-Köln-Berlin, der Flughafen Köln/Bonn zum internationalen Drehkreuz und das Autobahnnetz in West-Ost-Richtung ausgebaut sowie ein geschlossener S-Bahn-Ring zwischen Köln und Bonn eingerichtet werden. Desweiteren sollten Gebietsentwicklungs-, Flächennutzungs- und Bebauungspläne geändert werden, hoheitliche Aufgaben privatisiert und nationale wie internationale Verbände hinsichtlich der Nähe zum europäischen Zentrum Brüssel verstärkt angesiedelt werden, Hochschul- und Großforschungskapazitäten in der Region erweitert werden sowie EG-Medieninstitutionen geeignete Arbeitsmöglichkeiten im Raum Köln/Bonn geboten werden.[320]

Im Sommer 1992 beschlossen die sieben Gebietskörperschaften ihre Satzung: die Städte Köln, Bonn und Leverkusen sowie der Erftkreis, der Rheinisch-Bergische Kreis, der Oberbergische Kreis und der Rhein-Sieg-Kreis. Beide Vereine konstituierten sich im Oktober. Der politisch-staatlichen Säule steht die „Vereinigung von Wirtschaftskammern zur Förderung der Region Köln/Bonn" gegenüber. Beide brachten je 16 Vertreter in den gemeinsamen Ausschuß ein, der im Mai 1993 zum ersten Mal tagte. In der Öffentlichkeit agiert der Gemeinsame Ausschuß unter dem Namen „Regio Rheinland". Gleichzeitig nahm das Regionalsekretariat „BRAIN" (Büro für regionale Analyse und Innovation) seine Tätigkeit auf, das von den Gebietskörperschaften unterhalten wird. Im Oktober 1993 führte „BRAIN" in der IHK Köln eine Informationsveranstaltung durch unter dem Motto „Europäische Mittelstandspolitik – Möglichkeiten und Grenzen der EU-Förderung für kleine und mittlere Unternehmen". Zudem half „BRAIN", Fördermittel für zwei Weiterbildungsprojekte in Höhe von 3,4 Mio. DM in die Region zu holen. Im Februar 1994 konstituierte sich der Regionalbeirat des Vereins mit Vertretern aus Wirtschaft, Forschung und Kultur. Sein Vorsitzender ist Otto Wolff von Amerongen als Ehrenpräsident der IHK Köln.

1997 brachte „Regio Rheinland" den Strukturatlas neu heraus, mit dessen Hilfe Unternehmen wichtige Standortfaktoren ermitteln können. Im Oktober 1996 übernahm die IHK Köln den Vorsitz der „Kammersäule". Präsident Alfred Neven DuMont mißt der Zusammenarbeit von Wirtschaft und Gebietskörperschaften im Großraum Köln eine hohe Bedeutung zu. Im zukünftigen europäischen Wettbewerb der Regionen könne nur gemeinschaftliches Handeln die Standortvorteile sichern und ausbauen.[321]

11 FINANZEN UND STEUERN

Die Industrie- und Handelskammern äußern sich regelmäßig zu Steuergesetzen des Bundes, der Länder und der Kommunen. Ihr Ziel ist es, die Abgabenbelastung für die Unternehmen möglichst ausgewogen zu gestalten. Auf kommunaler Ebene entfalten die einzelnen Kammern dabei ihre größte Wirksamkeit. Denn Städte und Gemeinden finanzieren einen beträchtlichen Teil ihrer Ausgaben mit der Gewerbesteuer, die von der gewerblichen Wirtschaft und vom Handwerk aufgebracht wird. Ergänzend ist die Grundsteuer B zu nennen. Die Kammern stehen in ständigem Austausch mit den kommunalen Verwaltungen, um Einfluß auf die Hebesätze dieser beiden „Realsteuern" zu nehmen.

Da den Kammern die Entwürfe der städtischen Haushaltspläne vorliegen, können sie unter Hinweis auf Einsparpotentiale eventuelle Forderungen nach Steuersenkungen besser untermauern. Dies geschieht in Gesprächen vor Ort oder im Rahmen schriftlicher Stellungnahmen.

Seit 1970 beobachtete die IHK Köln, daß aufgrund steigender Personalkosten immer mehr Gemeinden die Realsteuerhebesätze erhöhten. Wurden dabei die per Landesverordnung festgesetzten Höchstbeträge überschritten, nahm die Kammer dezidiert dazu Stellung. Zum einen dürfe die Höchstgrenze nur in einer finanziellen Zwangslage überschritten werden. Andererseits sei die Finanznot vieler Städte nicht so dramatisch wie oft behauptet. Vielmehr müßten ihre Verwaltungen verstärkt kostenorientiert arbeiten, Personal einsparen und Investitionen zurückschrauben. Manchmal wies die Kammer auch nach, daß die Einkünfte aus Realsteuern sogar gestiegen waren. Der Regierungspräsident als Aufsichtsbehörde genehmigte allerdings diese Ausnahmeregelungen noch im nachhinein. Mehr als die Hälfte der Städte und Gemeinden im Kammerbezirk übertraf 1977 die Höchsthebesätze.

Zu besonderen Härten bei der Gewerbesteuerzahlung kam es im Zuge der Kommunalreform 1975. Die Unternehmen in den neuen Kölner Stadtteilen Porz, Rodenkirchen, Lövenich und Wesseling (später wieder selbständig) mußten erheblich höhere Sätze bei der Gewerbesteuer und der Grundsteuer B hinnehmen. Hinzu kam die in Köln 1971 eingeführte und in den erwähnten Gebieten bisher nicht bekannte Lohnsummensteuer. Nach Berechnungen der Kammer verdoppelten sich seinerzeit die Realsteuerlasten für Klein- und Mittelbetriebe. Die IHK hatte sich schon während der parlamentarischen Beratungen des Gesetzes beim Landesinnenminister für eine Übergangsfrist von fünf Jahren ausgesprochen. Analog zu Bonn (1969) und Aachen (1971) sollte den Unternehmen ermöglicht werden, sich auf die neuen Bedingungen einzustellen. Im Falle Wesseling wandte sich die IHK zusätzlich mit einer ausführlichen Stellungnahme an den Regierungspräsidenten. Letztlich allerdings übernahm der Gesetzgeber die von der Stadt Köln mit den jeweiligen Gemeinden vereinbarte Übergangsfrist von lediglich einem Jahr. Ende der achtziger und zu Beginn der neunziger Jahre erhöhten die Gemeinden wieder auf breiter Front die Realsteuern. Die IHK sah mit Sorge, daß immer mehr kleine und mittlere Kommunen Hebesätze von 400 %, also Großstadtniveau, erreichten. Immerhin konnten auf Initiative der Kammer mehrere geplante Erhöhungen verhindert werden.[322]

Einen Sonderfall des kommunalen Steuerwesens stellt die schon erwähnte Lohnsummensteuer dar. Ursprünglich für Ruhrgebietsstädte gedacht, deren dort ansässige Bergbauunternehmen aufgrund massiver Investitionen kaum Gewerbesteuer zahlten, wurde sie bald auch in anderen Städten Nordrhein-Westfalens eingeführt, so 1971 in Köln. Noch während der Beratungen im Stadtrat hatte die Kammer Stellung zu den Steuerplänen genommen: Auch wenn die Gewerbesteuer in einem solchen Fall nach den Vorschriften des Gesetzes etwas abgesenkt werde, ergebe sich für die Unternehmen per Saldo eine Mehrbelastung. Von der ertragsunabhängigen Lohnsummensteuer seien in erster Linie lohnintensive und ertragsschwache, meist mittelständische Betriebe betroffen. Weiterhin sei zu befürchten, daß die höheren Kosten unmittelbar an die Konsumenten weitergeleitet würden. Zudem stehe die stark exportorientierte Kölner Wirtschaft vor einem verschärften Wettbewerbsdruck. Zwar sei die Finanzlage der Stadt angespannt, doch könne die Steuer vermieden werden, wenn entsprechend eingespart werde. Auch wenn die Lohnsummensteuer in Köln dann doch zum 1. Januar 1971 eingeführt wurde, zog die IHK ein verhalten positives Fazit. Es sei mit ein Verdienst der Kammer, daß diese Zusatzsteuer bis dahin in Köln tabu geblieben sei. Außerdem zögen von den ehemals acht Gemeinden im Kammerbezirk nur noch drei die Lohnsummensteuer weiterhin ein. Die anderen fünf Kommunalverwaltungen habe die Kammer in regelmäßigen Gesprächen und Stellungnahmen von der Schädlichkeit der Lohnsummensteuer überzeugt.

Nichtsdestoweniger erhoben Ende der siebziger Jahre wieder elf Städte und Gemeinden im Kölner Kammerbezirk Lohnsummensteuer. Dies war hauptsächlich eine Folge der Kammerneugliederung von 1977, mit der sechs Lohnsummensteuer erhebende Kommunen zur IHK Köln gelangten. Aber auch eine Stadt wie Gummersbach führte 1976 die Lohnsummensteuer ein, obwohl die IHK in einer Umfrage sowie in einem ausführlichen Gutachten nachgewiesen hatte, daß sich die Belastung für die ortsansässige Wirtschaft um durchschnittlich 50 % steigerte. Immerhin senkte die Stadt ein Jahr später den Hebesatz für die Lohnsummensteuer merklich, und dies nicht zuletzt aufgrund der Intervention der Kammer. Mit dem Steueränderungsgesetz von 1979 schließlich wurde die Lohnsummensteuer zum 1. Januar 1980 aus konjunkturpolitischen Gründen abgeschafft. Die IHK forderte in diesem Zusammenhang die Kommunen dringend dazu auf, die ihnen kompensatorisch von Bund und Land zugestandenen Ausgleichszahlungen an die gewerbliche Wirtschaft weiterzuleiten, indem das Gewerbesteuerniveau gesenkt werde. Es bestehe Anlaß zur Sorge, daß die Mehreinnahmen statt dessen in die städtischen Kassen umgeleitet würden.[323]

Schon Mitte der sechziger Jahre hatte sich die IHK Köln für einen Abbau der Gewerbesteuer eingesetzt. Damals schlug die Kammer als Ersatz eine sogenannte Gemeindeeinkommensteuer vor. Die spätere Modifikation des Gewerbesteuerrechts von 1975 reichte nach Ansicht der Kammer bei weitem nicht aus, die im internationalen Vergleich wettbewerbsverzerrende Wirkung dieser Steuer zu mildern. Immerhin würden durch die Korrektur kleinere und mittlere Betriebe entlastet.

Im Zuge der Anfang der achtziger Jahre neu auflebenden Diskussion um eine Änderung der Gemeindefinanzen waren drei Modelle im Gespräch. Die IHK Köln lehnte die „Wertschöpfungssteuer" und eine pauschale Beteiligung der Gemeinden am Umsatzsteueraufkommen ab. Sie favorisierte das vom Deutschen Industrie- und Handelstag entwickelte Modell, wonach die Gewerbesteuer nicht mehr als Betriebsausgabe abgezogen, sondern mit der vom Unternehmer gezahlten Umsatzsteuer verrechnet werden sollte. Die Hebesätze von Gewerbe- und Grundsteuer sollten gekoppelt und damit eine übermäßige Erhöhung der ersteren vermieden werden. Das Modell sah außerdem ein Erhöhung der Umsatzsteuer um zwei Prozentpunkte vor. Nach Ansicht der IHK gewährleistete nur der DIHT-Vorschlag, daß möglichst wenig ertragsunabhängige und damit risikobehaftete Faktoren in die Besteuerung einflossen.[324]

Die Kommunen im Kammerbezirk kooperieren seit einiger Zeit auch mit der IHK, wenn es darum geht, ihre teilweise überschuldeten Haushalte sanieren zu müssen. Köln hatte als federführende Kammer in NRW schon Mitte der achtziger Jahre entsprechende Konzepte für die Städte und Gemeinden des Landes vorgelegt. Drastisch gesunkene Steuereinnahmen und Mehraufwendungen für den „Aufbau Ost" führten die Kommunen schließlich 1993 an einen Tisch mit Unternehmen, die aufgrund eigener Kenntnisse oft weiterhelfen konnten. Den Austausch von Erfahrungen über Kostenrechnung und Controlling in einzelnen Dienstleistungsbereichen moderierte die Kammer oft. Sie führte zudem Gespräche mit dem Regierungspräsidenten, der die Aufsicht über Städte und Gemeinden inne hat. Zwar stellten sich 1995 erste Erfolge ein, doch nur ein Jahr später konstatierte die Kammer, daß das Pendel in die Gegenrichtung umschlug. Immer häufiger boten Städte und Gemeinden ihre Leistungen auch am freien Markt an und konkurrierten mit der privaten Wirtschaft. Das kommunalpolitische Forum 1996 in Castrop-Rauxel, von der IHK Köln organisiert, stand unter dem Motto: „Kommunale Unternehmen – Konkurrenz für den Mittelstand?".[325]

Die Umsatzsteuerreform von 1968 brachte im Gegensatz zu den bisher dargestellten Sachverhalten eine Erleichterung für die Wirtschaft. Um die Folgen der ersten bundesdeutschen Nachkriegsrezession zu mildern, beschloß der Bundestag im Mai 1967, das seit 1917 gültige und 1951 modifizierte System der Bruttoumsatzsteuer zum 1. Januar 1968 auf eine Nettoumsatzsteuer (Mehrwertsteuer) umzustellen. Für die Unternehmen stellte die Umsatzsteuer nun aufgrund des neu eingeführten Vorsteuerabzugs keinen Kostenfaktor mehr dar, sondern war lediglich ein durchlaufender Posten. Allerdings fiel in der Umstellungsphase ein erheblicher Arbeitsaufwand an. Die Unternehmen wandten sich deshalb schon im Vorfeld ratsuchend an die Industrie- und Handelskammern.

Die IHK Köln informierte mehrgleisig. So referierten Fachleute ab Februar 1967 auf mehreren Vortragsveranstaltungen in der Kammer zum Thema. Ergänzend bot die Kammer branchenspezifisch ausgerichtete Seminare an. In ihrer Zweigstelle in Gummersbach sowie in Bergheim standen den Unternehmen an mehreren Sprechtagen Steuerexperten zur Verfügung. Zudem erschienen in den „Mitteilungen" fast 40 Artikel, die die Bezirksunternehmen detailliert über Einzelprobleme der neuen Umsatzsteuer informierten. Im Mittelpunkt standen die Neufestsetzung der Nettopreise und die Umstellung des Rechnungswesens und der Buchführung auf die neue Steuer. Wichtig war der Kammer, daß sie bei ihren Aktivitäten nicht nur das Gesamtinteresse der Wirtschaft vertreten, sondern auch in Einzelfällen praktische Lösungsvorschläge anbieten konnte. Allein 1967 sprach die Kammer mit ihren Angeboten mehr als 3 000 Personen unmittelbar an. Da bereits Ende 1968 sechs Durchführungsverordnungen, mehr als 130 Erlasse und eine noch größere Zahl von Verfügungen zum neuen Umsatzsteuergesetz beachtet werden mußten, blieb ein gewisser Beratungsbedarf der Unternehmen vorerst bestehen. Er erhöhte sich nochmals, als die bundesdeutsche Gesetzgebung im Zuge einer Harmonisierung zum 1. Januar 1980 auf EG-Normen umgestellt werden mußte. Da der endgültige Gesetzestext erst wenige Wochen vor Jahresfrist vorlag und die Unternehmen entsprechend schnell reagieren mußten, führte die Kammer eine Reihe von Seminarveranstaltungen durch.[326]

Die Abteilung Finanzen und Steuern der IHK erfuhr eine nachhaltige Stärkung ihrer Bedeutung, als ihr zum 1. Oktober 1977 die landesweite Federführung für den gesamten Bereich „Öffentliche Finanzen und Steuern" übertragen wurde. Schon von 1962 bis 1975 hatte sie federführend die Bereiche „Bundesfinanzen" und Landesfinanzen" betreut. Gemäß den Richtlinien der Kammervereinigung NRW von 1987 sollte die Federführung „die politische und fachliche Vertretung aller Kammern stärken und ihre gemeinsame Willensbildung unterstützen". Ab jetzt wurde eine solche nur noch „ad personam" und nicht mehr an eine Kammer vergeben. Im Rahmen ihrer Federführung gab die Kammer Köln jährlich eine tabellarische Dokumentation der Realsteuern für alle Gemeinden Nordrhein-Westfalens heraus. Da sie jeweils rückwirkend bis zum Jahr 1979 aufgebaut ist, ergeben sich aufschlußreiche Vergleiche über die Belastung mit kommunalen Steuern gerade dann, wenn es um die Wahl eines geeigneten Unternehmensstandortes geht.[327]

Von 1969 bis 1986 gab die Kammer Stellungnahmen zu Anträgen auf Befreiung von der Grunderwerbssteuer ab. Ein Landesgesetz vom November 1969 sah diese Befreiung vor, wenn das erworbene Grundstück mit seiner zukünftigen Betriebsstätte in Gebieten mit „unzureichender Wirtschaftskraft" lagen. Dazu mußten die Unternehmer eine Bescheinigung der zuständigen Kammer einreichen, die dokumentierte, daß diese Voraussetzung vorlag. Die Neuanlage oder Erweiterung der Betriebsstätte sollte volkswirtschaftlich förderungswürdig sein und die Wirtschaftsstruktur der Region verbessern. Nach einer deutlichen Senkung der Steuer per Bundesgesetz 1982 fielen auch die landesrechtlich vorgesehenen Steuerbefreiungen in Sonderfällen weg. Die Kammer begrüßte die Steuervereinfachung.[328]

12 RECHT

12.1 SCHLICHTUNG

Um Streitigkeiten in Handel und Gewerbe bereits frühzeitig regulieren zu können und damit den Gerichtsweg zu vermeiden, unterhalten die Kammern verschiedene Schlichtungseinrichtungen. Diese sind im Kern zurückzuführen auf § 1 des Kammergesetzes von 1956, wonach es den Industrie- und Handelskammern obliegt, „für Wahrung von Anstand und Sitte des ehrbaren Kaufmanns zu wirken". Schlichtungsverfahren sind nicht nur zeit- und kostensparend für die Beteiligten, sie entlasten auch die Justiz.

Die seit 1958 bei der IHK Köln bestehende „Einigungsstelle zur Beilegung von Wettbewerbsstreitigkeiten" verhandelt Auseinandersetzungen zwischen Gewerbetreibenden, die aufgrund von Verstößen gegen das Gesetz gegen den unlauteren Wettbewerb (UWG) anhängig werden. Der Vorsitzende der Einigungsstelle wird alle zwei Jahre von der Vollversammlung der IHK Köln ernannt und muß befähigt sein, das Richteramt zu bekleiden. Er kann das persönliche Erscheinen von geladenen Beteiligten anordnen und Ordnungsstrafen verhängen, wenn diese unentschuldigt ausbleiben. Diese Zwangsgelder lagen schon zu Beginn der siebziger Jahre zwischen 50 DM und 250 DM. Als Beisitzer fungieren mindestens zwei sachverständige Gewerbetreibende, die möglichst der gleichen Branche angehören wie der Antragsteller oder -gegner. Die Liste der Beisitzer genehmigt die Vollversammlung jährlich. Wenn die Beschuldigten nicht vor Einleitung des Verfahrens eine Unterlassungserklärung abgeben, wird mündlich verhandelt. Am Ende kommt es entweder zu einem Vergleich – wie in der Mehrzahl der Fälle, oder das Verfahren scheitert. Eine Novelle zum UWG erweiterte deutlich die Zuständigkeit der Einigungsstelle. Seit 1. Januar 1987 können auch Endverbraucher dieses Schiedsgericht in Anspruch nehmen. In diesem Fall muß allerdings einer der Beisitzer ein Verbraucher sein.

Die Kölner Einigungsstelle beschäftigt sich meist mit Verfahren wegen irreführender Werbung, Verstößen gegen das Rabattgesetz und gegen die Preisangabenverordnung. Die Textilbranche, der Teppichhandel, die Möbelbranche sowie das Makler- und das Kfz-Gewerbe waren am häufigsten betroffen. In den überwiegenden Fällen stellten die Kölner Gesellschaft zur Förderung des lauteren Wettbewerbs e.V. und der Verein gegen Unwesen in Handel und Gewerbe Köln e.V. (VgU) Anträge bei der Einigungsstelle, wenn ihre kostenpflichtigen Abmahnschreiben nicht den gewünschten Erfolg gezeitigt hatten.

Seit 1980 verzeichnete die IHK eine Flut von Abmahnschreiben, teils auch wegen vermeintlicher Wettbewerbsverstöße. Sie konstatierte eine zunehmend verunsicherte Kaufmannschaft, die sich oft fragte, ob sie überhaupt noch werben solle. 1980 schaltete erstmals ein Kaufmann die Einigungsstelle gegen den VgU ein. Der Verein mußte sich ein Jahr später heftiger Vorwürfe erwehren, weil er sämtliche Wettbewerbsverstöße, unabhängig von ihrem Ausmaß, kostenpflichtig mit einer Gebühr von 150 DM abmahnte. Zugleich etablierten sich eine Reihe weiterer, meist unseriös arbeitender Abmahnvereine, deren Tätigkeit erst eingedämmt werden konnte, nachdem Behörden und Gerichte entsprechende Schritte unternommen hatten. Hilfreich war allerdings auch, daß die Kaufleute ihrerseits Vereine bei der Einigungsstelle zur Verantwortung ziehen konnten.

Da die Versuche zahlreicher Organisationen, den VgU zu reformieren, scheiterten, kündigten die Kammern Köln, Bonn und Aachen 1982 ihre Mitgliedschaft und gründeten die Vereinigung von Wirtschaftsorganisationen zur Förderung des lauteren Wettbewerbs Köln e.V. (VvW). Diesem Verein traten in der Folgezeit die Handwerkskammer Köln sowie einzelne Wirtschaftsverbände bei. Er erhebt keine Kostenpauschalen und gewährleistet, daß derjenige Anwalt, der abmahnt, die Verstöße nicht selbst gerichtlich weiterverfolgt, sondern den Fall einem Kollegen übergibt.[329]

Die IHK Köln schlichtet nicht nur Streitfälle innerhalb der Kaufmannschaft. Sie wird auch aktiv, wenn sich Verbraucher über Kaufleute beschweren. Im Oktober 1975 beschloß die Vollversammlung, eine Schlichtungsstelle für Verbraucherbeschwerden einzurichten. Ihre Besetzung mit einem zum Richteramt befähigten Vorsitzenden sowie zwei Beisitzern aus den Bereichen Handel und Verbraucherschutz wurde der „Einigungsstelle" nachempfunden. Im Gegensatz zur letzteren kann sie allerdings das Erscheinen der Parteien nicht zwingend anordnen. Dann ist die Schlichtungsstelle wirkungslos. In den meisten Fällen allerdings gelang es der Kammer, telefonisch eine Verständigung mit den Geschäftsleuten zu erreichen. Etwa ein Drittel der Beschwerden konnte schriftlich geklärt werden. 1977 beispielsweise trat das Gremium der Schlichtungsstelle bei insgesamt mehr als 800 Beschwerden nur dreimal zusammen. Seit der zweiten Hälfte der achtziger Jahre bearbeitet die Kammer allerdings durchschnittlich 1 200 Eingaben. Falsche Preisauszeichnungen und nicht eingehaltene Gewährleistung waren die häufigsten Anlässe für Verbraucher, diesen kostenlosen Kammerservice in Anspruch zu nehmen. Die IHK betonte allerdings regelmäßig, daß viele Kaufleute auch sehr daran interessiert waren, die Angelegenheit schnell und einvernehmlich zu regeln.[330]

Im Juli 1987 erweiterte die IHK Köln ihr Angebot für Verbraucher, als sie die sogenannte Schuhschlichtungsstelle gründete. Die Arbeit der Schlichtungsstelle für Verbraucherbeschwerden hatte auf dem Sektor „Schuhe" bis dahin einen ihrer Schwerpunkte. Das Gremium der Schuhschlichtungsstelle besteht aus zwei Sachverständigen, einer Vertreterin der Verbraucherzentrale Köln und einem Mitarbeiter der IHK. Die Schiedsstelle hat keine anordnende Gewalt, sondern kann nur Empfehlungen aussprechen. Der Kunde bringt die beanstandeten Schuhe mit zur Sitzung, die etwa alle sechs bis acht Wochen stattfindet, und läßt dort – kostenlos – über den Fall entscheiden. So fühlt er sich vor der vermeintlichen Voreingenommenheit des Händlers geschützt. Letzterer wiederum vertraut auf die Kompetenz der Fachkollegen.[331]

12.2 SELBSTÄNDIGE GEWERBETÄTIGKEIT VON AUSLÄNDERN

Die Industrie- und Handelskammern erhalten von den Ausländerbehörden Anträge von Ausländern aus Nicht-EG-Staaten auf selbständige gewerbliche Tätigkeit. Die Kammern prüfen dabei im Auftrage des Staates, ob zum einen die erforderlichen wirtschaftlichen und persönlichen Voraussetzungen, wie Berufsabschluß und deutsche Sprachkenntnisse, vorliegen. Zum anderen entscheiden die Kammern, ob der Markt einen weiteren Wettbewerber verträgt oder eine Übersetzung in bestimmten Gewerben droht.

Als ab Mitte der sechziger Jahre zunehmend Ausländer im Reisegewerbe tätig werden wollten, faßte die IHK Köln die Kriterien für eine Zustimmung sehr eng und begründete dies damit, daß Ausländer als Gastarbeiter ganz überwiegend im produzierenden Gewerbe beschäftigt würden. Da nicht alle Kammern so stringent vorgingen, entwickelten die NRW-Kammern nach einer Initiative der Kölner Kammer 1970 einen Katalog mit Beurteilungskriterien. Bis 1977 stellten die Griechen die größte Gruppe unter den Antragstellern. Sie strebten meist den Betrieb eines Imbisses, Kiosks oder einer Gaststätte an. Seit 1978 dominierten die Türken, die mehr in den Bereichen Einzelhandel, Reinigung, Schneiderei und Direktimport von Lebensmitteln und Textilien aktiv werden wollten. Ebenfalls in den siebziger Jahren strebten mehr und mehr Bürger aus arabischen Staaten eine gewerbliche Betätigung im Kölner Bezirk an, und zwar bevorzugt in Kapitalgesellschaften, Im- und Exportunternehmen oder Handelsvermittlungen. Viele dieser Ägypter, Jordanier, Libanesen und Syrer hatten zuvor in Deutschland studiert.

Im Bezirk der Kammer Köln läßt sich bis 1980 eine kontinuierliche Steigerung der Anträge feststellen. Ihre Zahl versiebenfachte sich fast im Vergleich zu 1966. 1970 richtete der Gewerbe-Ausschuß einen Arbeitskreis, bestehend aus fünf Unternehmern, ein, der die Geschäftsführung fortan bei der Entscheidung über die Ausländeranträge unterstützen sollte. Einen merklichen Rückgang dieser Anträge verzeichnete die Kammer 1981, als Griechenland der EG beitrat. In der Folgezeit gingen vor allem deshalb stetig weniger Anträge ein, weil das Land Nordrhein-Westfalen im April 1984 die ausländerrechtlichen Bestimmungen änderte. Ausländer, die im Besitz einer Aufenthaltsgenehmigung waren, brauchten in NRW seitdem keine Anträge mehr auf selbständige Gewerbetätigkeit zu stellen. Außerdem kehrten mehr Ausländer aufgrund steigender Arbeitslosenzahlen in ihre Heimatländer zurück. Der zeitweilige Anstieg zu Beginn der neunziger Jahre ist auf den verstärkten Zustrom polnischer Staatsangehöriger zurückzuführen.[332] Besonders begehrt waren (und sind) Tätigkeiten im Gaststättengewerbe, gefolgt vom Einzelhandel.

Der Prozentsatz der von der IHK Köln befürworteten Anträge erreichte 1986 mit 66 % seinen höchsten Wert. Dafür waren nach Ansicht der Kammer ein steigendes Maß an Integration sowie eine zunehmend qualifizierte Berufsausbildung ausschlaggebend.[333] Seit 1990 sank die Anzahl der positiven Stellungnahmen mehr und mehr.

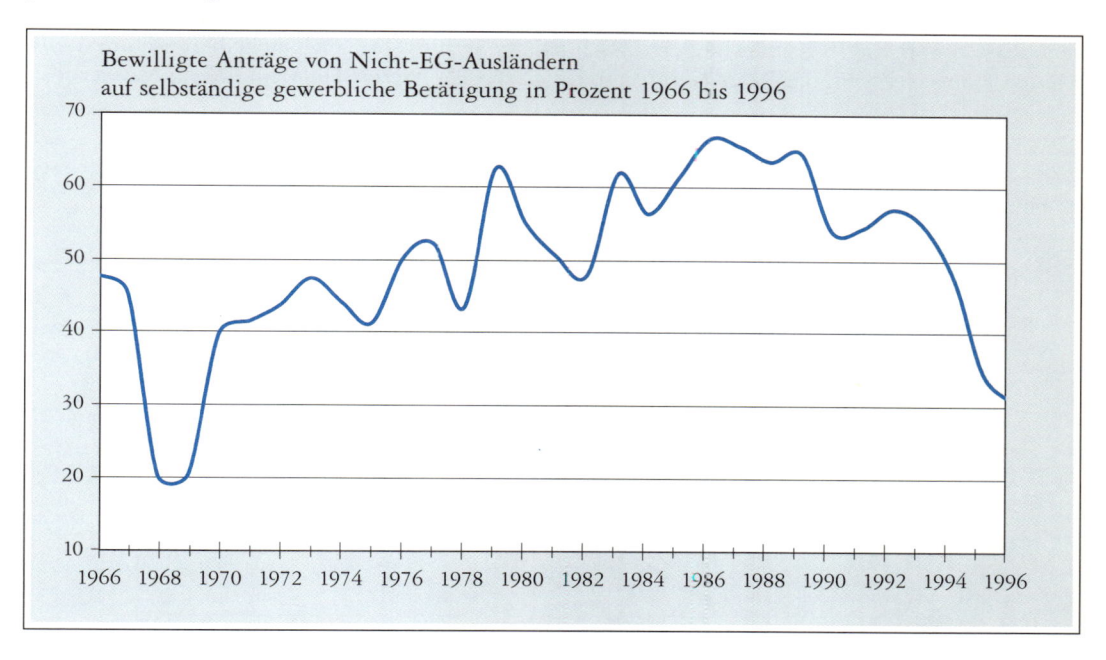

Bewilligte Anträge von Nicht-EG-Ausländern auf selbständige gewerbliche Betätigung in Prozent 1966 bis 1996

12.3 GEWERBEUNTERSAGUNG

Die in der Bundesrepublik grundgesetzlich verbriefte Gewerbefreiheit kann eingeschränkt werden, wenn das Geschäftsgebaren einzelner Personen das Vermögen Dritter oder das Interesse der im Betrieb Beschäftigten gefährdet (§ 35 der Gewerbeordnung). Die Behörden bitten in solchen Fällen die Kammern um eine gutachtliche Stellungnahme, ob die Voraussetzungen für eine Gewerbeuntersagung – Verstoß gegen gesetzliche Vorschriften und sittenwidriges Verhalten – vorliegen. Wird die IHK nicht gehört, kann der Beschuldigte die gegen ihn eingeleiteten Maßnahmen anfechten. Eine einmal ausgesprochene Gewerbeuntersagung gilt für das gesamte Bundesgebiet und wird ins Gewerbezentralregister eingetragen.

Meist wandten sich in der Vergangenheit die kommunalen Ordnungsbehörden an die IHK Köln, wenn Unternehmen hohe Rückstände bei Steuern oder Sozialversicherungsbeiträgen aufwiesen. Der aus drei ehrenamtlich tätigen Unternehmern bei der Kammer Köln bestehende Arbeitskreis „Gewerbeuntersagung" war regelmäßig bemüht, Ausnahmesituationen zu würdigen, nachdem er die Betroffenen zu den erhobenen Vorwürfen gehört hatte. Oft hatten lediglich vorübergehende finanzielle Notlagen zur Einleitung des Verfahrens geführt. Die meisten belangten Gewerbetreibenden gehörten zum Maklergewerbe, Lebensmitteleinzelhandel, Kfz-Handel, zur Baubranche und zur Gastronomie. Seit 1990 wurden vor allem Kaufleute aus dem Bereich Allgemeine Dienstleistungen von der IHK gehört.

Die Zahl der Gewerbeuntersagungsverfahren hielt sich 15 Jahre lang auf einem nahezu einheitlichen Niveau. Zwischen 1982 und 1986 war dann allerdings ein sprunghafter Anstieg zu verzeichnen, der einerseits der Rezession, andererseits der sich anschließenden großen Zahl von Unternehmensgründungen zugeschrieben wurde. Die IHK mußte den Anträgen damals vermehrt zustimmen, weil es sich oft um hoffnungslos überschuldete Kleinbetriebe handelte. In vielen Fällen schlug die Kammer der Ordnungsbehörde vor, das Verfahren auszusetzen, damit die Unternehmer Zeit gewannen, um ihre Finanzen zu ordnen. Durch anschließende Vereinbarungen mit den Finanzämtern oder Krankenkassen konnte die IHK manche Betriebsschließung verhindern. Nach einer Beruhigung in der zweiten Hälfte der achtziger Jahre stabilisierten sich die Zahlen seit 1993 auf hohem Niveau.[334]

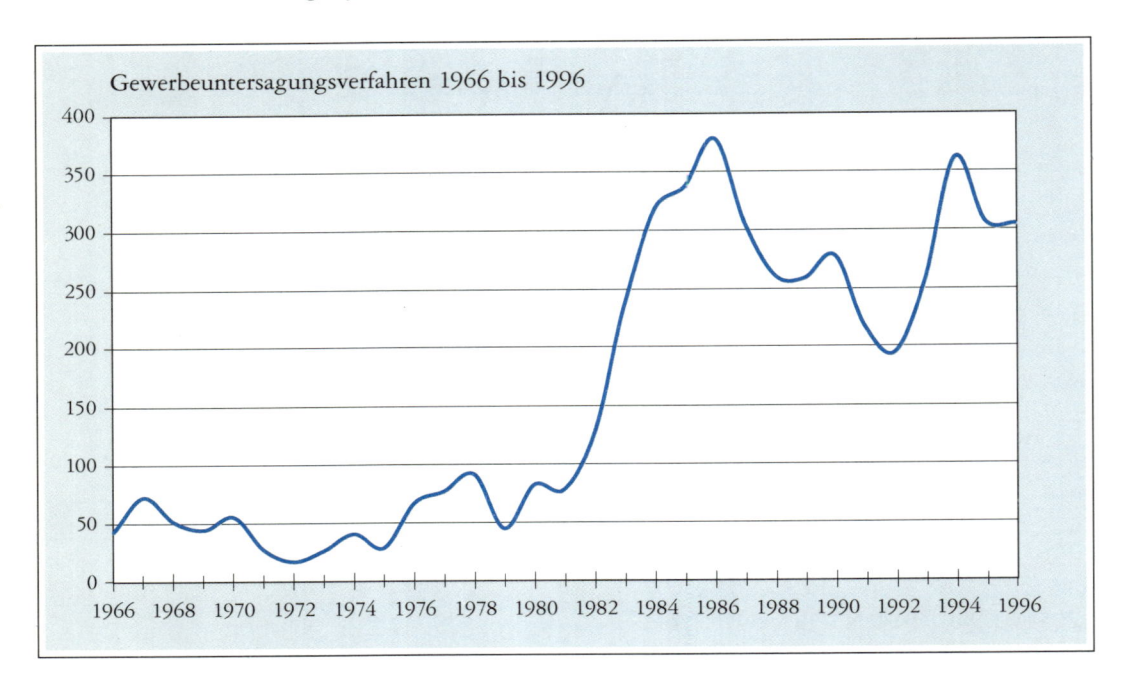

12.4 SACHVERSTÄNDIGE

Die Landesregierung von Nordrhein-Westfalen übertrug 1957 im Rahmen von § 36 Gewerbeordnung den Industrie- und Handelskammern die Zuständigkeit für die Bestellung öffentlicher Sachverständiger für Handel und Gewerbe. Die Kammern prüfen Ruf und Qualität der Kandidaten, bestellen und vereidigen sie aus eigenem Recht. Zudem überwachen sie die Tätigkeit der Sachverständigen.

Die vom Sachverständigen-Ausschuß der Kammer Köln ausgesuchten Kandidaten haben meist zuvor schon für Gerichte und private Auftraggeber gearbeitet. Unter Federführung der Kammer Köln wurden von den nordrhein-westfälischen Industrie- und Handelskammern seit 1975 Fachgremien geschaffen, die für die Bewerber ihrer jeweiligen Gebiete einheitliche Anforderungen festlegten, am Sitz der betreuenden Kammer ansässig und landesweit zuständig waren. Anhand einer schriftlichen Arbeit überprüft das Fachgremium, ob der Kandidat über die notwendige besondere Fachkunde verfügte. Bei der Kammer Köln sind seit längerem die Fachgremien „Bewertung von bebauten und unbebauten Grundstücken", „Informationsverarbeitung" sowie „Mieten und Pachten" angesiedelt. Seit 1992 betreut die IHK auch das Fachgremium „Bewertung von Arzt- und Zahnarztpraxen".

Eine Novelle zum § 36 Gewerbeordnung liberalisierte Ende 1994 das Zulassungsverfahren für Sachverständige erheblich. Jeder Bewerber, der seine besondere Sachkunde nachweisen kann, hat seitdem Anspruch auf eine öffentliche Bestellung. Bisher prüfte die Kammer zuvor, ob überhaupt Bedarf an weiteren Sachverständigen vorlag. Um diese Neuerung in den Statuten zu verankern, verabschiedete die Vollversammlung der IHK Köln die vom DIHT erarbeitete neue Mustersachverständigenordnung im Dezember 1995 als eigenes Satzungsrecht. Das von der IHK herausgegebene „Verzeichnis der Sachverständigen" umfaßte 1995 65 verschiedene Sachgebiete.

Die IHK Köln legte stets großen Wert darauf, daß sich die vereidigten Sachverständigen regelmäßig fortbildeten. Dabei wird sie vom Institut für Sachverständigenwesen e.V. (IfS) unterstützt, das 1972 auf Initiative der Kölner Kammer gegründet wurde und dessen Geschäftsführung im Juli 1988 auf diese überging. Die „Trägergemeinschaft für Akkreditierung" anerkannte das IfS 1995 als offizielle Stelle für die Zertifizierung von Sachverständigen im Bereich Kraftfahrzeugschäden und -bewertung nach DIN EN 45 013. Den an diesem Institut zertifizierten Sachverständigen fällt es nun erheblich leichter, eine europaweit anerkannte Form des Qualifikationsnachweises zu erhalten, da innerhalb der EU die Normenreihen ISO 9 000 ff. Und DIN EN 45 000 ff gelten. 1996 zertifizierte die Tochtergesellschaft des Instituts, die *IfS-Zert GmbH*, die ersten 73 Sachverständigen.[335]

12.5 FIRMENRECHT

Traditionell nehmen die Industrie- und Handelskammern Stellung zu firmenrechtlichen Vorgängen. Diese öffentlich-rechtliche Aufgabe der Kammern ist fixiert im Gesetz über die Angelegenheiten der freiwilligen Gerichtsbarkeit (FGG, § 126) und in der Verfügung über Einrichtung und Führung des Handelsregisters (HRV, §§ 23, 37). Die Amtsgerichte sind demnach verpflichtet, bei der Neueintragung von Firmen in das Handelsregister Gutachten der Kammern einzuholen. Wenn der vorgesehene Firmenname bereits existiert, Verwechslungsgefahr besteht oder die geplante Rechtsform des Unternehmens dem Gesetz widerspricht, verweigert die Kammer ihre Zustimmung. Die Rechtsabteilung setzt sich dann mit dem Unternehmen in Verbindung. Im Bezirk der IHK Köln nehmen die Notare bereits im Vorfeld der Handelsregistereintragung mit dem zuständigen Referenten des Geschäftsbereiches Recht Kontakt auf und klären die firmenrechtlichen Belange vorab. Neben den Neueintragungen müssen die Registergerichte den Kammern auch Änderungen bei einer bereits bestehenden Firma und Löschungen von Firmen mitteilen. Für große Teile des Handelsregisters führen die Kammern deshalb eine Zweitschrift.

Im Bezirk der IHK Köln hat die Zahl der ins Handelsregister eingetragenen Firmen von 1966 bis 1994 mit wenigen Ausnahmen stetig zugenommen. 1971 z.B. konstatierte die Kammer eine Verdoppelung seit 1961/62. Dementsprechend stellte die Bearbeitung firmenrechtlicher Vorgänge stets einen Schwerpunkt der Rechtsabteilung dar. Während sich die Gesamtzahl aller bearbeiteten firmenrechtlichen Vorgänge in der ersten Hälfte der achtziger Jahre bei etwa 2 800 jährlich stabilisierte, wurde in den Jahren 1992 bis 1996 schon eine Größenordnung von durchschnittlich 4 500 erreicht.

Da die Kammern seit mehr als hundert Jahren Erfahrung im Umgang mit Handelsregistersachen haben, machte der DIHT im Februar 1992 den Vorschlag, ihnen die Führung der Handels- und Genossenschaftsregister als Teil der Selbstverwaltung zu übertragen. Das Gutachten einer Unternehmensberatung sowie ein Rechtsgutachten des Kölner Juristen Prof. Dr. Klaus Stern untermauerten 1995 die Position des DIHT. Nachdem sich die Konferenz der Landesjustizminister im selben Jahr gegen den DIHT-Vorschlag ausgesprochen hatte, ließ ein Referentenentwurf des Bundesjustizministeriums die Frage ausdrücklich offen. In dieser Situation appellierte die Vollversammlung der IHK Köln im September 1996 an die Kammervereinigung NRW und an den DIHT, die grundsätzliche Bereitschaft der Kammern öffentlich zu betonen, die beiden Register zu führen. Nach Ansicht der Kölner Kammer könne das Verfahren beschleunigt werden, weil die Industrie- und Handelskammern bereits die Datenverarbeitung statt des herkömmlichen Karteisystems einzusetzen in der Lage seien. Zudem gehörten die stark zersplitterten und kleinräumigen Bezirke (Amtsgerichte!) der Vergangenheit an, und die bislang zweigleisige Führung mit einer Gutachten- und einer Eintragungsphase entfiele. Als Körperschaften des öffentlichen Rechts könnten die Kammern auch in Zukunft die Zuverlässigkeit der Register („öffentlicher Glaube") garantieren. Eine endgültige Entscheidung in dieser Sache steht noch aus.[336]

12.6 STELLUNGNAHMEN ZU VERGLEICHSVERFAHREN – DER FALL HERSTATT

Hat ein Unternehmen die Möglichkeit, einen drohenden Konkurs durch Teilerlaß seiner Schulden und Stundung der Restverbindlichkeiten abzuwenden (Vergleich), dann muß das für das Vergleichsverfahren zuständige Gericht die IHK hören, bevor das Verfahren eröffnet wird. Die Kammer erstellt ein Gutachten zu folgenden Punkten:

— Gründe für die Zahlungsunfähigkeit,

— Unredlichkeit und Leichtsinn als mögliche Ursachen,

— eventuelle schuldhafte Verzögerung des Antrags auf Vergleichseröffnung,

— Vermögenslage des Schuldners und

— mögliche Fortführung des Unternehmens.

Derartige Gutachten behandelt die IHK in der Regel vertraulich. Als im Juni 1974 das Kölner Bankhaus *I.D. Herstatt KGaA* zusammenbrach, wich sie von diesem Grundsatz ab, da der Fall nicht nur bundesweites, sondern sogar weltweites Aufsehen erregte. Die Leitung der Bank mußte Antrag auf Vergleich stellen, weil jahrelange Devisen- und Edelmetallspekulationen einen Schuldenberg aufgetürmt hatten, der die Höhe des haftenden Eigenkapitals um ein Mehrfaches überstieg.

Der Insolvenz-Ausschuß der Kölner IHK tagte 1974 zweimal in Sachen Herstatt; er war für diesen besonderen Fall um die Mitglieder des Präsidiums erweitert worden. Ergebnis dieser Sitzungen waren zwei Stellungnahmen zum Vergleichsverfahren, die die Kammer in ihren „Mitteilungen" veröffentlichte. Das erste Gutachten vom 24. Oktober 1974 kam zu dem Schluß, daß die Spekulationen der Bank unredlich und leichtsinnig gewesen seien. Sie ließen sich mit dem Verhalten eines ordentlichen Bankkaufmanns nicht vereinbaren. Es liege zudem eine schuldhafte Verzögerung des Vergleichsverfahrens vor, da spätestens im September 1973 das Verfahren hätte eröffnet werden müssen. Auch wenn der Tatbestand der Unredlichkeit und des Leichtsinns vorliege und somit das Anschlußkonkursverfahren unmittelbar folgen müsse, trete die IHK für eine Vergleichslösung ein, da diese für die Gläubiger ein günstigeres Ergebnis verspreche. Vier Wochen, nachdem das Verfahren eröffnet worden war, bat das Gericht die IHK um eine weitere Stellungnahme. Diese konnte sich aus rechtlichen Gründen nur noch auf die Frage beziehen, ob es Gründe für eine vorzeitige Beendigung des Vergleichsverfahrens gebe. Obwohl die Kammer bei dieser Gelegenheit noch Restzweifel an der Zuverlässigkeit des vereinbarten Zahlungsmodus äußerte, wurden bereits ein Jahr später die meisten Gläubiger mit den vereinbarten Quoten zufriedengestellt.[337]

12.7 HANDELS- UND FINANZRICHTER

Bei den Landgerichten sind besondere „Kammern für Handelssachen" eingerichtet. Das Landgericht Köln hat allein elf derartiger Kammern. Wenn Streitigkeiten zwischen Kaufleuten vor Gericht anhängig sind, entscheiden ein Berufsrichter und zwei ehrenamtliche Richter. Für jede Kammer sind bis zu zehn ehrenamtliche Richter vorgesehen, um eine zeitliche Überlastung dieser ja primär unternehmerisch tätigen Personen zu vermeiden. Der IHK kommt es zu, aus den Vollkaufleuten ihres Bezirks geeignete Unternehmer für dieses Amt auszuwählen und vorzuschlagen. Sie müssen das 30. Lebensjahr vollendet haben und im Bezirk der betreffenden Kammer für Handelssachen wohnen oder arbeiten. Sobald der Landgerichtspräsident eine entsprechende Anfrage bei der Kammer stellt, schlägt diese entsprechende Personen vor. Die Kölner Justiz ist mit dem Engagement der hiesigen Kaufmannschaft sehr zufrieden; Probleme mit der Berufung ehrenamtlicher Richter gibt es nicht. Jährlich fallen regelmäßig mehr als 2 000 Gerichtsverfahren in Handelssachen an.

Die Berufung von ehrenamtlichen Finanzrichtern ist anders geregelt. Am Finanzgericht Köln mit seinen 14 Senaten sind neben den Kammern bis zu zwei Dutzend Verbände und berufsständische Organisationen berechtigt, Vorschläge einzureichen. Es werden dreimal so viele Kandidaten vorgeschlagen wie später zu berufen sind. Einem Finanzsenat gehören ebenfalls zwei Laienrichter an; ihnen stehen jedoch drei Berufsrichter zur Seite. Die IHK Köln nominiert nicht nur Bewerber aus dem eigenen Bezirk, sondern auch aus den IHK-Bezirken Bonn und Aachen. Mit Beginn der 1996 einsetzenden Amtsperiode stellte die IHK Köln allein 33 ehrenamtlich tätige Finanzrichter.[338]

12.8 GASTSTÄTTENUNTERRICHTUNG/FACHKUNDEPRÜFUNGEN

Das im Mai 1971 in Kraft getretene Gaststättengesetz schreibt in § 4 den Betreibern einer Schank- oder Gastwirtschaft vor, daß diese sich vor Erteilung einer Konzession bei der für den Betriebssitz zuständigen IHK über einschlägige lebensmittelrechtliche Kenntnisse unterrichten lassen müssen. Im Mittelpunkt stehen dabei Hygienevorschriften, das Lebensmittelgesetz sowie das Milch- und Getränkerecht. Die meist vierstündige mündliche Unterrichtung muß innerhalb eines Tages erfolgen.

Die IHK Köln war anfangs skeptisch, ob diese gesetzlich vorgeschriebenen Maßnahmen auch den gewünschten Erfolg zeitigten. Bereits 1972 führte sie immerhin mehr als 1 000 Unterrichtungen durch. Ebenfalls schon bald wuchs der Anteil ausländischer Konzessionäre. Konstatierte die Kammer 1971 noch besonders, daß ein Extratermin mit einem Dolmetscher vereinbart werden mußte, so verzeichnete sie 1982 mit 36 Unterrichtungen in fremder Sprache einen Höchststand. Den weitaus größten Anteil unter den Ausländern stellten die Griechen, Türken, Jugoslawen und Italiener. Diese vier Gruppen machten 1983 allein 40 % der ausländischen Teilnehmer aus. Bisweilen mußten auch Dolmetscher für Persisch, Chinesisch und Vietnamesisch herangezogen werden. Die meisten Antragsteller wollten eine Gaststätte, ein Café, eine Imbißstube oder eine Trinkhalle betreiben. Trinkhallenkonzessionen waren besonders gefragt, weil mit ihrer Hilfe die Ladenschlußzeiten ehemaliger Kioskbetriebe verlängert werden konnten. Ende der achtziger Jahre waren hingegen verstärkt Diskotheken und Nachtlokale gefragt. Die Gesamtzahl der Unterrichtungen blieb in den 20 Jahren zwischen 1972 und 1991 relativ konstant; sie schwankte jährlich zwischen 1 145 und 1 484.[339]

Bereits seit langem weist die Gesetzgebung den IHKn die Aufgabe zu, angehende Unternehmer im Güterkraftverkehr auf ihre fachliche Eignung und Zuverlässigkeit zu prüfen. Während die Lehrgänge selbst von Dritten wie z.B. Fahrschulen durchgeführt werden, richten die Kammern entsprechende Prüfungsausschüsse ein. In den zurückliegenden Jahren nahmen bei der IHK Köln jährlich durchschnittlich 200 Kandidaten an diesen Fachkundeprüfungen teil. Seit 1979 müssen sich auch Omnibus-, Taxi- und Mietwagenunternehmer einer Fachkundeprüfung bei der für sie zuständigen IHK unterziehen. Die Personenbeförderung im öffentlichen Auftrag gilt als ähnlich sensibler Bereich wie der Güterkraftverkehr. Auch hier verzeichnete die IHK Köln jährlich rd. 200 Prüfungsteilnehmer.[340]

Seit 1981 sind Lkw-Fahrer, die gefährliche Güter mit Tankfahrzeugen transportieren, verpflichtet, sich umfassend schulen zu lassen. Nach § 12 der Gefahrgutverordnung (Straße) ist es Aufgabe der Kammern, die von den Bildungsträgern eingereichten Lehrgangspläne zu prüfen und den Teilnehmern nach erfolgreicher Prüfung entsprechende Bescheinigungen auszustellen. In einer umfassenden Satzung legte die Vollversammlung der IHK im Oktober 1980 die Vorschriften für Aufbau, Inhalt und Dauer der Schulung fest. Die Anbieter von Lehrgängen mußten insbesondere geeignete Räumlichkeiten und qualifizierte Lehrkräfte nachweisen und sich verpflichten, bestimmte Stundendeputate einzuhalten. Diese Satzung wurde seither mehrfach den jeweils veränderten Gesetzesbestimmungen angepaßt. Schon 1981 erhielten 15 Lehrgangsveranstalter die Anerkennung der Kammer; sie bildeten in mehr als 120 Veranstaltungen rd. 2 700 Tankwagenfahrer aus. Eine verbesserte Fassung dieser Satzung aus dem Jahre 1993 spezifizierte vor allem die Qualifikationsmerkmale der Lehrpersonen. Als die Verordnung 1994 weitere Verschärfungen mit sich brachte und der Beratungsbedarf der Unternehmen anstieg, gab die IHK ein umfangreiches Merkblatt heraus. Zwei Jahre später wiederum mußten die Schulungsinhalte von der Kammer völlig neu konzipiert werden, weil die Verordnung europäischen Vorschriften angepaßt werden mußte. Seit 1993 schwankt die Zahl der angebotenen Grund- und Fortbildungslehrgänge zwischen 200 und 300.[341]

Im Dezember 1989 erließ der Gesetzgeber zusätzlich die sogenannte Gefahrgutbeauftragtenverordnung. Demnach müssen ab Oktober 1991 Speditionen, Lagereien und Handelsbetriebe, die im Kalenderjahr mindestens 50 Tonnen gefährlicher Güter verpacken, verladen oder transportieren, einen sachkundigen Mitarbeiter stellen, der garantiert, daß die Vorschriften der Verordnung eingehalten werden. Wie bei den Tanklastzugfahrern wurden auch hier die Kammern vom Gesetzgeber in das Procedere eingebunden. So verabschiedete die Vollversammlung der Kölner IHK schon vor Inkrafttreten des Gesetzes eine „Satzung betreffend die besondere Schulung zum Erwerb der Sachkunde für Gefahrgutbeauftragte". Die Kammer erstellt hierfür keine Prüfungsbescheinigungen. Korrekturen und Ergänzungen erfuhr die Satzung 1993, als Fortbildungsschulungen obligatorisch wurden.[342]

Zum 1. April 1996 wurde aufgrund einer Änderung der Gewerbeordnung der hoheitliche Aufgabenbereich der IHKn nochmals erweitert. Die Kammern sind nun auch für die Schulung der Unternehmer im Bewachungsgewerbe sowie deren Personal zuständig. Der Schulungsnachweis der Kammer ist Voraussetzung für die Anmeldung des Gewerbes. Die IHK Köln führt diese 40- bzw. 24-stündigen Unterrichtungen auch für die beiden Nachbarkammern Bonn und Aachen durch.[343]

12.9 SONSTIGE AUFTRAGSANGELEGENHEITEN UND GUTACHTLICHE TÄTIGKEITEN

12.9.1 Öffentliches Auftragswesen

Ihre Funktion als Mittlerin zwischen Unternehmen und Staat erfüllt die IHK Köln unter anderem auch bei der Vermittlung öffentlicher Aufträge. Sobald die öffentliche Hand Aufträge zu vergeben hat, wendet sie sich an die Kammer mit der Bitte, Unternehmen zu benennen, die für die Ausführung in Frage kommen. Wichtige Auftraggeber sind z.B. Bundeswehr und Bundesinnenministerium, aber auch Landesbehörden. Die IHK Köln meldet die telefonisch ermittelten Interessenten an die Auftragsberatungsstelle NRW. Diese – 1955 als Gemeinschaftseinrichtung der NRW-Kammern gegründet – sendet den meist kleinen und mittleren Betrieben die entsprechenden Ausschreibungsunterlagen zu. Zwischen 1980 und 1991 leitete die Kölner IHK jährlich durchschnittlich etwa 500 öffentliche Aufträge an die Wirtschaft weiter. Diese Arbeit der Kammer wird in jüngster Zeit allerdings weniger in Anspruch genommen, da Unternehmen und öffentliche Auftraggeber mehr und mehr direkt in Kontakt treten.[344]

12.9.2 Kreditanträge

Auch bei der Vergabe zinsgünstiger öffentlicher Finanzierungshilfen, Bürgschaften oder Investitionshilfen schalten die staatlichen Behörden die Kammern ein. Diese müssen gutachtlich zu den oft von Existenzgründern eingereichten Anträgen Stellung nehmen. Die Zahl der von der Kölner Kammer ausgestellten Gutachten pendelt seit 1986 jährlich zwischen 200 und 300. Vorhergegangen war eine stark gestiegene Nachfrage mit ihrem Höhepunkt im Jahre 1980 (603 Gutachten).[345]

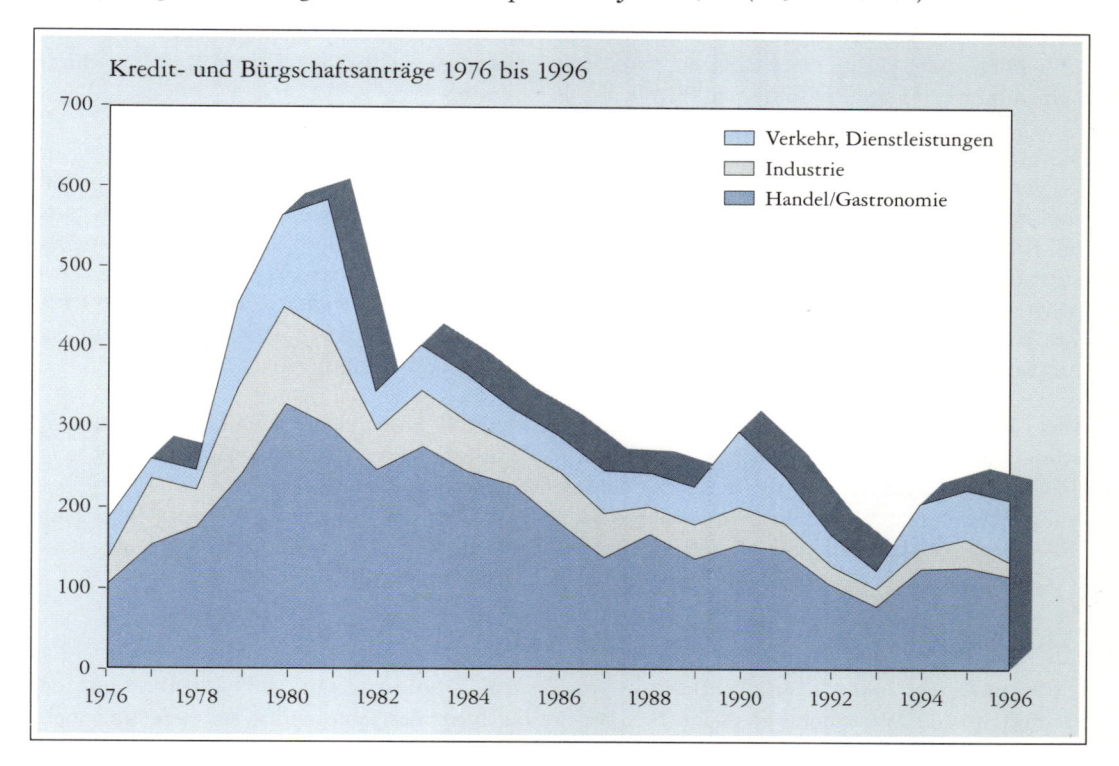

Kredit- und Bürgschaftsanträge 1976 bis 1996

12.9.3 UK-Stellungen

Gutachtlich tätig wird die Kammer zudem laut Wehrpflichtgesetz, wenn Unternehmer oder deren Mitarbeiter von der Einberufung zum Wehrdienst zurückgestellt bzw. unabkömmlich („uk") gestellt werden wollen. Aufgabe der Kammer ist es hier, zwischen öffentlichem und privatem Interesse abzuwägen. Im Bezirk der IHK Köln lag die Anzahl entsprechender Ersuchen in der Regel zwischen 300 und 500 jährlich. Ein Viertel bis ein Drittel der Anträge lehnte die Kammer ab.[346]

13 KAMMERNAHE EINRICHTUNGEN

13.1 BÖRSEN

13.1.1 Produkten- und Warenbörse

Berichtete die Kölner Produkten- und Warenbörse noch 1966 über steigende Besucherzahlen, so trat in den Folgejahren ihr Bemühen in den Vordergrund, im Zuge der Liberalisierung des EWG-Getreidemarktes den erreichten Status zu stabilisieren. Dazu wurden in erster Linie Auslandskontakte nach Paris, Rom, Brüssel und Amsterdam geknüpft. So führte die Kölner Börse 1968 als erste in Deutschland cif-Notierungen für ausländisches Brot- und Futtergetreide ein. Ein Jahr später startete in Köln ein weiteres bundesweites Pilotprojekt, die vielbeachtete Aufnahme der Notierung von extra leichtem Heizöl. Auf dem klassischen Landesprodukten- und Warenmarkt wurden auf der Börse neben Getreide wie bisher Mehl, Heu, Stroh, Futtermittel, Geflügel, Eier, Kartoffeln, Saaten und Düngemittel gehandelt.

Nichtsdestoweniger betrachtete der Börsen-Geschäftsführer die Zukunft der Produktenbörse mit Sorge. Er benannte mehrere Ursachen für das nachlassende Geschäft mit Agrarprodukten ausgangs der sechziger Jahre: Manche Börsen mußten ihre Geschäfte einstellen, da es nicht genügend Vertreter des Landhandels, der Genossenschaften und der weiterverarbeitenden Industrie gab. Zudem hatte sich die Nachrichtentechnik weiterentwickelt; der Markt war überschaubarer geworden. Schließlich traten die an einer Börse in erster Linie gehandelten Urprodukte beim Konsum immer mehr hinter veredelte Produkte wie Butter und Käse zurück.[347]

Diese rückläufige Entwicklung mündete in die Fusion der Kölner und der Krefelder Warenbörse zum 1. Januar 1974. Da sich die Zahl der auf dem Agrarmarkt tätigen Handelsunternehmen stetig verringerte, arbeiteten viele Börsenplätze inzwischen unrentabel. Mit der Zusammenführung von Krefeld und Köln zur „Rheinischen Warenbörse zu Köln und Krefeld" konzentrierte sich die Verwaltung auf einen Börsenplatz, nämlich Köln. Die IHK Köln wurde formell Trägerin der Börse; sie übte – wie bisher – die Geschäftsführung aus. Preisnotierungen gab es allerdings nach wie vor an beiden Orten. Das Aufgabenfeld der Börse erweiterte sich 1976, weil sie nun befugt war, Sachverständige für den internationalen Kartoffelhandel nach den sogenannten RUCIP-Bedingungen zu benennen.

Auch wenn sich die Geschäfte der Rheinischen Warenbörse zunehmend schwieriger gestalteten, wurde anläßlich der 425-Jahr-Feier 1978 betont, die älteste Börse Deutschlands sei immer noch eine der bedeutendsten. Da allerdings die Zahl der privaten Landhändler weiterhin rückläufig war und die Genossenschaften ihre Organisation strafften, mußte der Börsenvorstand zum Jahresende 1987 die Börsenstunden und -notierungen in Krefeld aufgeben. 1992 wurde der Börsenvorstand verkleinert, weil eine ganze Wahlgruppe nicht mehr vertreten war.[348]

13.1.2 Immobilienbörse

Die Immobilien- und Hypothekenbörse, gegründet 1927, fungierte seit 1929 als Abteilung der Produkten- und Warenbörse zu Köln. Seit Beginn der sechziger Jahre wurde sie mehr und mehr besucht von Grundstücks-, Hypotheken-, Geschäftsraum- und Wohnungsmaklern aus dem weiteren geographischen Umfeld Kölns (Bonn, Aachen, westliches Westfalen). Namentlich der Wunsch Bonner Makler, sich börsengeschäftlich zu betätigen, führte die Kammern Bonn und Köln an einen Tisch. Sie gründeten im Herbst 1971 gemeinsam die Rheinische Immobilienbörse (RIB). Damit waren die Kölner Händler nicht mehr der Produkten- und Warenbörse angeschlossen, ihre Börse wurde selbständig. Die Zulassung zur Rheinischen Immobilienbörse erhielt jeder Makler, der eine entsprechende Berufsausbildung sowie ein bis dahin einwandfreies kaufmännisches Verhalten aufwies. Allerdings ließ sich der berufliche Nachweis auch vor einem von der Börse zu stellenden Dreierausschuß erbringen. Anschließend mußte der Antragsteller zwei Gewährsleute aus dem Kreis der vorhandenen

Podiumsgespräch der Rheinischen Warenbörse zur Lage auf dem Kartoffelmarkt, 1976

Börsenbesucher namhaft machen. Die Zulassung zur Börse und deren Widerruf sprach der neunköpfige Börsenvorstand aus. Ihm gehörten im Verhältnis 2 : 5 (Bonn/Köln) sieben Mitglieder des Plenums und zwei von den Vollversammlungen der beiden Kammern bestimmte Personen an. Den Börsenvorstand beriet der Beirat, dem je ein Mitglied der Kammergeschäftsführung von Köln und Bonn angehörte. Die Geschäftsführung der Börse selbst lag (weiterhin) bei der IHK Köln.

An der Arbeitsweise der Kölner Immobilienbörse änderte sich wenig. Neu waren die Termine in Bonn. Ende der siebziger Jahre kam die Börse dort vierzehntäglich zusammen. In Köln trafen sich die Makler einmal wöchentlich. Zudem erschienen nun zwei Listen mit Angeboten und Gesuchen, getrennt nach Köln und Bonn. Im Februar 1982 erweiterte die Rheinische Immobilienbörse ihr räumliches Betätigungsfeld. Sie kooperierte jetzt auch mit den Maklern im Kammerbezirk Wuppertal-Solingen-Remscheid; dort tagte, wie in Bonn, alle zwei Wochen ein eigener Kreis.[349] Schon 1972 arbeitete die Börse mit an der Erstellung der Mietspiegel für die einzelnen Städte des Bezirks, zu einer Zeit, als dies noch keine Pflichtaufgabe war. Ab Mai 1989 boten die Kölner Geschäftsführung der Börse und die dortige Industrieabteilung zum ersten Mal die „elektronische Gewerbeflächen-Börse" an. Sie führte das Angebot kommunaler Gewerbeflächen im Kammerbezirk mit den preislichen Vorstellungen der Makler zusammen. Interessenten ermittelten aufgrund ihrer Auswahlkriterien schnell ein ihnen zusagendes Grundstück. Die IHK trat selbst als Vermittlerin auf und garantierte Vertraulichkeit.

Noch in den siebziger Jahren erstrebten viele Makler die Zulassung zur Rheinischen Immobilienbörse. Dort überblickten sie einen großen Einzugsbereich mit einer Vielzahl von Offerten und Nachfragen, lernten den Markt realistisch einschätzen, da die Börse preisregulierend wirkt, und erweiterten ihre Fachkunde im Gespräch. Nicht zuletzt garantierten die strengen Zulassungsbestimmungen den guten Ruf der Börse. Doch auch die RIB verlor im Laufe der Jahre stetig Besucher. Deshalb erweiterte sie ihr Programm im Herbst 1993. Fachkundige Referenten informieren seither im Vier-Wochen-Rhythmus über maklerspezifische Themen. 1994 rief der Börsenvorstand einen Juniorenkreis ins Leben, dem bald 66 Mitglieder angehörten. Im Mittelpunkt steht hier der Erfahrungsaustausch. Darüber hinaus erweiterte die Börse den Kreis der zugangsberechtigten Personen erheblich. Seit 1993 sind leitende Angestellte und seit Erlaß der neuen Börsenordnung 1995 zudem Immobilienkaufleute, die nicht Makler sind, als Besucher zugelassen.[350]

13.2 RHEINKAMMERNUNION

Die 1949 gegründete Rheinkammernunion setzte es sich zum Ziel, die wirtschaftliche Entwicklung der im Einzugsbereich des Rheins und seiner Nebenflüsse liegenden Gebiete in möglichst breitem Rahmen zu fördern. Im Mittelpunkt standen die Verbesserung der Verkehrsinfrastruktur, der Gewässerschutz und die Schaffung grenzübergreifender Strukturen in den Mitgliedsländern. Dem anfangs aus 42 Handelskammern gebildeten Zusammenschluß traten später auch Kammern des Rhône- und Donaugebietes aus Frankreich und Österreich bei. Als die Union 1974 ihr 25jähriges Jubiläum feierte, zählte sie schon 82 Mitgliedskammern. Folglich änderte sie 1982 ihren Namen in „Union westeuropäischer Industrie- und Handelskammern des Rhein-, Rhône- und Donaugebietes". Mitte der neunziger Jahre erhielten Kammern aus Ungarn, der Slowakei und Italien Gaststatus.

Die IHK Köln gehört zu den Gründungsmitgliedern und stellte in der Zeit von 1966 bis 1997 zwei Präsidenten, Dr. Franz Greiß (1966-1968) als Nachfolger des Gründungspräsidenten Dr. K.P. van der Mandele, und Wolfgang Wahl (1993-1996). Dr. Franz Greiß wurde auf der Vollversammlung der Kammern 1969 in Köln zum Ehrenpräsidenten gewählt. Die IHK Köln ist nicht nur federführend für die deutsche Gruppe tätig, sondern ihr obliegt seit einigen Jahren auch die Geschäftsführung. Die Rheinkammernunion ist folglich für die hiesige Wirtschaft von erheblicher Bedeutung.

In den sechziger Jahren trat das Bemühen der Rheinkammern in den Vordergrund, den Rhein über Kanalsysteme mit den benachbarten Flüssen Rhône und Donau zu einem leistungsfähigen europäischen Wasserstraßensystem zu verknüpfen. Unter der Präsidentschaft von Franz Greiß erreichte die Union ein wichtiges Zwischenziel auf diesem Wege, als ihr der Europarat 1967 den Beratenden Status I erteilte. Damit war die Rheinkammernunion befugt, Themen für die Tagesordnung des Europarates vorzuschlagen. Bis zur Eröffnung des Rhein-Main-Donau-Kanals (1992) – damit war ein wichtiges Ziel der Union erreicht – vergingen allerdings noch 25 Jahre. Die von der Rheinkammernunion geforderte Großschiffahrtsstraße Rhein-Rhône ist bis heute nicht vollendet. Noch 1993 forderte die Generalversammlung, diesem Projekt höchste Priorität zuzuweisen.

Schon 1980 faßte die Union drei Arbeitsgruppen zu einem großen Kreis „Allgemeine Verkehrsangelegenheiten" zusammen und schuf damit eine Orientierung auch auf den Schienen-, Straßen- und Luftverkehr. So forderten die Kammern 1986 einen möglichst konsequenten Abbau der Verkehrshindernisse, um die wirtschaftliche Verflechtung Europas voranzutreiben. Zudem wollte man sich in Zukunft nicht mehr nur um den Gewässerschutz kümmern.

Eine Reorganisation richtete 1995 die Arbeit der Rheinkammernunion konsequent auf die Ziele „Gesamteuropäische Verkehrspolitik", „Umwelt" und „Telekommunikation" aus. Die Kammern bevorzugen dabei aus Gründen des Umweltschutzes weiterhin einen Ausbau der Binnenschifffahrtswege, wie z.B. der Donau in Bayern und Ungarn, samt den damit verbundenen Umschlagplätzen. Die Generalversammlung der Rheinkammernunion 1996 in der IHK Köln stand unter genau diesen Vorzeichen. In der Frage des Alpentransitverkehrs mahnt die Rheinkammernunion, die von den Regierungen versprochenen neuen leistungsfähigen Schienenwege endlich auszuführen. Nur so könnten die Belastungen durch den zunehmenden Lkw-Verkehr gemindert werden. Außerdem fordert die Union, die Schienenwege auch Dritten zugänglich zu machen. Erstrebenswert seien in diesem Zusammenhang eine europaweite technische Normung des Bahnverkehrs. Auf dem Sektor des Straßenverkehrs beschäftigen sich die Kammern neuerdings verstärkt mit der von der Europäischen Kommission avisierten Wegekostenrichtlinie. Die auf bestimmten Straßen vorgesehenen Gebühren für schwere Lkw lehnen sie ab; auf der anderen Seite halten sie es für unbedingt notwendig, ein europaweit harmonisiertes Kfz-Steuersystem in die Wegekostenrichtlinie aufzunehmen.[351]

Demonstration der Wirtschaftsjunioren anläßlich ihrer Europakonferenz 1989 vor dem Kölner Dom

13.3 WIRTSCHAFTSJUNIOREN

Die seit 1958 bestehende Anbindung des Kölner Juniorenkreises an die IHK hatte sich bewährt. Bis zum Ende der sechziger Jahre erhöhte sich die Mitgliederzahl kontinuierlich. Die in dieser Zeit einsetzenden gesellschaftlichen und politischen Veränderungen bewirkten auch bei den Kölner Junioren eine Aufbruchstimmung. Sie waren nun gefordert, das immer häufiger kritisch hinterfragte Unternehmertum offensiv in der Öffentlichkeit zu vertreten. Diese Phase der Reorganisation (1971-1974) zeitigte als wichtigstes Ergebnis die Schaffung mehrerer neu konzipierter Arbeitskreise. Sie hatten die Arbeit der Junioren nach „draußen" zu transportieren. Der vierköpfige Vorstand aus Vorsitzendem, zwei Stellvertretern und Geschäftsführer als Schriftführer und Kassenwart blieb bestehen, ebenso der aus fünf Junioren gebildete Beirat. Auch hielt man an der Regelung fest, daß die Position des Geschäftsführers durch die IHK Köln besetzt werden sollte. Bis 1990 war dies jeweils der Geschäftsführer der Kölner Industrieabteilung.

Die Vorstands- und Beiratsmitglieder kümmerten sich ab 1972 um spezielle Bereiche wie Programmgestaltung, Koordination der Beiratstätigkeit, Kontakte zu Bundes- und Landesjuniorenkreisen u.ä. Heute noch bestehende Arbeitskreise sind „Soziales", „Schule/Wirtschaft" (beide 1972 gegründet) und „Öffentlichkeitsarbeit" (seit 1976). Im Mittelpunkt des Arbeitskreises „Soziales" stand in den ersten fünf Jahren die Resozialisierung von Strafgefangenen. Seit 1977 kümmerten sich die Mitglieder um Lehrstellen für Mädchen aus dem Heim „Maria Schutz", um Senioren in Kölner Altenheimen, Behinderte, psychisch Kranke und Drogenabhängige. Über Köln hinaus bekannte Aktionen des Arbeitskreises „Schule/Wirtschaft" sind die Projekte „Schüler im Chefsessel" und „Lehrer im Chefsessel". Schüler und Lehrer erhielten die Gelegenheit, jeweils einen Tag lang die Arbeit von Kölner Unternehmern mitzuverfolgen. Später kamen hinzu: „Wir stellen uns" (Unternehmer präsentieren Schülern ihren beruflichen Werdegang) und: „Wir stellen ein" (simulierte Bewerbungsgespräche). Alle Projekte wurden in enger Zusammenarbeit mit Kölner Schulen eingerichtet. Der Arbeitskreis „Öffentlichkeitsarbeit" ging im wahrsten Sinn des Wortes auf die Straße. Von 1977 bis 1985 präsentierte er themenbezogene Aktionen in der Kölner Innenstadt. Die

Wirtschaftsjunioren befragten Passanten zu Rationalisierung, Streik/Aussperrung, Sozialem Netz oder Privatisierung. Seit Beginn der achtziger Jahre wirkte hier auch der neu gegründete Arbeitskreis „Wirtschaftspolitik" konzeptionell mit. Aus ihm ging 1985 der Arbeitskreis „Existenzgründung" hervor, der gerade in der Gegenwart stark gefordert ist. Um die innere Kommunikation zu beleben, führten die Kölner Junioren 1972 einen „Mittags- oder Stammtisch" ein, ab 1973 (und bis heute) „Jour fixe" genannt. In diesem Zusammenhang sind auch die ‚Unternehmergespräche" zu erwähnen. Hier stellen sich bedeutende Unternehmerpersönlichkeiten des Kammerbezirks den Junioren vor.

Zwei formale Änderungen sind für die Jahre 1985 und 1995 zu verzeichnen. Zum 1. Januar 1985 änderten die Kölner Junioren ihren Namen von „Juniorenkreis der Kölner Wirtschaft" in „Wirtschaftsjunioren Köln". Zehn Jahre später ließen sie sich als Verein eintragen. In dieser Dekade formierten sich weitere Arbeitskreise: „Umwelt" (1989) sowie „Europa", im November 1991 entstanden aus den Arbeitskreisen „Internationale Kontakte" und „Ost".

Die siebziger Jahre bedeuteten für die Kölner Wirtschaftsjunioren nicht nur Aufbruch nach innen, sie widmeten sich jetzt auch verstärkt der Arbeit auf Landes- und Bundesebene. So wurde 1974 ein Kölner Junior stellvertretender Landessprecher; ein Jahr später gelangte er in den Bundesvorstand. Die Bundeskonferenz 1979 konnte – in einer Zeit tiefgreifender Diskussionen auf Deutschlandebene – nach Köln geholt werden. Zuvor hatten sich die Kölner Junioren für die Ausrichtung der Europakonferenz 1975 beworben, allerdings erfolglos. Dies gelang indes 1987, als Köln zum Ausrichter dieser Konferenz von 1989 bestimmt wurde. Gerade bei der Vorbereitung dieser Veranstaltung mit 2 500 Teilnehmern aus 26 Ländern zeigte es sich, wie wichtig die Anbindung der Junioren an die IHK Köln ist.

In jüngster Zeit gehen die Wirtschaftsjunioren wieder verstärkt in die Kölner Öffentlichkeit. Nach einer Strukturreform im Jahre 1995 legte man die Themenschwerpunkte der Arbeitskreise neu fest; es begann eine gezielte Projektarbeit. Heute verfügen die Wirtschaftsjunioren Köln e.V. (seit 1996 als anerkannter Berufsverband) über sieben Arbeitskreise: Existenzgründung, Öffentlichkeitsarbeit/Junioren-Info, Schule/Wirtschaft, Soziales, Veranstaltungen, Wirtschaftspolitik regional, Wirtschaftspolitik überregional/Internationales. Die Leiter dieser Arbeitskreise bilden seit 1995 qua Amt den Beirat der Wirtschaftsjunioren Köln.

Im Rahmen der Projektarbeit arrangierten die Kölner Junioren 1996 zusammen mit den Handwerksjunioren und dem Bundesverband Junger Unternehmer den ersten „Kölner Ausbildungsmarkt". Für dieses Projekt erhielten die Wirtschaftsjunioren Köln 1997 den Europapreis der Junior Chamber International. Ebenfalls 1996 zeichneten die Kölner Junioren verantwortlich für die Ausstellung „Technik zum Anfassen", die, unterstützt vom Land NRW, der Stadt Köln und der IHK, einem breiten Publikum den Forschungs- und Entwicklungsstand von Unternehmen der Region praxisnah und verständlich vermittelte. Damit einher geht ein erheblich verstärktes Engagement der inzwischen 110 Mitglieder. Während der Anteil weiblicher Mitglieder 1966 bei lediglich neun Prozent lag, erhöhte er sich bis 1997 signifikant auf 35 %.[352]

In den achtziger Jahren schlossen sich auch im östlichen Kammerbezirk junge Unternehmer zusammen. Seit Mai 1983 gibt es die Wirtschaftsjunioren Oberberg, seit Mai 1985 die Wirtschaftsjunioren Leverkusen. Nicht von ungefähr sind die beiden Kreise nach Zweigstellen der IHK Köln benannt, denn auch hier kommt die Bindung der Junioren an die Kammer in der Person der jeweiligen Geschäftsführer zum Tragen: Die Leiter der beiden IHK-Zweigstellen sind „geborene" Geschäftsführer der Wirtschaftsjunioren Oberberg und Leverkusen.

Die beiden neuen Organisationen richteten nach und nach Arbeitskreise ein, zuerst die Arbeitskreise „Schule/Wirtschaft". Hier wirkten offensichtlich die guten Erfahrungen der Kölner Junioren nach.

In Oberberg betreute eine Reihe von „Vermittlern" Realschulen und Gymnasien. Auf diese Weise wurden Lehrerwünsche an die Junioren herangetragen; diese wiederum konnten mit entsprechenden Vorschlägen reagieren. Die Junioren in Leverkusen führten mehrmals das Quiz der Wirtschaftsjunioren Deutschland an örtlichen Schulen durch. Die Oberberger Junioren engagierten sich seit 1988 zudem in einem Arbeitskreis „Existenzgründung", der hauptsächlich beratend tätig war. Während des Ende 1988 vom Arbeitskreis organisierten „Gründertags" informierten sechs Fachreferenten 150 Teilnehmer über Fragen, die bei Existenzgründungen beachtet werden müssen. Die Wirtschaftsjunioren Leverkusen widmeten sich 1996 ebenfalls diesem Thema, als sie den Wirtschaftempfang der Stadt Leverkusen mitgestalteten unter dem Motto „Existenzgründung und/oder Unternehmensnachfolge". Neben Erfahrungsberichten ehemaliger Gründer präsentierten die Leverkusener Junioren Befragungen von Unternehmern, bei denen eine Nachfolgeregelung gerade anstand. Der thematische Schwerpunkt der Oberberger Wirtschaftsjunioren liegt seit 1997 bei regionalen Themen. Den Arbeitskreisen „Bildung/Wirtschaft" und „Internet" kommt besonderes Gewicht zu.[353]

13.4 RHEINISCH-WESTFÄLISCHES WIRTSCHAFTSARCHIV ZU KÖLN

Zur noch engeren Verknüpfung von wirtschaftsgeschichtlicher Forschung und wirtschaftsarchivischer Praxis plante Prof. Dr. Hermann Kellenbenz, seit 1960 Direktor des Rheinisch-Westfälischen Wirtschaftsarchivs, gemeinsam mit IHK-Hauptgeschäftsführer Helmut Rehker seit 1965 die Errichtung eines „An-Instituts" bei der Universität zu Köln. Am 7. Juni 1966 konnte nach Genehmigung durch den NW-Wissenschaftsminister die Gründungsversammlung des „Forschungsinstituts für Sozial- und Wirtschaftsgeschichte an der Universität zu Köln" stattfinden. Das Institut arbeitete seither mit seiner „Rheinisch-Westfälischen Abteilung" räumlich und organisatorisch in enger Anbindung an das Rheinisch-Westfälische Wirtschaftsarchiv. Hier werden seit 1967 die „Kölner Vorträge zur Sozial- und Wirtschaftsgeschichte" herausgegeben und verlegerisch betreut.

Seit dem Sommersemester 1966 fanden im Rahmen der IHK zu Köln wissenschaftliche Seminare und Übungen zu Themen aus der regionalen Wirtschafts- und Kammergeschichte statt mit Hermann Kellenbenz und seit den siebziger Jahren mit Klara van Eyll, der Archivarin des Wirtschaftsarchivs, die 1970 den ersten deutschen Lehrauftrag für „Unternehmungs- und Unternehmergeschichte" an der Wirtschafts- und Sozialwissenschaftlichen Fakultät der Kölner Universität erhielt und seit 1992 dort eine Honorarprofessur für Wirtschafts- und Sozialgeschichte bekleidet.

Im April 1967 veranstaltete das Forschungsinstitut in der IHK zu Köln ein erstes internationales Kolloquium, dem bis 1971 drei weitere, besucht von jeweils 15 bis 20 international hoch angesehenen Historikern, folgten. Die Verbindung zwischen Forschungsinstitut und Wirtschaftsarchiv blieb bis in die Gegenwart hinein unverändert bestehen über die wissenschaftliche Leitung des Wirtschaftsarchivs in Verknüpfung mit dem Lehrstuhl für Wirtschafts- und Sozialgeschichte der Kölner Universität. Als Hermann Kellenbenz 1971 einen Ruf an die Universität Erlangen-Nürnberg annahm, folgte ihm ab Januar 1972 für exakt ein Vierteljahrhundert Prof. Dr. Dr. Friedrich-Wilhelm Henning als wissenschaftlicher Direktor. Nach seiner Emeritierung ernannte das Kuratorium des Archivs Klara van Eyll, seit 1971 geschäftsführende Direktorin, zur alleinigen Direktorin und berief den neuen Kölner Lehrstuhlinhaber Prof. Dr. Toni Pierenkemper an die Spitze des Wissenschaftlichen Beirats des Rheinisch-Westfälischen Wirtschaftsarchivs.

Das Kölner Wirtschaftsarchiv wurde zwischen 1966 und 1997 konsequent ausgebaut zum heute größten deutschen Regionalarchiv der Wirtschaft. In seiner wissenschaftlichen Schriftenreihe (seit 1910) erschienen seit 1966 weitere 25 Bände. Unter den Sonderveröffentlichungen ragen 1972 der erste Band der Kölner IHK-Geschichte sowie 1975 das zweibändige Werk „Zwei Jahrtausende

Magazingebäude des Rheinisch-Westfälischen Wirtschaftsarchivs zu Köln im Gewerbegebiet Köln-Feldkassel (seit 1993)

Kölner Wirtschaft", seit 1969 gemeinsam konzipiert vom Wirtschaftsarchiv und von der IHK, besonders hervor.

An der Spitze des Vorstands des Rheinisch-Westfälischen Wirtschaftsarchivs stand bis 1973 IHK-Ehrenpräsident Eugen Gottlieb von Langen. Auf ihn folgte IHK-Präsident Otto Wolff von Amerongen und im Dezember 1990 dessen Nachfolger Alfred Neven DuMont. IHK-Vizepräsident Alfred Freiherr von Oppenheim gehört dem Kuratorium seit 1991 an. Seit der Gründung des Wirtschaftsarchivs 1906 steht die Kölner Kammer diesem gegenüber in einer besonderen Verantwortung. Zu einem ganz erheblichen Teil finanziert sie auch gegenwärtig das Archiv, das seit Erlaß des NW-Archivgesetzes 1989 eine Gemeinschaftseinrichtung für das historische Schriftgut aller acht rheinischen Industrie- und Handelskammern ist. Diese beteiligen sich seither mit wachsenden Beträgen an den Kosten. Zuschüsse erhält das Wirtschaftsarchiv seit 1969 auch vom Land NRW sowie seit den achtziger Jahren vom Landschaftsverband Rheinland.

Hatte das Rheinisch-Westfälische Wirtschaftsarchiv im Zweiten Weltkrieg rund neun Zehntel seiner historischen Akten von Unternehmen, Kammern und Verbänden verloren, so wuchsen die Bestände seit der Mitte der sechziger Jahre durch neue Akquisitionen rasch wieder an. 1968 mußte ein erstes Außenmagazin angemietet werden. Bis zum Beginn der neunziger Jahre gab es dezentral vier verschiedene Läger. In dem 1992/93 von der IHK zu Köln auf Initiative ihres Hauptgeschäftsführers Eberhard Garnatz errichteten und an das Wirtschaftsarchiv vermieteten Magazinneubau im Kölner Norden lagern heute mehr als neun laufende Kilometer historischen Schriftguts der Wirtschaft.

Gründungsakt des Kölner Handelsvorstandes vom 8. November 1797 in der „Malzmühle" am Heumarkt. Szenische Darstellung anläßlich der Pressekonferenz zum Auftakt des 200jährigen Jubiläums am 23. April 1997. IHK-Präsident Alfred Neven DuMont „begegnet" dem Gründungspräsidenten Friedrich Carl Heimann

III SCHLUSSWORT

„Gelebte Solidarität" – so überschrieb die IHK zu Köln den Leitartikel ihres jüngsten Jahresberichtes, der die Position der IHK als Körperschaft öffentlichen Rechts und Selbstverwaltungsorgan mit Pflichtmitgliedschaft an der Wende zum 200. Jahr ihres Bestehens klar umriß und durchaus kritisch hinterfragte.[354] Die Initiative zur Gründung der Kammer ging 1797 von den Kaufleuten selbst aus. Der französische Staat, die Preußen, das Deutsche Reich und heute die Bundesrepublik schufen jeweils den Rechtsrahmen und übertrugen der Kammer immer wieder wichtige Tätigkeiten als Selbstverwaltungsaufgabe. Der Staat schätzte die Kammer als wirtschaftspolitischen Berater, und das bis heute. Etwa zwei Drittel der IHK-Leistungen sind heute Dienst im staatlichen Auftrag.

Die Förderung der Wirtschaft der Region, die Schaffung und Verbesserung von Standortbedingungen gehören zum Gesamtinteresse, das die Kammer zu vertreten hat – ein Gemeinwohl-Auftrag. „Dieser Balanceakt und die Wahrnehmung öffentlicher Aufgaben setzen allerdings Objektivität und Unabhängigkeit von Einzelinteressen voraus". Folglich können die Aufgaben nur erfüllt werden, wenn alle Unternehmen Mitglied der IHK sind. Diese per Gesetz verordnete Solidarität der vielen ehrenamtlich in den Kammergremien tätigen Unternehmer „muß gestützt werden durch die Verpflichtung zur Solidarität" der übrigen Mitglieder.

„Selbstverwaltung der Wirtschaft heißt Selbstbestimmung und Unabhängigkeit. Unter diesen Vorgaben ist eine Institution, die 1997 200 Jahre alt wird, eine höchst moderne und durch und durch zeitgemäße Einrichtung".[355] Dies verdeutlicht der von Mitarbeitern der IHK Köln selbst kreierte Jubiläumsslogan: „200 Jahre IHK zu Köln – Erfahrung für die Zukunft".

ANMERKUNGEN

1 BGBl.1956 I, S. 920.
2 BGBl.1969 I, S. 1112.
3 BGBl.1992 I, S. 2133.
4 GV NW 1957, 187.
5 Adam: Einfluß, S. 19 ff.
6 Adam: Einfluß, S. 23-25.
7 Zur Neugliederung s. ausführlich u.
8 Wortlaut des Urteils in IHK Köln, 111/11 (so in einer Vorlage für die Geschäftsführerbesprechung, 15.03.1982); RWWA 1-111/23, Gemeinsame Sitzung von Präsidium und Haupt- und Verwaltungs-Ausschuß, 13.12.1982; m+w, 3/1983, S. 37-38.
9 Vgl. u.
10 Vgl. IHK-Rechtsgrundlagen, Loseblattsammlung.
11 Nordrhein-Westfalen, S. 442-447; Brunn/Reulecke: Geschichte, S. 172-173.
12 Mitt. IHK Köln 1975, S. 2.
13 Mitt. IHK Köln 1975, S. 2.
14 Rietdorf/Sigulla/Voss: Handbuch, passim; Kreiskarten der Regierungsbezirke Köln und Düsseldorf 1975 ff., hrsg. vom Landesvermessungsamt Nordrhein-Westfalen.
15 VV, 26.09.1974 (Rede Riemer), RWWA 1-111/14.
16 Mitt. IHK Köln 1976, S. 569.
17 Mitt. IHK Köln 1976, S. 833; VV, 09.12.1976, RWWA 1-111/4.
18 GV NW 1977, S. 95.
19 VV, 14.03.1977, RWWA 1-111/4.
20 Präsidium/Haupt- und Verwaltungs-Ausschuß, Sitzungen, 21.10.1977, 12.12.1977, RWWA 1-111/23
21 Präsidium/Haupt- und Verwaltungs-Ausschuß, Sitzung, 21.10.1977, RWWA 1-111/23.
22 Präsidium/Haupt- und Verwaltungs-Ausschuß, Sitzung, 21.10.1977, RWWA 1-111/23.
23 § 1 WahlO v. 07.12.1962.
24 Präsidium/Haupt- und Verwaltungs-Ausschuß, Sitzung, 27.06.1977, RWWA 1-111/23.
25 Text der neuen Wahlordnung in Mitt. IHK Köln 1977, S. 466-470.
26 VV, 21.10.1977, 12.12.1977, RWWA 1-111/14.
27 Präsidium/Haupt- und Verwaltungs-Ausschuß, Sitzung, 27.06.1977, RWWA1-111/23; VV, 12.12.1977, 1-111/14.
28 S. o.
29 VV, 13.12.1983, RWWA 1-111/14.
30 Präsidium/Haupt- und Verwaltungs-Ausschuß, Sitzung, 15.03.1989, RWWA 1-111/23.
31 VV, 06.12.1989, 12.04.1994, 06.09.1994, RWWA 1-111/14.
32 Präsidium/Haupt- und Verwaltungs-Ausschuß, Sitzung, 15.03.1989, RWWA 1-111/23.
33 VV, 16.04.1991, RWWA 1-111/14; m+w 5/1991, S. 41.
34 Vgl. u.
35 VV, 22.04.1993, RWWA 1-111/14,.
36 m+w 1/1991, S. 21 f.
37 VV, 08.12.1992 (Urteil des BVerwG, 26.06.1990), 07.12.1993, RWWA 1-111/14.
38 m+w 12/1992, S. 46; 9/1993, S. 37 f.
39 VV, 08.12.1992, RWWA 1-111/14; m+w 12/1992, S. 46.
40 BGBl 1992 I, S. 2133-2134.
41 VV, 06.12.1994, RWWA 1-111/14.
42 m+w 12/1992, S. 46.
43 m+w 12/1992, S. 48.
44 OVG Koblenz: Urteil, 22.01.1997 – 11 A 12624/96; VG Berlin A 526/94 – FAZ, 12.02.1997.
45 Vgl. u.
46 Satzung der IHK zu Köln, § 3.
47 JB IHK Köln 1966, S. 147 f.
48 Die Satzung schreibt seit 1983 mindestens zwei Sitzungen jährlich vor. – Rechtsgrundlagen, § 4 der Satzung, 13.12.1983 bzw. 22.04.1993.
49 S. Anhang.
50 Vgl. Beitrag Weise in diesem Band.
51 Mitt. IHK Köln 1966, S. 70.
52 Vgl. zum folgenden: RWWA-Personen-Archiv Otto Wolff von Amerongen sowie Abt. 72 Otto Wolff sowie Otto Wolff AG.
53 Vgl. hierzu sein Buch „Der Weg nach Osten. Vierzig Jahre Brückenbau für die deutsche Wirtschaft".
54 Vgl. Wolff von Amerongen: „In einer freien Wirtschaft".
55 Vgl. auch zum folgenden: RWWA-Personen-Archiv: Alfred Neven DuMont.
56 m+w 12/1990, S. 44.
57 m+w 4/1992, S. 15.
58 KStA, 29.03.1997, S. 3.
59 S.u.
60 JB IHK Köln 1966, S. 155 ff.
61 Vgl. JB IHK Köln 1966-1996, jeweils Anhang.
62 Mitt. IHK Köln 1981, S. 201.
63 Mitt. IHK Köln 1981, S. 210.
64 Präsidiumssitzung, 17.03.1983, 03.09.1984, RWWA 1-111/23. Fixiert wurden diese Regelungen durch Satzungsänderung (§ 5), 22.04.1993, RWWA 1-111/14.
65 JB IHK Köln 1984, S. 194-196.
66 JB IHK Köln 1982, S. 222; 1983, S. 230, 233, 235, 236; 1984, S. 192, 194, 195, 196; 1985, S. 204, 205; 1986, S. 152; 1987, S. 125, 127; 1989, S. 158; 1990, S. 147, 148, 151, 152, 156; 1991, S. 140; m+w 7/1982, S. 20-23; 10/1982, S. 50; 12/1982, S. 62-64; 6/1984, S. 39; 3/1990, S. 50. Zu Hürth: RWWA 1-111/80. Zu Oberberg: so Eberhard Garnatz bei der Konstituierung des Wirtschaftsgremiums Wesseling am 17.05.1984, RWWA 1-111/80.
67 JB IHK Köln 1966, S. 27; 1968, S. 40, 43; 1971, S. 32; 1973, S. 33-34; 1975, S. 36-37; 1976, S. 66; 1977, S. 99; 1981, S. 137; 1982, S. 144-145, 224; 1988, S. 85.
68 JB IHK Köln 1968, S. 40, 43; 10/1986, S. 29-32.
69 JB IHK Köln 1992, S. 97; 1994, S. 90; 1995, S. 45; 1996, S. 91-92.
70 Mitt. IHK Köln 1981, S. 1.
71 Vgl. hierzu und zum folgenden RWWA-Personen-Archiv Helmut Rehker sowie Nachlaß Helmut Rehker, RWWA, Abt. 1e.
72 Mitt. IHK Köln 1972, S. 721-733.
73 Mitt. IHK Köln 1981, S. 4.
74 Mitt. IHK Köln 1981, S. 4.
75 Vgl. Beitrag Soénius in diesem Band.
76 Vgl. u.
77 S.o.
78 S.o.
79 S. Beitrag Soénius in diesem Band.
80 JB IHK Köln 1966, S. 142. Die Billigung des Vorhabens durch die Mitglieder der Beratenden Versammlung erfolgte am 05.07.1965, RWWA 1-110/42, Bd. 1.
81 Vgl. o.
82 JB IHK Köln 1973, S. 191.

83 JB IHK Köln 1968, S. 11.
84 Ebd.
85 JB IHK Köln 1969 ff.
86 JB IHK Köln 1995, S. 60-61.
87 JB IHK Köln 1966, S. 142.
88 Mitt. IHK Köln 1973, S. 733.
89 JB IHK Köln 1977, S. 195.
90 Ebd.
91 VV, 12.12.1977, RWWA 1-111/4.
92 JB IHK Köln 1980, S. 221.
93 JB IHK Köln 1981, S. 208.
94 RWWA 1-110/42, Bd. 2.
95 JB IHK Köln 1995, S. 60.
96 JB IHK Köln 1977, S. 196.
97 S.o.
98 JB IHK Köln 1990, S. 131; m+w 3/1991, S. 14-19; 10/1994, S. 34-39.
99 Reflexe, S. 177; VV, 27.06.1977, RWWA 1-111/14.
100 S.o.
101 JB IHK Köln 1987, S. 119.
102 Jordan: Gesetz, S. 15 ff.; Bergische Wirtschaft.
103 Jäkel/Junge, 2. Aufl., S. 26.
104 Berufsbildungsgesetz vom 14.08.1969, BGBl 1969 I, S. 1112.
105 JB IHK Köln 1995, S. 24.
106 JB IHK Köln 1974, S. 10.
107 m+w 4/1981, S. 34 ff, „Wirtschaftsthemen spannend gemacht".
108 m+w 4/1981, S. 40.
109 JB IHK Köln 1966, 1972, 1973, 1977, 1978, 1982.
110 m+w 6/1986, S. 7.
111 S. Beitrag Weise in diesem Band.
112 JB IHK Köln 1996, S. 40.
113 25 Jahre Ernst Schneider Preis (Unschlagtit.). Hrsg. IHK zu Köln, (Köln 1996).
114 JB IHK Köln 1985, S. 186.
115 m+w 10/1985, S. 8.
116 JB IHK Köln 1987, S. 107.
117 m+w 12/1991, S. 5; 1/1993, S. 42; 11/1993, S. 66-67.
118 m+w 10/1985, S. 9.
119 m+w 12/1986, S. 41.
120 JB IHK Köln 1988, S. 127.
121 m+w 11/1989, S. 9 ff.: Grünes Licht für den MediaPark.
122 m+w 11/1989, S. 11.
123 JB IHK Köln 1985, S. 186.
124 JB IHK Köln 1987, S. 107.
125 JB IHK Köln 1988, S. 125.
126 JB IHK Köln 1990, S. 119.
127 JB IHK Köln 1966, S. 76; 1971, S. 99.
128 JB IHK Köln 1978, S. 96; Mitt. IHK Köln 1980, S. 13.
129 JB IHK Köln 1980, S. 135; Mitt. IHK Köln 1980, S. 1069.
130 JB IHK Köln 1987, S. 78-79; m+w 3/1989, S. 80-83.
131 JB IHK Köln 1986, S. 93; 1987, S. 80; 1988, S. 94; m+w 1/1987, S. 10.
132 Das Neue Köln 1945-1995, S. 204.
133 Das Neue Köln 1945-1995, S. 331.
134 JB IHK Köln 1966, S. 76; 1971, S. 98; 1974, S. 103.
135 JB IHK Köln 1969, S. 92; 1972, S. 102.
136 JB IHK Köln 1969, S. 92.
137 JB IHK Köln 1972, S. 100.
138 JB IHK Köln 1975, S. 100.
139 JB IHK Köln 1976, S. 77.
140 JB IHK Köln 1972, S. 102; 1973, S. 102 (Zitate); ähnlich 1974, S. 103; 1975, S. 93, 101; 1976, S. 69; 1977, S. 101; 1978, S. 96; 1979, S. 100; 1980, S. 100; Mitt. IHK Köln 1975, S. 725.
141 Das Neue Köln 1945–1995, S. 331; Mitt. IHK Köln 1980, S. 13.
142 JB IHK Köln 1968 S. 90; vgl. weiterhin 1971 S. 99; 1972 S. 102; 1977 S. 102. 1969 sprach sich die Kammer zusätzlich für eine neue Brücke im Kölner Norden aus. JB IHK Köln 1969, S. 93.
143 JB IHK Köln 1968, S. 90; 1973, S. 102; 1974, S. 103; m+w 1/1985, S. 11.
144 JB IHK Köln 1970, S. 98; 1976, S. 69; Mitt. IHK Köln 1975, S. 725.
145 m+w 1/1985, S. 23.
146 JB IHK Köln 1992, S. 48; 1993, S. 38.
147 JB IHK Köln 1994, S. 46, 56; m+w 9/1994, S. 90-91.
148 JB IHK Köln 1995, S. 50.
149 JB IHK Köln 1996, S. 36.
150 JB IHK Köln 1968, S. 89; 1974, S. 560; Mitt. IHK Köln 1968, S. 631; 1970, S. 624.
151 KStA Nr. 118, 24./25.05.1997, S. 13: Mülheims neue Mitte.
152 JB IHK Köln 1967, S. 63.
153 JB IHK Köln 1969, S. 81; 1970, S. 87; 1971, S. 83; 1972, S. 89.
154 JB IHK Köln 1972, S. 93; 1973, S. 89; 1974, S. 93; 1975, S. 93; 1976, S. 75; 1978, S. 96.
155 JB IHK Köln 1976, S. 75; 1978, S. 96; 1979, S. 100 (Zitat).
156 JB IHK Köln 1976, S. 75; 1979, S. 100; Mitt. IHK Köln 1979, S. 707.
157 JB IHK Köln 1980, S. 125-126.
158 m+w 12/1983, S. 36-39; 1/1985, S. 25.
159 KölnChronik 1985, S. 8; 1990, S. 10; 1991, S. 12.
160 JB IHK Köln 1969, S. 81; 1971, S. 84; 1976, S. 75; 1978, S. 106.
161 JB IHK Köln 1978, S. 106.
162 m+w 1/1985, S. 25; 10/1987, S. 22-27.
163 JB IHK Köln 1985, S. 137-138; 1987, S. 78; 1988, S. 92; 1989, S. 88; 1991, S. 78, 80; 1992, S. 46; 1993, S. 38; 1994, S. 56; 1995, S. 50; 1996, S. 35-36.
164 JB IHK Köln 1985, S. 137; 1987, S. 78; 1988, S. 92, 94; 1989, S. 88, 90; 1990, S. 84; 1991, S. 80; 1992, S. 46; 1993, S. 40; 1994, S. 56, 58; 1995, S. 50.
165 JB IHK Köln 1970, S- 88; 1979, S. 114; 1980, S. 137; Mitt. IHK Köln 1980, S. 13
166 m+w 7/1981, S. 8-15.
167 m+w 12/1982, S. 6.
168 JB IHK Köln 1990, S. 81-82; 1996, S. 36; m+w 12/1990, S. 7.
169 JB IHK Köln 1985, S. 139-140; Mitt. IHK Köln 1980, S. 13; m+w 7/1982, S. 4; 9/1982, S. 18; 10/1983, S. 4; 1/1985, S. 26.
170 JB IHK Köln 1991, S. 78; 1995, S. 50; m+w 9/1987, S. 60; IHK Köln, 7 3.200 0; Pressemitteilung der IHK zu Köln, 20.06.1997.
171 JB IHK Köln 1967, S. 78; 1969, S. 99; 1971, S. 102; 1973, S. 106; 1974, S. 107; 1979, S. 117.
172 JB IHK Köln 1978, S. 112; 1979, S. 117; 1980, S. 138, 140.
173 m+w 7/1982, S. 8-13; 10/1983, S. 20-25; 10/1983, S. 21-23.
174 m+w 5/1984, S. 21-23; 6/1985, S. 47; 10/1985, S. 89; 11/1985, S. 18.

[175] m+w 3/1985, S. 19; 5/1986, S. 36-38; 6/1986, S. 29, 35.
[176] JB IHK Köln 1993, S. 44; m+w 12/1993, S. 26-30.
[177] JB IHK Köln 1985, S. 142; 1986, S. 137; m+w 11/1984, S. 8-15; VV, 12.03.1985, RWWA 1-111/14.
[178] m+w 6/1985, S. 36.
[179] JB IHK Köln 1987, S. 76, 78; 1988, S. 87-88; m+w 1/1988, S. 37.
[180] S. Kap. II.2.
[181] JB IHK Köln 1987, S. 168; 1988, S. 190-191; 1989, S. 217, 219; 1990, S. 198-199; 1991, S. 184-185; 1992, S. 94; 1993, S. 83-84; 1994, S. 84; 1995, S. 89-90; 1996, S. 87; m+w 5/1989, S. 26-31; 2/1992, S. 28-31.
[182] JB IHK Köln 1992, S. 52; 1993, S. 44; 1994, S. 48; 1995, S. 40; 1996, S. 38; m+w 10/1990, S. 64; IHK Köln, 1 14011/08, 108/00. Für Detailinformationen danken die Verfasser dem GB I+K/DV.
[183] JB IHK Köln 1996, S. 103.
[184] JB IHK Köln 1983, S. 140; 1996, S. 48; m+w 11/1993, S. 28-30; 5/1996, S. 39; 6/1997, S. 59.
[185] S.o.
[186] JB IHK Köln 1966, S. 54; 1967, S. 56; 1969, S. 77; 1973, S. 84.
[187] JB IHK Köln 1986, S. 83.
[188] JB IHK Köln 1986, S. 83; 1987, S. 68; 1989, S. 78.
[189] JB IHK Köln 1993, S. 37; 1995, S. 28.
[190] JB IHK Köln 1970, S. 81; 1971, S. 81; 1973, S. 84; 1974, S. 88; 1975, S. 86.
[191] JB IHK Köln 1966, S. 56; 1969, S. 78; 1970, S. 82; 1971, S. 82; 1972, S. 88; 1975, S. 86; 1976, S. 61; 1977, S. 91; 1978, S. 82-83; 1979, S. 81-82; 1980, S. 100; 1982, S. 133; 1983, S. 139; 1984, S. 123-124; 1985, S. 130; 1986, S. 83; 1987, S. 68; 1988, S. 80; 1989, S. 78; 1990, S. 76; 1991, S. 67.
[192] JB IHK Köln 1973, S. 85; 1977, S. 91.
[193] JB IHK Köln 1966, S. 54; 1969, S. 77; 1971, S. 80; 1972, S. 86; 1973, S. 83-84; 1974, S. 87; 1975, S. 85; 1978, S. 89-90; 1980, S. 120; 1982, S. 148; 1984, S. 130.
[194] JB IHK Köln 1987, S. 68.
[195] JB IHK Köln 1970, S. 81.
[196] JB IHK Köln 1967, S. 57; 1970, S. 82; 1971, S. 81-82; 1977, S. 91; 1978, S. 83.
[197] JB IHK Köln 1969, S. 78; 1972, S. 88; 1973, S. 86; 1974, S. 89-90; 1975, S. 90; 1978, S. 87; 1979, S. 97-98; 1980, S. 118; 1985, S. 130; 1986, S. 84; 1987, S. 70; 1988, S. 82; 1989, S. 78; 1990, S. 74; 1991, S. 67, 71.
[198] JB IHK Köln 1980, S. 102; 1981, S. 132; 1982, S. 137; 1983, S. 182-183; 1984, S. 134-135; 1986, S. 84; 1987, S. 70; 1988, S. 82; 1989, S. 79; 1990, S. 74; 1991, S. 71-72
[199] JB IHK Köln 1986, S. 84; 1987, S. 70; 1988, S. 80.
[200] JB IHK Köln 1979, S. 82, 84; 1980, S. 102; 1982, S. 136, 137; 1983, S. 141-142; 1984, S. 125; 1992, S. 44; 1993, S. 35; 1994, S. 24; 1995, S. 28; 1996, S. 22.
[201] JB IHK Köln 1987, S. 72; 1988, S. 80; 1989, S. 78; 1990, S. 74; 1991, S. 71.
[202] JB IHK Köln 1977, S. 97; 1978, S. 90; 1979, S. 98; 1980, S. 119; 1981, S. 138-139; 1982, S. 146, 148; 1983, S. 150; 1984, S. 130; 1987, S. 180; 1988, S. 202-203; 1989, S. 228-229; 1990, S. 210-211; 1991, S. 194.
[203] JB IHK Köln 1966, S. 46; 1971, S. 64; 1964, S. 70; 1975, S. 71; 1978, S. 79; 1989, S. 82-83; 1990, S. 70, 73, 122, m+w 10/1989, S. 91.
[204] JB IHK Köln 1989, S. 75-76; 1992, S. 44; 1993, S. 37; 1994, S. 22; 1995, S. 28; 1996, S. 24.
[205] JB IHK Köln 1987, S. 70, 72; 1988, S. 82-83; 1989, S. 79; 1990, S. 76; 1991, S. 72-73; 1992, S. 88; 1993, S. 78; 1994, S. 22; 1995, S. 26, 28; 1996, S. 22.
[206] Druck in: Gesetz-Sammlung für die Königlichen Preußischen Staaten, Jg. 1897, S. 355-366, hier: § 38, S. 364; ähnlich: Gesetz zur vorläufigen Regelung des Rechts der Industrie- und Handelskammern, 18. Dezember 1956, § 1, Abs. 3 (BGBl 1956 I, S. 920).
[207] JB IHK Köln 1970, S. 84; 1971, S. 82.
[208] JB IHK Köln 1990, S. 79; 1995, S. 29; 1996, S. 25; m+w 3/1984, S. 10.
[209] m+w 3/1984, S. 8-11.
[210] JB IHK Köln 1973, S. 88; 1974, S. 91; 1982, S. 149.
[211] JB IHK Köln 1985, S. 135.
[212] JB IHK Köln 1972, S. 88; 1992, S. 44.
[213] Mitt. IHK Köln 1969, S. 513.
[214] JB IHK Köln 1967, S. 111.
[215] Weise: Handeln, S. 81; RWWA 48-32-1, Anlage.
[216] JB IHK Köln 1972, S. 145; 1973 S. 144.
[217] JB IHK Köln 1975, S. 148.
[218] JB IHK Köln 1993, S. 49.
[219] JB IHK Köln 1974, S. 161.
[220] m+w 1/1983, S. 19.
[221] JB IHK Köln 1971, S. 138.
[222] Bereits im Juni 1967 wurde die Federführung interimistisch übernommen. Vgl. Weise: Handeln, S. 78.
[223] Weise: Handeln, S. 58 f.; RWWA 1-910/07.
[224] Weise: Handeln, S. 61 f.; RWWA 1-950-4; 48-35-3.
[225] JB IHK Köln 1969, S. 139.
[226] Rhein-Ruhr-Druck Sander, 1974.
[227] JB IHK Köln 1974, S. 163.
[228] JB IHK Köln 1973, S. 158.
[229] Mitt. IHK Köln 1974, S. 123.
[230] Mitt. IHK Köln 1974, S. 4.
[231] JB IHK Köln 1974, S. 152.
[232] JB IHK Köln 1975, S. 148.
[233] JB IHK Köln 1976, S. 115.
[234] JB IHK Köln 1981, S. 171.
[235] JB IHK Köln 1984, S. 159.
[236] JB IHK Köln 1991, S. 105.
[237] JB IHK Köln 1995, S. 30.
[238] JB IHK Köln 1994, S. 26; 1995, S. 30.
[239] JB IHK Köln 1996, S. 26.
[240] JB IHK Köln 1984, S. 157.
[241] JB IHK Köln 1973, S. 146.
[242] m+w 7/1985, S. 22.
[243] JB IHK Köln 1966, S. 124; IHK Köln, 925/30.
[244] Vgl. Beitrag Weise in diesem Band.
[245] JB IHK Köln 1971, S. 138.
[246] Mitt. IHK Köln 1973, Art. Werner Mues S. 565.
[247] JB IHK Köln 1991, S. 106.
[248] „Ausbilden" – Ausbilderqualifikation, Qualifizierung ausländischer Selbständiger, Hrsg. IHK zu Köln 1997, S. 3.
[249] JB IHK Köln 1990, S. 109.
[250] „Ausbilden", S. 9.
[251] JB IHK Köln 1986, S. 99.
[252] JB IHK Köln 1993, S. 49.
[253] JB IHK Köln 1979, S. 172; 1991, S. 106.
[254] JB IHK Köln 1969, S. 135.
[255] JB IHK Köln 1970, S. 143.
[256] JB IHK Köln 1990, S. 110.
[257] JB IHK Köln 1993, S. 46; 1995, S. 31.

258 S. Beitrag Weise in diesem Band.
259 JB IHK Köln 1966, S. 113.
260 JB IHK Köln 1967, S. 122.
261 JB IHK Köln 1967, S. 122.
262 JB IHK Köln 1975, S. 163.
263 JB IHK Köln 1968, S. 139.
264 JB IHK Köln 1972, S.159.
265 JB IHK Köln 1969, S. 150.
266 JB IHK Köln 1970, S. 146; 1971, S. 138, 150.
267 JB IHK Köln 1975, S. 150.
268 JB IHK Köln 1976, S. 118.
269 JB IHK Köln 1978, S. 158.
270 Otto Wolff von Amerongen: „Weiterbildung, Aufgabe der Zukunft". In: Mitt. IHK Köln 1976, S. 749-751, hier S. 750
271 Ebd., S. 751.
272 JB IHK Köln 1982, S. 163.
273 JB IHK Köln 1985, S. 166.
274 JB IHK Köln 1994, S. 28.
275 JB IHK Köln 1994, 29; 1995, S. 31.
276 m+w 6/1988, S. 20-21: „Die Chance zum Aufstieg".
277 JB IHK Köln 1989, S. 117.
278 JB IHK Köln 1990, S. 110.
279 m+w 10/1991, S. 113 f.
280 JB IHK Köln 1994, S. 28.
281 JB IHK Köln 1984, S. 90; 1987, S. 40; 1987, S. 40; 1988, S. 42, 44; 1989, S. 44; 1990, S. 38; 1991, S. 34.
282 Vgl. Kap. 3.1.
283 JB IHK Köln 1980, S. 49-50; 1981; S. 94; 1982, S. 95-96; 1983, S. 98, 100; 1984, S. 92.
284 Vgl. Kapitel 9.1.
285 JB IHK Köln 1981, S. 94; 1982, S. 97; 1983, S. 100, 103-104; 1984, S. 92; 1986, S. 40; 1987, S. 40; 1988, S. 44; 1989, S. 44, 46; 1990, S. 38, 40. In Kürze wird eine völlig neu bearbeitete Fassung der Broschüre „Es geht um Ihren Standort" erscheinen.
286 JB IHK Köln 1967, S. 42.
287 JB IHK Köln 1969, S. 62.
288 JB IHK Köln 1970, S. 59.
289 Mitt. IHK Köln 1969, S. 737.
290 JB IHK Köln 1970, S. 59.
291 Mitt. IHK Köln 1969, S. 733-735.
292 JB IHK Köln 1967, S. 42; 1969, S. 58.
293 JB IHK Köln 1970, S. 61; 1973, S. 61.
294 JB IHK Köln 1970, S. 61.
295 JB IHK Köln 1971, S. 58; 1972, S. 63; 1974, S. 64, Mitt. IHK Köln 1976, S. 752.
296 KStA, 06.02.1997.
297 JB IHK Köln 1970-1981; 1984, S. 114; Mitt. IHK Köln 1974, S. 270.
298 JB IHK Köln 1969, S. 64; 1970, S. 61, 64; 1971, S. 58; 1975, S. 65; 1976, S. 48; Mitt. IHK Köln 1974, S. 269-270.
299 JB IHK Köln 1978, S. 68; 1979, S. 68; 1981, S. 126; 1984, S. 118; 1985, S. 116; 1986, S. 74; 1992, S. 38; 1994, S. 36; 1996, S. 32; Mitt. IHK Köln 1976, S. 5-9, m+w 7/1984, S. 18-19; 9/1989, S. 18.
300 JB IHK Köln 1968, S. 60; 1969, S. 63; 1970, S. 63; 1971, S. 58; 1983, S. 130; 1984, S. 114, 116.
301 JB IHK Köln 1990, S. 68; 1991, S. 60, 62; m+w 3/1991, S. 72-73.
302 JB IHK Köln 1996, S. 32, 54, m+w 9/1996, S. 10-15.
303 JB IHK Köln 1975, S. 69; 1976, S. 50; 1995, S. 36; Mitt. IHK Köln 1976, S. 839-840.

304 JB IHK Köln 1978, S. 30; 1979, S. 26, 28; 1980, S. 40, 42; 1984, S. 79-80, 84; 1996, S. 34, m+w 7/1981, S. 22-26; 3/1987, S. 20; 3/1988, S. 20-25; 1/1994, S. 28.
305 JB IHK Köln 1982, S. 100; 1985, S. 82, 84; 1984, S. 80, 82, 84; 1986, S. 29, 31, 46, 48; 1987, S. 32, 34, 42, 44; 1990, S. 30; 1991, S. 26; 1992, S. 33-34; 1993, S. 80, m+w 5/1982, S. 45; 2/1984, S. 10, 11.
306 JB IHK Köln 1996, S. 56-57; m+w 10/1985, S. 36; 2/1995, S. 8-15.
307 JB IHK Köln 1980, S. 44; 1982, S. 104-105; 1982, S. 84-85; 1987, S. 36; 1991, S. 28, 30; 1995, S. 107; Mitt. IHK Köln 1968, S. 443, 531.
308 JB IHK Köln 1974, S. 35-36; 1975, S. 37-38; 1976, S. 25-27; 1977, S. 34; 1978, S. 31; 1979, S. 28; 1980, S. 42; 1982, S. 104, m+w 10/1993, S. 32; Engagement für die Sonderabfalldeponie. Chronik des Industriemüllverbandes Köln-Bonn-Aachen e.V., Köln 1993.
309 JB IHK Köln 1979, S. 28; 1980, S. 42; 1984, S. 84; 1992, S. 107; 1993, S. 97; 1994, S. 101; 1995, S. 107; 1996, S. 107; Mitt. IHK Köln 1979, S. 594.
310 JB IHK Köln 1984, S. 86; 1988, S. 38; 1991, S. 32; 1996, S. 107.
311 JB IHK Köln 1966, S. 29; 1971, S. 29; 1975, S. 32; 1981, S. 90; 1983, S. 86, 88; 1984, S. 74, 76; 1985, S. 79; 1986, S. 24; 1987, S: 48-49; 1988, S. 58; 1989, S. 54, 56; 1990, S. 53-55; 1991, S. 46-47; 1992, S. 33; 1996, S. 52; Mitt. IHK Köln 1975, S. 809-810; m+w 1/1991, S. 10; RWWA 1-110/42, Bd. 3, Nr. 35.
312 JB IHK Köln 1994, S. 44; 1996, S. 50; m+w 8/1995, S. 30-31; 11/1996, S. 27-31.
313 m+w 2/1992, S. 18-23, 34-37.
314 JB IHK Köln 1970, S. 32; 1971, S. 29; 1972, S. 35; 1975, S. 32; 1976, S. 24; 1977, S. 30; 1981, S. 90; 1983, S. 106; 1985, S. 78-79; 1987, S. 49; 1988, S. 52, 54; 1990, S. 48-50; 1993, S. 84; 1994, S. 88; 1995, S.90-91; 1996, S. 89; Mitt. IHK Köln 1969, S. 716; m+w 14/1981, S. 11; 10/1985, S. 38; VV, 04.03.1986, RWWA 1-111/14.
315 JB IHK Köln 1993, S. 27; 1994, S. 44; 1995, S. 57-58, m+w 8/1995, S. 51.
316 JB IHK Köln 1983, S. 102-103; Mitt. IHK Köln 1976, S. 673-677; m+w 12/1996, S. 74-76.
317 JB IHK Köln 1989, S. 31-32, 50; 1990, S. 22, 24, 48; m+w 9/1989, S. 90-92; VV, 06.12.1989; RWWA 1-111/14.
318 JB IHK Köln 1993, S. 26; 1994, S. 42; 1995, S. 38-39; m+w 11/1992, S. 22; 6/1994, S. 16- 18; 2/1995, S. 13-14.
319 JB IHK Köln 1996, S. 35; m+w 12/1996, S. 9-16.
320 Präsidiumssitzung, 27.09.1991, RWWA 1-111/23; VV, 05.12.1991, 02.04.1992, RWWA 1-111/14; m+w, 4/1991, S. 14-17; 9/1991, S. 18-23.
321 VV, 08.12.1992, 22.04.1993, RWWA 1-111/14; JB IHK Köln 1993, S. 26; m+w 9/1991, S. 21; 11/1992, S. 7; 3/1994, S. 67-68.
322 JB IHK Köln 1971, S. 129; 1972, S. 137; 1973, S. 135; 1974, S. 140-142; 1976, S. 102; 1977, S. 136; 1988, S. 101-102; 1992, S. 58; 1995, S. 34.
323 JB IHK Köln 1970, S. 128-129; 1971, S. 129; 1975, S. 139; 1977, S. 136; 1980, S. 158; Mitt. IHK Köln 1971, S. 32-34, 84-88; 1973, S. 687; 1979, S. 901, 905.
324 JB IHK Köln 1968, S. 121; 1973, S. 131; 1982, S. 162-163; 1983, S. 164; 1985, S. 148.
325 JB IHK Köln 1986, S. 106; 1993, S. 50; 1995, S. 34; 1996, S. 28.

[326] JB IHK Köln 1967, S. 100-101, 103-104; 1968, S. 116-117; 1979, S. 138, 146; 1980, S. 164; Mitt. IHK Köln 1967, S. 183-187, 386-388, 424, 526, 707-708; 1968, S. 228-230, 369-370; 1979, S. 1104-1105.
[327] JB IHK Köln 1966, S. 104; 1977, S. 145; Mitt. IHK Köln 1977, S. 980, Weise: Handeln, S. 98; Rundschreiben, Kammervereinigung 21.07. 1987, RWWA 1-105-10.
[328] GV NW 1969, S. 878-879; dito 1982, Nr. 38, 29. Juli 1982, S. 347; JB IHK Köln 1969, S. 124-125; 1982, S. 163.
[329] JB IHK Köln 1966, S. 40-42; 1968, S. 56; 1971, S. 46; 1972, S. 50; 1973, S. 50; 1979, S. 57; 1980, S. 73-74; 1981, S. 116; 1982, S. 108-109; 1986, S. 58; m+w 5/1982, S. 44; 1/1987, S. 28-30; VV, 05.12.1996, IHK Köln, 111/14.
[330] JB IHK Köln 1975, S. 50; 1976, S. 34; 1977, S. 45; 1980, S. 67; 1984, S. 105; 1988, S. 67; 1989, S. 62-63; 1990, S. 60, 62; 1991, S. 51-52; m+w 12/1986, S. 26-27.
[331] JB IHK Köln 1987, S. 67; m+w 12/1990, S. 94-96.
[332] JB IHK Köln 1966, S. 40; 1970, S. 46, 57; 1976, S. 45; 1978, S. 62; 1980, S. 79; 1981, S. 122; 1983, S. 120; 1984, S. 108; 1985, S. 109; 1989, S. 64; 1990, S. 64.
[333] JB IHK Köln 1984, S. 110; 1985, S. 111; 1986, S. 65.
[334] JB IHK Köln 1966, S. 38-39; 1967, S. 38; 1968, S. 52, 55; 1969, S. 61; 1970, S. 57, 59; 1971, S. 55; 1972, S. 60; 1973, S. 58; 1974, S. 61; 1975, S. 62-63; 1977, S. 69; 1978, S. 63; 1980, S. 79; 1983, S. 122; 1984, S. 110-111; 1986, S. 68; 1989, S. 64; 1990, S. 64-65; m+w 4/1985, S. 28-34.
[335] Gesetz über die Industrie- und Handelskammern im Lande Nordrhein-Westfalen, 23. Juli 1957, in: GV NW 1957, S. 188; JB IHK Köln 1975, S. 144-145; 1977, S. 148-150; 1984, S. 152-153; 1989, S. 113-115; 1994, S. 54; 1995, S. 48; 1996, S. 47; m+w 3/1996, S. 48-53.
[336] JB IHK Köln 1971, S. 131f.; 1982, S. 165; 1984, S. 151; 1992, S. 63; 1993, S. 53; 1994, S. 53; 1995, S. 46; 1996, S. 44, 46; m+w 2/1997, S. 29; VV, 26.09.1996, IHK Köln 111/14; Pressemitteilung der IHK zu Köln, 01.10. 1996.
[337] JB IHK Köln 1974, S. 148; 1975, S. 147; Mitt. IHK Köln 1974, S. 693-697, 761-762.
[338] m+w 6/1997, S. 31-34.
[339] BGB. 1970 I, S. 466; JB IHK Köln 1971, S. 50-51; 1972, S. 54-55; 1981, S. 120-122; 1982, S. 124; 1983, S. 118-119; 1984, S. 106; 1986, S. 62-63; 1987, S. 58, 60; 1988, S. 58; 1989, S. 63; 1990, S. 62, 64; Mitt. IHK Köln 1971, S. 38-90.
[340] JB IHK Köln 1979, S. 118; 1990, S. 87; 1991, S. 83; 1993, S. 100; 1996, S. 114.
[341] JB IHK Köln 1981, S. 141; 1993, S. 100; 1994, S. 58; 1996, S. 36, 114; Mitt. IHK Köln 1980, S. 1150-1162; m+w 12/1982, S. 50-58; 12/1985, S. 35; 11/1987, S. 40-43; 6/1993, S. 66-71; 6/1997, S. 54-56.
[342] BGBl 1989 I, S. 2185 (§ 2, Abs. 2); JB IHK Köln 1992, S. 50; 1994, S. 58; m+w 10/1990, S. 34-37; 5/1991, S. 82-83; 6/1993, S. 70-75.
[343] JB IHK Köln 1996, S. 27.
[344] JB IHK Köln 1966-1996; m+w 11/1983, S. 20.
[345] JB IHK Köln 1966-1996. insbes. 1982, S. 99.
[346] JB IHK Köln 1966-1996.
[347] JB IHK Köln 1966, S. 130; 1967, S. 138; 1968, S. 149; 1969, S. 171; 1976, S. 144; Mitt. IHK Köln 1970, S. 476-478.
[348] JB IHK Köln 1987, S. 134-135; 1992, S. 82.
[349] JB IHK Köln 1971, S. 172; 1982, S. 204; Mitt. IHK Köln 1966, S. 222-226; 1971, S. 603-607; 1977, S. 671-677.
[350] JB IHK Köln 1994, S. 74; 1995, S. 74; m+w 5/1989, S. 84-85; 11/1993, S. 98-101; 12/1995, S. 62-65.
[351] JB IHK Köln 1967, S. 144; 1968, S. 165; 1974, S. 196; 1980, S. 224; 1982, S. 224; 1984, S. 229; 1986, S. 186; 1992, S. 74; 1993, S. 64; 1995, S. 68; 1996, S. 64; Mitt. IHK Köln 1969, S. 249-251; 1974, S. 346, m+w 7/1993, S. 5, 12/1993, S. 104; 12/1995, S. 44; 5/1996, S. 7; Pressemitteilungen der Rheinkammernunion, 12.03.1997, 16.06.1997.
[352] Weise Chronik, passim, JB IHK Köln 1995, S. 70-72; 1996, S. 66-68.
[353] JB IHK Köln 1983, S. 122; 1985, S. 232-234; 1986, S. 182, 184; 1987, S. 158-159; 1988, S. 181-184; 1990, S. 186, 187-190; 1991, S. 170, 172-175; 1996, S. 68-69.
[354] JB IHK Köln 1996, S. 6 f.
[355] Ebd.

ANHANG

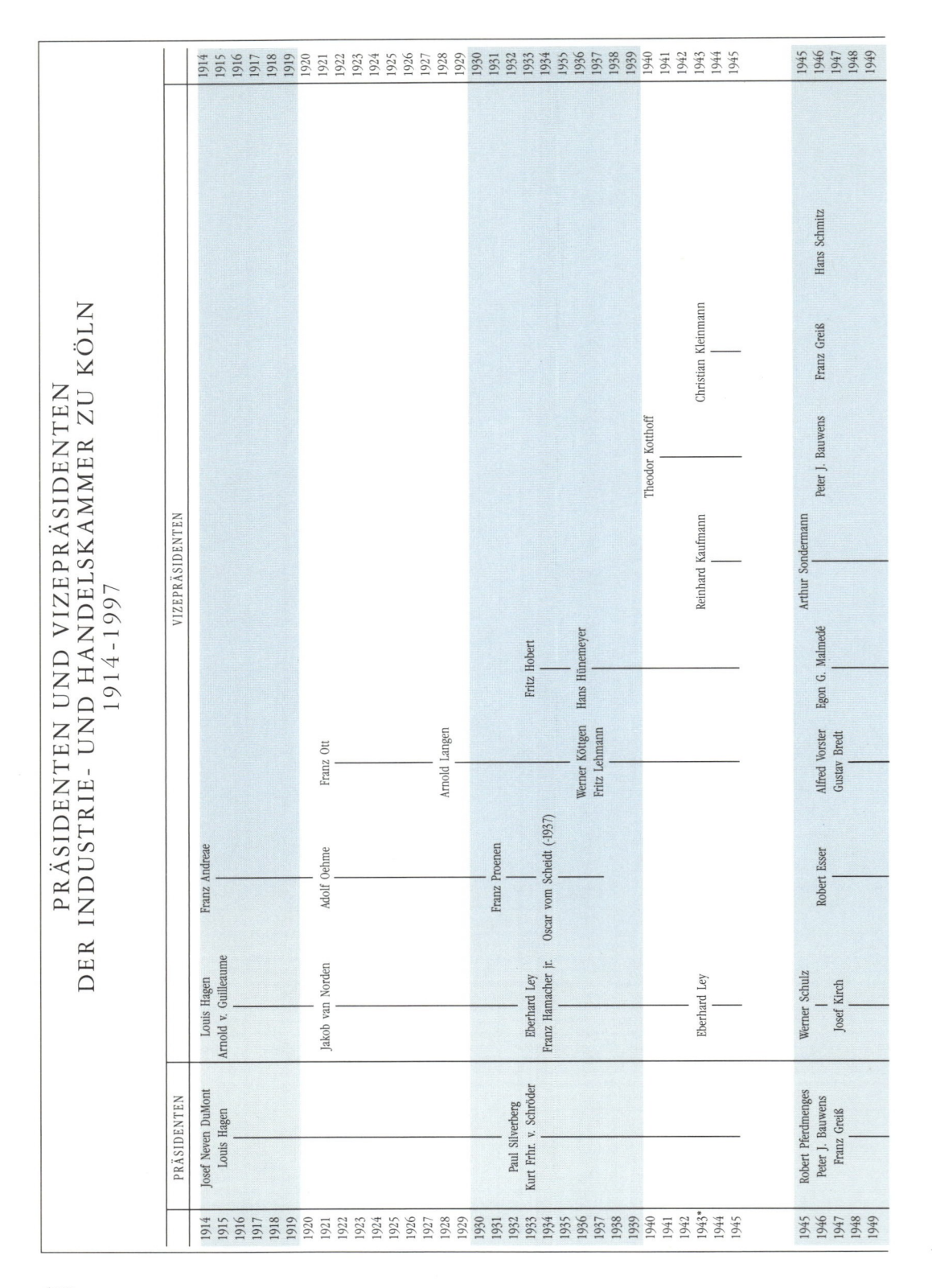

PRÄSIDENTEN UND VIZEPRÄSIDENTEN
DER INDUSTRIE- UND HANDELSKAMMER ZU KÖLN
1914-1997

	PRÄSIDENTEN	VIZEPRÄSIDENTEN	
1914	Josef Neven DuMont	Louis Hagen Franz Andreae	1914
1915	Louis Hagen	Arnold v. Guilleaume	1915
1916			1916
1917			1917
1918			1918
1919			1919
1920			1920
1921		Jakob van Norden Adolf Oehme Franz Ott	1921
1922			1922
1923			1923
1924			1924
1925			1925
1926			1926
1927		Arnold Langen	1927
1928			1928
1929			1929
1930			1930
1931	Paul Silverberg	Franz Proenen	1931
1932	Kurt Frhr. v. Schröder	Eberhard Ley Franz Hamacher jr. Oscar vom Scheidt (-1937)	1932
1933			1933
1934			1934
1935			1935
1936		Werner Kötgen Fritz Lehmann Fritz Hobert Hans Hünemeyer	1936
1937			1937
1938			1938
1939			1939
1940			1940
1941		Reinhard Kaufmann Theodor Kotthoff	1941
1942			1942
1943*	Eberhard Ley	Christian Kleinmann	1943
1944			1944
1945			1945
1945	Robert Pferdmenges	Werner Schulz Alfred Vorster Gustav Bredt Robert Esser Egon G. Malmedé Arthur Sondermann Peter J. Bauwens Hans Schmitz Franz Greiß	1945
1946	Peter J. Bauwens	Josef Kirch	1946
1947	Franz Greiß		1947
1948			1948
1949			1949

	1950–1959	1960–1969	1970–1979	1980–1989	1990–1997
	Eugen Gottlieb von Langen				
	Otto Wolff von Amerongen				
		Knut Bellinger		Dieter Pesch / Rolf Leisten	Herbert Blank
	Karl Haus	Ernst Hoppe / Karl Haus / Paul Husmann	Walter Barkhausen	Alfred Frhr. v. Oppenheim / Harald Zacher	Horst J. Köhler / Claas Kleyboldt
	Carl-Alex Volmer		Gerd Brügelmann	Dirk Malmedé	
	Hermann Dörrenberg	Herbert Stussig / Franz Damm / Herbert Stussig	Werner Ackermann	Joachim Hassel	Dietrich Fricke
		Franz Greiß / Otto Vossen	Günter Schöpp / German Broja	Hans Gluch	
				Helmut Loehr	
				Wolfgang Wahl	Werner Kirchgässer
	Alfred Neven DuMont				Bernd J. Breloer / Christian Peter Kotz

* 1943 bis Kriegsende 1945 Gauwirtschaftskammer Köln-Aachen

DIE SYNDICI UND HAUPTGESCHÄFTSFÜHRER DER INDUSTRIE- UND HANDELSKAMMER ZU KÖLN 1914-1997

Dr. Alexander Wirminghaus	1892-1916
Dr. Albert Wiedemann	1917-1927
Dr. Walter Schmitz-Sieg	1928-1933
Dr. Karl Georg Schmidt	1933-1936
Rudolf Eggermann	1937-1941
Dr. Paul Brandt	1942-1945[1]
Dr. Georg Rieber	1945[2]
Dr. Bernhard Hilgermann	1945-1961
Helmut Rehker	1962-1980
Eberhard Garnatz	seit 1981

---
[1] 1943-1945 Hauptgeschäftsführer der Gauwirtschaftskammer Köln-Aachen
[2] Hauptgeschäftsführer der Gauwirtschaftskammer Köln-Aachen

DIE MITGLIEDER DER INDUSTRIE- UND HANDELSKAMMER ZU KÖLN 1914-1997

Name	Dauer der Mitgliedschaft/ Ehrenmitgliedschaft	Firma	P = Präsident VP = Vizepräsident EP = Ehrenpräsident
Ackermann, Werner	1972-1989 E 1990-1994	Albert Ackermann GmbH & Co. KG	VP 1977-1989
Adenauer, Dr. Max	1972-1977	Rheinisch-Westfälische Bodencreditbank AG	
Albert, Richard	1977-1991	Nickel GmbH	
Albrecht, Wilhelm	1951-1954	Huwald Hammacher	
Almsick, Franz van	1957-1958 1962-1971	Edeka Köln-Düsseldorf eGmbH	
Amedick, Dr. Klaus B.	1970-1971	Ford-Werke	
Andreae, Dr. med. Christoph	1933-1945	Aug. Hoenig	
Andreae, Franz	1914-1932	Christoph Andreae	VP 1914-1921
Andrews, John S.	1958-1965	Ford-Werke AG	
Asmuth, Theo	1974-1979	Theo Asmuth	
Assenmacher, Ralf Bernd	Seit 1992	Arena Management GmbH	
Aßmann, Dr.-Ing. Horst	1977-1980	Esso Chemie GmbH	
Auer, Dr. jur. Carl[2]	1934-1945	Bonner Weizenmühle Carl Auer GmbH	
Auer, Heinrich	(1913)-1930	Jakob Auer Söhne	
Auer, Jakob	(1898)-1918	Heinrich Auer	
Bachem, Franz	1960-1979	J.P. Bachem Verlag KG	
Bachem, Dr. Josef P.	1958-1967	Jacob Hegner Verlag GmbH	
Bachem, Dipl.-Kfm. Lambert	Seit 1989	J.P. Bachem Verlag GmbH	
Bachem, Dr. Peter	1980-1983	J.P. Bachem Verlag GmbH	
Bachem, Robert	(1906)-1920	J.P. Bachem	
Bachem, Dr. Rupert	1984-1989	J.P. Bachem Verlag GmbH	
Bachschuster, Chr. H.	1947-1973 E seit 1974	Chr. Bachschuster KG Metallwerk	
Backhausen, Dr. Walter	1955-1967	Ribbert & Co.	
Baldus, Rudolf	1958-1966	Munk & Schmitz KG	
Balken, Dr. Heinz-Werner	1949-1955	Bernhard Meyer KG	
Barg, Hans	1958-1981	Bundesbahn-Hotel Hans Barg	
Barkhausen, Dr. jur. Walter	1977-1981 E seit 1982	Deutsche Bank AG, Filiale Köln	VP 1977-1981
Barmann, Helmut	Seit 1988	Rhenus AG, Zweigniederlassung Köln	
Bau, Karl	1923-1933	Julius Bau, Rüther & Schuster GmbH	
Baurmann, Dr.-Ing. Hanns	1955-1956	Bierbaum-Proenen	
Bausch, C. L. Otto	1933	Bausch & Sohn Treibriemenfabrik	
Bausinger, Dipl.-Ing. Willy	1970-1977	Friedrich Wassermann Bauunternehmung für Hoch- und Tiefbau	
Bauwens, Dr. Paul Ernst	1960-1971	Peter Bauwens Bauunternehmung	
Bauwens, Dr. jur. Peter Joseph	1947-1949	Peter Bauwens Bauunternehmung	P 1946-1947
Bauwens-Adenauer, Dipl.-Ing. Paul	Seit 1990	Bauwens GmbH	
Becker, Dipl.-Ing. Heinrich	Seit 1994	Gaffel Brauerei Becker & Co.	

Name	Dauer der Mitgliedschaft/ Ehrenmitgliedschaft	Firma	P = Präsident VP = Vizepräsident EP = Ehrenpräsident
Becker, Mathias	1921-1933	Drogerie Math. Becker	
Becker, Paul[3]	1943-1945	Eschweiler Bergwerks-Verein	
Becker, Dipl.-Ing. Rudolf	1957-1967	Dyckerhoff & Widmann KG, Niederlassung Köln	
Beckmann, Dipl.-Ing. Frank	1988-1990	Deutsche Lufthansa AG	
Bellinger, Dr. Knut	1968-1983	H. Dyckhoff	VP 1968-1983
Berges, Wilhelm	1943-1945	Wilhelm Berges	
Berke, Dr. Claus	1977-1993	Siemens AG	
Bernhardt, Albert	1947-1973	Heinrich Pollack	
Berster, Severin	1988-1994	Telenorma GmbH	
Bertrams, Dr. Karl	1964-1965	Projahn-Werke AG	
Bertuch, Otto	(1908)-1920	Bertuch & Cie.	
Best, Dipl.-Kfm. Heinrich Hugo	1943-1945	Freytag & Petersen	
Beutler, Johannes	1984-1991	Rheinboden Hypothekenbank AG	
Blank, Herbert	Seit 1988	Rewe-Märkte Blank Beteiligungs-GmbH	VP seit 1996
Blees, Helmut	1972-1981	Helmut Blees	
Blühdorn, Leopold	(1910)-1921	Daniel Schlesinger	
Bock, Franz Karl von	1927-1943	Johann Maria Farina gegenüber dem Jülichsplatz	
Boetius, Dr. Jan	Seit 1994	Deutsche Krankenversicherung AG	
Böhle, Friedrich sr.	1921-1933	Friedrich Böhle	
Böhle, Friedrich jr.	1958-1977	Friedrich Böhle	
Bohland, Peter	(1898)-1918	Rheinische Brauerei-Gesellschaft AG	
Bohr, Franz	1974-1979	Ford-Werke AG	
Bomm, Hanns	1947-1958 1962-1969	Clemens Bomm	
Borm, Dr. Günter	1984-1995	Chemische Fabrik Kalk GmbH	
Boßerhoff, Hans-Jürgen	Seit 1996	Siemens AG, Zweigniederlassung Köln	
Brandt, Dr. Fritz	1968-1970	Chemische Fabrik Kalk GmbH	
Brandt, Joachim-Hans	1984-1995	Siemens AG, Zweigniederlassung Köln	
Braschos, Theodor[2]	1937-1942	Theodor Braschos	
Braun, Karl	1955-1967	Kaufhof AG	
Brecht, Gustav	1934-1945	Rheinische AG für Braunkohlenbergbau und Brikettfabrikation	
Bredt, Gustav	1947-1958 E1958-1961	Pfeifer & Langen	VP 1947-1958
Breidenbach, Klaus-Dieter	1988-1991	Commerzbank AG, Filiale Köln	
Breker, Hans	1958-1973	Bremer Druck und Verlag	
Breloer, Bernd J.	Seit 1994	Rheinbraun AG	VP seit 1996
Brendgen, Josef Heinrich	1943-1945	Rewe-Zentrale Deutscher Lebensmittel-Großhandel-Genossenschaften eGmbH	
Brenschede, Dr. Wilhelm	1962-1971	Bayer AG	

Name	Dauer der Mitgliedschaft/ Ehrenmitgliedschaft	Firma	P = Präsident VP = Vizepräsident EP = Ehrenpräsident
Breunig, Siegfried	1982-1994	Excelsior Hotel Ernst	
Brockhaus, Fritz	1947-1958	Metallwerk Elektra Siebert & Brockhaus	
Brockhaus, Dipl.-Ing. Hans-Dieter	Seit 1989	Pickhardt & Siebert GmbH	
Brockmann, Dieter F.	1992-1994	Dieter F. Brockmann	
Broja, Dr. German	1972-1987 E seit 1988	Bayer AG	VP 1977-1988
Brovot, Dr. jur. Franz	1949-1951	C.A. Baldus & Söhne KG	
Brügelmann, Dietrich	(1913)-1929	F.W. Brügelmann Söhne	
Brügelmann, Gerd	1962-1983 E seit 1983	F.W. Brügelmann Söhne	VP 1973-1980
Brügelmann, Jan	1984-1995	Brügelmann Verwaltung GmbH	
Brügelmann, Dr. jur. Otto	1933-1936, 1953-1961 E 1965-1969	F.W. Brügelmann Söhne	
Brügelmann, Wilhelm	1931-1933	F.W. Brügelmann Söhne	
Buchheister, Friedrich	1933-1937	Indanthren-Haus GmbH	
Buchmann, Dr. Max-Rudolf	1982-1994	Hoechst AG	
Budde, Gustav	1921-1924	Monopol Hotel	
Buhr, Dipl.-Ing. Gerhard A.	1992-1995	Ernst Peiniger GmbH Unternehmen für Bautenschutz, Zweigniederlassung Opladen	
Burgbacher, Prof. Dr. Fritz	1944-1945 1957-1971	Rhenag Rheinische Energie AG	
Burgdorf, Dr. Märten	1982-1995	Mauser-Werke GmbH	
Burrenkopf, Horst J.	Seit 1996	H.O. Burrenkopf & Co.	
Camphausen, Arthur	1933-1945	Agrippina See-, Land- und Transportversicherungen	
Caesar, Dipl.-Kfm. Helmut	Seit 1984	Caesar GmbH	
Caspers, Josef	1958-1973	Josef Caspers	
Charon, Dipl.-Ing. Philipp	1947-1965	Gebr. von der Wettern GmbH	
Christmann, Dr. Theo	1968-1977	Linde AG, Werksgruppe Kühl- und Einrichtungssysteme	
Clouth, Dr.-Ing. E.h. Max	1921-1937	Radium Rubber Company mbH	
Colsman, Dr. Albrecht	Seit 1977	Pfeifer & Langen	
Cremer, Dr. Dr.-Ing. E.h. Gottfried	1968-1977	Cremer & Breuer Keramische Betriebe GmbH	
Cremer, Jakob	1933	Cremer & Breuer GmbH	
Croon, Hans[3]	1943-1945	G.H. & J. Croon	
Dähler, Franz Josef	Seit 1996	Erich Pott Frucht Import GmbH	
Daelen, Hendrik	1949-1958	H. Daelen & Co. KG	
Dahl, Richard	1947-1951	Franz Dahl	
Damm, Franz	1964-1968	Karl Puhl oHG	VP 1966-1968
Daub, Wolf Dieter	1977-1979	Stiebel-Getriebebau GmbH & Co. KG	
Dauscha, Peter	1988-1993	Zanders Feinpapiere AG	
Degenring, Horst	1964-1977	Homburger Papierfabrik Wilhelm Degenring Homburger Papiermühle	

Name	Dauer der Mitgliedschaft/ Ehrenmitgliedschaft	Firma	P = Präsident VP = Vizepräsident EP = Ehrenpräsident
Delhey, Helmut	1963-1977	Helmut Delhey Speditionsgesellschaft mbH	
Dintelmann, Dr. Klaus	1992-1995	Deutsche Bank AG, Filiale Köln	
Dörrenberg, Hermann	1947-1963	Stahlwerke Ed. Dörrenberg Söhne	VP 1958-1960
Dornhoff, Carl	1949-1956	Elektromotorenwerke Dornhoff & Co.	
Dorp, Carl van[2]	1935-1945	Wilhelm van Dorp	
Dreesen, Fritz[2]	1934-1944	Rheinhotel Fritz Dreesen	
Dubberke, Dr. Hans-Achim	1972-1975	Rewe-Zentral-AG	
Düring, Adalbert	1931-1933	Rheinisch-Westfälische Boden-Credit-Bank AG	
DuMont, Michael	1919-1920	Heinrich Josef DuMont	
Dunkel, Dr. Manfred	1957-1968	Leybold-Heraeus GmbH & Co. KG	
Ebert, Dipl.-Kfm. Dieter	Seit 1992	Messe- und Ausstellungs-GmbH	
Eck, Wilhelm	1921-1928	Maschinenbauanstalt Humboldt AG	
Eichelhardt, Erich	1958-1961	Sparkasse der Stadt Köln	
Eichmeyer, Hermann	1921-1924	Berzelius Metallhütten AG	
Eikelder, Franz ten	1982-1991	Gebrüder ten Eikelder Nachfolger	
Eisfeller, Wilhelm	1943-1945	Wilhelm Eisfeller	
Eliel, Louis	(1896)-1919	S.J. Salomon	
Eltz-Rübenach, Kuno Freiherr von[2,3]	1943-1945	Landesbauernführer	
Engels, Emil	1943-1945	Ermen & Engels	
Engels, Heinrich	1933-1945	Heinrich Engels	
Engels, Paul	1921-1930	Otto Engels	
Eser, Prof. Dipl. rer. pol. Günter O.	1980-1984	Deutsche Lufthansa AG	
Esser, Edmund	1930	Edmund Esser	
Esser, Robert	1947-1958	Bankhaus Ferd. Schröder & Co.	VP 1947-1958
Esser, Walter	1968-1977	Hermann Tappert	
Everhan, Fritz	1943-1945 1953-1967	Everhan & Steinhäuser/ Everhan & Sohn	
Everhan, Walter	1968-1977	Everhan & Sohn	
Fahlbusch, Eduard	1943-1945	Kreissparkasse der Landkreise Köln, Rheinisch-Bergischer Kreis und Bergheim	
Fehn, Erich	Seit 1996	Em Krützche Gaststätten GmbH	
Fels, Dipl.-Kfm. Detlef	1988-1991	A. Nattermann & Cie. GmbH	
Fendel, Josef	1980-1988	Gebr. Fendel GmbH & Co.	
Fendt, Heinrich	1947-1954	Heinrich Fendt	
Ferchau, Heinz	Seit 1992	Ferchau Konstruktion GmbH	
Fetzer, Georg	1947-1958	Max H. Sutter & Fetzer	
Fink, Dipl.-Wirtschaftsing. Klaus	1988-1989	Eumuco AG für Maschinenbau	
Fischer, Eduard D.	1929-1930	Speditions- und Lagerhaus AG	
Fischer, Günter	1980-1981	Agfa-Gevaert AG	
Fomm, Eduard	1921-1922	Eduard Fomm	
Forstreuter, Walter	1943-1945	Gerling-Konzern Allgemeine Versicherungen AG	
Frackenpohl, Otto	1947-1977	Otto Frackenpohl	
Franken, Ernst	1962-1971	Sparkasse der Stadt Köln	
Freitag, Dipl.-Ing. Lothar Günter	1989-1992	L. & C. Steinmüller GmbH	

Name	Dauer der Mitgliedschaft/ Ehrenmitgliedschaft	Firma	P = Präsident VP = Vizepräsident EP = Ehrenpräsident
Freytag, Willy	1953-1962	Internationale Speditionsgesellschaft Baumann & Co., Zweigniederlassung Köln	
Fricke, Dr. Dietrich	Seit 1977	Tente-Rollen International GmbH	VP seit 1990
Friedersdorff, Dr. Konrad[2]	1934-1939	Didier-Werke AG, Werksgruppe West	
Friedrichsen, Hans-Peter	1989-1995	Nokia Kabel GmbH	
Fritsch, Dr. Karl Herbert	1980-1982	EC Erdölchemie GmbH	
Fuhrmann, Friedrich	1921-1933	Fuhrmann & Co.	
Gabriel, Julius	1929-1933	Thekla Gabriel-von Felbert	
Gärtner, Dr.-Ing. E.h. Erwin	1963-1977	Vereinigungsgesellschaft Rheinischer Braunkohlenbergwerke GmbH	
Garde, Otto	1970-1973	Colonia Lebensversicherung AG	
Gautier, Dr. Fritz	Seit 1996	Stadtwerke Köln GmbH	
Geginat, Dr. Hartwig	Seit 1994	Zanders Feinpapiere AG	
Geile, Dr. Wilhelm	1958-1969	Reederei „Braunkohle" GmbH	
Geisbüsch, Dr. Eduard	1958-1971	Dr. Geisbüsch & Co.	
Genske, Julius	1949-1958	Jul. Genske	
Gerdom, Ernst	1949-1950	Kaufhof AG	
Gerlach, Dr. Klaus	Seit 1988	Agfa-Gevaert AG	
Gerling, Dr. Hans	1947-1977	Gerling Konzern Versicherungs-Gruppe	
Gerstel, Arthur	1931	M. Gerstel	
Gier, Dr. Carl	1958-1960	Rheinisch-Westfälische Boden-Credit-Bank AG	
Gierden, Dr. Karlheinz	1980-1991	Kölner Bank von 1867 eG	
Gierlichs, Heribert	Seit 1992	Wellpappenfabrik Franz Gierlichs GmbH	
Gilbers, Karin	Seit 1992	Gerhard Fetten	
Gläser, Dr. Fritz	1972-1983	Rhenag Rheinische Energie AG	
Glock, Richard	1947-1958	Richard Glock	
Gluch, Hans	1966-1991 E seit 1992	Hans Gluch Werksvertretungen	VP 1977-1991
Görres, Walter	1949-1963	Schuhhaus Walter Görres	
Goetz, August	(1913)-1945	Rheinland Kolonialwaren-Großhandels-AG	
Götzen, Dr. Gerhard	1982-1987	Leybold-Heraeus GmbH	
Goldbach, Wolfgang	Seit 1996	Kosmos Hotelbetriebs- und Verwaltungsgesellschaft mbH	
Goost, Dr. Fritz	Seit 1982	Bierbaum-Proenen Beteiligungs GmbH	
Gott, Hans	1950-1954	Union Modegroßhandel GmbH	
Gottwald, Dr. Heinrich	1968-1975	Böhlau-Verlag	
Gräf, Dr. jur. Wolf-Dieter	Seit 1974	AVAG Assekuranz Vermittlungs-AG	
Gramatke, Regine	Seit 1996	Jerusalem-Apotheke	
Gramstadt, Erhard	1970-1973	Kühlhaus Köln GmbH	
Greif, Theodor Josef	Seit 1994	Greif & Contzen GmbH	
Greif, Theodor L.	1958-1983	Theodor L. Greif	
Greiß, Dr. h.c. Franz	1947-1970 E 1970-1995	Glanzstoff-Courtaulds GmbH	P 1947-1958, VP 1960-1970, EP 1970-1995
Groot, Peter J.A. de	1980-1981	Felten & Guilleaume Carlswerk AG	

Name	Dauer der Mitgliedschaft/ Ehrenmitgliedschaft	Firma	P = Präsident VP = Vizepräsident EP = Ehrenpräsident
Grosch, Paul	1970-1975	Eau de Cologne- & Parfümeriefabrik Glockengasse No. 4711 gegenüber der Pferdepost von Ferd. Mülhens	
Grosse, Dr.-Ing. E.h. Dr. rer. nat. h.c. Karl	1921-1942	Vereinigte Stahlwerke AG	
Großpeter, Carl Ludwig	1949-1954	Großpeter, Lindemann & Co. KG	
Großpeter, Dipl.-Kfm. Horst	Seit 1996	Quarzwerke GmbH	
Gülker, Dr. Paul	1947-1963	Colonia Kölnische Versicherungs AG	
Güls, Wilhelm	1918-1928	Wilhelm Güls	
Guilleaume, Arnold von	(1902)-1932	Felten & Guilleaume	VP 1915-1920
Hähnel, Günther	Seit 1984	AV-Hähnel Gesellschaft für elektronische Bild- und Tonanlagen mbH	
Hagen, Franz	(1902)-1927	Gottfried Hagen AG	
Hagen, Dr. h.c. mult. Louis	(1906)-1932	Sal. Oppenheim jr. & Cie. / A. Levy	VP 1912-1915
Hagen-Freusberg, Alexander	1955-1983	Gottfried Hagen AG	P 1915-1932
Hahn, Hans-Georg	Seit 1994	L. & C. Steinmüller GmbH	
Halbreiter, Wilhelm	1933-1945	Wilhelm Halbreiter	
Hamacher jr., Franz	1933-1942	Adolf Strick	VP 1934-1942
Harth, Dipl.-Ing. Wilhelm	1977-1987	Dyckerhoff & Widmann AG	
Hartmann, Reinhold	1996	Rheinboden Hypothekenbank AG	
Hartmann, Siegfried	1933-1945	Wohlfahrt & Hartmann	
Harzheim, Hans	1968-1983	Matthias Harzheim GmbH & Co. KG	
Hassel, Erwin	1943-1945	Erwin Hassel	
Hassel, Joachim	Seit 1977	Erwin Hassel	VP seit 1989
Haubrich, Peter	1921-1933	Peter Haubrich	
Hauck, Oswald[1]	1943-1945	Oswald Hauck	
Haupt, Arthur	1968-1973	Gebr. Döllinger	
Haus, Karl	1937-1945 1953-1967	Colonia Kölnische Versicherungs-AG Sal. Oppenheim jr. & Cie.	VP 1958-1960 1964-1967
Hausweiler, Dr. Arnold	1984-1987	EC Erdölchemie GmbH	
Hebborn, Franz	1988-1991	Kontra-Markt Hebborn Handelsgesellschaft mbH	
Hebekeuser, Heinz	1960-1977	Rhenania Allgemeine Speditions-AG	
Hecker, Paul Adolf	1947-1962	Spies, Hecker und Co.	
Heggemann, Franz-Georg	Seit 1996	F. B. Druckwalzengesellschaft mbH	
Heidkamp, Dr. Hans	1963-1971	Herbol-Werke Herbig-Haarhaus AG	
Heimann, Albert	1921-1933	Alltrans AG für alle Transporte	
Heimann, Johann Maria	(1913)-1926	Johann Maria Farina gegenüber dem Jülichsplatz	
Heimbach, Josef[2]	1934-1945	Jak. Heimbach Nachf.	
Heinen, Helmut	Seit 1992	Heinen Verlags-GmbH	
Heinz, Wilhelm A.	1984-1993	Felten & Guilleaume Energietechnik AG	
Hempel, Dr. Walter	1947-1957	Köln-Düsseldorfer Rheindampfschiffahrt GmbH	
Herberg, Karl von der	1919-1920	Felten & Guilleaume Carlswerk AG	

Name	Dauer der Mitgliedschaft/ Ehrenmitgliedschaft	Firma	P = Präsident VP = Vizepräsident EP = Ehrenpräsident
Hering, Hubert	1977-1991	Hubert Hering Marketing- und Unternehmensberatung	
Hermanek, Josef	1964-1969	Importhandelsgesellschaft Josef Hermanek GmbH	
Hermann, Dr. Willi	1957-1979	Martinswerk GmbH für chemische und metallurgische Produktion	
Hermanns, Fritz	1972-1990	Stadtsparkasse Köln	
Hermanns, J. Fritz	1933	Erb & Cie.	
Heuckeshoven, Franz-Josef	1947-1965	Sauermann & Siepmann	
Heuser, Bruno	1937-1945	Wilhelm Schlösser GmbH	
Heyde, Carl Ferdinand von der	1974-1977	Messe- und Ausstellungs-GmbH	
Heyer, Wilhelm	1958-1977	Poensgen & Heyer	
Heymann, Charles	1988-1995	Hotel am Augustinerplatz oHG	
Heymann, Karl	1914-1932	W. Oppenheimer	
Hobert, Fritz	1933-1945	Carl Hobert jr.	VP 1933-1936
Hochgürtel, Rudolf	1972-1991	Mode Hochgürtel	
Höller, Peter	1977-1987	Cornelius Stüssgen AG	
Hoffmann, Hans	1949-1961	Otto Hoffmann	
Hoffstätter, Lorenz[2]	1934-1936 1940-1945	Ferd. Hoffstätter	
Hofmann, Dr.-Ing. Rudolf	1958-1960	Farbenfabriken Bayer AG	
Hohns, Dipl.-Ing. Giesbert	1977-1991	Wilhelm Hohns KG Bauunternehmung	
Holetzek, Dipl.-Ing. Winfried	Seit 1994	Felten & Guilleaume Energietechnik AG	
Holtkott, Alfred	1958-1977	RLB Werke Bedburg GmbH & Co. KG	
Hopmann, Leonhard	(1898)-1919	Leonhard Hopmann	
Hoppe, Dr. Ernst	1958-1963 E 1970-1983	Deutsche Bank AG, Filiale Köln	VP 1960-1963
Horatz, Dr. Joseph	1949-1961	Felten & Guilleaume Carlswerk AG	
Horatz, Dr. Ludwig	1977-1982	Clouth Gummiwerke AG	
Horn, Dr.-Ing. E.h. Heinz	1962-1969	Felten & Guilleaume Carlswerk AG	
Hoven, Walther	1947-1959	Neska Niederrheinisches Schiffahrtskontor AG	
Hüber, Friedrich Adolf	1933-1934	Rhein-Radio	
Hünemeyer, Hans	1933-1945	Benedikt Tillmann	VP 1936-1945
Huhn, Albert	1949-1968	Gebr. Huhn	
Husmann, Paul	1964-1977	Deutsche Bank AG, Filiale Köln	VP 1968-1977
Huvendick, Dr. Jürgen	1992-1994	Deutsche Centralbodenkredit-AG	
Jaenecke, Rainer	1972-1982	Chemische Fabrik Kalk GmbH	
Jahr, Richard	1934 1936-1942	Westdeutscher Beobachter GmbH	
Jakopp, Dr.-Ing. E.h. Heinrich	1947-1963	Klöckner-Humboldt-Deutz AG	
Janssen, Richard	1970-1973	Heinrich Holbeck KG	
Jennes, Heinrich	1936-1945	Friedrich Jennes	
Joachim, Manfred	Seit 1982	Joachim Verwaltung GmbH	
Jöster, Dipl.-Kfm. Bruno	1944-1945 1970-1977	Franz Willick KG	
Johnen, Heinz	1977-1991	Drogerie Johnen	

Name	Dauer der Mitgliedschaft/ Ehrenmitgliedschaft	Firma	P = Präsident VP = Vizepräsident EP = Ehrenpräsident
Joos, Hans-Dieter	Seit 1984	Koehler & Volckmar GmbH	
Kamphausen, Heinrich Anton	1977-1989	Modehaus Kamphausen oHG	
Kaufmann, Fritz	1930-1933	Rollmann & Rose	
Kaufmann, Reinhard	1943-1945	Leopold Krawinkel	VP 1943-1945
Kehr, Egon	1974-1977	Kurt Kehr Baustoff-Großhandlung	
Keller, Alfred[2]	1934-1942	Siegwerk-Industrie-Gesellschaft mbH	
Keppel, Anton	1958-1971	Anton Keppel oHG	
Kersting, Dr.-Ing. E.h. Eugen	1955-1958	Radium-Elektrizitäts-Gesellschaft mbH	
Kersting, Franz	1942-1945	Friedrich Licht & Kersting	
Kessel, Toni	1925-1934	Kölnische Glasversicherung AG	
Kettel, Walter	1933-1937	A. Weiß	
Kienow, Joachim	1958-1971	Joachim Kienow	
Kieser, Dr.-Ing. Walter	1947-1949	Felten & Guilleaume Carlswerk AG	
Kind, Albrecht Rudolf	1968-1980	Albrecht Kind GmbH & Co.	
Kirch, Josef	1947-1968	Josef Kirch GmbH	VP 1947-1968
Kirch, Leo	1921-1923	Leo Kirch, vorm. Böhm & Kirch	
Kirchgässer, Werner	1988-1995	Klöckner-Humboldt-Deutz AG	VP 1992-1995
Kirstein, Hans-Georg	1977-1985	Theodor Wuppermann GmbH	
Kistemann, Bertho[1, 3]	1943-1945	Bertho Kistemann	
Klein jr., Heinrich	(1908)-1920	Heinrich Klein jr.	
Klein, Prof. A. Wilhelm	1977-1990 E seit 1990	Gothaer Versicherungsbank VVaG, Gothaer Rückversicherung AG, Gothaer Krankenversicherung AG	
Kleinmann, Christian[1]	1943-1945	Christian Kleinmann	VP 1943-1945
Kleyboldt, Claas	Seit 1989	AXA Colonia Konzern AG	VP seit 1994
Klingner, Emil	1925-1928	J.W. Zanders	
Klutmann, Theodor	1925-1933	Jos. Klutmann	
Koch, Reg.-Baum. a.D. Emil	1943-1945 1949-1956	Grün & Bilfinger	
Koch, Horst	1972-1977	KOMA Vertrieb Horst Koch KG, Zweigniederlassung Köln-Marsdorf	
Köhler, Dr. Horst J.	1989-1994	Rheinbraun Engineering und Wasser GmbH	VP 1990-1994
Köttgen, Dr. jur. Werner	1933-1937	Vereinigte Westdeutsche Waggonfabriken AG	VP 1936-1937
Koopmann, Harry	1921-1930	Seidenhaus Eduard Koopmann	
Korrell, Philipp	1933-1944	Dern & Co.	
Korsing, Dr. Kurt	1947-1981	Dr. Kurt Korsing	
Kotkamp, Dr. Rüdiger	Seit 1996	Rheinische Olefinwerke GmbH	
Kotthoff jr., Dr. Theodor	1933-1945	Theodor Kotthoff	VP 1940-1945
Kotz, Christian Peter	Seit 1977	BPW Bergische Achsen KG	VP seit 1996
Kratz, Kaspar	1958-1960	Kaspar Kratz Automobile	
Kriegeskorte, Karl	Seit 1992	Hanns Stiel	
Krings, Hubert	1943-1945	Hubert Krings	
Kröll, Walter	1953-1981	Walter Kröll	
Krölls, Günter	1977-1978	Sintermetallwerk Krebsöge GmbH	

Name	Dauer der Mitgliedschaft/ Ehrenmitgliedschaft	Firma	P = Präsident VP = Vizepräsident EP = Ehrenpräsident
Kruse, Dr. jur. h.c. Friedrich	1933	Rheinisches Braunkohlensyndikat	
Kubach, Paul	(1897)-1915	Koll & Kubach	
Küching, Dr. Karl-Friedrich	Seit 1992	Beratende Unternehmer Dr. Küching & Cie. GmbH	
Küchmann, Ernst	Seit 1996	Ford-Werke AG	
Kühne, Norbert	1990-1994	Ford-Werke AG	
Kühr, Siegfried	Seit 1982	Willy Schelp KG	
Küpper, Dipl.-Ing. Manfred	Seit 1996	Strabag Hoch- und Ingenieurbau AG	
Kunz, Otto	1914-1933	Stoecker & Kunz GmbH	
Kurth, Ludwig	1960-1977	Gebr. Zingsheim, Erstes Brühler Möbelhaus	
Kuth, Paul	1947-1953	Paul Kuth	
Lange, Dr. Hellmuth[2]	1943-1945	Dr. Lange & Co.	
Lange, Rudolf	1958-1961	H. Daelen & Co. KG	
Langen, Dr. phil. Dr. h.c. mult. Arnold	1929-1937	Humboldt-Deutzmotoren AG	VP 1929-1936
Langen, Dipl.-Kfm. Bernhard	Seit 1994	ExperTeam Telecom Gesellschaft für Telekommunikation und Informationsmanagement mbH	
Langen, Eugen Gottlieb von	1937-1945 1958-1966 E 1966-1982	Pfeifer & Langen	P 1958-1966 EP 1966-1982
Langen, Gottlieb von	(1912)-1933	Pfeifer & Langen	
Langen, Hans Eugen von	1933-1934	Pfeifer & Langen	
Lappe, Dr. Rolf	1974-1983	A. Nattermann & Cie. GmbH	
Laumen, Karl-Heinz	1964-1982	Karl-Heinz Laumen	
Lauster, Wolfgang W.	1984-1989	Radium Elektrizitätsgesellschaft mbH	
Layton, Robert G.	1966-1967	Ford-Werke AG	
Lehmann, Dr. rer. nat. h.c. Fritz	1936-1945 E 1957-1965	Felten & Guilleaume Carlswerk AG	VP 1937-1945
Lehmann, Louis	(1900)-1920	Frank & Lehmann	
Leisten, Ferdinand	1947-1954	Ofenhaus Ferd. Leisten	
Leisten, Rolf	1984-1995	Kaufhof AG	VP 1985-1995
Lentzen-Deis, Jakob	1943-1945	Gebr. Deis	
Leuschner, Dr.-Ing. Hans-Joachim	1977-1991	Rheinbraun AG	
Ley, Dr. Eberhard	1933-1945	Hettlage oHG	VP 1933-1934, 1943-1945
Liebrecht, Dipl.-Ing. Klaus	1960-1966	Chemische Fabrik Kalk GmbH	
Liesegang, Carl	1958-1968	Carl Liesegang	
Lindemann, Dr. Erich	1977-1979	Agfa-Gevaert AG	
Lindgens, Adolf	1914-1933	Lindgens & Söhne	
Lindgens, Karl	(1898)-1920	C.A. Lindgens	
Lissauer, Dr. Meno	1923-1933	Lissauer & Co.	
Löffelhardt, Gottlieb	Seit 1992	Phantasialand Schmidt-Löffelhardt GmbH	
Loehr, Helmut	Seit 1982	Bayer AG	VP seit 1988
Lohkamp, Dr. Paul	1923-1927	Lohkamp & Bauer	
Longe, Wilhelm de[2]	1934-1935	Wilhelm de Longe	

Name	Dauer der Mitgliedschaft/ Ehrenmitgliedschaft	Firma	P = Präsident VP = Vizepräsident EP = Ehrenpräsident
Loosen, Horst W.	1984-1995	F. B. Druckwalzengesellschaft mbH	
Lüttgen, Heinz J.	Seit 1996	Assekuranz Büro Lüttgen GmbH	
Luterotti, Achilles	1947-1963	Concetto Musmeci GmbH	
Madaus, Dr. Andreas	Seit 1996	Madaus AG	
Maigler, Dipl.-Berging. Otto	1953-1962	Vereinigungsgesellschaft Rheinischer Braunkohlen-Werke mbH	
Malmedé, Dirk	Seit 1974	KMT Kölnische Mode- und Textilhandelsgesellschaft mbH	VP seit 1980
Malmedé, Egon Gerhard	1947-1973 E1973-1986	Kölnische Mode- und Textilgroßhandlung	VP 1947-1973
Marcowitz, Karl	1947-1977	Josef Lammerkamp KG	
Martiny, Dipl.-Sozialwirt Friedel	Seit 1996	T & N Holdings GmbH	
Marx, Walther	1933-1934	Westdeutscher Beobachter GmbH	
Maste, Dr. Paul	1947-1952	Elektrizitätswerke im Braunkohlenrevier AG	
Maull, Richard	1923-1929	Colonius & Maull	
Maus, Manfred	Seit 1994	OBI Heimwerkermarkt Systemzentrale GmbH	
Mauser, Dr.-Ing. E.h. Alfons	1949-1969	Mauser-Werke GmbH / Mauser KG	
Mauser, Rolf	1970-1981	Mauser KG	
Mauser, Dr. jur. Rudolf	1933-1934	Mauser GmbH	
Meding, Werner	1972-1976	Farbwerke Franz Rasquin, Zweigniederlassung der BASF Farben + Fasern AG	
Mengel, Dipl.-Kfm. Ludwig	1962-1967	Mengel & Ritter KG	
Menkhoff, Klaus-Martin	1982-1987 Seit 1992	Gustav H. Meyer Fahrrad-Zentrum	
Menne, Dr. Leo	1947-1958	Rheinisch-Westfälische Boden-Credit-Bank AG	
Merl, Edmund	Seit 1984	Edmund Merl GmbH	
Mersch, Dr. Klaus	1972-1977	Kölner Asphalt-Fabrik Simonit-Werke GmbH	
Miebach, Dr. Ernst	1966-1971	Monta-Plast GmbH	
Moers, Dr. Wilhelm von	Seit 1996	Handelshof Management GmbH	
Molitor, Peter	1947-1955	Edeka-Groß-Köln eGmbH	
Mommertz, Ernst	1977-1987 Seit 1992	Unternehmensberatung Spedition und Logistik	
Müllejans, Peter	Seit 1996	Kölner Bank von 1867 eG	
Müller, Benno	1960-1981	Radium Elektrizitätsgesellschaft mbH	
Müller, Hans	1949-1961	Hans Müller Trikotagen-Fabrik-Vertretungen	
Müller, Dr. Hermann Ernst	1949-1958	Hermann E. Müller	
Müller, Dr. phil. Dr. h.c. mult. Paul[2]	1921-1933 1934-1945	Dynamit (vorm. Alfr. Nobel & Co.)	
Müller, Richard	1931-1945	Rheinische Walzmaschinenfabrik GmbH	
Müller, Theo	1974-1978	Metag Metallwaren-Gesellschaft mbH	
Müller, Wilhelm	1955-1960	Müller & Froitzheim oHG	
Münter, Ludwig	1921-1933	Ludwig Münter	
Müther, Dipl.-Ing. Willy	1958-1965	Gesellschaft für Linde's Eismaschinen AG, Niederlassung Sürth	
Mundorf, Willy	1962-1969	Willy Mundorf KG Handelsvertretungen	

Name	Dauer der Mitgliedschaft/ Ehrenmitgliedschaft	Firma	P = Präsident VP = Vizepräsident EP = Ehrenpräsident
Nassmacher, Wilhelm	1958-1971	Wilhelm Nassmacher	
Neubauer, Dr. Dieter	1989-1994	Rheinische Olefinwerke GmbH	
Neuerburg, Heinrich	1929-1933	Haus Neuerburg GmbH	
Neuhaus, Dr. Jürgen	Seit 1996	Dresdner Bank AG, Niederlassung Köln	
Neumeister, Max	1947-1951	Max Neumeister	
Neven DuMont, Dr. jur. h.c. Alfred	1921-1933	M. DuMont Schauberg	
Neven DuMont, Alfred	Seit 1989	M. DuMont Schauberg Geschäftsführungs-GmbH	P seit 1990
Neven DuMont, Hans	1933-1934	Matthias Neven Gießerei-Bedarf und Bergwerksprodukte	
Neven DuMont, Dr. jur. Josef	(1900)-1915	M. DuMont Schauberg	P (1909)-1915
Niesters, Paul	1949-1952	Niesters & Co. GmbH	
Norden, Dr. phil. Heinz J. van	1933-1935	Jakob van Norden	
Norden, Dr. rer. pol. h.c. Jakob van	(1913)-1933 E1933-1945 E1947-1948	Jakob van Norden	VP 1920-1933
Norden, Dr. jur. Karl van	1943-1945	Jakob van Norden	
Oberdick, Theodor	1988-1991	OKA Opladener Kaufhaus Oberdick	
Oebel, Josef	1947-1973	Josef Oebel und Sohn	
Oehme, Adolf	(1913)-1930	Gebr. Liebmann & Oehme	VP 1921-1930
Oertel, Dr. jur. Christian	1934-1937	Colonia Kölnische Feuer- und Kölnische Unfallversicherungs-AG	
Offermann, Dr. Hubert	1974-1977	Friedrich Offermann & Söhne GmbH & Co. KG	
Olbertz, Christian	1955-1957	Olbertz & Krutwig	
Oppenheim, Alfred Freiherr von	Seit 1974	Sal. Oppenheim jr. & Cie. KGaA	VP seit 1982
Oppenheim, Simon Alfred Freiherr von	(1910)-1922	Sal. Oppenheim jr. & Cie.	
Ossig, Dr. Hermann	1977-1987	Klöckner-Humboldt-Deutz AG	
Osten-Sacken, Dr. Gisbert Freiherr von der	1919-1920	J.W. Zanders	
Oster, Dr. Willy	(1908)-1915	P.W. Ossendorf „Zur guten Quelle"	
Ostermann, Dr. Günter	1974-1992	Ostermann Verwaltungsgesellschaft mbH	
Ott, Dr. Franz	(1906)-1929	Rhein- und Seeschiffahrtsgesellschaft	VP 1921-1928
Otten, Werner	1970-1981	Leybold-Heraeus GmbH & Co. KG	
Otto, Ulrich	Seit 1992	Otto Entsorgungsdienstleistungen GmbH	
Padberg, Uwe von	Seit 1996	Creditreform Köln, Haan, Klöcker, von Padberg KG	
Paffenholz, Dipl.-Kfm. Alex	Seit 1994	Alex Paffenholz Großbuchbinderei GmbH	
Panthel, Wolfgang	1977-1995	Exklusiv-Wohnen Einrichtungen im Schlösser-Haus GmbH	
Pass, Wilhelm te	1933	Wilhelm te Pass	
Pechmann, Paul Freiherr von	1949-1955	Alfred H. Schütte	
Pellenz, Heinrich	1947-1967 E1968-1974	Pellenz & Co. Welter-Hebezeuge	
Perger, Dr. Rudolf	1972-1989	Hageda AG	

Name	Dauer der Mitgliedschaft/ Ehrenmitgliedschaft	Firma	P = Präsident VP = Vizepräsident EP = Ehrenpräsident
Pering, Friedrich	1949-1952	Gerhard Pering	
Perthel, Dr. Jochen	Seit 1988	Dr. Perthel Beteiligungen GmbH	
Perthel, Wolfgang	1947-1973	Otto Steiner KG	
Pesch, Dieter	Seit 1970	Verwaltungsgesellschaft Pesch mbH	VP 1984-1985
Peters, Christian	1931-1934	Weinhandlung Christian Peters	
Peters, Heinrich	1964-1969	Klöckner-Humboldt-Deutz AG	
Pfannmüller, Dr. Helmut	1984-1989	Rheinische Olefinwerke GmbH	
Pfeifer, Joachim	1970-1975	Pfeifer & Langen	
Pfeiffer, Werner[2]	1934-1942	Wilhelm Pfeiffer GmbH	
Pferdmenges, Dr. rer. pol. h.c. Robert	1923-1930 1933-1942 1947-1953 E 1953-1962	Sal. Oppenheim jr. & Cie.	P 1945-1946 EP 1953-1962
Pier, Heinrich	1949-1977	Heinrich Pier KG	
Platthaus, Dr.-Ing. Hans-Ludwig	Seit 1977	Heinrich Platthaus Ingenieur Elektrotechnische Fabrik	
Poggemann, Gerd	Seit 1996	Babcock Industrie-Rohrleitungsbau GmbH	
Pohl, Dipl.-Kfm. Hans Egon	1977-1995	Orient-Galerie Matthias Schillings GmbH	
Polensky, Dr.-Ing. E.h. Fritz	1929-1933 1937-1942	Polensky & Zöllner	
Polonius, Dr. Karlhanns	1966	Linde AG	
Preußer, Klaus Jürgen	Seit 1996	Thyssen Stahl-Service-Center GmbH	
Proenen, Franz	1921-1945 E 1957-1968	Bierbaum-Proenen	VP 1931-1934
Proenen, Gerd	1958-1980	Bierbaum-Proenen	
Projahn, Dipl.-Kfm. Curt	1958-1963	Projahn-Werke KG	
Rath, Jean Baptist	1940-1945 1949-1957 E 1959-1965	Deutsche Bank AG, Filiale Köln	
Rechenberg, Dr. Hans Albrecht Freiherr von	1947-1953	Kalker Trieurfabrik und Fabrik gelochter Bleche Mayer & Co.	
Reden, Bernd von	1951-1971	Krawinkel & Schnabel	
Reichardt, Ludwig	1931-1933 1936-1945	Gesellschaft für Auslands-Transporte mbH	
Reichstein, Dr. Eberhard	1977-1983	Deutsche Centralbodenkredit AG	
Reidemeister, Hellmuth	1947-1951	Dielektra AG	
Reifenberg, Paul	1921-1929	Reifenberg & Co.	
Reimbold, Ernst	(1900)-1920	Gebr. Reimbold	
Reime, Friedrich	1931-1933	Excelsior Hotel Ernst	
Reischl, Dipl.-Kfm. Hans	Seit 1977	Rewe-Zentral-AG	
Reiss, Hans	1977-1986	Hans Reiss KG	
Reiss, Herta	Seit 1988	Messerestaurants Reiss Verwaltungsgesellschaft mbH	
Remagen, Dipl.-Kfm. Heinrich	Seit 1988	Remagen Planung GmbH	
Remagen, Heinrich	1936-1945	Heinrich Remagen	

Name	Dauer der Mitgliedschaft/ Ehrenmitgliedschaft	Firma	P = Präsident VP = Vizepräsident EP = Ehrenpräsident
Remaklus, Hermann M.	1992-1996	Kölner Bank von 1867 eG	
Renker, Dr.-Ing. Max[3]	1943-1944	Renker-Belipa GmbH	
Rettig, Hermann	1977-1991	Hermann Rettig Textilgesellschaft mbH	
Rettig, Dipl.-Kfm. Klaus	1992-1995	Hermann Rettig Textilgesellschaft mbH	
Reul, Dipl.-Ing. H. Guido	1972-1991	Buschhoff-Stanztechnik GmbH	
Reuter, Dipl.-Kfm. Klaus	Seit 1996	Goldkopf Parfümerie Dr. Lennartz GmbH	
Richter, Gustl	1977-1987	Haus Marienbild	
Richter, Hermann	1947-1958	Hermann Richter GmbH	
Riecke, Dr. Hans-Günter	1982-1983	Esso Chemie GmbH	
Riedel, Dr.-Ing. Helmut	1970-1977	Felten & Guilleaume Carlswerk AG	
Risch, Gustav	1923-1933	Gustav Risch	
Rode, Fritz	1943-1945	Fritz Rode	
Roderburg, Josef	1933-1934	Herm. Kiegel	
Rollinger, Emil	1958-1971	Rheinische Ziehglas AG	
Rosenberg, Max	(1913)-1920	Rosenberg & Hertz	
Rothärmel, Dr. Hubert	1947-1951	Friedrich Büttgen Elektro-Radio-Großhandlung	
Rothe, Dr. Ferdinand	1923-1933	A. Schaaffhausen'scher Bankverein, Filiale der Deutsche Bank und Disconto-Gesellschaft AG	
Ruch, Dr. Siegfried	Seit 1988	EC Erdölchemie GmbH	
Rüschmeier, Erwin	1949-1969	Eau de Cologne- und Parfümerie-Fabrik, Glockengasse No. 4711 gegenüber der Pferdepost von Ferd. Mülhens	
Ruland, Joseph	1921-1933	Joseph Ruland	
Ruppel, Karl Heinrich	1933-1934	Karl Heinrich Ruppel	
Ruppert, Wilhelm	1962-1972	Elektro-Isolier-Industrie Wahn	
Rupsch, Helmut	Seit 1992	Sony Deutschland GmbH	
Salz, Hansjosef	1968-1977	Hermann Kolb Maschinenfabrik	
Sauer, Franz	Seit 1984	Franz Sauer	
Schaefer, Klaus	1988-1995	Otto Wolff Industrie-Anlagen GmbH	
Schaette, Ernst	1937-1942	Ernst Schaette	
Scharrenbroich, Peter H.	Seit 1977	PEJOZI Peter Josef Zimmer Möbelspedition GmbH	
Scheib, Albert	1933-1937	Ideal Zweckbau GmbH	
Scheibler, Karl	(1898)-1920	Chemische Fabrik Kalk GmbH	
Scheidt, Oskar vom[2]	1934-1937	Pfeifer & Langen	VP 1934-1937
Scherer, Hans	1951-1952	Hans Scherer	
Schiffmann, Bernhard[1,2]	1943-1945	Bernhard Schiffmann	
Schlack, Peter	1947-1957	Konsumgenossenschaft Köln eGmbH	
Schlede, Dr. Klaus	Seit 1992	Deutsche Lufthansa AG	
Schlüter, Hubert	1949-1954	H.H. Schlüter KG	
Schmidt, Dr. Alfred	1919-1931	E. Leybold's Nachf. AG	
Schmidt, Alfred	1943-1945	Schmidt & Clemens	
Schmidt, Robert H.	1958	Ford-Werke AG	
Schmidt, Dipl.-Kfm. Wolfgang	1977-1983	Emanuel Schwartz KG	

Name	Dauer der Mitgliedschaft/ Ehrenmitgliedschaft	Firma	
			P = Präsident
			VP = Vizepräsident
			EP = Ehrenpräsident
Schmit, Eugen	1947-1958	Rheinische Ziehglas AG	
Schmitter, Peter	1943-1945	Peter Schmitter	
Schmitz, Fritz	1947-1949	Fritz Schmitz	
Schmitz, Hans	1947*	Schmitz Stoffe KG	
Schmitz, Heinrich	1964-1983	Heinrich Schmitz Lacke und Farben KG	
Schmitz, Dipl.-Ing. Hugo	1982-1987	Telenorma Telefonbau und Normalzeit Lehner & Co.	
Schmitz, Josef	1955-1957	Josef Schmitz	
Schmitz, Peter	1930-1933	Schmitz & Co.	
Schmitz, Walter Leo	1977-1978	Walter Schmitz	
Schmitz, Wolfgang	1984-1987	Heinrich Schmitz Lacke und Farben KG	
Schmitz-Morkramer, Dr. Carl	1966-1971	Westdeutsche Bodenkreditanstalt	
Schmitz-Sinn, Dr. Paul	1949-1961	Westdeutsche Handelsgesellschaft AG	
Schmitz-Valckenberg, Jakob	1914-1920	Johann Willhelm Schmitz	
Schneider, Anton	Seit 1996	Deutz AG	
Schneider, Dr. Kurt Wilhelm	1972-1979	EC Erdölchemie GmbH	
Schoeller, Otto	1934-1945	Otto Kreuer & Cie.	
Schöller, Dr. phil. Walther[3]	1943-1945	Hugo Albert Schoeller GmbH	
Schöpp, Günter	1977-1990 E seit 1990	Hermann Schöpp GmbH & Co. KG	VP 1977-1990
Schreiber, Dr. h.c. mult. Albert	1943-1945	Rheinisches Elektrizitätswerk im Braunkohlenrevier AG	
Schröder, Gustav A.	Seit 1990	Stadtsparkasse Köln	
Schröder, Kurt Freiherr von	1933-1945	Bankhaus J.H. Stein	P 1933-1945
Schüddemage, Dr. Horst-Dieter	Seit 1994	Hoechst AG	
Schulenburg, Adolf Heinrich Graf von der	1933-1940	Gerolsteiner Sprudel KG	
Schulenburg, Robert Freiherr von der	1933	Tillmanns & Co.	
Schulz, Dr. Werner	1947-1949	Kaufhof AG	
Schumacher, Bernd	Seit 1984	Zwei-Rad-Spezialist Schumacher	
Schumacher, Hermann Josef	1953-1977	Theodor Schumacher Söhne	
Schumacher, Dr. Josef	1958-1961	Rewe Zentrale Deutscher Großhandelsgenossenschaften eGmbH	
Schumacher, Werner	1921-1933	Theodor Schumacher & Söhne	
Schumacher, Wilhelm	1949-1965	Wilhelm Schumacher	
Schundelmaier, Gottfried	1933-1945	Gottfried Schundelmaier	
Schuster, Dipl.-Ing. Hans-Ulrich	1968-1969	Schöttle & Schuster AG	
Schwann, Wolfgang	1980-1987	Köttgen GmbH & Co. KG	
Schwarzhaupt, Dipl.-Kfm. Wolfgang	1984-1987	Schwarzhaupt KG	
Schwarzlose, Dr. Klaus-Alfred	1958-1963	Dr. Klaus Alfred Schwarzlose	
Seidelbach, Fritz	1914-1920	Gewerkschaft Karl Otto	
Seiler, Dipl.-Kfm. Herbert	1958-1977	Gebr. Seiler	
Seligmann, Dr. jur. Paul	(1913)-1932	Leopold Seligmann	
Selowsky, Dr. Rolf	1974-1977	Klöckner-Humboldt-Deutz AG	
Semiller, Dipl.-Volksw. Herbert	1977-1989	Bêché & Grohs GmbH	
Sevenich, Gerhard	1947-1966	Ambo-Stahl-Gesellschaft	

Name	Dauer der Mitgliedschaft/ Ehrenmitgliedschaft	Firma	P = Präsident VP = Vizepräsident EP = Ehrenpräsident
Sieber, Horst	1988-1994	Horst Sieber Immobilien	
Siebourg, Dr. Werner	1970-1983	Union Rheinische Braunkohlen-Kraftstoff AG	
Siedersleben, Rudolf	1940-1945	Otto Wolff	
Silverberg, Dr. jur. Dr. h.c. mult. Paul	1919-1933 E1947-1959	Rheinische AG für Braunkohlenbergbau und Brikettfabrikation	P 1932-1933 EP 1951-1959
Sinn, Andreas	(1898)-1920	Andreas Sinn	
Sinn, Leo	1947-1950	Rheinische Wäsche-Fabrik GmbH	
Soénius, Heinz	1974-1994	Stadtwerke Köln GmbH	
Sondermann, Arthur	1947-1958	Emil Wilh. Sondermann	VP 1947-1958
Sonne, Dr. Karl-Heinz	1970-1973	Klöckner-Humboldt-Deutz AG	
Spielhoff, Werner	1947-1963	Albrecht Schnabel	
Sprenger, Martin	1972-1987	Martin Sprenger	
Stahr, Adolf	1925-1929	Jakob Kaaf & Sohn	
Starke, Dr. Jürgen Peter	1988-1989	Philips Kommunikations Industrie AG	
Stein, Dipl.-Ing. Helmut	1943-1945	Klöckner-Humboldt-Deutz AG	
Steinberg, Max	1923-1933	Wilhelm Harf GmbH / Union Kohlen, Koks und Brikett Handels-Gesellschaft mbH	
Sternberg, Adolf	1919-1924	„Vaterländische" und „Rhenania" Vereinigte Versicherungsgesellschaften	
Steven, Karl	1914-1918	Felten & Guilleaume Carlswerk AG	
Stiene, Jean[1]	1943-1945	Jean Stiene	
Stollwerck, Fritz J.	1923-1931	Gebr. Stollwerck AG	
Stollwerck, Ludwig	(1913)-1922	Gebr. Stollwerck AG	
Strack, Dr. jur. Otto	1933-1940	Delbrück, von der Heydt & Co.	
Strasser, Dr. Karl	1970-1980	Carl Liesegang	
Strenger, Waldemar	1933-1942	Haus Neuerburg GmbH	
Strobl, Eugen Julius	1949-1977	Westdeutsche Glas-Handelsgesellschaft Strobl & Co.	
Ströter, Adolf G.	1980-1981	CCAA Glasgalerie Köln GmbH	
Stuhlmann, Dr. Hans-Cäsar[2]	1940-1941	Rheinische Zellwolle AG	
Stulz, Dipl.-Kfm. Alber	1972-1977 Seit 1980	Montaplast GmbH	
Stussig, Dr.-Ing. E.h. Herbert	1958-1977 E1977-1979	Leopold Krawinkel	VP 1960-1966, 1968-1977
Sünner, Friedrich	1947-1969	Gebr. Sünner	
Süß, Hans	Seit 1992	H. Süß KG Hosenzentrale	
Tappert, Dipl.-Kfm. Heinz Wilhelm	1977-1979	RHENUS-WTAG AG, Zweigniederlassung Köln	
Theiss, Robert	1951-1953	Uniformhaus Carl Weyers KG	
Thelen, Heinrich	1921-1930	Kölner Metallgießerei und Armaturenfabrik von Thelen & Rodenkirchen zu Köln-Deutz, Aluminium-Folien-Walzwerk GmbH & Co.	
Theobald, Dipl.-Ing. Herbert	1977-1987	Emil Langhardt	
Thiele, Hans	1933-1945	Preußisch-Rheinische Dampfschiffahrtsgesellschaft	
Thiemann, Alexander	1933-1942	Halbmond-Drogerie	

Name	Dauer der Mitgliedschaft/ Ehrenmitgliedschaft	Firma	P = Präsident VP = Vizepräsident EP = Ehrenpräsident
Thies, Dr. Gustav	Seit 1974	Robert Thies & Co.	
Thies, Robert	1937-1945	Robert Thies & Co.	
Thole, Dr. Bernhard	1992-1994	Rheinbraun AG	
Thoma, Dr. Helmut	Seit 1992	RTL plus Deutschland & Co. Betriebs KG	
Thümmel, Paul	1937-1942	Westdeutsche Kalk- und Portlandzementwerke AG	
Tietz, Alfred Leonhard	1923-1928	Leonhard Tietz AG	
Timmer, Hans Georg	1977-1994	Deutsche Krankenversicherung AG	
Titzrath, Dr. Alfons	1982-1987	Dresdner Bank AG in Köln	
Toepfer, Gerd	1984-1990	Ford-Werke AG	
Tonger, Peter Josef	1933-1934	Peter Josef Tonger	
Töpperwien, Hans-Wilhelm	1955-1977	Holstein & Düren	
Tredopp, Dr.-Ing. Reiner	1988-1995	Strabag AG	
Ueber, Max	1968-1969	Ford-Werke AG	
Ullmann, Georg Baron	1968-1972	Sal. Oppenheim jr. & Cie.	
Ullsperger, Dieter	1980-1982	Ford-Werke AG	
Urban, Wolfgang	Seit 1996	Kaufhof AG	
Volmer, Dr. h.c. Carl-Alex	1953-1983 E seit 1983	Rheinbraun Verkaufsgesellschaft mbH	VP 1958-1983
Voosen, Ludwig	1929-1930	Ludwig Voosen	
Vorster, Alfred	1947-1949	Chemische Fabrik Kalk GmbH	
Vorster, Dipl.-Ing. Fritz	1933-1945	Chemische Fabrik Kalk GmbH	
Vorster, Dr. Julius	1949-1960	Chemische Fabrik Kalk GmbH	
Vossen, Dipl.-Ing. Otto	1964-1977 E1977-1993	Colonia Versicherung AG	VP 1970-1977
Vowinckel, G. Friedrich	1921	G. Friedrich Vowinckel	
Wader, Hermann	Seit 1980	Hermann Wader	
Wagner, Kurt	1936-1945	Silika- und Schamottefabriken Martin & Pagenstecher AG	
Wagner, Dr. Paul-Robert	1990-1994	Gerling Konzern Versicherungs-Beteiligungs-AG	
Wahl, Dipl.-Volksw. Wolfgang	1977-1995	Corona Treuhandgesellschaft mbH	VP 1984-1995
Wasser, Bruno	1949-1969 E1970-1979	Silesia Allgemeine Versicherungs-AG	
Wedekind, Dr. Benno	1977-1995	Denso-Chemie Wedekind KG	
Wegge, Dr. jur. Curt	1934-1945	Braunkohlen- und Briketwerke Roddergrube AG	
Wegge, Dr.-Ing. E.h. Gustav	(1900)-1916 1930-1934	Braunkohlen- und Briketwerke Roddergrube AG	
Weig, Moritz J.	1947-1967	Moritz J. Weig	
Weiler, Carl	1933-1934	Gebr. Röchling, Eisen und Röhren	
Weishaupt, Dr. Matthias	1968-1983	Kaufhof AG	
Weißenfeld, Dr. Eberhard	1958-1963	Gebr. Stollwerck AG	
Welcker, Carl Martin	Seit 1996	Alfred H. Schütte Verwaltungs- und Beteiligungs-GmbH	

Name	Dauer der Mitgliedschaft/ Ehrenmitgliedschaft	Firma	P = Präsident VP = Vizepräsident EP = Ehrenpräsident
Welcker, Dr. Claus	1968-1995 E seit 1996	Alfred H. Schütte GmbH & Co. KG	
Wendelstadt, Dipl.-Kfm. Dieter	1974-1989	Colonia Versicherung AG / Colonia Lebensversicherung AG	
Werner, Dipl.-Ing. Erich	1984-1989	Deutsche Exxon Chemical GmbH	
Wessel, Wilhelm[2]	1934-1945	Wessel-Werk AG	
Westphal, Dipl.-Ing. Hans	1977-1978	Felten & Guilleaume Carlswerk AG	
Weth, Hans Walter	1955-1970	Handelsgesellschaft Noris Zahn & Cie. KG	
Wettern, Georg von der	1966-1987	Gebr. von der Wettern GmbH	
Wichterich, Heinz Günther	Seit 1989	Hermann Wichterich GmbH	
Wickern, Dr. Joseph	1958-1977 E 1977-1995	Cornelius Stüssgen AG	
Wiegand, Karl Heinz	1972-1986	Karl Heinz Wiegand Immobilien	
Wiehen, Dr. Joseph	1960-1965	Deutsche Centralbodenkredit AG	
Wiese, Dipl.-Ing. Wilhelm	1964-1973	Stadtwerke Köln GmbH	
Willecke, Hans-Werner	1977-1979	Sanitätshaus Willecke	
Willers, Dipl.-Kfm. Dietz	1970-1977	Reederei „Braunkohle" GmbH	
Willert, August	1943-1945	Köln-Bonner Eisenbahnen AG	
Winkelnkemper, Dr. rer. pol. Peter	1943-1944	Oberbürgermeister der Hansestadt Köln	
Winter, Paul Josef	1931-1942	Brauhaus Fried. Winter	
Wissel, Dr. Kurt	1958-1969	Union Rheinische Braunkohlen-Kraftstoff AG	
Wolff, Otto	1919-1920	Otto Wolff	
Wolff von Amerongen, Otto	1962-1990 E seit 1990	Otto Wolff Industrieberatung und Beteiligungen GmbH	P 1966-1990 EP seit 1990
Wolff, Dr.-Ing. Willy	1933-1945	Kaufhaus Carl Peters GmbH	
Wollenschein, Heinrich Richard	Seit 1980	Schuhhaus Heinrich Richard Wollenschein oHG	
Wolter jr., Albert	1970	Albert Wolter Immobilien	
Zacher, Dr. Harald	1984-1989 E seit 1990	Rheinbraun AG	VP 1984-1989
Zanders, Hans	1914-1915	J.W. Zanders	
Zanders, Dr. rer. pol. Johann Wilhelm	1933-1942 1968-1978	Zanders Feinpapiere GmbH	
Zapf, Dr.-Ing. E.h. Dr. phil. h.c. Georg	1921-1936	Felten & Guilleaume Carlswerk AG	
Zech, Dr. Jürgen	Seit 1994	Gerling Konzern Beteiligungs-AG	
Zeppenfeld, Dipl.-Kfm. Rainer	1980-1991	Modehaus Steinbach KG	
Ziegler, Fritz	1949-1960	Kunstdruckerei Ziegler Beckmann GmbH	
Ziskoven, Heinrich	1955-1961	Dielektra AG	

* 1947 gewählt, doch Amt nicht angetreten, da Wahl zum Präsidenten der IHK Bonn in der konstituierenden Vollversammlung vom 17.04.1947

1 = Vertreter des Handwerks und der Landwirtschaft in der GWK Köln-Aachen

2 = Mitglieder, die aus dem 1934 angegliederten Bezirk der IHK Bonn stammten

3 = Mitglieder, die innerhalb der Gauwirtschaftskammer Köln-Aachen der Wirtschaftskammer Aachen angehörten

Der in die Vollversammlung gewählte Dipl.-Ing. Kurt Rieckmann verstarb am 19.12.1981, bevor er sein Amt am 01.01.1982 antreten konnte.

Bis zum 31.12.1961 waren die Laufzeiten der Mitgliedschaften dem Geschäftsjahr vom 1. April bis 31. März angepaßt. Die Verpflichtung der neu gewählten Mitglieder wurde jeweils im April vorgenommen. Divergenzen zu den Jahresberichten der IHK zu Köln ergeben sich für die Jahre 1953, 1955 und 1958. Die Jahresberichte verbuchen die neu Hinzugewählten für diese Jahre versehentlich schon für das jeweilige Vorjahr.

Ab dem 01.01.1962 entspricht das Geschäftsjahr dem Kalenderjahr. Die jeweils ausscheidenden Mitglieder gehen also zum 31. Dezember, die Amtszeit der neu eintretenden beginnt am 1. Januar. Ihre Verpflichtung vor der Vollversammlung findet meist im Februar statt. Eine Ausnahme stellt die Vollversammlung vom 12.12.1977 dar, weil sie aufgrund der Neuordnung der Kammerbezirke als „konstituierende Sitzung" abgehalten wurde. Dementsprechend begann die Mandatszeit der neu Gewählten auch schon im Dezember 1977.

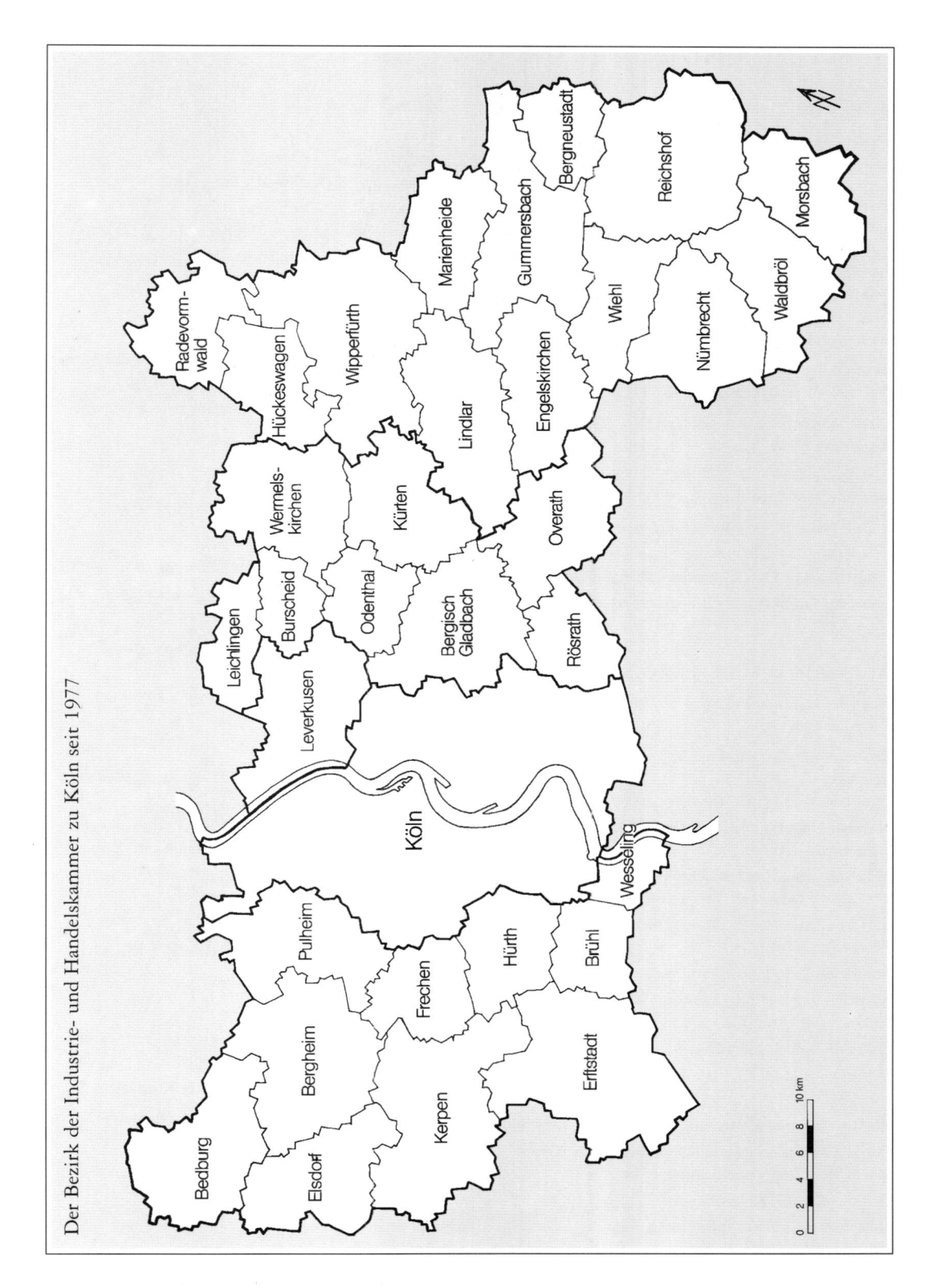

Der Bezirk der Industrie- und Handelskammer zu Köln seit 1977

QUELLEN- UND LITERATURVERZEICHNIS

QUELLEN ZUM BEITRAG HENNING

Da der Aktenbestand der Handels- bzw. der Industrie- und Handelskammer zu Köln für den hier behandelten Zeitraum im Zweiten Weltkrieg vernichtet wurde, mußte weitgehend auf das vom ehemaligen Syndikus der Kölner Handelskammer Dr. Alexander Wirminghaus erarbeitete Manuskript zur Geschichte der Kölner Kammer zurückgegriffen werden, ergänzt um Quellen aus dem Bundesarchiv, dem Hauptstaatsarchiv in Düsseldorf und dem Historischen Archiv der Stadt Köln.

Bundesarchiv (BArch), Koblenz
Nachlaß Paul Silverberg (N1013)

Hauptstaatsarchiv Düsseldorf (HStD)
Regierung Köln

Historisches Archiv der Stadt Köln (HAStK)
Oberbürgermeister Adenauer (902)

Rheinisch-Westfälisches Wirtschaftsarchiv zu Köln (RWWA)
Industrie- und Handelskammer zu Köln (Abt. 1)
Industrie- und Handelskammer zu Köln, Nachträge (Abt. 1g)

QUELLEN ZUM BEITRAG SOÉNIUS

Industrie- und Handelskammer zu Köln
Personalakten

Rheinisch-Westfälisches Wirtschaftsarchiv zu Köln (RWWA)
Industrie- und Handelskammer zu Köln (Abt. 1)
Nachlaß Hauptgeschäftsführer Dr. Bernhard Hilgermann (Abt. 1d)
Industrie- und Handelskammer zu Köln, Nachträge, 1797-1945 (Abt. 1g)
Industrie- und Handelskammer zu Köln, Firmenakten (Abt. 1h)
Industrie- und Handelskammer Koblenz (Abt. 3)
Niederrheinische Industrie- und Handelskammer zu Duisburg (Abt. 20)
Industrie- und Handelskammer Wuppertal (Abt. 22)
Industrie- und Handelskammer Bonn, Firmenakten (Abt. 31)
Rheinische Linoleumwerke AG, Bedburg (Abt. 58)
Christian Alexander Baldus, Spinnerei und Weberei, Wiehl-Puhl und Osberghausen (Abt. 63)
Otto Wolff AG, Köln (Abt. 72)
L. & C. Steinmüller GmbH & Co. KG., Gummersbach (Abt. 112)

Bundesarchiv (BArch)
Berlin
Mitgliederkartei NSDAP
(ehem. Berlin Document Center) (R2)
Reichswirtschaftskammer
(Außenstelle Dahlwitz-Hoppegarten) (R11)
Reichswirtschaftsministerium (R31.01)
Freundeskreis Reichsführer SS (NS48)
Parteikanzlei, Korrespondenz
(ehem. Berlin Document Center)
Reichskulturkammer (ehem. Berlin Document Center)
Reichsministerium für Wissenschaft, Erziehung und Volksbildung, Kartei (ehem. Berlin Document Center)
Koblenz
Nachlaß Paul Silverberg (N1013)
Spruchgerichte in der Britischen Zone (Z42)
Freiburg (Militärarchiv)
OKW/Wehrwirtschafts- und Rüstungsamt (RW19)

Kreisarchiv Oberbergischer Kreis, Gummersbach
Nachlaß Dr. August Dresbach

Stadtarchiv und Stadthistorische Bibliothek Bonn (StadtABN)
Stadtverwaltung Bonn (Preußische Zeit)

Universitätsarchiv Köln (UAK)
Promotionsakten (Best. 70)

Zentralarchiv Rheinbraun AG, Bergheim-Paffendorf (ZARB)
Rheinische Aktiengesellschaft für Braunkohlenbergbau und Brikettfabrikation (RAG), Köln (Best. 210)
Braunkohlen- und Briketwerke Roddergrube AG, Brühl (Best. 310)

QUELLEN ZUM BEITRAG WEISE

Public Record Office, Kew (PRO)
Foreign Office

Rheinisch-Westfälisches Wirtschaftsarchiv zu Köln (RWWA)
Industrie- und Handelskammer zu Köln (Abt. 1)
Nachlaß Dr. Bernhard Hilgermann, Köln (Abt. 1d)
Nachlaß Dr. h.c. Franz Greiß (Abt. 127)
DIHT-Archiv

QUELLEN ZUM BEITRAG VAN EYLL/WIESEMANN

Industrie- und Handelskammer zu Köln
Personalakten
Firmenakten
Zentrale Schriftgutverwaltung
Rheinisch-Westfälisches Wirtschaftsarchiv zu Köln (RWWA)
Industrie- und Handelskammer zu Köln (Abt. 1)
Otto Wolff AG, Köln (Abt. 72)
Personen-Archiv

LITERATUR

ABEL, Heinz: Die Industrie- und Handelskammern im nationalsozialistischen Staate, 2. Aufl., Glogau 1941

ABELSHAUSER, Werner: Wirtschaftsgeschichte der Bundesrepublik Deutschland (1945-1980), Frankfurt a.M. 1983

ACHTERBERG, Erich: 1908-1958. Weitere fünfzig Jahre. Industrie- und Handelskammer Frankfurt/M., Frankfurt/M. 1960

ALTE Adreßbücher erzählen ... Leben und Alltag in Köln. Auswahl und Einleitung Klara van Eyll, Köln 1993

AUER, Hans Heinrich: Nahrungs- und Genußmittelindustrie im Wirtschaftsraum Köln. In: Der Wirtschaftsraum Köln. Hrsg. von der Gerhard Stalling AG, 2. Aufl., Oldenburg 1973 (Monographien deutscher Wirtschaftsgebiete, Bd. 19), S. 179 f.

BARKAI, Avraham: „Schicksalsjahr 1938". Kontinuität und Verschärfung der wirtschaftlichen Ausplünderung der deutschen Juden. In: Der Judenpogrom 1938. Von der „Reichskristallnacht" zum Völkermord. Hrsg. von Walter H. Pehle, Frankfurt/Main 1988, S. 94-117

BARKAI, Avraham: Das Wirtschaftssystem des Nationalsozialismus. Ideologie, Theorie, Politik. 1933-1945. Erweit. Neuausgabe, Frankfurt/Main 1988

BARTH, Eberhard: Wesen und Aufgaben der Organisation der gewerblichen Wirtschaft, Hamburg 1939 (Gesetz und Wirtschaft, Bd. 6)

BAU und Einrichtung der Industrie- und Handelskammer und der Börse zu Köln. Hrsg. von der Industrie- und Handelskammer zu Köln, Köln 1932

BECKER, Hans-Michael: Äbte, Kies und Duffesbach. Zur Geschichte der Kölner Vororte Sülz und Klettenberg, 3. Aufl., Köln 1989

BELLINGER, Knut: Die Entwicklung des Einzelhandels in der Kölner Region. In: Der Wirtschaftsraum Köln. Red. Eberhard Garnatz, 3. Aufl., Oldenburg 1981 (Monographien deutscher Wirtschaftsgebiete, Bd. 19), S. 160-163

BENZ, Wolfgang: Die Juden im Dritten Reich. In: Deutschland 1933-1945. Neue Studien zur nationalsozialistischen Herrschaft. Hrsg. Karl Dietrich Bracher u.a., 2. erg. Aufl., Bonn 1993 (Bundeszentrale für politische Bildung, Schriftenreihe, Bd. 314), S. 273-290

DIE BERGISCHE WIRTSCHAFT und ihre Kammer 1956-1980. Theo Beer, Reinhold Exo u.a., Wuppertal 1980

BILLSTEIN, Reinhold/Illner, Eberhard: You are now in Cologne, compliments: Köln 1945 in den Augen der Sieger. Hundert Tage unter amerikanischer Kontrolle, Köln 1995

BILLSTEIN, Reinhold: „Was machen wir mit der Kölner Industrie?" Bestandsaufnahmen und Weichenstellungen unter amerikanischer Kontrolle im Frühjahr 1945. In: „Wir haben schwere Zeiten hinter uns". Die Kölner Region zwischen Krieg und Nachkriegszeit. Hrsg. Jost Dülffer, Vierow bei Greifswald 1996 (Veröffentlichungen des Kölnischen Geschichtsvereins e.V., Bd. 40), S. 267-293

BISS, Andreas: Wir hielten die Vernichtung an. Der Kampf gegen die „Endlösung" 1944, Herbstein 1985

BLAICH, Fritz: Grenzlandpolitik im Westen 1926-1936. Die „Westhilfe" zwischen Reichspolitik und Länderinteressen, Stuttgart 1978 (Schriftenreihe der Vierteljahrshefte für Zeitgeschichte, Nr. 36)

BLAICH, Fritz: Kartell- und Monopolpolitik im kaiserlichen Deutschland. Das Problem der Marktmacht im deutschen Reichstag zwischen 1879 und 1914 Düsseldorf 1973 (Beiträge zur Geschichte des Parlamentarismus und der politischen Parteien, Bd. 50)

BLAICH, Fritz: Wirtschaft und Rüstung im „Dritten Reich", Düsseldorf 1987 (Historisches Seminar, Bd. 1)

BLUMRATH, Fritz: Gas-, Elektrizitäts- und Wasserwerke der Stadt Köln. Hrsg. zur 1900Jahrfeier der Stadt Köln, (Köln 1950)

BOELCKE, Willi A.: Die deutsche Wirtschaft 1930-1945. Interna des Reichswirtschaftsministeriums, Düsseldorf 1983

BOELCKE, Willi A.: Die Finanzpolitik des Dritten Reiches. Eine Darstellung in Grundzügen. In: Deutschland 1933-1945. Neue Studien zur nationalsozialistischen Herrschaft. Hrsg. Karl Dietrich Bracher u.a., 2. erg. Aufl., Bonn 1993 (Bundeszentrale für politische Bildung, Schriftenreihe, Bd. 314), S. 95-117

(BOHN, Jochen:) 200 Jahre I.H. Feltmann, Düsseldorf und Messing-Müller, Köln, Köln 1964

Bopf, Britta: Zur „Arisierung" und den Versuchen der „Wiedergutmachung" in Köln. In: Versteckte Vergangenheit. Über den Umgang mit der NS-Zeit in Köln. Aufsätze und Essays. Hrsg. von Horst Matzerath u.a., Köln 1994 (Schriften des NS-Dokumentationszentrums der Stadt Köln, Bd. 1), S. 163-193

Borscheid, Peter: 100 Jahre Allianz, München 1990

Böttcher. Eine Firmenschrift der Böttcher-Gruppe ..., Köln 1995

Bracher, Karl Dietrich, Wolfgang Sauer, Gerhard Schulz: Die nationalsozialistische Machtergreifung. Studien zur Errichtung des totalitären Herrschaftssystems in Deutschland 1933/34, Köln u.a. 1960 (Schriften des Instituts für politische Wissenschaft, Bd. 14)

Breuer, Rudolf: Nordrhein-Westfalen. Handbuch zur Staatspolitischen Landeskunde, München 1967

Briesen, Detlef: Vom Durchbruch der Wohlstandsgesellschaft und vom Ende des Wachstums 1955-1995. In: Gesellschafts- und Wirtschaftsgeschichte Rheinlands und Westfalens. Ders. u.a., Köln u.a. 1995 (Schriften zur politischen Landeskunde Nordrhein-Westfalens, Bd. 9), S. 202-268

Broja, German: Die Chemie im Wirtschaftsraum Köln. In: Der Wirtschaftsraum Köln. Red. Eberhard Garnatz, 3. Aufl., Oldenburg 1981 (Monographien deutscher Wirtschaftsgebiete, Bd. 19), S. 110-117

Broszat, Martin: Der Staat Hitlers. Grundlegung und Entwicklung seiner inneren Verfassung, 12. Aufl., München 1989

Brunn, Gerhard: Evakuierung und Rückkehr. In: „Wir haben schwere Zeiten hinter uns". Die Kölner Region zwischen Krieg und Nachkriegszeit. Hrsg. Jost Dülffer, Vierow bei Greifswald 1996 (Veröffentlichungen des Kölnischen Geschichtsvereins e.V., Bd. 40), S. 129-148.

Brunn, Gerhard / Jürgen Reulecke: Kleine Geschichte von Nordrhein-Westfalen 1946-1996, Köln u.a. 1996 (Schriften zur politischen Landeskunde Nordrhein-Westfalens, Bd. 10)

Brunn, Gerhard: Köln in den Jahren 1945 und 1946. Die Rahmenbedingungen des gesellschaftlichen Lebens. In: Köln nach dem Nationalsozialismus. Hrsg. von Otto Dann, Wuppertal 1991, S. 35-72

Brunn, Gerhard: Die Zeit der Krisen 1914-1955. In: Gesellschafts- und Wirtschaftsgeschichte Rheinlands und Westfalens. Detlef Briesen u.a., Köln u.a. 1995 (Schriften zur politischen Landeskunde Nordrhein-Westfalens, Bd. 9), S. 129-201

Brunner, Georg: Vergleichende Regierungslehre, Bd. 1, Paderborn u.a. 1979

Bussmann, Ludwig: Nordrhein-Westfalens Wirtschaft im Wandel. In: Die Wirtschaft des Landes Nordrhein-Westfalen. Hrsg. ders., Köln 1988, S. 13-42

Charon, Philipp: Der Bauausschuß bei der IHK zu Köln. In: Mittbl. IHK Köln, 7. Jg. (1952), S. 75-78

Däbritz, Walther: Bruno Kuskes Lebensgang und Lebenswerk. In: Europa. Erbe und Auftrag. Eine Festschrift für Bruno Kuske zum 29. Juni 1951. Hrsg. von Albert Pass und Rudolf Darius, Köln 1951, S. 17-33

Die deutsche Industrie im Kriege 1939-1945. Hrsg. Deutsches Institut für Wirtschaftsforschung, Berlin 1954

Der Deutsche Reichstag 1936. III. Wahlperiode nach dem 30. Januar 1933. Hrsg. von E. Kienast, Berlin 1936

Die Dresdner Bank und der Reichsführer SS. Hrsg. von Peter-Ferdinand Koch, Hamburg 1987

Doese, Karl: Die organisatorische Grundlage der deutschen Industrie- und Handelskammern für den Interessenausgleich, Diss. Köln 1926, gedr. Köslin 1928

Dole, Friedrich: Die Schlüsselstellung des Kölner Raumes im Verkehr. In: Der Wirtschaftsraum Köln. Hrsg. von der Gerhard Stalling AG, 2. Aufl., Oldenburg 1973 (Monographien deutscher Wirtschaftsgebiete, Bd. 19), S. 114-116

„Drittes Reich" und Nachkriegszeit 1933-1948. Eine Auswahl aus den Beständen des Kölnischen Stadtmuseums. Bearb. von Christine Droege u.a. Hrsg. von Werner Schäfke, Köln 1993

Dülffer, Jost: Der Beginn des Krieges 1939: Hitler, die innere Krise und das Mächtesystem. In: Nationalsozialistische Diktatur 1933-1945. Eine Bilanz. Karl Dietrich Bracher ... (Hrsg.), durchges. Neudr. Bonn 1986 (Schriftenreihe der Bundeszentrale für politische Bildung, Bd. 192), S. 317-344

Eckermann, Erik: Alte Technik mit Zukunft. Die Entwicklung des Imbert-Generators, München 1986 (Abhandlungen und Berichte/Deutsches Museum, N.F. Bd. 3)

Eckert, Chr[istian]: J.H. Stein. Werden und Wachsen eines Kölner Bankhauses in 150 Jahren, (Köln 1940)

Eckert, Christian: Die Stellung der Handelskammern im Aufbau der wirtschaftlichen Interessenvertretungen. Bonn 1922

Ehlert, Hans Gotthard: Die wirtschaftliche Zentralbehörde des Deutschen Reiches 1914 bis 1919. Das Problem der „Gemeinwirtschaft" in Krieg und Frieden, Stuttgart 1982 (Beiträge zur Wirtschafts- und Sozialgeschichte, Bd. 19)

Ehrhardt, Paul G.: Zellwolle. Vom Wunder ihres Werdens, Frankfurt/Main 1938

100 Jahre jung. Jubiläums-Magazin zum hundertjährigen Bestehen der Berlin-Kölnische Lebensversicherung 1895-1995 [Umschlagtit.], Köln 1995

100 Jahre Kölner Verkehrs-Betriebe 1877-1977. Hrsg. von der Kölner Verkehrs-Betriebe AG, (Köln) 1977

100 Jahre Rheinboden Hypothekenbank AG. Die Geschichte der Rheinisch-Westfälischen Boden-Credit-Bank AG in Köln 1894 bis 1994, Köln 1994

150 Jahre Industrie- und Handelskammer Aachen. Zur Geschichte der Industrie- und Handelskammer für den Regierungsbezirk Aachen in den Jahren 1929-1954, (Aachen 1954)

Die Entwicklung der kreisfreien Städte, Landkreise und Gemeinden des Landes Nordrhein-Westfalen von 1871-1950, Düsseldorf 1956 (Beiträge zur Statistik des Landes Nordrhein-Westfalen, H. 57)

Enzyklika „Quadragesimo anno". In: Die Rundschreiben Leos XIII. und Pius XI. über die Arbeiterfrage. Hrsg. Verbandsleitung der katholischen Arbeitervereine Westdeutschlands, Köln 1931

Erhard, Ludwig: Wohlstand für Alle. Bearb. von Wolfram Langer, Düsseldorf 1957

Esterhues, Elisabeth: Die Familie von Langen und die Kölner Handelskammer, Köln 1961

Eyll, Klara van: Berufsständische Selbstverwaltung und Verbände. In: Deutsche Verwaltungsgeschichte. Hrsg. von Kurt G.A. Jeserich u.a., Bd. 4: Das Reich als Republik und in der Zeit des Nationalsozialismus, Stuttgart 1985, S. 682-695

Eyll, Klara van: Berufsständische Selbstverwaltung. In: Deutsche Verwaltungsgeschichte. Hrsg. von Kurt G.A. Jeserich u.a., Bd. 5: Die Bundesrepublik Deutschland, Stuttgart 1987, S. 349-362

Eyll, Klara van: ... genannt Colonia. 150 Jahre Kölnische Feuer-Versicherungs-Gesellschaft AG. 1839-1989, Köln 1989

Eyll, Klara van: Pax-Bank. 1917-1992. 75 Jahre im Dienst von Kirche und Caritas, Köln 1992

Eyll, Klara van: Die Selbstverwaltungsorganisation der gewerblichen Wirtschaft. In: „Wir haben schwere Zeiten hinter uns". Die Kölner Region zwischen Krieg und Nachkriegszeit. Hrsg. Jost Dülfer, Vierow bei Greifswald 1996 (Veröffentlichungen des Kölnischen Geschichtsvereins e. V. Bd. 40), S. 227-244.

Eyll, Klara van: Voraussetzungen und Entwicklungslinien von Wirtschaftsarchiven bis zum Zweiten Weltkrieg, Köln 1969 (Schriften zur rheinisch-westfälischen Wirtschaftsgeschichte, Bd. 20)

Faber, Karl-Georg: Das politische Leben im Regierungsbezirk Köln von 1816 bis zur Gegenwart. In: 150 Jahre Regierungsbezirk Köln, Berlin 1966, S. 14-44

Faust, Anselm: Der improvisierte Pogrom. Die „Kristallnacht" 1938. In: Verfolgung und Widerstand im Rheinland und in Westfalen 1933-1945. Hrsg. von dems., Köln u.a. 1992 (Schriften zur politischen Landeskunde Nordrhein-Westfalens, Bd. 7), S. 152-161

Fest, Joachim: Hitler. Eine Biographie, Bd. 1-2, Frankfurt/Main u.a. 1976

Festschrift aus Anlaß der Eröffnung des Zweigstellengebäudes der Kammer in Leverkusen am 4. Februar 1991. Hrsg. Industrie- und Handelskammer zu Köln, Köln 1991

Fings, Karola: Messelager Köln. Ein KZ-Außenlager im Zentrum der Stadt, Köln 1996 (Schriften des NS-Dokumentationszentrums der Stadt Köln, Bd. 3)

Fischer, Bruno: Indizienbeweise - Spuren und Symptome der nationalsozialistischen Herrschaft im Köln der Gegenwart. In: Versteckte Vergangenheit. Über den Umgang mit der NS-Zeit in Köln. Aufsätze und Essays. Hrsg. von Horst Matzerath u.a., Köln 1994 (Schriften des NS-Dokumentationszentrums der Stadt Köln, Bd. 1), S. 105-122

Först, Walter: Geschichte Nordrhein-Westfalens, Bd. 1: 1945-1949, Köln-Berlin 1970

Fourastié, Jean: Le Grand Espoir du XXe Siècle. Progrès Technique, Progrès Economique, Progrès Social, 3. Aufl., Paris 1952 (1. Aufl. 1949)

Frank, Reinhard: Ford im Kriege. LKW, Maultiere, PKW, Friedberg 1990 (Waffen-Arsenal 123)

Frei, Norbert: Der Führerstaat. Nationalsozialistische Herrschaft 1933 bis 1945, 2. Aufl., München 1989

Frielinghaus, Otto: Kommentar zum Gesetz über den Aufbau der gewerblichen Wirtschaft nebst Durchführungsverordnungen, Berlin 1936

Fuchs, Peter: Das Kampfblatt. Die „Rheinische Zeitung" von 1892 bis 1933. In: Sozialdemokratie in Köln. Ein Beitrag zur Stadt- und Parteiengeschichte. Hrsg. Gerhard Brunn, Köln 1986, S. 105-126

75 Jahre Bollig & Kemper, Ein Blick zurück ... (Köln 1994)

25 Jahre Union Rheinische Braunkohlen Kraftstoff Aktiengesellschaft, Wesseling, 1937-1962 [Umschlagtit.], Wesseling 1962

50 Jahre Handwerkskammer Köln. Hrsg. Handwerkskammer Köln, (Köln 1950)

50 Jahre Kölner Messe 1924-1974. Katalog zur Ausstellung im Historischen Archiv der Stadt Köln. Bearb. von Gertrud Wegener, Köln 1974

Garnatz, Eberhard: Banken und Sparkassen - Partner und Förderer der wirtschaftlichen Entwicklung. In: Der Wirtschaftsraum Köln. Red. ders., 3. Aufl., Oldenburg 1981 (Monographien deutscher Wirtschaftsgebiete, Bd. 19), S. 174-181

GERSTEIN, Barbara, und Ulrich S. Soénius: Wiedemann, Georg Ludwig Albert. In: Rheinische und Westfälische Handelskammersekretäre und -syndici vom 18. bis zum Anfang des 20. Jahrhunderts, Münster 1994 (RWWB, Bd. 15), S. 514-517

GESELLSCHAFTS- und Wirtschaftsgeschichte Rheinlands und Westfalens. Detlef Briesen u.a., Köln u.a. 1995 (Schriften zur politischen Landeskunde Nordrhein-Westfalens, Bd. 9)

GIERDEN, Karlheinz: Der Landkreis Köln 1816 bis 1965. In: 150 Jahre Regierungsbezirk Köln, Berlin 1966, S. 296-300

GOEBEL, Klaus, Gerhard Pomykaj: Ein unbequemer Demokrat. August Dresbach zum 100. Geburtstag, Gummersbach 1994

GOLCZEWSKI, Frank: Kölner Universitätslehrer und der Nationalsozialismus. Personengeschichtliche Ansätze, Köln u.a. 1988 (Studien zur Geschichte der Universität zu Köln, Bd. 8)

GOLDBECK, Gustav: Kraft für die Welt. 1864-1964. Klöckner-Humboldt-Deutz AG, Düsseldorf u.a. 1964

GÖMMEL, Rainer: Entstehung und Entwicklung der Effektenbörse im 19. Jahrhundert bis 1914. In: Deutsche Börsengeschichte. Hrsg. Hans Pohl, Frankfurt/M. 1992, S. 135-207

GREISS, Franz: Erfahrungen unternehmerischen Wirkens in den Jahren 1945 bis 1949. In: Zur Politik und Wirksamkeit des Deutschen Industrie- und Handelstages und der Industrie- und Handelskammern 1861 bis 1949. Referate und Diskussionsbeiträge eines Symposiums aus Anlaß des 125jährigen Bestehens des Deutschen Industrie- und Handelstages am 1. Oktober 1986 in Ludwigshafen am Rhein. Im Auftrag des DIHT hrsg. von Klara van Eyll, Stuttgart 1987, S. 123-134

GROESGEN, Rolf: Die Einwirkungen des Zweiten Weltkrieges auf die Kölner Industrie und deren Wiederaufbau, Diss. Köln 1956

GROSSE, Wolfram: Industrie- und Handelskammern und Einzelhandel. In: Die neue Wirtschaft, 2. Jg. (1934), H. 9, S. 17-19

HACK, Marianne, Franz Werner v. Wismar: Die wirtschaftliche und soziale Entwicklung der Textilindustrie. In: Technik- und Industriegeschichte aus dem Oberbergischen Land. Menschen und Maschinen im Wandel der Zeiten. Hrsg. Erich Luckey, Wuppertal 1996, S. 69-84

HAGEMANN, (Walther): Der Rheinisch-Bergische Kreis. In: 150 Jahre Regierungsbezirk Köln, Berlin 1966, S. 306-307

HAGSPIEL, Wolfram: Reflexe - Die nationalsozialistische Stadtplanung von Köln und ihre Widerspiegelung im heutigen Stadtbild. In: Versteckte Vergangenheit. Über den Umgang mit der NS-Zeit in Köln. Aufsätze und Essays. Hrsg. von Horst Matzerath u.a., Köln 1994 (Schriften des NS-Dokumentationszentrums der Stadt Köln, Bd. 1), S. 73-84

HANDBUCH des Aufbaus der gewerblichen Wirtschaft. Hrsg. von Hermann Teschemacher. Bd. 3: Reichswirtschaftskammer/Wirtschaftskammern/Industrie- und Handelskammern. Bearb. von H. Franke, Leipzig 1937

HASHAGEN, Horst: Die Deutsche Automobilindustrie in der Europäischen Wirtschaftsgemeinschaft, Diss. Köln 1963

HASSMANN: Standort und Gestalt der deutschen Industrie- und Handelskammern. Vortrag ... anläßlich der Tagung der Präsidenten der deutschen Industrie- und Handelskammern in Braunschweig am 13. Dezember 1940, Braunschweig o.J.

HEIMBÜCHEL, Bernd: Die neue Universität. Selbstverständnis, Idee und Verwirklichung. In: Kölner Universitätsgeschichte, Bd. 2: Das 19. und 20. Jahrhundert, Köln u.a. 1988, S. 101-692

HELTEN, Josef: Die Kölner Börse 1553-1927, Köln 1928

HENNING, Friedrich-Wilhelm: Börsenkrisen und Börsengesetzgebung von 1914 bis 1945 in Deutschland. In: Deutsche Börsengeschichte. Hrsg. Hans Pohl, Frankfurt/M. 1992, S. 209-290

HENNING, Friedrich-Wilhelm: Deutsche Wirtschafts- und Sozialgeschichte im 19. Jahrhundert, Paderborn u.a. 1996 (Handbuch der Wirtschafts- und Sozialgeschichte Deutschlands, Bd. 2)

HENNING, Friedrich-Wilhelm: Düsseldorf und seine Wirtschaft. Zur Geschichte einer Region, Düsseldorf 1981

HENNING, Friedrich-Wilhelm: Die externe Unternehmersprüfung in Deutschland vom 16. Jahrhundert bis zum Jahre 1931. In: VSWG, Bd. 77 (1977), S. 1-28

HENNING, Friedrich-Wilhelm: Das industrialisierte Deutschland 1914 bis 1992, 8. Aufl., Paderborn u.a. 1993

HENNING, Friedrich-Wilhelm: Innovationen und Wandel der Beschäftigtenstruktur im Kreditgewerbe von der Mitte des 19. Jahrhunderts bis 1948. In: Innovationen und Wandel der Beschäftigtenstruktur im Kreditgewerbe. Hrsg. Hans Pohl, Frankfurt/M. 1988 (Bankhistorisches Archiv, Bh. 12), S. 47-80

HENNING, Friedrich-Wilhelm: Die »praxisorientierten« Universitätsgründungen um die Wende zum 20. Jahrhundert. In: 600 Jahre Kölner Universität 1388/1988. Reden und Berichte zur Geschichte, Gegenwart und Zukunft der Universität. Hrsg. Karl-Heinrich Hansmeyer und ders., Köln 1989, S. 187-222

HENNING, Friedrich-Wilhelm: Produktionshemmnisse und Produktionsleistungen vom Herbst 1944 bis zum Herbst 1945. In: „Wir haben schwere Zeiten hinter uns". Die Kölner Region zwischen Krieg und Nachkriegszeit. Hrsg. Jost Dülffer, Vierow bei Greifswald 1996 (Veröffentlichungen des Kölnischen Geschichtsvereins e.V., Bd. 40), S. 205-226

HENNING, Friedrich-Wilhelm: Richard van der Borght. In: Rheinische und westfälische Handelskammersekretäre und -syndici vom 18. bis zum Anfang des 20. Jahrhunderts. Red.: Barbara Gerstein und Ulrich S. Soénius, Münster 1994 (RWWB, Bd. 15), S. 23-42

HENNING, Friedrich-Wilhelm: Die Stadterweiterung unter dem Einfluß der Industrialisierung (1871 bis 1914). In: Zwei Jahrtausende Kölner Wirtschaft. Hrsg. im Auftrag des Rheinisch-Westfälischen Wirtschaftsarchivs zu Köln von Hermann Kellenbenz. Unter Mitarb. von Klara van Eyll, Bd. 2, Köln 1975, S. 267-357

HENNING, Friedrich-Wilhelm: Die Wirtschaftskraft Kölns in der historischen Entwicklung. In: Universität im Rathaus, Bd. 3, Köln 1995, S. 37-55

HENNING, Friedrich-Wilhelm: Die zeitliche Einordnung der Weltwirtschaftskrise in Deutschland. In: Finanz- und wirtschaftspolitische Fragen der Zwischenkriegszeit. Hrsg. Harald Winkel, Berlin 1973 (Schriften des Vereins für Socialpolitik, N.F., Bd. 73), S. 135-173

HENNING, Friedrich-Wilhelm: Zentraleuropäische Mustermessen von 1914 bis zur Gegenwart. In: Frankfurt im Messenetz Europas - Erträge der Forschung. Hrsg. Hans Pohl, Frankfurt/M. 1991 (Brücke zwischen den Völkern - Zur Geschichte der Frankfurter Messe, Bd. 1), S. 295-315

HENNING, Friedrich-Wilhelm: Zur Geschichte der unternehmerischen Selbstverwaltung: Kammern zwischen Staat und Wirtschaft. In: Wirtschaftsarchive und Kammern – Aspekte wirtschaftlicher Selbstverwaltung gestern und heute. Referate und Diskussionsbeiträge des wissenschaftlichen Symposiums aus Anlaß des 75jährigen Bestehens des Rheinisch-Westfälischen Wirtschaftsarchivs am 28. und 29. Januar 1982 in Köln. Hrsg. vom Rheinisch-Westfälischen Wirtschaftsarchiv, Köln 1982 (Schriften zur rheinisch-westfälischen Wirtschaftsgeschichte, Bd. 34), S. 25-51

HERMANNS, Heinz: Der Einzelhandel im Spannungsfeld zwischen City und Umland. Dargestellt am Beispiel der Kölner Region. In: Der Wirtschaftsraum Köln. Red. Eberhard Garnatz, 3. Aufl., Oldenburg 1981 (Monographien deutscher Wirtschaftsgebiete, Bd. 19), S. 154-159

HERMANNS, Heinz: Die Handelskammer für den Kreis Mülheim am Rhein (1871-1914) und die Wirtschaft des Köln-Mülheimer Raumes, Köln 1969 (Schriften zur rheinisch-westfälischen Wirtschaftsgeschichte, Bd. 21)

HERRMANN, Walther: Wirtschaftsgeschichte der Stadt Köln 1914 bis 1970. In: Zwei Jahrtausende Kölner Wirtschaft. Hrsg. im Auftrag des Rheinisch-Westfälischen Wirtschaftsarchivs zu Köln von Hermann Kellenbenz. Unter Mitarb. von Klara van Eyll, Bd. 2, Köln 1975, S. 359-473

VON DER HEYDE, Carl-Ferdinand: 50 Jahre Kölner Messen. Nutzen für die Stadt und Wirtschaftsraum. In: Mitt. IHK Köln, 29. Jg. (1974), S. 597-600

HILGERMANN, Bernhard.: Die wirtschaftliche Selbstverwaltung nach dem Zusammenbruch. In: Mittbl. IHK Köln, 10. Jg. (1955), S. 217-219

HILGERMANN, Bernhard: Als die Weichen gestellt wurden. Die Kölner Industrie- und Handelskammer nach dem Zusammenbruch, Köln 1971

HILGERMANN, Bernhard: Der große Wandel. Erinnerungen aus den ersten Nachkriegsjahren. Kölns Wirtschaft unter der amerikanischen und britischen Militärregierung, Köln 1961

HILLAND, Paul: Das Handelskammerwesen. Die regionale Wirtschaftsorganisation des Gemeinnutzes. In: Die neue Wirtschaft, 2. Jg. (1934), H. 9, S. 3-5

HOCH, Ernst: Die Industrie- und Handelskammern in der Berufsbildung. In: Die neue Wirtschaft, 2. Jg. (1934), H. 9, S. 13-14

HOCKERTS, Hans Günter: Sozialpolitische Entscheidungen im Nachkriegsdeutschland. Alliierte und deutsche Sozialversicherungspolitik 1945 bis 1957, Stuttgart 1980 (Forschungen und Quellen zur Zeitgeschichte, Bd. 1)

HOFFMANN, Walther Gustav: Das Wachstum der deutschen Wirtschaft seit der Mitte des 19. Jahrhunderts, Berlin u.a. 1965

HÖHNE, Heinz: Der Orden unter dem Totenkopf. Die Geschichte der SS, Bindlach 1989

INDUSTRIEREGION Köln. Die Industrie im Bezirk der Industrie- und Handelskammer zu Köln. Hrsg. Industrie- und Handelskammer zu Köln, Köln 1991

INDUSTRIE- und Handelskammer Wuppertal 1831-1956. Festschrift zum 125jährigen Jubiläum am 17. Januar 1956, Wuppertal 1956

JÄCKEL, Eberhard: Hitler und die Deutschen. In: Nationalsozialistische Diktatur 1933-1945. Eine Bilanz. Karl Dietrich Bracher ... (Hrsg.), durchges. ND, Bonn 1986 (Schriftenreihe der Bundeszentrale für politische Bildung, Bd. 192), S. 706-720

JAHRBUCH der Deutschen (seit 1925 Industrie- und) Handelskammern und sonstigen amtlichen Handelsvertretungen, 1.-9. Ausg., Leipzig 1905-1925

JÄKEL, Ernst, Werner Junge: Die deutschen Industrie- und Handelskammern und der Deutsche Industrie- und Handelstag, 2., völlig neu bearb. Aufl., Düsseldorf 1978

JAHRESBERICHT. 1947-1996. Hrsg. Industrie- und Handelskammer zu Köln

JOEST, Hans-Josef: Kraftakte. Ein halbes Jahrhundert Union Kraftstoff Wesseling, Düsseldorf u.a. 1987

Jordan, Horst: Wie das Gesetz es befiehlt. Die öffentlich-rechtlichen Aufgaben der Industrie- und Handelskammern, Bonn 1971 (DIHT-Schriftenreihe, Bd. 127)

JÜDISCHES Schicksal in Köln 1918-1945. Ausstellung des Historischen Archivs der Stadt Köln/NS-Dokumentationszentrum. 8. November 1988 bis 22. Januar 1989, (Köln 1988)

KELLENBENZ, Hermann, Klara van Eyll: Die Geschichte der unternehmerischen Selbstverwaltung in Köln 1797-1914. Hrsg. aus Anlaß des 175jährigen Bestehens der Industrie- und Handelskammer zu Köln am 8. November 1972, Köln 1972

KELLENBENZ, Hermann: Louis Hagen, insbesondere als Kammerpräsident. In: RWWB, Bd. 10, Münster 1974, S. 138-195

KELLENBENZ, Hermann: Paul Silverberg. In: RWWB, Bd. 9, Münster 1967, S. 103-132

KELLENBENZ, Hermann: Die Wirtschaft im Regierungsbezirk Köln 1816-1945. In: 150 Jahre Regierungsbezirk Köln, Berlin 1966, S. 321-340

KESSLER, Jakob: Wie war es denn damals? In: 100 Jahre Berufsbildende Schule 1 der Stadt Köln, (Köln 1992), S. 63-64

KLEIN, Adolf: Köln im Dritten Reich. Stadtgeschichte der Jahre 1933-1945, Köln 1983

KLEIN, August: Die Kölner Regierungspräsidenten 1816-1966 - Ihr Leben und Wirken. In: 150 Jahre Regierungsbezirk Köln, Berlin 1966, S. 62-121

KLEIN, Helmut: Die Industrie- und Handelskammern im Außenhandel. In: Die neue Wirtschaft, 2. Jg. (1934), H. 9, S. 16-17

KLEIN, Wilhelm: Köln - wichtiger deutscher Versicherungsplatz. In: Der Wirtschaftsraum Köln. Red. Eberhard Garnatz, 3. Aufl., Oldenburg 1981 (Monographien deutscher Wirtschaftsgebiete, Bd. 19), S. 182-191

KLEINEBECKEL, Arno: Unternehmen Braunkohle. Geschichte eines Rohstoffs, eines Reviers, einer Industrie im Rheinland, Köln 1986

KLEINERTZ, Everhard: Konrad Adenauer als Beigeordneter der Stadt Köln (1906-1917). In: Konrad Adenauer. Oberbürgermeister von Köln. Festgabe der Stadt Köln zum 100. Geburtstag ihres Ehrenbürgers am 5. Januar 1976. Hrsg. Hugo Stehkämper, Köln 1976, S. 33-78

KLEKAMP, Johannes: Vom Zusammenbruch zum „Wirtschaftswunder"? Die Kölner Industrie in den Jahren 1945-1948. In: GiK, H. 8 (1980), S. 119-149

KLUTHE, Heinz: Die Tätigkeit der Bergischen Industrie und Handelskammer zu Remscheid auf den Gebieten des Verkehrs und des Außenhandels seit 1840, Diss. Köln 1950

KÖLN nach dem Nationalsozialismus. Hrsg. Otto Dann, Wuppertal 1991

KÖLN REGIO. Regionales Entwicklungskonzept. Hrsg. von den Oberstadtdirektoren der Städte Köln und Leverkusen sowie den Oberkreisdirektoren des Erftkreises, des Oberbergischen und des Rheinisch-Bergischen Kreises, Köln 1991

KÖLNER INDUSTRIE. Entwicklung in den Jahren 1950 bis 1968. Hrsg. Statistisches Amt der Stadt Köln, Köln 1969 (Statistische Berichte 10)

DIE KÖLNER MESSE 1924-1949. Hrsg. von H.J. Taepper, (Köln 1949)

DIE KÖLNER MESSEN und Ausstellungen in der Statistik von 1924 bis 1954 (mit Kommentar). Hrsg. vom Pressereferat der Messe- und Ausstellungs-Ges.m.b.H. Köln, Köln 1954

KÖNIG, Ingrid: Handelskammern zwischen Kooperation und Konzentration. Vereinigungen, Arbeitsgemeinschaften und Zweckverbände von Handelskammern im niederrheinisch-westfälischen Industriegebiet 1890 bis 1933, Köln 1981 (Schriften zur rheinisch-westfälischen Wirtschaftsgeschichte, Bd. 32)

KÖPPEN, Thomas: Fahrzeugteile für den internationalen Fahrzeugbau. Die Zuliefererbranche im Oberbergischen. In: Technik- und Industriegeschichte aus dem Oberbergischen Land. Menschen und Maschinen im Wandel der Zeiten. Hrsg. Erich Luckey, Wuppertal 1996, S. 92-99

KRAUS, Theodor: Köln – Grundlagen seines Lebens in der Nachkriegszeit. In: Köln und sein Umland. Hrsg. von Karlheinz Hottes ..., Köln 1989, S. 70-78

KREIS KÖLN, München 1973

KREITZ, Willy: Kreis Köln. In: Kreis Köln, München 1973, S. 5-72

KREYENSCHMIDT, Gisela: Ständiger Wandel im Anforderungsprofil des Bankkaufmanns. In: 100 Jahre Berufsbildende Schule 1 der Stadt Köln, (Köln 1992), S. 65-68

KRÜGER, Alfred: Das Kölner Bankiergewerbe vom Ende des 18. Jahrhunderts bis 1875, Essen 1925 (Schriften zur rheinisch-westfälischen Wirtschaftsgeschichte, Alte Folge, Bd. 10)

KRÜGER, Peter: Deutschland und die Reparationen 1918/19, Stuttgart 1973 (Schriftenreihe der Vierteljahrshefte für Zeitgeschichte, Nr. 25)

KRÜGER, Wolfgang: Entnazifiziert! Zur Praxis der politischen Säuberung in Nordrhein-Westfalen, Wuppertal 1982

KÜPPER, Franz J., und Karl Wolff: Die Kölner Bankenabteilung zwischen Tradition und Vision. In: 100 Jahre Berufsbildende Schule 1 der Stadt Köln, (Köln 1992), S. 69-79

KURT NEVEN DUMONT. Einem Verleger zum Gedenken, Köln 1973

KUSKE, Bruno: 100 Jahre Stollwerck-Geschichte 1839-1939, (Köln) 1939

KUSKE, Bruno: 150 Jahre Kölner Handelskammer. Ein Beitrag zur deutschen Wirtschaftsgeschichte, Köln 1947

KUSKE, Bruno: 400 Jahre Börse zu Köln, (Köln 1953)

KUSKE, Bruno: Die Industriestruktur des Gebietes der Gauwirtschaftskammer Köln-Aachen, Köln 1942

LADEMACHER, Horst: Zwei ungleiche Nachbarn. Wege und Wandlungen der deutsch-niederländischen Beziehungen im 19. und 20. Jahrhundert, Darmstadt 1989

DER LANDKREIS BERGHEIM. Geschichte – Landschaft – Wirtschaft. Hrsg. von der Gerhard Stalling AG, Oldenburg 1967

LEFÈVRE, Albert: 100 Jahre Industrie- und Handelskammer zu Hannover. Auftrag und Erfüllung, Wiesbaden 1966

LEISTICO, Arnold: Köln - Standort bedeutender Massenmedien. In: Der Wirtschaftsraum Köln. Hrsg. von der Gerhard Stalling AG, 2. Aufl., Oldenburg 1973 (Monographien deutscher Wirtschaftsgebiete, Bd. 19), S. 42-46.

LIMPER, Marga: Verzeichnis der Dissertationen. In: Europa. Erbe und Auftrag. Eine Festschrift für Bruno Kuske zum 29. Juni 1951. Hrsg. von Albert Pass und Rudolf Darius, Köln 1951, S. 216-234

LINNEBORN, Hans: Energie-Gewinnung aus festen Brennstoffen. Entwicklungen von G. Imbert und H. Linneborn, ungedr. Ms., Köln 1975 (RWWA)

LUCAS, Rainer: Die Region Köln im strukturellen Wandel. Probleme und Perspektiven der Regionalentwicklung, Berlin-Wuppertal 1993

MARKT + WIRTSCHAFT. Mitteilungen der Industrie- und Handelskammer zu Köln, 36. Jg. – 52. Jg. (1981-1997). Früher Mitteilungen

MATZERATH, Horst: Der Weg der Kölner Juden in den Holocaust: Versuch einer Rekonstruktion. In: Die jüdischen Opfer des Nationalsozialismus aus Köln. Gedenkbuch. Red. NS-Dokumentationszentrum der Stadt Köln, Köln u.a. 1995 (Mitteilungen aus dem Stadtarchiv von Köln, H. 77), S. 530-553

MATZERATH, Horst: Nationalsozialismus in Köln - Köln und der Nationalsozialismus. In: GiK, H. 18 (1985), S. 91-106

MATZKE, Wolfgang: Wesseling – aufstrebende Industriegemeinde im Süden Kölns. In: Köln und sein Umland. Hrsg. von Karlheinz Hottes ..., Köln 1989, S. 236-243

MEDIENSTANDORT Köln '97. Hrsg. von der Stadt Köln, Amt für Wirtschafts- und Beschäftigungsförderung, und der IHK Köln, Köln 1997

MEIER, Ulrich: Zur Situation des Immobilienmarktes in den ersten Jahren der Nachkriegszeit. Die Tätigkeit des Wiederaufbau-Ausschusses der Kammer. In: Mitt. IHK Köln, 29. Jg. (1974), S. 262-266.

MEYNEN, Emil: Die Randstädte Kölns. In: Köln und sein Umland. Hrsg. von Karlheinz Hottes ..., Köln 1989, S. 219-235

MITTEILUNGEN der Handelskammer zu Köln, 1. Jg. – 4. Jg. (1919-1922)

MITTEILUNGEN der Industrie- und Handelskammer zu Köln, 10. Jg. – 36. Jg. (1955-1981). Früher Mitteilungsblatt, fortgesetzt als markt + wirtschaft

MITTEILUNGSBLATT der Industrie- und Handelskammer zu Köln, 1. Jg. – 10. Jg. (1946-1955). Fortgesetzt als Mitteilungen

MOHRMANN, Heinz: Zur staatsmonopolistischen Konkurrenz deutscher Großbanken unter dem Faschismus. In: Jahrbuch für Wirtschaftsgeschichte, 1967, T. IV, S. 11-26

MÖLICH, Georg: Köln und der Nationalsozialismus als Thema der lokalen Geschichtsschreibung. In: Versteckte Vergangenheit. Über den Umgang mit der NS-Zeit in Köln. Aufsätze und Essays. Hrsg. von Horst Matzerath u.a., Köln 1994 (Schriften des NS-Dokumentationszentrums der Stadt Köln, Bd. 1), S. 267-276

MORSEY, Rudolf: Adenauer und der Nationalsozialismus. In: Konrad Adenauer. Oberbürgermeister von Köln. Festgabe der Stadt Köln zum 100. Geburtstag ihres Ehrenbürgers am 5. Januar 1976. Hrsg. von Hugo Stehkämper, Köln 1976, S. 447-497, 791-805

MOST, Otto: Die Selbstverwaltung der Wirtschaft (Industrie- und Handels-, Handwerks- und Landwirtschaftskammern). In: Recht und Staat im Neuen Deutschland, Bd. 2. Hrsg. Bernhard Harms, Berlin 1929, S. 75-107

MOST, Otto: Die Selbstverwaltung der Wirtschaft in den Industrie- und Handelskammern, 3. Aufl., Jena 1927

MOST, Otto: Handelskammern in der Kriegsarbeit, Essen 1942

MÜLLER, Rolf-Dieter: Grundzüge der deutschen Kriegswirtschaft 1939 bis 1945. In: Deutschland 1933-1945. Neue Studien zur nationalsozialistischen Herrschaft. Hrsg. Karl Dietrich Bracher u.a., 2. erg. Aufl., Bonn 1993 (Bundeszentrale für politische Bildung, Schriftenreihe, Bd. 314), S. 357-376

MÜLLER-JÉRINA, Alwin: Zwischen Befreiung und Vernichtung - Juden in Köln. In: Der Name der Freiheit. Erg.bd. zur Ausstellung des Kölnischen Stadtmuseums in der Josef-Haubrich-Kunsthalle Köln ... Hrsg. von Werner Schäfke, Köln 1988, S. 61-72

DER NAME der Freiheit 1288-1988. Aspekte Kölner Geschichte von Worringen bis heute. Handbuch zur Ausstellung des Kölnischen Stadtmuseums in der Josef-Haubrich-Kunsthalle Köln. 29.1.1988-1.5.1988. Hrsg. von Werner Schäfke, Köln 1988

DER NATIONALSOZIALISMUS. Dokumente 1933-1945. Hrsg., eingel. u. dargest. von Walther Hofer, Frankfurt/Main 1980

NEEBE, Reinhard: Großindustrie, Staat und NSDAP 1930-1933, Göttingen 1981 (Kritische Studien zur Geschichtswissenschaft, Bd. 45)

NEEBE, Reinhard: Die Industrie und der 30. Januar 1933. In: Nationalsozialistische Diktatur 1933-1945. Eine Bilanz. Karl Dietrich Bracher ... (Hrsg.), durchges. Neudr., Bonn 1986 (Schriftenreihe der Bundeszentrale für politische Bildung, Bd. 192), S. 155-176

DAS NEUE KÖLN 1945-1995. Eine Ausstellung des Kölnischen Stadtmuseums in der Josef-Haubrich-Kunsthalle Köln, 22. April bis 18. August 1995. Hrsg. von Werner Schäfke unter Mitarb. von Rita Wagner, Köln 1995

DIE NEUE WIRTSCHAFT, 2. Jg. (1934), H. 9 [Sh. Industrie- und Handelskammern]

NORDRHEIN-WESTFALEN. Ein Land in seiner Geschichte – Aspekte und Konturen 1946-1996, Münster 1996 (Veröffentlichungen der Staatlichen Archive des Landes Nordrhein-Westfalen, Reihe C: Quellen und Forschungen, Bd. 36)

NORDRHEIN-WESTFALEN. Fünfzig Jahre später. 1946-1996. Hrsg. Wolfram Köhler, Essen 1996 (Düsseldorfer Schriften zur neueren Landesgeschichte und zur Geschichte Nordrhein-Westfalens, Bd. 46).

O.M.G.U.S. Office of Military Government for Germany, United States, Finance Division-Financial Investigation Section. Ermittlungen gegen die Deutsche Bank. 1946/47. Übers. und bearb. von der Dokumentationsstelle zur NS-Politik Hamburg, Nördlingen 1985

O.M.G.U.S. Office of Military Government for Germany, United States, U.S. Group Control Council. Finance Division. Ermittlungen gegen die Dresdner Bank. 1946. Bearb. von der Hamburger Stiftung für Sozialgeschichte des 20. Jahrhunderts, Nördlingen 1986

O.M.G.U.S. Office of Military Government for Germany, United States, Finance Division-Financial Investigation Section. Ermittlungen gegen die I.G. Farbenindustrie AG. September 1945. Übers. und bearb. von der Dokumentationsstelle zur NS-Politik Hamburg, Nördlingen 1986

ORGANISATION der gewerblichen Wirtschaft im Bereich der Gauwirtschaftskammer Köln-Aachen. Stand: 15. Mai 1944. Nur für den Dienstgebrauch! (Köln 1944)

PAUL SILVERBERG. Reden und Schriften. Hrsg. Franz Mariaux, Köln 1951

PETZ, Ursula von: Gegen „Dirnen und Verbrecher": Altstadtsanierung in Köln in nationalsozialistischer Zeit. In: GiK, H. 30 (1991), S. 5-39

PETZINA, Dietmar: Eine wirtschaftliche Revolution? Industrielle Kompetenz und sozialer Ausgleich als Chance. In: Nordrhein-Westfalen. Fünfzig Jahre später. 1946-1996. Hrsg. Wolfram Köhler, Essen 1996 (Düsseldorfer Schriften zur neueren Landesgeschichte und zur Geschichte Nordrhein-Westfalens, Bd. 46), S. 27-44

PETZINA, Dietmar: Soziale und wirtschaftliche Entwicklung. In: Deutsche Verwaltungsgeschichte. Hrsg. von Kurt G.A. Jeserich u.a., Bd. 4: Das Reich als Republik und in der Zeit des Nationalsozialismus, Stuttgart 1985, S. 664-681

PIETZSCH, Albert: Der Aufbau der Gauwirtschaftskammer. Vortrag ... gehalten auf einer Tagung in der Reichswirtschaftskammer am 30. September 1942, Berlin o.J.

PIETZSCH, Albert: Die Organisation der gewerblichen Wirtschaft, Berlin 1938 (Schriften der Hochschule für Politik, H. 20)

POGGE VON STRANDMANN, Hartmut: Unternehmenspolitik und Unternehmensführung: Der Dialog zwischen Aufsichtsrat und Vorstand bei Mannesmann 1900 bis 1919, Düsseldorf u.a. 1978

POHL, Hans: Historische Aspekte der Wirtschaft zwischen Rhein und Wupper. In: Festschrift aus Anlaß der Eröffnung des Zweigstellengebäudes der Kammer in Leverkusen am 4. Februar 1991. Hrsg. Industrie- und Handelskammer zu Köln, Köln 1991, S. 12-32

POHL, Hans: Wirtschaftsgeschichte des Erftkreises seit der Mitte des 19. Jahrhunderts, Köln 1992 (Hrsg. vom Vorstand der Kreissparkasse Köln im Rahmen des Geschäftsberichts 1991).

POHL, Hans: Wirtschaftsgeschichte des Oberbergischen Kreises seit der Mitte des 19. Jahrhunderts, Köln 1994 (Hrsg. vom Vorstand der Kreissparkasse Köln im Rahmen des Geschäftsberichts 1993)

POHL, Hans: Wirtschaftsgeschichte des Rheinisch-Bergischen Kreises seit der Mitte des 19. Jahrhunderts, Köln 1993 (Hrsg. vom Vorstand der Kreissparkasse Köln im Rahmen des Geschäftsberichts 1992).

Prowe, Diethelm: Im Sturmzentrum: Die Industrie- und Handelskammer in den Nachkriegsjahren 1945 bis 1949. In: Zur Politik und Wirksamkeit des Deutschen Industrie- und Handelstages und der Industrie- und Handelskammern 1861 bis 1949. Referate und Diskussionsbeiträge eines Symposiums aus Anlaß des 125jährigen Bestehens des Deutschen Industrie- und Handelstages am 1. Oktober 1986 in Ludwigshafen am Rhein. Im Auftrag des DIHT hrsg. von Klara van Eyll, Stuttgart 1987, S. 91-122

Prowe, Diethelm: Unternehmer, Gewerkschaften und Staat in der Kammerneuordnung in der britischen Besatzungszone bis 1950. In: Wirtschaftspolitik im britischen Besatzungsgebiet 1945-1949. Hrsg. von Dietmar Petzina und Walter Euchner, Düsseldorf 1985, S. 238-240

Reininghaus, Wilfried: Selbstverwaltung oder Befehlsempfang? Die Wirtschaftskammer Westfalen-Lippe und Gauwirtschaftskammer Westfalen-Süd im Dritten Reich. In: Kriegswirtschaft und öffentliche Verwaltung im Ruhrgebiet 1939-1945. Hrsg. Klaus Möltgen, Gelsenkirchen 1990 (Schriftenreihe der Dokumentations- und Forschungsstelle der FHSöV NRW, Bd. 3), S. 55-77

Riesser, Jacob: Finanzielle Kriegsbereitschaft und Kriegsführung, 2. Aufl., Jena 1913

Rietdorf, Fritz, Bernhard Sigulla, Friedhelm Voss: Handbuch der Landesverwaltung Nordrhein-Westfalen, Siegburg 1963

Ritschl, Albrecht: Wirtschaftspolitik im Dritten Reich – Ein Überblick. In: Deutschland 1933-1945. Neue Studien zur nationalsozialistischen Herrschaft. Hrsg. Karl Dietrich Bracher u.a., 2. erg. Aufl., Bonn 1993 (Bundeszentrale für politische Bildung, Schriftenreihe, Bd. 314), S.118-134

Roesler, Konrad: Die Finanzpolitik des Deutschen Reiches im Ersten Weltkrieg, Berlin u.a. 1967 (Untersuchungen über das Spar-, Giro- und Kreditwesen, Bd. 37)

Romeyk, Horst: Die leitenden staatlichen und kommunalen Verwaltungsbeamten der Rheinprovinz 1816-1945, Düsseldorf 1994 (Publikationen der Gesellschaft für rheinische Geschichtskunde, Bd. 69)

Romeyk, Horst: Verwaltungs- und Behördengeschichte der Rheinprovinz 1914-1945, Düsseldorf 1985 (Publikationen der Gesellschaft für rheinische Geschichtskunde, Bd. 63)

Rosellen, Hanns-Peter: „.... und trotzdem vorwärts": Die dramatische Entwicklung von Ford in Deutschland 1903 bis 1945, Frankfurt 1986

Rosenzweig, Josef: Zollstock. Wie es war und wie es wurde, Köln 1976 (Beiträge zur kölnischen Geschichte, Sprache, Eigenart, Bd. A 1)

Rossmann, Witich: Vom mühsamen Weg zur Einheit. Lesebuch zur Geschichte der Kölner Metall-Gewerkschaften. Quellen und Dokumente, 2: 1918-1951, Hamburg 1991

Rudersdorf, Markus: Der Wiederbeginn des Bankgeschäfts nach dem Zweiten Weltkrieg am Beispiel Kölner Institute, Köln 1996 (Wirtschafts- und Rechtsgeschichte, Bd. 29)

Ruhl, Klaus-Jörg: Neuanfang in Nordrhein-Westfalen. Zur sozialen und wirtschaftlichen Entwicklung der Jahre 1945-1948. In: Rheinische Vierteljahrsblätter, Bd. 58 (1994), S. 227-257

Ruland, Peter: Sicher leiten – schneller schalten. Zur Entwicklung der elektrotechnischen Industrie im Oberbergischen. In: Technik- und Industriegeschichte aus dem Oberbergischen Land. Menschen und Maschinen im Wandel der Zeiten. Hrsg. Erich Luckey, Wuppertal 1996, S. 60-68

Ruland, Peter: Das Zeitalter der Elektrizität – Impulse für Industrie und Gewerbe im Oberbergischen. In: Technik- und Industriegeschichte aus dem Oberbergischen Land. Menschen und Maschinen im Wandel der Zeiten. Hrsg. Erich Luckey, Wuppertal 1996, S. 46-59

Rüther, Fritz: Die Produkten- und Warenbörse zu Köln. In: Mittbl. IHK Köln, 7. Jg. (1952), S. 29-31

Rüther, Martin: Arbeiterschaft in Köln 1928-1945, Köln 1990 (Kölner Schriften zur Geschichte und Kultur, Bd. 16)

Sachse, Detlev: Fahrzeugbau, Maschinenbau, Elektrotechnik - Schwerpunkt der Industrie. In: Der Wirtschaftsraum Köln. Red. Eberhard Garnatz, 3. Aufl., Oldenburg 1981 (Monographien deutscher Wirtschaftsgebiete, Bd. 19), S. 125-146

Sachverständigenrat zur Begutachtung der gesamtwirtschaftlichen Entwicklung. Jahresgutachten, diverse Jahrgänge

Schäfer, Dieter: Der Deutsche Handelstag auf dem Weg zum wirtschaftlichen Verband. Der Deutsche Handelstag als bürgerlicher Beitrag zur deutschen Politik. In: Interessenverbände in Deutschland. Hrsg. Heinz Josef Varain Köln 1973 (Neue Wissenschaftliche Bibliothek, Bd. 60), S. 120-138

Schäfer, Dieter: Der Deutsche Industrie- und Handelstag als politisches Forum der Weimarer Republik, Hamburg 1966

Schäfer, Dieter: Die „Machtergreifung" in der Kammer. In: Mainfränkische Wirtschaft, H. 1-2/1984, S. 30-34

Schäfer, Oskar: Die chemischen Mittelbetriebe. In: Mittbl. IHK Köln, 9. Jg. (1954), S. 565-572

Schaier, Joachim: Die Eisen- und Stahlindustrie vom Mittelalter bis in unsere Zeit. In: Technik- und Industriegeschichte aus dem Oberbergischen Land.

Menschen und Maschinen im Wandel der Zeiten. Hrsg. Erich Luckey, Wuppertal 1996, S. 36-45

SCHIEDER, Wolfgang: Staat und Wirtschaft im „Dritten Reich": Der Weg in die Katastrophe. In: Berlin und seine Wirtschaft. Ein Weg aus der Geschichte in die Zukunft - Lehren und Erkenntnisse. Hrsg. von der Industrie- und Handelskammer zu Berlin, Berlin u.a. 1987, S. 197-221

SCHLEPER, Thomas: Konstruktionen und Fassaden. Das Industriezeitalter Oberbergs im Spiegel seiner Industriebauten. In: Technik- und Industriegeschichte aus dem Oberbergischen Land. Menschen und Maschinen im Wandel der Zeiten. Hrsg. Erich Luckey, Wuppertal 1996, S. 20-35

SCHMITZ, Hans: Kölner Stadt-Anzeiger. Das Comeback einer Zeitung 1949-1989, Köln 1989

SCHMITZ, Walter: Regelung der Arbeitszeit und Intensität der Arbeit, Diss. Rostock 1910

SCHNEIDER, Dieter: Geschichte betriebswirtschaftlicher Theorie. Allgemeine Betriebswirtschaftslehre für das Hauptstudium, München u.a. 1981

SCHNEIDER, Michael: Unternehmer und Demokratie. Die freien Gewerkschaften in der unternehmerischen Ideologie der Jahre 1918 bis 1933, Bonn 1975

SCHOPPE, Diether: Die Rekultivierung im Braunkohlengebiet. In: 150 Jahre Regierungsbezirk Köln, Berlin 1966, S. 205-209

SCHÖTTLER, Ernst: Die Sparkassen im Regierungsbezirk Köln – Gründung, Entwicklung und heutige Bedeutung. In: 150 Jahre Regierungsbezirk Köln, Berlin 1966, S. 360-368

SCHUCHARDT, Wolfram: Bruno Kuske. Wirtschaftshistoriker und Arbeiterlehrer. In: Sozialdemokratie in Köln. Ein Beitrag zur Stadt- und Parteiengeschichte. Hrsg. Gerhard Brunn, Köln 1986, S. 232-235

SCHÜLER, Volker H.W.: Liblar im Bergarbeiterstreik 1924. In: Jahrbuch 1997 - Stadt Erftstadt, Erftstadt 1996, S. 63-70

SCHULZ, Günther: Die Entflechtungsmaßnahmen und ihre wirtschaftliche Bedeutung. In: Kartelle und Kartellgesetzgebung in Praxis und Rechtsprechung vom 19. Jahrhundert bis zur Gegenwart. Hrsg. von Hans Pohl, Stuttgart 1985, S. 210-222

SCHULZ, Günther: Gläubiger und Schuldner: Die Kölner Unternehmer 1945. In: „Wir haben schwere Zeiten hinter uns". Die Kölner Region zwischen Krieg und Nachkriegszeit. Hrsg. Jost Dülffer, Vierow bei Greifswald 1996 (Veröffentlichungen des Kölnischen Geschichtsvereins e.V., Bd. 40), S. 245-266

SCHULZ, Günther: Wiederaufbau in Deutschland. Die Wohnungsbaupolitik in den Westzonen und der Bundesrepublik von 1945 bis 1957, Düsseldorf 1994 (Forschungen und Quellen zur Zeitgeschichte, Bd. 20).

SCHULZE, Rainer: Unternehmerische Selbstverwaltung und Politik. Die Rolle der Industrie- und Handelskammern in Niedersachsen und Bremen als Vertretungen der Unternehmerinteressen nach dem Ende des Zweiten Weltkrieges, Hildesheim 1988.

60 JAHRE Grund und Boden Köln. Hrsg. Grund und Boden GmbH Köln. Red. Karl-Heinz Schmitz (Köln 1996)

(SINZ, Herbert): 25 Jahre Stahlbau Albert Liesegang Köln-Kalk, 100 Jahre Liesegang in Köln, Köln (1957)

SOÉNIUS, Ulrich S.: Alexander Wirminghaus (1863-1938). In: Rheinische und westfälische Handelskammersekretäre und -syndici vom 18. bis zum Anfang des 20. Jahrhunderts. Red.: Barbara Gerstein und ders., Münster 1994 (RWWB, Bd. 15), S. 336-356

SOÉNIUS, Ulrich S.: Peco Bauwens (1886-1963). In: Das Neue Köln 1945-1995: eine Ausstellung des Kölnischen Stadtmuseums in der Josef-Haubrich-Kunsthalle Köln 1995. Hrsg. von Werner Schäfke unter Mitarb. von Rita Wagner, Köln (1995), S. 564

SONDERMANN, Arthur: Der oberbergische Beirat der Industrie- und Handelskammer zu Köln. In: Mittbl. IHK Köln, 7. Jg. (1952), S. 101-102

SPANN, Othmar: Der wahre Staat, Leipzig 1921

STADERMANN, Gerhard: Die Wasserwirtschaft. In: 150 Jahre Regierungsbezirk Köln, Berlin 1966, S. 192-205

DIE STADT Köln in der Kommunalen Gebietsreform. In: Statistische Mitteilungen der Stadt Köln, 29. Jg. (1974), S. 173-192

STATISTISCHES Jahrbuch der Stadt Köln. Diverse Jahrgänge

STATISTISCHES Jahrbuch der nordrhein-westfälischen Industrie- und Handelskammern. Hrsg. und bearb. von der Gemeinsamen Statistischen Stelle der nordrhein-westfälischen Industrie- und Handelskammern in Dortmund bzw. von der Abteilung Information, Volkswirtschaft, Öffentlichkeitsarbeit der Industrie- und Handelskammer zu Dortmund, Jg. 1-43, Dortmund 1954-1996

STATISTISCHES Jahrbuch für die Bundesrepublik Deutschland. Hrsg. Statistisches Bundesamt, Stuttgart u.a. 1965

STEIMEL, Robert: Kölner Köpfe, Köln 1958

STOCKHORST, Erich: 5000 Köpfe. Wer war wer im 3. Reich, 2. Aufl., Kiel 1985

STRUKTURATLAS Regio Rheinland. Gewerbe- und Industriestandorte in den 53 Städten und Gemeinden der Region Rheinland. Hrsg. von Wirtschaftskammern zur Förderung der Region Köln/Bonn, Siegburg 1997

TECHNIK- UND INDUSTRIEGESCHICHTE aus dem Oberbergischen Land. Menschen und Maschinen im Wandel der Zeiten. Hrsg. Erich Luckey, Wuppertal 1996

TELTSCHIK, Walter: Geschichte der deutschen Großchemie. Entwicklung und Einfluß in Staat und Gesellschaft, Weinheim 1992

TENGELMANN, Herbert: Beitrag zur Organisation der gewerblichen Wirtschaft, Berlin 1936

TENGLER, Hermann: Der Wirtschaftsraum Köln: Industriewirtschaftliche Situation und Perspektiven. Eine empirische Untersuchung unter besonderer Berücksichtigung der Unternehmensgröße, Bonn 1984

THOMAS, Frank, Sophie Trümper: Bayenthal-Marienburg. 150 Jahre Leben und Arbeiten am Rhein, Köln 1985

THRAMS, Peter: Brühl im Nationalsozialismus. Bd. 2: Wirtschaft und Zweiter Weltkrieg, Köln 1993 (Schriftenreihe zur Brühler Geschichte, Bd. 18)

TREES, Wolfgang, Charles Whiting, Thomas Omansen: Drei Jahre nach Null. Geschichte der britischen Besatzungszone 1945-1948, 2. Aufl., Düsseldorf 1979

TREUE, Wilhelm: Das Schicksal des Bankhauses Sal. Oppenheim jr. & Cie. und seiner Inhaber im Dritten Reich, Wiesbaden 1983 (ZUG, Bh. 27)

TREUE, Wilhelm: Louis Hagen. In: NDB, Bd. 7, Berlin 1966, S. 479-480

TREUE, Wilhelm: Robert Pferdmenges (1880 bis 1962). In: RWWB, Bd. 13, Münster 1986, S. 203-222

TRUMPP, Thomas: Zur Finanzierung der NSDAP durch die deutsche Großindustrie. Versuch einer Bilanz. In: Nationalsozialistische Diktatur 1933-1945. Eine Bilanz. Karl Dietrich Bracher u.a. (Hrsg.), Bonn 1986 (Schriftenreihe der Bundeszentrale für politische Bildung, Bd. 192), S. 132-154

URKUNDEN der Obersten Heeresleitung über ihre Tätigkeit 1916/18. Hrsg. Erich Ludendorff, 4. Aufl., Berlin 1922

VOGEL, Walter: Westdeutschland 1945-1950. Der Aufbau von Verfassungs- und Verwaltungseinrichtungen über den Ländern der drei westlichen Besatzungszonen, T. 2, Boppard 1964

VOGT, Helmut: Hintergrund und Ablauf der „Gleichschaltung" regionaler Wirtschaftsverbände. Zwei Beispiele aus Bonn. In: GiW, 9. Jg. (1995), S. 135-146

VOGT, Helmut: Die Wirtschaftsregion Bonn/Rhein-Sieg im Industriezeitalter. Festschrift zum 100jährigen Bestehen der Industrie- und Handelskammer Bonn 1891-1991, Bonn 1991

VOIGT, Ernst: Zehn Jahres Außenhandels-Fachschule. In: Mitt. IHK Köln, 14. Jg. (1959), S. 413-414

VÖLKLEIN, Ulrich: Macht, Geld und faule Tricks. Der US-Konzern ITT wird nach 75 Jahren und vielen Krisen aufgelöst - Ende eines finsteren Kapitels der US-Wirtschaftspolitik. In: Die Woche, 23.06.1995, S. 20-21

VOLKMANN, Hans-Erich: Zum Verhältnis von Großwirtschaft und NS-Regime im Zweiten Weltkrieg. In: Nationalsozialistische Diktatur 1933-1945. Eine Bilanz. Karl Dietrich Bracher u.a. (Hrsg.), Bonn 1986 (Schriftenreihe der Bundeszentrale für politische Bildung, Bd. 192), S. 480-508

VOPPEL, Götz: Kölns Lage und wirtschaftliche Bedeutung. In: Köln und sein Umland. Hrsg. von Karlheinz Hottes ..., Köln 1989, S. 19-24

VOPPEL, Götz: Räumliche Potentiale und die Entwicklung der Wirtschaftsstruktur Kölns im Städtevergleich. In: Wirtschaftsgeographische Entwicklungen in Köln. Hrsg. von Ewald Glässer und Götz Voppel, Köln 1988, S. 23-62

WATANABE, Hisashi: Gründungsjahre der Rheinkammernunion – Unter besonderer Berücksichtigung der Industrie- und Handelskammer zu Köln (1). In: The Kyoto University Economic Review, Vol. LVII, No. 2, 1987, S. 1-28

WEBER, Matthias: 100 Jahre BBS 1 der Stadt Köln: 1891/92-1992. In: 100 Jahre Berufsbildende Schule 1 der Stadt Köln, (Köln 1992), S. 11-28

WEHRWIRTSCHAFTSBEZIRK VIb (Düsseldorf). Geheime Reichssache. Reichsamt für wehrwirtschaftliche Planung, [Berlin 1940]

WEINHOLD, Kurt: Die Geschichte eines Zeitungshauses 1620-1945. Eine Chronik 1945-1970. Verlag M. DuMont Schauberg, Köln, Köln 1969

WEISBROD, Bernd: Zur Form schwerindustrieller Interessenvertretung in der zweiten Hälfte der Weimarer Republik. In: Industrielles System und politische Entwicklung in der Weimarer Republik. Verhandlungen des Internationalen Symposiums in Bochum vom 12. – 17. Juni 1973. Hrsg. Hans Mommsen u.a., Düsseldorf 1974, S. 674-692

WEISE, Jürgen: Die Chronik der Wirtschaftsjunioren Köln bei der Industrie- und Handelskammer zu Köln 1958-1993, Köln 1993

WEISE, Jürgen: Gemeinsames Handeln, 50 Jahre Vereinigung der Industrie- und Handelskammern in Nordrhein-Westfalen, Köln 1996

WEISE, Jürgen: Der Juniorenkreis der Kölner Wirtschaft bei der Industrie- und Handelskammer zu Köln, 1958-1983, Köln 1983

WEISE, Jürgen: Kammergeschäftsführung in der „Stunde Null" – Das Beispiel Köln. In: Zur Politik und Wirksamkeit des Deutschen Industrie- und

Handelstages und der Industrie- und Handelskammern 1861 bis 1949. Referate und Diskussionsbeiträge eines Symposiums aus Anlaß des 125jährigen Bestehens des Deutschen Industrie- und Handelstages am 1. Oktober 1986 in Ludwigshafen am Rhein. Im Auftrag des DIHT hrsg. von Klara van Eyll, Stuttgart 1987, S.135-142

WEISE, Jürgen: Kammern in Not – zwischen Anpassung und Selbstbehauptung. Die Stellung der Industrie- und Handelskammern in der Auseinandersetzung um eine neue politische und wirtschaftliche Ordnung 1945-1956. Dargestellt am Beispiel rheinischer Kammern und ihrer Vereinigungen auf Landes-, Zonen- und Bundesebene, Köln 1989 (Wirtschafts- und Rechtsgeschichte, Bd. 14)

WEISE, Jürgen: Ursprünge – Entwicklung – Wandlung, Köln 1994 (Schriftenreihe der Wirtschaftsjunioren Deutschland, H. 12)

WENDTLANDT, W.: Der Einfluß der Industrie- und Handelskammern auf die Rechtsprechung und Rechtschaffung. In: Die neue Wirtschaft, 2. Jg. (1934), H. 9, S. 11-12

WESSEL, Horst A.: Die Firma Meirowsky & Co., später Dielektra, in Porz und ihre Leistungen auf dem Gebiet der künstlichen Isolierstoffe für die Elektrotechnik. In: Rechtsrheinisches Köln, Bd. 18 (1992), S. 129-162

WESSEL, Horst A.: „.... die Industrie kann ihre handwerklich eingesetzten Arbeiter selbst ausbilden ...". Eine kleine Chronik der beruflichen Aus- und Weiterbildung im Bereich der Industrie- und Handelskammer Düsseldorf. Unter Mitarb. von Thomas Beckers u.a., Düsseldorf 1996

WESSEL, Horst A.: Kontinuität im Wandel. 100 Jahre Mannesmann 1890-1990, (Düsseldorf 1990)

WESTDEUTSCHE WIRTSCHAFTS-ZEITUNG, 1. – 22. Jg. (1923-1944)

DAS WIEDERERSTANDENE KÖLN und sein Wirtschaftsraum. Hrsg. Industrie- und Handelskammer zu Köln, Köln 1959

WILLERS, Dietz: Köln und die Rheinschiffahrt. In: Der Wirtschaftsraum Köln. Red. Eberhard Garnatz, 3. Aufl., Oldenburg 1981 (Monographien deutscher Wirtschaftsgebiete, Bd. 19), S. 92-96.

WINKEL, Harald: Geschichte der württembergischen Industrie- und Handelskammern Heilbronn, Reutlingen, Stuttgart/Mittlerer Neckar und Ulm 1933-1980. Zum 125jährigen Bestehen, Stuttgart 1980

WINKEL, Harald: Wirtschaft im Aufbruch. Der Wirtschaftsraum München-Oberbayern und seine Industrie- und Handelskammer im Wandel der Zeit, München 1990

„WIR HABEN schwere Zeiten hinter uns". Die Kölner Region zwischen Krieg und Nachkriegszeit. Hrsg. Jost Dülffer, Vierow bei Greifswald 1996 (Veröffentlichungen des Kölnischen Geschichtsvereins e.V., Bd. 40)

DIE WIRTSCHAFT des Landes Nordrhein-Westfalen. Hrsg. Ludwig Bußmann, Köln 1988

DER WIRTSCHAFTSRAUM Köln. Hrsg. von der Gerhard Stalling AG, 2. Aufl., Oldenburg 1973 (Monographien deutscher Wirtschaftsgebiete, Bd. 19)

DER WIRTSCHAFTSRAUM Köln. Red. Eberhard Garnatz, 3. Aufl., Oldenburg 1981 (Monographien deutscher Wirtschaftsgebiete, Bd. 19)

DER WIRTSCHAFTSRAUM Köln 1978-1990. Ein statistischer Überblick. Hrsg. Industrie- und Handelskammer zu Köln, Köln 1991

WISTRICH, Robert: Wer war wer im Dritten Reich. Anhänger, Mitläufer, Gegner aus Politik, Wirtschaft, Militär, Kunst und Wissenschaft, München 1983

WOLSING, Theo: Untersuchungen zur Berufsausbildung im Dritten Reich, Kastellaun 1977 (Schriftenreihe zur Geschichte und politischen Bildung, Bd. 24)

ZÖLLER, Klaus: Blickrichtung Zukunft. 150 Jahre Agrippina Versicherungen 1844-1994, Köln 1994

ZUNKEL, Friedrich: Die wirtschaftliche, soziale und finanzielle Entwicklung Kölns während der Weltwirtschaftskrise. In: GiK, H. 18 (1985), S. 35-75

ZUR TRADITION des Maklerstandes und der Kölner Immobilien- und Hypothekenbörse. In: Mitt. IHK Köln, 22. Jg. (1967), S. 211-216

ZWANGSARBEIT bei Ford. Eine Dokumentation. Hrsg. Projektgruppe „Messelager" im Verein EL-DE-Haus e.V., Köln 1996

ABKÜRZUNGSVERZEICHNIS

AEVO	Ausbildereignungsverordnung	JB	Jahresbericht(e)
Anm.	Anmerkung	JEIA	Joint Export Import Agency
ARD	Arbeitsgemeinschaft der öffentlich-rechtlichen Rundfunkanstalten der Bundesrepublik Deutschland	Kap.	Kapitel
		KGÖ	Kammergemeinschaft Öffentlichkeitsarbeit
		KHD	Klöckner-Humboldt-Deutz
AUFA	Außenwirtschaftsfachschule	KPD	Kommunistische Partei Deutschlands
BArch	Bundesarchiv	m+w	markt + wirtschaft
BDA	Bundesvereinigung der Deutschen Arbeitgeberverbände	MICUM	Mission Interalliée de Contrôle des Usines et des Mines
BDI	Bundesverband der Deutschen Industrie	Mitt.	Mitteilungen
		Mittbl.	Mitteilungsblatt
BGBl.	Bundesgesetzblatt	NL	Nachlaß
BRAIN	Büro für regionale Analyse und Innovation	NRW	Nordrhein-Westfalen
		NSBO	Nationalsozialistische Betriebszellenorganisation
Btx	Bildschirmtext		
BWM	Bundesministerium für Wirtschaft	NSDAP	Nationalsozialistische Deutsche Arbeiterpartei
CAD	computer aided design		
CE	Communautés européenes	NS-Hago	Nationalsozialistische Handwerks-, Handels- und Gewerbe-Organisation
CNC	computer numerical controlled		
DAF	Deutsche Arbeitsfront	NSKK	Nationalsozialistisches Kraftfahrer Korps
DCW	Deutsch-Chinesische Wirtschaftsvereinigung		
		OECD	Organization for Economic Cooperation and Development
DDR	Deutsche Demokratische Republik		
DHT	Deutscher Handelstag	OEEC	Organization for European Economic Cooperation
DIHT	Deutscher Industrie- und Handelstag		
DVP	Deutsche Volkspartei	ÖPNV	Öffentlicher Personennahverkehr
Ebda.	Ebenda	OKW	Oberkommando der Wehrmacht
FiDa	Firmendatenbank		
GB	Geschäftsbereich	OLG	Oberlandesgericht
GEW	Gas, Elektrizitäts- und Wasserwerke	O.M.G.U.S.	Office of Military Government for Germany, United States
GV NW	Gesetz- und Verordnungsblatt Nordrhein-Westfalen	o.Pag	ohne Paginierung (ohne Seitenzahlen)
		OVG	Oberverwaltungsgericht
GWB	Gauwirtschaftsberater	PRO	Public Record Office
GWK(n)	Gauwirtschaftskammer(n)	RAG	Rheinische Aktiengesellschaft für Braunkohlenbergbau und Brikettfabrikation
HAStK	Historisches Archiv der Stadt Köln		
HGF	Hauptgeschäftsführer		
HJ	Hitlerjugend	RDI	Reichsverband der Deutschen Industrie
HStD	Nordrhein-Westfälisches Hauptstaatsarchiv		
		RGBl	Reichsgesetzblatt
IHK(n)	Industrie- und Handelskammer(n)	Reg.	Regierung (Bezirksregierung)
ISO	International Organization for Standardization	REM	Reichserziehungsministerium
		REW	Rheinisches Elektrizitätswerk im Braunkohlenrevier
ITZ	Informationstechnik-Zentrum Köln		

RKW	Rationalisierungskuratorium der Deutschen Wirtschaft	StJb	Statitisches Jahrbuch (auch pl.)
ROW	Rheinische Olefinwerke GmbH	UA	Universitätsarchiv
RTL	Radio Television Luxemburg	Uk	Unabkömmlichkeit
RWE	Rheinisch-Westfälisches Elektrizitätswerk	USA	Vereinigte Staaten von Amerika
RWK	Reichswirtschaftskammer	VV	Vollversammlung
RWM	Reichswirtschaftsministerium	WDR	Westdeutscher Rundfunk
RWWA	Rheinisch-Westfälisches Wirtschaftsarchiv	WIS	Weiterbildungsinformationssystem
		WK(n)	Wirtschaftskammer(n)
SA	Sturmabteilung	WWZ	Westdeutsche Wirtschafts-Zeitung
SED	Sozialistische Einheitspartei Deutschlands	ZARB	Zentralarchiv Rheinbraun
		ZAW	Zentralamt für Wirtschaft
SPD	Sozialdemokratische Partei Deutschlands	ZDF	Zweites Deutsches Fernsehen
		ZPA	Zentralstelle für Prüfungsaufgaben
SS	Schutzstaffel	ZSV	Zentrale Schriftgutverwaltung
StadtABN	Stadtarchiv und Wissenschaftliche Stadtbibliothek Bonn		

BILDNACHWEIS

Bundesarchiv, Berlin
184 (rechts), 186 (2)

DEA Werk UK Wesseling
140, 141

Historisches Archiv der Stadt Köln
18, 37, 48, 52, 145

IHK zu Köln, Fotoarchiv
14 (2), 76, 194, 214, 229, 235 242, 243(2), 249, 252, 254, 261, 266 (unten), 272, 273, 280, 288, 290, 296, 322, 326, 330, 337, 342, 350, 363, 366, 377, 387, 388, 391, 393, 394, 400, 402, 404, 410, 411, 412, 416, 420, 424, 432, 433, 437, 438, 439, 440, 448, 462, 470, 485, 491

Kölnische Rundschau
266 (oben)

Messe- und Ausstellungsgesellschaft mbH
41

Rheinbraun AG, Köln
56, 246, 247

Rheinisch-Westfälisches Wirtschaftsarchiv zu Köln
50, 62, 77, 78, 92, 102, 107, 133, 137, 138, 162, 197, 259, 284, 301, 336, 490

Rheinisches Bildarchiv
152

RWE AG, BV Goldenberg-Werk, Hürth-Knapsack
134

Ekhard Schmitz-Sieg, Duisburg
66

Wirtschaftsjunioren Köln
487

Literatur
65 (Steimel, Kölner Köpfe), 65 (Handbuch von Köln), 142 (Die neue Großmarkthalle der Stadt Köln), 176 (Handbuch der gewerblichen Wirtschaft), 184 links (Der deutsche Reichstag), 359 (IHK zu Köln, Jahresbericht 1963), 427 (ebd., 1968), 458 (ebd., 1966), 459 (ebd., 1963)

ORTSREGISTER

Aachen 9, 34, 44, 47, 55, 91, 104-106, 109, 144, 162, 171, 175, 182, 187, 195, 202, 204, 205, 219, 234, 242, 279, 281, 300, 303, 339, 349, 361, 364, 389, 418, 426, 430, 463, 465-467, 472, 475, 481, 482, 484, 517
- Regierungsbezirk 149, 151, 175, 375

Afrika 267
Altenkirchen, Kreis 165
Ameln 143
Amerikanische Zone 305, 367
Amsterdam 206, 484
Antweiler 465
Antwerpen 53, 291, 346
Appenweier 42
Arnsberg 424
Aserbaidschan 439
Asien 258, 267
Au/Sieg 425
Aurich 54

Bad Dürkheim 302
Bad Ems 37, 39, 40, 94
Bad Nenndorf 301
Baden 36, 302
Basel 364
Bayern 486
Bedburg 55, 129, 519
Beijing 390, 439
Belgien 9, 34-36, 40, 42, 44, 53, 86, 95, 125, 146, 178, 179, 184, 201-203, 206, 229, 242, 264, 292, 402, 426
Bergheim 127, 129, 139, 150, 154, 236, 284-286, 297, 378, 397, 429, 474, 519
- Bethlehemer Straße 286
- Kreis 8, 128-130, 148, 170, 171, 173, 237, 284, 286, 320, 376, 379, 444
Bergisch Gladbach 129, 130, 141, 150, 155, 170, 171, 235, 236, 259, 261, 268, 284, 286, 297, 397, 425, 429, 451, 459, 519
- Bensberg 129, 195, 459, 463
- Herkenrath 136
Bergisches Land 15, 143, 174, 195, 242, 246, 409, 413
Bergneustadt 182, 239, 519
Berlin 9, 13, 19, 21, 22, 25, 30, 35, 37, 45, 64, 72, 73, 88, 93-95, 97, 103, 144, 153, 162, 164, 165, 168, 173-175, 180, 187, 198, 204-207, 260, 264, 267, 291, 318, 345, 349, 351, 362, 392, 401, 443, 449, 470
Bickenbach 155
Bieberstein 150
Bielefeld 180

Birkenfeld 105
Bitterfeld 182
Bizone s. Vereinigtes Wirtschaftsgebiet
Bocholt 185
Bochum 403
Bodensee 364
Bonn 8, 55, 104-106, 109, 127, 144, 149, 150, 170-173, 175, 181, 184, 185, 188, 189, 192, 194, 195, 201, 203, 206, 216, 219, 221, 237, 242, 281, 283, 284, 287, 298, 300, 302, 309, 335, 347, 351, 358, 361, 378, 390, 395, 396, 401, 421, 426, 430, 450, 463, 465-472, 475, 481, 482, 484, 485, 517
- Bad Godesberg 194, 195
- Beuel 194, 423
- Kreis 8, 144, 170, 171, 173, 216, 376
- Rheinallee 194
- Schumannstraße 194
- Wörthstraße 194, 281
Bremen 69, 449
Breslau 297
Britische Besatzungszone 281-283, 285, 301, 305, 315
Brühl 133, 134, 144, 149, 150, 170, 171, 234, 236, 239, 247, 248, 250, 397, 398, 519
Brüssel 202, 206, 351, 426, 438, 460, 471, 484
Buchenwald 158
Bulgarien 157
Bundesrepublik Deutschland 229-231, 241, 245, 269, 270, 302, 318, 319, 390, 393, 408, 428, 491
Burscheid 376, 378, 387, 397, 411, 412, 519

Camenz 295
Castrop-Rauxel 473
Chemnitz 365
Chicago 392
China 249, 390, 439
Compiègne 34
Cottbus 391

Dachau 177
Dänemark 230
Darmstadt 38, 426
Detmold 377, 378
Detroit 250
Deutsche Demokratische Republik 230, 233, 345, 418, 419, 438
Deutsches Reich 8, 12, 24, 31, 34, 36, 37, 42, 46, 47, 48, 54, 60, 95, 100, 101, 105, 110, 120, 122, 130, 135, 144, 145, 148, 159, 182, 195, 196, 215, 236, 491
Dhünn-Talsperre 347
Dieringhausen 312

535

Dillenburg 424
Donau 486
Dormagen 9, 323
Dortmund 9, 95, 355, 430, 443
Dresden 64
Düren 144, 426
Düsseldorf 9, 34, 38, 40, 44, 47, 69, 91, 96, 106, 109, 115, 144, 165, 174, 212, 239, 242, 263, 264, 267, 300, 308, 315, 317, 349, 353, 364, 401, 418, 421, 425, 426, 439, 441, 453, 454, 469
– Regierungsbezirk 149, 165, 175, 376
Duisburg 9, 38, 40, 47, 66, 91, 144, 150, 164, 168, 300, 365, 426, 468
– Ruhrort 38, 40, 47

Eckernförde 180
Ehreshoven, Schloß 195, 297, 299, 316, 340, 368
Ehringsdorf 182
Eifel 9
Eisenach 182
Elsaß-Lothringen 93
Elsdorf 127, 325, 519
– Esch 127
Emmerich 42
Engelskirchen 129, 136, 239, 258, 286, 312, 376, 519
England s. Großbritannien
Erftgebiet 347
Erftkreis 233, 234, 237, 239, 242, 245, 256, 267, 268, 270, 271, 274, 378, 379, 397, 471
Erftstadt 262, 376, 378, 391, 519
– Bliesheim 376
– Gymnich 376
– Kierdorf 376
– Köttingen 257
– Lechenich 376
– Liblar 34, 134, 137, 376
– Schloß Gracht 391
Erkelenz 389
Erlangen 185
Essen 9, 143, 144, 264, 301, 361, 375, 426
Eupen, Kreis 93, 175
Euskirchen, Kreis 8, 34, 170, 171, 173, 283, 376, 465

Finnland 230
Frankfurt/Main 13, 22, 38, 79, 88, 136, 168, 182, 204, 228, 244, 263, 267, 302, 311, 345, 351, 364, 389, 390, 426, 449
Frankreich 9, 21, 34-36, 40-45, 53, 95, 125, 180, 203, 229, 231, 242, 264, 442, 453, 486, 491
Französische Besatzungszone 282, 302, 371
Frechen 149, 239, 246, 460, 519
Freiburg/Brsg. 187
Friedrichsroda 184

Geilenkirchen, Kreis 376
Genua 17, 85, 100
Gmünd 156
Göttingen 325
Grevenbroich 325
Griechenland 230, 477
Großbritannien 17, 21, 35, 36, 40, 44, 131, 230, 442, 453
Gummersbach 128-130, 137, 141, 148, 150, 174, 175, 188, 195, 215, 223, 235, 239, 242, 248, 260, 262, 284-286, 293, 294, 297, 323, 334, 338, 405, 408-410, 423, 429, 436, 460, 461, 463, 473, 474, 519
– Danziger Straße 338
– Körnerstraße 286, 293, 294, 330, 338, 409
– Kreis 8, 127, 127, 293
– Talstraße 330, 409, 410
– Vollmerhausen 182, 195
– Windhagen 410

Hagen 365, 449
Hahnenklee/Harz 285, 302
Halle/Saale 31, 392, 438
Hamburg 19, 22, 69, 143, 175, 267, 351, 449
Hamm 349
Hanau 38, 182, 183
Hannover 168, 263, 301, 325, 363, 463
– Provinz 33, 54
Hanoi 439
Hartford/Connecticut 389
Hattenbach 408, 423
Hattenheim 324
Heidelberg 187, 234
Herchen 194
Hessen 36, 204, 318, 408, 424
– -Nassau 54
Hoffnungsthal 312
Hohenstein, Gut 180
Hongkong 439
Honrath 312
Hoverhof 57
Hückeswagen 376, 378, 379, 409, 519
Hürth 139, 149, 236, 239, 262, 269, 397, 466, 519
– Kalscheuren 141
– Knapsack 139, 149, 245

Idar-Oberstein 105, 109
Irland 230
Israel 218
Isselburg 185
Italien 17, 21, 139, 140, 229, 231, 486

Japan 26, 248
Jena 391
Jiangsu 439

Jülich, Kreis 376
Jugoslawien 140, 201

Kamen 349
Karlsruhe 42, 53
Kasachstan 439
Kassel 424
Kerpen 397, 423, 519
- Blatzheim 257
- Horrem 130
- Sindorf 466
- Türnich 128
Kiel 19
Kleve 36
Klüppelberg 137
- Egerpohl 137
Koblenz 34-36, 39, 42, 47, 89, 104-106, 109, 170, 202, 364
Köln passim
- Alte Universität 203, 440
- Altstadt 149, 150, 460
- Am Botanischen Garten 75, 194, 299
- Amsterdamer Straße 423
- Bahnhof Bonntor 108
- Bahnhof Deutz-Tief 92, 154
- Bahnhof Eifeltor 242, 267, 423, 427
- Bahnhof Gereon 144, 421
- Bayenthal 136, 156
- Bickendorf 259
- Bocklemünd-Mengenich 269, 343, 458
- Börsenplatz 335, 363
- Bonner Straße 142
- Braunsfeld 136, 462, 463
- Breite Straße 153
- Breslauer Platz 424
- Busbahnhof 243
- Butzweiler Hof 145, 267, 269, 460
- Chorweiler 343, 353, 425, 457, 458
- Christophstraße 430, 454
- Claudiusstraße 441
- Dellbrück 136, 195
- Deutscher Ring 194
- Deutz 136, 144, 151, 156, 223, 250, 262, 269, 423
- Deutzer Brücke 242, 423
- Dom 77, 149, 268, 424, 487
- Domplatz 37
- Ehrenfeld 150, 153, 156, 460
- Eintrachtstrasse 295
- Enggasse 78, 299, 334, 337
- Elsa-Brandström-Straße 195
- Esch 376
- Fernmeldeturm „Colonius" 417
- Filzengraben 75
- Flittard 401

- Frankenplatz 77
- Frankenwerft 458
- Friesenplatz 351, 424
- Fühlingen 8
- Glockengasse 214
- Godorf 267, 427
- Großmarkt 108, 142, 144, 146, 423
- Gürzenich 40, 77, 199
- Hafen Godorf 267, 427
- Hafen Mülheim 267
- Hafen Niehl 266, 267, 364, 427
- Hansaring 323
- Hauptbahnhof 151, 242, 243, 267, 351, 424
- Heimersdorf 457, 458
- Heumarkt 144, 146, 491
- Hohenzollernbrücke 77, 144, 229, 425
- Hohenzollernring 422
- Hohe Straße 36
- Innere Kanalstraße 144, 349, 350, 423
- Jakordenstraße 195
- Kaiser-Wilhelm-Ring 422
- Kalk 136
- Kreis 8-10, 12, 15, 73, 109, 112, 127-129, 144, 148, 156, 172, 185, 237, 284, 286, 320, 376, 378, 379
- Kreuzgasse 325, 389
- Langel 8
- Lindenthal 177
- Lindweiler 458
- Lövenich 128, 376, 472
- Longerich 460
- Maria-Ablaß-Platz 335
- Marienburg 186
- Marsdorf 376
- Marsilstein 152
- Mediapark 269, 420, 421, 429, 469
- Merheim 8, 150, 255
- Merkenich 8
- Militärringstraße 349
- Mülheim 8-10, 103, 149, 267, 424, Kreis s. Mülheim
- Mülheimer Brücke 47
- Müngersdorf 154
- Müngersdorfer Stadion 269
- Neumarkt 148, 264, 424
- Neusser Straße 423
- Niehl 136, 254, 266, 267, 292, 323, 364
- Nippes 137
- Nord-Süd-Fahrt 312, 335, 349, 350, 423
- Opernhaus 144
- Osram-Haus 299, 334
- Ossendorf 269, 421, 460
- Ostheim 343
- Overstolzenhaus 74-76
- Pesch 376

- Pfälzischer Ring 423
- Philharmonie 269
- Pipinstraße 75
- Poll 135
- Porz 128, 129, 132, 137, 139, 250, 286, 376, 459, 472
- Probsteigasse 447, 448
- Raderthal 146, 182
- Regierungsbezirk 8, 45, 97, 127-130, 148, 149, 151, 153, 154, 172-174, 236, 279, 283, 284, 293, 347, 375, 376, 378, 465, 466
- Rheinauhafen 156
- Rheingasse 75, 76
- Ringe 144
- Rodenkirchen 139, 185, 250, 376, 460, 472
- Rodenkirchener Brücke 144, 145
- Roggendorf 8
- Sachsenring 422
- Schildergasse 342, 350
- Seeberg 458
- Severinsbrücke 351, 423, 424
- Stadtwaldgürtel 177
- Stapelhaus 458
- Stolkgasse 78, 299
- Südbrücke 267, 423
- Südstadt 153
- Sürth 156
- Tempelhaus s. Overstolzenhaus
- Unter Sachsenhausen 77, 78, 193, 194, 203, 264, 286, 299, 315, 334-337, 361, 432
- Verteilerkreis Süd 423
- Vinzenz-Krankenhaus 295
- Von-Werth-Straße 299
- Wahner Heide 267
- Weidenpesch 139
- Weiler 8, 457
- Widdersdorf 376
- Wiener Platz 267, 424
- Worringen 8, 9, 149, 150, 323, 427
- Worringer Straße 194
- Zollstock 137, 460
- Zoobrücke 423

Königswinter 168
Kottenforst-Ville 465
Krefeld 91, 109, 204, 300, 365, 426, 484
Kürten 376, 519

Langenfeld 425
Leichlingen 376, 378, 397, 398, 411, 412, 519
Leipzig 41, 42, 79, 106, 263, 438
Lennep 112, 293
Leverkusen 174, 175, 233, 234, 236, 237, 248, 250, 253, 260, 262, 267, 268, 274, 275, 350, 376, 378, 397, 398, 405, 411, 412, 429, 435, 436, 450, 461, 468, 471, 488, 489, 519

- Bergisch Neukirchen 376
- Hafen 267
- Opladen 150, 376, 411-413
- - An der Schusterinsel 411, 412

Liegnitz 65
Lille 426
Lindlar 239, 246, 250, 519
Limburg/Lahn 42, 426
London 38, 39, 44, 105, 175, 228, 291, 351, 426, 471
Ludwigshafen 36, 95, 187, 302, 361, 423
Lüdenscheid 151
Lüttich 426
Lugano 59
Luxemburg 36, 179, 229, 242, 264, 292, 385

Maastricht 230
Mainz 34, 42, 91
Malmédy, Kreis 93, 175
Mannheim 42, 426
Mansfeld 31
Marienheide 312, 519
Minden 282, 283, 302, 311
Mitteldeutschland 130, 155, 265, 314
Mittellandkanal 144
Mönchengladbach 91, 105, 109, 291, 300, 339, 377, 418
Monschau, Kreis 376
Morsbach 258, 519
Mosel 364
Much 195
Mülheim, Kreis 8-10, 59, 73, 127, 172, s.a. Köln-Mülheim
München 55, 151, 164, 219, 325, 351, 390, 397, 401, 403, 421, 470
Münster 185, 237, 238, 300
- Regierungsbezirk 375

Neuss 300, 339, 377, 418, 423, 425, 465
Neuwied 389
New York 47, 389, 390, 426
Niederlande 9, 17, 36, 40, 85, 146, 178, 184, 186, 201, 203, 229, 231, 242, 264, 300
Niederrhein 12, 362
Nigeria 437
Nordamerika 85
Norddeutschland 349
Nordrhein-Westfalen 233, 236-238, 250, 268, 270, 275, 300, 305, 307, 315, 317, 319, 339, 340, 342, 346, 348, 352, 353, 357, 360, 378, 408, 410, 413, 417, 421, 425, 426, 436, 439, 441, 445, 463, 468, 472, 474, 477, 478, 488, 490
Nümbrecht 519
Nürnberg 124, 168, 351, 449

Oberbergischer Kreis 127-130, 135, 141, 143, 150, 157, 165, 171, 173-175, 182, 233-237, 239, 242, 245, 247, 256, 258, 267, 268, 271, 274, 283, 284, 286, 289, 293-295, 305, 312, 320, 321, 325, 329-331, 347, 353, 376-378, 386, 398, 399, 407-411, 421, 443, 471, 488, 489
Oberhausen 144
Obernkirchen 302
Oberrhein 204
Odenthal 519
Österreich 36, 131, 178, 208, 230, 390, 434, 486
– -Ungarn 21
Offenburg 42
Oldenburg 36, 64, 65, 105
Olpe 408, 423
Osnabrück 54, 285
Ostdeutschland 26, 57, 265, 291, 314, 424
Osteuropa 237, 249, 390, 424, 436
Ostsee 85
Overath 236, 248, 519
– Untereschbach 135

Palästina 153
Paris 35, 91, 151, 201, 389, 426, 471, 484
Peking s. Beijing
Peru 434
Pittsburgh/Pennsylvania 389
Pfalz 54
Polen 125, 155, 212, 438
Portugal 178, 230, 389, 434
Potsdam 305
Preußen 24, 26, 30, 33, 34, 60, 71, 90, 148, 168, 491

Radebeul 255
Radevormwald 239, 376, 379, 409, 519
– Dahlerau 143
Raeren 402
Recklinghausen 136
Rees, Kreis 185
Reichshof 519
Remagen 349
Remscheid 112, 173, 205, 293, 306, 377, 378, 387, 407, 411-413, 418, 465
Rhein 9, 34, 39, 42, 64, 100, 130, 144, 190, 253, 312, 323, 347, 348, 364, 423, 486
– -Main-Donau-Kanal 364, 365, 486
– -Main-Gebiet 144, 426-
– -Neckar-Raum 470
– -Sieg-Kreis 450, 471
– -Wupper-Kreis 376
Rheinbach, Kreis 8, 173
Rheinisch-Bergischer Kreis 10, 12, 112, 127-129, 148, 172, 233, 234, 236, 237, 239, 245, 247, 256, 258, 262, 267, 268, 274, 284, 286, 320, 353, 377, 378, 397, 398, 421, 444, 471

– -Westfälisches Industriegebiet 90
Rheinland passim
– -Pfalz 302, 408
Rheinprovinz 54, 109, 128, 146, 151, 172, 179, 204, 315
Rhône 486
Rösrath 156, 236, 519
– Hoffnungsthal 156
Rom 484
Rostock 66
Rothaargebirge 424
Rotterdam 323, 346, 365
Ründeroth 221
Ruhrgebiet 9, 15, 16, 34, 42, 43, 86, 91, 95, 144, 150, 238, 244, 362, 426, 472
Rumänien 19, 157
Rußland 21, 26, 391

Saarbrücken 109
Saargebiet 201
Saarland 93, 109
Sachsenhausen 148
St. Goarshausen, Kreis 165
Sarajevo 21
Schleiden, Kreis 376
Schweden 17, 230
Schweiz 36, 59, 178, 280, 364, 390
Schwelm 64, 136
Schwetzingen 234
Shandong 439
Siam s. Thailand
Sichuan 439
Siegburg 143, 144, 179, 206, 401, 402, 426
Siegen 106, 424, 464
Siegerland 9
Siegkreis 8, 170, 171, 173, 195, 216, 283
Skandinavien 85, 201
Slowakei 139, 157, 486
Solingen 91, 109, 174, 205, 361, 377, 378, 398, 411, 413
Sowjetische Besatzungszone 263, 344
Sowjetunion s. Union der Sozialistischen Sowjetrepubliken
Spanien 144, 230, 434
Sprockhövel 184
Stade 180, 285
Stadthagen 283
Stockholm 91
Stolberg 104-106, 187
Straßburg 42, 364, 365
Stuttgart 361, 449
Sudetenland 208
Südamerika 17, 85, 146
Süddeutschland 349
Südosteuropa 185

Taiwan 439
Tannenberg 24
Thailand 136
Theresienstadt 177
Tirlemont 325
Trier 91, 104-106, 109, 143, 202, 362
Troisdorf 221
Tschechoslowakei 135
Tübingen
Türkei 434, 439
Turkmenistan 439

Ulm 135
Ungarn 157, 178, 390, 486
Union der Sozialistischen Sowjetrepubliken 28, 29, 125, 139, 390
Unkel 190
Unterwesterwaldkreis 165
Usbekistan 439

Velbert 175
Venlo 234
Vereinigte Staaten von Amerika 26, 35, 124, 131, 143, 146, 248, 279, 389, 392, 442, 461
Vereinigtes Wirtschaftsgebiet (Bizone) 228, 244, 283, 317
Vietnam 439

Waldbröl 128, 136, 143, 239, 519

– Kreis 8, 171, 173
Weimar 30, 31, 36, 93
Wermelskirchen 376, 378, 387, 397, 411, 412, 413, 519
Wesel 42, 222
Wesseling 127, 129, 139-141, 173, 236, 237, 239, 248, 257, 346, 376, 397, 460, 472, 519
– Hafen 144, 267
– Keldenich 127, 173
Westdeutschland 29, 47, 90, 146, 147, 178, 202, 238, 253, 292
Westfalen 9, 54, 147, 204, 484
Wiehl 408, 519
Wiehlmünden 150
Wien 30, 256, 390
Wiesbaden 426
Wipperfürth 262, 284, 295, 376, 519
– Kreis 3, 10, 127, 173
Witten/Ruhr 184
Würgendorf 219
Württemberg-Hohenzollern 302
Wupper 412
Wuppertal 109, 112, 144, 159, 165, 171, 173-175, 220, 300, 301, 349, 355, 376-378, 407, 412, 413, 415, 426, 444
Wurmgebiet 150

Zieverich, Burg 325
Zürich 390

SACHREGISTER

Das Sachregister umfaßt nur Begriffe, die unter den einzelnen Kapitelüberschriften nicht zu vermuten sind. Auf die Aufnahme von Generalia („Handel" oder „Industrie") wurde verzichtet.

Antisemitismus 124, 146, 161
Arbeitslosenversicherung 47
Arbeitslosigkeit 8, 12, 13, 16, 45, 46, 58, 66, 86, 87, 97, 120, 122, 130, 131, 155, 163, 199, 230-233, 238, 460
Arbeitsnachweise 23, 87, 97
Arbeitsrecht 45
Arisierung 123, 153, 154, 210, 289
Ausbildung s. Berufsbildung
Ausländische Mitbürger 236-238, 476, 477, 481
Außenhandel, -wirtschaft 8, 17, 40, 68, 69, 83-86, 105, 110, 121, 146, 201, 202, 229, 231, 260, 297, 309, 310, 343-346, 385, 387, 396, 411, 413-416, 431, 434-437
Außenstelle der IHK zu Köln Bergheim 284-286, 297
– Bergisch Gladbach 284, 286, 297
Ausverkäufe 203, 341, 411, 414
Autarkiepolitik 121, 123, 136, 139, 140, 146, 147, 163
Autobahnen 120, 131, 144, 179, 204, 234, 235, 241, 242, 349, 350, 364, 395, 408, 423, 424
Automobilindustrie 231, 233, 235, 245, 250-252, 260, 271, 410

Banken 9, 11, 13, 17, 22, 27, 40, 44, 48, 51, 60, 61, 63, 79, 81, 83, 84, 93, 98, 104, 109, 122, 123, 147, 148, 178, 182, 206, 207, 231, 233, 241, 264, 270, 271, 285, 286, 295, 315, 320, 325, 328, 378, 379, 386, 445, 470
Bauwirtschaft 15, 150, 238, 239, 246, 260, 270
Bebauungspläne s. Raumordnung
Bekleidungsindustrie 15, 130, 143
Bergbau 10-12, 15, 24, 25, 27, 135, 231, 232, 239, 245-247, 253, 270, 356, s. a. Braunkohlenbergbau
Berufsbildung 79, 80, 109, 166, 200, 205-207, 295, 315, 316, 318, 319, 328, 358-361, 385, 392, 395, 396, 398, 401, 402, 405, 408, 409, 411, 416, 431, 441-455, 477
Besatzung 34, 35, 44, 47, 48, 66-68, 95-97, 103, 126
Betriebsräte 29, 99
Betriebsschließungen
Bewinkelung 213
Bewirtschaftung 17, 24, 25, 125, 172, 208, 231, 244, 298, 304, 305, 324

Bezirksarbeiterräte 30
Bezirkswirtschaftsräte 29-31, 33
Bildschirmtext 428
Bio- und Gentechnologie 255, 256, 271, 469
Börsen 79, 84, 96, s.a. Institutionenregister
Branntweinmonopol 39, 40
Brauereien 15, 17, 143, 256, 257
Braunkohlenbergbau 8, 16, 44, 46, 51, 55, 57, 129, 133, 136, 137, 144, 173, 234, 236, 245, 271, 311
Buchführung 192
Bücherrevisoren 79, 106, 109, 110, 206
Bundesverkehrswegeplan 424

Carnets 344, 433-435
Chemische Industrie 15, 23, 127, 135, 136, 139, 157, 231, 233, 234, 248, 250, 253-256, 271, 348, 386

Darlehenskassen 20
Datenverarbeitung 430
Dawes-Plan 44, 46, 57, 104, 108
Demobilmachungsausschüsse 45
Demontage 228, 244, 248, 249, 251, 305, 306, 310, 311
Design 422
Dienstleistungen 12, 13, 131, 230, 231, 233, 239, 260, 271, 379, 380

Ehrenring der IHK 324, 402
Einzelhandel 11, 58, 60, 61, 63, 64, 69, 108, 131, 145, 146, 155, 161, 164, 166, 167, 170, 181, 182, 199-201, 206, 213, 233, 260, 262, 285-287, 295, 299, 304, 308, 309, 320, 325, 340-343, 378-380, 386, 416, 448, 452, 460, 477
Eisenbahnverkehr 15, 48, 55, 205, 232, 348, 349, 426
Eisenindustrie 122, 132, 135-137, 139, 157, 232, 235, 238, 244, 270, 356, 389
Elektrizitätswirtschaft 16, 213
Elektrotechnische Industrie 127, 137, 231, 233, 245, 251, 448
Emissionskataster Köln 468
Energiewirtschaft 213, 232, 234, 238, 252, 270, 310, 311, 346
Entsorgungswirtschaft 234, 271
Ernst-Schneider-Preis 393, 419
Erzbergbau 135, 245
European Recovery Program s. Marshall-Plan
Euthanasie 189
Exportförderprogramm NRW 436, 437

Fahrzeugbau s. Automobilindustrie
Fernsehen 339, s.a. Medienwirtschaft

541

Flächennutzungsplan 411, 455-457
Flüchtlinge 236
Forstwirtschaft 13, 128, 238, 270, 380
Fortbildung s. Berufsbildung
Französische Revolution 42
Frauenarbeit 45, 87, 89, 121, 126, 157, 190
Frauenwahlrecht 33, 62
Fremdarbeiter 156-158
Führerprinzip 164, 166, 168, 169, 178, 196, 200, 201

Gas-Elektro-Front 199
Gasversorgung 149, 150
Gebietsentwicklungsplan 455, 456, 465, 466
Gefahrgutbeauftragte 383, 482
Generalverkehrsplan NW 425
Genossenschaftsregister 16, 60, 63, 64, 132, 286, 480
Gentechnologie s. Bio- und Gentechnologie
Gewerbesteuer 60, 63, 71-74, 191, 195, 286, 319, 331, 358, 375, 380-382, 472
Gewerbezentralregister 477
Gewerkschaften 27-29, 45, 57, 96, 100, 121, 163, 180, 282, 289, 300, 317-319, 328, 460, 469
Großhandel 11, 58, 60, 61, 63, 64, 69, 96, 130, 132, 146, 147, 161, 170, 181, 182, 201, 206, 233, 260, 262, 285-287, 295, 298, 304, 308, 309, 320, 325, 340, 378, 379, 416, 445
Gummifädenindustrie 140

Häfen 143, 144, 267, s.a. einzelne Häfen im Ortsregister unter Köln, Leverkusen und Wesseling
Handelsatlas 460
Handelsregister, -firmen 16, 60, 63, 64, 69, 96, 132, 165, 172, 200, 203, 239, 240, 282, 286, 313, 319, 331, 339, 354, 355, 380-383, 409, 411, 413, 419, 431, 445, 479, 480
Handelsrichter 79, 96, 178, 208, 414
Handelsvertreter 11, 61, 63, 88, 146, 147, 154, 161, 201, 309, 325, 378, 380, 396, 416
Handwerk 13, 28, 29, 45, 122, 127, 132, 171, 200, 231, 234, 238, 380, 398, 517
Hindenburg-Programm 19, 23, 24, 80
Holocaust 153
Holzgas-Generatoren 135, 136
Holzindustrie 141, 258
Hotel- und Gaststättengewerbe 11, 150, 206, 241, 268, 320, 408, 416, 460, 477, 481

ICE 426
Industriespionage 38
Inflation 8, 46, 47, 63, 66, 70, 73, 77, 82, 101, 103, 228
Informations- und Kommunikationstechnik 239, 252, 270, 271, 396, 405, 428, 429

- Internet 270, 429, 430
- ISDN 429, 434
- Softwarebranche 380, 429
- Telefax 428
- Telex 428
Innerdeutscher Handel 310, 344, 345, 416, 438
Internet s. Informations- und Kommunikationstechnik
Interzonenhandel s. Innerdeutscher Handel
ISDN s. Informations- und Kommunikationstechnik

Judenverfolgung 123, 124, 131, 153-155, 180, 209-211

Kabelindustrie 137, 146
Kammerneugliederung 375-378, 392, 397, 409, 417
Kartelle 83, 98, 355
Kaufmannsgehilfenprüfung 206, 224,
Kleingewerbetreibende 16, 61, 63, 70, 191, 200, 201, 353, 380-383, 418, 431
Kölnisch Wasser 140, 146
Kommunale Gebietsreform NRW 236, 375, 376
- Unternehmen 473
Konzentrationslager 126, 148, 153, 154, 158, 177
Konzertierte Aktion 232
Kreislaufwirtschaftsgesetz 467, 468
Kriegsfinanzierung 84
Kriegsfürsorge 86
Kriegsgefangene 88, 157, 212
Kriegskreditkasse 44
Kultur 234, 268, 421, 422

Landesentwicklungsplan 424, 455, 456
Landwirtschaft 10-13, 25, 28, 29, 57, 106, 108, 120, 127, 128, 173, 216, 230-232, 234, 238, 239, 270, 271, 274, 363, 380, 398, 517
Lederindustrie 143
Lehrwerkstatt 447, 448
Linoleum 55, 140
Löhne 88, 97, 99
Lohnsummensteuer 472, 473
Luftfahrt 145, 205, 426
Luftreinhalteplan Rheinschiene-Süd 468

Marshallplan 228, 229, 232, 244
Maschinenbau 15, 129, 131, 135, 233, 234, 235, 245, 248-250, 343
Medienwirtschaft 234, 239, 241, 268-271, 380, 419, 421, 422
Mefo-Wechsel 120
Metallindustrie 15, 23, 135, 157, 234, 235, 238, 247, 248, 305, 448
Minderkaufleute s. Kleingewerbetreibende
Mitbestimmung 29, 318, 324
Montanindustrie 43, 95, 136
Multimedia 429, 430

Nahrungs- und Genußmittelindustrie 15, 131, 143, 256-258
Nationalsozialistischer Musterbetrieb 133
Neujahrsempfang 202, 343, 391, 416
Notgeld 20, 82, 102

Öffentlicher Personennahverkehr 265, 267, 350, 351, 401, 422, 424, 425
Ölpreiskrise 230, 232, 255, 444

Papierindustrie 141, 235, 259
Permit-to-re-open 279, 292, 304, 406, 309, 324
Personenbeförderung 205
Postwesen 48, 55
Preisbildung 208
Presse s. Medienwirtschaft

Rätesystem 19, 27-31
Räumungsverkäufe s. Ausverkäufe
Raumordnung 172, 455-457
Realsteuerhebesätze 471-473
Recycling 201, 271, 273, 463, 467
Reinhardt-Programm 120, 124
Reparationen 35, 38, 39, 42, 43, 45, 46, 53, 96, 99, 100, 305, 310
Rüstungsindustrie 87, 121-123, 126, 130, 153, 157, 181, 213, 305, 306
Ruhrbesetzung 32, 35, 36, 40, 42, 44, 100
Ruhrlade 57, 98
Rundfunk 151, 155, 339, s.a. Medienwirtschaft

Sachverständige 79, 82, 85, 86, 98, 99, 109, 208, 355, 356, 385, 396, 414, 478, 479
S-Bahn s. Öffentlicher Personennahverkehr
Schlichtungsstelle für Verbraucherbeschwerden 476
Schuhschlichtungsstelle 476
Schutzzölle 89, 90
Separatismus 44, 175
Service-Center 433, 434, 461
Sondermüll 465-467
Soziale Marktwirtschaft 228, 231, 308, 323, 390
Sozialpolitik 46, 89, 99, 133
Sprengstoffindustrie 19, 53, 88
Stahlindustrie 122, 132, 135-137, 139, 232, 234, 244, 248, 270, 356, 389, 410
Steinkohle 42, 44, 55, 244, 270
Steuern 71, 84, 85, 101, 108, 122, 172, 181, 198, 313, 356, 357, 396, 471-474
Syndikate 83

Technologie- und Innovationsberatungsstelle 463
Telefax s. Informations- und Kommunikationstechnik
Telekommunikation 380, 428, 429
Telex s. Informations- und Kommunikationstechnik
Textilindustrie 23, 55, 121, 129-131, 143, 153, 157, 234, 258

Transrapid 463

U-Bahn s. Öffentlicher Personennahverkehr
Umwelttechnik 234, 249, 271
Umweltverträglichkeitsprüfung 456, 468
Ursprungszeugnisse 71, 207, 310, 343, 433-435

Verbraucherbeschwerden 476
Verkehrsgewerbe 61, 63, 132, 206, 241, 311
Verkehrswesen 10, 11, 64, 85, 144, 172, 195, 204, 244, 265-267, 270, 271, 285, 286, 295, 320, 378, 379, 396, 401, 405, 416, 422-426, 486
Vermittlergewerbe 285, 286, 380, 386
Vermögensbildung 232
Vernichtungslager 153, 154
Versailler Vertrag 35, 94
Versicherungen 11, 13, 27, 61, 63, 79, 122, 132, 148, 206, 231, 233, 239, 241, 265, 270, 285, 286, 314, 320, 325, 328, 352, 378, 379, 386, 396, 416, 445
Vertreter s. Vermittlergewerbe
Vertriebene 236
Vierjahresplan 122, 139, 187, 196, 207, 208
Volksempfänger 151

Währungspolitik 81, 82, 101
Währungsreform 180, 228, 244, 248, 255, 298, 308, 314, 358
Waggonindustrie 135
Warenhäuser 123, 145, 146
Warenzeichen 203
Wasserwirtschaft 150
Wehrwirtschaft 122, 135, 155, 211, 213
Wehrwirtschaftsführer 215
Weiterbildung s. Berufsbildung
Weiterbildungszentrum der IHK zu Köln 430, 454
Weltwirtschaftskrise 8, 11, 13, 15, 16, 47, 48, 57, 58, 66, 72, 109, 110, 132
Westwall 131, 144, 150, 155
Wiedervereinigung 230, 233, 237, 249, 252, 438
Wirtschaftsbibliothek der IHK zu Köln 340, 405, 430-432
Wirtschaftsprüfer 109, 110, 188, 206, 208
Wohnungsbau 122, 131, 148, 150, 230, 457

Zollpassierscheinhefte s. Carnets
Zollwesen 68, 94, 100, 103, 108, 198
Zuckerindustrie 143, 181, 256, 257, 325, 327
Zukunftsinitiative der Regionen Nordrhein-Westfalens 469
Zwangsarbeiter 157, 158
Zweigstelle der IHK zu Köln Gummersbach 188, 284-286, 289, 293, 294, 329-331, 338, 405-410, 417, 430, 436, 443, 461, 474, 488
– Leverkusen 405, 411, 412, 430, 435, 436, 461, 488
– Wermelskirchen 413

NAMENREGISTER

Ackermann, Werner 377, 386, 407, 428, 499, 501
Adenauer, Konrad 14, 15, 19, 42, 47, 91-93, 159, 177, 183, 189, 262, 279, 291, 301, 304, 336, 427
– Max 501
Agartz, Victor 283, 289
Albers, Johannes 401
Albert, Richard 501
Albrecht, Wilhelm 501
Alef, Hermann 284
Almsick, Franz van 501
Amedick, Klaus B. 501
Andreae, Christoph 501
– Franz 51, 498, 501
Andrews, John S. 501
Aretz, G.A. 285
Arnold, Karl 315, 317, 318, 336
Asmuth, Theo 501
Assenmacher, Ralf Bernd 501
Aßmann, Horst 501
Auer, Carl 501
– Heinrich 501
– Jakob 501

Bachem, Franz 501
– Josef P. 501
– Lambert 501
– Peter 501
– Robert 501
– Rupert 501
Bachschuster, Christian H. 292, 293, 316, 386, 501
Backhausen, Walter 501
Baldus, Rudolf 501
Baldwin, Stanley 44
Balken, Heinz-Werner 501
Ballin, Albert 19
Barg, Hans 501
Barkhausen, Walter 386, 499, 501
Barmann, Helmut 501
Bau, Karl 54, 501
Baurmann, Hanns 501
Bausch, C. L. Otto 501
Bausinger, Willy 501
Bauwens, Paul Ernst 501
– Peter Josef 285, 286, 289-292, 298, 321, 498, 501
– -Adenauer, Paul 501
Becker, Heinrich 501
– Johann 57
– Mathias 502
– Paul 502
– Rudolf 502
Beckmann, Frank 502
Bellinger, Knut 386, 499, 502

Berges, Wilhelm 502
Berke, Claus 502
Berkenkopf, Paul 364
Bernhardt, Albert 386, 502
Berster, Severin 502
Berthold, Karl Borromäus 182
Bertrams, Karl 502
Bertsch, Eugen 68
Bertuch, Otto 502
Best, Heinrich Hugo 502
Beutin, Ludwig 368
Beutler, Johannes 502
Beyer, Paul 336
Bismarck, Otto von 42, 90
Blank, Herbert 386, 499, 502
Blees, Helmut 502
Blühdorn, Leopold 502
Bluhm, Julius 153
Bock, Franz Karl von 502
– Günter 419
Böhle, Friedrich jr. 502
– Friedrich sr. 502
Boetius, Jan 502
Bohland, Peter 502
Bohr, Franz 502
Bomm, Hanns 293, 502
Bonhoeffer, Dietrich 148
Bonsen, Rudolf zur 125, 159
Borght, Richard van der 64
Borm, Günter 502
Bormann, Martin 178, 189
Boßerhoff, Hans-Jürgen 502
Brandes, Robert 172
Brandt, Fritz 502
– Joachim-Hans 502
– Paul 173, 174, 182, 185-188, 190, 202, 215, 222, 223, 500
– Willy 232
Braschos, Theodor 502
Braun, Karl 502
Brauns, Heinrich 31
Brecht, Gustav 161, 502
Bredt, Gustav 137, 285, 293, 310, 323, 498, 502
Breidenbach, Klaus-Dieter 502
Breker, Hans 502
Breloer, Bernd J. 386, 499, 502
Brendgen, Josef Heinrich 502
Brenschede, Wilhelm 502
Breunig, Siegfried 503
Briand, Aristide 42
Brockhaus, Fritz 503
– Hans-Dieter 503

544

Brockmann, Dieter F. 503
Broja, German 377, 387, 499, 503
Brovot, Franz 503
Brügelmann, Dietrich 503
– Gerd 386, 503
– Jan 503
– Otto 161, 327, 503
– Wilhelm 161, 503
Brüning, Heinrich 291
Brugger, Philipp 93, 116
Buchheister, Friedrich 503
Buchmann, Max-Rudolf 503
Budde, Gustav 503
Bühler, Ottmar 314
Bülow, Niels von 300
Buhr, Gerhard A. 503
Burgbacher, Fritz 339, 503
Burgdorf, Märten 503
Burrenkopf, Horst J. 503

Caesar, Helmut 503
Calleen, Heribert 366
Camphausen, Arthur 503
– Ludolf 336
Caspers, Josef 503
Charon, Philipp 311, 335, 337, 503
Christmann, Theo 503
Claussen, Staatssekretär 159
Clement, Wolfgang 410
Clouth, Max 410, 503
Colsman, Albrecht 503
Conrad, Johannes 64
Cremer, Gottfried 503
– Jakob´ 503
Croon, Hans 182, 222, 503

Dähler, Franz Josef 503
Daelen, Hendrik 503
Dahl, Richard 503
Damm, Franz 386, 499, 503
Daniel, Carl 137, 139
Daub, Wolf Dieter 503
Dauscha, Peter 503
Degenring, Horst 503
Delhey, Helmut 504
Diels, Rudolf 125
Dintelmann, Klaus 504
Dörrenberg, Hermann 325, 499, 504
Dohnányi, Hans von 148
Dole, Friedrich 222, 403
Dornhoff, Carl 504
Dorp, Carl van 504
Dreesen, Fritz 504
Dresbach, August 175, 284, 293, 294
Driller, Börsenleiter 315

Dubberke, Hans-Achim 504
Düring, Adalbert 504
Duisberg, Carl 32
DuMont, Fam. 51
– Ludwig 51
– Michael 504
Dunkel, Manfred 504

Ebert, Dieter 504
– Friedrich 41
Eck, Wilhelm 504
Eckert, Christian 28, 32
Eggermann, Rudolf 67, 91, 168, 174, 184, 185, 500
Eichelhardt, Erich 504
Eichmeyer, Hermann 504
Eikelder, Franz ten 504
Eisenbeis, Manfred 421
Eisfeller, Wilhelm 504
Elfgen, Hans 125, 160
Eliel, Louis 504
Eltz-Rübenach, Kuno Freiherr von 504
Engels, Emil 174, 504
– Heinrich 504
– Paul 504
Erhard, Ludwig 228, 231, 232, 318, 323
Erman, Walter 401
Erzberger, Matthias 71, 101
Eser, Günter O. 504
Esser, Edmund 504
– Robert 289, 291-293, 315, 323, 327, 333, 498, 504
– Walter 504
Everhan, Fritz 504
– Walter 504
Ewers, Ministerialdirektor 336
Eyll, Klara van 489

Fahlbusch, Eduard 504
Feder, Gottfried 208
Fehn, Erich 504
Feitel, Fam. 143
Fels, Detlef 504
Fendel, Josef 504
Fendt, Heinrich 504
Ferchau, Heinz 504
Fetzer, Georg 309, 339, 504
Fink, Klaus 504
Fischer, Eduard D. 504
– Günter 504
– Jörg 412
– Waldemar 330
Flecken, Adolf 336
Florian, Friedrich Karl 174
Fomm, Eduard 504
Ford, Henry I. 14

545

Forstreuter, Walter 504
Frackenpohl, Otto 386, 504
Franken, Ernst 504
Freitag, Lothar Günter 504
Frentzel, Gerhard 336
Freytag, Willy 505
Fricke, Dietrich 387, 499, 505
Friedersdorff, Konrad 505
Friedmann, Wolfgang 282, 283, 285
Friedrichsen, Hans-Peter 505
Friesdorf, Wilhelm 308
Fritsch, Karl Herbert 505
Fuchs, Hans 36
Fuhrmann, Friedrich 505
Funk, Walter 124, 205, 207

Gabriel, Julius 505
Gärtner, Erwin 505
Garnatz, Eberhard 391, 393, 399, 403-405, 415, 438, 445, 470, 490, 500
Garde, Otto 505
Gaul, Günter 315
Gautier, Fritz 505
Geginat, Hartwig 505
Geile, Wilhelm 505
Geisbüsch, Eduard 505
Genscher, Hans-Dietrich 395
Genske, Julius 505
Gerdom, Ernst 505
Gerlach, Klaus 505
Gerling, Hans 292, 386, 505
Gerstel, Arthur 505
Gier, Carl 505
Gierden, Karlheinz 505
Gierlichs, Heribert 505
Gilbers, Karin 505
Gläser, Fritz 505
Glock, Richard 505
Gluch, Hans 386, 499, 505
Gockeln, Josef 315
Goebbels, Joseph 123
Göring, Hermann 122, 124, 159
Görres, Walter 505
Goethe, Johann Wolfgang von 401
Goetz, August 505
Götzen, Gerhard 505
Goldbach, Wolfgang 505
Goldschmidt, Theo 301
Goost, Fritz 505
Gott, Hans 505
Gottwald, Heinrich 505
Gräf, Wolf-Dieter 505
Gramatke, Regine 505
Gramstadt, Erhard 505
Greif, Theodor Josef 505

– Theodor L. 505
Greiß, Franz 285-287, 289, 291, 292, 298, 300, 308, 312, 320-325, 327-329, 336, 337, 347, 348, 364, 365, 358, 386, 397, 401, 486, 498, 499, 505
Grohé, Josef 125, 150, 173-175, 213, 215
Groot, Peter J.A. de 505
Grosch, Paul 506
Grosse, Karl 506
Großpeter, Carl Ludwig 506
– Horst 506
Gülker, Paul 314, 506
Güls, Wilhelm 506
Guilleaume, Arnold von 51, 54, 498, 506
– Fam. 15

Habermas, Ernst 222, 284, 293, 294, 330, 331, 338, 367
– Hans-Joachim 331, 407
Hähnel, Günther 506
Hagen, Franz 506
– Louis 51, 52-55, 57-59, 62, 65, 86, 90, 91, 93, 95-98, 100, 101, 105, 175, 498, 506
– -Freusberg, Alexander 367, 506
Hahn, Hans-Georg 506
Halbreiter, Wilhelm 506
Hamacher jun., Franz 181, 200, 222, 498, 506
Hartel, Peter 297
Harth, Wilhelm 506
Hartmann, Reinhold 506
– Siegfried 506
Harzheim, Hans 506
Hassel, Erwin 506
– Joachim 386, 407, 499, 506
Haßmann, Heinrich 174
Hatzfeld-Wildenbruch, Paul Hermann Fürst von 36
Haubrich, Peter 506
Hauck, Oswald 506
Haupt, Arthur 506
Haus, Karl 314, 325, 386, 499, 506
Hausweiler, Arnold 506
Hebborn, Franz 506
Hebekeuser, Heinz 506
Hecker, Paul Adolf 506
Heggemann, Franz-Georg 506
Heidkamp, Hans 506
Heimann, Albert 506
– Friedrich Carl 337, 491
– Johann Maria 506
Heimbach, Josef 506
Heinen, Helmut 506
– Paul 130, 153, 167, 188, 189
Heinz, Wilhelm A. 506
Hell, Karl 334, 335
Hellwig, Fritz 279, 385
Hempel, Walter 506

Henning, Friedrich-Wilhelm 489
Herberg, Karl von der 506
Hering, Hubert 507
Hermanek, Josef 507
Hermann, Willi 507
Hermanns, Fritz 507
– Heinz 399
– J. Fritz 507
Herriot, Edouard 44
Herstatt, Iwan D. 264
Heuckeshoven, Franz-Josef 507
Heumann, Achim 470
Heuser, Bruno 507
Heyde, Carl Ferdinand von der 507
Heydrich, Reinhard 125, 154
Heyer, Wilhelm 507
Heymann, Charles 507
– Karl 507
Hilgermann, Bernhard 280, 284-286, 289, 291, 293-299, 303, 307-309, 321, 327-329, 331, 332, 334, 339, 352, 364, 367, 368, 401, 500
Himmler, Heinrich 125, 158, 177
Hindenburg, Paul von Beneckendorff und von 23, 24, 88, 177
Hitler, Adolf 120-126, 147, 159, 162, 163, 175, 177, 182, 190, 196, 206, 208
Hobert, Fritz 180, 181, 222, 507
Hochgürtel, Rudolf 507
Höller, Peter 507
Hölling, Karl-Heinz 367
Hoffmann, Hans 507
Hoffstätter, Lorenz 507
Hofmann, Rudolf 507
Hohns, Giesbert 507
Holetzek, Winfried 507
Holtkott, Alfred 154, 507
Hopmann, Leonhard 507
Hoppe, Ernst 499, 507
Horatz, Joseph 285, 507
– Ludwig 507
Horn, Heinz 507
Hoven, Walther 293, 507
Hüber, Friedrich Adolf 507
Hübner, Isolde 399, 407
Hünemeyer, Hans 170, 181, 182, 222, 498, 507
Hugenberg, Alfred 124, 160, 161
Huhn, Albert 507
Husmann, Paul 386, 499, 507
Huvendick, Jürgen 507

Imbert, Georges 136

Jaenecke, Rainer 507
Jahr, Richard 507
Jakopp, Heinrich 292, 293, 386, 507

Janssen, Richard 507
Jelzin, Boris 391
Jennes, Heinrich 507
Joachim, Manfred 507
Jochimsen, Reimut 439
Jörg, Raymund 339
Jöster, Bruno 507
Johnen, Heinz 507
Joos, Hans-Dieter 508
Jordan, Horst 415

Kallewegge, Herbert 367
Kamphausen, Heinrich Anton 508
Kaufmann, Fritz 161, 508
– Reinhard 182, 195, 222, 498, 508
Kehr, Egon 508
Kellenbenz, Hermann 368, 489
Keller, Alfred 508
Keppel, Anton 508
Keppler, Wilhelm 175, 221
Kersting, Eugen 508
– Franz 508
Kessel, Toni 508
Kettel, Walter 508
Kienow, Joachim 508
Kieser, Walter 508
Kiesewetter, Armin 335, 337
Kind, Albrecht Rudolf 508
Kirch, Josef 323, 325, 343, 386, 498, 508
– Leo 508
Kirchgässer, Werner 387, 499, 508
Kirdorf, Emil 55
Kirsch, Albert 285
Kirstein, Hans-Georg 508
Kistemann, Bertho 508
Klein, A. Wilhelm 508
– Heinrich jr. 508
Kleinmann, Christian 182, 498, 508
Klemme, Max 67
Kleyboldt, Claas 386, 499, 508
Klingelnberg, Diether 412
Klingner, Emil 508
Klutmann, Theodor 508
Koch, Emil 508
– Horst 508
Köhler, Horst J. 386, 499, 508
Koerfer, Hanns 337
Köttgen, Werner 181, 219, 222, 508
Kohl, Helmut 233
Koopmann, Harry 508
Korrell, Philipp 508
Korsing, Kurt 386, 508
Kotkamp, Rüdiger 508
Kotthoff, Theodor jr. 182, 222, 498, 508
Kotz, Christian Peter 386, 499, 508

Krahe, Heinrich 284
Kratz, Kaspar 508
Kriegeskorte, Karl 508
Krings, Hubert 508
Kröll, Walter 508
Krölls, Günter 508
Kruse, Friedrich 509
Kubach, Paul 509
Küching, Karl-Friedrich 509
Küchmann, Ernst 509
Kühne, Norbert 509
Kühr, Siegfried 509
Küpper, Manfred 509
Küster, August 301
Kunz, Otto 509
Kurth, Ludwig 509
Kuske, Bruno 185, 188, 198, 222, 223, 308, 316, 327, 340, 432
Kuth, Paul 293, 509

Landfried, Friedrich Walter 155, 212
Lange, Hellmuth 509
- Rudolf 509
Langen, Arnold 51, 90, 93, 96, 105, 109, 180-182, 498, 509
– Bernhard 509
– Eugen (1833-1895) 181, 325
– Eugen, Rechtsanwalt 385
– Eugen Gottlieb von 137, 139, 181, 320, 324-328, 363, 367, 387, 490, 499, 509
– Gottlieb von 59, 137, 325, 509
– Hans Eugen von 09
– Johann Jakob 325
– Wolfgang 297
Lappe, Rolf 509
Laumen, Karl-Heinz 509
Lauster, Wolfgang W. 509
Layton, Robert G. 509
Lehmann, Fritz 177, 181, 182, 498, 509
– Louis 509
Leisten, Ferdinand 509
– Rolf 386, 499, 509
Leistico, Arnold 340, 419
Lenbach, Franz von 392
Lentzen-Deis, Jakob 509
Leßmann, Gerhard 470
Leuschner, Hans-Joachim 509
Levy, Louis s. Hagen, Louis
Ley, Eberhard 180, 181, 213, 222, 498, 509
– Robert 177, 205
Liebrecht, Klaus 509
Liesegang, Carl 509
Lieven, Wilhelm 470
Lindemann, Erich 509
Lindgens, Adolf 509

– Karl 509
Lissauer, Fam. 218
– Meno 161, 509
Loehr, Helmut 387, 499, 509
Löffelhardt, Gottlieb 509
Lohkamp, Paul 509
Lohmann, Friedrich 173, 220
Longe, Wilhelm de 509
Loose, Kurt 198
Loosen, Horst W. 510
Ludendorff, Erich 24, 88
Lüer, Carl 168
Lüttgen, Heinz J. 510
Luterotti, Achilles 510

MacDonald, A.A. 318
Macdonald, James Ramsay 44
Madaus, Andreas 510
Maigler, Otto 510
Malmedé, Dirk 386, 510
– Egon Gerhard 289, 309, 323, 325, 386, 498, 510
Mandele, Karel Paul van der 323, 336, 364, 365, 486
Marcowitz, Karl 386, 510
Martiny, Friedel 510
Marx, Karl 111
– Walther 510
– Wilhelm 36, 41
Maste, Paul 510
Maull, Richard 510
Maus, Manfred 510
Mauser, Alfons 510
– Rolf 510
– Rudolf 510
Meding, Werner 510
Mengel, Ludwig 510
Menkhoff, Klaus-Martin 510
Menne, Leo 313, 327, 510
Merkens, Peter Heinrich 336
Merl, Edmund 510
Mersch, Klaus 510
Mevissen, Gustav 75
Michels, Gustav 51
Miebach, Ernst 510
Miquel, Johannes 71
Möllemann, Jürgen 454
Moellendorf, Wichard von 24, 29
Moers, Wilhelm von 510
Molitor, Peter 510
Mommertz, Ernst 510
Most, Otto 168
Müllejans, Peter 510
Müller, Benno 510
– Hans 510
– Hermann 293, 297
– Hermann Ernst 510

- Paul 161, 219, 221, 510
- Richard 510
- Theo 510
- Wilhelm 510
- -Armack, Alfred 231, 323, 324, 385
Münter, Ludwig 510
Müser, Heinrich 189, 195, 206, 280, 293, 295, 297, 308
Müther, Willy 510
Mundorf, Willy 510

Nassmacher, Wilhelm 511
Nehrhoff, Uwe 470
Nell-Breuning, Oswald von 323
Neubauer, Dieter 511
Neuerburg, Fam. 143
- Heinrich 161, 511
Neuhaus, Jürgen 511
Neumeister, Max 511
Neven DuMont, Alfred 392-395, 402, 412, 438, 470, 471, 490, 491, 499, 511
- Alfred sr. 511
- August Libert 51
- Fam. 151
- Gabriele 392
- Hans 511
- Josef 50, 51, 60, 498, 511
- Kurt 392
Niebuhr, Erich 133
Niesters, Paul 511
Nölting, Erik 285, 317
Norden, Heinz J. van 161, 511
- Jakob van 51, 90, 161, 181, 337, 498, 511
- Karl van 511

Oberdick, Theodor 511
Oberländer, Wilfried 470
Oebel, Josef 386, 511
Oehme, Adolf 51, 498, 511
Oelrichs, Heinrich 293, 297, 313, 314, 331
Oertel, Christian 511
Offermann, Hubert 511
Olbertz, Christian 511
Oppenheim, Alfred Freiherr von 386, 390, 490, 499, 511
- Friedrich Carl Freiherr von 147, 148, 218
- Simon Alfred Freiherr von 511
- Waldemar Freiherr von 147, 148, 364
Ossig, Hermann 511
Osten-Sacken, Gisbert Freiherr von der 511
Oster, Willy 511
Ostermann, Günter 511
Ott, Franz 51, 498, 511
Otten, Werner 511
Otto, Ulrich 511

Padberg, Uwe von 511
Paffenholz, Alex 511
Pannhuysen, Peter 314
Panthel, Wolfgang 511
Papen, Franz von 48, 58, 177, 221
Pass, Wilhelm te 511
Patterson, John K. 279, 303
Pechmann, Paul Freiherr von 511
Pellenz, Heinrich 293, 306, 311, 324, 325, 367, 511
Perger, Rudolf 511
Pering, Friedrich 512
Perthel, Jochen 512
- Wolfgang 386, 512
Pesch, Dieter 386, 499, 512
Peters, Christian 512
- Heinrich 512
Pfannmüller, Helmut 512
Pfeifer, Joachim 512
Pfeiffer, Werner 512
Pferdmenges, Robert 147, 148, 160, 179, 219, 222, 280, 283, 284, 286, 288, 289, 291, 294, 295, 298, 300-302, 309, 314, 321, 323, 498, 512
Pickhardt, Ernst 294
Pier, Heinrich 512
Pierenkemper, Toni 489
Platthaus, Hans-Ludwig 512
Poggemann, Gerd 512
Pohl, Hans Egon 512
Poincaré, Raymond 42-44
Polensky, Fritz 161, 512
Polonius, Karlhanns 512
Preußer, Klaus Jürgen 512
Proenen, Franz 51, 59, 160, 172, 180, 181, 222, 498, 512
- Gerd 512
Projahn, Curt 512
Pünder, Hermann 304

Rath, Jean Baptist 512
Rathenau, Walther 24
Rechenberg, Hans Albrecht Freiherr von 284, 292, 512
Reden, Bernd von 512
Reeder, Eggert 125, 183
Rehker, Heinrich 401
- Helmut 321, 328, 329, 340, 377, 399-403, 415, 442, 489, 500
- Paula 401
Reichardt, Ludwig 512
Reichstein, Eberhard 458, 512
Reidemeister, Hellmuth 293, 512
Reifenberg, Paul 512
Reimbold, Ernst 512
Reime, Friedrich 512

Reischl, Hans 512
Reiss, Hans 512
– Herta 385, 512
Remagen, Heinrich jr. 512
– Heinrich sr. 512
Remaklus, Hermann M. 513
Renker, Max 513
Renteln, Adrian von 163
Rettig, Hermann 513
– Klaus 513
Reul, H. Guido 513
Reuter, Klaus 513
Richter, Gustl 513
– Hermann 513
Rieber, Georg 186, 187, 195, 500
Riecke, Hans-Günter 513
Rieckmann, Kurt 518
Riedel, Helmut 513
Riemer, Horst Ludwig 376-378
Riepe, Hanns Adolf 190
Riepen, Hans 188, 316, 368
Riesen, Günther 147
Ringel, Hermann 306
Risch, Gustav 513
Rode, Fritz 513
Roderburg, Josef 513
Rollinger, Emil 513
Rosenberg, Max 513
Rothärmel, Hubert 513
Rothe, Ferdinand 513
Ruch, Siegfried 513
Rüschmeier, Erwin 513
Rüther, Fritz 293, 297, 313, 363, 364
Ruland, Joseph 513
Ruppel, Karl Heinrich 513
Ruppert, Wilhelm 513
Rupsch, Helmut 513

Salz, Hansjosef 513
Sauer, Franz 513
Schacht, Hjalmar 121, 124, 133, 163, 164, 183, 196, 207
Schäfer, Albert 336
– Klaus 513
– Oskar 293, 297, 310, 367
Schaette, Ernst 513
Scharrenbroich, Peter H. 513
Schaub, Georg 168
Scheib, Albert 513
Scheibler, Karl 513
Scheidt, Oskar vom 181, 222, 498, 513
Scherer, Hans 513
Scherlitzky, Käthe 297
Schiffmann, Bernhard 513
Schiller, Karl 232

Schlack, Peter 286, 513
Schlede, Klaus 513
Schlüter, Hubert 513
Schmidt, Alfred jr. 513
– Alfred sr. 513
– Helmut 232
– Karl Georg 159, 160, 162, 164, 167, 168, 172-174, 181-185, 189, 196, 200, 222, 500
– Robert H. 513
– Wolfgang 513
Schmit, Eugen 514
Schmitt, Kurt 124, 163, 168
Schmitter, Peter 514
Schmitz, Eberhard 470
– Fritz 287, 309, 514
– Hans 287, 289, 309, 498, 514
– Heinrich 514
– Hugo 514
– Josef 514
– Peter 514
– Walter Leo 514
– Wilhelm 293, 297, 312
– Wolfgang 514
– -Morkramer, Carl 514
– -Sieg, Walter 64, 66-68, 159, 160, 162, 500
– -Sinn, Paul 314, 514
– -Valckenberg, Jakob 514
Schneider, Anton 514
– Ernst 339
– Kurt Wilhelm 514
Schnitzler, Richard von 175
Schoeller, Otto 514
– Walther 514
Schoemann, Hans 218
Schöpp, Günter 377, 387, 397, 398, 412, 413, 499, 514
Schöttler, Geschäftsführer 297
Scholz, Ernst 29
Schoser, Franz 367, 399, 403
Schreiber, Albert 514
Schröder, Edith Freifrau von 175
– Frederik Freiherr von 175
– Gustav A. 514
– Harriet Freifrau von 175
– Kurt Freiherr von 58, 121, 147, 148, 155, 159-163, 165-183, 188, 189, 192, 195, 201-204, 208, 210, 212, 213, 215, 221, 222, 225, 498, 514
Schüddemage, Horst-Dieter 514
Schulenburg, Adolf Heinrich Graf von der 514
– Robert Freiherr von der 161, 514
Schulz, Werner 285, 289, 386, 498, 514
Schumacher, Bernd 514
– Hermann Josef 514
– Josef 514
– Werner 514

– Wilhelm 514
Schumpeter, Joseph A. 15
Schundelmaier, Gottfried 514
Schuster, Hans-Ulrich 514
Schwann, Wolfgang 514
Schwarzhaupt, Wolfgang 514
Schwarzlose, Klaus-Alfred 514
Schwering, Ernst 336
Seidelbach, Fritz 514
Seiler, Herbert 514
Seligmann, Paul 514
Selowsky, Rolf 514
Semiller, Herbert 514
Sevenich, Gerhard 514
Shung Suren 439
Sieber, Horst 515
Siebourg, Werner 515
Siedersleben, Rudolf 170, 515
Silverberg, Paul 44, 46, 51, 55-59, 90, 91, 97, 98, 105, 108, 110, 159-161, 175, 177, 209, 280, 289, 498, 515
Sinn, Andreas 515
– Leo 285, 515
Soénius, Heinz 515
Sondermann, Arthur 285, 289, 293, 323, 498, 515
– Emil 294
Sonne, Karl-Heinz 515
Spann, Othmar 30
Speer, Albert 126, 167
Spielhoff, Werner 515
Sprenger, Martin 515
Stahr, Adolf 515
Starck, Karl von 19, 35, 36
Starke, Jürgen Peter 515
Stegemann, Richard 104
Stein, Geschäftsführer 293
– Hans 222
– Helmut 515
Steinberg, Max 515
Steinmeister, Otto von 19
Stern, Klaus 480
– Richard 152, 153
Sternberg, Adolf 515
Steven, Karl 515
Stiene, Jean 515
Stollwerck, Fam. 15
– Fritz J. 515
– Ludwig 515
Strack, Otto 515
Straßer, Gregor 120
– Karl 515
Strenger, Waldemar 161, 515
Stresemann, Gustav 29, 57
Strobl, Eugen Julius 515
Ströter, Adolf G. 515

Stuhlmann, Hans-Cäsar 515
Stulz, Albert 515
Stussig, Herbert 386, 407, 499, 515
Sünner, Friedrich 293, 314, 386, 515
Süß, Hans 515
Suth, Wilhelm 336

Tappert, Heinz Wilhelm 515
Theiss, Robert 515
Thelen, Heinrich 515
Thenen, Wilhelm von 67, 189, 200, 219, 284, 295
Theobald, Herbert 515
Thiele, Hans 515
Thiemann, Alexander 515
Thies, Gustav 516
– Robert 516
Thole, Bernhard 516
Thoma, Helmut 516
Thümmel, Paul 516
Thyssen, August 53
Tietz, Alfred Leonhard 516
Timmer, Hans Georg 516
Tirard, Paul 35
Titzrath, Alfons 516
Todt, Fritz 126
Toepfer, Gerd 516
Töpperwien, Hans-Wilhelm 516
Tonger, Peter Josef 516
Tredopp, Reiner 516

Ueber, Max 516
Ullmann, Georg Baron 516
Ullsperger, Dieter 516
Urban, Wolfgang 516

Vervier, Heinrich 222
Vögler, Albert 57
Vogelsang, Günther 418
Voigt, Ernst 189, 297, 308
Volmer, Carl-Alex 325, 386, 499, 516
Voosen, Ludwig 516
Vorster, Alfred 285, 289, 498, 516
– Fritz 219, 516
– Julius 516
Vorwerk, Wilhelm 300, 318
Vossen, Otto 386, 499, 516
Vowinckel, G. Friedrich 516

Wachs, Friedrich 174
Wader, Hermann 516
Wagner, Kurt 516
– Paul-Robert 516
Wahl, Wolfgang 387, 499, 516
Walch, Geschäftsführer 297

Warsch, Wilhelm 336
Wasser, Bruno 516
Wedekind, Benno 516
Wegge, Curt 516
– Gustav 516
Weig, Moritz J. 386, 516
Weike, Fritz 168
Weiler, Carl 516
Weishaupt, Matthias 516
Weißenfeld, Eberhard 516
Weizsäcker, Richard von 438
Welcker, Carl Martin 516
– Claus 517
– Karl 54
Wellmann, Carl Richard 312
Wendelstadt, Dieter 517
Werner, Erich 517
Wessel, Wilhelm 517
Westphal, Hans 517
Weth, Hans Walter 517
Wettern, Georg von der 517
White, Militärkommandeur 291
Wichterich, Heinz 517
Wickern, Joseph 517
Wiedemann, Albert 32, 53, 64, 65, 93, 500
Wiegand, Karl Heinz 517
Wiehen, Joseph 458, 517
Wiese, Wilhelm 517

Wilden, Josef 300
Willecke, Hans-Werner 517
Willers, Dietz 517
Willert, August 517
Winkelnkemper, Peter 517
Winter, Paul Josef 517
Wirminghaus, Alexander 54, 64, 65, 67, 185, 188, 500
Wissel, Kurt 517
Wissell, Rudolf 24, 29, 31
Wolff, Georg 302
– Otto 517
– von Amerongen, Otto 376, 377, 387-393, 399, 425, 443, 445, 452, 454, 471, 490, 499, 517
– Willy 517
Wollenschein, Heinrich Richard 517
Wolter jr., Albert 517
Woltering, Karl 215, 294, 297

Zacher, Harald 386, 499, 517
Zanders, Hans 517
– Johann Wilhelm 517
Zapf, Georg 517
Zech, Jürgen 517
Zeidler, Eberhard 421
Zeppenfeld, Rainer 517
Ziegler, Fritz 517
Ziskoven, Heinrich 517

UNTERNEHMEN- UND INSTITUTIONENREGISTER

Die Einordnung wurde nach der jeweils jüngsten Bezeichnung vorgenommen. Bei Namen, deren Bezeichnung keinen Zusammenhang mit dem Vorläufer erkennen läßt, wurden Verweisungen angegeben.

Ackermann Fruehauf GmbH 250
– GmbH & Co. KG, Albert 137, 501
AEG 24, 139
AG für Grundbesitz in Köln 149
– für Luftverkehrsbedarf 351, s.a. Deutsche Lufthansa
– für Stickstoffdünger 139, 306
Agfa-Gevaert AG 504, 505, 509
Aggertalgenossenschaft 150
Aggerverband 150
Agrippina Versicherung AG 149, 156, 195, 265, 503
Ahle GmbH & Co., Gebr. 250
Air France 426
Air Lloyd AG 352
Allgemeiner Deutscher Bankiertag 110
Allianz AG 124, 149, 265, 390
Alliierter Kontrollrat 253, 314
Alltrans AG für alle Transporte 506
Ambo-Stahl-Gesellschaft 514
Amt für Wirtschaft 279
Amtsgericht Köln 401
Andreae, Christoph 501
ARBED-Konzern 179
Arbeitgeberverband der chemischen Industrie 324
– der Metallindustrie 367, 451
Arbeitsamt Bergisch Gladbach 130, 334
– Gummerbach 130, 334
– Horrem 130
– Köln 48, 307, 334, 449, 454
Arbeitsgemeinschaft der deutschen Börsen 363, 363
– der (Industrie- und) Handelskammern des Ruhrkohlenbezirks 34
– der Industrie- und Handelskammern des Vereinigten Wirtschaftsgebietes 302
– der Industrie- und Handelskammern in der Reichswirtschaftskammer 164, 179, 209
– der öffentlich-rechtlichen Rundfunkanstalten der Bundesrepublik Deutschland 269
Arbeitsgericht Köln 198
Arbeitskammer Rheinland 165, 183, 196
Arbeitskreis Gewerbebetriebe in neuen Wohnsiedlungen 343
– Gewerbliche Ansiedlung 343, 457-459
Arbeitsstelle für Betriebliche Berufsausbildung 361
Arena Management GmbH 501
Armeekorps, VIII. 89
AS Création 259

Asmuth, Theo 501
Auer, Heinrich 501
– Söhne, Jakob 501
Auftragsberatungsstelle NRW 483
Ausgleichsamt Köln 353
Außenhandelsstelle für das Rheinland 78, 108, 196, 202, 203
– für die Mittelständische Wirtschaft Nordrhein-Westfalens 436
Außenstelle für Schiffe 37
Außenwirtschaftsfachschule s. Wirtschaftsfachschule ...
AV-Hähnel Gesellschaft für elektronische Bild- und Tonanlagen mbH 506
AVAG Assekuranz Vermittlungs-AG 505
AXA Colonia Konzern AG 149, 265, 386, 505, 506, 508, 511, 516, 517

Babcock Industrie-Rohrleitungsbau GmbH 512
Bachem Verlag GmbH, J. P. 141, 259, 268, 501
Bachschuster KG, Chr., Metallwerk 501
Bahnen der Stadt Köln 149
Baldus & Söhne KG, C.A. 503
Bank für deutsche Industrieobligationen 57, 108, 199
– für internationalen Zahlungsausgleich 179
BASF AG 256, s.a. Rasquin ...
Bastei-Verlag Gustav H. Lübbe GmbH & Co. 259, 268
Bau, Rüther & Schuster GmbH, Julius 501
Bausch & Sohn Treibriemenfabrik 501
Bauwens GmbH 260, 289, 501
Bayer AG 233, 234, 248, 253, 255, 267, 272, 323, 387, 411, 502, 503, 507, 509
Béché & Grohs GmbH 514
Becker, Math. 502
Bedburger Wollindustrie AG 258
Beirat der oberbergischen Wirtschaft 293, 294, 329
Bemberg, I. P. 143
Beratende Versammlung Oberberg 331, 376, 398, 407, 408
Beratungsstelle für betrieblichen Selbstschutz der gewerblichen Wirtschaft im Regierungsbezirk Köln 347
– für das öffentliche Auftragswesen im Lande NRW 347
– zur Qualifizierung ausländischer Nachwuchskräfte 449
Berges, Wilhelm 502
Bergische Achsenfabrik Fr. Kotz & Söhne s. BPW Bergische Achsen KG
Berlin-Anhaltinische Maschinenbau-AG 136, 156
– -Kölnische Versicherungen 265
Bertuch & Cie. 502

553

Berufsbildende Joseph DuMont Schule 269
Berufsförderungswerk Michaelshoven 403
Berzelius Metallhütten AG 504
Bezirksausgleichsstelle für die Vergabe öffentlicher Aufträge 207, 213
Bezirksplanungsrat 403, 426, 456, 465, 466
Bezirksregierung Köln 8, 19, 35, 91, 100, 125, 134, 159, 173, 198, 207, 210, 341, 377, 423, 460, 465, 466, 468, 469, 472, 473
Bierbaum-Proenen Beteiligungs GmbH 143, 181, 501, 505, 512
Bilderberg-Konferenz 391
Bing, Gebr. 146
Biologische Forschungsanstalt Braunschweig 325
Blees, Helmut 502
Böhlau-Verlag 505
Böhle, Friedrich 502
Börse Berlin 22, 101
– Düsseldorf 40, 204, 264, 315
– Essen 40, 204, 264
– Köln 21, 22, 40, 41, 67, 68, 71, 75, 77, 78, 84, 103, 104, 109, 160, 161, 177, 185, 196, 203, 204, 264, 315, 323, 327, 335, 361, 362, 379, 405, 414, 417, 484-486
– Krefeld 484
Böttcher GmbH, Felix 140, s.a. F. B. Druckwalzengesellschaft mbH
Bohle GmbH, Ernst 260
Bollig & Kemper 139
Bomm, Clemens 502
Bonner Weizenmühle Carl Auer GmbH 501
BPW Bergische Achsen KG 136, 508
Brandenburgische Technische Universität Cottbus 391
Braschos, Theodor 502
Braunkohlen-Ausschuß 403
– -Brikett-Verkaufsverein GmbH 55
– und Briketwerke Roddergrube AG 133, 157, 173, 184, 516
Bremer Druck und Verlag 502
Brenner, Fotohaus 153
Britische Handelskammer 36
British European Airways 351
– Forces Broadcasting Service 269
Brockmann, Dieter F. 503
Brügelmann Söhne, F. W. 161, 503
– Verwaltung GmbH 503
Bündnis 90/Die Grünen 384
Büro für regionale Analyse und Innovation 471
Büttgen, Friedrich, Elektro-Radio-Großhandlung 513
Bund der Industriellen 25
– Katholischer Unternehmer 324
Bundesanstalt für Arbeit 452
Bundesbahn-Hotel Hans Barg 501
Bundesbahndirektion Köln 403
Bundesinstitut für Berufsbildungsforschung 443

Bundesministerium der Justiz 480
– des Innern 483
– für Arbeit und Sozialordnung 451
– für Bildung, Wissenschaft, Forschung und Technologie 442, 452, 470
– für Verkehr 424, 425
– für Wirtschaft 232, 318, 444, 452
Bundesrat (Deutsches Reich) 82
– (Bundesrepublik Deutschland) 442
Bundesstelle für Außenhandelsinformation 334, 343, 436
Bundesverband der Deutschen Industrie 233, 360
– deutscher Banken 233, 234
– Deutscher Galerien 421
– Deutscher Zeitungsverleger 392
– Junger Unternehmer 488
Bundesvereinigung der Deutschen Arbeitgeberverbände 233, 324, 360, 393
Bundesverwaltungsgericht 355, 375, 379, 382-384
Bundeswehr 483
Burrenkopf & Co., H.O. 503
Buschhoff-Stanztechnik GmbH 513

Caesar GmbH 503
Caspers, Josef 503
CCAA Glasgalerie Köln GmbH 515
Central Krankenversicherung AG 149
Centralverband deutscher Industrieller 25
Chase Manhattan Bank 389
Chemische Fabrik Kalk GmbH 16, 256, 289, 502, 507, 509, 513, 516
Christlich-Demokratische Union Deutschlands 291, 317, 318, 401, 403
Christoph & Unmack s. Kölner Holzbau-Werke ...
Citroën Deutschland AG 135, 250
city-marketing köln 460
Clouth Gummiwerke AG 132, 137, 507
Colonia Versicherungsgesellschaften s. AXA Colonia ...
Colonius & Maull 510
Comité Européen des Fabricants de Sucre 325
Commerzbank AG 264, 286, 295, 299, 502
Concetto Musmeci GmbH 510
Concordia-Lebensversicherung 335
Constantin-Warner-Kino GmbH 421
Corona Treuhandgesellschaft mbH 516
Corps Borussia 175
Creditreform Köln, Haan, Klöcker, von Padberg KG 511
Cremer & Breuer GmbH 503
Croon, G.H. & J. 503

Daelen & Co. KG, H. 503, 509
Dahl, Franz 503
Daimon Duracell GmbH 251
DEA AG 273

Deis, Gebr. 509
Delbrück & Co. 264, 515
Delhey Speditionsgesellschaft mbH, Helmut 504
Denso-Chemie Wedekind KG 516
Dern & Co. 508
Detaillistenkammer Hamburg 69
Deutsch-Amerikanische Handelskammer 390
— -Belgisch-Luxemburgische Handelskammer 292, 324, 426
— -Chinesische Wirtschaftsvereinigung 439
— -Englische Gesellschaft 179
Deutsche Angestellten Gewerkschaft 345
— Arbeitsfront 133, 146, 154, 164, 169, 178, 183, 196, 198, 205, 294
— Bahn AG 267
— Bank AG 55, 77, 179, 264, 291, 295, 386, 389, 501, 504, 507, 512
— Bundesbahn 242, 426
— Bundesbank 232
— Bundespost 428, 429
— Centralbodenkredit-AG s. Frankfurter Hypothekenbank ...
— Demokratische Partei 36
— Exxon Chemical GmbH 517
— Forschungsanstalt für Luft- und Raumfahrt 272
— Gesellschaft für Auswärtige Politik 390
— Gesellschaft für wirtschaftliche Zusammenarbeit 344
— Krankenversicherung AG 265, 502, 516
— Lufthansa AG 205, 351, 426, 502, 504, 513
— Reichsbahn 135, 144, 155, 156, 172, 179, 212, 306, 312
— Renault AG 250
— Revisions- und Treuhand AG 353
— Sporthochschule 269, 391
— Volkspartei 29, 36, 57, 175
— Welle 268, 269
Deutscher Ausschuß für das Erziehungs- und Bildungswesen 360
— Bundestag 319, 441, 442, 470, 473
— Fußball-Bund 292
— Gewerkschaftsbund 313, 317, 324, 345, 469
— Handelstag, seit 1919 Deutscher Industrie- und Handelstag 21, 30-33, 48, 51, 53, 55, 74, 75, 81, 82, 84, 86, 90, 91, 99, 101, 104, 110, 111, 163, 164, 168, 169, 172, 173, 179, 181, 200, 302, 318, 328, 336, 339, 344, 348, 353, 355, 357, 360, 361, 390, 392, 399, 403, 418, 431, 452, 461, 464, 473, 478, 480
— Handwerks- und Gewerbekammertag 30
— Landwirtschaftsrat 30
— Reichstag 58, 120, 183
— Stahlbauverband 248
Deutsches Industrie-Institut s. Institut der Deutschen Wirtschaft

Deutschlandfunk, seit 1994 DeutschlandRadio 268, 269
Deutschnationale Volkspartei 36, 185
Deutz AG [vorm. Humboldt-Deutzmotoren, Klöckner-Humboldt-Deutz] 130, 131, 135, 155-157, 181, 216, 244, 248-251, 305, 306, 335, 336, 387, 507-509, 511, 512, 514, 515
DEVK 265
Didier-Werke AG, Werksgruppe West 505
Dielektra AG 132, 137, 512, 517
Dillinger Hüttenwerke AG 389
Disconto-Gesellschaft AG 77, 291
Döllinger, Gebr. 506
Dörrenberg Söhne, Ed., Stahlwerke 504
DOM Sicherheitstechnik GmbH & Co. KG 248
Dom-Brauerei 143
— -Hotel 268
Dorint Kongress-Hotel 268
Dornhoff & Co., Elektromotorenwerke 504
Dorp, Wilhelm van 504
Dreesen, Fritz, Rheinhotel 504
Dresdner Bank AG 178, 264, 299, 501, 511, 516
Düsseldorfer Lloyd Versicherungs-AG 149
DuMont, Heinrich Josef 504
— Schauberg, M. 51, 141, 151, 259, 268, 392, 511
— Schauberg Geschäftsführungs-GmbH, M. 511
Dyckerhoff & Widmann KG, Niederlassung Köln 502, 506
Dyckhoff GmbH & Co. KG, H. 386, 502
Dynamit AG 161, 221, 510

Eau de Cologne- und Parfümerie-Fabrik, Glockengasse No. 4711 gegenüber der Pferdepost von Ferd. Mülhens s. Muelhens
EC Erdölchemie GmbH 505, 506, 513, 514
Economic Sub-Commission 282
Edeka Köln-Düsseldorf eGmbH 501
— -Groß-Köln eGmbH 510
Ehape AG s. Kaufhalle
Eher Nachf., Franz 151
Einigungsamt in Sachen des unlauteren Wettbewerbs 82, 98, 99, 106, 110, 188, 203
Einigungsstelle zur Beilegung von Wettbewerbsstreitigkeiten in der gewerblichen Wirtschaft 341, 475
Eintracht. Konsumgenossenschaft 146
Einzelhandelsverband 200, 289, 309, 422
Eisen- und Hüttenwerke AG 389
Eisenwerk Brühl GmbH 136, 251
— Weserhütte AG 389
Eisfeller, Wilhelm 504
Elektrizitätswerk Berggeist AG 150
Elektrizitätswerke im Braunkohlenrevier AG 510
Elektro-Isolier-Industrie Wahn 513
Em Krützche Gaststätten GmbH 504
EMI Electrola GmbH 269

Engels, Heinrich 504
- Otto 504
ENSO GmbH 466
Entnazifizierungs-Ausschuß 304
Erb & Cie. 507
Ermen & Engels 174, 258, 504
Ernst-Cassel-Stiftung 150
1. FC Köln 391
Erzquell Brauerei Bielstein Haas & Co. KG 256
Eschweiler Bergwerks-Verein 502
Esser, Edmund 504
Esso AG 254, 501, 513
Eumuco AG für Maschinenbau 504
Europa-Union Deutschland 390, 402
- Verlag 390
Europäische Gemeinschaft für Kohle und Stahl 229, 385
- Gemeinschaft 229, 434, 438, 476
- Union 230, 408, 434, 438, 453
- Wirtschaftsgemeinschaft 229, 344, 434
- Zahlungsunion 228, 229
Europarat 486
Everhan & Sohn 504
- & Steinhäuser 504
Excelsior Hotel Ernst 268, 343, 387, 503, 512
Exklusiv-Wohnen Einrichtungen im Schlösser-Haus GmbH 511
ExperTeam Telecom Gesellschaft für Telekommunikation und Informationsmanagement mbH 509
Exxon Corp. 389

Fachhochschule Köln 265, 269, 393, 422, 450, 451
- - Abt. Gummersbach 410
- Paderborn, Außenstelle Bergisch Gladbach 451
Fachverband der Makler, Verwalter und Vertreter im Grundstücks- und Bausparwesen 315
- Handelsvertreter 309
Farina gegenüber dem Jülichsplatz, Johann Maria 502, 506
F. B. Druckwalzengesellschaft mbH 506, 510, s.a. Böttcher
Felten & Guilleaume Carlswerk AG 16, 24, 130, 133, 137, 147, 156, 177, 179, 181, 216, 244, 335, 505-509, 513, 515, 517
- Energietechnik GmbH 251, 506, 507
Fendel GmbH & Co., Gebr. 504
Fendt, Heinrich 504
Ferchau Konstruktion GmbH 504
Fetten, Gerhard 505
Finanzgericht Köln 481
Finanzministerium NRW 335
Flammersheim & Steinmann 141
Flughafen Düsseldorf 267, 426
- Frankfurt/Main 267, 351
- Köln/Bonn Konrad Adenauer 145, 267, 312, 351, 352, 395, 408, 418, 426, 427, 471

- GmbH 267, 351
- Köln-Butzweiler Hof 145, 267, 351
Förderverein der Kunsthochschule für Medien 403
Fomm, Eduard 504
Ford Motor Company 14, 15, 47, 135, 137, 149, 250
- -Werke AG 135, 155-158, 244, 249, 250, 267, 272, 292, 501, 502, 509, 513, 516
Forschungsinstitut für Sozial- und Wirtschaftsgeschichte an der Universität zu Köln 489
Fortuna AG 55
Frackenpohl, Otto 504
Frank & Lehmann 509
Frankfurter Hypothekenbank Centralboden AG 264, 314, 507, 512, 517
Fraunhofer-Institut für Produktionstechnologie 467
Freundeskreis „Heinrich Himmler" 177, 221
Freytag & Petersen 502
Fritz & Co. 299
Fröling GmbH & Co. KG 248
Fuhrmann & Co. 505
Funke AG, Carl 143

Gabriel-von Felbert, Thekla 505
Gaffel Brauerei Becker & Co. 501
Gas-, Elektrizitäts- und Wasserwerke Köln AG 149, 150, 270
Gasgesellschaft Aggertal 150
Gasthaus Ölkrug 283
Gauarbeitskammer Köln-Aachen 220
- Koblenz-Trier 220
Gauhandwerksmeister 182
Gauwirtschaftsberater 153, 159, 162, 165, 167, 174, 178, 183, 184, 187, 196, 200, 209, 210, 221
Gauwirtschaftskammer Düsseldorf 174
- Köln-Aachen 127, 166, 167, 169, 171, 172, 174, 175, 178, 182, 186-190, 192, 194, 195, 198, 199, 202, 207, 208, 213, 215, 279, 281, 283, 284, 294, 295, 297, 304, 335, 407, 500, 517
- Moselland 202
Gauwirtschaftsrat 185
Geheime Staatspolizei 125, 148, 189, 291
Geisbüsch & Co., Dr. 505
Gemeinnützige AG für Wohnungsbau 150, 184
- Wohnungsgesellschaft mbH für den Landkreis Köln 150
Gemeinschaft zur Förderung des sozialen Ausgleichs e.V. (Die Waage) 323
General Agreement on Tariffs and Trade 229
Generalbevollmächtigter für den Arbeitseinsatz 126, 134
- für den Vierjahresplan 122
- für die Kriegswirtschaft 24, 212
Generalinspekteur für das deutsche Straßenwesen 204
Generalrat der deutschen Wirtschaft 179
Generalstab 175

Genske, Jul. 505
Gerling-Konzern Versicherungs-Beteiligungs GmbH 203, 264, 265, 299, 335, 336, 389, 504, 505, 516, 517
German Fund 390
Gerolsteiner Sprudel KG 514
Gerstel, M. 505
Gesamthochschule Siegen 410
Gesellschaft der Freunde und Förderer der Deutschen Sporthochschule Köln 391
– für Auslands-Transporte mbH 512
– zur Förderung des Instituts für Verkehrswissenschaft an der Universität zu Köln 312
– zur Förderung des lauteren Wettbewerbs 475
– zur Vorbereitung der Reichsautobahnen 204
Gewerkschaft Karl Otto 514
Gierlichs GmbH, Franz, Wellpappenfabrik 505
Glanzstoff-Courtaulds GmbH 139, 244, 285, 286, 289, 321, 323, 386, 505
Glock, Richard 505
Gluch Werksvertretungen 505
Goetze AG 251, 387
Görres, Walter 505
Görreshaus GmbH 151
Gothaer Allgemeine Versicherung AG 265, 508
Greif, Theodor L. 505
– & Contzen GmbH 505
Greven Verlag Köln GmbH 268
Großpeter, Lindemann & Co. KG 506
Grube Lüderich 135
– Neurath 134
– und Brikettfabrik Berggeist 134
Grün & Bilfinger 508
Gründer- und Innovationszentrum Köln 272, 463
– und Innovationszentrum Leverkusen 463
– und TechnologieCentrum GmbH 410, 463
Grund und Boden GmbH 150
Güls, Wilhelm 506
Gutachterstelle für Handelsklassen 201

Haas & Co. s. Erzquell ...
Häfen Köln GmbH 403
Hänneschen-Theater 150
Hageda AG 511
Hagen AG, Gottfried 156, 244, 367, 463, 506
Halbmond-Drogerie 515
Halbreiter, Wilhelm 506
Hall Nachf. GmbH & Co. KG, Hermann Peter 250
Handelshochschule Antwerpen 53
– Frankfurt/Main 79
– Köln 28, 51, 65, 75, 79, 184
– Leipzig 65, 79
Handelshof Management GmbH 510
Handelskammer s.a. Industrie- und Handelskammer ...
– Aachen 91, 104

– Bielefeld 33
– Bochum 34
– Bonn 8, 104
– Detmold 33
– Dortmund 34
– Dresden 66
– Düsseldorf 61, 66, 69, 91, 96, 115
– Duisburg 34, 61, 91
– Elberfeld 66
– Erfurt 66
– Essen 34
– Frankfurt/Main 88
– Kassel 33
– Koblenz 104
– Krefeld 91
– Lennep 8, 9, 112
– Ludwigshafen 44
– Mainz 91
– Minden 33
– Mönchengladbach 91
– Mülheim am Rhein 8, 11, 49, 59, 63, 64, 71, 103
– Oldenburg 33
– Solingen 91
– Stolberg 104
– Trier 91, 104
– Wesel 222
Handwerkskammer Aachen 109, 196, 281
– Düsseldorf 109
– Köln 109, 110, 182, 183, 196, 199, 207, 279, 281, 312, 316, 341, 347, 355, 402, 449, 454, 457, 459, 460, 467, 470, 475
– Koblenz 109
– Trier 109
Hanne-Nüsslein-Stiftung 391
Harf GmbH, Wilhelm 515
Harpener Bergbau-AG 55
Harzheim GmbH & Co. KG, Matthias 506
Hassel, Erwin 506
Haubrich, Peter 506
Hauck, Oswald 506
Hauptgemeinschaft des Deutschen Einzelhandels 163, 200
Haute Commission Interalliée des Territoires Rhénans 35-39, 44, 68, 73, 93-95, 100
Hegner Verlag GmbH, Jacob 501
Heimbach Nachf., Jak. 506
Heinen Verlag-GmbH 402, 506
Herbol-Werke Herbig-Haarhaus AG 506
Hering, Hubert 507
Hermanek GmbH, Josef, Importhandelsgesellschaft 507
Herstatt KG aA, I. D. 264, 266, 389, 418, 480
Hettlage oHG 181, 509
Hirsch- und Adler-Brauerei AG 143
Historisches Archiv der Stadt Köln 78, 316, 368

Hitlerjugend 192
Hobert jr., Carl 181, 507
Hochgürtel, Mode 507
Hoechst AG 503, 514
Hoenig, Aug. 501
Hoffmann, Otto 507
Hoffnung, Konsumgenossenschaft 146
Hoffstätter, Ferd. 507
Hohns KG, Wilhelm 507
Holbeck KG, Heinrich 507
Holiday Inn Crowne Plaza 268
Holstein & Düren 516
Holtkott ... s. RLB ...
Homburger Papierfabrik Wilhelm Degenring Homburger Papiermühle 503
Hopmann, Leonhard 507
Hotel am Augustinerplatz oHG 507
– Disch 62
– Guttenberg 39
– im Wasserturm 268
Huhn, Gebr. 507
Humboldt-Deutzmotoren AG s. Deutz AG
Husarenregiment König Wilhelm (Nr. 7), 1. Rhein. 160, 175
Huwald Hammacher 501
Hyatt Regency Cologne GmbH 268

IBM Europe SA 389
Ideal Zweckbau GmbH 513
IfS-Zert GmbH 479
I.G.-Farbenindustrie AG 139, 182, 253, 255
IHK Gesellschaft für Datenverarbeitung mbH 430
– für Informationsverarbeitung mbH 430
illbruck GmbH 260
Imbert-Generatoren-Gesellschaft mbH 136, 137
IMV Sonderabfall Beteiligungs-GmbH 466
– Sonderabfall GmbH & Co. KG 466
Indanthren-Haus GmbH 503
Industrie- und Handelskammer s.a. Handelskammer...
– Aachen 105, 106, 109, 182, 187, 196, 202, 205, 219, 281, 300, 339, 361, 418, 426, 430, 466, 467, 475, 481, 482
– Amsterdam 206
– Arnsberg 424
– Berlin 164, 204
– Bonn 8, 105, 106, 109, 127, 170, 171-173, 181, 188, 219, 281, 283, 284, 287, 298, 300, 309, 335, 347, 351, 361, 378, 396, 421, 426, 430, 466-471, 475, 481, 482, 517
– Breslau 297
– Brüssel 426
– Darmstadt 426
– Detmold 377, 378
– Dillenburg 424
– Dortmund 355, 443

– Düsseldorf 106, 109, 300, 308, 418, 421, 426, 453
– Duisburg 105, 164, 168, 300, 365, 426, 468
– Essen 301, 361, 426
– Frankfurt/Main 168, 204, 426
– Hagen 365
– Halle 438
– Hannover 168
– Idar 105, 109
– Kassel 424
– Koblenz 105, 106, 109, 170, 202
– Krefeld 105, 109, 300, 426
– Leipzig 438
– Lille 426
– Limburg 426
– London 426
– Ludwigshafen 361
– Lüttich 426
– Mannheim 426
– Mönchengladbach 105, 109, 300, 339, 377, 418
– München 164, 219, 397
– Münster 238, 300
– Neuss 300, 339, 377, 418
– Nürnberg 168
– Osnabrück 238
– Paris 201, 426
– Remscheid 173, 293, 306, 377, 378, 387, 407, 411-413, 418
– Rotterdam 323, 365
– Saarbrücken 109
– Siegen 106, 424, 464
– Solingen 109, 174, 205, 361, 377, 378, 398, 411, 413
– Stade 285
– Stolberg 105, 106, 187
– Stuttgart 361
– Trier 105, 106, 109, 202
– Wiesbaden 426
– Würzburg 219
– Wuppertal 109, 112, 127, 159, 165, 171, 173-175, 220, 283, 294, 355, 376, 378, 407, 412, 413, 415, 426, 485
Industriemüllverband Köln-Bonn-Aachen 465, 466
Informationstechnik-Zentrum Köln 272, 428, 429
Innenministerium NRW 376, 472
Institut der Deutschen Wirtschaft 324
– Finanzen und Steuern 358
– für Sachverständigenwesen 478
– für Selbstbedienung 343
– für Steuerrecht der Universität zu Köln 314
– für Wirtschaftspolitik der Universität zu Köln 324
– für Zuckerrübenforschung 325
– International de Recherches Betteravières 325
Interalliierte Rheinlandkommission s. Haute Commission ...
Interalliierter Hoher Ausschuß für die Rheinlande s. Haute Commission ...

Interatom 463
Internationale Handelskammer 55, 91, 105, 110, 179
— Deutsche Gruppe 91, 105, 179, 389, 390
— Speditionsgesellschaft Baumann & Co. 505
Internationales Presseinstitut 393
ISC-KölnMesse GmbH 264
ITT Automotive Europe GmbH [vorm. A. Teves] 250

Jennes, Friedrich 507
Jerusalem-Apotheke 505
Joachim Verwaltung GmbH 507
Johnen, Drogerie 507
Joint Export Import Agency 309, 310
Joisten & Kettenbaum 136
Junior Chamber International 488
Juniorenkreis beim Arbeitgeberverband der Metallindustrie des Bezirks Köln 365
— der Kölner Wirtschaft bei der Industrie- und Handelskammer zu Köln s. Wirtschaftsjunioren
— Handwerk im Kammerbezirk Köln 488

Kaaf & Sohn, Jakob 515
Kaiser-Wilhelm-Gesellschaft 179
Kalker Trieurfabrik und Fabrik gelochter Bleche Mayer & Co. 512
Kammergemeinschaft Öffentlichkeitsarbeit der Industrie- und Handeskammern des Landes Nordrhein-Westfalen, seit 1993 Kammergemeinschaft Rundfunk 339, 417, 419
Kammervereinigung für die Provinz Westfalen 300
— NRW s. Vereinigung der Industrie- und Handelskammern in Nordrhein-Westfalen
Kampfbund für den gewerblichen Mittelstand 159, 183
Kamphausen oHG, Modehaus 508
Karstadt AG 123, 262
Kaufhalle AG 146
Kaufhof AG 145, 146, 262, 289, 386, 502, 505, 509, 514, 516
Kaufmännische Berufsschule Bergisch Gladbach 451
Kaufmännisches Berufsertüchtigungswerk Köln 361, 451
— Bildungswerk 451
Kehr, Kurt, Baustoff-Großhandlung 508
Keppel oHG, Anton 508
Kiegel, Herm. 513
Kienow, Joachim 508
Kiepenheuer & Witsch Verlag 268
Kieppemühle (ehem. Poensgen & Co.) 259
Kind GmbH & Co., Albrecht 508
Kirch GmbH, Josef 508
— Leo, vorm. Böhm & Kirch 508
— & Taesch 323
Kistemann, Bertho 508
Klein jr., Heinrich 508

Kleinhandelskammer Bremen 69
Kleinmann, Christian 508
Klöckner-Humboldt-Deutz AG s. Deutz AG
Klusberg GmbH & Co. KG 258
Klutmann, Jos. 508
KMT Kölnische Mode- und Textilhandelsgesellschaft mbH 323, 386 510
Knappschaft 162
Koehler & Volckmar GmbH 508
Köln-Bonner Eisenbahnen AG 149, 184, 517
— -Düsseldorfer Deutsche Rheinschiffahrt AG 267, 506
— -Frechen-Benzelrather Eisenbahn 149
— -Wesselinger Eisenbau GmbH 248
Kölner Asphalt-Fabrik Simonit-Werke GmbH 510
— Bank von 1867 eG 158, 264, 505, 510, 513
— Holzbau-Werke GmbH Christoph & Unmack 141
— Immobilien- und Hypothekenmaklerverein 362
— Metallgießerei und Armaturenfabrik von Thelen & Rodenkirchen zu Köln-Deutz, Aluminium-Folien-Walzwerk GmbH & Co. 515
— Straßen-Omnibus-Gesellschaft mbH 149
— Tennis- und Hockeyclub „Stadion Rot-Weiß" 391
— Schule – Institut für Publizistik 419
— Verkehrs-Betriebe AG 267, 351, 403, 425
Kölnische Feuer- und Kölnische Unfall-Versicherungs-AG 149
— Glasversicherung AG 508
— Hagelversicherung 194
— Lebensversicherung AG 149
— Mode- und Textilhandelsgesellschaft s. KMT ...
— Rückversicherungs-Gesellschaft AG 265
— Verlagsdruckerei GmbH 196, 259
Kölnischer Kunstverein 51
Kölnisches Stadtmuseum 401
Köttgen GmbH & Co. KG 155, 514
Kolb, Hermann, Maschinenfabrik 156, 513
Koll & Kubach 509
KOMA Vertrieb Horst Koch KG 508
Kommunikations- und Medienzentrum (KOMED) 420, 421
Kommunistische Partei Deutschlands 27, 58, 151, 180, 188
Konsumgenossenschaft Köln eGmbH 513
Kontra-Markt Hebborn Handelsgesellschaft mbH 506
Koopmann, Eduard 508
Korsing, Dr. Kurt 508
Kosmos Hotelbetriebs- und Verwaltungsgesellschaft mbH 505
Kotthoff, Theodor 182, 508
Kotz & Söhne, Fr. s. BPW ...
Kratz, Kaspar, Automobile 508
Krawinkel & Schnabel 512, 515
— GmbH & Co. KG, Leop. 182, 508
Krebsöge GmbH, Sintermetallwerk 136, 508

559

Kreditanstalt-Bankverein 390
Kreishandwerkerschaft Köln 449
Kreissparkasse in Siegburg 450
– Köln 148, 233, 264, 270, 429, 450, 463, 504
Kreistag Köln 185
Kreuer & Cie., Otto 514
Kriegschemikalien AG 24
Kriegsernährungsamt 19
Kriegsgetreidegesellschaft 24
Kriegsmetall AG 24
Kriegsrohstoffabteilung 24, 68
Kriegswollbedarfs AG 24
Krings, Hubert 508
Kröll, Walter 508
Krüger GmbH & Co. KG 256
Küching & Cie. GmbH, Dr. 509
Kühlhaus Köln GmbH 505
Kultusministerium NRW s. Ministerium für Schule und Weiterbildung
Kunstgewerbeschule 185
Kunsthochschule für Medien 269, 403
Kuth, Paul 509

Lammerkamp KG, Josef 510
Land- und Seekabelwerke 137
Landesamt für Gewässerkunde 347
Landesanstalt für Rundfunk 421
– für Wasser und Abfall 465
Landesausschuß der preußischen Handelskammern 91, 99
Landesinitiative Bio- und Gentechnik NRW 469
Landesverkehrsverband Rheinland 205
Landeswirtschaftsamt 212
Landgericht Köln 481
Landschaftsverband Rheinland 402, 490
Landtag Nordrhein-Westfalen 180, 317, 318
Landwirtschaftskammer Rheinland 93, 109, 279, 363, 470
Lange & Co., Dr. 509
Langhardt, Emil 515
Laumen, Karl-Heinz 509
Leiko Konservenfabrik 275
Leisten, Ferd. 509
Lennartz GmbH, Dr., Goldkopf Parfümerie 513
Leo Volks- und Lebensversicherungsbank aG 149
Levy, A. 53, 147, 506
Leybold Vakuum GmbH 156, 248, 504, 505, 511, 513
Leysieffer & Lietzmann 156
Liberale Partei 53
Licht & Kersting, Friedrich 508
Liebmann & Oehme, Gebr. 511
Liesegang, Albert 136, 156
– Carl 509, 515
Linde AG 156, 503, 510, 512

Lindgens & Söhne 509
– C.A. 509
Lissauer & Co. 146, 161, 509
Lohkamp & Bauer 509
Longe, Wilhelm de 509
Louis-Hagen-Stiftung 54, 327
Lübbe, H. s. Bastei-Verlag ...
Lüttgen GmbH, Assekuranz Büro 510
Lukas, Gebr. 136

Madaus AG 255, 510
Magdeburger Lebensversicherungs-Gesellschaft 314
Magirus AG, C. D. 135
Malzmühle, Brauhaus 491
Mannesmann AG 115
Marcard, Stein & Co. [vorm J.H. Stein] 147, 148, 175, 177, 179, 221, 222, 264, 281, 336, 514
Marienbild, Haus 513
Maritim Hotel 268
Martin & Pagenstecher AG, Silika- und Schamottefabriken 516
Martinswerk GmbH für chemische und metallurgische Produktion 139, 507
Maschinen- und Bohrgeräte-Fabrik Alfred Wirth & Co. KG 389
Maschinenbauanstalt Humboldt AG 107, 504
Maschinenfabrik Sürth 102
Mauser-Werke GmbH 248, 503, 510
Max-Planck-Institut für Gesellschaftsforschung 272
– für Züchtungsforschung 272, 325
May-Werke GmbH & Co. KG 257
Mazda Motors (Deutschland) GmbH 250
MediaPark Entwicklungsgesellschaft mbH 421
Medill School of Journalism 392
Meirowsky & Co. s. Dielektra AG
Mengel & Ritter KG 510
Merl GmbH, Edmund 510
Messe Düsseldorf 263
– Frankfurt/Main 263
– Hannover 263, 463
– Köln 40-42, 47, 107, 147, 154, 158, 186, 196, 202, 223, 233, 241, 257, 262-264, 269, 312, 323, 351, 393, 403, 426
– Leipzig 41, 42, 263
Messe- und Ausstellungsgesellschaft mbH 41, 147, 184, 262, 312, 327, 389, 393, 403, 426, 504, 507
Metag Metallwaren-Gesellschaft mbH 510
Metallgesellschaft AG 136
Metallwerk Elektra 195, 503
Meyer KG, Bernhard 501
– Gustav H. 510
Militärregierung 279-286, 289, 291, 292, 295, 298, 300, 301, 303, 304, 306, 307
Millowitsch-Theater 151
Ministerium für Schule und Weiterbildung NRW 346, 441, 448

- für Umwelt, Raumordnung und Landwirtschaft NRW 466, 467
- für Wirtschaft, Niedersachsen 384
- für Wirtschaft und Mittelstand, Technologie und Verkehr NRW 306, 307, 311, 312, 319, 321, 353, 375-377, 395, 425
- für Wissenschaft und Forschung NRW 489

Mission Interalliée de Contrôle des Usines et des Mines 44
Monopol Hotel 503
Montanunion s. Europäische Gemeinschaft für Kohle und Stahl
Montaplast GmbH 510, 515
Mülheimer Kleinbahnen AG 149
Muelhens GmbH & Co. KG 506, 513
Müller, Hans 510
– Hermann E. 510
– & Co. 136
– & Froitzheim oHG 510
Münter, Ludwig 510
Mundorf KG, Willy, Handelsvertretungen 510
Munk & Schmitz KG 501
Musikhochschule 269

Nadler-Werke GmbH 256, 275
Nassmacher, Wilhelm 511
Nationalliberale Partei 51, 53
Nationalsozialistische Betriebszellenorganisation 153, 169
– Deutsche Arbeiterpartei 120, 125, 135, 151, 158-160, 162, 177, 178, 180, 182, 183, 200, 209, 210, 222, 280, 303, 389
– - Gau Düsseldorf 159, 175
– - Gau Köln-Aachen 125, 153, 154, 157, 159, 160, 166, 174, 175, 178, 183, 187, 196
– - Parteikanzlei 178, 189
– Handwerks-, Handels- und Gewerbe-Organisation 146

Nationalversammlung 30, 36
Nattermann & Cie. GmbH, A. s. Rhône-Poulenc ...
Neska Niederrheinisches Schiffahrtskontor AG 507
NetCologne Gesellschaft für Telekommunikation mbH 270
Neuerburg GmbH, Haus 139, 143, 161, 511, 515
Neumeister, Max 511
Neunkircher Eisenwerk AG 389
Neven, Matthias 511
Nickel GmbH 501
Niesters & Co. GmbH 511
Nokia Kabel GmbH 505
Nolte, Gebr. 259
Norden, Jakob van 161, 511
Nordhotel 77
Nordstern Allgemeine Versicherungs-AG 265, 314
Nordwestdeutscher Rundfunk 268, 339, s.a. Westdeutscher ...

Noris Zahn & Cie. KG, Handelsgesellschaft 517
Oberbergisches Arbeitgeberkartell 293, 294
Oberlandesgericht Köln 185, 401
Oberpostdirektion Köln 429
Oberpräsident der (Nord-)Rheinprovinz 105, 183, 306
Oberste Heeresleitung 23, 24, 80, 88
OBI Heimwerkermarkt Systemzentrale GmbH 510
Oebel und Sohn, Josef 511
Österreichische Handelskammer 36
Offermann & Söhne GmbH & Co. KG, Friedrich 511
OKA Opladener Kaufhaus Oberdick 511
Olbertz & Krutwig 511
Oppenheim jr. & Cie. KGaA, Sal. 53, 147, 180, 264, 289, 291, 386, 506, 511, 512, 516
Oppenheimer, W. 507
Organization for Economic Cooperation and Development 229
– for European Economic Cooperation 228, 229, 343, 364
Orient-Galerie Matthias Schillings GmbH 512
Ossendorf, P.W., „Zur guten Quelle" 511
Ostausschuß der deutschen Wirtschaft 389-391
Ostermann Verwaltungsgesellschaft mbH 511
Otto Entsorgungsdienstleistungen GmbH 511
– -Wolff-Stiftung 389

Paffenholz Großbuchbinderei GmbH, Alex 511
Pass, Wilhelm te 511
Patria Versicherung 149
Pax-Bank eG 148, 264
Peiniger GmbH, Ernst 503
PEJOZI Peter Josef Zimmer Möbelspedition GmbH 513
Pellenz & Co. 306, 511
Pering, Gerhard 512
Perthel Beteiligungen GmbH, Dr. 512
Pesch mbH, Verwaltungsgesellschaft 512
Peters GmbH, Carl, Kaufhaus 517
– Christian 512
Pfeifer & Langen 143, 181, 256, 323, 325, 502, 503, 509, 512, 513
Pfeiffer GmbH, Wilhelm 512
Pferdmenges & Co. 147, 289, 291, s.a. Sal. Oppenheim jr. & Cie.
Phantasialand Schmidt-Löffelhardt GmbH 509
PHB Weserhütte AG [vorm. J. Pohlig] 137, 389
Philips Kommunikations Industrie AG 251, 252, 515
Phoenix 269
Pickhardt & Siebert GmbH 141, 503
Pier KG, Heinrich 512
Planungsgesellschaft mbH 150
Planungsstelle Gewerbeansiedlung und Innenstadtsanierung 458-460
Platthaus, Heinrich, Ingenieur, Elektrotechnische Fabrik 512

Plaza-Markt 459
Poensgen & Heyer 507
Pohlig AG, J. s. PHB Weserhütte
Polensky & Zöllner 161, 512
Pollack, Heinrich 502
Pott Frucht Import GmbH, Erich 503
Presse- und Informationsamt der Bundesregierung 340
Preussag 232
Preußisch-Rheinische Dampfschiffahrtsgesellschaft 515
Preußische Regierung 109
– Staatsbank 148
Preußischer Staatsrat 53
Preußisches Innenministerium 58
– Kriegsministerium 24, 68
– Ministerium für Handel und Gewerbe 8, 22, 33, 72, 82, 96
– Ministerium für Wirtschaft und Arbeit 110, 159, 162, 170, 173
Produkten- und Warenbörse s. Börse Köln
Projahn-Werke AG 502, 512
Provinzialrat 183
Provinzialwirtschaftskammer Hannover 301
Puhl oHG, Karl 503

Quarzwerke GmbH 506

Radio Berg 421
– Köln 421
– Leverkusen 421
Radium Elektrizitätsgesellschaft mbH 508-510
– Rubber Company mbH 503
Rasquin, Farbwerke Franz, Zweigniederlassung der BASF Farben + Fasern AG 510
Rasselstein AG 389
Rationalisierungskuratorium der Deutschen Wirtschaft 347, 398, 454
Rechnungsprüfungsstelle der Industrie- und Handelskammern 192, 332, 406, 444
Rechtsrheinisches Technologie-Zentrum 463, 469
Reederei „Braunkohle" GmbH 144, 505, 517
Reemtsma, H. F. & Ph. F. 143
Regierungspräsident Köln s. Bezirksregierung Köln
Regio Köln/Bonn und Nachbarn 395, 470, 471
– Rheinland 395, 449, 470, 471
Regional-Verkehr Köln 425
Reichsamt des Innern 24
– für Arbeitsvermittlung 99
– für die wirtschaftliche Demobilmachung 45
Reichsanstalt für Arbeitsvermittlung und Arbeitslosenversicherung 23
Reichsarbeitsdienst 121
Reichsarbeitsministerium 96, 99
Reichsarbeits- und wirtschaftsrat 179

Reichsbank 20, 21, 48, 81, 82, 101, 103, 120, 121, 124, 147, 177, 179
Reichsbeauftragter für die Überwachung der Ein- und Ausfuhr 37
Reichseinkaufs GmbH 19
Reichserziehungsministerium 184
Reichsfuttermittelgesellschaft 24
Reichsgetreidegesellschaft 24
Reichsgruppe Handel 169, 181, 196
– Industrie 181, 187, 196, 205
Reichsjustizministerium 203
Reichskommissar für das Kreditwesen 149
– für die besetzten Gebiete 35, 36, 91, 93-95, 97, 105
– für die Preisbildung 198, 204, 215
– für die Ruhrabwehr 95
– für Übergangswirtschaft 25
Reichskriegsamt 24, 45, 88, 89
Reichskriegsministerium 130
Reichskulturkammer 170, 171, 192
Reichsluftfahrtministerium 139
Reichsluftschutzbund 192
Reichsministerium des Innern 93, 94, 185, 211
– für Bewaffnung und Munition 126
– für die besetzten Gebiete 36, 105
– für Propaganda und Volksaufklärung 151
– für Rüstung und Kriegsproduktion 126
Reichsnährstand 171, 192, 216
Reichspost 179
Reichsregierung 29, 31, 35, 37, 38, 40-43, 45, 58, 73, 82, 91, 94-96, 100, 101, 103, 105, 109, 159, 160, 166, 173, 174, 179, 195, 196, 199, 208, 209, 215
Reichssender Köln 151
Reichssicherheitshauptamt 177
Reichsstelle für den Außenhandel 105, 108, 124, 185, 202
Reichsverband der Deutschen Industrie 25, 32, 55, 57, 160
– des Deutschen Handwerks 163
Reichsverkehrsministerium 136
Reichsverkehrsrat 179
Reichsverwaltungsgericht 191
Reichswerke Hermann Göring 122, 136
Reichswirtschaftsamt 24
Reichswirtschaftskammer 164, 179, 187, 192, 209
Reichswirtschaftsministerium 29, 31, 121, 124, 126, 148, 155, 163, 164, 166-170, 174, 178, 179, 182, 185, 190-192, 197, 199, 200, 203, 207, 209-212
Reichswirtschaftsrat, vorläufiger 29-31, 53, 55
Reichszentrale der Arbeitsnachweise 23
Reifenberg & Co. 143, 512
Reimbold, Gebr. 512
Reiss Verwaltungsgesellschaft mbH, Messerestaurants 512

Remagen Planung GmbH 512
– Heinrich 512
Renker-Belipa GmbH 513
Rettig Textilgesellschaft mbH, Hermann 513
Rewe-Märkte Blank Beteiligungs-GmbH 386, 502
– Zentrale Deutscher Großhandelsgenossenschaften eGmbH 156, 502, 504, 512, 514
Rheinarmee 269
Rheinboden Hypothekenbank AG 264, 501, 502, 504-506, 510
Rheinbraun AG 245, 386, 466, 502, 509, 515-517, s.a. Rheinische Aktiengesellschaft für Braunkohlenbergbau ...
– Engineering und Wasser GmbH 508
– Verkaufsgesellschaft mbH 516
Rheinhyp Rheinische Hypothekenbank AG 264
Rheinisch-Bergisches Technologie-Zentrum 463
Rheinisch-Westfälische Bodenkreditbank AG 148, 313
– Börse s. Börse Düsseldorf
– Technische Hochschule 57, 463
Rheinisch-Westfälisches Elektrizitätswerk AG 55, 57, 133, 134, 149, 150, 245, 465
– Kohlensyndikat 55
– Wirtschaftsarchiv zu Köln 51, 74, 78, 188, 192, 195, 198, 299, 316, 324, 367, 401, 403, 417, 430-432, 489, 490
Rheinische Aktiengesellschaft für Braunkohlenbergbau und Brikettfabrikation 44, 55, 57, 133, 157, 161, 173, 179, 183, 325, s.a. Rheinbraun
– Brauerei-Gesellschaft AG 502
– Braunkohlentiefbau GmbH 134
– Braunkohlenwerke AG s. Rheinbraun
– Immobilienbörse zu Köln s. Börse Köln
– Linoleumwerke Bedburg Richard Holtkott GmbH & Co. KG s. RLB Werke Bedburg ...
– Olefinwerke GmbH 248, 267, 508, 511, 512
– Wäsche-Fabrik GmbH 515
– Walzmaschinenfabrik GmbH 510
– Warenbörse zu Köln und Krefeld s. Börse Köln
– Zellwolle AG 143, 179, 208, 515
– Ziehglas AG 513, 514
Rheinischer Braunkohlenbrikettverkauf GmbH 189
– Großmarkt für Getreide und Futtermittel 196, 204, 210
– Provinziallandtag 57
Rheinisches Braunkohlensyndikat GmbH 134, 189, 509
– Elektrizitätswerk im Braunkohlenrevier AG 55, 514
Rheinkammernunion s. Union westeuropäischer Industrie- und Handelskammern ...
Rheinland Kolonialwaren-Großhandels-AG 505
Rheinlandkommission s. Haute Commission ...
Rhein-Radio 507

Rhein- und Seeschiffahrtsgesellschaft 511
Rhenag Rheinische Energie AG 503, 505
Rhenania Allgemeine Speditions-AG 506
RHENUS-WTAG AG, Zweigniederlassung Köln 501, 515
Rhône-Poulenc Rorer GmbH [vorm. A. Nattermann] 256, 504, 509
Ribbert & Co. 501
Richter GmbH, Hermann 513
Risch, Gustav 513
RLB Werke Bedburg GmbH & Co. KG 131, 140, 154, 507
Rockwell International Corp. 389
Rode, Fritz 513
Röchling, Gebr., Eisen und Röhren 516
Roland Rechtsschutz Versicherungs-AG 265
Rollmann & Meyer 153
– & Rose 161, 508
Rosenberg & Hertz 513
RTL plus Deutschland & Co. Betriebs KG 268, 269, 419, 429, 516
Ruhrausschuß 95
Ruhrgas AG 150
Ruland, Joseph 513
Ruppel, Karl Heinrich 513

Sabena 351, 426
Sachtleben AG für Bergbau und Chemische Industrie 136
SAD Ville GmbH & Co. KG 466
Salomon, S.J. 504
Salzburg Seminar on American Studies 391
Sat1 419
Sauer, Franz 513
Sauermann & Siepmann 507
Schaaffhausen'scher Bankverein, A. 77, 192, 291, 295, 299, 513
Schaette, Ernst 513
Schelp KG, Willy 509
Schenker & Co. 323
Scherer, Hans 513
Schiffmann, Bernhard 513
Schlesinger, Daniel 502
Schlesische Feuerversicherungs-Gesellschaft 314
Schlösser GmbH, Wilhelm 507
Schlüter KG, H.H. 513
Schmalenbach-Vereinigung für Schuldenbereinigung 313
Schmidt & Clemens 513
Schmitt, Engelbert 137
Schmitter, Peter 514
Schmitz, Fritz 514
– Johann Willhelm 514
– Josef 514
– Lacke und Farben KG, Heinrich 51

- Stoffe KG 514
- & Co. 514
- Walter 514
Schnabel, Albrecht 515
Schoeller GmbH, Hugo Albert 514
Schöpp GmbH & Co. KG, Hermann 514
Schöttle & Schuster AG 514
Schröder & Co., Ferd. 289, 323, 504
- J. Henry 175
Schütte Verwaltungs- und Beteiligungs-GmbH, Alfred H. 136, 511, 516, 517
Schulze-Berl, Heinrich 158
Schumacher, Ed. 143
- Söhne, Theodor 514
- Wilhelm 514
- Zwei-Rad-Spezialist 514
Schundelmaier, Gottfried 514
Schutzstaffel (SS) 154, 158, 159, 177, 179, 180
Schwartz KG, Emanuel 513
Schwarzhaupt KG 514
Schwarzlose, Dr. Klaus Alfred 514
Seiler, Gebr. 514
Seligmann, Leopold 514
Siebenborn & Cie. 140
Sieber Immobilien, Horst 515
Siegwerk-Industrie-Gesellschaft mbH 508
Siemens AG 251, 502
Silesia Allgemeine Versicherungs-AG 516
Sinn, Andreas 515
Sondermann, Emil Wilh. 323, 515
Sony Deutschland GmbH 251, 269, 513
Sozialdemokratische Partei Deutschlands 24, 27, 31, 36, 58, 151, 188, 189, 317, 318
Sozialistische Einheitspartei Deutschlands 392
Sparkasse Bonn 429, 450
- der Stadt Köln s. Stadtsparkasse Köln
- Leverkusen 450
Spartakusbund 30
Speditions- und Lagerhaus AG 504
Spies, Hecker und Co. 506
Sprenger, Martin 515
Springer-Verlag, Axel 392
Spruchgericht Bielefeld 180
- Stade 180
Stadtbahngesellschaft Rhein-Sieg 425
Stadtcölnische Versicherungskasse gegen Arbeits- und Stellenlosigkeit 51
Stadterneuerungsgesellschaft Bensberg mbH 459
- Bergisch Gladbach mbH 459
Stadtsparkasse Köln 148, 264, 270, 429, 450, 463, 504, 507, 514
Stadtwerke Köln GmbH 358, 403, 505, 515, 517
Städtische Sparkasse Gummersbach 148
Stadtkölnische Kaufmannshaus GmbH 77
Stahlwerke Bochum AG 389

Stein, J.H. s. Marcard, Stein & Co.
Stein- und Braunkohlengesellschaft 24
Steinbach KG, Modehaus 517
Steiner KG, Otto 512
Steinmüller GmbH, L. & C. 174, 248, 504, 506
Stellennachweis für kaufmännische Angestellte 87
Stiebel-Getriebebau GmbH & Co. KG 503
Stiel, Hanns 508
Stiene, Jean 515
Stoecker & Kunz GmbH 509
Stolberger Zink AG 389
Stollenwerk oHG, J. & W. 257
Stollwerck AG 133, 143, 256, 314, 515, 516
Strabag Hoch- und Ingenieurbau AG 260, 509, 516
Strick, Adolf 181, 506
Stüssgen AG, Cornelius 146, 507, 517
Sturmabteilung (SA) 154, 159, 189, 199
Sünner, Gebr. 515
Süß KG, H. 515
Super RTL 369
Sutter & Fetzer, Max H. 336, 504

T & N Holdings GmbH 510
Tappert, Hermann 504
Technische Hochschule Hannover 325
- Universität München 325
Teckemeyer Metallwarenfabrik 137
Tefi Apparatebau Dr. Daniel KG 137
Telenorma GmbH 502, 514
Ten Eikelder Nachfolger, Gebrüder 504
Tennessee Valley Corporation 365
Tente-Rollen International GmbH 387, 505
Teves GmbH & Co. KG, Alfred s. ITT Automotive ...
Thies & Co., Robert 516
Thyssen AG 389
- Stahl-Service-Center GmbH 512
Thyssengas 150
Tietz AG, Leonhard s. Kaufhof
Tillmann, Benedikt 181, 507
Tillmanns & Co. 161, 514
Töpfermuseum Raeren 402
Tonger, Peter Josef 516
Toyota Deutschland GmbH 250
Treufinanz Düsseldorf 459
Treuhänder der Arbeit 163, 164, 169, 174, 188, 196
Treuhandanstalt 392

Unabhängige Sozialdemokratische Partei Deutschlands 30, 36
Union der Rheinkammern s. Union westeuropäischer Industrie- und Handelskammern ...
- Kohlen, Koks und Brikett Handels-Gesellschaft mbH 515
- Modegroßhandel GmbH 505
- Rheinische Braunkohlenkraftstoff AG 139-141, 184, 515, 517

westeuropäischer Industrie- und Handelskammern des Rhein-, Rhône- und Donaugebietes 323, 336, 338, 347, 364, 365, 406, 417, 486
Unitas Versicherungs-AG 265
United Technologies Corp. 389
Universität Chicago 392
– Berlin 401
– Bonn 55, 57, 175, 184, 185, 192, 237, 401
– Breslau 65
– Erlangen 185, 489
– Frankfurt/Main 182
– Freiburg/Brsg. 187
– Halle 64, 65
– Heidelberg 187
– Jena 391
– Köln 28, 47, 65, 66, 179, 184, 185, 188, 198, 234, 237, 265, 269, 271, 272, 286, 308, 312, 314, 323, 324, 338, 340, 343, 345, 364, 368, 390, 401, 403, 463, 489
– München 55, 401, 403
– Münster 185, 237
– Rostock 66
– Tübingen 65
Universitätsseminar der Wirtschaft e.V. 391
Unternehmensberatung Spedition und Logistik 510
Urbanicom 461

Vaterländische Feuer-Versicherungs-Societät aG 314
– und Rhenania Vereinigte Versicherungsgesellschaften 515
VEBA AG 232
Verband der Geschäftsführer der Deutschen Industrie- und Handelskammern 402
– der Körperpflegemittelindustrie 187
– der rheinischen Rohrzuckerfabriken 325
– deutscher Arbeitsnachweise 23
– Kölner Großfirmen 106
– Linksrheinischer Industrie- und Handelskammern 105, 183, 185
– reisender Kaufleute Deutschlands 70
– Rheinischer Industrieller 105, 106, 181
Verbraucherzentrale Köln 476
Verein der Freunde und Förderer der Hochschule für Musik 403
– der Industriellen des Regierungsbezirks Köln e.V. 40, 89, 96, 312
– der Industriellen im Bezirk Oberberg 337
– der Zuckerindustrie 325
– für Kinder-Ferien-Colonien 51
– für Wirtschaftsrecht 324
– gegen Unwesen in Handel und Gewerbe Köln e.V. 341, 475
– zur Förderung der rechtsrheinischen gewerblichen Wirtschaft 463
– zur Förderung und Aufrechterhaltung der Kammerzweigstelle Gummersbach 294

– zur Wahrung der Rheinschiffahrtsinteressen 66
Vereinigte Stahlwerke AG 506
– Westdeutsche Waggonfabriken AG 135, 158, 181, 508
Vereinigung der Industrie- und Handelskammern der britischen Besatzungszone 282, 283, 285, 287, 289, 300-302, 314, 321
– der Industrie- und Handelskammern der Nord-Rheinprovinz 289, 300
– der (Industrie- und) Handelskammern des besetzten Gebietes 34, 54, 91, 93
– der Industrie- und Handelskammern in Nordrhein-Westfalen 300, 301, 305, 313, 314, 317, 339, 344, 361, 442, 443, 474, 480
– niedersächsischer Handelskammern 33
– von Banken und Bankiers in Rheinland und Westfalen 179, 280, 291, 295
– von Wirtschaftskammern zur Förderung der Region Köln/Bonn 395, 469, 470, 471
– von Wirtschaftsorganisationen zur Förderung des lauteren Wettbewerbs Köln 475
Vereinigungsgesellschaft Rheinischer Braunkohlenbergwerke mbH 505, 510
Verkehrsverband linksrheinischer Industrie- und Handelskammern 300, 311
Verkehrsverbund Rhein-Sieg GmbH 267, 425
Verkehrswacht 349
Versicherungsholding der deutschen Industrie GmbH 389
Verwaltungs- und Wirtschaftsakademie Köln 196, 402, 403, 452
Verwaltungsamt für Wirtschaft 311
Victoria-Versicherung AG 421
VIVA 268, 269, 421
VIVA Zwei 269
Völkerbund 208
Volksbeauftragter 45
Volkswagen 232
Volvo Deutschland GmbH 250
Voosen, Ludwig 516
Voss GmbH & Co., Hermann 250
Vowinckel, G. Friedrich 516
VOX 268, 269, 421

Waage, Die s. Gemeinschaft zur Förderung des sozialen Ausgleichs
Wader, Hermann 516
Waffen-SS 175
Walther & Cie. 135
Wassermann, Friedrich, Bauunternehmung für Hoch- und Tiefbau 501
Wehrinspektion VI 131
Wehrmacht 125, 135, 136, 145, 149, 151, 154, 155, 172, 190, 206, 207, 209, 213
Weig, Moritz J. 516

Weiß, A. 508
Weiss-Konzern, Manfred 178
Werberat der Deutschen Wirtschaft 147, 198
Werkschule Köln 182
Wessel-Werk AG 517
Westdeutsche Bodenkreditanstalt 514
– Glas-Handelsgesellschaft Strobl & Co. 515
– Handelsgesellschaft AG 314, 514
– Kalk- und Portlandzementwerke AG 516
– Kaufhof AG s. Kaufhof
– Rundfunk AG 151
Westdeutscher Beobachter GmbH 151, 507, 510
– Rundfunk 268, 269, 340, 421
– Verband der Uhrmacher und Goldschmiede e.V. 182, 183
WestLB 264, 314, 315
Westwaggon s. Vereinigte Westdeutsche Waggonfabriken
Wettern GmbH, Gebr. von der 503, 517
Weyers KG, Carl, Uniformhaus 515
Wichterich GmbH, Hermann 517
Wiederaufbaugesellschaft 150
Wiegand, Karl Heinz, Immobilien 517
Wienand GmbH, Druck- und Verlagshaus 268
Willecke, Sanitätshaus 517
Willick KG, Franz 507
Winter, Fried., Brauhaus 517
Winterhilfswerk 155, 208
Wintershall AG 256
Wirth, Alfred s. Maschinen- und Bohrgeräte-Fabrik ...
Wirtschaftsausschuß für das besetzte Gebiet 43, 44, 66, 93-95, 100, 105
Wirtschaftsfachschule – Fachrichtung Außenhandel 324, 345, 346, 414, 416, 440, 441
Wirtschaftsjunioren Köln 327, 365, 367, 403, 417, 487, 488
– Leverkusen 488
– Oberberg 488
Wirtschaftskammer Aachen 175, 195, 517
– Düsseldorf 165, 174, 225
– Hessen 165
– Köln 131, 165, 169-172, 174, 178, 179, 181, 183, 184, 187, 190, 192, 196, 197, 207, 210, 215, 225, 379
– Niedersachsen 165
– Saarpfalz 165
– Westfalen und Lippe 165
Wirtschaftsrat 228, 244
Wirtschaftsseminar Köln 206
Wirtschaftsvereinigung Einzelhandel der Nord-Rheinprovinz 309
– Groß- und Außenhandel 287, 289, 309
– Zucker 325
Wohlfahrt & Hartmann 506
Wolff AG, Otto 146, 154, 157, 387, 389, 515, 517
– Industrie-Anlagen GmbH, Otto 513
– Industrieberatung und Beteiligungen GmbH, Otto 389, 517
Wollenschein oHG, Heinrich Richard, Schuhhaus 517
Wolter, Albert, Immobilien–517
Wülfing & Sohn, Johann 143
Wuppermann GmbH, Theodor 508
Wupperverband 347

Yad-Vashem-Gedenkstätte 218

Zanders Feinpapiere AG 141, 259, 503, 505, 508, 511, 517
Zapp & Cie., Fried. 155
Zentralamt für Wirtschaft 283, 302, 311
Zentraleinkaufsgesellschaften mbH 19
Zentralkatalog der Bibliotheken von NRW 432
Zentralstelle für Prüfungsaufgaben 444
Zentralverband des Deutschen Bank- und Bankiergewerbes 91
– des Deutschen Großhandels 93
Zentrum 36, 151, 189
– für Interaktive Medien 429
Ziegler Beckmann GmbH 517
Zingsheim, Gebr. 509
Zuckerfabrik Brühl 157
– Elsdorf 325
– Elsen 325
Zweites Deutsches Fernsehen 269